theory and practice of administrative litigation Ⅳ

행정소송의 이론과 실무 Ⅳ

학교폭력, 정보공개, 건축, 징계, 입찰참가자격제한,

출입국, 영업정지 기타 일반규제

서울행정법원 실무연구회

박영사

머 리 말

서울행정법원은 공법상 분쟁을 다루는 국내 유일의 전문법원으로, 축적된 실무경험과 연구 성과를 종합하여 행정소송 관련 기초 및 심화이론은 물론 소송 유형별 재판절차운용과 구체적 심리방법을 두루 정리한 실무지침서 「행정소송의 이론과 실무」 초판을 2008년 발간하였습니다. 2013년에는 초판에 없던 난민, 국적법, 출입국관리법 관련 소송, 건축 및 징계 관련 소송, 주민소송을 추가하였고, 2016년에는 보건·의료 관련 소송, 사립학교 관련 소송, 입찰참가자격 제한 관련 소송 부분을 추가한 개정판 별책을 발간하였습니다. 「행정소송의 이론과 실무」는 행정소송 관련 실무지침서 중 가장 체계적이고 풍부한 내용을 담았다는 평가를 받으며 실무 관계자들에게 오랜 기간 사랑을 받아 왔고, 법치주의의 확립과 그에 기반을 둔 행정의 적법성 확보, 국민의 기본권 보호에도 함께 기여해 왔습니다.

그러나 실무 발전이 계속되어 새로운 분야가 속속 등장하고 법령 개정 및 새로운 판례가 누적되면서, 개정과 보완의 필요성은 날로 커져 갔습니다. 이에 점차 방대해지는 분량과 개정 작업의 속도 차이를 고려하여 단권으로 이루어져 있었던 것을 분야별로 분리하기로 하고, 그에 따라 2021년 '도시정비 및 보건·의료' 분야를 다룬 「행정소송의 이론과 실무 Ⅰ」을, 2022년 '토지수용, 난민 및 학교폭력' 분야를 다룬 「행정소송의 이론과 실무 Ⅱ」를, 2025. 2. ‘노동, 산업재해’ 분야를 다룬 「행정소송의 이론과 실무 Ⅲ」를 발간하게 되었습니다. 이 책은 그 뒤를 이은 「행정소송의 이론과 실무 Ⅳ」로서, 앞선 책에서 다루지 않았던 국적법, 출입국관리법 관련 각종 처분들과 운전면허, 영업정지, 정보공개, 건축, 교원, 징계, 또 최근 주목받고 있는 학교폭력 분야 행정 쟁송들, 입찰참가제한, 변상금 등 일반 행정규제 전반을 다루고 있습니다.

위 분야들은 행정소송 실무에서 차지하는 비중이 적지 아니할뿐더러 국민들의 실생활과 밀접히 연결되어 있음에도 그간 체계적으로 정리된 실무지침서를 쉽게 찾아볼 수 없었던 분야들입니다. 이번 집필 과정에서는 이 점을 고려하여 각 분야의 법령과 판례, 실무례를 체계적으로 정리하여 문제되는 소송의 유형과 쟁점들을 가급적 빠짐없이 다루고자 노력하였고, 하급심 선례를 최대한 수집·정리하여 소개함으로써 해당 분야의 재판 및 관련 업무의 수행에 실질적인 길잡이가 될 수 있도록 하였습니다. 또한 행정소송의 이론과 실무 시리즈가 이 책을 통해 총 4권으로 완결되고, 이로써 행정소송 각론 전체를 아우른 실무지침서가 완성되었다는 점도 매우 뜻 깊다 하겠습니다.

바쁜 재판일정 가운데 이 책의 완성도를 더더욱 높이기 위한 감수작업에 노력을 아끼지 않은 이상덕 부장판사님, 고은설 부장판사님, 각 장을 맡아 최선을 다해 집필해 주신 전현직 서울행정법원 판사님들, 특히나 모든 작업에 있어 시종일관 큰 관심과 애정으로 지도하고 이끌어 주신 김국현 서울행정법원장님께 깊은 감사를 드립니다. 아울러 발간 업무를 맡아 고생하신 박영사의 여러 관계자 여러분에게도 감사의 마음을 전합니다. 모쪼록 이 책을 포함한 행정소송의 이론과 실무 시리즈가 행정소송 업무를 담당하시는 모든 분들에게 실질적인 도움이 되는 유용한 책으로서 널리 사랑받고, 우리 사회 법치주의의 발전에도 함께 기여할 수 있기를 희망합니다. 감사합니다.

2025. 9.

서울행정법원 실무연구회

위원장 이주영

차 례

제1장 / 국적법, 출입국관리법 관련 소송

제2장 / 운전면허 관련 소송

제3장 / 영업정지 관련 소송

제4장 / 정보공개 관련 소송

제5장 / 건축 관련 소송

제6장 / 교원 관련 소송

제7장 / 징계 관련 소송

제8장 / 학교폭력 관련 소송

제9장 / 입찰 참가자격 제한 소송

제10장 / 변상금 관련 소송

제1장 **국적법, 출입국관리법 관련 소송**

Ⅰ 서 론
Ⅱ 국적법 관련 소송
Ⅲ 출입국관리법 관련 소송

Ⅰ. 서 론

1. 외국인의 의의

가. 난민법, 국적법, 출입국관리법 관련 소송은 출국금지처분 취소소송처럼 내국인이 원고인 경우도 있지만 대부분 외국인이 원고가 된다. 따라서 무엇보다도 먼저 외국인 개념의 외연과 내포를 정확히 확정할 필요가 있다.

나. 출입국관리법 제2조 제2호와 난민법 제2조 제6호는 '외국인'을 대한민국의 국적을 가지지 아니한 사람으로 정의하고 있고, 국적법 제3조도 대한민국의 국민이 아닌 사람을 '외국인'이라고 지칭하고 있다. 따라서 법령상 '외국인'이란 대한민국 이외의 국적을 가진 자 및 무국적자를 가리키는 것으로 볼 수 있다.

다. 제정 헌법은 제3조에서 "대한민국의 국민되는 요건은 법률로써 정한다."라고 규정하였고, 제헌 국회는 그에 따라 1948. 12. 20. 국적법을 제정하였다.[1] 그런데 최초의 국적법은 출생과 동시에 대한민국 국민이 되는 요건[2]을 규정하고 있었을 뿐, 그 시행 이전에 이미 출생한 사람이 어떤 기준에 따라 대한민국 국민이 되는지는 규정하지 않았고, 이런 상태는 현행 국적법까지 이어지고 있다. 국적법의 제정·시행 전에 출생했더라도 남북 분단 후 대한민국이 주권을 실효적으로 행사하여 온

1) 남조선과도입법의원은 1948년 5월 11일에 남조선과도정부법률 제11호로 「국적에 관한 임시조례」를 제정하였는데 이 조례는 국적법이 제정될 때까지 조선인의 국적을 확립하여 법률관계의 귀속을 명백히 할 것을 목적으로 하고 있다.

2) 제2조 다음 각 호의 1에 해당하는 자는 대한민국의 국민이다.
   1. 출생한 당시에 부가 대한민국의 국민인 자
   2. 출생하기 전에 부가 사망한 때에는 사망한 당시에 대한민국의 국민이던 자
   3. 부가 분명하지 아니한 때 또는 국적이 없는 때에는 모가 대한민국의 국민인 자
   4. 부모가 모두 분명하지 아니한 때 또는 국적이 없는 때에는 대한민국에서 출생한 자
   대한민국에서 발견된 기아는 대한민국에서 출생한 것으로 추정한다.

휴전선 이남 지역에 생활근거나 호적을 두고 있었다면 대한민국 국민이라는 데 별다른 의문이 없지만, 그렇지 않다면 대한민국 국민인지가 문제된다.

라. 이와 관련하여 대법원은 1937년에 강원 화천군에서 조선인 부부의 자녀로 출생하여 남북 분단 이후 휴전선 이북 지역에 거주하다가 1960년경 중국으로 건너갔고, 1977년에 중국 주재 북한 '대사관'에서 해외공민증을, 1987년에는 중국정부로부터 외국인거류증을 발급받았으며, 1992년 중국정부로부터 중국 여권을 발급받은 사람을 외국인이 아닌 대한민국 국적자로 판단하였는데, 그 이유는 다음과 같다.[1]

(1) 남조선과도정부법률 제11호 「국적에 관한 임시조례」 제2조 제1호는 조선인을 부친으로 하여 출생한 자는 조선의 국적을 가지는 것으로 규정하고 있었고, 제헌헌법은 제3조에서 "대한민국의 국민되는 요건을 법률로써 정한다."라고 규정하면서 제100조에서 현행 법령은 이 헌법에 저촉되지 아니하는 한 효력을 가진다고 규정하고 있었으므로, 원고는 조선인을 부친으로 하여 출생함으로써 위 임시조례의 규정에 따라 조선국적을 취득하였다가 1948. 7. 17. 제헌헌법의 공포와 동시에 대한민국 국적을 취득하였다.[2]

(2) 설사 원고가 북한 '법률'의 규정에 따라 북한 '국적'을 취득하여 1977년에 중국 주재 북한 '대사관'에서 북한의 해외공민증을 발급받았어도 휴전선 이북 지역 역시 한반도의 일부로서 헌법상 대한민국의 영토에 속하는 이상 대한민국의 주권만이 미치는 것이고, 그와 맞서는 어떠한 국가단체나 주권도 법리상 인정할 수 없다.

(3) 국적법 제12조는 대한민국의 국민으로서 자진하여 외국의 국적을 취득한 자는 대한민국의 국적을 상실하는 것으로 규정하고 있으나, 원고가 소지하고 있던 중국 여권은 원고가 중국 국적을 취득함으로써 정당하게 발급받은 것이 아니라 중국의 관계공무원들을 통하여 부정하게 발급받은 것이므로, 원고가 부정하게 발급받은 중국 여권을 소지하고 있다고 하여 그가 중국 국적을 취득하였다고 볼 수는 없다.[3]

---

1) 대법원 1996. 11. 12. 선고 96누1221 판결.

2) 이 법리는 국적법 제정·시행 이전에 출생한 사람으로서 남북 분단 후 휴전선 이남 지역에 생활근거나 호적을 두고 있지 않은 사람 모두에게 적용할 수 있다. 예를 들어 1942년 경북 칠곡군에서 조선인 부친 밑에서 태어나 1944년경 중국 흑룡강성으로 이주하여 살다가 중국 국적을 취득하였다면 현재는 외국인이지만 과거 대한민국의 국민이었던 것으로 보아야 한다. 서울행정법원 2013. 2. 5. 선고 2012구합23518 판결(확정).

3) 이 대법원 판례의 영향 등으로 외국 국적 재외동포의 특수한 지위에 대한 반성적 고려에서 1999. 9. 2. 법률 제6015호로 「재외동포의 출입국과 법적 지위에 관한 법률」이 제정되었고, 이후 재외동포는

2. 외국인의 국적취득, 출입국, 체류 및 난민인정의 법제 현황

가. 국적법은 1948년 제정 이래 외국인의 대한민국 국적취득과 관련한 내용을 규정하고 있다.

나. 출입국관리법 제정 전에는 출입국관리업무를 여권업무에 부수하여 수행하였으나, 1963년 3월 5일 제정된 출입국관리법에서는 이를 분리하여 내·외국인에 대한 출입국관리업무와 외국인의 체류관리업무에 관한 내용을 따로 규정하고 있다.[1)]

다. 우리나라는 1992. 12. 3. 「난민의 지위에 관한 협약」과 「난민의 지위에 관한 의정서」에 대한 비준서를 기탁하였고, 전자가 1993. 3. 3.에, 후자가 1992. 12. 3.에, 각 발효함에 따라 1993. 12. 10. 출입국관리법을 개정하여 난민인정제도를 도입하였다. 그 후 난민인정제도를 규율하는 난민법을 2012. 2. 10. 따로 제정하여 2013. 7. 1.부터 시행하면서 출입국관리법에서 난민인정 관련 조항은 삭제하였다.

3. 주요 소송 유형

가. 국적법과 관련해서는 외국인이 원고가 되는 귀화불허처분취소소송과 국적회복불허처분취소소송이 주요 소송 유형이다.

나. 출입국관리법과 관련해서는 외국인이 원고가 되는 체류자격변경불허처분취소소송, 체류기간연장불허처분 취소소송, 강제퇴거명령 취소소송, 보호명령 취소소송, 출국명령 취소소송, 입국불허처분 취소소송과 대한민국 국민이 원고가 되는 출국금지처분 취소소송 및 출국금지기간연장처분 취소소송, 외국인이나 국민이 원고가 되는 사증발급거부처분 취소소송[2)] 등이 주요 소송 유형이다.

재외동포(F-4) 체류자격으로 우리나라에 쉽게 입국하여 장기체류할 수 있다.

1) 출입국정책과 관련한 법률로는 출입국관리법 외에 「재외동포의 출입국과 법적 지위에 관한 법률」, 여권법, 「외국인근로자의 고용 등에 관한 법률」 등이 있다.

2) 대법원 2018. 5. 15. 선고 2014두42506 판결에서는, 외국인 여성이 신청한 결혼이민(F-6) 사증발급신청의 거부에 대하여 위 거부를 처분으로 보아 대상적격을 인정하면서, 미입국 상태의 외국인에게는 사증발급 거부처분 취소소송을 제기할 원고적격은 인정되지 않는다고 판시하였다. 다만 이 경우에도 위 외국인의 배우자인 대한민국 국민은 위 거부처분의 취소소송을 제기할 원고적격이 있다는 견해가 있다. 대법원 2019. 7. 11. 선고 2017두38874 판결은, 미입국 상태의 외국인이더라도 재외동포법의 적용을 받는 재외동포의 경우에는 사증발급 거부처분 취소소송에 대한 원고적격이 있다고 보고 있다

다. 난민법과 관련해서는 외국인이 원고가 되는 난민불인정결정 취소소송이 있다.

4. 행정절차법의 적용 여부

가. 행정절차법 제3조 제2항 제9호, 행정절차법 시행령 제2조 제2호에 따라 외국인의 출입국·난민인정·귀화·국적회복에 관한 사항과 관련해서는 행정절차법이 적용되지 않는다. 따라서 행정절차법에서 규정하고 있는 처분의 사전통지, 의견제출기회 부여, 처분의 이유 제시 등 각종 절차 규정은 외국인의 출입국·난민인정·귀화·국적회복에 관한 사항에 적용하지 않는다.

다만 행정의 공정성, 투명성, 신뢰성을 확보하고 처분상대방의 권익보호를 목적으로 하는 행정절차법의 입법 목적에 비추어 보면, 행정절차법의 적용이 제외되는 '외국인의 출입국에 관한 사항'이란 해당 행정작용의 성질상 행정절차를 거치기 곤란하거나 거칠 필요가 없다고 인정되는 사항이나 행정절차에 준하는 절차를 거친 사항으로서 행정절차법 시행령으로 정하는 사항만을 가리킨다. '외국인의 출입국에 관한 사항'이라고 하여 행정절차를 거칠 필요가 당연히 부정되는 것은 아니다.[1)]

국적법, 출입국관리법, 난민법에 외국인의 출입국·난민인정·귀화·국적회복에 관한 사항을 규정하면서 절차 규정을 따로 두고 있을 경우 그에 따라야 함은 물론이다.

나. 어떤 처분이 외국인의 출입국·난민인정·귀화·국적회복에 관한 사항에 해당하는지는 개별적인 처분에 따라 결정할 사항이다.

(1) 귀화불허처분, 국적회복불허처분, 난민불인정결정은 외국인의 난민인정·귀화·국적회복에 관한 사항에 해당함이 명백하다.

(2) 체류자격변경불허처분,[2)] 체류기간연장불허처분,[3)] 강제퇴거명령,[4)] 보호명령,[5)]

1) 대법원 2019. 7. 11. 선고 2017두38874 판결.
2) 서울고등법원 2021. 6. 18. 선고 2020누49944 판결(확정), 서울고등법원 2012. 12. 7. 선고 2012누6089 판결(확정).
3) 인천지방법원 2019. 8. 20. 선고 2019구단50103 판결(확정).
4) 서울행정법원 2017. 7. 11. 선고 2015구단54882 판결(확정), 서울행정법원 2013. 6. 20. 선고 2012구합40506 판결(확정), 서울행정법원 2013. 4. 26. 선고 2012구합34679 판결(확정).
5) 서울행정법원 2017. 7. 11. 선고 2015구단54882 판결(확정), 인천지방법원 2012. 2. 16. 선고 2011구합6404 판결(확정).

출국명령,[1] 입국불허처분,[2] 출국금지처분, 출국기간연장처분 모두 외국인의 출입국에 관한 사항에 해당한다고 봄이 타당하다.

(3) 외국인의 사증발급 신청에 대한 거부처분은 당사자에게 의무를 부과하거나 적극적으로 권익을 제한하는 처분이 아니므로, 행정절차법 제21조 제1항에서 정한 '처분의 사전통지'와 제22조 제3항에서 정한 '의견제출 기회 부여'의 대상은 아니다.[3] 그러나 사증발급 신청에 대한 거부처분이 그 성질상 행정절차법 제24조에서 정한 '처분서 작성·교부'를 할 필요가 없거나 곤란하다고 일률적으로 단정하기 어렵다. 실제로 사증발급 실무를 보면, 일부 재외공관장은 사증발급 거부처분서를 작성하여 교부하거나 신청인으로 하여금 인터넷 홈페이지에 접속하여 처분 결과와 처분 이유를 확인할 수 있도록 하고 있다. 또한 출입국관리법령에 사증발급 거부처분서 작성에 관한 규정을 따로 두고 있지 않으므로, 외국인의 사증발급 신청에 대한 거부처분을 하면서 행정절차법 제24조에 정한 절차를 따르지 않고 '행정절차에 준하는 절차'로 대체할 수도 없다.[4]

---

1) 서울행정법원 2023. 9. 6. 선고 2023구단54948(확정), 서울행정법원 2013. 6. 12. 선고 2012구합36514 판결(확정), 서울행정법원 2012. 8. 10. 선고 2012구합11232 판결(확정), 서울행정법원 2012. 7. 6. 선고 2012구합13344 판결(확정).
2) 서울행정법원 2018. 4. 13. 선고 2017구합76074(확정), 서울행정법원 2011. 4. 7. 선고 2010구합45491 판결(확정).
3) 대법원 2003. 11. 28. 선고 2003두674 판결.
4) 대법원 2019. 7. 11. 선고 2017두38874 판결.

Ⅱ. 국적법 관련 소송

1. 귀화 불허가처분에 관한 소송

가. 귀화의 의의 및 귀화허가의 절차, 성격

국적법은 외국인이 대한민국 국적을 취득할 수 있는 사유로 귀화(제5조, 제6조, 제7조), 인지(제3조), 수반 취득(제8조), 국적회복(제9조), 국적의 재취득(제11조)을 규정하고 있다. 그중 귀화는 출생 이후 한 번도 대한민국 국적을 취득한 사실이 없는 외국인이 법무부장관의 허가를 받아 대한민국 국적을 취득하는 것을 말한다. 귀화는 일반귀화, 간이귀화, 특별귀화로 분류된다.

법무부장관은 귀화허가 신청을 받으면 국적법 제5조부터 제7조에서 정한 귀화 요건을 갖추었는지를 심사하여 그 요건을 갖춘 사람에게만 귀화를 허가한다. 이에 따라 귀화허가를 받은 사람은 법무부장관 앞에서 국민선서를 하고 귀화증서를 수여받은 때에 대한민국 국적을 취득한다.[1] 국적법의 위임에 따른 국적법 시행령은 귀화허가의 신청에 필요한 서류, 귀화 요건 심사를 위한 조회·조사·확인 등 절차와 종합평가, 면접심사에 관한 절차(다만, 귀화허가 신청자의 연령 등을 고려하여 법무부령으로 정하는 사람에 대하여 법무부령으로 정하는 바에 따라 종합평가 또는 면접심사를 면제할 수 있다)를 규정하고 있다. 이에 따른 조회·조사·확인 결과 또는 신청서 등을 검토한 결과, 귀화 요건을 갖추지 못한 것으로 인정되는 경우 또는 종합평가에 응시하지

1) 실무례 중 국민선서와 귀화증서의 수여는 법무부장관의 귀화허가처분과 구별되는 국적취득을 위한 별도의 형식적·절차적 요건에 해당하므로, 귀화증서를 수여하기 전이라 하여 당사자에게 통지된 귀화허가 심사결과를 임의로 번복할 수는 없다고 판단한 사례가 있다[서울행정법원 2022. 6. 17. 선고 2021구합81219 판결(항소기각 확정)].

않은 경우, 종합평가에서 100점을 만점으로 하여 60점 미만을 득점한 경우, 면접심사에서 부적합평가를 받은 경우 등은 귀화허가를 제한하는 사유가 된다.

국적은 국민의 자격을 결정짓는 것이고, 이를 취득한 사람은 국가의 주권자가 되는 동시에 국가의 속인적 통치권의 대상이 되므로, 귀화허가는 외국인에게 대한민국 국적을 부여함으로써 국민으로서의 법적 지위를 포괄적으로 설정하는 행위에 해당한다. 또한 외국인에게 대한민국의 국적을 취득할 권리를 부여하였다고 볼 만한 근거규정도 없다. 그 밖에 귀화허가에 관한 규정의 형식과 문언, 귀화허가의 내용과 특성 등을 고려해 보면, 법무부장관은 귀화신청인이 국적법상의 귀화 요건을 모두 갖추었더라도 귀화를 허가할 것인지 여부에 관하여 재량권을 가진다.[1] 이와 반대로, 국적법 제4조 제2항은 귀화요건을 갖춘 사람에게만 귀화를 허가하도록 규정하고 있으므로, 귀화허가 신청인이 위 요건을 충족하지 못한 경우 법무부장관은 귀화 허부에 관한 재량권을 행사할 여지없이 귀화를 불허가하여야 한다.[2]

나. 일반귀화(제5조)

(1) 법령상 요건

① 5년 이상 계속하여 대한민국에 주소가 있을 것(제1호), ② 대한민국에서 영주할 수 있는 체류자격을 가지고 있을 것(1의2호), ③ 대한민국의 민법상 성년일 것(제2호), ④ 법령을 준수하는 등 법무부령으로 정하는 품행 단정의 요건을 갖출 것(제3호), ⑤ 자신의 자산이나 기능에 의하거나 생계를 같이하는 가족에 의존하여 생계를 유지할 능력이 있을 것(제4호), ⑥ 국어능력과 대한민국의 풍습에 대한 이해 등 대한민국 국민으로서의 기본 소양을 갖추고 있을 것(제5호), ⑦ 귀화를 허가하는 것이 국가안전보장·질서유지 또는 공공복리를 해치지 아니한다고 법무부장관이 인정할 것(제6호)의 요건을 모두 갖추어야 한다. 그중 ②, ⑦은 외국인의 국적 취득요건을 강화하기 위하여 2017. 12. 29. 개정된 국적법에 추가된 요건이다.

---

1) 대법원 2010. 10. 28. 선고 2010두6496 판결.
2) 대법원 2018. 12. 13. 선고 2016두31616 판결.

(2) 소송의 주요 쟁점

(가) 5년 이상 계속하여 대한민국에 주소가 있을 것

국적법 시행규칙 제5조는 국내거주요건과 관련하여 “외국인이 적법하게 입국하여 외국인등록을 마친 후 국내에서 적법하게 계속 체류한 기간”만을 대상으로 국내거주기간을 산정하도록 정하고 있다. 위 조항은 국적법의 명시적인 위임규정이 없음을 유의할 필요가 있으나, 대한민국 국민의 일원이 되기 위한 귀화제도의 의의에 비추어 볼 때 외국인의 국내거주요건을 충족하기 위해서는 당연히 적법한 체류자격을 갖추고 있어야 한다고 볼 것이다.[1] 다만, 국내거주요건을 갖추었는지 여부를 판단하는 데 있어 체류자격별로 그 기간의 산정을 달리할 수는 없다.[2]

(나) 품행 단정

국적법 제5조의 위임에 따른 국적법 시행규칙 제5조의2는 ‘법령을 준수하는 등 법무부령으로 정하는 품행 단정의 요건’을 다음과 같이 정하고 있다. 먼저, 귀화허가를 받으려는 외국인이 금고 이상의 형의 선고를 받고 그 형의 집행이 끝나거나 집행을 받지 않기로 한 날부터 10년이 지나지 않은 경우 등 제1호 각 목의 어느 하나에도 해당하지 않는 경우로서 법무부장관이 해당 외국인의 법령 위반행위를 한 경위·횟수, 법령 위반행위의 공익 침해 정도, 대한민국 사회에 기여한 정도, 인도적인 사정 및 국익 등을 고려해 품행이 단정한 것으로 인정하는 경우여야 한다. 또는 제1호 각 목의 어느 하나에 해당하는 경우라고 하더라도, 법무부장관이 위 각 목의 어느 하나에 해당하게 된 경위나 그로 인한 공익 침해 정도, 대한민국 사회에 기여한 정도, 인도적인 사정 및 국익 등을 고려해 품행이 단정한 것으로 인정하는 경우에는 품행 단정의 요건을 갖춘 것으로 보게 된다.

이러한 관계 규정의 내용과 형식을 종합하면, ‘품행이 단정하지 못한 자란 대한민국의 구성원으로 받아들이는 데 지장이 없을 정도의 품성과 행실을 갖추지 못한 자’를 의미하고, 이는 국적회복 신청자의 성별, 나이, 가족, 직업, 경력, 범죄전력 등 여러 사정을 종합적으로 고려하여 판단하여야 한다. 특히 범죄전력과 관련하여서는 단순히 범죄를 저지른 사실의 유무뿐만 아니라 범행의 내용, 처벌의 정도, 범죄 당

1) 서울행정법원 2015. 9. 18. 선고 2014구합13164 판결(확정).
2) 대법원 2010. 10. 28. 선고 2010두6496 판결.

시 및 범죄 후의 사정, 범죄일로부터 처분할 때까지의 기간 등 여러 사정을 종합적으로 고려하여야 한다. 다만, 품행이 단정하지 못한지는 행정청에 재량이 인정되는 영역이라고 볼 수 없다.[1]

국적법 시행규칙 제5조의2 제1호는 범죄 전력뿐만 아니라 기소유예의 처분을 받은 내역도 고려하도록 하고 있다. 실무상으로는 범죄 전력이 있는 경우 품행이 단정하지 않다고 판단한 경우가 대부분이고,[2] 범죄 전력이 없더라도 위법행위 등의 성질을 따져 품행이 단정하지 않다고 판단한 사례도 많다.[3] 그렇다고, 범죄 전력이 있으면 무조건적으로 품행이 단정하지 않다고 판단하는 것은 아님을 유의할 필요가 있다.[4]

(다) 생계유지능력

국적법 시행규칙 제3조 제2항 제2호는 귀화허가 신청서에 생계유지능력을 갖추고 있음을 증명하는 서류를 제출하도록 하고 있다. 그리고 그 서류로 일정한 액수 이상의 금융재산(예금·적금·증권 등) 증명 서류 등을 열거하고 있다. 위 규정은 국적법 제5조 제4호에서 정한 '생계유지능력'을 판단하기 위한 자료를 구체화한 규정으로 볼 수 있으나, 다만 위 규정에 대해서는 국적법의 명시적인 위임규정이 없음을 유의할 필요가 있다. 또한 위와 같은 서류를 갖추었다고 하더라도, 당연히 귀화신청

1) 국적회복불허가 사건에 관한 대법원 2017. 12. 22. 선고 2017두59420 판결.

2) 서울행정법원 2021. 6. 22. 선고 2020구합4154 판결(확정), 서울고등법원 2013. 4. 17. 선고 2012누33913 판결(확정), 대법원 2013. 4. 11. 선고 2011누24981 판결(상고기각 확정), 대법원 2012. 11. 8. 선고 2012누18457 판결(상고기각 확정), 서울행정법원 2013. 8. 13. 선고 2013구합10106 판결(확정), 서울행정법원 2013. 6. 20. 선고 2012구합41646 판결(항소기각 확정), 서울행정법원 2013. 5. 10. 선고 2013구합2174 판결(확정), 서울행정법원 2013. 5. 3. 선고 2012구합44430 판결(항소기각 확정), 서울행정법원 2013. 4. 2. 선고 2012구합42373 판결(확정), 서울행정법원 2012. 11. 2. 선고 2012구합27046 판결(항소기각 확정), 서울행정법원 2012. 10. 25. 선고 2011구합26411 판결(확정).

3) 서울행정법원 2013. 7. 26. 선고 2013구합52957 판결(확정), 서울행정법원 2013. 7. 16. 선고 2013구합8943 판결(확정), 서울행정법원 2013. 5. 3. 선고 2012구합38640 판결(항소기각 확정), 서울행정법원 2013. 4. 4. 선고 2012구합19076 판결(확정), 서울행정법원 2012. 12. 14. 선고 2012구합22423 판결(확정), 서울행정법원 2012. 7. 20. 선고 2012구합5329 판결(확정), 서울행정법원 2012. 6. 21. 선고 2012구합10369 판결(확정).

4) 서울고등법원 2021. 9. 29. 선고 2021누43974 판결(심리불속행기각 확정), 서울행정법원 2016. 8. 25. 선고 2016구합53616 판결(항소기각 확정), 서울행정법원 2013. 4. 4. 선고 2012구합25866 판결(항소기각 및 심리불속행기각 확정), 서울행정법원 2013. 5. 9. 선고 2012구합35641 판결(확정), 서울행정법원 2013. 1. 31. 선고 2012구합16237 판결(항소기각 확정), 서울행정법원 2009. 10. 1. 선고 2009구합5046 판결(확정), 서울행정법원 2008. 5. 14. 선고 2007구합43501 판결(항소기각 및 심리불속행기각 확정).

인이 생계유지능력을 갖추었다고 인정해야 하는 것도 아니다.[1]

실무례는 귀화신청인 및 배우자의 예금잔고 등 자산의 보유상태, 현재의 직업 및 장래의 취업가능성, 수입의 규모, 건강상태, 거주지 등을 종합적으로 고려하여 생계유지능력 요건을 갖추었는지 판단하고 있다. 따라서 단지 고정수입이 없다는 이유만으로 다른 자산보유 사정 등을 고려하지 않고 생계유지능력 요건을 갖추지 못하였다고 판단하는 것은 재량권 행사를 해태하였다고 볼 수 있다.[2]

다. 간이귀화(제6조)

(1) 법령상 요건

실무례는 아래 (가), (나)의 요건 중 하나를 갖추어야 하는 외에도, 일반귀화의 요건 중 위 ③ 내지 ⑦의 요건을 모두 갖추어야 한다고 해석하고 있다.[3] 국적법이 일반귀화보다 간이귀화의 요건을 완화하는 이유는 부모나 배우자가 대한민국과 국적 또는 출생지 등의 관련성을 맺고 있는 이상, 그 자녀나 배우자인 외국인은 우리 사회의 일원으로 수용하기 더욱 쉽다는 점에서 국적 취득을 쉽게 허용할 필요가 있기 때문이라고 볼 수 있다.[4]

(가) 제1항: 대한민국에 3년 이상 계속하여 주소가 있는 외국인으로서, 부 또는 모가 대한민국의 국민이었던 자(제1호), 대한민국에서 출생한 자로서 부 또는 모가 대한민국에서 출생한 자(제2호), 대한민국 국민의 양자로서 입양 당시 대한민국의 민법상 성년이었던 자(제3호).

(나) 제2항: 배우자가 대한민국의 국민인 외국인으로서, 그 배우자와 혼인한 상태로 대한민국에 2년 이상 계속하여 주소가 있는 자(제1호), 그 배우자와 혼인한 후 3년이 지나고 혼인한 상태로 대한민국에 1년 이상 계속하여 주소가 있는 자(제2호), 제1호나 제2호의 기간을 채우지 못하였으나, 그 배우자와 혼인한 상태로 대한민국에 주소를 두고 있던 중 그 배우자의 사망이나 실종 또는 그 밖에 자신에게 책임이 없

1) 서울행정법원 2020. 4. 23. 선고 2019구합76375 판결(항소기각 확정), 서울행정법원 2012. 5. 3. 선고 2011구합35873 판결(항소기각 확정).
2) 위 2019구합76375 판결(항소기각 확정).
3) 대표적으로 서울고등법원 2022. 10. 26. 선고 2022누42961 판결(심리불속행기각 확정).
4) 서울고등법원 2018. 2. 7. 선고 2017누60910 판결(확정).

는 사유로 정상적인 혼인 생활을 할 수 없었던 자로서 제1호나 제2호의 잔여기간을 채웠고 법무부장관이 상당하다고 인정하는 자(제3호), 제1호나 제2호의 요건을 충족하지 못하였으나, 그 배우자와의 혼인에 따라 출생한 미성년의 자를 양육하고 있거나 양육하여야 할 자로서 제1호나 제2호의 기간을 채웠고 법무부장관이 상당하다고 인정하는 자(제4호).

(2) 소송의 주요 쟁점

실무상 배우자의 사망이나 실종 이외의 자신에게 책임 없는 사유로 정상적인 혼인 생활을 할 수 없었던 자에 해당하는지(제6조 제2항 제3호)가 자주 문제된다[혼인 파탄 귀책사유의 정도와 증명책임에 관해서는 본서 Ⅲ. 3. 다. (3)항 참조].

한편 제6조 제2항 제4호와 관련한 양육의 개념에 관하여, 양육은 미성년 자녀에 대한 목욕·수면·운동 등의 돌봄, 훈육, 공·사교육의 제공, 거소지정, 징계, 자녀를 억류하는 자에 대한 인도 청구 또는 방해배제청구를 할 수 있는 권리 및 의무를 포함하는 것으로서 양육자가 아닌 자가 행사하는 면접교섭권과는 구별된다고 판시한 실무례가 있다.[1)]

라. 특별귀화(제7조)

대한민국에 주소가 있는 외국인이 일반귀화의 요건 중 위 ④, ⑥, ⑦의 요건을 갖춘 다음, 부 또는 모가 대한민국의 국민인 사람(제1호, 다만 양자로서 대한민국의 민법상 성년이 된 후에 입양된 자는 제외), 대한민국에 특별한 공로가 있는 사람(제2호), 과학·경제·문화·체육 등 특정 분야에서 매우 우수한 능력을 보유한 자로서 대한민국의 국익에 기여할 것으로 인정되는 사람(제3호) 중 어느 하나에 해당하면 된다.

부 또는 모의 국적은 특별귀화 허가의 중요한 요건 중 하나이다. 따라서 부 또는 모가 적법하게 대한민국 국적을 취득하였는지도 심사의 대상이 될 수 있다.[2)]

---

1) 서울행정법원 2021. 9. 30. 선고 2021구합54736 판결(확정).
2) 대법원 2018. 11. 29. 선고 2018도6913 판결.

2. 국적회복 불허가처분에 관한 소송

가. 국적회복의 의의

국적회복은 과거 한때 어떤 원인으로든 대한민국의 국적을 보유하다가 상실 또는 이탈한 사람이 법무부장관의 허가를 받아 대한민국 국적을 회복하는 것을 말한다. 과거 대한민국 국민이었으나 일단 외국인이 된 자를 다시 우리 국가공동체의 구성원으로 인정하여 주권자의 한 사람으로 받아들이는 과정에서 국가 및 사회의 통합과 질서를 저해할 위험이 있는 자를 배제할 필요가 있으므로, 국적법은 국적회복의 불허사유를 규정하고 있다(제9조 제2항). 국적회복은 귀화보다 국적취득의 요건을 완화하고 있는데, 귀화와 달리 국적회복을 신청한 사람은 과거 대한민국 국민이었던 사정을 고려하여 다시 우리 국가공동체의 구성원이자 주권자의 한 사람으로 받아들일 폭을 넓히자는 입법적 고려가 있기 때문이라고 볼 수 있다. 헌법재판소는 국적법이 귀화제도와 국적회복제도를 구분하고 있는 것은 과거 대한민국 국민이었던 자의 국적취득절차를 간소화함으로써 국적취득상의 편의를 증진시키려 하는 것이라고 보았다.[1)]

법무부장관으로부터 국적회복허가를 받은 사람은 법무부장관 앞에서 국민선서를 하고 국적회복증서를 수여받은 때에 대한민국 국적을 취득한다. 국적법은 국적회복허가의 신청절차, 심사 등에 관하여 필요한 사항을 대통령령에 위임하고 있다.

국적회복허가는 재량행위라고 새겨진다.[2)] 다만, 국적법 제9조 제2항에서 정한 불허사유가 없는데도 법무부장관이 국적회복을 불허가할 수 있는지에 대하여 귀화허가에 관한 대법원 2010. 10. 28. 선고 2010두6496 판결을 적용할 수 있는지는 앞서 본 국적회복제도의 의의, 특성 등을 고려할 때 추가적인 검토를 요한다.

나. 국적회복허가의 요건

(1) 대한민국 국민이었을 것

원고가 자신이 과거 대한민국 국적을 보유했음을 증명하지 못하면 국적회복불

---

1) 헌법재판소 2020. 2. 27. 선고 2017헌바434 전원재판부 결정.
2) 서울고등법원 2018. 10. 25. 선고 2018누59276 판결(확정), 서울행정법원 2022. 1. 11. 선고 2021구합61116 판결(확정).

허처분취소소송에서 원고 청구를 기각하면 된다.[1] 다만 원고가 자신이 과거 대한민국 국적을 보유했다는 점을 증명하는 방법은 국적회복과 관련한 법령에서 규정하고 있는 방법에 한하지 않으며 다른 방법도 가능하다.[2]

(2) 국적회복의 불허사유

국가나 사회에 위해를 끼친 사실이 있는 사람(제1호), 품행이 단정하지 못한 사람(제2호), 병역을 기피할 목적으로 대한민국 국적을 상실하였거나 이탈하였던 사람(제3호), 국가안전보장·질서유지 또는 공공복리를 위하여 법무부장관이 국적회복을 허가하는 것이 적당하지 아니하다고 인정하는 사람(제4호)에 해당하지 아니하여야 한다.

불허사유에 관한 실무례의 기준은 명확하지 않으나, 제2호 등의 사유가 있는지를 판단할 때 고려할 요소는 귀화허가의 경우와 크게 다르지 않다. 구체적으로, 불허사유에 해당하지 않는다고 본 사안으로는, 사기죄로 벌금 1,500만 원을 선고받았으나, 범행의 경위와 내용, 범행 후의 정상, 국적 상실의 경위 등에 참작할 사정이 있는 경우,[3] 대한민국의 국적을 취득한 후 일정 기간에 중국 국적을 포기하여야만 대한민국 국적을 유지할 수 있다는 점을 알지 못한 채 대한민국 국적을 상실하고 불법으로 체류한 경우,[4] 병역의무 있는 남성이 대한민국 국적을 상실함으로써 결과적으로 병역의무를 면하게 된 사실관계에서 추단되는 막연한 의심만 있는 경우[5] 등이 있다.

3. 귀화허가, 국적회복허가 등의 취소처분에 관한 소송

법무부장관은 거짓이나 그 밖의 부정한 방법으로 귀화허가, 국적회복허가 등을 받은 자에 대하여 그 허가 또는 판정을 취소할 수 있다(국적법 제21조). 국적법은 이

1) 서울행정법원 2009. 12. 4. 선고 2009구합22331 판결(확정), 서울행정법원 2009. 9. 10. 선고 2009구합9741 판결(항소기각 확정).
2) 서울행정법원 2013. 2. 5. 선고 2012구합23518 판결(항소기각 확정), 서울행정법원 2010. 7. 23. 선고 2009구합56150 판결(항소기각 확정).
3) 서울고등법원 2022. 12. 16. 선고 2021누76394 판결(심리불속행기각 확정).
4) 대법원 2005. 7. 14. 선고 2005두2483 판결.
5) 서울행정법원 2021. 10. 8. 선고 2021구합52464 판결(확정).

에 대한 취소의 기준·절차와 그 밖에 필요한 사항을 대통령령에 위임하고 있다. 국적법 시행령(제27조 제1항)은 귀화허가 등을 받을 목적으로 신분관계 증명서류를 위조·변조하거나 위조·변조된 증명서류를 제출하여 유죄 판결이 확정된 사람 또는 혼인·입양 등에 의하여 대한민국 국적을 취득하였으나 그 국적취득의 원인이 된 신고 등의 행위로 유죄 판결이 확정된 사람, 대한민국 국적 취득의 원인이 된 법률관계에 대하여 무효나 취소의 판결이 확정된 사람, 그 밖에 귀화허가 등에 중대한 하자가 있는 사람을 귀화허가 등의 취소대상으로 정하고 있다.

여기에서 '거짓이나 그 밖의 부정한 방법'이란 귀화허가를 받기 위하여 사용하는 위계 기타 사회통념상 부정한 방법이라고 인정되는 모든 행위로서 귀화허가에 관한 의사결정에 영향을 미칠 수 있는 적극적 및 소극적 행위를 의미한다고 볼 수 있다.[1] 그리고 국적법 시행령에서 정한 요건 중 '그 밖에 귀화허가 등에 중대한 하자'란 국적법 시행령에 열거된 사유와 같이 부정행위에 의하여 귀화허가처분을 받은 것이 분명한 경우로서 귀화허가의 전제가 된 사실관계나 법률관계에 중대한 착오나 불일치가 있거나 대한민국의 법질서에 대한 중대한 위반행위가 있는 등과 같이 귀화허가 당시에 귀화허가의 요건을 갖추지 못하여 행정청이 그러한 사유를 알았다면 귀화허가를 하지 아니하였을 것이 분명하다고 추단되는 사정을 의미한다.[2]

다만, 위 취소사유에 해당한다고 하더라도, 법무부장관은 무조건 귀화허가를 취소하여야 하는 것이 아니라, 귀화허가를 받을 당시의 위법의 정도, 귀화허가 후 형성된 생활관계, 귀화허가취소 시 받게 될 당사자의 불이익, 귀화허가 시부터 귀화허가에 대한 취소권을 행사하는 시점까지의 시간의 경과 정도 등 제반사정을 고려하여 귀화허가의 취소 여부를 결정하여야 한다.[3]

4. 국적판정에 관한 소송

법무부장관은 대한민국 국적의 취득이나 보유 여부가 분명하지 아니한 자에 대하여 이를 심사한 후 판정할 수 있다(국적법 제20조). 국민은 후천적인 사유가 아닌

1) 서울고등법원 2021. 6. 2. 선고 2020누50333 판결(심리불속행기각 확정).
2) 서울고등법원 2019. 6. 13. 선고 2017누84350 판결(확정).
3) 위 2017누84350 판결(확정).

한 헌법과 국적법이 정하는 바에 따라 출생과 동시에 당연히 국적을 취득하므로, 반드시 행정처분에 따라 국민으로 판정되어야만 대한민국 국적을 보유하게 되는 것은 아니다.[1] 그러므로 국적법에서 정한 국적판정은 원칙적으로 대한민국 국적의 취득 내지 보유 여부를 확인하여 주는 절차라고 볼 수 있다. 그러나 법무부장관이 국적보유 판정을 할 경우에는 그 사실을 지체 없이 본인과 등록기준지 가족관계등록관서의 장에게 통보하고, 관보에 고시하여야 하며(국적법 제20조 제2항, 국적법 시행령 제24조 제4항), 상대방은 별도의 국적취득 절차를 거치지 아니하고 가족관계등록법에서 정하는 바에 따라 가족관계 등록 창설을 할 수 있다(국적법 제20조 제2항, 국적법 시행령 제24조 제5항). 국적보유 판정이 위와 같이 국민의 권리의무에 직접적인 영향을 미치는 이상, 국적비보유 판정 역시 행정청이 공권력의 주체로서 행하는 구체적 사실에 관한 법집행으로서 국민의 권리의무에 직접적으로 영향을 미치는 행위인 처분에 해당한다고 보아야 한다.[2] 대법원은 국적비보유 판정이 신뢰보호의 원칙을 위반하였다고 판단하였는데,[3] 이는 위 판정이 처분에 해당함을 전제하는 것이라고 볼 수 있다.

국적판정을 할 때에는 '혈통관계, 국외이주 경위, 대한민국 국적 취득 여부, 대한민국 국적을 취득한 후 스스로 외국국적을 취득함으로써 대한민국 국적을 상실한 사실이 있는지 및 현재도 대한민국 국적을 보유하고 있는지'를 심사한다(국적법 시행령 제24조 제3항). 실무상으로는, 대한민국과 중국의 건국을 전후로 하여 부모가 대한민국 국적을 상실하였는지 등이 문제되는데, 부모가 북한주민인 경우에 그 자녀가 대한민국 국적을 보유한 자에 해당하는지에 관해서는 실무례가 많지 않다.[4] 대법원은 조선인을 부친으로 하여 출생한 자는 조선국적을 취득하였다가 제헌헌법의 공포와 동시에 대한민국 국적을 취득하였다 할 것이고, 설령 북한법의 규정에 따라 북한국적을 취득하였다고 하더라도, 북한은 대한민국의 주권이 미치는 곳이므로, 대한민국 국적을 취득하고 이를 유지하고 있다는 사실에는 영향이 없다고 판단한 바 있다.[5]

1) 서울행정법원 2014. 6. 19. 선고 2012구합26159 판결(확정).
2) 서울고등법원 2024. 6. 25. 선고 2024누37635 판결(확정).
3) 대법원 2024. 3. 12. 선고 2022두60011 판결.
4) 인정한 사례로는 서울고등법원 2020. 4. 9. 선고 2019누55783 판결(확정),
5) 강제퇴거명령처분 무효확인 사건에 관한 대법원 1996. 11. 12. 선고 96누1221 판결.

Ⅲ. 출입국관리법 관련 소송

1. 논의의 전제: 출입국관리행정에 관한 재량과 사법심사

헌법재판소는 출입국관리행정이 내·외국인의 출입국과 외국인의 체류를 적절하게 통제·조정함으로써 국가의 이익과 안전을 도모하는 국가행정으로서, 특히 외국인의 입국에 관한 사항은 주권국가로서의 기능을 수행하는데 필요한 것으로서 광범위한 정책재량의 영역에 놓여 있는 분야라고 판시한 바 있다.[1] 하급심 판결은 외국인의 출입국에 관한 사항이 "주권국가로서의 기능을 수행하는 데 필수적인 것이므로 엄격히 관리되어야 한다."라는 표현을 사용하면서 행정청의 폭넓은 재량권 행사를 용인하는 논거로 사용하고 있다. 이러한 접근방식을 출입국관리행정에서의 개별처분에 대한 사법심사에 그대로 대입하는 경우 공·사익 이익형량이 형식화·형해화될 수 있다.[2]

정책형성에서의 재량과 정책집행에서의 재량은 본질적으로 다른 것이고, 개별처분은 정책집행의 영역에 속한다. 출입국관리법에는 정책집행의 영역에 속하는 다양한 종류의 행정처분이 규정되어 있는데, 이들 각각에 관하여 행정청이 누리는 재량의 범위가 모두 동일하게 광범위하다고 볼 수는 없다. 출입국관리행정이라고 해서 특별할 것은 없고, 출입국관리행정 영역에서의 다양한 개별처분이 주권행사라는 논거로 사법심사로부터 완전히 보호될 수는 없다.[3] 즉 재량의 범위는 각각의 근거법

---

1) 헌법재판소 2005. 3. 31. 선고 2003헌마87 결정.
2) 문중흠, "출입국관리법 해석을 통한 외국인노동자, 결혼이민자의 보호 – 행정소송상 재판례 및 쟁점을 중심으로", 사법논집(60), 108.
3) 최계영, "출입국관리행정, 주권 그리고 법치 – 미국의 전권 법리의 소개와 함께", 국가와 헌법 I : 헌법총론, 정치제도론, 법문사(2018), 1172.

령의 문언과 규율밀도, 입국, 체류자격 부여 및 변경, 귀화, 출국과 같은 출입국관리 행정의 단계, 당해 행정처분이 침익적인지 아니면 수익적인지, 행정처분을 통해 부여되거나 박탈되는 지위의 성격과 등급이 어떠한지 등에 따라 달라진다고 할 것이다. 따라서 개별처분을 사법심사 함에 있어서는 개별처분 요건과 제도의 취지에 대한 개별적인 숙고를 바탕으로,[1] 처분의 상대방이 처한 개별·구체적 사정을 진지하게 심리하고 고려하여야 한다는 점을 유의할 필요가 있다.[2]

2. 사증발급 내지 사증발급인정 거부처분 취소소송

사증발급 내지 사증발급인정 신청이 거부되는 경우 원고는 사증발급 신청을 거부한 재외공관의 장, 예컨대 대한민국 대사관 대사, 총영사관 총영사[3]를 상대로 사증발급 거부처분의 취소를 구하거나, 사증발급인정 신청을 거부한 출입국·외국인청장, 출입국·외국인사무소장을 상대로 사증발급인정 거부처분의 취소를 구하는 형태로 통상 소송이 제기되고 있다.

사증발급 거부처분의 방식은 영사관마다 상이하다. 구두로 고지하고 서면을 교부하지 않는 방식, 서면 또는 홈페이지 게시 등을 통해 거부사유를 알려주는 방식, 여권 마지막 페이지에 거부사유를 부착하는 방식 등을 예로 들 수 있다.[4] 그 처분사유는 입국금지사유(출입국관리법 제11조)의 존재, 초청인의 소득요건 등 초청자격 부적격, 혼인 관련 서류의 진정성 미소명 등이 대표적이다. 사증과 관련된 행정소송 사건은 실무상 자주 접할 수 있는 유형의 사건은 아니다.[5]

---

1) 이주영, "이주여성 관련 행정사건의 쟁점", 재판자료(144), 1308.
2) 이상덕, "결혼이민[F-6 (다목)] 체류자격 요건인 '자신에게 책임이 없는 사유로 정상적인 혼인관계를 유지할 수 없는 사람'의 의미와 증명책임", 판례해설(122), 89.
3) 대한민국 소재 외교부 국제법규과에서 업무를 담당하고 있고, 법원은 실무상 외교부 전자소송 계정으로 송달절차를 진행하고 있다.
4) 우미형, "재외동포에 대한 입국금지결정을 이유로 한 사증발급 거부처분의 적법성", 판례해설(122), 83.
5) 2018년부터 2022년까지 5년 동안 선고된 사건을 통계적으로 개관하면, 서울행정법원 18건, 수원지방법원 1건, 인천지방법원 1건, 대전지방법원 1건, 전주지방법원 1건 합계 22건으로 연평균 4.4건이 선고되었고, 서울행정법원에서 선고된 사건을 세부적으로 보면 2018년 3건, 2019년 1건, 2020년 4건, 2021년 7건, 2022년 3건 합계 18건으로 연평균 3.6건이 선고된 것으로 확인된다.

가. 사증발급의 의의

(1) 사증의 개념

출입국관리법 제7조 제1항에 따라 외국인이 대한민국에 입국하기 위해서는 유효한 여권과 법무부장관이 발급한 사증(査證, Visa)을 가지고 있어야 한다. 사증이란 사증발급 신청인의 여권이 합법적으로 발급된 유효한 여권임을 확인하고, 입국하려는 국가에서 입국·체류하는 것이 상당함을 확인하여 입국항만에서 출입국관리공무원의 입국심사를 받도록 허가한 문서를 말한다.[1] 원래 사증은 라틴어의 배서·보증·확인·인정·증명한다는 의미를 지닌 'Vise'에서 유래한 것이다.[2]

(2) 재량행위로서 사증발급과 그 법적 성질

외국인은 직접 재외공관에 사증발급 신청서를 제출하거나(출입국관리법 시행령 제7조), 직접 또는 초청자가 대리하여 그의 주소지 관할 출입국·외국인 행정청으로부터 사증발급인정서를 발급받아(같은 법 제9조) 사증을 발급받을 수 있다. 사증발급은 행정청의 재량행위에 속하는 것으로서, 사증발급 신청이 있는 경우에 체류자격의 요건을 갖추었다고 해서 무조건 사증을 발급해야 하는 것은 아니고, 제11조 제1항 각호에서 정한 입국금지사유 등이 있어 국내 체류를 허용하지 않음으로써 달성하고자 하는 공익이 그로 말미암아 발생하는 불이익보다 큰 경우에는 행정청이 사증을 발급하지 않을 재량을 가진다고 보아야 한다(같은 법 시행규칙 제9조의2).[3] 사증발급인정서 발급도 마찬가지이다(같은 법 시행규칙 제17조의3 제1항).

한편 사증발급에 입국허가가 포함되어 있는지에 관하여, 외국인에 대한 입국허가를 포함하는 것으로 보는 견해, 입국허가를 위한 예비조건 내지 입국허가의 추천으로 이해하는 견해가 상정될 수 있으나, 대법원은 출입국항에서 외국인에 대한 별도의 입국심사가 예정되어 있다는 점(출입국관리법 제12조 제1항)을 근거로 후자의 견

---

1) 차용호, 한국 이민법, 법문사(2015), 53.

2) 출입국관리법 해설(개정판), 법무부 출입국·외국인정책본부(2011), 75.

3) 대법원 2019. 7. 11. 선고 2017두38874 판결(처분의 근거 법령이 행정청에 처분의 요건과 효과 판단에 일정한 재량을 부여하였는데도, 행정청이 자신에게 재량권이 없다고 오인한 나머지 처분으로 달성하려는 공익과 그로써 처분상대방이 입게 되는 불이익의 내용과 정도를 전혀 비교형량 하지 않은 채 처분을 하였다면, 이는 재량권 불행사로서 그 자체로 재량권 일탈·남용으로 해당 처분을 취소하여야 할 위법사유가 된다).

해를 취하고 있다.[1] 사증발급인정서 발급도 사증과 마찬가지로 대한민국에 입국하기 위한 예비조건 내지 입국허가의 추천으로서의 성질을 가진다.[2]

(3) 사증발급과 체류자격의 관계

사증이 필요하지 않은 외국인은 입국심사단계에서 체류자격 및 체류기간이 부여되고, 사증을 발급받은 외국인에 대하여는 입국심사에서 입국목적이 체류자격에 맞는지, 체류기간이 법무부령으로 정하는 바에 따라 정하여졌는지, 여권과 사증이 유효한지가 다시 심사된다. 출입국관리공무원은 이러한 요건을 갖추었음을 외국인이 증명하지 못하면 입국을 허가하지 아니할 수 있다(출입국관리법 제12조, 같은 법 시행령 제15조).

사증의 규율내용에 체류허가 사항이 포함되어 있고(같은 법 시행령 제7조 제1항) 사증발급 시 체류자격 및 체류기간에 대한 심사가 동시에 이루어지지만, 이는 절차의 간소화와 편의를 위한 것으로, 사증발급과 체류자격이 사실상 동일하다거나 체류자격 심사가 사증발급 심사요건을 대체한다는 의미로 볼 수는 없다.[3] 다만 체류허가가 사증과 별도로 명시적으로 부여되지는 아니하므로, 출입국관리 행정실무에서는 일반적으로 '체류허가'를 체류자격 변경허가 등 외국인이 입국한 이후 그의 체류자격이나 기간을 규율하는 결정을 지칭하는 개념으로 사용하고 있다.[4]

나. 사증발급거부처분 취소소송

(1) 거부처분으로서 사증발급거부행위

대법원 2018. 5. 15. 선고 2014두42506 판결이 선고되기 전 사증발급거부행위에 대한 항고소송의 가능성에 관하여는 거부처분의 신청권 문제로 다루어져 왔다. 판례[5]에 의하면, 신청에 대한 행정청의 거부행위를 대상으로 항고소송을 제기하기 위해서는 법규상 또는 조리상의 권리가 요구되었기 때문이었다. 즉 거부행위의 대상

---

1) 대법원 2018. 5. 15. 선고 2014두42506 판결.
2) 서울고등법원 2021. 3. 24. 선고 2020누53127 판결(상고기각 확정).
3) 우미형, "재외동포에 대한 입국금지결정을 이유로 한 사증발급 거부처분의 적법성", 판례해설(122), 70.
4) 이철우 외 10인, 이민법(제3판), 박영사(2024), 99.
5) 대법원 1984. 10. 23. 선고 84누227 판결, 대법원 1998. 7. 10. 선고 96누14036 판결 등.

적격이 쟁점으로 되었던 것이다.[1] 이와 관련하여 외국인에게 법규상 또는 조리상의 신청권이 인정되는지에 관하여, 부정하는 견해, 인정하는 견해, 예외적으로 외국국적동포의 법규상 신청권을 인정하는 견해가 실무상 대립하여 왔는데,[2] 대법원 2018. 5. 15. 선고 2014두42506 판결은 행정소송법의 법문에 충실하게 신청권에 대한 언급 없이 사증발급거부행위를 행정청이 행하는 구체적 사실에 관한 법집행으로서의 공권력의 행사 거부로서 처분으로 인정하였다.

(2) 원고적격의 문제

대법원은 2018. 5. 15. 선고 2014두42506 판결에서 "사증발급 거부처분을 다투는 외국인은, 아직 대한민국에 입국하지 않은 상태에서 대한민국에 입국하게 해달라고 주장하는 것으로, 대한민국과의 실질적 관련성 내지 대한민국에서 법적으로 보호가치 있는 이해관계를 형성한 경우는 아니어서, 해당 처분의 취소를 구할 법률상 이익을 인정하여야 할 법정책적 필요성도 크지 않다. 반면, 국적법상 귀화불허가처분이나 출입국관리법상 체류자격변경 불허가처분, 강제퇴거명령 등을 다투는 외국인은 대한민국에 적법하게 입국하여 상당한 기간을 체류한 사람이므로, 이미 대한민국과의 실질적 관련성 내지 대한민국에서 법적으로 보호가치 있는 이해관계를 형성한 경우이어서, 해당 처분의 취소를 구할 법률상 이익이 인정된다고 보아야 한다. 나아가 중국 출입경관리법 제36조 등은 외국인이 사증발급 거부 등 출입국 관련 제반 결정에 대하여 불복하지 못하도록 명문의 규정을 두고 있으므로, 국제법의 상호주의 원칙상 대한민국이 중국 국적자에게 우리 출입국관리행정청의 사증발급 거부에 대하여 행정소송 제기를 허용할 책무를 부담한다고 볼 수는 없다. 이와 같은 사증발급의 법적 성질, 출입국관리법의 입법목적, 사증발급 신청인의 대한민국과의 실질적 관련성, 상호주의원칙 등을 고려하면, 우리 출입국관리법의 해석상 외국인에게는 사증발급 거부처분의 취소를 구할 법률상 이익이 인정되지 않는다고 봄이 타당하다." 라고 판시하여, 아직 대한민국에 입국하지 않은 상태에서 사증발급 거부처분을 다투는 외국인의 원고적격을 부인한 바 있다.[3] 반면 외국인의 한국 국적 배우자가 취소

1) 판례에 의하면, 신청권이 인정되어 대상적격을 충족하는 경우에는 처분의 신청인이 원고가 되는 한 원고적격의 문제는 별도로 제기되지 않는다고 할 것이다.

2) 문중흠, "출입국관리법 해석을 통한 외국인노동자, 결혼이민자의 보호 - 행정소송상 재판례 및 쟁점을 중심으로", 사법논집(60), 144-149.

3) 이에 대하여 헌법과 결합된 민법, 민법 관계법, 다문화가족지원법, 재한외국인 처우 기본법 등의 해석

소송을 제기한다면 규범적으로 원고적격을 인정하여야 할 필요가 있다.[1)]

실무상 먼저 외국국적동포의 경우 「재외동포의 출입국과 법적 지위에 관한 법률」이 특별히 제정되어 시행되고 있는 점을 주된 근거로 원고적격이 인정되고 있다.[2)] 그러나 그 밖의 외국인의 경우 외국인이 대한민국에 입국하지 않은 상태에 있다는 점을 핵심적 근거로, 과거 대한민국에 입국하여 체류한 사실이 있다거나 대한민국 국민인 배우자와 혼인신고를 한 사실이 있다는 사실만으로는 '대한민국과의 실질적 관련성 내지 대한민국에서 법적으로 보호가치 있는 이해관계를 형성한 경우'에 해당되지 않는다고 판시하면서 종래 실무적으로 상당히 엄격한 태도를 취하고 있었다.[3)] 하지만 외국인의 출입국 경위, 체류자격 및 체류기간, 인적·사회적·경제적 기

을 통해 외국인 배우자 또는 우리 국민에게 법률상 보호받는 이익을 도출해 낼 가능성이 상당하다는 비판적 견해[이주영, "이주여성 관련 행정사건의 쟁점", 재판자료(144), 1305]가 있다. 비교법적으로 미국은 외국인의 원고적격은 부정하되 국민인 배우자의 원고적격은 인정하고, 독일은 외국인 뿐만 아니라 배우자인 국민의 원고적격을 모두 인정하며, 일본은 대상적격을 부정하고 있다[문중흠, "외국인의 원고적격", 행정판례의 이론적 조명, 박영사(2024), 828-830].

1) 마찬가지로 원고적격을 부정한다면 사증발급 거부처분에 대해 취소를 구할 법률상 이익이 있는 자가 법질서상 사실상 존재하지 않게 되는 것인데, 만약 그러한 결과를 의도하는 것이라면 대상적격을 부정함이 논리적으로 타당할 것이기 때문이다["일반 행정소송 사건의 주요 쟁점", 2023년 공법소송실무 연수자료, 30; 서울행정법원 2024. 9. 13. 선고 2024구단4100 판결(항소 기각 및 상고심 계속 중)]. 다만 외국인의 배우자인 국민이 제기한 사증발급 거부처분에 대한 취소소송의 경우에도 '초청인이 배우자와 대한민국에서 동거할 수 없게 되는 불이익이 발생하더라도 이는 근거법률에 의해 보호되는 직접적·구체적 이익이라고 볼 수 없다.'는 이유로 배우자의 원고적격을 인정하지 아니한 하급심판결도 확인된다[서울행정법원 2020. 12. 22. 선고 2019구합90821 판결(확정), 서울행정법원 2020. 7. 10. 선고 2020구합52306 판결(확정), 서울행정법원 2021. 3. 25. 선고 2020구단69512 판결(확정) 등].

2) 대법원 2019. 7. 11. 선고 2017두38874 판결.

3) 외국인의 원고적격을 부정한 사안으로 서울고등법원 2021. 3. 24. 선고 2020누53127 판결(상고기각 확정)(몽골 국적의 외국인인 원고가 사증발급인정서 거부처분을 받은 이후 사증을 발급받아 대한민국에 입국한 상태에 있었던 사안), 서울행정법원 2018. 9. 6. 선고 2018구합57742 판결(확정)[나이지리아 국적의 외국인인 원고가 2015. 10. 17. 단기방문(C-3) 체류자격으로 대한민국에 입국하여 기타(G-1) 체류자격으로 체류하다가 2016. 11. 4. 회화지도(E-2) 체류자격으로 체류 중이던 미국 국적의 외국인과 혼인한 후 2017. 5. 11. 출국한 상태였던 사안], 서울행정법원 2020. 12. 22. 선고 2019구합90821 판결(확정)[이라크 국적의 원고가 대한민국에 체류하던 중 대한민국 국민과 결혼하였고 2012. 8. 20~2019. 12. 23. 단기방문(C-3) 등 체류자격으로 수차례 입국하여 거주하였던 사안], 서울행정법원 2020. 7. 10. 선고 2020구합52306 판결(확정)(베트남 국적의 원고가 대한민국 체류 중 베트남에서 귀화한 국민인 배우자와 결혼하고 13년 정도 대한민국에서 거주하다가 출국한 사안), 서울행정법원 2021. 6. 3. 선고 2021구단51174 판결(확정)[파키스탄 국적의 외국인인 원고가 2016. 10. 8. 단기방문(C-3) 체류자격으로 대한민국에 입국하여 이후 난민신청을 하였다가 불인정처분을 받아 약 1년 5개월간 체류자격 없이 체류하다가 출국하였는데, 그 기간 중 대한민국 국민과 혼인하여 배우자가 자녀를 출산하였던 사안], 서울행정법원 2021. 11. 4. 선고 2020구합79219 판결(확정)(베트남 국적의 외국인인 원고가 베트남에서 귀화한 국민인 배우자와 혼인하고 자녀를 두고 있었으나 특수상해죄 등으로 징역형의 집행유예 판결을 받아 강제퇴거 당한 사안), 서울행정법원 2021. 2. 4. 선고 2020구합58861 판결(확정)(시리아 국적의 외국인인 원고가 허위초청에 따른 출입국관리법위반죄로 징역형의 집행유예 판결을 받아 출국명령에 따라 출국하였는

반, 상호주의원칙 등에 관한 자료를 제출받아 심리하여 구체적·개별적으로 판단하고 실질적으로 논증하여야 함이 타당하다. 이와 관련된 고려요소로는 가족생활의 실질적인 파탄정도, 대한민국과의 유대관계의 정도, 본국에서의 가족생활의 장애물이 있는지, 아동의 최상의 이익, 사회통합 등 출입국관리법의 목적 등이 제시될 수 있을 것이다. 최근에는 외국인이 과거 약 1년 6개월 동안 대한민국에서 체류하였고, 대한민국 국민과 혼인신고를 마친 점 등을 들어 대한민국의 실질적 관련성 등을 형성하였다고 본 실무례가 확인된다.[1)]

다. 사증발급인정 거부처분 취소소송

(1) 의의 및 연혁

사증발급인정이란 외국인의 입국에 관하여 직접적인 이해당사자인 초청인이 국내에서 직접 사증발급을 위한 절차를 주도적으로 처리할 수 있도록 함으로써 피초청인인 외국인이 외국에서 용이·신속하게 사증을 발급받아 입국할 수 있도록 하는 사증발급제도를 말한다.[2)] 사증발급인정제도를 통하여 외국인은 사증담당 영사의 외국인에 대한 체류자격 및 입국목적 등 심사 등 장기간의 번거로운 절차를 생략하여 사증발급 절차를 간소화·간이화할 수 있게 된다.[3)]

사증발급인정서는 1992. 12. 8. 법률 제4522호로 전부 개정된 출입국관리법(제9조)에 의하여 도입된 것으로 그 당시에는 '초청인'이 사증발급인정서를 발급할 수 있는 것으로 규정하고 있었다.[4)] 이후 2002. 12. 5. 법률 제6745호로 개정된 출입국관리법(제9조)에 의하여, 신청권자를 외국인으로 하되, 다만 발급신청을 그 외국인을 초청하려는 자가 '대리'할 수 있는 것으로 개정되었다. 사증발급인정서 제도는 일본의 체류자격인정증명서 제도를 바탕으로 하고 있다고 한다.[5)]

데, 대한민국에 과거 상당기간 거주하였고 대한민국 국민인 배우자와 혼인하였던 사안), 대전지방법원 2018. 7. 11. 선고 2017구합106632 판결(확정)[캐나다 국적의 외국인인 원고가 약 10년간 회화지도(E-2) 체류자격으로 대한민국에 거주하였던 사안] 등.

1) 서울고등법원 2024. 12. 26. 선고 2024누41344 판결(확정), 서울행정법원 2024. 9. 13. 선고 2023구단17116 판결(확정).

2) 차용호, 한국 이민법, 법문사(2015), 73.

3) 제주지방법원 2006. 6. 7. 선고 2005구합733 판결(확정).

4) 서울고등법원 2003. 5. 1. 선고 2002누10355 판결(확정).

5) 사증발급인정서의 효력은 사증을 발급받은 피초청 외국인에게 직접 미치고, 초청자가 얻는 이익(고용

(2) 초청인의 원고적격

실무상 사증발급인정서 발급신청을 거부한 경우 과연 초청인(결혼이민자의 배우자, 고용주 등)이 위 거부행위에 대하여 항고소송을 제기할 수 있는지와 관련하여, 초청인의 원고적격이 문제된다.

초청인의 원고적격을 인정하는 견해[1]의 근거는, 사증발급인정서 제도의 취지와 출입국관리법 제9조는 외국인 입국과 관련된 초청인의 이해관계를 법적으로 보장하고 있고, 초청인이 작성한 신청서에 근거하여 사증발급인정서를 초청인에게 교부하도록 규정하는 점, 무엇보다 사증발급인정서 발급 여부를 심사함에 있어 출장소장이나 법무부장관은 '초청인의 초청사유가 타당한지 여부'를 중점적으로 심사하도록 규정하고 있어 초청인의 결격사유 유무가 사증발급인정서 발급에 있어 매우 중요한 기준이 되는 점, 직접적인 이해당사자인 초청인이 이를 다툴 수 없다면 사증발급인정불허처분에 대해서 다툴 방도가 사실상 봉쇄된다는 점 등이 제시되고 있다.

반면 초청인의 원고적격을 부정하는 견해[2]의 근거는, 출입국법령에 의하여 외국인을 초청하려는 자는 외국인의 사증발급인정 신청을 대리할 수 있을 뿐 독자적인 지위에서 스스로 그 외국인에 대한 사증발급인정을 신청할 권리는 인정되지 아니하는 점, 외국인에게 사증발급을 인정할 때 초청자에게 사증발급인정서를 교부할 수 있도록 허용하고 있다고 하더라도 이는 절차적 편의 규정에 불과한 점, 외국인은 대리인을 선임하는 등의 방법으로 위 거부행위를 다툴 수 있는 점과 사증발급인정서 제도의 연혁과 유래 등이 제시되고 있다.

에 따른 이익, 결혼이민자와 혼인하여 함께 거주할 수 있는 이익 등)은 반사적 이익에 불과하며, 대부분 초청자가 국민이므로 외국인을 초청하려는 자가 직접 사증발급인정서 발급을 신청할 수 있도록 규정하게 되면 이를 권리로 하여 직접 소송의 당사자가 될 수 있는 점을 미연에 방지하고자 하는 데 그 취지가 있는 것으로 설명되기도 한다[출입국관리법 해설(개정판), 법무부 출입국·외국인정책본부(2011), 82].

1) 창원지방법원 2024. 8. 22. 선고 2024구합10254 판결(확정), 제주지방법원 2006. 6. 7. 선고 2005구합733 판결(확정); 대법원 2022. 9. 16. 자 2022두44958 판결[원고 회사가 외국인들을 대리하여 외국인 연수(D-4-6) 체류자격의 사증발급인정서 발급신청을 하였으나, 피고가 초청자격 부적격을 이유로 불허한 사안].

2) 대법원 2010. 12. 23. 자 2010두22115 판결(대한민국 국민인 원고가 중국 국적의 배우자의 자격에서 사증발급인정 신청을 하였으나 불허처분이 내려지자 그 취소를 구한 사안).

3. 체류자격 부여 내지 변경 불허처분 취소소송

가. 체류자격의 의의

(1) 개념 및 기능

체류자격이란 외국인의 출입국과 체류관리에 필요한 기본적인 자격으로 외국인이 대한민국에서 체류하면서 행할 수 있는 활동이나 대한민국에 체류할 수 있는 신분 또는 지위의 종류를 유형화한 것을 말한다(출입국관리법 제10조). 이는 외국인이 대한민국에 입국하려는 때에 입국허가의 요건이 되고, 외국인의 체류 기간과 활동범위에 관한 가이드라인이 되며, 영주 또는 국적과 연계를 통하여 국가 간 인적 교류를 증진하는 수단이 되고, 외국인의 법적 지위에 따른 권리와 의무의 범위를 정하고, 이를 위반할 시 제재하고 관리하는 수단이 된다.[1]

(2) 외국인의 체류와 사법심사의 강도

외국인의 체류는 체류기간이 90일 이하인 단기체류, 체류기간이 90일을 초과하는 장기체류, 체류기간의 제한이 없는 영주로 구분될 수 있다(출입국관리법 제10조, 제10조의2).

먼저 외국인의 국내 체류기간이 비교적 단기간으로 국내에 경제적·사회적 기반이 상당히 마련되어 있지 아니한 상태에서는 그 보호의 필요성이 상대적으로 크지 아니할 것이다. 그러나 국내 체류기간이 장기화되면서 위와 같은 기반을 마련하여 정착한 경우 비교적 경미한 법 위반행위가 있었더라도 외국인에 대한 입국금지나 강제퇴거대상 여부를 판단함에 있어 불법입국자나 단기체류자에 비해서는 보다 엄격한 판정을 요한다고 봄이 상당하다.[2]

다만 외국인이 대한민국 내에서 형성한 경제적·사회적 기반은 적법하게 형성된 것으로서 보호가치 있을 것을 요한다. 이와 달리 범죄행위 등에 근거한 것일 경우에도 외국인에게 입국을 허용할 경우 수많은 외국인이 범죄행위 등을 통하여서라도 대한민국 내에 체류하고자 하는 시도를 조장하게 될 수 있기 때문이다.[3]

---

1) 차용호, 한국 이민법, 법문사(2015), 323.
2) 서울고등법원 2012. 2. 10. 선고 2011누19750 판결(상고기각 확정).
3) 서울행정법원 2013. 7. 11. 선고 2013구합8363 판결(확정).

한편 영주권자는 체류국가와 인적·물적 유대가 가장 밀접한 관계에 놓여있는 외국인으로서, 다른 특별한 사정이 없는 한 갱신 없이 대한민국에서 계속하여 거주할 수 있는 권리를 얻게 됨으로써 국민에 준하는 법적 지위를 가지게 되므로,[1] 영주 체류자격의 요건 구비 여부는 보다 엄격하게 심사할 필요가 있다.[2]

나. 체류자격의 유형

(1) 개관

출입국관리법 제10조는 입국하려는 외국인은 일반체류자격, 영주자격 중 어느 하나에 해당하는 체류자격을 가져야 한다고 규정하고, 제10조의2에서는 일반체류자격을 90일을 초과하여 대한민국에 머물 수 있는지를 기준으로 단기체류자격, 장기체류자격으로 구분하여 규정하며, 세부사항은 대통령령으로 위임하고 있다.[3] 이에 따라 출입국관리법 시행령 [별표1]은 단기체류자격을 5개로, [별표1의2]는 장기체류자격을 30개로 각 세분하고 있고, [별표1의3]은 영주자격을 규정함으로써 총 36개의 체류자격 유형을 두고 있다.

체류자격에 해당하는 활동과 함께 다른 체류자격에 해당하는 활동을 하려면 미리 법무부장관의 체류자격 외 활동허가를 받아야 하고(출입국관리법 제20조), 외국인이 그 체류자격과 다른 체류자격에 해당하는 활동을 하려면 미리 법무부장관의 체류자격 변경허가를 받아야 하며(같은 법 제24조), 외국인이 체류기간을 초과하여 계속 체류하려면 체류기간 연장허가를 받아야 한다(같은 법 제25조). 재판례에 나타나는 주요 체류자격은 다음과 같은데, 다만 결혼이민(F-6) 체류자격은 별도의 항목에서 살피기로 한다.

---

1) 대전지방법원 2014. 11. 12. 선고 2014구합100657 판결(항소기각 확정).
2) 서울행정법원 2012. 6. 19. 선고 2012구합5459 판결(항소기각 및 심리불속행기각 확정), 서울행정법원 2014. 3. 21. 선고 2013구합64608 판결(확정), 서울행정법원 2014. 10. 16. 선고 2014구합6593 판결(확정).
3) 체류자격별 신청대상 및 필요서류 등에 관한 상세한 내용은 하이코리아 홈페이지에 게시되어 있는 '체류자격별 안내 매뉴얼'을 참조할 수 있다(https://www.hikorea.go.kr/board/BoardNtcDetailR.pt?BBS_SEQ=1&BBS_GB_CD=BS10&NTCCTT_SEQ=1062&page=1).

(2) 단기방문(C-3)

단기방문(C-3)은 시장조사, 업무 연락, 상담, 계약 등의 상용(商用)활동과 관광, 통과, 요양, 친지 방문, 친선경기, 각종 행사나 회의 참가 또는 참관, 문화예술, 일반연수, 강습, 종교의식 참석, 학술자료 수집, 그 밖에 이와 유사한 목적으로 90일을 넘지 않는 기간 동안 체류하려는 사람(영리를 목적으로 하는 사람 제외)에게 부여하는 체류자격으로, 취업활동은 허용되지 아니한다. 체류자격별 안내 매뉴얼에 의하면, 단기사증 소지자의 경우 원칙적으로 국민의 배우자(F-6-1) 체류자격으로의 변경을 불허하고 출국 후 재외공관에서 사증을 발급받아 입국하여야 하되, 예외적으로 임신·출산 또는 부부 사이에서 출생한 자녀(양자, 친양자 제외) 양육 등의 사유로 국내에서 체류자격 변경이 불가피하다고 판단되는 경우에는 심사 후 체류자격 변경이 가능하다.

(3) 방문동거(F-1), 거주(F-2) 및 동반(F-3)

방문동거(F-1)는 친척 방문, 가족 동거, 피부양(被扶養), 가사정리, 그 밖에 이와 유사한 목적으로 체류하는 것을 그 활동범위로 한다. 방문동거 체류자격 소지자는 가사에 종사하는 활동 등 일상적인 활동은 할 수 있으나, 취업활동은 허용되지 아니하고, 체류기간의 상한은 2년이다.

거주(F-2)는 영주자격을 부여받기 위해 국내에 장기체류하는 사람에게 부여하는 체류자격으로서, 국민의 미성년 외국인 자녀 또는 영주(F-5) 체류자격을 가지고 있는 사람의 배우자 및 그의 미성년 자녀, 국민과 혼인관계(사실상의 혼인관계 포함)에서 출생한 사람으로서 법무부장관이 인정하는 사람, 난민의 인정을 받은 사람 등에게 부여하는 체류자격이다. 그 자격요건이 비교적 엄격하나 취업활동이 가능하고, 체류기간의 상한은 5년이다.

한편 동반(F-3)은 문화예술(D-1), 유학(D-2), 일반연수(D-4)부터 특정활동(E-7)까지, 거주(F-2), 재외동포(F-4) 및 방문취업(H-2)의 체류자격에 해당하는 사람의 배우자 및 미성년 자녀로서 배우자가 없는 사람, 즉 동반가족에게 부여되는 체류자격이다. 체류기간의 상한은 가족을 동반하는 본인에 정하여진 기간으로, 취업활동은 허용되지 아니한다. 따라서 취업활동을 하기 위해서는 체류자격 외 활동허가 또는 체류자격 변경허가를 받아야 한다.

(4) 방문취업(H-2) 및 재외동포(F-4)

방문취업(H-2)의 대상자는 방문취업제 적용 대상국가인 중국 및 구소련지역에 거주하는 18세 이상의 「재외동포의 출입국과 법적 지위에 관한 법률」 제2조 제2호에 해당하는 외국국적동포로서 국민 및 영주자격자로부터 초청을 받은 경우 등의 일정한 요건을 갖춘 것으로 법무부장관이 인정하는 자이고, 다만 재외동포(F-4) 체류자격에 해당하는 사람은 제외한다. 체류기간의 상한은 3년[1]이고, 사증의 유효기간 범위 내에서 자유로운 출입국을 보장하며, 국내 취업을 원할 경우 일정한 절차를 거쳐 단순노무 분야 허용업종에서 취업활동이 가능하다.

한편 재외동포(F-4)는 외국국적동포에게 부여하는 체류자격이다. 「재외동포의 출입국과 법적 지위에 관한 법률」에서 외국국적동포에게 출입국관리 등에 있어서 특례를 부여하고 있는데, 이는 지구촌시대 세계 경제체제에 부응하여 외국국적동포에게 모국의 국경 문턱을 낮춤으로써 외국국적동포의 생활권을 광역화·국제화함과 동시에 우리 국민의 의식형태와 활동영역의 국제화·세계화를 촉진하고, 외국국적동포의 모국에의 출입 및 체류에 대한 제한과 부동산 취득·금융 등에 있어서 제약을 완화하기 위함이다.[2] 국내·외 2년제 대학 이상 졸업자 및 정부초청장학생, 사회통합프로그램 4단계 이상 이수한 사람 등 일정한 요건을 갖춘 외국국적동포는 재외동포 체류자격으로 체류할 수 있고, 체류 기간의 연장도 가능하며, 재입국허가 없이 자유롭게 출입할 수 있고, 취업이나 그 밖의 경제활동은 사회질서 또는 경제안정을 해치지 않는 범위 내에서는 자유롭게 가능하며, 체류 기간의 상한은 3년이다(「재외동포의 출입국과 법적 지위에 관한 법률」 제10조).

(5) 영주(F-5)

영주자격을 취득하려는 사람은 대한민국의 법령을 준수하는 등 품행이 단정할 것, 본인 또는 생계를 같이하는 가족의 소득, 재산 등으로 생계를 유지할 능력이 있을 것, 한국어능력과 한국사회·문화에 대한 이해 등 대한민국에서 계속 살아가는데 필요한 기본소양을 갖추고 있을 것의 요건을 모두 갖추고, 대통령령으로 정하는

1) 통상 한국어능력 입증서류를 제출한 경우에 한하여 체류기간 3년을 부여하고, 한국어능력 입증서류를 제출하지 않은 경우 체류기간 1년이 부여되고 있다.

2) 출입국관리법 해설(개정판), 법무부 출입국·외국인정책본부(2011), 176.

자격에 부합한 사람이어야 한다(출입국관리법 제10조의3 제2항).

대한민국에 영주(永住)할 수 있는 체류자격을 취득하면 대한민국 국적을 취득한 자와 유사한 지위를 얻게 된다. 즉 체류 기간의 상한은 없고, 제한 없는 취업활동이 가능하며(출입국관리법 제10조의3 제1항), 출국한 날부터 2년 이내에 재입국하려는 경우 재입국허가가 면제될 수 있고(같은 법 제30조 제1항, 같은 법 시행규칙 제44조의2 제1항 제1호), 강제퇴거사유가 대폭 축소되어 형법 제2편 제1장 내란의 죄 또는 제2장 외환의 죄를 범한 사람(제1호), 5년 이상의 징역 또는 금고의 형을 선고받고 석방된 사람 중 법무부령으로 정하는 사람(제2호), 제12조의3(선박 등의 제공금지) 제1항 또는 제2항을 위반하거나 이를 교사 또는 방조한 사람(제3호)을 제외하고는 대한민국 밖으로 강제퇴거되지 아니한다(같은 법 제46조 제2항).

다. 결혼이민(F-6) 체류자격[1)]

(1) 대상자

결혼이민 체류자격의 대상자는 ① 국민의 배우자(F-6-1), ② 국민과 혼인관계(사실상 혼인관계 포함)에서 출생한 자녀를 양육하고 있는 부 또는 모로서 법무부장관이 인정하는 사람(F-6-2) 및 ③ 국민인 배우자와 혼인한 상태로 국내에 체류하던 중 그 배우자의 사망이나 실종, 그 밖에 '자신에게 책임이 없는 사유'로 정상적인 혼인관계를 유지할 수 없는 사람으로서 법무부장관이 인정하는 사람(F-6-3)이다. 결혼이민 체류자격의 체류기간 상한은 3년이고, 취업활동의 제한을 받지 않는다. 여기에서의 '법무부장관이 인정하는 사람'은 그 요건 존부의 판단 그 자체에 대하여 출입관리공무원에게 재량을 부여하는 의미라기보다, 혼인증명서, 가족관계증명서와 같은 공문서를 통한 형식적 심사가 아니라 실태조사 등 '실질적인 심사'를 거쳐 포섭판단이 이루어져야 한다는 의미로 이해된다.[2)] 나아가 실무상 결혼이민 체류자격 요건과

---

1) 행정실무는 결혼이민 사증발급기준을 사증발급 뿐만 아니라 체류자격 변경허가에도 적용하고 있고, 하급심 판례[광주고등법원 2020. 12. 23. 선고 2020누11687 판결(체류자격 변경허가의 재량행위로서의 성격, 결혼이민 체류자격 변경허가의 실질 등을 고려할 때, 결혼이민 체류자격 변경허가 여부의 결정에 결혼이민 체류자격 사증발급 기준을 적용하는 것 자체가 위법·부당하다고 보기는 어렵다)(심리불속행기각 확정) 등]도 이를 받아들이고 있는 것으로 보인다. 다만 입국 전의 외국인에 대한 사증발급기준을 이미 입국하여 혼인생활의 실체를 형성하고 있는 경우에 그대로 적용하여서는 아니 된다는 반론도 있다.

2) 이상덕, "결혼이민[F-6 (다목)] 체류자격 요건인 '자신에게 책임이 없는 사유로 정상적인 혼인관계를

관련하여 '혼인의 진정성', '혼인파탄의 귀책사유'가 특히 문제되고 있다.

(2) 혼인의 진정성

형식적으로 결혼식을 올리고 혼인신고를 마쳤다는 사실만으로 실질적으로 혼인이 진정하게 성립되었다고 단정할 수는 없다. 즉 혼인의 진정성은 제반 정황을 종합하여 혼인의 당사자가 혼인관계를 창설하여 유지할 진지한 의사와 능력이 있는지 여부를 규범적으로 평가하는 문제로 볼 수 있다. 혼인의 진정성을 판단함에 있어서는, 교제의 경위, 초청자와 외국인의 각국에서의 혼인신고 여부, 동거 여부, 동거 장소의 존재 여부, 생활비의 분담내역, 가족들과의 관계, 사용한 물건, 전화·문자·E-mail 등을 주고받은 내역, 이웃의 진술 등을 참조하여 구체적·개별적으로 판단하여야 할 것이다. 다만 양 당사자 사이에 본래의 혼인의사 이외에 경제적 상황 개선, 자녀 입국 등 별개의 목적이 부수되어 있다 하더라도, 그것이 본래의 혼인의사 내지 목적의 존재를 부인하게 되는 경우가 아닌 이상, 그것이 본래의 혼인의사가 없다고 볼만한 하나의 단서가 될 수 있음은 별론으로 하고, 그것만으로 당연히 가장혼인이 된다고 볼 것은 아니다.[1)]

(3) 혼인파탄의 귀책사유

(가) 귀책사유의 정도

결혼이민의 체류자격(F-6-3) 요건 중 '자신에게 책임이 없는 사유'의 의미에 관하여, 관련 규정의 문언과 체계상 국민인 배우자의 전적인 귀책사유로 인하여 정상적인 혼인생활을 유지할 수 없었던 경우를 의미한다고 보는 견해(엄격설), 국민인 배우자의 주된 귀책사유로 이혼하게 된 경우이면 충분하다고 보는 견해가 실무상 대립되어 왔다.

이에 대하여 대법원은 2019. 7. 4. 선고 2018두66869 판결에서 "결혼이민[F-6 (다)목] 체류자격에 관한 위 규정의 입법 취지는, 대한민국 국민과 혼인하여 당초 결혼이민[F-6 (가)목] 체류자격을 부여받아 국내에서 체류하던 중 국민인 배우자의 귀책사유로 정상적인 혼인관계를 유지할 수 없게 된 외국인에 대하여는 인도주의적

유지할 수 없는 사람'의 의미와 증명책임", 판례해설(122), 103.

1) 서울고등법원 2014. 5. 13. 선고 2013누48486 판결(확정).

측면에서 결혼이민[F-6 (다)목] 체류자격을 부여하여 국내에서 계속 체류할 수 있도록 허용하기 위한 것이다. 한편 부부 사이의 혼인파탄이 어느 일방의 전적인 귀책사유에서 비롯되었다고 평가할 수 있는 경우는 현실적으로 드물거나 많지 않을 것으로 보이는데, 결혼이민[F-6 (다)목] 체류자격에 관한 위 규정을 엄격하게 해석하여 '정상적인 혼인관계를 유지할 수 없어 이혼에 이르게 된 것이 오로지 국민인 배우자의 귀책사유 탓이고 외국인 배우자에게는 전혀 귀책사유가 없는 경우'에 한하여 적용할 수 있다고 한다면 외국인 배우자로서는 재판상 이혼 등 우리 민법에서 정한 절차에 따라 혼인관계를 적법하게 해소할 권리를 행사하는 것에 소극적일 수밖에 없게 되고 국민인 배우자가 이를 악용하여 외국인 배우자를 부당하게 대우할 가능성도 생길 수 있다. 이러한 사정들에다가 결혼이민[F-6 (다)목] 체류자격은 1회에 3년 이내의 체류기간을 부여함으로써 기간 만료 시 그 체류자격의 요건을 유지하고 있는지에 관하여 다시 실질적 심사를 거쳐야 하는 것으로서 중대한 범죄를 저지르지 않는 한 영구적인 체류를 허용하는 영주(F-5) 체류자격이나 대한민국 국적을 부여하는 귀화허가와는 성질을 달리하는 점 등을 고려하면, 결혼이민[F-6 (다)목] 체류자격의 요건인 '자신에게 책임이 없는 사유로 정상적인 혼인관계를 유지할 수 없는 사람'이란 '자신에게 주된 책임이 없는 사유로 정상적인 혼인관계를 유지할 수 없는 사람', 즉 '혼인파탄의 주된 귀책사유가 국민인 배우자에게 있는 경우'를 의미한다고 봄이 타당하다."고 판시하여 후자의 견해를 채택하였다.

(나) 귀책사유의 증명책임

대법원 2019. 7. 4. 선고 2018두66869 판결 이전에는 '자신에게 책임이 없는 사유'의 증명책임이 누구에게 귀속되는지에 관하여, 실무상 혼인관계의 당사자가 혼인파탄의 귀책사유에 관한 사정들을 파악하기에 용이하므로 원고에게 증명책임이 있다는 견해, 처분의 적법성, 즉 처분사유는 피고 행정청이 증명하여야 한다는 견해가 대립되었다.

이에 대하여 대법원은 2019. 7. 4. 선고 2018두66869 판결에서 "'혼인파탄의 주된 귀책사유가 국민인 배우자에게 있지 않다는 판단' 자체가 처분사유가 된다. 부부가 혼인파탄에 이르게 된 여러 사정들은 그와 같은 판단의 근거가 되는 기초 사실 내지 평가요소에 해당한다. 결혼이민[F-6 (다)목] 체류자격 거부처분 취소소송에서 원고와 피고 행정청은 각자 자신에게 유리한 평가요소들을 적극적으로 주장·증명하여야 하며, 수소법원은 증명된 평가요소들을 종합하여 혼인파탄의 주된 귀책사유가 누구에게 있는지를 판단하여야 한다. 수소법원이 '혼인파탄의 주된 귀책사유가 국민인 배우자에게 있다'고 판단하게 되는 경우에는, 해당 결혼이민[F-6 (다)목] 체류자격 거부처분은 위법하여 취소되어야 할 것이므로, 이러한 의미에서 결혼이민[F-6 (다)목] 체류자격 거부처분 취소소송에서도 그 처분사유에 관한 증명책임은 피고 행정청에게 있다고 보아야 한다."고 판시함으로써 증명책임이 피고 행정청에게 있다는 점을 분명히 하였다.[1]

(다) 이혼확정판결의 증명력

나아가 이혼확정판결의 증명력과 관련하여, 대법원은 2019. 7. 4. 선고 2018두66869 판결에서 "'혼인파탄의 주된 귀책사유가 누구에게 있는지'라는 문제는 우리의 사법제도에서 가정법원의 법관들에게 가장 전문적인 판단을 기대할 수 있으므로, 결혼이민[F-6 (다)목] 체류자격 부여에 관하여 출입국관리행정청이나 행정소송의 수소법원은 특별한 사정이 없는 한 가정법원이 이혼확정판결에서 내린 판단을 존중함이 마땅하다."는 원칙을 선언하였다. 여기에서의 특별한 사정에 해당하는 것으로는 이면합의와 조정성 판결을 들 수 있을 것이고, 이에 해당하는지 여부는 이혼소송에서의 쌍방의 진술내용과 태도, 가정법원의 이혼확정판결의 사실인정의 구체성, 특별한 사정이 이혼확정판결의 사실인정 및 귀책사유 판단 결과와 양립 가능한지 여부, 한국인 배우자가 진술을 번복하게 된 경위 등 제반 사정을 종합하여 판단할 필요가 있다. 이는 이혼확정판결에 재심사유가 있는 정도에 이르러야 정당화될 수 있을 것이다.[2]

(라) 가사 조정·화해의 증명력

실무상 가사소송·조정절차에서 '피고(대한민국 국민)의 귀책사유로 원고(외국인)와 피고는 이혼한다', '피고가 원고에게 위자료를 지급한다' 등의 내용으로 조정이나

---

1) 이러한 법리는 결혼이민 체류자격을 이유로 체류기간 연장을 신청한 외국인에 대하여 행정청이 그 요건을 갖추지 못하였다는 이유로 거부처분을 한 경우에도 동일하게 적용된다[서울고등법원 2019. 10. 30. 선고 2018누72552 판결(심리불속행기각 확정)].

2) 이상덕, "결혼이민[F-6 (다목)] 체류자격 요건인 '자신에게 책임이 없는 사유로 정상적인 혼인관계를 유지할 수 없는 사람'의 의미와 증명책임", 판례해설(122), 119.

화해가 성립하는 경우가 많다. 가사소송·조정절차에서 화해조서나 확정된 화해권고결정은 확정판결과 같은 효력을 가지며(가사소송법 제12조, 민사소송법 제220조, 제231조) 조정이나 확정된 조정을 갈음하는 결정은 재판상 화해와 동일한 효력이 있으나(가사소송법 제59조 제2항), 조정·화해 성립가능성을 높이기 위해 쌍방의 이해타산이 맞아 떨어지는 요구에 따라 조정·화해조항을 작성하는 경우가 흔하므로, 그 조정·화해조항에 유책배우자를 특정하는 내용의 기재가 있다고 하더라도 이를 확정판결의 사실인정·판단과 동등한 수준의 증명력을 가지는 것으로 평가하긴 어렵다. 따라서 항고소송에서 법원은 채택된 증거에 기초하여 자유로운 심증에 의하여 혼인의 진정성이나 혼인관계 파탄의 책임귀속을 판단할 수 있다.[1)]

가사 소송·조정절차에서는 외국인이 대한민국 국민과 "대한민국 국민의 귀책사유로 이혼한다.", "대한민국 국민이 외국인에게 위자료를 지급한다." 등의 내용으로 화해나 조정을 하는 경우가 종종 있으나, 그것만으로 내국인인 배우자의 귀책사유를 인정할 수는 없다. 법원이 화해권고결정이나 조정에 갈음하는 결정을 한 경우도 반드시 혼인의 파탄사유를 실질적으로 심리하고 판단한 결과를 결정에 반영하였다고 볼 수 없기 때문에 달리 보기 어렵다. 따라서 이러한 경우에도 행정소송의 심리 결과 당초 혼인이 진정한 혼인의사의 합치로 이루어진 것이라고 보기 어렵거나 대한민국 국민의 전적인 혹은 주된 귀책사유로 혼인생활이 파탄에 이르렀다고 보기 어렵다면 국적법 제6조 제2항 제3호의 간이귀화 요건 중 자신에게 책임이 없는 사유로 정상적인 혼인 생활을 할 수 없었던 자에 해당한다고 보아서는 안 될 것이다.[2)] 이와 같은 취지에서, 부부가 이혼하면서 상호 위자료, 재산분할 등

---

1) 대법원 2014. 9. 4. 선고 2014두36402 판결. 반면, 현재의 가정법원 실무상으로 외국인의 이혼사건에서는 체류자격과 관련된 문제를 항상 염두에 두고 당사자들의 주장뿐 아니라 가사조사관의 조사 등을 통해 귀책사유 심리를 객관적으로 하고자 노력하고 있으므로 그러한 과정을 통해 조정을 갈음하는 결정이 이루어진 경우에는 상당한 증명력을 인정하는 것이 바람직하며, 항고소송에서 법원이 가사조사관보고서 등을 문서송부촉탁 등을 통해 받아보는 방안을 고려해 볼 수 있다는 견해도 있다[이주영, "이주여성 관련 행정사건의 쟁점", 재판자료(144), 1312]. 다만, 가사조사관 업무메뉴얼 등에 의하면, 가사조사관은 자신의 보고서를 가정법원 재판부만 보는 대외비문서임을 전제로 작성하며 이것이 문서송부촉탁 등을 통해 당사자나 사건관계인에게 노출되는 것이 바람직하지 않다는 입장이므로, 행정법원이 문서송부촉탁을 하더라도 가정법원이 응하지 않을 가능성이 있고, 행정법원이 가사조사관보고서를 비공개로 심리하는 방안을 강구할 필요가 있다. 현행 소송법상으로는 문서제출명령신청절차(민사소송법 제347조 제2항)와 정보공개소송(정보공개법 제20조 제2항)에서만 비공개심리가 명문으로 규정되어 있으나, 민사소송과 다른 행정소송의 특수성을 고려하면 명문의 규정이 없더라도 일반 행정소송에서 비공개심리가 허용될 수 있다는 견해가 있다(서울행정법원 2025. 6. 19. 선고 2024구합51882 판결 참조)

2) 서울행정법원 2013. 8. 23. 선고 2013구합8271 판결(항소기각 확정), 서울행정법원 2012. 8. 23. 선고

을 청구하지 않기로 하는 내용의 조정이 성립되었다고 하더라도, 법원은 혼인파탄이 배우자의 귀책사유로 인한 것인지를 심리하여 해당 요건이 충족되었는지를 판단할 수 있다.[1]

(4) 원고의 청구가 인용된 사례

실무상 결혼이민 체류자격 요건과 관련하여 '혼인의 진정성', '혼인파탄의 귀책사유'로서 국민인 배우자의 주된 귀책사유가 인정되어 원고의 청구가 인용된 사례에서의 판단내용은 다음과 같다.[2]

사안요지	판단내용
베트남 국적의 원고가 대한민국 국민과 결혼하고 방문동거 체류자격에서 결혼이민(F-6) 체류자격으로 변경신청을 하였으나, 혼인의 진정성 불인정 등을 이유로 불허가된 사안[3]	법률혼주의를 취하는 우리 법제 아래에서는 혼인신고가 적법한 절차에 따라 이루어진 경우 그 혼인은 당사자 사이의 혼인의 합의에 따른 것으로서 추정되는 점, 배우자가 원고 사용의 휴대전화를 개통하여 통신요금을 납부해 주고 있고, 원고의 발신 통화내역의 대부분이 배우자를 상대로 한 것인 점, 배우자가 원고에게 월 40~50만 원 정도의 생활비를 현금으로 지급하고 있는 점, 원고 조카의 배우자의 진술, 피고 조사관의 조사 결과 및 원고와 배우자의 진술이 양립가능한 점 등을 고려하면, 혼인의 진정성 등이 인정된다고 판단함
중국 국적의 원고는 단기방문 사증으로 국내에 입국한 후 결혼이민(F-6) 자격으로 체류자격 변경신청을 하였으나, 자격변경 요건 미충족을 이유로 불허된 사안[4]	원고는 배우자와 혼인신고를 마쳤고, 통일부장관은 '배우자가 탈북 후 중국에서 원고와 2002. 9.부터 2013. 1. 국내입국 추진 직전까지 동거한 사실이 있음을 확인한다'는 내용의 북한이탈주민 신원 사실관계 확인서를 발급한 점, 원고와 배우자가 중국에서 촬영한 사진, 원고의 지인들의 각 탄원서도 원고와 배우자가 혼인신고 전 중국에서 동거하면서 사실혼 관계를 유지하였음을 뒷받침하는 점, 원고가 2015년 국내 체류 당시 경주 여행을 하면서 촬영한 사진과 원고와 배우자가 서로 주고받은 문자메시지, 배우자가 원고에게 의류 선물을 보내고, 원고가 배우자에게 의약품 내지 식품류를 보

2011구합35750 판결(확정), 서울행정법원 2012. 6. 29. 선고 2012구합1976 판결(항소기각 확정), 서울행정법원 2012. 6. 28. 선고 2012구합2368 판결(항소기각 확정).

1) 서울행정법원 2017. 6. 9. 선고 2016구합79878 판결(항소기각 확정).

2) 그 밖에 서울고등법원 2022. 6. 24. 선고 2021누58273 판결(확정), 서울고등법원 2019. 8. 14. 선고 2019누33967 판결(확정).

3) 서울행정법원 2022. 11. 2. 선고 2022구단52891 판결(확정).

4) 수원지방법원 2022. 4. 29. 선고 2021구단3640 판결(확정).

	낸 사실이 기재된 EMS 국제특송 영수증, 배우자와 원고의 어머니 사이의 영상 통화 사진 등은 원고가 2015년 국내 체류 당시 및 그 이후로도 배우자와 지속적으로 교류해 온 사실을 뒷받침하는 점 등을 고려하면, 피고의 실태조사 보고서에서 들고 있는 일부 사정들만으로는 원고와 배우자 사이의 혼인의 진정성을 부정할 수 없다고 봄
스리랑카 국적의 원고가 한국 국민과 혼인하였다가 조정을 통해 이혼하고, 방문동거 체류자격을 연장하면서 체류하다가, 결혼이민(F-6) 체류자격으로 변경을 신청하였으나, 혼인의 진정성, 한국 국민의 귀책사유 증명이 부족하다는 사유로 불허가된 사안[1]	원고는 혼인 후 입국하여 배우자와 함께 생활하였고, 별거기간 중에도 이혼소송이 제기되기 전까지 배우자에게 생활비로 볼 여지가 있는 돈을 송금한 점, 원고가 혼인 의사 없이 혼인신고를 하였다는 등의 이유로 형사처벌 등을 받았다고 볼 자료는 없는 점, '배우자의 귀책으로 이혼한다. 배우자가 위자료로 830만 원을 지급한다.'는 내용으로 조정이 이루어진 점 등을 고려하면, 원고가 배우자와 혼인한 상태로 국내에 체류하던 중 자신에게 책임이 없는 사유로 정상적인 혼인관계를 유지할 수 없었다고 볼 수 있다고 봄
중국 국적의 원고가 한국 국민인 배우자와 협의이혼을 하고 가사정리를 위해 방문동거 체류자격으로 체류하던 중, 다른 국민과 혼인신고를 마친 후 국민의 배우자(F-6) 체류자격으로 체류기간 연장 신청을 하였으나, 혼인의 진정성이 없다는 이유로 거부된 사안[2]	원고와 배우자는 원고가 다니던 회사의 사장 등으로부터 서로를 소개받아 교제를 시작하고, 2014. 4. 30. 혼인신고를 마친 후 살림집을 차린 점, 원고의 직장 동료들과 함께 배우자의 친정집에 가서 복분자를 따고 차려준 음식을 먹기도 하였고, 배우자의 아들과 함께 외식을 하기도 한 점, 원고와 배우자의 공전자기록등불실기재 및 불실기재공전자기록등행사에 관하여 혐의 없음의 불기소처분이 내려진 점, 관련 이혼 소송에서 혼인관계 파탄의 근본적이고 주된 책임이 배우자에게 있다고 판단된 점 등을 고려하면, 원고가 배우자와 혼인하여 생활하던 중 자신에게 책임이 없는 사유로 정상적인 혼인관계를 유지할 수 없었다고 봄
베트남 국적의 원고가 한국 국민인 망인과 혼인한 후 국민의 배우자(F-6-1) 체류자격으로 입국한 후 망인이 사망한 후 혼인단절자(F-6-3) 체류자격으로 체류기간 연장허가 신청을 하였으나, 정상적인 혼인생활을 유지하지 않았다는 이유로 불허가된 사안[3]	원고가 입국 이후 8회에 걸쳐 체류기간 연장허가를 받아 국내에 체류하는 동안 원고와 망인 사이의 혼인의 진정성이 문제되었던 적은 없었던 점, 건강보험자격득실 자료에 의하면 원고가 일정기간 동안 망인을 대신하여 경제활동을 하였던 것으로 보이는 점, 마을 주민들이 원고의 거주지에 관한 거주사실 확인서에 연명하여 날인한 점, 부부간에 혼인관계가 유지되는 모습은 다양할 수 있으므로 지속적인 동거를 하지 아니하거나 연락을 자주 못하거나 중한 질병에 걸린

1) 서울행정법원 2022. 1. 12. 선고 2021구단9432 판결(확정).
2) 서울고등법원 2017. 5. 26. 선고 2016누71562 판결(심리불속행기각 확정).
3) 광주지방법원 2023. 8. 24. 선고 2023구합11153 판결(확정).

	배우자를 바로 옆에서 간병하지 않는다는 등의 사정만으로 정상적인 혼인생활을 유지하지 않았다거나 혼인관계가 형해화 되었다고 섣불리 단정할 수 없는 점 등을 고려하면, 원고는 배우자와 혼인한 상태로 국내에 체류하던 중 배우자에게 주된 귀책사유가 있어 정상적인 혼인생활을 유지할 수 없었던 경우에 해당한다고 봄

라. 체류자격 부여불허처분 취소소송

(1) 체류자격 부여의 의의

(가) 개념

체류자격의 부여는 대한민국에서 출생하여 체류자격을 가지지 못하고 체류하거나, 대한민국에서 체류하는 중에 대한민국의 국적을 상실하거나 국적을 이탈하는 등 그 밖의 사유로 체류자격을 가지지 못하고 체류하게 되는 외국인에게 체류자격을 부여하는 것을 말한다(출입국관리법 제23조). 외국인이 국내에 입국하기 위해서는 체류자격을 가져야 하므로(같은 법 제7조), 국내에 입국하여 체류하는 외국인은 체류자격을 당연히 가지고 있어야 하지만, 국내에서 발생한 후발적 사정으로 체류자격을 가지지 못한 채 체류하게 되는 경우를 고려한 것이다.

(나) 재량행위로서 체류자격 부여

체류자격 부여의 법적 성격 등에 관한 명시적인 대법원 판례는 보이지 아니하나, 하급심에서는 대법원 2015두48846호 판결의 취지를 고려하여 재량행위로 보고 있다. 즉 신청인에게 적법하게 국내에 체류할 수 있는 권한을 부여하는 일종의 설권적 처분의 성격을 가지므로, 허가권자는 신청인이 관계 법령에서 정한 요건을 충족하였다고 하더라도 신청인의 적격성, 체류 목적, 공익상의 영향 등을 참작하여 허가 여부를 결정할 수 있는 재량을 가진다고 할 것이고, 다만 이러한 재량을 행사할 때 판단의 기초가 된 사실인정에 중대한 오류가 있는 경우 또는 비례·평등의 원칙을 위반하거나 사회통념상 현저하게 타당성을 잃는 등의 사유가 있다면 이는 재량권의 일탈·남용으로서 위법하다고 봄이 타당하다.[1)]

---

1) 수원지방법원 2022. 4. 8. 선고 2021구단15889 판결(항소기각 및 심리불속행기각 확정), 인천지방법원 2023. 1. 27. 선고 2022구단3985 판결(확정), 서울행정법원 2022. 4. 1. 선고 2021구단76203 판결(확정).

(2) 체류자격 부여·부여불허의 방식

출입국·외국인청장 등은 체류자격 부여 신청에 대하여 법무부장관의 허가가 있는 때에는 여권에 체류자격 부여인을 찍고 체류자격, 체류기간 등을 적거나 체류자격 부여 스티커를 붙여야 한다(출입국관리법 시행령 제29조). 체류자격 부여 이후의 체류 기간연장을 허가하지 아니하기로 결정한 때에는, 출입국·외국인청장 등은 허가된 체류 기간 내에 출국하여야 한다는 뜻을 여권에 적어야 하는데(같은 법 시행령 제34조), 여권에 출국예고인을 찍음으로써 이를 갈음할 수 있다(같은 법 시행규칙 제38조). 반면 체류자격 부여를 불허하는 경우 신청인에게 체류자격 부여 불허결정통지서를 발급하여야 하는데, 그 발급일로부터 14일을 초과하지 아니하는 범위에서 출국기한을 밝혀야 한다(같은 법 시행령 제33조).

마. 체류자격 변경불허처분 취소소송

(1) 체류자격 변경의 의의

(가) 개념

체류자격의 변경은 대한민국에 체류하는 외국인이 그 체류자격과는 다른 체류자격에 해당하는 활동을 하기 위하여 종전의 체류자격을 변경하는 것을 말한다. 출입국관리법 제24조에 따르면 체류자격을 변경하기 위해서는 체류자격의 변경허가를 받아야 한다.

체류자격 변경과 관련된 체류자격의 요건 판단과 관련하여, 예컨대, 국민의 배우자라는 지위에서 영주(F-5) 자격을 취득하기 위해서는 혼인이 진정하게 성립된 것이어야 하고, 체류자격 변경을 신청·심사할 당시에도 그 진정한 혼인에 기한 실질적이고 정상적인 혼인생활이 계속 유지되고 있을 것이 요구된다.[1)]

(나) 재량행위로서 체류자격 변경허가

체류자격 변경허가는 신청인에게 당초의 체류자격과 다른 체류자격에 해당하는 활동을 할 수 있는 권한을 부여하는 일종의 설권적 처분의 성격을 가지므로, 허가권

---

1) 수원지방법원 2012. 3. 29. 선고 2011구합13607 판결(항소기각 및 심리불속행기각 확정), 서울행정법원 2012. 6. 19. 선고 2012구합5459 판결(항소기각 및 심리불속행기각 확정).

자는 신청인이 관계 법령에서 정한 요건을 충족하였다고 하더라도, 신청인의 적격성, 체류 목적, 공익상의 영향 등을 참작하여 허가 여부를 결정할 수 있는 재량을 가진다고 할 것이다. 다만 이러한 재량을 행사할 때 판단의 기초가 된 사실인정에 중대한 오류가 있는 경우 또는 비례·평등의 원칙을 위반하거나 사회통념상 현저하게 타당성을 잃는 등의 사유가 있다면 이는 재량권의 일탈·남용으로서 위법하다.[1)]

(2) 체류자격 변경허가·변경불허가의 방식

출입국·외국인청장 등은 체류자격 변경허가 신청에 대하여 법무부장관의 허가가 있는 때에는 여권에 체류자격 변경허가인을 찍고 체류자격, 체류기간 및 근무처 등을 적거나 체류자격 변경허가 스티커를 붙여야 한다(출입국관리법 시행령 제30조). 체류자격 변경허가 이후의 체류 기간연장을 허가하지 아니하기로 결정한 때에는, 출입국·외국인청장 등은 허가된 체류 기간 내에 출국하여야 한다는 뜻을 여권에 적어야 하는데(같은 법 시행령 제34조), 여권에 출국예고인을 찍음으로써 이를 갈음할 수 있다(같은 법 시행규칙 제38조).

반면 체류자격 변경을 불허하는 경우 신청인에게 체류자격 변경 불허결정통지서를 발급하여야 하는데, 그 발급일로부터 14일을 초과하지 아니하는 범위에서 출국기한을 밝혀야 하고, 다만 이미 허가된 체류 기간의 만료일을 출국기한으로 할 때에는 그 출국기한을 적지 아니할 수 있다(출입국관리법 시행령 제33조). 이러한 체류기간 변경 등 불허결정통지서의 교부의무규정은 행정편의를 위한 단순한 훈시적 규정이 아니라, 처분청으로 하여금 신중하고 합리적인 처분을 하게 함으로써 출입국관리 행정의 공정성을 기함과 동시에 신청인에게 처분의 내용을 명확하게 알려 줌으로써 출국으로 인하여 신청인이 입게 될 불이익을 최소화하고 출국 대비는 물론 불복 여부의 결정 및 불복신청에 편의를 주려는 데에 규정의 취지가 있는 효력규정이라고 보아야 할 것이다.[2)]

---

1) 대법원 2016. 7. 14. 선고 2015두48846 판결. 한편 '귀화', '영주'가 아닌, 일반적 체류자격 부여·연장에 관하여 '설권적 처분'이라는 용어를 사용하는 것은 자칫 하급행정청인 지방출입국관리사무소장에게 광범위한 재량이 있다는 어감을 줄 수 있어 지양할 필요가 있다는 견해가 있고[이상덕, "결혼이민[F-6(다목)] 체류자격 요건인 '자신에게 책임이 없는 사유로 정상적인 혼인관계를 유지할 수 없는 사람'의 의미와 증명책임", 판례해설(122), 90], 이는 출입국관리행정의 영역에서의 다양한 행정처분에 관하여 행정청에게 부여된 재량이 모두 동일하지는 아니하므로, 심사강도를 달리할 필요가 있음을 시사한다.
2) 서울행정법원 2011. 10. 7. 선고 2011구합16483 판결(확정), 인천지방법원 2012. 8. 30. 선고 2012구합1512 판결(확정).

(3) 재량권 일탈·남용이 있다고 본 사례

실무상 체류자격 변경불허처분에 재량권 일탈·남용이 있다고 본 사례는 많지 아니하다. 재량권 일탈·남용을 인정한 사례는 다음과 같다.

사안요지	판단내용
파키스탄 국적의 원고가 자국에서 배우자와 혼인신고를 하고 단기방문 자격으로 입국하여 체류하다가, 배우자의 간병을 위하여 방문동거(F-1) 자격으로 체류자격 변경허가 신청을 하였으나, '국내체류 불가피성이 없다'는 이유 등으로 불허가한 사안[1]	배우자는 대한민국에서의 적법한 산업연수활동 도중 발생한 업무상 재해로 왼쪽 팔 일부를 영구적으로 잃는 중한 장해를 입었고, 인도적 관점에서 원고가 위 장해 및 그에 따른 스트레스 등을 극복·완화할 방법을 부부로서 함께 모색할 기회를 가질 필요가 있는 점, 이 사건 처분 당시 배우자의 체류기간이 약 10개월 정도 남아 있음에도, 원고로 하여금 1회 체류기간의 상한이 90일에 불과한 단기방문(C-3)의 체류자격을 유지하도록 하는 것은 배우자에 대한 지속적인 보살핌에 지장을 초래할 수 있는 점, 원고의 체류자격을 '방문동거'로 변경하는 경우에도 체류기간을 배우자의 체류기간에 상응하는 기간으로 제한하는 등의 방식으로 남용의 우려를 어느 정도 해소할 수 있을 것으로 보이는 점, 원고가 일시적으로 부업을 하였다 하더라도, 그로 인해 취득한 이득이 크지 않아 보이며, 그 외에 원고와 배우자가 국내에 입국한 이래 다른 범죄를 범하였다거나 그 밖에 특별히 공익에 반하는 행동을 하였다고 볼 만한 사정도 보이지 않는 점 등을 고려하여, 재량권 일탈·남용의 위법이 있다고 봄
중국 국적의 원고가 밀입국 후 강제퇴거되고, 입국규제기간 중 위명 여권 소지하고 입국하여 강제퇴거되었다가, 입국규제를 해제하는 특례지침에 따라 단기방문으로 입국하여 방문 동거(F-1)로 체류자격 변경허가 신청을 하였으나, 종전의 전력을 이유로 불허된 사안[2]	원고가 법무부 특례지침에서 정한 '신원불일치 사유로 입국규제된 동포로서 위명여권으로 입국한 후 7년 이상 경과한 사람'에 해당하여 2022. 9. 14. 원고에 대하여 입국이 허가된 점, 밀입국, 위명 여권 소지 입국의 전력은 각 21년 내지 18년 전의 행위이고, 현재 원고는 자신의 여권을 소지하고 적법하게 사증을 발급받아 입국한 점, 과거 무면허 운전은 형사처벌을 받지 않고 강제퇴거되었던 점 등을 고려하여, 출입국관리법 제11조 제3호, 제4호를 사유로 한 체류자격 변경불허처분을 재량권 일탈·남용이 있다고 봄

1) 대법원 2016. 7. 14. 선고 2015두48846 판결.
2) 대전지방법원 2023. 12. 21. 선고 2023구단202749 판결(확정).

인도네시아 국적의 원고가 대한민국 국민과 결혼한 후 단기일반 체류자격으로 입국하여 결혼이민(F-6) 자격으로 체류자격 변경허가 신청을 하였으나, 법위반 사실이 확인되었다는 사유로 불허된 사안[1]	사촌동생의 낙태를 막고, 입양 동의도 받았지만 인도네시아의 양친 요건을 충족하지 못하여 부득이 양친자인 친자로 허위의 출생신고를 한 점, 친자처럼 양육하고 있다는 등의 사정이 고려되어 수사기관에서 경한 형사처벌이 내려진 점, 양친자도 원고 부부를 친부모로 인식하고, 대한민국 초등학교에서 잘 적응하고 있으며, 양친자에 대한 1차 양육을 원고가 담당하고 있는 점 등을 고려면, 재량권 일탈·남용이 있다고 봄
중국 국적의 원고가 일반연수 체류자격으로 체류하던 중 유학(D-2) 체류자격으로 변경 신청을 하였으나, 정당하게 입학허가를 받았다고 보기 어렵고, 학사과정을 국내에서 수학하는 부득이한 사유가 없으며, 본국으로부터 지원받은 재정내역을 입증하지 못함을 이유로 불허가된 사안[2]	원고는 외국인 특별전형(학부) 모집요강에 따라 일본언어문화학부 신입학 전형에 지원한 후 평가 절차를 거쳐 정당하게 입학 허가를 받은 점, 원고가 중국에서 졸업한 토목공학과는 2.5년 기간의 시간제 과정으로 일반적인 4년제 대학의 학사과정과는 차이가 있고, 원고가 받으려는 교육의 내용은 일본언어 및 문화에 관한 것으로 중국에서 받은 교육의 내용인 토목공학과도 전혀 다른 점, 원고가 수업료 명목으로 지출한 돈을 제외한 나머지 대부분의 돈은 그대로 남아있고, 재정능력이 충분한 것처럼 가장하기 위해 일시적으로 예금 잔액을 부풀렸다고 볼 만한 사정은 발견되지 않은 점 등을 고려하면, 재량권 일탈·남용이 있다고 봄
캄보디아 국적의 원고가 난민인정신청을 하고, 비전문 체류자격에서 난민신청자(G-1-5) 체류자격으로 체류자격 변경허가 신청을 하였으나, 법무부의 '난민인정심사·처우·체류 지침'의 '사정변경 없는 난민 재신청자 등'을 사유로 불허가 처분을 한 사안[3]	피고는 원고가 신청을 한 후 이틀 만에 원고의 체류자격 변경을 불허하기로 결정한 점, 피고가 원고의 한국 내 반정부 활동의 시기나 난민인정신청 경위 등에 대하여 조사하였음을 확인할 수 있는 자료가 없는 점, 피고는 원고가 난민인정신청서를 접수한 날에 원고의 체류기간 만료일이 임박하였다는 사실을 확인하고, 곧바로 원고에 대한 등록외국인 기록표에 '사정변경 없는 재신청자 등'이라고 입력한 점, 피고가 달리 원고가 입게 되는 불이익을 처분으로 얻게 되는 공익과 비교·형량하였다는 볼 만한 자료가 없는 점 등을 고려하면, 재량권 일탈·남용이 있다고 봄

1) 광주지방법원 2023. 11. 9. 선고 2023구합11306 판결(확정).
2) 서울행정법원 2022. 8. 19. 선고 2022구단58363 판결(확정). 그 밖에 서울고등법원 2018. 7. 4. 선고 2017누87151 판결(확정).
3) 광주고등법원 2022. 2. 10. 선고 2020누13089 판결(확정). 그 밖에 광주지방법원 2023. 11. 23. 선고 2023구합368 판결(확정). 서울행정법원 2020. 9. 10. 선고 2019구단64429 판결(확정), 서울행정법원 2021. 7. 9. 선고 2020구단71041 판결(체류기간 연장허가 관련 사안)(확정). 반면, 피고의 실질적 조사에 기초하여 원고를 체류방편용의 남용적 난민신청자로 판단하는 등 전혀 비교형량하지 않은 채 처분을 하였다고 볼 수 없다고 판단한 사례로 서울고등법원 2020. 12. 11. 선고 2020누37071 판결(확정), 서울고등법원 2020. 12. 11. 선고 2020누27088 판결(확정).

중국 국적의 원고가 위조된 결혼증을 제출하여 10년의 입국금지 결정을 받고 인도적 사유로 입국금지가 일시 해제되어 단기방문 사증으로 국내에 입국한 후 방문동거(F-1-9)로 체류자격변경허가 신청을 하였으나, 불허가 결정을 받은 사안[1]	원고가 종전 체류자격 변경허가 신청 당시 제출한 원고와 배우자의 결혼증이 위조된 것이라고 하더라도, 그 실체적인 내용이 허위라고 볼 수는 없는 점, 원고가 결혼증의 위조 범행에 관여하였다거나 그 위조사실을 알면서 피고에게 이를 제출하였다고 인정할 만한 증거는 없는 점, 원고는 국내에서 배우자를 간호하는 등 보살펴 왔고, 원고가 중국으로 출국시 배우자도 출국하여 치료를 받아왔으며, 지속적인 보살핌에 지장을 초래할 수 있는 등 인도주의적 관점에서도 타당하지 않은 점 등을 고려하면, 재량권 일탈·남용이 있다고 봄
베트남 국적의 원고가 한국 국민과 사이에 자녀를 출산한 후 단기방문자격으로 입국하여 자녀 양육을 위한 방문동거(F-1)자격으로 변경허가 신청을 하였으나, 자격요건 미비 등을 이유로 불허가된 사안[2]	원고는 우리나라 국적의 자녀를 출생한 상태이므로, 동거하면서 양육할 기회를 부여받을 필요가 있는 점, 특히 원고가 자녀의 유일한 친권자·양육권자로 지정된 상황인 점, 출입국관리법 시행령에서 '결혼이민(F-6)'의 체류자격에 대하여 '국민과 혼인관계(사실상의 혼인관계를 포함한다)에서 출생한 자녀를 양육하고 있는 부 또는 모'로 규정하고 있다고 하더라도, 이를 두고 입법자가 국민과의 혼인관계가 아닌 상태에서 출생한 자녀에 대하여는 그 친권자에게 체류자격을 허가하지 않겠다는 의지를 밝힌 것이라고 보기 어려운 점, 오히려 혼인관계나 혼인관계 외에서 출생하였는지 여부와 관계없이 이미 탄생한 생명에 대하여는 국가가 이를 보호하고 그 부모가 양육할 수 있도록 충분히 배려하는 것이 인권적·인도적 관점에도 부합하는 점, 원고의 자녀의 아버지는 이미 한국인 배우자와 사이에 자녀가 있고 혼인관계를 유지하고 있는 점 등을 고려하면, 재량권 일탈·남용이 있다고 봄
우크라이나 국적의 원고는 단기방문 체류자격으로 입국하였다가 한국에 거주하는 자녀들의 부양을 받고 싶다는 이유로 방문동거(F-1) 체류자격으로 변경신청을 하였으나, '한국계 외국인에 해당되지 않는다는 등'의 사유로 불허가된 사안[3]	법무부 내규인 체류관리지침은 출입국관리법 시행령과는 달리 방문동거 체류자격의 허가기준 중 하나로 '한국계 외국인'이라는 제한을 두었는데, 이는 행정청 내부의 사무처리준칙에 해당하므로 반드시 기속되는 것은 아닌 점, 체류관리지침에서는 방문동거 체류자격의 허가기준 중 하나로 '한국인 또는 영주 자격 소지자의 자녀로서 거주 또는 영주 자격을 부여받지 못한 자'를 규정하면서도 '한국인 또는 영주 자격 소지자의 부모'에 대하여는 이러한 규정을 두고 있지 않고, 위 부모가 피부양 등의 목적으로 체류하려면 위와 같이 '한국계 외국인'이어야 한다는 요건이 추가됨으로써 이를 일관적으로 지킬 경우 구체적 사안에 따라서는 매우 불합리한 결과를 초래할 수 있는 점, 원고가 70세의 고령에 지병까지 있어 주

1) 수원지방법원 2021. 11. 5. 선고 2020구단4974 판결(확정).
2) 의정부지방법원 2021. 5. 31. 선고 2020구단5636 판결(확정).
3) 청주지방법원 2020. 12. 3. 선고 2020구합331 판결(항소기각 확정).

	기적으로 우크라이나와 한국을 오가라고 하는 것은 비인도적·반인권적인 조치이고, 원고와 그 자녀들에게 적지 않은 금액의 불필요한 경비를 지출토록 함으로써 경제적으로 큰 부담을 안겨주게 될 것인 점 등을 고려하면, 재량권 일탈·남용이 있다고 봄
필리핀 국적의 외국인 여성인 원고가 단기방문 체류자격으로 입국한 후 결혼이민자인 여동생의 자녀 양육지원을 이유로 방문동거(F-1) 체류자격으로 변경신청을 하였으나, '부모가 사망하거나 만 65세 이상 고령 등의 사유에 해당하지 않는다'는 사유로 불허가된 사안[1]	원고 여동생 부부는 어린 딸의 양육을 위해 친척 등 타인의 도움이 절대적으로 필요한 상황인 점, 법무부 체류관리지침의 문언 및 결혼이민자의 원활한 국내 정착과 그 가정의 경제적·정서적 안정을 도모하려는 방문동거 체류자격의 취지 등에 비추어 결혼이민자의 부모 외 가족의 경우 부모가 사망하거나 만 65세 이상에 해당하는 경우는 물론, 그에 해당하지 않더라도 부모가 모두 건강 등의 사유로 출산·양육지원이 곤란하다고 인정되는 경우에는 방문동거 체류자격을 부여할 수 있다고 봄이 상당한 점 등을 고려하면, 재량권 일탈·남용이 있다고 봄
스리랑카 국적의 원고가 비전문취업 사증으로 국내에 체류하다가 특정활동(E-7-4) 체류자격으로 변경허가 신청을 하였으나, 피고는 원고의 근무처가 변경되었다고 보고 합격점수에 미달한다는 이유로 불허가처분을 한 사안[2]	회사가 2003년경 설립된 이후 법인으로 전환하기 위해 2009. 4.경 주식회사를 설립하고, 2012. 1. 31. 사업을 포괄적으로 양도하는 계약을 체결한 사실, 위 사업양도계약에서 내국인 직원은 그 의사에 따라 고용승계를 하고, 외국인 직원은 법적인 문제가 있으므로 회사 소속으로 유지하되 그 비용은 주식회사가 정산하여 지급하기로 약정한 사실, 원고는 2017. 12. 19.에서야 주식회사 소속으로 근무처를 변경한 사실, 주식회사의 2017. 1. 31.까지 본점 주소지는 회사의 주소지와 같은 곳이었던 사실에 의하면, 회사는 주식회사로 조직이 변경된 것으로, 원고 입장에서는 동일한 사업장, 동일한 업체에서 근무한 것으로 봄이 타당하다고 봄
베트남 국적의 남성인 원고는 단기방문 체류자격으로 입국하여 여동생의 혼생자인 조카의 양육을 위해 방문동거(F-1) 체류자격을 신청하였으나, 원고가 남성으로 방문동거의 요건을 갖추지 못하였다는 이유로 불허된 사안[3]	출입국관리법 시행령은 결혼이민자 가족의 방문동거 체류자격을 여성으로 한정하지 않은 점, 4촌 이내의 혈족 여성이 없고 4촌 이내의 혈족 남성만 있는 결혼이민자의 경우 4촌 이내의 혈족 여성이 있는 결혼이민자와 달리 출산·육아 지원을 받지 못하는 차별을 받게 됨이 명백하고, 이러한 차별적 취급에 합리적인 이유가 있다고 보이지 않는 점 등을 고려하면, 불허 처분은 평등원칙과 비례원칙에 반하여 재량권을 일탈·남용한 위법이 있다고 봄

1) 수원지방법원 2019. 10. 11. 선고 2019구단7717 판결(항소기각 확정).
2) 수원지방법원 2023. 5. 31. 선고 2022구단12283 판결(확정).
3) 서울고등법원 2019. 10. 18. 선고 2018누78253 판결(확정). 다만 현재는 법무부의 체류관리지침이 개정되어 해당 내용이 존재하지는 아니한다.

4. 체류기간연장불허처분 취소소송

가. 체류기간 연장의 의의

체류기간의 연장은 당초에 부여하였던 체류 기간의 범위를 초과하여 대한민국에서 체류할 수 있도록 새로운 체류 기간을 부여하는 것을 의미하고, 체류기간연장허가의 신청은 그 체류 기간이 끝나기 전에 하여야 한다(출입국관리법 제25조). 최초의 체류자격 신청을 불허하는 경우와는 달리 외국인이 국내에 형성해 놓은 생활관계가 있다는 사정이 존재하는 차이가 있다는 점을 유의할 필요가 있다.

한편 체류기간 연장의 허부를 판단함에 있어서는 최종 연장허가에 의한 체류기간 동안 체류자격을 유지하고 있는지를 기준으로 하여야 할 것인데,[1] 체류기간 연장허가는 그 신청이 있을 때마다 허가권자가 그 요건을 검토하여 허가 여부를 결정하고, 연장허가를 받을 때마다 그 소명자료를 제출하여야 하는 것이므로, 행정청이 이전에 혼인의 진정성 등을 특별히 문제 삼지 않은 채 연장허가를 해주었다 하여 다음 연장 신청 시 당연히 이를 허가하여 주겠다는 공적인 견해표명을 한 것으로 볼 수는 없다.[2]

나. 재량행위로서 체류기간 연장허가

체류기간 연장허가의 법적 성격 등에 관한 명시적인 대법원 판례는 보이지 아니하나, 하급심에서는 대법원 2015두48846호 판결의 취지를 고려하여 재량행위로 보고 있다. 즉 신청인에게 적법하게 국내에 체류할 수 있는 권한을 부여하는 일종의 설권적 처분의 성격을 가지므로, 허가권자는 신청인이 관계 법령에서 정한 요건을 충족하였다고 하더라도 신청인의 적격성, 체류 목적, 공익상의 영향 등을 참작하여 허가 여부를 결정할 수 있는 재량을 가진다고 할 것이고, 다만 이러한 재량을 행사할 때 판단의 기초가 된 사실인정에 중대한 오류가 있는 경우 또는 비례·평등의 원칙을 위반하거나 사회통념상 현저하게 타당성을 잃는 등의 사유가 있다면 이는 재

---

1) 대법원 2012. 6. 14. 선고 2012두1280 판결.
2) 대전지방법원 2014. 2. 12. 선고 2013구합811 판결(항소기각 및 심리불속행기각 확정).

량권의 일탈·남용으로서 위법하다고 봄이 타당하다.[1)]

다. 체류기간 연장허가·연장불허의 방식

출입국·외국인청장 등은 체류기간 연장허가 신청에 대하여 법무부장관의 허가가 있는 때에는 여권에 체류기간 연장허가인을 찍고 체류기간을 적거나 체류기간 연장허가 스티커를 붙여야 하고, 다만 외국인등록을 마친 사람에 대하여는 외국인등록증에 허가기간을 적음으로써 이를 갈음한다(출입국관리법 시행령 제31조). 체류자격 연장허가 이후의 체류 기간연장을 허가하지 아니하기로 결정한 때에는, 출입국·외국인청장 등은 허가된 체류 기간 내에 출국하여야 한다는 뜻을 여권에 적어야 하는데(같은 법 시행령 제34조), 여권에 출국예고인을 찍음으로써 이를 갈음할 수 있다(같은 법 시행규칙 제38조). 반면 체류기간 연장을 불허하는 경우 신청인에게 체류기간 연장 불허결정통지서를 발급하여야 하는데, 그 발급일로부터 14일을 초과하지 아니하는 범위에서 출국기한을 밝혀야 한다(같은 법 시행령 제33조). 불허결정통지서를 발급하지 않은 채 말로 한 체류기간연장불허처분은 위법하다.[2)]

라. 체류기간 연장불허가처분의 사법심사

최초의 체류자격 신청을 불허하는 경우와 달리, 체류기간 연장을 불허할 경우 외국인은 국내에 형성해 놓은 인적, 물적 기반을 상실하게 되는 중대한 불이익을 입게 되고, 그 심사 시에는 허가권자는 외국인의 그간의 체류실태가 어떠했는지를 조사하여 공익 침해의 위험성 등에 대하여 보다 구체적으로 판단할 수 있게 되므로, 이러한 체류기간 연장의 허가 여부를 결정함에 있어 허가권자가 가지는 재량의 범위는 최초 체류자격을 부여하는 경우에 비하여 좁을 수밖에 없다.[3)] 따라서 신청인이 대한민국에 체류한 기간, 그 체류실태, 연장이 불허될 경우에 신청인이 입게 될

1) 광주고등법원(제주) 2014. 1. 10. 선고 2023누1035 판결(확정), 광주고등법원(전주) 2023. 5. 24. 선고 2022누1604 판결(확정), 서울행정법원 2021. 7. 1. 선고 2021구단6235 판결(항소기각 및 심리불속행기각 확정) 등.
2) 인천지방법원 2012. 8. 30. 선고 2012구합1512 판결(확정).
3) 서울행정법원 2014. 6. 27. 선고 2014구합51531 판결(확정).

불이익과 공익침해의 정도 등을 충분히 심리한 후 이익형량을 통하여 신청인의 체류로 인하여 발생하는 공익침해의 위험이 없거나 공익침해의 위험이 신청인이 입게 되는 불이익에 비하여 현저히 적은 경우 체류 기간연장허가가 이루어져야 할 것이다.[1)]

마. 재량권 일탈·남용이 있다고 본 사례

체류기간 연장불허가처분에 있어 재량권 일탈·남용을 인정한 구체적 사례는 다음과 같다.

사안요지	판단내용
러시아 국적의 원고가 2022. 7. 25. 체류기간 연장신청을 하였으나, 피고는 같은 날 '행정소송에 패소하여 판결문 정본이 2022. 7. 19. 원고에게 송달되었고, 현재 소제기 상태가 아니다'는 이유로 불허처분을 한 사안[2)]	난민불인정결정에 대한 행정소송이 진행 중인 난민신청자는 난민인정 여부에 관한 결정이 확정될 때까지 대한민국에 체류할 수 있고(난민법 제2조 4호 다목, 제5조), 행정소송은 소장을 법원에 제출함으로써 개시되어 소장 부본이 송달됨으로써 소송이 계속되고 판결이 확정되거나 소 취하 내지 취하간주될 경우 절차가 종료되는바, 2022. 7. 25. 당시 원고는 난민사건 1심 판결 선고 후 항소기간이 지나지 않은 상태였으므로 난민 사건 1심 판결에도 불구하고 여전히 원고는 '난민불인정결정에 대한 행정소송이 진행 중인 사람'에 해당한다고 봄
중국 국적의 원고가 도로교통법위반(음주운전)죄로 벌금 500만 원의 약식명령을 받은 후 체류기간 연장허가를 신청하였는데, 피고는 출입국관리법 제11조 제1항 제3호, 제4호 등에 근거하여 체류기간 연장불허가결정 등을 한 사안[3)]	인적, 물적 피해가 발생하지 않아 그로 인한 위험이 현실화되지는 않은 점, 원고는 이 사건 음주운전 이외에 일체 범죄전력이 없고, 향후 재범의 우려도 없어 보이는 점, 원고는 약 15년간 대한민국에 거주하여왔고, 성인이 된 이후 대부분의 시절을 대한민국에 기반을 두고 지내온 것으로 보이는 점 등을 고려하면, 재량권 일탈·남용이 있다고 봄
	계좌 송금, 조달 흐름 등에 비추어 원고가 중국에서 약 5백만 원을 조달받았다는 원고의 주장을 납득하기 어렵다고만 볼 것은 아니고, 형식적으로 잔액을 맞추어 놓은 것으로 단

1) 서울행정법원 2014. 1. 21. 선고 2013구합21656 판결(확정).
2) 대전지방법원 2023. 11. 9. 선고 2023구단486 판결(확정).
3) 서울행정법원 2021. 12. 24. 선고 2021구단19071 판결(확정).

중국 국적의 원고가 유학(D-2) 체류자격으로 입국하여 체류하던 중 체류기간 연장신청을 하였으나, 피고는 '본국에서 부모로부터의 송금내역 증명불가 등'을 이유로 불허한 사안[1]	정하기도 어려운 점, 원고의 아버지가 2021. 4. 30. 원고의 중국은행 계좌로 30,000위안을 이체하였던 점, 원고는 대학교의 4년 장학생으로 학업을 위해 큰 금액의 학비가 지출되지 않고, 동 대학 강사로부터 유학생활에 도움을 받고 있는 것으로 보이는 점, 원고가 대학교에서 정상적으로 수업을 수강하여 온 것으로 보이고, 특별히 불법 취업 등을 하였다는 사정이 확인되지 않는 점 등을 고려하면, 재량권 일탈·남용이 있다고 봄
몽골 국적의 원고가 유학(D-2) 자격으로 체류하다가 체류기간 연장허가를 신청하였으나, 피고는 체류경비 등을 충족하지 못하였다는 이유로 불허가한 사안[2]	재정능력을 고려하는 이유는 취업활동 등 허가된 체류자격 외의 활동을 할 유혹에 쉽게 빠질 가능성이 있어 결과적으로 체류자격제도를 형해화할 우려가 있기 때문으로, 재정능력 입증의 경우 외국인이 유학, 일반연수의 체류자격을 벗어나는 일을 하지 않고 학비, 생활비를 조달할 수 있을 정도일 것을 요구하는 것인 점, 원고는 11년이 넘는 기간 계속하여 대한민국의 국립대학교에서 공부하면서 학사, 석사, 박사 과정을 거치며 외국인임에도 각 과정에서 통상적으로 요구되는 기간 내에 각 과정을 졸업하거나 수료하여 온 점, 그 과정에서 원고는 11년여간 학업에 매진할 수 있을 정도로 재정능력을 유지하여 왔었던 것으로 보이는 점, 계좌내역에 의하더라도 위 계좌에 입금된 체제비가 모두 본국에서 조달되지 않았다고 단정하기 어려워 보이고, 원고가 장학금을 받은 적도 있었던 점 등을 고려하면, 재량권 일탈·남용이 있다고 봄
베트남 국적의 원고는 한국 국민인 배우자와 혼인하여 딸을 출산한 후 이혼조정을 통해 주된 양육자가 아닌 면접교섭권을 가지게 되었는데, 원고는 결혼이민(F-6-1) 자격으로 체류하다가 연장을 신청하였으나, 결혼이민(자녀양육자)의 요건에 부합하지 않는다는 이유로 불허한 사안[3]	면접교섭권만을 가진 사람이 미성년 자녀를 양육자로서 직접 양육하지 않고 미성년 자녀에 대한 면접교섭권에 기하여 미성년 자녀를 성실히 면접교섭하면서 미성년 자녀에 대한 양육에 간접적으로 관여하는 것도 출입국관리법 시행령 제12조 별표1 중 28의4 나.항에서 규정한 '자녀를 양육하고 있는 부 또는 모'에 해당하는 점, 원고는 이혼조정이 성립한 직후부터 최근까지 딸을 정기적으로 면접교섭하면서 친밀한 유대관계를 유지하고 있고, 전 남편측에게 양육비도 정기적으로 지급하고 있는 점, 자녀가 어린 여자아이로서 아직 어머니인 원고의 관심과 보살핌이 필요할 것인 점 등을 고려하면, 자녀양육자 체류자격의 적격성과 그 필요성을 모두 구비하였다고 봄

1) 광주지방법원 2021. 11. 4. 선고 2021구합388 판결(확정).
2) 광주지방법원 2021. 9. 2. 선고 2021구합11197 판결(확정).
3) 수원지방법원 2018. 9. 7. 선고 2018구단6779 판결(확정).

5. 강제퇴거명령 취소소송

가. 강제퇴거의 의의

강제퇴거는 사무소장·출장소장 또는 외국인보호소장이 출입국관리법을 위반한 외국인에 대하여 국내체류를 불허하고 그 외국인의 의사에 반하여 대한민국 영토 밖으로 쫓아내는 것이다. 국가가 자국에 바람직하지 않다고 판단하는 외국인의 입국을 금지할 권한을 지닌다는 것은 국제법의 일반원칙이고, 일반적으로 그러한 권한에는 외국인을 그 영역 밖으로 내보낼 권리까지 포함되는데, 출입국관리법 제46조는 '강제퇴거의 대상자'를 규정하고 있다.

강제퇴거의 대상자인 외국인이 자기 비용으로 자진 출국하려 할 때는 강제퇴거 명령 대신 출입국관리법 제68조에 따라 출국명령을 할 수 있는데, 강제퇴거를 당한 외국인은 같은 법 제11조 제1항 제6호에 따라 5년간 입국이 금지될 수 있는 반면, 출국명령을 받고 출국한 외국인은 법무부 내부의 재량준칙에 따라 상대적으로 단기간의 입국규제를 받을 뿐인 점에 그 실익이 있다.

나. 강제퇴거의 대상자

(1) 규정 내용

출입국관리법 제46조 제1항 각 호[1)]는 강제퇴거의 대상자를 열거하고 있고, 같

---

1) 1. 제7조를 위반한 사람
2. 제7조의2를 위반한 외국인 또는 같은 조에 규정된 허위초청 등의 행위로 입국한 외국인
3. 제11조제1항 각 호의 어느 하나에 해당하는 입국금지 사유가 입국 후에 발견되거나 발생한 사람
4. 제12조제1항·제2항 또는 제12조의3을 위반한 사람
5. 제13조제2항에 따라 지방출입국·외국인관서의 장이 붙인 허가조건을 위반한 사람
6. 제14조제1항, 제14조의2제1항, 제15조제1항, 제16조제1항 또는 제16조의2제1항에 따른 허가를 받지 아니하고 상륙한 사람
7. 제14조제3항(제14조의2제3항에 따라 준용되는 경우를 포함한다), 제15조제2항, 제16조제2항 또는 제16조의2제2항에 따라 지방출입국·외국인관서의 장 또는 출입국관리공무원이 붙인 허가조건을 위반한 사람
8. 제17조제1항·제2항, 제18조, 제20조, 제23조, 제24조 또는 제25조를 위반한 사람
9. 제21조제1항 본문을 위반하여 허가를 받지 아니하고 근무처를 변경·추가하거나 같은 조 제2항을 위반하여 외국인을 고용·알선한 사람
10. 제22조에 따라 법무부장관이 정한 거소 또는 활동범위의 제한이나 그 밖의 준수사항을 위반한 사람
10의2. 제26조를 위반한 외국인

은 조 제2항은 대한민국에 영주할 수 있는 체류자격을 가진 사람은 원칙상 강제퇴거의 대상자가 되지 않으며 같은 항 단서 각 호[1)]의 어느 하나에 해당할 때에만 강제퇴거의 대상자가 된다고 규정하고 있다. 같은 조 제1항 각 호의 강제퇴거의 대상자는 출입국관리를 위반한 사람, 체류관리를 위반한 사람과 그 밖의 사람 등 세 유형으로 나눌 수 있다.

첫째, 출입국관리를 위반한 사람이란 유효한 여권을 소지하지 않은 사람, 입국금지사유가 입국 후에 발견되거나 발생한 사람, 출입국심사를 위반한 사람 등을 말한다(제1호부터 제7호·제11호·제14호). 둘째, 체류관리를 위반한 사람이란 외국인등록 의무를 위반한 사람, 허가받은 체류자격이나 체류활동이 아닌 활동을 한 사람, 외국인 고용제한을 위반한 사람 등을 말한다(제8호부터 제10호·제12호). 셋째, 그 밖의 사람이란 제13호, 제15호에 해당하는 사람인데 주로 범죄를 저지른 경우이다. 제15호의 위임에 따라 출입국관리법 시행규칙 제54조의2에서는 같은 법 시행규칙 제54조 각 호의 어느 하나에 해당하는 죄[2)]를 범한 사람(제1호), 「배타적 경제수역에서 외국인어업 등에 대한 주권적 권리의 행사에 관한 법률」을 위반한 사람(제2호), 「영해 및 접속수역법」을 위반한 사람(제3호) 중 어느 하나에 해당하는 경우로서 청장·사무소장·출장소장 또는 외국인보호소장이 강제퇴거함이 상당하다고 인정하는 사람으로 규정하고 있다.

---

11. 제28조제1항 및 제2항을 위반하여 출국하려고 한 사람
12. 제31조에 따른 외국인등록 의무를 위반한 사람

12의2. 제33조의3을 위반한 외국인

13. 금고 이상의 형을 선고받고 석방된 사람
14. 제76조의4제1항 각 호의 어느 하나에 해당하는 사람
15. 그 밖에 제1호부터 제10호까지, 제10호의2, 제11호, 제12호, 제12호의2, 제13호 또는 제14호에 준하는 사람으로서 법무부령으로 정하는 사람

1) 1. 「형법」 제2편 제1장 내란의 죄 또는 제2장 외환의 죄를 범한 사람
   2. 5년 이상의 징역 또는 금고의 형을 선고받고 석방된 사람 중 법무부령으로 정하는 사람
   3. 제12조의3제1항 또는 제2항을 위반하거나 이를 교사(敎唆) 또는 방조(幇助)한 사람

2) 1. 형법 제2편 제24장 살인의 죄, 제32장 강간과 추행의 죄 또는 제38장 절도와 강도의 죄 중 강도의 죄를 범한 자
   2. 성폭력범죄의 처벌 및 피해자보호 등에 관한 법률 위반의 죄를 범한 자
   3. 마약류관리에 관한 법률 위반의 죄를 범한 자
   4. 특정범죄 가중처벌 등에 관한 법률 제5조의2·제5조의4·제5조의5·제5조의9 또는 제11조 위반의 죄를 범한 자
   5. 국가보안법 위반의 죄를 범한 자
   6. 폭력행위 등 처벌에 관한 법률 제4조 위반의 죄를 범한 자
   7. 보건범죄단속에 관한 특별조치법 위반의 죄를 범한 자

(2) 출입국관리법 제46조 제1항 각 호 해당 여부

(가) 제1호

출입국관리법 제46조 제1항 제1호는 같은 법 제7조의 위반에 의한 '당해 입국상태 자체'를 해소하기 위한 경우에 적용하는 것일 뿐, 위조여권을 사용한 입국상태를 자진출국으로 해소한 후 재입국한 경우 최초 입국시의 위조여권 사용행위나 그러한 위조여권 사용사실에 대한 재입국시의 미고지행위는 이에 해당하지 않는다.[1)]

외국인이 자국에서 허위의 인적사항으로 여권을 발급받은 경우를 속칭 '위명여권'이라 하는데, 실무상 외국인이 위명여권으로 입국한 사실이 확인될 경우 위명여권이 유효한 여권이 아니어서 출입국관리법 제7조 제1항을 위반하였다는 이유로 강제퇴거명령을 하는 사례가 종종 있다. 이와 관련하여 행정처분의 공정력 또는 구성요건적 효력의 법리와 국제법상 국가 간 상호존중의 원칙을 근거로 출입국관리공무원이 외국인이 소지한 여권의 유효성을 실질적으로 심사할 권한이 있다고 볼 수 없다는 견해가 상정될 수 있으나, 대한민국의 출입국관리행정이 형해화될 위험이 있는 점 등을 고려하면, 외국 정부가 여권을 유효하다고 인정하는지 여부와는 별개로 외국인에 대한 입국 요건이 되는 여권의 유효성에 관해 판단할 필요성과 권한을 갖는다고 봄이 타당하다.[2)]

(나) 제3호(같은 법 제11조 제1항 제3호·제4호)

앞서 본 바와 같이 범죄와 관련한 강제퇴거 대상자는 출입국관리법 제46조 제1항 제13호·제15호, 같은 법 시행규칙 제54조의2에서 규정하고 있다. 같은 법 시행규칙 제54조의2에서 정한 죄를 범하지 않고 다른 죄로 벌금형 이하의 형사처벌을 받은 사람은 같은 법 제46조 제1항 제13호·제15호, 출입국관리법 시행규칙 제54조의2에 의해서는 강제퇴거 대상자가 되지 않는데 행정청이 이러한 범죄를 이유로 출입국관리법 제46조 제1항 제3호, 제11조 제1항 제3호(대한민국의 이익이나 공공의 안전을 해치는 행동을 할 염려가 있다고 인정할 만한 상당한 이유가 있는 사람), 제4호(경제질서 또는 사회질서를 해치거나 선량한 풍속을 해치는 행동을 할 염려가 있다고 인정할 만한

---

1) 서울행정법원 2016. 8. 11. 선고 2015구단12260 판결(확정), 서울고등법원 2010. 10. 14. 선고 2010누15362 판결(확정).

2) 서울고등법원 2014. 6. 13. 선고 2013누49830 판결(심리불속행기각 확정), 서울고등법원 2016. 5. 20. 선고 2015누57040 판결(심리불속행기각 확정).

상당한 이유가 있는 사람)에 해당한다며 강제퇴거명령을 하는 경우가 종종 있다.

실무상 이러한 경우에도 강제퇴거 대상자가 되고, 재량권 일탈·남용의 위법이 없다고 판단한 사례가 다수이지만, 출입국관리법 제46조 제1항 제13호에서 '금고 이상의 형을 선고받고 석방된 사람'을 강제퇴거대상자의 하나로 규정하고 있는 것에 비추어 볼 때, 제46조 제1항 제3호에 규정된 '제11조 제1항 각 호의 어느 하나에 해당하는 입국금지 사유가 입국 후에 발생한 사람'이 '금고 이상의 형'이 아닌 '벌금형'으로 처벌받은 경우에는 위 조항을 보다 신중하게 적용할 필요가 있다.[1)]

(다) 제3호(같은 법 제11조 제1항 제3호·제8호)

위조여권을 사용한 입국상태를 자진출국으로 해소한 후 재입국한 경우 최초 입국시의 위조여권 사용행위나 그러한 위조여권 사용사실에 대한 재입국시의 미고지 행위는 출입국관리법 제46조 제1항 제3호, 제11조 제1항 제3호(대한민국의 이익이나 공공의 안전을 해치는 행동을 할 염려가 있다고 인정할 만한 상당한 이유가 있는 사람), 제8호(제1호부터 제7호까지의 규정에 준하는 사람으로서 법무부장관이 그 입국이 적당하지 아니하다고 인정하는 사람)에 해당할 수 있다.[2)]

(라) 제13호

출입국관리법 제46조 제1항 제13호에 규정된 '금고 이상의 형'을 선고받고 '석방된 사람'의 해석과 관련하여, 실무는 위 명문의 규정상 '금고 이상의 형'을 실형으로 한정할 근거가 없는 점, 금고 이상의 형에 대한 집행유예가 선고된 경우 반사회성이 없다고 단정할 수 없는 점 등을 고려하여 금고 이상의 형에 대한 집행유예의 판결을 선고받은 경우가 포함된다고 본다.

나아가 수사 또는 재판관정에서 체포 또는 구속되었는지 여부와 관계없이 재판절차에서 벗어난 경우도 포함되는지 여부가 문제된다.[3)] 이에 대한 명시적 대법원

---

1) 대전고등법원 2016. 11. 24. 선고 2016누12149 판결(심리불속행기각 확정).

2) 서울고등법원 2010. 10. 14. 선고 2010누15362 판결(확정)

3) 다만 출입국관리법 제46조 제1항 제13호는 금고 이상의 형을 '선고받고 석방된' 사람이라고 규정하고 있는 점, 불구속 상태에서 재판을 받고 집행유예가 선고된 경우 같은 항 제3호 등에 근거하여 처분할 수 있으므로 법 문언의 한계를 뛰어넘어 확대해석할 필요가 없는 점 등을 이유로, 징역형이나 금고형의 집행유예 처벌을 받더라도 그 과정에서 구속되었다가 석방된 사실이 없는 경우에는 금고 이상의 형을 선고받고 '석방된 사람'에 해당한다고 볼 수는 없다는 실무례[서울행정법원 2014. 11. 21. 선고 2014구단57174 판결(항소기각 및 심리불속행기각 확정), 서울행정법원 2012. 11. 9. 선고 2012구합12990 판결(항소기각 확정) 등]도 있다.

판례는 없으나, 주류적 실무례는 '석방된 사람'에는 수사 또는 재판과정에서 체포, 구속되었었는지 여부와 관계없이 형을 선고받고 그 재판절차에서 벗어난 사람, 즉 그 형의 집행 전이거나 집행을 유예 또는 면제받거나 집행을 종료한 사람이 모두 포함된다고 해석하고 있는 것으로 보인다.[1] 이는 ① 형사소송법상 구속은 피고인이나 피의자에게 주거 부정, 증거 인멸 또는 도망의 염려 등의 구속사유가 있을 때 그 신병을 확보하는 수단일 뿐 범죄에 대한 형벌이 아니므로, 구속 여부가 그 사람 또는 그가 한 범죄행위의 반사회성의 정도를 나타낸다고 볼 수 없는 점, ② '석방'의 의미를 실형을 선고받고 그 형의 집행을 종료한 후 석방된 경우나 수사과정에서 구속되었다가 석방된 경우로 한정하여 해석하게 되면, 구속사유가 있어 구속 상태로 재판받다가 집행유예를 선고받은 경우와 구속사유가 없어 불구속 상태에서 재판받다가 집행유예를 선고받은 경우, 전자만을 강제퇴거 대상자로 보게 됨으로써, 형벌이 아닌 구속을 사실상 형벌과 같이 취급하게 되어 부당한 점 등을 근거로 한다.

실무상 금고 이상의 형에 대한 집행유예 판결을 받았음에도 재량권 행사의 하자가 있다고 판단한 사안은 드문데, 구체적인 사례는 다음과 같다.

사안요지	판단내용
터키 국적의 원고가 투자(D-8) 체류자격을 가지고 체류하던 중, 음주운전으로 사망사고를 일으키고 도주하여 징역 2년 6월에 집행유예 3년을 선고받아 확정되었는데, 피고는 이를 이유로 출입국관리법 제46조 제1항 제11호(금고 이상의 형을 선고받고 석방된 자)에 기하여 강제퇴거 처분을 명한 사안[2]	6년 이상 국내에서 19명을 고용하여 사업체를 운영해 온 점, 국내에 부인과 자녀가 거주하고 있는 점, 다른 범법행위가 없고 성실히 세금을 납부해온 점, 우발적인 범행이고 은폐할 의도가 없었던 점, 터키인 및 한국인들이 탄원서를 제출하고 있는 점, 집행유예 제도가 스스로 사회복귀의 길을 열어주는 제도인 점 등을 고려하여, 재량권 일탈·남용의 위법이 있다고 봄
원고가 국민의 배우자(F-6) 자격으로 사증발급을 신청하였으나 폭력행위 등처벌에 관한 법률 위반(집단·흉기 등 상해)죄로 징역 1년 6월에 집행유예 2년의 전력이 있다는 이유로 이를 거부한 사안[3]	대한민국 국민과 혼인하여 국내에 거주하는 점, 원고는 친구와 자신의 처가 피해자로부터 폭행을 당할 위험에 처한 상황에서 피해자를 폭행한 점, 피해자로 하여금 접근하지 말 것을 경고하였음에도 달려들던 피해자가 상해를 입은 점, 피

1) 서울고등법원 2014. 4. 29. 선고 2013누47483 판결(상고기각 확정), 서울행정법원 2022. 9. 7. 선고 2022구단50376 판결(항소기각 및 심리불속행기각 확정), 서울고등법원 2024. 3. 22. 선고 2023누68410 판결(심리불속행기각 확정) 등.
2) 서울행정법원 2008. 5. 2. 선고 2008구합662 판결(확정).
3) 서울행정법원 2014. 11. 20. 선고 2013구합59590 판결(확정).

	해자가 입게 된 상해의 정도가 경미한 점, 피고인이 다른 범죄를 저질렀다고 볼 만한 아무런 자료가 없는 점 등을 고려하여, 재량권 일탈·남용의 위법이 있다고 봄
리비아 국적의 원고가 1991년경 입국하여 국내 대학교에서 수학하고, 2003. 4. 9.부터 자동차 수출 무역업, 음료 수출업을 각 영위하던 중, 2005. 6.경부터 2005. 8.경 사이에 동업자금 6,000만 원을 횡령하여 징역 6월에 집행유예 2년을 선고받아 확정되었는데, 이를 이유로 피고는 원고에게 5년간 입국금지를 명한 사안[1]	횡령금액을 포함하여 채무를 모두 변제한 점, 대한민국으로 유학을 온 1991년부터 장기간 합법적으로 국내에 체류하면서 위 범행 외에는 형사처벌을 받은 범죄전력이 전혀 없는 점, 사실상 국내에서 사회생활 및 경제생활을 하면서 주된 생활 및 사업의 기반을 대한민국에 두고 있는 점 등을 고려하여, 재량권 일탈·남용의 위법이 있다고 봄

(3) 증명책임

강제퇴거의 대상자인 점은 처분청이 증명하여야 한다.[2] 외국인이 아니면 강제퇴거의 대상자가 될 수 없으므로 강제퇴거의 대상자가 외국인이라는 점도 처분청이 증명하여야 한다.[3]

다. 이의신청

강제퇴거명령을 받은 사람은 강제퇴거명령서를 받은 날부터 7일 이내에 법무부장관에게 이의신청을 할 수 있다(제60조). 강제퇴거명령을 받은 사람이 위 이의신청과 별도로 행정심판을 제기할 수 있는지에 관한 규정은 없으나 이의신청의 제기기간이 매우 짧은 점이나 이를 특별행정심판으로 볼 법령상 근거가 전무한 점 등에 비추어 볼 때, 행정심판을 제기할 수 있다.

나아가 강제퇴거명령을 받은 사람이 이의신청을 한 경우 강제퇴거명령 취소소송의 제소기간이 이의신청에 대한 결과통지일부터 기산되어야 한다고 볼 수 있는지가 문제되는데, 강제퇴거명령을 받은 사람이 이의신청을 한 경우 강제퇴거명령 취소소송의 제소기간을 강제퇴거명령서 송달일부터 기산하여야 하는지, 아니면 이의신청

1) 대법원 2013. 2. 28. 선고 2012두5992 판결.
2) 서울고등법원 2017. 5. 2. 선고 2016누77072 판결(심리불속행기각 확정).
3) 대법원 1996. 11. 12. 선고 96누1221 판결, 서울고등법원 2013. 7. 24. 선고 2012누32941 판결(확정)

결과통지일부터 기산하여야 하는지에 관하여 한동안 하급심 실무에서 논란이 있었다. 주택건설사업계획승인 거부처분에 대한 민원처리법에 따른 이의신청을 한 사례에서 대법원 2012. 11. 15. 선고 2010두8676 판결이 이의신청은 행정심판에 해당하지 않아 행정소송법상 행정심판을 제기한 경우의 제소기간 특례 규정이 적용되지 않으므로 개별법령에 별도의 제소기간 특례 규정이 없는 이상 이의신청 결과통지일이 아니라 처분서 송달일부터 기산하여야 한다고 보았고, 이후 강제퇴거명령 사안에서도 이 판례를 따르는 것이 하급심의 주류적 실무였지만, 여전히 논란과 학계의 비판이 있었다. 그러다가 2021. 3. 23. 법률 제17979호로 제정된 행정기본법 제36조 제4항은 이의신청을 한 경우에는 이의신청 결과통지일부터 90일 이내에 행정심판 또는 행정소송을 제기할 수 있다는 일반적인 제소기간 특례 규정을 명문화함으로써 입법적으로 문제를 해결하였다(그 부칙 제1조에 의하면, 제36조는 공포 후 2년이 경과한 2023. 3. 23.부터 시행한다).

라. 강제퇴거명령의 법적 성격

(1) 증명책임과 출국명령의 위법사유

출입국관리법 제68조 제1항의 규정 형식, 문언 및 체계를 비롯하여 출국명령을 통하여 달성하고자 하는 행정목적과 강제퇴거명령의 특성 등을 종합하면, 강제퇴거명령은 재량행위로 봄이 타당하다. 따라서 '피고의 강제퇴거명령을 통해 달성하고자 하는 공익에 비하여 원고가 입게 되는 불이익이 커서 피고의 강제퇴거명령이 재량권 일탈·남용에 해당한다'는 점에 관한 증명책임은 강제퇴거명령 등의 상대방인 원고에게 있다.[1])

다만 출입국관리법 제68조 제4항에 따른 강제퇴거명령은 처분사유인 기한 내에 출국하지 아니하였다는 사실의 존재가 인정될 경우, 재량적 판단을 개입시킬 여지없이 반드시 강제퇴거명령을 발령해야 하는 기속행위이다.

한편 출입국관리법 제68조 제4항에 근거하여 행하여진 강제퇴거명령은 그에 선행한 출국명령과 결합하여 이루어진 일련의 단계적 행정처분으로서 외국인을 국외로 출국시킨다는 동일한 법률효과를 완성하기 위한 목적에서 행하여진 것이므로, 선

1) 서울고등법원 2023. 5. 18. 선고 2022누60938 판결(심리불속행기각 확정).

행행위인 출국명령이 재량행위에 해당하고, 위 출국명령에 처분사유의 부존재 내지 재량권 행사의 일탈·남용 등 하자가 존재한다면, 그 하자를 이유로 강제퇴거명령의 효력을 다툴 수 있다고 봄이 타당하다.[1)]

(2) 사법심사에 있어 고려사항

(가) 일반론

강제퇴거명령의 재량권 행사에 하자가 있는지 판단할 때는 외국인의 출입국과 체류를 적절하게 통제하고 조정함으로써 국가의 이익과 안전을 도모 및 사회통합 등 공익적 측면과 외국인이 우리나라에서 체류하면서 적법하게 형성한 사익을 비교·형량한다. 외국인이 형성한 사익에는 국내의 경제적·사회적 기반, 가족결합권, 아동의 최상의 이익, 재산권 등이 있다. 가족결합권과 관련해서는 가족과 헤어져야 하는 점 등을 고려할 수 있고 재산권과 관련해서는 임금이나 산업재해보상보험급여를 청구하는 것 등을 고려할 수 있다.

(나) 국민의 배우자인 외국인에 대한 강제퇴거대상 여부 판단의 방법

출입국관리법은 대한민국에 입국하거나 대한민국에서 출국하는 모든 국민 및 외국인의 출입국관리를 통한 안전한 국경관리, 대한민국에 체류하는 외국인의 체류관리 외에 그 '사회통합'까지도 주된 목적으로 하고 있다(제1조). 대한민국에 체류하는 외국인의 사회적 통합 역시 출입국관리법상 출입국관리행정의 또 다른 목적으로 제시되어 있는 만큼, 국민의 배우자로서 그 사이에 친자를 얻어 국내에서 정상적인 혼인 및 가족 간 결합관계를 유지하고 있는 외국인에 대해서는, 강제퇴거를 명함에 있어 그 사유의 존부 및 강제적인 출국, 송환의 필요성을 판단함에 있어, 해당 외국인 본인의 문제되는 범죄나 비위행위의 존부 및 경중 못지않게 그러한 강제적 조치가 혼인 및 가족 간 결합관계에 초래할 부정적 결과나 영향까지도 공익적 관점에서 종합적으로 고려하는 엄격하고 신중한 태도가 필요하다고 봄이 타당하다.

강제퇴거 또는 출국명령의 대상이 되는 외국인에 관하여 규정한 출입국관리법 제11조 제1항 제3호·제4호는 그 대상에 관한 요건규정이 장래에 발생할 위험이 있는 개연성 있는 상황을 전제로 하고, '대한민국의 이익', '공공의 안전', '경제질서',

---

1) 서울고등법원 2023. 1. 27. 선고 2022누35031 판결(심리불속행기각 확정).

'사회질서', '선량한 풍속' 등 지극히 불확정하고 일반적·추상적인 개념으로 구성되어 있다. 그리하여 출입국관리청의 판단 여하에 따라 그 적용대상이 지나치게 확대될 가능성이 있는바, 위와 같은 출입국관리법이 제시하고 있는 입법 목적과의 합리적인 조화를 이룰 수 있는 합헌적 제한 해석의 필요성이 있다.[1)]

(3) 재량권 일탈·남용의 위법이 있다고 판단한 사례

실무상 강제퇴거명령에 재량권 행사의 하자가 있다고 판단한 경우는 드물지만, 재량권 일탈·남용의 위법이 있다고 판단한 사례로는 다음과 같은 것이 있다.[2)]

사안요지	판단내용
베트남 국적의 원고는 선원취업 자격으로 입국하여 근무처 변경에 대한 사전허가를 받지 아니하고 근무하다가 단속에 적발되었고, 이에 피고는 원고에게 대하여 강제퇴거명령을 한 사안[3)]	피고는 2020년부터 2022년까지 사이에 근무처 변경에 대한 사전허가를 받지 아니하고 근무처를 변경한 외국인에 대하여 대부분 체류를 허가하였고, 강제퇴거시킨 경우는 원고를 포함하더라도 약 6.04%에 불과한 점, 피고가 강제퇴거시킨 외국인들은 범칙금 납부의사가 없거나 체류기간 만료가 임박하였거나 추가적인 불법행위를 하는 등 원고와 차이가 있는 점, 원고의 위반기간은 11일이고, 부과받은 범칙금은 100만 원인데, 2020년부터 2022년까지 사이에 근무처 변경에 대한 사전허가를 받지 아니하고 근무처를 변경하였음에도 체류허가된 140건 중, 위반기간이 20일 이상인 경우는 30건, 범칙금이 100만 원 이상인 경우는 62건에 이르는 점 등을 고려하면, 재량권 일탈·남용의 위법이 있다고 봄

---

1) 서울고등법원 2023. 1. 27. 선고 2022누35031 판결(심리불속행기각 확정).

2) 외국인에 대한 벌금형이 확정될 경우 출국 조치를 하는 내부기준은 다음과 같다[문중흠, "출입국관리법 해석을 통한 외국인노동자, 결혼이민자의 보호－행정소송상 재판례 및 쟁점을 중심으로", 사법논집(60), 161].

[출입국관리사무소] 벌금형 확정 외국인 심사기준

출국 조치 기준

▪ 기본 원칙
  ① 300만 원 이상 벌금형이 확정된 사람
  ② 최근 5년 이내 합산 벌금액이 500만 원 이상인 사람
  ③ 최근 2년 이내 2회 이상 또는 5년 이내 3회 이상 벌금형 이상을 받은 사람

▪ 도로교통법 위반자 특례기준(기본 원칙 적용 제외)
  ① 벌금액이 500만 원 이상인 사람 또는 500만 원 미만 일지라도 인적·물적 사고를 수반하여 그 피해자와 합의가 없는 사람
  ② 물건 손괴 후 사고를 처리하지 않고 도주하여 벌금형을 받고 배상조치가 없는 사람
  ③ 도로교통법 위반을 포함하여 최근 5년 이내 3회 이상 벌금형 이상을 받은 사람

3) 전주지방법원 2023. 2. 2. 선고 2022구합2234 판결(확정).

피고는 원고가 300만 원 이상의 벌금형이 확정되었고, 약 2년의 기간 동안 6차례에 걸쳐 각종 형사사건 등에 연루되어 상습성이 인정되므로, 강제퇴거 대상자에 해당하지만 자진하여 출국할 의사를 밝혔다는 이유로, 원고에 대하여 출국명령을 하였으나, 이후에도 자진 출국하지 아니하여 강제퇴거명령처분을 한 사안[1]	원고의 친자는 처분 당시를 기준으로 연령이 만 2세에 불과하여 여전히 원고 등의 양육과 보살핌이 절실히 필요한 상황인 점, 원고가 국외로 송환될 경우 경제적으로 원고에게 거의 전적으로 의존하던 원고의 친자 및 배우자로서는 당장 생계에 큰 곤란을 겪게 될 것인 점, 원고가 저지른 범죄나 일탈행위는 아동보호사건 부분을 제외하면 대체로 가벼운 폭행, 모욕, 공무집행방해의 범주를 벗어나지 아니하고, 그 동기나 경위가 우발적이거나 일시적이며, 그 수단이나 결과가 경미하고 사회적 비난가능성이 크지 아니한 점 등을 고려하면, 재량권 일탈·남용의 위법이 있다고 봄
카자흐스탄 국적의 여성인 원고가 취업활동을 할 수 있는 허가를 받아 경제활동을 할 수 있었음에도 유흥접객원으로 불법적으로 취업하여 기소유예 처분을 받고, 출입국관리법 제11조 제1항 제3호, 제4호 등에 기하여 강제퇴거명령을 받은 사안[2]	원고가 불법취업 활동을 한 것은 노래클럽에서의 적발 당일의 몇 시간에 불과한 것으로 보이는 점, 미성년인 원고의 조카는 기타(G-1) 자격으로 체류자격변경허가를 받았는데, 대한민국에는 원고 외에는 돌봐줄 가족이나 친척 등이 없는 점, 원고는 외국인등록을 하고서 체류기간만료일 이전에 체류기간연장 허가를 계속 받아오고 있었고, 불법체류를 한 바 없는 점 등을 고려하면, 재량권 일탈·남용의 위법이 있다고 봄
중국 국적의 원고는 보이스피싱 사기범죄를 저질러 징역 10월에 집행유예 2년을 선고받았고, 이에 피고는 원고에게 출입국관리법 제11조 제1항 제4호 등에 따라 강제퇴거명령 등을 한 사안[3]	원고는 초범이고, 범행기간도 3일에 그쳤으며, 범행 가담 정도도 보이스피싱에 사용되는 현금카드 수거 및 현금인출 등으로서 그 배후 세력에 비하여 중한 책임을 묻기는 어렵고, 범행으로 인한 수익도 23만 원에 그쳤으며, 무엇보다도 원고가 범행 당시 성인이 아니라 사리분별력이 부족한 만 15세의 미성년자였던 점, 원고는 형사 제1심 판결에서 징역 10월에 집행유예 2년을 선고받았으나, 그 항소심에서 초범이고 피해자와 합의하였다는 이유로 벌금 1,000만 원으로 감형된 점, 아동의 권리에 관한 협약 제3조 제1항은 법원 등에 의하여 실시되는 18세 미만 아동에 관한 모든 활동에 있어서 아동의 최선의 이익이 최우선적으로 고려되어야 함을 규정하는 점 등을 고려하면, 재량권 일탈·남용의 위법이 있다고 봄
베트남 국적인 원고가 비전문 취업비자(E-9-2)로 체류하던 중 절도죄와 상해죄로 각 벌	원고는 2009. 1. 20. 이래로 건설현장 근로자로서 근무하여 온 점, 우발적 범행으로, 일부 피해자와 합의한 점, 미납 벌금을 모두 납부한 점, 법무부장관이 제정한 '입국규제 업무

1) 서울고등법원 2023. 1. 27. 선고 2022누35031 판결(심리불속행기각 확정).
2) 인천지방법원 2019. 12. 10. 선고 2019구단50684 판결(확정).
3) 대전고등법원 2016. 11. 24. 선고 2016누12149 판결(심리불속행기각 확정).

금 100만 원의 약식명령을 받았음을 이유로, 피고가 원고에게 강제퇴거명령을 한 사안[1]	처리 등에 관한 지침'상 별다른 규정이 없는 점, 다른 관련자들의 처벌 정도 등을 고려하여, 재량권 일탈·남용의 위법이 있다고 봄
중국 국적의 조선족인 원고가 방문취업(H-2) 자격으로 체류하던 중 도로교통법위반(음주운전)죄로 벌금 150만 원을, 이후 같은 죄로 벌금 400만 원을 각 받았음을 이유로, 피고가 원고에게 출국명령을 한 사안[2]	원고는 이미 체류 기간연장허가를 받은 상태였던 점, 원고는 반성하고 있고, 벌금을 완납하였으며, 위 전력 외에는 범죄행위를 저지른 전력이 없는 점, 지난 약 5년 동안 국내에서 마련한 생계기반이 무너질 우려가 있는 점, 원고는 2008년에 적법하게 국내에 입국한 이래로 성실하게 생활한 점, 원고의 자녀 부양관계 등을 고려하여, 재량권 일탈·남용의 위법이 있다고 봄
중국 국적의 조선족인 원고가 방문취업(H-2) 자격으로 체류하던 중 성매매로 기소유예처분을 받음을 이유로, 피고가 원고에게 출국명령을 한 사안[3]	특별히 입국규제 조치를 하지 않고 있는 등 공익이 그리 크지 않은 점, 2006년부터 삶의 터전을 마련하여 온 점, 이 사건 이외 다른 전력이 없는 점, 어머니가 한국에 살고 있어 부양이 필요한 점 등을 고려할 때, 재량권 일탈·남용의 위법이 있다고 봄
러시아 연방 국적의 원고가 재외동포 체류자격으로 체류하던 중 강제추행죄로 벌금 100만 원의 약식명령이 있었음이 발견되었다는 이유로, 출국명령을 한 사안[4]	출국명령 전까지 일곱 차례에 걸쳐 적법하게 체류 기간연장을 받아 장기간 동안 생활기반을 형성하여 생활한 점, 장기간에 걸쳐 아무런 행정조치를 취하지 않은 채 방치하고 있다가 6년여가 지나서 이를 이유로 행정적 제재인 출국명령을 내린 점, 원고가 10년 넘게 대한민국에서 형성한 생활기반이 송두리째 없어질 수 있다는 점 등을 고려할 때, 재량권 일탈·남용의 위법이 있다고 봄
한국계 중국인인 원고가 방문취업(H-2) 체류자격으로 체류하던 중 사망교통사고를 범하여 벌금 700만 원을 선고받았음을 이유로 출국명령을 한 사안[5]	초범으로 과실에 의한 것인 점, 피해자 측과 합의가 이루어졌고, 피해자도 무단횡단을 한 잘못이 있는 점, 현재 아내와 자녀가 모두 대한민국에 체류하고 있는 점, 원고의 범행 동기, 종류, 내용, 횟수, 직업과 환경, 범행 후의 정황 등을 종합적으로 평가하였음을 인정할 자료가 없고, 지침에 따라 동일한 기준을 적용한 것에 불과한 점 등을 고려할 때, 재량권 일탈·남용의 위법이 있다고 봄
파키스탄 국적의 원고가 허위로 신고한 후 덤프트럭을 파키스탄에 밀수출하여 벌금 500	범행이 대한민국의 경제질서 및 사회질서에 미친 불법성의 영향이 크지 않은 점, 10년 넘게 별다른 범죄를 저지르지 않고 납세의무 성실히 이행한 점, 10년 이상 유지해온 생업

1) 인천지방법원 2011. 12. 1. 선고 2011구합3443 판결(확정).
2) 인천지방법원 2013. 1. 17. 선고 2012구합4245 판결(항소기각 확정).
3) 서울행정법원 2014. 2. 6. 선고 2013구합26316 판결(항소기각 확정),
4) 서울행정법원 2014. 11. 28. 선고 2014구합9158 판결(항소기각 확정).
5) 수원지방법원 2014. 8. 22. 선고 2014구합 3717 판결(확정).

만 원 및 추징을 받았음을 이유로, 출국명령을 한 사안[1]	과 삶의 터전이 박탈될 수밖에 없는 점 등을 고려할 때, 재량권 일탈·남용의 위법이 있다고 봄

마. 관련 문제

(1) 강제퇴거명령 집행 후 취소소송의 진행

취소소송 제기 후 강제퇴거명령을 집행하더라도 강제퇴거명령을 받고 출국한 후 5년이 지나지 않은 사람은 입국이 금지될 수 있으므로(출입국관리법 제11조 제1항 제6호), 강제퇴거명령의 취소를 구할 소의 이익은 소멸하지 않는다고 봄이 타당하다.[2] 따라서 이미 계속 중인 취소소송은 진행하여 본안의 판단을 할 수밖에 없다.

소송대리인이 있는 경우 소송대리인이 원고와 연락이 되는 한 재판진행에는 큰 어려움이 없다. 그러나 소송대리인이 없는 경우에는 원고에게 변론기일이나 선고기일을 통지하기 위해 송달할 장소를 파악하는 것부터가 문제이다. 취소소송을 수행할 의사가 있는 원고는 인터넷을 통해 재판진행상황을 파악하고 우편으로 자신의 송달장소를 알려오는 경우가 있다. 이처럼 원고의 송달장소를 알게 된 경우에는 해외송달을 실시하면 되겠고 나머지 경우에는 공시송달을 한다. 그러나 원고가 변론기일통지서를 수령하더라도 입국 허가를 받지 못하여 변론기일에 출석하기는 어려울 것이다. 원고가 변론기일에 출석하지 못하면 변론을 종결하고 판결을 선고함이 타당하며, 2회 불출석함으로써 소를 취하한 것으로 간주 처리하는 것은 바람직하지 않다.

(2) 강제퇴거명령의 집행정지

실무상 강제퇴거명령을 받은 사람이 취소소송을 제기하면 별도로 집행정지결정이 없어도 처분청이 강제퇴거명령을 집행하지 않는 경우가 많다. 그러나 취소소송의 제기는 처분 등의 효력이나 그 집행 또는 절차의 속행에 영향을 주지 아니하므로(행정소송법 제23조 제1항) 법령상 집행이 불가능한 것은 아니고, 일단 강제퇴거명령의 집행을 마치면 그 외국인은 사실상 구제의 가능성이 사라지므로, 강제퇴거명령 집행정지신청이 들어오면 행정소송법 제23조 제2항의 요건인 '처분 등이나 그 집행 또는

1) 서울행정법원 2012. 8. 10. 선고 2012구합11232 판결(항소기각 및 심리불속행기각 확정).
2) 서울행정법원 2013. 4. 19. 선고 2012구합41400 판결(확정), 서울행정법원 2012. 12. 27. 선고 2012구합20045 판결(확정)

절차의 속행으로 인하여 생길 회복하기 어려운 손해를 예방하기 위하여 긴급한 필요'가 있는지 여부를 심리하여 신속하게 결정을 할 필요가 있다. 실무례 중에는 강제퇴거명령의 집행정지는 인용하더라도, 보호명령에 대하여는 위 집행정지 요건이 인정되지 않는다거나 외국인의 출입국관리에 막대한 지장을 초래하여 공공복리에 중대한 영향을 미칠 우려가 있다는 이유로, 기각하는 사례도 다수 확인된다.[1)]

6. 보호명령 취소소송

가. 보호의 의의

출입국관리법에 따른 외국인에 대한 "보호"란 출입국관리공무원이 제46조 제1항 각 호에 따른 강제퇴거 대상에 해당된다고 의심할 만한 상당한 이유가 있는 사람을 출국시키기 위하여 외국인보호실, 외국인보호소 또는 그 밖에 법무부장관이 지정하는 장소에 인치(引致)하고 수용하는 집행활동을 말한다(출입국관리법 제2조 제11호). 강제퇴거명령은 외국인에 대하여만 이루어지는 처분이므로 그 심사와 집행을 위한 보호도 외국인만을 그 대상으로 하는 처분이다. 다만 외교관계에 관한 비엔나 협약 제29조[2)]에 따라 외교관과 그 가족에 대하여는 보호를 할 수 없다고 보는 것이 일반적이다.

보호는 일정 기간 의사에 반하여 신체의 자유를 박탈한다는 점에서 그 외형은 인신구속에 해당한다고 볼 수 있다.[3)] 그러나 보호명령은 외국인의 강제퇴거사유의 존부 심사 및 강제퇴거명령의 집행확보라는 행정목적을 담보하고 이를 효율적으로

---

1) 대전고등법원 2023. 8. 28. 자 2023루122 결정, 광주고등법원(제주) 2024. 1. 11. 자 2023루508 결정, 대전고등법원 2023. 11. 22. 자 2023아84 결정, 서울고등법원 2023. 9. 22. 자 2023루1388 결정.
2) 외교관계에 관한 비엔나협약
제29조 외교관의 신체는 불가침이다. 외교관은 어떠한 형태의 체포 또는 구금도 당하지 아니한다. 접수국은 상당한 경의로서 외교관을 대우하여야 하며 또한 그의 신체, 자유 또는 품위에 대한 여하한 침해에 대하여도 이를 방지하기 위하여 모든 적절한 조치를 취하여야 한다.
제37조
1. 외교관의 세대를 구성하는 그의 가족은, 접수국의 국민이 아닌 경우, 제29조에서 제36조까지 명시된 특권과 면제를 향유한다.
3) 대법원 2001. 10. 26. 선고 99다68829 판결.

집행하기 위해 행해지는 것으로 신체의 자유 제한 자체를 목적으로 하는 형사절차상의 인신구속과는 그 목적이나 성질이 다르다.[1)]

따라서 출입국관리법에 따른 보호절차에 대하여는 형사보상법 제2조를 유추적용하여 국가에 보상을 청구할 수 없고,[2)] 인신보호법의 적용대상에서도 제외되어 있다.[3)]

나. 보호의 유형

출입국관리법상 보호절차는 강제퇴거명령 전에 하는 '심사결정전 보호'와, 강제퇴거명령 후에 하는 '강제퇴거명령 집행을 위한 보호'로 구별된다.

강제퇴거명령 전에 하는 보호는 출입국관리공무원이 강제퇴거명령의 사유가 있는지 심사하기 위한 보호로서, 출입국관리법 제6장 제3절의 조항으로 규율된다. 세부적으로 일반보호(제51조 제1항), 긴급보호(제51조 제3항), 일시보호(제56조)로 구분할 수 있다.

강제퇴거명령 후에 하는 보호는 강제퇴거명령을 집행하여 외국인을 출국시키기 전 일정한 장소에 보호하는 것으로서 출입국관리법 제63조에서 규정하고 있다.

다. 심사결정을 위한 보호(강제퇴거명령 전 보호)

(1) 일반보호

(가) 요건

1) 일반보호를 하기 위해서는 외국인에게 ① 출입국관리법 제46조 제1항 각호가 정한 강제퇴거사유에 해당한다고 의심할 만한 상당한 이유가 있고, ② 도주하거나 도주할 염려가 있다고 인정되는 경우라야 한다. 강제퇴거사유는 전술한 강제퇴거명령 취소소송 부분에 본 것과 같다.

---

1) 헌법재판소 2014. 8. 28. 선고 2012헌마686 결정 등.

2) 대법원 2018. 12. 7. 자 2014모2421 결정.

3) 인신보호법
제2조(정의) ① 이 법에서 "피수용자"란 자유로운 의사에 반하여 국가, 지방자치단체, 공법인 또는 개인, 민간단체 등이 운영하는 의료시설·복지시설·수용시설·보호시설(이하 "수용시설"이라 한다)에 수용·보호 또는 감금되어 있는 자를 말한다. 다만, 형사절차에 따라 체포·구속된 자, 수형자 및 「출입국관리법」에 따라 보호된 자는 제외한다.

2) 출입국관리법 제51조 제1항은 '출입국관리공무원은 …(중략)… 보호할 수 있다'라는 형식으로 규정하고 있어, 그 문언상 재량행위이다. 이는 다른 출입국관리법상 처분과 마찬가지이다. 따라서 비례원칙 등을 비롯한 재량행위에 관한 행정법 일반원칙이 준수되어야 하고, 특히 인신구속의 실질을 가지는 특성상 그 사익침해성이 매우 크기 때문에, 다른 수단에 의해서는 출입국관리의 행정목적을 달성하기 어려운 경우와 같이 최후수단성, 최소침해성 등이 충족되어야 한다고 보는 것이 일반적이다. 소송실무에서도 비례원칙위반을 위법사유로 주장하는 경우가 많다. 비례원칙을 위반하였다고 본 사안들은 다음과 같은 것들이 있다.

사안요지	판단내용
몽골 국적 부부인 원고들이 난민인정신청이 거듭 불인정되고 그에 대한 취소소송에도 계속 패소하여 강제퇴거명령과 함께 보호명령을 받은 사안[1]	이미 난민불인정처분에 대한 패소확정판결을 받고도 다시 소송을 제기하여 3년간 체류하였고, 그 이후에도 체류자격 없이 국내에 체류한 사정 등에 의하면, 강제출국명령은 재량권의 범위를 일탈한 하자가 있다고 할 수 없음. 그러나 보호명령의 경우에는 원고들이 국내 초등학교와 어린이집을 다니는 자녀를 양육하면서 함께 거주하고 있어 보호명령으로 원고들과 그 자녀들을 분리하는 경우 원고들이 입게 될 불이익이 보호명령으로 달성하려는 공익에 비하여 작다고 보기 어려워, 비례원칙을 위반한 재량권 일탈의 위법이 있다고 보았음
카자흐스탄 국적의 원고가 난민인정신청을 하여 기타(G-1) 체류자격을 받고 국내에서 체류하면서, 불법으로 유흥접객원으로 취업하였다는 이유로 긴급보호명령을 받은 사안[2]	원고가 적발 당일 유흥접객원 취업을 한 점, 원고가 국내에서 미성년 조카를 부양하고 있고 원고 외에 위 조카를 돌봐줄 가족이나 친척이 없는 점, 산부인과 질환으로 건강이 좋지 않은 점 등의 사정에 의하면, 원고를 구금하는 보호명령은 원고의 의무위반의 내용에 비하여 사회통념상 현저하게 타당성을 잃은 정도로 과중하다고 보았음

(나) 절차

1) 보호명령서의 발급과 제시

출입국관리공무원이 외국인을 보호하기 위해서는 지방출입국·외국인관서의 장으로부터 보호명령서를 발급받아 그 대상자에게 이를 제시하여야 한다. 여기서 말하

1) 수원지방법원 2024. 6. 14. 선고 2023구단14422 판결(확정).
2) 인천지방법원 2019. 12. 10. 선고 2019구단50684 판결(확정).

는 지방출입국·외국인관서의 장은 출입국·외국인청장, 출입국·외국인사무소장, 출입국·외국인청 출장소장 또는 출입국·외국인사무소 출장소장이다(출입국관리법 시행령 제63조, 출입국관리법 시행규칙 제58조 제1항). 따라서 위 보호명령을 다투는 항고소송의 피고도 보호명령서를 발급한 지방출입국·외국인관서의 장이 된다.

보호명령서에는 보호의 사유, 보호장소 및 보호기간 등이 기재되어야 한다(출입국관리법 시행령 제63조 제2항). 다만 보호의 사유 등이 기재되지 않은 보호명령서가 제시된 경우에도, 당사자가 어떠한 근거와 이유로 처분이 이루어진 것인지를 충분히 알 수 있어서 그에 불복하여 행정구제절차로 나아가는 데에 별다른 지장이 없었던 것으로 인정되는 경우에는 처분서에 처분의 근거와 이유가 구체적으로 명시되어 있지 않았다고 하더라도 그로 말미암아 그 처분이 위법한 것으로 된다고 할 수는 없다는 판례[1]를 들어 보호명령서에 그 위반사실이 기재되지 않은 경우에도 이를 취소사유에 이르는 절차상 하자로 보지 않은 하급심 판결례가 있다.[2]

2) 통지

출입국관리공무원은 외국인을 보호한 때에는 국내에 있는 그의 법정대리인·배우자·직계친족·형제자매·가족·변호인 또는 보호대상자가 지정하는 사람에게 3일 이내에 보호의 일시·장소 및 이유를 서면으로 통지하여야 한다. 다만, 법정대리인등이 없는 때에는 그 사유를 서면에 적고 통지하지 아니할 수 있다(제54조 제1항). 또한 보호된 사람이 원하는 경우에는 긴급한 사정이나 그 밖의 부득이한 사유가 없으면 국내에 주재하는 그의 국적이나 시민권이 속하는 국가의 영사에게 보호의 일시·장소 및 이유를 통지하여야 한다(제54조 제2항). 위 통지는 '보호통지서'로 하여야 하고, 여기에는 이의신청을 할 수 있다는 내용이 포함되어야 한다(출입국관리법 시행령 제68조).

(다) 보호기간

심사결정을 위한 보호(강제퇴거명령 전 보호)는 10일 이내로 하되(출입국관리법 제52조 제1항 본문), 부득이한 사유가 있으면 지방출입국·외국인관서의 장의 허가를 받아 10일을 초과하지 않는 범위에서 한 차례만 연장할 수 있다(같은 항 단서). 따라서 위 기간이 초과되었음에도 보호가 해제되지 않으면 해당 보호는 위법하게 된다.

---

1) 대법원 2013. 11. 14. 선고 2011두18571 판결 등.
2) 서울행정법원 2023. 3. 28 선고 2022구단74136 판결(확정), 대전지방법원 2021. 8. 19. 선고 2021구단100115 판결(확정).

보호명령의 보호기간이 경과하여 보호가 해제되면 보호명령의 효력이 소멸하고 그것이 외형상 잔존함으로 인하여 법률상 이익의 침해가 생긴다고 볼 수 없으므로 보호명령의 취소를 구할 소의 이익이 없다.[1)]

(라) 보호장소

보호장소는 외국인보호실, 외국인보호소 또는 그 밖에 법무부장관이 지정하는 장소로 한다(출입국관리법 제52조 제2항).

(마) 보호의 종료

지방출입국·외국인관서의 장은 출입국관리공무원의 조사 결과에 따라 강제퇴거사유에 해당하는지를 심사하여 결정하여야 하고(출입국관리법 제58조), 심사 결과 강제퇴거사유에 해당하지 않으면 지체 없이 그 뜻을 알리고 보호를 해제하여야 한다(출입국관리법 제59조 제1항).

심사 결과 강제퇴거사유가 있다고 인정되면 지방출입국·외국인관서의 장은 그 외국인에 대하여 강제퇴거명령을 할 수 있고, 이와 함께 위 강제퇴거명령의 집행을 위한 출입국관리법 제63조에 따른 새로운 보호명령을 할 수 있다. 이때에 먼저 이루어진 심사결정 전 보호명령에 대하여 취소를 구하는 소는, 이미 효력이 상실된 처분의 취소를 구하는 것으로서 소의 이익이 없으므로 부적법하다.

(2) 긴급보호

(가) 의의

긴급보호는 일반보호의 사유에 해당하는 경우라도 지방출입국·외국인관서의 장으로부터 보호명령서를 발급받을 여유가 없는 긴급한 경우에 그 사유를 알리고 하는 보호이다.

(나) 요건

긴급보호는 강제퇴거사유와 도주 및 도주우려와 같은 일반보호의 요건에 추가하여 보호명령서를 발급받을 여유가 없을 때에 해당하여야 한다. 보호명령서를 발급받

1) 행정처분에 그 효력기간이 정하여져 있는 경우 그 기간의 경과로 그 행정처분의 효력은 상실되는 것이므로 그 기간경과 후에는 그 처분이 외형상 잔존함으로 인하여 어떠한 법률상의 이익이 침해되고 있다고 볼 만한 별다른 사정이 없는 한 그 처분의 취소 또는 무효확인을 구할 법률상의 이익이 없다(대법원 2005. 3. 25. 선고 2004두14106 판결 등).

을 여유가 없을 때란 보호명령서의 발급을 기다렸다가 외국인을 보호하는 경우 도주할 염려가 있는 등과 같이 보호명령서를 받을 시간적 여유가 없는 때를 의미한다. 이 경우에도 비례원칙 등과 같은 행정법의 일반원칙이 준수되어야 함은 마찬가지이다.

(다) 절차

1) 긴급보호사유 제시, 긴급보호서 및 보호명령서의 발급

① 출입국관리공무원은 대상 외국인에게 긴급보호의 사유를 알려야 하고(제51조 제3항), ② 출입국관리공무원의 명의로 긴급보호서를 작성하여 그 외국인에게 내보여야 하며(제51조 제4항), ③ 48시간 이내에 지방출입국·외국인관서의 장으로부터 보호명령서를 발급받아야 한다(제51조 제5항).

2) 통지

긴급보호가 이루어진 경우에도 긴급보호가 이루어진 때로부터 3일 이내에 국내에 있는 그의 법정대리인·배우자·직계친족·형제자매·가족·변호인 또는 보호대상자가 지정하는 사람에게 보호의 일시·장소 및 이유를 서면으로 통지하여야 한다(제54조 제1항). 영사에 대한 통지도 일반보호의 경우와 같다.

(라) 보호기간

긴급보호를 한 때에는 48시간 이내에 보호명령서를 발급받아야 하고, 위 기간은 연장되지 않는다. 보호명령서를 발급받지 못한 경우에는 즉시 보호를 해제하여야 한다.

(마) 보호의 종료

일반보호의 경우와 같고, 마찬가지로 긴급보호된 외국인에 대하여 강제퇴거명령과 함께 위 명령 집행을 위한 새로운 보호명령(출입국관리법 제63조)가 이루어지면, 위 긴급보호에 대하여는 그 취소를 구할 소의 이익이 없다.

(3) 일시보호

(가) 의의

일시보호는 일정한 요건에 해당하는 외국인에 대하여 48시간을 초과하지 않는 범위 내에서 일시적으로 외국인보호실에서 하는 보호를 말한다.

(나) 대상

① 출입국관리법 제12조 제4항에 따라 출입국항에서의 입국심사 결과 입국이 허가되지 않은 외국인, ② 출입국관리법 제13조 제1항에 따라 조건부 입국허가를 받았으나 도주하거나 도주할 우려가 있다고 인정할 만한 상당한 이유가 있는 외국인, ③ 출국명령을 받았으나 도주하거나 도주할 우려가 있다고 인정할 만한 상당한 이유가 있는 외국인이다. 입국이 불허된 경우인 위 ①의 경우를 제외하고는 모두 도주하거나 도주할 우려가 있다고 인정할 만한 상당한 이유가 있어야 한다.

(다) 절차

1) 일시보호명령서의 발급 및 제시

출입국관리공무원은 청장·사무소장 또는 출장소장으로부터 일시보호의 사유, 보호장소 및 보호시간이 기재된 일시보호명령서를 발급받아 그 외국인에게 보여주어야 한다(출입국관리법 시행령 제71조 제1항, 제2항).

2) 통지

일시보호의 경우에도 국내에 있는 법정대리인등이나 영사에 대한 통지를 규정하고 있는 출입국관리법 제54조가 적용되는지 문제될 수 있으나, 출입국관리법 제54조는 '용의자'(강제퇴거의 대상자에 해당된다고 의심되는 외국인[1])에 대한 일반보호, 긴급보호의 절차를 규정한 것이고, 일시보호의 대상은 '용의자'가 아니라 출입국관리법 제56조에서 별도로 규정하고 있으므로 일시보호에 대하여도 출입국관리법 제54조의 통지규정이 적용된다고 보아 그 통지의 누락을 절차상 하자로 볼 것은 아니다. 다만, 출입국관리법 제55조 제1항은 보호명령서에 따라 보호된 사람이나 그의 법정대리인 등은 보호에 대한 이의신청을 할 수 있다고 규정하고 있고, 일시보호도 보호명령서에 따라 이루어지는 보호로서 이의신청의 대상이 되므로, 일시보호의 경우에도 법정대리인 등에게 통지를 하는 것이 바람직하다.

---

1) 출입국관리법
제47조(조사) 출입국관리공무원은 제46조제1항 각 호의 어느 하나에 해당된다고 의심되는 외국인(이하 "용의자"라 한다)에 대하여는 그 사실을 조사할 수 있다.

(라) 보호기간

일시보호의 기간은 48시간을 초과하지 않아야 한다. 다만 예외적으로 출국교통편의 미확보, 질병, 그 밖의 부득이한 사유로 48시간 내에 송환할 수 없는 경우에는 지방출입국·외국인관서의 장의 허가를 받아 48시간을 초과하지 않는 범위에서 한 차례만 보호기간을 연장할 수 있다.

(마) 보호장소

일시보호의 장소는 '외국인보호실'에 한정된다. 보호의 장소를 외국인보호실, 외국인보호소, 그 밖에 법무부장관이 지정하는 장소로 하는 일반보호와 긴급보호의 경우와 다르다.

(4) 이의신청

(가) 의의

보호명령서에 따라 보호된 사람이나 그의 법정대리인등은 지방출입국·외국인관서의 장을 거쳐 법무부장관에게 보호에 대한 이의신청을 할 수 있다(출입국관리법 제55조 제1항). 심사결정을 위한 보호는 일반보호, 긴급보호, 일시보호의 어느 경우에나 보호명령서가 발급되고 제시되어야 하므로, 위 이의신청은 모든 유형의 심사결정을 위한 보호에 대하여 적용된다.

법무부장관은 이의신청을 받은 경우 지체 없이 관계 서류를 심사하여 그 신청이 이유 없다고 인정되면 결정으로 기각하고, 이유 있다고 인정되면 결정으로 보호된 사람의 보호해제를 명하여야 한다(출입국관리법 제55조 제2항).

(나) 특별행정심판인지 여부

출입국관리법이 보호명령을 하는 행정청과 그에 대한 이의신청에 관하여 결정을 내리는 행정청을 형식적으로 구분하고 있기는 하나, 이의신청에 관하여 결정을 하는 법무부장관은 보호명령을 하는 지방출입국·외국인관서의 장의 직접적인 관리감독청이라는 점에서 이를 두고 공정성, 객관성을 갖춘 기관에 의한 심사가 이루어진다고 보기 어렵다. 나아가 출입국관리법에 보호명령에 대한 이의신청과 행정심판과의 관계에 관한 별도의 규정이 없고, 이의신청을 심리하는 방식이나 당사자의 절차적 권리보호에 대하여 별다른 규정이 없는 점에 비추어 이의신청 절차만으로 행정심판절차의 대상에서 제외하여야 할 특별한 필요성이 인정된다고 볼 수도 없다. 따라서 출입국관리법 제55조에 규정된 보호에 대한 이의신청은 특정행정심판에 해당한다고 볼 수 없다.[1)]

(다) 이의신청 기각결정의 처분성

민원처리법이나 행정기본법에 따른 통상의 이의신청은 원처분을 한 행정청에게 재고와 시정을 요구하는 제도로서, 처분상대방의 이의신청에 대하여 행정청이 다시 각하·기각결정을 하더라도 이는 원처분의 내용을 그대로 유지하는 것에 불과하여 새로운 처분으로 볼 수 없으므로 원처분과 별개로 불복하는 것은 허용되지 않으며,[2)] 제소기간 내에 원처분에 대하여만 행정소송을 제기할 수 있을 뿐이다(행정기본법 제36조 제4항). 그런데 출입국관리법 제55조에 따른 보호명령에 대한 이의신청은 달리 보아야 한다는 견해도 있을 수 있다. 여기에서 원처분은 지방출입국·외국인관서장의 보호명령이고, 이의신청 각하·기각결정은 그 상급감독청인 법무부장관이 하며, 이의신청 제기기간이나 이의사유에 법령상 제한이 없다는 점에 특색이 있다.

강제퇴거명령 집행을 위한 보호명령의 경우 과거에 법령상 보호기간의 상한이 규정되어 있지 않던 시기에는, ① 보호명령 직후에 보호명령의 원시적 하자를 이유로 이의신청을 하는 경우와 ② 보호기간의 장기화 등 사정변경과 후발적 하자를 이유로 이의신청을 하는 경우를 구분하여, 후자의 경우에는 후발적 하자를 부인하는 법무부장관의 결정을 독립적인 쟁송의 대상으로 보아 사법심사의 가능성을 열어두어야 한다는 견해가 있었다.[3)] 그러나 2025. 3. 18. 법률 제20794호로 출입국관리법 제63조가 개정되어 강제퇴거명령 집행을 위한 보호명령의 경우 원칙적인 보호기간의 상한인 2개월이 경과한 후에는 매 3개월의 범위에서 외국인보호위원회의 승인을 받아 보호기간 연장 여부를 결정하며 총 보호기간은 9개월(다만 제63조 제2항 단서 각 호에 해당하는 경우에는 20개월)까지만 허용되므로, 후발적 하자를 주장하는 경우에도 보호기간 연장결정을 쟁송대상으로 삼는 것이 가능하며, 굳이 법무부장관의 이의신청 각하·기각결정을 독립적으로 다투도록 할 사법정책적 필요는 크지 않다.

---

1) 서울행정법원 2024. 2. 14. 선고 2023구단52768 판결(확정), 인천지방법원 2016. 3. 17. 선고 2015구합53095 판결(확정) 등.
2) 대법원 2016. 7. 27. 선고 2015두45953 판결 참조.
3) 서울행정법원 2024. 2. 14. 선고 2023구단52768 판결(확정).

라. 강제퇴거명령 집행을 위한 보호(강제퇴거명령 후 보호)

(1) 의의

출입국관리법 제63조 제1항은 지방출입국 · 외국인관서의 장은 강제퇴거명령을 받은 사람이 여권을 소지하지 아니하였거나 교통편이 확보되지 아니하는 등의 사유로 그 사람을 즉시 대한민국 밖으로 송환할 수 없는 경우에는 2개월의 범위에서 그 사람을 송환할 수 있을 때까지 보호시설에 보호할 수 있다고 규정한다. 개정[1] 전 위 조항은 보호기간의 상한을 명시하지 않은 채 '송환할 수 있을 때까지' 보호할 수 있다고 규정하고 있었으나, 헌법재판소는 '송환할 수 있을 때까지' 부분이 과잉금지원칙과 적법절차에 위배되어 피보호자의 신체의 자유를 침해한다는 이유로 헌법불합치 결정을 하였다[헌법재판소 2023. 3. 23. 선고 2020헌가1, 2021헌가10(병합) 결정]. 이에 따라 강제퇴거명령 후 보호의 보호기간은 '2개월의 범위'로 개정되었다.

(2) 요건

(가) 강제퇴거명령을 받은 외국인

출입국관리법 제63조에 따른 강제퇴거명령을 받은 외국인이다. 실무상 강제퇴거명령과 보호명령이 함께 이루어지는 경우가 많다. 따라서 강제퇴거명령과 보호명령에 대한 취소를 함께 구하는 항고소송이 제기되고, 강제퇴거명령에 대한 하자를 보호명령의 취소사유로 주장하고 있으며, 실제로 강제퇴거명령이 위법한 경우 보호명령도 위법한 것으로 판단된다.

그러나 강제퇴거명령 이전에 이루어졌던 심사결정 전 보호명령과 강제퇴거명령 및 그 집행을 위한 보호명령은 각자 독립하여 별개의 효과를 발생시키는 행정행위이고, 심사결정 전 보호명령이 강제퇴거명령 및 그 집행을 위한 보호명령의 요건 또는 전제조건이 되는 것은 아니므로, 심사결정 전 보호명령의 하자가 강제퇴거명령 및 그 집행을 위한 보호명령에 승계된다고 볼 수 없다. 따라서 심사결정 전 보호명령의 하자를 들어 강제퇴거명령 및 그 집행을 위한 보호명령의 효력을 다툴 수 없다.[2]

---

1) 2025. 3. 18. 법률 제20794호로 개정됨.
2) 수원지방법원 2024. 2. 6. 선고 2019구단6240 판결(확정).

(나) 즉시 대한민국 밖으로의 송환불가능

여권 미소지, 출국 교통편 미확보, 질병 등 부득이한 사유로 즉시 송환할 수 없는 상태를 의미한다. 출입국관리법 제63조 제1항의 보호명령은 강제퇴거명령의 집행확보 이외의 다른 목적을 위하여 이를 발할 수 없다는 목적상의 한계 및 일단 적법하게 보호명령이 발하여진 경우에도 송환에 필요한 준비와 절차를 신속히 마쳐 송환이 가능할 때까지 필요한 최소한의 기간 동안 잠정적으로만 보호할 수 있고 다른 목적을 위하여 보호기간을 연장할 수 없다는 시간적 한계를 가지는 일시적 강제조치라고 해석된다.[1] 따라서 강제퇴거명령의 집행이 아닌 다른 목적을 위하여 이루어진 보호명령은 위법하다.

(다) 재량행위로서 행정법 일반원칙 준수

출입국관리법의 취지, 체계와 출입국관리법 제63조 제1항의 '…보호할 수 있다'라는 문언상 강제퇴거명령 집행을 위한 보호명령도 재량행위에 해당한다. 따라서 비례원칙 등과 같은 행정법 일반원칙이 준수되어야 함은 심사결정 전 보호명령의 경우와 같다.

(3) 절차

강제퇴거명령 집행을 위한 보호의 처분주체는 지방출입국·외국인관서의 장이다. 이 점에서 출입국관리공무원이 지방출입국·외국인관서의 장으로부터 보호명령서를 발급받아 하는 심사결정 전 보호와 차이가 있다. 물론 심사결정 전 보호명령이나 강제퇴거명령 집행을 위한 보호의 어느 경우에도 그 효력을 다투는 항고소송의 피고는 지방출입국·외국인관서의 장인 것은 같다.

그 밖에 보호명령서의 제시, 보호의 통지, 보호에 대한 이의신청은 심사결정 전 보호의 경우와 같다(출입국관리법 제63조 제5항).

---

1) 대법원 2001. 10. 26. 선고 99다68829 판결에서는 강제퇴거 대상자로서 보호 중이던 외국인에 대하여 별도의 고소사건 수사에 필요하다는 이유로 강제퇴거명령의 집행에 통상 소요되는 기간을 넘어서까지 실질적인 인신구속 상태를 유지하는 것은 출입국관리법 제63조 제1항의 보호에 해당하지 않는 위법한 구금이라고 판단하였다.

(4) 보호기간

(가) 원칙적인 보호기간

출입국관리법 제63조 제1항은 2개월의 범위에서 그 사람을 송환할 수 있을 때까지 보호할 수 있다고 규정하고 있다. 송환할 수 있을 때까지만 보호하되 그 기간은 2개월을 넘을 수 없다. 당초에는 보호기간의 상한을 규정하지 않고 '송환할 수 있을 때까지'라고만 규정하고 있었으나 이에 대하여 헌법재판소는 보호기간의 상한을 명시하지 않은 채 '송환할 수 있을 때까지'로 정한 부분은 과잉금지원칙과 적법절차에 위배되어 피보호자의 신체의 자유를 침해한다고 판시하여 헌법불합치 결정을 하였다.[1] 그 취지는 다음과 같다.

「보호는 강제퇴거명령을 발령 즉시 집행할 수 없는 경우 그 집행을 확보하기 위하여 일시적·잠정적으로 취하는 강제조치이다.[2] 그런데 심판대상조항은 강제퇴거대상자를 대한민국 밖으로 송환할 수 있을 때까지 보호할 수 있다고 규정하고 있을 뿐 보호기간의 상한을 설정하고 있지 않아 무기한 보호를 가능하게 한다.

강제퇴거명령의 집행을 목적으로 일시적·잠정적으로 강제퇴거대상자를 특정장소에 수용하는 보호는 그 본질상 강제퇴거명령을 집행하는 데 필요한 합리적 기간 내에 수용할 때에만 그 정당성을 인정할 수 있다고 할 것이다. 그러나 심판대상조항에 따르면, 예컨대 피보호자가 난민법에 따라 난민인정신청을 하거나 난민불인정결정 등에 이의신청을 하여 관련 절차가 종료될 때까지 강제퇴거명령을 집행할 수 없는 경우(출입국관리법 제62조 제4항 참조), 피보호자가 강제퇴거명령에 대하여 취소소송 등을 제기하거나 민·형사 분쟁이 계류 중이어서 사실상 강제퇴거명령의 집행이 곤란한 경우 등에는 해당 절차의 진행 상황에 따라 보호기간이 무한정 늘어날 수 있다. 또한 심판대상조항은 다른 국가로부터 입국이 거부되어 송환이 불가능한 경우에도 송환이 가능할 때까지 기간의 제한 없이 계속해서 보호할 수 있도록 한다. 이처럼 상당한 기간 내에 강제퇴거명령을 집행할 수 없는 경우에도 강제퇴거대상자를 장기간 또는 무기한 보호하는 것은 일시적·잠정적 강제조치로서의 한계를 벗어나 피보호자의 신체의 자유를 중대하게 제한하는 것이다.」

---

1) 헌법재판소 2023. 3. 23. 선고 2020헌가1, 2021헌가10(병합) 결정.
2) 헌법재판소 2018. 2. 22. 선고 2017헌가29 결정.

(나) 연장하는 경우의 보호기간

출입국관리법 제63조 제2항 본문은 피보호자가 송환에 협조하지 아니하는 등의 사유로 2개월이 지난 후에도 송환할 수 없는 경우에는 매 3개월의 범위에서 미리 외국인보호위원회의 보호기간 연장 승인을 받아 그 사람을 송환할 수 있을 때까지 보호기간을 연장할 수 있으며, 이 경우 연장기간을 포함한 총 보호기간은 9개월을 넘을 수 없다고 규정한다. 위 본문 규정에 따른 연장사유는 '송환에 협조하지 않는 경우'이고, 이러한 사유로 연장하는 경우의 총 보호기간은 9개월까지만 허용된다. 다만 매 3개월의 범위에서 미리 외국인보호위원회의 보호기간 연장 승인을 받아야 한다.

출입국관리법 제63조 제2항 단서는 송환하려는 사람을 9개월이 지난 후에도 송환할 수 없는 경우로서, 강제퇴거명령을 받은 이후 난민법에 따라 난민인정 신청을 하거나 난민법에 따른 법무부장관 또는 지방출입국·외국인관서의 장의 결정에 대하여 소송을 제기하여 송환 절차가 지연된 경우(제1호), 국가보안법에 규정된 죄를 범한 사람인 경우(제2호 가목), 「국민보호와 공공안전을 위한 테러방지법」에 규정된 죄를 범한 사람인 경우(제2호 나목), 「공중 등 협박목적 및 대량살상무기확산을 위한 자금조달행위의 금지에 관한 법률」에 규정된 죄를 범한 사람인 경우(제2호 다목), 형법 제2편 제1장 내란의 죄, 제2장 외환의 죄, 제4장 국교에 관한 죄, 제5장 공안을 해하는 죄를 범한 사람인 경우(제2호 라목), 그 밖에 공공질서나 국민의 안전을 해치는 범죄로서 살인, 상해, 강간, 추행, 강도 등 대통령령으로 정하는 범죄를 범하여 금고 이상의 형을 선고받은 사람의 어느 하나에 해당하는 경우(제2호 마목)에는 매 3개월의 범위에서 미리 외국인보호위원회의 보호기간 연장 승인을 받아 그 사람을 송환할 수 있을 때까지 보호기간을 연장할 수 있으며, 이 경우 연장기간을 포함한 총 보호기간은 20개월을 넘을 수 없다고 규정한다. 위 단서 규정에 따른 연장사유는 9개월이 지난 후에도 송환할 수 없는 경우로서 위 단서 본문 및 각호가 정한 사유가 추가로 인정되는 경우라야 하고, 이 경우에도 총 보호기간은 20개월까지만 허용된다.

한편 위 본문이 연장사유로 규정한 '송환에 협조하지 아니하는 등의 사유'에는 위 단서 본문과 각호에서 규정하고 있는 연장사유도 포함된다고 봄이 타당하다.

마. 보호의 일시해제

지방출입국·외국인관서의 장은 직권으로 또는 피보호자(그의 보증인 또는 법정대리인등을 포함한다)의 청구에 따라 피보호자의 정상(情狀), 해제요청사유, 자산, 그 밖의 사항을 고려하여 2천만원 이하의 보증금을 예치시키고 주거의 제한이나 그 밖에 필요한 조건을 붙여 보호를 일시해제할 수 있다.

피보호자나 그의 보증인 또는 법정대리인도 일시해제 신청을 할 수 있으므로, 위 신청에 대한 거부처분은 항고소송으로 다툴 수 있는 처분에 해당한다.[1]

바. 강제퇴거명령의 집행정지와 보호명령의 집행정지

강제퇴거명령을 받은 사람에 대한 보호의 경우 강제퇴거명령의 집행정지나 효력정지가 보호명령에 어떤 영향을 미치는지가 문제된다.

출입국관리법 제63조 제1항의 보호명령은 강제퇴거명령을 받은 사람을 즉시 대한민국 밖으로 송환할 수 없는 경우에 송환할 수 있을 때까지 일시적으로 보호하는 것을 목적으로 하는 처분이므로, 강제퇴거명령을 전제로 하는 것이나, 강제퇴거명령에 대한 집행정지 결정이 있다 하여 보호명령의 집행도 당연히 정지한다고 볼 수는 없다.[2]

그러나 같은 법 제63조 제1항의 보호명령이 강제퇴거명령을 전제로 하는 이상 강제퇴거명령의 효력은 강제퇴거명령의 집행뿐만 아니라 보호명령의 집행에도 미치므로[3] 강제퇴거명령의 효력이 정지되면 보호명령의 효력이나 집행도 정지한다고 봄이 타당하다.[4]

실무상 강제퇴거명령의 집행은 정지하고 보호명령의 집행은 정지하지 않는 결정을 하는 경우가 많은데[5] 이 경우 강제퇴거명령의 집행만 정지해야 하고 강제퇴거

---

1) 대전지방법원 2023. 10. 26. 선고 2023구단201838 판결(확정).
2) 대법원 1997. 1. 20. 선고 96두31 판결.
3) 서울고등법원 2013. 1. 28. 자 2012루374 결정.
4) 서울행정법원 2005. 9. 29. 선고 2005구합17201 판결(확정)은 이와 반대되는 취지로 판단하였다.
5) 대법원 1997. 1. 20. 선고 96두31 판결은, 출입국관리법상의 강제퇴거명령 및 그 집행을 위한 같은 법 제63조 제1항의 보호명령에 대하여 그 취소를 구하는 소송이 제기되고 나아가 강제퇴거명령의 집행이 정지되었다면, 강제퇴거명령의 집행을 위한 보호명령의 보호기간은 결국 본안소송이 확정될 때까지의 장기간으로 연장되는 결과가 되어 그 보호명령이 그대로 집행된다면 본안소송에서 승소하더라도 회복

명령의 효력까지 정지하지 않도록 주의할 필요가 있다.

7. 출국명령 취소소송

가. 출국명령의 의의

출국명령은 지방출입국·외국인관서의 장이 출입국관리법을 위반한 외국인에게 일정 기간이 지나기 전에 자기 비용으로 자진 출국할 것을 명하는 것이다. 출국명령을 받은 외국인이 이를 이행하지 아니하면 사무소장 등은 지체 없이 강제퇴거명령서를 발급하여야 한다(출입국관리법 제68조 제4항)[1].

나. 출국명령의 대상자

(1) 출입국관리법 제68조 제1항 각호의 사유가 있는 사람

(가) 강제퇴거명령의 사유가 인정되나 자기비용으로 자진하여 출국하려는 사람(제1호): 실무상 대부분의 출국명령 처분사유가 여기에 속한다. 따라서 여기에 해당하는 처분사유로 받은 출국명령을 다투는 경우, 위 강제퇴거명령사유에 해당하지 않음을 주로 주장하게 된다.

(나) 출국권고를 받고도 이행하지 아니한 사람(제2호)

(다) 사증발급, 사증발급인정서의 발급, 입국허가, 조건부 입국허가, 체류허가 등이 취소된 사람(제3호)

(라) 영주자격이 취소된 사람. 다만, 출입국관리법 제89조의2 제2항에 따라 일반체류자격을 부여받은 사람은 제외한다.(제3호의2)

(마) 출입국관리법 제100조 제1항부터 제3항까지의 규정에 따른 과태료 처분

하기 어려운 손해를 입게 된다고 할 것이나, 그 보호명령의 집행을 정지하면 외국인의 출입국 관리에 막대한 지장을 초래하여 공공복리에 중대한 영향을 미칠 우려가 있다는 이유로, 그 보호명령의 집행정지를 허용하지 않았다.

1) 이때에 하는 강제퇴거명령은 기속행위이므로 비례원칙 등과 같은 재량권 일탈·남용을 위법사유로 주장하여 그 효력을 다툴 수 없다.

후 출국조치하는 것이 타당하다고 인정되는 사람(제4호)

(바) 제102조 제1항에 따른 통고처분(通告處分) 후 출국조치하는 것이 타당하다고 인정되는 사람(제5호)

(2) 외국인

출국명령은 외국인에게만 할 수 있고, 출입국관리법 제2조 제2호에서 외국인이란 대한민국의 국적을 가지지 않은 사람을 말한다고 규정하고 있다. 그리고 대한민국의 국적을 상실한 외국인이라는 점에 대하여는 처분청이 이를 입증하여야 한다.[1]

다. 법적 성격

(1) 재량행위

외국인의 출국에 관한 행정처분은 주권국가로서의 기능을 수행하는 것으로서 광범위한 재량이 있다고 인정되므로, 출국명령은 재량행위이다. 다만 재량을 행사하면서 기초 사실을 오인하였거나, 비례·평등의 원칙을 위배하는 등의 사정이 있다면 이는 재량권 행사에 하자가 있는 경우로서 위법하다.

(2) 위법판단 기준

출국명령의 재량권 행사에 하자가 있는지 판단할 때에도 강제퇴거명령의 경우와 마찬가지로 외국인의 출입국과 체류를 적절하게 통제하고 조정함으로써 국가의 이익과 안전을 도모하려는 공익적 측면과 외국인이 우리나라에서 체류하면서 형성한 개인적 이익인 국내의 경제적·사회적 기반, 가족결합권, 재산권 등을 비교·형량한다. 다만 강제퇴거명령 사유가 있음에도 자기비용으로 자진하여 출국하려는 의사를 밝힘으로써 출국명령을 받았다면, 이미 원고에게 스스로 출국할 의사가 있었던 만큼 출국명령으로 초래되는 불이익의 정도는 강제퇴거명령의 경우보다는 크지 않다고 봄이 타당하다.[2]

---

1) 대법원 1996. 11. 12. 선고 96누1221 판결.
2) 서울행정법원 2024. 4. 17. 선고 2023구단77019 판결(확정).

라. 절차

출국명령은 지방출입국·외국인관서의 장이 한다. 여기에서 말하는 지방출입국·외국인관서의 장은 지방출입국·외국인청장, 지방출입국·외국인사무소장, 지방출입국·외국인청 또는 사무소 출장소장, 외국인보호소장이다. 출국명령을 하는 경우 출국명령서를 발급하여야 한다.

마. 출국기한

출국명령서를 발부하는 때에는 그 발부일부터 30일의 범위 내에서 출국기한을 정하여야 한다(출입국관리법 시행규칙 제65조 제1항). 다만 출국할 선박등이 없거나 질병 기타 부득이한 사유로 그 기한 내에 출국할 수 없음이 명백한 때에는 그 출국기한을 유예할 수 있다(출입국관리법 시행규칙 제33조 제1항). 이 경우 출국기한을 유예받고자 하는 자는 출국기한유예신청서에 그 사유를 소명하는 자료를 첨부하여 청장·사무소장·출장소장 또는 보호소장에게 제출하여야 한다(같은 조 제2항).

출국기한 유예신청을 하였으나 거부된 경우 위 출국기한유예 거부처분의 취소를 구하는 경우가 있고, 실무상 위 거부행위의 대상적격을 긍정하여 본안판단을 하고 있다.[1)]

바. 이미 출국한 경우 소의 이익

(1) 출국명령을 받은 외국인이 변론종결 당시 이미 출국한 경우 소의 이익이 있는지는 실무상 견해가 갈리고 있다.

(2) 소의 이익을 긍정하는 실무례는, ① 출입국관리법 제68조 제4항은 출국명령을 받고도 지정한 기한까지 출국하지 아니한 경우 지방출입국·외국인관서의 장으로 하여금 재량의 여지없이 강제퇴거명령서를 발급하도록 하고 있고, 출입국관리법 제11조 제1항 제6호에 따라 강제퇴거명령을 받고 출국한 후 5년까지 대한민국에 입국이 금지될 수 있는 불이익을 입을 가능성이 있으므로, 출국명령이 취소되지 않고

1) 서울행정법원 2024. 2. 7. 선고 2023구단10887 판결(확정), 서울행정법원 2023. 2. 9. 선고 2022구단10897 판결(확정) 등.

외형상 잔존함으로 인하여 원고에게 법률상 이익의 침해가 발생할 가능성이 있으므로 그 취소를 통해 위와 같은 불이익을 제거할 법률상 이익이 있다[1]고 본 사례,[2] ② 출입국관리법 시행규칙 제9조의2 제2호에서는 법무부장관 등이 사증 등의 발급을 승인하거나 사증을 발급하는 경우 사증발급을 신청한 외국인이 출입국관리법 제11조에 해당하는지 여부를 심사·확인하여야 한다고 규정하므로 출국하였다는 사정만으로 처분의 취소로 법률상 회복되는 이익이 없다고 단정하기 어렵다고 본 사례[3] 등이 있다.

(3) 소의 이익을 부정하는 실무례는 외국인이 자진하여 출국함으로써 출국명령은 그 집행을 마쳐 목적을 달성함에 따라 법적 효과가 소멸하였고, 출국명령 후 입국이 규제될 수 있더라도 이는 입국금지 조치 여부 등에 관한 판단을 위해 작성된 사전적·내부적 업무처리에 불과할 뿐 이러한 조치로 곧바로 그 외국인에 대하여 입국금지가 이루어진다거나 입국금지처분 등이 강제되는 것이라고 할 수 없으며, 사증발급 거부 가능성은 사실상의 불이익에 불과하다는 이유로 이미 출국한 경우 출국명령의 취소를 구할 법률상 이익이 없다고 본 사례[4]가 있다.

8. 입국불허처분 취소소송

가. 입국 및 입국심사

출입국관리법상 '입국'이라 함은 대한민국 밖의 지역으로부터 대한민국 안의 지

1) 행정처분의 무효확인 또는 취소를 구하는 소에서, 비록 행정처분의 위법을 이유로 무효확인 또는 취소 판결을 받더라도 그 처분으로 발생한 위법상태를 원상으로 회복시킬 수 없는 경우에는 원칙적으로 그 무효확인 또는 취소를 구할 법률상 이익이 없다. 다만 원상회복이 불가능하더라도 그 무효확인 또는 취소로써 회복할 수 있는 다른 권리나 이익이 남아 있거나, 동일한 소송 당사자 사이에서 동일한 사유로 위법한 처분이 반복될 위험이 있어 행정처분의 위법성 확인 또는 불분명한 법률문제에 대한 해명이 필요하다고 판단되는 경우 등에는 행정의 적법성 확보와 그에 대한 사법통제, 국민의 권리 구제 확대 등의 측면에서 예외적으로 처분의 취소를 구할 소의 이익을 인정할 수 있다(대법원 2007. 7. 19. 선고 2006두19297 전원합의체 판결, 대법원 2016. 6. 10. 선고 2013두1638 판결, 대법원 2020. 2. 27. 선고 2018두67152 판결 등).

2) 서울고등법원 2021. 10. 28. 선고 2020누54465 판결(확정), 서울고등법원 2021. 12. 16. 선고 2021누34307 판결(확정) 등.

3) 수원고등법원 2024. 5. 17. 선고 2023누12992 판결(확정) 등.

4) 서울고등법원 2021. 5. 12. 선고 2020누61104 판결(확정) 등.

역으로 들어오는 것을 말하고, 여기서 '대한민국 안의 지역'이라 함은 대한민국의 영해, 영공 안의 지역을 의미하는 것이다.[1] 따라서 대한민국의 출입국항에 도착한 외국인은 이미 대한민국에 입국한 상태라고 할 수 있다. 그리고 외국인이 입국하려는 경우에는 입국하는 출입국항에서 대통령령으로 정하는 바에 따라 여권과 입국신고서를 출입국관리공무원에게 제출하여 입국심사를 받아야 한다(출입국관리법 제12조 제1항).

나. 입국금지결정의 유형

입국금지결정은 ① 법무부장관이 제11조 제1항 각호[2]의 사유에 해당하는 외국인 또는 입국하려는 외국인의 본국이 대한민국의 입국을 거부할 때 그와 동일한 사유로 그 외국인에 대하여 하는 입국금지결정, ② 출입국관리공무원이 입국하려는 외국인에 대하여 입국심사를 한 결과 출입국관리법 제12조 제3항의 입국요건을 갖추었음이 증명되지 않았다고 보아 같은 조 제4항에 따라 하는 입국불허처분이 있다.

---

1) 대법원 2005. 1. 28. 선고 2004도7401 판결.

2) 제11조(입국의 금지 등) ① 법무부장관은 다음 각 호의 어느 하나에 해당하는 외국인에 대하여는 입국을 금지할 수 있다.

1. 감염병환자, 마약류중독자, 그 밖에 공중위생상 위해를 끼칠 염려가 있다고 인정되는 사람
2. 「총포·도검·화약류 등의 안전관리에 관한 법률」에서 정하는 총포·도검·화약류 등을 위법하게 가지고 입국하려는 사람
3. 대한민국의 이익이나 공공의 안전을 해치는 행동을 할 염려가 있다고 인정할 만한 상당한 이유가 있는 사람
4. 경제질서 또는 사회질서를 해치거나 선량한 풍속을 해치는 행동을 할 염려가 있다고 인정할 만한 상당한 이유가 있는 사람
5. 사리 분별력이 없고 국내에서 체류활동을 보조할 사람이 없는 정신장애인, 국내체류비용을 부담할 능력이 없는 사람, 그 밖에 구호(救護)가 필요한 사람
6. 강제퇴거명령을 받고 출국한 후 5년이 지나지 아니한 사람
7. 1910년 8월 29일부터 1945년 8월 15일까지 사이에 다음 각 목의 어느 하나에 해당하는 정부의 지시를 받거나 그 정부와 연계하여 인종, 민족, 종교, 국적, 정치적 견해 등을 이유로 사람을 학살·학대하는 일에 관여한 사람
   가. 일본 정부
   나. 일본 정부와 동맹 관계에 있던 정부
   다. 일본 정부의 우월한 힘이 미치던 정부
8. 제1호부터 제7호까지의 규정에 준하는 사람으로서 법무부장관이 그 입국이 적당하지 아니하다고 인정하는 사람

다. 입국금지결정의 처분성

(1) 법무부장관의 입국금지결정

대법원 2019. 7. 11. 선고 2017두38874 판결은 법무부장관이 출입국관리법 제11조 제1항 각 호에 근거하여 특정인에 대한 입국금지결정을 하였으나 그 사실을 대상자에게 통보하지 않은 채 단지 내부전산망에 입력하여 재외공관이나 출입국항에서 공무원들이 체류자격 발급이나 입국심사에서 활용하도록 한 경우에는 대외적으로 처분이 표시되어 않아 성립하지 않았으므로 행정소송법상 항고소송의 대상이 될 수 있는 '처분'에 해당하지 않는다고 판단하였는데, 그와 같은 판시가 나온 경위와 이후에 전개된 관련 판례이론과의 관계를 주의 깊게 살필 필요가 있다.

2017두38874 판결의 사안에서 병무청장이 '가수 A가 공연을 위하여 국외여행허가를 받고 출국한 후 미국 시민권을 취득함으로써 사실상 병역의무를 면탈하였다'는 이유로 2002. 1. 28. 법무부장관에게 입국 금지를 요청함에 따라, 법무부장관이 2002. 2. 1. A의 입국을 금지하는 결정을 하고 그 정보를 내부전산망인 '출입국관리정보시스템'에 입력하였으나 A에게 개별 통지를 하지는 않았다. 그 후 A가 2015. 8. 27. 재외공관장에게 재외동포(F-4) 체류자격의 사증발급을 신청하자, 재외공관장은 전산조회를 통해 A에 대하여 위와 같이 법무부장관의 입국금지결정이 이루어진 사실을 파악하고 이를 이유로 2015. 9. 2. 사증발급 거부처분을 하였다. A가 제기한 사증발급 거부처분 취소소송에서, 원심은 법무부장관의 입국금지결정은 행정처분에 해당하고, 이에 대하여 A가 불복하지 않아 불가쟁력이 발생하였으므로 재외공관장은 법무부장관의 입국금지결정에 구속되며, A는 사증발급 거부처분 취소소송에서 선행 입국금지결정의 하자를 다툴 수 없다고 판단하였다. 반면, 대법원은 법무부장관의 입국금지결정은 내부전산망에 그 정보를 입력하였던 것일 뿐 대외적으로 표시하지 않아 행정처분으로서 성립하였다고 볼 없으므로 행정처분으로서의 공정력과 불가쟁력도 발생할 여지가 없고, 단지 상급행정기관의 하급행정기관에 대한 내부적인 지시로서의 성질만 인정할 수 있으며, 하급행정기관인 재외공관장이 상급행정기관인 법무부장관의 내부적 지시를 따랐다는 이유만으로 사증발급 거부처분의 적법성이 보장되는 것은 아니며, 처분 당시의 대외적으로 구속력 있는 규범에 의하여 사증발급 거부처분의 적법성 여부를 판단하여야 한다고 판시하였다. 즉 2017두38874

판결의 의의는 법무부장관이 입국금지결정을 개별 통지하지 않았던 경우에는 입국금지결정에 행정처분의 공정력·불가쟁력 및 하자의 불승계 원칙을 적용할 수 없다는 판단에서 찾아야 한다.

과거의 대법원 판례는 보수적인 일본 판례의 강한 영향으로 개인의 권리에 직접적 변동을 초래하는 대외적·최종적 결정만을 처분으로 보고, 일련의 행정과정상의 내부적·중간적 결정은 개인의 권리에 직접 변동을 야기하지 않는다는 이유로 처분성을 부정하였다. 그러나 1990년대 이후로 대법원 판례는 분쟁의 조기·실효적 해결이라는 관점에서 행정의 내부적·중간적 결정을 처분으로 포착하는 일련의 판례 흐름을 만들어 냈는데,[1] 처분성 확대 경향에 대한 가장 강한 반대논거는 만일 내부적·중간적 결정에 대해 처분성을 인정할 경우 선행처분(내부적·중간적 결정)과 후행처분(대외적·최종적 결정)이 별개의 법률효과를 목적으로 하는 것이어서 후행처분 취소소송에서 하자승계가 부정되어 결과적으로 처분상대방의 권리구제에 불리한 측면이 발생한다는 점이었다. 행정청의 내부적·중간적 결정이 독립적으로 다툴 수 있는 행정처분에 해당하는지에 관하여 명확한 판례가 나오기 전에는, 처분상대방으로서는 그러한 중간적 결정이 처분에 해당하는지를 정확히 알기 어렵기 때문에 나중에 최종적 결정이 나오면 그때 최종적 결정에 대한 취소소송에서 행정청의 전체적인 판단과정의 위법을 다투려고 할 수 있다. 이러한 경우에는 새로운 판례에 의하여 중간적 결정의 처분성을 인정하더라도 중간적 결정과 후행처분 사이의 하자승계를 인정하여 후행처분 취소소송에서 중간적 결정의 위법을 다툴 수 있도록 할 필요성이 크다. 이와 관련하여 대법원 2020. 4. 9. 선고 2019두61137 판결은 근로복지공단의 사업주에 대한 '개별 사업장의 사업종류 변경결정'(이에 따라 해당 사업장에 적용되는 산재보험료율이 결정된다)이 독립적으로 항고소송의 대상으로 삼을 수 있는 처분에 해당한다고 판단하면서, 근로복지공단이 사업종류 변경결정을 할 때 개별 사업주에 대하여 사전통지와 의견청취, 이유제시 및 불복방법 고지가 포함된 처분서를 작성하여 교부하는 등 실질적으로 행정절차법에서 정한 처분절차를 준수함으로써 사업주에게 방어권행사 및 불복의 기회가 보장되었는지 여부에 따라 후속 산재보험료 부과처분에 대한

1) 그러나 행정의 내부적·중간적 결정의 처분성 인정 여부에 관해서는 성급하게 일반화할 수 없고 개별 행정작용별로 이익형량을 통해 개별·구체적인 접근이 필요하다. 최근에도 처분성을 긍정한 대법원 판례들과 처분성을 부정한 대법원 판례들이 각각 존재하고 있다. 이에 관해서는 이상덕, "할당관계 적용 추천이 행정처분에 해당하는지 여부", 대법원판례해설 114호(2017년 하), 14~16 참조.

쟁송절차에서 사업종류 변경결정의 위법을 다투는 것을 허용할지(하자승계 인정 여부)를 달리 취급하여야 한다고 판시하였다. 선행처분의 행정청이 행정절차법상 처분절차를 준수하여 처분상대방에게 방어권행사 및 불복의 기회가 보장되었다면, 후행처분 취소소송에서 하자승계를 부정하더라도 수인한도를 넘는다고 평가하기 어렵기 때문이다.

2019두61137 판결의 취지를 따른다면, 만약 2017두38874 판결의 사안에서 법무부장관이 입국금지결정을 A에게 개별적으로 통지하여 불복의 기회를 보장하였다면 입국금지결정이 대외적으로 성립한 유효한 처분으로 인정되고 하자승계가 부정되었을 것이다. 다른 한편으로, 법무부장관이 입국금지결정을 내부전산망에 입력하는데 그치고 개별 통지를 하지 않았더라도 만약 A가 소문으로 그 사실을 알게 된 후에 법무부상관의 입국금지결정에 대하여 제소기간 내에 취소소송을 제기한다면, 그 입국금지결정은 대외적으로 강학상 '실체법적 처분'으로서 유효하게 성립하지는 않았다고 하더라도 법원은 분쟁의 조기·실효적 해결을 위하여 항고소송의 대상적격을 인정하고 본안판단을 하는 것이 타당한데, 이때 입국금지결정은 조기의 권리구제 기회를 보장하기 위하여 처분으로 인정되는 것이므로 강학상 '쟁송법적 처분'에 해당한다.[1] 이러한 쟁송법적 처분의 경우 처분청이 행정절차법에서 정한 처분절차를 준수하지 않아 상대방에게 방어권행사 및 불복의 기회가 보장되지 않았을 것이므로, 이에 대하여 A가 제소기간 내에 취소소송을 제기하지 않았다고 하더라도 후행처분 취소소송에서 선행처분의 위법을 다투는 것이 허용되어야 한다.

(2) 출입국관리공무원의 입국불허처분

출입국관리법 제7조 제1항은 '외국인이 입국할 때에는 유효한 여권과 법무부장관이 발급한 사증을 가지고 있어야 한다.'고 규정하고 있고, 제12조는 '외국인이 대한민국에 입국하려는 경우에는 입국하는 출입국항에서 대통령령으로 정하는 바에 따라 출입국관리공무원의 입국심사를 받아야 하고(제1항), 출입국관리공무원은 입국심사를 할 때에 여권과 사증의 유효 여부(제3항 제1호), 제7조의3 제2항에 따른 사전여행허가서의 유효 여부(제3항 제1의2호), 입국목적이 체류자격에 맞는지 여부(제3항 제2호), 제11조에 따른 입국의 금지 또는 거부의 대상이 아닌지 여부(제3항 제4호) 등을 심사하여 입국을 허가하며(제3항), 출입국관리공무원은 외국인이 위와 같은 요건

1) 송시강, "입국금지의 사증발급에 대한 효력과 그 한계", 특별법연구 17권(2020), 58, 87~88.

을 갖추었음을 증명하지 못하면 입국을 허가하지 아니할 수 있다(제4항).'고 규정하고 있다.

이러한 출입국관리법령에 의하면 출입국관리공무원에 의하여 행해지는 출입국관리법 제12조 제3항, 제4항에 따른 입국불허처분은 일정한 입국금지사유에 해당함을 들어 특정 외국인에 대하여 개별적으로 이루어지는 처분이라 할 것이므로, 항고소송의 대상이 되는 처분에 해당한다.

라. 입국불허사유

(1) 법무부장관의 입국금지결정

법무부장관은 출입국관리법 제11조 제1항 각호의 사유[위 78면 각주 2) 참조]에 해당하는 경우 입국금지결정을 할 수 있다. 또한 입국하려는 외국인의 본국이 제11조 제1항 각호 외의 사유로 대한민국 국민의 입국을 거부할 때에는 법무부장관은 상호주의에 따라 그와 동일한 사유로 그 외국인의 입국을 거부할 수 있다(출입국관리법 제11조 제2항).

(2) 출입국관리공무원의 입국불허처분

(가) 개요

출입국관리공무원은 ① 여권과 사증 또는 사전여행허가서가 유효할 것(단, 사증면제의 경우는 제외), ② 입국목적이 체류자격에 맞을 것, ③ 체류기간이 법무부령으로 정하는 바에 따라 정하여졌을 것, ④ 제11조에 따른 입국의 금지 또는 거부의 대상이 아닐 것 등의 요건을 심사하여, 외국인이 위 요건을 갖추었음을 증명하지 못하면 입국을 허가하지 않을 수 있다(출입국관리법 제12조 제3항, 제4항).

(나) 위명여권의 경우

출입국관리법 제7조 제1항, 제28조 제1항에서 정한 '유효한 여권'은 출입국하는 외국인 본인에게 유효한 것을 의미하는 것이므로 외국인 본인 명의의 여권이어야 하고, 타인 또는 허무인 명의의 여권은 진정으로 성립된 것이라도 이에 포함되지 않는다.[1)] 이른바 위명(僞名)여권은 유효한 여권이 아니고, 출입국관리공무원은 여권의

1) 대법원 2022. 4. 28. 선고 2019도9177 판결.

유효성을 심사할 권한이 있다.[1] 따라서 입국심사 당시 외국인이 여권의 유효성을 증명하지 못하였던 것으로 인정된다면, 출입국관리공무원이 이를 들어 입국불허처분을 한 것이 위법하다고 할 수는 없다.[2]

(다) 법무부장관의 입국금지결정에 따라 입국불허처분을 한 경우

법무부장관의 입국금지결정은 행정기관 내부에서 사증발급이나 입국허가에 대한 지시로서의 성격이 있다. 즉 법무부장관이 사증발급권한을 위임받은 재외공관장 또는 출입국항에서 외국인에 대한 입국심사 업무를 수행하는 출입국관리공무원에 대하여 '어떤 외국인이 출입국관리법 제11조 제1항 각호에서 정한 입국금지대상자에 해당하므로 대한민국 입국을 위한 사증발급이나 입국허가결정을 하지 말라.'는 지시를 한 것으로 볼 수 있다.

그러나 상급행정기관의 지시는 일반적으로 행정조직 내부에서만 효력을 가질 뿐 대외적으로 국민이나 법원을 구속하는 효력이 없다. 대외적으로 처분권한이 있는 처분청이 상급행정기관의 지시를 위반하는 처분을 하였다고 해서 그러한 사정만으로 처분이 곧바로 위법하게 되는 것은 아니고, 처분이 상급행정기관의 지시를 따른 것이라고 해서 적법성이 보장되는 것도 아니다. 처분이 적법한지는 상급행정기관의 지시를 따른 것인지 여부가 아니라, 헌법과 법률, 대외적으로 구속력 있는 법령의 규정과 입법 목적, 비례·평등원칙과 같은 법의 일반원칙에 적합한지 여부에 따라 판단해야 한다.[3]

9. 출국금지 및 출국금지기간 연장처분 취소소송

가. 의의

법무부장관은 형사절차 중이거나 국세체납 등과 같은 일정한 사유가 있는 대한민국 국민에 대하여 기간을 정하여 출국을 금지할 수 있다(출입국관리법 제4조). 국민

1) 서울고등법원 2014. 6. 13. 선고 2013누49830 판결(확정).
2) 인천지방법원 2023. 1. 12. 선고 2022구합54966 판결.
3) 대법원 2019. 7. 11. 선고 2017두38874 판결.

은 거주·이전의 자유를 가지고, 여기에 출국을 할 자유도 포함된다.[1] 따라서 출국금지 처분은 국민의 거주·이전의 자유라는 기본권을 제한하는 처분이다.

외국인은 제4조 제1항에 따른 출국금지의 대상자가 될 수 없고, 출입국관리법 제29조 제1항에 따라 출국정지의 대상자가 될 수 있을 뿐이다. 외국인을 대한민국 국민으로 오인하여 출국금지처분을 하였다면 위법하다.

나. 법적 성질

출입국관리법 제4조 제1항은 '… 출국을 금지할 수 있다'라고 규정되어 있고, 제4조의2 제1항도 '…기간을 연장할 수 있다'라고 규정되어 있으므로, 그 문언상 출국금지나 출국금지기간 연장처분은 재량행위이다. 따라서 법무부장관은 출국금지의 사유가 있는 경우에도 재량에 따라 출국금지의 처분 여부를 결정할 수 있고, 그 재량을 행사하면서 기초 사실을 오인하였거나, 비례·평등의 원칙을 위반하는 등의 사정이 있다면 이는 재량권 행사에 하자가 있는 것으로서 위법하다. 출국금지 처분이 비례원칙 등에 위반하여 위법하다고 본 사례는 다음과 같다.

사안요지	판단내용
해외 물품을 수입하여 국내에 판매하는 업체를 운영하던 원고가 관세를 포탈하였다는 범죄사실로 기소되어 재판받는 중이라는 이유로 출국금지가 이루어진 사안	원고가 국내에서 10년이 넘는 기간 수입업을 영위하고 있는 점, 국내에 주소를 두고 그 인근 초등학교를 다니는 미성년 자녀 및 배우자와 함께 거주하는 점, 미납한 관세를 분할납부하여 온 점 등의 사정에 비추어 보면, 출국금지로 인하여 원고가 받을 불이익보다 그로써 달성하려는 공익이 크다고 볼 수 없어 비례원칙에 위반하여 위법하다고 판단한 사안[2]
운영하던 회사를 매각하고 상장회사의 경영권을 취득·인수하였다가 위 상장회사가 상장폐지 및 부도되면서 그 동안 납세고지를 받은 국세를 체납한 원고에 대하여 출국금지가 이루어진 사안	해외에 체류 중인 전 배우자와 자녀들은 이미 이혼하여 별거한지 오래 전으로서 원고와 경제공동체로 볼 수 없는 이상 이를 들어 재산을 해외로 반출할 우려가 있다고 보기는 어렵고, 이미 피고도 원고의 자녀 결혼식 참석을 이유로 일시 출국금지를 해제한 적도 있는데 그 당시와 달리 현재 원고에게 출국금지를 계속 유지할 만한 사정

1) 대법원 2014. 1. 29. 선고 2013두16647 판결.
2) 서울고등법원 2025. 1. 10. 선고 2023누70307 판결(확정).

	변경이 있는 것도 아니므로, 원고에 대한 출국금지기간을 계속 연장하여 출국의 자유를 계속 제한하는 것은 재량권을 일탈·남용한 처분으로서 위법하다고 판단한 사안[1]
원고가 사건수사를 이유로 출국금지처분을 받은 이후 1개월마다 출국금지기간 연장처분을 받아 총 2년 2개월동안 사건수사를 이유로 출국금지가 이루어진 사안	원고가 수사를 받는 사건이 특허수사자문관의 기술적 검토에 대한 자문 회신시까지 시한부 기소중지가 되었으나, 아직까지 특허수사자문관의 구체적 검토조차 착수되지 않은 상태로서, 수사의 필요성과 소환불응 방지라는 막연하고 추상적인 공익보다는 출국금지로 인하여 원고가 입는 불이익이 지나치게 가혹하여 재량권을 일탈·남용한 경우에 해당한다고 판단한 사안[2]

다. 출국금지의 사유

(1) 형사재판에 계속 중인 사람(출입국관리법 제4조 제1항 제1호)

법무부장관의 출국금지결정은 형사재판에 계속 중인 국민의 출국의 자유를 제한하는 행정처분일 뿐이고 영장주의가 적용되는 신체에 대하여 직접적으로 물리적 강제력을 수반하는 강제처분이라고 할 수는 없다. 따라서 심판대상조항이 헌법 제12조 제3항의 영장주의에 위배된다고 볼 수 없다.[3]

법원이 구속된 피고인에 대한 보석을 허가하는 경우 '법원의 허가 없이 외국으로 출국하지 아니할 것을 서약할 것'이라는 보석조건을 정할 수 있고(형사소송법 제98조 제6호), 그 경우 법원은 출입국사무를 관리하는 관서의 장에게 피고인에 대한 출국금지를 요청할 수 있다(형사소송규칙 제55조의3). 이와 같은 보석조건으로 보석이 허가된 피고인은 형사재판을 받는 법원의 국외여행허가를 받아야 출국할 수 있다.

그 밖에도 통상 해당 형사재판의 공소유지를 담당하는 검사가 있는 검찰청의 요청으로 피고인에 대한 출국금지가 이루어지고 있다. 실무상 종종 불구속 상태에서 형사재판을 받고 있는 피고인도 형사재판을 담당하는 법원에 국외여행허가신청을 하여 법원으로부터 허가를 받는 경우가 있다. 법원의 위 여행허가는 형사소송관례상 이루어지는 절차로서 출입국관리법에 따른 출국금지처분의 효력과는 무관하나, 출국금지

1) 서울행정법원 2022. 2. 10. 선고 2021구단54913 판결(확정).
2) 서울행정법원 2024. 5. 8. 선고 2023구단76184 판결(위 판결의 항소심 계속 중 원고가 기소됨에 따라 수사를 이유로 이루어진 출국금지처분이 취소되어 각하 판결이 선고, 확정됨).
3) 헌법재판소 2015. 9. 24. 선고 2012헌바302 결정.

처분을 받은 피고인이 형사재판을 담당하는 법원으로부터 여행허가를 받았다면 이를 출국금지처분의 취소소송에서도 중요한 자료로 고려할 수 있다는 사례가 있다.[1)]

(2) 징역형 또는 금고형 미집행자(출입국관리법 제4조 제1항 제2호)

(3) 벌금 또는 추징금 미납자(출입국관리법 제4조 제1항 제3호)

1,000만 원 이상의 벌금 또는 2,000만 원 이상의 추징금을 내지 않은 경우 출국금지의 대상이 된다(출입국관리법 시행령 제1조의3 제1항).

대법원 2001. 7. 27. 선고 2001두3365 판결은 추징금 미납을 이유로 한 출국금지는 그 추징금 미납자가 출국을 이용하여 재산을 해외로 도피하는 등으로 강제집행을 곤란하게 하는 것을 방지함에 주된 목적이 있는 것이지, 단순히 출국을 기화로 해외로 도피하거나 시효기간 동안 귀국하지 아니하고 외국에 체재하여 그 시효기간을 넘기는 것을 방지하는 등 신병을 확보하기 위함에 있는 것이 아니므로, 재산의 해외 도피 우려 여부를 확인하지 아니한 채 단순히 일정 금액 이상의 추징금 미납 사실 자체만으로 바로 출국금지처분을 하는 것은 형벌을 받은 자에게 행정제재의 목적으로 한 것으로 규칙 제2조 제2항에 위반되거나 과잉금지의 원칙에 비추어 허용되지 아니하고, 재산의 해외 도피 가능성 여부에 관한 판단에 대하여도 재량권을 일탈하거나 남용하여서는 아니된다고 하면서, 재산의 해외 도피 우려 여부는 추징금 처분의 범죄사실, 추징금 미납자의 성별·연령·학력·직업·성행이나 사회적 신분, 추징금 미납자의 경제적 활동과 그로 인한 수입의 정도·재산상태와 그 간의 추징금 납부의 방법이나 수액의 정도, 그 간의 추징금 징수처분의 집행과정과 그 실효성 여부, 그 간의 출국 여부와 그 목적·기간·행선지·해외에서의 활동 내용·소요 자금의 수액과 출처 등은 물론 가족관계나 가족의 생활 정도·재산상태·직업·경제활동 등을 종합하여 판단하여야 한다고 판시하였다.

(4) 조세체납자(출입국관리법 제4조 제1항 제4호)

5,000만 원 이상의 국세, 관세 또는 3,000만 원 이상의 지방세를 정당한 사유 없이 그 납부기한까지 내지 않은 경우 출국금지의 대상이 된다(출입국관리법 시행령 제1조의3 제2항).

---

1) 서울행정법원 2012. 11. 20. 선고 2012구합19502 판결(항소심 소취하).

대법원 2013. 12. 26. 선고 2012두18363 판결은 벌금·추징금 미납자에 관한 대법원 2001. 7. 27. 선고 2011두3365 판결의 판시를 조세체납자에 대해 그대로 반복하여, "조세 미납을 이유로 한 출국금지는 그 미납자가 출국을 이용하여 재산을 해외에 도피시키는 등으로 강제집행을 곤란하게 하는 것을 방지함에 주된 목적이 있는 것이지 조세 미납자의 신병을 확보하거나 출국의 자유를 제한하여 심리적 압박을 가함으로써 미납 세금을 자진납부하도록 하기 위한 것이 아니다. 따라서 재산을 해외로 도피할 우려가 있는지 여부 등을 확인하지 아니한 채 단순히 일정 금액 이상의 조세를 미납하였고 그 미납에 정당한 사유가 없다는 사유만으로 바로 출국금지 처분을 하는 것은 위와 같은 헌법상의 기본권 보장 원리 및 과잉금지의 원칙에 비추어 허용되지 아니한다. 나아가 재산의 해외 도피 가능성 여부에 관한 판단에 있어서도 재량권을 일탈하거나 남용하여서는 아니 되므로, 조세 체납의 경위, 조세 체납자의 연령과 직업, 경제적 활동과 수입 정도 및 재산상태, 그간의 조세 납부 실적 및 조세 징수처분의 집행과정, 종전에 출국했던 이력과 목적·기간·소요 자금의 정도, 가족관계 및 가족의 생활정도·재산상태 등을 두루 고려하여, 출국금지로써 달성하려는 공익목적과 그로 인한 기본권 제한에 따라 당사자가 받게 될 불이익을 비교형량하여 합리적인 재량권의 범위 내에서 출국금지 여부를 결정하여야 한다."라고 판시하였다.

이러한 판례에 대해서는, 법령 제·개정이유나 법령문언상 근거가 전혀 없는데도 '재산의 해외도피 방지'를 조세체납자 출국금지처분제도의 주된 목적이라고 선언하고 이러한 입법목적으로부터 '재산의 해외도피 가능성'이라는 불문의 처분요건을 창설해냈다는 점에서 법해석의 한계를 뛰어넘었고, 오히려 조세체납자 출국금지처분제도는 세금은 납부하지 않으면서 해외여행을 향유하려고 하는 고액의 체납자에 대해 출국·해외여행의 자유를 제한함으로써 체납세금의 납부를 간접적으로 강제하는 수단으로 이해하여야 하고, 판례가 우려하는 행정재량권의 남용은 법령에 명시된 요건인 '체납의 정당한 사유', '출국의 정당한 사유', '체납처분을 회피할 우려'라는 불확정개념의 적용·포섭판단에 관한 사법심사와 효과재량 단계에서의 법익균형성 사법심사를 통해 적절히 통제하여야 한다는 비판적 견해가 있다.[1)]

1) 이상덕, "체납자 출국금지처분의 요건과 재량통제", 행정판례연구 19-1집(2014), 107~169 참조.

(5) 양육비채무 불이행자(출입국관리법 제4조 제1항 제5호)

(6) 범죄수사를 받는 사람

(가) 범죄의 수사를 위하여 그 출국이 부적당하다고 인정되는 자에는 내사단계에 있는 피내사자도 포함된다.[1)]

(나) 범죄수사로 인한 출국금지처분은 피의자가 출국하여 수사기관의 소환에 불응하는 것을 방지하는 것을 주된 목적으로 하고, 위 출국금지처분을 위해서는 피의자에게 죄를 범하였다고 의심할 만한 상당한 이유가 있어 수사의 필요성이 인정되고 피의자가 출국하여 소환에 불응할 우려가 있으면 충분하며, 피의자의 범죄사실 및 해외도피 가능성 등이 확정적으로 증명되어야 하는 것은 아니다.[2)]

다만 '수사의 필요성'이라고 해서 막연하고 추상적인 사정만으로 출입국관리법 제4조 제2항에 기반한 출국금지처분 사유가 갖추어졌다고 보아서는 아니 되고, 수사가 필요하다고 보아야 할 구체적이고 현실적인 이유와 함께 피의자나 참고인이 만일 이대로 출국할 경우 수사기관의 소환에 불응할 가능성이 존재한다는 점에 관하여 객관적이고 합리적인 근거가 제시되어야 한다.[3)]

(7) 그 밖에 공공의 안전이나 경제질서를 해칠 우려가 있는 경우

출입국관리법 시행규칙 제6조의2 제1항 각호의 사유로서, 병역에 관련된 사유, 국세포탈 또는 허위세금계산서 등에 따른 세무조사, 여권위조, 금전비위행위에 따른 감사, 위치추적 전자장치부착, 공중보건 등의 사유도 출국금지의 사유에 해당한다.

라. 출국금지 절차

(1) 출국금지의 요청

(가) 중앙행정기관의 장 및 법무부장관이 정하는 관계 기관의 장은 소관 업무

1) 대법원 2007. 11. 30. 선고 2005다40907 판결.
2) 서울행정법원 2023. 11. 24. 선고 2023구단59844 판결(확정).
3) 서울행정법원 2024. 5. 8. 선고 2023구단76184 판결(위 판결의 항소심 계속 중 원고가 기소됨에 따라 수사를 이유로 이루어진 출국금지처분이 취소되어 각하 판결이 선고, 확정됨).

와 관련하여 출국금지의 사유에 해당하는 사람이 있다고 인정할 때에는 법무부장관에게 출국금지를 요청할 수 있다(출입국관리법 제4조 제3항).

(나) 법원은 형사소송법 제98조 제6호의 보석조건을 정한 경우 출입국사무를 관리하는 관서의 장에게 피고인에 대한 출국을 금지하는 조치를 취할 것을 요구할 수 있다(형사소송규칙 제55조의3 제2항).

군사법원도 군사법원법 제139조 제6호의 보석조건을 정한 경우 출입국사무를 관리하는 관서의 장에게 피고인에 대한 출국을 금지하는 조치를 취할 것을 요구할 수 있다(군사법원의 소송절차에 관한 규칙 제59조 제2항).

(다) 국세청장은 정당한 사유 없이 5천만원 이상으로서 대통령령으로 정하는 금액 이상의 국세를 체납한 자 중 대통령령으로 정하는 자에 대하여 법무부장관에게 출입국관리법 제4조 제3항에 따른 출국금지를 요청하여야 한다(국세징수법 제113조). 관세청장은 정당한 사유 없이 5천만원 이상의 관세를 체납한 자 중 대통령령으로 정하는 자에 대하여 법무부장관에게 출입국관리법 제4조 제3항 및 같은 법 제29조 제2항에 따른 출국금지 또는 출국정지를 즉시 요청하여야 한다(관세법 제116조의5 제1항).

지방자치단체의 장 또는 지방세기본법 제151조의2에 따른 지방자치단체조합의 장(지방자치단체의 장으로부터 체납된 지방세의 징수에 관한 업무를 위탁받은 경우로 한정한다)은 정당한 사유 없이 3천만원 이상(지방세조합장의 경우에는 각 지방자치단체의 장으로부터 징수를 위탁받은 체납 지방세를 합산한 금액이 3천만원 이상인 경우를 말한다)의 지방세를 체납한 자 중 대통령령으로 정하는 자에 대하여 법무부장관에게 출입국관리법 제4조 제3항에 따른 출국금지를 요청하여야 한다(지방세징수법 제8조).

(라) 여성가족부장관은 양육비 채무 불이행으로 인하여 가사소송법 제68조 제1항 제1호 또는 제3호에 따른 감치명령 결정을 받았음에도 불구하고 양육비 채무를 이행하지 아니하는 양육비 채무자 중 대통령령으로 정하는 사람에 대하여 양육비이행심의위원회의 심의·의결을 거쳐 법무부장관에게 출입국관리법 제4조 제3항에 따른 출국금지를 요청할 수 있다(양육비 이행확보 및 지원에 관한 법률 제21조의4 제1항).

(마) 감사원은 감사를 받고 있는 자가 국외로 도주할 우려가 있는 때에는 출입국관리법 제4조 제3항 등에 따라 관계기관에 출국금지를 요청할 수 있다(감사원 감사사무 처리규칙 제30조).

(2) 출국금지기간

(가) 원칙

출국금지는 국민의 기본권을 제한하는 처분이므로 국가사법권 행사의 목적을 달성하기 위하여 불가피한 경우에 한하여 최소한의 기간 동안만 시행되어야 하고 출국금지기간 만료 전에 출국금지사유가 소멸하였다면 즉시 출국금지가 해제되어야 한다.[1)]

(나) 6개월

형사재판 계속 중인 경우, 벌금이나 추징금 또는 국세 등 조세를 납부하지 않은 경우, 양육비채무를 불이행한 경우 기타 대한민국의 이익이나 공공의 안전 또는 경제질서를 해칠 우려가 있는 경우로서 출입국관리법 시행규칙 제6조의2가 정한 병역, 세무조사, 여권위조, 금품관련 감사원의 감사, 위치추적 전자장치, 공중보건 등의 사유로 출국금지된 경우는 6개월의 범위 내에서 출국금지를 한다.

(다) 1개월

범죄수사를 위하여 출국이 적당하지 않은 경우에 하는 출국금지기간의 상한은 1개월이다.

(라) 출국금지기간의 연장

법무부장관은 출국금지기간을 초과하여 계속 출국을 금지할 필요가 있다고 인정하는 경우에는 그 기간을 연장할 수 있고(출입국관리법 제4조의2 제1항), 그 경우 연장하는 기간은 각 해당사유에 따른 출국금지기간 내에서 그 기간을 정하여 연장하여야 한다(출입국관리법 시행령 제2조의2 제1항).

(마) 출국금지기간이 지난 경우 소의 이익

출국금지의 기간을 연장하는 것도 출국금지와는 독립된 별도의 처분으로서 항고소송의 대상이 된다. 따라서 최초 출국금지처분을 다투는 항고소송이 계속되던 중 출국금지기간이 도과하여 처분의 효력이 상실됨에 따라 소의 이익이 없어지더라도, 위 출국금지의 기간을 연장하는 처분이 따로 있었다면, 위 기간연장처분의 취소를

---

1) 대법원 2007. 11. 30. 선고 2005다40907 판결.

구하는 것으로 청구취지를 변경하여 적법하게 소송계속을 유지할 수 있다.

설령 청구취지의 변경이 없었다고 하더라도, 행정소송에 있어 제소 당시에는 권리보호의 이익을 갖추었는데 제소 후 취소 대상 행정처분이 기간의 경과 등으로 그 효과가 소멸한 때라도 동일한 소송 당사자 사이에서 동일한 사유로 위법한 처분이 반복될 위험성이 있어 행정처분의 위법성 확인이나 불분명한 법률문제에 대한 해명이 필요하다고 판단되는 경우에는 행정의 적법성 확보와 그에 대한 사법통제, 국민의 권리 구제 확대 등의 측면에서 여전히 그 처분의 취소를 구할 법률상 이익이 있는 것이므로,[1] 최초의 출국금지처분이 있은 이후 계속하여 그 기간연장처분이 반복되고 있고, 그 출국금지의 사유가 계속되고 있는 경우라면, 소송계속 중 출국금지 기간이 경과되어 그 효력이 소멸하였다고 하더라도, 여전히 그 취소를 구할 소의 이익이 있다고 볼 수도 있다.[2]

(3) 통지

(가) 원칙

법무부장관은 출국을 금지하거나 출국금지기간을 연장하였을 때에는 즉시 당사자에게 그 사유와 기간 등을 밝혀 서면으로 통지하여야 한다(출입국관리법 제4조의4 제1항). 출국금지를 해제하였을 때도 이를 즉시 당사자에게 통지하여야 한다(같은 조 제2항). 출국금지를 한 때에는 출국금지 통지서, 출국금지기간을 연장한 때에는 출국금지 연장통지서, 출국금지를 해제한 때에는 출국금지 해제통지서로 한다(출입국관리법 시행규칙 제6조의7 제1항).

(나) 예외

다만, ① 대한민국의 안전 또는 공공의 이익에 중대하고 명백한 위해(危害)를 끼칠 우려가 있다고 인정되는 경우[3], ② 범죄수사에 중대하고 명백한 장애가 생길 우려가 있다고 인정되는 경우(다만, 연장기간을 포함한 총 출국금지기간이 3개월을 넘는 때에는 당사자에게 통지하여야 함), ③ 출국이 금지된 사람이 있는 곳을 알 수 없는 경

---

1) 대법원 2007. 7. 19. 선고 2006두19297 판결 등.
2) 서울행정법원 2021. 4. 21. 선고 2020구단69024 판결(확정) 등.
3) 형법 중 내란·외환의 죄, 국가보안법위반의 죄, 군형법 중 반란·이적의 죄, 군형법 중 군사기밀 누설죄와 암호부정 사용죄의 경우로 한정된다(출입국관리법 시행규칙 제6조의8).

우에는, 출국금지의 통지나 출국금지기간 연장의 통지를 하지 않을 수 있다(출입국관리법 제4조의4 제3항).

(다) 사전통지를 하지 않은 것이 행정절차법을 위반한 하자에 해당하는지

출국금지는 그 성질상 신속성과 밀행성을 요하므로, 출국금지 대상자에게 사전통지를 하거나 의견청취의 절차를 실시하도록 한다면 위와 같은 출국금지제도의 목적을 달성하는 데 지장을 초래할 우려가 있다. 나아가 출입국관리법은 출국금지나 출국금지기간 연장 후 즉시 서면으로 통지하도록 하고 있고(제4조의4 제1항), 이의신청(제4조의5)이나 행정소송을 통하여 출국금지 대상자가 충분히 의견을 진술하거나 자료를 제출할 기회도 보장하고 있다. 이러한 사정들을 고려하면, 출국금지처분이나 출국금지기간 연장 처분은 행정절차법 제21조 제4항 제3호, 제22조 제4항 소정의 '해당 처분의 성질상 의견청취가 현저히 곤란하거나 명백히 불필요하다고 인정될 만한 상당한 이유가 있는 경우'에 해당하여 처분의 사전 통지 및 의견청취의 절차를 거칠 필요가 없다.

헌법재판소도 이와 같은 이유로 형사재판 계속 중인 사람에 대한 출국금지에 관하여 사전통지 규정을 두지 않더라도 적법절차에 위배된다고 보지 않았다.[1]

마. 출국금지의 한계

출국금지는 필요 최소한의 범위에서 하여야 하고, 단순히 공무수행의 편의를 위하여 하거나 형벌 또는 행정벌을 받은 사람에게 행정제재를 가할 목적으로 해서

---

1) 헌법재판소 2015. 9. 24. 선고 2012헌바302 결정.
심판대상조항에 따른 출국금지결정은 형사재판에 계속 중인 사람의 해외도피를 방지하여 국가 형벌권을 확보하고자 함에 그 목적이 있는 것이므로 성질상 신속성과 밀행성을 요한다. 그런데 법무부장관으로 하여금 출국금지결정을 할 때 출국금지 대상자에게 사전통지를 하거나 청문을 실시하도록 한다면, 출국금지 대상자가 국가의 형벌권을 피하기 위하여 출국금지결정 이전에 외국으로 도피할 가능성을 배제하기 어렵고, 이로 인하여 국가 형벌권 확보라는 출국금지제도의 목적을 달성하는 데 지장을 초래할 우려가 크다. 나아가 출입국관리법은 법무부장관으로 하여금 출국을 금지하였을 때에는 즉시 서면으로 통지하도록 하여(제4조의4 제1항) 해당 출국금지 대상자에게 방어의 준비 및 불복의 기회를 보장하고 있고, 이의신청이나 행정소송을 통하여 출국금지 대상자가 충분히 의견을 진술하거나 자료를 제출할 기회도 보장하고 있다.
이와 같이 출국금지 대상자가 출국금지결정에 대해 사후적으로 다툴 수 있는 기회를 제공하여 절차적 참여를 보장해 주고 있으므로, 심판대상조항이 출국금지 대상자에게 사전통지를 하도록 규정하지 아니하거나 청문의 기회를 부여하고 있지 아니한 것만으로 적법절차원칙에 위배된다고 보기 어렵다.

는 안 된다(출입국관리법 시행규칙 제6조). 또한 출국금지나 출국금지기간 연장 여부를 결정함에 있어서는 출국금지 대상자의 범죄사실, 출국금지 대상자의 연령 및 가족관계, 출국금지 대상자의 해외도피 가능성 등도 아울러 고려하여야 한다(출입국관리법 시행규칙 제6조의5 제1항).

나아가 출국금지대상자의 여권이 반납되었거나 몰취된 경우이거나 유효한 여권을 소지하지 않은 사람으로 여권발급이 제한되어 있어 해외도피의 우려가 없다고 확인된 경우에는 반드시 출국금지를 해제하여야 하고(출입국관리법 시행규칙 제6조의6 제1항 제1호, 제2호), 출국금지의 사유가 소멸되었음이 확인된 경우에도 즉시 출국금지를 해제하여야 한다(같은 항 제3호).[1)]

뿐만 아니라 출국금지로 인하여 생업을 유지하기 어렵다고 인정되는 경우, 출국금지로 인하여 회복하기 어려운 중대한 손해를 입을 우려가 있다고 인정되는 경우, 그 밖에 인도적인 사유 등으로 출국금지를 해제할 필요가 있다고 인정되는 경우에도 출국금지를 해제할 수 있다(출입국관리법 시행규칙 제6조의6 제2항).

---

1) 수사가 종결되어 종국처분을 하기 이전에 피내사자 등에 대한 구속영장 청구가 기각되었다는 사정만으로 출국금지사유가 소멸되어 출국금지조치가 위법하다고 단정할 수는 없다(대법원 2007. 11. 30. 선고 2005다40907 판결).

제2장 **운전면허 관련 소송**

Ⅰ. 서 론

도로교통법은 도로 등에서의 각종 이동 수단의 사용으로 인하여 발생할 염려가 있는 교통상의 위험 방지 및 안전 확보 등을 위하여 운전면허시험 등 도로교통법이 정한 절차와 방법에 따라 운전면허를 받은 사람에 한하여 도로에서 자동차등[1]의 운전행위를 적법하게 할 수 있도록 규정하고 있다.

현대사회에 이르러 자동차등은 필수적인 이동 수단이자 대중적인 교통수단으로 대량으로 자동차등에 대한 운전면허가 발급되고 있고, 운전면허는 생계유지 및 생활수단으로도 활용되고 있는 등 그 중요성이 날로 커지고 있다. 전동킥보드 등 새로운 기술의 발전으로 인하여 기존 도로교통법이 예상하지 못하였던 새로운 이동 수단들이 점차적으로 늘어남에 따라, 각종 운전면허의 취소 또는 정지에 따른 분쟁은 지속적으로 증가하고 있을 뿐 아니라, 그 쟁점 및 분쟁의 태양도 더욱 다양해지고 있다.

이 글에서는 앞서 본 바와 같이 그 중요성이 커지고 있고, 분쟁의 태양도 다양해지고 있는 도로교통법에 따른 운전면허 취소·정지 사유 및 그 쟁점을 대법원 판례 및 실무를 중심으로 전반적으로 살펴봄으로써 현재까지 정립된 실무적인 입장을 정리하고자 한다.

1) 자동차와 원동기장치자전거를 말한다(도로교통법 제2조 제21호). 이하 같다.

Ⅱ. 운전면허 취소·정지 사유 개관

도로교통법 제93조 제1항은 운전면허 취소·정지의 개별 사유를 정하고 있고, 제93조 제2항은 취소·정지처분의 기준으로 활용하기 위한 벌점[1]에 관하여 규정하고 있다.

운전면허 관련 처분에 관한 소송은 자동차운전면허[2]취소처분 취소소송이 대부분을 차지하고, 주로 문제되는 처분사유는 도로교통법 제93조 제1항 제1호[음주운전 금지규정(제44조 제1항)을 위반하여 술에 취한 상태에서 자동차등을 운전한 경우], 제2호[자동차등 운전과 관련하여 음주운전 금지규정(제44조 제1항)을 위반하였거나, 음주측정에 응할 의무 규정(제44조 제2항 후단)을 위반한 사람이 다시 자동차등 음주운전 금지규정(제44조 제1항)을 위반하여 운전면허 정지 사유에 해당된 경우], 제3호[음주측정에 응할 의무 규정(제44조 제2항 후단)을 위반하여 술에 취한 상태에 있다고 인정할만한 상당한 이유가 있음에도 불구하고 경찰공무원의 측정에 응하지 아니한 경우], 제6호[교통사고로 사람을 사상한 후 사고발생 시의 조치 규정(제54조 제1항 또는 제2항)에 따른 필요한 조치 또는 신고를 하지 아니한 경우]이다.

한편, 2024. 12. 3. 법률 제20544호로 개정된 도로교통법 제44조 제5항(시행일 2025. 6. 4.)은 "술에 취한 상태에 있다고 인정할 만한 상당한 이유가 있는 사람은 자

1) 도로교통법 제93조 제1항에 따라 운전면허를 취소하거나 운전면허의 효력을 정지하려고 할 때 그 기준으로 활용하기 위하여 교통법규를 위반하거나 교통사고를 일으킨 사람에 대하여 행정안전부령으로 정하는 바에 따라 위반 및 피해의 정도 등에 따라 벌점을 부과할 수 있다(도로교통법 제93조 제2항). 벌점의 배점은 도로교통법규 위반의 경중, 피해의 정도 등에 따라 배정하는 점수를 말하는 것으로 자동차등 운전면허의 취소, 정지처분의 기초자료로 제공하기 위한 것이어서 그 자체만으로는 아직 국민에게 구체적으로 어떤 권리를 제한하거나 의무를 명하는 등 법률적 규제의 효과를 낳는 요건을 갖춘 것이 아니어서 무효확인이나 취소를 구하는 소송의 대상인 행정처분이라고 할 수 없다. 대법원 1994. 8. 12. 선고 94누2190 판결.

2) 실무상 자동차등 운전면허 중 원동기장치자전거 운전면허만 문제되는 경우는 거의 없다. 아래에서는 따로 원동기장치자전거운전면허가 문제되는 경우를 제외하고는 자동차운전면허라고만 기재한다.

동차등, 노면전차, 또는 자전거를 운전한 후 제2항 또는 제3항에 따른 측정을 곤란하게 할 목적으로 추가로 술을 마시거나 혈중알코올농도에 영향을 줄 수 있는 의약품 등 행정안전부령으로 정하는 물품을 사용하는 행위(이하 "음주측정방해행위"라 한다. 이하 같다)를 하여서는 아니된다."라고 규정하여 음주측정방해행위를 금지하고 있다. 그중 자동차등 운전과 관련하여, 개정된 도로교통법 제93조 제1항 제3호의2는 이를 운전면허의 필요적 취소사유로 규정하였다.

도로교통법 시행규칙 [별표 28]은 도로교통법 제93조에 근거하여 벌점의 기준을 포함하여 취소·정지처분의 구체적인 기준[1]을 정하고 있는데, 위 기준은 행정청 내부의 재량준칙에 불과한 것으로 대외적으로 국민이나 법원을 기속하는 효력이 없으므로 처분의 적법 여부는 위 기준만으로 판단할 것이 아니라 도로교통법의 규정 내용과 취지에 따라 판단하여야 한다.[2] 따라서 처분 기준에 부합한다 하여 곧바로 처분이 적법한 것이라고 할 수는 없지만, 처분 기준이 그 자체로 헌법 또는 법률에 합치되지 아니하거나 처분 기준에 따른 제재적 행정처분이 그 처분사유가 된 위반행위의 내용 및 관계 법령의 규정 내용과 취지에 비추어 현저히 부당하다고 인정할 만한 합리적인 이유가 없는 한 섣불리 그 처분이 재량권의 범위를 일탈하였거나 재량권을 남용한 것이라고 보아서는 아니 된다.[3]

다만, 도로교통법 제93조 제1항 단서에서는 일정한 사유[자동차등 음주운전 금지 규정을 위반하였거나, 음주측정거부 및 음주측정방해행위의 위반행위를 한 사람이 다시 음주운전 금지 규정 위반하여 운전면허 정지 사유에 해당된 경우(제2호), 자동차등 운전자가 술에 취한 상태에 있다고 인정할 만한 상당한 이유가 있음에도 불구하고 경찰공무원의 측정에 응하지 아니한 경우(제3호), 술에 취한 상태에 있다고 인정할 만한 상당한 이유가 있는 사람이 자동차등을 운전한 후 음주측정방해행위를 한 경우(제3호의2), 제82조 제1항 제2호부터 제5호까지의 규정에 따른 운전면허를 받을 수 없는 사람에 해당된 경우(제7호), 제82조에 따라 운전면허를 받을 수 없는 사람이 운전면허를 받거나 운전면허효력의 정지기간 중 운전면허증

---

1) 벌점·누산점수 초과로 인한 면허 취소에 관하여는 1회의 위반·사고로 인한 벌점이 121점 이상이거나, 1년간 누산점수가 121점 이상, 2년간 누산점수가 201점 이상, 3년간 누산점수가 271점 이상이면 운전면허를 취소하게 되어있다. 벌점·처분벌점 초과로 인한 면허 정지에 관하여는 1회의 위반·사고로 인한 벌점 또는 처분벌점이 40점 이상이 된 때부터 결정하여 집행하되, 원칙적으로 1점을 1일로 계산하여 집행하게 되어있다.
2) 대법원 2004. 12. 23. 선고 2003두3017 판결 등.
3) 대법원 2007. 9. 20. 선고 2007두6946 판결 등.

또는 운전면허증을 갈음하는 증명서를 발급받은 사실이 드러난 경우(제8호), 거짓이나 그 밖의 부정한 수단으로 운전면허를 받은 경우(제8호의2, 이에 해당하는 경우 취소하여야 하는 운전면허의 범위는 운전자가 거짓이나 그 밖의 부정한 수단으로 받은 그 운전면허로 한정한다), 제87조 제2항 또는 제88조 제1항에 따른 적성검사를 받지 아니하거나 그 적성검사에 불합격한 경우(제9호), 이 법에 따른 교통단속 임무를 수행하는 경찰공무원 등 및 시·군공무원을 폭행한 경우(제14호), 자동차관리법에 따라 등록되지 아니하거나 임시운행허가를 받지 아니한 자동차(이륜자동차는 제외한다)를 운전한 경우(제16호), 제1종 보통면허 및 제2종 보통면허를 받기 전에 연습운전면허의 취소 사유가 있었던 경우(제17호), 운전면허를 받은 사람이 자신의 운전면허를 실효(失效)시킬 목적으로 시·도경찰청장에게 자진하여 운전면허를 반납하는 경우. 다만, 실효시키려는 운전면허가 취소처분 또는 정지처분의 대상이거나 효력정지 기간 중인 경우는 제외한다(제20호)]가 있으면 운전면허를 취소하도록 규정하고 있는바, 그 경우에는 행정청에 재량의 여지가 없다.[1)]

자동차운전면허취소처분 관련 소송에서는 원고가 그 주장에 재량권의 범위를 일탈하였거나 재량권을 남용하였다는 주장을 포함하는 것이 일반적이나 실무는 자동차운전면허취소처분이 처분 기준에 부합하는 경우에 있어, 재량권의 일탈·남용을 엄격하게 제한하여 보는 추세에 있다(특히 음주운전의 경우에는 더욱 그러하다).[2)]

1) 대법원 2004. 11. 12. 선고 2003두12042 판결.

2) 대법원은 오늘날 자동차가 대중적인 교통수단이어서 그에 따라 자동차운전면허를 대량 발급하고 있는 점이나 음주운전으로 인한 교통사고의 증가 및 그 결과의 참혹성 등에 비추어 보면 음주운전으로 인한 교통사고를 방지할 공익상의 필요성을 더욱 중시하여야 하므로 운전면허의 취소에서는 일반의 수익적 행정행위의 취소와는 달리 그 취소로 당사자가 입을 불이익보다는 이를 방지할 일반예방의 측면을 더욱 강조하여야 한다고 한다. 대법원 1988. 4. 12. 선고 88누46 판결 등.

Ⅲ. 운전면허 관계 소송절차의 제도상·운영상 특성

1. 행정심판의 필요적 전치주의

운전면허취소·정지처분에 대한 행정소송은 행정심판의 재결을 거치지 아니하면 제기할 수 없다(도로교통법 제142조).

행정심판 재결의 존재는 소송요건이므로 행정심판 재결이 있기 전에 소를 제기하면 부적법한 소로서 각하하여야 하지만 소송요건의 충족 여부는 변론종결시를 기준으로 하는 것이므로, 실무상 바로 소를 각하하지 아니하고 재결이 있을 때까지 기다리는 등 흠의 치유를 기다려 본안판단을 함이 일반적이다.

운전면허취소·정지처분에 대한 집행정지[1]신청의 경우에도 집행정지신청 당시에 행정심판 재결이 있을 필요는 없고, 행정심판을 청구할 수 있는 기간 내인 때에는 아직 행정심판을 청구하지 않았더라도 그 집행정지신청이 부적법하다고 볼 수는 없다.[2] 다만, 이러한 경우에도 행정심판전치주의의 취지나 행정심판 절차에서도 집행정지가 가능한 점(행정심판법 제30조)을 고려하여 본안소송과 마찬가지로 재결을 기다리거나, 행정심판청구가 있는 날로부터 60일을 경과하여(행정소송법 제18조 제2항 제1호) 본안소송의 소송요건에 관한 흠이 치유되기를 기다려 집행정지 결정을 하는 일부 실무례가 있다.

긴급한 필요에 따라 이루어지는 집행정지 결정의 성격이나 처분의 집행 등으로 인한 중대한 손해를 예방하여야 할 긴급한 필요성이 있는 등 정당한 사유가 있는 때에는(행정소송법 제18조 제2항 제2호 및 제4호), 재결을 기다리지 아니하고 본안판단

1) 이 글에서 집행정지는 효력정지를 포함하는 광의의 집행정지를 의미한다.
2) 대법원 1970. 11. 30. 자 70그5 결정.

까지도 가능한 점을 고려할 때, 제반 사정을 고려하여 집행정지를 하여야 할 정당한 사유가 있다고 판단될 경우에는 재결을 기다리지 않고 곧바로 집행정지 결정을 할 수 있다.

2. 집행정지

집행정지의 요건인 '처분 등이나 그 집행 또는 절차의 속행으로 인하여 생길 회복하기 어려운 손해를 예방하기 위하여 긴급한 필요'가 있는지 여부는 처분의 성질과 태양 및 내용, 처분상대방이 입는 손해의 성질·내용 및 정도, 원상회복·금전배상의 방법 및 난이 등은 물론 본안청구의 승소가능성의 정도 등을 종합적으로 고려하여 구체적·개별적으로 판단하여야 한다.[1]

실무상 자동차운전면허취소처분 취소소송에 있어 본안소송이 단순한 재량권 일탈·남용 여부에 관한 다툼에 그치는 경우 운전면허취소처분의 집행정지신청을 인용하는 경우는 드물다. 취소처분이 재량권의 범위를 일탈하거나 재량권을 남용하여 위법하더라도 그 처분 사유가 인정되는 이상 적어도 운전면허 정지처분 사유에 해당된다고 볼 수 있는 경우가 대부분이고, 본안소송의 심리에도 장기간을 요하지도 않는 점, 집행정지신청을 인용하여 취소처분의 효력을 정지하는 경우 운전면허시험에 응시할 수 없는 결격 기간이 그대로 진행되므로[2] 처분의 실효성을 확보할 수 없는 경우가 생길 수 있는 점 등 때문이다.[3]

운전면허가 취소될 경우 당사자 본인 및 가족의 생계에 큰 영향이 발생하는 경우라고 하더라도, 오늘날 운전이 필요한 업무의 보편성 및 다양성을 고려할 때 음주운전에 따른 운전면허취소·정지처분과 같이 보다 균일적으로 집행되어야 하는 성질의 처분에 있어서 일반적으로 본안청구에 대한 판단이 있기 전에 처분상대방의 개별적인 처지만을 내세워 그 집행의 일시적 정지를 구하는 신청을 받아들인다면 음

---

1) 대법원 2005. 9. 15. 자 2005무50 결정.

2) 도로교통법 제82조 제2항 각호는 운전면허 결격기간을 규정하고 있는데, 그 기산점을 운전면허가 취소된 날부터 기산하고 있다.

3) 결격 기간이 단순 음주운전으로 인하여 운전면허가 취소된 경우에는 운전면허가 취소된 날부터 1년이고, 원동기장치자전거 운전면허의 경우에는 6개월이므로 집행정지 결정이 있는 상태에서 소송이 장기화 될 경우에는 소송진행 도중 결격 기간이 도과되는 경우가 많다.

주운전으로 인한 교통사고를 방지하여 국민의 생명과 재산을 보호하고자 하는 운전면허취소·정지처분의 일반예방적 목적을 달성하는 데 지장을 초래할 우려가 크다고 하지 않을 수 없으므로, 다른 특별한 사정을 찾을 수 없는 이상 이는 행정소송법 제23조 제3항에서 정한 "집행정지가 공공복리에 중대한 영향을 미칠 우려가 있을 때"에 해당한다고도 볼 수 있다.[1]

앞서 본 운전면허취소·정지처분이 가지는 일반예방적 목적 달성의 필요성과 집행정지신청을 인용하는 경우에도 결격 기간이 그대로 진행되어 처분의 실효성이 저해되는 점을 고려하여, 처분사유에 관한 다툼이 있는 경우에도, 그 내용이 합리적인 근거 없이 호흡조사 등 과학적 방법에 의하여 측정된 혈중알코올농도 등을 다투는 경우 등 원고의 법률상·사실상 주장들을 제출된 소명 자료와 대조하여 볼 때 본안청구의 승소가능성의 정도가 높다고 보기 어려운 경우에는 집행정지 결정을 신중하게 하는 것이 실무이다.

한편, 본안소송에서 운전면허취소·정지처분을 취소하는 판결을 선고한 경우, 판결선고일 무렵을 종기로 집행정지 결정을 하였거나, 원고가 소송진행 과정에서 집행정지신청을 하였다가 기각된 적이 있는 등으로 집행정지를 구하는 의사가 있다고 보이는 경우, 실무상 당사자의 별도 신청이 없이도 판결선고가 있을 무렵 직권으로 집행정지 결정을 하는 경우가 많다.

3. 조정권고의 활용

운전면허 관련 소송 사건에서 조정권고는 주로 운전면허 취소처분 취소소송에서 운전면허 정지처분으로 처분 감경·변경을 고려하는 경우 활용된다.

혈중알코올농도 수치 등에 비추어 볼 때 운전면허 취소사유의 인정 여부가 불분명한 경우[2] 등 처분사유의 인정과 관련하여 일부 다툼이 되는 부분이 있는 경우 처분을 감경하는 취지에서 조정권고를 고려할 수 있다.

---

1) 대법원 2010. 2. 16. 자 2009무191 결정.

2) 운전 시점과 측정 시점에 일부 시간적 간격이 있고 측정 수치가 처분취소 기준 수치인 0.08%에 매우 근접한 경우 등.

도로교통법 시행규칙 [별표 28]은 ① 음주운전으로 운전면허 취소처분 또는 정지처분을 받은 때, ② 벌점·누산점수 초과로 운전면허 취소처분을 받은 때에는 일정한 적극, 소극의 요건을 갖춘 경우,[1][2] ③ 그 밖에 정기 적성검사에 대한 연기신청을 할 수 없었던 불가피한 사유가 있는 등으로 취소처분 개별기준 및 정치처분 개별기준을 적용하는 것이 현저히 불합리하다고 인정되는 경우, 각각 일정한 절차를 거쳐 취소처분에 해당하는 사안은 처분벌점 110점으로, 정지처분에 해당하는 사안은 그 처분 기준의 2분의 1로 감경할 수 있다고 규정하고 있다. 위와 같은 감경규정의 취지 등에 비추어 운전면허 취소처분이 재량권 일탈·남용에 해당한다고 보이는 경우나 재량권 일탈·남용에 이르지 않더라도 처분의 감경을 고려할만한 충분한 사유가 있다고 인정되는 경우(특히 관련 형사사건에서 기소유예 처분 또는 선고유예 판결을 받는 등 참작할 사정이 현저한 경우[3])에는 조정권고를 활용하는 것을 고려할만 하다.[4]

조정권고를 할 경우 실무상 운전면허 취소처분을 위 감경 기준을 고려하여 면허정지 110일의 처분으로 변경하는 취지의 조정권고를 하는 것이 일반적이다.[5]

---

1) 음주운전의 경우 처분 기준에 따른 감경 제외사유는 도로교통법 시행규칙 [별표 28] 1. 바. (1) (가)에서 정하고 있는데, ① 혈중알코올농도가 0.1%를 초과하여 운전한 경우, ② 음주운전 중 인적피해 교통사고를 일으킨 경우, ③ 경찰관의 음주측정요구에 불응하거나 도주한 때 또는 단속경찰관을 폭행한 경우(이 경우는 앞서 본 필요적 취소사유에도 해당한다), ④ 과거 5년 이내에 3회 이상의 인적피해 교통사고의 전력이 있는 경우 및 ⑤ 과거 5년 이내에 음주운전의 전력이 있는 경우(이 경우도 앞서 본 필요적 취소사유에도 해당한다)가 그것이다.

2) 벌점·누산점수 초과의 경우 처분 기준에 따른 감경 제외사유는 도로교통법 시행규칙 [별표 28] 1. 바. (1) (나)에서 정하고 있는데, ① 과거 5년 이내에 운전면허 취소처분을 받은 전력이 있는 경우, ② 과거 5년 이내에 3회 이상 인적피해 교통사고를 일으킨 경우, ③ 과거 5년 이내에 3회 이상 운전면허 정지처분을 받은 전력이 있는 경우 및 ④ 과거 5년 이내에 운전면허행정처분 이의심의위원회의 심의를 거치거나 행정심판 또는 행정소송을 통하여 행정처분이 감경된 경우가 그것이다.

3) 실무상 특정범죄가중처벌등에관한법률위반(도주차량)죄와 관련하여 기소유예 처분이 이루어지는 경우가 많다.

4) 다만, 경찰 실무상 음주운전으로 인한 운전면허 취소처분을 재량권 일탈·남용이나 그 밖에 감경을 고려할 사정이 있다는 이유로 감경하는 취지의 조정권고는 응하지 아니하는 경향이 있다.

5) 다만, 혈중알코올농도 0.03% 이상 0.08% 미만의 단순 음주운전의 경우 처분 기준에 따른 면허정지 기간이 100일이므로, 음주운전으로 인한 운전면허 취소처분에 관하여 여러 제반 사정을 고려하여 감경을 하는 취지가 아니라 기존의 처분사유와 달리 혈중알코올농도 0.03% 이상 0.08% 미만이라는 전제하에 조정권고를 할 경우 면허정지 110일이 아닌 100일을 고려할 수도 있을 것이다.

4. 형사재판과의 관계

운전면허취소·정지 사유 중 인적 피해 교통사고 후 미조치, 음주운전, 음주측정거부, 무면허운전 행위등의 경우 형사처벌의 대상이 되어 행정처분과 함께 형사절차가 진행되는 경우가 있다. 그리고 도로교통법 시행규칙 [별표 28] 1. 마.에 따르면 형사재판에서 무죄판결이 확정되거나 혐의가 없거나 죄가 되지 않는다는 사유로 불송치 또는 불기소처분을 받은 경우 운전면허 행정처분을 취소하게 되어있으므로, 처분 사유의 존부에 관하여 실질적인 다툼이 있는 경우 곧바로 판단을 하기보다는 형사판결의 선고나 확정을 기다리는 경우가 있다.

다만, 집행정지결정이 있는 경우 소송의 지연으로 처분의 실효성이 없게 될 수 있음을 주의할 필요가 있다. 운전면허 취소처분에 대한 집행정지결정이 있어도 운전면허시험에 응시할 수 없는 결격기간의 진행이 정지되지 않으므로, 결격기간이 짧은 단순 음주운전으로 인한 면허취소사건의 경우에는 사실관계를 다툰다는 명목으로 집행정지결정을 받고 나서 본안소송을 지연하면서 1년(원동기장치자전거 운전면허를 재취득 하는 경우는 6개월)을 보낸 후 면허를 재취득함으로써 제재의 효과를 완전히 면탈하는 데 집행정지가 악용될 소지가 크고, 결격기간이 비교적 긴 경우에도 집행정지가 유지되는 기간만큼은 실제로 운전을 할 수 있는 이점이 있는 등, 원고로서는 집행정지결정을 받은 후 본안소송을 지연할 충분한 유인이 있다. 따라서 집행정지 여부를 결정함에 있어서도 위와 같은 사정을 고려하여 승소가능성 등도 면밀하게 살펴볼 필요성이 있고, 관련 형사사건 때문에 행정사건 본안기일을 추정한 경우에도 수시로 관련 형사사건을 검색하여 소송지연 의도가 있다고 보일 경우에는 행정사건 본안기일을 지정하여 형사사건 지연사유를 확인한 후, 해당 집행정지가 공공복리에 중대한 영향을 미치거나 그 정지사유가 없어진 때에는 행정소송법 제24조 제1항에 근거하여 집행정지결정을 취소하는 등의 조치를 검토할 필요성이 있다.

한편 다른 종류의 행정소송 사건과 마찬가지로 운전면허 관계 행정소송에서도 이미 확정된 형사판결이 유죄로 인정한 사실은 유력한 증거자료가 되므로 다른 증거들에 비추어 형사판결의 사실인정을 그대로 채용하기 어렵다고 볼 만한 특별한 사정이 없는 한 이와 반대되는 사실은 인정할 수 없다. 약식명령이 확정된 경우도 그러하다.[1)]

---

1) 대법원 2012. 5. 24. 선고 2011두28240 판결.

Ⅳ. 심리 과정에서 자주 문제되는 쟁점

1. 처분절차

가. 사전통지

행정청은 운전면허취소·정지처분을 하기 전에 미리 처분 당사자에게 처분내용과 의견제출 기한 등을 통지하여야 한다. 행정청이 사전통지를 하지 않거나 의견제출의 기회를 주지 않고 처분을 하였다면 그 처분은 절차적 하자가 있어 위법하다.

나. 처분결정의 통지

행정청이 도로교통법 제93조에 따라 운전면허취소·정지처분을 결정한 때에는 처분의 내용, 사유, 근거를 기재한 처분결정통지서(같은 법 시행규칙 별지 제82호 또는 제82호의2 서식)를 처분 대상자에게 발송 또는 발급하여야 한다. 다만 처분의 대상자가 소재불명으로 통지를 할 수 없는 때에는 운전면허대장에 기재된 그 대상자의 주소지를 관할하는 경찰관서의 게시판에 14일간 이를 공고함으로써 통지를 대신할 수 있다(같은 법 시행규칙 제93조 제3항).

자동차운전면허취소처분과 같이 상대방이 있는 행정처분에 있어서는 그 처분을 하였음을 상대방에게 고지하여야 그 효력이 발생하고,[1] 면허관청이 음주운전을 이유로 하여 운전면허를 취소하였다고 하더라도 도로교통법 제93조 제4항과 같은 법

1) 대법원 1998. 6. 12. 선고 98두5118 판결.

시행규칙 제93조 제3항이 정한 적법한 통지 또는 공고가 없으면 그 효력이 발생하지 않는다.[1)]

따라서 처분결정통지서에 의하지 아니하고 임의로 출석한 상대방에게 구두로 면허정지사실을 알린 경우에는 면허정지의 효력이 발생할 수 없다.[2)] 그리고 도로교통법 시행규칙 제93조 제3항의 '소재불명'이라 함은 그 처분의 대상자가 주소지에 거주하고 있으면서 일시 외출 등으로 주소지를 비운 경우를 말하는 것이 아니고, 같은 법 시행규칙 제93조 제1항 소정의 '운전면허정지·취소 사전통지서'의 송달에서와 같이 '대상자의 주소 등을 통상적인 방법으로 확인할 수 없거나 발송이 불가능한 경우'를 말하는 것으로서, 그 대상자가 운전면허대장에 기재된 주소지에 거주하지 아니함이 확인되었음에도 주민등록은 같은 주소지로 되어 있는 등의 사정으로 통상적인 방법으로 그 대상자의 주소 등을 확인할 수 없는 경우를 지칭하는 것이므로 운전면허취소처분 결정 통지서가 자동차운전면허대장에 기재된 주소로 발송되었다가 주소불명 내지 호실불명의 사유로 반송되었을 뿐이고, 음주운전 혐의를 조사하는 과정에서 확인된 다른 주소지로 다시 송달하는 등의 조치를 취하지 아니한 채 운전면허취소처분을 공고하였다면 이는 부적법하여 효력이 없다.[3)]

2. 음주운전에 있어서 혈중알코올농도의 증명

가. 음주운전의 기준 및 그 측정방법

도로교통법 제44조 제4항은 행정 제재의 대상인 음주운전의 기준을 혈중알코올농도의 형식적 수치인 0.03% 이상으로 정하고 있고 이는 운전시의 혈중알코올농도를 의미한다. 한편, 같은 법 시행규칙 [별표 28]은 단순 음주운전의 경우 면허정지의 기준이 되는 혈중알코올농도를 0.03% 이상 0.08% 미만으로, 면허취소의 기준이 되는 혈중알코올농도를 0.08% 이상으로 정하고 있다.

---

1) 대법원 2020. 5. 28. 선고 2020도3954 판결.
2) 대법원 1996. 6. 14. 선고 95누17823 판결.
3) 대법원 2009. 6. 25. 선고 2009도3594 판결.

혈중알코올농도 측정의 방법은 혈액을 채취하여 혈액성분을 검사하는 방법과 호흡 속에 있는 알코올의 양을 측정하여 혈중알코올농도를 추정하는 방법이 있는데 도로교통법 제44조 제2항·제3항은, 경찰공무원은 운전자가 술에 취하였는지 호흡조사로 측정할 수 있고, 측정결과에 불복하는 운전자에 대해서는 동의를 받아 혈액채취 등의 방법으로 다시 측정할 수 있다고 규정하고 있다.[1] 운전자가 호흡측정에 의한 측정결과에 불복하고 혈액채취의 방법에 의한 측정을 요구하는 경우에 경찰공무원은 이에 응하여야 하며, 경찰공무원이 운전자의 정당한 요구에도 불구하고 혈액채취의 방법에 의한 측정을 실시하지 않았다면 호흡측정기에 의한 측정의 결과만으로 운전자의 주취운전 사실을 증명할 수 없다. 다만 운전자가 정당한 이유 없이 상당한 시간이 경과한 후 혈액채취의 방법에 의한 측정을 요구하는 경우에는 호흡측정기에 의한 측정의 결과만으로 음주운전 사실을 증명할 수 있다.[2]

나. 위드마크 공식의 활용

(1) 개요

교통사고 후 측정, 운전자의 도주, 호흡측정 및 혈액채취의 지연 등의 이유로 운전 직후 또는 그 무렵의 혈중알코올농도를 측정할 수 없는 경우 위드마크 공식[3]을 활용하여 운전 당시 혈중알코올농도를 추산하는 방법이 가능하다.[4]

---

1) 다만, 대법원은 운전자의 신체 이상 등의 사유로 호흡측정기에 의한 측정이 불가능 내지 심히 곤란하거나 운전자가 처음부터 호흡측정기에 의한 측정의 방법을 불신하면서 혈액채취에 의한 측정을 요구하는 경우 등에는 호흡측정기에 의한 측정의 절차를 생략하고 바로 혈액채취에 의한 측정으로 나아가야 할 것이라 보았다. 대법원 2002. 10. 25. 선고 2002도4220 판결.

2) 대법원 2002. 3. 15. 선고 2001도7121 판결.

3) 혈중알코올농도는 술을 마신 후 알코올이 흡수되면서 일정시점까지는 급격히 증가하여 최고점을 이루다가, 그 후 흡수되는 알코올의 양보다 분해되는 양이 많아지면서 천천히 감소한다. 1932년 스웨덴의 과학자 위드마크(Widmark)가 이러한 인체의 알코올 흡수·분해과정을 연구하여 특정 운전시점으로부터 상당한 시간이 경과한 후에도 운전 당시의 혈중알코올농도를 추산할 수 있는 '위드마크 공식'을 만들었다.

4) 위드마크 공식은 알코올을 섭취하면 최고 혈중알코올농도가 높아지고, 흡수된 알코올은 시간의 경과에 따라 일정하게 분해된다는 과학적 사실에 근거한 수학적인 방법에 따른 계산결과를 통해 운전 당시 혈중알코올농도를 추정하는 경험칙이다. 대법원 2022. 5. 12. 선고 2021도14074 판결.

위드마크 공식 : 「C = a × 0.7 / (p × r) - b × t」[1]

① C : 혈중알코올농도

② a : 흡수된 알코올의 양 = 음주량(ml) × 술의 농도 × 0.7894[2]

③ 0.7 : 알코올의 체내흡수율[3]

④ p : 체중

⑤ r : 위드마크 상수(체중에서 체액이 차지하는 비율)[4]

⑥ b : 시간당 알코올분해량[5]

⑦ t : 경과된 시간

(2) 역추산 방식의 활용

(가) 적용방법

운전 후 시간이 경과한 후 혈중알코올농도를 측정하는 등으로 측정값이 존재하는 경우, 시간당 알코올분해량에 관하여 알려져 있는 신빙성 있는 통계자료 중 운전자에게 가장 유리한 것을 대입하여 위드마크 공식을 적용하는 방법으로 운전시의 혈중알코올농도를 계산할 수 있다.[6]

판례는 개인마다 차이는 있으나 음주 후 30분~90분 사이에 혈중알코올농도가 최고치에 이르는 것으로 일반적으로 알려져 있다 보고 있고,[7] 피검사자의 평소 음주정도, 체질, 음주속도, 음주 후 신체활동의 정도 등 다양한 요소들이 시간당 혈중

---

1) 위드마크 공식의 앞부분인 'a ×0.7 / (p ×r)'은 마신 술이 체내에 흡수되어 혈중알코올농도가 최고치에 이르렀다는 것을 전제로 하고, 뒷부분인 'b ×t'는 앞부분의 'a ×0.7 / (p ×r)'이 확정된 후에 나타나는 과정이므로 결국 혈중알코올농도가 최고치에 이른 시점과 그 이후의 혈중알코올농도를 추정하는 공식이 되고 혈중알코올농도가 최고치에 이르기 전의 혈중알코올농도에 대하여는 아무런 설명을 하지 못한다. 따라서 운전시점이 혈중알코올농도가 최고치에 이르거나 그 이후가 아니고 그 이전인 경우에는 위드마크 공식은 처음부터 적용할 수 없다.

2) 알코올은 보통 ml와 같은 부피로 표시되어 있기 때문에 무게인 체중과 관련하여 계산을 함에 있어서는 단위를 맞추기 위해 알코올의 비중인 0.7894g/ml을 곱해야 한다.

3) 섭취한 알코올 중 일정 비율만 체내에 흡수된다고 봄이 상당하고, 일반적으로 알코올 체내흡수율은 70%~90%로 알려져 있다. 판례에 의하면 운전자에게 유리한 70%로 산정하여야 한다. 대법원 2000. 11. 24. 선고 2000도2900 판결 등. 다만, 운전자가 운전 후 추가음주를 하는 등으로 추가 음주량을 공제하여야 하는 경우에는 체내흡수율을 운전자에게 유리한 90%로 산정하는 것이 실무이다.

4) 위드마크의 연구결과에 의하면, 남자는 0.52부터 0.86까지(평균치 0.68), 여자의 경우 0.47부터 0.64까지(평균치 0.55) 분포되어 있다.

5) 위드마크 연구결과에 의하면 개인에 따라 0.008%~0.03%까지의 분포를 보인다.

6) 대법원 2001. 6. 26. 선고 99도5393 판결.

7) 대법원 2013. 10. 24. 선고 2013도6285 판결.

알코올의 감소치에 영향을 미칠 수 있으나 그 시간당 감소치는 대체로 0.03%에서 0.008% 사이라는 것은 이미 알려진 신빙성 있는 통계자료에 의하여 인정된다고 보고 있다.[1)]

이에 따라 실무상 최종 음주시점과 알려진 혈중알코올농도가 최고치에 이르는 시점(30분~90분이나 역추산을 할 경우 운전자에게 유리하도록 90분을 기준으로 하는 경우가 일반적이다)을 비교하여 운전 시점이 혈중알코올농도 하강기에 해당된다고 판단되는 경우, 위드마크 공식을 적용하여 운전 시점의 혈중알코올농도를 역추산하는 방식으로 운전 시점과 혈중알코올농도 측정 시점 사이의 시간에 시간당 감소치 중 운전자에게 가장 유리한 0.008%를 곱한 수치를 측정된 혈중알코올농도 수치에 가산하여 운전 시점의 혈중알코올농도를 산정하고 있다.[2)3)]

(나) 한계 및 그 밖의 입증방법

앞서 본 바와 같이 위드마크 공식은 마신 술이 체내에 흡수되어 혈중알코올농도가 최고치에 이르렀다는 것을 전제로 하고 있다. 음주운전 시각이 혈중알코올농도가 최고치를 향하여 상승하고 있는 상황에 속하는지 아니면 최고치에 이른 후 하강하고 있는 상황에 속하는지 확정할 수 없고 오히려 상승하는 상황에 있을 가능성이 농후한 경우에는, 그 음주운전 시점으로부터 상당한 시간이 경과한 후 측정한 혈중알코올농도를 기초로 이른바 위드마크 공식 중 시간경과에 따른 분해소멸에 관한 부분만을 적용하여 혈중알코올농도 측정시점으로부터 역추산하여 음주운전 시점의 혈중알코올농도를 확인할 수는 없으므로, 그러한 위드마크 공식만을 적용한 역추산 방식에 의하여 산출해 낸 혈중알코올농도 수치는 해당 운전자에 대한 운전면허취소 등 행정처분의 기준이 될 수 없다.[4)] 즉 음주운전 시각이 상승기에 해당할 가능성이 있는 경우 이를 고려하지 않은 채 운전 시간으로부터 상당한 시간이 경과된 후 측정한 혈중알코올농도 수치에 역추산을 통하여 산출한 혈중알코올농도를 가산하여 이를 토대로 행정처분을 하는 것은 타당하지 않다.

---

1) 대법원 2005. 2. 25. 선고 2004도8387 판결.
2) 한편, 위드마크 공식에 의하여 역추산한 혈중알코올농도가 처분기준치를 근소하게 초과하는 정도에 불과한 경우 처분 기준을 초과하였다고 인정함에는 신중할 필요성이 있다. 대법원 2003. 4. 25. 선고 2002도6762 판결.
3) 반대로 일정 시점의 음주측정 결과에 기초하여 장래의 혈중알코올농도를 추산하여야 하는 경우에는 운전자에게 가장 유리한 시간당 0.03%의 시간당 알코올분해량을 기초로 산정하여야 할 것이다.
4) 대법원 2007. 1. 11. 선고 2006두15035 판결.

그러나 운전자에 대한 혈중알코올농도 측정 방법과 절차가 경찰의 통상적인 음주운전 단속에 따른 것이고, 운전 종료 시점부터 약 5분 내지 10분이 경과되어 운전 종료 직후 별다른 지체 없이 음주측정이 이루어진 경우에는, 그러한 음주측정 결과는 특별한 사정이 없는 한 운전 당시의 혈중알코올농도라고 보는 것이 경험칙에 부합한다고 볼 수 있다.[1] 이에 비추어 볼 때, 운전 종료 시점부터 통상적인 절차와 방법에 의하여 별다른 지체 없이 단기간에 음주측정이 이루어졌다면 해당 음주측정 결과를 운전 당시의 혈중알코올농도로 보아도 무방하다.

그리고 운전 시점과 혈중알코올농도의 측정 시점 사이에 시간 간격이 있고 그 때가 혈중알코올농도의 상승기로 보이는 경우라 하더라도, 그러한 사정만으로 실제 운전 시점의 혈중알코올농도가 처분기준치를 초과한다는 점에 대한 입증이 불가능하다고 볼 수는 없다. 이러한 경우 운전 당시에도 처분기준치 이상이었다고 볼 수 있는지 여부는 운전과 측정 사이의 시간 간격, 측정된 혈중알코올농도의 수치와 처분기준치의 차이, 음주를 지속한 시간 및 음주량, 단속 및 측정 당시 운전자의 행동 양상, 교통사고가 있었다면 그 사고의 경위 및 정황 등 증거에 의하여 인정되는 여러 사정을 종합적으로 고려하여 논리와 경험칙에 따라 합리적으로 판단하여야 한다.[2] 이에 따라, 혈중알코올농도가 처분기준치에 부합한다는 점이 입증되는 경우 이를 근거로 행정처분의 적법성을 인정할 수 있다.[3]

(3) 음주량에 기초한 위드마크 공식의 활용

(가) 적용방법

운전자가 음주운전 현장에서 이탈한 후, 알코올이 모두 분해·소멸된 시점에 이르러서야 음주측정에 응하거나, 운전 후 다시 추가로 알코올을 음용하는 등으로 음주측정 수치를 운전 당시 혈중알코올농도를 추산하는데 사용하기 어려운 상황이 발생되는 경우가 있다. 이러한 경우에도 운전자의 체중, 음주 시작 및 종료 시점, 음주량 등에 관한 증명이 있는 경우 위드마크 공식을 적용하여 운전 시점의 혈중알코올

1) 대법원 2019. 7. 25. 선고 2018도6477 판결.
2) 대법원 2014. 6. 12. 선고 2014도3360 판결.
3) 실무상, 측정 당시 시점이 혈중알코올농도 상승기에 해당한다고 볼만한 시점이었다고 하더라도 측정된 혈중알코올농도 수치가 처분기준치를 상당한 정도로 초과하는 경우에는 처분기준치에 부합한다고 보는 경향이 있다.

농도를 추정할 수 있다.

다만, 위드마크 공식에 따른 혈중알코올농도의 추정방식에는 알코올의 흡수분배로 인한 최고 혈중알코올농도에 관한 부분과 시간경과에 따른 분해소멸에 관한 부분이 있고, 그중 최고 혈중알코올농도의 계산에 관하여는 섭취한 알코올의 체내흡수율과 성별·비만도·나이·신장·체중 등이 결과에 영향을 미칠 수 있으며, 개인의 체질, 술의 종류, 음주속도, 음주 시 위장에 있는 음식의 정도 등에 따라 최고 혈중알코올농도에 이르는 시간이 달라질 수 있고, 알코올의 분해소멸에 관하여도 평소의 음주정도, 체질, 음주속도, 음주 후 신체활동의 정도 등이 시간당 알코올 분해량에 영향을 미칠 수 있는 등 음주 후 특정 시점의 혈중알코올농도에 영향을 줄 수 있는 다양한 요소가 존재한다. 따라서 위 영향요소를 적용할 때 운전자가 평균인이라고 쉽게 단정하여서는 아니 된다. 그리고 혈중알코올농도 측정 없이 위드마크 공식을 사용해 운전자가 마신 술의 양을 기초로 운전자의 운전 당시 혈중알코올농도를 추산하는 경우로서 알코올의 분해소멸에 따른 혈중알코올농도의 감소기에 운전이 이루어진 것으로 인정되는 경우에는 운전자에게 가장 유리한 음주 시작 시점부터 곧바로 생리작용에 의하여 분해소멸이 시작되는 것으로 보아야 한다.[1]

이에 따라, 실무상 운전 이전 음주량을 기초로 위드마크 공식을 적용할 경우, 알려진 통계자료 중 운전자에게 가장 유리한 수치를 대입하고 있고[알코올 체내흡수율 70%, 위드마크 상수: 0.86(남성), 0.64(여성), 시간당 알코올 분해량 0.03%], 알코올분해도 음주를 시작한 시점부터 곧바로 생리작용에 의하여 분해소멸이 시작되는 것을 전제로 운전시 혈중알코올농도를 산정하고 있다.

한편, 운전 이후 추가 음주행위[2]를 한 경우에 있어 추가 음주량이 증명된 경우, 측정된 혈중알코올농도에서 추가 음주량에 위드마크 공식을 적용하여 계산된 혈중알코올농도를 공제하는 방법으로 운전 당시 혈중알코올농도를 산정할 수도 있다. 이 경우 측정된 혈중알코올농도 수치에서, 알려진 통계자료 중 운전자에게 가장 유리한 수치를 위드마크 공식에 대입하여 산출된 혈중알코올농도를 공제하고 있다[알코올 체내흡수율 90%, 위드마크 상수: 0.52(남성) 0.47(여성), 시간당 알코올 분해량 등: 적용하지 않음[3]].

---

1) 대법원 2022. 5. 12. 선고 2021도14074 판결.
2) 교통사고 발생 후 죄증을 인멸하기 위하여 의도적으로 이루어지는 경우가 많다.
3) 음주 후 단기간에 측정이 이루어졌다고 하더라도, 그 시간 동안 혈액에 어느 정도 알코올이 흡수되었

(나) 한계

앞서 본 바와 같이 위드마크 공식은 섭취한 알코올이 체내에 흡수됨을 전제로 시간의 경과에 따라 분해되는 과정을 공식화한 것이므로, 운전 시점이 혈중알코올농도가 최고치에 이른 후가 아닌 경우에는 이를 적용하기가 어렵다.

또한, 음주량 자체를 증거에 의하여 증명하기 매우 어렵고[1] 설령 음주량을 확정할만한 자료가 있다고 하더라도 알려진 통계자료 중 운전자에게 가장 유리한 수치를 일률적으로 적용하고 있으므로, 측정을 회피하기 위한 도주 행위나 의도적인 추가 음주행위 등 증거를 인멸하기 위한 행위가 결과적으로 운전자에게 유리한 결과를 초래하는 경우가 많다.[2]

다만, 앞에서 본 바와 같이 2024. 12. 3. 법률 제20544호로 개정된 도로교통법(시행일 2025. 6. 4.) 제93조 제1항 제3호의2, 제44조 제5항은, 술에 취한 상태에 있다고 인정할 만한 상당한 이유가 있는 사람이 자동차등을 운전한 후 음주측정을 곤란하게 할 목적으로 추가로 술을 마시는 등의 음주측정방해행위를 할 경우 그 자체를 운전면허 취소사유로 보고 있어, 추가음주 등을 통한 음주측정방해행위에 대한 제재 수단이 마련되었다.

는지를 산정할 방법이 없고, 90분이 경과된 후라고 하더라도 시간당 분해되는 알코올이 어느 시점의 음주와 관련된 것인지 구분할 기준이 없기 때문에, 통상 시간당 알코올 분해량 등을 적용하지 않고, 앞서 본 체내흡수율 및 위드마크 상수를 적용한 알코올이 모두 체내에 흡수되어 잔존하고 있음을 전제로 공제할 혈중알코올농도를 산정하고 있다.

1) 운전자나 동행자의 진술, 주류 주문 내역 및 영수증, 비어있는 술병의 수, CCTV 영상 등 다양한 증거들이 활용되고 있으나, 어느 것이나 음주량을 명확히 확정하기 쉽지 않은 증거들이다.

2) 대법원은 음주운전과 관련한 형사사건에서 다음과 같은 설시를 하기도 하였다. '이 사건의 경우와 같이 형사처벌을 모면하기 위해 의도적인 추가음주를 하는 행위가 드물지 않게 발생하고 있다. 죄증을 인멸하기 위한 의도적인 추가음주행위를 통해 음주운전자가 정당한 형사처벌을 회피하게 되는 결과를 그대로 용인하는 것은 정의의 관념이나 음주운전에 대한 강력한 처벌을 통해 안전사회를 염원하는 국민적 공감대 및 시대적 흐름에 비추어 바람직하지 않다. 국민의 건강과 사회의 안전을 보호하고 의도적인 법질서교란행위에 대한 정당한 처벌이 이루어질 수 있는 방향으로 추가음주 사안의 현황과 문제점을 체계적으로 파악하여 이를 해결하기 위한 입법적 조치 등이 이루어질 필요가 있지만, 이러한 조치가 없는 현재의 상황에서는 죄형법정주의와 검사의 엄격한 증명책임이라는 형사법의 대원칙을 존중하여 판단할 수밖에 없다.' 대법원 2023. 12. 28. 선고 2020도6417 판결.

3. 음주측정절차 관련

가. 음주감지기에 의한 측정

경찰공무원은 음주 여부나 주취 정도를 측정함에 있어 필요한 한도 내에서 그 측정방법이나 측정횟수에 관하여 어느 정도 재량을 갖는 것이므로, 운전자의 음주 여부나 주취 정도를 확인하기 위하여 운전자에게 음주측정기를 면전에 제시하면서 호흡을 불어넣을 것을 요구하는 것 이외에도 그 사전절차로서 음주측정기에 의한 측정과 밀접한 관련이 있는 검사방법인 음주감지기에 의한 시험을 요구할 수 있다.[1)]

나. 호흡조사 및 혈액 채취 절차

도로교통법 제44조 제6항[2)]은 도로교통법 제44조 제2항 및 제3항에 따른 측정의 방법, 절차 등 필요한 사항을 행정안전부령으로 정하도록 규정하였다.

위와 같은 법률의 위임에 따라 신설된 도로교통법 시행규칙 제27조의2 제2항 제1호 가목 및 나목은 호흡조사로 측정하는 경우의 절차에 관하여, "경찰공무원이 교통의 안전과 위험방지를 위하여 필요하다고 인정하는 경우나 운전자의 외관, 언행, 태도, 운전 행태 등 객관적 사정을 종합하여 운전자가 술에 취한 상태에서 운전한 것으로 의심되는 경우에 실시할 것", "입 안의 잔류 알코올을 헹궈낼 수 있도록 운전자에게 음용수를 제공할 것"을 규정하고 있다. 또한 같은 법 시행규칙 제27조의2 제2항 제2호 가목 및 나목은 혈액 채취로 측정하는 경우의 절차에 관하여 "운전자가 처음부터 혈액 채취로 측정을 요구하거나 호흡조사로 측정한 결과에 불복하면서 혈액 채취로의 측정에 동의하는 경우 또는 운전자가 의식이 없는 등 호흡조사로 측정이 불가능한 경우에 실시할 것", "가까운 병원 또는 의원 등 의료기관에서 비알콜성 소독약을 사용하여 채혈할 것"을 규정하고 있다.

한편, 도로교통법 시행규칙 제27조의2는 제1항 및 제2항에서 술에 취한 상태의

---

1) 대법원 2017. 6. 15. 선고 2017도5115 판결.
2) 본래 2023. 1. 3. 법률 제19158호(시행일 2023. 7. 4.)로 개정된 도로교통법 제44조 제5항에 규정되어 있었으나, 2024. 12. 3. 법률 제20544호로 개정된 도로교통법(시행일 2025. 6. 4.)에서 제6항으로 이동되었다.

측정 방법 및 측정 절차에 관하여 정하면서 같은 조 제3항에서 "제1항 및 제2항에서 규정한 사항 외에 술에 취한 상태의 측정 방법 및 절차 등에 관하여 필요한 사항은 경찰청장이 정한다."고 규정하고 있다.

따라서 단속 경찰관이 음주측정을 요구하는 과정에서 앞서 본 도로교통법 시행규칙이나 그 밖에 경찰청장이 정한 절차와 관련한 중요한 사항을 위반할 경우 단속절차 등이 위법해질 여지도 있다.[1)][2)]

다. 음주측정 당시 면허정지 대상임을 고지받고 면허가 취소된 경우

통상 경찰공무원이 음주측정을 실시하여 음주운전 사실이 밝혀진 경우, 주취운전자정황진술보고서(도로교통법 시행규칙 [별지 제84호서식][3)])를 작성하는 방법 등으로 혈중알코올농도, 면허취소 또는 정지사유에 해당하는지, 혈액 채취 절차 등에 대하여 고지한 후, 그에 대하여 운전자가 의견을 기재하도록 한 후 운전자의 확인 서명 등을 받고 있다.

그런데, 경찰 실무상 면허정지 사유에 해당하는지 면허취소 사유에 해당하는지는 주로 음주측정에 따른 혈중알코올농도 수치에 의존하여 고지하고 있는데, 면허정지 대상임을 고지받았으나 그 후 과거의 음주 전력이 확인되거나, 위드마크 공식을

---

1) 위 도로교통법 및 도로교통법 시행규칙 개정 이전의 판시이기는 하나, 대법원은 단속 경찰관이 음주측정을 요구하는 과정에서 경찰청의 교통단속처리지침을 위배한 점이 있다고 하더라도 그것만으로 음주측정 요구가 위법하게 된다고 볼 수 없다고 보았다. 대법원 2010. 5. 13. 선고 2010도1532 판결 등. 그리고 단속 경찰관이 물로 입 안을 헹굴 기회를 달라는 요구를 무시한 경우, 이를 측정된 혈중알코올농도 수치의 증명력 문제로 보고 판시한 사례가 있다. 대법원 2006. 11. 23. 선고 2005도7034 판결, 대법원 2010. 6. 24. 선고 2009도1856 판결 등. 또한, 최종 음주 시로부터 약 20분이 경과하면 구강 내 잔류 알코올로 인한 과대측정이 이루어질 개연성이 없다는 것을 전제로, 물로 입을 헹구고 음주측정을 받을 기회를 주지 않았다고 하더라도 음주측정절차가 위법하다거나, 음주측정결과가 실제보다 높게 나온 것이라고 볼 수 없다고 보고 있다. 대법원 2005. 2. 25. 선고 2004도8792 판결 및 대법원 2008. 12. 11. 선고 2008도8004 판결 등.

2) 위 도로교통법 개정 이전의 실무는 음주측정의 방법 및 절차 등에 관하여 규정한 경찰청의 교통단속처리지침을 행정청의 내부지침으로 보아 대외적으로 일반 국민들에게 그 효력이 미친다거나 법원을 구속한다고 할 수 없다고 보았고, 이에 따라 교통단속처리지침을 위배한 점이 있다고 하더라도 음주측정 단속이나 음주측정 요구가 위법하게 된다고 볼 수는 없다고 보았다. 그러나 도로교통법에 음주측정의 방법 및 절차에 관한 위임의 근거를 구체적으로 신설한 이상, 종래의 해석을 그대로 유지하기는 쉽지 않다.

3) 다만, 해당 양식이 도로교통법 시행규칙에 규정되어 있기는 하나, 실제 사용하는 양식은 경찰관서들마다 차이가 있는 것으로 보인다.

적용하는 등으로 면허취소 처분을 받게 되는 경우가 있다. 그리고 이러한 경우 운전자는 단속 경찰공무원의 그릇된 고지에 의해 혈액 채취를 요구할 기회가 박탈되는 등으로 절차적 권리를 중대하게 침해받았다는 취지의 주장을 하는 경우가 많다.

실무는 혈액 채취에 의한 혈중알코올농도 측정은 행정처분의 유형이나 내용과 무관하게 호흡조사에 의한 측정결과에 불복하는 운전자가 그 측정결과의 정확성을 확인하기 위한 절차에 해당하고, 호흡측정결과에 불복하고 혈액 채취의 방법에 의하여 다시 측정을 요구할 것인지에 관한 최종적인 의사결정은 운전자 본인의 책임과 판단 아래 하여야 하는 것이어서, 운전자가 혈액 채취의 방법에 의한 측정을 포기하였다면 그에 따른 결과를 감수할 수밖에 없다는 차원에서 이를 절차적 위법이라 볼 수 없다고 보고 있다.

다만, 서울특별시의 일부 경찰관서에서 주취운전자정황진술 보고서의 면허취소 및 정지 사유 고지란에 부동문자로 반복 음주운전의 경우 혈중알코올농도가 정지 사유에 해당하는 경우에도 면허취소 사유가 된다는 취지를 기재한 사례가 있는 것으로 보인다. 혈액 채취에 의한 조사는 호흡조사 결과에 대한 사실상 유일한 불복수단이고, 성질상 호흡조사 직후나 그로부터 상당한 시간 내에 하지 않을 경우 이를 행할 수 없다. 운전면허가 취소될 경우 운전면허가 정지되는 경우와 비교하여 직업이나 면허 등과 관련하여 치명적인 불이익을 받는 경우가 있고, 혈액 채취에 따른 측정이 호흡 조사에 의한 측정보다 불이익할 수 있음을 고려하면,[1] 경찰관의 고지 등에 따라 자신이 면허정지 대상이라 인식하고 있는 운전자가 스스로 면허취소의 위험을 감수하고 혈액 채취에 따른 불복 절차에 나설 것이라 기대하기 어려우므로, 그 절차적 위법 여부를 떠나 혈중알코올농도가 면허정지 기준에 해당하는 경우도 면허취소가 될 수 있는 경우가 있을 수 있음을 구체적으로 고지하는 일부 경찰관서의 실무는 국민의 절차적 권리 보호를 위하여 매우 바람직한 것이라 할 것이다.

라. 형사소송절차에서 수집된 위법수집증거 사용

국가경찰공무원이 도로교통법 규정에 따라 호흡측정 또는 혈액 검사 등의 방법

1) 경찰 실무상 단속 경찰관들이 혈액 채취에 관한 사항을 고지하면서, 호흡 조사의 경우보다 불이익한 결과가 나오는 경우가 있음을 경고하는 사례도 있다.

으로 운전자가 술에 취한 상태에서 운전하였는지를 조사하는 것은, 수사기관과 경찰 행정조사자의 지위를 겸하는 주체가 형사소송에서 사용될 증거를 수집하기 위한 수사로서의 성격을 가짐과 아울러 교통상 위험의 방지를 목적으로 하는 운전면허 정지·취소의 행정처분을 위한 자료를 수집하는 행정조사의 성격을 동시에 가지고 있다고 볼 수 있다.[1] 이에 따라, 운전면허취소·정지 소송에서는 형사 절차에서 수집된 증거들이 그대로 사용되는 경우가 많다. 이러한 경우 위법수집증거배제법칙에 따라 형사 절차에서 증거능력이 배제된 증거를 행정소송에서 그대로 사용할 수 있는지가 문제되는바, 형사소송의 위법수집증거배제법칙이 행정소송에 그대로 적용된다고 볼 수 없다고 보는 것이 실무이다.

다만, 도로교통법 시행규칙 [별표 28] 1. 일반기준의 마. 행정처분의 취소에서 "교통사고(법규위반을 포함한다)가 법원의 판결로 무죄확정[혐의가 없거나 죄가 되지 않아 불송치 또는 불기소(불송치 또는 불기소를 받은 이후 해당 사건이 다시 수사 및 기소되어 법원의 판결에 따라 유죄가 확정된 경우는 제외한다)를 받은 경우를 포함한다. 이하 이 목에서 같다]된 경우에는 즉시 그 운전면허 행정처분을 취소하고 당해 사고 또는 위반으로 인한 벌점을 삭제한다."고 규정하는 등으로 형사 절차에서 유죄를 입증하지 못한 경우, 행정청 스스로 행정처분을 취소하여 결과의 모순이 발생하지 않도록 규정하고 있는 점 등을 고려하여, 형사재판 고유의 형사증거법상 쟁점으로 관련 형사사건에서 무죄가 선고될 가능성이 있거나, 형사재판 제1심에서 형사증거법상 쟁점과 관련하여 무죄판결이 선고된 경우 운전면허취소·정지 처분에 대하여 집행정지 결정을 해두고, 그 판결 확정을 기다려, 행정청이 행정처분을 직권취소할 것을 기다리는 실무례가 있다.

판례는 음주운전 여부에 관한 조사방법 중 혈액 채취는 상대방의 신체에 대한 직접적인 침해를 수반하는 방법으로서, 이에 관하여 도로교통법은 호흡조사와 달리 운전자에게 조사에 응할 의무를 부과하는 규정을 두지 아니할 뿐만 아니라, 측정에 앞서 운전자의 동의를 받도록 규정하고 있고, 운전자의 동의 없이 임의로 혈액 채취 조사를 하는 것은 허용되지 아니하므로, 음주운전 여부에 대한 조사 과정에서 운전자 본인의 동의를 받지 아니하고 또한 법원의 영장도 없이 채혈조사를 한 결과를 근거로 한 운전면허 정지·취소 처분은 도로교통법 제44조 제3항을 위반한 것으로

1) 대법원 2016. 12. 27. 선고 2014두46850 판결.

서 특별한 사정이 없는 한 위법한 처분으로 볼 수밖에 없다고 보고 있다.[1])

형사소송의 위법수집증거배제법칙이 행정소송에 직접 적용된다고 보기는 어려우나, 행정조사의 경우도 조사대상자의 자발적인 협조를 얻어 실시하는 행정조사가 아닌 이상 법령에 근거가 있어야 하는 점을 고려할 때(행정조사기본법 제5조), 형사소송절차에서 수집된 증거라고 하더라도, 그것이 강제처분과 관련하여 수집된 증거로서 적법절차의 실질적인 내용을 침해한 정도에 이른 것으로 보이는 증거라면 그 증거능력을 인정함에 있어 신중할 필요성이 있다.

4. 음주측정불응 관련

가. 개요

도로교통법 제44조 제2항 후단을 위반하여 술에 취한 상태에 있다고 인정할만한 상당한 이유가 있음에도 불구하고 경찰공무원의 측정에 응하지 아니한 경우 운전면허를 필요적으로 취소하여야 한다(도로교통법 제93조 제1항 단서 제3호).

나. 음주측정불응의 주체

도로교통법 제44조 제2항은 경찰공무원이 교통의 안전과 위험방지를 위하여 필요하다고 인정하거나 제1항의 규정을 위반하여 술에 취한 상태에서 자동차등을 운전하였다고 인정할 만한 상당한 이유가 있는 때에는 운전자가 술에 취하였는지의 여부를 호흡조사에 의하여 측정할 수 있고 이 경우 운전자는 경찰공무원의 측정에 응하여야 한다고 규정하고 있다. 따라서 제44조 제1항의 규정에 위반하여 술에 취한 상태에서 자동차등을 운전하였다고 인정할 만한 상당한 이유가 있음을 이유로 하는 경찰공무원의 음주측정요구에 응하여야 할 사람은 당해 자동차등의 운전자이고, 당해 자동차등의 운전자가 아닌 때에는 제44조 제1항의 주취운전금지 규정을 위반하였다고 볼 여지가 없어 제44조 제2항 소정의 음주측정에 응하지 아니한 경우

1) 대법원 2016. 12. 27. 선고 2014두46850 판결.

에 해당한다고 할 수 없다.[1] 이에 따라, 음주측정불응을 처분사유로 하기 위해서도 운전자가 당시 도로에서[2] 자동차등을 그 본래의 사용방법에 따라 사용한 운전자에 해당하는지가 별도로 증명되어야 한다.

다. 음주측정불응의 태양

경찰공무원의 측정에 응할 의무가 있는 음주측정은 도로교통법 제44조 제2항에서 규정한 호흡조사에 의한 측정만을 의미한다. 따라서 혈액 채취에 의한 측정을 거부하였다고 하더라도 음주측정에 불응한 것으로 볼 수는 없다.[3]

음주측정에 불응하였다고 보려면 술에 취한 상태에 있다고 인정할 만한 상당한 이유가 있는 운전자가 음주측정에 응할 의사가 없음이 객관적으로 명백하다고 인정되는 때에 이르러야 하고 측정거부가 일시적인 것에 불과할 경우 음주측정에 불응하였다고 볼 수 없다.[4]

경찰의 실무는 경찰청의 교통단속처리지침에 따라 음주측정 불응에 따른 불이익을 5분 간격으로 3회 이상 고지하는 방법으로 음주측정을 요구하였음에도 불응할 경우 음주측정에 불응한 자로 처리하고 있고, 실무도 그와 같은 정도로 음주측정 불응을 지속한 경우에는 음주측정에 불응한 행위로 판단하고 있다. 한편, 음주측정에 불응하는 행위는 음주측정 자체를 거부하는 행위 외에 호흡측정기에 음주측정수치가 나타날 정도로 숨을 제대로 불어넣지 않은 행위도 포함된다.[5]

앞서 본 바와 같이 경찰공무원은 음주감지기에 의한 시험도 요구할 수 있고, 음주감지기에 의한 시험 결과에 따라 음주측정기에 의한 측정이 예정되어 있고 운전자가 그러한 사정을 인식하였는데도 음주감지기에 의한 시험에 명시적으로 불응함으로써 음주측정을 거부하겠다는 의사를 표명한 경우 음주감지기에 의한 시험을 거부한 행위 자체를 음주측정에 불응한 행위로 볼 수 있다.[6]

---

1) 대법원 2011. 9. 8. 선고 2011도8402 판결.
2) 음주운전이나 음주측정불응의 경우에도 운전면허취소 처분을 위하여는 아래에서 별도로 논하는 바와 같이 도로에서의 운전이 전제된다.
3) 대법원 2010. 7. 15. 선고 2010도2935 판결.
4) 대법원 2015. 12. 24. 선고 2013도8481 판결.
5) 대법원 2000. 4. 21. 선고 99도5210 판결.
6) 대법원 2018. 12. 13. 선고 2017도12944 판결.

다만, 경찰공무원이 운전자의 신체 이상에도 불구하고 호흡측정기에 의한 음주측정을 요구하여 운전자가 음주측정수치가 나타날 정도로 숨을 불어넣지 못한 결과 호흡측정기에 의한 음주측정이 제대로 되지 아니하였다고 하더라도 음주측정에 불응한 것으로 볼 수는 없고,[1] 운전자가 처음부터 혈액 채취에 의한 측정을 요구하는 경우에도 호흡측정기에 의한 측정의 절차를 생략하고 혈액채취에 의한 측정으로 나아가야 하므로,[2] 그러한 경우 호흡측정기에 의한 측정에 불응하였더라도 음주측정 불응에 해당한다고 볼 수 없다[3](도로교통법 시행규칙 제27조의2 제2항 제2호 가목도 그러한 경우에는 혈액 채취에 의한 조사를 할 것을 규정하고 있다).

5. 복수 운전면허의 취소·정지

운전면허는 아래 표(도로교통법 시행규칙 제53조 [별표 18])와 같이 제1종 운전면허는 대형면허, 보통면허, 소형면허, 특수면허로, 제2종 운전면허는 보통면허, 소형면허, 원동기장치자전거면허로 다시 구분하며 각 그 면허의 종류에 따라 운전가능한 차종, 면허의 취득자격이나 요건, 시험의 내용 등이 다르다. 이에 따라 각각의 운전면허 취득에 요구되는 요건을 갖추면 한 사람이 여러 종류의 운전면허를 취득할 수 있다. 다만 한 사람이 여러 종류의 운전면허를 취득하는 경우에도 1개의 운전면허증만 발급하고 그 운전면허증의 면허번호는 최초로 부여한 면허번호로 통합관리하고 있다(도로교통법 시행규칙 제76조 제2항 단서).

운전면허		운전할 수 있는 차량
종별	구분	
제1종	대형면허	1. 승용자동차 2. 승합자동차

1) 대법원 2006. 1. 13. 선고 2005도7125 판결.
2) 대법원 2002. 10. 25. 선고 2002도4220 판결.
3) 다만, 앞서 본 판례에서는 경찰공무원이 호흡측정을 거부하는 주취운전자에게 혈액 채취에 의한 측정 방법이 있음을 고지하고 그 선택 여부를 물어야 할 의무가 있다고 할 수는 없다고 보고 있다. 따라서, 혈액 채취에 의한 측정을 따로 요구하지 아니한 채, 단순히 호흡측정 요구에만 불응한 경우에는 음주측정에 불응한 행위가 된다.

			3. 화물자동차 4. 삭제 <2018. 4. 25.> 5. 건설기계 가. 덤프트럭, 아스팔트살포기, 노상안정기 나. 콘크리트믹서트럭, 콘크리트펌프, 천공기(트럭 적재식) 다. 콘크리트믹서트레일러, 아스팔트콘크리트재생기 라. 도로보수트럭, 3톤 미만의 지게차, 트럭지게차 6. 특수자동차[대형견인차, 소형견인차 및 구난차(이하 "구난차등"이라 한다)는 제외한다] 7. 원동기장치자전거
	보통면허		1. 승용자동차 2. 승차정원 15명 이하의 승합자동차 3. 삭제 <2018. 4. 25.> 4. 적재중량 12톤 미만의 화물자동차 5. 건설기계(도로를 운행하는 3톤 미만의 지게차로 한정한다) 6. 총중량 10톤 미만의 특수자동차(구난차등은 제외한다) 7. 원동기장치자전거
	소형면허		1. 3륜화물자동차 2. 3륜승용자동차 3. 원동기장치자전거
	특수면허	대형견인차	1. 견인형 특수자동차 2. 제2종 보통면허로 운전할 수 있는 차량
		소형견인차	1. 총중량 3.5톤 이하의 견인형 특수자동차 2. 제2종 보통면허로 운전할 수 있는 차량
		구난차	1. 구난형 특수자동차 2. 제2종보통면허로 운전할 수 있는 차량
제2종	보통면허		1. 승용자동차 2. 승차정원 10명 이하의 승합자동차 3. 적재중량 4톤 이하의 화물자동차 4. 총중량 3.5톤 이하의 특수자동차(구난차등은 제외한다) 5. 원동기장치자전거
	소형면허		1. 이륜자동차(운반차를 포함한다) 2. 원동기장치자전거
	원동기장치자전거면허		원동기장치자전거

복수의 운전면허가 있는 경우 취소·정지할 수 있는 면허의 범위에 관하여 종래에 대법원은 한 사람이 여러 종류의 자동차 운전면허를 취득하는 경우뿐 아니라 이를 취소 또는 정지함에 있어서도 서로 별개의 것으로 취급하는 것이 원칙이고, 한 사람이 여러 종류의 자동차운전면허를 취득하는 경우 1개의 운전면허증을 발급하고 그 운전면허증의 면허번호는 최초로 부여한 면허번호로 통합관리하고 있다고 하더라도 이는 자동차 운전면허증 및 그 면허번호 관리상의 편의를 위한 것에 불과할 뿐 그렇다고 하여 여러 종류의 면허를 서로 별개의 것으로 취급할 수 없다거나 각 면허의 개별적인 취소 또는 정지를 분리하여 집행할 수 없는 것은 아니라고 판시하여 복수 운전면허 취득자의 각 운전면허를 개별적으로 취급하였다. 따라서 복수 운전면허 취득자에게 운전면허 취소·정지 사유가 있는 경우 취소·정지 사유와 관련되는 운전면허만 취소·정지하여야 하고 모든 운전면허를 일괄 취소하여서는 아니되고, 행정청이 1개의 취소처분으로 복수 운전면허의 각 면허를 취소하였어도 이는 각 면허에 대한 취소처분으로 분리하여 특정할 수 있으므로 그 위법을 다투는 행정소송에서 일부의 운전면허에 대한 취소처분에만 위법이 있는 경우에는 그 위법한 부분만 취소하여야 하였다. 다만, 대법원은 예외적으로 운전면허의 취소나 정지 사유가 특정의 면허에 관한 것이 아니고 다른 면허와 공통된 것이거나 운전면허를 받은 사람에 관한 것일 경우에는 여러 운전면허 전부를 취소 또는 정지할 수 있다고 하였다.[1)]

그 후 2016. 1. 27. 법률 제13829호로 도로교통법이 개정되면서 도로교통법 제93조 제1항 본문에 취소의 대상인 운전면허에 관하여 '운전자가 받은 모든 범위의 운전면허를 포함한다'라는 기재가 추가되면서, 운전면허의 취소 또는 정지 사유가 있는 경우 취소·정지의 대상이 되는 면허의 범위가 원칙적으로[2)] 운전자가 받은 모든 범위의 운전면허로 확대되었으므로, 현행 도로교통법에 의하면 취소·정지의 대상이 되는 운전면허는 원칙적으로 모든 범위의 운전면허에 해당한다고 볼 것이다. 위 법령 개정 후 실무도 같다.

다만, 위 법령은 취소·정지의 대상인 운전면허를 규정한 것이므로, 운전면허를 취소·정지하는 경우 반드시 모든 범위의 운전면허를 취소하여야 한다고 볼 것은 아

---

1) 대법원 1995. 11. 16. 선고 95누8850 전원합의체 판결.
2) 다만, 도로교통법 제93조 제1항 제8호의2호의 사유에 관하여는 취소하여야 하는 운전면허의 범위를 거짓이나 그 밖의 부정한 수단으로 받은 그 운전면허로 한정하고 있다.

니다. 운전면허의 취소·정지는 도로교통법 제93조 제1항 단서에 따른 필요적 취소사유에 해당하지 아니하는 이상 재량행위에 해당하므로, 경우에 따라 복수의 운전면허 중 일부만을 취소하는 것도 가능하고, 복수의 운전면허 전부를 취소하는 것이 재량권을 일탈·남용이 되는 경우도 있을 수 있다.[1] 다만, 경찰의 실무는 모든 범위의 운전면허를 특별한 고려 없이 일괄하여 취소하는 것으로 보이고, 위와 같이 도로교통법이 개정된 후 복수면허에 대한 운전면허 취소·정지처분의 취소를 구하는 소송에서 일부 면허에 대한 처분만을 취소한 사례는 찾아보기 어려운 것으로 보인다.

6. 개인형 이동장치와 운전면허의 취소·정지

가. 개인형 이동장치 관련 주요 입법과정

구 도로교통법(2020. 6. 9. 법률 제17371호로 개정되기 전의 것) 제2조 제19호 나목은 '배기량 50시시 미만(전기를 동력으로 하는 경우에는 정격출력 0.59킬로와트 미만)의 원동기를 단 차(자전거 이용 활성화에 관한 법률 제2조 제1호의2에 따른 전기자전거는 제외한다)'를 원동기장치자전거로 규정하는 등 종래에 전동킥보드 등 현재 개인형 이동장치로 분류되는 차는 주로 원동기장치자전거로 분류되고 있었고, 그에 대한 행정처분 및 형사처벌도 모두 원동기장치자전거임을 전제로 이루어지고 있었다.

그런데 2020. 6. 9. 법률 제17371호로 개정된 도로교통법(2020. 12. 10. 시행된 부분)에서 '개인형 이동장치'의 정의를 신설하면서, 이를 원동기장치자전거 중 일부이면서 동시에 자전거등에 속한다고 보면서 그와 관련한 여러 특칙을 두었고, 그중에는 개인형 이동장치의 운전에 운전면허를 필요로 하지 않고(제80조 제1항), 개인형 이동장치 운전과 관련한 각종 위반행위를 운전면허의 취소·정지 사유에 해당하는 행위에서 제외하는 취지의 규정도 있었다(제93조 제1항).

그 후 2021. 1. 12. 법률 제17891호로 도로교통법이 다시 개정(2021. 5. 13. 시행된 부분)되면서, 개인형 이동장치 운행상의 안전을 강화하기 위하여 원동기장치자전

---

1) 대법원 2018. 2. 28. 선고 2017두67476 판결은 복수면허 전부에 대한 취소사유가 있어 복수면허 전부를 취소한 행정처분에 관하여 재량권의 일탈·남용을 들어 복수면허 중 일부에 대하여 면허취소 처분을 취소한 원심판결을 재량권 일탈·남용이 없다는 취지에서 파기하였다.

거를 운전할 수 있는 운전면허를 받은 사람만 개인형 이동장치를 운전할 수 있도록 하고(제80조 제1항), 운전면허의 취소·정지 사유에 개인형 이동장치 운전과 관련한 위반행위를 제외하는 규정도 삭제하였다(제93조 제1항).

나. 개인형 이동장치의 지위

현행 도로교통법 제80조 제1항은 자동차등(자동차 및 원동기장치자전거)을 운전하려는 사람은 시·도경찰청장으로부터 운전면허를 받아야 한다고 규정하고 있다. 즉 운전면허의 대상은 자동차등이고, 원칙적으로 자동차등과 관련한 위반행위가 운전면허 취소의 대상이 된다. 개인형 이동장치는 원동기장치자전거 중 시속 25킬로미터 이상으로 운행할 경우 전동기가 작동하지 아니하고 자체 중량이 30킬로그램 미만인 것으로 행정안전부령으로 정하는 것을 말하는데(제2조 제19호의2), 같은 법 시행규칙 제2조의3에 의하면 전동킥보드, 전동이륜평행차, 전동기의 동력만으로 움직일 수 있는 자전거를 의미한다.

즉 개인형 이동장치는 원동기장치자전거에 해당함이 분명하고, 개인형 이동장치를 운전하기 위하여는 원동기장치자전거를 운전할 수 있는 면허를 가지고 있어야 한다.

따라서 개인형 이동장치도 자동차등에 해당한다. 다만, 개인형 이동장치의 특수성을 고려하여 도로교통법 제2조 제21호의2에서는 '자전거등'이라는 정의를 두고 자전거와 개인형 이동장치를 함께 규율하고 있고, 몇가지 특칙을 두고 자동차등과 이를 달리 규율하고 있는 부분이 있다. 그러나 도로교통법에 별도의 특칙[1)]이 마련되어 있지 아니한 이상 개인형 이동장치도 원동기장치자전거인 자동차등에 해당하므로 이를 전제로 하여 면허에 관한 처분이 이루어지는 것이 원칙이다.

---

1) 도로교통법 제17조(자동차등과 노면전차의 속도), 제42조(유사 표지의 제한 및 운행금지), 제45조(과로한 때의 운전 금지), 제46조(공동 위험행위의 금지), 제46조의3(난폭운전 금지) 등, 특히, 형사처벌과 관련하여 자동차등 음주운전 관련 벌칙인 제148조의2 제1항에 제외규정을 두고 있으므로, 개인형 이동장치 음주운전 등은 범칙금의 통고처분도 가능한 자전거등 음주운전 관련 벌칙 규정인 도로교통법 제156조 제11, 12호에 따라 처벌되고 있으므로, 자동차등 음주운전 등과 비교하여 형사처벌의 수위는 현저하게 낮은 편이다.

다. 재량권 일탈·남용 관련

앞서 본 바와 같이 개인형 이동장치는 본래 원동기장치자전거의 하나로 종래에는 개인형 이동장치에 해당하는 전동킥보드 등의 음주운전의 경우 자동차등 음주운전과 동일한 규정에 의하여 형사처벌이 이루어지고 있었다. 그런데 2020. 6. 9. 법률 제17371호로 개정된 도로교통법에 의하여 개인형 이동장치 음주운전의 경우 더는 자동차등 음주운전으로 처벌되지 않게 되었고(도로교통법 제148조의2 제1항), 범칙금 통고처분도 가능한 200,000원 이하의 벌금, 구류, 과료를 법정형으로 규정하고 있는 자전거등 음주운전으로 처벌되게 되었다(도로교통법 제156조 제11호, 12호, 제162조 제1항).[1)]

위와 같은 형사처벌 규정의 개정 경과를 고려할 때 입법자는 개인형 이동장치를 자동차등과 분리하여 그 음주운전의 위험성이나 그 불법성의 정도를 자동차등 음주운전에 비해 현저하게 낮게 평가하였다 할 것인데, 위와 같은 형사처벌 규정의 개정에도 불구하고, 도로교통법 시행규칙 [별표 28]의 처분 기준은 위와 같은 법령 개정의 취지를 전혀 반영하지 않아 부당하므로 해당 처분 기준을 기계적으로 적용하여 개인형 이동장치 음주운전의 재량권 일탈·남용 여부를 판단하는 것은 부당하다는 취지의 주장이 있다.

다수의 실무는 행정처분과 형사처벌이 별개의 영역임을 전제로, 도로교통법 시행규칙 [별표 28]의 처분 기준[2)]이 그 자체로 헌법 또는 법률에 합치되지 아니하거나 처분 기준에 따른 제재적 행정처분이 현저히 부당하다고 인정할 만한 합리적인 이유가 없음을 이유로 위 처분 기준을 그대로 적용한 개인형 이동장치 음주운전 등에 관한 행정처분을 적법하다고 보고 있는 것으로 보인다. 다만, 앞서 본 도로교통법 개정 취지 및 개인형 이동장치 음주운전이 다른 음주운전의 경우보다 위험성이 낮다고 평가될 수 있는 점 등을 고려하여 재량권 일탈·남용을 보다 적극적으로 고려하는 일부 실무례도 있는 것으로 보인다.

---

1) 도로교통법 시행령 제93조 제1항, [별표 8]에는 그 범칙금액을 100,000원으로 규정하고 있다.
2) 개인형 이동장치 음주운전과 그 밖의 자동차등 음주운전을 구분하지 아니하고 있다.

7. 도로교통법 제93조 제1항 제2호 관련 쟁점

가. 개요

도로교통법 제93조 제1항 제2호는 “제44조제1항 또는 제2항 후단을 위반(자동차등을 운전한 경우로 한정한다. 이하 이 호 및 제3호에서 같다)한 사람이 다시 같은 조 제1항을 위반하여 운전면허 정지 사유에 해당된 경우”에 운전면허를 필요적으로 취소하도록 규정하고 있다. 이에 따라 음주운전으로 인한 혈중알코올농도가 정지 사유인 0.03% 이상 0.08% 미만인 경우 매우 큰 이해관계가 있다.

나. 위반행위 횟수의 산정 시점

2005. 5. 31. 법률 제7545호로 도로교통법이 개정되기 전에 주취 중 운전 금지 의무는 도로교통법 제41조 제1항에 규정되어 있었고, 헌법재판소 2021. 11. 25. 선고 2019헌바446, 2020헌가17, 2021헌바77(병합) 결정이나 도로교통법이 2023. 1. 3. 법률 제19158호로 개정되기 전의 형사 실무가 음주운전에 관한 형사처벌 조항인 위 법률 개정 전 도로교통법 제148조의2 제1항의 ‘제44조 제1항을 2회 이상 위반한 사람’을 2005. 5. 31. 법률 제7545호로 개정된 도로교통법이 시행된 2006. 6. 1. 이후에 도로교통법 제44조 제1항을 위반한 사람으로 보고 있으므로, 행정처분에 있어서도 동일한 기준이 적용되어야 한다는 주장이 있다.[1]

그러나, 행정처분의 경우에는 도로교통법 부칙(2018. 12. 24. 법률 제16037호) 제2조에서 제93조 제1항 제2호에서 정한 위반행위의 횟수를 산정할 때에는 2001. 6. 30. 이후의 위반행위부터 산정한다고 명시하고 있고, 위와 같은 부칙 규정의 취지에 비추어 볼 때, 그 산정 시점은 2001. 6. 30.부터라고 봄이 타당하다. 현재 실무도 위와 같다.

---

1) 형사처벌과 조항과 관련한 논쟁은 2023. 1. 3. 법률 제19158호로 도로교통법 제148조의2 제1항이 “제44조 제1항 또는 제2항을 위반(자동차등 또는 노면전차를 운전한 경우로 한정한다. 다만, 개인형 이동장치를 운전한 경우는 제외한다. 이하 이 조에서 같다)하여 벌금 이상의 형을 선고받고 그 형이 확정된 날부터 10년 내에 다시 같은 조 제1항 또는 제2항을 위반한 사람(형이 실효된 사람도 포함한다)은 다음 각 호의 구분에 따라 처벌한다.”로 개정됨에 따라 입법적으로 해결되었다.

다. 근거 법령의 위헌론

헌법재판소는 2021. 11. 25. 선고 2019헌바446, 2020헌가17, 2021헌바77(병합) 결정에서 구 도로교통법(2018. 12. 24. 법률 제16037호로 개정되고, 2020. 6. 9. 법률 제17371호로 개정되기 전의 것) 제148조의2 제1항 중 '제44조 제1항을 2회 이상 위반한 사람'에 관한 부분이 책임과 형벌 간의 비례원칙에 위반된다는 이유로 헌법에 위반된다는 결정을 하였다. 그리고 이에 기초하여 반복적 음주운전에 관한 필요적 면허취소 행정처분의 근거 법령인 도로교통법 제93조 제1항 제2호, 또는 음주운전 금지규정 위반행위 산정 시점을 2001. 6. 30.부터로 정한 도로교통법 부칙(2018. 12. 24. 법률 제16037호) 제2조가 위헌이라는 주장이 제기되고 있다. 그 위헌 주장의 주된 요지는 운전행위 사이의 기간 제한을 두지 않은 채 운전면허를 필요적으로 취소하도록 하는 것은 과중하다는 것과 특히 개인형 이동장치의 경우 그 특성 및 도로교통법 제148조의2 제1항에 규정된 반복 음주운전과 관련한 가중 형사처벌 대상에서 제외되어 있던 점[1] 등에 비추어 필요적 면허취소 규정이 적용되는 것은 과중하거나 법률 체계에 부합하지 않는다는 것이다.

이에 대하여, 헌법재판소는 종래에 2010. 3. 25. 선고 2009헌바83 결정에서 당시 시행 중이던 주취 중 운전 금지 규정을 2회 이상 위반한 사람이 다시 이를 위반한 때에 운전면허를 필요적으로 취소하도록 규정하고 있었던 도로교통법(2005. 5. 31. 법률 제7545호로 개정된 것) 제93조 제1항 단서 제2호 중 "제44조 제1항을 2회 이상 위반한 사람이 다시 동조 제1항의 규정을 위반하여 운전면허 정지사유에 해당한 때" 부분이 이중처벌금지의 원칙에 위배되지 않고, 직업의 자유나 일반적 행동의 자유, 평등권을 침해하지 않는다고 보았다.

그 후 헌법재판소는 2023. 6. 29. 선고 2020헌바182, 2022헌바114, 127, 243, 271, 285, 288, 2023헌바46(병합) 결정에서, 음주운전 금지규정을 위반하여 자동차를 운전한 사람이 다시 음주운전 금지규정을 위반하여 자동차를 운전해서 운전면허 정지사유에 해당된 경우 필요적으로 그의 운전면허를 취소하도록 하는 도로교통법 제93조 제1항 단서 제2호 중 '제44조 제1항을 위반(자동차를 운전한 경우로 한정한다. 이

---

1) 개인형 이동장치 음주운전과 관련한 형사처벌 조항인 도로교통법 제156조 제11호, 제12호 등은 반복 음주운전과 관련한 가중처벌 조항을 두지 않고 있다.

하 이 호 및 제3호에서 같다)한 사람이 다시 같은 조 제1항을 위반하여 운전면허 정지사유에 해당된 경우'에 관한 부분이 과잉금지의 원칙이나 평등원칙에 위반되지 않는다고 보았고, 헌법재판소 2023. 10. 26. 선고 2020헌바186, 2020헌바213, 389, 2022헌바19, 317, 2023헌바150(병합) 결정에서는 음주운전 금지규정 위반횟수를 2001. 6. 30. 이후의 위반행위부터 산정하도록 한 도로교통법 부칙(2018. 12. 24. 법률 제16037호) 제2조 후문 중 제93조 제1항 제2호에 관한 부분도 과잉금지원칙에 반하여 직업의 자유 및 일반적 행동자유권을 침해하지 않는다고 보았다.[1)]

실무도 개인형 이동장치를 포함한 음주운전 등과 관련하여 2001. 6. 30. 이후의 위반행위가 있는 운전자가 다시 음주운전을 하여 운전면허 정지사유에 해당되게 된 경우, 필요적 면허취소에 관한 도로교통법 제93조 제1항 제2호를 적용하고 있다.

8. 도로교통법상 운전에 관한 쟁점

가. 운전의 시기(始期)

도로교통법 제2조 제26호에 따르면, '운전'이란 원칙적으로 도로에서 차를 '그 본래의 사용방법'에 따라 사용하는 것(조종 또는 자율주행시스템을 사용하는 것을 포함한다)을 말한다. 그리고 여기에서 말하는 운전의 개념은 그 규정의 내용에 비추어 목적적 요소를 포함하는 것이므로 고의의 운전행위만을 의미하고 자동차등에 있는 사람의 의지나 관여 없이 자동차등이 움직인 경우에는 운전에 해당하지 않는다. 그리고 자동차등을 '그 본래의 사용방법'에 따라 사용하였다고 하기 위하여는 단지 엔진을 시동시켰다는 것만으로는 부족하고 이른바 발진조작의 완료를 요하는바, 자동차의 경우에는 통상 자동차 엔진을 시동시키고 기어를 조작하며 제동장치를 해제하는 등 일련의 조치를 취하여야 위와 같은 발진조작을 완료하였다고 볼 수 있다.[2)]

따라서 자동차를 움직이게 할 의도 없이 다른 목적을 위하여 자동차 원동기(모

---

1) 다만, 위 각 헌법재판소 결정의 판시는 '자동차'에 관한 것으로 한정되어 있으므로, 원동기장치자전거(특히, 개인형 이동장치)에 대한 도로교통법 제93조 제1항 제2호 적용과 관련한 위헌론에 대하여는 헌법재판소의 명시적인 결정이 있다고 볼 수 없다.

2) 대법원 2021. 1. 14. 선고 2017도10815 판결.

터)의 시동을 걸었는데, 실수로 기어 등 자동차의 발진에 필요한 장치를 건드려 원동기의 추진력에 의하여 자동차가 움직이거나 또는 불안전한 주차상태나 도로여건 등으로 인하여 자동차가 움직이게 된 경우,[1] 애초부터 자동차가 고장이나 결함 등의 원인으로 객관적으로 발진할 수 없었던 상태에 있었던 경우,[2] 시동을 걸지 못하고 제동장치를 조작하다가 차량이 후진하여 추돌사고가 야기된 경우,[3] 내리막길에 있는 자동차의 핸드 브레이크를 풀어 타력주행을 하는 경우[4]는 운전에 해당하지 않는다. 그리고 도로교통법이 개인형 이동장치가 원동기장치자전거에 해당함을 전제로 운전면허의 취소 등에 관하여 규정하고 있으므로, 개인형 이동장치를 본래의 사용방법에 따라 사용한다는 것은 개인형 이동장치를 원동기장치자전거의 사용방법에 따라 사용하는 것을 의미한다고 할 것이므로, 개인형 이동장치를 발로 끄는 등 전동 동력장치를 사용하지 않고 움직이는 것은 개인형 이동장치를 본래의 사용방법에 따라 사용하는 것이라 볼 수 없고, 개인형 이동장치의 전동 동력장치의 전원을 켠 후 발진조작을 완료하여 전동 동력장치의 동력으로 개인형 이동장치가 이동하여야 개인형 이동장치를 본래의 사용방법에 따라 사용하였다고 볼 수 있을 것이다.

제 2 장

나. 운전의 종기(終期)

행정 제재의 대상인 음주운전의 기준이 되는 혈중알코올농도는 운전시의 혈중알코올농도를 의미한다. 그런데 앞서 본 바와 같이 혈중알코올농도는 시간의 흐름에 따라 상승하거나 하강할 수 있기 때문에 측정 시점과 운전을 한 시점 사이의 시간적 간격에 따라 운전시의 혈중알코올농도를 측정 시의 혈중알코올농도와 다르게 판단하여야 하는 경우가 있다.

자동차등의 시동을 완전히 끄거나, 자동차등을 정지시킨 상태에서 운전자가 자동차등에서 하차하는 등으로 더 이상 자동차등을 제어하거나 조종할 수 없는 상태에 이르거나,[5] 교통사고가 발생하는 등으로 자동차등이 사회통념상 운전을 계속하

1) 대법원 2004. 4. 23. 선고 2004도1109 판결.
2) 대법원 2021. 1. 14. 선고 2017도10815 판결.
3) 대법원 2020. 12. 30. 선고 2020도9994 판결.
4) 대법원 1999. 11. 12. 선고 98다30834 판결. 다만, 통상의 운전중에 내리막길에 이르러 원동기를 일시적으로 정지하여 타력으로 주행시키는 것은 별론으로 한다.
5) 다만, 하차를 하면서 주차 등을 위해 원격 조종이나 자율주행기능 등을 이용하는 경우에는 그 범위 내

기 어려운 상태가 되는 경우에는 그 무렵 운전이 종료되었다고 할 것이다.

이에 관하여, 자동차등의 운전자가 신호 대기나 그 밖의 사유로 음주 등으로 인한 졸음을 이기지 못하고 운전 도중 잠을 자는 경우가 있고, 통행방해 등을 이유로 행인이나 다른 차량 운전자 등이 신고를 하여 단속 경찰관이 도착할 때까지 상당한 시간이 걸리는 경우가 적지 아니하다. 이러한 경우 운전을 마친 시점을 잠이 든 시점으로 볼 것인지, 단속에 따라 시동을 끄거나 자동차등에서 하차한 시점으로 볼 것인지가 운전시의 혈중알코올농도의 판단에 주된 요소가 되는 경우도 있다.

이에 대하여, 운전이 계속되는 과정에서 신호 대기 등을 이유로 운전자가 일시적으로 잠든 것에 불과한 경우, 자동차등을 그 본래의 사용방법에 따라 사용하는 상태가 계속된다고 보아야 한다는 이유에서 잠이 든 이후에도 운전이 계속된다고 보는 실무례가 있다. 이에 반해, 운전 과정에서 잠이 들었다는 사실관계를 전제로 하면서, 잠이 든 무렵부터는 운전을 하였다고 볼 수 없다는 점을 전제로 변속기를 주행 상태로 두고 브레이크를 밟은 상태에서 잠을 자고 있던 운전자가 잠에서 깨는 과정에서 일시 차량을 움직인 것을 고의에 의한 운전이라고 보기도 어렵다고 본 실무례도 있다.

9. 도로교통법상 도로에 관한 쟁점

가. 도로 외에서의 차량 조작과 운전

도로교통법 제2조 제26호는 "운전이란 도로(제27조제6항제3호[1] · 제44조[2] · 제45조[3] · 제54조제1항[4] · 제148조[5] · 제148조의2[6] 및 제156조 제10호[7]의 경우에는 도로 외의 곳

에서는 운전이 계속된다고 볼 것이다.

1) 도로 외의 곳에서의 보행자 옆을 지나는 경우 안전한 거리를 두고 서행하여야 할 의무에 관한 규정.
2) 술에 취한 상태에서의 운전 금지 등에 관한 규정.
3) 과로, 질병 또는 약물의 영향과 그 밖의 사유로 정상적으로 운전하지 못할 우려가 있는 상태에서 운전 금지에 관한 규정.
4) 사고 발생 시의 조치 의무에 관한 규정.
5) 사고 발생 시의 조치 의무에 관한 형사처벌 규정.
6) 술에 취한 상태에서의 운전 금지 등을 위반한 경우에 관한 형사처벌 규정.
7) 주·정차된 차량을 손괴한 경우 피해자에게 인적사항을 제공하지 아니한 사람에 관한 형사처벌 규정.

을 포함한다)에서 차마 또는 노면전차를 그 본래의 사용방법에 따라 사용하는 것(조종 또는 자율주행시스템을 사용하는 것을 포함한다)을 말한다."고 규정하고 있다. 이에 따라 도로가 아닌 곳에서는 차량을 조작하였다고 하더라도 운전면허가 필요하지 않고, 앞서 본 예외에 해당하지 아니하는 한 도로교통법이 규정한 운전에 해당하지 않으므로 운전을 전제로 한 도로교통법의 각종 규정들도 적용되지 않는다.

본래 구 도로교통법(2010. 7. 23. 법률 제10382호로 개정되기 전의 것) 제2조 제24호는 "운전이라 함은 도로에서 차마를 본래의 사용방법에 따라 사용하는 것(조종을 포함한다)을 말한다."라고 규정하고 도로교통법상 '운전'에는 도로 외에서 차마를 사용한 것이 포함되지 않는다고 보았다. 그러나 음주운전 등의 경우 도로 외에서의 차량 운행에 대하여도 규율을 할 필요성 등을 고려하여 도로교통법 제2조 제26호에서 음주운전에 관한 금지규정인 같은 법 제44조 및 음주운전·음주측정거부 등에 관한 형사처벌 규정인 같은 법 제148조의2의 '운전'에 도로 외의 곳에서 한 운전을 포함하는 예외규정을 둔 것이다.

그러나 예외규정에는 행정제재처분인 운전면허 취소·정지의 근거 규정인 도로교통법 제93조는 포함되어 있지 않기 때문에 도로 외의 곳에서의 음주운전·음주측정거부 등에 대해서는 형사처벌만 가능하고 운전면허의 취소·정지 처분은 부과할 수 없다.[1)]

이에 따라, 음주운전 등을 원인으로 한 도로교통법 제93조 제1항에 따른 운전면허취소·정지 등의 행정처분에 관하여는 형사사건과 별개로 운전자가 도로에서 운전을 하였는지를 구체적으로 검토하여야 한다.

나. 도로교통법상 도로의 범위

도로교통법 제2조 제1호에 의하면, '도로'란 '도로법에 따른 도로, 유료도로법에 따른 유료도로, 농어촌도로 정비법에 따른 농어촌도로와 그 밖에 현실적으로 불특정 다수의 사람 또는 차마가 통행할 수 있도록 공개된 장소로서 안전하고 원활한 교통을 확보할 필요가 있는 장소'를 말하는 것으로서, '교통질서 유지 등을 목적으로 하는 일반 교통경찰권이 미치는 공공성이 있는 곳'을 의미하고, 특정인들 또는 그들과

1) 대법원 2021. 12. 10. 선고 2018두42771 판결.

관련된 특정한 용건이 있는 자들만이 사용할 수 있고 자주적으로 관리되는 장소는 이에 포함되지 않는다.[1] 그리고 차량이 도로에 일부라도 진입하였을 경우에는 도로에서 운전한 것에 해당한다.[2]

판례는 주차장법이 적용되는 주차장(노상주차장, 노외주차장, 부설주차장)에서의 운전에 관하여는 차량 전부가 주차장에 있는 경우에는 도로교통법상 도로에서 운전한 것으로 볼 수 없다고 보는 것으로 보인다.[3]

그 외의 경우 도로교통법상 도로에 해당하는지에 관하여는 출입구에서 관리원 및 차단기 등에 의해 차량이나 보행자 등의 출입·통제가 자주적으로 이루어지는지 여부, 외부 차량의 출입을 금지하고 있는지 여부, 외부로부터 출입이 용이한지 여부, 특정인들 또는 그들과 관련된 특정한 용건이 있는 자들만이 사용할 수 있는지 여부 등을 종합적으로 고려하여 앞서 본 도로에 해당하는지를 판단하여야 할 것이다.

10. 운전면허 관련 행정소송에서 상해의 증명

도로교통법 시행규칙 [별표 28]의 취소처분의 개별기준에 의하면 혈중알코올농도 0.03% 이상의 술에 취한 상태에서 운전을 하다가 교통사고로 사람을 다치게 한 경우나, 교통사고로 사람을 다치게 하고 구호조치를 하지 아니한 때에는 운전면허를 취소하도록 규정하고 있다.[4] 이와 같이 교통사고로 인하여 사람이 다치게 되었는지가 운전면허 취소사유에 해당되는지 여부를 판가름하는 경우가 많기에 행정소송에서도 교통사고에 의한 상해 발생 여부가 쟁점이 되는 경우가 많다.

그럼에도 피고행정청의 소송수행자가 답변서를 제출하는 과정에서 수사기록에 첨부된 피해자의 진술서, 진술조서, 진단서 및 블랙박스 영상 등을 따로 제출하지

1) 대법원 2010. 9. 9. 선고 2010도6579 판결.
2) 대법원 2007. 3. 30. 선고 2007도678 판결.
3) 대법원 1993. 1. 19. 선고 92도2901 판결, 대법원 1994. 1. 25. 선고 93도1574 판결, 대법원 1995. 7. 28. 선고 94누9566 판결 등. 한편, 앞서 본 대법원 1994. 1. 25. 선고 93도1574 판결 및 대법원 1995. 7. 28. 선고 94누9566 판결과 대법원 2005. 1. 14. 선고 2004도6779 판결, 대법원 2008. 4. 24. 선고 2007도10164 판결에 의하면 주차구획선 내의 주차구역 안에서 차량을 운전한 경우에는 도로교통법상 도로에서의 운전에서 제외될 것으로 보이나, 주차구획선을 벗어난 통로 부분에서의 운전은 앞서 본 법리에 따라 구체적으로 판단되어야 할 것으로 보인다.
4) 단순 음주운전의 경우 운전면허 취소처분의 기준이 되는 혈중알코올농도는 0.08% 이상이다.

않는 경우가 있다. 원고가 상해 발생 여부 등에 관하여 적극적으로 다투지 않는 경우에는 통상 답변서에 증거로 첨부하는 수사보고 등에 기재된 진단서 발급 사실이나 상해의 부위 및 정도 등에 관한 기재만으로도 족하다. 그러나 원고가 상해의 발생 여부를 적극적으로 다투고 있는 경우에는 석명권의 행사나 소송지휘를 통하여 피고 측이 처분의 근거가 된 상해 발생 사실을 증명하기 위한 진단서, 사고 관련 영상 및 사진 자료, 교통사고 피해자의 진술서 및 진술조서 등을 증거로 제출하게 하도록 할 필요성이 있다.

한편, 이와 관련하여 원고 측에서 교통사고 피해자를 증인으로 소환하여 상해의 발생 여부 및 원인 등에 관하여 신문하기를 희망하는 경우가 있는데, 이러한 경우 해당 증인이 관련 형사사건에서 채택되어 동일 쟁점에 관하여 증인신문을 실시하는 경우가 많아, 중복된 증인신문이 될 염려가 많고, 행정소송에서는 따로 변호사가 소송대리인으로 선임되어 있지 않더라도 형사 절차에서는 대다수가 변호사인 국선변호인이 선정되어 보다 충실한 신문이 가능한 상태에 있으므로 원고나 피고 측에게 해당 사건의 증인신문조서 등을 행정소송 사건의 증거로 제출하도록 유도하여 이를 증거로 사용하고, 증인 신청의 철회를 권유하거나, 증인 채택을 하지 않는 형태로 심리를 진행할 수 있을 것이다.

그 밖에 각종 사실조회 및 감정 등의 경우에도 우선 형사재판 절차에서 신청하는 등으로 실시할 것을 권고한 후, 그 결과를 제출하도록 유도하고, 만약 형사재판에서 신청하지 못하였거나 채택되지 아니한 증거신청으로 행정소송의 심리에 필요하다고 판단되는 증거를 제한적으로 채택하는 형태로 심리를 진행하면, 증거신청의 중복을 방지하고, 심리의 효율을 꾀할 수 있다.

제3장 **영업정지 관련 소송**

Ⅰ. 서 론

영업자가 법규위반행위를 하는 경우 행정청은 법이 정하는 한도 이내의 일정 기간을 정하여 영업의 전부 또는 일부를 하지 못하게 할 수 있는데, 이를 통상 '영업정지'라 한다. 현행법상 영업자의 법규위반행위에 대한 제재로서 영업정지를 규정하고 있는 예가 많다.[1)]

법령에서는 영업정지를 등록 · 허가의 취소와 함께 규정하고 있는 경우가 많다. 제재의 수단으로 어느 쪽을 택할지는 구체적 사안에 드러난 법규위반 정도의 경중에 따라 행정청이 재량으로 결정하는 수가 많은데, 법령에서 중대한 법규위반 유형을 따로 추려내어 반드시 등록 · 허가의 취소를 하도록 명하고 있는 경우(기속행위)도 흔히 볼 수 있다.

실무에서 접하게 되는 영업정지 관련 소송은 대부분 ① 청소년 출입 · 고용 금지업소에 청소년을 출입시키거나 청소년에게 주류를 제공하여 식품위생법 제75조 제1항 제13호, 제44조 제2항 제2호, 제4호에 따라 영업정지처분을 받은 식품접객영업자, ② 노래연습장에서 주류를 판매 · 제공하거나 남녀 접대부를 고용·알선하여 「음

1) 「감염병의 예방 및 관리에 관한 법률」 제59조, 개별소비세법 제27조, 건설산업기본법 제82조 및 제82조의2, 「건설폐기물의 재활용촉진에 관한 법률」 제25조 제2항, 「결혼중개업의 관리에 관한 법률」 제18조, 「대부업 등의 등록 및 금융이용자 보호에 관한 법률」 제13조, 공중위생관리법 제11조, 먹는물관리법 제48조, 「부동산개발업의 관리 및 육성에 관한 법률」 제24조 제1항, 「산림자원의 조성 및 관리에 관한 법률」 제25조 제2항, 소방시설공사업법 제9조, 「소방시설 설치 및 관리에 관한 법률」 제35조, 수도법 제35조, 식품위생법 제75조, 양곡관리법 제21조, 「영화 및 비디오물의 진흥에 관한 법률」 제45조, 「옥외광고물 등 관리와 옥외광고산업 진흥에 관한 법률」 제14조, 유통산업발전법 제13조의4, 「음악산업진흥에 관한 법률」 제27조 제1항, 「재해경감을 위한 기업의 자율활동 지원에 관한 법률」 제17조 제2항, 전기공사업법 제28조, 전력기술관리법 제16조, 정보통신공사업법 제66조, 주차장법 제24조, 주택법 제8조, 토양환경보전법 제23조의10 제2항, 「파견근로자 보호 등에 관한 법률」 제12조, 하수도법 제54조, 「할부거래에 관한 법률」 제40조, 「환경기술 및 환경산업 지원법」 제15조 제5항, 환경영향평가법 제58조 등.

악산업진흥에 관한 법률」 제27조 제1항 제5호, 제22조 제1항 제3호, 제4호에 따라 영업정지처분을 받은 노래연습장업자, ③ 숙박업소를 성매매 장소로 제공하여 공중위생관리법 제11조 제1항 제8호, 「성매매알선 등 행위의 처벌에 관한 법률」 제4조, 제2조 제1항 제2호에 따라 영업정지를 받은 숙박업자가 각 영업정지처분의 취소를 구하는 사안이다. 이하 이러한 경우를 중심으로 살펴보기로 한다.

제 3 장

Ⅱ. 실무에서 자주 접하는 사건 유형

1. 식품접객업 관련

가. 개요

식품접객업은 식품위생법 제36조 제3항, 동 시행령 제21조 제8호에 따라 ① 휴게음식점영업[주로 다류(茶類), 아이스크림류 등을 조리·판매하거나 패스트푸드점, 분식점 형태의 영업 등 음식류를 조리·판매하는 영업으로서 음주행위가 허용되지 아니하는 영업[1]], ② 일반음식점영업(음식류를 조리·판매하는 영업으로서 식사와 함께 부수적으로 음주행위가 허용되는 영업), ③ 단란주점영업(주로 주류를 조리·판매하는 영업으로서 손님이 노래를 부르는 행위가 허용되는 영업), ④ 유흥주점영업(주로 주류를 조리·판매하는 영업으로서 유흥종사자를 두거나 유흥시설을 설치할 수 있고 손님이 노래를 부르거나 춤을 추는 행위가 허용되는 영업), ⑤ 위탁급식영업(집단급식소를 설치·운영하는 자와의 계약에 따라 그 집단급식소에서 음식류를 조리하여 제공하는 영업), ⑥ 제과점영업(주로 빵, 떡, 과자 등을 제조·판매하는 영업으로서 음주행위가 허용되지 아니하는 영업)으로 분류된다.

식품위생법 제75조 제1항 각 호는 영업정지 등 처분의 사유를 규정하고, 같은 조 제2항은 영업정지 명령을 위반하여 영업을 계속하는 경우 영업허가 또는 등록을 취소하거나 영업소 폐쇄를 명할 수 있도록 정하고 있으며, 행정처분의 기준은 같은 조 제5항의 위임에 따라 식품위생법 시행규칙 제89조 [별표 23]에서 구체적으로 정하고 있다.[2]

1) 편의점, 슈퍼마켓, 휴게소, 그 밖에 음식류를 판매하는 장소에서 컵라면, 일회용 다류 또는 그 밖의 음식류에 뜨거운 물을 부어 주는 경우는 제외한다[같은 호 (가)목 단서].

2) 일반적인 행정처분 기준은 [별표 23] Ⅰ. 일반기준에 정해져 있는데, 그중 제1호, 제4호 내지 제8호의

나. 식품접객업자의 준수사항 위반

식품위생법 제75조 제1항 제13호는 식품위생법 제44조 제1항에 따른 식품접객업자의 준수사항 위반을 영업정지 등의 처분사유로 정하고 있고, 식품위생법 제44조 제1항의 위임에 따라 동 시행규칙 제57조 [별표 17] 제7호에서 위탁급식영업자를 제외한 식품접객업자의 준수사항을 구체적으로 정하고 있다. 이에 대한 개별적인 처분 기준은 동 시행규칙 제89조 [별표 23] Ⅱ. 개별 기준 가운데 3. 식품접객업 부분 중 제10호 (가)목이 규정하고 있는데, 거기서는 다시 위 [별표 17] 제7호 각 목의 준수사항을 인용하는 방식을 취하고 있어, [별표 17] 제7호를 함께 살펴보아야 한다. 이하에서는 그중 실무상 빈번하게 문제되는 대표적인 경우를 살펴본다.

(1) 사행행위 또는 풍기문란행위 방지의무 위반

(가) 근거 법규

식품위생법 제75조 제1항 제13호, 제44조 제1항, 동 시행규칙 제57조 [별표 17] 제7호 (다)목(업소 안에서는 도박이나 그 밖의 사행행위 또는 풍기문란행위를 방지하여야 하며, 배달판매 등의 영업행위 중 종업원의 이러한 행위를 조장하거나 묵인하여서는 아니 된다)

(나) 처분 기준

식품위생법 제75조 제5항, 동 시행규칙 제89조 [별표 23] Ⅱ. 3. 제10호 (가)목 2)(1차: 영업정지 2개월 - 2차: 영업정지 3개월 - 3차: 영업허가 취소 또는 영업소 폐쇄)

(다) 풍기문란행위 방지의무 위반의 구체적 태양

① 식품접객영업자인 원고가 수차례에 걸쳐 주점의 종업원으로 하여금 위 주점에서 술을 마신 고객들과 업소 밖의 여관에 투숙하며 윤락행위를 하도록 알선하였다면, 원고의 이러한 행위가 바로 업소 내에서는 풍기문란행위를 방지하여야 한다는 식품접객영업자로서의 준수사항을 지키지 아니한 경우에 해당한다.[1)]

규정 등이 종종 문제된다.

1) 대법원 1995. 9. 26. 선고 95누8898 판결. 원심인 부산고법 1995. 5. 26. 선고 94구6123 판결에서는 “식품접객영업허가를 얻어 유흥주점업을 경영하는 업주가 종업원으로 하여금 업소 밖의 여관에 투숙하며 윤락행위를 하도록 알선한 행위가 식품위생법 시행규칙 … 에서 말하는 업소 내에서의 풍기문란

② 유흥접객원들이 손님들 앞에서 옷을 벗는다든가, 상의를 모두 탈의하고 팬티만 입은 채 그 위에 슬립 등의 란제리만 착용한 후 손님의 유흥을 돋우는 접객행위를 하는 것은 사회통념상 일반 보통인의 성욕을 자극하여 성적 흥분을 유발하고 정상적인 성적 수치심을 해하여 성적 도의관념에 반하는 등 성적 자극에 주안점을 둔 음란성을 띠는 형태의 영업이고, 이는 영업장에서 건전한 성풍속이나 사회도덕에 대한 기강을 문란하게 함으로써 성에 관한 건전한 도의관념을 해치는 행위로 볼 수 있으며, 식품위생법에서 정한 유흥주점영업에서 허용되는 '손님과 함께 술을 마시거나 노래 또는 춤으로 손님의 유흥을 돋우는' 범위에 든다고 할 수도 없어 결국 영업장에서의 위생관리와 질서유지를 침해하는 풍기문란 행위에 해당한다.[1)]

③ 손님 2명이 유흥접객원 2명과 유흥주점에서 술을 마시던 중 손님 1명이 유흥접객원 1명과 조용히 이야기할 수 있는 방을 달라고 하여 영업자가 룸을 제공하였는데 손님과 유흥접객원이 룸에서 성관계를 하다가 적발된 사안에서 영업자에게 성관계를 하도록 장소를 제공하려는 고의가 없다는 이유로 풍속영업의규제에관한법률위반의 점에 관하여 무죄판결이 선고되었다고 하더라도 식품위생법상 풍기문란행위 방지의무 위반에는 해당한다고 본 사례가 있다.[2)]

(2) 소비기한[3)]이 경과된 제품 보관·판매

(가) 근거 법규

식품위생법 제75조 제1항 제13호, 제44조 제1항 제3호(소비기한이 경과된 제품·식품 또는 그 원재료를 제조·가공·조리·판매의 목적으로 소분·운반·진열·보관하거나 이를 판매 또는 식품의 제조·가공·조리에 사용하지 말 것), 같은 항 제8호, 동 시행규칙 제57조 [별표 17] 제7호 (카)목

행위이거나 혹은 배달판매 등 영업행위중 종업원의 풍기문란행위를 조장 또는 묵인한 경우에 해당하지 않음은 그 규정의 문리해석상 명백하다"는 이유로 영업정지처분을 취소하였으나, 대법원은 위와 같은 이유로 원심판결을 파기하였다.

1) 서울행정법원 2013. 3. 27. 선고 2012구단21300 판결(항소취하 간주로 확정).
2) 인천지방법원 2020. 10. 30. 선고 2019구단1507 판결(확정).
3) 식품 등에 '유통기한'을 표시하게 한 식품 등의 표시·광고에 관한 법률 제4조 제1항 규정이 2021. 8. 17. 법률 제18445호로 '소비기한'을 표시하도록 개정되어 2023. 1. 1.부터 시행되었다. 이에 따라 식품위생법 제44조 제1항 제3호도 '소비기한' 경과 제품의 보관·판매 등을 금지하는 것으로 개정되었다.

(나) 처분 기준

① 식품위생법 제75조 제5항, 동 시행규칙 제89조 [별표 23] Ⅱ. 3. 제10호 (가)목 10) 가): 소비기한이 경과된 제품·식품 또는 그 원재료를 조리·판매의 목적으로 운반·진열·보관한 경우(1차: 영업정지 15일 – 2차: 영업정지 1개월 – 3차: 영업정지 3개월)

② 식품위생법 제75조 제5항, 동 시행규칙 제89조 [별표 23] Ⅱ. 3. 제10호 (가)목 10) 나): 소비기한이 경과된 제품·식품 또는 그 원재료를 판매 또는 식품의 조리에 사용한 경우(1차: 영업정지 1개월 – 2차: 영업정지 2개월 – 3차: 영업정지 3개월)

(다) 조리·판매 목적의 필요성[1)]

① 식품접객영업자의 준수사항인 식품위생법 시행규칙 제57조 [별표 17] 제7호 카.목은 명문으로 유통기한이 경과된 원료 또는 완제품을 '조리·판매의 목적으로 보관' 또는 '음식물의 조리에 사용'을 금지하고 있고, 그 규정의 제정취지도 식품접객영업자가 유통기한이 경과된 원료를 조리하여 일반 고객에게 제공하거나 완제품을 판매하기 위한 목적으로 보관하는 것을 금지함으로써 국민의 보건위생 증진을 도모하는 데 있다고 보이는 점 등을 종합해 보면, 식품접객영업자가 단순히 유통기한이 경과된 원료 또는 완제품을 보관했다고 해서 위 준수사항을 위반한 것으로 볼 수 없고 유통기한이 경과된 원료 또는 완제품을 '조리·판매의 목적으로 보관한 경우' 비로소 그 준수사항을 위반했다고 봄이 상당하다. 또한 이 경우 '조리·판매의 목적'으로 보관했다는 점은 처분의 적법성에 관한 사항이므로 그 증명책임은 행정청인 피고에게 있다.[2)]

② 식품위생법 시행규칙 제57조 [별표 17] 제7호 (카)목에서는 식품접객영업자의 준수사항으로서 '유통기한이 경과된 원료 또는 완제품을 조리·판매의 목적으로 보관'하여서는 아니 된다고 규정하고 있다. 이는 음식류를 조리하여 판매하는 영업을 하는 식품접객업자의 지위에서의 준수사항을 규정한 것이므로 여기에서의 '조리'

1) 아래에서 제시한 판례 중 식품위생법 제44조 제1항 제3호가 개정되기 전 유통기한이 표시된 제품에 관한 것도 소비기한이 표시된 제품에 관하여 동일한 법리가 적용될 수 있다.

2) 서울행정법원 2013. 7. 26. 선고 2013구단577 판결(항소기각 확정). 의정부지방법원 2018. 11. 8. 선고 2018구합1379 판결(확정)(콩비지감자탕 등을 판매하는 음식점에서 유통기한이 경과된 치즈 400g 1팩이 발견된 사안으로, 판매하는 음식·반찬 등에 치즈가 재료로 들어가지 않고, 조리나 판매 목적으로 치즈를 보관하였다고 보기에는 그 양이 적으며, 식자재 거래명세표에도 치즈가 포함되어 있지 않다는 등의 이유로, 조리·판매 목적 보관에 대한 피고의 증명이 부족하다고 보았다).

는 식품접객업자의 지위에서 판매 등 영업을 위한 목적에서 이루어지는 음식물의 조리를 의미하고, 단지 영업자 자신의 식사용으로 음식물을 조리하는 등 영업을 위한 목적이 전혀 없는 경우에는 그 원료 또는 완제품이 유통기한을 경과한 사정이 있다고 하더라도 그에 해당하지 아니한다고 봄이 상당하다.[1]

③ 한편 유통기한이 경과된 밀떡볶이 2개(2.4㎏)를 보관하다가 적발되었는데 원고가 단순히 직원취식용이라고 주장한 사안에서, 밀떡이 재료인 메뉴가 존재하고, 직원취식용이라고 보기에는 그 양이 상당히 많은 반면 유통기한은 매우 짧으며, 적발 당시 직원이 조리 목적으로 보관하였음을 인정하는 확인서에 서명한 점 등을 고려하여 원고의 주장을 배척하고 조리·판매의 목적을 인정한 사례가 있다.[2]

④ 그런데 식품위생법 시행규칙 제57조 [별표 17] 제7호 (카)목 후문에서는 소비기한이 경과된 제품·식품 또는 그 원재료를 진열·보관할 때에는 폐기용 또는 교육용이라는 표시를 명확하게 해야 한다고 규정하고 있어 폐기용 또는 교육용이라는 표시를 하지 않고 소비기한이 경과된 제품 등을 진열·보관한 경우 조리·판매의 목적이 없더라도 식품접객업자의 준수사항을 위배한 것인지 문제된다. 처분 기준을 정한 동 시행규칙 제89조 [별표 23] Ⅱ. 3. 제10호 (가)목 10) 가)에서 조리·판매의 목적으로 운반·진열·보관한 경우를 규정하고 있으므로 여전히 조리·판매의 목적이 있어야 한다는 견해가 있고, 소비기한이 경과한 제품 등을 보관할 경우 실수로 판매되거나 조리에 사용되어 국민의 보건위생에 위해가 발생하는 것을 막기 위한 규정이라고 보아 조리·판매의 목적은 필요하지 않다는 견해가 있다.[3]

(3) 유흥접객원 고용, 종업원 유흥접객행위 조장·묵인

(가) 근거 법규

식품위생법 제75조 제1항 제13호, 제44조 제1항 제8호, 동 시행규칙 제57조 [별표 17] 제7호 (타)목 1)(휴게음식점영업자·일반음식점영업자 또는 단란주점영업자가 유

1) 서울행정법원 2012. 12. 21. 선고 2012구단16049 판결(항소기각으로 확정)(해당 주점의 메뉴에 어묵이 들어가는 음식이 없고, 업주가 주점에서 숙식을 하여 업소용 냉장고와 가정용 냉장고를 따로 두고 있었으며, 어묵이 가정용 냉장고로 보이는 곳에 보관되어 있었다는 점 등이 고려된 것으로 보인다).
2) 서울고등법원 2024. 8. 23. 선고 2023누69048 판결(심리불속행기각 확정).
3) 수원지방법원 2024. 8. 23. 선고 2024구단11055 판결(항소취하 확정), 한편 위 서울고등법원 2024. 8. 23. 선고 2023누69048 판결에서도 소비기한이 경과한 제품을 보관하면서 폐기용 또는 교육용이라는 표시를 명확하게 하지 않은 이상 영업자의 준수사항을 위반한 것에 해당한다고 판시하였고, 심리불속행기각 결정으로 그대로 확정되었다.

흥접객원을 고용하여 유흥접객행위를 하게 하거나 종업원의 이러한 행위를 조장하거나 묵인하는 행위)

(나) 처분 기준

식품위생법 제75조 제5항, 동 시행규칙 제89조 [별표 23] Ⅱ. 3. 제10호 가.목 1)항(1차: 영업정지 1개월 - 2차: 영업정지 2개월 - 3차: 영업허가취소 또는 영업소 폐쇄)

(다) 유흥접객원

손님과 함께 술을 마시거나 노래 또는 춤으로 손님의 유흥을 돋우는 사람을 의미하고, 공연을 목적으로 하는 가수, 악사, 댄서, 무용수 등은 제외한다(식품위생법 제44조 제3항).

(라) 유흥접객원에 해당하지 아니하는 경우

① 식품위생법과 그 하위 법령에서 정한 '유흥접객원'이란 반드시 고용기간과 임금, 근로시간 등을 명시한 고용계약에 따라 취업한 여자종업원에 한한다고는 할 수 없지만, 적어도 하나의 직업으로 특정업소에서 손님과 함께 술을 마시거나 노래 또는 춤으로 손님의 유흥을 돋우어 주고 주인으로부터 보수를 받거나 손님으로부터 봉사료를 받는 부녀자를 가리킨다고 할 것이고, 따라서 단순히 놀러오거나 손님으로 왔다가 다른 손님과 합석하여 술을 마신 경우는 유흥접객원에 해당하지 아니한다.[1]

② 음식을 나르기 위하여 고용된 종업원이 손님의 거듭되는 요구에 못 이겨 할 수 없이 손님과 합석하여 술을 마시게 된 경우는 유흥접객원에 해당하지 아니한다.[2]

③ 주방과 연결된 긴 바(Bar)와 2개의 테이블이 있는데, 종업원은 평소 바 안쪽 내지 주방에서 일하면서 손님들에게 술과 안주를 제공하는 일을 하였고, 손님이 술을 따를 것을 요구하면 따라주고 가끔 손님이 자신에게 술을 권하면 받아 마신 적은 있으나, 테이블에 앉아서 손님들과 함께 술을 마시거나 손님 옆에 동석하여 술을 마시지는 아니한 사실, 종업원은 자발적으로 술을 마셨을 뿐이고, 영업자는 종업원에게 손님과 술을 같이 마시라고 말하지 아니한 사실, 종업원의 임금은 매출 등에 연동되지 아니한 고정급인 사실이 인정된다. 위와 같은 이 사건 업소 운영방식, 종업원이 술을 마시게 된 경위 및 태양 등을 고려하면 종업원이 손님들에게 술을 따

1) 대법원 2001. 12. 24. 선고 2001도5837 판결.
2) 대법원 2005. 3. 24. 선고 2005도86 판결.

라주거나 손님들이 권하는 술을 받아 마신 것은 바텐더로 일하는 과정에서 영업자의 지시에 관계없이 자율적이고 부수적으로 이루어진 것에 불과하고, 이를 들어 종업원이 손님과 함께 술을 마시는 것을 업무로서 하며 이를 통하여 수입을 얻는 부녀자로서 식품위생법 및 같은 법 시행령에 규정된 유흥접객원에 해당한다고 보기에는 부족하다.[1)]

④ 단란주점에서 여자종업원이 노래를 틀어주고 탬버린을 치는 행위를 한 것만으로는 종업원이 노래 또는 춤으로 손님의 유흥을 돋워 유흥주점영업을 한 것이라고 볼 수 없다.[2)]

(4) 일반음식점영업자가 주류만을 판매하거나 주로 다류(茶類)를 조리·판매하는 다방형태의 영업을 하는 행위

(가) 근거 법규

식품위생법 제75조 제1항 제13호, 제44조 제1항, 동 시행규칙 제57조 [별표 17] 제7호 (타)목 3)(일반음식점영업자가 주류만을 판매하거나 주로 다류를 조리·판매하는 다방형태의 영업을 하는 행위)

(나) 처분 기준

식품위생법 제75조 제5항, 동 시행규칙 제89조 [별표 23] Ⅱ. 3. 제10호 (가)목 4)(1차: 영업정지 15일 – 2차: 영업정지 1개월 – 3차: 영업정지 3개월)

(다) 주류만을 판매하는 행위의 의미

각 법령의 규정[3)] 체계와 내용 등을 종합해 보면, 식품위생 관련 법령에서 상정하고 있는 일반음식점영업의 가장 전형적인 형태는 음식류를 조리·판매하는 것을 위주로 하면서 부수적으로 주류를 판매하는 영업이다. 그러나 주로 주류를 판매하면서 음식류는 오히려 부수적으로 조리·판매하지만, 손님이 노래를 부르게 하거나 유

---

1) 대법원 2008. 11. 13. 선고 2008도7878 판결, 대법원 2009. 3. 12. 선고 2008도9647 판결 또한 유사한 이유로 바텐더가 일하면서 일시적으로 손님들이 권하는 술을 받아 마셨더라도 식품위생법상 유흥접객원으로 볼 수 없다고 판시하였고, 수원지방법원 2018. 9. 5. 선고 2018구단7611 판결(확정)도 유사한 사안이다.

2) 대법원 2003. 6. 27. 선고 2003도1736 판결.

3) 식품위생법 제36조 제2항, 제44조 제1항, 동 시행령 제21조 제8호, 동 시행규칙 제57조 및 [별표 17], 청소년 보호법 제2조 제5호 (나)목 3)항, 동 시행령 제3조 제2항 제2호 등.

흥종사자를 두는 등 단란주점영업이나 유흥주점영업에서만 허용되는 행위는 하지 아니하는 형태의 영업에 대해서는 법과 시행령에서 별도의 영업허가 종류로 구분하여 분류하고 있지 아니하고, 더구나 청소년 보호법과 그 시행령에서는 이를 명시적으로 일반음식점영업의 한 형태로 규정하고 있다. 이에 비추어 위 청소년 보호법 시행령에서 규정한 것 같은 형태의 영업, 즉 "음식류의 조리·판매보다는 주로 주류의 조리·판매를 목적으로 하는 소주방·호프·카페 등의 영업형태로 운영되는 영업"은 식품위생법상 식품접객업의 종류 중에서는 일반음식점영업의 허가를 받은 영업자가 적법하게 할 수 있는 행위의 범주에 속한다고 봄이 상당하다. 따라서 일반음식점 영업자가 위와 같은 형태로 영업하였다고 하여 이를 "주류만을 판매하는 행위"를 하여서는 아니 된다고 규정한 일반음식점 영업자의 준수사항을 위반한 것이라고 보는 것은 죄형법정주의의 정신과 관계 법령의 규정 체계에 어긋나는 것이다.[1)]

(5) 일반음식점영업자가 영업장의 면적을 변경하고 변경신고를 하지 아니한 경우

(가) 근거 법규

식품위생법 제75조 제1항 제7호, 제37조 제4항 후단, 동 시행령 제21조 제8호, 제26조 제4호

(나) 처분 기준

식품위생법 제75조 제5항, 동 시행규칙 제89조 [별표 23] Ⅱ. 3. 제8호 (다)목(1차: 시정명령 – 2차: 영업정지 7일 – 3차: 영업정지 15일)

(다) 신고의무가 이행되지 아니한 영업을 양수한 경우

식품위생법 제37조 제4항, 제75조 제1항 제7호 등에서 신고의무 조항 및 허가취소 등을 정한 취지는 신고대상인 영업을 신고 없이 하거나 해당 영업의 영업장 면적 등 중요한 사항을 변경하였음에도 그에 관한 신고 없이 영업을 계속하는 경우 이에 관하여 허가취소나 영업정지 등의 제재처분을 할 수 있도록 함으로써 그 신고를 강제하고 궁극적으로는 미신고 영업을 금지하려는 데 있는 것으로 보이는 점도 고려하면, 영업장 면적이 변경되었음에도 그에 관한 신고의무가 이행되지 않은 영업

---

1) 대법원 2012. 6. 28. 선고 2011도15097 판결.

을 양수한 자 역시 그와 같은 신고의무를 이행하지 않은 채 영업을 계속한다면 허가취소나 영업정지 등 제재처분의 대상이 될 수 있다고 보아야 한다.[1)]

(라) 영업장 면적 변경신고 수리처분을 직권으로 취소한 경우

행정청이 영업장 면적 변경신고를 수리하였다가 하자[2)]를 이유로 직권으로 취소하는 경우가 있다. 그 경우에는 사전에 청문절차를 거쳐야 하고[행정절차법 제22조 제1항 제3호 (가)목], 이른바 수익적 행정처분 직권취소 제한 법리에 따라 영업장 면적 변경신고 수리처분을 취소하여야 할 공익상의 필요와 그 취소로 인하여 당사자가 입게 될 기득권과 신뢰보호 및 법률생활 안정의 침해 등 불이익을 비교·교량한 후 공익상의 필요가 당사자가 입을 불이익을 정당화할 만큼 강한 경우에 한하여 취소할 수 있다고 보아야 한다(행정기본법 제18조 제2항).[3)]

제 3 장

(6) 휴게음식점영업자·일반음식점영업자가 음향시설을 갖추고 손님이 춤을 추는 것을 허용하는 행위

(가) 근거 법규

식품위생법 제75조 제1항 제13호, 제44조 제1항 제8호, 동 시행규칙 제57조 [별표 17] 제7호 (타)목 7)(휴게음식점영업자·일반음식점영업자가 음향시설을 갖추고 손님이 춤을 추는 것을 허용하는 행위)[4)]

(나) 처분 기준

식품위생법 제75조 제5항, 동 시행규칙 제89조 [별표 23] Ⅱ. 3. 제10호 (가)목 11)(1차: 영업정지 2개월 – 2차: 영업정지 3개월 – 3차: 영업허가 취소 또는 영업소 폐쇄)

(다) 판단 기준

손님들이 춤을 추는 것을 허용하여 영업자 등의 준수사항에 관한 식품위생법 제44조 제1항을 위반하였다고 보기 위해서는 적어도 원고가 손님들이 춤을 출 수

---

1) 대법원 2014. 3. 13. 선고 2012두18882 판결, 대법원 2020. 3. 26. 선고 2019두38830 판결.
2) 건물 외부장소를 영업장으로 하는 영업장 면적 변경신고에서 외부 장소에 대한 정당한 사용 권한이 없거나 무허가 건축물이 존재한다는 사유 등이 있다.
3) 서울행정법원 2025. 4. 17. 선고 2023구단78487 판결(확정).
4) 다만, 특별자치도·시·군·구의 조례로 별도의 안전기준, 시간 등을 정하여 별도의 춤을 추는 공간이 아닌 객석에서 춤을 추는 것을 허용하는 경우는 제외.

있는 분위기를 조성하거나, 손님들이 춤을 추는 것을 확인하고도 제지하지 아니한 사실이 인정되어야 할 것이다.

통상적으로 영업장에 춤을 출 수 있는 공간이 확보되어 있고, DJ부스, 미러볼 등 특수조명시설, 대형스피커 등 음향시설 등을 갖추고 있는 경우에는 춤을 출 수 있는 분위기를 조성하였다고 인정할 여지가 크지만 음악을 듣던 손님이 흥에 겨워 일시적으로 춤을 추었다거나 판매 촉진 등 영업을 위하여 음악과 조명을 사용하였다는 사정만으로 손님들이 춤을 추는 것을 허용하였다고 단정할 수는 없고, 영업장의 구조, 영업방식 등 구체적인 제반사정을 종합적으로 고려하여 판단하여야 한다.

다수의 테이블이 비교적 가깝게 붙어 있는 구조로 별도로 춤을 출 수 있는 공간이 마련되어 있지 않은 경우, 춤을 추는 손님을 제지한 경우, 업소 내 춤을 추는 것이 허용되지 않는다는 안내문이 부착되어 있는 경우와 같이 구체적인 사정을 고려하여 처분사유가 인정되지 않는다고 판단한 하급심 판례가 존재한다.[1)]

(7) 기타 처분사유

식품위생법 제75조 제1항 제13호, 제44조 제1항, 동 시행규칙 제57조 [별표 17] 제7호 각 목에서 상세히 규정하고 있다.

다. 청소년 보호법 관련 준수사항 위반

(1) 청소년[2)] 주류[3)]제공

(가) 근거 법규

식품위생법 제75조 제1항 제13호, 제44조 제2항 제4호[청소년에게 주류(酒類)를

1) 대구지방법원 2022. 9. 28. 선고 2022구단10318 판결(확정), 수원지방법원 2022. 9. 2. 선고 2022구단6615 판결(확정), 서울행정법원 2022. 6. 15. 선고 2022구단5154 판결(확정), 서울행정법원 2021. 7. 21. 선고 2021구단55312 판결(확정) 등.

2) ‘청소년’이란 만 19세 미만인 사람을 말한다. 다만, 만 19세가 되는 해의 1월 1일을 맞이한 사람은 제외한다(청소년 보호법 제2조 제1호).

3) 청소년 보호법 제2조 제4호 (가)목 1)은 청소년유해약물에 ‘주세법에 따른 주류’를 포함하고 있고, 주세법 제2조 제1호는 ‘주류’란 주정(酒精)[희석하여 음료로 할 수 있는 에틸알코올을 말하며, 불순물이 포함되어 있어서 직접 음료로 할 수는 없으나 정제하면 음료로 할 수 있는 조주정(粗酒精)을 포함한다.]과 알코올분 1도 이상의 음료[용해(鎔解)하여 음료로 할 수 있는 가루 상태인 것을 포함하되, 「약사법」에 따른 의약품으로서 알코올분이 6도 미만인 것과 국세청장이 제5조의2에 따른 주류판정심의위원회의 심의를 거쳐 주류가 아닌 것으로 결정한 것은 제외한다.]를 말한다고 규정하고 있다.

제공하는 행위]

(나) 처분 기준

식품위생법 제75조 제5항, 동 시행규칙 제89조 [별표 23] Ⅱ. 3. 제11호 (라)목(1차: 영업정지 7일 - 2차: 영업정지 1개월 - 3차: 영업정지 2개월)[1)]

(다) 청소년에게 주류를 제공하는 행위의 한계

음식점을 운영하는 사람이 그 음식점에 들어온 사람들에게 술을 내놓을 당시에는 성인만 있었고 그들끼리만 술을 마시다가 나중에 청소년이 들어와 합석하게 된 경우에는, 처음부터 음식점 운영자가 나중에 그렇게 청소년이 합석하리라는 점을 예견할 만한 사정이 있었거나, 청소년이 합석한 후에 이를 인식하면서 추가로 술을 내어 준 경우가 아닌 이상, 나중에 합석한 청소년이 남아 있던 술을 일부 마셨다고 하더라도 음식점 운영자가 식품위생법 제44조 제2항 제4호에 규정된 '청소년에게 주류를 제공하는 행위'를 하였다고 볼 수는 없다.[2)]

제 3 장

(라) 청소년의 신분증 위조·변조·도용 또는 폭행·협박으로 주류를 제공한 경우

식품위생법 제75조 제1항 단서는 "제13호(제44조 제2항에 관한 부분만 해당한다)를 위반한 경우로서 청소년의 신분증 위조·변조 또는 도용으로 식품접객영업자가 청소년인 사실을 알지 못하였거나 폭행 또는 협박으로 청소년임을 확인하지 못한 사정이 인정되는 경우에는 대통령령으로 정하는 바에 따라 해당 행정처분을 면제할 수 있다."고 규정하고 있다. 위 위임에 따라 식품위생법 시행령 제52조 제3항은 '식품접객영업자가 청소년의 신분증 위조·변조 또는 도용으로 청소년인 사실을 알지 못한 사정이 영상정보처리기기에 촬영된 영상정보, 진술 또는 그 밖의 방법으로 확인된 경우'(1호), '식품접객영업자가 청소년의 폭행 또는 협박으로 청소년임을 확인하지 못한 사정이 영상정보처리기기에 촬영된 영상정보, 진술 또는 그 밖의 방법으로 확인된 경우'(2호), '식품접객영업자가 청소년의 신분증 위조·변조 또는 도용으로

---

1) 2024. 4. 19. 총리령 제1951호로 개정·시행된 것(위 개정 전에는 1차: 영업정지 2개월 - 2차: 영업정지 3개월 - 3차: 영업허가·등록취소 또는 영업소 폐쇄). 위 개정 규정은 이 규칙 시행 전의 청소년 주류제공 행위에 대하여 위 규칙 시행 당시 그 행정처분 절차가 진행 중인 경우에도 적용된다[부칙(2024. 4. 19.) 제2조 제1항].

2) 대법원 2005. 5. 27. 선고 2005두2223 판결, 대법원 2002. 1. 11. 선고 2001도6032 판결, 서울고등법원 2019. 5. 30. 선고 2019누39729 판결(확정).

청소년인 사실을 알지 못했거나 폭행 또는 협박으로 청소년임을 확인하지 못한 사정이 인정되어 불송치 또는 불기소(불송치 또는 불기소를 받은 이후 해당 사건에 대하여 다시 수사절차가 진행 중인 경우 또는 해당 사건에 대하여 공소가 제기되어 형사재판이 진행 중인 경우는 제외한다)를 받거나 선고유예 판결을 받은 경우'(3호) 해당 식품접객영업자에 대한 행정처분을 면제한다고 정하고 있다.

이는 청소년이 신분증의 위조·변조나 도용, 폭력 또는 협박을 함으로써 법 위반행위의 원인을 제공한 경우에도 식품접객영업자에게 제재처분을 하는 것은 불합리한 측면이 있으므로 이러한 경우에는 식품접객영업자에 대한 제재처분을 면제할 수 있도록 함으로써 선량한 식품접객영업자를 보호하기 위한 것이다.

(2) 청소년 유흥접객원 고용

(가) 근거 법규

식품위생법 제75조 제1항 제13호, 제44조 제2항 제1호(청소년을 유흥접객원으로 고용하여 유흥행위를 하게 하는 행위)

(나) 처분 기준

식품위생법 제75조 제5항, 동 시행규칙 제89조 [별표 23] Ⅱ. 3. 제11호 (가)목(1차만으로도 영업허가 취소 또는 영업소 폐쇄)

(3) 청소년유해업소에 청소년 고용

(가) 근거 법규

식품위생법 제75조 제1항 제13호, 제44조 제2항 제2호, 제3호, 청소년 보호법 제2조 제5호 (가)목 3)(청소년출입·고용 금지업소[1])에 청소년을 출입시키거나 고용하는 행위), 같은 호 (나)목 3)(청소년고용금지업소[2])에 청소년을 고용하는 행위)

---

1) 청소년 보호법 제2조 제5호 (가)목 3)에 따른 청소년 출입·고용금지업소를 말하고, 구체적으로는 단란주점영업 및 유흥주점영업을 의미한다(동 시행령 제5조 제2항).
2) 청소년 보호법 제2조 제5호 (나)목 3)에 따른 청소년고용금지업소를 말하고, 구체적으로는 휴게음식점영업으로서 주로 차 종류를 조리·판매하는 영업 중 종업원에게 영업장을 벗어나 차 종류 등을 배달·판매하게 하면서 소요 시간에 따라 대가를 받게 하거나 이를 조장 또는 묵인하는 형태로 운영되는 영업, 일반음식점영업 중 음식류의 조리·판매보다는 주로 주류의 조리·판매를 목적으로 하는 소주방·호프·카페 등의 형태로 운영되는 영업을 말한다(동 시행령 제6조 제2항).

(나) 처분 기준

식품위생법 제75조 제5항, 동 시행규칙 제89조 [별표 23] Ⅱ. 3. 제11호 (나)목 (1차: 영업정지 3개월 - 2차: 영업허가 취소 또는 영업소 폐쇄)

(다) 청소년고용금지업소가 되는 일반음식점

청소년 보호법이 '일반음식점 영업 중 음식류의 조리·판매보다는 주로 주류의 조리·판매를 목적으로 하는 소주방·호프·카페 등의 영업형태로 운영되는 영업'을 청소년고용금지업소의 하나로 규정하고 있는 이유는 그러한 업소에 청소년이 고용되어 근로할 경우 주류에 쉽게 접촉하여 건전한 심신발달에 장애를 유발할 우려가 있고 또한 고용청소년에게 유해한 근로행위의 요구를 할 것이 우려되므로 이를 방지하자는 데 있다. 한편 식품위생법상 일반음식점 영업은 '음식류를 조리·판매하는 영업으로서 식사와 함께 부수적으로 음주행위가 허용되는 영업'이지만, 청소년 보호법 제2조 제5호는 다른 법령이 요구하는 허가·인가·등록·신고 등의 여하를 불문하고 실제로 이루어지고 있는 영업행위를 기준으로 청소년고용금지업소 등 청소년유해업소 해당 여부를 판단하도록 정하고 있으므로, 음식류를 조리·판매하면서 식사와 함께 부수적으로 음주행위가 허용되는 영업을 하겠다면서 식품위생법상의 일반음식점 영업허가를 받은 업소라고 하더라도 실제로는 음식류의 조리·판매보다는 주로 주류를 조리·판매하는 영업행위가 이루어지고 있다면 청소년고용금지업소에 해당하며, 나아가 주간에는 주로 음식류를 조리·판매하더라도 야간에 주로 주류를 조리·판매하는 업소라면 야간 영업시에는 청소년고용금지업소에 해당한다..[1)]

(4) 청소년출입·고용금지업소에 청소년을 출입시키는 행위

(가) 근거 법규

식품위생법 제75조 제1항 제13호, 제44조 제2항 제2호, 청소년 보호법 제2조 제5호 (가)목 3)(청소년출입·고용 금지업소에 청소년을 출입시키거나 고용하는 행위)

(나) 처분 기준

식품위생법 제75조 제5항, 동 시행규칙 제89조 [별표 23] Ⅱ. 3. 제11호 (다)

1) 대법원 2005. 3. 24. 선고 2005도86 판결, 대법원 2004. 2. 12. 선고 2003도6282 판결.

목[1](1차: 영업정지 1개월 - 2차: 영업정지 2개월 - 3차: 영업정지 3개월)

(다) '출입'의 의미

청소년 보호법은 청소년이 유해한 업소에 출입하는 것을 규제하는 등으로 그들이 건전한 인격체로 성장할 수 있도록 한다는 입법목적(제1조)을 달성하기 위하여 청소년출입·고용금지업소의 업주로 하여금 당해 업소에 청소년을 출입하거나 이용하지 못하게 하도록 규정하고(제29조 제2항), 나아가 위 규정의 실효성을 확보하기 위하여 이를 위반한 업주를 처벌하는 규정(제59조 제8호)까지 두고 있는바, 위에서 본 같은 법의 입법목적과 이를 달성하기 위한 여러 규정을 둔 취지, 그리고 제24조 제2항이 유해업소의 출입과 이용을 병렬적으로 규제하는 입법형식을 취하고 있는 점 등 제반 사정에 비추어 볼 때, 같은 법 제29조 제2항의 '출입'은 '이용'과는 별개의 개념으로서 위 규정에 의하여 금지되는 '출입'은 청소년이 유해업소의 시설을 이용하기 위한 것인지를 묻지 아니하고 청소년이 법령이 허용하는 경우 이외에 유해업소의 시설에 출입하는 행위 일체를 의미한다.[2]

라. 영업정지기간 중 영업

(1) 근거 법규

식품위생법 제75조 제2항, 제1항(영업자가 제1항에 따른 영업정지 명령을 위반하여 영업을 계속하면 영업허가 또는 등록을 취소하거나 영업소 폐쇄를 명할 수 있다)

---

1) 처분 기준을 정한 위 시행규칙에는 "청소년유해업소에 청소년을 출입하게 하는 행위"라고 규정되어 있고, 청소년 유해업소란 청소년 출입·고용금지업소와 청소년고용금지업소를 포함하는 것이다(청소년 보호법 제2조 제5호). 그러나 처분의 근거 법규인 식품위생법 제44조 제2항 제3호에서는 청소년 출입·고용금지업소에 청소년을 출입시키는 행위를 금지하고 있고, 같은 항 제4호에서 청소년고용금지업소에서 청소년을 고용하는 행위만을 금지하고 있으므로, 청소년고용금지업소에 청소년을 출입시키는 행위는 영업정지 처분사유라고 볼 수 없다.

2) 대법원 2002. 6. 14. 선고 2002도651 판결. 원심판결인 울산지방법원 2002. 1. 18. 선고 2001노836 판결은 "위 규정에 의하여 금지되는 '출입'은 청소년을 고객으로 받아들여 그 시설을 이용하도록 할 목적으로 출입을 허용하는 것을 의미하는 것이고 청소년의 모든 출입을 금하는 것이 아니라고" 전제하여 판시하였으나, 대법원은 위와 같은 이유로 원심판결을 파기하였다(한편, 적시한 조문은 현행법 기준으로 변경한 것이다).

(2) 처분 기준

식품위생법 제75조 제2항, 제5항, 동 시행규칙 제89조 [별표 23] Ⅱ. 3. 제13호 (1차만으로도 영업허가·등록 취소 또는 영업소 폐쇄)

(3) 영업을 금한 기간에 영업하였으나 그 후 영업을 금한 처분이 취소된 경우

영업의 금지를 명한 영업허가취소처분 자체가 나중에 행정쟁송절차에 의하여 이미 취소되었다면, 그 영업허가취소처분은 그 처분시에 소급하여 효력을 잃게 되고, 위 영업허가취소처분에 복종할 의무가 원래부터 없었음이 후에 확정되었다고 봄이 타당할 것이고, 그 영업허가취소처분이 단지 장래에 향하여서만 효력을 잃게 된다고 볼 근거가 없다.[1)]

한편 영업정지 처분으로 영업정지기간이 진행되던 도중 집행정지 결정이 있는 경우에는 집행정지 결정의 소급효를 인정할 수 없으므로, 영업정지 기간 이후 집행정지 결정이 있기 전까지 행한 영업은 영업정지기간 중 영업에 해당한다.[2)]

(4) 영업정지기간 중 영업 해당 여부

① 원고가 영업정지기간에 영업한 장소는 영업정지처분을 받은 음식점과 같은 과수원 울타리 안에 있고, 그것도 음식점 건물과는 불과 70m 정도 떨어진 지점인데, 거기에서 영업에 필요한 시설을 갖추고 영업정지처분을 받은 음식점의 종업원들이 업주의 집기와 시설을 이용하여 종전과 같은 종류의 영업을 해온 것이라면 영업자가 영업정지명령을 위반하여 계속 영업행위를 한 때에 해당한다.[3)]

② 영업정지명령에 위반된 계속적 영업행위는 정지된 영업행위와 다른 영업행위는 포함되는 것이 아니므로 다방영업의 정지명령을 받고 있던 중 그 다방영업으로 쓰이던 장소를 그 장소관리인이 청년들의 송별회 장소로 빌려주고 돈 1만원을

---

1) 대법원 1993. 6. 25. 선고 93도277 판결, 대법원 2019. 7. 25. 선고 2017두55077 판결, 서울행정법원 2006. 8. 10. 선고 2006구합4639 판결(확정)은 위 대법원 93도277 판결을 들면서 '행정쟁송절차에서 영업정지처분이 취소되면 그 영업정지처분은 그 처분시에 소급하여 그 효력을 상실하게 된다'고 판시하였다.

2) 인천지방법원 2011. 7. 20. 선고 2011구합2211 판결(항소기각 및 심리불속행기각으로 확정).

3) 대법원 1991. 5. 14. 선고 90누8435 판결.

받은 행위는 위 정지명령에 위반한 계속적 영업행위라고 볼 수 없다.[1)]

③ 원고가 식품제조·가공업의 영업정지기간에 커피 로스팅 기계를 가동한 행위는 원칙적으로 해당 영업장의 영업행위로 보아야 하고, 이를 같은 건물의 다른 층에서 원고가 운영하는 카페의 영업 또는 그 영업을 위한 준비행위라고 볼 수 없다. 원고가 영업정지기간 중 식품 제조·가공업 영업장으로 등록된 영업소에서 그 영업으로 볼 수 있는 로스팅 기계 가동행위를 한 이상 피고는 처분의 적법성에 관하여 합리적으로 수긍할 수 있는 정도의 증명을 하였다고 봄이 상당하고, 이와 달리 위 위반행위가 식품 제조·가공업 영업이 아니라는 사실은 원고가 주장·증명하여야 한다.[2)]

④ 원고가 식품·제조가공업의 영업정지기간에 영업정지 안내문을 가리고 반죽기 등 5개 시설을 가동한 경우에는 단순히 반죽 샘플테스트나 기계 점검에 불과하다고 볼 수 없고, 영업정지기간 중 영업을 한 경우에 해당한다.[3)]

마. 과징금 부과

(1) 식품위생법 제75조 제1항 각 호 사유 등으로 인한 영업정지 처분에 갈음해서는 10억 원 이하의 과징금을 부과할 수 있다(같은 법 제82조 제1항 본문). 다만, 여기에는 일정한 예외가 있다(같은 항 단서). 과징금으로 영업정지에 갈음할 수 없는 경우는 식품위생법 시행규칙 제89조 [별표 23] Ⅲ. 과징금 제외 대상에서 구체적으로 정하고 있는데, 유흥접객원 고용·종업원 유흥접객행위 조장 또는 묵인, 청소년 유해업소에 청소년을 고용하거나 청소년 출입·고용금지업소에 청소년을 출입하게 하는 행위, 성매매알선 등 행위의 처벌에 관한 법률 제4조에 따른 금지행위를 한 경우 등이 대표적인 예이다(다만, 과징금 제외 대상의 경우에도 같은 별표 I. 일반기준의 제15호에 따른 경감대상에 해당하는 경우에는 과징금 처분을 할 수 있다고 규정하고 있다[4)]).

(2) 과징금의 산정기준은 식품위생법 제82조 제1항의 위임에 따라 동 시행령 제53조 [별표 1]에서 처분일이 속한 연도의 전년도 1년간 총 매출금액을 기준으로 영업정지 1일에 해당하는 과징금을 정하고 있다. 실무상 처분일이 하반기인 경우,

---

1) 대법원 1977. 4. 12. 선고 77누28 판결.
2) 서울행정법원 2023. 12. 13. 선고 2023구단64648 판결(항소기각 확정).
3) 인천지방법원 2023. 1. 13. 선고 2022구합57217 판결(소취하 종국).
4) [별표 23] Ⅲ. 과징금 제외 대상 4.

처분일이 속한 연도의 상반기 및 처분일이 속한 연도의 전년도의 하반기 총 매출금액을 기준으로 과징금을 산출하는 경우가 가끔 있는데, 이때에는 피고에게 처분일이 속한 연도의 전년도의 1년간 총 매출금액을 알 수 있는 과세자료를 제출케 하여 과징금 액수의 적정성에 대해 심리함이 상당하다. 물론 원고가 동의한다면, 원고로 하여금 제출하게 할 수도 있다.

(3) 하급심 판례 중에는 원고가 단일한 상호로 영업신고를 하고 일반음식점을 운영하였지만, 두 개의 영업장소가 콘크리트 벽으로 분리된 채 간판, 계산대, 냉장고, 음식물회수대 등의 비품을 따로 마련해두고 있으며 각각의 종업원들도 독립된 공간에서 활동하고 있을 뿐 아니라, 판매하는 음식의 종류가 한식과 경양식으로 다르고, 매출전표도 나누어 처리되고 있는 등 별개의 영업장으로 운영되고 있는 경우, 하나의 영업장에서 유통기한이 지난 어묵이 보관되었는데 어묵은 당해 영업장에서만 사용할 뿐 다른 영업장에서는 사용하지 않는다면, 식품위생법 규정[1)]에 드러난 비례의 원칙을 고려할 때, 이로 인한 영업정지는 당해 영업장에 국한함이 상당하고 영업정지에 갈음하는 과징금의 금액 또한 해당 영업장의 매출만을 기준으로 산출하여야 한다고 본 경우가 있다.[2)]

2. 노래연습장업 관련

가. 서론

「음악산업진흥에 관한 법률」(이하 '음악산업법'이라 한다) 제27조 제1항은 각 호에서 노래연습장업을 영위하는 자에게 영업의 폐쇄명령, 등록의 취소처분, 6개월 이내의 영업정지명령 등을 할 수 있는 사유를 규정하고 있는데 그중 하나로 제22조의

1) 영업정지는 영업의 전부뿐 아니라 일부도 대상으로 하고(식품위생법 제75조 제1항), 그 세부 기준은 위반행위의 유형과 위반 정도 등을 고려하여 정하도록 하였으며(같은 조 제5항), 품목 제조정지의 경우 당해 품목 또는 품목류의 제조정지만 명할 수 있게 하고 있다(같은 법 제76조 제1항). 과징금의 금액은 위반행위의 종별·정도 등에 따라 정하도록 하고 있다(같은 법 제82조 제2항). 특히, 품목별 제조정지에 갈음한 과징금 부과의 기준이 되는 매출금액은 품목류에 해당하는 품목들의 처분 전년도 1년간의 총 매출액을 기준으로 하도록 하고 있다[동 시행령 제53조 [별표 1] 1. 일반기준 (다)목].

2) 부산고등법원 2005. 4. 22. 선고 2004누3908 판결(심리불속행기각 확정).

규정에 따른 노래연습장업자의 준수사항을 위반한 때를 규정하고 있다. 노래연습장업자의 준수사항은 제22조 제1항 각 호[1]와 제2항[2]에서 규정하고 있고, 그중 제22조 제1항 제6호의 위임에 따라 동 시행령 제9조 [별표 1]은 영업소 안에 주류를 보관하거나, 이용자의 주류 반입을 묵인하여서는 아니 된다는 등의 사항을 정하고 있다.

그 처분 기준은 음악산업법 제27조 제3항, 동 시행규칙 제15조 제1항 [별표 2]에서 정하고 있다.

나. 주로 문제되는 사안

(1) 주류 판매·제공

(가) 근거 법규

음악산업법 제27조 제1항 제5호, 제22조 제1항 제3호

(나) 처분 기준

음악산업법 제27조 제3항, 동 시행규칙 제15조 제1항 [별표 2] 제2항 (마)목 3)(1차: 영업정지 10일 - 2차: 영업정지 1월 - 3차: 영업정지 3월 - 4차: 등록취소 영업폐쇄)

(2) 접대부 고용·알선

(가) 근거 법규

음악산업법 제27조 제1항 제5호, 제22조 제1항 제4호

---

1) 노래연습장업자는 다음 각 호의 사항을 지켜야 한다.
   1. 영업소 안에 화재 또는 안전사고 예방을 위한 조치를 할 것
   2. 해당 영업장소에 대통령령으로 정하는 출입시간외에 청소년이 출입하지 아니하도록 할 것. 다만, 부모 등 보호자를 동반하거나 그의 출입동의서를 받은 경우 그 밖에 대통령령으로 정하는 경우에는 그러하지 아니하다.
   3. 주류를 판매·제공하지 아니할 것
   4. 접대부(남녀를 불문한다)를 고용·알선하거나 호객행위를 하지 아니할 것
   5. 「성매매알선 등 행위의 처벌에 관한 법률」 제2조제1항의 규정에 따른 성매매 등의 행위를 하게 하거나 이를 알선·제공하는 행위를 하지 아니할 것
   6. 건전한 영업질서의 유지 등에 관하여 대통령령으로 정하는 사항을 준수할 것

2) 누구든지 영리를 목적으로 노래연습장에서 손님과 함께 술을 마시거나 노래 또는 춤으로 손님의 유흥을 돋우는 접객행위를 하거나 타인에게 그 행위를 알선하여서는 아니 된다.

(나) 처분 기준

음악산업법 제27조 제3항, 동 시행규칙 제15조 제1항 [별표 2] 제2항 (마)목 4)[1차: 영업정지 1월 – 2차: 영업정지 2월 – 3차: 등록취소 영업폐쇄. 단, 남녀 불문하고 청소년[1]을 접대부로 고용·알선하는 행위를 한 경우에는 음악산업법 제27조 제3항, 동 시행규칙 제15조 제1항 [별표 2] 제2항 (마)목 5)에 따라 1차만으로도 등록취소 영업폐쇄]

(3) 영업소 안에 주류를 보관하거나, 이용자의 주류 반입 묵인

(가) 근거 법규

음악산업법 제27조 제1항 제5호, 제22조 제1항 제6호, 동 시행령 제9조 [별표 1] 제3항

(나) 처분 기준

음악산업법 제27조 제3항, 동 시행규칙 제15조 제1항 [별표 2] 제2항 (마)목 9), 10)(1차: 영업정지 10일 – 2차: 영업정지 20일 – 3차: 영업정지 1월 – 4차: 영업정지 3월)

다. 과징금 부과

음악산업법 제28조 제1항 제2호는 노래연습장업자가 제22조 제1항 제2호 또는 제6호의 규정을 위반한 때에는 동 시행령이 정하는 바에 따라 영업정지처분에 갈음하여 3천만 원 이하의 과징금을 부과할 수 있다고 규정하고 있고, 제4항은 제1항의 규정에 따라 과징금을 부과하는 위반행위의 종별·정도 등에 따른 과징금의 금액 및 부과절차 등에 관하여 필요한 사항은 대통령령으로 정한다고 규정하고 있다. 그리고 동 시행령 제12조는 제1항에서 과징금의 금액은 영업정지 1일당 5만원으로 하고,[2] 시장·군수·구청장은 위반행위의 정도·위반횟수 및 위반행위의 동기와 그 결과 등을 고려하여 제1항에 따른 과징금의 금액의 2분의 1 범위에서 가중 또는 경감할 수 있으나, 가중하는 경우 과징금의 총액은 3천만 원을 넘을 수 없다고 규정하고 있다.

현행법상 음악산업법 제28조 제1항과 동 시행령에 열거되지 않은 주류 판매·

---

1) 청소년 보호법 제2조 제1호에 따른 청소년을 말한다(음악산업법 제2조 제14호).
2) 이 경우 영업정지 1월에 해당하는 과징금의 금액은 30일로 하여 산정한다(같은 항 후문).

제공 행위, 주류 보관·주류 반입 묵인 등의 위반행위의 종류에 대해서 영업정지처분을 갈음하여 과징금을 부과하는 것은 허용되지 않는다.[1)]

3. 숙박업 관련

가. 개요

공중위생관리법 제11조 제1항은 숙박업자 등 공중위생영업자가 「성매매알선 등 행위의 처벌에 관한 법률」, 「풍속영업의 규제에 관한 법률」, 청소년 보호법 등을 위반하여 관계 행정기관의 장으로부터 그 사실을 통보받은 경우 6월 이내의 기간을 정하여 영업의 정지 또는 일부 시설의 사용중지를 명하거나 영업소폐쇄 등을 명할 수 있다고 규정하고, 제3항에서는 제1항에 따른 영업정지처분을 받고도 그 영업정지 기간에 영업을 한 경우에는 영업소 폐쇄를 명할 수 있다고 규정하고 있으며, 제5항에서는 그 세부적인 기준을 보건복지부령으로 정하도록 위임하고 있다. 이에 따라 공중위생관리법 시행규칙 제19조 [별표 7]에서 그 상세한 기준을 정하고 있다.

나. 의무위반의 정당한 사유

실무에서는 흔히 영업 일체를 종업원에게 일임하였고, 종업원이 일방적으로 의무위반 행위를 한 것이므로, 업주에게는 의무위반을 탓할 수 없는 정당한 사유가 있다는 주장을 접하게 된다.

그러나 행정법규 위반에 대하여 가하는 제재조치는 행정목적의 달성을 위하여 행정법규 위반이라는 객관적 사실에 착안하여 가하는 제재로서 반드시 현실적인 행위자가 아니라도 법령상 책임자로 규정된 자에게 부과되고 특별한 사정이 없는 한 위반자에게 고의나 과실이 없더라도 부과할 수 있는 것이므로,[2)] 위와 같은 주장을

1) 위반차량 감차처분 취소에 관한 대법원 2020. 5. 28. 선고 2017두73693 판결 참조.
2) 대법원 2012. 5. 10. 선고 2012두1297 판결, 대법원 2017. 5. 11. 선고 2014두8773 판결.

받아들이는 경우는 거의 찾아볼 수 없다.

이른바 '무인텔'을 운영하는 공중위생영업자가 공중위생관리법 제11조 제1항 제8호에서 금지하는 청소년 보호법 제30조 제8호 위반의 '청소년을 남녀 혼숙하게 하는 영업행위'를 한 경우에, 대표자나 그 종업원 등이 투숙객들이 청소년이라는 점을 구체적으로 인식하지 못했다 하더라도, 평소 종업원을 배치하여 출입자의 나이를 확인하지 않았고 청소년 보호법 시행령 제27조 제1항에서 정한 설비[1]를 갖추어 출입자의 나이를 확인하지도 않았다면, 의무 위반을 탓할 수 없는 '정당한 사유'가 있다고 보기는 어려울 것이다.[2]

한편, 공중위생관리법 제11조 제2항은 청소년의 신분증 위조·변조 또는 도용으로 청소년인 사실을 알지 못하였거나 폭행 또는 협박으로 청소년임을 확인하지 못하고 청소년 출입시간을 위반하거나 청소년 보호법을 위반하게 된 경우 보건복지부령으로 정하는 바에 따라 해당 행정처분을 면제할 수 있도록 규정하고 있다. 그 위임에 따라 동 시행규칙 제19조 제2항에서는 '공중위생영업자가 청소년의 신분증 위조·변조 또는 도용으로 청소년인 사실을 알지 못한 사정이 영상정보처리기기에 촬영된 영상정보, 진술 또는 그 밖의 방법으로 확인된 경우'(1호), '공중위생영업자가 청소년의 폭행 또는 협박으로 청소년임을 확인하지 못한 사정이 영상정보처리기기에 촬영된 영상정보, 진술 또는 그 밖의 방법으로 확인된 경우'(2호), '공중위생영업자가 청소년의 신분증 위조·변조 또는 도용으로 청소년인 사실을 알지 못했거나 폭행 또는 협박으로 청소년임을 확인하지 못한 사정이 인정되어 불송치 또는 불기소(불송치 또는 불기소를 받은 이후 해당 사건에 대하여 다시 수사절차가 진행 중인 경우 또는 해당 사건에 대하여 공소가 제기되어 형사재판이 진행 중인 경우는 제외한다)를 받거나 선

1) 주민등록증, 자동차 운전면허증, 여권, 외국인등록증, 장애인등록증으로 출입자의 나이를 확인하고, 해당 신분증의 진위여부를 지문대조, 안면대조 등의 전자식별방식으로 확인할 수 있는 설비를 말한다(청소년 보호법 시행령 제27조 제1항).

2) 대법원 2020. 7. 9. 선고 2020두36472 판결(원심판결인 수원고등법원 2020. 2. 12. 선고 2019누12698 판결은 청소년 보호법 위반사실이 인정되기 위해서는 행위자인 종업원이 투숙객이 청소년임을 인식하거나 용인하면서도 이성혼숙하게 하였다는 사실을 인정되어야 하는데, 관련 형사사건에서 종업원의 주관적 요건에 대한 증거가 부족하다는 이유로 혐의 없음 처분이 내려졌고, 이를 인정할 증거가 부족하다는 이유로 처분사유가 존재하지 않는다고 보았으나, 대법원은 청소년인 투숙객들이 남녀 혼숙한 이상 '청소년을 남녀 혼숙하게 하는 영업행위'를 하였다고 보아야 하고, 위와 같이 의무 위반을 탓할 수 없는 '정당한 사유'가 있다고 볼 수 없다는 이유로 원심판결을 파기하였다. 파기 환송 후 수원고등법원 2020. 10. 29. 선고 2020누12540 판결에 따르면, 위 종업원은 평소에도 사무실이나 객실에서 잠을 자고 식당에서 식사를 하기도 하면서 숙박업소를 전반적으로 관리하였을 뿐 출입자의 나이를 확인하도록 지시받지는 않았던 것으로 보인다).

고유예 판결을 받은 경우'(3호) 해당 공중위생영업자에 대한 행정처분을 면제한다고 정하고 있다.[1)]

다. 과징금 부과

공중위생관리법 제11조의2 제1항은 영업정지가 이용자에게 심한 불편을 주거나 그 밖에 공익을 해할 우려가 있는 경우에는 영업정지처분에 갈음하여 1억 원 이하의 과징금을 부과할 수 있도록 하고 규정하고 있으나, 다만 성매매알선 등 행위를 비롯하여 「풍속영업의 규제에 관한 법률」 제3조 각 호에 해당하는 경우를 제외하고 있으므로 성매매장소 제공 등을 이유로 영업정지처분을 받은 데 대하여 과징금 부과로 갈음하여 달라며 조정을 요구하는 것은 받아들일 수 없다.

과징금의 금액 등 필요한 사항에 대하여는 본법의 위임을 받아 공중위생관리법 시행령 제7조의2 제1항 [별표 1]이 정하고 있는데, 처분일이 속한 전년도의 1년간 총 매출금액을 기준으로 영업정지 1일에 해당하는 과징금 부과기준을 정하고 있다. 공중위생관리법 시행령 제7조의2 제2항에서는 그 금액을 가중 또는 감경할 수 있지만 가중하는 경우에도 그 총액이 1억 원을 초과할 수 없다고 규정하고 있다.

1) 청소년의 신분증 위조·변조 또는 도용 등으로 청소년인 사실을 알지 못한 경우 행정처분을 면제할 수 있다는 내용의 공중위생관리법 제11조 제2항은 2024. 10. 22. 법률 제20504로 개정되면서 신설된 조항이고, 2025. 4. 23.부터 시행되었다. 위 조항이 신설되기 전 성년에 이르기까지 불과 4개월이 부족한 청소년들이 신분증을 도용하여 이성혼숙한 사안에서 숙박업자에게 의무위반을 탓할 수 없는 정당한 사유가 있었다고 인정한 사례가 있다[부산지방법원 2024. 8. 29. 선고 2024구합20469 판결(확정)].

Ⅲ. 원고적격 등 소송요건과 관련한 몇 가지 문제점

1. 법인이 영업허가를 받은 자임에도 법인의 대표이사에게 영업정지처분을 한 경우

식품위생법 제75조 제1항의 규정상 영업정지, 과징금 등 처분의 상대방은 '영업자'임이 명백하고, '영업자'란 제37조 제1항에 따라 영업허가를 받은 자나 같은 조 제4항에 따라 영업신고를 한 자 또는 같은 조 제5항에 따라 영업등록을 한 자를 말한다(제2조 제10호).

따라서 영업허가를 받은 법인이 영업자로서 위반행위를 하였음에도 그 대표이사 개인에게 영업정지를 명하거나 그에 갈음하여 과징금을 부과한 처분은 특별한 사정이 없는 한 위법하고, 이 경우 취소소송의 원고적격은 처분의 상대방이 된 대표이사 개인에게 있으므로, 대표이사 개인이 취소소송을 제기하면 당해 처분을 취소하는 판결을 선고하여야 할 것이다[1](다만, 이때 행정청으로 하여금 당해 처분을 취소하고 처분상대방을 적법하게 변경하여 새로운 처분을 하도록 권고하는 방법으로 사건을 처리하는 방안도 고려할 수 있다).

이 경우 처분의 상대방에 대한 오기(誤記)로 보아 행정청이 행정절차법 제25조[2]에 따라 이를 정정할 수 있는지에 관해, 이를 부정한 하급심 판결례가 있다.[3]

1) 수원고등법원 2023. 12. 13. 선고 2022누15314 판결(확정).
2) 행정청은 처분에 오기, 오산 또는 그 밖에 이에 준하는 명백한 잘못이 있을 때에는 직권으로 또는 신청에 따라 지체 없이 정정하고 그 사실을 당사자에게 통지하여야 한다(행정절차법 제25조).
3) 광주고등법원(전주) 2013. 4. 15. 선고 2012누1056 판결(확정).

2. 사실상 영업양도가 이루어진 경우 처분의 상대방과 원고적격

가. 사실상 영업양도가 이루어진 경우 처분의 상대방

판례[1]에 의할 때, 식품위생법 제39조 제3항에 의한 영업양도에 따른 지위승계 신고를 수리하는 허가관청의 행위는 단순히 양도·양수인 사이에 이미 발생한 사법상의 사업양도의 법률효과에 의하여 양수인이 그 영업을 승계하였다는 사실의 신고를 접수하는 데 그치는 것이 아니라, 영업허가자의 변경이라는 법률효과를 가져오는 행위이므로, 사실상 영업이 양도·양수되었지만 아직 승계신고 및 그 수리처분이 있기 이전에는 여전히 종전의 영업자인 양도인이 영업허가자이고, 양수인은 영업허가자가 되지 못한다 할 것이어서 행정제재처분의 사유가 있는지 및 그 사유가 있다고 하여 행하는 행정제재처분은 영업허가자인 양도인을 기준으로 판단하여 그 양도인에 대하여 행하여야 할 것이다(한편 위와 같은 경우 양도인이 그의 의사에 따라 양수인에게 영업을 양도하면서 양수인으로 하여금 영업을 하도록 허락하였다면 양수인의 영업 중 발생한 위반행위에 대한 행정적인 책임은 영업허가자인 양도인에게 귀속한다고 보아야 한다).[2]

나. 양도인에 대한 영업정지처분에 대해 사실상 영업양수인이 취소를 구할 법률상 이익이 있는지

이 경우 명의상 영업주가 당해 처분의 상대방으로서 취소소송의 원고적격을 갖는다는 점에 대하여는 별다른 의문이 없지만, 사실상 영업양수인에 불과한 자에게도 취소소송의 원고적격이 인정되는지 문제된다.

이에 대해 비록 제재처분의 상대방이 양도인이라 할지라도 영업허가는 대물적 허가의 성질도 가지므로 제재처분은 당해 영업시설의 사용을 금지하는 효력이 있고 이는 양수인에게도 미치는 점, 사실상 영업양수인은 비록 현재 법률상 영업허가자는 아니지만 영업자지위승계신고만 필하면 영업허가자가 될 수 있고 양도인의 영업허

---

1) 대법원 1995. 2. 24. 선고 94누9146 판결 참조.
2) 이 경우 행정 제재처분 효과의 승계에 관한 식품위생법 제78조의 적용이 문제될 여지는 없다.

가는 지위승계의 전제가 된다는 점 등을 이유로 사실상 영업양수인은 처분의 상대방이 아닌 제3자이지만 처분을 다툴 법률상 이익이 있다는 견해[1]가 있고, 대법원 1995. 2. 24. 선고 94누9146 판결이 대물적 행정행위로서 그 지위승계에 관한 규정을 두고 있는 경우인 유흥주점영업허가와 관련하여 아직 지위승계신고를 하지 아니한 영업양수인에 대하여도 원고적격이 있음을 전제로 판단하고 있다고 보는 견해도 있다.[2]

3. 영업양도(특정승계)에 따라 지위승계신고가 이루어진 경우의 소송상 처리

영업정지 처분을 받은 후 영업을 양도하고 지위승계신고까지 마친 경우에는 영업정지 처분의 효과가 영업양수인에게 승계되어[3] 영업양도인이 영업정지 처분의 취소를 구할 이익이 없다는 이유로 각하하여야 하는 경우가 있다.[4]

소송 계속 중에 영업양도에 따라 지위승계신고가 이루어진 경우에는 행정소송법 제8조 제2항, 민사소송법 제81조, 제82조를 적용하여 승계인이 소송참가를 하거나 당사자의 신청에 따라 법원이 승계인으로 하여금 소송을 인수하도록 결정한다.

---

1) 서울행정법원, “사실상 영업영수인의 원고적격 유무”, 행정재판실무편람(2001), 36-37; 여기에서는 관련된 판결로 대법원 2000. 9. 26. 선고 99두646 판결, 대법원 1965. 9. 23. 선고 63누88 판결, 대법원 1970. 3. 24. 선고 70누15 판결 등을 들고 있다. 위 책자 발간 이후에 대법원 2003. 7. 11. 선고 2001두6289 판결이 선고되었는데, 그 요지는 “산림법령이 수허가자의 명의변경제도를 두고 있는 취지는, 채석허가가 일반적·상대적 금지를 해제하여 줌으로써 채석행위를 자유롭게 할 수 있는 자유를 회복시켜 주는 것일 뿐 권리를 설정하는 것이 아니어서 관할 행정청과의 관계에서 수허가자의 지위의 승계를 직접 주장할 수는 없다 하더라도, 채석허가가 대물적 허가의 성질을 아울러 가지고 있고 수허가자의 지위가 사실상 양도·양수되는 점을 고려하여 수허가자의 지위를 사실상 양수한 양수인의 이익을 보호하고자 하는 데 있는 것으로 해석되므로, 수허가자의 지위를 양수받아 명의변경신고를 할 수 있는 양수인의 지위는 단순한 반사적 이익이나 사실상의 이익이 아니라 산림법령에 의하여 보호되는 직접적이고 구체적인 이익으로서 법률상 이익이라고 할 것이고, 채석허가가 유효하게 존속하고 있다는 것이 양수인의 명의변경신고의 전제가 된다는 의미에서 관할 행정청이 양도인에 대하여 채석허가를 취소하는 처분을 하였다면 이는 양수인의 지위에 대한 직접적 침해가 된다고 할 것이므로 양수인은 채석허가를 취소하는 처분의 취소를 구할 법률상 이익을 가진다.”는 것이다.

2) 박해식, “수허가자의 지위를 양수받아 명의변경신고를 할 수 있는 양수인의 지위”, 대법원판례해설(47호), 669.

3) 식품위생법 제78조 본문, 공중위생관리법 제11조의3 제1항, 석유 및 석유대체연료 사업법 제8조 본문 등.

4) 인천지방법원 2016. 7. 21. 선고 2016구합50031 판결(항소기각 및 심리불속행기각 확정).

당사자의 신청에 따른 소송인수의 경우 당사자와 승계인을 심문하여야 한다.

소송참가나 소송인수가 이루어진 경우에는 소송이 법원에 처음 계속한 때에 소급하여 시효 중단이나 법률상 기간 준수의 효력이 생긴다(행정소송법 제8조 제2항, 민사소송법 제81조, 제82조 제3항).

영업양도인인 원래의 원고는 피고의 승낙을 받아 소송에서 탈퇴할 수 있으나, 판결의 효력은 탈퇴에도 불구하고 그에게 미친다(행정소송법 제8조 제2항, 민사소송법 제79조, 제80조, 제82조 제3항). 이 경우 행정 제재처분 효과의 승계에 관한 식품위생법 제78조의 적용이 문제될 여지는 없다.

판결문의 형식적 기재사항으로는 영업양도인인 최초 원고를 "원고(탈퇴)"라고 표시하고, 영업양수인인 새 원고를 "승계참가인" 또는 "소송인수인"이라고 표시한다.

4. 소의 이익

영업정지 처분에서 정한 정지기간의 경과로 인하여 영업정지의 효과가 소멸하였으나, 부령인 시행규칙 또는 지방자치단체의 규칙의 형식으로 정한 처분 기준에서 제재적 행정처분을 받은 것을 가중사유나 전제요건으로 삼아 장래의 제재적 행정처분을 하도록 정하고 있는 경우, 그 처분에서 정한 제재기간이 경과하였다 하더라도 영업정지 처분을 받은 상대방에게는 그 처분의 취소를 구할 법률상 이익이 있다.[1)]

1) 대법원 2006. 6. 22. 선고 2003두1684 전원합의체 판결. 다만, 별개의견은 부령으로 정한 제재적 처분 기준의 법규성을 인정하는 이론적 기초 위에서 법률상 이익을 긍정하였다.

Ⅳ. 절차적·실체적 고려사항

1. 집행정지

영업정지처분에 대한 취소를 구하는 본안소송을 제기할 때는 대부분 그와 함께 집행정지를 신청하는 것이 보통이다. 이 경우 특별한 사정이 없는 한 심문기일을 정하여 집행정지신청에 대한 심리를 진행하고 있다.

원고가 처분사유의 존재를 인정하나 재량을 일탈·남용한 처분으로서 취소되어야 한다고 주장하는 경우에는 집행정지를 인용할 필요성은 낮다고 볼 수도 있으나, 회복하기 어려운 손해가 있는지, 본안청구의 이유 없음이 명백한지 등을 살펴서 인용 여부를 결정한다. 일반적·전형적인 사건(예를 들어 청소년 주류제공이나, 노래연습장에서 주류 판매·제공 또는 접대부 고용·알선으로 영업정지를 당한 사건에서 재량권의 일탈·남용을 주장하는 사건)의 경우에는 조정권고에 관한 당사자의 의사를 확인한 후 집행정지결정을 하고, 조정권고문을 작성·송부하기도 한다.

집행정지결정의 효력은 결정주문에서 정한 시기까지 존속하였다가 그 시기의 도래와 동시에 당연히 실효하고,[1] 이러한 법리는 행정심판위원회가 행정심판법 제30조에 따라 집행정지결정을 한 경우에도 그대로 적용된다.[2]

따라서 집행정지의 종기를 본안판결 선고시로 정한 경우에는 원고 승소의 본안판결이 있더라도 그 선고일부터 영업정지처분의 효력이 되살아나므로 추가의 가구

1) 대법원 1999. 2. 23. 선고 98두14471 판결, 대법원 2004. 11. 25. 선고 2004두9012 판결, 대법원 2005. 10. 13. 선고 2005두7143 판결 등 참조.

2) 대법원 2022. 2. 11. 선고 2021두40720 판결. 행정심판위원회가 행정심판 청구 사건의 재결이 있을 때까지 처분의 집행을 정지한다고 결정한 경우에는, 재결서 정본이 청구인에게 송달된 때 재결의 효력이 발생하므로(행정심판법 제48조 제2항, 제1항 참조) 그때 집행정지결정의 효력이 소멸함과 동시에 처분의 효력이 부활한다.

제 조치, 즉 새로운 집행정지결정 등이 필요함에 주의해야 한다. 실제로 원고 승소의 본안판결을 하는 경우 법원이 직권으로 항소심 판결 선고시까지 집행정지결정을 하는 경우가 많다.[1] 집행정지의 종기가 도래하여 집행정지결정의 효력이 사라지고 영업정지처분의 효력이 되살아났음에도 영업을 계속한 경우에는, 영업정지기간 중의 영업이 되어 영업허가취소사유가 될 수 있기 때문이다.

반대로 원고 패소의 본안판결을 하는 경우에도 집행정지결정의 종기가 도래하면 그때 처분의 효력이 당연히 부활하여 처분에서 정한 효력기간이 다시 진행하고, 당초의 제재적 행정처분에서 정한 효력기간이 경과하면 그로써 처분의 집행은 종료되어 처분의 효력은 소멸한다(행정소송법 제12조 후문 참조). 따라서 행정청이 그 후 동일한 사유로 효력기간의 시기와 종기를 다시 정하여 제재적 행정처분을 하는 것은 위법한 이중처분에 해당할 수 있다.[2]

한편 집행정지결정은 당사자인 행정청과 그 밖의 관계행정청에 대하여 동일한 행정처분 또는 그와 관련된 행정처분을 할 수 없도록 하는 기속력을 가지는 것이므로 당사자인 행정청은 집행정지의 대상이 된 행정처분과 동일한 행정처분은 물론, 그 행정처분이 유효함을 전제로 하는 후속 행정처분도 할 수 없다.[3] 다만 선행 처분에 대한 집행정지기간 중에 원고가 동종의 위반행위를 반복한 경우, 행정청이 선행 처분의 위반행위와 동일한 유형의 위반행위에 대하여 위반행위 차수에 따라 가중된 처분을 하는 것이 곧바로 집행정지결정의 기속력에 반하여 위법하다고 보기는 어려울 것이다.[4]

---

1) 이때 결정의 효력 발생 시기, 불복기간 등과 관련된 불명료한 점을 해소하기 위해 원고승소 판결 시 직권 집행정지는 판결 주문에 기재하지 말고 별도의 결정문을 작성하는 방식으로 하는 것이 바람직하다.

2) 서울행정법원 2024. 1. 24. 선고 2023구단62451 판결(확정), 서울행정법원 2024. 6. 5. 선고 2023구단15240 판결(확정).

3) 대법원 2003. 3. 28. 선고 2003두148 판결.

4) 서울고등법원 2024. 12. 12. 선고 2024누36328 판결(확정)(일반음식점에서 음향시설을 갖추고 손님이 춤을 추는 것을 허용하여 영업정지 2개월 처분을 받은 원고가 집행정지기간 중에 동일한 위반행위를 하다 적발된 사안에서, "피고가 선행 처분의 근거가 된 위반행위와 별개의 위반행위를 재차 적발하여 처분을 한 것이 선행 처분에 대한 집행정지결정의 기속력에 반한다고 단정할 수 없고, 선행 처분이 확정되지 아니하였다고 하더라도, 선행 처분의 위반행위와 동일한 유형의 위반행위에 대하여 위반행위 차수에 따라 가중된 처분을 한 것이 관계 법령의 규정 내용과 취지에 비추어 현저히 부당하다고 보기도 어렵다."고 판단하였다).

2. 조정권고[1)]

식품위생법이나 음악산업법에 따른 영업정지처분의 취소를 구하는 소송은 처분사유의 부존재를 다투기보다 재량권 일탈·남용을 주장하는 경우가 많고, 이러한 경우 보통 집행정지신청절차에서 조정권고로 종결된다. 또한 원고가 처분사유를 다투고 있는 경우에도 그 참뜻을 살핀 후 처분을 조금이라도 감경받고자 막연히 다투는 것으로 보일 경우 조정권고에 관한 의사를 확인하고 조정권고를 통하여 사건을 종결하는 것이 좋을 때도 있다.

과징금 산정기준이 되는 연간매출액은 전년도를 기준으로 하는데, 원고가 위반행위 당시 또는 소송 계속 당시의 매출이 전년도에 비하여 현저하게 낮아졌으므로 과징금의 금액을 감액하여 달라고 청원하는 경우가 많다. 관계 법령 조항의 취지는 원고의 위반행위에 상응하는 적절하고 객관적인 제재 수위를 정하자는 것이지 연간매출액을 과징금산정의 절대적 기준으로 삼고자 하는 것이 아니므로, 사정에 따라서는 과징금의 액수를 다소 감경하여 조정을 권고하기도 한다.

영업정지기간을 감경하는 방식으로 조정권고를 할 경우 1차 위반을 기준으로 영업정지기간의 2분의 1 또는 3분의 1을 감경하거나(감경기간에 대하여는 과징금을 병과하기도 한다) 영업정지에 갈음한 과징금 처분으로 변경하는 권고안이 고려될 수 있는데, 위반사유가 동종으로 2회 이상인 경우이거나 사안이 중한 사건(청소년을 유흥접객원이나 접대부로 고용·알선한 경우, 성매매 등)은 원칙적으로 조정권고를 하지 않는 것이 보통이다.

행정청이 이미 영업정지에 갈음하여 과징금만을 부과하였는데, 원고가 과징금 부과처분에 대하여 감경을 주장하며 항고소송을 제기한 경우가 종종 있다. 이 경우 당해 과징금을 일부 감경한 내용의 조정권고를 하기도 하는데, 통상의 영업정지처분에 대한 항고소송에서 전체 영업정지기간 중 일부에 대하여는 영업정지를 유지하고, 나머지 일부에 대하여 과징금으로 변경하여 조정을 권고하는 실무례나 동종 사안을

---

1) 조정권고안의 예시는 다음과 같다.

1. 피고는 2025. ○○. ○○. 원고에 대하여 한 영업정지 2개월의 처분을 영업정지 1개월 및 과징금 …원의 처분으로 변경처분한다.
2. 피고가 제1항 기재 변경처분을 하면, 원고는 이 사건 소를 취하하고, 피고는 이에 동의한다.
3. 소송비용은 각자 부담한다.

고려하여 공평의 원칙에 반하지 않도록 주의해야 한다.

3. 당사자 본인과 소송수행자의 소송 수행

영업정지 관련 소송은 원고가 영세업자인 관계로 경제적 여건상 변호사를 소송대리인으로 선임하지 못하고 본인 스스로 소송을 수행하는 경우가 많고, 행정청 소속 공무원인 소송수행자도 소송 진행에 관하여 익숙하지 못한 경우가 많으므로, 소송의 진행에서는 이러한 사정을 충분히 고려하여 적절한 석명을 명하거나 적극적 소송지휘를 하여야 한다.

원고가 집행정지신청절차에서 처분사유를 부인하는 경우는 대체로 집행정지신청을 인용하고, 본안사건에서 사실인정에 관한 심리를 하는데, 집행정지신청절차에서 미리 본안에 관하여 단속사건기록 등에 대한 문서송부촉탁 등의 필요한 증거신청을 하도록 안내해 두면 추후 신속하고 충실한 본안 심리에 큰 도움이 된다.

원고가 영업정지 처분을 받은 후 제기한 행정심판 단계에서 집행정지 결정이 있었는데, 행정심판청구가 기각된 이후에 피고가 다시 영업정지기간을 조정하는 영업정지 처분을 한 경우, 청구취지에 후행 영업정지 처분의 취소를 구한다고 기재되어 있는 경우가 종종 있는데, 원고에게 취소를 구하는 처분이 무엇인지 석명하여 청구취지를 정리할 필요가 있다.

4. 재량권 일탈·남용 여부

영업정지 등 행정처분의 적법 여부는 시행규칙의 행정처분기준에 적합한 것인지에 따라 판단할 것이 아니라 법의 규정 및 그 취지에 적합한 것인지에 따라 판단하여야 하는 것이고, 행정처분으로 인하여 달성하려는 공익상의 필요와 이로 인하여 상대방이 받는 불이익을 비교·형량하여 그 처분으로 인하여 공익상 필요보다 상대방이 받게 되는 불이익 등이 막대한 경우에는 재량권의 한계를 일탈한 것으로서 위법하게 된다.[1] 그러나 제재적 행정처분의 기준이 그 자체로 헌법 또는 법률에 합치되지 아니하거나 처분 기준에 따른 제재적 행정처분이 그 처분사유가 된 위반행위의 내용 및 관계 법령의 규정 내용과 취지에 비추어 현저히 부당하다고 인정할 만한 합리적인 이유가 없는 한 섣불리 그 처분이 재량권의 범위를 일탈하였거나 재량권을 남용한 것이라고 속단해서는 안 될 것이다.[2]

5. 위반행위 횟수에 따른 행정처분 기준을 따르지 않은 처분의 효력

식품위생법 시행규칙 제89조에서 [별표 23]으로 식품위생법 제75조에 따른 행정처분의 기준을 정하였다 하더라도, 이는 행정기관 내부의 사무처리준칙을 규정한 것에 불과한 것으로서 보건복지부장관이 관계행정기관 및 직원에 대하여 직무권한 행사의 지침을 정하여 주기 위하여 발한 행정명령의 성질을 가지는 것이지 같은 법 제75조 제1항의 규정에 의하여 보장된 재량권을 기속하는 것이라고 할 수 없고, 대외적으로 국민이나 법원을 기속하는 힘이 있는 것은 아니다. 따라서 구 식품위생법 시행규칙 [별표 23]의 행정처분기준은 행정기관 내부의 사무처리준칙을 규정한 것에 불과하기는 하지만, 특별한 사유가 없는 한 행정청은 당해 위반사항에 대하여 위 처분 기준에 따라 행정처분을 함이 보통이라고 할 것이므로, 만일 행정청이 이러한 처분 기준을 따르지 아니하고 특정한 개인에 대하여만 위 처분 기준을 과도하게 초과하는 처분을 한 경우에는 재량권의 한계를 일탈하였다고 볼 만한 여지가 충분하다.[3] 위반행위의 횟수에 따른 행정처분의 기준은 문제되는 당해 위반행위의 적발일로부터 소급하여 최근 1년간 종전의 같은 위반행위로 이미 행정처분을 받은 경우에 적용하며, 종전의 위반행위에 대하여 행정처분이 있기 전에 다시 같은 당해 위반행위를 하였다면 이는 2차 위반행위가 될 수 없고 1차 위반행위로 처분을 하여야 하므로 이를 2차 위반행위로 보아 처분한다면 재량권의 일탈·남용이 문제된다.[4] 가

1) 대법원 1997. 11. 28. 선고 97누12952 판결, 대법원 2010. 4. 8. 선고 2009두22997 판결.
2) 대법원 2007. 9. 20. 선고 2007두6946 판결, 대법원 2010. 10. 14. 선고 2010두13142 판결.
3) 대법원 2014. 6. 12. 선고 2014두2157 판결.
4) 이 경우 개별적 사안에 따라, 식품위생법 시행규칙 [별표 23]의 Ⅰ.일반기준, 음악산업법 시행규칙 [별표 2]의 Ⅰ.일반기준 등 세부규정을 구체적으로 해석하여 가중 처리한다.

령 행정청이 2차 위반행위를 3차 위반행위로 평가하고 3차 위반 시의 행정처분기준을 적용하여 영업소 폐쇄를 명하는 처분을 하였다면, 위 처분은 재량권의 한계를 일탈하였거나 재량권을 남용한 위법한 처분이라고 판단될 소지가 크다.

제4장 **정보공개 관련 소송**

Ⅰ. 서 론

1. 정보공개제도의 개념

정보공개제도란 공공기관이 직무상 작성 또는 취득하여 관리하고 있는 정보를 국민의 청구에 의하여 열람·사본·복제 등의 형태로 청구인에게 공개하거나, 공공기관이 자발적으로 또는 법령 등의 규정에 의하여 보유하고 있는 정보를 의무적으로 배포 또는 공표 등의 형태로 제공하는 제도를 말한다.

정보공개제도는 국민의 기본권으로서 '알 권리'를 제도적으로 보장하기 위하여 실정법상에 정보공개청구권의 주체, 청구권의 기본적 내용과 한계, 권리행사의 절차와 방법, 권리가 침해된 경우의 구제방법 등을 구체적으로 규정함으로써 헌법상의 권리인 '알 권리'를 사법적 구제의 대상이 되는 실정법적 권리가 되게 하는 제도를 말한다.[1)]

관련하여 대법원은 '국민의 알 권리, 특히 국가정보에의 접근의 권리는 우리 헌법상 기본적으로 표현의 자유와 관련하여 인정되는 것으로 그 권리의 내용에는 일반 국민 누구나 국가에 대하여 보유·관리하고 있는 정보의 공개를 청구할 수 있는 이른바 일반적인 정보공개청구권이 포함된다'고 판시하였고,[2)] 헌법재판소는 '자유로운 의사의 형성은 정보에의 접근이 충분히 보장됨으로써 비로소 가능한 것이며, 그러한 의미에서 정보에의 접근·수집·처리의 자유, 즉 '알 권리'는 표현의 자유와 표리일체의 관계에 있으며 자유권적 성질과 청구권적 성질을 공유하는 것이다. 자유권적 성질은 일반적으로 정보에 접근하고 수집·처리함에 있어서 국가권력의 방해를

1) 김중양, 정보공개법, 법문사(2000), 37.
2) 대법원 1999. 9. 21. 선고 97누5114 판결.

받지 아니한다는 것을 말하며, 청구권적 성질은 의사형성이나 여론 형성에 필요한 정보를 적극적으로 수집하고 수집을 방해하는 방해제거를 청구할 수 있다는 것을 의미하는바 이는 정보수집권 또는 정보공개청구권으로 나타난다'고 판시하였다.[1]

2. 정보공개제도의 기능

정보공개제도의 순기능으로는 국민의 알 권리 보장, 국정 참여 촉진, 국정에 대한 감시 및 비판 보장, 문화적·경제적 활동의 활성화, 권리·이익의 보호 및 구제, 국정에 대한 국민의 신뢰성 확보, 행정의 책임성 제고, 부정부패 및 비리방지 등이 거론되고, 역기능으로는 국가기밀과 사생활의 침해, 기업 비밀의 노출 위험성 및 악용, 정보공개를 위한 문서목록작성·전담기관의 설치·인력충원 등 행정의 부담 가중으로 인한 행정비용의 증가, 부실한 정보의 유통이나 조작한 정보의 공개, 정보접근능력의 유무에 따른 형평성 문제 등이 거론되고 있다.[2]

3. 정보공개청구권의 헌법적 근거

알 권리는 국가기관 등에 정보의 공개를 청구할 수 있는 권리, 즉 정보공개청구권을 포함한다. 따라서 구체적인 법률의 제정 없이도 정보공개청구권은 알 권리에 근거하여 인정된다.

대법원은 '국민의 알 권리 즉 정보에의 접근·수집·처리의 자유는 자유권적 성질과 청구권적 성질을 겸유하는 것으로서 헌법 제21조에 의하여 직접 보장되는 권리'라고 판시하였고,[3] 헌법재판소는 '우리나라는 헌법 제21조에 언론출판의 자유 즉 표현의 자유를 규정하고 있는데, 이 자유는 전통적으로는 사상 또는 의견의 자유로운 표명(발표의 자유)과 그것을 전파할 자유(전달의 자유)를 의미하는 것으로서, 개인이 인간으로서의 존엄과 가치를 유지하고 행복을 추구하며 국민주권을 실현하는데

1) 헌법재판소 1991. 5. 13. 선고 90헌마133 결정.
2) 김중양, 정보공개법, 법문사(2000), 38 이하 참조.
3) 대법원 2005. 1. 28. 선고 2002두12854 판결.

필수불가결한 것으로 오늘날 민주국가에서 국민이 갖는 가장 중요한 기본권의 하나로 인식되고 있는 것이다. 그런데 사상 또는 의견의 자유로운 표명은 자유로운 의사의 형성을 전제로 하는데, 자유로운 의사의 형성은 충분한 정보에의 접근이 보장됨으로써 비로소 가능한 것이며 다른 한편으로 자유로운 표명은 자유로운 수용 또는 접수와 불가분의 관계에 있다고 할 것이다. 그러한 의미에서 정보에의 접근·수집·처리의 자유 즉 알 권리는 표현의 자유에 당연히 포함되는 것으로 보아야 하는 것이다. 이와 관련하여 인권에 관한 세계선언 제19조는 "모든 사람은 모든 수단에 의하여 국경을 초월하여 정보와 사상을 탐구하거나 입수 또는 전달할 자유를 갖는다"라고 하여 소위 알 권리를 명시하고 있는 것이다. 알 권리는 민주국가에 있어서 국정의 공개와도 밀접한 관련이 있는데 우리 헌법에 보면 입법의 공개(제50조 제1항), 재판의 공개(제109조)에는 명문규정을 두고 행정의 공개에 관하여서는 명문규정을 두고 있지 않으나, 알 권리의 생성기반을 살펴볼 때 이 권리의 핵심은 정부가 보유하고 있는 정보에 대한 국민의 알 권리, 즉 국민의 정부에 대한 일반적 정보공개를 구할 권리(청구권적 기본권)라고 할 것이며, 또한 자유민주적 기본질서를 천명하고 있는 헌법 전문과 제1조 및 제4조의 해석상 당연한 것이라고 봐야 할 것'이라고 판시하였다.[1)]

4. 정보공개청구권과 개인정보자기결정권

개인정보자기결정권은 자신에 관한 정보가 언제 누구에게 어느 범위까지 알려지고 이용되도록 할지 그 정보주체가 스스로 결정할 수 있는 헌법상 기본권이다.[2)] 개인정보자기결정권의 보호대상이 되는 개인정보는 개인의 신체, 신념, 사회적 지위, 신분 등과 같이 개인의 인격주체성을 특징짓는 사항으로 그 개인의 동일성을 식별

1) 헌법재판소 1989. 9. 4. 선고 88헌마22 전원재판부 결정.

2) 헌법 제10조는 "모든 국민은 인간으로서의 존엄과 가치를 가지며, 행복을 추구할 권리를 가진다. 국가는 개인이 가지는 불가침의 기본적 인권을 확인하고 이를 보장할 의무를 진다."라고 규정하고, 헌법 제17조는 "모든 국민은 사생활의 비밀과 자유를 침해받지 아니한다."라고 규정하고 있는바, 이들 헌법 규정은 개인의 사생활 활동이 타인으로부터 침해되거나 사생활이 함부로 공개되지 아니할 소극적인 권리는 물론, 오늘날 고도로 정보화된 현대사회에서 자신에 대한 정보를 자율적으로 통제할 수 있는 적극적인 권리까지도 보장하려는 데에 그 취지가 있는 것으로 해석된다(대법원 1998. 7. 24. 선고 96다42789 판결).

할 수 있게 하는 일체의 정보로서, 반드시 개인의 내밀한 영역이나 사사(私事)의 영역에 속하는 정보에 국한되지 않고 공적 생활에서 형성되었거나 이미 공개된 개인정보까지 포함한다.[1] 개인정보자기결정권의 구체적인 내용으로는 자신에 관한 정보의 수집통제권(수집동의권, 설명청구권, 민감한 개인정보의 수집금지), 보유통제권(열람청구권, 정정청구권, 삭제·차단청구권), 이용·제공통제권(중단청구권, 추가적 동의권) 등을 들 수 있다.[2]

정보주체가 자신에 대한 정보를 충분히 통제할 수 있도록 하려면 무엇보다도 정보주체가 자신에 관하여 누가, 어떤 정보를, 언제, 어떤 계기로 보유하고 있는지 알 수 있도록 하는 것이 중요하다. 그러므로 정보주체의 열람청구권은 개인정보자기결정권의 핵심적 내용이며, 개별적 정보공개청구권 중 자신에 관한 정보의 공개청구권은 공공기관이 보유하고 있는 개인정보(자기정보)의 열람을 요구하는 것으로 자기정보통제권의 성격도 있다.[3]

그런데 공공기관이 보유한 정보 중에는 개인정보가 포함된 경우가 대단히 많다. 자기정보에 관한 공개청구가 아닌 대부분의 정보공개청구를 전제로 말하자면, 정보공개와 개인정보보호와의 관계는 정보공개를 많이 할수록 개인정보보호가 미흡해지고, 정보공개를 적게 할수록 개인정보보호가 충실해지는 갈등관계에 있다. 이에 현대의 고도 정보화 사회에서 양자의 조화 문제는 대단히 중요하고 첨예한 쟁점이 되고 있다.

관련하여 대법원은 '정보주체의 동의 없이 개인정보를 공개함으로써 침해되는 인격적 법익과 정보주체의 동의 없이 자유롭게 개인정보를 공개하는 표현행위로서 보호받을 수 있는 법적 이익이 하나의 법률관계를 둘러싸고 충돌하는 경우에는, 개인이 공적인 존재인지 여부, 개인정보의 공공성 및 공익성, 개인정보 수집의 목적·절차·이용형태의 상당성, 개인정보 이용의 필요성, 개인정보 이용으로 인해 침해되는 이익의 성질 및 내용 등의 여러 사정을 종합적으로 고려하여, 개인정보에 관한 인격권의 보호에 의하여 얻을 수 있는 이익(비공개 이익)과 표현행위에 의하여 얻을 수 있는 이익(공개 이익)을 구체적으로 비교 형량하여, 어느 쪽의 이익이 더욱 우월

1) 헌법재판소 2005. 5. 26. 선고 99헌마513, 2004헌마190(병합) 결정, 헌법재판소 2010. 5. 27. 선고 2008헌마663 결정 등.
2) 권건보, 개인정보보호와 자기정보통제권, 경인문화사(2006), 117-122.
3) 권건보(주 2), 171, 176.

한 것으로 평가할 수 있는지에 따라 그 행위의 최종적인 위법성 여부를 판단하여야 한다'고 판시하였다.[1)]

5. 「공공기관의 정보공개에 관한 법률」의 제정·시행

공공기관이 보유·관리하는 정보에 대한 국민의 공개청구 및 공공기관의 공개의무에 관하여 필요한 사항을 정함으로써 국민의 알 권리를 보장하고 국정에 대한 국민의 참여와 국정운영의 투명성을 확보하기 위하여 1996. 12. 31. 법률 제5242호로 「공공기관의 정보공개에 관한 법률」(이하 '정보공개법'이라 한다)이 제정되어 1998. 1. 1.부터 시행되었다.[2)]

정보공개법은 정보공개의 원칙을 천명하면서 예외적인 비공개사유를 제9조 제1항 각 호에서 열거하고 있으므로, 국민으로부터 정보공개청구를 받은 공공기관으로서는 정보공개법 제9조 제1항 각 호에서 정한 비공개사유에 해당하지 않는 한 이를 공개하여야 한다. 공공기관은 정보공개를 거부하는 경우라도 대상이 된 정보의 내용을 구체적으로 확인·검토하여 어느 부분이 위 각 호의 어디에 해당하는지 구체적으로 주장·증명하여야만 한다. 또한 비공개사유에 해당하는지는 비공개로 보호하는 업무수행의 공정성 등의 이익과 공개로 보장되는 국민의 알 권리, 국정에 대한 참여 및 국정운영의 투명성 등의 이익을 비교·교량하여 구체적인 사안에 따라 개별 판단하여야 한다.

1) 대법원 2011. 9. 2. 선고 2008다42430 전원합의체 판결.
2) 이로써 우리나라는 세계에서는 12번째로, 아시아에서는 최초로 정보공개법을 제정한 나라가 되었다.

Ⅱ. 정보공개법[1)]의 기본적 구조

1. 정보공개청구권자

가. 관련 법령의 규정

■ **정보공개법 제5조(정보공개 청구권자)**

① 모든 국민은 정보의 공개를 청구할 권리를 가진다.

② 외국인의 정보공개 청구에 관하여는 대통령령으로 정한다.

■ **정보공개법 시행령[2)] 제3조(외국인의 정보공개 청구)**

법 제5조제2항에 따라 정보공개를 청구할 수 있는 외국인은 다음 각 호의 어느 하나에 해당하는 자로 한다.

1. 국내에 일정한 주소를 두고 거주하거나 학술·연구를 위하여 일시적으로 체류하는 사람
2. 국내에 사무소를 두고 있는 법인 또는 단체

나. 해설

(1) 위 '국민'에는 자연인은 물론 법인, 권리능력 없는 사단·재단도 포함되고, 그 설립목적을 불문한다.[3)] 또한 정보공개청구권자가 해당 정보와 어떤 관련성을 가

1) 이하 달리 표시가 없으면 2023. 5. 16. 법률 제19408호로 개정되어 2023. 11. 17. 시행된 것을 말한다.
2) 이하 달리 표시가 없으면 2024. 12. 3. 대통령령 제35038호로 개정되어 2024. 12. 27. 시행된 것을 말한다.
3) 대법원 2003. 12. 12. 선고 2003두8050 판결, 대법원 2008. 2. 14. 선고 2007두24739 판결, 대법원

질 필요도 없고,[1] 공개청구의 목적도 묻지 않는다.[2] 그러나 지방자치단체 등 공공기관은 정보공개청구권자가 될 수 없다.[3]

(2) 정보공개청구권은 국민의 알 권리를 보장하기 위한 것이고 국민주권의 원리, 인간다운 생활을 할 권리와도 연관성을 가지기 때문에 외국인의 경우 국내와의 일정한 관련성을 요구하고 있다.

2. 정보공개대상기관

▪ 정보공개법 제2조(정의)

이 법에서 사용하는 용어의 뜻은 다음과 같다.

3. “공공기관”이란 다음 각 목의 기관을 말한다.

가. 국가기관[4]

1) 국회, 법원, 헌법재판소, 중앙선거관리위원회

2008. 4. 10. 선고 2008두976 판결 등.

1) 이와 관련하여 구 정보공개법(2004. 1. 29. 법률 제7127호로 전문 개정되기 전의 것) 제18조 제1항은 “청구인이 정보공개와 관련하여 공공기관의 처분 또는 부작위로 인하여 법률상 이익의 침해를 받은 때에는 행정소송법이 정하는 바에 따라 행정소송을 제기할 수 있다”고 규정하여 마치 법률상의 이익을 침해받은 경우에 한하여 행정소송을 제기할 수 있는 것처럼 규정하고 있었으므로 ‘법률상 이익’의 침해의 의미를 둘러싸고 논란이 있었다. 즉 여기에서의 침해된 법률상의 이익이란 정보공개청구권 자체 이외에 정보의 공개로써 청구인의 사법상 또는 공법상 권리의 실현 등에 실질상 보탬이 되는 경우를 말한다는 견해도 있었으나[자세한 논의는 행정재판실무편람(Ⅱ), 서울행정법원(2002), 490-494. 참조], 대법원은 청구인이 공공기관에 대하여 정보공개를 청구하였다가 거부처분을 받은 것 자체가 법률상 이익의 침해에 해당한다는 판례(대법원 2003. 3. 11. 선고 2001두6425 판결, 대법원 2003. 12. 12. 선고 2003두8050 판결 등)를 확립하였고, 그에 따라, 2004. 1. 29. 법률 제7127호로 전문 개정된 정보공개법이 제20조 제1항에서 “청구인이 정보공개와 관련한 공공기관의 결정에 대하여 불복이 있는 때에는 행정소송법이 정하는 바에 따라 행정소송을 제기할 수 있다”고 규정하여 ‘법률상 이익’이라는 용어를 삭제함으로써, 이에 관한 논란을 해소하였다.

2) 구 정보공개법(2004. 1. 29. 법률 제7127호로 전문 개정되기 전의 것)에서는 정보공개청구서에 공개를 청구하는 정보의 사용목적을 기재하여 제출하여야 하고(제8조 제1항 제2호), 취득한 정보를 청구한 목적에 따라 적정하게 사용하여야 한다는 규정을 두고 있었으나(제14조), 이는 행정관청의 통계 등을 위한 것으로 보아야 할 것이므로 이를 기재하지 아니하였다고 하여 공개를 거부할 사유는 되지 않는다고 해석하는 것이 통설이었다. 한위수, “정보공개청구사건의 재판실무상 제문제”, 인권과 정의 304호, 대한변호사협회(2001.12), 33. 2004. 1. 29. 법률 제7127호로 전문 개정된 정보공개법은 논란의 소지를 없애기 위하여 이러한 규정들을 삭제하였다.

3) 서울행정법원 2005. 10. 12. 선고 2005구합10484 판결(확정), 서울행정법원 2005. 11. 17. 선고 2005구합23176 판결(확정).

4) 국가기관임이 명백한 국가인권위원회가 하위 1), 2), 3)의 개념에 포섭되지 아니하는 데서 보듯이 이하

2) 중앙행정기관(대통령 소속 기관과 국무총리 소속 기관을 포함한다) 및 그 소속 기관
3) 「행정기관 소속 위원회의 설치·운영에 관한 법률」에 따른 위원회[1)]

나. 지방자치단체

다. 「공공기관의 운영에 관한 법률」 제2조에 따른 공공기관[2)]

라. 「지방공기업법」에 따른 지방공사 및 지방공단

마. 그 밖에 대통령령으로 정하는 기관

■ **정보공개법 시행령 제2조(공공기관의 범위)**

정보공개법 제2조 제3호 마목에서 "대통령령으로 정하는 기관"이란 다음 각 호의 기관 또는 단체를 말한다.

1. 「유아교육법」, 「초·중등교육법」, 「고등교육법」에 따른 각급 학교 또는 그 밖의 다른 법률에 따라 설치된 학교
3. 「지방자치단체 출자·출연 기관의 운영에 관한 법률」 제2조 제1항에 따른 출자기관 및 출연기관
4. 특별법에 따라 설립된 특수법인
5. 「사회복지사업법」 제42조 제1항에 따라 국가나 지방자치단체로부터 보조금을 받는 사회복지법인과 사회복지사업을 하는 비영리법인
6. 제5호 외에 「보조금 관리에 관한 법률」 제9조 또는 「지방재정법」 제17조 제1항 각 호 외의 부분 단서에 따라 국가나 지방자치단체로부터 연간 5천만원 이상의 보조금을 받는 기관 또는 단체. 다만, 정보공개 대상 정보는 해당 연도에 보조를 받은 사업으로 한정한다.

대법원은 '정보공개 의무기관을 정하는 것은 입법자의 입법형성권의 범위에 속하고, 이에 따라 정보공개법 제2조 제3호는 정보공개의무를 지는 '공공기관'에 관하여 국가기관에 한정하지 않고 지방자치단체, 정부투자기관, 그 밖에 공동체 전체의 이익에 중요한 역할이나 기능을 수행하는 기관도 포함하여 정한 것이므로, 정보공개의 목적, 교육의 공공성 및 공·사립학교의 동질성, 사립대학교에 대한 국가의 재정

에서 열거하는 기관들은 예시로 봄이 상당하다.

1) 위원회, 심의회, 협의회 등 명칭을 불문하고 행정기관의 소관 사무에 관하여 자문에 응하거나 조정, 협의, 심의 또는 의결 등을 하기 위하여 복수의 구성원으로 구성한 합의제 기관을 말한다.

2) 「공공기관의 운영에 관한 법률」 제4조부터 제6조의 규정에 따라 지정·고시한 공공기관을 말한다.

지원 및 보조 등 여러 사정에 비추어 보면, 사립대학교에 대한 국비 지원이 한정적·일시적·국부적이라는 점을 고려하더라도, 정보공개법 시행령 제2조 제1호가 정보공개의무를 지는 공공기관의 하나로 사립대학교를 들고 있는 것이 헌법이 정한 대학의 자율성 보장 이념 등에 반하거나 모법인 정보공개법의 위임 범위를 벗어났다고 볼 수 없다'고 판단하였다.[1)]

3. 공개대상정보

가. 공개의 대상은 정보인가, 문서 등인가?

(1) 입법례

정보공개제도의 법제는 크게 두 유형으로 대별할 수 있다. 그 하나는 정보 자체를 공개대상으로 하는 법제로서 정보와 문서를 구별하고 정보에 대한 접근을 보장하고 있으며, 문서 자체를 공개할 필요는 없다. 이러한 제도에서는 말로 정보를 제공하는 등 유연한 대응이 가능하다는 장점이 있다. 네덜란드가 이러한 법제를 가지고 있다.[2)] 다른 하나는 일정한 매체에 기록한 정보를 공개대상으로 하는 법제이다. 미국, 일본, 독일 등 대부분 국가의 정보공개제도 법제가 여기에 해당한다.

(2) 우리나라의 경우

(가) 관련 법령의 규정

■ **제2조(정의) 이 법에서 사용하는 용어의 뜻은 다음과 같다.**

1. "정보"란 공공기관이 직무상 작성 또는 취득하여 관리하고 있는 문서(전자문서를 포함한다. 이하 같다) 및 전자매체를 비롯한 모든 형태의 매체 등에 기록된 사항을 말한다.
2. "공개"란 공공기관이 이 법에 따라 정보를 열람하게 하거나 그 사본·복제물을 제공

1) 대법원 2006. 8. 24. 선고 2004두2783 판결, 대법원 2013. 11. 28. 선고 2011두5049 판결.
2) 松井茂記, 情報公開法, 有斐閣(2001), 82.

하는 것 또는 「전자정부법」 제2조 제10호에 따른 정보통신망(이하 "정보통신망"이라 한다)을 통하여 정보를 제공하는 것 등을 말한다.

(나) 정보, 공개의 개념

정보공개법 제1조, 제3조에 의하면 정보 자체를 공개의 대상으로 삼는 것처럼 보일 수도 있으나, 같은 법 제2조 제1호, 제2호, 정보공개법 시행령 제14조 제1항의 내용 등을 종합해 보면, 우리나라의 정보공개제도 역시 일정한 매체에 기록되어 있는 정보를 공개대상으로 하는 법제에 속한다. 대법원 역시 정보공개법에서 말하는 공개대상 정보는 정보 그 자체가 아니라 '매체 등에 기록된 사항'을 의미한다고 한다.[1)]

한편 정보공개법은 국민의 청구에 따라 새로 정보를 생산하거나 가공하여 제공할 의무를 공공기관에 부과하는 것은 아니고, 이미 관리하고 있는 문서 및 전자매체를 비롯한 모든 형태의 매체 등에 기록된 사항을 공개할 의무만 부과하고 있다. 즉 기왕에 관리하던 문서 등을 기초로 정보를 새롭게 생산, 가공하여 제공한다 하더라도 그로써 청구인의 목적이 달성될 수 있음은 별론으로 하고 이는 정보공개법의 취지에 맞는 정보공개방법은 아니다.[2)]

그러나 공개청구를 받은 공공기관이 공개청구 대상정보를 청구인이 구하는 대로 보유·관리하고 있지는 않더라도, 그 기초자료를 전자적 형태로 보유·관리하고 있고, 당해 기관에서 통상 사용하는 컴퓨터 하드웨어 및 소프트웨어와 기술적 전문지식을 사용하여 그 기초자료를 검색하여 청구인이 구하는 대로 편집할 수 있으며, 그러한 작업이 당해 기관의 컴퓨터 시스템 운용에 별다른 지장을 초래하지 아니한다면, 그 공공기관이 공개청구대상정보를 보유·관리하고 있는 것으로 볼 수 있고, 이러한 경우에 기초자료를 검색·편집하는 것은 새로운 정보의 생산 또는 가공에 해당한다고 할 수 없다.[3)]

---

1) 대법원 2004. 3. 12. 선고 2003두11544 판결, 대법원 2013. 1. 24. 선고 2010두18918 판결.

2) 피고가 정보 그 자체가 아닌 피고가 관리하던 문서 등을 기초로 취합, 정리한 정보를 공개한 것은 정보공개법에서 말하는 정보공개로 볼 수 없다는 취지의 대법원 2004. 10. 28. 선고 2004두8668 판결, 서울고등법원 2010. 12. 30. 선고 2010누7972 판결(상고기각 확정).

3) 2008학년도 대학수학능력시험에 관한 수험생의 원점수 정보와 등급구분 점수정보에 관한 대법원 2010. 2. 11. 선고 2009두6001 판결, 그 외 대학수학능력시험 원점수와 변환점수 총점기준 누가성적표와 개인별 석차 공개에 관한 서울고등법원 2004. 10. 20. 선고 2003누16855 판결(심리불속행기각

다만 대법원은 '시시티브이에 의하여 녹화된 영상이 전자적 형태로 보유·관리된 경우 그중 정보공개법 제9조 제1항 제6호에서 규정하고 있는 비공개 대상 정보에 해당하는 국가보훈처 청사 출입자를 포함한 일반 통행인의 얼굴 등 부분을 모자이크 처리한 후 영상압축기술에 의하여 새로운 동영상을 만드는 것은 공개청구의 취지에 어긋나지 아니하는 범위 안에서 비공개 대상 정보에 해당하는 부분과 공개가 가능한 부분을 분리할 수 있는 경우에 해당한다고 보기 어렵고, 이는 새로운 정보의 생산 또는 가공에 해당한다고 할 것이다. 그렇다면 피고가 이 사건 녹화물 중 비공개 대상 정보에 관련된 부분 등을 제외하거나 삭제하고 그 나머지 정보만을 공개하는 것이 가능하다고 보기 어렵다'고 판단하였다.[1)]

또한 대법원은 '국세공무원이 업무상 필요한 경우 국세청의 통합시스템에 접속하여 납세자의 개인정보를 열람하지만, 국세청은 위와 같이 접속한 내역에 관한 자료를 따로 작성하거나 전자문서의 형태로 보관하고 있지 않고, 국세공무원이 통합시스템에 접속하기 위하여는 로그인을 하여야 하는데, 그 로그인 기록은 사람이 읽을 수 없는 컴퓨터 기계어로 구성된 로그 파일 형태로 자동적으로 저장되며, 위 로그 파일은 사용자번호, 화면코드 등의 자료로 세분화되어 있어서 각 자료를 숫자나 문자로 전환한 후 납세자의 주민등록번호나 사업자등록번호와 일일이 대조하여야만 당해 납세자에 관한 정보를 열람한 내역을 알 수 있고, 또한 정보를 조회할 때 그 조회사유를 기재하도록 되어 있기는 하지만 그 내용이 로그 기록에는 남아 있지 않아 별도의 방법으로 파악하여야 하므로, 원고의 개인정보를 열람한 내역(담당자, 소속부서, 조회사유, 열람일자)인 이 사건 정보 역시 위와 같은 과정을 거쳐야만 추출할 수

제 4 장

확정), 학교별 데이터가 포함된 대학입학수학능력시험 원데이터 공개에 관한 대법원 2010. 2. 25. 선고 2007두9877 판결, 공인중개사시험 통계자료 공개에 관한 서울행정법원 2007. 6. 19. 선고 2006구합47759 판결(확정), 서울대학교의 수시모집 일반전형의 자연과학대학 수리과학부 모집단위에 응시했던 1단계 합격자의 최하 등급(점수), 1단계 합격자의 서류평가 등급(점수)별 1, 2단계 각 합격자 수, 서류평가 등급별 일정 면접평가 점수를 획득한 응시자 수, 1단계 합격자들의 서류평가와 면접평가 원점수 등 정보공개에 관한 서울행정법원 2024. 8. 22. 선고 2023구합73694 판결(항소심 계속 중), 대한민국 정부가 원고에 관하여 뉴질랜드에 대하여 범죄인 인도요청이나 범죄인 송환요청을 한 사실이 있는지 여부가 기록된 문서 정보공개에 관한 서울고등법원 2021. 12. 22. 선고 2021누55359 판결(심리불속행기각 확정), 5년간 서울대학교 법학전문대학원에 지원한 자들의 출신대학과 나이 통계자료 정보공개에 관한 서울행정법원 2020. 10. 29. 선고 2020구합57530 판결(확정), 변호사시험의 법학전문대학원별 응시자 수, 합격자 수 및 합격률에 정보공개에 관한 서울행정법원 2017. 11. 2. 선고 2017구합70342 판결(항소기각 확정), 원고의 형사처벌 관련 정보에 관한 검찰청 전산조회 내역 정보공개에 관한 서울행정법원 2017. 9. 8. 선고 2016구합84771 판결(확정).

1) 대법원 2014. 5. 29. 선고 2012두25729 판결.

있으며, 국세청은 전 직원이 로그인하여 조회한 개인정보파일의 명칭, 개인정보의 처리일시와 처리주체 등을 매일 야간에 주전산기에 배치·처리하여 자동으로 수록하고 있으나, 그 정보량이 방대하여 가공되지 않은 원시 로그 파일 형태로 보관하고 있고, 저장용량의 한계 때문에 1년 이전의 로그 파일은 안전행정부 소속 광주 통합전산센터에 따로 백업하여 보관하고 있으므로, 3년분에 해당하는 이 사건 정보를 추출하기 위해서는 위와 같이 백업된 자료들을 되살리는 절차가 별도로 필요하고, 국세청이 위와 같은 과정을 거쳐서 이 사건 정보를 추출하는 데에는 상당한 시간이 소요된다는 등의 사정을 들어, 피고가 이 사건 정보의 기초자료를 전자적 형태로 보유·관리하고 있기는 하지만 피고가 통상 사용하는 컴퓨터 하드웨어 및 소프트웨어와 기술적 전문지식을 사용한 검색·편집을 통하여 피고의 컴퓨터 시스템 운영에 별다른 지장 없이 이 사건 정보를 추출할 수 있다고 보기는 어렵다고 할 것이므로, 결국 피고가 이 사건 정보를 보유·관리하고 있는 것으로 볼 수 없다'고 판단하였다.[1)]

(다) 공개청구의 대상

공공기관이 직무상 작성 또는 취득하여 관리하고 있는 문서 등이다. '작성'이란 직무상 내부검토에 회부된 시점 이후의 것을 말하므로 기안문서의 경우에는 기안자가 기안문서를 심의에 회부한 시점 이후의 상태를, '취득'은 공공기관이 해당 문서 등을 수령한 시점 이후를 말하고 접수인의 날인 여부는 묻지 않는다. '관리'하고 있다는 것은 작성 또는 취득한 문서 등이 직원 개인의 단계가 아니라 조직 내부의 공용문서로서 실질을 갖춘 상태, 즉 해당 행정기관의 조직에서 업무상 필요한 것으로 이용, 보존하고 있는 것을 말한다.[2)][3)] 그러므로 문서 등은 반드시 원본일 필요도 없다.[4)]

정보공개법 제2조는 공개의 대상이 되는 정보를 '공공기관이 직무상 작성 또는 취득하여 관리하고 있는 문서 등'에 기록된 사항이라고 규정하고 있을 뿐 그 문서 등의 취득이 소지인에 대하여 법령상 강제되는 제출의무에 기한 것임을 요하지 않는다. 그러므로 그 소지인이 비공개를 전제로 하여 임의로 공공기관에 제출한 문서

---

1) 대법원 2013. 9. 13. 선고 2011두9942 판결.
2) 변현철, "정보공개법의 실무적 연구", 재판자료(89), 612.
3) 서울행정법원 2008. 4. 16. 선고 2007구합31478 판결(확정).
4) 검사의 공판카드에 편철된 공소장 부본도 검찰청장이 보유하고 있는 정보라는 취지의 대법원 2006. 5. 25. 선고 2006두3049 판결.

등에 기록된 사항이라는 이유로 위 법 소정의 정보에 해당하지 않는 것은 아니다.[1]

여기서 말하는 문서는 서류, 보고서, 연구서, 합의서, 의견서, 통계자료, 예측서, 결정서, 회람, 지시 및 법률의 해석과 행정절차의 기술을 담고 있는 관계부처의 답변서 등을 포함하고, 컴퓨터로 처리한 전자문서도 포함한다.

도면, 사진과 화학적 처리를 한 필름(영화필름, 마이크로필름), 자기처리를 한 테이프(자기테이프, 녹음테이프, 비디오테이프[2]) 등의 녹화물도 공개청구의 대상이 된다. 정보공개법은 '전자매체를 비롯한 모든 형태의 매체 등'이라고 규정하고 있으므로, 자기디스크, 광디스크, 레이저디스크, 비닐음반(vinyl disc) 등도 공개청구의 대상이다.

위에서 본 바와 같이 공개대상인 정보에 해당하려면 직무관련성과 관리 및 보유성의 요건을 갖추어야 하므로, 처음부터 만들지 않아 존재하지 아니하는 정보, 보존기간 등의 도과로 폐기한 정보는 공개청구의 대상이 될 수 없다.

정보공개 거부처분시에는 해당 정보가 있었지만, 그 후 폐기되어 더 이상 이를 보유·관리하지 않게 된 경우에는 특별한 사정이 없는 한 정보공개 거부처분의 취소를 구할 법률상 이익이 없고,[3] 이때 해당 정보를 더는 보유·관리하고 있지 않다는 점에 대한 증명책임은 공공기관이 진다.[4]

이미 다른 사람에게 공개하여 널리 알려졌거나 인터넷이나 관보 등으로 공개하여 인터넷검색이나 도서관 열람 등으로 쉽게 알 수 있는 정보도 공개청구의 대상이 될 수 있다.[5]

---

1) 대법원 2007. 6. 14. 선고 2007두5578 판결.

2) 한국방송공사가 보유하는 다큐멘터리 방송용 테이프(이른바 황우석 사건에 관한 추적 60분 프로그램)도 공개대상으로 본 서울행정법원 2006. 9. 28. 선고 2006구합22279 판결(확정), 서울고등법원 2011. 2. 10. 선고 2011누657 판결(확정).

3) 정보공개제도는 공공기관이 보유·관리하는 정보를 그 상태대로 공개하는 제도로서 공개를 구하는 정보를 공공기관이 보유·관리하고 있을 상당한 개연성이 있다는 점에 대하여 원칙적으로 공개청구자에게 입증책임이 있다고 할 것이지만, 공개를 구하는 정보를 공공기관이 한때 보유·관리하였으나 후에 그 정보가 담긴 문서등이 폐기되어 존재하지 않게 된 것이라면 그 정보를 더는 보유·관리하고 있지 아니하다는 점에 대한 입증책임은 공공기관에 있다고 할 것이다(대법원 2003. 4. 25. 선고 2000두7087 판결).

4) 대법원 2004. 12. 9. 선고 2003두12707 판결, 대법원 2010. 2. 25. 선고 2007두9877 판결, 대법원 2013. 1. 24. 선고 2010두18918 판결, 대법원 2020. 2. 27. 선고 2017두64293 판결.

5) 대법원 2008. 11. 27. 선고 2005두15694 판결, 대법원 2010. 12. 23. 선고 2008두13101 판결.

나. 정보 또는 문서의 특정

정보의 공개를 청구하는 사람은 '공개를 청구하는 정보의 내용'을 기재한 청구서를 제출하거나 말로써 정보의 공개를 청구할 수 있다(정보공개법 제10조 제1항 제3호). 이때 '공개를 청구하는 정보의 내용'을 어느 정도까지 특정하여야 할지가 문제된다.

국민 개개인으로서는 공공기관의 지배영역에 있는 정보의 구체적인 표목이나 작성 매체를 자세히 알 수 없는 것이 보통이다. 국민에게 정보공개청구권을 인정한 취지가 국민의 알 권리, 국정참여권과 국정운영의 투명성을 보장하기 위하여 통상은 손에 넣기 어려운 공공기관의 정보에 접근할 수 있도록 길을 열어 주는 데 있는 점에 비추어 공개대상 정보를 구체적으로 특정할 것을 요구하는 것은 무리이다. 사회일반인의 관점에서 공개대상정보의 대략적인 내용을 알 수 있도록 정보의 범위를 확정하였다면 그로써 정보를 특정하였다고 보는 것이 타당하다.[1]

대법원은 '청구대상정보를 기재함에 있어서는 사회일반인의 관점에서 청구대상정보의 내용과 범위를 확정할 수 있을 정도로 특정되어 있으면 족하다'고 판시하였고,[2] 또한 '만일 공개를 청구한 정보의 내용 중 너무 포괄적이거나 막연하여서 사회일반인의 관점에서 그 내용과 범위를 확정할 수 있을 정도로 특정되었다고 볼 수 없는 부분이 포함되어 있다면, 이를 심리하는 법원으로서는 마땅히 정보공개법 제20조 제2항의 규정에 따라 피고에게 그가 보유·관리하고 있는 공개청구정보를 제출하도록 하여 이를 비공개로 열람·심사하는 등의 방법으로 공개청구정보의 내용과 범위를 특정시켜야 할 것이고, 나아가 위와 같은 방법으로도 특정이 불가능한 경우에는 특정되지 않은 부분과 나머지 부분을 분리할 수 있고 나머지 부분에 대한 비공개결정이 위법한 경우라고 하여도 원고의 청구 중 특정되지 않은 부분에 대한 비공개결정의 취소를 구하는 부분은 나머지 부분과 분리하여서 이를 기각하여야 한다'고 판시하였다.[3]

---

1) 한위수, "정보공개청구사건의 심리와 재판에 있어서의 몇 가지 문제", 행정재판실무편람(Ⅱ), 서울행정법원(2002), 480-481.

2) 대법원 2003. 3. 28. 선고 2000두9212 판결, 대법원 2007. 6. 1. 선고 2007두2555 판결, 대법원 2018. 4. 12. 선고 2014두5477 판결 등.

3) 대법원 2007. 6. 1. 선고 2007두2555 판결은 '관련 자료 일체'라고 기재한 부분이 특정되지 않았다고 보았다. 또한 '기타 모든 서류'라고 기재한 부분의 정보가 특정되지 않았다고 본 서울행정법원 2024. 6. 27. 선고 2022구합79930 판결(항소심 계속 중).

4. 정보공개법의 적용범위

정보공개법 제4조 제1항은 "정보의 공개에 관하여는 다른 법률에 특별한 규정이 있는 경우를 제외하고는 이 법에서 정하는 바에 따른다"라고 규정하고 있다.[1)]

'정보공개에 관하여 다른 법률에 특별한 규정이 있는 경우'에 해당한다고 보아 정보공개법의 적용을 배제하려면, 먼저 그 특별한 규정이 '법률'이어야 하고, 나아가 그 내용이 정보공개의 대상 및 범위, 정보공개의 절차, 비공개대상정보 등에 관하여 정보공개법과 달리 규정하고 있는 것이어야 한다.[2)]

대법원은 임대주택법 시행규칙 제2조의3은 '법률'이 아니고 건설교통부령에 불과할 뿐만 아니라, 그 내용도 공공건설임대주택의 입주자모집공고를 할 때에는 '입주자모집공고 당시의 주택가격, 임대의무기간 및 분양전환시기, 분양전환가격의 산정기준' 등을 포함하도록 하여 당해 임대주택의 공급을 신청하려는 사람들이 필요한 정보를 손쉽게 얻도록 하려는 것일 뿐, 그 이외의 정보에 대하여 일반 국민이 정보공개법에 따른 공개청구를 하지 못하도록 제한하려는 취지는 아니라는 이유로 정보공개법의 적용을 배제할 수 없다고 보았다.[3)]

또한 대법원은 감사원장을 상대로 군사기밀사항을 포함한 감사결과보고서의 공개를 청구한 데 대하여, '정보공개법에 의한 정보공개의 청구와 군사기밀보호법 제9조 제1항에 의한 군사기밀의 공개요청은 그 상대방, 처리절차 및 공개의 사유 등이 전혀 다르므로 특별한 규정이 없는 한 정보공개법에 의한 정보공개청구를 군사기밀보호법에 의한 군사기밀 공개요청과 동일한 것으로 보거나 그 공개요청이 포함되어 있는 것으로 볼 수는 없다'고 판단하였다.[4)5)]

---

1) 헌법재판소 2013. 9. 26. 선고 2012헌바34 결정은 적용범위 제한조항의 입법목적 및 관련된 법조항과의 체계 등에 비추어 볼 때, 적용범위 제한조항 중 '다른 법률'이라 함은 정보공개법을 제외한 나머지 법률을 뜻하고, '특별한 규정'이라 함은 그 법률의 내용이 구체적으로 정보공개의 대상 및 범위, 정보공개의 절차, 비공개대상정보 등에 관하여 정보공개법과 달리 규정하고 있어야 함을 의미함이 분명하다. 건전한 상식과 통상적인 법감정을 가진 사람이라면 어렵지 않게 위와 같은 적용범위 제한조항의 의미를 예측할 수 있고, 구체적인 사안에서 법관은 다른 법률조항의 입법취지, 내용, 체계적 구조 등을 고려한 보충적 해석을 통하여 합리적으로 정보공개법의 적용범위를 확정할 수 있으므로 적용범위 제한조항은 명확성원칙에 위배되지 아니한다고 판단하였다.

2) 대법원 2007. 6. 1. 선고 2007두2555 판결, 대법원 2014. 4. 10. 선고 2012두17384 판결, 대법원 2017. 3. 15. 선고 2014두7305 판결, 대법원 2024. 5. 30. 선고 2022두65559 판결.

3) 대법원 2007. 6. 1. 선고 2007두2555 판결.

4) 대법원 2006. 11. 10. 선고 2006두9351 판결. 국방부의 한국형 다목적 헬기(KMH) 도입사업에 대한

다만 대법원은 군사법원법 제309조의3 등[1]의 내용·취지 등을 고려하면, 군사법원법 제309조의3은 군검사가 공소제기된 사건과 관련하여 보관하고 있는 서류 또는 물건의 공개 여부나 공개 범위, 불복절차 등에 관하여 정보공개법과 달리 규정하고 있는 것으로 볼 수 있다고 판단하였다[2][3]

감사원장의 감사결과보고서가 군사2급비밀에 해당하는 이상 공공기관의 정보공개에 관한 법률 제9조 제1항 제1호에 의하여 공개하지 아니할 수 있다고 한 사례.

5) 또한 도시 및 주거환경정비법 제124조는 사업시행자로 하여금 사실상 사업주체인 조합원에게 모든 자료를 공개하도록 의무화하여 조합원들의 알 권리를 보호하기 위한 규정일 뿐, 정비사업 시행에 관한 서류 및 관련 자료에 대하여 정보공개법에 따른 공개청구를 하지 못하도록 제한하거나, 정보공개법에 우선하여 도시정비법이 적용되어야 한다는 취지로 볼 수는 없다고 본 서울고등법원 2022. 7. 7. 선고 2022누33806 판결(확정), 방송통신위원회법 제13조 제4항 제3호 및 제4호는 '위원회의 회의의 비공개 사유'에 관한 규정일 뿐, 그 회의를 통하여 생성된 정보인 회의록의 공개 여부 및 공개 범위, 공개 절차 등에 관하여 정보공개법과 달리 규정하고 있는 것이 아니라고 본 서울행정법원 2019. 10. 18. 선고 2018구합88210 판결(확정), 형사사법절차전자화법 제6조 제3항은 형사사법업무 처리 외의 목적으로 형사사법정보를 이용할 수 없다는 추상적인 원칙을 규정한 것이고, 형사사법정보를 국민에게 공개하는 것이 형사사법업무 처리 외의 목적이라 할 수도 없을 뿐만 아니라 위 조항이 비공개대상정보를 구체적으로 정하고 있는 것도 아니라는 점에서 이를 비공개 근거 규정으로 볼 수는 없다고 본 서울고등법원 2017. 8. 24. 선고 2017누31363 판결(확정).

1) 군검사가 공소제기된 사건과 관련하여 보관하고 있는 서류 또는 물건의 열람·복사에 관하여 군사법원법 제309조의3은 제1항에서 "피고인이나 변호인은 군검사에게 공소가 제기된 사건에 관한 서류 또는 물건(이하 "서류등"이라 한다)의 목록과 공소사실의 인정 또는 양형(量刑)에 영향을 미칠 수 있는 다음 각 호의 서류등의 열람, 복사 또는 서면의 발급을 신청할 수 있다. 다만, 피고인에게 변호인이 있는 경우에는 피고인은 열람만을 신청할 수 있다."라고 정하고 있고, 제2항 본문에서 "군검사는 국가안보, 증인보호의 필요성, 증거인멸의 우려, 관련 사건의 수사에 장애가 될 것으로 예상되는 구체적인 사유 등 상당한 이유가 있다고 인정하면 열람·복사 또는 서면의 발급을 거부하거나 그 범위를 제한할 수 있다."라고 규정하고 있다. 나아가 군사법원법 제309조의4는 제1항에서 "피고인이나 변호인은 군검사가 서류등의 열람·복사 또는 서면의 발급을 거부하거나 그 범위를 제한하였을 때에는 군사법원에 그 서류등의 열람·복사 또는 서면의 발급을 허용하도록 할 것을 신청할 수 있다."라고 정하고 있고, 제2항에서 "군사법원은 제1항의 신청을 받으면 열람·복사 또는 서면의 발급을 허용하는 경우에 생길 폐해의 유형·정도, 피고인의 방어 또는 재판의 신속한 진행을 위한 필요성 및 해당 서류등의 중요성 등을 고려하여 군검사에게 열람·복사 또는 서면의 발급을 허용할 것을 명령할 수 있다. 이 경우 열람 또는 복사의 시기와 방법을 지정하거나 조건 또는 의무를 부과할 수 있다."라고 규정하고 있다. 한편 군사법원법 제309조의16은 제1항에서 "피고인이나 변호인(피고인이나 변호인이었던 사람을 포함한다. 이하 이 조에서 같다)은 군검사가 열람 또는 복사하도록 한 서류등의 사본을 해당 사건 또는 관련 소송의 준비에 사용할 목적이 아닌 다른 목적으로 다른 사람에게 주거나 제시(전기통신설비를 이용하여 제공하는 것을 포함한다)하여서는 아니 된다."라고 정하고 있고, 제2항에서 "피고인이나 변호인이 제1항을 위반하면 1년 이하의 징역 또는 1천만 원 이하의 벌금에 처한다."라고 규정하고 있다.

2) 대법원 2024. 5. 30. 선고 2022두65559 판결, 또한 민사소송법 제162조는 정보공개의 청구인과 정보공개의 대상 및 범위, 정보공개의 절차, 비공개대상정보 등에 관하여 정보공개법과 달리 규정하고 있는 것으로서 정보공개법 제4조 제1항에서 정한 '정보의 공개에 관하여 다른 법률에 특별한 규정이 있는 경우'에 해당한다고 판단한 원심에 법리 오해의 위법이 없다고 본 대법원 2014. 4. 10. 선고 2012두17384 판결.

3) 유사한 취지에서 법원이 재정신청 사건과 관련하여 보관하고 있는 서류 또는 물건의 열람·복사에 관해 형사소송법 제262조의2가 '재정신청사건의 심리 중에는 관련 서류 및 증거물을 열람 또는 등사할 수

또한 대법원은 '형사소송법 제59조의2[1]의 내용과 취지 등을 고려하면, 형사소송법 제59조의2는 형사재판확정기록의 공개 여부나 공개 범위, 불복절차 등에 관하여 정보공개법과 달리 규정하고 있는 것으로 정보공개법 제4조 제1항에서 정한 '정보의 공개에 관하여 다른 법률에 특별한 규정이 있는 경우'에 해당한다. 따라서 형사재판확정기록의 공개에 관하여는 정보공개법에 의한 공개청구가 허용되지 않는다'고 판단하였다.[2]

5. 정보공개의 방법

가. 공공기관의 선택재량 유무

청구인이 선택한 것 이외의 공개방법으로 공공기관이 정보를 공개할 수 있는가. 정보공개법 제13조 제2항은 '공공기관은 청구인이 사본 또는 복제물의 교부를 원하는 경우에는 이를 교부하여야 한다'고 규정하고 있고, 다만 정보공개법 제13조 제3항은 '공개 대상 정보의 양이 너무 많아 정상적인 업무수행에 현저한 지장을 초래할 우려가 있는 경우에는 해당 정보를 일정 기간별로 나누어 제공하거나 사본·복제물의 교부 또는 열람과 병행하여 제공할 수 있다'고 규정하고 있다. 그러므로 공개청구를 받은 공공기관으로서는 원칙적으로 청구인이 선택한 공개방법에 따라 정보를 공개해야 하고, 공개방법을 선택할 재량은 없다고 보아야 한다.[3][4]

없다. 다만, 법원은 제262조제2항 후단의 증거조사과정에서 작성된 서류의 전부 또는 일부의 열람 또는 등사를 허가할 수 있다'고 규정하고 있음을 근거로 법원이 재정신청 사건과 관련하여 보관하고 있는 서류 또는 물건의 열람·복사와 관련하여 정보공개법 제4조 제1항에서 정한 '정보의 공개에 관하여 다른 법률에 특별한 규정'이 있다고 본 서울행정법원 2024. 9. 13. 선고 2024구합52915 판결(확정).

1) 재판확정기록의 열람·등사와 관련하여 형사소송법 제59조의2는 제1항에서 "누구든지 권리 구제·학술연구 또는 공익적 목적으로 재판이 확정된 사건의 소송기록을 보관하고 있는 검찰청에 그 소송기록의 열람 또는 등사를 신청할 수 있다."라고 정하고 있고, 제2항 본문에서 "검사는 다음 각 호의 어느 하나에 해당하는 경우에는 소송기록의 전부 또는 일부의 열람 또는 등사를 제한할 수 있다."라고 정하고 있으며, 제6항과 제7항에서 검사의 열람·등사 제한에 대하여는 당해 기록을 보관하고 있는 검찰청에 대응한 법원에 그 처분의 취소 또는 불복을 신청할 수 있되 그 불복신청에 대하여 준항고의 절차를 준용하도록 규정하고 있다.

2) 대법원 2016. 12. 15. 선고 2013두20882 판결, 대법원 2017. 3. 15. 선고 2014두7305 판결.

3) 대법원 2003. 12. 12. 선고 2003두8050 판결, 대법원 2004. 8. 20. 선고 2003두8302 판결.

4) 정보공개청구의 대상이 이미 널리 알려진 사항이거나 청구량이 과다하여 정상적인 업무수행에 현저한

그러나 청구인이 선택한 공개방법에 따른 정보의 공개 및 우송 등에 드는 비용은 실비의 범위에서 청구인이 부담하여야 한다(정보공개법 제17조 제1항). 다만 공개를 청구하는 정보의 사용 목적이 공공복리의 유지·증진을 위하여 필요하다고 인정되는 경우에는 비용을 감면할 수 있다(정보공개법 제17조 제2항).

나. 전자적 형태의 정보에 관한 특례

공공기관은 전자적 형태로 보유·관리하는 정보에 대하여 청구인이 전자적 형태로 공개하여 줄 것을 요청하는 경우에는 그 정보의 성질상 현저히 곤란한 경우를 제외하고는 청구인의 요청에 따라야 하고, 전자적 형태로 보유·관리하지 아니하는 정보에 대하여 청구인이 전자적 형태로 공개하여 줄 것을 요청한 경우에는 정상적인 업무수행에 현저한 지장을 초래하거나 그 정보의 성질이 훼손될 우려가 없으면 그 정보를 전자적 형태로 변환하여 공개할 수 있다(정보공개법 제15조 제1, 2항).

이처럼 정보공개법은 청구인이 정보공개방법도 아울러 지정하여 정보공개를 청구할 수 있도록 하고 있고, 전자적 형태의 정보를 전자적으로 공개하여 줄 것을 요청한 경우에는 공공기관은 원칙적으로 그 요청에 응할 의무가 있으며, 나아가 비전자적 형태의 정보에 관해서도 전자적 형태로 공개하여 줄 것을 요청하면 재량판단에 따라 전자적 형태로 변환하여 공개할 수 있도록 하고 있다. 이는 정보의 효율적 활용을 도모하고 청구인의 편의를 제고함으로써 정보공개법의 목적인 국민의 알 권리를 충실하게 보장하려는 것이므로, 청구인에게는 특정한 공개방법을 지정하여 정보공개를 청구할 수 있는 법령상 신청권이 있다고 보아야 한다. 따라서 공공기관이 공개청구의 대상이 된 정보를 공개는 하되, 청구인이 신청한 공개방법 이외의 방법으로 공개하기로 하는 결정을 하였다면, 이는 정보공개청구 중 정보공개방법에 관한 부분에 대하여 일부 거부처분을 한 것으로 보아야 하고, 청구인은 그에 대하여 항고소송으로 다툴 수 있다고 보아야 한다.[1)]

지장을 초래할 우려가 있더라도 청구된 정보의 사본 또는 복제물의 교부를 제한할 수는 없다(대법원 2009. 4. 23. 선고 2009두2702 판결).

1) 대법원 2016. 11. 10. 선고 2016두44674 판결.

다. 정보의 양이 너무 많은 경우

구 정보공개법(2004. 1. 29. 법률 제7127호로 개정되기 전의 것) 제8조 제2항은 "정보공개청구의 대상이 이미 널리 알려진 사항이거나 청구량이 과다하여 정상적인 업무수행에 현저한 지장을 초래할 우려가 있는 경우에는 청구된 정보의 사본 또는 복제물의 교부를 제한할 수 있다"라고 규정하여 이러한 요건을 갖춘 경우 열람만 허용할 수 있는 등 공개방법을 제한할 수 있는 재량을 부여하였으나, 그 후 정보공개법 개정으로 위 조항은 삭제되었다. 대신 공공기관은 공개대상 정보의 양이 너무 많아 정상적인 업무수행에 현저한 지장을 초래할 우려가 있는 경우에는 해당 정보를 일정 기간별로 나누어 제공하거나 사본·복제물의 교부 또는 열람과 병행하여 제공할 수 있다(정보공개법 제13조 제3항). 한편 공공기관은 정보공개법 제13조 제1항에 따라 정보를 공개하는 경우에 그 정보의 원본이 더럽혀지거나 파손될 우려가 있거나 그 밖에 상당한 이유가 있다고 인정할 때에는 그 정보의 사본·복제물을 공개할 수 있다(정보공개법 제13조 제4항).

라. 소송 중의 공개 등

정보공개 거부처분의 취소를 구하는 소송 계속 중에 공공기관이 직권으로 종전의 거부처분을 취소하고 해당 정보를 공개하는 처분을 한 경우 원칙적으로 소송을 유지할 이익이 사라짐은 물론이다. 다만 공공기관이 청구정보를 증거 등으로 법원에 제출하여 법원으로 하여금 그 사본을 청구인에게 교부 또는 송달하게 한 결과 청구인에게 정보를 공개한 것과 같은 결과에 이르렀어도, 이러한 우회적인 방법은 법이 예정하고 있지 아니한 방법으로서 법에 의한 공개라고 볼 수는 없으므로, 당해 문서의 비공개결정 취소를 구할 소의 이익은 소멸되지 않는다.[1] 같은 이유로 설령 정보공개 거부처분을 받은 청구인이 다른 경로로 해당 정보를 접할 수 있게 되었다 하더라도 이러한 접근가능성은 사실상의 가능성에 불과하여 구체적인 권리인 정보공개청구권이 구제되는 것은 아니라 할 것이어서 행정소송으로 공개거부처분의 취소

1) 대법원 2004. 3. 26. 선고 2002두6583 판결, 대법원 2016. 12. 15. 선고 2012두11409, 2012두11416 (병합) 판결 등.

를 구할 법률상 이익은 상존한다.[1)]

6. 정보공개청구와 권리남용

가. 모든 권리는 신의에 좇아 성실히 행사하여야 하므로 신의칙에 반하여 권리를 남용하는 경우 그러한 권리의 행사는 허용되지 아니하며, 이는 정보공개청구의 경우에도 마찬가지이다. 따라서 실제로는 해당 정보를 취득 또는 활용할 의사가 전혀 없으면서 정보공개 제도를 이용하여 사회통념상 용인될 수 없는 부당한 이득을 얻으려거나, 오로지 공공기관의 담당공무원을 괴롭힐 목적으로 정보공개청구를 하는 경우 또는 무익한 청구를 반복하는 경우 등 권리의 남용에 해당하는 것이 명백한 때에는 예외적으로 정보공개청구권의 행사가 허용될 수 없다고 보아야 한다. 다만 알 권리의 중요성과 정보공개법이 정보공개청구의 목적·이유에 제한을 두고 있지 않은 점 등을 고려하면, 청구인이 정보공개를 청구하는 목적이나 이유가 불분명하다는 등의 이유만으로 정보공개청구가 권리남용이라고 쉽게 단정하여서는 아니 된다.[2)]

나. 정보공개청구가 권리남용에 해당한다고 볼 수 없다고 판단한 판결로는 다음과 같은 것들이 있다.

(1) 원고가 오로지 피고를 괴롭힐 목적으로 위 권리를 행사하고 있다고 볼 증거가 없는 이상 ○○군 주민인 원고가 ○○군수의 업무추진비 세부항목별 집행내역 및 영수증 등 증빙서류의 공개를 요구한 것이 권리남용에 해당한다고 볼 수는 없다.[3)]

(2) 사본열람 방법에 의한 공개만으로도 학술연구와 행정감시 등 원고의 사용목적을 달성할 수 있다거나, 피고가 앞으로도 이 사건과 유사한 수많은 반복청구에 계속 응하여야 하는 불이익과 모순이 발생할 수 있다는 등의 사정만으로는 권리남용이라 할 수 없다.[4)]

---

1) 대법원 2007. 7. 13. 선고 2005두8733 판결. 다만, 원고가 다른 소송과정에서 답안지를 공개받았다 할 것이므로, 이미 원고가 지득하고 있는 정보에 관하여 또다시 정보공개를 구하고 있는 것이어서 소의 이익이 없다고 한 하급심 판결도 있다. 서울행정법원 2003. 11. 13. 선고 2001구42130 판결(항소기각 및 심리불속행기각 확정).

2) 대법원 2015. 2. 12. 선고 2014두36341 판결, 대법원 2015. 2. 26. 선고 2014두43318 판결.

3) 대법원 2003. 3. 11. 선고 2001두6425 판결.

4) 대법원 2004. 6. 25. 선고 2004두1506 판결.

(3) 원고가 행정 감시의 목적 없이 오로지 대학교 총장 개인의 비위사실을 포착하여 형사고발사건에 악용할 목적만으로 정보공개청구를 하였다거나 대상 정보인 문서가 공개되면 원고가 이를 왜곡·과장할 것이라고 인정할 명백한 증거가 없는 이상 권리남용으로 볼 수 없다.[1]

(4) 원고가 공공기관 전 직원의 소송대리인으로서 소송상 유리한 자료를 획득하기 위하여 정보공개청구를 하였더라도 그러한 사정만으로는 권리남용에 해당한다고 볼 수 없다.[2]

(5) 보조참가인이 원고 재단의 이사장을 16회에 걸쳐 형사고발하였고, 원고의 보조참가인에 대한 건물철거소송이 계속되고 있으며, 보조참가인이 공개를 구하는 정보인 문서는 1980년대에 생산된 것으로 이미 그로부터 15년이 경과하여 대부분의 범죄행위에 대해 이미 공소시효가 완성되어 어떠한 범죄행위가 있었더라도 형사처벌의 가능성이 없다 해도, 단지 보조참가인이 원고 재단의 전·현직 임원들을 고발하고 그로 인해 원고 재단의 운영에 큰 지장이 발생하리라는 추상적 위험만으로는 보조참가인의 정보공개청구가 권리남용에 해당하지 않는다.[3]

제 4 장

(6) 비공개정보를 공개할 경우 원고가 일부 징계위원회 위원을 상대로 민·형사상 조치를 취할 위험이 있다고 하더라도, 그러한 사정만으로는 원고가 비공개정보의 공개를 청구하는 것이 권리남용에 해당한다고 볼 수 없다.[4]

(7) 정보공개청구를 통해 현금영수증 발급의무위반 행위가 확인되는 경우 이를 과세관청에 신고하겠다는 의사가 일부 있었다 하더라도, 현금영수증 발급의무위반이라는 위법행위에 대한 신고는 국세기본법상 포상금 제도를 통해 오히려 장려되고 있는바, 현금영수증 발급의무위반이라는 위법행위를 신고하여 법률상 인정된 포상금을 지급받는 것을 두고 사회통념상 용인될 수 없는 부당한 이득을 얻으려 한 행위라고 보기는 어렵다.[5]

나. 정보공개청구가 권리남용에 해당한다고 볼 수 있다고 판단한 판결로는 다음과 같은 것들이 있다.

---

1) 대법원 2006. 8. 24. 선고 2004두2783 판결.
2) 대법원 2008. 10. 23. 선고 2007두1798 판결.
3) 서울행정법원 2006. 9. 27. 선고 2006구합5601 판결(항소기각 및 심리불속행기각 확정).
4) 서울고등법원 2024. 6. 21. 선고 2023누37881 판결(심리불속행기각 확정).
5) 서울고등법원 2020. 9. 9. 선고 2019누46239 판결(확정).

(1) 원고는 정보에 대한 알 권리를 실현하기 위하여 정보공개청구를 한 것이 아니라, 자신의 정보공개청구가 거부될 것을 바라면서 그럴 경우 그 거부처분의 취소를 구하는 소송과 그에 대한 소송비용액확정절차를 통하여 부당한 경제적 이익을 취하거나, 수형생활 중 법원에 출정함으로써 강제노역을 회피할 목적으로 행사하였을 뿐이라고 볼 여지가 충분하고, 원고의 이러한 정보공개청구는 권리를 남용하는 행위로서 허용될 수 없다.[1)]

(2) 원고가 정보의 공개를 구하는 목적은 자신이 대표로 있는 회사에서 운영하는 인터넷 법률 서비스에 이를 탑재하여 서비스 이용자들에게 제공하기 위함이다. 그런데 원고가 정보공개청구를 통하여 취득하게 될 정보를 단순히 해당 인터넷 법률서비스 이용자들에게 제공하기만 하는 것은 원고 스스로의 알 권리 보장과는 아무런 관련이 없다. 뿐만 아니라, '해당 정보의 내용 파악 및 법무부 유권해석에 대한 감시'보다는 '그 정보의 제3자에 대한 제공'만을 목적으로 하는 원고의 정보공개청구는, 정보공개법이 예정하고 있는 '국정에 대한 국민의 참여와 국정 운영의 투명성 확보'라는 입법 목적과도 직접적인 관련성이 있다고 보이지 않는다. 그렇다면 원고의 이 사건 청구는 정보공개법상 정보공개청구권 제도의 내재적 한계를 일탈한 것이라고 평가할 수 있다. 반면, 이 사건 청구로 인하여 요구되는 행정적 부담은 상당한 것으로 보인다. 원고가 최종적으로 특정한 정보의 범위는 '피고가 2019. 9. 19. 원고에게 한 정보공개거부처분 중 법무부가 2009. 9. 1.부터 2019. 9. 1.까지 한 민원회신 및 유권해석 중 상법 또는 민법이란 기재가 있는 것'인데, 2018년 민원회신 정보 중 일부만으로도 767쪽에 이를 정도로 그 분량이 방대함을 알 수 있다. 나아가 원고의 청구에 응하기 위하여 피고의 담당 공무원들은 위 기간 동안 민원회신 및 유권해석 업무를 수행하며 생성한 문서 중 '상법 또는 민법이란 기재가 있는지'를 식별하여야 할 뿐만 아니라, 앞서 본 바와 같이 각 건별로 민원인의 이름 등 개인정보를 일일이 식별·삭제하고, 민원인의 인적사항이 노출될 우려가 있는 구체적인 사실관계를 분리하여 삭제하는 등의 조치를 취하여야 할 것이므로, 여기에는 자체적으로 공개하는 법령해석 사례집 발간에 준하는 정도 또는 이를 넘어서는 정도의 상당한 검토 작업이 필요할 것으로 예상된다. 위와 같은 사정 등에 비추어 보면, 원고의

---

1) 대법원 2014. 12. 24. 선고 2014두9349 판결, 대법원 2015. 1. 29. 선고 2014두42476 판결.

정보공개청구권 행사는 권리남용에 해당하여 허용될 수 없다.[1)]

(3) 정보공개청구는 모두 원고가 근무하던 ○○시 ○○과의 업무에 관한 것으로서 원고에 대한 징계해고절차가 진행 중이던 기간에 집중적으로 이루어졌고, 일괄하여 다량의 정보공개를 청구하고 있어서 이러한 정보를 공개하기 위하여는 ○○시 공무원들이 상당한 행정력을 투입하여야 할 것으로 보인다. 반면에 원고가 이 사건 각 정보공개청구를 통하여 얻고자 하는 정보들은 원고의 권리 구제와는 직접 관련이 없는 것이고, 그 밖에 원고는 그 정보공개청구의 목적이 행정 감시를 위한 것이라고 진술하고 있을 뿐 피고가 공개한 정보를 수령하여 이를 이용한 사정이나 장래 이용할 의사가 엿보이지 않는다. 이러한 제반 사정에 비추어 볼 때, 이 사건 각 정보공개청구는 원고가 징계해고에 반발하여 ○○시 ○○과 소속 공무원들을 괴롭히고 행정력을 소모시킬 목적으로 이루어진 것으로 보인다. 위와 같은 사정 등에 비추어 보면, 원고는 실제로는 해당 정보를 취득 또는 활용할 의사가 전혀 없이 ○○시 ○○과 소속 공무원들을 괴롭힐 목적으로 이 사건 각 정보공개청구를 하였다고 봄이 타당하고, 이는 권리를 남용하는 행위로서 허용되지 않는다.[2)]

제 4 장

1) 서울고등법원 2022. 9. 2. 선고 2021누48788 판결(심리불속행기각 확정). 다만 위 판결은 원고가 정보공개를 청구한 정보가 정보공개법 제9조 제1항 단서 제5호가 정하는 비공개대상 정보에 해당한다고 보면서, 부가적으로 원고의 정보공개청구권 행사가 권리남용에도 해당한다고 판단하였다.

2) 서울고등법원 2019. 6. 25. 선고 2018누59351 판결(확정).

Ⅲ. 공개·비공개의 전체적 구조

1. 공개의 원칙

정보공개제도의 본질에 비추어 공공기관이 보유·관리하는 정보는 공개함이 원칙이지만, 일정 범위의 정보는 예외로 비공개할 수 있도록 하는 것이 정보공개제도를 두고 있는 여러 나라의 통례이다. 우리 정보공개법도 제3조[1]에서 “공공기관이 보유·관리하는 정보는 국민의 알 권리 보장 등을 위하여 이 법에서 정하는 바에 따라 적극적으로 공개하여야 한다”라고 규정하는 한편 제9조 제1항에서 “공공기관이 보유·관리하는 정보는 공개 대상이 된다. 다만, 다음 각 호의 어느 하나에 해당하는 정보는 공개하지 아니할 수 있다”라고 규정하여 예외적인 비공개대상정보를 열거하

---

1) 이에 관하여 헌법재판소 2003. 4. 24. 선고 2002헌바59 결정은 '공공기관이 보유·관리하는 정보는 이 법이 정하는 바에 따라 공개하여야 한다'고 규정한 이 사건 법률조항은 단지 공공기관이 실제로 보유·관리하고 있는 정보에 대하여 그 공개원칙을 정하는 의미일 뿐이며 공공기관이 고의 또는 과실로 문서의 존부에 대한 확인의무를 게을리 하였거나, 공공기관이 고의 또는 과실로 문서를 보유·관리하고 있지 않게 된 경우 당해 공공기관이 정보비공개를 정당화하는 법적 근거가 되는 것이 아니며 그렇게 해석될 여지도 없다. 또한 이 사건 법률조항이 '공공기관이 보유·관리하는 정보'라는 표현을 사용하고 있는 점이나 존재하지 아니하는 문서는 공개하는 것이 당연히 불가능한 것이라는 점 등을 고려할 때 일반적인 상식이나 통상적인 법 감정을 가진 사람이라면 누구나 용이하게 이와 같이 판단할 수 있을 뿐만 아니라 이를 예견하고 이에 따라 행동할 수 있다고 할 것이다. 따라서 이 사건 법률조항은 법치주의에서 요구하는 법규의 명확성 원칙에 위배되지 아니한다. 이 사건 법률조항은 단지 공공기관이 보유·관리하는 정보에 대한 '정보공개의 원칙'을 선언한 규정으로서 공공기관이 고의 또는 과실로 문서를 보유·관리하고 있지 않게 된 경우 당해 공공기관이 정보비공개를 정당화하는 법적 근거가 되는 것이 아니며, 별도로 공공기관의기록물관리에관한법률에 의하여 문서의 보관·관리에 관한 법적 책임을 규율하고 있는 현행법 체계상 그와 같이 해석될 필요도 없으므로 국민의 알 권리를 침해하는 하등의 내용을 가진 것이라고 할 수 없다. 다만 알 권리 등 기본권을 보장하는 법률조항이라고 하더라도 불충분하거나 기본권 보장의 방법이 평등의 원칙에 반한다면 헌법에 위배될 수도 있다고 할 것이나, 공공기관이 보유·관리하고 있지 않은 정보를 공개하도록 하는 것은 불능의 조치를 강제하는 무의미한 것으로 그러한 내용을 포함하고 있지 않다고 하여 불충분하거나 불평등한 입법이라고 할 수도 없다고 판단하였다.

고 있다.

관련하여 대법원은 '정보공개법 제1조, 제3조, 제6조는 국민의 알 권리를 보장하고 국정에 대한 국민의 참여와 국정운영의 투명성을 확보하기 위하여 공공기관이 보유·관리하는 정보를 모든 국민에게 원칙적으로 공개하도록 하고 있다. 그러므로 국민으로부터 보유·관리하는 정보에 대한 공개를 요구받은 공공기관으로서는, 정보공개법 제9조 제1항 각호에서 정하고 있는 비공개사유에 해당하지 않는 한 이를 공개하여야 한다. 이를 거부하는 경우라 할지라도, 대상이 된 정보의 내용을 구체적으로 확인·검토하여, 어느 부분이 어떠한 법익 또는 기본권과 충돌되어 정보공개법 제9조 제1항 몇 호에서 정하고 있는 비공개사유에 해당하는지를 주장·증명하여야만 하고, 그에 이르지 아니한 채 개괄적인 사유만을 들어 공개를 거부하는 것은 허용되지 아니한다'고 판시하였다.[1)]

2. 비공개정보의 성격

정보공개법이 규정하는 비공개대상정보들은 입법자가 정보공개제도와 헌법이 보장하는 다른 기본권의 규범조화적 실현이라는 측면에서 정보공개를 통하여 얻는 이익과 비공개로 실현되는 다른 법익을 비교형량하여 정보공개의 원칙에도 불구하고 공개대상에서 제외함이 일면 타당하다고 판단한 정보들을 유형화한 것이다.[2)]

비공개대상정보 열거규정의 성격에 대하여 이것을 공개의무 면제규정으로 볼지 아니면 공개금지규정으로 볼지가 문제될 수 있다.[3)] 정보공개법 제9조 제1항 제1호

---

1) 대법원 2012. 12. 13. 선고 2011두4787 판결, 대법원 2018. 4. 12. 선고 2014두5477 판결 등.

2) 박진우, "정보공개법상 법령에 의한 비공개정보에 관한 고찰 - 공공기록물관리에 관한 법률과의 관계를 중심으로 -", 동아법학 43호(2009), 39.

3) 일본 정보공개법 제7조는 공개청구문서에 비공개정보를 기록한 경우에도 행정기관의 장은 공익상의 필요가 있는 때에는 공개할 수 있다고 하는 재량적 공개를 명문으로 인정하고 있는바, 비공개대상정보의 성격을 어떻게 이해하느냐에 따라 재량적 공개규정의 위상에 차이가 나게 된다. 여기에서 비공개정보를 공개의무의 금지로 본다면 법률에서 명문의 수권이 없는 한 비공개정보를 재량으로 공개하는 것은 허용되지 않고, 위와 같은 조문은 비공개로 하는 것보다도 공개하는 쪽이 우월한 특별한 필요성이 있는 경우에 행정기관에 재량적 공개를 수권한 규정이라고 해석할 수 있다. 반면, 비공개정보를 공개의무의 면제로 본다면 행정기관이 공개를 금지당하고 있는 것은 아니므로 공익상의 이유가 있다면 행정기관은 법률의 근거가 없어도 재량으로 공개가 허용되고, 위와 같은 조문은 그러한 이치를 주의적으로 확인한 규정에 지나지 않는 것이 된다.

의 법령비정보 규정은 공개금지규정으로 볼 수밖에 없으나,[1] 공공기관은 적극적으로 정보를 공개하여야 함을 천명하고 있는 정보공개법의 태도에 비추어 비공개대상정보 열거규정은 공개의무 면제규정으로 파악하여 공개의 가능성을 넓혀 가는 것이 정보공개제도의 취지에 부합하는 해석일 것이다.

따라서 정보의 공개여부 판단은 공개청구된 정보가 개별 법령에서 비공개로 규정되어 있는지를 살펴본 이후 정보공개법의 비공개 대상정보인지 여부를 개별적으로 검토하여 판단하여야 한다. 비공개 사유에 대한 구체적인 증명책임은 해당 공공기관이 전적으로 지며, 개괄적인 사유만을 들어 공개를 거부하는 것은 허용되지 않는다. 다시 말하면 단순히 정보공개법 제9조 제1항 각호의 범주에 들어간다고 해서 당연히 비공개해서는 안 되고, 정보의 비공개를 위해서는 공개하면 실질적으로 해가 될 것이라는 것과 비공개가 더 큰 공익의 보장을 위해 필요하다는 것을 증명해야 한다.[2]

3. 비공개정보의 구조

정보공개법 제9조 제1항은 비공개대상정보를 규정하면서 그 구체적인 표현방법으로서 사무의 종류 또는 정보의 유형에 따른 사항적(事項的) 요소(예를 들면, 국가안전보장 등에 관한 사항, 수사에 관한 사항)와 공개에 의한 장해 또는 법익침해 여부를 개별적·구체적으로 판단하기 위한 정형적(定型的) 요소(예를 들면, '국가의 중대한 이익을 현저히 해칠 우려', '법인 등의 정당한 이익을 현저히 해칠 우려' 등)를 조합하는 방식을 취하고 있다.[3]

사항적 요소의 경우 사항의 단위를 포괄적으로 하면 필요 이상으로 비공개의 범위가 넓어져 버리고, 반대로 세분화하면 사항이 방대해져서 망라적으로 열거하는

1) 이에 대하여 법령비정보의 경우에도 공익상의 필요에 의하여 이를 공개함이 타당한 경우도 있을 수 있다는 점에서 이를 공개금지규정으로 해석하는 것은 무리라는 견해도 있다.

2) (정보공개를) 거부하는 경우라 할지라도, 대상이 된 정보의 내용을 구체적으로 확인·검토하여, 어느 부분이 어떠한 법익 또는 기본권과 충돌되어 정보공개법 제9조 제1항 몇 호에서 정하고 있는 비공개사유에 해당하는지를 주장·증명하여야만 하고, 그에 이르지 아니한 채 개괄적인 사유만을 들어 공개를 거부하는 것은 허용되지 아니한다(대법원 2018. 4. 12. 선고 2014두5477 판결).

3) 외국(핀란드 등)에는 그 밖에 시간적 요소(예를 들면, '작성 후 30년을 경과한 문서' 등)를 비공개정보의 규정에 포함시키는 입법례도 있다고 한다.

것이 곤란해진다. 또한 정형적 요소만으로는 비공개정보의 범위를 확정하는 기준이 지나치게 추상적이고 명확성을 결하게 된다. 따라서 사항적 요소와 정형적 요소를 적절히 결합하는 것이 바람직하다.[1] 그 밖에 시간적 요소에 관하여 우리 정보공개법은 '기간의 경과 등으로 인하여 비공개의 필요성이 없어진 경우에는 그 정보를 공개 대상으로 하여야 한다'는 규정(제9조 제2항)을 두고 있다.

1) 변현철, 앞의 글, 617; 경건, "정보공개와 개인정보의 보호", 정보법학(6권 1호), 한국정보법학회(2002), 78-79.

Ⅳ. 비공개대상정보의 범위

1. 비공개대상정보 개관

정보공개법 제9조 제1항은 비공개대상정보를 한정적으로 열거하는 한정적 열거주의를 취하고, 비공개에 의하여 주로 보호받는 이익이 국익, 공익, 사익 등 어느 것인지에 착안하여, 법령비정보(法令秘情報), 국가안전보장 등 국익 관련 정보, 국민의 생명보호 등 공익 관련 정보, 재판·범죄 수사 등 관련 정보, 일반행정업무수행정보, 개인정보, 법인 등의 영업상 비밀 관련 정보, 특정인의 이익·불이익 관련 정보로 구분하고 있다. 이를 다시 크게 나누면 하나는 공공기관 이외의 제3자인 개인·법인에 관한 정보를 처분청이 관리하고 있는 경우에 그 제3자의 권익을 보호하기 위한 비공개정보(정보공개법 제9조 제1항 제6, 7, 8호)[1]이고, 다른 하나는 처분청 자체의 기능을 보호할 필요성에 관계된 사유에 관한 정보이다(정보공개법 제9조 제1항 제2 내지 5호).

2. 법령비정보(法令秘情報)

> 다른 법률 또는 법률에서 위임한 명령(국회규칙·대법원규칙·헌법재판소규칙·중앙선거관리위원회규칙·대통령령 및 조례로 한정한다)에 따라 비밀이나 비공개 사항으로 규정된 정보(정보공개법 제9조 제1항 제1호)

1) 보호법익이 처분청 입장에서 볼 때 외재적(外在的)인 법익이므로 제3자의 의견 청취 등 절차적인 측면이 강조된다.

가. 규정의 의의

다른 법령에 의한 비공개 가능성을 열어둔 일반조항의 성격을 가진다. 이와 같은 규정을 둔 취지는 다른 법률에서 비밀이나 비공개 사항으로 규정한 경우는 이를 존중함으로써 법률 간의 마찰을 피하자는 데 있다.[1]

반면 본 호는 개별 입법을 통하여 공공정보공개의 원칙을 피해나갈 길을 제도적으로 보장한 것이라는 비판이 있으므로, 특히 법률에 의한 명령의 의미는 더욱 제한하여 해석할 것이다.[2]

나. 법률의 의미(비밀엄수의무와의 관계)

(1) 위 규정에서의 법률은 실질적·내용적 성격을 고려함이 없이 헌법상의 입법절차에 따라 나타나는 국회의 의사, 즉 형식적 의미의 법률을 의미한다.

(2) 국가공무원법 제60조는 "공무원은 재직 중은 물론 퇴직 후에도 직무상 지득한 비밀을 엄수하여야 한다"라고 규정하여, 공무원에게 비밀엄수의무를 부과하고 있다.[3] 이러한 공무원의 비밀엄수 조항이 위 법률에 의한 비공개 사유에 해당하는지 문제된다.

(가) 먼저 국가공무원법 제60조에서 말하는 '직무상 비밀'이란, 폐쇄된 또는 일정한 범위의 사람에게만 알려진 사실로서 그에 대한 인식이 공무수행에 요구되는 사항을 말한다. 직무상 비밀사항에는 '법률이 직무상 비밀로 정한 사항(예, 군사기밀보호법 제2조)'과 '법률이 비밀로 정한 것은 아니지만 비밀인 사항'이 있고, '법률이 비밀로 정한 것은 아니지만 비밀인 사항'에 해당하는지의 판단 기준으로는 형식설(행정기관이 비밀로 취급하는 사항은 모두 비밀이라는 견해)과 실질설(객관적·실질적으로 보호할 가치 있는 것인지를 기준으로 비밀성을 판단하는 견해)로 나뉜다.[4] 우리 판례는

---

1) 대법원 2006. 1. 13. 선고 2004두12629 판결.

2) 위 '법률에서 위임한 명령'은 법률의 위임규정에 의하여 제정된 대통령령, 총리령, 부령 전부를 의미한다기보다는 정보의 공개에 관하여 법률의 구체적인 위임 아래 제정된 법규명령(위임명령)을 의미한다고 본 대법원 2003. 12. 11. 선고 2003두8395 판결, 대법원 2010. 6. 10. 선고 2010두2913 판결, 대법원 2012. 10. 11. 선고 2011두11921 판결 등.

3) 지방공무원법 제52조도 "공무원은 직무상 알게 된 비밀을 엄수하여야 한다"라고 규정하고 있다.

4) 일본의 국가공무원법 제100조도 우리와 같이 공무원의 비밀엄수의무를 규정하고 있는바, 그 '비밀'의 의미에 관하여, 우리와 같은 형식설, 실질설 외에 복합설('비밀'이 되기 위하여는 행정기관이 비밀로

실질설을 취하고 있는 것으로 보인다.[1)]

(나) 공무원의 '비밀엄수의무'를 규정한 법률(예, 국가공무원법 제60조)에서 말하는 '공무원이 직무상 알게 된 비밀'이 정보공개법 제9조 제1항 제1호 소정의 '비공개대상정보'에 해당하는지에 관하여는 다음과 같이 견해가 대립되고 있다.

① 법령비에 해당하지 않는다는 견해(부정설): 공무원의 비밀엄수의무조항이 비공개의 근거가 된다는 점을 긍정한다면, 공개청구의 상대방이 공무원인 이상, 정보공개법 제9조 제1항 제2호 이하에서 구체적으로 규정하고 있는 비공개대상정보의 유형은 아무런 의미가 없고, 그것이 공무원법상 비밀에 해당하는지만 문제가 되는 결과가 된다. 이와 같은 결론은 정보의 공개범위를 확대하고자 하는 정보공개법의 근본취지와 이념을 형해화하는 셈이 된다. 따라서 법률이라도 국가공무원법 제60조의 경우와 같은 추상적이고 일반적인 비공개규정은 정보공개법 제9조 제1항 제1호 소정의 '다른 법률'에는 해당하지 않고, '비공개로 해야 하는 정보의 내용과 범위가 구체적으로 특정되어 있고 재량의 여지를 남기지 않는 방식으로 규정된 경우' 또는 '적어도 비공개로 하는 정보의 내용과 범위 및 구별기준을 구체적으로 특정한 경우'에만 정보공개법 제9조 제1항 제1호에 해당한다고 봄이 상당하다는 것이다.[2)]

② 법령비에 해당된다는 견해(긍정설): 다음과 같은 논거에서 국가공무원법 제60조와 같이 '공무원의 일반적인 비밀엄수의무를 규정한 법률'도 정보공개법 제9조 제1항 제1호 소정의 '법률'에 해당하고, 국가공무원법 제60조 소정의 '공무원의 직무상 알게 된 비밀'은 정보공개법 제9조 제1항 제1호 소정의 '비공개대상정보'에 해당한다고 한다.

㉮ 부정설은 정보공개제도의 취지 등에 비추어 그와 같이 해석하여야 한다고 주장하고 있으나, 정보공개법 제9조 제1항 제1호의 법문('법률 … 에 따라 비밀로 규정된 … 정보')의 내용을 살펴보아도, 법률을 부정설과 같이 '공무원의 일반적인 비밀엄수의무를 규정한 법률'과 '비공개로 해야 하는 정보의 내용과 범위가 구체적으로 특정되어 있는 개별적·구체적인 비밀엄수의무를 규정한 법률'로 분류하여 후자만이 정보공개법 제9조 제1항 제1호 소정의 '법률'에 해당하고 전자는 이에 해당하지 않

지정할 뿐만 아니라 실질적으로도 비밀로서 보호할 가치가 있는 것임을 요한다는 견해)이 있다.

1) 대법원 1996. 5. 10. 선고 95도780 판결, 대법원 1996. 10. 11. 선고 94누7171 판결.

2) 한위수, 앞의 글, 496-497; 변현철, 앞의 글, 622-624; 경건, "정보공개청구제도에 관한 연구", 서울대학교 박사학위논문(1998), 258.

는다고 할 법률적, 논리적 근거가 전혀 없다. 따라서 국가공무원법 제60조와 같이 '공무원의 일반적인 비밀엄수의무를 규정한 법률'도 정보공개법 제9조 제1항 제1호 소정의 '법률'에 해당한다고 봄이 타당하다.

㈏ 실제적으로, 부정설이 언급하고 있는 바와 같은 '공무원의 일반적인 비밀엄수의무를 규정한 법률'과 '비공개로 해야 하는 정보의 내용과 범위가 구체적으로 특정되어 있는 개별적·구체적인 비밀엄수의무를 규정한 법률'의 구별기준이 명백하다고 할 수 없어, 정보공개제도의 운용에 어려움이 생긴다.

㈐ 그리고 국가공무원법 제60조 소정의 '직무상 알게 된 비밀'이기 위하여는, '통상의 지식과 경험을 가진 다수인에게 알려지지 아니한 비밀성을 가졌고, 또한 정부나 국민의 이익 또는 행정목적 달성을 위하여 비밀로서 보호할 필요성이 있는 것'임을 요하는바,[1] 이러한 비밀이 비공개된다 하여 크게 불합리할 것은 없다.

㈑ 국가공무원법, 정보공개법 등 관련 법령은 정합성 있게 해석할 필요가 있다. 예컨대, 어떤 사항이 국가공무원법 제60조 소정의 '공무원이 직무상 알게 된 비밀'에 해당함에도, 공무원이 정보공개법 제9조 제1항 각 호 소정의 '비공개대상정보'에 해당하지 않는다는 이유로 공개하였을 경우, 그 공무원은 국가공무원법 제60조 소정의 비밀엄수의무를 위반하였다는 이유로 처벌을 받아야 하느냐는 문제가 생긴다. 부정설을 취한다면 해당 공무원은 처벌을 받을 가능성이 있는데 공무원의 입장에서 볼 때 이러한 결론이 불합리함은 물론이다. 이러한 불합리를 극복하기 위하여, 부정설을 취하면서도 공무원은 처벌해서는 안 된다고 본다면, 그 한도에서 국가공무원법 제60조를 사문화하는 결과가 된다. 그러나 긍정설을 취한다면 이러한 문제점을 모순 없이 해결할 수 있다.[2]

③ 생각건대, 추상적이고 일반적인 비공개규정을 둔 법률을 모두 법령비정보로 볼 경우 비공개정보의 범위가 지나치게 넓어지므로 부정설에 찬동한다. 부정설에 의할 경우 직무상의 비밀이라도 법령이 명시적으로 비밀 또는 비공개사항으로 분류, 규정하지 아니한 이상 정보공개법 제9조 제1항 제1호 소정의 비공개대상정보에 해당하지 않고, 따라서 국민으로부터 공개청구에 따라 정보를 공개하는 이상 비밀엄수의무위반이나 공무상 비밀누설죄가 성립할 여지도 없다고 보게 될 것이다.

---

1) 대법원 1996. 10. 11. 선고 94누7171 판결.
2) 김용찬, "정보공개청구사건에서의 몇 가지 쟁점", 법조52권 9호(통권564호), 법조협회(2003), 247-248.

(3) 법률에 의한 법령비정보로 볼 수 있는 것과 없는 것은 다음과 같다.

(가) 법령비정보를 정한 법률로는, ① '국회 정보위원회는 국정원의 예산심사를 비공개로 하며, 국회 정보위원회의 위원은 국정원의 예산 내역을 공개하거나 누설하여서는 아니 된다'는 국가정보원법 제16조 제7항,[1] ② '세무공무원은 납세자가 세법에서 정한 납세의무를 이행하기 위하여 제출한 자료나 국세의 부과·징수를 목적으로 업무상 취득한 자료 등(과세정보)을 타인에게 제공 또는 누설하거나 목적 외의 용도로 사용해서는 아니 되며, 이를 위반하여 과세정보의 제공을 요구받으면 그 요구를 거부하여야 한다'는 국세기본법 제81조의13 제1항, 제3항,[2][3][4] ③ '누구든지 제1항 및 제2항에 해당하는 경우를 제외하고 공직자윤리위원회 또는 등록기관의 장의 허가를 받지 아니하고는 등록의무자의 재산에 관한 등록사항을 열람·복사하거나 이를 하게 하여서는 아니 되며, 재산등록업무에 종사하거나 하였던 사람 또는 직무상 재산등록사항을 알게 된 사람은 다른 사람에게 이를 누설하여서는 아니 된다'는 공직자윤리법 제10조 제3항, 제14조,[5] ④ '누구든지 이 법의 규정에 의한 통신제한조치로 지득한 내용을 이 법의 규정에 의하여 사용하는 경우 외에는 이를 외부에 공개하거나 누설하여서는 아니 된다'는 통신비밀보호법 제11조, ⑤ '행정심판위원회에서 위원이 발언한 내용은 공개하지 아니한다'는 구 행정심판법(2010. 7. 26. 법률 제

---

1) 대법원 2010. 12. 23. 선고 2010두14800 판결(이혼소송 중인 국가정보원 직원 갑의 배우자 을이 국가정보원장에게 '국가정보원에서 갑에게 지급하는 현금급여 및 월초수당' 등 정보의 공개를 청구하였으나 국가정보원장이 위 정보는 공공기관의 정보공개에 관한 법률 제9조 제1항 제1호 등에 따라 비공개대상정보에 해당한다는 이유로 공개를 거부하는 처분을 한 사안에서, 현금급여 및 월초수당 등에 관한 정보가 공공기관의 정보공개에 관한 법률 제9조 제1항 제1호의 비공개대상정보에 해당한다고 판단한 원심판결 부분이 정당하다고 한 사례).

2) 대법원 2004. 3. 12. 선고 2003두11544 판결, 대법원 2020. 5. 14. 선고 2017두49652 판결, 서울고등법원 2003. 12. 2. 선고 2002누19086 판결(확정), 서울행정법원 2004. 6. 10. 선고 2004구합503 판결(확정), 서울고등법원 2021. 7. 9. 선고 2020누42066 판결(확정).

3) 또한 '세관공무원은 납세자가 이 법에서 정한 납세의무를 이행하기 위하여 제출한 자료나 관세의 부과·징수 또는 통관을 목적으로 업무상 취득한 자료 등(이하 '과세정보'라 한다)을 타인에게 제공하거나 누설하여서는 아니 되며, 사용 목적 외의 용도로 사용하여서도 아니 된다'는 관세법 제116조 제1항, 서울행정법원 2017. 5. 25. 선고 2016구합74019 판결(확정).

4) 다만 관세법 제117조가 '세관공무원은 납세자가 납세자의 권리행사에 필요한 정보를 요구하면 신속하게 제공하여야 한다.'고 정하고 있는 점에 비추어 보면, 관세법 제116조에서 '타인에게 과세정보를 제공하는 등의 행위'를 금지하는 것은 납세자가 아닌 제3자에게 납세자의 권리행사와 무관한 정보를 제공하는 것을 금지하는 취지로만 해석되고, 위 규정이 납세자 스스로의 권리행사를 위하여 필요한 정보를 공개하는 것까지 금지한다고 볼 수는 없다고 본 서울행정법원 2024. 12. 26. 선고 2023구합85079 판결(항소심 계속 중).

5) 대법원 2007. 12. 13. 선고 2005두13117 판결.

9968호로 개정되기 전의 것) 제26조의2,[1] ⑥ '금융회사등에 종사하는 자는 명의인(신탁의 경우에는 위탁자 또는 수익자를 말한다)의 서면상의 요구나 동의를 받지 아니하고는 그 금융거래의 내용에 대한 정보 또는 자료(이하 '거래정보등'이라 한다)를 타인에게 제공하거나 누설하여서는 아니 되며, 누구든지 금융회사등에 종사하는 자에게 거래정보등의 제공을 요구하여서는 아니 된다'는 금융실명거래 및 비밀보장에 관한 법률 제4조 제1항 본문,[2] '금융거래정보를 알게 된 자는 그 알게 된 거래정보 등을 타인에게 제공 또는 누설하거나 그 목적 외의 용도로 이용하여서는 아니 된다'는 금융실명거래 및 비밀보장에 관한 법률 제4조 제4항,[3] ⑦ '공개하지 아니한 회의의 내용은 공표되어서는 아니 된다'는 국회법 제118조 제4항 본문,[4] ⑧ '위원회의 진정에 대한 조사·조정 및 심의는 비공개로 한다'는 국가인권위원회법 제49조 본문,[5] ⑨ '서면심리와 평의는 공개하지 아니한다'는 헌법재판소법 제34조 제1항 단서,[6] ⑩ '개인신용정보는 당해 신용정보주체와의 금융거래등 상거래관계(고용관계를 제외한다)의 설정 및 유지 여부 등의 판단목적으로만 제공·이용되어야 한다'는 구 신용정보의 이용 및 보호에 관한 법률(2009. 4. 1. 법률 제9617호로 개정되기 전의 것) 제24조 제1항 본문,[7] ⑪ 국가정보원법 제3조 제2항과 그 위임에 의한 대통령령인 보안업무규정 제2조 제1호, 제4조, 제23조의 규정에 따라 Ⅰ급, Ⅱ급 및 Ⅲ급 비밀로 지정한 정보,[8] ⑫ 군사기밀보호법 제3조, 제4조, 같은 법 시행령 제3조, 제4조, 제10조, 보

제 4 장

---

1) 서울행정법원 2003. 9. 16. 선고 2003구합16457 판결(확정). 헌법재판소 2004. 8. 26. 선고 2003헌바81,89(병합) 결정은 '행정심판위원회의 최종 의사 형성에 관하여 토의가 이루어지는데 자유롭고 활발하며 공정한 심리·의결이 보장되기 위해서는 심리·의결 과정에서 누가 어떤 발언을 하였는지가 외부에 공개되지 않도록 보장할 필요가 있으므로 행정심판법 제26조의2가 위원의 발언 내용을 비공개대상으로 하는 것은 입법목적에 합리적인 정당성이 있어 정보공개청구권의 본질적 내용을 침해한 것으로 볼 수 없다'고 하였다.

2) 서울행정법원 2018. 1. 25. 선고 2017구합3458 판결(확정), 서울행정법원 2022. 9. 2. 선고 2021구합4991 판결(항소기각 및 심리불속행기각 확정).

3) 한위수, 앞의 글, 497; 서울행정법원 2005. 1. 25. 선고 2004구합30375 판결(확정), 서울행정법원 2022. 9. 30. 선고 2022구합60349 판결(확정).

4) 서울행정법원 2006. 4. 25. 선고 2005구합28133 판결(확정).

5) 서울행정법원 2005. 10. 19. 선고 2005구합12657 판결(확정)은 국가인권위원회가 조사 중인 진정사건에 관한 진정서와 그 첨부서류가 정보공개법 제9조 제1항 제1호 소정의 비공개정보라고 판시하였다.

6) 서울행정법원 2005. 11. 17. 선고 2005구합23176 판결(확정)은 헌법재판소의 신행정수도이전특별법 위헌결정과 관련한 '재판관 회의 일시 및 회의 참석자, 재판관 회의 회의록 및 결의서, 녹취록, 보고서, 검토서, 연구관의견서'는 정보공개법 제9조 제1항 제1호 소정의 비공개정보라고 판시하였다.

7) 서울행정법원 2002. 1. 29. 선고 2001구16445 판결(확정).

8) 서울행정법원 2005. 5. 31. 선고 2004구합17358 판결(항소기각 확정).

안업무규정에 따라 군사비밀로 지정한 정보,[1] ⑬ 학교폭력대책자치위원회의 회의를 공개하지 못하도록 규정한 학교폭력예방 및 대책에 관한 법률 제21조 제3항(학교폭력대책자치위원회의 회의록),[2] ⑭ '국가정보원의 조직·소재지 및 정원은 국가안전보장을 위하여 필요한 경우에는 이를 공개하지 아니할 수 있다'는 국가정보원법 제6조,[3] ⑮ '개표가 끝난 때에는 투표구별로 개표한 투표지를 유효·무효로 구분하고, 유효투표지는 다시 후보자(비례대표국회의원선거 및 비례대표지방의회의원선거에 있어서는 후보자를 추천한 정당을 말한다)별로 구분하여 각각 포장하여 구·시·군선거관리위원회 위원장이 봉인하여야 한다'는 공직선거법 제184조[4] 등을 찾아볼 수 있다.

(나) 반면 법령비정보를 정한 것으로 볼 수 없는 것으로는, ① '소송에 관한 서류는 공판의 개정 전에 공익상 필요 기타 상당한 이유가 없으면 공개하지 못한다'는 형사소송법 제47조,[5] ② '이 법에 의한 직무에 종사하거나 종사하였던 위원 또는 공무원은 그 직무상 알게 된 사업자의 비밀을 누설하거나 이 법의 시행을 위한 목적 외에 이를 이용하여서는 아니 된다'는 구 독점규제 및 공정거래에 관한 법률(2020. 5. 19. 법률 제17290호로 개정되기 전의 것) 제62조,[6][7] ③ '보안관찰처분의 업무에 종사하는 공무원 또는 제11조의 신원보증을 한 자가 정당한 사유 없이 보안관찰처분대상자에 관하여 이 법에 의하여 지득한 사실을 공표하거나 누설한 때에는 2년

---

1) 서울고등법원 2007. 3. 28. 선고 2006누27450 판결(확정)은 위 규정에 따라 감사원장이 군사 제2급 비밀로 지정한 국방부 헬기도입사업에 대한 감사원의 감사결과보고서는 비공개대상정보라고 판시하였다.
2) 대법원 2010. 6. 10. 선고 2010두2913 판결.
3) 대법원 2013. 1. 24. 선고 2010두18918 판결.
4) 서울행정법원 2017. 4. 7. 선고 2016구합70383 판결(항소기각 및 심리불속행기각 확정).
5) 대상은 한정하고 있으나 광범위한 재량권을 부여하고 있어 비공개정보라고 보기 어렵다. 대법원 2004. 11. 25. 선고 2003두9794 판결 및 대법원 2006. 5. 25. 선고 2006두3049 판결.
6) 공정거래법 제62조는 비밀엄수의 범위와 그 구체적 기준을 특정하지 아니한 채 일반적인 비밀엄수의무를 규정하고 있는바, 국가공무원법 제60조에서도 "공무원은 재직 중은 물론 퇴직 후에도 직무상 지득한 비밀을 엄수하여야 한다"고 규정하고 있어 정보공개법 제9조 제1항 제2호 이하에서 구체적으로 규정하고 있는 비공개대상정보의 유형은 아무런 의미가 없고, 비밀엄수의무에 따른 비밀에 해당하는지만 문제되는 결과에 이른다 할 것인데, 이러한 결론은 정보의 원칙적 공개, 예외적 비공개와 비공개정보를 구체적으로 한정함으로써 공개범위를 확대하고자 하는 정보공개법의 근본취지와 이념을 형해화할 것이므로 공정거래법이 적용되는 관계공무원에게 일반적인 비밀엄수의무만을 부과한 것에 불과한 공정거래법 제62조를 정보공개법 제9조 제1항 제1호 소정의 법률로 볼 수는 없다. 서울행정법원 2003. 8. 19. 선고 2002구합33790 판결(확정).
7) 다만 서울고등법원 2000. 10. 24. 선고 2000누613 판결과 그 상고심인 대법원 2003. 3. 28. 선고 2000두9212 판결의 판시 취지에 의하면, 공정거래법 제62조 소정의 '공무원이 직무상 알게 된 사업자의 비밀'에 해당하면 정보공개법 제9조 제1항 제1호 소정의 '비공개대상정보'에 해당함을 전제로 하고 있는 것으로 보인다고 주장하는 견해가 있다. 김용찬, 앞의 글, 249.

이하의 징역 또는 5년 이하의 자격정지에 처한다'는 보안관찰법 제27조 제7항,[1] ④ '신용정보업자등과 신용정보의 처리를 위탁받은 자의 임원 및 직원이거나 이었던 자는 업무상 알게 된 타인의 신용정보 및 사생활등 개인적 비밀을 업무목적 외로 누설 또는 이용하여서는 아니 된다'는 구 신용정보의 이용 및 보호에 관한 법률(2009. 4. 1. 법률 제9617호로 개정되기 전의 것) 제27조 제1항,[2] ⑤ '공사의 임직원과 임직원이었던 사람은 직무상 알게 된 비밀을 누설해서는 아니 된다'는 예금자보호법 제17조,[3] ⑥ '다른 법률에 따르지 아니하고는 행정조사의 대상자 또는 행정조사의 내용을 공표하거나 직무상 알게 된 비밀을 누설하여서는 아니 된다'고 규정한 행정조사기본법 제4조 제5항,[4] ⑦ '원장·부원장·부원장보 및 감사와 직원 또는 그 직에 있었던 사람은 직무상 알게 된 정보를 다른 사람에게 누설하거나 직무상의 목적 외에 이를 사용하여서는 아니 된다'고 규정한 금융위원회의 설치 등에 관한 법률 제35조 제2항,[5] ⑧ '다음 각 호의 어느 하나에 해당하는 자는 그 직무상 알게 된 비밀을 누설하거나 부당한 목적을 위하여 이용해서는 아니 된다'고 규정한 주식회사 등의 외부감사에 관한 법률 제20조 본문[6] 등이 있다.

제 4 장

(다) 그 밖에 정보공개법 제9조 제1항 제1호의 법률 또는 법률에서 위임한 명령은 적어도 비공개로 하는 정보의 내용과 범위 및 구별기준을 특정할 수 있을 정도일 것을 요한다 할 것인데, '위원회의 의사는 공개한다. 다만, 위원회 또는 소위원회가 필요하다고 인정하는 경우에는 공개하지 아니할 수 있다'는 국가인권위원회법 제14조 단서는 필요하다고 인정하는 경우를 특정할 만한 아무런 기준이 없어 법령비정보의 근거 법령이 될 수 없다.[7] 또한, 국가인권위원회법 제49조는 '위원회의 진정에 대한 조사·조정 및 심의는 비공개로 한다. 다만 위원회의 의결이 있을 때에는

1) 서울행정법원 2000. 9. 29. 선고 99구24276 판결과 그 항소심인 서울고등법원 2001. 11. 13. 선고 2000누13862 판결은 "보안관찰법 제27조 제7항 역시 보안관찰처분업무에 종사하는 공무원에 대하여 보안관찰처분대상자에 관하여 이 법에 의하여 지득한 사실을 공표, 누설하는 것을 금지하고 있을 뿐 보안관찰처분 관련 제반사항을 비밀로 할 것을 규정하고 있지 아니하다"고 판시한 바 있으나, 상고심인 대법원 2004. 4. 16. 선고 2001두10288 판결에서 위 판시와 다른 사유로 파기환송되어 소 취하로 확정되었다.
2) 서울행정법원 2002. 1. 29. 선고 2001구16445 판결(확정).
3) 서울행정법원 2002. 1. 29. 선고 2001구16445 판결(확정).
4) 서울행정법원 2020. 5. 1. 선고 2018구합90626 판결(확정).
5) 서울행정법원 2017. 7. 14. 선고 2016구합83709 판결(항소기각 및 상고기각 확정).
6) 서울행정법원 2017. 5. 26. 선고 2016구합81130 판결(확정).
7) 서울행정법원 2003. 10. 23. 선고 2002구합39521 판결(확정).

공개할 수 있다'고만 규정하고 있을 뿐 정보의 비공개가 필요하다고 인정하는 경우를 특정할 만한 아무런 기준이 없어 정보공개법 제9조 제1항 제1호에서 말하는 '다른 법률 또는 법률에 의한 명령'의 근거 법령이 된다고 볼 수 없다.[1] 나아가 민원처리법 제7조는 '행정기관의 장은 민원 처리와 관련하여 알게 된 민원의 내용과 민원인 및 민원의 내용에 포함되어 있는 특정인의 개인정보 등이 누설되지 아니하도록 필요한 조치를 강구하여야 하며, 수집된 정보가 민원 처리의 목적 외의 용도로 사용되지 아니하도록 하여야 한다'고 하여 민원처리담당 공무원의 업무상 주의사항 및 노력의무를 규정하고 있을 뿐, 비밀 또는 비공개 대상이 되는 정보의 범위를 구체적으로 특정하고 있지 않다. 그럼에도 만약 위 민원처리법 제7조를 정보공개법 제9조 제1항 제1호의 '다른 법률'에 해당한다고 볼 경우 민원인이 제출한 민원서류 등은 모두 비공개 대상 정보에 해당하게 되는 결과가 초래되고, 정보공개법 제9조 제1항 제2호 이하에서 구체적으로 정하고 있는 비공개 대상 정보의 유형과 그 공개 기준은 아무런 의미가 없게 되며, 단지 대상정보가 민원인이 제출한 서류인가만 문제 되는 결과에 이르게 되어 국민의 알 권리를 보장하려는 정보공개법의 근본 취지가 형해화될 우려가 있다. 결국 민원처리법 제7조는 정보공개법 제9조 제1항 제1호의 '다른 법률'에 해당하지 않는다.[2]

다. 법률에서 위임한 명령의 의미

(1) 정보공개법 개정 전후의 학설

전문 개정 전의 정보공개법은 제7조 제1항 제1호에서 법령비정보로 '법률에 의한 명령에 의하여 비밀로 유지되거나 비공개사유로 규정된 정보'를 규정하여 법률에 의한 명령의 의미와 관련하여 견해의 대립이 있었으나,[3] 현행 정보공개법은 제9조 제1항 제1호에서 '법률에서 위임한 명령(국회규칙 · 대법원규칙 · 헌법재판소규칙 · 중앙선거관리위원회규칙 · 대통령령 및 조례에 한한다)에 따라 비밀이나 비공개사항으로 규정된

1) 서울행정법원 2024. 9. 12. 선고 2023구합5660 판결(확정).
2) 서울행정법원 2023. 8. 31. 선고 2023구합50110 판결(확정).
3) 그 당시에는 ① 일반적인 대통령령, 총리령, 부령 전반을 의미한다는 견해, ② 법률의 위임규정에 의하여 제정된 대통령령, 총리령, 부령으로 보는 견해, ③ 구체적인 법률의 위임에 따라 제정된 대통령령, 총리령, 부령으로 보는 견해가 대립하고 있었다. 한위수, 앞의 글, 499.

정보'로 개정하여 법률에서 위임한 명령을 일반적인 행정입법 가운데 대통령령에 한정하여 총리령 및 부령에 따라 비밀이나 비공개사항으로 규정된 정보는 비공개대상정보에서 제외함으로써 그 요건을 강화하여 이 부분에 관한 종전의 논란은 일소하였다.

(2) 판례의 입장

대법원은 '정보공개법 제9조 제1항 제1호는 비공개대상정보의 하나로 다른 법률 또는 법률이 위임한 명령에 의하여 비밀 또는 비공개 사항으로 규정된 정보를 규정하면서, 그 중 법률이 위임한 명령을 국회규칙 · 대법원규칙 · 헌법재판소규칙 · 중앙선거관리위원회규칙 · 대통령령 및 조례에 한정하고 있는바, 그 입법 취지는 비밀 또는 비공개 사항으로 다른 법률 등에 규정되어 있는 경우에 이를 존중함으로써 법률 간의 마찰을 피하기 위한 것이다. 따라서 여기에 규정된 법률에 의한 명령은 정보의 공개에 관하여 법률의 구체적인 위임 아래 제정된 법규명령(위임명령)을 의미한다고 보아야 한다'고 판시하였다.[1)]

(3) 법률에 의한 명령으로 볼 수 있는 것

(가) '위원회에서 위원이 발언한 내용이나 그 밖에 공개되면 위원회의 심리 · 재결의 공정성을 해칠 우려가 있는 사항으로서 대통령령으로 정하는 사항은 공개하지 아니한다'는 행정심판법 제41조 규정에 의한 행정심판법 시행령 제29조[2)] 규정이 이에 해당된다.

(나) 공직자윤리법 제9조 제4항 제5호는 정부 공직자윤리위원회 위원의 임기, 선임 및 심사절차, 그 밖에 필요한 사항을 대통령령으로 정하도록 규정하고 있다. 위 법률 조항은 정부 공직자윤리위원회의 구성, 위원의 임기 · 직무 및 심사절차에 관한 구체적인 내용(소집권한의 소재, 의사 · 의결 정족수, 제척 · 회피 제도, 회의 방식, 분과

---

1) 대법원 2003. 12. 11. 선고 2003두8395 판결, 대법원 2010. 6. 10. 선고 2010두2913 판결, 대법원 2012. 10. 11. 선고 2011두9089 판결 등.

2) 법 제41조에서 "대통령령으로 정하는 사항"이란 다음 각 호의 어느 하나에 해당하는 사항을 말한다.
   1. 위원회(소위원회와 전문위원회를 포함한다)의 회의에서 위원이 발언한 내용이 적힌 문서
   2. 심리 중인 심판청구사건의 재결에 참여할 위원의 명단
   3. 제1호 및 제2호에서 규정한 사항 외에 공개할 경우 위원회의 심리 · 재결의 공정성을 해칠 우려가 있다고 인정되는 사항으로서 총리령으로 정하는 사항

위원회 유무 등)을 대통령령에 위임하고 있으며, 위 회의 방식에는 회의 내용의 공개 여부도 포함되어 있다고 보는 것이 자연스럽다. 위 법률 조항의 위임을 받은 공직자윤리법 시행령 제19조 제5항은 '정부 공직자윤리위원회의 회의는 공개하지 아니한다'고 규정하고 있다. 공직자윤리법 시행령 제19조 제5항은 정보의 공개에 관하여 공직자윤리법 제9조 제4항 제5호의 구체적인 위임 아래 제정된 법규명령(위임명령)이라고 봄이 타당하다.[1)]

(다) 국세기본법 제81조의18 제10항은 '납세자보호위원회의 구성 및 운영 등에 관하여 필요한 사항은 대통령령으로 정한다'고 규정하고 있고, 위 위임에 따라 구 국세기본법 시행령(2019. 2. 12. 대통령령 제29534호로 개정되기 전의 것) 제63조의16 제10항은 '위원회의 회의는 공개하지 아니한다. 다만, 위원장이 필요하다고 인정하는 경우에는 납세자보호담당관인 위원의 의견을 들어 공개할 수 있다'고 규정하고 있다. 위와 같이 구 국세기본법 시행령 제63조의16 제10항이 이 사건 위원회의 회의를 비공개하도록 명문의 규정을 두고 있는 것은, 회의의 공개를 통한 알 권리 보장과 위원회 운영의 투명성 확보 요청을 다소 후퇴시켜서라도 국세기본법 제81조의18 제3항이 규정한 사항을 심의하는 이 사건 위원회 업무수행의 효율성과 공정성을 최대한 확보하기 위한 것으로 보이므로, 이 사건 정보는 국세기본법 제81조의18 제10항의 위임에 따른 구 국세기본법 시행령 제63조의16 제10항에 의하여 비밀 또는 비공개 사항으로 규정된 정보에 해당한다.[2)]

(4) 법률에 의한 명령으로 볼 수 없는 것

(가) 검찰보존사무규칙의 근거가 되는 검찰청법 제11조는 검찰청의 사무 전반에 걸친 극히 포괄적인 위임규정에 불과하여 이를 정보공개에 관한 구체적인 위임규정이라고 할 수 없으므로, 검찰보존사무규칙에 제20조나 제22조와 같이 형사확정기록의 열람·등사를 제한하는 규정이 있다고 하더라도, 이러한 규정들을 구 정보공개법(2004. 1. 29. 법률 제7127호로 전부 개정되기 전의 것) 제7조 제1항 제1호 소정의 '법률에 의한 명령'에 해당한다고는 할 수 없다.[3)]

---

1) 서울행정법원 2020. 11. 13. 선고 2018구합85860 판결(항소기각 확정).
2) 서울고등법원 2019. 12. 17. 선고 2019누50160 판결(확정).
3) 대법원 2003. 12. 11. 선고 2003두8395 판결, 대법원 2004. 3. 12. 선고 2003두13816 판결, 대법원 2004. 5. 28. 선고 2001두3358 판결, 대법원 2004. 9. 23. 선고 2003두1370 판결, 대법원 2004. 11.

(나) 교육공무원법 제13조, 제14조의 위임에 따라 제정된 구 교육공무원승진규정(2007. 5. 25. 대통령령 제20068호로 개정되기 전의 것)은 정보공개에 관한 사항에 대하여 구체적인 법률의 위임에 따라 제정한 명령이라고 할 수 없고, 따라서 구 교육공무원승진규정 제26조에서 근무성적평정의 결과를 공개하지 아니한다고 규정하고 있다고 하더라도 위 교육공무원승진규정은 정보공개법 제9조 제1항 제1호에서 말하는 법률이 위임한 명령에 해당하지 아니한다.[1)]

(다) 공무원 징계령 제20조 제2호는 '징계위원회의 심의·의결의 공정성을 보장하기 위하여 징계위원회의 회의에 참여한 위원의 명단은 공개하지 아니한다'고 규정하고 있으나, 국가공무원법 제81조 제2항은 '징계위원회의 종류·구성·권한·심의절차 및 징계 대상자의 진술권에 필요한 사항은 대통령령등으로 정한다'고 규정하고 있을 뿐이고, 공무원 징계령을 비롯한 하위 법령에 징계절차 내지 징계위원회에 관한 정보의 공개 여부에 관한 내용을 위임한다는 취지가 전혀 나타나 있지 않으므로, 위 징계령 조항은 정보공개법 제9조 제1항 단서 제1호에서 정한 '다른 법률에서 위임한 명령'에 해당하지 아니한다.[2)]

제 4 장

(라) 군인 징계령은 대통령령으로 정보공개법 제9조 제1항 제1호에서 정한 '명령'에 해당하기는 하나, 그 위임규정인 군인사법 제61조는 '징계위원회 및 항고심사위원회의 구성·운영과 징계절차, 징계부가금 부과절차 및 항고 절차, 그 밖에 징계처분 등의 시행 등을 위하여 필요한 사항'을 대통령령으로 정하도록 위임하고 있을 뿐 정보공개에 관하여 하위입법에 의하도록 위임한다는 취지가 전혀 나타나 있지 않다. 따라서 군인 징계령 제11조, 제14조의2 등은 '정보의 공개에 관하여 법률의 구체적인 위임 아래 제정된 법규명령'에 해당한다고 볼 수 없으므로, 정보공개법 제9조 제1항 제1호에서 정한 '다른 법률에서 위임한 명령'에 해당하지 않는다.[3)]

(마) 미군기지 반환을 위하여 주둔군 지위협정(SOFA) 합동위원회 양측 위원장

---

25. 선고 2003두9794 판결, 대법원 2006. 5. 25. 선고 2006두3049 판결. 반면 검찰보존사무규칙 제22조가 '법률에 의한 명령'에 해당한다고 보는 견해로는, 김중양, 앞의 글, 216; 신평, "수사기록 공개를 둘러싼 문제분석", 형평과 정의, 대구지방변호사회(2000), 38.

1) 대법원 2006. 10. 26. 선고 2006두11910 판결, 다만 교육공무원승진규정 제26조는 2007. 5. 25. "평정대상자의 요구가 있는 때에는 특별한 사정이 없는 한 본인의 최종 근무성적평정점을 알려주어야 한다"는 내용으로 개정되었다.

2) 서울행정법원 2023. 10. 12. 선고 2023구합53836 판결(항소기각 확정), 유사한 취지의 서울행정법원 2004. 3. 16. 선고 2002구합12939 판결(확정).

3) 서울고등법원 2022. 1. 26. 선고 2021누38248 판결(확정).

(외교부 북미국장과 주한미군 부사령관)이 서명한 환경정보공유 및 접근절차 부속서 A (미군 반환/공여지 환경조사와 오염치유 협의를 위한 절차합의서)는 국회의 비준동의를 받은 바 없고 헌법 제6조 제1항에 의하여 체결, 공포된 조약으로 볼 수 없어, 그 부속서에서 '본 절차에 의한 어떠한 언론 또는 대중에 대한 정보 배포 또는 본 절차에 의하여 수행된 특정 정보 교환 및 조사 정보 배포는 환경분과위원회 양측 위원장의 승인을 얻어야 한다'고 규정하고 있어도 이를 다른 법률 또는 법률이 위임한 명령이 비밀 또는 비공개 사항으로 규정한 정보라 할 수 없다.[1)]

(바) 군인사법 제22조 제1항은 '군인의 직무수행 능률은 충분히 증진될 수 있도록 하여야 한다'고 규정하고 있고, 제2항은 '제1항의 능률 증진을 위하여 교육과 훈련을 실시하고 정기적으로 근무성적을 평정하여야 한다'고 규정하고 있으며, 제4항은 '능률 증진과 근무성적의 평정의 방법 등에 관한 사항은 대통령령으로 정한다'고 규정하고 있다. 군근무성적평정규정은 위와 같은 군인사법 제22조 제4항의 위임에 따른 것인데, 군인사법 제22조 제4항은 '평정의 방법 등에 관한 사항'을 대통령령으로 위임하고 있을 뿐 구체적인 위임의 범위를 정하고 있지 않고, 평정결과의 비공개에 관한 사항을 특정하여 대통령령에 위임하고 있지도 않다. 따라서 군근무성적평정규정 제9조에서 평정결과를 공개하지 아니한다고 규정하고 있다고 하더라도 이는 정보공개법 제9조 제1항 제1호에서 말하는 '법률에서 위임한 명령'에 해당하지 않으므로, 피고는 정보공개법 제9조 제1항 제1호, 군근무성적평정규정 제9조를 근거로 육군인사검증위원회의 조사결과의 공개를 거부할 수 없다.[2)]

(사) 국세행정정보운영지침은 그 위임의 근거법령 중 하나로 국세기본법 시행령 제66조 제8항을 들고 있으나, 국세기본법 시행령 제66조 제8항의 상위법령인 국세기본법 제85조의5 제6항은 대통령령에 '위원회의 구성·운영 등에 필요한 사항'을 규정하도록 위임하고 있을 뿐, 정보의 공개에 관하여 구체적으로 위임하는 규정은 아니다. 또한 정보공개법 제9조 제1항 제1호에 규정된 '명령'은 '국회규칙·대법원규칙·헌법재판소규칙·중앙선거관리위원회규칙·대통령령 및 조례'로 한정되는바, 국세행정정보운영지침은 국세청 훈령에 불과하여 위 규정의 '명령'에 포함되지도 않는다. 그러므로 국세행정정보운영지침 제7조 제1항 [별표 1]에 비공개 대상으로 열거

---

1) 서울행정법원 2006. 11. 15. 선고 2006구합20907 판결(항소기각 및 상고기각 확정).
2) 서울행정법원 2024. 2. 8. 선고 2023구합67156 판결(항소기각 및 심리불속행기각 확정).

되어 있는 정보라 하더라도, 이를 정보공개법 제9조 제1항 제1호에서 규정한 '다른 법률 또는 법률에서 위임한 명령(국회규칙·대법원규칙·헌법재판소규칙·중앙선거관리위원회규칙·대통령령 및 조례로 한정한다)에 따라 비밀이나 비공개 사항으로 규정된 정보'로 볼 수 없다.[1)]

(아) 외부감사 및 회계 등에 관한 규정(금융위원회고시 제2016-20호) 제37조 제1항 본문은 '회계제도심의위원회 또는 감리위원회의 회의는 비공개로 함을 원칙으로 한다'고 규정하고 있고, 제2항은 '회계제도심의위원회 또는 감리위원회의 위원 및 그 직에 있었던 자는 그 직무에 관하여 지득한 비밀을 누설 또는 이용하여서는 아니된다'고 규정하고 있기는 하다. 그러나 위 규정은 금융위원회 고시에 불과하여 정보공개법 제9조 제1항 제1호가 정한 '다른 법률 또는 법률에서 위임한 명령'에 해당하지 않으므로 위 규정 제37조는 정보를 공개하지 아니할 근거가 될 수 없다.[2)]

라. 대통령지정기록물에 대한 정보공개청구 사건의 심리[3)]

(1) 대통령기록물 관리에 대한 보호기간 제도

대통령기록물 관리에 관한 법률(이하 '대통령기록물법') 제17조 제1항 각 호에 해당하는 정보를 '대통령지정기록물'이라 하고, 대통령지정기록물에 대하여는 열람·사본제작 등을 허용하지 않거나 자료제출의 요구에 응하지 않을 수 있는 기간(이하 '보호기간'이라 한다)을 따로 정할 수 있도록 하고 있다. 대통령은 대통령기록물을 대통령기록관으로 이관하기 전에 대통령기록물생산기관의 장의 의견을 참고하여 대통령지정기록물을 지정하고 그 보호기간을 정해야 하며(대통령기록물법 제17조 제2항, 같은 법 시행령 제9조 제1, 2항), 그 보호기간은 15년의 범위 이내에서 정할 수 있다(대통령기록물법 제17조 제3항 본문).

대통령지정기록물에 대하여 보호기간이 정해지면, 그 보호기간 중에는 ① 국회 재적의원 3분의 2 이상의 찬성의결이 이루어진 경우(대통령기록물법 제17조 제4항 제1호), ② 관할 고등법원장이 해당 대통령지정기록물이 중요한 증거에 해당한다고 판

1) 서울행정법원 2021. 2. 2. 선고 2020구합61461 판결(항소기각 및 심리불속행기각 확정).
2) 서울행정법원 2017. 4. 21. 선고 2016구합81680 판결(확정).
3) 대법원 2025. 1. 9. 선고 2019두35763 판결.

단하여 발부한 영장이 제시된 경우(같은 법 제17조 제4항 제2호), ③ 대통령기록관 직원이 기록관리 업무수행상 필요에 따라 대통령기록관의 장의 사전 승인을 받은 경우(같은 법 제17조 제4항 제3호), ④ 해당 기록물이 접수·생산된 시기에 재임하였던 전직대통령 또는 그가 지정한 대리인에 대한 경우(같은 법 제18조 제1, 2항)를 제외하고는 열람, 사본제작 및 자료제출이 허용되지 않고, 다른 법률에 따른 자료제출의 요구 대상에 포함되지도 않는다.

(2) 대통령지정기록물 보호기간 설정행위에 대한 사법심사

(가) 사법심사의 가능성

대통령기록물법 제17조에서 정한 대통령지정기록물 보호기간 제도의 취지는 외교적·정치적으로 민감한 사안에 대한 기록이 대통령의 임기가 끝난 직후 곧바로 공개될 경우 또 다른 정쟁의 대상이 될 수 있고 그 때문에 대통령이 그 임기 내에 민감한 사안에 관하여 기록 자체를 생산하지 않을 수 있으므로, 대통령이 지정한 일정한 범위의 기록물에 대하여는 퇴임 후 일정기간 철저하게 보호함으로써 대통령의 원활한 기록 생산을 도모하려는 데에 있다. 그런데 보호기간이 정해진 대통령지정기록물이 다른 일반적인 정보와 마찬가지로 공개가 원칙이라고 이해될 경우 위와 같은 대통령지정기록물 보호기간 제도의 취지에 역행하는 결과가 초래될 수 있다. 따라서 대통령지정기록물을 지정하고 이에 대하여 보호기간을 정한 대통령의 행위(이하 '보호기간 설정행위'라 한다)가 현저히 불합리하다고 볼 만한 명백한 사정이 없는 한, 법원으로서는 원칙적으로 그 결정을 최대한 존중함으로써 보호기간 설정행위의 효력이 사후에 함부로 부정되지 않도록 하는 것이 바람직하다.

그러나 대통령지정기록물 보호기간 제도의 취지가 퇴임 후의 정쟁 등을 미연에 방지하기 위해 일정기간 공개를 제한하는 것이라고 하더라도, 대통령의 보호기간 설정행위는 대통령기록물법에서 정한 절차와 요건을 준수하여야만 비로소 적법하게 효력을 갖게 되는 것이므로, 보호기간 설정행위의 효력 유무에 대한 사법심사가 대통령기록물법에 의해 배제된다고 볼 수는 없다.

(나) 보호기간이 정해진 대통령지정기록물에 대한 문서제출의무

대통령기록물법 제17조 제4항은 보호기간이 정해진 대통령지정기록물의 경우 그 보호기간 동안 다른 법률에 따른 자료제출의 요구 대상에 포함되지 아니한다고 규정하고 있다. 그러나 대통령이 특정 정보를 대통령지정기록물로 지정하여 보호기간을 정한 행위에 대한 사법심사 과정에서 그 적법성을 의심할 만한 상당한 이유가 있음에도 행정청이 법원에 대하여 그 정보의 제출을 거부할 수 있다고 한다면, 보호기간 설정행위의 적법성에 관한 실질적인 재판이 이루어질 수 없어 헌법 제27조 제1항이 보장한 국민의 재판청구권이 침해될 수 있다. 더구나 법원이 정보공개법 제20조 제2항에 따라 보호기간이 정해진 대통령지정기록물을 비공개로 열람·심사할 경우 그 대통령지정기록물이 공개됨으로 인해 초래되는 외교적·정치적 혼란을 피할 수 있으므로 법원의 심사과정에서 공익에 대한 위해가 발생한다고 보기도 어렵다. 따라서 정보공개 거부처분을 다투는 항고소송에서, 해당 정보를 대통령지정기록물로 지정하고 보호기간을 정한 행위의 적법성을 심사하기 위해 정보공개법 제20조 제2항에 따라 비공개 열람·심사가 이루어지는 경우에는 행정청이 대통령기록물법 제17조 제4항을 근거로 그 자료제출을 거부할 수 없다고 해석하는 것이 헌법을 최고법규로 하는 통일적인 법질서의 형성을 위한 합헌적 법률해석의 원칙에 부합한다.

다만, 보호기간 중에 있는 대통령지정기록물의 열람 및 제출을 엄격히 제한하는 대통령기록물법 제17조 제4항의 취지를 고려할 때, 법원으로서는 우선 피고로 하여금 다툼의 대상이 되는 정보의 유형, 해당 정보를 대통령지정기록물로 보아 보호기간을 정한 절차 및 그 실질적인 이유, 이를 공개하지 않는 사유, 동종의 정보에 대하여 보호기간을 정한 사례의 유무 등의 간접사실에 의하여 해당 정보에 적법하게 보호기간이 정해졌는지를 증명하도록 하여야 한다. 법원은 피고가 제출한 간접사실만으로 그 증명이 충분하지 않아 보호기간을 정한 행위의 적법성을 의심할 만한 상당한 이유가 있는 때에 비로소 정보공개법 제20조 제2항에 따라 피고로 하여금 다툼의 대상이 된 정보를 제출하도록 하여 비공개 열람·심사를 진행할 수 있다고 할 것이다.

마. 구체적인 사례

(1) 비공개하여야 한다고 한 사례

(가) 변호사시험법 제18조 제2항은 '채점표, 답안지, 그 밖에 공개하면 시험업무

의 공정한 수행에 현저한 지장을 줄 수 있는 정보를 공개하지 아니할 수 있다'고 규정하고 있음을 근거로 변호사시험과 관련하여 자신의 필적, 관리번호 성적이 기재된 답안지 사본은 변호사시험법 제18조 제2항에서 정한 비공개 대상정보에 해당한다고 본 사례[1)]

(나) 국가정보원법 제8조는 '국정원의 조직·소재지 및 정원은 국가안전보장을 위하여 필요한 경우에는 그 내용을 공개하지 아니할 수 있다'고 규정하고 있음을 근거로 국가정보원 소속 공무원의 인적사항은 비공개 대상정보에 해당한다고 본 사례[2)]

(다) 국민연금법 제103조의2는 '국민연금기금운용위원회(이하 '운용위원회'라 한다) 위원장은 회의의 일시·장소·토의내용·의결사항 및 각 참석자의 발언내용이 전부 기록된 회의록(이하 '회의록'이라 한다)을 작성하여 보관하고, 회의록의 주요 내용을 요약하여 공개하여야 한다(제1항). 위원장은 회의의 개최일로부터 1년이 지난 후에 회의록을 공개하여야 하나, 다만 기금운용 업무의 공정한 수행에 지장을 초래하거나 금융시장 안정에 영향을 미칠 우려가 있는 안건의 경우에는 운용위원회의 의결을 거쳐 회의의 개최일부터 4년이 지난 후에 해당 안건의 회의록을 공개하여야 한다(제2항). 제2항에도 불구하고 위원장은 국회 소관 상임위원회가 요구할 경우에는 회의록을 비공개로 제출하여야 한다(제3항)'고 규정하고 있음을 근거로 국민연금법 제103조의2 제2항에 따라 비공개로 관리하기로 운용위원회의 의결을 거친 회의록은 정보공개법 제9조 제1항 제1호에서 정한 다른 법률, 즉 국민연금법에서 비공개 사항으로 규정된 정보에 해당한다고 본 사례[3)]

(라) 청구인에 대해 위반행위의 신고를 한 신고 문서와 증거 문서 일체, 위 사건에 관하여 국민권익위원회에서 조사기관으로부터 받은 조사, 감사 또는 수사결과 문서 일체는 이에 관한 정보를 공개하는 경우 청탁금지법, 부패방지권익위법 위반행위에 대한 신고 자체를 위축시킬 우려가 있고 이에 비하여 원고의 알 권리가 우월하다고 보기 어렵다는 사정 등에 비추어 보면, 여전히 비밀로서 보호할 가치가 있다고 할 것이어서 부패방지권익위법 제30조가 정한 업무상 비밀에 해당한다고 본 사례[4)]

1) 서울행정법원 2024. 8. 22. 선고 2024구합55891 판결(확정).
2) 서울고등법원 2024. 7. 4. 선고 2023누65077 판결(확정).
3) 서울행정법원 2024. 5. 16. 선고 2023구합70930 판결(확정).
4) 서울행정법원 2022. 9. 23. 선고 2022구합62765 판결(확정).

(마) 법원조직법 제57조 제1항 본문에서 재판의 심리와 판결을 공개한다는 원칙을 세우면서도, 같은 법 제65조에서 심판의 합의는 공개하지 아니한다고 규정한 것은, 재판을 구성하는 절차 중에서 공개대상이 되는 심리 및 판결과는 별개로, 재판부 내에서 심증의 형성과 합일을 위하여 이루어지는 합의절차에 관한 사항만큼은 외부에 노출되는 것을 차단함으로써 재판의 독립성을 보장하려는 취지라고 해석된다. 그런데 대법원에 접수된 사건의 경우, 재판연구관이 작성하여 대법관에게 제출한 검토보고서가 그 후 대법관이 주재하는 합의절차에서 기초자료로 사용되는 점에 비추어 보면, 재판연구관은 대법관의 심증 형성을 보조하는 역할을 수행한다고 할 수 있고, 이러한 재판연구관의 인적사항은 곧 대법관이 합의절차에서 해당 재판연구관의 검토 의견을 참고하여 소정의 심증을 형성한 경위를 가리킨다고 할 것이라는 이유로 이 역시 합의에 관한 정보에 포함된다고 봄이 상당하다고 본 사례[1)]

(바) 국가정보원법 제3조 제2항과 그 위임에 의한 대통령령인 보안업무규정 제2조 제1호, 제4조, 제23조, 제24조는, 그 내용이 누설되는 경우 국가안전보장에 해를 끼칠 우려가 있는 국가기밀을 그 중요성과 가치의 정도에 따라 Ⅰ급부터 Ⅲ급까지의 비밀로 분류·지정하고, 비밀로 지정된 정보는 원칙적으로 복제나 복사를 제한하는 한편, 해당 등급의 비밀취급 인가를 받은 자로서 그 비밀과 업무상 직접 관계가 있는 자에 한하여 열람할 수 있도록 규정하고 있음을 근거로 국가정보원법 제3조 제2항, 보안업무규정 및 세부 지침에 따라 국가기밀인 Ⅲ급 비밀로 지정·관리되고 있는 정보는 정보공개법 제9조 제1항 제1호의 '다른 법률 또는 법률에서 위임한 대통령령에 따라 비밀로 규정된 정보'로서 비공개 대상정보에 해당한다고 본 사례[2)]

(사) 국세기본법 제72조 제4항 본문은 '조세심판관회의는 공개하지 아니한다'고 규정하면서, 같은 항 단서에서는 '조세심판관회의 의장이 필요하다고 인정할 때에는 공개할 수 있다'고 규정하고 있다. 국세기본법은 조세심판의 공정성을 담보하기 위하여 조세심판관의 제척·회피·기피에 관한 규정을 두고 있는 점(제73조, 제74조), 조세심판관은 심판청구에 관한 조사 및 심리의 결과와 과세의 형평을 고려하여 자유심증으로 사실을 판단하도록 하고 있는 점(제77조), 조세심판청구에 대한 결정은 관

1) 서울행정법원 2022. 7. 21. 선고 2021구합83345 판결(항소기각 확정).
2) 서울행정법원 2020. 11. 26. 선고 2019구합7713 판결(확정).

계 행정청을 기속하고, 해당 행정청은 결정의 취지에 따라 즉시 필요한 처분을 하여야 하는 점(제80조) 등 국세기본법상 관련 규정의 내용 등에 비추어 보면, 국세기본법이 조세심판관회의를 원칙적으로 비공개로 규정한 취지는 조세심판의 심리 및 진행과정에서 조세심판관들의 자유로운 의견교환과 의사결정의 중립성을 보장함으로써 조세심판 심리의 충실화 및 결과의 공정성을 확보하기 위한 것이다. 즉 조세심판관들이 최종 결론에 이르기 이전까지의 회의에 관한 정보를 공개하는 경우 자유로운 의견교환을 할 수 없고, 당사자나 외부의 의사에 영합하는 발언을 하거나 침묵으로 일관할 우려도 있으며, 다른 한편으로 조세심판관회의 과정에서 제기되는 다양한 의견들은 정제되지 아니하거나 충분히 검토되지 않을 수도 있는데 이러한 의견들이 그대로 외부에 제공될 경우 사건 관계당사자에게 무용한 혼란 및 오해를 초래하거나 조세심판 결정의 공정성에 대한 신뢰를 해칠 우려도 있다. 이와 같이 조세심판관회의를 비공개한다고 규정한 입법취지에 비추어 보면, 조세심판관회의를 공개하지 아니하는 경우에는 회의가 종료된 이후에도 회의록을 통하여 회의 내용이 외부에 공개되지 않도록 보장할 필요성이 있음을 근거로 조세심판관회의의 내용이 기록된 조세심판관회의록은 정보공개법 제9조 제1항 제1호에 의하여 원칙적으로 공개가 제한되는 비공개 대상 정보에 해당한다고 본 사례[1)]

(아) 연간 300만 원 이하를 기부한 자의 직업(이하 '이 사건 정보')은 정치자금법 제42조 제4항에서 비공개대상으로 규정한 '인적사항'에 해당한다고 보고 피고(중앙선거관리위원회위원장)가 정치자금법 제42조 제4항, 정보공개법 제9조 제1항 제1호에 따라 이 사건 정보의 공개를 거부한 처분이 적법하다고 판단한 것은 정당하다고 본 사례[2)]

(2) 공개하여야 한다고 한 사례

(가) 한국의료분쟁조정원의 전체 상임 감정위원 명단에 관한 정보는 개별 감정과는 관계가 없는바, 이는 의료분쟁조정법 제38조 제1항에서 규정한 '감정서, 조정결정서, 조정조서 또는 본인이 제출한 자료'에 해당하지 않는다. 따라서 위 정보와 의료분쟁조정법 제38조 제1항에서 규정한 열람·복사의 대상은 전혀 관계가 없다는 이유로 의료분쟁조정법 제38조 제1항에 따른 열람 또는 복사의 대상에 관하여 규정

1) 서울행정법원 2019. 3. 8. 선고 2018구합70370 판결(확정).
2) 대법원 2013. 12. 12. 선고 2012두22102 판결.

하고 있는 의료분쟁조정법 시행규칙 제8조는, 위 정보가 정보공개법 제9조 제1항 제1호의 비공개 대상 정보라는 근거 규정이 될 수 없다고 본 사례[1)]

(나) 대통령실 공직기강비서관실 산하 공직자 감찰 조사팀의 운영규정 및 디지털 자료의 수집·분석 및 관리 등에 관한 업무처리지침은 대통령의 직무수행과 관련하여 대통령의 보좌기관이 생산·접수한 기록물로서 대통령기록물에 해당하고, 그 공개가 부적절하다면 대통령기록물법 제17조 제1항 제5호에 따라 대통령지정기록물로 지정될 수 있으며, 그 경우 정보공개법 제9조 제1항 제1호에 따른 '다른 법률에 따라 비밀이나 비공개 사항으로 규정된 정보'로서 공개하지 아니할 수 있는 정보에 해당할 수 있다. 그러나 위 운영규정이나 위 지침이 현재까지 대통령지정기록물로 지정된 사정은 보이지 않고, 대통령지정기록물로 지정된다고 하더라도 보호기간은 대통령의 임기가 끝나는 날의 다음 날부터 기산하므로, 위 운영규정과 위 지침은 '다른 법률에 따라 비밀이나 비공개 사항으로 규정된 정보'라고 할 수 없다는 등의 사유로 위 운영규정과 위 지침이 향후 대통령지정기록물로 지정될 예정이라는 사정만으로 대통령기록물법 제17조 소정의 대통령지정기록물에 준하여 정보공개법 제9조 제1항 제1호에 따른 비공개 대상 정보라고 볼 수도 없다고 본 사례[2)]

(다) 행정심판법 제41조는 '위원회에서 위원이 발언한 내용이나 그 밖에 공개되면 위원회의 심리·재결의 공정성을 해칠 우려가 있는 사항으로서 대통령령으로 정하는 사항은 공개하지 아니한다'고 규정하고 있으며, 같은 법 시행령 제29조 제2호는 '심리 중인 심판청구사건의 재결이 참여할 위원의 명단'을, 같은 조 제3호는 '제1호 및 제2호에서 규정한 사항 외에 공개할 경우 위원회의 심리·재결의 공정성을 해칠 우려가 있다고 인정되는 사항으로서 총리령으로 정하는 사항'을 비공개 정보로 정하고 있기는 하다. 그런데 행정심판법 시행령 제29조 제2호는 그 문언 자체로 '심리 중인' 심판청구사건의 재결에 '참여할' 위원의 명단을 비공개한다고 정하고 있을 뿐이다. 이는 통상 재결에 참여할 위원의 명단이 공개될 경우, 당사자나 이해관계자가 해당 위원들을 대상으로 접촉을 시도하거나 그 밖에 영향력을 행사하는 등으로 위원회의 심리·재결의 공정성을 해칠 우려가 있다는 점을 고려한 것으로 보인다는 점을 근거로 이를 이미 심리가 종결된 재결에 참여했던 위원의 명단까지 비공개 정

1) 서울행정법원 2024. 9. 13. 선고 2022구합89685 판결(항소심 계속 중).
2) 서울행정법원 2024. 4. 5. 선고 2023구합63505 판결(항소기각 및 심리불속행기각 확정).

보로 정하는 취지로 해석하기는 어렵다고 본 사례[1)]

(라) 조세범 처벌절차법 제5조 제1항은 조세범칙사건에 대한 조세범칙조사의 실시, 조세범칙처분의 결정, 조세범칙조사의 기간 연장 및 조사범위 확대, 양벌규정의 적용을 심의하기 위하여 지방국세청에 조세범칙조사심의위원회를 두도록 규정하고 있고, 조세범 처벌절차법 시행령 제4조 제7항은 '위원회의 회의는 공개하지 아니한다. 다만, 위원장이 필요하다고 인정하는 경우에는 공개할 수 있다'고 규정하고 있기는 하다. '대상선정 회부기준 검토조서', '심의위원회 회부 체크리스트'는 원고와 이 사건 법인에 대한 조세범칙사건을 조세범칙조사심의위원회에 회부할 것인지 여부를 검토한 서류이고, '조세범칙처분 해당혐의사건조사서'는 해당혐의사건에 대하여 포탈세액 및 벌금상당액을 추산하여 조사한 서류이며, '양벌규정 검토조서'는 원고와 이 사건 법인에 대한 양벌규정 적용 여부에 관하여 검토한 서류인바, 조세범칙조사심의위원회의 심의를 위한 기초자료로 보일 뿐, 조세범 처벌절차법 시행령 제4조 제7항의 취지에 따라 비공개되어야 하는 조세범칙조사심의위원회의 회의 내용이나 결과를 담고 있지 않다는 점을 근거로 위 정보는 정보공개법 제9조 제1항 제1호 소정의 비공개 대상 정보에 해당하지 아니한다고 본 사례[2)]

(마) 론스타 법인들이 대한민국을 상대로 국제투자분쟁해결센터(ICSID)에 제기한 국제중재 사건에서 중재신청인들이 주장·청구하는 손해액 중 대한민국이 중재신청인들에게 부과한 과세·원천징수세액의 총 합계액과 이를 청구하는 중재신청인들의 명단(이하 '쟁점 정보')에 대한 공개를 청구한 사안에서, 쟁점 정보는 위 국제중재 사건에서 신청인들이 주장·청구하는 손해액 중 대한민국이 신청인들에게 부과한 과세·원천징수세액의 총 합계액과 이를 청구하는 신청인들의 명단일 뿐 신청인별 과세·원천징수세액은 아니어서 신청인별 과세·원천징수세액의 총 합계액을 공개하더라도 납세자인 신청인들에 대한 개별 과세·원천징수세액은 알 수 없다는 등의 이유로 쟁점 정보가 과세정보에 해당한다고 보기 어렵고, 달리 쟁점 정보가 과세정보에 해당한다는 점에 관한 증거가 없다고 판단한 원심의 결론을 수긍한 사례[3)]

---

1) 서울행정법원 2024. 1. 18. 선고 2022구합84925 판결(확정).
2) 서울고등법원 2021. 6. 17. 선고 2020누58559 판결(심리불속행기각 확정).
3) 대법원 2020. 5. 14. 선고 2017두49652 판결.

3. 국가안전보장 등 국익 관련 정보

국가안전보장·국방·통일·외교관계 등에 관한 사항으로서 공개될 경우 국가의 중대한 이익을 현저히 해칠 우려가 있다고 인정되는 정보(정보공개법 제9조 제1항 제2호)

가. 정보공개법 제4조 제3항과의 관계

(1) 정보공개법 제4조 제3항 본문은 '국가안전보장에 관련되는 정보 및 보안 업무를 관장하는 기관에서 국가안전보장과 관련된 정보의 분석을 목적으로 수집하거나 작성한 정보에 대해서는 이 법을 적용하지 아니한다'고 규정하고 있어 위 조항과 정보공개법 제9조 제1항 제2호와의 관계가 문제된다.

(2) 정보공개법 제4조 제3항 소정의 법적용제외대상정보의 의미에 관하여 다음과 같이 견해가 나뉜다.

(가) 제1설: 정보공개법 제4조 제3항 소정의 법적용제외대상정보를, '국가안전보장에 관련되는 정보' 및 '보안업무를 관장하는 기관에서 국가안전보장과 관련된 정보의 분석을 목적으로 수집하거나 작성한 정보'라고 해석하여, '국가안전보장에 관련되는 정보'는 전부 공개하지 아니할 수 있고, 정보공개법 제9조 제1항 제2호 소정의 비공개대상정보(공개될 경우 국가안전보장·국방·통일·외교관계 등 국가의 중대한 이익을 해칠 우려가 있다고 인정되는 정보)는 그보다 국가안전보장과의 관련성이 약한 정보에 대한 규정이라는 견해이다.[1)]

(나) 제2설: 정보공개법 제4조 제3항 소정의 법적용제외대상정보를 국가안전보장에 관련되는 정보 및 보안업무를 관장하는 기관에서 국가안전보장과 관련된 정보의 분석을 목적으로 수집하거나 작성한 정보로 해석하는 견해이다.

(3) 살피건대, 정보공개법 제4조 제3항을 제1설과 같이 해석하는 것은, 정보공개법 제9조 제1항 제2호와 관련하여 국가안전보장에 관련되는 정보에 대한 취급이 균형을 잃는 이상한 모양이 되고(즉 '국가안전보장에 관련되는 정보'는 정보공개법의 적용 자체에서 제외되어 두텁게 보호받는 반면, '국가안전보장을 해할 우려가 있는 정보'는 정보공개법 제9조 제1항 제2호에 따라 비공개할 수 있는 데 그치게 된다), 또한 '국가안전보장과

1) 김배원, "정보공개법의 제정의 의의와 과제", 언론과 정보 제3호, 부산대학교(1997. 2.), 133-157.

관련되는 정보'라는 규정 자체가 지나치게 추상적이어서 정보공개법의 적용범위에서 벗어나는 정보의 범위가 너무 넓어지는 문제점이 있으므로 제2설이 타당하다.[1)]

(4) 이렇게 볼 때 국가정보원(또는 이와 유사한 기능을 하는 국군기무사령부)에서 수집·작성된 대공, 대정부전복, 방첩 등에 관한 국외정보 및 국내보안정보(국가정보원법 제3조 제1항 제1호 참조)는 정보공개법 제4조 제3항에 의하여 정보공개법 자체의 적용대상에서 제외되어 같은 법 제9조 제1항 제2호가 적용될 여지가 없다. 다만 경찰청이나 대검찰청에서 수집·작성된 국가안전보장 관련 정보는 정보공개법 제4조 제3항이 적용되지 아니하므로 정보공개법 제9조 제1항 제2호에 해당하는지 여부를 가려야 할 것으로 보인다.[2)]

나. 국가안전보장 등 국익 관련 정보의 의미와 해석방법

(1) '국가안전보장·국방에 관한 사항'이란 다른 나라의 직·간접적 침략에 맞서 우리나라를 방위하고 국가통치의 기본질서 및 기본정치체제를 유지하며 국민의 생명을 보호하고 기본적인 경제질서를 유지하는 데 필요한 사항을 말한다.[3)] 그 예로는 대북한 관련 정보수집·분석자료, 전군 주요지휘관회의 회의록 등을 들 수 있다. '통일에 관한 사항'이란 남북관계에 관련된 제반 정보를 의미하며 남북회담 협상대책 수립 관련 문건, 통일관계장관회의 회의록 등이 그것이다. '외교에 관한 사항'이란 조약·협정·결의 등 국가 간의 합의문서 기타 대외관계에 관한 문서를 말하며, 비밀외교협정관계문서, 주재국의 정치정세와 대외정책조사보고서 등을 들 수 있다. 그 밖에 '국가의 중대한 이익'에 관한 사항으로서 사회 전체의 이익에 중대한 영향을 미치는 사항으로 통상·재정·금융관계 정보, 출입국 관련 정보 및 대통령 등 요인경호에 관한 정보 등을 들 수 있다.[4)]

(2) 본 호 소정의 비공개정보에 해당한다는 이유를 들어 정보공개를 거부하려면 그 비공개로 보호할 이익이 국민의 알 권리에 포함되는 일반적인 공개청구권을

1) 한위수, 앞의 글, 518.
2) 한위수, 앞의 글, 518.
3) 헌법재판소 1992. 2. 25. 선고 89헌가104 결정은 '국가안전보장의 개념은 국가의 존립, 헌법의 기본질서의 유지 등을 포함하는 개념으로서 결국 국가의 독립, 영토의 보전, 헌법과 법률의 기능, 헌법에 의하여 설치된 국가기관의 유지 등을 의미한다'고 하였다.
4) 김중양(주 1), 218-219.

넘어 청구인이 문서 공개에 관하여 특별히 가지는 구체적인 이익까지 희생할 정도로 커야 할 것이고, 과연 그러한지는 정보의 내용, 공개를 필요로 하는 사유 및 그에 관한 청구인의 구체적 이익 등과 피고가 공개 거부사유로 드는 외교관계 등에 미칠 영향, 국익의 실질적 손상 정도 등을 두루 고려하여 판단하여야 할 것이다.[1)]

다. 구체적인 사례

(1) 비공개하여야 한다고 한 사례

(가) 간첩용의자에 관한 국가정보원의 내사자료는 공개할 경우 국가정보원 요원들의 활동내용과 방법, 보고와 수사체계, 간첩수사의 기법 등이 밝혀질 가능성이 있고 이러한 결과는 국가안전보장이나 외교관계 등을 해하게 된다고 본 사례[2)]

(나) 보안관찰 관련 통계자료는 우리나라 53개 지방검찰청 및 지청 관할지역에서 매월 보고된 보안관찰처분에 관한 각종 자료로서, 보안관찰처분대상자 또는 피보안관찰자들의 매월별 규모, 그 처분시기, 지역별 분포에 대한 전국적 현황과 추이를 한 눈에 파악할 수 있는 구체적이고 광범위한 자료에 해당하므로 '통계자료'라고 하여도 그 함의(含意)를 통하여 나타내는 의미가 있음이 분명하여 가치중립적일 수는 없고, 그 통계자료의 분석에 의하여 대남공작활동이 유리한 지역으로 보안관찰처분대상자가 많은 지역을 선택하는 등으로 북한정보기관에 의한 간첩의 파견, 포섭, 선전선동을 위한 교두보의 확보 등 북한의 대남전략에 있어 매우 유용한 자료로 악용될 우려가 없다고 할 수 없으므로 공개할 경우 국가안전보장·국방·통일·외교관계 등 국가의 중대한 이익을 해할 우려가 있는 정보에 해당한다면서, 보안관찰법에 의한 보안관찰처분의 대상자, 기간갱신 등에 관한 월별통계자료가 그 자체로서는 가치중립적일 뿐만 아니라 보안관찰처분 대상자나 피보안관찰자의 신상명세나 주거지, 처벌범죄, 보안관찰법의 위반내용 등 구체적 사항을 파악할 수 있는 자료로 활용되기 어려우며, 공개할 경우 북한의 대남공작원 중 검거된 자의 대략적인 현황 등을

1) 서울행정법원 2004. 2. 13. 선고 2002구합33943 판결(확정), 서울행정법원 2016. 6. 16. 선고 2015구합72610 판결(항소기각, 심리불속행기각 확정).

2) 서울행정법원 2001. 2. 6. 선고 2000구13029 판결(항소기각, 심리불속행기각 확정). 다만, 이 사안은 정보공개법 제4조 제3항에 의하여 정보공개법의 적용대상이 아니라고 보는 것이 타당하다는 견해도 있다.

북한이 파악하여 대남공작활동에 이용하거나 우리나라의 인권상황에 대한 악의적 선전선동 자료로 이용하여 우리나라에 불리하게 작용할 우려가 있다는 사정만으로 국가안전보장·국방·통일·외교관계 등 국가의 중대한 이익을 해할 우려가 있다고 보기 어렵다고 한 원심[1])을 파기한 사례[2])

(다) 쌀 관세화 유예 연장을 위한 협상결과로서 대한민국과 중국 등 9개국과 양자 간의 차원에서 작성한 합의서 문안의 영문 텍스트는 통상외교관계에 관한 사항으로서 공개할 경우 국가의 중대한 이익을 현저히 해할 우려가 있다고 본 사례[3])

(라) 한·미 자유무역협정(FTA) 협정문 초안 전문의 사본의 공개를 구한 사안에서, 이는 통상을 중심으로 하는 경제외교관계에 관한 사항으로서, 상품의 관세 인하·철폐, 무역구제, 서비스 및 투자 자유화 등 무역장벽의 제거를 위한 한·미 양국의 구체적 주장 및 대응 내용, 교섭방침 등을 담고 있어 그 내용을 공식 공표할 경우 이후의 통상교섭에 있어 다른 국가들이 교섭정보로서 활용할 수 있을 뿐만 아니라 양자 합의의 속성상 한·미 양국 사이의 이해관계의 충돌이 발생할 가능성이 높고, 또한 외국과 통상에 관하여 협상하는 과정에서 생성한 문서를 비공개하기로 한 한·미 양국의 합의를 준수하는 것도 국제적 신뢰관계 유지를 위한 국가의 이익에 부합하며, 외교관계에 관한 사항은 특히 전문적 판단을 요하므로 이에 관하여는 피고의 판단을 최대한 존중하는 것이 바람직할 것이어서, 공개할 경우 국가의 중대한 이익을 현저히 해할 우려가 있다고 인정되는 정보에 해당한다고 본 사례[4])

(마) 2018년 판문점 회담을 앞두고 준비한 한반도 신경제구상에 관한 대북 관련 정책 또는 남북협력사업과 관련한 내용이 포함된 USB는 국가안전보장·국방·통일· 외교관계 등에 관한 사항으로서 공개될 경우 민감하고 예측불가능한 대북관계에 있어 국가의 중대한 이익을 현저히 해칠 우려가 있다고 본 사례[5])

(바) 군사 첩보의 입수 경위, 향후 군사 첩보의 추가 확인, 대북대응 방안에 관한 정보는 국가안전보장·국방에 관한 사항에 해당하고, 그 내용이 공개될 경우 국가의 중대한 이익을 현저히 해칠 우려가 있다고 인정된다고 본 사례[6])

---

1) 서울고등법원 2001. 9. 6. 선고 2000누15073 판결.
2) 대법원 2004. 3. 18. 선고 2001두8254 전원합의체 판결.
3) 서울행정법원 2006. 1. 10. 선고 2005구합20467 판결(확정).
4) 서울행정법원 2007. 2. 2. 선고 2006구합23098 판결(확정).
5) 서울행정법원 2024. 5. 17. 선고 2023구합63918 판결(항소기각, 상고심 계속 중).
6) 서울행정법원 2021. 11. 12. 선고 2021구합241 판결(확정).

(사) 위·변조 여권(사증·심사인 위변조 포함) 행사자 및 밀입국자에 대한 조치사항, 밀입국자에 대한 체류허가 및 사범심사 절차의 세부 내용을 기재한 것으로, 입국일로부터 체류허가 등 신청일까지 경과한 기간, 입국일로부터 자진출석일까지 경과한 기간 등에 따라 관할관청이 취하여야 하는 조치가 구체적으로 분류되어 있는 정보에 관하여, 이러한 정보가 공개될 경우 위·변조 여권 행사자나 밀입국자들이 위 기준을 자신에게 최대한 유리하게 적용하여 동일한 처분을 받는 범위 내에서 최대한 늦게 체류허가 신청 또는 자진출석을 하거나, 자신이 원하는 처분을 받도록 체류허가 신청 또는 자진출석 시기를 조정할 수 있게 되는 점에 비추어 보면, 위 정보는 공개될 경우 엄격히 관리될 필요가 있는 출입국관리행정에 있어 국가의 중대한 이익을 현저히 해칠 우려가 있다고 본 사례[1)]

(아) 난민인정 심사·처우·체류 지침이 분류한 '안전한 제3국', '안전한 국가', '신원검증 특례대상 국가' 목록은 공개될 경우 외교관계에 부정적 영향을 미칠 우려가 있고, 위 목록이 원고들이나 다른 난민신청자들을 위하여 특별히 공개할 필요가 있는 정보라고 보이지도 않는 점에 비추어 보면, 위 정보는 구 정보공개법 제9조 제1항 제2호의 비공개대상 정보에 해당한다고 본 사례[2)]

(자) 국가기밀인 대응매뉴얼에 따른 조사기법과 조사방식(질문순서와 질문내용·체제 등), 조사기간과 장소·경과, 북한의 월선 등에 대한 그간의 대응방법, 평소 북한에 대한 대한민국 해군의 경계태세 등 군사작전상황, 조사대상자 및 가족, 지인들의 신원사항, 조사관의 직책과 인적사항이 비교적 상세하게 구체화되어 있는 등 중앙합동조사 관련 정보나 자료들을 두루 포함하고 있는 정보는 국가안전보장과 국방에 관한 사항에 해당함이 명백하고, 만일 위 정보가 공개된다면, 우리 정부가 유사한 상황에서 대응·조사·판단하는 기법과 전략 등이 그대로 노출되어 위장 간첩의 침투가 용이해짐으로써 향후 간첩 등에 대한 대처와 같은 국가안보 및 대공 관련 활동에 큰 지장이 초래될 수 있고, 북한에 대한 대한민국 해군의 경계태세 등에 취약점이 발생할 수도 있으며, 조사대상자 및 가족, 지인 및 조사관의 신변에 위험이 발생할 우려가 있음을 고려하면, 위 정보가 공개될 경우 국가안전보장·국방 등 국가의 중대한 이익을 현저히 해할 우려가 있다고 볼 고도의 개연성이 있다고

---

1) 서울고등법원 2022. 3. 30. 선고 2021누64551 판결(확정).
2) 서울고등법원 2022. 6. 16. 선고 2021누67314 판결(심리불속행기각 확정).

본 사례[1]

(차) 차세대 전투기 기종선정 추진실태 감사결과 전문 등은 대한민국 공군의 전력, 나아가 대한민국 국군의 방위력과 직결되어 있으므로 정보공개법 제9조 제1항 제2호 소정의 '국가안전보장·국방에 관한 사항'에 해당하고, 만일 위 정보를 공개하는 경우 대한민국 정부가 차세대 전투기를 어떠한 방식으로 획득하려고 하였는지, 기종결정 종합평가를 실시하는 과정에서 어떠한 성능을 우선시하였는지, 대한민국 국군의 전력 중 어느 부분이 취약한지와 같은 대한민국의 주요 무기체계 획득방식 및 전력 상황을 외부에 공개하는 결과가 초래된다는 점 등에 비추어 보면, 위 정보가 공개될 경우 국가의 중대한 이익을 현저히 해할 우려가 존재한다고 봄이 상당하다고 본 사례[2]

(카) 중앙선거관리위원회가 전산조직을 이용하여 작성하고, 같은 사람이 2회 이상 투표할 수 없도록 필요한 기술적 조치를 하여 관리하는 통합선거인명부를 생성하기 위한 프로그램 소스의 내용은 헌법이 정한 선거원칙인 직접선거, 평등선거, 보통선거, 비밀선거의 요청을 모두 충족하면서도 사전투표를 실시하기 위하여 전산적인 방법으로 선거인의 사전투표사실을 통합선거인명부에 기록함과 동시에 그 기록을 권한 없는 사람이 변경할 수 없도록 보호하는 기술적 조치를 포함할 것으로 보이고, 권한 없는 사람이 함부로 통합선거인명부에 접근하여 실제로는 사전투표하지 않은 선거인이 투표한 것처럼 허위로 기재하는 것을 방지하는 기술적 조치를 포함할 것으로도 보이는데, 만일 위 정보가 공개되는 경우 통합선거인명부가 선거원칙의 요청을 충족하고자 갖추고 있는 위와 같은 기술적 조치의 취약점이 파악되어 권한 없는 사람의 접근에 무방비로 노출될 우려가 있고, 대의기관을 구성하는 선거제도의 중요성을 고려하여 보건대 위 정보의 내용은 국가안전보장 등에 관한 사항에 해당하며, 그 내용이 공개되었을 때 예상되는 위와 같은 우려는 정보공개법 제9조 제1항 제2호에서 말하는 국가의 중대한 이익을 현저히 해할 우려에 해당한다고 본 사례[3]

(타) 공안(관련)사범 교화지침은 공안(관련)사범 교화활동을 위한 전담조직의 구성 및 그 직무수행 내용, 공안(관련)사범에 대한 정보 보고 및 국가정보원 등 관계기관과의 정보 공유와 수사협조에 관한 사항, 공안교화전담기관 지정기준, 공안(관련)

---

1) 서울행정법원 2020. 11. 26. 선고 2019구합7713 판결(확정).
2) 서울행정법원 2020. 11. 13. 선고 2019구합80657 판결(항소기각 확정).
3) 서울행정법원 2020. 10. 15. 선고 2019구합89227 판결(확정).

사범에 대한 개별교화계획의 수립 등을 그 내용으로 하고 있으므로 이는 국가안전보장에 관한 정보에 해당하고, 위 지침의 공개로 인해 공안교화전담기관 지정 및 국가정보원 등 관계기관과의 정보 공유와 수사협조에 관한 사항, 공안(관련)사범의 교화 방법 및 개별교화계획 수립 등의 정보가 외부에 알려질 경우 공안(관련)사범이나 그 동조세력이 위 정보를 이용하여 교정당국의 교화업무 및 국가정보원의 수사를 교란하거나 무력화시킬 위험성이 크고, 이로 인해 국가의 중대한 이익이 현저히 침해될 우려가 있다고 판단되므로 정보공개법 제9조 제1항 제2호를 근거로 위 지침의 공개를 거부한 것이 적법하다고 본 사례[1)]

(파) 국가정보원의 담당자, 협조자, 우편번호, 주소, 전화번호, 팩스번호, 이메일 주소에 관한 정보는 국가정보원의 조직·소재지에 관한 정보로서 국가안전보장에 관한 사항으로서 공개될 경우 국가의 중대한 이익을 현저히 해칠 우려가 있으므로 정보공개법 제9조 제1항 제2호에 따른 비공개 대상 정보에 해당한다고 본 사례[2)]

(하) 한·일 전화 정상 회담 회의록에 대한 정보공개를 청구한 사안에서, 위 정보는 한일 양 정상간의 정상회담 내용으로 외교관계에 관한 사항에 해당하는데 이를 위안부 합의의 내용 속에 포함시킬 것인지에 대하여 한일 양국의 입장이 다르고 구체적인 내용에서도 서로 입장의 차이를 보이고 있는 점, 특히 비공개적으로 진행되는 전화 정상회담에서 오간 내용은 사적인 내용이나 외부에 알려지지 않을 것을 전제로 하여 자유스럽게 의견을 개진할 수도 있고 상대방의 입장을 고려하여 의례적인 내용을 포함시킬 수도 있는바, 이를 공개할 경우 외교적, 정치적 공방의 대상이 될 우려가 크고 향후 이루어질 수 있는 다른 나라와의 정상회담에서도 우리 정부의 신뢰성에 커다란 흠결을 가져와 외교 교섭력이 약화될 수도 있는 점, 이를 공개할 경우 한일 양국간 이해관계의 충돌이나 외교관계의 긴장을 초래할 수 있어 우리나라의 외교관계에 미치는 영향이 크고 국가의 중대한 이익을 현저히 해할 우려가 있는 점 등을 고려하면, 위 정보는 '외교관계 등에 관한 사항으로서 공개될 경우 국가의 중대한 이익을 현저히 해할 우려가 있다고 인정되는 정보'로서 정보공개법 제9조 제1항 제2호에서 정한 비공개 정보에 해당한다고 본 사례[3)]

---

1) 서울행정법원 2018. 11. 2. 선고 2018구합54149 판결(항소기각 확정).
2) 서울행정법원 2017. 2. 23. 선고 2016구합64678 판결(항소기각 및 심리불속행기각 확정).
3) 서울행정법원 2017. 1. 6. 선고 2016구합57274 판결, 다만 위 판결의 항소심은 위 정보가 대통령기록물법에 따라 대통령지정기록물로 지정되어 국가기록원으로 이관됨에 따라 피고가 현재 위 정보를 보

(거) 12·28 일본군위안부 피해자 합의와 관련된 협의가 비공개로 진행되었고, 대한민국과 일본 모두 그 협의 관련 문서를 비공개문서로 분류하여 취급하고 있는데, 우리나라가 그 협의 내용을 일방적으로 공개할 경우 우리나라와 일본 사이에 쌓아온 외교적 신뢰관계에 심각한 타격이 있을 수 있는 점, 이에 따라 향후 일본은 물론 다른 나라와 협상을 진행하는 데에도 큰 어려움이 발생할 수 있는 점, 12·28 일본군위안부 피해자 합의에 사용된 표현이 다소 추상적이고 모호하기는 하나, 이는 협상 과정에서 양국이 나름의 숙고와 조율을 거쳐 채택된 표현으로서 그 정확한 의미에 대한 해석이 요구된다기보다 오히려 표현된 대로 이해하는 것이 적절한 점 등을 종합하여, 위 합의를 위한 협상 과정에서 일본군과 관헌에 의한 위안부 '강제연행'의 존부 및 사실인정 문제에 대해 협의한 정보를 공개하지 않은 처분이 적법하다고 판단한 원심의 판단이 정당하다고 한 사례[1)]

(너) 한·일 군사정보보호협정, 한·일 상호군수지원협정(이하 '이 사건 협정들')은 한·일 양국의 군수품 및 서비스의 제공과 군사비밀정보의 상호 공유 및 보장 등을 목적으로 하는데, 이 사건 협정들에 관한 교섭과정에서 한·일 양국 간에 제기된 구체적 주장과 대응 내용, 각 주제별 협의 사항 및 양국의 견해 차이와 이에 대한 교섭전략 등 한·일 양국의 외교적 비밀에 관한 사항이 포함되어 있는 정보에 대한 공개를 청구한 사안에서 이 사건 협정들의 체결과 관련한 우리나라의 대응전략이나 일본 측의 입장에 관한 내용이 그대로 노출되어 우리나라가 향후 유사한 협정을 체결할 때에 협정 상대 국가들의 교섭 정보로 활용될 수 있는 여지가 충분할 뿐만 아니라 상대국과의 외교적 신뢰관계에 심각한 타격을 줄 수 있는 점 등에 비추어 보면, 이 사건 쟁점 정보는 정보공개법 제9조 제1항 제2호에서 정한 비공개대상정보에 해당한다고 본 원심의 판단이 정당하다고 본 사례[2)]

유·관리하고 있지 않다는 이유로 원고의 소를 각하하였다(서울고등법원 2019. 2. 22. 선고 2017누36528 판결).

1) 대법원 2023. 6. 1. 선고 2019두41324 판결.

2) 대법원 2019. 1. 17. 선고 2015두46512 판결. 위 판결은 위 정보가 공개된다면 이해관계자들의 각종 요구 등으로 협정문이 당초 예정과 다르게 수정되거나 협정 자체가 무산되는 결과를 초래할 가능성이 있고, 그 과정에서 실무자들의 발언 내용이 외부에 공표된다면, 협상에 임하는 실무자들은 견해를 달리하는 사람들이나 단체 등으로부터 거센 공격을 받을 가능성이 크므로 그에 따른 심리적 압박으로 인하여 특정한 입장에 영합하는 쪽으로 발언을 하거나 아예 침묵으로 일관하는 등의 상황이 발생함으로써 국익에 반하는 결과를 초래할 가능성이 충분한 점 등에 비추어 보면, 위 정보는 정보공개법 제9조 제1항 제5호에서 정한 비공개대상정보에도 해당한다고 보았다.

(2) 공개하여야 한다고 한 사례

(가) 국회의원의 해외 외교활동계획서, 일정표, 예산집행계획서 및 집행내역서의 공개청구에 대하여, 행정부의 요청에 의한 국외활동 또는 공식적인 외교경로를 통한 상대국 의회나 정부기관으로부터의 공식초청에 의한 국외활동 등은 단순한 교류나 친선을 넘어서는 것으로서 그와 관련된 위와 같은 정보들을 공개할 경우 외교관계에 영향을 미칠 여지도 있으나, 위와 같은 국외활동이 단순히 행정부의 요청에 의한 것이라는 사정만으로는 그러한 정보들을 공개할 경우 외교관계 등 국가의 중대한 이익을 해할 우려가 있고 이것이 국민의 알 권리와 국정에 대한 국민의 참여 및 국정운영의 투명성을 희생할 정도로 크다고 단정할 수 없다고 본 사례[1)]

(나) 검찰의 시위전력자 동향파악내역은 국가안전보장과 직결된 보안사항이라고 보기 힘들고, 사회보호법에서 관할경찰서장이 동태를 파악하도록 정한 피보호관찰 대상자는 국가보안법, 형법 등 특정범죄로 금고 이상 형을 받은 자에 한하므로, 위와 같은 정보는 위법수집정보에 해당하여 공개하여야 한다고 본 사례[2)]

(다) 일제 강점기에 종군위안부 등으로 피해를 당한 원고들이 우리나라와 일본의 국교정상화를 위한 한일회담과 관련된 1950년부터 1964년까지의 관련 회의록 등의 공개를 구한 사안에서, 대다수의 자료는 본호 소정의 비공개자료에 해당하지만, 제6차 한일회담청구권 관계자료(1963)의 일부인 1963. 3. 5. 자 외무부의 '한일회담 일반청구권문제', '속개 제6차 한일회담: 청구권위원회 회의록 및 경제협력 문제', '제7차 한일회담청구권관계회의 보고 및 훈령', '제7차 한일회담청구권관계회의 보고 및 훈령', '제7차 한일회담 청구권 및 경제협력에 관한 협정내용 설명 및 자료'는 원고들이 문서들의 공개에 관하여 특별하고 구체적인 이익을 가지는 반면, 이를 비공개함으로써 보호할 국익은 원고들의 위와 같은 이익을 희생할 정도로 크지는 않다는 이유로 본호 소정의 비공개대상정보에 해당하지 않는다고 판단한 사례[3)]

(라) 미군 장갑차에 의한 여중생 사망 사건에 관한 수사기록의 공개를 청구한 사안에서, 공개를 청구받은 정보에는 미합중국 군당국이 외부로 유출 또는 공개되지 아니할 것을 전제로 의정부지방검찰청에 제공한 장갑차 운전병과 관제병에 대한 군

---

1) 서울행정법원 2001. 7. 19. 선고 2000구25732 판결(항소기각 확정).
2) 서울행정법원 2000. 1. 14. 선고 99구21291 판결(항소기각 및 상고기각 확정).
3) 서울행정법원 2004. 2. 13. 선고 2002구합33943 판결(확정).

수사상의 정보 등이 포함되어 있으나, 그 공개를 거부함으로써 보호되는 이익이 이 사건 사고를 둘러싸고 여전히 남아 있는 국민적 의혹과 불신을 해소시키기 위한 국민의 알 권리를 희생하여야 할 정도로 크다고는 보이지 아니하므로 한미 사법당국의 긴밀한 수사공조관계 및 상호신뢰관계가 심히 훼손되어 국가의 중대한 이익을 해할 우려가 있다고 볼 수 없고, 부교 운반용 장갑차의 구조, 탑승가능인원, 통신체계 등을 개략적으로 알 수 있는 정보가 일부 들어 있기는 하나(다만 훈련 당시 주한미군의 이동경로, 작전지휘체계, 작전지휘사항 등의 군사작전상의 정보는 들어 있지 아니하다), 그 사실만으로 이 사건 각 정보가 공개될 경우 주한미군 및 국군의 군사작전수행, 한미 양국의 합동군사훈련 및 군사동맹관계에 현저한 지장을 주게 될 것이라고 보기는 어렵다고 판단한 사례[1)]

(마) 주한미군기지에 대한 환경오염조사의 주체, 일시, 항목, 내용, 결과, 처리계획, 조사비용 및 비용부담주체에 관한 정보는 넓은 의미에서 외교관계에 관한 정보에 해당하나, 정보를 원고에게 공개한다고 하여 현재 진행 중인 주한미군 반환예정기지의 오염치유수준에 관한 협상의 한쪽 당사자인 미국 정부가 대한민국 정부와 협상을 진행하면서 이의를 제기한다거나 협상의 원활한 진행에 비협조적인 입장을 취할 것으로 보이지 않으므로 비공개대상정보에 해당하지 않는다고 본 사례[2)]

(바) 법무부장관의 난민인정업무처리지침 중 '2. 난민임시상륙허가 – 라. 신청인 관리 및 마. 허가를 받은 외국인에 대한 처우' 부분은 영해 및 영토의 출입허가방식에 관한 것이 아닐 뿐 아니라, 이를 공개하여도 테러범 등 국가안보에 위해를 주고자 입국하려는 사람들에 대한 대처가 현저히 곤란해질 가능성이 있다고 볼 수 없고, '3. 난민인정 – 다. 신청인 면접 및 사실조사, 라. 난민인정 심사 중인 자에 대한 처우, 마. 심사 및 결정 – 나) 난민인정 불허대상, 사. 난민으로 인정한 외국인에 대한 처우, 아. 난민인정을 불허한 외국인에 대한 처우 및 차. 난민인정 취소한 외국인에 대한 처우' 부분 역시 공개할 경우 난민 인정을 신청한 외국인에 대한 출입국 관리업무가 어느 정도 예측 가능하게 될 수 있으나, 그로 인하여 테러범 등 국가안보에 위해를 주고자 입국한 사람들이 국내에 장기간 머무를 수 있는 수단을 알려주게 되는 결과를 낳게 된다고 볼 증거가 없을 뿐만 아니라, 난민인정절차를

---

1) 서울행정법원 2004. 2. 10. 선고 2003구합12554 판결(항소기각 및 심리불속행기각 확정).
2) 서울고등법원 2007. 6. 13. 선고 2006누29470 판결(확정).

악용할 가능성이 있다 하더라도 그러한 문제는 별도의 절차를 통하여 방지함이 마땅한 점, 난민인정절차의 투명한 공개를 통한 난민인정제도의 민주적 통제는 법 집행의 투명성과 공정성 확보는 물론 공공의 안전과 이익 도모에도 도움이 되는 점, 인권국가로서 우리나라의 국제적 위상을 높일 수 있는 점 등을 고려하면, 국가의 이익을 현저히 해한다고도 볼 수 없다는 이유로 공개정보에 해당한다고 판단한 사례1)

(사) 출입국관리법과 그 시행령, 외국인보호규칙 및 그 시행세칙에 따른 외국인 보호와 관련된 업무를 처리함에 있어서 필요한 세부사항을 정한 매뉴얼인 외국인 보호업무 매뉴얼, 보호 과정에서 행하는 계호의 수칙, 목적·상황별 준수사항 등을 정한 매뉴얼인 출입국사범 계호업무 통합 매뉴얼은 기본적으로 출입국관리 법령과 법무부령인 외국인보호규칙 등에 규정되어 이미 공개된 내용을 구체화하거나 그 절차 등을 세분화한 것에 불과하고, 그 내용에 비추어 위 각 정보가 공개되더라도 국가의 중대한 이익이 현저히 훼손될 우려가 있다고 보이지는 않는다고 본 사례2)

(아) 서울동부구치소에 있는 독거실, 중거실, 대거실의 총 개수는 국가안전보장·국방 등에 관한 정보라고 보기 어렵고, 공개된다고 하더라도 국가의 중대한 이익을 현저히 해칠 우려가 있다고 보이지 않는다고 본 사례3)

(자) 전직 대통령의 사저 부지에 관한 등기신청 관련 서류의 정보공개를 청구한 사안에서 전직 대통령의 사저는 그 대략적인 위치가 널리 알려져 있을 뿐만 아니라 충분한 경호시설과 인력을 갖추고 있으므로 구체적인 지번 등이 공개된다고 하더라도 경호에 현저한 영향을 끼칠 우려가 있다고 보기는 어려운 점 등에 비추어 보면, 위 정보는 국가안전보장·국방·통일·외교관계 등에 관한 사항으로서 공개될 경우 국가의 중대한 이익을 현저히 해칠 우려가 있다고 인정되는 정보에 해당한다

---

1) 서울행정법원 2006. 10. 11. 선고 2006구합40 판결(항소기각 및 심리불속행기각 확정).

2) 서울행정법원 2024. 10. 24. 선고 2024구합59459 판결(확정).

3) 서울행정법원 2024. 10. 24. 선고 2024구합648 판결(확정), 유사한 취지로 수용거실의 면적은 국가안전보장·국방·통일·외교관계 등에 관한 정보라고 보기 어렵고, 공개된다고 하더라도 국가의 중대한 이익을 현저히 해칠 우려가 있다고 보이지도 않는다고 본 서울행정법원 2023. 6. 27. 선고 2022구합4042 판결(확정), 교도소(구치소) 및 교정시설 수용정원 대비 수용자 과밀수용 현황 등에 관한 정보는 국가안전보장·국방·통일·외교관계 등에 관한 정보라고 보기 어렵고, 공개된다고 하더라도 국가의 중대한 이익을 현저히 해칠 우려가 있다고 보이지도 않는다고 본 서울행정법원 2023. 5. 16. 선고 2022구합3391 판결(확정).

고 볼 수 없다고 본 사례[1)]

(차) 대통령실 공직기강비서관실 산하 공직자 감찰 조사팀의 운영규정 및 디지털 자료의 수집·분석 및 관리 등에 관한 업무처리지침은 일반적이고 추상적인 원칙 및 기준, 세부적인 절차 등을 정하고 있을 뿐이어서 공개될 경우 국가의 중대한 이익을 현저히 해칠 우려가 있다고 볼 수 없다고 본 사례[2)]

(카) 대통령과 장관 국회의원 등이 한 만찬의 만찬비용의 액수 및 지출주체, 지출원천에 대한 정보공개를 청구한 사안에서, 만찬은 이미 종료되었고, 만찬 장소, 소요시간, 참석자는 그 직후 다수의 언론을 통해 보도된 점 등에 비추어 보면, 위 정보가 그 내용상으로 국가안전보장·국방·통일·외교관계 등에 관한 사항으로서 공개될 경우 국가의 중대한 이익을 현저히 해칠 우려가 있다고 인정되는 정보에 해당한다고 단정할 수 없다고 본 사례[3)]

(타) 대통령비서실 소속 전체 비서관급 미만의 공무원 명단(부서, 성명, 직급)은 행정안전부, 법무부 등 상당수의 정부조직뿐만 아니라 감사원, 국세청 등 이른바 사정기관도 국민의 알 권리 보장 등을 위하여 홈페이지에 소속 직원의 성명, 소속, 직위, 직급 등을 공개하고 있고, 위 기관 소속 공무원과 대통령비서실 소속 공무원을 다르게 취급하여야 할 특별한 이유는 찾기 어려운 사정 등에 비추어 보면, 국가안전보장·국방·통일·외교관계 등에 관한 사항으로서 공개될 경우 국가의 중대한 이익을 현저히 해칠 우려가 있는 정보에 해당한다고 볼 수 없다고 본 사례[4)]

(파) 장관이 일정 기간의 미국 출장에서 사용한 출장경비와 관련하여 지출일시, 지출금액, 지출명목, 지출장소 등 세부 집행내역 및 이와 관련된 지출증빙서류의 정보공개를 청구한 사안에서, 중앙행정기관은 국외출장을 수행하는 경우 사전에 출장개요(출장목적, 출장기간, 출장국 및 방문기관, 출장자), 출장일정, 출장경비 등을 구체적으로 기재한 공무국외출장계획서를 작성할 뿐만 아니라, 사후에는 출장 결과를 기재한 보고서를 작성하여 해당 정보를 공개하는 것으로 보이는데, 피고의 업무범위와 출장의 목적 등을 충분히 감안하더라도, 피고의 경우에만 위 정보를 공개하지 아니함으로써 보호할 수 있는 업무수행의 공정성 등 공익이 특별히 더 크다고 보기는

---

1) 서울행정법원 2024. 6. 27. 선고 2022구합79930 판결(항소심 계속 중).
2) 서울행정법원 2024. 4. 5. 선고 2023구합63505 판결(항소기각 및 심리불속행기각 확정).
3) 서울행정법원 2024. 2. 8. 선고 2023구합64096 판결(항소심 계속 중).
4) 서울행정법원 2023. 9. 22. 선고 2022구합80244 판결(항소심 소취하).

어렵고, 나아가 단순한 출장경비의 세부적인 집행내역이나 지출증빙서류가 그 자체로 국가안전보장·국방·통일·외교관계에 관한 사항에 해당한다고 보기도 어려울뿐더러 위와 같이 출장목적, 방문기관, 출장일정 등의 정보가 사전에 공개되어 있는 상황에서 출장업무가 종료된 다음 사후에 출장경비의 세부적인 집행내역 및 지출증빙서류를 추가적으로 공개한다고 하여 국가의 중대한 이익을 현저히 해칠 우려가 발생한다고 볼 만한 아무런 합리적인 근거를 찾을 수 없다고 본 사례[1)]

(하) 대통령비서실장이 구입한 기념품 목록은 공개하더라도 특별히 국가안보 등 국가의 중대한 이익을 해할 우려가 있다고 볼 수 없고, 정부의 예산집행은 감사원의 회계감사 및 국회의 국정감사 대상이고, 이에 대한 국민의 알 권리가 보다 중요하다고 판단되는 점 등에 비추어 볼 때, 비공개를 통하여 보호할 이익이 정보공개의 이익보다 크다고 보이지 않는다고 본 사례[2)]

(거) 1970 ~ 1980년대에 발생한 간첩조작사건, 부산 형제복지원 인권침해사건, 5·18 광주민주화운동 진압 관련자들에게 수여됐던 서훈의 취소 경위, 그 취소대상자의 명단 및 취소사유에 관한 정보공개를 청구한 사안에서, 해당 사건들의 내용은 진실·화해를 위한 과거사정리위원회의 진실규명활동 등을 통해 대부분 이미 공개가 된 내용으로 불법구금에 이은 고문 등 가혹행위로 인한 허위자백을 하였다는 피해자들의 피해내용 및 서훈 취소사유, 그리고 이를 이유로 한 서훈 취소결정 과정이 국가안전보장·국방·통일·외교관계 등에 관한 사항으로서 공개될 경우 국가의 중대한 이익을 현저히 해칠 우려가 있다고 인정되는 정보에 해당한다고 볼 수 없다고 본 사례[3)]

(너) 대한민국 정부(법무부 등 중앙행정기관 포함)가 원고의 거주국(뉴질랜드)에 대하여 국제 수사 공조 요청 등을 한 적이 있거나 없다는 서류의 정보공개를 청구한 사안에서, 위 정보는 관련 형사재판의 공소장 부본 및 소송절차에 관한 서류들을 원고에게 해외송달하기 위하여, 해당 법원의 요청에 따라 법무부가 뉴질랜드에 위 서류들의 송달에 관한 형사사법공조를 요청한 것에 불과한바, 위 정보의 내용 자체가 공개된다고 하더라도 국가의 중대한 이익을 현저히 해칠 우려가 있다고 보기 어렵

---

1) 서울행정법원 2023. 8. 24. 선고 2022구합85324 판결(확정).
2) 서울행정법원 2022. 4. 28. 선고 2019구합85638 판결(확정).
3) 서울행정법원 2021. 11. 12. 선고 2020구합60734 판결(확정).

다고 본 사례[1]

(더) 보건복지부장관이 세계의학교육협회(World Federation for Medical Education)에 보낸 의견으로서 '세계의과대학목록(World Directory of Medical Schools)에 국내 한의과대학을 다시 등재하여 달라'라고 요청하는 것이 주된 취지이고, 형식적 정보로는 작성명의자, 발송일자, 수신인 등을 포함하고 있으며, 실질적 정보로는 위 요청을 뒷받침하기 위한 내용으로서 ① 한의사의 교육과정, ② 한의사 자격 제도 현황, ③ 한의사 자격 소지자가 수행하는 역할, ④ 한의사 자격 소지자의 학술활동 등을 서술하고 있는 정보에 관하여, 위 각 정보는 중앙행정기관인 피고가 국제기구인 세계의학교육협회에 일정한 의견을 밝힌 내용으로서 외교관계 등에 관한 사항으로 볼 여지가 있으나, 그 구체적인 내용은 오로지 대한민국 내부의 사항이므로 이를 공개하더라도 피고 또는 대한민국에 대한 세계의학교육협회 또는 다른 나라의 신뢰를 훼손할 만한 내용을 포함하고 있지 아니하여 국가의 중대한 이익을 현저히 해칠 우려가 있는 정보라고 보기 어렵다고 본 사례[2]

(러) 원고의 가족관계, 학력, 북한에서의 생활 및 탈북의 경위, 탈북 후 중국에서 생활한 내용, 원고의 귀순 경위와 과정, 북한의 실태, 진술서 작성 당시 원고에 대한 처우와 느낌 등이 기재되어 있는 진술서에 관하여 위 진술서에 국가안전보장·국방·통일·외교관계 등에 관한 사항이 포함되어 있다고 할 수 없을 뿐 아니라 기밀유지가 필요하다고 볼 만한 내용도 없어 이를 공개하더라도 국가의 중대한 이익을 해칠 우려가 있다고 볼 수 없다고 판단한 사례[3]

(머) 국회 입법활동지원, 입법 및 정책개발, 위원회 활동지원, 예비금 명목에서 지출된 특정업무경비 집행내역(집행일자, 집행주체, 집행금액, 집행명목, 집행방식, 영수증의 종류) 및 지출증빙서류에 대한 정보에는 국회특수업무활동비 명목으로 지출된 시기와 지출금액, 예산 집행의 주체 등이 기재되어 있을 뿐이고, 그 세부 집행 내역을 보더라도 국회가 수행하는 특정한 업무 내용을 파악할 수 있는 구체적인 정보가 있다고 볼 수 없으므로, 이 부분 정보가 국가안전보장·국방·통일·외교관계 등에 관한 사항으로서 공개될 경우 국가의 중대한 이익을 현저히 해칠 우려가 있는 정보에

1) 서울행정법원 2021. 7. 16. 선고 2020구합80196 판결(항소기각 및 심리불속행기각 확정).
2) 서울행정법원 2019. 9. 5. 선고 2018구합89879 판결(항소기각 확정).
3) 서울행정법원 2018. 11. 22. 선고 2018구합517 판결(항소기각 및 심리불속행기각 확정).

해당한다고 볼 수 없다고 본 사례[1)2)]

(버) 국회 일반회계의 4개 세항(의정지원, 위원회운영지원, 의회외교, 예비금) 각각의 특수활동비에 대한 지출결의서(계좌정보 및 계좌실명번호는 제외)에 대한 정보공개를 청구한 사안에서, 특수활동비는 구체적 내역 심사 없이 총액이 편성되고 지출 증빙도 생략할 수 있어서 그 예산 편성부터 집행에 이르기까지 사실상 아무런 통제가 이루어지지 못하고 있고, 실제로 국회의 특수활동비가 부당하게 집행된 사례가 발견되어 이에 관한 국민적 관심과 문제의식이 대두되고 있는 점, 국민의 대표기관인 국회의 활동은 기밀유지가 요구되는 것이 아닌 한 원칙적으로 국민에게 공개하여 그에 대한 자유로운 토론과 비판이 이루어지도록 하는 것이 바람직한 점을 고려할 때, 국회의 특수활동비 집행내역에 관한 최소한의 정보라고 할 수 있는 위 정보를 공개함으로써 국민의 알 권리를 실현시키고 국회 활동의 투명성과 정당성을 확보하는 데에 기여할 수 있을 것으로 보여 그 공개의 필요성이 크다는 점을 고려하면, 위 정보는 정보공개법 제9조 제1항 제2호의 비공개대상정보에 해당하지 아니한다고 본 사례[3)]

(서) 한·미 양국이 구성한 실무협의체가 용산 미군기지 환경조사를 하기로 한 협의 결과와 관련된 서울 용산기지 내부 16개 지하수 관정에 대한 시료 채취 결과 등은 정보공개법 제9조 제1항 제2호 소정의 '외교관계에 관한 사항'에 포함된다고 할 수 있으나, 위 정보는 용산 미군기지 내부의 지하수 오염도를 측정한 객관적 지표에 불과할 뿐 어떠한 가치판단이나 왜곡의 가능성을 내포하고 있지 않고, 주한 미군 측이 위 정보의 공개를 반대한다는 사정만으로 이를 공개할 경우 한·미 양국간 신뢰관계가 훼손될 것이라고 보기는 어렵다는 사정 등에 비추어 보면, 위 정보를 공

---

1) 서울행정법원 2018. 8. 30. 선고 2018구합50017 판결(확정).

2) 유사한 취지에서 예비금 집행 세부내역에는 예비금 지출금액, 지출시기, 수령자 및 기관운영특수활동비, 국회특수업무활동비, 국회경호경비활동비와 같은 지출명목과 증빙의 종류가 기재되어 있을 뿐이어서, 각 해당 활동비의 수령자가 언제, 어떤 명목으로, 얼마의 활동비를 수령하였는지를 알 수는 있지만 구체적으로 어떻게 지출되었는지에 관한 내용은 알 수 없다는 점에 비추어 보면, 이 부분 정보는 국가안전보장·국방·통일·외교관계 등에 관한 사항으로서 공개될 경우 국가의 중대한 이익을 현저히 해칠 우려가 있는 정보에 해당한다고 보이지 아니한다고 본 서울행정법원 2018. 7. 19. 선고 2017구합63405 판결(확정), 집행된 입법 및 정책개발비에 대한 영수증(세금계산서, 계산서포함), 계약서, 견적서 등 증빙서류는 국가안전보장·국방·통일·외교관계 등에 관한 사항으로서 공개될 경우 국가의 중대한 이익을 현저히 해칠 우려가 있는 정보에 해당한다고 보기 어렵다고 본 서울행정법원 2018. 2. 1. 선고 2017구합76807 판결(항소기각 확정).

3) 서울행정법원 2017. 9. 8. 선고 2015구합66493 판결(항소기각 및 심리불속행기각 확정).

개한다고 하더라도 국가의 중대한 이익을 현저히 해할 우려가 있다고 보기는 어렵다고 본 사례[1]

(어) 론스타 법인들이 대한민국을 상대로 국제투자분쟁해결센터(ICSID)에 제기한 국제중재 사건에서 중재신청인들이 주장·청구하는 손해액 중 대한민국이 중재신청인들에게 부과한 과세·원천징수세액의 총 합계액과 이를 청구하는 중재신청인들의 명단에 대한 공개를 청구한 사안에서, 위 정보는 론스타가 주장·청구하는 손해액 중 과세·원천징수로 인한 손해액의 합계이거나 이미 밝혀진 신청인 중 이러한 손해를 주장하는 신청인이 누구인지에 관한 것이어서 그것이 공개됨으로써 어떠한 국가의 중대한 이익이 침해되는지 분명하지 않고 침해되는 국가의 이익의 구체적 내용에 관한 주장·입증도 없으며, 그밖에 공개대상정보가 외교관계 등에 관한 사항으로서 공개될 경우 국가의 중대한 이익을 현저히 해할 우려가 있다고 인정되는 정보라는 점을 인정할 증거가 없다고 본 사례[2]

라. 국가안전보장 등 국익 관련 정보 해석에 있어서의 유의점

정보공개법의 목적은 국민의 알 권리를 최대한 보장하는 데 있고, 국가기밀의 존재이유는 국익보호차원에서 이해하여야 하므로, 국민의 알 권리 보장과 국익 보호를 균형 있게 다루려면 국가기밀사항의 범위도 객관적, 실질적 인식이 가능한 범위로 한정하여야 한다. 정보공개법은 제4조 제3항에서 국가정보원이나 국군기무사령부가 수집하거나 작성한 관련 정보는 아예 법 적용대상에서 제외하는 한편 제20조 제3항에서 국익 관련 정보에 대한 재판상 비공개조항을 둠으로써 자칫 국익 관련 정보 자체가 정보공개의 대상에서 제외될 소지가 있기 때문에 남북분단이라는 한국적 특수성을 충분히 감안하면서도 정보공개법이 갖는 순기능에 더욱 중점을 두는 방향으로 해석하여야 할 것이다.[3]

---

1) 서울행정법원 2016. 6. 16. 선고 2015구합72610 판결(항소기각 및 심리불속행기각 확정).
2) 서울행정법원 2016. 10. 27. 선고 2016구합50143 판결(항소기각 및 상고기각 확정).
3) 경건, 앞의 글, 264.

4. 국민의 생명보호 등 공익 관련 정보

공개될 경우 국민의 생명·신체 및 재산의 보호에 현저한 지장을 초래할 우려가 있다고 인정되는 정보(정보공개법 제9조 제1항 제3호)

가. 규정의 연혁

정보공개법 제정 당시에는 '공개될 경우 국민의 생명·신체 및 재산의 보호 기타 공공의 안전과 이익을 현저히 해할 우려가 있다고 인정되는 정보'라고 규정하고 있었으나, '기타 공공의 안전과 이익' 부분은 지나치게 포괄적인 개념이라는 학자들의 비판이 있자, 2004. 1. 29. 정보공개법을 전문 개정(법률 제7127호)하면서 이를 삭제함으로써 비공개대상정보의 범위를 명확히 하였다.

나. 적용범위

국민의 생명·신체 및 재산의 보호에 현저한 지장을 초래할 우려가 있는 정보라 함은, ① 방재·방범에 장해가 되는 정보, ② 사람의 생명, 생활, 지위 등을 위협하는 정보, ③ 평온하고 정상적인 생활에 지장을 초래할 우려가 있는 정보 등을 말한다.[1)] 이러한 정보에 해당하기 위해서는 공개될 경우 국민의 생명·신체 및 재산의 보호가 객관적으로 현저하게 지장을 받을 것이라는 개연성이 존재하여야 한다.[2)] 또한 이에 해당한다는 것은 처분청이 증명하여야 한다.[3)]

다. 구체적 사례

(1) 비공개하여야 한다고 한 사례

(가) 대학수학능력시험에 응시한 원고들이 원점수 총점기준 및 변환점수 총점

---

1) 서울고등법원 2022. 9. 23. 선고 2022누36485 판결(확정).
2) 대법원 2012. 10. 11. 선고 2011두11921 판결.
3) 대법원 2012. 11. 29. 선고 2012두9581 판결.

기준 각 누가성적분포표와 개인별 석차의 공개를 구한 사안에서, 비공개로 보호할 공익이 원고들이 입을 불이익에 비하여 현저히 커 공공의 이익을 현저하게 해할 우려가 있는 정보라고 한 사례[1)]

(나) 교도소·구치소 등에 수용 중인 미결수용자와 수형자, 피보호감호자 등의 시설별 분류수용기준과 수용정원 산정기준 등을 포함하고 있는 '교정시설 수용구분에 관한 지침'은 중요한 국가보안시설인 교정시설에 관한 것으로 공안 관련 사범과 보안처분 관련자 등의 구분·관리에 관한 세부지침이 들어 있고 수용자들이 수용구분에 대한 정보를 예측하여 원하는 교정시설로 옮기는 데 악용할 우려가 있으므로 국가의 중대한 이익을 해할 우려가 있는 정보라고 한 사례[2)]

(다) 보안관찰관련 통계자료는 우리나라 53개 지방검찰청 및 지청관할지역에서 매월 보고된 보안관찰처분에 관한 각종 자료로서, 보안관찰처분대상자 또는 피보안관찰자들의 매월별 규모, 그 처분시기, 지역별 분포에 대한 전국적 현황과 추이를 한눈에 파악할 수 있는 구체적이고 광범위한 자료에 해당하므로 '통계자료'라고 하여도 그 함의(含意)를 통하여 나타내는 의미가 있음이 분명하여 가치중립적일 수는 없고, 그 통계자료의 분석에 의하여 대남공작활동이 유리한 지역으로 보안관찰처분대상자가 많은 지역을 선택하는 등으로 이 사건 정보가 북한정보기관에 의한 간첩의 파견, 포섭, 선전선동을 위한 교두보의 확보 등 북한의 대남전략에 있어 매우 유용한 자료로 악용될 우려가 없다고 할 수 없으므로, 위 정보는 공개될 경우 국민의 생명·신체 및 재산의 보호 기타 공공의 안전과 이익을 현저히 해할 우려가 있다고 인정되는 정보에 해당한다고 본 사례[3)]

(라) 피고가 이 사건 처분에서 비공개로 결정한 서류들은 대부분 피고소인, 피진정인, 참고인의 진술조서나 그에 관한 구체적인 수사 경과 또는 진술을 청취한 수사보고로서, 그동안 원고가 행한 고소·진정사건의 결과, 관련 사건의 경과, 다른 형사 고소사건으로 파생될 가능성 등에 비추어, 이를 공개할 경우 사건관계인의 신체 및 재산의 보호나 정상적인 생활 영위에 현저한 지장을 초래할 우려가 있다고 볼 여지가 충분하다고 본 사례[4)]

---

1) 서울고등법원 2004. 10. 20. 선고 2003누16855 판결(심리불속행기각 확정).
2) 서울고등법원 2007. 2. 16. 선고 2006누5399 판결(확정).
3) 대법원 2004. 3. 18. 선고 2001두8254 전원합의체 판결, 정보공개법 제9조 제1항 제2호의 비공개사유에도 해당함은 이미 앞에서 보았다.
4) 서울행정법원 2021. 11. 25. 선고 2021구합50 판결(확정).

(마) 원고가 그 등사를 청구하고 있는 이 사건 불기소 사건기록의 주된 내용은 수사기관 작성의 ○○○에 대한 피의자신문조서인데, 여기에는 피의자의 주민등록번호, 주거, 본적, 전화번호, 전과 및 검찰처분관계, 상훈, 연금관계, 병역, 교육, 경력, 가족관계, 재산 및 월수입, 종교, 정당·사회단체 가입내역, 건강상태 등은 물론 사생활과 관련된 사항들이 기재되어 있고, 또한 위에서 인정한 바와 같이 원고는 ○○○을 상대로 형사고소에 이어서 검찰항고와 재정신청까지 한 사정을 더하여 보면, 원고의 청구에 의하여 이러한 정보가 공개될 경우, 사건관계인의 생활, 지위등이 위협받거나 평온하고 정상적인 생활에 지장을 초래할 우려가 있음을 쉽게 추론할 수 있어, 이러한 정보는 국민(사건관계인)의 생명, 신체 및 재산을 현저히 해할 우려가 있는 정보로서 비공개 대상에 해당한다고 본 사례[1]

(2) 공개하여야 한다고 한 사례

(가) 원고가 민사소송을 제기하여 3심급에 이어 재심까지 거치면서 증인이나 사건 관련자를 여러 차례 위증 등으로 고발해왔다고 하더라도, 원고가 그와 관련하여 형사고발 등의 방법이 아니라 사적으로 피의자들의 생명·신체 및 재산에 대하여 위해를 가하는 행위를 하였다거나 그러한 우려가 있다고 의심할 만한 행위를 하였다고 인정할 만한 자료가 없을 뿐만 아니라, 피의자들에 대한 진술조서 또는 피의자신문조서인 청구 대상 정보를 공개할 경우 피의자들에 대한 생명·신체 및 재산의 보호를 현저히 해할 우려가 있다고 단정하기도 어려우므로 청구 대상 정보가 본호에서 규정한 비공개 정보에는 해당하지 않는다고 본 사례[2]

(나) 고소인 진술조서에 대한 정보공개를 청구한 사안에서, 고소인이 이미 사망한 점, 고소인의 진술조서에 고소인 이외의 제3자의 진술내용이 포함되어 있지도 않은 점, 고소인이 원고에 대하여 제기한 민사소송이 이미 계속 중인바, 이것이 공개됨으로써 새삼 새로운 분쟁이 야기될 것으로 보기도 어려운 점 등을 고려해보면, 위 정보가 정보공개법 제9조 제1항 제3호의 비공개대상 정보에 해당한다고는 보기 어렵다고 본 사례[3]

---

1) 서울행정법원 2015. 6. 18. 선고 2014구합6760 판결(확정).
2) 대법원 2004. 11. 25. 선고 2003두9794 판결.
3) 서울행정법원 2023. 6. 16. 선고 2023구합50844 판결(확정), 유사한 취지의 서울행정법원 2022. 4. 26. 선고 2021구합69936 판결(확정), 서울행정법원 2022. 4. 22. 선고 2021구합76552 판결(확정).

(다) 모욕 혐의의 피고소인에 대한 교육이수조건부 기소유예 처분이 있은 후 고소인이 개인정보보호법 제2조 제1호에 따른 개인정보를 제외한 피의자에 대한 피의자신문조서에 대한 정보공개를 청구한 사안에서, 위 정보에는 피의자의 성명, 피의사실(모욕 혐의) 확인, 뉴스 기사에 댓글을 작성하게 된 동기와 경위, 피의사실 인정 여부 등에 관한 내용이 포함되어 있기는 하나, 그 내용이 이를 공개할 경우 피의자의 생명·신체 및 재산의 보호에 현저한 지장을 초래할 정도에 이르지는 않고, 피의자의 성명은 이미 불기소결정서를 통해 원고에게 공개되어 있어 원고가 이미 알고 있는 정보에 불과하므로 이를 비공개할 필요성이 없다는 이유로 위 정보는 정보공개법 제9조 제1항 제3호의 비공개대상 정보에 해당한다고는 보기 어렵다고 본 사례[1)]

(라) 건축허가 대상의 교통영향평가서, 건축허가 대상의 교통영향 심의 결정사항에 관한 정보에는 건물의 건축으로 인하여 발생하는 교통량·교통흐름의 변화 및 교통안전에 미치는 영향, 그에 대한 대책 등이 기재되어 있을 것으로 보일 따름인바, 위 정보가 공개될 경우 국민의 재산 보호에 현저한 지장을 초래할 것이라고 볼 만한 특별한 사정을 찾아볼 수 없다고 본 사례[2)]

(마) 건물에 대한 감리완료보고서 및 공사완료도서에 대한 정보공개를 청구한 사안에서 감리완료보고서는 건축주가 공사감리자 및 관계 전문기술자로부터 해당 건축물이 건축법 등 관련 법규에 부합하게 완공되었다는 감리를 받았음을 확인·보고하는 내용의 문서로 건축주와 공사감리자의 성명 이외에는 별다른 개인정보가 포함되어 있지 않고 저작물로 보기도 어려운 점, 공사완료도서도 건물 각 층의 평면도로서 이를 통해 건물의 내부 구조만 개략적으로 알 수 있을 뿐 구체적인 공법이나 원자재 등을 알 수는 없어 지적 재산권으로서 보호받을 만한 작성자의 창조적 개성이 드러난 저작물인지 불분명한 점 등에 비추어 볼 때, 정보의 공개로 건축주 등 관련자들의 재산의 보호에 현저한 지장을 초래할 우려가 있다고 인정하기 부족하다고 본 사례[3)]

(바) 국도 확장공사의 도로편입 예정지에 관한 감정평가서에 대한 정보공개를 청구한 사안에서, 감정평가서에는 공사의 도로편입 예정지 일대 토지 및 그 지장물,

---

1) 서울행정법원 2022. 5. 12. 선고 2021구합81646 판결(확정).
2) 서울행정법원 2022. 1. 7. 선고 2021구합76569 판결(확정).
3) 서울행정법원 2015. 8. 21. 선고 2015구합53756 판결(항소기각 확정).

영업권에 관한 감정평가액과 그 산출근거 등이 기재되어 있는바, 이와 같은 감정평가액과 그 산출근거가 공개된다고 하여 국민의 재산권 보호에 현저한 지장을 초래할 우려가 있다고 볼 아무런 근거가 없으므로, 위 감정평가서는 정보공개법 제9조 제1항 제3호의 비공개대상 정보에 해당하지 않는다고 본 사례[1)]

(사) 구 영유아보육법(2011. 6. 7. 법률 제10789호로 개정되기 전의 것) 제14조 등에 의한 직장보육시설의 설치와 관련하여 의무대상 사업장의 개요[사업장명, 소재지(시/군/구), 규모(종업원수), 구분{국가기관/지방자치단체/학교/기업(공사포함)}, 이행(설치/위탁/수당)/미이행이 포함된 최근 정보]에 관한 정보공개를 청구한 사안에서, 직장보육시설 설치의무를 제대로 이행하지 아니한 공공기관 또는 기업 등으로서는 위 정보가 공개될 경우 기업 등의 명성이나 이미지가 저하되는 불이익을 입게 될 우려가 있고 조직의 결속력 약화 또는 매출의 감소 등으로 이어질 가능성도 존재하기는 하나, 이 정도의 불이익이 국민의 생명·신체 및 재산의 보호에 현저한 지장을 초래하는 수준에 이른다고 보이지 않는다고 본 사례[2)]

5. 재판, 범죄 수사 등 관련 정보

진행 중인 재판에 관련된 정보와 범죄의 예방, 수사, 공소의 제기 및 유지, 형의 집행, 교정(矯正), 보안처분에 관한 사항으로서 공개될 경우 그 직무수행을 현저히 곤란하게 하거나 형사피고인의 공정한 재판을 받을 권리를 침해한다고 인정할 만한 상당한 이유가 있는 정보(정보공개법 제9조 제1항 제4호)

가. 규정과 범위

본호의 비공개정보는 크게 (1) 진행 중인 재판에 관련된 정보, (2) 범죄예방 관련 정보, (3) 수사, 공소의 제기 및 유지 관련 정보, (4) 형 및 보안처분 집행 관련 정보로 나누어 볼 수 있다.

---

1) 서울고등법원 2014. 7. 22. 선고 2013누29881 판결(확정).
2) 서울행정법원 2012. 1. 12. 선고 2011구합35927 판결(확정).

여기의 '진행 중인 재판'은 형사소송뿐만 아니라 민사소송과 행정소송도 포함하나, 중재절차는 포함하지 않는다.[1] '진행 중인 재판'에 관련된 정보는 문리해석으로는 본호의 다른 정보와는 달리 직무수행의 곤란 초래 여부, 피고인의 권리침해 여부와는 관련이 없는 것으로 보인다. 그러나 '진행 중인 재판에 관련된 정보'를 비공개대상으로 규정한 것은 ① 그 공개가 재판 당사자의 인격적·재산적인 이익에 치명적인 손상을 주게 되고, ② 재판을 위한 증거서류를 제3자에게 공개하는 것을 꺼려 제출하지 아니하는 일이 생길 수 있으며, ③ 판결 전에 재판기록을 공개하여 제3자가 그 당부를 논할 경우 재판의 독립성과 신뢰성에 문제가 발생할 수 있기 때문으로, 어디까지나 공정하고 원활한 재판을 도모하자는 데 제도적 취지가 있는 것으로 이해함이 상당하므로, 진행 중인 재판의 내용과 관련된 모든 정보가 이에 해당한다고 볼 수는 없고, 재판 자체에 관한 정보로서 당해 정보를 공개할 경우 진행 중인 재판의 심리 또는 재판결과에 영향을 미칠 위험성이 있는 경우로 한정하여 해석하여야 할 것이다.[2]

범죄예방 관련 정보에는 무기, 화약, 마약, 독극물, 방사선물질 등의 제조, 운반, 관리체계에 관한 정보 및 범죄목표가 되는 시설 등의 설계도, 구조, 경비에 관한 정보 등이 해당할 것이다.[3]

수사에 관한 정보라 함은 수사 등의 지휘, 방법, 사실, 내용 등이 기록된 문서 등의 정보로서 피의자신문조서, 수사방법 또는 수사내용이 기록된 조서, 보고서 등이다. '수사에 관한 사항으로서 공개될 경우 그 직무수행을 현저히 곤란하게 한다고 인정할 만한 상당한 이유가 있는 정보'를 비공개대상정보로 규정한 취지는 수사의 방법 및 절차 등이 공개되어 수사기관의 직무수행에 현저한 곤란을 초래할 위험을 막고자 하는 것으로서, 수사기록 중의 의견서, 보고문서, 메모, 법률검토, 내사자료 등(이하 '의견서 등'이라 한다)이 이에 해당하나, 공개청구대상인 정보가 의견서 등에 해당한다고 하여 곧바로 정보공개법 제9조 제1항 제4호에 규정된 비공개대상정보라고 볼 것은 아니고, 의견서 등의 실질적인 내용을 구체적으로 살펴 수사의 방법 및 절차 등이 공개됨으로써 수사기관의 직무수행을 현저히 곤란하게 한다고 인정할 만한 상당한 이유가 있어야만 위 비공개대상정보에 해당한다.[4]

---

1) 대법원 2020. 5. 14. 선고 2017두49652 판결.
2) 대법원 2011. 11. 24. 선고 2009두19021 판결, 대법원 2012. 4. 12. 선고 2010두24913 판결.
3) 김중양, 앞의 글, 222. 안상운, 정보공개법, 주식회사 자음과모음(2015), 330, 331.
4) 대법원 2017. 9. 7. 선고 2017두44558 판결.

공소의 제기 및 유지에 관한 사항이라 함은 피의자가 관련 내용을 알게 될 경우 법정에서 자신의 범죄를 부인하기 위한 방어자료로 악용하거나 증거 인멸로 나아가게 할 가능성이 있는 사항을 말한다.

형의 집행이나 교정에 관한 사항이라 함은 수형자의 신분기록, 교도·교화작업 관련자료 및 심사자료 등에 관한 사항이다. '형의 집행, 교정에 관한 사항으로서 공개될 경우 그 직무수행을 현저히 곤란하게 하는 정보'란 당해 정보가 공개될 경우 재소자들의 관리 및 질서유지, 수용시설의 안전, 재소자들에 대한 적정한 처우 및 교정·교화에 관한 직무의 공정하고 효율적인 수행에 직접적이고 구체적으로 장애를 줄 고도의 개연성이 있고, 그 정도가 현저한 경우를 의미한다.[1] 이러한 정보는 그 처리현황을 일반인에 공개할 실익이 적고 교화작업의 적정한 수행과 보안처분의 목적을 달성하기 위해서는 정보주체에게도 알리지 않을 필요가 있기 때문에 비공개정보로 한 것이다.[2]

나. 구체적 사례

(1) 진행 중인 재판에 관한 정보에 관한 것

(가) 공개하여야 한다고 한 사례

① 원고들이 공개청구한 정보는 농림부가 공유수면매립사업에 대하여 준공인가를 하는 것이 적법한지 및 준공인가 후의 쟁송에 관하여 변호사의 법적 자문을 받은 내용에 불과하여, 공개하더라도 매립사업자가 원고 등에 대한 보상금지급의무가 있는지 및 그 보상금의 범위가 쟁점인 진행 중인 다른 민사소송사건의 심리나 결과에 영향을 미칠 구체적인 위험성이 있다고 볼 수 없다고 한 사례[3]

② 원고들이 공개청구한 정보가 진행 중인 재판의 쟁점과 관련이 없어 해당 정보가 본호의 비공개대상정보인 '진행 중인 재판에 관련된 정보'에 해당하지 아니한다고 본 사례[4]

③ 원고가 공개청구한 정보 중 일부는 회계법인이 금융감독원에 고의로 자료제

1) 대법원 2009. 12. 10. 선고 2009두12785 판결.
2) 김중양, 앞의 글, 222-223.
3) 서울행정법원 1999. 2. 25. 선고 98구3692 판결(항소포기 확정).
4) 대법원 2011. 11. 24. 선고 2009두19021 판결.

출을 지연하거나 회피한 것이 아니라고 해명한 내용만이 포함되어 있어 관련 소송의 심리 또는 재판 결과와 관련성이 없는 정보이고, 나머지 정보는 공개될 경우 사실관계를 보다 명확히 하여 재판의 공정성과 정확성에 기여할 수 있다고 보일 뿐 관련 소송 재판의 독립성과 공정성 등을 훼손할 위험성이 있다고 보이지 않는다는 이유로 모두 비공개대상정보가 아니라고 본 사례[1)]

(나) 비공개하여야 한다고 한 사례

① 특정 국회의원의 세비에 관한 압류 또는 가압류결정의 내용(채권자, 사건번호, 채무액 등)에 대한 정보공개를 구한 사안에서, 압류결정 및 가압류결정은 판결, 명령과 더불어 재판의 한 종류를 구성하고, 가압류결정은 본압류로 전이될 때까지, 압류결정은 채권자가 추심완료를 신고하거나 전부명령이 확정될 때까지 그 효력이 계속된다 할 것이므로, 결국 본호에서 비공개대상으로 규정하고 있는 '진행 중인 재판에 관련된 정보'에 해당한다고 본 사례[2)]

② 피의자가 일부 혐의에 대하여 불기소처분을 받았고 해당 처분이 확정되었더라도, 해당 사건기록에 위 피의자에 대하여 재판계속 중인 혐의에 관한 내용이 불가분적으로 포함되어 있는 이상 해당 사건기록은 본호에 규정된 비공개대상정보에 해당한다고 본 사례[3)]

(2) 범죄의 예방 및 수사에 관한 정보에 관한 것

(가) 공개하여야 한다고 한 사례

① 피고 지방경찰청에서 작성한 공개 청구 대상 정보는 원고인 시민단체와 노동단체가 일정 기간 벌인 집회 및 파업상황을 그 현장에서 확인하여 이를 시간적 순서에 따라 일자별로 서술하고, 각 단체의 기본적인 인적 구성사실을 부수적으로 첨가·기술한 데 불과하며, 위와 같은 사실들은 언론 등에 이미 발표되거나 공개된 장소에서 이루어진 것이어서 그 정보수집과정에 공개하여서는 안 되는 은밀한 정보원이 존재한다거나 특수한 정보수집경로를 거쳐야 하는 것은 아닐 뿐 아니라, 위 정

---

1) 서울행정법원 2017. 7. 14. 선고 2016구합83709 판결(항소기각, 상고기각 확정).
2) 서울행정법원 2000. 5. 18. 선고 2000구3138 판결(항소포기 확정). 다만, 개인정보에 해당한다는 점도 논거가 되었다.
3) 서울고등법원 2023. 9. 1. 선고 2022누70232 판결(심리불속행기각 확정).

보들을 공개하여도 향후 원고들의 집회 및 파업이 지능화하고 은밀해져 그에 대한 피고의 정보수집활동을 현저하게 곤란하게 한다고 볼 수도 없어, 결국 위 자료들은 본호 소정의 비공개대상정보에도 해당한다고 할 수 없다고 판시한 사례[1]

② 사면실시건의서 및 국무회의안건자료 등 특별사면대상자의 사면결정에 관련된 정보의 공개가 문제된 사안에서, 사면법의 제정 이후 수십 차례의 특별사면, 감형 또는 복권을 실시하면서 특별사면에서 제외한 자들이 사면을 요구하며 농성, 투쟁, 탈옥 등 돌발사태를 일으켰다거나 이로 인하여 피고가 범죄의 예방, 수사, 형의 집행, 교정행정에 현저한 곤란을 겪었음을 인정할 만한 아무런 증거도 없을 뿐 아니라, 오히려 피고에게 사면결정에 관한 정보의 적절한 공개를 통하여 특별사면 등의 대상자 선정을 둘러싸고 발생할 수 있는 형평성 시비나 법 집행의 공정성에 대한 불신을 방지할 책임이 있다는 이유로, 위 정보를 공개할 경우 범죄의 예방, 수사, 형의 집행 등 직무수행이 현저히 곤란해진다고 볼 수 없다고 판시한 사례[2]

③ 대한항공기 폭파범에 대한 수사기록 및 공판기록의 공개를 청구한 사안에서, 청구 대상 정보 중 검거된 남파간첩에 대한 수사자료는 그 정보수집과정에 공개하여서는 안 되는 은밀한 정보원이 존재한다거나 특수한 정보수집경로를 거친 것이 아닐 뿐 아니라 위 정보들이 공개된다고 하여 향후 남파간첩들의 범행이 지능화하고 은밀해져 그에 대한 정보수집활동을 현저하게 곤란하게 한다고 볼 수도 없으므로, 본호 소정의 비공개대상정보가 아니라고 한 사례[3]

④ 성폭행 사건 고소인 측 소송대리인이 피해자와 가해자에 대한 각 심리생리검사결과(거짓말탐지기조사결과)의 공개를 구한 사안에서, 이러한 정보는 수사에 관한 사항에 해당한다고는 보이나, 위 고소사건에 관한 수사를 이미 종결하여 혐의없음 처분을 하였고, 해당 정보는 그 처분의 일개 판단자료로서 공개할 경우 그 직무수행을 현저히 곤란하게 하거나 형사피고인의 공정한 재판을 받을 권리를 침해한다고 인정할 만한 상당한 이유가 없다고 한 사례[4]와 검사가 거짓말탐지기조사결과에 따라 강간치상 피의자를 불기소 처분하자 항고를 한 고소인이 거짓말탐지기조사결과

1) 전주지방법원 2000. 2. 15. 선고 99구147 판결(항소심에서 소취하).
2) 서울행정법원 2000. 11. 3. 선고 99구26517 판결(이 부분은 제1심에서 확정).
3) 서울행정법원 2004. 2. 3. 선고 2002구합24499 판결(이 부분은 사실상 확정됨).
4) 서울행정법원 2005. 10. 7. 선고 2005구합8221 판결(항소기각, 상고기각, 제9조 제1항 제5호 정보에도 해당하지 않음).

의 등사를 청구한 사안에서, 거짓말탐지기조사결과는 수사에 관한 사항이나 공개할 경우 직무수행을 현저히 곤란하게 한다고 인정할 만한 상당한 이유가 없다고 본 사례[1)]

⑤ 원고가 다른 사람들이 모함하여 자신이 구속되었다고 주장하며 그 사람들에 대한 사건제보 및 진정서를 제출한 뒤 해당 내사사건 기록 중 일부의 공개를 청구한 사안에서, 원고가 공개를 청구한 정보가 '수사에 관한 사항'을 포함하고 있기는 하나 해당 정보의 공개로 인하여 수사기관의 직무수행을 현저하게 곤란하게 할 만한 상당한 이유가 있다고 보기 어렵다고 본 사례[2)]

⑥ 원고가 검찰총장과 서울중앙지방검찰청검사장을 상대로 2017년 이후 지출한 특수활동비, 특정업무경비, 업무추진비 집행정보 및 그에 대한 지출증빙서류의 공개를 청구한 사안에서, ㉠ 특수활동비의 집행일자(현금수령일), 집행금액(수령한 현금액수)을 공개한다고 해서 그것만으로 곧바로 구체적인 수사활동에 관한 사항이 노출된다고 보기 어려운 점, ㉡ 특정업무경비 집행정보 중 집행일자, 집행장소, 집행금액만으로는 관련된 수사내용이나 수사기밀 등을 유추해 내기 어렵고 집행장소가 공개되더라도 수사대상이나 증거탐색 방법 등 수사기밀이 노출된다고 보기는 어려운 점, ㉢ 업무추진비 지출증빙서류가 공개되더라도 공식행사와 관련하여 지출한 금액과 사용처만을 알 수 있을 뿐이고 공식행사 내부에서 공유되는 구체적인 범죄 관련 정보, 수사방법 등이 공개되는 것은 아닌 점 등에 비추어, 특수활동비의 집행일자(현금수령일), 집행금액(수령한 현금액수), 특정업무경비 집행정보 중 집행일자, 집행장소, 집행금액 및 지출증빙서류, 업무추진비 지출증빙서류는 본호에 규정된 비공개대상정보에 해당하지 않는다고 본 사례[3)]

⑦ 원고가 검찰총장에게 '타인이 원고의 형사처벌 관련 정보를 열람한 적이 있는지, 열람한 적이 있다면 누가 언제 무슨 이유로 열람하였는지'에 관한 정보의 공개를 청구한 사안에서, 해당 정보가 공개될 경우 직무수행이 현저히 곤란하게 된다고 볼 사정이 없다는 이유로 위 정보가 본호의 비공개대상정보에 해당하지 않는다고 본 사례[4)]

1) 서울행정법원 2005. 10. 7. 선고 2005구합6003 판결(이 부분 확정).
2) 부산고등법원 2017. 4. 26. 2016누23103 판결(상고기각 확정).
3) 서울고등법원 2022. 12. 15. 선고 2022누33776 판결(심리불속행기각 확정).
4) 서울행정법원 2016. 6. 24. 선고 2015구합11134 판결(항소기각, 심리불속행기각 확정). 관련 사례로는

(나) 비공개하여야 한다고 한 사례

① 경찰청이 불법파업 및 시위상황에 관한 정보를 수집하여 이를 시간적 순서에 따라 일자별로 서술하고, 이들에 대한 기본적인 인적사항을 부수적으로 첨가·기술하여 작성한 정보에 대하여, 이는 범죄에 관련한 정보로서 이를 공개할 경우, 위 불법파업 및 시위에 대한 정보의 내용, 수집경로, 기법, 방법, 과정 등이 노출되어 향후 불법파업 및 시위의 예방, 진압, 가담자의 색출, 검거 등 수사, 이에 관한 정보의 수집에 막대한 지장을 초래하게 되고, 원고로서는 피고의 위와 같은 정보의 내용, 수집경로 등을 알면 그에 따라 향후 피고의 예방, 진압을 따돌리고, 정보수집 및 수사활동을 사전에 차단함으로써 손쉽게 불법파업 등을 벌일 수 있는 여건을 조성하는 등 피고의 범죄의 예방, 수사에 관한 직무수행을 현저히 곤란하게 하거나 곤란하게 한다고 인정할 만한 상당한 이유가 있다고 판시한 사례[1]

② 무혐의 처분을 받은 청구인이 범죄첩보를 제공한 수사요청자 및 수사경위에 관하여 정보공개를 청구한 사안에서, 이러한 정보는 범죄의 예방 및 수사에 관한 사항에 해당하는바, 비록 수사결과 혐의가 없음이 판명되어 이미 종결한 사안이라 하더라도 이를 공개할 경우 범죄신고자 및 첩보제공자에 대한 보호가 없어 향후 범죄신고나 범죄관련 첩보의 제공이 위축될 것으로 보이고, 범죄신고자 등의 정당한 이익을 해할 우려가 있으며, 그 결과 범죄예방 및 수사 등 경찰의 직무수행이 현저히 곤란해질 우려가 있으므로 본호의 비공개 사유에 해당한다고 한 사례[2]

③ 원고가 검찰총장과 서울중앙지방검찰청검사장을 상대로 2017년 이후 지출한 특수활동비, 특정업무경비, 업무추진비 집행정보 및 그에 대한 지출증빙서류의 공개를 청구한 사안에서, ㉠ 특수활동비의 '집행내용'(수사활동 및 정보활동 등의 대상이 되는 사건명이 기재되어 있다), '수령인의 성명'은 공개될 경우 검찰의 수사대상, 정보활동 내용, 활동주체 등이 노출되므로 해당 활동에 대한 기밀유지가 어렵게 되는

원고가 검찰총장에게 '검찰청이 보유한 통합사건조회시스템을 이용하여 원고에 대한 전과사실, 수사대상 경력 등 수사자료를 최근 3년간 열람, 조회한 내역(어느 소속의 누가, 언제, 무슨 사유로 열람하였는지)'의 공개를 청구한 사안에서, 해당 정보 중 '조회IP, 조회자명, 조회자ID, 결재자'에 관한 정보는 공개될 경우 향후 조회 대상자가 조회자 또는 결재자를 상대로 이와 관련한 불필요한 민원을 제기할 우려가 있고 그 결과 검찰의 수사 직무수행이 현저히 곤란해질 우려가 있으므로, 해당 부분은 정보공개법 제9조 제1항 제4호에 규정된 비공개대상정보에 해당하나, 나머지 부분은 비공개대상정보에 해당하지 않는다고 본 사례가 있다(서울고등법원 2020. 2. 6. 선고 2019누64107 판결, 심리불속행기각 확정).

1) 서울행정법원 1999. 9. 1. 선고 99구1440 판결(항소취하 확정).

2) 서울행정법원 2001. 12. 26. 선고 2001구34221 판결(확정).

점, ㉡ 특정업무경비 집행정보 중 '사용자 성명' 및 '집행명목', '식사비의 경우 참석자 숫자'가 공개될 경우 현재 수사 중이거나 정보를 수집 중인 사건을 특정하거나 추측할 수 있고, 해당 사건을 담당하고 있는 검사나 수사관, 특정 사안에 투입된 수사 인력 규모를 유추할 수 있어 수사동향 및 경과가 유출될 수 있고, 정보교류활동이나 동향 파악 개요를 통하여 정보수집 경로 등을 유추할 수 있어 수사기법이 노출될 위험이 있는 점 등에 비추어, 위 각 정보는 본호의 비공개대상정보에 해당한다고 본 사례[1)]

④ 원고가 통신사로부터 '통신사가 국가정보원장으로부터 전기통신사업법 제83조 제3항에 근거한 통신자료 제공요청을 받아 고객명, 주민등록번호, 이동전화번호, 주소, 가입일, 해지일의 통신자료를 제공하였다'는 내용의 통신자료 제공사실 확인서를 회신받고, 국가정보원장을 상대로 국가정보원장이 통신사에 제출한 자료제공요청서의 공개를 청구한 사안에서, 자료제공요청서 중 붙임 서류인 '조회대상 문서'에는 국가정보원장이 수사를 진행하고 있는 혐의자 내지 혐의자와 통화한 상대방의 주민등록번호 일부와 전화번호 일부, 그리고 그에 대한 조회기간(시작, 종료)이 기재되어 있고, 이러한 정보가 공개될 경우 수사를 진행하고 있는 대상이 알려지거나 추정이 가능하며, 이러한 공개와 추정은 수사의 기밀성과 밀행성을 해하는 것으로서 수사에 현저한 곤란을 초래하므로, '조회대상 문서' 중 원고의 전화번호를 제외한 나머지 정보는 본호의 비공개대상정보에 해당한다고 본 사례[2)]

⑤ 원고가 제3자를 고소한 뒤 해당 사건의 기록에 편철된 피해자진술 영상녹화 CD의 등사를 신청한 사안에서, 영상녹화물은 편집, 일부 삭제, 조작 등이 쉽게 가능해 수사기관 전체에 대한 신뢰성과 객관성이 훼손될 우려가 있고, 위 영상녹화물은 원고가 수사기관에서 고소인 자격으로 조사받는 내용이 그대로 녹화되어 있어 수사방법상의 기밀이 누설될 우려도 있다는 이유로, 위 영상녹화물이 본호의 비공개대상정보에 해당한다고 본 사례[3)]

⑥ 수사기록 중 수사보고(피의자에 대한 체포 필요성), 수사보고(피의자에 대한 구

1) 서울고등법원 2022. 12. 15. 선고 2022누33776 판결(심리불속행기각 확정).
2) 서울행정법원 2017. 2. 23. 선고 2016구합64678 판결(항소기각, 심리불속행기각 확정). 유사한 사례로 통신자료제공요청서의 붙임 서류인 '첨부 파일' 중 원고의 전화번호를 제외한 나머지 정보가 본호의 비공개대상정보에 해당한다고 본 사례가 있다(서울고등법원 2017. 8. 25. 선고 2017누31028 판결, 심리불속행기각 확정).
3) 서울행정법원 2016. 12. 16. 선고 2016구합72167 판결(항소기각, 심리불속행기각 확정).

속 수사 필요성 보고)는 피의자의 혐의가 소명된다고 보는 이유, 피의자가 도주 및 증거인멸의 우려가 있다는 보는 이유, 피의자를 체포 또는 구속하여야 하는 이유에 관한 검사의 의견을 내용으로 하는데, 이는 구체적인 수사의 기법 및 절차에 관한 내용으로서 공개될 경우 검사의 직무수행을 현저히 곤란하게 한다고 인정할 만한 상당한 이유가 있다는 이유로 본호의 비공개대상정보에 해당한다고 본 사례[1)]

(3) 형의 집행과 교정 관련 정보에 관한 것

(가) '형의 집행, 교정에 관한 사항으로서 공개될 경우 그 직무수행을 현저히 곤란하게 하는 정보'라 함은 당해 정보가 공개될 경우 재소자들의 관리 및 질서유지, 수용시설의 안전, 재소자들에 대한 적정한 처우 및 교정·교화에 관한 직무의 공정하고 효율적인 수행에 직접적이고 구체적으로 장애를 줄 고도의 개연성이 있고, 그 정도가 현저한 경우를 의미한다.[2)] 따라서 여기에 해당하는지는 비공개로 보호하려는 업무수행의 공정성 등의 이익과 공개로 도모할 수 있는 국민의 알 권리의 보장과 국정에 대한 국민의 참여 및 국정운영의 투명성 확보 등의 이익을 비교·교량하여 구체적인 사안에 따라 개별적으로 판단하여야 한다.[3)]

(나) 공개대상정보로는, ① 수용자 자비부담 물품의 판매수익금과 관련하여 교도소장이 재단법인 교정협회로 송금한 수익금 총액과 교도소장에게 배당한 수익금액 및 사용내역, 교도소 직원회 수지에 관한 결산결과와 사업계획 및 예산서, 수용자 외부병원 이송진료와 관련한 이송진료자 수, 이송진료자의 진료내역별(치료, 검사, 수술) 현황, 이송진료자의 진료비 지급(예산지급, 자비부담) 현황, 이송진료자의 진료비 총액 대비 예산지급액, 이송진료자의 병명별 현황, 수용자 신문구독현황과 관련한 각 신문별 구독신청자 수 등에 관한 정보,[4)] ② 재소자 변사사건과 관련하여 교도소가 보관하고 있는 재소자 신분장부, 수용자명부, 징벌부, 만기력부, 사망장 등 신상에 관한 모든 기록된 자료, 사건 후 소송 도중 작성한 사건기록일지, 사건현장 사진, 필름 등의 정보,[5)] ③ 수용자 고충처리반 설치·운영지침, 수용자 폭행사고예방지

---

1) 서울고등법원 2015. 12. 15. 선고 2015누55068 판결(심리불속행기각 확정).
2) 대법원 2003. 8. 22. 선고 2002두12946 판결, 대법원 2004. 12. 9. 선고 2003두12707 판결, 대법원 2007. 2. 8. 선고 2006두4899 판결.
3) 대법원 2003. 8. 22. 선고 2002두12946 판결, 대법원 2004. 12. 9. 선고 2003두12707 판결.
4) 대법원 2004. 12. 9. 선고 2003두12707 판결.
5) 전주지방법원 1999. 12. 18. 선고 99구1089 판결(확정).

침,[1] ④ 교정시설 보호구역 설정 및 관리지침[2] 등이 있다.

(다) 비공개대상정보로는, ① 재소자의 야간도주 방지를 위한 순찰방식 등 야간보안근무의 구체적 방법과 감시 초소의 설치 위치 등에 관한 사항을 정한 '야간보안근무 강화 방안', 수용시설의 경비와 계호근무 등을 위한 개인화기·공용화기 등 각종 총기류와 탄약 등의 관리 및 무기고의 설치·관리, 가스총·전기교도봉 등 보안장비의 관리, 기동타격대의 조직·편성과 휴대하는 총기류 등 장비에 관한 사항들을 규정한 '보안장비 관리규정', '총기·탄약 정비 및 수급에 관한 지침', '보안장비 관리규정', '계호근무준칙' 중 '제1장 제3절 무기·탄약 및 보안장비' 및 '제2장 제2절 기동타격대 근무' 부분,[3] ② '마약류관리에 관한 법률위반 수용자 관리지침',[4] ③ '계호근무준칙', '문제수용자 관리지침', '외부병원입원 및 진료수용자등 관리지침',[5] ④ 교정업무의 집행과정에서 수용자의 특이동정 사항에 대한 근무자의 보고 및 보고자의 의견 등을 기록한 내부 보고문서[6] 등이 있다.

6. 일반행정업무수행정보

감사·감독·검사·시험·규제·입찰계약·기술개발·인사관리에 관한 사항이나 의사결정 과정 또는 내부검토 과정에 있는 사항 등으로서 공개될 경우 업무의 공정한 수행이나 연구·개발에 현저한 지장을 초래한다고 인정할 만한 상당한 이유가 있는 정보. 다만, 의사결정 과정 또는 내부검토 과정을 이유로 비공개할 경우에는 제13조 제5항에 따라 통지를 할 때 의사결정 과정 또는 내부검토 과정의 단계 및 종료 예정일을 함께 안내하여야 하며, 의사결정 과정 및 내부검토 과정이 종료되면 제10조에 따른 청구인에게 이를 통지하여야 한다(정보공개법 제9조 제1항 제5호).

1) 서울행정법원 2005. 12. 29. 선고 2005구합4502 판결(확정).
2) 서울행정법원 2005. 9. 28. 선고 2005구합5789 판결(확정).
3) 서울고등법원 2005. 10. 20. 선고 2004누19967 판결. 이는 정보공개법 제9조 제1항 제2호, 제3호 소정의 비공개사유에도 해당한다고 보았다.
4) 서울행정법원 2005. 12. 29. 선고 2005구합4502 판결(확정).
5) 서울행정법원 2005. 9. 28. 선고 2005구합5789 판결(확정).
6) 창원지방법원 2019. 7. 11. 선고 2018구합799 판결(항소기각 및 심리불속행기각 확정).

가. 규정의 취지

정보공개법 제9조 제1항 제5호의 비공개사유는 공공기관이 수행하고 있는 다양한 업무의 집행과정에서 작성 또는 취득한 정보를 공개하면 해당 업무에 큰 영향을 미치거나 업무의 공정하고 효율적인 운영을 현저히 곤란하게 할 염려가 있는 정보를 보호하자는 데 취지가 있다. 본 호의 비공개정보에 해당하려면 사항적 요소와 정형적 요소를 함께 갖추어야 함은 물론이다.

대법원은 '공개될 경우 업무의 공정한 수행에 현저한 지장을 초래한다고 인정할 만한 상당한 이유가 있는 경우'의 의미 및 그 해당 여부의 판단 기준에 관하여 '정보공개법 제1조의 정보공개제도의 목적 및 정보공개법 제9조 제1항 제5호에 따른 비공개대상정보의 입법 취지에 비추어 볼 때, 공개될 경우 업무의 공정한 수행이 객관적으로 현저하게 지장을 받을 것이라는 고도의 개연성이 존재하는 경우를 말하고, 이에 해당하는지는 비공개함으로써 보호되는 업무수행의 공정성 등 이익과 공개로 보호되는 국민의 알 권리 보장과 국정에 대한 국민의 참여 및 국정운영의 투명성 확보 등 이익을 비교·교량하여 구체적인 사안에 따라 신중하게 판단할 것이다. 그리고 그 판단을 할 때에는 공개청구의 대상이 된 당해 정보의 내용뿐 아니라 그것을 공개함으로써 장래 동종 업무의 공정한 수행에 현저한 지장을 가져올지도 아울러 고려하여야 한다'고 판시하였고,[1] '시험정보로서 공개될 경우 업무의 공정한 수행에 현저한 지장을 초래하는지는 법 및 시험정보를 공개하지 아니할 수 있도록 하고 있는 입법취지, 당해 시험 및 그에 대한 평가행위의 성격과 내용, 공개의 내용과 공개로 인한 업무의 증가, 공개로 인한 파급효과 등을 종합하여 개별적으로 판단되어야 한다'고 판시하였다.[2]

한편 외국 또는 외국 기관으로부터 비공개를 전제로 정보를 입수하였다는 이유만으로 이를 공개할 경우 업무의 공정한 수행에 현저한 지장을 받을 것이라고 단정할 수는 없다. 다만, 위와 같은 사정은 정보 제공자와의 관계, 정보 제공자의 의사,

1) 대법원 2003. 8. 22. 선고 2002두12946 판결, 대법원 2011. 11. 24. 선고 2009두19021 판결, 대법원 2012. 10. 11. 선고 2010두18758 판결, 대법원 2015. 2. 26. 선고 2014두43356 판결, 대법원 2018. 9. 28. 선고 2017두69892 판결, 대법원 2023. 4. 27. 선고 2022두46305 판결.

2) 대법원 2003. 3. 14. 선고 2000두6114 판결, 대법원 2008. 6. 12. 선고 2008두4053 판결, 대법원 2010. 10. 28. 선고 2010두12330 판결.

정보의 취득 경위, 정보의 내용 등과 함께 업무의 공정한 수행에 현저한 지장이 있는지 여부를 판단할 때 고려하여야 할 형량 요소이다.[1)]

나. 열거적 규정인지 아니면 예시적 규정인지

본 호의 '감사·감독·검사·시험·규제·입찰계약·기술개발·인사관리에 관한 사항이나 의사결정 과정 또는 내부검토 과정에 있는 사항 등'이 제한적 열거인지 예시적 열거인지에 대하여는 견해의 대립이 있다.

비공개정보를 엄격하게 제한하려는 취지에서는 이를 열거적으로 보아야 하겠지만, 문언의 형식이나 공공기관이 수행하는 업무가 매우 다양하여 법률에서 구체적으로 규정하기가 사실상 불가능한 점 등을 감안하면 이는 예시적 열거로 봄이 상당하다. 따라서 위에서 적시한 사항 이외에 이에 준하는 정보로서 공개할 경우 해당 업무의 공정한 수행에 현저한 지장을 초래한다고 인정할 만한 상당한 이유가 있는 정보는 여기의 비공개대상정보라고 보는 것이 타당하다.

대법원도 본 호의 사항 등은 '비공개대상정보를 예시적으로 열거한 것이라고 할 것이므로 의사결정과정에 제공된 회의관련자료나 의사결정과정이 기록된 회의록 등은 의사가 결정되거나 의사가 집행된 경우에는 더 이상 의사결정과정에 있는 사항 그 자체라고는 할 수 없으나, 의사결정과정에 있는 사항에 준하는 사항으로서 비공개대상정보에 포함될 수 있다'고 하였다.[2)]

다. 정보의 범위 및 심리의 핵심

(1) 정보의 범위

(가) 감사·감독·검사·시험 관련 정보

감사 관련 정보란 감사 등의 결과 및 결과 등에 따른 조치요구사항, 처분 또는 개선 조치에 관한 사항 등을 말한다. 예컨대, 불시감사의 대상·시기·방법, 감사원감사위원회 및 징계위원회의 회의록 또는 징계의결내용 등이다. 감독 관련 정보란 직

1) 대법원 2018. 9. 28. 선고 2017두69892 판결.
2) 대법원 2003. 8. 22. 선고 2002두12946 판결, 대법원 2015. 2. 26. 선고 2014두43356 판결.

무감찰 등의 대상기관 선정·시기 등에 관한 사항, 퇴폐 유흥음식점의 단속계획, 식품접객업소 단속계획 등을 말한다. 검사 관련 정보란 당해 검사 등의 목적이나 실효성을 손상시킬 우려가 있는 사항(검사 등의 범위·방법·시기·장소 등), 물품 또는 식품의 검사범위·방법·시기 등 관련 문서 등이다. 시험 관련 정보란 시험의 적정한 실시 또는 판정에 지장을 줄 우려가 있는 정보이다. 예컨대, 국가고시·자격시험의 채점, 국가고시·자격시험 출제위원 명단, 국가고시 면접위원 명단 등이다.

(나) 규제 관련 정보

① 신청절차 및 심사기준에 관한 사항

공개함으로써 심사업무의 적정한 수행에 지장을 주는 정보를 말한다. 통신업자 선정 관련 심사위원 명단, 고속전철 역사 결정 심사위원 명단 등이다.

② 개별 신청, 심사, 결정에 관한 사항

㉮ 특정 개인의 식별이 가능한 문서, 법인 등의 사업계획, 생산기술 등의 사항으로서 개인 및 법인 등의 정당한 이익을 침해하거나 불이익을 주는 정보, ㉯ 무기, 화약, 마약 등의 취급, 관련 시설에 관한 정보로서 공공의 안전과 질서유지에 지장을 주는 정보, ㉰ 지방자치단체, 특수법인 등에 대한 인·허가 문서로서 공공사업 또는 계약업무의 정당한 수행에 지장을 초래하는 정보 등을 말한다.

(다) 입찰계약 관련 정보

㉮ 입찰예정자의 경영내용, 업무내용 또는 평가결과를 기재한 사항 등 개인 및 법인에 해당하는 사항을 기재한 정보(입찰참가신청서, 첨부서류, 유자격자명부 등), ㉯ 입찰 또는 견적 실시의 목적을 달성할 수 없을 우려가 있는 정보(입찰예정가격을 예측할 수 있는 단가 등), ㉰ 설계·시공자에게 불이익을 줄 우려가 있는 정보(설계·시공상의 노하우, 건축물의 설계도 등) 등을 말한다.

(라) 기술개발 관련 정보

연구의 자유나 지적소유권을 침해하는 사항, 연구의 중간단계에 있는 사항 중 국민에게 오해를 줄 우려가 있는 정보를 말한다.

(마) 인사 관련 정보

㉮ 직원 등의 임면, 복무, 급여, 연수 등의 인사에 관한 개인정보(직원의 근무성적평가에 관한 정보, 승진심사위원회의 심사내용), ㉯ 임면, 급여 등 인사운영에 지장을 줄 우려가 있는 사항 또는 임의로 제공한 정보로서 장래 정보제공자의 협력을 얻기 곤란한 정보 등을 들 수 있다.

(바) 의사결정과정 및 내부검토과정 정보

국민의 오해나 혼란을 초래할 수 있는 행정 내부의 심의·협의·조사 등의 자료(내부에서 심의 중인 안건 또는 미확인자료, 공공기관 내부의 회의 및 의견교환의 기록 등), 청구인 등의 특정인에게 부당한 이익 또는 불이익을 주는 정보(조사 또는 시험연구결과, 각종 개발계획 또는 검토안), 행정 내부의 자유로운 의견교환에 방해를 줄 수 있는 정보(공공기관 내부의 회의, 의견교환기록), 공공기관 내부의 심의 등을 위하여 필요한 자료(업무의 기획, 검토를 위해 수집하는 자료) 등이다.[1)]

(2) 심리의 핵심

위와 같은 사항에 관한 정보로서 공개할 경우 업무의 공정한 수행이나 연구·개발에 현저한 지장을 초래할지가 심리의 핵심이 된다.[2)]

라. 구체적 사례

(1) 시험문제, 시험 답안지, 채점결과, 문제지 등

(가) 비공개하여야 한다고 한 사례

① 사법시험 1차시험 문제 및 정답에 관하여 문제은행 출제방식을 채택하고 있는 상황에서 문제와 정답을 공개할 경우 기출문제 등의 재출제가 불가능하게 되어 결국 평가의 공정성 및 효율성 측면에서 우수한 출제방식을 포기하게 되는 점, 출제자들이 받을 비판 등으로 출제위원 선정을 기피하게 되는 문제점이 생길 수 있는 점 등에 비추어 업무의 공정한 수행에 현저한 지장을 초래한다고 인정할 만한 상당

---

1) 황정근, “공공기관의정보공개에관한법률 제7조의 비공개대상정보”, 행정소송실무연구 2권, 서울고등법원(2002), 136-139.

2) 한위수, 앞의 글, 509-510.

한 이유가 있다고 판시한 사례[1]

② 치과의사 국가시험에서 채택하고 있는 문제은행 출제방식이 출제의 시간·비용을 줄이면서도 양질의 문항을 확보할 수 있는 등 많은 장점을 가지고 있는 점, 그 시험문제를 공개할 경우 발생하게 될 결과와 시험업무에 초래될 부작용 등을 감안하면, 위 시험의 문제지와 그 정답지를 공개하는 것은 시험업무의 공정한 수행이나 연구·개발에 현저한 지장을 초래한다고 인정할 만한 상당한 이유가 있는 경우에 해당하므로, 공공기관의 정보공개에 관한 법률 제9조 제1항 제5호에 따라 이를 공개하지 않을 수 있다고 한 사례[2]

③ 사법시험 2차시험의 시험문항에 대한 채점위원별 채점결과의 열람에 대하여, 이러한 정보를 공개하는 것은 단순히 그러한 공개를 통하여 국민의 알 권리가 충족되는 데 그치지 아니하고, 나아가 다의적일 수밖에 없는 평가기준과 주관적 평가결과 사이의 정합성을 둘러싸고 시험의 결과에 큰 이해관계를 가진 자들이 제기할지도 모를 시시비비에 일일이 휘말리는 상황을 초래할 우려가 농후하고 그 평가업무의 수행 자체에 대한 지장을 초래할 것이 자명하다고 하여 본 호 소정의 비공개정보에 해당된다는 원심판결을 수긍한 사례[3]

제 4 장

④ 법무사시험 2차시험 답안지에 대한 공개청구를 한 사안에서, 원고들이 공개를 구하는 법무사시험 2차시험 답안지에는 각 문항별·채점자별 주관적 논술형시험의 평가기준과 그 평가결과가 반영되어 있는바, 입법취지와 논술식 시험의 속성 및 시험관리와 그 평가사무의 본질, 공개로 인한 파장 등에 비추어 볼 때, 원고들이 공개를 구하고 있는 부류의 정보는 공개할 경우 업무의 공정한 수행에 현저한 지장을 초래한다고 인정할 상당한 이유가 있는 것으로서 본 호 소정의 비공개정보에 해당된다고 판시한 사례[4]

⑤ 사법시험 또는 변리사 2차시험 답안지와 채점기준표 사본 및 관세사시험 제2차시험의 답안지 사본의 교부 청구를 거부한 처분이 적법하다고 한 사례[5]

---

1) 서울행정법원 1999. 7. 2. 선고 99구2788 판결(항소기각 및 심리불속행기각 확정), 유사한 취지로 물류관리사 시험문제에 관한 서울행정법원 1999. 10. 15. 선고 99구7004 판결(확정).
2) 대법원 2007. 6. 15. 선고 2006두15936 판결, 의사국가시험에 관해서는 서울고등법원 2005. 9. 2. 선고 2004누17145 판결(확정).
3) 대법원 2003. 3. 14. 선고 2000두6114 판결.
4) 서울행정법원 2001. 4. 27. 선고 2000구39823 판결(확정).
5) 서울행정법원 2001. 11. 20. 선고 2001구7311 판결(확정), 서울행정법원 2004. 9. 17. 선고 2004구합8521 판결(확정), 서울행정법원 2005. 6. 1. 선고 2005구합3776 판결(확정).

⑥ 원고가 산업은행 재직 중 응시한 승진시험의 내용에 대한 정보공개를 청구한 사안에서, 위 시험의 기출문제 공개가 수년간 거듭될 경우 응시자는 출제빈도가 높은 문제위주의 수험준비를 하게 되어 정상적인 학습과 종합적인 지식의 습득을 저해하고, 시험을 통하여 응시자의 실력을 정확하게 측정하는 데에 상당한 지장을 받게 되어 피고가 시행하는 시험이 평가도구로서의 기능을 다하지 못하게 될 우려가 있고, 시험의 문제와 그 정답을 공개하지 않는 경우 응시자 일반에 의한 출제오류의 시정 가능성과 시험행정의 투명성의 확보 등이 다소 떨어지는 측면은 있으나, 문제은행 출제방식은 출제의 효율성, 평가의 공정성 및 객관성의 측면에서 우수한 제도이고 기출문제를 비공개하는 것은 일반적인 문제은행 출제방식의 본질적인 속성에 해당하는바, 문제은행 출제방식을 채택한 이 사건 시험에서 기출문제의 공개는 평가기능의 저하를 가져올 가능성이 큰 점 등을 종합하여 보면, 위 정보는 정보공개법 제9조 제1항 제5호의 비공개 대상 정보에 해당한다고 보는 것이 타당하다고 본 사례[1)]

⑦ 국가공무원 5급 공개경쟁채용 제2차 시험에 응시한 원고가 각 과목별 세부점수 및 합산, 평균 산출과정에서 점수 누락이 없었는지(예를 들어 2명 교수의 점수만 합산하고 평균 점수를 산출하지는 않았는지), 전산입력 과정에서 다른 수험생과 점수가 뒤바뀌지는 않았는지, 시험지 사본에 채점된 결과가 전산상 동일하게 입력되었는지, 답안지와 이름의 점수가 일치했는지에 대한 정보공개를 청구한 사안에서, 시험 문항에 대한 채점위원별 채점결과 등을 외부에 공개하게 되면, 단순 수치만으로 계량화할 수 없는 다의적일 수밖에 없는 평가 기준과 주관적 평가결과 사이의 정합성 또는 심사위원의 자질 등을 둘러싸고 시험 결과에 이해관계를 가진 자들로부터 제기될지도 모를 시시비비에 일일이 휘말리는 상황이 초래될 우려가 있고, 심사에 관여한 위원들은 그 평가내용의 공개에 대한 상당한 부담을 가지게 되며, 심리적 압박을 받아 심사절차에서 자유로운 평가를 할 수 없게 될 수 있어서, 시험업무에 상당한 지장을 초래할 가능성이 있다는 등의 이유로 위 정보는 정보공개법 제9조 제1항 제5호에서 정하는 시험정보로서 공개될 경우 업무의 공정한 수행에 현저한 지장을 초래한다고 인정할 만한 상당한 이유가 있는 정보에 해당한다고 봄이 타당하다고 본 사례[2)]

---

1) 서울행정법원 2022. 7. 15. 선고 2021구합56848 판결(확정).
2) 서울행정법원 2023. 5. 23. 선고 2023구합54082 판결(확정).

(나) 공개하여야 한다고 한 사례

① 공인회계사 2차시험 답안지 공개청구사건에서, 응시자 대다수가 위와 같은 답안지의 열람청구를 하리라고 예상할 수도 없을 뿐만 아니라 가사 이로 인하여 피고의 업무량이 증가한다거나 채점의 공정성에 관한 응시자의 불만이 생긴다고 하여 이를 이유로 응시자의 답안지열람청구를 거부할 법적 사유가 될 수는 없고, 달리 원고가 이 사건 답안지를 열람함으로써 피고 업무의 공정한 수행이나 연구·개발에 지장을 초래하리라고 인정할 만한 아무런 소명이 없다고 본 사례[1]

② 공인회계사 2차시험 전과목 문제지 공개청구사건에서, 문제은행식 출제가 아니라는 등의 이유로 문제지를 공개할 경우 시험업무의 공정한 수행이나 연구, 개발에 현저한 지장을 초래한다고 인정할 만한 상당한 이유가 있는 정보가 아니라고 한 사례[2]

③ 사법시험 2차시험 답안지에 대하여, 답안지를 열람하도록 할 경우 업무의 증가가 다소 있을 것으로 예상되고, 다른 논술형시험의 열람 여부에도 영향이 있는 등 파급효과로 인하여 시험업무의 수행에 다소 지장을 초래한다고 볼 수 있기는 하지만, 답안지는 응시자의 시험문제에 대한 답안이 기재되어 있을 뿐 평가자의 평가기준이나 평가 결과가 반영되어 있는 것은 아니므로 응시자가 자신의 답안지를 열람한다 하더라도 시험문항에 대한 채점위원별 채점결과가 열람되는 경우와 달리 평가자가 시험에 대한 평가업무를 수행하는 데 지장을 초래할 가능성이 적은 점, 답안지에 대한 열람을 허용하더라도 답안지를 상호비교함으로써 생기는 부작용이 생길 가능성이 희박하고, 열람업무의 폭증이 예상된다고 볼만한 자료도 없는 점 등을 종합적으로 고려하면, 답안지의 열람으로 시험업무의 수행에 현저한 지장을 초래한다고 볼 수 없다고 한 사례[3]

④ 사법시험 제1문과 제2문의 각 점수는 공개하더라도 채점위원별 채점결과의 공개와 유사한 결과를 초래한다고 보기 어려워 평가업무의 공정한 수행에 현저한 지장을 초래할 우려가 없다고 한 사례[4]

⑤ 제45회 사법시험 2차시험의 과목별 5점 단위 득점대에 따른 인원집계 자료

1) 서울행정법원 1998. 12. 2. 선고 98구20338 판결(항소 또는 확정 여부 불명).
2) 서울행정법원 2005. 12. 13. 선고 2005구합22128 판결(확정).
3) 대법원 2003. 3. 14. 선고 2000두6114 판결.
4) 서울행정법원 2004. 9. 17. 선고 2004구합8521 판결(확정).

는 통계자료로서 그 공개로 인하여 사법시험업무의 공정한 수행이나 연구개발에 현저한 지장을 초래하리라고 단정할 수 없다고 한 사례[1]

⑥ 미용사(피부) 실기시험 및 미용사(메이크업) 실기시험에서 불합격한 원고가 위 각 시험에서 취득한 과제별 점수의 공개를 청구한 사안에서, 수험자들이 과제별 득점 사례들을 취합하면 각 과제에 대한 채점의 성향을 어느 정도 유추할 여지가 생긴다고 하더라도, 채점위원의 명단, 채점기준표, 채점위원이 작성한 채점표, 수험자가 제출한 과제물 등이 함께 공개되지 아니하는 이상, 평가기준과 평가결과 사이의 정합성이나 채점결과의 형평성과 정당성을 둘러싼 분쟁이 다발하기는 어렵다고 보이고, 불합격자는 과제별 점수를 통하여 탈락사유를 구체적으로 파악하고 재시험을 준비할 때 보완하여야 할 취약점이 무엇인지 알 수 있는 이익이 상당하므로, 설령 시험에 관한 업무가 다소 증가하더라도 수험자에게 과제별 점수를 공개하는 것이 정보공개의 원칙을 천명한 정보공개법의 취지, 나아가 시험제도 자체의 존재 목적에 부합하는 방향이라 판단된다고 본 사례[2]

⑦ 변호사시험 합격자 본인의 석차 정보에 대한 정보공개를 청구한 사안에서, 특정 변호사시험의 시행 결과에 관한 정보의 공개가 법학전문대학원 및 변호사시험 제도의 도입 취지에 반하는 결과를 초래한다고 볼만한 뚜렷한 근거가 제시되어 있지 않고, 위 정보의 공개가 법학전문대학원 교육과정과 변호사시험의 유기적 연계나 법학전문대학원의 도입 취지를 고려한 합격자 결정의 기본 골격에 어떤 영향을 미친다고 볼 수 없으며, 변호사시험 석차를 공개함으로써 변호사시험 합격자가 법조직역 등에 진출하는 데 경쟁의 투명성과 공정성을 제고할 필요도 있다는 사정 등을 근거로 위 정보는 정보공개법 제9조 제1항 제5호에 의한 비공개대상 정보에 해당하지 않는다고 본 사례[3][4]

---

1) 서울고등법원 2006. 7. 25. 선고 2005누29879 판결(심리불속행기각 확정).
2) 서울행정법원 2023. 1. 12. 선고 2022구합56081 판결(확정).
3) 서울행정법원 2020. 1. 9. 선고 2019구합64198 판결(항소기각, 심리불속행기각 확정).
4) 특정 법학전문대학원 입학생들의 출신대학 현황 및 연령별 현황에 관한 정보는 정보공개법 제9조 제1항 제5호에 의한 비공개대상 정보에 해당하지 않는다고 본 판결로 서울행정법원 2019. 11. 14. 선고 2019구합62598 판결(확정), 변호사시험의 법학전문대학원별 응시자 수, 합격자 수 및 합격률에 대한 정보는 정보공개법 제9조 제1항 제5호에 따른 비공개대상 정보에 해당하지 않는다고 본 판결로 서울행정법원 2017. 11. 2. 선고 2017구합70342 판결(항소기각 확정).

(3) 인사관리 관련 정보

(가) 법관임용에서 탈락한 원고가 법관임용심사위원회 회의록과 임용관련서류 중 자신과 관련 있는 부분의 공개를 청구한 사안에서, 본 호에서의 인사관리정보란 인사관리과정에 있는 사항이 아니라, 인사관리에 관한 사항을 의미하고, 임명 등과 같은 공무원관계의 설정행위도 포함함을 전제로, 위와 같은 정보가 법관임용심사위원들의 심사업무와 면접관의 평가업무 등의 수행 등에 현저한 지장을 초래할 염려가 있는 정보에 해당한다고 한 사례[1])

(나) 교수신규임용지원을 하였다가 불합격통보를 받은 원고들이 대학교 총장을 상대로 심사결과 관련서류와 의견서의 공개를 구한 사안에서, 심사위원들의 평가점수를 평균하여 각 몇 점을 얻었는지와 그 총점과 순위를 집계한 최종심사결과표는 그대로 공개하더라도 이를 둘러싸고 연구교수 선정에서 탈락한 사람들과 위원들 사이에 불화가 발생한다거나, 이를 염려하여 위원들이 자유로운 심사를 꺼리게 될 가능성은 적은 반면, 원고들의 알 권리를 보장하여야 할 필요가 더 크다고 보여 본 호에서 정한 비공개대상정보에 해당하지 않지만, 그 나머지 외부 심사위원의 명단, 각 심사위원이 각 지원자별 평가내용을 적은 심사평정표, 심사위원들이 심사를 마치고 종합의견을 적은 개인별 의견서와 이를 참관 내지 감독한 참관인과 대학원장이 작성한 의견서 등은 모두 공개될 경우 단순 수치만으로 계량화할 수 없는 추상적인 평가기준에 따른 주관적인 평가결과 등을 둘러싸고 시시비비가 발생할 우려가 농후하고 이로써 공정하고 중립적으로 이루어져야 할 심사위원들의 임용심사업무 등 수행에 현저한 지장을 초래한다고 인정할 상당한 이유가 있으므로, 본호 소정의 비공개대상정보에 해당한다고 한 사례[2])

(다) 원고가 공개를 청구한 정보는 경찰관이었던 ○○○이 2004년경부터 정보공개청구 당시까지 근무하였던 모든 근무지와 ○○경찰서 근무 당시 소속 부서 및 근무기간에 관한 인사발령 정보로서 '인사관리에 관한 사항'에 해당하고, 위 정보가 공개될 경우 향후 경찰공무원의 공정한 업무 수행에 현저하게 지장을 초래할 고도의 개연성이 존재한다고 판단되고, 원고는 ○○○의 수사결과에 기초하여 마약류관리에관

1) 서울행정법원 2001. 12. 21. 선고 2001구34832 판결(확정).
2) 서울행정법원 2002. 12. 21. 선고 2002구합17378 판결(항소기각 확정).

한법률위반(향정) 혐의로 기소된 후 제1심과 항소심에서 유죄판결을 받은 자로서, ○○○이 원고가 과거에 고소했던 경찰관 ○○○와 함께 근무하는 등의 친분으로 인하여 원고에게 보복하기 위해 표적수사를 하면서 증거를 조작하였다고 주장하며 정보의 공개를 청구하고 있는바, 가사 원고의 주장대로 ○○○과 ○○○가 함께 근무한 적이 있다고 하더라도 그러한 사실만으로 원고의 주장 내용이 입증되는 것은 아니므로 위 정보를 공개함으로써 원고의 알 권리를 보장해야 할 필요성이 크다고 볼 수도 없다는 점 등을 근거로 위 정보는 정보공개법 제9조 제1항 제5호의 비공개대상정보에 해당한다고 본 사례[1)]

(4) 의사결정과정 또는 내부검토과정 정보 등

정보공개법 제9조 제1항 제5호가 비공개대상정보로 의사결정과정 또는 내부검토과정에 있는 사항 등을 규정한 것은 위와 같은 정보의 공개로 인하여 공공기관의 의사결정을 왜곡하거나 외부의 부당한 영향과 압력을 받을 가능성을 차단하여 중립적이고 공정한 의사결정이 이루어지도록 하려는 데 있으므로, 의사결정과정이나 내부검토단계를 거쳐 공공기관의 의사결정을 집행한 경우에는 장차 동종의 업무를 공정하게 수행함에 현저한 지장을 초래한다고 볼 만한 특별한 사정이 있는 경우를 제외하고는 원칙적으로 의사결정 과정이나 내부검토과정에 있는 사항이라도 그 공개를 거부할 수 없다고 보아야 할 것이다.[2)] 또한 의사결정 과정 또는 내부검토 과정을 이유로 비공개한 경우 의사결정 과정 및 내부검토 과정이 종료되면 정보공개법 제9조 제1항 제5호 단서에 따라 같은 법 제10조에 따른 청구인에게 이를 통지하여야 한다.

(가) 비공개하여야 한다고 한 사례

① 교육부징계재심위원회의 회의록,[3)] 보안관찰처분위원회의 회의록,[4)] 검사 징계회의록,[5)] 공정거래위원회의 과징금납부명령 직권취소 관련 전원회의 회의록[6)] 등

---

1) 서울행정법원 2021. 11. 30. 선고 2021구합449 판결(확정).
2) 서울행정법원 2000. 11. 3. 선고 99구26517 판결(항소심에서 취소되었으나, 그 항소심 판결이 대법원 2003. 12. 11. 선고 2001두8827 판결로 파기환송되어, 서울고등법원 2004. 11. 26. 선고 2003누23143 판결로 항소기각되고 다시 대법원 2006. 12. 7. 선고 2005두241 판결로 상고기각되어 최종 확정됨).
3) 서울고등법원 1999. 9. 29. 선고 99누1481 판결(심리불속행기각 확정).
4) 서울행정법원 2001. 7. 13. 선고 2000구17007 판결(이 부분은 확정).
5) 서울행정법원 2004. 3. 16. 선고 2002구합12939 판결(확정).
6) 서울행정법원 2004. 4. 22. 선고 2003구합16648 판결(항소기각 확정).

의 공개를 구한 사안에 관하여, 발언자의 인적사항과 발언내용을 구분하지 아니한 채 회의록 전부에 대하여 정보공개법 제9조 제1항 제5호 소정의 의사형성 과정 중에 있는 사항 그 자체는 아니지만 이에 준하는 이른바 의사결정과정 정보로서, 공개할 경우 위원이나 출석자는 회의록공개에 대한 상당한 부담을 가지게 되고 심리적 압박을 받아 자유로운 의사교환을 할 수 없으며, 심지어 당사자나 외부의 의사에 영합하는 발언을 하거나 침묵으로 일관할 우려마저 있는 등 업무의 공정한 수행에 현저한 지장을 초래한다고 인정할 만한 상당한 이유가 있으므로, 회의록 전체가 같은 호 소정의 비공개대상정보에 해당한다고 판시한 사례

② 학교환경위생정화위원회의 회의록[1] 등의 공개를 구한 사안에서, 해당 발언자의 인적사항까지 공개한다면 위원이나 출석자는 회의록 등의 공개에 대한 부담으로 인한 심리적 압박 때문에 심사위원회의 심의절차에서 자유로운 의사교환을 할 수 없고, 심지어 당사자나 외부의 의사에 영합하는 발언을 하거나 침묵으로 일관할 우려마저 있으므로, 이러한 사태를 막아 위원들이 심의에 집중하도록 함으로써 심의의 충실화와 내실화를 도모하기 위하여는 회의록의 발언내용 이외에 해당 발언자의 인적사항까지 외부에 공개해서는 안 될 것이어서 해당 정보는 정보공개법 제9조 제1항 제5호 소정의 비공개대상정보에 해당한다고 본 사례[2]

③ 학교폭력대책자치위원회의 회의록,[3] 국민건강보험공단 장기요양등급판정위

제 4 장

---

1) 대법원 2003. 8. 22. 선고 2002두12946 판결.

2) 반면 발언내용에 관하여는, ㉮ 이 부분에 대한 공개만으로는 특정 발언자의 개인 식별이 용이하지 아니하여 개인 식별에 따른 오해나 혼란을 초래한다거나 행정 내부의 원만하고 자유로운 의견 교환을 방해할 염려는 거의 없는 것으로 보이고, ㉯ 발언내용 부분은 참석자 명단에 포함될 이름과 신분, 직위 등으로 인하여 특정인을 식별할 수 있는 개인에 관한 정보가 있기는 하나, 국민의 알 권리 보장과 행정의 투명성 확보라는 공익적 차원에서 공개는 필요한 것으로 보이며, ㉰ 그 공개로 인하여 심사위원회나 회의 참석자 개인들의 사생활이 다소 침해된다고 하더라도 그 정도의 침해는 심사위원 스스로 위촉 당시 이미 예상할 수 있는 것으로 보이고, ㉱ 심사위원회와 같은 합의제기관의 경우에는 대부분 합의과정 자체는 공개되지 아니한다고 하더라도 합의제의 구성원과 그 구성원의 합의 참석 여부는 공개되는 것이 통례인 점 등을 종합하면, 이 부분은 그 공개로 인하여 얻는 이익이 공개로 인하여 침해되는 이익보다 훨씬 크다고 할 것이어서 이는 제9조 제1항 제5호, 제6호의 비공개사유에 해당하지 아니한다고 본 판단 부분은 상고되지 아니하여 원심에서 확정되었다.
이처럼 발언자의 인적사항과 발언내용을 구분하여 전자는 비공개, 후자는 공개하도록 한 하급심 판결로는 서울행정법원 2006. 5. 19. 선고 2005구합34794 판결(국가보훈처 보훈심사위원회의 회의록 및 의결서, 확정), 서울행정법원 2006. 8. 23. 선고 2005구합41341 판결(정보공개심의위원회 의사록 및 회의록, 항소기각 및 상고기각 확정).

3) 대법원 2010. 6. 10. 선고 2010두2913 판결, 이 판결은 자치위원회의 회의록이 정보공개법 제9조 제1항 제5호 소정의 비공개대상정보에 해당할 뿐만 아니라, 「학교폭력예방 및 대책에 관한 법률」 제21조 제3항이 자치위원회의 회의는 공개하지 아니하도록 규정하고 있으므로 정보공개법 제9조 제1항 제1호

원회의 회의록[1] 공개를 구한 사안에서, 위원회에서의 자유롭고 활발한 심의·의결이 보장되기 위해서는 위원회가 종료된 후라고 심의·의결 과정에서 개개 위원들이 한 발언 내용이 외부에 공개되지 않는다는 것이 철저히 보장되어야 할 것이고, 만약 각 참석위원의 발언 내용이 기재된 회의록이 공개된다면 위원들은 심리적 압박을 받아 자유로운 의사 교환을 할 수 없고 심지어는 당사자나 외부의 의사에 영합하는 발언을 하거나 침묵으로 일관할 우려마저 있어 자유로운 심의분위기를 해치고 공정성 확보에 지장을 초래할 수 있다는 이유로, 발언자의 인적사항과 발언내용을 구분하지 아니한 채 회의록 전부에 대하여 정보공개법 제9조 제1항 제5호의 비공개대상정보에 해당한다고 본 사례

④ 국가인권위원회 산하 조사국이 원고의 검사에 대한 진정사건에 대하여 조사한 '사건예비조사결과보고'는 의사결정과정에 있는 사항 그 자체는 아니지만 의사결정과정에 제공된 자료로서 공개하면 직원들이 공개에 대한 부담으로 인한 심리적 압박 때문에 적극적으로 충실히 조사에 임하거나 자유로이 의견을 개진하지 못할 우려가 있고, 이는 의사결정과정에 제공된 검토의견에 불과하여 피고가 실제로 한 의사결정이 위 '사건예비조사결과보고'의 조사국 의견과 일치하지 아니할 경우가 발생할 수도 있는데, 이와 같은 자료를 그대로 공개할 경우 불필요한 논란을 불러일으킬 소지가 있을 뿐만 아니라 일반 국민의 행정 불신을 초래할 우려마저 있는 등 조사 업무의 공정한 수행에 현저한 지장을 초래할 고도의 개연성이 있다 할 것이어서 본호의 비공개대상정보에 해당한다고 한 사례[2]

⑤ 공직후보자능력검정 민간자격 등록신청에 대한 등록거부와 관련한 행정심판이 제기되자 행정안전부장관이 변호사 내지 법무법인에 의뢰하여 받은 법률자문에 관한 정보공개를 청구한 사안에서, 위 정보는 행정심판이 이루어진 이상 의사결정과

소정의 '다른 법률 또는 법률이 위임한 명령에 의하여 비밀 또는 비공개 사항으로 규정된 정보'에도 해당한다는 취지로 판시하였다.

1) 대법원 2012. 2. 9. 선고 2010두14268 판결. 갑이 자신의 모 을의 장기요양등급판정과 관련된 자료로서 장기요양등급판정위원회 회의록 등에 대한 정보공개를 청구하였으나 국민건강보험공단이 등급판정과 관련된 자료 일체는 공공기관의 정보공개에 관한 법률 제9조 제1항 제5호의 '공개될 경우 업무의 공정한 수행에 현저한 지장을 초래한다고 인정할 만한 상당한 이유가 있는 경우'에 해당한다는 이유로 비공개결정처분을 한 사안에서, 회의록은 의사결정과정이 기록된 것으로서 의사결정과정에 있는 사항에 준하는 것에 해당하고 공개될 경우 위원회 심의업무의 공정한 수행에 현저한 지장을 가져온다고 인정할 만한 타당한 이유가 있다는 이유로 비공개결정처분이 위법하지 않다고 본 원심판단을 수긍한 사례.

2) 서울행정법원 2004. 3. 23. 선고 2003구합23974 판결(항소기각 확정).

정 내지 내부결정과정에 있는 사항 그 자체에는 해당하지 않으나 그에 준하는 사항에 해당한다고 볼 수 있는데, 민간자격의 등록 여부와 이후 불복과정에서 문제될 수 있는 법률적인 쟁점에 관한 정보가 공개될 경우 의사결정을 하는 사람들로 하여금 심리적 부담을 갖게 하여 공정한 업무수행을 어렵게 할 우려가 있는 점, 원고로서는 피고가 제시한 처분사유를 근거로 등록거부처분의 당부를 충분히 다툴 수 있어 당사자의 알 권리 보장이라는 이익이 비공개로 인한 이익보다 크다고 판단되지 않는 점, 반면 법률자문을 담당한 자로서는 자신들의 노하우가 담긴 자료가 공개될 경우 사업활동에 관한 정당한 이익이 침해될 것으로 보이는 점 등을 종합하여 보면, 위 정보는 정보공개법 제9조 제1항 제5호의 비공개정보에 해당한다고 판단한 사례[1)]

⑥ 아동보호전문기관에서 전문적 지식과 주관적인 의견 등을 바탕으로 작성한 의견서 및 아동보호전문기관의 의견도출과정과 관련된 내용 등은 수사기관에 제출되어 원고에 대한 아동복지법위반(아동유기·방임) 혐의 인정 여부를 판단하는 의사결정과정의 근거자료로 사용되었는바, 이러한 정보는 의사결정과정에 있는 사항에 준하는 사항에 해당하고, 위 정보가 공개될 경우 아동보호전문기관 및 수사기관의 장래 동종 업무에 관한 공정한 수행에 객관적으로 현저한 지장이 초래될 고도의 개연성이 존재하고, 아동학대 의심 사건이 갖는 특성상, 위와 같은 정보들은 개인의 알 권리보다 그 비공개를 통하여 직·간접적으로 추구되는 사회 전체적인 공익이 훨씬 더 큰 경우라고 볼 수 있는 점에 비추어 보면, 아동보호전문기관이 제출한 의견서 및 그 의견도출과정과 관련된 정보 부분은 정보공개법 제9조 제1항 제5호의 비공개대상 정보로 인정된다고 본 사례[2)]

⑦ 아동보호사건 사건과 관련하여 가정법원에 제출된 수탁기관의 의견서에 대한 정보공개를 청구한 사안에서, 위 정보는 아동보호전문기관에서 상당한 시간에 걸쳐 관계자들과 면담하거나 관찰한 내용, 상담사들의 전문적 지식과 주관적인 의견 등을 바탕으로 의견조회요청기관(서울가정법원)에서 요청한 전문기관의 비공식적인 의견이 도출되는 과정을 담고 있다고 볼 수 있으므로, 공개될 경우 아동보호전문기관뿐만 아니라 이를 의뢰한 의견조회요청기관의 업무도 그 공정한 수행이 객관적으로 현저하게 지장을 받을 것이라는 고도의 개연성이 존재한다고 봄이 타당하다고

1) 서울행정법원 2024. 2. 2. 선고 2023구합52796 판결(확정).
2) 서울행정법원 2023. 7. 21. 선고 2022구합72366 판결(확정).

본 사례[1)]

⑧ '장기미집행 도시계획시설(근린공원) 실효제'(이하 '실효제'라 한다) 시행(2020. 7. 1.)을 앞두고, 서울특별시가 관리하는 장기미집행 근린공원의 현황을 파악하여 그 유형을 분류하고, 주변 환경과 이용현황 등을 분석하여 이를 토대로 실효제 시행 이후 장기미집행 근린공원의 이용 및 관리 방안을 수립하기 위한 목적으로 발주한 용역 수행 결과물 중 장기미집행 근린공원을 새로이 공원구역으로 지정하는 우선순위, 우선보상이 필요한 지역(공원으로 이미 이용되고 있는 지역, 공원시설 예정지 등)과 장기보상지역(공원으로 조성할 필요가 있으나 시급성이 떨어지는 지역으로서 보전, 관리 및 이용을 위하여 장기적으로 보상이 필요한 지역), 보상의 필요성이 낮은 지역(공원으로서의 가치를 상실한 지역 등) 등으로 분류한 기준과 그 구체적 결과, 보상에 필요한 재원 확충 방안, 보상을 위한 구체적 프로세스와 로드맵, 보상비 추계, 새로 공원구역으로 지정하는 토지에 대한 보상비 지급 외의 보상 및 지원방안, 실효되는 장기미집행 근린공원에 대해서도 개발행위를 방지하고 녹지를 유지하기 위한 방안(민관협력 프로그램 등)에 관한 정보공개를 청구한 사안에서, 위 정보를 통해 도시관리계획 수립 방향이나 보상 계획 등을 예측할 수 있으므로, 위 정보가 공개된다면 원고뿐만 아니라 위 정보를 지득한 사람들에게 이익을 주거나 부동산 투기가 발생할 우려가 있고, 다른 한편으로 위 보고서는 장차 피고가 형성·추진해 나갈 도시관리계획의 수립, 협의매수 등 보상 등에 관한 하나의 방안을 모색한 것으로서 그 자체가 서울특별시가 확정한 계획이 아니므로, 위 정보를 포함하여 위 보고서가 원고와 같은 도시자연공원구역 내 토지 소유자 등 이해관계자에게 전부 공개될 경우, 피고의 정책 결정이나 시행에 현저한 지장을 초래할 우려가 있다고 본 사례[2)]

⑨ ○○경찰서 청문감사실 소속 경찰관이 감찰을 실시하게 된 배경과 경고처분을 하게 된 경위, 의견 등을 기재한 문서에 대한 정보공개를 청구한 사안에서, 직무감찰 및 관련 민원사항에 대하여 사실관계 확인 보고 또는 그 조사결과 이외에 특정 감찰관의 의견을 알 수 있는 내부 문서나 그 구체적인 의사결정과정까지 모두 공개된다면, 향후 유사한 사안 발생 시 관련자들이 심리적 압박을 느껴 자유로운 진술 또는 조사를 꺼리게 되는 등으로 인하여 피고의 비위 조사, 감찰 및 징계 업무의

1) 서울행정법원 2022. 12. 15. 선고 2022구합72342 판결(항소기각 및 심리불속행기각 확정).
2) 서울고등법원 2023. 12. 20. 선고 2022누65834 판결(확정).

공정하고 원활한 수행에 현저한 지장을 초래할 우려가 있고, 원고는 피고로부터 통보받은 답변이나 조사결과 등이 기재되어 있는 서류의 공개 등으로 이 사안에 관한 알 권리 보장 등의 목적 달성이 어느 정도 가능할 것으로 보이는데, 위와 같은 내부정보의 공개로 인해 장래 감사 업무의 공정한 수행에 미칠 수 있는 영향을 고려한다면, 이와 같은 문서의 정보 공개로 인한 이익이 비공개로 인한 이익보다 크다고 보기 어렵다고 본 사례[1)]

⑩ ○○대학교 교원인사위원회에서 교원 승진임용, 겸무겸직 및 전보, 면직 제청 및 면직 동의 등의 사항에 관하여 논의한 내용이 기재되어 있거나 ○○학원이 학과 폐지 절차 등 업무를 처리하는 과정에서 회의한 내용과 참석자의 발언 내용이 기재되어 있는 회의록과 회의 결과 등은 회의 결과에 따라 의사가 결정되어 더 이상 의사결정 과정에 있는 사항 그 자체라고 할 수는 없지만, 그에 준하는 사항으로서 공개될 경우 장래 동종 업무를 공정하게 수행하는 데 현저한 지장을 초래할 가능성이 있으므로, 위 정보는 정보공개법 제9조 제1항 제5호의 비공개 대상 정보에 해당한다고 봄이 타당하다 본 사례[2)]

⑪ 한국체육대학교 총장 임용제청 심의에 관한 교육부의 인사위원회 회의 속기록에 대한 정보공개를 청구한 사안에서 위 정보는 한국체육대학교 총장 임용후보자 임용제청안에 관한 교육공무원 인사위원회의 회의 내용으로서, 그 심의와 의결 과정에서 교육공무원 인사위원회를 구성하는 위원들 개개인이 낸 찬반 의견, 위원들의 개별적·구체적 의견과 발언 내용을 그대로 옮겨 놓은 것이고, 위 회의 당시 위원들 사이의 논의 과정 등이 비교적 상세하게 기재되어 있고, 위 정보에는 한국체육대학교 총장 임용후보자들 본인 및 가족 등의 각종 경력, 성품, 업무수행, 병역사항 등 개인에 관한 핵심정보와 평가 등이 포함되어 있는데, 이러한 내용이 공개되는 경우 위 후보자들 등의 내밀한 비밀 및 인사위원회 소속 위원들과 외부의 평가결과가 그대로 공개되어 후보자들의 인격적·정신적 내면생활에 지장을 초래할 우려가 있으며, 회의록 중 발언자의 인적사항을 공개한다면 위원들은 자신의 발언내용에 관한 공개에 대한 부담으로 인한 심리적 압박 때문에 위 인사위원회의 심의절차에서 솔직하고 자유로운 의사교환을 할 수 없고, 심지어 당사자나 외부의 의사에 영합하는

제 4 장

---

1) 서울행정법원 2021. 10. 5. 선고 2020구합65982 판결(확정).
2) 서울고등법원 2022. 1. 27. 선고 2021누49965 판결(확정).

발언을 하거나 침묵으로 일관할 우려마저 있으므로, 이러한 사태를 막아 위원들이 심의에 집중하도록 함으로써 심의의 충실화와 내실화를 도모하기 위하여는 회의록의 발언내용 이외에 해당 발언자의 인적 사항도 외부에 공개되지 않아야 할 필요성이 인정되는 점 등에 비추어 보면, 위 정보는 정보공개법 제9조 제1항 제5호의 비공개대상정보에 해당한다고 본 사례[1)]

⑫ 대학수학능력시험의 출제과정 중 특정 문항에 관하여 검토위원단이 검토한 검토보고서에 대한 정보공개를 청구한 사안에서, 위 정보는 수능시험에 포함된 문항들을 확정하는 과정에서 제시된 의견 등이 담긴 것으로 의사결정 과정 또는 내부검토 과정에 있는 사항에 준하는 사항에 해당하고, 수능시험 문항의 오류나 적정 여부 등에 대한 검토 과정에서는 위원들의 전문적·주관적 판단이 상당 부분 개입될 수밖에 없는데, 공개를 염두에 두지 아니한 상태에서의 검토가 그렇지 아니한 경우보다 더욱 자유롭고 활발한 의견개진과 토의를 거쳐 객관적이고 공정한 결과에 이를 개연성이 크다는 사정 등에 비추어 보면, 위 정보는 공개될 경우 업무의 공정한 수행에 현저한 지장을 초래한다고 인정할 만한 상당한 이유가 있는 경우로서 정보공개법 제9조 제1항 제5호의 비공개사유가 존재한다고 판단한 사례[2)]

⑬ 소송비용액확정 사건의 항고 사건에 관하여 서울고등검찰청 소속의 검사가 서울중앙지방검찰청에게 한 지휘서에 대한 정보공개를 청구한 사안에서, 위 정보는 '의사결정 또는 내부검토 과정에 있는 사항'에 준하는 사항에 해당하고, 그 내용은 서울중앙지검장이 관련 신청사건의 피신청인으로서 수립한 소송 전략과 직결되어 있는데, 관련 신청사건에서 서울중앙지검장의 주장이 받아들여졌는지 여부와는 별개로 피고로 하여금 그러한 소송상 전략이 수립된 과정을 대외에 공개하도록 강제하는 것은 행정소송 절차의 본질에 부합하지 않으며, 이를 공개할 경우 향후 피고가 반발을 우려한 탓에 적극적으로 소송지휘 권한을 행사하지 못하게 됨으로써 자칫 국가를 당사자로 하는 소송에서 부당한 결과가 야기될 여지도 있는 점 등을 근거로 위 정보는 정보공개법 제9조 제1항 제5호 소정의 비공개 대상 정보에 해당한다고 본 사례[3)]

⑭ 교내성폭력 사건과 관련하여 서울특별시교육청 소속 감사관이 작성한 감사

---

1) 서울행정법원 2021. 6. 4. 선고 2020구합69038 판결(항소기각 확정).
2) 서울행정법원 2021. 5. 18. 선고 2020구합55015 판결(확정).
3) 서울행정법원 2021. 1. 29. 선고 2020구합70120 판결(확정).

결과보고서에 대한 정보공개를 청구한 사안에서, 위 정보는 감사 실시의 이유로서 교내성폭력 사건이 알려지게 된 계기나 피해학생에 대한 면담 내용은 물론 감사 결과의 내용으로서 피해학생에 대한 성폭력 행위의 구체적인 태양이 서술된 자료를 모두 포함하고 있는데, 이를 공개할 경우 향후 동일한 사건의 조사 대상자가 그 공개에 부담을 느낀 나머지 조사에서 적극적인 피해 진술이나 협조를 꺼리게 될 것으로 보여, 피고의 감사 업무 수행에 현저한 지장을 초래할 수 있고, 위 정보에 기록된 피해학생의 면담(문답) 내용은 거의 대부분 비공개를 전제로 이루어졌을 것으로 보이는데, 그 내용에는 구체적인 장소와 시간까지 함께 포함되어 있어 이를 공개할 경우 피해학생의 사생활의 비밀 또는 자유를 심각하게 침해할 우려가 있고, 나아가 피해학생에 대한 2차 피해 발생의 가능성도 전혀 없다고 볼 수는 없다는 사정 등을 고려하여, 피고가 정보공개법 제9조 제1항 제5호를 근거로 위 보고서 정보에 관한 원고의 정보공개청구를 거부한 것은 적법하다고 본 사례[1)]

제 4 장

⑮ 심리생리검사실에서 실시한 녹화영상 중 거짓말탐지기 조사에 관한 본 질문 및 대답과 관련된 영상, 상기일 당시 실시한 전체 질문지, 전체 판정표(결과 판정표), 대검찰청 과학수사1과에서 실시한 검증 결과에 관한 정보공개를 청구한 사안에서, 위 정보가 공개될 경우 심리생리검사의 구체적인 검사방법(질문 기법)이나 평가방법(자료해석 기법)이 그대로 노출되어 피검사자들이 질문 구성의 방법이나 패턴을 분석하고 이에 따라 자신의 생리적 변화를 통제하는 등 심리생리검사를 방해·회피하기 위한 의도적인 왜곡 행동을 하게 될 우려가 있으므로, 검사결과의 신뢰성을 담보할 수 없게 될 가능성이 높다는 사정 등에 비추어 보면, 피고가 정보공개법 제9조 제1항 제5호를 근거로 원고의 정보공개청구를 거부한 것은 적법하다고 판단한 사례[2)]

⑯ 한국방송공사의 이사인 원고가 피고(방송통신위원회)의 원고에 관한 한국방송공사 이사 해임건의에 관한 회의록의 공개를 청구한 사안에서, 위 정보는 피고가 원고에 대한 해임을 대통령에게 건의할 것인지 여부에 관한 피고의 회의 내용으로, 그 논의와 의결 과정에서 피고를 구성하는 위원들 개개인이 낸 찬반 의견, 위원들의 개

---

1) 서울행정법원 2020. 3. 5. 선고 2019구합65252 판결(항소기각 확정).

2) 서울행정법원 2020. 2. 6. 선고 2019구합3872 판결(항소기각 및 심리불속행기각 확정), 유사한 취지에서 심리생리검사에서 질문한 질문내용문서를 공개하는 것은 심리생리검사업무에 현저한 지장을 초래한다고 인정할 만한 상당한 이유가 있다고 본 원심의 판단이 정당하다고 본 대법원 2016. 12. 15. 선고 2012두11409 판결.

별적·구체적 의견과 발언 내용을 그대로 옮겨 놓은 것으로. 위 회의록에는 방송통신위원회 회의 당시 위원들 사이의 첨예한 의견 대립 및 그 조율 과정 등이 상세하게 드러나 있는데 이러한 내용이 공개되는 경우, 원고의 해임에 찬성하는 등 원고에게 불리한 의견을 밝힌 위원들이 해당 의결의 당사자인 원고로부터 개인적인 비난을 받을 가능성이 매우 클 뿐만 아니라, 우리 사회에서 피고의 역할과 이를 구성하는 위원들의 임명 절차 등을 고려할 때 그 회의록에 담긴 위원들의 개별적·구체적 발언 내용이 정치적인 의미로 재해석되어 그 발언의 본의가 왜곡될 가능성을 배제할 수 없는바, 정치적인 이해관계 등에 따라 위원들 개개인에 대하여 진영논리에 따른 공격과 비난이 수반될 수도 있을 것으로 보이며, 이러한 파급효과가 실제로 발생하는 경우, 피고의 인사업무는 물론 회의체 행정기관으로서의 각종 업무에 관한 위원들 간의 자유로운 토론과 그에 따른 의결은 자연스럽게 위축될 수밖에 없는데, 이러한 현상은 우리 사회가 단독제 기관이 아닌 회의체 기관인 피고로 하여금 언론의 자유의 핵심적인 실현수단인 방송 및 전기통신 정책에 관한 포괄적인 결정권을 부여한 취지와는 완전히 배치되는 것으로서 결코 허용될 수 없고, 나아가 특정한 사람에 대한 인사와 관련한 의안에까지 그 회의록을 전면 공개하는 경우, 해당 회의에서는 해당 인물에 관한 위원들 개개인의 구체적인 평가 등 논의의 대상이 되는 사람에게나 이를 논하는 사람에게나 각자에게 민감한 사항이 언급될 수밖에 없는데, 인사에 관한 사항을 결정하기 위하여 꼭 필요하지만 공개석상에서는 언급하기 곤란한 의견들이 위원들 사이에 자유로이 교환되지 못함으로 인하여 회의체인 피고가 적정하고도 합리적인 의사를 결정함에 상당한 지장을 초래하는 결과가 발생할 수 있다는 사정 등을 근거로 위 회의록은 정보공개법 제9조 제1항 제5호의 비공개대상 정보에 해당한다고 본 사례[1)]

⑰ 대학교원(전임) 공개채용에 응시하였다가 탈락한 원고가 지원자들의 지원서, 지원자들이 제출한 교육 및 연구계획서, 연구실적심사위원심사보고서 등의 공개를 청구한 사안에서, 심사위원의 서명, 날인, 심사의견, 평가에 따른 종합의견 등이 공개될 경우 단순 수치만으로 계량화할 수 없는 추상적인 평가기준에 따른 주관적인 평가결과 등을 둘러싸고 시시비비가 발생할 우려가 농후하고, 지원자의 학력, 경력, 인적사항 등 지원자를 식별하기 용이한 정보가 공개되는 경우 지원자에 대한 주관

1) 서울행정법원 2019. 10. 18. 선고 2018구합88210 판결(확정).

적인 평가 및 그에 기초한 점수 등이 공개될 여지가 있는바, 결국 공정하고 중립적으로 이루어져야 할 심사위원들의 임용심사업무 등의 수행에 현저한 지장을 초래할 수 있어 이에 관한 정보는 정보공개법 제9조 제1항 제5호에 따른 비공개대상 정보에 해당한다고 봄이 상당하다 본 사례[1)]

⑱ 회의의 일시·장소와 참석자, 조정위원들이 분쟁조정 안건에 대하여 구체적인 보상안을 논의한 내용 및 의결사항이 기재되어 있는 공제분쟁조정위원회 회의록에 대한 정보공개를 청구한 사안에서, 조정위원들의 서로 대립된 의견 또는 최종 보상안과 세부적인 면에서 일부 차이가 나는 논의 내용 등이 포함되어 있는 경우 그 공개로 인하여 사회적으로 불필요한 논란을 불러일으키거나 그로 인하여 외부의 부당한 압력 내지 새로운 분쟁에 휘말리는 상황이 초래될 우려가 있다는 사정 등에 비추어 보면, 위 정보는 정보공개법 제9조 제1항 제5호가 정하는 비공개대상 정보에 해당한다고 본 사례[2)]

⑲ '대한민국 내 사드 체계의 군사적 효용성'의 근거자료 등에 대한 정보공개를 청구한 사안에서, 제3부지 보고서의 작성에 평가단으로 참여한 민간의 환경 전문가, 전자파 전문가 및 토목 전문가의 성명 및 개별적인 자문 내용을 공개하게 되는 경우 향후 사드 배치와 같이 국민적인 논란의 소지가 있는 정책 결정을 함에 있어 이에 관하여 전문적인 식견을 가진 전문가가 이에 참여하기를 꺼려하거나 외부적 압력을 의식하여 적극적으로 소신에 따라 의견을 개진하기 어려워질 우려가 있는 점, 의견을 개진한 해당 전문가의 개별적인 성명과 자문내용은 국민의 주된 관심사라고 보기 어려워 이에 관한 국민의 알 권리를 보장할 실익이 크지 아니한 점, 제3부지 보고서는 군사기밀에 해당하거나 공개될 경우 국가의 중대한 이익을 현저히 해할 우려가 있는 정보에 해당하는데, 그 작성에 관여한 전문가들의 성명을 공개하는 경

1) 서울행정법원 2019. 7. 18. 선고 2018구합76323 판결(항소기각 확정). 다만 위 판결은 심사위원들의 점수를 종합하여 지원자의 점수를 계량한 정보는 그 공개로 인하여 심사위원이나 지원자를 식별할 수 없으므로, 위 정보의 공개는 심사위원들의 임용심사업무 수행에 지장을 초래한다고 보기 어렵다고 판단하였다.

2) 서울행정법원 2018. 6. 22. 선고 2017구합81199 판결(항소기각, 심리불속행기각 확정), 유사한 취지에서 회의의 일시·장소와 참석자, 심의위원들이 행정처분 심의안건에 대하여 행정처분의 감경 등을 논의한 내용과 의결 내용이 기재되어 있는 보건복지부 행정처분 심의위원회 회의록에 관한 정보는 정보공개법 제9조 제1항 제5호가 정하는 비공개 대상 정보에 해당한다고 본 서울행정법원 2017. 3. 23. 선고 2016구합77834 판결(항소기각 확정), 국민연금공단이 보유한 특정 기업간의 합병에 대한 투자위원회의 의사결정과정이 기록된 회의록 및 회의관련자료는 정보공개법 제9조 제1항 제5호의 비공개정보에 해당한다고 본 서울행정법원 2016. 9. 2. 선고 2015구합73217 판결(확정).

우 비밀을 지득한 사람이 일반에 공개되어 비밀의 유지·관리에도 현저한 지장이 초래될 우려가 있는 점 등을 종합하여 보면, 제3부지 보고서에 포함된 전문가 자문내용 및 전문가 명단은 정보공개법 제9조 제1항 제5호의 '의사결정과정 또는 내부검토 과정에 있는 사항 등으로 공개될 경우 업무의 공정한 수행에 현저한 지장을 초래한다고 인정할 만한 상당한 이유가 있는 정보'에 해당한다고 판단한 사례[1]

⑳ 대통령이 일정한 국정 사안에 대하여 의사결정을 하는 과정에서 대통령 보좌기관으로부터 제출받는 보고서에 관하여 위 보고서에는 해당 사안의 발생 배경 및 사실관계, 해당 사안에서 가능한 의사결정의 유형, 대통령의 의사결정에 따른 파급효과 등 정치적, 사회적으로 민감한 내용이 상당 부분 포함되어 있을 개연성이 높은데, 위와 같은 대통령 보좌기관 작성 보고서의 본질에 비추어 보면, 공개를 염두에 두지 아니한 상태에서 작성되는 보고서가 그렇지 아니한 경우보다 해당 사안에 관하여 더욱 풍부하고 정확한 내용을 담게 될 수 있고, 그에 따라 대통령도 더욱 합리적이고 공정한 내용의 의사결정을 할 수 있게 될 가능성이 크다고 할 것이며, 설령 대통령 보좌기관이 작성한 보고서 자체만 놓고 보면 그 내용이 공개되더라도 대통령 보좌기관의 업무수행에 지장이 될 내용이 포함되어 있지 않다 하더라도, 대통령 보좌기관으로서는 장차 보고서가 공개될 가능성이 있음을 인식하는 것만으로도 보고서의 내용을 제한적으로 기재할 수밖에 없을 것이고, 특히 대통령제를 채택하고 있는 우리나라에서 대통령의 의사결정에 제공된 자료의 내용에 대하여는 이해관계인들이 매우 민감한 반응을 보일 가능성이 높으므로 대통령 보좌기관이 이를 의식하고 자유롭게 보고서를 작성하는 것을 꺼리게 됨으로써, 결국 대통령 및 대통령 보좌기관의 공정한 업무 수행이 전반적으로 곤란해지게 될 우려가 있다고 본 사례[2]

㉑ 피고(경기도지사) 소속 감사관은 원고의 민원에 대한 조사 과정에서 '민원사항 조사결과 보고'라는 제호의 보고서(이하 '이 사건 보고서')를 작성하고, 피고가 성남시장에게 구 지방자치단체에 관한 행정감사규정(2012. 1. 13. 대통령령 제23507호로 개

---

1) 서울행정법원 2017. 11. 10. 선고 2016구합79267 판결(항소기각 확정).

2) 서울행정법원 2016. 10. 20. 선고 2014구합73340 판결, 다만 위 판결의 항소심은 위 정보가 대통령기록물법에 따라 대통령지정기록물로 지정되어 국가기록원으로 이관됨에 따라 피고가 현재 위 정보를 보유·관리하고 있지 않다는 이유로 원고의 소를 각하하였다(서울고등법원 2018. 1. 16. 선고 2016누73070 판결).

정되기 전의 것) 제18조에 기하여 민원과 관련한 위법·부당사항을 지적하면서 그에 대한 시정과 문책 등을 요구하는 내용의 '민원사항 조사결과 처분요구'를 통보하였고, 원고에게 이에 관한 회신을 하였던 사안에서, 피고는 원고의 민원 제기에 따라 그 민원의 해결을 위한 조사를 한 후, 성남시장에게 위법·부당사항을 지적하면서 그에 대한 시정 등을 요구하는 내용의 '민원사항 조사결과 처분요구'를 통보하고, 원고에게는 그 민원처리결과를 통지한 점, 이 사건 보고서는 원고의 민원에 따른 감사 또는 조사결과를 확정하기 위한 내부검토 과정에서 작성된 것인 점, 만약 이와 같이 감사 또는 조사결과에 이르는 내부의 검토 및 의사결정 과정에서 잠정적으로 제시되는 의견이 포함된 검토보고내용이 공개된다면, 향후 감사나 조사업무 담당자들로서는 그 검토과정에서 민원처리를 위한 다양한 해결방안을 신속하게 모색하여 제시하는 것을 주저하게 될 수도 있을 것으로 보이는 점 등을 고려하면, 이 사건 보고서는 당사자나 관련자의 인적 사항뿐 아니라 그 안의 검토내용도 정보공개법 제9조 제1항 제5호에 규정된 감사에 관한 의사결정 과정 또는 내부검토 과정에 있는 사항에 준하는 것으로서 공개될 경우 감사 또는 조사업무의 공정한 수행에 객관적으로 현저한 지장을 초래할 고도의 개연성이 있는 정보라고 봄이 타당하다고 본 사례[1)]

제 4 장

㉒ 국가보훈처 안장대상심의위원회(이하 '심의위원회')가 망 ○○○ 및 망 ○○○를 국립묘지에 안장할지 여부를 각 심의·의결함에 있어 그 심의·의결 과정 및 위원들의 발언 내용을 기록한 국가보훈처 회의록에 관하여, 심의위원회의 심의는 피고 등이 안장 대상으로 신청된 사람의 안장 여부를 결정하기 위한 절차의 하나일 뿐이어서 의사결정과정에 있는 사항에 준하여 비공개정보에 포함될 수 있고, 이에 대한 신청당사자의 알 권리는 일정 부분 제한될 수밖에 없는 한계를 지닌 점, 안장 대상으로 신청된 사람의 국립묘지 안장이 국립묘지의 영예성을 훼손하는지 여부를 심의하기 위해서는 그 사람의 평생의 공과, 즉 그 사람이 어떠한 범죄를 범하였고 그 경위가 어떠한지, 그 사람이 사망 시까지 평생 동안 어떠한 공적을 세웠고 그 공적이 위 범죄를 감안하더라도 국립묘지에 안장될 정도로 충분히 큰지 등을 종합적으로 광범위하게 심의하여야 하므로, 심의위원회의 심의에는 심의위원들의 전문적·주관적 가치판단이 상당 부분 개입될 수밖에 없고, 이러한 심의의 본질에 비추어 공개를 염두에 두지 아니한 상태에서의 심의가 그렇지 아니한 경우보다 더욱 자유롭고 활발한

1) 대법원 2016. 5. 24. 선고 2014두38033 판결.

문답과 토의를 거쳐 객관적이고 공정한 심의 결과에 이를 개연성이 큰 점, 이 사건 각 회의록 자체만 놓고 보면 그 내용이 공개되더라도 심의위원들의 공정한 업무수행에 지장이 될 내용이 포함되어 있지 않다 하더라도, 심의위원들로서는 장차 회의록이 공개될 가능성이 있음을 인식하는 것만으로도 솔직하고 자유로운 의사교환에 제한을 받을 수밖에 없을 것이고, 특히 한 사람의 일생의 행적에 대한 평가 과정에서 심의위원들이 한 발언에 대하여는 유족들이 매우 민감한 반응을 보일 가능성이 높으므로 심의위원들이 이를 의식하고 허심탄회한 의견교환을 꺼리게 됨으로써 공정한 심의업무의 수행이 전반적으로 곤란해지게 될 것이며, 이와 같은 문제점은 이 사건 각 회의록을 익명으로 처리한다 하더라도 충분히 해소되기 어렵다는 점 등을 종합하여 보면, 이 사건 각 회의록은 정보공개법 제9조 제1항 제5호에서 정한 '공개될 경우 업무의 공정한 수행에 현저한 지장을 초래한다고 인정할 만한 상당한 이유가 있는 정보'에 해당한다고 본 사례[1)]

㉓ 금융감독기관인 피고(금융감독원장)가 그 검사업무대상 기관인 금융기관으로부터 종합검사과정에서 제출받은 정보를 그대로 공개할 경우에는 금융기관이 그 공개에 부담을 느낀 나머지 향후 종합검사에서 적극적인 자료제출이나 협조를 꺼리게 될 것이며, 비록 피고가 검사업무대상 기관에 대한 업무 또는 재산에 관한 보고 등의 요구나 이를 거부하는 경우 검사업무대상 기관장에 대한 시정명령이나 징계요구 등 관계 법령에서 정하고 있는 권한을 행사하여 검사업무대상 기관의 자료제출을 어느 정도 강제할 수 있다고 하더라도 이러한 사후적인 제재수단만으로 광범위한 자료의 제출을 기대하기 어렵거나 제출되는 자료의 신뢰성 확보에 지장을 줄 수 있으므로, 이 사건 용역제안서 등이 공개될 경우 향후 동종 업무인 피고의 검사업무 수행에 현저한 지장을 초래할 개연성이 상당히 높다고 할 수 있고, 이 사건 용역제안서 등은 사기업인 참가인의 개별적이고 구체적인 연구용역계약의 내용, 경영전략 및 내부관리정보를 주된 내용으로 하는 것으로서 경영상·영업상 비밀에 관한 내용도 상당히 포함되어 있어 국민의 알 권리를 보장할 필요가 크다고 보기 어렵다는 사정 등을 근거로 이 사건 용역제안서 등은 정보공개법 제9조 제1항 제5호에서 비공개대상정보로 정한 '검사에 관한 사항으로서 공개될 경우 업무의 공정한 수행에 현저한 지장을 초래한다고 인정할 만한 상당한 이유가 있는 정보'에 해당한다고 볼

---

1) 대법원 2015. 2. 26. 선고 2014두43356 판결.

여지가 충분하다고 본 사례[1)]

㉔ 원고가 경찰관이 직무를 유기하였다는 내용으로 경찰관들을 고소하였고, 피고(○○경찰서장)는 원고의 고소를 계기로 관련 경찰관들에 대한 내부 감사를 실시하면서 관련 경찰관들로부터 경위서(이하 '이 사건 경위서')를 제출받은 사안에서, 피고는 원고의 고소사건을 직접 조사하는 과정에서 관련 경찰관들로부터 이 사건 경위서를 제출받은 것이 아니라 내부 감사과정에서 이를 제출받은 사실, 피고는 내부 감사시 관련 직원을 출석시켜 관련 내용에 대하여 조사를 할 경우 피조사자가 받게 되는 심리적 부담감과 압박감을 배제하기 위해서 사전에 경위서를 징구해 온 사실, 원고는 2008. 7. 19. 관련 경찰관들을 직무유기 혐의 등으로 고소하였고, 그 이후 2008. 9. 5. 경북지방경찰청 이의조사팀에 재수사를 의뢰하였으며, 2008. 11. 17. 국민권익위원회에 진정서를 제출하는 등으로 수차례에 걸쳐 관련 경찰관들에 대한 조사를 의뢰한 사실 등에 비추어 볼 때, 이 사건 경위서가 공개될 경우 향후 동종 업무의 수행에 현저한 지장을 초래할 개연성이 상당할 수 있을 것으로 보인다고 판단한 사례[2)]

(나) 공개하여야 한다고 한 사례

① 특별사면에 관한 사면실시건의서 및 국무회의안건자료는 이미 실시한 사면의 검토자료에 해당하는 것으로서, 이를 공개한다 하더라도 장차 피고가 사면을 상신하거나 국무회의에서 사면심의 업무를 공정하게 수행하는 데 현저한 지장을 초래한다고 볼 만한 자료가 전혀 없다고 판시한 사례[3)]

② 피고(통계청장)가 구직단념자 통계자료의 공개청구에 대하여 내부검토과정 중에 있다는 이유로 이를 거부한 사안에서, 피고가 검토 중인 것은 원고가 공개청구를 한 이 사건 비공개 정보 그 자체가 아니라, 이 사건 비공개 정보가 구직단념자통계를 정확하게 반영하고 있는지일 뿐이어서 이 사건 비공개 정보가 피고 내부의 검토과정 중에 있는 정보라고 볼 수 없고, 달리 이 사건 비공개 정보의 공개로 인하여 피고의 업무의 공정한 수행이나 연구·개발에 현저한 지장을 준다는 점을 인정할 증

1) 대법원 2014. 7. 24. 선고 2012두12303 판결, 유사한 취지에서 원고가 독립유공자 등록을 신청한 망인들에 대한 독립유공자서훈 공적심사위원회의 심의·의결 과정 및 그 내용이 기재된 회의록은 정보공개법 제9조 제1항 제5호에서 정한 '공개될 경우 업무의 공정한 수행에 현저한 지장을 초래한다고 인정할 만한 상당한 이유가 있는 정보'에 해당한다고 본 대법원 2014. 7. 24. 선고 2013두20301 판결.

2) 대법원 2012. 10. 11. 선고 2010두18758 판결.

3) 대법원 2006. 12. 7. 선고 2005두241 판결, 서울고등법원 2004. 11. 26. 선고 2003누23143 판결, 서울행정법원 2000. 11. 3. 선고 99구26517 판결.

거가 없다고 판시한 사례[1)]

③ 숙박업소건축허가 동의 여부를 심의하는 학교환경위생정화위원회의 심의위원 명단 및 회의 참석자명단에 대하여, 위 명단의 공개만으로는 회의시 특정발언자의 식별이 용이하지 아니하여 개인식별에 따른 오해가 혼란을 초래한다거나 행정내부의 원만하고 자유로운 의견교환을 방해할 염려가 없다고 본 사례[2)]

④ 회의의 기초자료 내지 안건자료의 경우에는 위원회에서의 자유롭고 활발한 심의·의결을 보장하는 것과는 직접 관계가 없고, 오히려 이를 공개하는 것이 위원회의 업무수행에 관한 국민의 알 권리를 실현시키고 위원회의 업무수행의 공정성과 투명성을 확보하는 데 기여할 것이므로 정보공개법 제9조 제1항 제5호 소정의 비공개대상정보에 해당한다고 보기 어려울 것이라고 본 사례[3)]

⑤ 대한주택공사를 상대로 건설원가를 구성하는 택지비, 아파트 건축비 등 정보의 공개를 구한 사안에서, 이러한 정보는 이미 공사가 종료된 아파트 건설원가의 산출에 지나지 아니하여 본 호에 해당하지 아니한다고 한 사례[4)]

⑥ 국민권익위원회가 소속 공무원에게 주의 및 경고 처분를 한 일자(처분종류를 병기)에 관한 정보공개를 청구한 사안에서, 위 정보는 이미 감사가 종료된 사건들의 처분 결과 및 일자에 관한 정보이므로, 위 정보가 공개된다고 하더라도 감사 업무와 관련하여 피고에게 어떠한 지장이 발생한다고 볼 근거가 없고, 피고는 위 정보가 공개될 경우 감사업무 담당자들에 대한 민원 제기로 인하여 중립적이고 객관적인 업무수행에 지장이 발생할 수 있다고 주장하나, 그 대상자의 성명, 처분 사유 등을 알 수 없는 처분 일자 및 그 종류만이 공개된다고 하여 감사업무 담당자들에게 무분별한 민원이 제기될 고도의 개연성이 인정되지 않는다고 판단한 사례[5)]

---

1) 서울행정법원 1999. 12. 30. 선고 99구15548 판결(확정).
2) 서울행정법원 2001. 6. 12. 선고 2000구26155 판결(확정).
3) 대법원 2011. 11. 24. 선고 2009두19021 판결(금융위원회의 '론스타의 외한은행 주식 초과보유'에 대한 승인 내지 반기별 적격성 심사업무의 기초자료가 되는 론스타 제출의 동일인 현황 등 자료, 금융감독원의 심사결과보고서 공개를 구한 사안), 유사한 취지로 사학분쟁조정위원회(피고)의 심의에 필요한 기초정보를 제공하기 위하여 제출된 회의 안건자료 및 그 첨부문서는 이를 공개하더라도 피고의 위원들 사이의 자유로운 의견 교환을 방해할 염려는 없고, 오히려 위 회의자료를 공개하는 것이 피고의 업무수행에 관한 국민의 알 권리를 실현하고 피고의 업무수행이 더욱 공정하고 투명해지는 데 기여할 것이므로, 위 문서들은 정보공개법 제9조 제1항 제5호에서 정한 비공개대상정보에 해당하지 아니한다고 본 대법원 2015. 4. 28. 선고 2014두42537 판결.
4) 서울행정법원 2006. 6. 1. 선고 2005구합37311 판결(항소기각 및 심리불속행기각 확정).
5) 서울행정법원 2024. 11. 28. 선고 2024구합61087 판결(확정).

⑦ 감사원장에 대하여 감사제보 요지, 확인결과 및 검토의견, 회신 문안으로 구성된 감사제보 조사·검토 보고 문서에 대한 정보공개를 청구한 사안에서, 위 정보 중 감사제보 요지는 민원의 내용을 요약한 것이고, 회신 문안은 피고가 원고에게 보낼 회신문의 초안을 정리한 것으로서 피고가 원고에게 이미 보낸 회신내용과 동일하다고 보이므로, 위 각 부분을 공개하더라도 감사제보 처리업무의 공정한 수행에 현저한 지장을 초래할 우려가 있다고 할 수 없고, 확인결과 및 검토의견은 그 내용에 따라 공개될 경우 장래 감사업무의 공정한 수행에 현저한 지장이 초래될 가능성이 있는지 여부가 달라질 수 있을 것으로 보이나, 위 정보의 경우 위 확인결과 및 검토의견에 기재된 내용은 이미 원고가 알고 있는 내용과 크게 다르지 않고 그 정보를 공개함에 따라 장래 동종 업무의 공정한 수행에 현저한 지장을 초래할 만한 것으로 보이지 않는다고 본 사례[1)]

⑧ 감사원장에 대하여 원고에 대한 수사요청서의 공개를 청구한 사안에서, 위 수사요청서는 피고의 공식적인 판단을 기재한 것으로 이를 내부의 검토 및 의사결정 과정에서 잠정적으로 제시되는 의견이라고 볼 수 없고, 따라서 이 사건 수사요청서가 공개된다고 하여 향후 감사원 감사과정에서 담당자들의 자유로운 의사개진이나 업무수행이 위축된다고 보기는 어렵고, 위 수사요청서에 통상적으로 알려진 감사의 방법이나 절차를 넘어 일반에 공개될 경우 향후 감사원의 동종 감사활동 등에 영향을 미쳐 직무수행을 현저히 곤란하게 할 만한 내용이 포함되어 있다고는 보이지 않는다고 본 사례[2)3)]

---

1) 서울행정법원 2024. 8. 30. 선고 2023구합87426 판결(확정), 같은 취지의 서울행정법원 2024. 3. 29. 선고 2023구합64928 판결(확정).

2) 서울행정법원 2024. 8. 29. 선고 2023구합80913 판결(확정).

3) 감사원이 공공기관에 대한 감사를 하는 과정에서 취득한 자료에 관하여, '위 자료의 경우 감사 결과를 발표할 때까지는 그 업무 수행의 공정성을 보호할 필요성이 국민의 알 권리보다 우선한다고 할 수 있으므로, 적어도 그때까지는 공개를 제한할 필요가 있다. 그러나 일단 감사 결과를 발표한 후에는 그러한 정보들의 공개로 해당 감사업무 수행의 공정성을 저해할 우려가 감사 결과 발표 전에 비하여 상대적으로 적다고 볼 수 있고, 이는 감사 결과를 발표한 후 감사 과정에서 취득한 자료들을 공개할 가능성이 생긴다고 하더라도 마찬가지이다. 감사원법 제25조, 제27조, 제50조, 제51조는 감사원으로부터 감사를 받는 자뿐만 아니라 감사대상기관 외의 자도 감사원의 자료 제출 요구를 거부하지 못하도록 규정하면서, 감사원의 자료 제출 요구에 불응한 자는 형사처벌하도록 규정하고 있기 때문에, 감사 과정에서 취득한 자료들의 공개로 인하여 감사원이 향후 감사대상기관 등으로부터 자료 제출을 받는 데 특별한 장애가 발생하리라고 단정할 수 없다. 따라서 피고가 주장하는 사정만으로 장래 감사원 업무의 공정한 수행에 현저한 지장이 생긴다고 보기 어렵다'고 본 서울고등법원 2023. 2. 14. 선고 2022누59501 판결(심리불속행기각 확정).

⑨ 법관 등 상대 부당소송 대응 매뉴얼에 대한 정보공개를 청구한 사안에서, 위 정보는 민사소송법 등 기존 법령이 정하고 있는 각 규정에 대한 설명 자료로서 특정 사안이나 진행 중인 재판과 무관한 일반적인 내용을 담고 있는데, 이는 의사결정 과정 또는 내부검토 과정에 있는 사항에 해당한다고 볼 수 없고, 공개될 경우 업무의 공정한 수행에 현저한 지장을 초래한다고 인정할 만한 증거도 부족하다는 이유로 정보공개법 제9조 제1항 제5호 본문에서 정한 비공개 대상 정보에 해당하지 않는다고 본 사례[1)]

⑩ 대통령실 공직기강비서관실 산하 공직자 감찰 조사팀의 운영규정에는 감찰대상자가 감찰반 내 특정인을 상대로 로비를 하기 위하여 사건에 대한 업무분장을 확인할 수 있는 구체적인 내용이 없고, 단지 감찰반 반원의 수를 정하고 반원을 조사·감사·감찰업무에 전문성을 가진 공무원으로 구성하며 한 기관의 파견인원에 대한 제한을 두고 있을 뿐 감찰반 구성원의 개별적인 업무분장이나 인적 사항을 파악할 수 있는 내용이 없으므로, 그것이 공개된다고 하여 감찰반 내 특정인을 상대로 한 로비가 증가할 위험이 발생한다고 보기 어렵고, 위 운영규정은 일반적이고 추상적인 내용을 두고 있을 뿐이므로 감찰대상자가 이 사건 운영규정의 내용을 알고 있다고 하더라도 이에 따라 감찰에 대응하는 방식으로는 감찰업무의 수행에 현저한 지장을 준다고 볼 수 없으며, 디지털 자료의 수집·분석 및 관리 등에 관한 업무처리지침은 감찰반에 의한 디지털 자료의 수집·분석·관리 등에 관한 일반적이고 추상적인 업무처리 기준과 절차를 정하고 있을 뿐이어서 공개될 경우 그 규정 내용에 대응한 감찰대상자의 디지털 증거의 훼손·파기·은닉 등으로 이어진다고 보기 어려우므로, 감찰업무의 공정한 수행에 현저한 지장을 초래한다고 할 수 없다고 본 사례[2)]

⑪ 감사원장에 대하여 원고가 신청한 민원의 처리 담당자로 배정된 감사원 소속 공무원들의 각 근무내역(근무일자, 근무시간 등) 및 출장내역(시작일시, 종료일시 등)에 관한 정보의 공개를 청구한 사안에서, 출장지역이나 대상기관, 출장목적 등은 정보공개청구의 대상에 포함되어 있지 않으므로, 위 정보를 공개하더라도 감사관의 동선이 노출된다거나 감사의 밀행성을 해칠 염려가 있다고 보이지 아니하고, 감사제보의 내용이나 제보자의 신분이 노출될 우려가 있다고 볼 수도 없으며, 이미 종료된

1) 서울행정법원 2024. 6. 17. 선고 2017구합83959 판결(확정).
2) 서울행정법원 2024. 4. 5. 선고 2023구합63505 판결(항소기각, 심리불속행기각 확정), 유사한 취지의 서울행정법원 2021. 4. 8. 선고 2020구합77404 판결(항소기각 확정).

출장내역을 공개하는 것만으로 향후 감사계획이 외부에 노출되는 결과가 초래된다고 단정할 수도 없고, 위 정보를 공개하는 것만으로 민원 업무 담당자들의 자유롭고 공정한 업무 수행이 위축된다거나 향후 동종 업무의 공정한 수행에 현저한 지장을 초래한다고 인정할 만한 상당한 이유가 있다고 보기 어렵다고 본 사례[1)]

⑫ '대통령비서실 소속 직원의 성명, 소속 부서, 직위, 직급'과 위 직원들의 조직구성이 나타난 '대통령비서실의 세부 조직도'에 대한 정보공개를 청구한 사안에서, 대통령비서실에서 근무하는 공무원이 누구인지는 어느 공무원보다 더 국민의 감시와 통제가 필요한 공적 관심사안에 해당하는바, 담당공무원의 성명·직위를 공개하는 것은 국민의 알 권리 보장과 업무수행의 투명성을 확보하며 책임 소재를 명확히 할 수 있으며, 대통령비서실 인적 구성의 투명성 확보 등 공익에 크게 기여한다고 볼 수 있고, 위 정보가 공개되는 경우 대통령비서실과 그 소속 공무원들이 대통령의 직무를 적정하게 보좌하고 있는지에 관한 국민의 감시와 통제가 더욱 효율적으로 가능해질 것으로 판단되며, 위 정보가 공개된다고 하여 소속 공무원들의 임면 과정이나 경로가 드러나는 것은 아니므로 직원의 임면 등에 관한 인사권자의 재량행사가 제한될 수 있다는 피고의 주장은 막연하고 추상적인 우려에 해당하거나, 위와 같이 달성될 수 있는 공익과 비교하여 보더라도 그 부당성이 현저히 크다고 단정하기 어렵다는 등의 사정에 비추어 보면, 위 정보가 정보공개법 제9조 제1항 제5호의 비공개 대상 정보에 해당한다고 인정할 증거가 없다고 본 사례[2)]

⑬ 성희롱의 피해자가 위 성희롱에 따른 징계처분을 받은 가해자가 소청을 제기하였는지 여부, 소청을 제기한 경우 소청심사위원회의 사건번호 및 판단 결과에 대한 정보공개를 청구한 사안에서, 위 정보를 공개하는 것은 원고가 받은 피해를 회복하고, 가해자 또는 사용자를 상대로 원고의 권리를 행사하는 데에 도움이 될 수 있고, 위 정보는 소청심사위원회의 사건번호 및 판단 결과에 불과하고, 가해자에 대한 징계처분의 진행 상황 및 결과에 대한 정보제공은 피해자의 적극적 권리행사를 가능하게 하므로 피해자에게 중요한 의미가 있으며, 원고는 소청심사위원회 판단 이유에 대한 공개를 청구하고 있지도 않으므로 위 정보의 공개로 소청심사위원회 결정에 대한 불필요한 논란을 불러일으킬 소지가 있다거나 피고가 인사관리 업무를

1) 서울행정법원 2023. 12. 7. 선고 2022구합84604 판결(항소기각, 심리불속행기각 확정).
2) 서울고등법원 2024. 9. 26. 선고 2023누56622 판결(심리불속행기각 확정).

제 4 장

공정하게 수행하는데 지장을 초래한다고 볼 수 없다고 판단한 사례[1)]

⑭ 구청장이 공공재개발추진위(가칭)로부터 공공재개발사업 공모 신청서를 받고 서울특별시에 위 구역을 추천할 것인지 여부를 결정하기 위해 공공재개발사업의 타당성을 검토한 자료에 대한 정보공개를 청구한 사안에서, 원고는 이 부분 정보공개를 통해 서울특별시의 후보지 선정 결정 전에 선행하여 이루어진 피고 측의 사업성 검토 및 추천 절차의 적정성을 확인하고자 하는 것으로서, 위 정보가 공개되더라도 업무의 공정한 수행이나 연구·개발에 현저한 지장을 초래한다고 인정할 만한 상당한 이유가 있다고 보기 어렵고, 해당 구역은 서울특별시로부터 공공재개발 후보지로 선정됨에 따라 해당 구역이 이미 토지거래계약허가구역으로 지정되어 지형도까지 공고되었으므로, 위 정보의 내용 및 작성 경위, 공공재개발사업의 절차 등을 고려할 때 위 정보의 공개가 부동산 투기 등으로 특정인에게 이익 또는 불이익을 줄 우려가 있다고 보이지도 않는다는 등의 이유로, 이 부분 정보는 정보공개법 제9조 제1항 제5호의 비공개대상정보에 해당하지 않는다고 봄이 타당하다고 본 사례[2)]

⑮ 국가직공무원 7급 민간경력자 일괄채용시험 서류전형 평정표, 면접시험 평정표에 대한 정보공개를 청구한 사안에서, 서류전형 평정표에는 그 적격 여부만 기재되어 있을 뿐이어서 이를 공개한다고 하여 피고 업무의 공정한 수행에 현저한 지장을 초래한다고 보기 어렵고, 면접시험 평정표의 경우 면접위원들이 원고를 평가한 내용이 기재되어 있으나, 이미 원고가 합격하여 평정과정이 종료되었고 그 내용이 상중하 중 하나로만 평가되어 있을 뿐인 점을 고려하면, 각 면접위원들의 성명, 서명 등 개인정보를 제외하여 이를 공개한다고 하여 사회적으로 불필요한 논란을 일으키거나 외부의 부당한 압력 내지 새로운 분쟁에 휘말리는 상황이 초래될 우려가 높다고 볼 수 없고, 면접위원들로서도 공개될 경우에 대한 심리적 부담으로 인하여 솔직하고 자유로운 의사교환에 제한을 받는다고 보기도 어렵다는 등의 이유로 위 정보가 정보공개법 제9조 제1항 제5호 본문의 비공개정보에 해당한다고 보기 어렵다고 본 사례[3)]

⑯ 군무원인 원고가 징계처분을 심의한 징계위원회 위원들의 성명을 공개할 것

---

1) 서울행정법원 2023. 5. 4. 선고 2022구합75563 판결(확정).
2) 서울행정법원 2022. 10. 21. 선고 2021구합4281 판결(항소기각 확정).
3) 서울행정법원 2022. 10. 20. 선고 2022구합64457 판결(확정), 유사한 취지의 서울행정법원 2022. 9. 23. 선고 2022구합64464 판결(확정), 서울행정법원 2022. 9. 23. 선고 2022구합64495 판결(확정).

을 청구한 사안에서, 징계처분 등의 심의대상자인 군무원은 징계위원회 회의에 참석한 징계위원의 성명을 확인함으로써 군무원 징계위원회가 적법하게 구성되었는지 및 징계위원의 제척·기피사유 등을 판단할 수 있으므로(군무원인사법 제39조의2, 군무원인사법 시행령 제109조, 제110조, 제92조, 국방부 군인·군무원 징계업무처리 훈령 제68조, 제74조, 제30조 참조), 원고에게 이 사건 각 징계위원회에 참여한 징계위원들의 성명이 공개되어야 할 필요가 있고, 원고에 대한 징계절차가 이미 종료된 이상 징계위원들의 성명이 공개되더라도 이미 종료된 징계업무의 공정한 수행에 현저한 지장을 초래할 가능성이 있다고 보기 어렵고, 위 정보에는 징계위원들이 징계위원회에서 한 진술이나 의견 및 의결권 행사 내용 등과 같은 구체적인 회의 내용이나 해당 징계위원의 업무 수행 내용을 특정하거나 추단할 수 있는 내용 등은 포함되어 있지 않으므로, 장래의 동종 업무의 공정한 수행에 현저한 지장을 초래할 것이라고 보기 어려우며, 징계위원들은 징계위원회에서 징계대상자를 대면하여 징계사건을 심의하므로 자신이 징계위원으로 참여한 사실을 징계대상자가 알게 되리라는 사정을 이미 감수하였고, 징계절차가 종료된 이후 징계위원들의 성명을 공개한다고 하여 징계위원들에게 추가로 심적 부담이 가해지거나 향후 징계업무 수행에 어떠한 지장을 초래한다는 것인지 뚜렷하지 않다고 본 사례[1])

제 4 장

⑰ 조세포탈 범칙처분 및 범칙조사 심의 요청서, 조세범칙조사 대상선정 심의회부서 및 심의의결서, 조세범칙조사 심의위원회 심의결과 통보서에 대한 정보공개를 청구한 사안에서, 조세범칙조사심의위원회는 위원장과 5명의 위원으로 구성되는 합의제 기관으로서, 그 의사결정이 구성원 3분의 2 이상의 출석으로 개의하고, 출석위원 과반수의 찬성으로 의결하는 합의제 방식을 따르고 있는 점(조세범 처벌절차법 시행령 제4조 제3항 및 제6항), 위 정보는 조세범칙조사심의위원회의 심의를 위한 기초자료 내지 그 심의결과를 기재한 자료로 보일 뿐이고, 조세범칙조사심의위원들은 이러한 기초자료를 토대로 하여 자유로운 논의 및 표결을 한 것으로 판단되는 점, 이와 같은 회의 관련 기초자료 등이 공개되더라도 조세범칙조사심의위원회의 자유롭고 활발한 심의 및 의결이 저해될 것으로 보기는 어렵고, 오히려 과세관청으로 하여금 심의를 위한 기초자료 등을 사전에 준비하는 데 만전을 기하도록 하는 것에

---

1) 서울행정법원 2022. 4. 1. 선고 2021구합55739 판결(확정), 유사한 취지의 서울행정법원 2022. 3. 3. 선고 2021구합56756 판결(확정), 서울행정법원 2022. 1. 14. 선고 2021구합55654 판결(확정).

기여한다고 볼 수도 있는 점 등에 비추어 보면, 위 정보는 정보공개법 제9조 제1항 제5호에 정한 비공개 대상 정보에 해당하지 아니한다고 본 사례[1]

⑱ 국민건강보험공단이 원고가 운영하는 장기요양기관에 대하여 현지조사를 실시하는 과정에서 원고가 작성한 확인서에 첨부된 사실확인서, 유무선 문답서 등의 열람을 신청한 사안에서, 장기요양기관에 대한 장기요양급여비용 환수처분 절차가 이미 완료된 점, 위 정보에는 현지조사 과정에서 작성된 사실확인서, 문답서 등이 포함되어 있는데, 이러한 정보들이 공개된다고 하여 국민건강보험공단의 장기요양급여비용의 적정성에 대한 관리·감독 업무에 현저한 지장을 초래할 것이라고 보기 어려운 점, 위 정보에 포함된 관련자들의 진술 내용은 대부분 객관적인 사실관계에 대한 것이므로, 위 진술의 공개가 향후 정보공개를 우려한 진술 기피 경향을 유발할 위험성이 높다고 보기는 어려운 점, 장기요양급여비용 환수처분의 적정성을 검토하여 이에 대한 불복 절차에 나아가고자 하는 원고의 입장에서는 국민건강보험공단이 위 환수처분의 근거로 삼은 자료를 열람하여야 할 필요성이 큰 점 등을 종합하면, 위 정보의 공개로 인하여 국민건강보험공단이 공정한 업무 수행에 객관적으로 현저한 지장을 받을 것이라는 고도의 개연성이 인정된다고 보기 어려우므로, 위 정보는 정보공개법 제9조 제1항 제5호의 비공개대상 정보에 해당하지 않는다고 본 사례[2]

⑲ 보건복지부장관이 원고가 운영하는 의료기관에 대하여 건강보험 및 의료급여에 관한 제반사항에 대한 조사를 실시하고 원고로부터 받은 조사결과에 대한 확인서에 첨부된 문서에 관하여 원고가 정보공개를 청구한 사안에서, 위 정보는 원고가 작성한 확인서에 첨부된, 원고의 위규행위별 부당청구자 명단으로서, 환자의 성명, 생년월일, 요양개시일자, EDI코드, 코드명칭으로 이루어져 있고, 그 표지에 원고의 서명과 날인이 있는데, 이는 원고의 명의로 작성된 문서로서 원고가 향후 원고에게 내려질 제재적 행정처분에 대한 방어권을 행사함에 있어 긴요할 것으로 보이고, 위 정보의 내용에 비추어 볼 때, 이를 비공개한다고 하여 보호되는 피고의 업무의 공정성 등의 이익이 구체적으로 무엇인지를 확인하기는 어려우며, 원고가 위 정보를 획득하여 불이익 처분에 대한 적법한 방어권을 행사하고 그 결과 원고의 부정수급 사실이 위 정보에 작성된 내용보다 축소되거나 아예 인정되지 않는다고 하더라도

1) 서울행정법원 2022. 1. 14. 선고 2021구합62539 판결(항소기각 확정).
2) 서울행정법원 2021. 6. 11. 선고 2020구합954 판결(항소기각 확정).

그러한 사정만으로는 피고의 업무의 공정성, 중립성 및 타당성 등 공적 이익을 훼손하는 것에 해당한다고 볼 수는 없다는 등의 근거를 들어 위 정보가 공개될 경우 업무의 공정한 수행에 현저한 지장을 초래한다고 인정할 만한 상당한 이유가 있다고 보기는 어렵다고 본 사례[1)]

⑳ 감사담당관이 주○○○대사관 주재관으로 근무하던 원고에 대한 감사 결과를 토대로 주○○○ 대사에게 질의한 내용에 대하여 주○○○ 대사가 답변한 내용으로, 크게 ㉠ 감사 결과 중 일부 사항의 사실관계 및 법 적용에 대한 질의·응답, ㉡ 필요한 조치(주○○○ 대사가 감사 결과를 토대로 피고(외교부장관)에게 원고의 소환을 건의한 내용과 그 경위 및 그 밖에 이루어진 조치) 등에 대하여 질의·응답한 내용이 기재된 문서에 대한 정보공개를 청구한 사안에서, 위 정보는 원고에 대한 감사 및 인사 관련 업무가 확정되기 전 중간 검토과정에서 작성된 것인데 현재 그 업무가 모두 종료되었는바, 위 정보가 중간 검토과정에서 작성되었다는 점만으로 이를 비공개로 할 필요성이 크다고 볼 수 없는 점, 위 정보는 원고에 대한 감사결과에 기초한 것으로 이후 원고에 대한 징계 요구 등의 전제가 된 것으로 보이고 위 징계 요구 등에 따라 결국 원고에 대하여 소환처분이 이루어졌으므로, 위 소환처분의 사유 내지 절차상 문제 등을 확인하기 위하여 그 당사자인 원고에게 위 정보를 공개할 필요가 있어 보이는 점, 위 정보를 공개하는 것은 해외에 소재하고 있는 공관에서 발생할 수 있는 밀실행정을 방지하고 인사관리 업무의 공정성과 투명성을 확보하기 위한 공익적 필요성도 큰 점 등을 근거로 위 정보는 정보공개법 제9조 제1항 제5호에서 정한 비공개대상정보에 해당한다고 할 수 없다고 본 사례[2)]

㉑ 원고가 피고(공무원연금공단)에 대하여 원고 배우자의 사망으로 인한 공무원연금법상 순직유족보상금 지급청구에 관하여 피고가 조사한 자료 및 확보한 자료, 공무원연금급여심의회의 심의 기초자료(심의안 등)에 대한 정보공개를 청구한 사안에서, 위 정보는 사실조사의 결과가 주된 내용으로서 조사자 내지 작성자의 의견, 논의 내용 등은 거의 포함되어 있지 아니하며 특히 유족보상금의 지급요건인 망인의 사망과 공무 사이에 인과관계가 인정되는지 여부에 대한 조사자의 구체적인 견해는 드러나 있지 아니하여 그 공개로 인하여 사회적으로 불필요한 논란을 불러일으키거

1) 서울행정법원 2019. 11. 1. 선고 2019구합58391 판결(항소기각 확정).
2) 서울행정법원 2019. 7. 25. 선고 2019구합50120 판결(확정), 유사한 취지의 서울행정법원 2019. 1. 11. 선고 2018구합75306 판결(확정), 서울행정법원 2018. 7. 6. 선고 2018구합54132 판결(항소기각 확정)

나 이로써 피고가 외부의 부당한 압력 내지 새로운 분쟁에 휘말리는 상황이 초래될 가능성은 극히 낮은 것으로 보인다는 점을 근거로 위 정보는 정보공개법 제9조 제1항 제5호가 정하는 비공개대상 정보에 해당하지 않는다고 본 사례[1]

㉒ 원고가 피고(한국철도공사)의 사업심의위원회에 참석한 심의위원의 소속과 명단에 대한 정보공개를 청구한 사안에서, 위 정보의 공개만으로 특정 발언자의 개인식별이 용이하지 아니하여 개인식별에 따른 오해나 혼란을 초래한다거나 내부 심의에서의 원만하고 자유로운 의견교환을 방해할 염려는 크게 없어 보이고, 위 정보는 심의절차가 종료된 후에 공개되는 것이므로 위 정보의 공개로 인하여 심의절차 진행 전이나 진행 중에 심의위원과 접촉할 가능성은 높지 않아 보이고, 심의위원 명단 정보가 축적되어 이해당사자들이 사전에 심의위원회 구성 명단을 예측하여 심의위원에게 부정한 접촉을 시도할 가능성을 배제할 수 없다 하더라도, 이는 다른 방법으로 예방하여야 할 것이지 이를 사유로 위 정보를 비공개대상정보라 할 수는 없다고 본 사례[2]

㉓ 원고가 피고(국회 사무총장)를 상대로 입법 및 정책개발비라는 예산의 집행에 관한 정보에 해당하는 영수증, 계약서, 견적서 등에 대한 공개를 청구한 사안에서, 입법 및 정책개발비 지급청구서, 용역비 지급신청서 등에 행사명, 용역명 등이 기재되어 있어 이를 통해 특정 국회의원이 어떠한 주제와 정책에 관하여 관심을 가지고 행사와 용역 등을 진행하였는지를 대강이나마 짐작할 수 있는 사정은 있으나 그러한 사정만으로 예산의 집행에 관한 정보에 불과한 위 정보를 의사결정 과정 또는 내부검토 과정에 있는 사항이라고 보기에는 부족하고, 위 정보가 공개될 경우 국회의원 업무의 공정한 수행이 객관적으로 현저하게 지장을 받을 것이라는 고도의 개연성이 있다고 인정하기에 부족하다는 이유로 위 정보는 정보공개법 제9조 제1항 제5호의 비공개 대상 정보에 해당하지 않는다고 본 사례[3]

㉔ 용산 미군기지 내부 및 녹사평역 주변의 유류 오염 정도를 확인할 수 있는

---

1) 서울행정법원 2018. 9. 21. 선고 2018구합55883 판결(확정).

2) 서울행정법원 2018. 4. 26. 선고 2017구합73563 판결(항소기각 확정), 유사한 취지에서 중앙약사심의위원회 위원의 소속단체, 전공에 관한 정보가 '공개될 경우 업무의 공정한 수행이나 연구·개발에 현저한 지장을 초래한다고 인정할 만한 상당한 이유가 있는 정보'라거나 '공개될 경우 사생활의 비밀 또는 자유를 침해할 우려가 있다고 인정되는 정보'라 보기 어렵다고 본 서울행정법원 2017. 11. 3. 선고 2017구합78766 판결(확정).

3) 서울행정법원 2018. 2. 1. 선고 2017구합76807 판결(항소기각 확정).

객관적 지표에 관한 2차 및 3차 조사 결과의 공개를 청구한 사안에서, 용산 미군기지 인근의 유류 오염에 관한 문제가 제기된 이후 환경부와 주한 미군사령부가 당초 협의하였던 3차례의 환경조사가 완료되기를 기다리며 상당한 시간이 경과되었고, 환경부와 주한 미군사령부가 당초 협의하였던 3차례의 환경조사 자체는 3차 조사를 끝으로 완료된 것으로 볼 수 있고, 1차 조사 정보와 2차 조사 정보가 상이한 것으로 나타나 1차 조사 정보만 공개하는 것이 적절한지에 관하여 쟁점이 되었고, 결국은 1차 조사 정보가 이미 공개되었거나 공개될 예정인 상황이므로, 조사 시점이나 장소 등에 있어 한정된 1차 조사 정보만을 공개하도록 하는 것보다는 다른 계절과 강우량, 용산 미군기지 외부의 유류 오염 정도에 관한 영향까지 함께 고려할 수 있는 2차 조사 정보와 3차 조사 정보도 함께 공개하는 것이 피고의 환경조사 관련 업무의 공정한 수행에 더욱 도움이 될 것으로 보인다는 이유로 위 정보는 정보공개법 제9조 제1항 제5호의 비공개 대상 정보에 해당하지 않는다고 본 사례[1])

㉕ 원고가 피고(금융감독원)를 상대로 저축은행 등에 대하여 회계처리기준위반 및 부실감사 등과 관련된 사항에 대하여 이루어진 질문서와 답변서의 공개를 청구한 사안에서, 피고는 위 정보를 기초로 하여 조사 대상이었던 저축은행들에 대한 제재를 완료하였고, 상호저축은행법 제23조, 제40조는 피고가 실시한 상호저축은행의 업무와 재산에 대한 검사과정에서 자료의 제출, 관계자의 출석 및 의견의 진술을 요구할 수 있고, 그러한 요구에 응하지 아니한 경우 과태료를 부과할 수 있다고 규정하고 있어서 당사자들이나 관계자들의 협조를 구하기 어렵다는 등 향후 조사에 영향을 미친다고 볼 수 없으며, 위 정보는 일반적으로 공개되어 있는 회계처리기준에 따라 회계처리를 하고, 그에 대한 감사가 이루어졌는지 여부를 확인하는 과정에서 질문하고 답변받은 내용이므로 공개된다고 하더라도 피고 업무의 공정한 수행에 지장을 초래할 것으로 보이지 않는다는 사정 등에 비추어 보면, 위 정보가 공개될 경우 정보공개법 제9조 제1항 단서 제5호의 업무의 공정한 수행에 현저한 지장을 초래한다고 인정할만한 상당한 이유가 있는 정보라고 보기 어렵다고 본 사례[2])

㉖ 원고가 피고(한국토지주택공사)를 상대로 17개 사업장에 관하여 발주하기 전 산출한 공사별 예산내역에 관한 자료의 공개를 청구한 사안에서, 피고가 위 17개의

1) 서울행정법원 2017. 6. 1. 선고 2016구합84979 판결(항소기각 확정).
2) 서울행정법원 2016. 12. 9. 선고 2016구합66599 판결(항소기각 확정).

모든 사업장에 관하여 건설회사와 공사계약을 체결하였으므로 위 정보가 입찰계약 과정, 의사결정과정 또는 내부검토과정에 있는 사항에 관한 정보에 해당한다고 보기 어렵고, 위 정보가 원고뿐 아니라 다수에게 공개될 경우 장차 입찰 과정에서 오히려 공정성 및 입찰가격의 적정성을 확보하는 데 도움이 될 수도 있을 것으로 보인다는 사정 등을 근거로 위 정보가 정보공개법 제9조 제1항 제5호 소정의 비공개대상 정보에 해당한다고 보기 어렵다고 본 사례[1)]

㉗ 원고가 피고(산업재해보상보험재심사위원회위원장)에 대하여 10년간(2010. 1. 1. 부터 2019. 12. 31.까지) 산업재해보상보험재심사위원회(이하 '이 사건 위원회')의 재심사과정에서 작성된 자문일지 및 자문회신서에 대한 정보공개를 청구한 사안에서, 위 정보에는 의학 분야 전문가인 자문의의 의학적 소견이 포함되어 있는데, 이러한 의학적 소견은 자문의가 임상경험과 전문지식을 토대로 종합적인 검토를 거쳐 전문가로서의 의견을 제시한 것으로, 이 사건 위원회의 회의 관련 자료로 활용되었을 뿐이고, 이 사건 위원회에서 자유롭고 활발한 심의·의결을 보장하는 것과 직접적인 관계가 있는 자료는 아니다. 오히려 이 사건 정보가 공개된다면 이 사건 위원회의 업무수행에 관한 국민의 알 권리를 충실히 할 수 있고, 이 사건 위원회의 업무수행에 관한 공정성과 투명성을 확보하는데 기여할 수 있으며, 국민들로 하여금 이 사건 위원회의 재심사과정을 이해하고 납득할 수 있도록 하는데 도움을 줄 수 있을 것으로 생각된다는 등의 이유로 헌법상의 알 권리나 법에 의한 정보공개청구권의 보호범위에 이 사건 정보를 포함시켜 이를 공개하도록 할 필요성이 크다고 판단한 사례[2)]

1) 서울행정법원 2016. 11. 24. 선고 2016구합58727 판결(항소기각 확정), 유사한 취지에서 설계 및 시공 일괄입찰공사에서 추정금액에 관한 정보가 정보공개법 제9조 제1항 제5호 소정의 비공개대상 정보에 해당한다고 보기 어렵다고 본 부산지방법원 2010. 10. 7. 선고 2010구합1935 판결(항소기각 및 상고기각 확정).

2) 대전고등법원 2023. 10. 26. 선고 2023누10820 판결(심리불속행기각 확정).

7. 개인정보

해당 정보에 포함되어 있는 성명·주민등록번호 등 「개인정보 보호법」 제2조 제1호에 따른 개인정보로서 공개될 경우 사생활의 비밀 또는 자유를 침해할 우려가 있다고 인정되는 정보. 다만, 다음 각 목에 열거한 사항은 제외한다.
가. 법령에서 정하는 바에 따라 열람할 수 있는 정보
나. 공공기관이 공표를 목적으로 작성하거나 취득한 정보로서 사생활의 비밀 또는 자유를 부당하게 침해하지 아니하는 정보
다. 공공기관이 작성하거나 취득한 정보로서 공개하는 것이 공익이나 개인의 권리 구제를 위하여 필요하다고 인정되는 정보
라. 직무를 수행한 공무원의 성명·직위
마. 공개하는 것이 공익을 위하여 필요한 경우로서 법령에 따라 국가 또는 지방자치단체가 업무의 일부를 위탁 또는 위촉한 개인의 성명·직업
(정보공개법 제9조 제1항 제6호)

가. 규정

정보공개법 제9조 제1항 제6호는 성명·주민등록번호 등 「개인정보 보호법」 제2조 제1호에 따른 개인정보로서 공개될 경우 사생활의 비밀 또는 자유를 침해할 우려가 있다고 인정되는 정보는 원칙적으로 비공개하되, 가목 내지 마목의 다섯 가지 경우에는 비공개의 예외로서 공개하도록 규정하고 있다. 본호는 헌법적 가치를 갖는 두 개의 권리, 즉 '알 권리'와 '사생활의 비밀과 자유' 사이에 조화를 기하고자 하는 규정이다. 대법원은 위 호의 취지는 "개인의 사생활의 비밀과 자유의 존중 및 개인의 자신에 대한 정보통제권을 보장하는 등 정보공개로 인하여 발생할 수 있는 제3자의 법익침해를 방지하고자 함에 있다"고 하였다.[1]

나. 정보공개법 제9조 제1항 제6호와 「개인정보 보호법」의 관계

개인정보보호와 관련하여 우리나라는 2011. 3. 29. 공공부문과 민간부문을 망

1) 대법원 2006. 1. 13. 선고 2004두12629 판결.

라한 통합 「개인정보 보호법」을 제정, 같은 해 9. 30.부터 시행하고 있다. 그런데 정보공개법과 「개인정보 보호법」의 각 입법 목적과 규정 내용, 정보공개법 제9조 제1항 제6호의 문언과 취지 등에 비추어 보면, 정보공개법 제9조 제1항 제6호는 공공기관이 보유·관리하고 있는 개인정보의 공개 과정에서의 개인정보를 보호하기 위한 규정으로서 「개인정보 보호법」 제6조에서 말하는 '개인정보 보호에 관하여 다른 법률에 특별한 규정이 있는 경우'에 해당한다. 따라서 공공기관이 보유·관리하고 있는 개인정보의 공개에 관하여는 정보공개법 제9조 제1항 제6호가 「개인정보 보호법」에 우선하여 적용된다.[1)]

다. '개인정보'의 의미 및 범위

(1) 2020. 12. 22. 법률 제17690호로 개정되기 전의 정보공개법 제9조 제1항 제6호는 '해당 정보에 포함되어 있는 성명·주민등록번호 등 개인에 관한 사항으로서 공개될 경우 사생활의 비밀 또는 자유를 침해할 우려가 있다고 인정되는 정보'를 비공개대상정보로 규정하고 있었으나, 2020. 12. 22. 개정된 정보공개법 제9조 제1항 제6호는 '해당 정보에 포함되어 있는 성명·주민등록번호 등 「개인정보 보호법」 제2조 제1호에 따른 개인정보로서 공개될 경우 사생활의 비밀 또는 자유를 침해할 우려가 있다고 인정되는 정보'라고 함으로써 비공개대상이 되는 정보가 「개인정보 보호법」 제2조 제1호[2)]에 따른 개인정보임을 분명히 하였다.

종래 대법원은 구 정보공개법(2004. 1. 29. 법률 제7127호로 전부개정되기 전의 것) 제7조 제1항 제6호 본문이 비공개대상정보의 하나로 '당해 정보에 포함되어 있는 이름·주민등록번호 등에 의하여 특정인을 식별할 수 있는 개인에 관한 정보'라고 규정한 반면 2004. 1. 29. 법률 제7127호로 전부개정된 정보공개법 제9조 제1항 제6호 본문이 위 비공개대상정보를 '당해 정보에 포함되어 있는 이름·주민등록번호 등 개

1) 대법원 2021. 11. 11. 선고 2015두53770 판결.
2) "개인정보"란 살아 있는 개인에 관한 정보로서 다음 각 목의 어느 하나에 해당하는 정보를 말한다.
가. 성명, 주민등록번호 및 영상 등을 통하여 개인을 알아볼 수 있는 정보
나. 해당 정보만으로는 특정 개인을 알아볼 수 없더라도 다른 정보와 쉽게 결합하여 알아볼 수 있는 정보. 이 경우 쉽게 결합할 수 있는지 여부는 다른 정보의 입수 가능성 등 개인을 알아보는 데 소요되는 시간, 비용, 기술 등을 합리적으로 고려하여야 한다.
다. 가목 또는 나목을 제1호의2에 따라 가명처리함으로써 원래의 상태로 복원하기 위한 추가 정보의 사용·결합 없이는 특정 개인을 알아볼 수 없는 정보

인에 관한 사항으로서 공개될 경우 개인의 사생활의 비밀 또는 자유를 침해할 우려가 있다고 인정되는 정보'로 규정한 점 등에 근거하여 "정보공개법 제9조 제1항 제6호 본문의 규정에 따라 비공개대상이 되는 정보에는 이름·주민등록번호 등 정보 형식이나 유형을 기준으로 비공개대상정보에 해당하는지를 판단하는 '개인식별정보'뿐만 아니라 그 외에 정보의 내용을 구체적으로 살펴 '개인에 관한 사항의 공개로 개인의 내밀한 내용의 비밀 등이 알려지게 되고, 그 결과 인격적·정신적 내면생활에 지장을 초래하거나 자유로운 사생활을 영위할 수 없게 될 위험성이 있는 정보'도 포함된다고 새겨야 한다."고 판시하였고,[1] 이에 따라 불기소처분 기록 중 피의자신문조서 등에 기재된 피의자 등의 인적사항 이외의 진술내용 역시 개인의 사생활의 비밀 또는 자유를 침해할 우려가 인정되는 경우 정보공개법 제9조 제1항 제6호 본문에 규정된 비공개대상에 해당한다고 보았다. 그후 정보공개법이 2020. 12. 22. 개정되어 제9조 제1항 제6호가 규율하는 정보가 「개인정보 보호법」 제2조 제1호에 따른 개인정보임을 분명히 하였다.

(2) 개인정보에 해당하는지 여부가 문제되는 몇 가지 유형에 관하여 살펴본다.

(가) 사자(死者)의 개인정보

「개인정보 보호법」 제2조 제1호에 따르면, 개인정보란 '살아 있는 개인'에 관한 정보를 말하므로, 사자의 정보는 원칙적으로 정보공개법 제9조 제1항 제6호의 개인정보에 해당할 수 없다. 다만 사자의 정보라고 하더라도 유전정보 등을 통해 알 수 있는 유전병 정보 등 유족과의 관계를 알 수 있는 정보는 유족의 개인정보에 해당한다.[2] 이와 관련하여 원고가 사형수 명단 공개거부처분의 취소를 구한 사안에서 사형수의 성명, 생년월일 부분은 해당 정보만으로는 사형수의 유족을 알아볼 수 없더라도 다른 정보와 쉽게 결합하여 알아볼 수 있는 정보로서 사형수의 유족의 개인정보에 해당한다고 본 사례가 있다.[3]

(나) 「개인정보 보호법」 제2조 제1호 나목의 결합가능성

「개인정보 보호법」 제2조 제1호 나목은 "해당 정보만으로는 특정 개인을 알아

1) 대법원 2012. 6. 18. 선고 2011두2361 전원합의체 판결.
2) 최경진 외 12인, 개인정보보호법, 박영사(2024), 62. 박노형, 개인정보보호법, 박영사(2023), 71도 같은 취지이다.
3) 서울행정법원 2024. 10. 18. 선고 2023구합84984 판결(항소심 계속 중).

볼 수 없더라도 다른 정보와 쉽게 결합하여 알아볼 수 있는 정보. 이 경우 쉽게 결합할 수 있는지 여부는 다른 정보의 입수 가능성 등 개인을 알아보는 데 소요되는 시간, 비용, 기술 등을 합리적으로 고려하여야 한다."고 규정하고 있다. 여기서 '식별주체'와 '결합을 위한 다른 정보의 범위'에 관하여 명확한 대법원 판시는 없고, 학설로는 ① 개인정보처리자의 개별적, 구체적 사정과 무관하게 상정할 수 있는 모든 정보를 고려하여 객관적, 절대적으로 식별 여부를 평가해야 한다는 학설, ② 개인정보처리자가 갖고 있거나 접근할 수 있는 정보를 기준으로 하여야 한다는 학설, ③ 절충설 등이 있다.[1] 이와 관련하여 「개인정보 보호법」 제2조 제1호 나목이 현행과 같이 개정된 2020. 2. 4. 이후 선고된 하급심 판결로는 일반인을 기준으로 결합가능성을 판단하여야 한다고 본 판결[2]이 있다.

결합가능성을 판단한 구체적 사례로는 ① 원고에 대한 형사재판 제1심의 사건번호는 그 자체만으로는 원고의 사생활의 비밀 또는 자유를 직접적으로 침해할 우려가 있는 개인정보에 해당한다고 볼 수 없으나, 정보공개청구인이 원래 알고 있는 원고의 이름, 법원의 판결문 제공 제도를 이용하여 입수할 수 있는 해당 사건 판결문의 내용과 결합하는 경우 그 판결문 자체는 비실명 처리가 되어 있더라도 원고의 전과와 구체적인 범죄사실 등을 알 수 있게 되는바, 이는 '개인식별정보' 또는 '개인의 내밀한 내용의 비밀 등이 알려지게 되고 그 결과 인격적·정신적 내면생활에 지장을 초래하거나 자유로운 사생활을 영위할 수 없게 될 위험성이 있는 정보'에 해당한다고 본 사례,[3] ② 공개를 청구하는 정보에 택시 회사에 소속된 개별 근로자의 학력, 보수가 포함되어 있으나, 해당 택시 회사의 연평균 근로자 수가 약 200명 이상이어서 개별 근로자들의 이름, 주민등록번호가 결합되어 공개되지 않는 이상 공개대상 정보의 공개만으로 특정 근로자를 식별할 수 없다는 이유로 비공개대상정보에 해당하지 않는다고 본 사례,[4] ③ 예전 언론이 사형수의 자세한 인적사항을 보도해왔고 일부 사형수의 경우 인터넷 사이트에 해당 사형수에 관한 자세한 정보 및 유족에 관한 정보가 기재되어 있는 점 등을 근거로 사형수의 성명·생년월일이 '해당 정보만으로는 사형수의 유족을 알아볼 수 없더라도 다른 정보와 쉽게 결합하여 알

1) 최경진 외 12인, 앞의 글, 69.
2) 서울고등법원 2024. 8. 29. 선고 2023노2046 판결(상고기각 확정).
3) 인천지방법원 2019. 5. 10. 선고 2018구합54884 판결(항소기각, 심리불속행기각 확정).
4) 대구지방법원 2016. 9. 29. 선고 2015구합2385 판결(항소기각, 심리불속행기각 확정).

아볼 수 있는 정보'에 해당한다고 본 사례[1]가 있다.

(다) 사업을 영위하는 개인의 당해 사업에 관한 정보도 개인에 관한 정보이지만 그 공개·비공개의 판단은 법인 등의 사업활동정보와 같은 기준에서 행해질 필요가 있어 개인정보에서는 제외하고 있다(정보공개법 제9조 제1항 제7호).

라. 공개될 경우 사생활의 비밀 또는 자유를 침해할 우려가 있는지 여부에 관한 구체적 사례

(1) 공개되더라도 사생활의 비밀 또는 자유를 침해할 우려가 없다고 한 사례

(가) 대통령실의 특수활동비 지출증빙서류에 기재된 '현금수령일', '금액', '집행내용', '수령일', '수령금액', '수령자'가 공개될 경우 사생활의 비밀 또는 자유를 침해할 우려가 있는 정보에 해당한다고 볼 수 없다고 본 사례[2]

(나) 감사원 소속 공무원의 근무내역(근무일자, 근무시간), 출장내역(시작일시, 종료일시)이 공개될 경우 사생활의 비밀 또는 자유를 침해할 우려가 있다고 인정되는 정보에 해당하지 않는다고 본 사례[3]

(다) 에스케이텔레콤 주식회사가 과학기술정보통신부장관에게 인가 신청한 이용약관(5G 이동통신서비스에 관한 요금제를 신설하는 내용)을 심사하고 자문의견을 제시하는 이용약관심의자문위원회의 자문위원 명단이 공개되더라도 자문위원들의 사생활의 비밀 또는 자유를 침해할 우려가 낮다고 본 사례[4]

(라) 원고가 '소외인이 국가 기관의 정보공개 거부로 피해를 봤다며 제기한 소송의 항소심에서 정부가 300만 원을 지급해야 한다는 판결문의 사건번호'의 공개를 청구하였다가 거부당한 사안에서, 위 정보는 사건번호에 불과하여 그 자체만으로는 해당 정보에 개인에 관한 사항으로서 공개될 경우 사생활의 비밀 또는 자유를 침해할 우려가 있다고 인정되는 정보에 해당하지 않는다고 본 사례[5]

---

1) 서울행정법원 2024. 10. 18. 선고 2023구합84984 판결(항소심 계속 중).
2) 서울행정법원 2023. 9. 1. 선고 2023구합58251, 2023구합65396(병합) 판결(항소기각, 상고심 계속 중).
3) 서울행정법원 2023. 12. 7. 선고 2022구합84604 판결(항소기각, 심리불속행기각 확정).
4) 서울행정법원 2023. 1. 13. 선고 2019구합76214 판결(항소기각, 심리불속행기각 확정). 그 외에 자문위원 명단을 공개하는 것이 공익을 위하여 필요하다고도 보았다.
5) 서울행정법원 2016. 10. 28. 선고 2016구합889 판결(항소기각, 심리불속행기각 확정).

(2) 공개될 경우 사생활의 비밀 또는 자유를 침해할 우려가 있다고 한 사례

(가) 고소인이, 자신이 고소하였다가 불기소처분된 사건기록의 피의자신문조서, 진술조서 중 피의자 등 개인의 인적사항을 제외한 부분의 정보공개를 청구하였으나 해당 검찰청 검사장이 정보공개법 제9조 제1항 제6호에 해당한다는 이유로 비공개결정을 한 사안에서, 비공개결정한 정보 중 관련자들의 이름을 제외한 주민등록번호, 직업, 주소(주거 또는 직장주소), 본적, 전과 및 검찰 처분, 상훈·연금, 병역, 교육, 경력, 가족, 재산 및 월수입, 종교, 정당·사회단체가입, 건강상태, 연락처 등 개인에 관한 정보는 개인에 관한 사항으로서 공개되면 개인의 내밀한 비밀 등이 알려지게 되고 그 결과 인격적·정신적 내면생활에 지장을 초래하거나 자유로운 사생활을 영위할 수 없게 될 위험성이 있는 정보에 해당한다고 본 사례[1]

(나) 남북교류협력에관한법률위반 혐의로 수사를 받고 혐의없음 결정을 받은 원고가 신고자의 성명의 공개를 청구하였다가 거부당한 사안에서, 신고자의 성명이 공개될 경우 신고자의 사생활 비밀 또는 자유를 침해할 우려가 있다고 본 사례[2]

(다) 업무추진비 지출에 필요한 카드번호, 승인번호, 계좌번호 등은 개인식별정보로서 특별한 사정이 없는 한 공개될 경우 사생활의 비밀 또는 자유를 침해할 우려가 있다고 본 사례[3]

(라) 서울특별시강남서초교육지원청 관내 초등학교 교사 명단은 공개될 경우 사생활의 비밀 또는 자유를 침해할 우려가 있다고 인정되는 정보에 해당한다고 본 사례[4]

마. 단서에 해당하는지에 관한 구체적 사례

(1) 법령에서 정하는 바에 따라 열람할 수 있는 정보(가목)

법령에서 정하는 바에 따라 열람할 수 있는 정보로는 부동산등기사항증명서, 토지대장 등을 들 수 있다.[5] 한편 주택재개발정비사업조합의 조합원이 광주광역시

---

1) 대법원 2012. 6. 18. 선고 2011두2361 전원합의체 판결.
2) 수원지방법원 2023. 4. 20. 선고 2022구합73803 판결(항소기각, 심리불속행기각 확정).
3) 서울고등법원 2022. 12. 15. 선고 2022누33776 판결(심리불속행기각 확정).
4) 서울행정법원 2019. 5. 30. 선고 2018구합83734 판결(항소기각, 심리불속행기각 확정).
5) 안상운, 앞의 글, 409.

광산구청장을 상대로 주택재개발정비사업 기본계획변경 동의자 관련서류의 공개를 청구하였다가 거부당한 사안에서, 구 「도시 및 주거환경정비법」(2017. 1. 17. 법률 제14532호로 개정되기 전의 것) 제81조 제6항이 조합원, 토지등소유자가 정비사업 시행에 관한 서류와 관련 자료의 열람·복사 요청을 한 경우 추진위원회 위원장이나 사업시행자가 15일 이내에 그 요청에 따라야 한다고 규정하고 있기는 하나 위 조항이 공개 의무자를 공공기관이 아닌 추진위원회 위원장이나 사업시행자로 규정한 점 등에 비추어 위 정보가 법령에서 정하는 바에 따라 열람할 수 있는 정보에 해당하지 않는다고 본 사례[1]가 있다.

(2) 공공기관이 공표를 목적으로 작성하거나 취득한 정보로서 사생활의 비밀 또는 자유를 부당하게 침해하지 아니하는 정보(나목)

공공기관이 공표를 목적으로 작성하거나 취득한 정보로서 사생활의 비밀 또는 자유를 부당하게 침해하지 아니하는 정보로는 공직선거법에 따라 공개하는 후보자의 인적사항, 고위 공직자의 인적사항 등을 들 수 있다.[2]

(3) 공공기관이 작성하거나 취득한 정보로서 공개하는 것이 공익이나 개인의 권리 구제를 위하여 필요하다고 인정되는 정보(다목)

개인정보이지만 공익이나 개인의 권리 구제를 위하여 필요하다고 볼 수 있어 공개를 하여야 할지가 실무상 주로 문제된다. 대법원은 "'공개하는 것이 공익 또는 개인의 권리 구제를 위하여 필요하다고 인정되는 정보'에 해당하는지는 비공개에 의하여 보호되는 개인의 사생활 보호 등의 이익과 공개에 의하여 보호되는 국정운영의 투명성 확보 등의 공익 또는 개인의 권리 구제 등의 이익을 비교·교량하여 구체적 사안에 따라 개별적으로 판단하여야 한다."고 보았다.[3]

(가) 업무추진비 지출관계서류의 일부인 개인정보

① 공무원 아닌 개인에 관한 정보

대법원은 지방자치단체의 기관운영 업무추진비, 시책추진 업무추진비, 기타 업

1) 광주지방법원 2018. 7. 5. 선고 2018구단10159 판결(항소기각, 상고이유서부제출기각 확정).
2) 안상운, 앞의 글, 410.
3) 대법원 2003. 3. 11. 선고 2001두724 판결, 대법원 2003. 12. 26. 선고 2002두1342 판결, 대법원 2004. 5. 28. 선고 2001두3358 판결.

무추진비 등의 지출결의서, 예산집행과 지급결의서, 일상경비정리부, 현금출납부 기타 이와 유사한 서류와 위 지출과 관련된 세금계산서·계산서·신용카드매출전표·영수증·담당공무원 작성의 보고서 등의 지출증빙서류(이하 위 서류일체를 '업무추진비 지출관계서류'라 한다) 등에 포함된 개인(공무원 제외)에 관한 정보나 행사참석자정보 또는 금품수령자정보는 특별한 사정이 없는 한 그 개인의 사생활 보호라는 관점에서 보더라도 공개하는 것이 바람직하지 않으며 그 비공개로 보호할 이익보다 공개로써 보호할 이익이 우월하다고 단정할 수도 없으므로 '공개하는 것이 공익을 위하여 필요하다고 인정되는 정보'에 해당하지 않는다고 하면서, 개인식별정보를 빼고 나머지 부분만 공개하라고 판시하였다.[1)]

② 공무원에 관한 정보

㉠ 행사참석자 정보

대법원은 지방자치단체의 업무추진비 지출관계서류 등에 포함된 공무원의 개인식별정보 중 행사참석자 정보의 경우 그 공무원이 직무와 관련하여 행사에 참석한 경우의 정보는 '공개하는 것이 공익을 위하여 필요하다고 인정되는 정보'에 해당하지만, 그 공무원이 직무와 관련 없이 개인적인 자격 등으로 행사에 참석한 경우의 정보는 그 공무원의 사생활 보호라는 관점에서 '공개하는 것이 공익을 위하여 필요하다고 인정되는 정보'에 해당하지 않는다고 하였다.[2)]

㉡ 금품수령자 정보

대법원은 지방자치단체의 업무추진비 지출관계서류 등에 포함된 공무원의 개인식별정보 중 금품수령자 정보의 경우 그 공무원이 직무와 관련하여 금품을 수령한 정보는 '공개하는 것이 공익을 위하여 필요하다고 인정되는 정보'에 해당하지만, 그 공무원이 직무와 관련 없이 개인적인 자격 등으로 금품을 수령한 경우의 정보는 그 공무원의 사생활 보호라는 관점에서 '공개하는 것이 공익을 위하여 필요하다고 인정되는 정보'에 해당하지 않는다고 하였다.[3)]

---

1) 대법원 2003. 3. 11. 선고 2001두6425 판결, 대법원 2003. 3. 11. 선고 2002두2918 판결, 대법원 2003. 3. 14. 선고 2001두4610 판결, 대법원 2003. 3. 14. 선고 2002두6439 판결, 대법원 2003. 5. 16. 선고 2001두4702 판결, 대법원 2003. 5. 30. 선고 2002두8381 판결.

2) 대법원 2003. 3. 11. 선고 2001두724 판결, 대법원 2003. 12. 12. 선고 2003두8050 판결, 대법원 2004. 8. 20. 선고 2003두8302 판결 등.

3) 대법원 2003. 3. 11. 선고 2001두724 판결, 대법원 2003. 4. 25. 선고 2002두5412 판결, 대법원 2003. 12. 12. 선고 2003두8050 판결 등.

(나) 수사기록의 일부인 개인정보

① 대법원은 원고가 검사장을 상대로 참고인들의 진술서 또는 확정된 수사기록(피의자신문조서, 참고인 진술조서, 범죄경력조회, 주민등록증·운전면허증 사본)의 공개를 청구한 사안에서, 청구 대상 정보에는 개인식별정보로서 관련자들의 이름, 주민등록번호, 주소(주거 또는 근무처 등)·연락처(전화번호 등), 그 외 직업·나이 등이 들어 있을 것인데, 관련자들의 이름은 수사기록의 공개를 구하는 필요성이나 유용성, 즉 개인의 권리 구제라는 관점에서 특별한 사정이 없는 한 원칙적으로 공개할 것이지만, 관련자들의 주민등록번호는 동명이인의 경우와 같이 동일성이 문제되는 등의 특별한 사정이 있는 경우가 아닌 한 개인의 권리 구제에 필요하다고 볼 수 없어 공개하지 아니함이 원칙이고, 관련자들의 주소·연락처는 공개할 경우 악용 가능성이나 사생활 침해 가능성이 높은 반면 증거의 확보 등 개인의 권리 구제라는 관점에서는 공개가 필요할 경우도 있을 것이므로, 이러한 개인식별정보는 비공개라는 원칙을 염두에 두고서 구체적 사안에 따라 개인의 권리 구제 필요성과 비교·교량하여 공개 여부를 개별 판단하여야 할 것이며, 그 외 직업, 나이 등의 인적사항은 특별한 경우를 제외하고는 개인의 권리 구제에 필요하다고 볼 수 없다고 보았다.[1)]

제 4 장

② 공개하여야 한다고 한 사례

㉠ 미군 장갑차에 의한 여중생 사망 사건의 수사기록 공개를 청구한 사안에서, 피의자신문조서, 참고인 진술조서, 진술서 등에 있는 개인식별정보는 비공개대상정보라 할 것이나, 피해자들의 이름은 널리 알려진 사실이므로 이들에 관한 개인 식별정보를 굳이 비공개대상으로 삼을 이유가 없고, 또 사고를 둘러싸고 여전히 남아 있는 국민적 의혹과 불신을 해소할 필요가 있다는 점에서도 피의자 2인에 관한 개인식별정보 중 성명은 이를 공개함으로써 얻을 수 있는 공익이 훨씬 더 크다고 보이므로 비공개대상으로 삼을 수 없다고 본 사례[2)]

㉡ 관세사법 위반 혐의로 수사를 받고 불기소결정을 받은 원고가 제보자의 성명의 공개를 청구하였다가 거부당한 사안에서, 검찰도 제보자가 누구인지 알지 못하여 무고 수사를 개시할 수 없는 상황이어서 제보자의 성명이 제보자를 특정할 수 있는 최소한의 정보이므로, 제보자의 성명을 공개함으로써 얻을 수 있는 이익이 이

---

1) 대법원 2003. 12. 26. 선고 2002두1342 판결, 대법원 2004. 5. 28. 선고 2001두3358 판결.
2) 서울행정법원 2004. 2. 10. 선고 2003구합12554 판결(항소기각 및 심리불속행기각 확정).

를 공개하지 않음으로써 유지되는 이익보다 크다고 본 사례[1)]

③ 비공개하여야 한다고 한 사례

㉠ 소외인을 강간치상 혐의로 고소하였으나 거짓말탐지기 검사결과에 따라 불기소처분이 내려지자 항고를 한 원고가 거짓말탐지기 검사결과의 등사청구를 한 사안에서, 거짓말탐지기 검사결과 중 소외인의 나이, 성별 등 개인정보는 원고의 권리구제에 필요한 정보라 할 수 없어 이 부분은 비공개하여야 한다고 한 사례[2)]

㉡ 형사사건에서 무죄확정판결을 받은 원고가 사건관계인을 모해위증 등으로 고소, 고발한 뒤 사건관계인에 대한 검찰 피의자신문 영상녹화 CD의 공개를 청구한 사안에서, 위 CD에는 피의자로서 조사받는 개인의 모습이 그대로 담겨 있어 공개될 경우 그 개인의 초상권 및 인격권이 침해될 가능성이 높은 반면, 위 CD에 녹화된 진술내용은 피의자신문조서로 작성되어 재판과정에서 증거로 제출되었고, 원고는 해당 사건에서 무죄를 선고받아 그 판결이 확정되었으므로 피고인으로서의 방어권을 행사할 필요가 없는 점 등을 종합하여, 해당 CD의 비공개에 의하여 보호되는 개인의 사생활의 비밀 등의 이익이 그 공개에 의하여 보호되는 원고의 권리 구제 등의 이익보다 크다고 보아 해당 CD에 대한 비공개결정이 적법하다고 판단한 사례[3)]

㉢ 수사기록에 있는 제3자 명의의 계좌번호 및 계좌거래내역은 공개될 경우 악용될 가능성이나 사생활 침해 가능성이 커서 결국 개인의 권리 구제를 위하여 공개가 필요하다고 인정되는 정보에 해당한다고 보기 어렵다고 본 사례[4)]

(다) 기타 비공개하여야 한다고 한 사례

① 농림부장관의 공유수면 매립공사 준공인가와 관련한 자문에 응하여 의견을 회신한 변호사들의 이름과 주소는 개인식별정보에 해당하고, 원고들이 위 매립공사와 관련하여 소외 회사를 상대로 제기한 손해배상청구소송 등이 심리 중에 있다는 등의 사정만으로는, 공익이나 원고들의 권리 구제를 위하여 필요한 정보라고 볼 수 없다고 본 사례[5)]

---

1) 서울고등법원 2023. 8. 24. 선고 2022누58317 판결(심리불속행기각 확정).
2) 서울고등법원 2006. 10. 18. 선고 2005누26412 판결(심리불속행기각 확정)
3) 대전고등법원 2012. 4. 19. 선고 2011누1786, 2011누2130(병합) 판결(이 부분은 상고기각되어 확정).
4) 대구지방법원 2016. 9. 22. 선고 2016구합1280 판결(항소기각, 심리불속행기각 확정).
5) 대법원 2001. 5. 29. 선고 2000두10144 판결.

② 국회의원의 세비에 관한 압류 및 가압류에 관한 정보는 그 공개가 단순한 재산 공개의 차원을 넘어서 사적인 분쟁을 공개하는 의미까지 갖게 되므로 그로 인하여 공익에 이바지하는 정도는 미미한 반면, 그러한 사실을 공개함으로써 침해받는 프라이버시의 이익은 상당히 크다고 할 것이므로 '공개하는 것이 공익을 위하여 필요한 정보'에 해당하지 아니한다고 본 사례[1)]

③ 법원 직원들의 근무태만과 불친절을 이유로 처벌을 요구하는 진정서를 제출한 원고가 위 직원들에 관련한 감사보고서의 공개를 청구한 데 대하여, 피진정인들의 사생활의 평온에 심각한 침해가 발생할 수 있을 뿐만 아니라 장차 해당 직원들의 업무수행이나 다른 감사활동, 나아가 재판업무의 독립성에도 심각한 장애를 야기할 가능성이 있음이 명백하여 비공개정보에 해당한다고 판시한 사례[2)]

④ 납골당 건립을 반대하는 주민이 납골당 건립의 사업승인 및 허가와 관련하여 사업자가 인근 주민들의 민원을 해소하기 위하여 인근 주민들의 동의를 얻은 연명부나 토지소유자인 종중이 위 설치에 동의할지를 결정하는 과정에서 작성한 회의록은 공익 또는 개인의 권리 구제를 위하여 공개가 필요한 것으로 볼 수 없다고 본 사례[3)]

⑤ 원고가 공개청구한 특별사면 관련자료 중 복권대상자의 출원서는 당사자의 개인적인 요망사항이나 신상정보 등을 내용으로 하고 있을 가능성이 큰 반면 사면심의와 직접 관련이 있다고 보기 어려워 그 공개로 얻을 공익보다 침해받는 개인의 사생활의 비밀이 더욱 크므로 공개대상에서 제외함이 상당하다고 판시한 사례[4)]

⑥ 보안관찰처분심의위원회의 위원명단 및 보안관찰처분대상자 동태보고서는 개인정보로서 이를 공개하는 것이 공익 또는 개인의 권리 구제를 위하여 필요하다고 볼 수 없다고 판시한 사례[5)]

⑦ 원고가 비위사실을 고발한 공무원에 대한 징계관련자료가 공익이나 원고의 권리 구제에 필요하다고 볼 수 없다고 판시한 사례[6)]

⑧ 원고의 동네주민이 원고를 피진정인으로 하여 피고 구청에 제출한 진정서는

1) 서울행정법원 2000. 5. 18. 선고 2000구3138 판결(항소포기 확정).
2) 서울행정법원 2001. 2. 22. 선고 2000구37278 판결(항소기각, 상고기각 확정).
3) 서울행정법원 2000. 11. 7. 선고 2000구9488 판결(항소포기 확정).
4) 서울행정법원 2001. 7. 13. 선고 2000구17007 판결(이 부분은 미항소로 확정).
5) 서울행정법원 2001. 7. 13. 선고 2000구17007 판결(이 부분은 미항소로 확정).
6) 대전지방법원 2000. 7. 21. 선고 2000구1424 판결(항소기각 및 심리불속행기각 확정).

원고의 권리 구제에 필요하다고 볼 수 없다고 판시한 사례[1]

⑨ 원고 자녀의 대학입학시의 성적과 석차는 개인정보로서 공개할 사유에 해당하지 않는다고 본 사례[2]

⑩ 검사에 대한 징계근거자료는 개인에 관한 정보이고, 피공개자의 사생활의 보호, 명예 등의 이익이 공익 또는 개인의 권리 구제의 이익보다 크다는 이유로 비공개정보에 해당한다고 본 사례[3]

⑪ 5·18민주유공자의 명단과 유형별 공적사유(5·18민주유공자들의 5·18민주화운동 당시 사망이나 행방불명, 부상의 일시와 장소 및 구체적 경위, 질병 치료의 내용 및 기간, 장해발생의 내용 및 정도, 5·18민주화운동으로 인한 수감의 경위, 죄명, 선고 형량, 복역한 기간 등이 포함되어 있다)는 공개될 경우 사생활의 비밀 또는 자유를 침해할 우려가 있는 정보로서 공익이나 개인의 권리 구제를 위하여 공개가 필요한 정보에 해당하지 않는다고 본 사례[4]

⑫ 대학원 박사과정 입학시험 사정대장에 기재된 지원자의 수험번호, 성명, 성별 및 생년월일, 출신학교 및 졸업연월은 점수와 함께 공개될 경우 박사과정 지원자별 입학시험 성적을 특정할 수 있게 되어 사생활의 비밀 또는 자유를 침해할 가능성이 크고, 정보의 비공개에 의하여 보호되는 해당 개인의 사생활 비밀 등의 이익이 원고가 주장하는 권리 구제의 필요성보다 중요하다는 이유로 비공개대상정보로 본 사례[5]

⑬ 원고가 국가인권위원회 위원장에게 원고에 대한 진정사건의 진정인 및 진정내용의 공개를 청구하였으나 거부당한 사안에서, 위 각 정보가 공개될 경우 자신의 신상정보가 공개되지 않을 것을 기대하고 있던 진정인의 사생활이나 자기정보통제권을 침해하는 결과가 되고 진실을 제보하려는 진정인의 정당한 제보를 제한할 우려가 있고, 인권침해 진정인의 신상정보를 보호하여줄 필요성이 크다는 등의 이유로, 정보 공개로 진정을 제기한 자 및 피해자로 기재된 자의 사생활의 비밀이 침해되는 정도보다 원고의 권리 구제를 위해 정보가 공개되어야 할 필요성이 더 크다고

1) 서울행정법원 2000. 11. 22. 선고 2000구25213 판결(항소취하로 확정).
2) 서울행정법원 2001. 2. 7. 선고 2000구32433 판결(항소기각, 심리불속행기각 확정).
3) 서울행정법원 2004. 3. 16. 선고 2002구합12939 판결(확정).
4) 서울행정법원 2018. 12. 21. 선고 2018구합69608 판결(항소기각 및 심리불속행기각 확정).
5) 서울행정법원 2019. 1. 25. 선고 2018구합61598 판결(항소기각 및 심리불속행기각 확정).

볼 수 없다고 본 사례[1)]

⑭ 원고가 '1950년부터 1951년까지의 대전형무소 재소자 인명부 중 구속일 또는 입감일이 1950. 9. 28. 이전으로 기재되어 있거나 1951. 2. 1. 이후로 기재된 것을 제외한 나머지 정보에 기재된 재소자의 이름, 나이, 출신지역'의 공개를 청구한 사안에서, ㉠ 원고는 인민군 부역혐의로 강제연행되어 서대문형무소에 수감된 후 1950. 12.경 대전형무소로 이감되었다가 1951. 1.경 사망한 무고한 서울시민 122명의 넋을 위로하고 위령탑 설치 등과 같은 추모 사업을 진행하겠다며 위 정보의 공개를 청구하였는데, 위 정보에 포함된 재소자들 중에는 정상적으로 출소한 사람도 포함되어 있을 것이어서 그들을 모두 대전형무소 재소자 희생사건의 희생자로 볼 수 없고, 원고가 정보공개를 청구한 재소자 인명부, 수용자 신분장 등만으로는 대전형무소 재소자 희생사건의 희생자인지 여부를 가리기도 어려워 보이는 점, ㉡ 위 정보만으로도 재소자나 그 유족들을 식별할 수 있는 가능성이 있거나 적어도 다른 정보와의 대조·취합에 의하여 그들을 식별할 수 있어서 그들의 사생활의 비밀 또는 자유를 침해할 수 있는 점을 근거로, 위 정보의 비공개에 의하여 보호되는 이익보다 공개에 의하여 보호되는 공익이 우월하다고 단정할 수 없으므로, 위 정보가 '공개하는 것이 공익을 위하여 필요하다고 인정되는 정보'에 해당하지 않는다고 본 사례[2)]

제 4 장

(라) 기타 공개하여야 한다고 한 사례

① 공익을 위하여 공개하여야 한다고 한 사례

㉠ 중앙선거관리위원회가 보유한 동시지방선거, 대통령선거, 국회의원총선거 등 관련 '개표기 장애 기술요원 명단' 중 주민등록번호 뒷부분 7자리를 제외한 성명, 연락처는 특정인을 식별할 개인에 관한 정보에 해당하여 이를 공개함으로써 기술요원의 사생활을 다소 침해할 소지가 있더라도 그 정도의 침해는 기술요원으로 뽑힐 당시 이미 예상할 수 있었고, 그것을 공개하더라도 기술요원의 공정한 업무수행에 현저한 지장을 받을 위험이 크다고 볼 수 없는 점, 개표기 장애 기술요원은 공직선거에 있어서 개표사무원에 준하는 지위 및 업무를 가지고 있고, 피고도 기술요원에 대하여 개표사무협조요원이라는 표지를 발급하여 개표사무에 임하도록 하고 있는

---

1) 서울행정법원 2016. 11. 11. 선고 2016구합60034 판결(항소기각 및 심리불속행기각 확정).
2) 대법원 2016. 2. 18. 선고 2013두22970 판결.

점, 공정한 선거를 담보하기 위한 개표절차의 투명성을 확보할 필요가 있는 점 등을 종합하여 볼 때, 이 부분의 공개는 그 공개로 얻는 공익이 개인의 이익 침해보다 훨씬 크다고 할 것이어서 정보공개법 제9조 제1항 제6호 단서 다목 또는 마목에 따라 공개하여야 한다고 한 사례[1)]

㉡ 원고가 공개를 청구한 사면대상자들의 사면실시건의서와 그에 관한 국무회의 안건자료를 공개할 경우 비록 당사자들의 사생활상 비밀 등이 침해될 염려가 있다고 하더라도, 사면 실시 당시 법무부가 발표한 사면발표문 및 보도자료에 이미 당사자들 상당수의 명단이 들어 있는 점, 대통령이 행하는 사면권 행사가 고도의 정치적 행위라 하더라도 위 정보의 공개가 정치적 행위인 사면의 권한 자체를 부정하려는 것이 아니라 오히려 사면권 행사의 실체적 요건이 불비함으로 인하여 생길 수 있는 사면권의 남용을 견제할 국민의 자유로운 정치적 의사 등을 형성할 수 있도록 위 정보에 대한 접근을 허용할 필요성이 있는 점, 당사자들이 저지른 범죄의 중대성과 반사회성에 비추어 볼 때 위 정보를 공개하는 것은 사면권 행사의 형평성이나 자의적 행사 등을 지적하는 일부 비판적 여론과 관련하여 향후 특별사면행위가 더욱 국가이익과 국민화합에 기여하는 방향으로 이루어질 수 있게 하는 계기가 될 수 있는 점 등에 견주어 보면, 그 공개로 얻는 이익이 이로 인하여 침해받는 당사자들의 사생활상 비밀에 관한 이익보다 더욱 크다고 할 것이므로 본호 소정의 비공개사유에 해당되지 않는다고 한 사례[2)]

㉢ 피고 관내에 소재한 청소년수련시설 및 어린이집, 유치원, 경로당 등 노유자시설에 대한 소방점검결과 및 그에 대한 행정조치사항의 보고내용 가운데 시설운영자 개인에 관한 정보가 일부 들어 있더라도 위와 같은 시설을 이용하는 청소년이나 노약자 등 불특정다수의 안전을 위하여 위와 같은 시설의 소방관리실태 및 문제점 등을 일반에 공개하는 것이 공공의 이익을 위하여 필요하다고 본 사례[3)]

㉣ 숙박업소 건축허가 심의를 위한 학교환경위생정화위원회의 심의위원 명단 및 당해 회의참석자 명단은 개인식별정보이나 국민의 알 권리 보장과 행정의 투명성 확보라는 공익적 차원에서 공개가 필요하다고 판시한 사례[4)]

---

1) 서울행정법원 2006. 11. 10. 선고 2006구합18058 판결(확정).
2) 대법원 2006. 12. 7. 선고 2005두241 판결.
3) 수원지방법원 2000. 9. 20. 선고 2000구932 판결(항소포기 확정).
4) 서울행정법원 2001. 6. 12. 선고 2000구26155 판결(이 부분 항소기각, 상고기각).

ⓜ 국외활동을 한 국회의원이나 그 보조직원 또는 국회의원이 면담한 사람에 관한 정보는 국민의 대표자인 국회의원의 공적 임무 수행에 대한 국민의 알 권리와 국정운영의 투명성이라는 공익을 위해 공개할 필요가 있다고 본 사례1)

ⓑ 검사들의 개인식별정보를 삭제한 구체적인 징계사유는 공공기관이 작성하거나 취득한 정보로서 공개함이 공익상 필요한 경우에 해당한다고 본 사례2)

ⓢ 과거에 학교법인의 이사로 선임되었거나 장래에 선임되고자 하는 이해관계인들의 직업, 경력, 재산상태, 형사처벌 내용 등은 사립학교법인의 이사 선임 결정에서 중요한 고려요소가 되므로 공개하는 것이 공익을 위하여 필요하다고 인정되는 정보에 해당한다고 본 사례3)

ⓞ 원고가 한국산업은행을 상대로 접대비 및 회의비 사용내역 중 '적요란의 사용인'의 공개를 청구한 사안에서, 위 정보의 비공개에 의하여 보호되는 이익보다 공개에 의하여 보호되는 이익이 더욱 커 위 정보가 정보공개법 제9조 제1항 제6호 단서 다목의 '공개하는 것이 공익을 위하여 필요하다고 인정되는 정보'에 해당한다고 본 사례4)

ⓙ 제3회 변호사시험 합격자 성명이 공개될 경우 그 합격자들의 사생활의 비밀 또는 자유를 침해할 우려가 있다고 하더라도 그 비공개로 인하여 보호되는 사생활의 비밀 등 이익보다 공개로 인하여 달성되는 공익 등 공개의 필요성이 더 크다는 이유로 위 합격자 성명을 정보공개법 제9조 제1항 제6호 단서 다목에 따라 공개하여야 한다고 본 사례5)

ⓒ 원고가 광주민주유공자로 등록 결정된 3인(모두 국회의원이었다)의 등록신청 관련 서류 등의 공개를 청구하였다가 거부당한 사안에서, 위 3인의 학력과 직업, '5·18 민주화운동 무렵의 형사 구금, 유죄판결, 형집행 내역', '관련 보상금 지급 사유, 내역, 금액' 등은 공개될 경우 사생활의 비밀 또는 자유를 침해할 우려가 있으나, 비공개에 의하여 보호되는 개인의 사생활의 비밀 등의 이익보다 공개에 의하여 보호되는 공익 등의 이익이 훨씬 크다고 본 사례6)

---

1) 서울행정법원 2001. 6. 13. 선고 2000구36473 판결(항소기각 확정).
2) 서울행정법원 2006. 11. 28. 선고 2006구합27298 판결(항소기각 확정).
3) 서울행정법원 2014. 1. 23. 선고 2013구합10564 판결(항소기각 및 상고기각 확정).
4) 서울고등법원 2014. 7. 25. 선고 2013누49885 판결(상고기각 확정).
5) 서울행정법원 2015. 1. 8. 선고 2014구합13034 판결(항소기각 및 상고기각 확정).
6) 서울행정법원 2020. 7. 9. 선고 2019구합83441 판결(항소기각 및 심리불속행기각 확정).

② 개인의 권리 구제를 위하여 공개하여야 한다고 한 사례

㉠ 공안사범 사후관리지침에 따라 작성한 원고에 대한 동향파악관리카드는 개인식별정보지만 '공공기관이 작성하거나 취득한 정보로 공개하는 것이 개인의 권리 구제를 위하여 필요하다고 인정되는 정보'에 해당하여 공개하여야 하고, 동향파악대상자의 각 등급별 숫자는 개인식별정보가 아니므로 공개하여야 한다고 본 사례[1)]

㉡ 사기죄 등으로 유죄확정판결을 받은 원고가 재심사유 유무를 확인하기 위하여 당해 수사 및 재판기록의 열람·등사를 청구하는 데 대하여, 재심사유는 대부분 형사기록을 열람·등사하여 면밀히 검토하기 전에는 찾아내기 어려운 것들이어서 형사기록을 열람·등사하지 못하게 된다면 재심청구권을 행사하는 것이 사실상 불가능하고 재심청구권을 적절히 행사하기 위하여는 유죄판결의 증거로 삼은 서류나 증언 등의 작성자나 증인 등의 인적 사항을 확인하는 것이 필수적이므로, 그 기록 중 특정인을 식별할 수 있는 개인에 관한 정보가 있더라도 '개인의 권리 구제를 위하여 필요하다고 인정되는 정보'에 해당한다고 본 사례[2)]

㉢ 원고가 민사소송의 재심사건에 입증자료로 사용하기 위하여 고소한 관련 피의자들에 대한 진술조서 또는 피의자신문조서 중 피의자들의 주거, 전화번호, 본적, 전과 및 검찰처분관계, 상훈, 연금관계, 병역, 교육, 경력, 가족관계, 재산 및 월 수입, 종교, 정당사회단체 가입내역, 건강상태 등 개인정보를 제외한 나머지 정보는 원고의 권리 구제를 위하여 필요한 정보라고 본 사례[3)]

㉣ 배우자 사망 후 퇴직유족연금을 수령해 오던 원고가 제3자와의 사실상 혼인관계가 시작된 시점부터 퇴직유족연금 수급권을 상실하였다는 이유로 공무원연금공단으로부터 과지급된 퇴직유족연금 환수처분을 받은 사안에서, 해당 처분의 근거가 되는 제보서 중 제보자의 성명, 생년월일, 전화번호, 휴대폰 번호, 이메일, 주소를 제외한 나머지 정보는 원고의 권리 구제를 위하여 공개되어야 할 필요성이 크다고 본 사례[4)]

㉤ 도시개발사업의 사업시행자가 토지수용위원회에 토지수용을 위한 재결신청을 하여 수용재결이 이루어지자, 해당 토지의 공유자인 원고들이 '사업시행자의 사

1) 대법원 2003. 4. 25. 선고 2000두7087 판결.
2) 서울행정법원 2000. 12. 28. 선고 2000구2609 판결(항소심 소 취하).
3) 대법원 2004. 11. 25. 선고 2003두9794 판결.
4) 서울행정법원 2022. 7. 15. 선고 2021구합85471 판결(항소기각 및 심리불속행기각 확정).

업구역 내 토지소유자들과의 협의경위서 및 그 세부 기재사항, 토지소유자들 및 사업시행자의 의견요약, 토지소유자들의 확인서'(각 토지소유자의 생년월일, 전화번호, 주소 등 개인식별정보는 제외)의 공개를 청구하였다가 거부당한 사안에서, 위 정보가 공개될 경우 사생활의 비밀 또는 자유를 제한할 우려가 있기는 하나, 원고들은 사업시행자 지정 및 수용재결의 하자를 다투고 있으므로, 위 정보를 공개하는 것이 원고들의 권리 구제를 위하여 필요하다고 본 사례[1)]

③ 공익 또는 개인의 권리 구제를 위하여 공개가 필요하다고 한 사례

㉠ 도시환경정비사업조합의 설립에 동의한 토지등소유자 300명의 성명, 생년월일, 주소, 전화번호 등의 인적사항이 기재된 조합설립동의서(주민등록번호 부분 제외)가 해당 조합 설립과 관련하여 '토지등소유자의 동의율' 산정이 적법하게 이루어졌는지 등을 확인하는 데 필요한 정보여서 위 정보를 공개하는 것이 공익이나 개인의 권리 구제를 위하여 필요하다고 인정한 사례[2)]

㉡ 원고가 대전광역시 학생징계조정위원회에 참석한 위촉위원의 이름과 주소, 대전광역시교육청 행정심판위원회에 참석한 위원의 이름과 주소의 공개를 청구하였다가 거부당한 사안에서, 위 각 위원이 공적 업무를 수행하는 점에 비추어 그 명단의 공개로 업무수행의 투명성을 확보하고 책임 소재를 명확히 하는 이익이 이를 비공개함으로써 얻을 수 있는 이익보다 작다고 보기 어렵다는 등의 이유로 위 각 위원의 이름은 공개하여야 한다고 본 사례(다만 주소는 비공개대상정보에 해당한다고 보았다)[3)]

(4) 직무를 수행한 공무원의 성명·직위(라목)

(가) 공개하여야 한다고 한 사례

① 원고가 그에 대한 범죄경력조회 실시 확인 명부의 공개를 청구한 사안에서, 위 정보는 원고의 범죄경력을 조회한 횟수, 조회장소, 조회한 사람의 성명과 주민등록번호 등으로 구성되는데, 주민등록번호는 개인식별정보이나, 조회한 사람의 성명은 개인에 관한 사항이나 직무를 수행한 공무원의 성명으로서 정보공개법 제9조 제1항 제6호 라목에 해당하여 비공개대상정보가 아니므로 조회를 한 사람의 주민등록

1) 창원지방법원 2021. 8. 26. 선고 2020구합501 판결(항소기각 및 심리불속행기각 확정).
2) 수원지방법원 2021. 6. 10. 선고 2020구합69824 판결(항소기각 및 심리불속행기각 확정).
3) 대전고등법원 2022. 4. 7. 선고 2021누10901 판결(심리불속행기각 확정).

번호를 제외한 나머지는 공개하여야 한다고 한 사례[1)]

② 정보공개법이 국가기관 및 지방자치단체뿐만 아니라 동법 시행령에 의해 사립학교에까지 적용범위를 확장하고 있는 이상 정보공개법 제9조 제1항 제6호 단서의 라목은 사립학교 소속으로 학교 운영 관련 직무를 수행한 임직원의 성명·직위의 비공개대상 제외 여부 판단에도 유추적용되어야 한다는 이유로, 사립학교 임직원의 업무추진비 사용 관련 지출결의서, 기안문서, 사용내역서 등 중 '결재자 직위, 성명 또는 인장', '기안자 또는 협조자' 항목의 각 정보가 위 라목에 따른 공개대상정보에 해당한다고 본 사례[2)]

(나) 비공개하여야 한다고 한 사례

정보공개법 제9조 제1항 제6호 라목은 공무원이기만 하면 무조건 성명과 직위를 공개하여야 한다는 취지의 규정으로 해석되지는 않고 정보공개를 청구하는 이유와 관련된 '특정 직무를 수행한 공무원'의 성명·직위를 지칭하는 것으로 보이는데, 원고는 정보공개를 청구하는 이유에 대하여 밝힌 적이 없고 구체적으로 무슨 직무를 수행한 교사의 명단 공개를 원하는 것인지 알 수 있는 자료도 없다는 이유로 서울특별시강남서초교육지원청 관내 초등학교 교사 명단이 '직무를 수행한 공무원의 성명·직위'에 해당한다고 볼 수 없다고 본 사례[3)]

(5) 공개하는 것이 공익을 위하여 필요한 경우로서 법령에 따라 국가 또는 지방자치단체가 업무의 일부를 위탁 또는 위촉한 개인의 성명·직업(마목)

독립유공자 공적검증위원회 검증위원 명단 공개로 인하여 얻을 수 있는 국민의 알 권리 보장과 독립유공자 공적 검증의 투명성 확보 등의 공익을 가볍게 볼 수 없고, 회의자료의 공개를 명하지 않은 이상 검증위원 명단의 공개만으로 개별 검증위원의 가치판단의 성향 등이 알려져 인격적·정신적 내면생활에 지장을 초래할 것으로 보이지는 않으며, 검증위원 명단 공개로 인하여 검증위원 개인의 사생활이 다소 침해된다 하더라도 이는 위원 스스로가 위촉 당시 이미 예상할 수 있었던 것으로 보이는 점 등을 근거로 독립유공자 공적검증위원회 검증위원의 이름, 직업이 정보공

---

1) 서울행정법원 2004. 12. 15. 선고 2004구합25533 판결(확정), 서울행정법원 2005. 9. 14. 선고 2005구합10873 판결(확정).
2) 서울고등법원 2020. 1. 29. 선고 2019누45021 판결(심리불속행기각 확정).
3) 서울행정법원 2019. 5. 30. 선고 2018구합83734 판결(항소기각 및 심리불속행기각 확정).

개법 제9조 제1항 제6호 단서 마목 소정의 비공개대상정보의 예외정보에 해당한다고 본 사례[1]가 있다.

바. 부수적 문제(본인공개청구의 경우)

(1) 본인으로부터 '자신의 개인정보'의 공개청구가 있는 경우에 당연히 그 정보를 공개하여야 하는지가 문제된다. 다음과 같이 견해가 갈린다.

(가) 제1설: 개인정보라 해도 본인의 공개청구가 있는 경우에는 프라이버시를 침해할 우려는 없으므로 본호의 개인정보에 해당하지 아니한다는 견해이다.[2]

(나) 제2설: 정보공개법에 의한 정보공개는 청구자가 누구인가와 무관하게 일률적으로 처리하여야 하므로 본인의 청구라고 하여 특별 취급하여 개인정보에서 제외할 이유가 없으므로 비공개함이 원칙이라는 견해이다. 이 견해에 의하면 위와 같이 비공개하는 정보의 공개는 「개인정보 보호법」에 따라 취급할 문제이다.[3]

(2) 그런데 제2설을 취하여 청구인에 관한 정보를 개인정보라고 보아도, 청구인(개인)의 권리 구제에 필요한 경우에는 정보공개법 제9조 제1항 제6호 다목에 따라 공개할 수 있으므로, 제1설과 운용상 큰 차이는 없을 것으로 보인다.[4] 종래 대법원도 제2설과 같은 입장에 서서 "지방검찰청 검사장이 보유·관리하는 원고에 대한 동향파악관리카드는 정보공개법 제7조 제1항 제6호 소정의 개인식별정보이지만 같은 호 다목 소정의 '공공기관이 작성하거나 취득한 정보로 공개하는 것이 개인의 권리 구제를 위하여 필요하다고 인정되는 정보'에 해당한다"고 하였다.[5]

(3) 현행 「개인정보 보호법」 아래서는 정보주체에 의한 개인정보의 열람·정정·삭제청구권이 인정되므로 이제 이 문제는 청구인의 정보공개청구권과 자기정보통제권(개인정보 열람청구권)이 겹치는 영역으로 보아야 한다. 따라서 정보공개법 제9조 제1항 각 호의 비공개사유(다만 정보주체 본인의 사생활의 비밀 등을 이유로 한 정보공개법 제9조 제1항 제6호 본문의 비공개사유는 제외)는 「개인정보 보호법」 제35조

제 4 장

---

1) 서울행정법원 2022. 7. 7. 선고 2021구합73522 판결(항소기각 확정).
2) 변현철, 앞의 글, 650.
3) 김중양, 앞의 글, 232.
4) 김용찬, 앞의 글, 234.
5) 대법원 2003. 4. 25. 선고 2000두7087 판결.

제4항 제1호의 개인정보 열람제한사유가 될 수 있고, 「개인정보 보호법」 제35조 제4항 각 호의 개인정보 열람제한사유는 정보공개법 제9조 제1항 제1호의 비공개사유가 될 수 있을 것이다. 그러나 자기정보에 대한 정보공개청구는 정보공개법 제9조 제1항 제6호 가목 또는 다목에 해당한다고 보아야 하므로 공공기관이 청구인인 정보주체 본인의 사생활의 비밀과 자유 침해 우려를 내세워 자기정보를 비공개할 수는 없다고 본다.[1)]

(4) 따라서 양자가 청구의 형식, 절차, 상대방, 열람 또는 공개의 방법 등에 있어 약간의 차이가 있기는 하나, 열람 또는 공개의 요건은 서로 영향을 미치면서 융화되는 현상이 나타나므로 청구인으로서는 「개인정보 보호법」의 개인정보 열람청구권을 행사하거나 정보공개법의 정보공개청구권을 행사하거나 결과는 거의 같을 것이다.

(5) 다만 자기정보의 정정·삭제까지 염두에 둔다면 「개인정보 보호법」 제35조에 따라 자신의 개인정보를 열람하는 길을 택하는 것이 바람직하고(같은 법 제36조 제1항 참조), 자기정보를 열람하는 데 그치지 않고 자기정보의 사본 또는 복제물까지 제공받기를 원한다면 정보공개청구를 하는 쪽에 이점이 있다고 생각된다.

8. 법인 등의 영업상 비밀 관련 정보

> 법인·단체 또는 개인(이하 "법인등"이라 한다)의 경영상·영업상 비밀에 관한 사항으로서 공개될 경우 법인등의 정당한 이익을 현저히 해칠 우려가 있다고 인정되는 정보. 다만, 다음 각 목에 열거한 정보는 제외한다.
> 가. 사업활동에 의하여 발생하는 위해(危害)로부터 사람의 생명·신체 또는 건강을 보호하기 위하여 공개할 필요가 있는 정보
> 나. 위법·부당한 사업활동으로부터 국민의 재산 또는 생활을 보호하기 위하여 공개할

1) 원고가 공개 청구한 정보 중 원고의 전화번호는 원고 자신의 개인정보로서 정보공개법 제9조 제1항 제6호 단서 가목에 의하여 법령(개인정보 보호법 제35조)에서 정하는 바에 따라 열람할 수 있는 정보 또는 같은 호 단서 다목에 따라 개인의 권리 구제를 위하여 필요하다고 인정되는 정보로서 비공개대상정보에 해당하지 않는다고 본 사례(서울행정법원 2017. 2. 23. 선고 2016구합64678 판결, 항소기각 및 심리불속행기각 확정)가 있다.

필요가 있는 정보
(정보공개법 제9조 제1항 제7호)

가. 규정의 구조

정보공개법 제9조 제1항 제7호는 사업체인 법인 등의 사업활동에 관한 비밀의 유출을 방지하여 정당한 이익을 보호하고자 하는 취지에서 "법인 등의 경영상·영업상 비밀에 관한 사항으로서 공개될 경우 법인 등의 정당한 이익을 현저히 해칠 우려가 있다고 인정되는 정보"를 비공개대상정보로 하되, 사람의 생명, 건강 등을 보호하기 위하여 필요한 정보는 공개하도록 규정하고 있다.

나. 법인·단체의 의미

법인에는 회사와 같이 영리를 목적으로 하는 것만 아니라 학교법인, 종교법인, 특수법인, 공익법인 등도 포함된다. 권리능력 없는 사단도 기타 단체에 포함된다. 다만, 국가 및 지방자치단체는 여기서 말하는 법인 등으로 보지 않고, 국가 또는 지방자치단체의 기업활동에 관한 정보에 관하여는 본호가 아닌 같은 항 제5호를 적용한다. 한편, 개인의 사업활동정보도 본호의 적용을 받음은 물론이다.[1)]

다. 경영상·영업상의 비밀의 의미

'영업상 비밀'이라 함은 「부정경쟁방지 및 영업비밀보호에 관한 법률」 제2조 제2호에서 정의한 '영업비밀', 즉 "공공연히 알려져 있지 아니하고 독립된 경제적 가치를 가지는 것으로서, 비밀로 관리된 생산방법, 판매방법, 그 밖에 영업활동에 유용한 기술상 또는 경영상의 정보"뿐 아니라, 널리 "타인에게 알려지지 아니함이 유리한 사업활동에 관한 일체의 정보" 또는 "사업활동에 관한 일체의 비밀사항"까지 포함하는 개념으로 보는 것이 통설, 판례이다.[2)]

1) 변현철, 앞의 글, 651.
2) 변현철, 앞의 글, 652; 김중양, 앞의 글, 236; 안상운, 앞의 글, 429. 대법원 2008. 10. 23. 선고 2007두1798 판결 및 대법원 2010. 12. 23. 선고 2008두13392 판결.

따라서 위 '영업비밀'뿐만 아니라, 자산이나 부채, 이윤, 손실, 시장점유율에 관한 정보, 매출통계, 고객 또는 납품자목록, 총경비, 운영비, 연구정보 등 상업적 정보 및 예금대출상황 등 금융정보까지 이에 해당할 것이다.[1)]

위와 같이 '영업상 비밀'의 의미가 넓게 해석되고 있기 때문에, 정보공개법 제9조 제1항 제7호 소정의 비공개대상정보에 해당하는지는, '영업상 비밀'에 해당하는지보다, ① '정당한 이익'을 해칠 우려가 있는지, ② 정보공개법 제9조 제1항 제7호 단서 가목 및 나목 소정의 정보에 해당하는지가 중요한 쟁점이 된다.

라. 정당한 이익

영업상 비밀 관련 정보는 공개 여부를 결정하는 공공기관이 직접적 이해관계를 가지지 않는 제3자 정보이기 때문에 공개 여부의 결정은 공공기관이 제3자적 입장에 서서 공개에 의한 공익과 그것에 의하여 당해 법인 등이 받을 불이익을 비교형량하여 행할 것인바, 이 때 고려할 기업의 이익이 정당한 이익이다.[2)]

정당한 이익 유무를 판단할 때에는 국민의 알 권리를 보장하고 국정에 대한 국민의 참여와 국정 운영의 투명성을 확보함을 목적으로 하는 정보공개법의 입법 취지와 아울러 당해 법인 등의 성격, 당해 법인 등의 권리, 경쟁상 지위 등 보호받아야 할 이익의 내용·성질 및 당해 정보의 내용·성질 등에 비추어 당해 법인 등에 대한 권리보호의 필요성, 당해 법인 등과 행정과의 관계 등을 종합적으로 고려하여야 한다.[3)] 그리고 정보공개법의 입법 취지에 비추어 정당한 이익이 있는지는 엄격하게 해석하여야 할 뿐만 아니라 국민에 의한 감시의 필요성이 크고 이를 감수하여야 하는 면이 강한 공익법인에 대하여는 다른 법인 등에 대해서보다 소극적으로 해석할 수밖에 없다.[4)]

정당한 이익에 해당하여 공개하지 않을 사항으로는, 법인 등이 보유하는 생산기술 또는 영업상의 정보, 경영방침, 신용, 경리, 인사 등의 사업활동을 하는 데 있

1) 한위수, 앞의 글, 501.
2) 경건, 앞의 글, 280.
3) 대법원 2014. 7. 24. 선고 2012두12303 판결.
4) 대법원 2008. 10. 23. 선고 2007두1798 판결 및 대법원 2010. 12. 23. 선고 2008두13392 판결.

어서의 내부관리에 속하는 사항 등을 들 수 있다는 견해가 있다.[1)]

마. 단서의 의미

'사업활동에 의하여 발생하는 위해로부터 사람의 생명·신체 또는 건강을 보호하기 위하여 공개할 필요가 있는 정보'로는 약해·식중독 등에 의한 위해 발생을 미리 방지하거나 위해가 확대되는 것을 방지하기 위한 관련 정보를 상정할 수 있고, '위법·부당한 사업활동으로부터 국민의 재산 또는 생활을 보호하기 위하여 공개할 필요가 있는 정보'로는 국민의 재산 또는 생활의 피해가 발생하는 것을 방지하기 위하여 사업자에 대한 각종 행정처분통지서 등을 공개하는 것을 들 수 있다고 한다.[2)]

단서 가목에 해당하는지 여부에 대하여 판단한 구체적 사례로는, 피고보조참가인의 화성공장, 기흥공장에서 근무하다 사망한 근로자의 유족을 대리하여 산재보험 유족급여를 청구한 바 있는 원고가 위 각 공장의 작업환경측정 결과보고서 중 일부의 공개를 청구한 사안에서, ① 정보공개법 제9조 제1항 제7호 단서 가목은 사업활동에 의한 위해 발생을 미리 방지하거나 위해가 확대되는 것을 방지하기 위함을 전제로 하는 것인데, 퇴직 근로자들이 산재소송을 진행하면서 이미 위해를 입었음을 증명하기 위한 목적으로 정보공개를 주장하는 것은 위 단서 가목의 문언의 범위를 벗어나는 것인 점, ② 피고보조참가인이 산업안전보건법령에 따라 작업환경측정 결과를 소속 근로자들에게 알려야 할 의무를 부담하고 있는 이상 이와 별도로 공장에서 근무하는 현직 근로자들을 위하여 반드시 작업환경측정 결과보고서를 대외적으로 공개하여야 할 필요성이 있다고 보기는 어려운 점 등에 비추어 해당 정보가 정보공개법 제9조 제1항 제7호 단서 가목에 해당하지 않는다고 본 사례가 있다.[3)]

단서 나목에 해당하는지 여부에 대하여 판단한 구체적 사례로는, '서울특별시장이 「할부거래에 관한 법률」 제38조에 따라 시정권고를 한 선불식 할부거래업자의 명단과 각 선불식 할부거래업자의 할부거래에 관한 법률 위반행위 유형'은 위법·부당한 사업활동으로부터 국민의 재산 또는 생활을 보호하기 위하여 공개할 필요가

---

1) 김중양, 앞의 글, 236.
2) 김중양, 앞의 글, 236.
3) 서울고등법원 2020. 12. 18. 선고 2020누37002 판결(심리불속행기각 확정).

있는 정보에 해당한다고 본 사례가 있다.[1)]

바. 구체적 사례

(1) 비공개하여야 한다고 한 사례

(가) 지방자치단체의 업무추진비 지출관계서류 등의 일부인 법인 등의 거래 금융기관 계좌번호에 관한 정보는 법인 등의 영업상 비밀에 관한 사항으로서 법인 등의 이름과 결합하여 공개할 경우 당해 법인 등의 영업상 지위를 위협할 우려가 있다고 할 것이므로 그러한 정보는 법인 등의 영업상 비밀에 관한 사항으로서 공개할 경우 법인 등의 정당한 이익을 해칠 우려가 있는 정보에 해당한다고 한 사례[2)]

(나) 원고의 진정으로 인한 소외 택시회사의 택시운송수입금 전액관리제 위반 여부에 대한 조사와 관련하여 해당 택시회사의 재무회계서류는 피고가 위 서류를 보관하고 있더라도 이는 정보공개법 제9조 제1항 제7호에서 정한 비공개대상정보에 해당한다고 판시한 사례[3)]

(다) 아파트단지 설계도면은 정보공개법 제9조 제1항 제7호 소정의 법인 등의 영업상 비밀에 관한 사항으로서 공개할 경우 법인 등의 정당한 이익을 현저히 해칠 우려가 있다고 인정되는 정보일 개연성이 있다고 판시한 사례[4)]

(라) 국세청이 언론사에 대하여 한 세무조사 자료에는, 개개 언론사에 대한 세무조사 실시 여부, 그 시기 및 세무조사의 내용과 결과, 그 과정에서 드러난 언론사의 수입·지출상황, 직원현황, 각종 자금조달과 회계처리내역 및 관련 금융자료, 납세 내역과 추가 과세 내역 등에 대한 정보가 포함되어 있음을 알 수 있고, 이러한 정보는 경쟁 언론사에 대한 영업상 비밀에 해당하여 이를 노출할 경우 당해 언론사의 정당한 이익을 현저히 해칠 우려가 있으므로 법인 등의 영업상 비밀에 관한 사항으로서 공개할 경우 법인 등의 정당한 이익을 현저히 해칠 우려가 있는 정보에 해당하고, 세무조사의 대상이 된 언론사들은 그 사업활동 자체가 위법·부당한 것이라고 볼 수 없고(다만 적법한 사업활동을 하는 과정에서 일부 언론사 등이 탈세를 하였음

---

1) 서울고등법원 2018. 11. 9. 선고 2018누49996 판결(심리불속행기각 확정).
2) 대법원 2003. 4. 22. 선고 2002두9391 판결, 대법원 2004. 8. 20. 선고 2003두8302 판결.
3) 서울행정법원 2001. 4. 4. 선고 2000구35838 판결(항소포기 확정).
4) 서울행정법원 2000. 7. 26. 선고 2000구4285 판결(항소취하 확정).

이 밝혀진 것에 불과하다), 언론사들의 탈세행위에 대해서도 형사처벌과 각종 행정제재를 가하는 한편 관련 세무자료를 과세당국이 보유하여 또 다른 탈세방지나 적발에 이용하는 것 외에 추가로 위 정보를 국민에게 공개하는 것이 국민의 재산 또는 생활을 보호하는 효과가 생긴다고 보기 어려울 뿐 아니라 그러한 일부 효과가 있다 하여 언론사들의 영업상 비밀을 공개하여야 할 정도라고 보이지는 아니하므로, 이러한 정보는 정보공개법 제9조 제1항 제7호 단서 나목에서 규정한 비공개 예외사유에 해당하지 아니한다고 판시한 사례[1]

(마) 개인 또는 집단의 가치관이나 이해관계에 따라 방송프로그램에 대한 평가가 크게 다를 수밖에 없는 상황에서, 정보공개청구의 방법으로 방송사가 가지고 있는 방송프로그램의 기획·편성·제작 등에 관한 정보 등을 제한 없이 모두 공개하도록 강제하는 것은 방송사로 하여금 각종 비난이나 공격에 노출되게 하여 결과적으로 방송프로그램 기획 등 방송활동을 위축시킴으로써 방송사의 경영상·영업상의 이익을 해하고 나아가 방송의 자유와 독립을 훼손할 우려가 있으므로, 방송사의 취재활동을 통하여 확보한 결과물이나 과정에 관한 정보 또는 방송프로그램의 기획·편성·제작 등에 관한 정보가, 정보공개법 제9조 제1항 제7호에서 정한 '법인등의 경영상·영업상 비밀에 관한 사항'으로서 공개를 거부할 만한 정당한 이익이 있다고 본 사례[2]

(바) 사기업이 다른 회사에 의뢰한 연구용역과 관련된 정보(연구주제, 계약기간, 계약금액 등을 비롯한 개별 연구용역계약의 내용과 입안부서 등을 비롯한 의사결정과정, 그 의사결정과정에서의 의견교환내용 등)는 개별적·구체적인 계약의 내용과 이와 관련된 내부관리정보에 관한 사항들로서 해당 사기업의 경영상·영업상 비밀에 해당하고 이를 공개할 경우 해당 사기업의 정당한 이익을 현저히 해칠 우려가 있으므로 비공개대상정보에 해당한다고 본 사례[3]

(사) 중부지방고용노동청 의정부지청장이 병원에 대해 실시한 근로감독과 관련하여 병원이 중부지방고용노동청 의정부지청장에게 제출한 문서 중 일부 정보(병원 직원의 구체적인 성명, 사번, 소속, 재직 여부, 입사시기, 구체적인 근무 시간, 기본급과 각종 수당, 연차, 병원과 외부 업체 간 체결한 계약 내용)가 병원의 경영상·영업상

제 4 장

1) 서울고등법원 2003. 12. 2. 선고 2002누19086 판결(확정).
2) 대법원 2010. 12. 23. 선고 2008두13101 판결.
3) 대법원 2014. 7. 24. 선고 2012두12303 판결.

비밀에 해당하고 공개될 경우 병원의 정당한 이익을 해칠 우려가 있다는 이유로 위 정보가 정보공개법 제9조 제1항 제7호에 정해진 비공개대상정보에 해당한다고 본 사례[1)]

(아) 원고가 '대한민국 정부가 모더나사, 화이자사, 아스트라제네카사, 얀센사와 체결한 코로나19 백신 공급계약서'의 공개를 청구한 사안에서, ① 모더나사, 화이자사, 아스트라제네카사, 얀센사가 공급하는 백신의 구체적인 공급 물량과 그 대가에 관한 정보는 각 제약사의 백신 개발 및 공급 능력 등을 유추할 수 있는 정보이고, ② 제약사에 대한 면책 및 대한민국 정부와 제약사의 배상책임 등에 관한 조항, 계약기간과 해지에 관한 조항은 정보의 내용·성질에 비추어 제약사들의 경영상·영업상 정보에 해당할 뿐 아니라 위 조항들이 공개될 경우 향후 다른 계약의 체결 과정에서 제약사의 협상 범위가 제한되거나 유연한 협상이 어려워질 가능성이 있다는 이유로 위 각 정보가 정보공개법 제9조 제1항 제7호에 규정된 '법인등의 경영상·영업상 비밀'에 해당한다고 본 사례[2)]

(자) 원고와 경쟁 관계에 있는 피고보조참가인의 ① 제품생산에 관한 내부 자료, 업무과정에서 경영 및 영업에 관한 현황 및 전략, 현안 논의 내용, 업무지시를 포함하여 주고받은 이메일, 매장 운영방안, 마케팅 전략 보고 자료, 근무내역 자료, 영업비밀자료 문서내용에 관한 진술, 의견서, ② 피고보조참가인이 원고의 자료를 일부 편집하거나 분석 툴 등을 이용하여 피고보조참가인의 사업매뉴얼을 생성 정리하거나 국내외 시장 분석 등을 한 자료, 피고보조참가인이 직접 작성한 시장분석 보고서, 원고의 매출과 같은 내부자료를 포함하여 피고보조참가인이 작성한 자료 및 이에 대한 보고가 정보공개법 제9조 제1항 제7호에 규정된 비공개대상정보에 해당한다고 본 사례[3)]

(차) 원고가 피고보조참가인의 화성공장, 기흥공장 작업환경측정 결과보고서 중 일부의 공개를 청구한 사안에서, 원고가 공개 청구한 정보는 위 각 공장 내 부서 또

---

1) 서울고등법원 2024. 5. 8. 선고 2023누48621 판결(심리불속행기각 확정).

2) 서울고등법원 2024. 1. 17. 선고 2023누36550 판결(심리불속행기각 확정). 참고로 서울고등법원은 대한민국 정부와 제약사가 체결한 각 계약에 비공개합의가 포함되어 있기는 하나 계약상 비밀유지의무는 각 계약 당사자들 사이에서만 효력이 있을 뿐 일반 국민과 법원을 기속하지 않는 점 등을 근거로 비공개합의의 존재만으로 계약 전부가 '법인등의 경영상·영업상 비밀에 관한 사항'으로서 비공개대상정보가 된다고 볼 수는 없다고 판단하였다.

3) 서울고등법원 2023. 9. 1. 선고 2022누70232 판결(심리불속행기각 확정).

는 공정명 및 단위작업장소에 기재된 라인(Line), 층(F), 베이(Bay) 정보를 조합하여 공정 배치(Lay-out) 방식을 유추하거나 특정 공정에 사용되는 화학물질의 종류를 통해 해당 공정에 최적화된 화학물질을, 월 취급량 추이를 통해 신기술·신제품의 특화 공정을 유추할 수 있는 내용을 담고 있고, 이는 피고보조참가인의 경쟁업체에 대한 관계에서 비밀로 유지할 상당한 이익이 있는 기술적 노하우로서 피고보조참가인의 경영상·영업상 비밀에 관한 사항에 해당되며, 공개될 경우 피고보조참가인의 정당한 이익을 현저히 해칠 우려가 있다고 인정된다는 이유로, 위 각 정보가 정보공개법 제9조 제1항 제7호의 비공개대상정보에 해당한다고 본 사례[1)]

(카) 계정별 원장에는 각 계정과목에 관하여 날짜별로 적요란, 코드란, 거래처란, 차변란, 대변란, 잔액란에 각각의 정보가 기재되어 있는데, 이러한 정보는 공개될 경우 개개의 거래가 알려지게 되어 법인 등의 정당한 이익을 현저히 해칠 우려가 있다고 인정되어 영업상 비밀에 관한 정보라고 할 수 있으므로 정보공개법 제9조 제1항 제7호에 따른 비공개대상정보에 해당한다고 본 사례[2)]

(2) 공개하여야 한다고 한 사례

(가) 일본뇌염백신 가격의 담합 여부와 관련하여 일본뇌염백신 제조업체들의 자산, 자본금, 매출액, 당기순이익 등, 일본뇌염백신 제조사별 매출액 및 시장점유율, 제품의 특성, 유통경로 및 가격결정구조, 가격결정경위 등은 기업에 관한 과거 시점 기준으로 공개하였거나 공개가능한 정보 및 일본뇌염백신 가격결정구조 등에 관한 일반 사항 등에 불과하여, 법인 등의 영업상 비밀에 관한 사항으로서 공개할 경우 법인 등의 정당한 이익을 현저히 해칠 우려가 있는 것에 해당한다고 볼 수 없다고 판시한 사례[3)]

(나) 참여연대가 정보통신부장관을 상대로 정보통신사업자들이 내 온 각종 출연금(각 업체별 출연내역)의 공개를 구한 사안에서, 이는 영업상 비밀이라고 할 것이나 법인 등의 이익을 현저히 해칠 우려가 있는 정보에 해당되지 않아 본호 소정의

---

1) 서울고등법원 2020. 12. 18. 선고 2020누37002 판결(심리불속행기각 확정).
2) 서울고등법원 2018. 7. 25. 선고 2017누42592 판결(심리불속행기각 확정).
3) 서울고등법원 2000. 10. 24. 선고 2000누613 판결(상고기각 확정). 다만 이에 대하여는 '영업상 비밀'을 '영업비밀'로 한정하여 좁게 본 입장 때문으로, 위 정보는 영업상 비밀에는 해당하지만 정당한 이익을 해칠 현저한 우려가 없다거나, 위법·부당한 사업활동으로부터 국민의 재산 또는 생활을 보호하기 위하여 공개할 필요가 있다고 인정함이 타당하다는 견해가 있다. 한위수, 앞의 글, 508.

비공개대상정보에 해당하지 아니한다고 한 사례[1)]

(다) 대한주택공사를 상대로 분양건설원가인 택지비, 아파트 건축비 등 정보의 공개를 구한 사안에서, "국민의 알 권리를 보장하고 국정에 대한 국민의 참여와 국정 운영의 투명성을 확보한다는 정보공개법의 입법목적과 취지에 비추어 보면, 공공기관은 자신이 보유·관리하는 정보를 공개하는 것이 원칙이고, 정보공개의 예외로서 비공개사유에 해당하는지는 이를 엄격하게 해석할 필요가 있는 점, 피고는 주택을 건설·공급 및 관리하고 불량주택을 개량하여 국민생활의 안정과 공공복리의 증진에 이바지하게 함을 목적으로 대한주택공사법에 의하여 설립된 법인으로서 그와 같은 목적의 수행을 위하여 일반 사기업과는 다른 특수한 지위와 권한을 가지고 있는 점, 피고가 이미 분양이 종료된 아파트 분양원가 산출내역의 자료를 공개한다고 하여 기업으로서의 경쟁력이 현저히 저하된다거나 주택건설사업과 분양업무를 추진하는 것이 곤란해진다고 단정할 수 없는 점, 피고가 위 정보를 공개함으로써 위 아파트의 분양원가 산출내역을 알 수 있게 되어 수분양자들의 알 권리를 충족시키고, 나아가 공공기관의 주택정책에 대한 국민의 참여와 그 운영의 투명성을 확보할 수 있는 계기가 될 수 있는 점 등 여러 사정들을 감안하여 보면, 위 정보를 공개함으로 인하여 피고의 정당한 이익을 현저히 해칠 우려가 있다고 볼 수 없다"는 이유로 정보공개법 제9조 제1항 제7호 소정의 비공개대상정보에 해당하지 아니한다고 한 사례[2)]

(라) 시장의 업무추진비 집행증빙에 면담장소 등으로 이용한 식당 등의 위치, 명칭과 음식요금, 격려금수령자 등 특정법인, 단체 또는 개인에 관한 정보가 기재되어 있어도, 그 정보가 그 법인 등의 영업상 유·무형의 비밀이나 기법(know-how)에 관한 사항을 포함하고 있어 이를 공개할 경우 그 법인 등의 영업상의 지위가 위협받는다거나 그 법인 등에 대한 사회적 평가를 떨어뜨리는 등 기존의 정당한 이익을 현저히 침해하리라고 인정할 만한 아무런 근거가 없다고 본 사례[3)]

(마) 지방자치단체의 업무추진비 지출관계서류 등에 포함된 법인 등의 상호, 단체명, 영업소명, 사업자등록번호 등에 관한 정보는 법인 등의 영업상 비밀에 관한

1) 서울행정법원 2002. 6. 20. 선고 2001구36616 판결(확정).
2) 대법원 2007. 6. 1. 선고 2006두20587 판결, 서울행정법원 2006. 6. 1. 선고 2005구합37311 판결(항소기각, 심리불속행기각 확정), 같은 취지에서 한 주택재개발아파트의 분양가 산출근거에 관하여는 서울행정법원 2000. 11. 29. 선고 2000구14473 판결(항소기각 확정), 임대아파트 분양원가 산출내역에 관하여는 서울행정법원 2000. 1. 7. 선고 99구19984 판결(항소기각 후 상고심에서 소취하) 참조.
3) 서울고등법원 2001. 5. 8. 선고 2000누8693 판결(이 부분 쟁점은 상고심에서 확정).

사항으로서 공개할 경우 법인 등의 정당한 이익을 현저히 해칠 우려가 있는 정보에 해당하지 아니한다고 한 사례[1]

(바) 공정거래위원회가 보유하는 2002년도 출자총액제한제도 대상 기업집단의 기업집단 소속 계열사별 출자총액, 상기 출자총액 중 적용제외 및 제외인정 사유별 출자내역은 본호 소정의 비공개대상정보가 아니라고 한 사례[2]

(사) 원고가 제조하여 특수법인 총포화약안전기술협회에서 검사받은 공기총의 연도별 수량에 관한 정보는 영업상 비밀사항에 관한 것이기는 하나 통계 이외에 별다른 내용이 없어 그것을 공개하여도 원고의 정당한 이익을 현저히 해칠 우려가 없는 정보에 해당한다고 한 사례[3]

(아) 한국방송공사 사장, 부사장의 수시집행 접대성 경비 및 정책기획센터장, 노사협력팀장의 업무추진비 및 수시집행 접대성 경비 건별 집행서류 일체는 거기에 거래 일시 및 거래 장소 등 정보가 들어 있어도 그 정보가 피고의 영업상 유·무형의 비밀에 해당한다거나 이를 공개할 경우 피고의 정당한 이익을 현저히 침해한다고 인정할 만한 아무 근거가 없는 반면, 오히려 텔레비전 수상기를 소지한 국민들이 납부하는 수신료 등으로 운영되는 공영방송사의 업무추진비 등에 대하여 자의적이고 방만한 예산집행의 여지를 미리 차단하고 시민들의 감시를 보장함으로써 그 집행의 합법성과 효율성을 확보하기 위해서라도 그 집행증빙을 공개할 필요성이 크다고 할 것이므로 정보공개법 제9조 제1항 제7호의 비공개사유에 해당한다고 볼 수 없다고 한 사례[4]

(자) 아파트재건축조합의 조합원들에게 제공할 무상보상평수의 사업수익성 등을 검토한 자료는 정보공개법 제9조 제1항 제7호 소정의 비공개대상정보에 해당하지 아니한다고 한 사례[5]

(차) 신축되는 아파트의 도면[인동거리 배치도, 신축건물 배치도, 입면도(정면도, 측면도), 아파트 신축 부지의 대지의 종횡단면도]이 정보공개법 제9조 제1항 제7호의 비공개대상정보에 해당하지 않는다고 본 사례[6]

---

1) 대법원 2003. 4. 22. 선고 2002두9391 판결.
2) 서울행정법원 2003. 8. 19. 선고 2002구합33790 판결(확정).
3) 서울행정법원 2006. 2. 3. 선고 2005구합32927 판결(확정).
4) 서울행정법원 2006. 5. 26. 선고 2006구합132 판결(확정).
5) 대법원 2006. 1. 13. 선고 2003두9459 판결.
6) 춘천지방법원 강릉지원 2023. 6. 8. 선고 2022구합30684 판결(항소기각 및 심리불속행기각 확정).

(카) 서울특별시 금천구청장이 원고에게 한 토양오염 정화조치와 관련한 정보가 원고의 영업상·경영상 비밀에 해당할 여지는 있으나, 위 정보는 해당 부지의 장래이용자들 및 주변 부지 이용자들의 건강과 환경권 등 권익 보호와 밀접하게 연관되어 있어 토양오염에 대해 적절한 정화 조치가 이행되었는지 국민들이 명확히 알아야 할 필요성이 상당히 크다는 등의 이유로 위 정보를 공개하더라도 원고의 정당한 이익을 현저히 해칠 우려가 있다고 인정하기 어렵다고 본 사례[1)]

(타) 원고가 수원시장에게 광교신도시 개발이익금 중 수원시 몫의 배분 및 사용내역 등에 관한 정보의 공개를 청구한 사안에서, 해당 정보가 정보공개법 제9조 제1항 제7호의 '법인등의 경영·영업상 비밀'에 해당하지 않고, 설령 그에 해당하더라도 수원시장이 그 공개를 거부할 정당한 이익이 없다고 본 사례[2)]

(파) 대전광역시 시내버스 준공영제에 따라 대전에서 시내버스 운송사업을 영위하는 주식회사들에 관한 정보(회사별 관리직원 및 경비직원의 인건비와 임차료, 매출액, 당기순손익, 총자산, 영업현금흐름, 회사별 정비비의 총액과 차량 1대당 정비재료비 및 이를 바탕으로 한 회사별 효율성 분석자료, 회사별 차종에 따른 2010년부터 2019년까지의 감가상각비, 회사별 차량 1대당 보험료, 회사별 세금과 공과금, 수도광열비, 여비교통비, 소모품비, 지급수수료, 차량유지비, 통신비, 잡비, 자산취득비용 및 자산취득금액)는 경영상·영업상 비밀에 해당하나, 해당 정보는 원고의 알 권리를 실질적으로 보장하기 위하여 필요한 자료에 해당하고, 준공영제를 통해 재정지원금을 교부받는 회사들의 경영상태 내지 재무상태에 대한 정보로서 공공성이 인정되는 반면, 그러한 정보의 공개로 인하여 회사들의 사업활동에 지장이 발생하고 경쟁상 지위가 침해된다는 사정은 불분명하거나 원고의 알 권리 충족으로 달성하고자 하는 공익의 중요성에 미치지 못한다는 이유로 해당 정보의 공개를 거부할 만한 정당한 이익이 인정되지 않는다고 본 사례[3)]

(하) 원고가 서울중앙지방검찰청검사장을 상대로 2017년 이후 지출한 업무추진비 집행정보 및 그에 대한 지출증빙서류의 공개를 청구한 사안에서, 업무추진비가 지출된 음식점의 사업자등록번호, 전화번호, 주소지, 가맹점 번호 등의 정보를 공개

1) 서울행정법원 2023. 7. 7. 선고 2022구합80473 판결(항소기각, 심리불속행기각 확정).
2) 수원지방법원 2022. 7. 6. 선고 2021구합73677 판결(항소기각, 심리불속행기각 확정). 수원지방법원 2022. 9. 29. 선고 2021구합73660 판결(항소기각 및 심리불속행기각 확정)도 같은 취지이다.
3) 대전고등법원 2023. 3. 16. 선고 2022누12102 판결(심리불속행기각 확정).

한다고 해서 해당 음식점의 경영·영업상 비밀을 침해한다거나 정당한 이익을 현저히 해칠 우려가 발생한다고 할 수 없고 이를 공개하지 아니할 정당한 이익이 있다고 할 수도 없다는 이유로 해당 정보가 정보공개법 제9조 제1항 제7호의 비공개대상정보에 해당하지 않는다고 본 사례[1)]

(거) 제3자가 관할 여론조사심의위원회에 신고된 원고(여론조사를 영위하는 회사이다)의 여론조사 내역(조사목적, 지역, 방법)의 공개를 청구한 사안에서, 공개 청구된 정보에 개개 사안의 여론조사 항목 내용이나 조사의뢰자의 인적사항 등의 구체적인 내용이 포함되어 있지 않다는 등의 이유로 위 정보가 정보공개법 제9조 제1항 제7호의 비공개대상정보에 해당하지 않는다고 본 사례[2)]

(너) 법무부에서 지출하거나 책정 및 지급할 예정인 변호인 수임료 내역 중 정부법무공단과 관련된 정보에는 정부법무공단이 수임계약을 체결하고 담당한 사건명과 받은 수임료 및 그 지급일이 포함되어 있어 위 정보는 정부법무공단의 경영상·영업상 비밀에 해당하나, 해당 정보는 공공기관의 업무처리 및 예산지출 등에 관한 국민의 알 권리를 보장하고 기관 운영의 투명성을 확보할 수 있는 기초 자료가 될 수 있어 공개의 필요성이 크고, 정부법무공단은 운영 및 사업에 소요되는 자금을 국가의 출연금과 보조금으로 충당하는 등 일반 사기업과는 다른 특수한 지위를 가지고 있으므로, 위 정보가 정보공개법 제9조 제1항 제7호의 비공개대상정보에 해당하지 않는다고 본 사례[3)]

(더) 대학교가 발급한 법인카드 발급현황 관련 정보[카드번호, 법인카드를 발급한 금융기관, 카드 개설일, 카드 관리부서, 관리책임자(주사용자)의 직책 또는 소속 학과, 클린카드 등록 여부에 관한 정보]의 공개를 청구한 사안에서, 해당 정보 중 카드번호를 제외한 나머지 정보는 대학교의 영업상 비밀에 해당한다고 보기 어렵고 설령 영업상 비밀에 해당한다고 보더라도 그 공개로 인하여 대학교의 정당한 이익을 현저히 해칠 우려가 있다고 인정하기 어렵다는 이유로 정보공개법 제9조 제1항 제7호의 비공개대상정보에 해당하지 않는다고 본 사례[4)]

제 4 장

---

1) 서울고등법원 2022. 12. 15. 선고 2022누33776 판결(심리불속행기각 확정).
2) 서울행정법원 2021. 4. 30. 선고 2020구합61553 판결(항소기각 및 심리불속행기각 확정).
3) 서울행정법원 2016. 7. 8. 선고 2015구합76278 판결(항소기각 및 심리불속행기각 확정). 서울행정법원 2016. 5. 12. 선고 2015구합10964 판결(항소기각 및 심리불속행기각 확정)도 같은 취지이다.
4) 서울행정법원 2020. 5. 8. 선고 2019구합6680 판결(항소기각 및 심리불속행기각 확정).

(러) 군수가 A회사에게 점용목적을 '전남 100MW 육상풍력발전단지 지중케이블 설치 공사'로 하여 한 도로점용허가와 관련하여 군수와 A회사가 공증한 서류(A회사가 위 공사와 관련하여 추후 제3자에게 손해가 발생할 경우에 대비한 손해배상의 인정 여부, 그 방법과 범위 등이 기재되어 있다)의 경우, 위 공사는 인근 주민의 건강이나 재산, 환경 등에 영향을 미칠 수 있어 위 공사와 관련된 정보에 대한 국민의 알 권리를 보장하여 그 투명성을 확보할 필요성이 크고, 위 서류에 기재된 정보들이 개괄적이고 일반적인 내용일 것으로 보임에도, 원심이 해당 서류의 내용·효력과 작성 경위, 위 공사가 인근 주민에게 미치는 영향 등에 관하여 심리하지 않은 채 위 서류가 정보공개법 제9조 제1항 제7호에 규정된 비공개대상정보에 해당한다고 판단한 것이 위법하다고 본 사례[1]

(머) 국토교통부장관과 피고보조참가인들 사이에 체결된 각 실시협약에서 정한 비밀유지의무는 협약 당사자들 사이에서만 효력이 있을 뿐 일반 국민과 법원을 기속하는 것이 아니고, 피고보조참가인들은 「사회기반시설에 대한 민간투자법」 제14조에 따라 민간투자사업을 시행할 목적으로 설립된 법인으로서 정보공개법상 공공기관에 준하거나 그 유사의 지위에 있으며, 각 실시협약서에는 각 민간투자사업에 관한 일반적이고 개괄적인 내용만을 담고 있고, 수도권서부고속도로 사업의 공사비 내역서만으로 사업시설에 대한 설계정보 등 비밀사항을 알 수 없을 뿐만 아니라, 위 각 정보를 공개함으로써 국토교통부장관의 사회기반시설 확충·운영에 관한 정책에 대한 국민의 참여와 그 운영의 투명성을 확보할 수 있으므로, 각 민간투자사업의 실시협약서 및 수도권서부고속도로 사업의 공종별 수량, 단가, 금액 등이 명시된 공사비내역서는 정보공개법 제9조 제1항 제7호의 비공개대상정보에 해당하지 않는다고 본 사례[2]

(버) 방위사업청장이 공고한 입찰에서 A회사가 1순위 적격심사 대상으로 결정되어 계약을 체결하자, 해당 입찰에서 2순위 적격심사 대상으로 결정된 원고가 A회사가 해당 입찰에서 제출한 납품실적증명서의 공개를 청구한 사안에서, 해당 납품실적증명서에 기재된 정보는 경영상·영업상 비밀에 해당한다고 볼 수 없거나, 경영상·영업상 비밀에 해당하는 정보가 일부 포함되어 있다고 하더라도 공개될 경우 A

---

1) 대법원 2020. 5. 14. 선고 2020두31408, 2020두31415(병합) 판결.
2) 대법원 2020. 2. 27. 선고 2017두64293 판결.

회사의 정당한 이익을 현저히 해칠 우려가 있다고 보기 어렵다는 이유로 해당 정보가 비공개대상정보에 해당하지 않는다고 본 사례[1)]

(서) 국민연금공단이 민간투자사업 사업시행자들이 발행한 주식을 매수하는 계약을 체결하자 원고가 위 주식매매계약의 계약서, 주식매입대금 지급날짜·지급액의 공개를 청구한 사안에서, 주식 매도인들의 계좌번호에 관한 정보를 제외한 나머지 정보가 정보공개법 제9조 제1항 제7호에 규정된 비공개대상정보에 해당하지 않는다고 본 사례[2)]

(어) 원고가 대학교 총장을 상대로 대학교의 민자기숙사 설립 및 운영 등의 재정과 관련된 정보의 공개를 청구한 사안에서, 대학교 총장이 민자기숙사와 관련하여 A회사와 체결한 실시협약 전체가 A회사의 영업상 비밀이라 할 수 없을 뿐만 아니라, A회사에 대한 사업비 관련 조항, 중도해지나 그에 따른 위험 배분 조항, 기숙사 운영과 그 재정 배분 등에 관한 조항이나 청산 등에 관한 조항이 영업상 비밀에 해당한다고 볼 여지가 있다고 하더라도 이 부분 정보를 공개함으로써 민자기숙사 재정운영의 투명성을 확보하고 대학교에 재학 중인 대학생들의 주거권 보장뿐만 아니라 교육기관에 대한 국민의 참여와 감시를 확대할 수 있을 것으로 기대되므로, 위 실시협약의 계약서가 '공개될 경우 법인의 정당한 이익을 현저히 해칠 우려가 있다고 인정되는 정보'에 해당하지 않는다고 본 사례[3)]

제 4 장

(저) 이동통신 3사(에스케이텔레콤 주식회사, 주식회사 케이티, 주식회사 엘지유플러스)의 이용약관·요금 관련 정보 및 영업보고서 중 이동통신요금 총괄원가를 구성하는 각 항목에 해당하는 금액이 기재된 부분이 정보공개법 제9조 제1항 제7호의 비공개대상정보에 해당하지 않는다고 본 사례[4)]

(처) 2014년 농수산물 및 유전자변형식품 수입현황(수입일자, 수입신고자, 수량, 품목 등)에 관한 정보는 특정 업체가 언제, 얼마만큼의 농산물 또는 유전자변형식품 등을 수입하였는지에 관한 정보로서 경영상·영업상 비밀에는 해당하나, 농수산물 또는 그 가공식품은 일반 국민의 건강과 직접 관련되는 물품으로서 그에 관한 기초정보를 충분히 제공하여 소비자의 자기결정권 또는 식품에 대한 선택의 기회를 보

1) 서울고등법원 2018. 8. 17. 선고 2017누86974 판결(심리불속행기각 확정).
2) 서울행정법원 2015. 9. 4. 선고 2015구합2789 판결(항소기각, 상고기각 확정).
3) 서울고등법원 2018. 7. 25. 선고 2017누42592 판결(심리불속행기각 확정).
4) 서울고등법원 2014. 2. 6. 선고 2012누31313 판결(상고기각 확정).

호할 필요가 있고, 식품의 유전자변형 원재료에 관한 정보 제공이 완전하지 않은 상태에서 위 정보 제공을 통해 표시기준 강화 및 식품 업체의 보다 상세한 정보 제공을 촉진함으로써 식품과 관련한 소비자의 알 권리를 강화하고 식품에 대한 국민적 신뢰를 제고할 필요성도 있으므로, 위 정보의 공개로 인하여 법인 등의 정당한 이익을 현저히 해칠 우려가 있다고 보기 어렵다고 본 사례[1)]

(커) 한국수력원자력 주식회사가 홍보와 관련하여 언론에 예산을 집행한 내역의 공개를 청구한 사안에서, 각 언론사의 광고비 단가는 언론사의 영업비밀에 해당한다고 볼 수 있으나, 한국수력원자력 주식회사는 공기업으로 경영을 합리화하고 운영의 투명성을 유지하여야 하는 점, 위 정보는 한국수력원자력 주식회사가 지출한 광고비 등이 적절하게 산정되었는지 여부를 판단할 수 있는 핵심적인 부분으로 이를 공개할 필요가 큰 점, 원고는 광고비 등 집행에 관하여 언론사, 집행일시, 집행내역, 예산의 공개를 구하고 있어 각 언론사의 광고비 단가가 드러나지 않는 방법으로 공개가 가능할 것으로 보이는 점 등을 근거로 위 정보의 공개를 거부할 만한 정당한 이익이 있다고 볼 수 없다고 본 사례[2)]

(터) 한전원자력연료 주식회사가 핵연료 공장 주변지역의 주민자치위원회와 사이에 핵연료 공장을 증설하되 주변지역에 금전적인 지원 등을 하는 내용이 포함된 협약을 체결한 사안에서, 해당 협약서가 공개되더라도 공장 증설을 추진하는 과정이 종전보다 더욱 곤란해질 것이라고 단정할 수 없는 점, 한전원자력연료 주식회사는 공공기관으로서 일반 사기업과는 다른 특수한 지위를 가지고 있으므로 보다 투명하게 운영될 필요가 있는 점, 협약서가 공개되는 것이 주변지역 주민에게 이익이 되는 점 등을 근거로 협약서가 공개되더라도 한전원자력연료 주식회사의 정당한 이익을 현저히 해칠 우려가 있다고 보기 어렵다고 한 사례[3)]

1) 서울행정법원 2015. 8. 28. 선고 2015구합4266 판결(항소기각 및 심리불속행기각 확정).
2) 대구지방법원 2015. 10. 14. 선고 2015구합22419 판결(항소기각 및 심리불속행기각 확정).
3) 대전지방법원 2015. 2. 5. 선고 2014구합103014 판결(항소기각 및 심리불속행기각 확정).

9. 특정인의 이익·불이익 관련 정보

공개될 경우 부동산 투기, 매점매석 등으로 특정인에게 이익 또는 불이익을 줄 우려가 있다고 인정되는 정보(정보공개법 제9조 제1항 제8호)

가. 규정의 취지

이는 정보의 성격상 공개함으로써 정보를 얻는 자와 얻지 못한 자 사이에 불공평이 발생하고 부당한 이익 또는 불이익을 낳는 것을 방지하기 위한 것이다.[1]

나. 사례

(1) 해당하지 않는다고 한 사례

(가) 대구광역시 도시개발공사가 시행하여 이미 종료한 죽곡지구 택지개발공사의 분양원가 산출내역 등과 관련된 자료인 용지비, 조성비, 간선도로비, 기타 직접비, 기타 비용에 관한 정보는 특정인의 이익·불이익 관련 정보가 아니라고 한 사례[2]

(나) 임대아파트 분양전환가격의 산정근거가 되는 택지수용가, 택지조성원가, 택지분양가, 건설원가, 공사비, 설계감리비, 부대비용, 이윤 등 건축비 산출내역 및 관련자료에 관한 정보는 특정인의 이익·불이익 관련 정보가 아니라고 한 사례[3]

(다) 감정평가업자 선정문서, 감정평가의뢰 문서, 감정평가업자 선정협의서는 특정인의 이익·불이익 관련 정보가 아니라고 한 사례[4]

(라) 사업구역 내 토지 및 지장물에 대한 각 감정평가서, 감정평가법인별로 감정평가를 맡은 토지 및 건물의 내역, 협의매수가 성립된 토지 및 건물의 내역 및 보상금액이 특정인의 이익·불이익 관련 정보에 해당하지 않는다고 본 사례[5]

(마) 정보공개거부처분 이전에 이미 아파트의 분양가가 공개되고 분양까지 마

---

1) 김중양, 앞의 글, 238.
2) 대구지방법원 2006. 11. 29. 선고 2006구합837 판결(항소기각 및 심리불속행기각 확정).
3) 서울행정법원 2006. 5. 18. 선고 2005구합40157 판결(이 부분은 사실상 확정), 수원지방법원 2006. 6. 14. 선고 2006구합2443 판결(항소심 소취하).
4) 수원지방법원 2005. 9. 14. 선고 2004구합931 판결(항소심 소취하).
5) 대구지방법원 2016. 10. 28. 선고 2016구합21741 판결(항소기각 확정).

쳐졌음에도 분양가심사위원회 심의 과정에서 작성하거나 활용한 정보 등이 특정인의 이익·불이익 관련 정보에 해당한다고 보아 거부처분을 한 것은 위법하다고 본 사례[1)]

(2) 해당한다고 한 사례

장기미집행 근린공원을 새로이 공원구역으로 지정하는 우선순위, 우선보상이 필요한 지역과 장기보상지역, 보상의 필요성이 낮은 지역 등으로 분류한 기준과 그 구체적 결과, 보상에 필요한 재원 확충 방안, 보상을 위한 구체적 프로세스와 로드맵, 보상비 추계, 새로 공원구역으로 지정하는 토지에 대한 보상비 지급 외의 보상 및 지원방안, 실효되는 장기미집행 근린공원에 대해서도 개발행위를 방지하고 녹지를 유지하기 위한 방안에 관한 정보의 경우, 해당 정보를 통해 서울특별시장의 도시관리계획 수립 방향이나 보상 계획 등을 예측할 수 있으므로, 위 정보가 공개된다면 원고뿐만 아니라 해당 정보를 지득한 사람들에게 이익을 주거나 부동산 투기가 발생할 우려가 있다는 등의 이유로 위 정보가 특정인의 이익·불이익 관련 정보에 해당한다고 본 사례[2)]

---

1) 서울고등법원 2023. 2. 14. 선고 2022누59501 판결(심리불속행기각 확정).
2) 서울고등법원 2023. 12. 20. 선고 2022누65834 판결(확정).

Ⅴ. 제3자 관련 정보의 처리

1. 제3자에 대한 통지 및 의견청취

제 4 장

공공기관이 정보공개청구를 받은 대상정보에 국가, 지방자치단체 및 공개청구자 이외의 제3자에 관한 정보가 들어있는 경우가 있을 수 있다. 이러한 경우에는 공개청구를 받은 공공기관이 제3자의 정당한 권익보호에 관한 비공개대상정보 규정이 적용되는지 여부를 조사하기 위해 당해 제3자로부터 의견을 들을 필요가 있다. 그리하여 정보공개법은 제11조 제3항에서 공공기관은 공개 청구된 공개 대상 정보의 전부 또는 일부가 제3자와 관련이 있다고 인정할 때에는 그 사실을 제3자에게 지체없이 통지하여야 하며, 필요한 경우에는 그의 의견을 들을 수 있다고 규정하고 있다. 제3자의 의견을 들을 때에는 문서로 하여야 하나, 공공기관이 필요하다고 인정하거나 제3자가 원하는 경우에는 말로 의견을 들을 수 있다(정보공개법 시행령 제8조 제1항). 공공기관이 제3자에 대한 이러한 통지와 의견청취 없이 제3자 관련 정보를 공개하였다면 제3자에게 손해배상책임을 질 수 있다.

2. 제3자 보호절차

가. 비공개요청

공개 청구가 있었음을 통지받은 제3자는 통지를 받은 날부터 3일 이내에 해당 공공기관에 자신과 관련된 정보를 공개하지 아니할 것을 요청할 수 있다(정보공개법

제21조 제1항). 공공기관은 제3자의 의견에 얽매이지는 아니한다.[1)]

나. 이의신청 및 행정소송

제3자가 비공개를 요청하였는데도 공공기관이 공개 결정을 할 때에는 공개 결정 이유와 공개 실시일을 분명히 밝혀 지체 없이 문서로 통지하여야 한다. 공개 결정에 대하여 제3자는 해당 정보가 비공개대상정보라는 등의 이유로 해당 공공기관에 문서로 7일 이내에 이의신청을 하거나 행정심판 또는 행정소송을 제기할 수 있다(정보공개법 제21조 제2항). 제3자는 행정심판법이나 행정소송법에 따라 공공기관의 공개 결정에 대한 집행정지를 신청할 수 있을 것이다.

공공기관은 공개 결정일과 공개 실시일 사이에 최소한 30일의 간격을 두어야 한다(같은 조 제3항). 이는 공개 결정에 대한 제3자의 불복시간을 확보해 주기 위한 규정이다.

1) 대법원 2008. 9. 25. 선고 2008두8680 판결(제3자의 비공개요청에도 불구하고 정보공개의 대상이 되는 정보에 해당한다고 보고 공개한 것은 정당하다고 한 사안).

Ⅵ. 부분공개

정보공개법 제14조(부분공개) 공개 청구한 정보가 제9조 제1항 각 호의 어느 하나에 해당하는 부분과 공개 가능한 부분이 혼합되어 있는 경우로서 공개 청구의 취지에 어긋나지 아니하는 범위에서 두 부분을 분리할 수 있는 경우에는 제9조 제1항 각 호의 어느 하나에 해당하는 부분을 제외하고 공개하여야 한다.

1. 부분공개의 의미

공개 청구의 대상인 정보는 그 일부에 비공개대상정보가 포함되어 있음을 이유로 당연히 전체를 비공개해서는 안 되고 원칙적으로 공개 가능한 부분은 공개하여야 한다. 즉 공개청구한 정보(문서)의 일부에 비공개대상정보가 기록되어 있는 경우에 비공개대상정보가 기록되어 있는 부분을 쉽게 구분하여 제외하는 것이 가능한 경우에는 해당 부분을 제외한 부분을 공개하지 않으면 안 된다. 다만 해당 부분을 제외한 부분이 정보로서의 의미가 없는 경우는 그러하지 아니하다.

대법원은 "공개청구의 취지에 어긋나지 아니하는 범위 안에서 비공개대상정보에 해당하는 부분과 공개가 가능한 부분을 분리할 수 있다고 함은, 두 부분이 물리적으로 분리가능한 경우를 의미하는 것이 아니고 당해 정보의 공개방법 및 절차에 비추어 당해 정보에서 비공개대상정보에 관련된 기술 등을 제외 내지 삭제하고 그 나머지 정보만을 공개하는 것이 가능하고 나머지 부분의 정보만으로도 공개의 가치가 있는 경우를 의미한다고 해석하여야 한다"고 한다.[1)]

---

1) 대법원 2003. 3. 11. 선고 2001두6425 판결, 대법원 2003. 10. 10. 선고 2003두7767 판결, 대법원

개인정보가 청구문서에 포함되어 있지만 그 개인정보는 청구문서의 내용 그 자체는 아니고 내용의 귀속 상대방이거나 기재자를 특정하는 기능을 가지고 있는 경우에 당해 개인정보 부분을 제외하고 문서의 내용을 공개하는 경우가 부분공개의 전형적인 사례가 될 것이다. 그렇다고 해도 이 경우 개인의 이름을 제외해도 문서의 내용에서 당해 문서의 해당인을 추정·특정할 수 있으면 부분공개를 할 수 없다.

부분공개조항은 비공개대상정보와 공개대상정보를 분리할 수 있는 경우를 상정한 조항이므로 분리하기 어려운 경우는 부분공개를 하지 않아도 된다. 전자정보의 경우 비공개대상정보와 공개대상정보의 구분 자체는 될지라도 양자의 분리가 기술적으로 곤란한 경우도 있을 수 있고 이 경우 부분공개할 필요는 없다.[1]

2. 부분공개와 판결 주문기재 방법

가. 문제의 제기

예를 들어 원고가 피고 공공기관에 A, B 2개 문서에 대하여 1개의 신청서로 공개청구를 하여, 피고가 그 전부를 공개하지 않기로 결정하였다고 하자.

이에 원고가 공개거부처분의 취소를 구하는 행정소송을 제기하여 심리한 결과, A문서는 일부 개인정보를 삭제하고 남은 부분만 공개, B문서는 전부 비공개함이 상당하다고 판단할 경우 주문을 어떻게 표시할지 문제된다.

2004. 12. 9. 선고 2003두12707 판결.

1) 변현철, 앞의 글, 657. 서울행정법원 2021. 5. 28. 선고 2020구합77459 판결(항소기각, 심리불속행기각 확정)도 원고가 CCTV에 녹화된 영상자료의 공개를 청구하였다가 거부당한 사안에서, 해당 영상자료 중 정보공개법 제9조 제1항 제6호의 비공개대상정보에 해당하는 일반 통행인들의 개인식별정보 부분을 모자이크하는 방법으로 삭제한 후 영상압축기술에 의하여 새로운 동영상을 만드는 것은 '공개청구의 취지에 어긋나지 아니하는 범위 안에서 비공개대상정보에 해당하는 부분과 공개가 가능한 부분을 분리할 수 있는 경우'에 해당하지 않는다는 이유로 거부처분이 적법하다고 보았다.

나. 해결방안

(1) 우선 외견상 1개의 신청에 대하여 1개의 거부처분(비공개결정)이 내려졌어도 여기에는 공개 청구한 정보 또는 문서의 개수만큼의 거부처분이 결합되어 있다고 보는 것이 타당하다. 정보를 순차로 공개 청구하여 거부당한 경우와 한꺼번에 청구하였다가 거부당한 경우를 달리 볼 필요는 없기 때문이다. 따라서 수개의 정보 또는 문서에 대한 공개거부처분은 각각의 정보마다 적법성을 따로 판단하여 주문에 표시하여야 하고,[1] 이에 대해서는 이견이 없다.

(2) 한편 1개의 정보 또는 문서에 대하여 공개 청구하였다가 거절되었으나 부분공개함이 타당하다고 판단되는 경우에 관하여는, 거부처분(비공개결정)에 가분성이 있다고 보고 공개할 부분과 비공개할 부분을 구체적으로 구별하여 공개할 부분에 대하여만 청구를 인용하고 비공개할 부분에 대하여는 기각하는 주문을 낼 것이라는 견해[2]와, 법원으로서는 공개할 부분과 비공개할 부분을 구별하는 기준을 이유에서 표시하고 주문에서는 해당 정보에 대한 공개거부처분 전부를 취소한다(즉 청구의 전부 인용)는 표시만을 함이 타당하다고 보는 견해[3]가 있다.

대법원은 전자의 견해를 취하여 "법원이 행정기관의 정보공개 거부처분의 위법 여부를 심리한 결과, 공개를 거부한 정보에 비공개대상정보에 해당하는 부분과 공개가 가능한 부분이 혼합되어 있고 공개 청구의 취지에 어긋나지 아니하는 범위 안에서 두 부분을 분리할 수 있음을 인정할 수 있을 때에는 청구취지의 변경이 없더라도 공개가 가능한 정보에 관한 부분만의 일부취소를 명할 수 있다"고 판시함[4]으로써 엇갈리던 하급심의 실무례를 통일하였다.

제 4 장

1) 한위수, 앞의 글, 482-483.
2) 한애라, "정보공개사건에서… 일부 공개시의 주문과 이유 설시방법", 행정재판실무편람 - 자료집, 서울행정법원(2001), 294.
3) 한위수, 앞의 글, 483-484.
4) 대법원 2003. 3. 11. 선고 2001두6425 판결, 대법원 2003. 10. 10. 선고 2003두7767 판결, 대법원 2004. 12. 9. 선고 2003두12707 판결.

Ⅶ. 존부회답거부

미국에서는 공개청구한 문서를 행정기관이 보유하고 있다는 사실 자체가 정보자유법(Freedom of Information Act, FOIA)의 비공개규정으로 보호받는 정보인 때에는 행정기관은 당해 기록을 보유하고 있는지에 대해 답하는 것을 거부할 수 있다. 이를 글로마(Glomar Denial, Glomarization) 거부라고 한다.[1]

우리나라 정보공개법에는 이에 대한 별도의 규정이 없다. 다만 공개청구를 거부하는 때는 공개청구에 관한 행정문서의 존부를 명백히 한 뒤에 거부하는 것이 원칙이지만, 공개청구에 관한 행정문서의 존부를 명백히 하는 것만으로 비공개대상정보의 규정에 의해 보호되어야 할 이익을 침해하는 경우가 있을 수 있으므로, 이러한 형태의 거부처분도 가능하다.

다만 존부회답거부처분은 일종의 거부처분이므로 행정절차법에 의하여 이유제시의 의무가 있음은 물론이고, 존부회답거부가 가능한 것은 가령 정보가 존재한다고 할지라도 비공개대상정보에 해당하는 경우에 한정된다는 데 유의하여야 한다.

1) 경건, 앞의 글, 201, 글로마라는 표현은 문제가 되었던 사건에 등장한 Hughes Glomar Explorer라는 선박의 명칭에서 유래되었다고 한다.

Ⅷ. 기타 판례에 나타난 몇 가지 쟁점

1. 처분사유의 추가·변경

가. 문제의 제기

대법원은 행정처분의 취소를 구하는 항고소송에서는 실질적 법치주의와 행정처분의 상대방인 국민에 대한 신뢰보호의 견지에서 처분청이 당초 처분의 근거로 삼은 이유와 기본적 사실관계가 동일성이 있다고 인정할 수 있는 한도에서만 다른 사유를 추가하거나 변경할 수 있을 뿐, 기본적 사실관계와 동일성을 인정할 수 없는 별개의 사실을 들어 처분사유로 주장함은 허용되지 아니하고, 여기서 기본적 사실관계의 동일성 유무는 처분사유를 법률적으로 평가하기 이전의 구체적인 사실에 착안하여 그 기초가 되는 사회적 사실관계가 기본적인 점에서 동일한지에 따라 결정되며,[1] 추가 또는 변경한 사유가 당초의 처분 시 그 사유를 명기하지 않았을 뿐 처분 시에 이미 존재하고 있었고 당사자도 그 사실을 알고 있었다 하여 당초의 처분사유와 동일성이 있는 것이라 할 수 없다고 한다.[2]

따라서 공공기관이 정보공개법 제9조 제1항 각호 중 어느 하나에서 정한 비공개사유가 있음을 이유로 공개거부처분을 하였다가 소송 도중 다른 호 소정의 비공개사유를 처분사유로 추가·변경하는 것이 허용되는지가 문제된다.

---

1) 대법원 1988. 1. 19. 선고 87누603 판결, 대법원 1999. 3. 9. 선고 98두18565 판결, 대법원 2001. 3. 23. 선고 99두6392 판결, 대법원 2001. 9. 28. 선고 2000두8684 판결 등.

2) 대법원 1992. 2. 14. 선고 91누3895 판결 참조.

나. 판례의 태도

(1) 정보공개법 제9조 제1항 각 호 중 어느 하나의 사유에 다른 각 호 사유 추가

(가) 대법원은 "제4호 내지 제6호는 비공개사유의 요건이 되는 사실을 달리하고 있을 뿐 아니라 제4호와 제5호가 모두 직무수행이나 업무의 공정한 수행에 지장을 초래하거나 현저히 곤란하게 한다고 인정할 만한 상당한 이유가 있는 정보를 그 대상으로 규정하고 있으나 지장이 초래되거나 현저히 곤란하게 하는 구체적인 직무나 업무의 내용이 전혀 다르고, 또한 제4호의 위 정보를 비공개대상정보로 하고 있는 것은 범죄의 일반예방 및 특별예방, 원활한 수사 및 교정행정의 원활성을 보호하고자 함에, 제5호의 위 의사결정과정 또는 내부검토과정에 있는 사항 등을 비공개대상정보로 하고 있는 것은 공개로 인하여 공공기관의 의사결정이 왜곡되거나 외부의 부당한 영향과 압력을 받을 가능성을 차단하여 중립적이고 공정한 의사결정이 이루어지도록 하고자 함에, 제6호의 개인식별정보를 비공개대상정보로 하고 있는 것은 개인의 사생활의 비밀과 자유의 존중 및 개인의 자신에 대한 정보통제권을 보장하는 등 정보공개로 인하여 발생할 수 있는 제3자의 법익침해를 방지하고자 함에 각 그 취지가 있어 그 각 정보를 비공개대상정보로 한 근거와 입법취지가 다른 점 등 여러 사정을 합목적적으로 고려하여 보면, 피고가 처분사유로 추가한 정고공개법 제9조 제1항 제5호의 사유와 당초의 처분사유인 같은 항 제4호 및 제6호의 사유는 기본적 사실관계가 동일하다고 할 수 없다고 할 것이며, 추가로 주장하는 제5호에서 규정하고 있는 사유가 이 사건 처분 후에 새로 발생한 사실을 토대로 한 것이 아니라 당초의 처분 당시에 이미 존재한 사실에 기초한 것이라 하여 달리 볼 것은 아니다."라고 하였다.[1)]

(나) 대법원은 "피고가 처분사유로 추가한 제1호에서 주장하는 사유는 당초의 처분사유인 같은 항 제2호, 제4호, 제6호에서 주장하는 사유와는 기본적 사실관계가 동일하다고 할 수 없다고 할 것이고, 추가로 주장하는 제1호에서 규정하고 있는 사유가 이 사건 처분 후에 새로 발생한 사실을 토대로 한 것이 아니라 당초의 처분 당

---

1) 대법원 2003. 12. 11. 선고 2001두8827 판결.

시에 이미 존재한 사실에 기초한 것이라 하여 달리 볼 것은 아니다."라고 하였다.[1)]

(다) 대법원은 그 밖에도 정보공개법 제9조 제1항 제5호 사유에 같은 항 제6, 7호 사유 추가하는 것,[2)] 정보공개법 제9조 제1항 제7호 사유에 같은 항 제1호 사유 추가하는 것,[3)] 정보공개법 제9조 제1항 제4, 7호 사유에 같은 항 제5호 사유 추가하는 것[4)] 모두 기본적 사실관계가 동일하다고 할 수 없다고 보았다.

(2) 진행 중인 A재판에 관련된 정보이므로 정보공개법 제9조 제1항 제4호에 해당한다는 사유에 진행 중인 B재판에 관련된 정보라는 처분사유의 추가

대법원은 경제개혁연대와 소속 연구원 갑이 금융위원회위원장 등에게 금융위원회의 론스타에 대한 외환은행 발행주식의 동일인 주식보유한도 초과보유 승인과 론스타의 외환은행 발행주식 초과보유에 대한 반기별 적격성 심사와 관련된 정보 등의 공개를 청구하였으나 금융위원회위원장 등이 현재 대법원에 재판 진행 중인 사안이 포함되어 있다는 이유로 정보공개법 제9조 제1항 제4호에 따라 공개를 거부한 사안에서, "금융위원회위원장 등이 당초 거부처분사유로 위 정보가 대법원 2007두11412호로 진행 중인 재판에 관련된 정보였다는 취지를 명기하였다면 이와 전혀 별개 사건인 서울중앙지방법원 2006고합1352, 1295, 1351호로 진행 중인 재판에 관련된 정보에도 해당한다며 처분사유를 추가로 주장하는 것은 당초의 처분사유와 기본적 사실관계가 동일하다고 할 수 없는 사유를 추가하는 것이어서 허용될 수 없다."고 하였다.[5)]

(3) 진행 중인 재판에 관련된 정보이므로 정보공개법 제9조 제1항 제4호에 해당한다는 사유에 수사에 관한 사항이므로 정보공개법 제9조 제1항 제4호에 해당한다는 사유의 추가

정보공개법 제9조 제1항 제4호의 '진행 중인 재판에 관련된 정보'와 '수사에 관한 사항으로서 공개될 경우 그 직무수행을 현저히 곤란하게 한다고 인정할 만한 상

1) 대법원 2006. 1. 13. 선고 2004두12629 판결.
2) 대법원 2007. 7. 13. 선고 2005두8733 판결.
3) 대법원 2008. 10. 23. 선고 2007두1798 판결.
4) 대법원 2012. 4. 12. 선고 2010두24913 판결.
5) 대법원 2011. 11. 24. 선고 2009두19021 판결.

당한 이유가 있는 정보'는 그 입법취지가 다를 뿐만 아니라 그 내용과 범위 및 요건이 달라 양 처분사유의 기본적 사실관계가 동일하지 않으므로, 진행 중인 재판에 관련된 정보라는 이유로 비공개결정을 한 뒤 수사에 관한 사항이라는 처분사유를 추가하는 것은 허용되지 않는다고 본 사례가 있다.[1]

(4) 검찰보존사무규칙 제20조 또는 제22조의 당초 처분사유에 정보공개법 제9조 제1항 각 호의 처분사유를 추가하는 것

(가) 피고가 구 검찰보존사무규칙(2006. 7. 4. 법무부령 제591호로 개정되기 전의 것) 제20조 소정의 신청권자에 해당하지 아니한다는 당초 처분사유에 정보공개법 제9조 제1항 제2, 3, 4, 6, 7호의 사유를 추가한다고 주장한 데 대하여 대법원은 "당초 처분사유 근거로 내세운 검찰보존사무규칙 제20조는 재판확정기록의 열람·등사를 피고인이었던 자 또는 그와 같이 볼 수 있는 자(피고인이었던 법인의 대표자, 형사소송법 제28조의 규정에 의한 특별대리인 또는 그 변호인·법정대리인·배우자·직계친족·형제자매·호주)에게만 일반적으로 허용하고, 나머지 사건 관계자들(고소인·고발인·피해자 및 참고인 또는 증인으로 진술한 자)에 대하여는 본인의 진술이 기재되거나 본인이 제출한 서류 등에 대하여만 열람·등사를 허용하는 내용으로서, 전체적으로 보아 특정인을 식별할 수 있는 개인에 관한 정보를 본인 이외의 자에게 공개하지 아니하겠다는 취지이므로, 결국 원고가 위 규칙 제20조에 해당하는 자가 아니라는 당초의 처분사유는 제6호의 사유와 그 기초적 사실관계를 같이 한다고 봄이 상당하다"고 판시하면서도 정보공개법 제9조 제1항 제2, 3, 4, 7호의 사유는 원래의 처분사유와 내용과 취지가 크게 다르고 그 기초가 되는 사회적 사실관계를 놓고 보더라도 동일성이 전혀 없다고 보아 처분사유의 추가를 인정하지 않았다.[2]

(나) 피고가 위 구 검찰보존사무규칙 제20조 소정의 신청권자에 해당하지 아니한다는 당초 처분사유에 정보공개법 제9조 제1항 제1, 5, 8호의 사유를 추가한 데 대해서는 기초적 사실관계가 동일하지 아니하다는 하급심 판결이 있다.[3]

(다) 구 검찰보존사무규칙(2021. 1. 1. 법무부령 제993호로 개정되기 전의 것) 제22

---

1) 서울행정법원 2016. 9. 22. 선고 2016구합56592 판결(항소기각 및 심리불속행기각 확정).
2) 대법원 2003. 12. 11. 선고 2003두8395 판결.
3) 대구고등법원 2007. 1. 19. 선고 2006누1259 판결(확정), 오문기, "정보공개거부처분과 관련된 처분사유의 추가·변경", 재판과 판례 16집, 대구판례연구회(2007. 12.), 828.

조 제1항 제2호의 '기록의 공개로 인하여 사건관계인의 명예나 사생활의 비밀 또는 생명·신체의 안전이나 생활의 평온을 현저히 해칠 우려가 있는 경우'에 해당한다는 사유와 정보공개법 제9조 제1항 제3호, 제6호의 사유는 기본적 사실관계를 같이하나, 같은 항 제4호는 그 내용과 취지가 다르고 기본적 사실관계도 같다고 보기 어렵다는 하급심 판결이 있다.[1)]

(라) 구 검찰보존사무규칙(2021. 1. 1. 법무부령 제993호로 개정되기 전의 것) 제22조 제1항 제4호의 '기록의 공개로 인하여 비밀로 보존하여야 할 수사방법상의 기밀이 누설되거나 불필요한 새로운 분쟁이 야기될 우려가 있는 경우'에 해당한다는 사유의 경우, 정보공개법 제9조 제1항 제4호의 사유와는 기본적 사실관계가 동일하나[2)] 정보공개법 제9조 제1항 제3호 또는 제6호의 각 사유와는 기본적 사실관계가 동일하다고 볼 수 없다.[3)]

다. 다른 사유에 의한 재처분 가능 및 원고의 동의에 따른 처분사유 추가·변경의 예외적 허용

거부처분 취소판결이 확정된 경우라도 공공기관이 행정소송의 사실심 변론종결 이후 발생한 새로운 사유를 내세워 다시 정보공개 거부처분을 하는 것은 가능하고, 비록 종전 행정소송의 사실심 변론종결 이전에 발생한 사유였더라도 종전 처분시와는 다른 사유[4)]를 들어 다시 공개거부처분을 하는 것도 취소확정판결의 기속력에 저

---

1) 서울고등법원 2012. 2. 9. 선고 2011누34100 판결(확정), 서울고등법원 2015. 12. 15. 선고 2015누56597 판결(심리불속행기각 확정). 그 외에 서울행정법원 2018. 11. 26. 선고 2018구합57384 판결(항소기각, 심리불속행기각 확정)도 구 검찰보존사무규칙(2021. 1. 1. 법무부령 제993호로 개정되기 전의 것) 제22조 제1항 제2호의 사유와 정보공개법 제9조 제1항 제6호의 사유는 기본적 사실관계가 동일하다고 보았다.

2) 서울행정법원 2013. 7. 4. 선고 2012구합27947 판결(항소기각, 심리불속행기각 확정), 부산고등법원(창원) 2021. 6. 9. 선고 2021누10197 판결(심리불속행기각 확정).

3) 서울행정법원 2013. 7. 4. 선고 2012구합27947 판결(항소기각, 심리불속행기각 확정), 창원지방법원 2021. 1. 28. 선고 2020구합389 판결(항소기각, 심리불속행기각 확정). 다만 정보공개법 제9조 제1항 제6호의 사유와 기본적 사실관계가 동일하다고 본 판결[서울행정법원 2011. 5. 26. 선고 2011구합6370 판결(확정), 서울행정법원 2011. 6. 23. 선고 2011구합389 판결(확정), 서울행정법원 2011. 11. 18. 선고 2011구합27445 판결(확정)]도 있다.

4) 동일 사유인지 다른 사유인지는 종전 처분사유와 기본적 사실관계에 있어 동일성이 인정되는 사유인지에 따라 판단한다. 대법원 2005. 12. 9. 선고 2003두7705 판결. 또한, 그 사유가 처분 당시에 명기하지 않았을 뿐 이미 존재하고 있었고 당사자도 그 사실을 알고 있었다고 하여 당초 처분사유와 동일성

촉되는 것은 아니라는 것이 판례의 입장이다.[1)]

행정소송 당시 기본적 사실관계의 동일성이 없다는 이유로 추가가 허용되지 아니하였던 처분사유를 취소판결 확정 이후에 다시 내세워 동일한 거부처분을 하는 것이 가능한지 문제될 수 있으나, 기본적 사실관계의 동일성이 인정되지 않는다는 이유로 앞선 소송에서 처분사유의 추가·변경을 허용하지 아니하여 심리대상이 되지 못한 이상 취소판결 확정 이후에 당해 처분사유를 내세워 다시 거부처분을 할 수 있다고 보는 것이 논리적이다. 그러나 이는 분쟁의 일회적 해결이라는 요청에 반하고 재판의 신뢰에도 부정적 영향을 미치므로, 판례의 태도를 완화하여 처분사유의 추가·변경을 보다 유연하게 허용하여 주는 것이 타당한 해결책이다.

이와 관련하여 대법원 2024. 11. 28. 선고 2023두61349 판결은 "처분청이 기본적 사실관계의 동일성이 인정되지 않는 별개의 사실을 들어 처분사유로 주장하는 것이 허용되지 않는다고 해석하는 이유는 행정처분의 상대방의 방어권을 보장함으로써 실질적 법치주의를 구현하고 행정처분의 상대방에 대한 신뢰를 보호하고자 함에 그 취지가 있음을 고려하면, 처분청이 거부처분에 대한 항고소송에서 기존의 처분사유와 기본적 사실관계가 동일하지 않은 사유를 처분사유로 추가·변경한 것에 대하여 처분상대방이 추가·변경된 처분사유의 실체적 당부에 관하여 해당 소송 과정에서 심리·판단하는 것에 명시적으로 동의하는 경우에는, 법원으로서는 그 처분사유가 기존의 처분사유와 기본적 사실관계가 동일한지와 무관하게 예외적으로 이를 허용할 수 있다. 처분상대방으로서는 처분청이 별개의 사실을 바탕으로 새롭게 주장하는 처분사유까지 동일 소송절차 내에서 판단을 받음으로써 분쟁을 한꺼번에 해결하는 것을 유효·적절한 수단으로서 선택할 수도 있으므로, 처분상대방의 그러한 절차적 선택을 존중하는 것이 처분사유 추가·변경 제한 법리의 기본취지와도 부합하기 때문이다. 그렇다면 법원은, 처분상대방의 명시적 동의에 따라 처분사유의 추가·변경을 허용할 경우, 추가·변경된 거부처분사유가 당초 거부처분사유와 기본적 사실관계의 동일성이 인정되지 않더라도 처분사유 추가·변경 제한 법리에 따라 처분청의 주장을 형식적으로 배척할 것이 아니라 추가·변경된 거부처분사유의 실체적 당부에 관하여 심리·판단하여야 한다. 그 결과 추가·변경된 거부처분사유도 실

이 인정되는 것도 아니다. 대법원 2011. 10. 27. 선고 2011두14401 판결.
1) 대법원 2004. 1. 15. 자 2002무30 결정.

체적으로 위법하여 처분을 취소하는 판결이 선고·확정되는 경우 추가변경된 거부처분사유에 관한 법원의 판단에 대해서까지 취소판결의 기속력이 미친다고 보아야 한다. 이와 달리 처분상대방의 명시적인 동의가 없다면, 법원으로서는 처분사유 추가변경 제한 법리의 원칙으로 돌아가 처분청의 거부처분사유 추가·변경을 허용하여서는 아니 된다. 따라서 처분청이 거부처분에 대한 항고소송에서 당초 거부처분사유와 기본적 사실관계의 동일성이 인정되지 않는 다른 거부처분사유를 주장한 것에 대하여 처분상대방이 아무런 의견을 밝히지 않고 있다면 법원은 적절하게 석명권을 행사하여 처분상대방에게 처분사유 추가·변경 제한 법리의 원칙이 그대로 적용될 것을 주장하는지, 아니면 추가·변경된 거부처분사유의 실체적 당부에 관한 법원의 판단을 구하는지에 관하여 의견을 진술할 수 있도록 기회를 주어야 한다. 그리고 법원이 기본적 사실관계가 동일하지 않은 사유의 실체적 당부에 관한 처분상대방의 명시적인 동의 없이 추가·변경된 거부처분사유를 심리·판단하여 이를 근거로 거부처분이 적법하다고 판단하는 것은 행정소송법상 직권심리주의의 한계를 벗어난 것으로 허용될 수 없다."라는 보완법리를 판시하였다.

국민의 정보공개청구에 대한 공공기관의 정보비공개결정은 거부처분의 일종이므로, 이러한 보완법리는 정보공개소송(정보비공개결정 취소소송)에도 적용된다. 공공기관이 소송에서 당초 정보비공개결정 당시에 밝힌 비공개사유와 기본적 사실관계의 동일성이 인정되지 않는 다른 비공개사유를 주장하는 경우에는, 법원은 원고에게 ⅰ) 당해 사건에서 당초 비공개사유에 한하여 심리·판단을 받고 추후 공공기관이 다른 비공개사유를 이유로 다시 정보비공개결정을 하면 별도의 소송으로 다투길 희망하는지, 아니면 ⅱ) 당해 사건에서 공공기관이 소송에서 주장한 새로운 비공개사유에 대해서까지 심리·판단받음으로써 분쟁을 일회적으로 해결하길 희망하는지를 밝히도록 석명권을 행사하여, 원고의 명시적 의사에 따라 심리·판단 범위를 결정하여야 한다.

2. 비공개열람·심사

가. 비공개열람·심사의 의의

정보공개법 제20조 제2항은 “재판장은 필요하다고 인정하면 당사자를 참여시키지 아니하고 제출된 공개 청구 정보를 비공개로 열람·심사할 수 있다.”고 규정하여 비공개열람·심사(이른바 인 카메라 In Camera) 제도(이하 ‘비공개열람·심사’라 한다)를 도입하고 있다.

통상 재판을 비공개로 진행한다 하더라도 당사자는 심리에 참가하고 심리내용도 모두 조서에 기재하여 당사자는 물론 제3자에게도 재판의 내용을 공개할 수 있는 데 반하여, 비공개 심사는 오로지 재판부만이 그 내용을 심리하고 원고도 그 내용을 알 수 없다는 점에서 재판절차에 대한 중대한 특칙에 해당한다. 즉 공공기관의 비공개결정의 당부를 심사하려면 재판부가 당해 정보의 내용이 어떠한 것인지 알아야 하는데, 현행 행정소송법 또는 민사소송법 절차에 따라 공공기관이 비공개결정의 타당성을 증명하기 위하여 당해 정보를 법원에 제출하면 청구인도 이를 소송기록열람 등의 방법으로 알 수 있게 되어 위 비공개결정이 타당하다 하더라도 당해 정보가 재판과정을 통하여 청구인에게 공개되는 결과에 이르게 된다. 그렇다고 그러한 결과를 방지하기 위하여 그 정보를 재판부에도 공개하지 아니한다면, 재판부는 정보의 내용도 모르는 채 비공개결정의 당부를 판단하여야 하는 불합리에 직면하게 된다. 따라서 정보공개법상 비공개열람·심사는 기존의 증거조사방법에 따를 때 발생할 수 있는 불합리를 해소하기 위하여 당사자를 배제하고 재판부만 당해 정보의 내용을 파악하도록 함으로써 공정한 재판을 할 수 있도록 보장하는 장치이다.[1)]

나. 비공개열람·심사의 실시

(1) 비공개열람·심사는 비공개 사유에 해당하는 정보가 실제로 당해 정보에 들어 있는지, 비공개 사유의 존부 판단이 타당한지, 부분 공개나 존부회답거부처분이

1) 한위수, 앞의 글, 37.

적절하였는지 등을 정확·신속하게 판단하고, 아울러 비공개결정을 취소하는 경우 공개하여야 할 문서를 명확하게 특정하는 데 필수적이다.

(2) 재판장이 비공개열람·심사가 필요하다고 인정하여 해당 정보의 제출을 요구하면 피고(공공기관)는 해당 정보를 재판부에 제출하여야 한다. 다만 국가안전보장·국방 또는 외교관계에 관한 정보의 비공개 또는 부분 공개 결정처분인 경우에 한하여 피고(공공기관)는 그 정보에 대한 비밀 지정의 절차, 비밀의 등급·종류 및 성질과 이를 비밀로 취급하게 된 실질적인 이유 및 공개를 하지 아니하는 사유 등을 증명하여 해당 정보의 제출을 면할 수 있다(정보공개법 제20조 제3항). 만일 피고(공공기관)가 납득할 수 없는 이유로 해당 정보의 제출을 거부하는 경우에는 비공개 사유에 관한 피고의 주장을 인정하지 아니할 수 있다.[1]

(3) 종전에는 정보공개법 제27조가 정보공개법의 시행에 필요한 사항을 대법원규칙 등으로 정하도록 위임하였음에도 대법원규칙인 법원정보공개규칙에서 정보공개법 제20조 제2항, 제3항의 시행에 관하여 아무런 규정을 두고 있지 않아 비공개열람·심사를 진행하는 방식과 절차가 통일되어 있지 않다는 비판이 있었다. 그러나 2023. 8. 31. 대법원규칙 제3108호로 제정되어 같은 날 시행된 행정소송규칙이 제11조에 비공개열람·심사에 관한 구체적인 규정을 두고 있으므로, 앞으로는 비공개열람·심사의 진행 방식과 절차가 통일될 것으로 보인다.

먼저, 행정소송규칙 제11조 제1항은 청구인이 정보공개와 관련한 공공기관의 결정에 대하여 불복이 있거나 정보공개 청구 후 20일이 경과하도록 정보공개 결정이 없어 취소소송을 제기하는 경우(정보공개법 제20조 제1항에 따른 취소소송 사건), 공개 청구된 사실을 통지받은 제3자가 해당 공공기관에 대하여 자신과 관련된 정보를 공개하지 아니할 것을 요청하였음에도 공공기관이 공개 결정을 하여 제3자가 취소소송을 제기하는 경우(정보공개법 제21조 제2항에 따른 취소소송) 및 이를 본안으로 하는 집행정지신청 사건의 심리를 위해 비공개열람·심사를 할 수 있다고 규정하고 있다.

다음으로, 비공개열람·심사의 구체적인 절차와 관련하여, 행정소송규칙 제11조는 재판장은 비공개열람·심사를 하는 경우 피고에게 공개 청구된 정보의 원본 또는 사본·복제물의 제출을 명할 수 있고(제1항), 제출 명령을 받은 피고는 변론기일 또

1) 한기택, “정보공개에 있어서 문서의 특정”, 행정재판실무편람 Ⅲ, 서울행정법원(2003), 569.

는 심문기일에 해당 자료를 제출하여야 하고, 특별한 사정이 있으면 재판장은 그 자료를 다른 적당한 방법으로 제출할 것을 명할 수 있으며, 이 경우 자료를 제출받은 재판장은 지체 없이 원고에게 제1항의 명령에 따른 자료를 제출받은 사실을 통지하여야 하고(제2항), 제2항에 따라 제출된 자료는 소송기록과 분리하여 해당 사건을 심리하는 법관만이 접근할 수 있는 방법으로 보관하며(제3항), 법원은 제1항의 취소소송이나 집행정지신청 사건에 대한 재판이 확정된 경우 제2항에 따라 제출받은 자료를 반환하되, 다만 당사자가 그 자료를 반환받지 아니한다는 의견을 표시한 경우 또는 위 확정일부터 30일이 지났음에도 해당 자료를 반환받지 아니하는 경우에는 그 자료를 적당한 방법으로 폐기할 수 있고(제4항), 당사자가 제1항의 취소소송이나 집행정지신청 사건의 재판에 관하여 불복하는 경우 법원은 제2항에 따라 제출받은 자료를 제3항에 따른 방법으로 상소법원에 송부한다(제5항)고 규정하고 있다.

다. 비공개열람·심사의 실시 주체

법문상 '재판장'으로 규정되어 있는 것처럼 보이나 이는 재판장이 소송지휘권 행사의 일환으로 당사자를 참여시키지 않는 것이 필요한지 판단하는 주체라는 의미에 불과하고, 합의부 재판에 있어서는 법원조직법상의 합의제 원칙(제66조)에 따라 재판장뿐만 아니라 주심을 포함한 재판부 구성원 전원이 비공개열람·심사의 주체라고 보아야 한다.[1)]

라. 비공개열람·심사의 미실시와 심리미진

대법원은 "소송의 대상이 된 정보에 비공개대상정보에 해당하는 부분과 공개가 가능한 부분이 혼합되어 있고, 공개청구의 취지에 어긋나지 아니하는 범위 안에서 두 부분을 분리할 수 있음을 인정할 수 있을 때에는 청구취지의 변경이 없더라도 공개가 가능한 정보에 관한 부분만의 일부 취소를 명할 수 있으며, 위와 같은 판단을 하기 위해서는 당사자의 주장과 간접적인 자료는 물론 공개청구정보를 직접 열

---

1) 조용호, "정보공개청구소송에서 비공개 열람·심사의 방법", 행정재판실무편람, 서울행정법원(2001), 289; 입법론으로는 위 규정의 '재판장'을 '법원'으로 개정함이 타당하다고 본다.

람·심사할 필요성도 있다고 보이므로 정보공개법 제20조 제2항을 적용하여 당사자를 참여시키지 아니하고 제출된 공개청구정보를 비공개로 열람·심사하였어야 할 것임에도, 이러한 조치 없이 판단에 이른 원심의 판결에는 필요한 심리를 다하지 아니한 위법이 있다"고 하였다.[1)]

마. 비공개열람·심사와 헌법상 재판공개원칙

헌법 제109조의 재판공개원칙은 재판의 공정성을 확보하기 위하여 소송의 심리과정과 판결을 당사자뿐만 아니라 일반인에게까지 공개하여야 한다는 원칙이므로, 앞서 본 바와 같이 재판부가 정보의 내용도 모르는 채 비공개결정의 당부를 판단하여야 하는 불합리와 기존의 증거조사방법에 의할 때 재판과정을 통하여 대상 정보의 내용이 공개되어 버리고 마는 불합리를 조화롭게 해소하기 위하여 특정 유형의 사건에 한하여 법률로써 당사자를 배제한 채 비공개로 심리할 수 있도록 하는 것까지 금하는 취지는 아니라고 할 것이므로, 비공개열람·심사 제도가 헌법상 재판공개원칙에 위배된다고 할 수는 없다.[2)]

3. 증명책임

가. 비공개사유

처분이 적법하다는 증명책임이 처분청에 있다는 일반원칙에 비추어 비공개사유에 대한 증명책임은 공공기관이 부담한다. 공개청구 대상이 된 정보의 내용을 구체적으로 확인·검토하여 어느 부분이 어떠한 법익 또는 기본권과 충돌하여 정보공개법 제9조 제1항 몇 호에서 정하고 있는 비공개사유에 해당하는지 주장·증명하지 아니한 채 개괄적인 사유만 들어 공개를 거부함은 불가하고 그 자체로 위법하다.[3)]

---

1) 대법원 2005. 1. 28. 선고 2002두12854 판결.
2) 한위수, 앞의 글, 38-39.
3) 대법원 2003. 12. 11. 선고 2001두8827 판결, 대법원 2004. 9. 23. 선고 2003두1370 판결, 대법원 2005. 11. 25. 선고 2004두3342 판결, 대법원 2007. 2. 8. 선고 2006두4899 판결.

나. 정보 보유·관리의 증명책임 등

정보공개제도는 공공기관이 보유·관리하는 정보를 그 상태대로 공개하는 제도로서 공개를 구하는 정보를 공공기관이 보유·관리하고 있을 상당한 개연성이 있다는 점에 대하여 원칙적으로 공개청구자에게 증명책임이 있다고 할 것이지만, 그 개연성이 증명되면 그 정보를 보유·관리하고 있지 않다는 점에 대한 증명책임과 공개를 구하는 정보를 공공기관이 한 때 보유·관리하였으나 후에 그 정보가 담긴 문서 등이 존재하지 않게 된 점에 대한 증명책임은 공공기관에 있다.[1)]

한편, 공공기관이 그 정보를 보유·관리하고 있지 아니하다는 이유로 공개거부처분을 하였고 심리한 결과 공공기관이 그 정보를 보유·관리하고 있지 아니하다는 사실이 증명된 경우에 원고의 청구를 기각할 것인지 아니면 정보공개거부처분의 취소를 구할 법률상의 이익이 없다는 이유로 소를 각하할 것인지에 관하여 실무의 처리례는 엇갈리고 있었다. 하급심에서는 청구기각을 한 판결이 많았고, 대법원도 초기에는 청구를 기각하여야 한다는 취지로 판시한 것도 보이나,[2)] 이후 소를 각하하여야 한다는 쪽으로 입장을 정리하였다.[3)]

다만 정보공개청구를 거부하는 처분이 있은 후 대상 정보가 폐기되었다든가 하여 공공기관이 그 정보를 보유·관리하지 않게 된 경우에는 특별한 사정이 없는 한 정보공개거부처분의 취소를 구할 법률상의 이익이 없다는 판례가 확립되어 있다.[4)]

4. 공문서에 대한 문서제출명령과 정보공개법

가. 인용문서인 공문서에 대한 문서제출명령과 정보공개법상 비공개사유

민사소송법 제344조 제1항 제1호의 인용문서에 관한 문서제출명령 신청에 대하여 피신청인이 정보공개법 소정의 비공개사유를 들어 문서제출의무를 면할 수 있

---

1) 대법원 2004. 12. 9. 선고 2003두12707 판결.
2) 대법원 2003. 3. 14. 선고 2001두4610 판결.
3) 대법원 2005. 1. 28. 선고 2002두12854 판결, 대법원 2006. 1. 13. 선고 2003두9459 판결, 대법원 2013. 1. 24. 선고 2010두18918 판결.
4) 대법원 2003. 4. 25. 선고 2000두7087 판결, 대법원 2006. 1. 13. 선고 2003두9459 판결.

는지 문제된다.

인용문서에 관하여는 민사소송법 제344조 제1항 제3호나 제2항과 달리 문서제출의무의 예외사유에 대한 아무런 규정이 없는 점, 이러한 인용문서의 경우 당사자가 소송에서 문서를 증거로 인용하거나 자신의 주장을 명백히 하기 위하여 적극적으로 문서의 존재와 내용을 언급하여 자신의 주장의 근거 또는 보조로 삼은 이상, 상대방에게도 그 문서의 내용을 검토·비판할 기회를 보장하고 그 문서를 이용하게 하는 것이 공평의 견지에서 타당하다는 취지에서 문서제출의무가 인정되는 점, 비밀유지이익을 가지는 당사자로서는 소송에서 적극적으로 그 문서의 존재와 내용을 언급하지 아니함으로써 위와 같은 인용문서 제출의 부담을 회피할 수 있는 점, 민사소송법에 의한 문서제출명령 제도와 정보공개법에 의한 정보공개제도는 그 목적이나 취지, 연혁 등을 달리하고, 법원이 공공기관의 정보공개거부처분을 취소할 경우 행정소송법상 취소판결의 기속력에 의하여 공공기관의 정보공개가 사실상 강제되는 데 반하여(행정소송법 제30조 제2항, 제34조), 국가 등이 당사자로서 문서제출명령에 따르지 아니한 때에는 법원이 소송상 문서의 기재에 대한 상대방의 주장을 진실한 것으로 인정할 수 있는데 그치는(민사소송법 제349조) 등 그 효력도 달리하는 점 등에 비추어 보면, 피고가 소송에서 인용한 문서가 공무원이 그 직무와 관련하여 보관하거나 가지고 있는 문서로서 정보공개법 제9조에 정하고 있는 비공개대상정보에 해당한다고 하더라도, 특별한 사정이 없는 한 그에 관한 문서제출의무를 면할 수 없다고 봄이 상당하다.[1]

제 4 장

나. 인용문서가 아닌 공문서에 대한 문서제출명령과 정보공개법

민사소송법 제344조 제2항은 같은 조 제1항에서 정한 문서에 해당하지 아니한 문서라도 문서의 소지자는 원칙적으로 그 제출을 거부하지 못하나, 다만 '공무원 또는 공무원이었던 사람이 그 직무와 관련하여 보관하거나 가지고 있는 문서'는 예외적으로 제출을 거부할 수 있다고 규정하고 있는바, 여기서 말하는 '공무원 또는 공무원이었던 사람이 그 직무와 관련하여 보관하거나 가지고 있는 문서'는 국가기관이

---

1) 대법원 2011. 7. 6. 자 2010마1659 결정(그에 앞선 대법원 2008. 6. 12. 자 2006무82 결정에서는 비공개사유가 있으면 문서제출의무를 면할 수 있는 듯 설시하였으나, 이 결정은 비공개사유가 있어도 문서제출의무를 면할 수 없음을 분명히 하였다).

보유·관리하는 공문서를 의미한다고 할 것이고, 이러한 공문서의 공개에 관하여는 정보공개법에서 정한 절차와 방법에 의하여야 한다.[1)]

---

1) 대법원 2010. 1. 19. 자 2008마546 결정(피고 대한민국 소속의 검사 등이 보관하고 있는 검찰인사명령서와 제3자에 대한 수사기록 또는 진정사건 기록에 대한 원고의 문서제출명령 신청을 재판부가 받아들이자 피고가 불복한 사안에서, 대법원은 위 각 문서는 민사소송법 제344조 제1항 각 호의 문서에는 해당되지 않고, 나아가 이들은 '공무원 또는 공무원이었던 사람이 그 직무와 관련하여 보관하거나 가지고 있는 문서'에 해당하므로, 피고로서는 위 문서들의 제출을 거부할 수 있으며, 이러한 공문서의 공개는 정보공개법에 의하여야 한다고 한 사안이다).

Ⅸ. 앞으로의 과제

1. 의무이행소송의 도입과 간접강제

현행 행정소송법에서는 공공기관의 공개거부처분에 대하여 적극적으로 공개를 하도록 명하는 이행판결을 구하는 소송은 허용되지 아니하므로 공개거부처분에 대한 취소청구를 인용하는 판결이 확정되더라도 같은 법 제30조 제2항에 의한 재처분의무와 같은 법 제34조에 의한 간접강제로 구제받을 수 있을 뿐이다.

장차 행정소송법에 의무이행소송제도를 도입한다면 공개거부처분에 대하여 취소소송을 제기할 것 없이 바로 의무이행소송을 제기하면 될 것이나, 행정청이 의무이행을 명하는 확정판결에도 불구하고 여전히 정보공개를 하지 아니할 경우에 대비하여 제1심 수소법원이 상당한 기간을 정하여 정보공개를 명하고, 행정청이 그 기간에도 정보공개를 하지 아니하는 때에는 지연기간에 따라 일정한 배상을 하도록 명하거나 즉시 손해배상을 하도록 명하는 의무이행판결의 간접강제 제도도 함께 도입할 필요가 있다.

또한 행정소송법에 의무이행소송제도를 도입하기 전이라도 정보공개법에서 먼저 이러한 제도를 일종의 특례로서 도입하는 것을 고려해 볼 필요가 있다.

제5장 **건축 관련 소송**

Ⅰ. 건축 관련 분쟁의 단계별 유형

건축법은 건축물의 대지·구조·설비 기준 및 용도 등을 정하여 건축물의 안전·기능·환경 및 미관을 향상시킴으로써 공공복리의 증진에 이바지하는 것을 목적으로 제정되었다(제1조).

이를 바탕으로 건축법은 건축물 내지 건축에 관한 일반적 사항을 규율하고 있는데 "토지에 정착하는 공작물 중 지붕과 기둥 또는 벽이 있는 것과 이에 딸린 시설물, 지하나 고가의 공작물에 설치하는 사무소·공연장·점포·차고·창고, 그 밖에 대통령령으로 정하는 것"을 '건축물'로 정의하면서(제2조 제1항 제2호), 그 용도에 따라 단독주택, 공동주택, 근린생활시설, 공장 등으로 구분하고(제2조 제2항), 건축법 시행령 제3조의5 [별표1]에서 용도별 건축물의 종류를 구체적으로 규정하고 있다.[1)]

그리고 건축법은 "건축물을 신축·증축·개축·재축하거나 건축물을 이전하는 것"을 '건축'으로 정의하면서(제2조 제1항 제8호), 건축물을 건축하려는 경우 원칙적으로 관할 행정청의 허가를 받되(제11조 제1항 본문), 일정한 경우에는 신고만으로 건축허가를 받은 것으로 보도록 정하고 있다(제14조 제1항).

건축물을 건축하려면 위와 같이 건축법령에서 정한 종류의 건축물을 관계 법령상 조건에 맞추어 설계하고, 건축허가 내지 신고를 거쳐 설계 내용대로 건축하여야 한다. 이러한 건축행위의 진행 단계에 따라 발생하는 분쟁의 형태는 다음과 같은 것이 있다.

먼저 ① 건축허가 단계에서는 건축허가신청을 하였으나 불허된 경우 제기하는 건축불허가처분취소소송과 건축허가를 받았으나 부관이 붙은 경우 그 부관의 효력

1) 여기서의 건축물은 민법상 독립된 부동산으로 취급되는 건물보다 넓은 개념이고, 건축법 제20조에서는 일정 기간 존치 후 해체를 예정하는 가설건축물에 관하여 별도로 규정하고 있다.

을 다투는 쟁송 등이 있다. 다음으로 ② 건축허가 이후 완공까지는 건축허가를 신청한 자가 아닌 제3자가 제기하는 건축허가취소소송과 건축주 변경, 건축허가의 사후적 철회와 취소 문제, 완공 후 사용승인과 관련한 분쟁이 있고, ③ 사용승인 이후에는 건축물대장 작성과 관련된 분쟁, 용도변경, 위법 건축물에 대한 처분과 관련한 쟁송 등이 있다.

아래에서는 위와 같은 건축 관련 쟁송의 유형에 따라 주로 문제되는 쟁점들을 살펴보기로 한다.

Ⅱ. 건축허가와 신고

1. 서론

제 5 장

건축법은 건축물의 안전 등을 향상시킴으로써 공공복리를 도모하고자 토지이용권의 일종인 건축할 권리를 일반적으로 제한하고, 일정한 요건을 갖추었을 때만 건축물의 건축이 가능하게 하는 형식으로 규정되어 있다. 그에 따라 건축법은 각종 규제 조항을 두고 있는데, 건축법을 건축경찰법이라고 부르는 것은 건축법의 이러한 특성 때문이다.[1] 다만 국민의 재산권 행사를 법률로써 제한하는 것이므로, 건축법을 해석·적용할 때는 건축기본권을 과도하게 제한하지 않도록 주의할 필요가 있다.

한편 도시와 건축물은 유기적인 관계를 맺고 있고, 국가는 도시 전체의 관점에서 건축물을 통제하기 위한 공법 규정들을 따로 마련해 놓았다.[2] 또한 도시의 영역이 확대되어감에 따라 도시로 편입되거나 도시와 유기적 관계를 가지는 도시 외의 영역에 들어설 건축물들도 도시와의 관계 속에서 정비해야 한다. 이에 국가는 국토의 효율적 이용·개발과 보전을 위하여 장기적으로 국토이용계획을 수립하고, 그 계획에 따라 건축물의 건축을 위한 토지의 사용을 제한하게 된다. 국토계획법은 이런 목적에서 제정된 법률로서, 특히 도시 지역의 토지에 대해서는 지구단위계획구역의 지정 및 지구단위기본계획을 수립하여 기본적인 공간구조와 장기발전방향을 제시하고, 용도지역·용도지구 및 용도구역 등을 지정하는 도시관리계획을 수립하거나 개발제한구역 등을 지정함으로써 각 구역의 건축물 용도·건폐율·용적률·높이 등에 대한 제한을 강화하거나 완화함으로써 토지의 효율적 이용을 도모하고 있다. 따라서

1) 김종보, 건설법의 이해(제7판), ㈜북포레(2023), 26.
2) 김종보, 앞의 글, 5.

건축물의 건축은 국토의 효율적 이용이라는 측면에서도 일정한 제한을 받게 된다.

건축물의 건축 허용성과 관련해서는 앞에서 든 두 측면에서 법률적 통제가 이루어지고 있으므로 쟁송 역시 건축법과 국토계획법의 양 측면에서 발생한다. 또한 건축물을 건축하는 과정에서 새로운 건축물의 등장으로 제3자에게 어떠한 방식이든 어느 정도이든 영향을 주게 되고, 그로 인하여 건축주, 행정청, 제3자 사이의 다툼이 발생하기도 하는데, 이 또한 건축 관련 쟁송의 또 다른 평면을 구성한다.

2. 건축허가

가. 기속행위에서 재량행위로 전환

2000년대 이전에는 행정법학 이론에서 '강학상 허가란 자연적 자유를 회복시켜 주는 기속행위이고, 특허는 특별한 권리를 설정해 주는 재량행위'라는 2원적 도식이 통념으로 자리잡고 있었고, 강학상 건축법은 건축물의 위험을 방지하기 위한 경찰법으로서 건축물 안전을 위하여 건축법령이 정한 요건·기준을 충족하면 반드시 건축허가를 발급하여야 하고, 건축법령이 정한 것 이외의 사유로 건축허가 발급을 거부할 수 없다는 의미에서 건축법상 건축허가는 전통적으로 기속행위로 이해되었다.

그러나 실정법에서 입법자가 '어떤 요건이 충족되면 어떤 처분을 하여야 한다'라고 규정하는 것이 아니라 '~ 할 수 있다'라고 규정하거나 법률요건에 불확정개념을 사용함으로써 행정청에게 요건의 포섭판단이나 효과의 선택·결정에 관하여 재량을 부여하는 경우가 점차로 늘어났고, 그래서 실정법의 해석에서 어떤 처분이 재량행위인지 기속행위인지는 강학상 허가/특허 2분론과 같은 도그마틱을 통해서 일률적으로 판단할 수 없고, 해당 처분의 근거가 된 규정의 형식, 체제, 문언, 해당 처분이 속하는 행정분야의 주된 목적과 특성, 해당 처분 자체의 개별적 성질과 유형 등을 모두 고려하여 개별적으로 판단하여야 한다는 것이 대법원의 확립된 판례가 되었다.[1)]

건축법 영역에서도 실정법에 건축행정청이 도시미관이나 주거·교육환경 등 주

1) 대법원 2001. 2. 9. 선고 98두17593 판결 등.

변환경을 고려하여 건축허가를 발급하지 않을 수 있다는 규정이 신설되면서,[1] 건축법상 건축허가는 단순한 경찰법상 허가가 아니라 도시계획적 요소까지도 고려하는 복합적인 성질을 가지게 되었다. 이미 대법원 판례는 개발제한구역에서의 건축법상 건축허가는 예외적 승인에 해당하여 재량행위이고,[2] 재량행위인 토지형질변경 허가가 의제되는 건축법상 건축허가,[3] 지구단위계획구역에서의 건축허가[4]는 재량행위라고 봄으로써 점차적으로 기속행위의 영역을 좁혀 나가고 있었다.

한편, 구 도시계획법은 국토 중 도시지역만을 도시계획구역으로 지정하여 도시계획을 수립하고 도시계획구역 안에서 도시계획사업에 의하지 않고 건축물의 건축, 공작물의 설치, 토지의 형질변경, 토석채취 등의 개발행위를 하고자 하는 경우에는 관할 자치단체장의 개발행위허가를 받도록 규정하였다. 그래서 도시계획구역이 아닌 곳에서 건축물을 건축하고자 하는 경우에는 건축법상 건축허가를 받는 것으로 족하고 도시계획법상 개발행위허가를 받을 필요가 없었으며, 농지(지목: 전·답·과수원)나 산지(지목: 임야)를 건축물의 대지로 형질변경하고자 하는 경우에는 농지법상 농지전용허가나 산지관리법상 산지전용허가를 받는 것으로 족하고 도시계획법상 개발행위허가를 받을 필요는 없었다. 그러나 2002. 2. 4. 법률 제6655호로 구 국토이용관리법과 구 도시계획법을 폐지하고 제정되어 2003. 1. 1.부터 시행된 국토계획법은 전(全) 국토를 도시계획의 대상으로 규정하고 어느 지역에서든 건축물의 건축, 공작물의 설치, 토지의 형질변경, 토석채취 등의 개발행위를 하고자 하는 경우에는 관할 자치단체장의 개발행위허가를 받도록 규정하고 있다. 그 결과 이제는 도시지역인지, 시골지역인지를 불문하고, 건축물을 건축하고자 하는 경우에는 건축법상 건축허가 외에도 국토계획법상 개발행위(건축물의 건축)허가를 받아야 하며, 농지나 산지를 건축물의 대지로 형질변경하고자 하는 경우에는 농지법상 농지전용허가나 산지관리법상 산지전용허가 외에도 국토계획법상 개발행위(토지형질변경)허가를 받아야 한다.

본래 어떤 개발사업의 시행과 관련하여 여러 개별법령에서 각각 고유한 목적과

1) 건축법은 제11조 제4항 단서 각호에서 건축위원회의 심의를 거쳐 건축허가를 하지 아니할 수 있는 경우를 규정하고 있는데, 제1호에서 위락시설이나 숙박시설에 해당하는 건축물을 건축하는 경우를 규정하고, 제2호에서 방재지구 등 상습적으로 침수되는 지역 등에서 건축물을 건축하는 경우를 규정하고 있다
2) 대법원 1998. 9. 8. 선고 98두8759 판결.
3) 대법원 2005. 7. 14. 선고 2004두6181 판결.
4) 대법원 2006. 11. 9. 선고 2006두1227 판결.

취지를 가지고 그 요건과 효과를 달리하는 인허가 제도를 각각 규정하고 있다면, 그 개발사업을 시행하기 위해서는 개별법령에 따른 여러 인허가 절차를 각각 거치는 것이 원칙이다. 다만 각각의 인허가를 별도로 받는 것은 번거롭고 시간과 비용이 많이 들기 때문에, 근거법령에서 절차간소화를 위하여 관련 인허가를 의제 처리할 수 있는 근거규정을 두고 있는 경우가 있다. 이런 관련 인허가 의제 제도는 사업시행자의 편의를 위하여 만들어진 것으로서, 원칙적으로 사업시행자가 어떤 인허가를 신청하면서 하나의 절차 내에서 관련 인허가 의제 처리를 신청할 것인지를 '선택'할 수 있으며, 신청할 의무가 있는 것은 아니다. 그런데 건축법상 건축허가에 관해서는 관련 법령이 관련 인허가 의제를 선택이 아니라 '필수'로 규정하고 있다. 건축법 제11조 제5항 제3호는 절차간소화를 위하여 건축법상 건축허가를 받는 절차에서 관계 행정청과의 사전 협의를 통해서 국토계획법상 개발행위허가를 받은 것으로 의제할 수 있는 관련 인허가 의제 제도를 규정하고 있고, 다른 한편으로 국토계획법 제57조 제1항은 개발행위를 하려는 자는 그 개발행위에 따른 기반시설의 설치나 그에 필요한 용지의 확보, 위해 방지, 환경오염 방지, 경관, 조경 등에 관한 계획서를 첨부한 신청서를 개발행위허가권자에게 제출하여야 하나, 다만 개발행위허가대상 중 '건축법의 적용을 받는 건축물의 건축 또는 공작물의 설치'를 하려는 자는 건축법에서 정하는 절차에 따라 신청서류를 제출하여야 한다고 규정하고 있다. 따라서 건축주가 건축물을 건축하기 위해서는 건축법상 건축허가와 국토계획법상 개발행위(건축물의 건축)허가를 각각 별도로 신청하여야 하는 것이 아니라, 건축법상 건축허가절차에서 관련 인허가 의제 제도를 통해 두 허가의 발급 여부가 동시에 심사·결정되도록 하여야 하며, 이를 통해 건축법상 건축허가절차에서 건축주의 건축계획이 국토계획법상 개발행위허가기준을 충족하였는지가 함께 심사되어야 한다. 건축주의 건축계획이 건축법상 건축허가기준을 충족하더라도 국토계획법상 개발행위허가기준을 충족하지 못한 경우에는 해당 건축물의 건축은 법질서상 허용되지 않는 것이므로, 건축행정청은 건축법상 건축허가를 발급하면서 국토계획법상 개발행위(건축물의 건축)허가가 의제되지 않은 것으로 처리하여서는 안 되고, 건축법상 건축허가의 발급을 거부하여야 한다.[1)]

결국 건축법상 건축허가는 국토계획법상 개발행위(건축물의 건축)허가와 통합적

1) 대법원 2020. 7. 23. 선고 2019두31839 판결.

으로 운용되도록 한 입법적 결단에 의해 재량행위가 되었으며, 건축법상 건축신고에는 건축법 제11조 제5항, 제6항의 관련 인허가 의제 제도가 준용되므로(건축법 제14조 제2항) 건축허가와 마찬가지로 재량행위가 되었다.[1)]

건축허가·신고에 관한 과거의 대법원 판례들은 과거의 제도 하에서 기속행위임을 전제로 한 것들이 많으므로, 현재 시점에서 이를 원용할 때에는 매우 주의하여야 한다.

나. 국토계획법상 개발행위허가와의 관계

국토계획법 제56조 제1항, 동 시행령 제51조 제1항에 의하면, '건축물의 건축 또는 공작물의 설치', '토지의 형질변경', '토석의 채취', '토지 분할', '녹지지역·관리지역·자연환경보전지역에 1개월 이상 물건 적치'를 하려는 자는 대통령령으로 정하는 경미한 사항을 제외하고는 관할 행정청의 개발행위허가를 받아야 한다. 건축법상 건축허가·신고와 관련하여 특히 문제가 되는 것은 '건축물의 건축'을 위한 개발행위허가와 '토지의 형질변경'을 위한 개발행위허가이다.

제 5 장

앞서 살펴보았듯이, 건축법상 건축허가·신고 절차를 거칠 때 반드시 개발행위(건축물의 건축) 허가에 필요한 서류를 함께 제출하여 건축법상 건축허가절차에서 관련 인허가 의제 제도를 통해 두 허가의 발급 여부가 동시에 심사·결정되도록 하여야 하며, 이를 통해 건축법상 건축허가절차에서 건축주의 건축계획이 국토계획법상 개발행위허가기준을 충족하였는지가 함께 심사되어야 한다.

다른 한편으로, 건축물의 건축은 건축주가 그 부지를 적법하게 확보한 경우에만 허용될 수 있는데, 여기에서 '부지 확보'란 건축주가 건축할 토지의 소유권이나 그 밖의 사용권원을 확보하여야 한다는 점 외에도 해당 토지가 관계법령상 건축물의 건축이 허용되는 법적 성질을 지니고 있어야 한다는 점을 포함한다. 토지는 그 토지의 용도(지목)에 적합하게 이용되어야 한다. 어떤 토지를 그 지목과 달리 이용하기 위해서는 해당 토지의 용도를 적법하게 변경하기 위하여 국토계획법 제56조 제1

1) 건축허가 관련 법령 규정의 변화와 판례의 흐름에 관해서는 우미형, "건축행위허가의 법적 성격 - 건축허가 요건에 관한 법령 규율의 변화와 판례 이론의 전개 - ", 강원법학 62권(2021), 360~382; 우미형, "건축신고와 법해석의 한계 - 대상판결: 대법원 2023. 9. 21. 선고 2022두31143 판결 - ", 충남대 법학연구 35권 1호(2024), 10~24 참조.

항에 따른 개발행위(토지형질변경) 허가를 받아야 한다. 그 토지의 실제 현황이 어느 시점에 공부상의 지목과 달라졌거나 또는 토지의 물리적인 형상을 변경하기 위한 공사가 필요하지 않더라도 마찬가지이다. 개발행위(토지형질변경) 허가를 통해 먼저 해당 토지의 용도(법적으로 허용된 이용가능성)를 적법하게 변경한 다음, 공간정보의 구축 및 관리 등에 관한 법률 제81조에 따라 지적소관청에 지목변경을 신청하여야 한다. 예를 들어 지목이 '답'인 토지에서 축사를 건축하기 위해서는 건축법상 건축허가 외에도, 해당 토지의 용도를 건축물의 건축이 가능하게끔 적법하게 변경하기 위한 절차로서 국토계획법상 개발행위(토지형질변경) 허가를 받아야 한다. 특히 대규모 축사를 안전하게 건축하기 위해서 그리고 「가축분뇨의 관리 및 이용에 관한 법률」에 따라 가축분뇨가 축사부지의 토양에 스며들어 환경오염이 발생하는 것을 방지하고 가축분뇨를 적정하게 처리하기 위해서 축사부지에 콘크리트 포장을 하는 것이 일반적이므로(콘크리트 포장은 국토계획법 시행령 제53조 제3호에서 정한 개발행위허가 면제대상인 '경미한 행위'에 해당하지 않는다), 더욱 개발행위(토지형질변경) 허가가 필요하다. 농지법상 농지를 축사부지로 이용하는 데에는 농지전용허가가 필요하지는 않지만(농지법 제2조 제7호 단서 참조), 농지법상 농지전용허가와 국토계획법상 개발행위허가는 각각 제도의 입법 목적 · 적용대상 · 허가기준 · 허가효과가 다르므로, 농지법상 농지전용허가의 대상이 아니라고 해서 국토계획법상 개발행위(토지형질변경) 허가가 면제되는 것은 아니다.[1)]

건축법은 건축허가의 요건으로 부지의 소유·사용권 확보(제10조 제11항 본문)를 명시적으로 규정하면서도, '부지의 건축허용성 확보'에 관해서는 건축허가 신청시에 갖추고 있을 것을 요구하거나 어느 것을 먼저 받으라고 명확하게 규정하지는 않고 있으나, 궁극적으로 부지의 건축허용성이 확보되어야만 건축행위가 허용된다는 점은 분명하다.[2)] 따라서 건축행정청은 '부지의 건축허용성 확보' 요건을 완비하지는 못한

---

1) 대법원 2020. 7. 23. 선고 2019두31839 판결.

2) 건축법은, 건축허가절차에서 관련 인허가 의제제도를 통해 건축허가와 동시에 토지형질변경 허가를 받은 것으로 의제처리를 받을 수 있도록 하고 있을 뿐만 아니라(제10조 제5항, 제6항), 건축물을 건축하려는 자가 건축허가를 신청하기 전에 허가권자에게 그 건축물의 입지와 규모에 관한 사전결정을 신청하여 사전결정절차에서 토지형질변경에 관한 인허가 의제처리를 받을 수 있도록 하고(제10조 제1항, 제6항, 제7항) 그에 따른 사전결정서를 건축허가 신청시에 첨부서류로 제출하도록 함으로써(동 시행규칙 제6조 제1호의5), 지목이 '대'가 아닌 토지에 관한 건축허용성 부여 절차(토지형질변경 허가 절차)는 원칙적으로 별개이지만 사업시행자의 선택에 따라 건축법상 건축허가절차와 동시에 또는 사전에 함께 처리될 수 있도록 제도화하고 있다.

상태이더라도 가까운 장래에 필요한 절차를 이행하여 해당 요건을 갖출 가능성이 높다면 추후 국토계획법상 개발행위(토지형질변경)허가 등을 받을 것을 명시적 조건으로 하거나 또는 당연히 요청되는 사항이므로 묵시적인 전제로 하여 일단 건축법상 건축허가를 발급하는 것도 허용되지만, 건축주가 건축법상 건축허가를 발급받은 후에 국토계획법상 개발행위(토지형질변경)허가 절차를 이행하기를 거부하거나 그 밖의 사정변경으로 해당 건축부지에 대하여 국토계획법상 개발행위(토지형질변경)허가를 발급할 가능성이 사라졌다면, 건축행정청은 건축주의 건축계획이 마땅히 갖추어야 할 '부지의 건축허용성 확보' 요건을 충족하지 못하였음을 이유로 이미 발급한 건축허가를 직권으로 취소·철회하는 방법으로 회수하는 것이 필요하다.[1] 그러한 사정이 사후적으로 확인되었을 때 건축허가를 직권으로 취소·철회하는 것(주었다가 뺏는 것)이 허용된다면, 건축허가 신청에 대한 심사·판단 당시에 이미 그러한 사정이 확인된다면 건축행정청이 부지의 건축허용성 확보 요건 미충족을 이유로 건축법상 건축허가의 발급을 거부하거나 일정 기간 보류하는 것(처음부터 주지 않는 것)도 허용된다고 보아야 한다.

다. 거부사유에 관한 재량, 중대한 공익상 필요

현행 건축법령과 국토계획법령 등 관계법령에 의하면, 건축허가·신고에서 갖추어야 하는 요건들이 수십 가지이며, 요건에의 포섭판단에 행정청의 재량이 있는지 여부는 각 요건별로 개별적으로 판단하여야 한다. 예를 들어, 접도 요건, 용적률, 건폐율 기준 충족 여부에 관하여 행정청에게 재량이 있다고 볼 수 없다. 다만, 소송에서 주로 다투어지는 것은 불확정개념에의 포섭판단이다.

앞서 살펴보았듯이, 건축법상 건축허가·신고 절차에서 국토계획법상 개발행위(건축물의 건축) 허가를 동시에 받아야 하는데, 국토계획법령상 개발행위허가기준(법 제58조 제3항, 시행령 제56조 제1항)에는 특히 '주변환경과의 조화', '환경오염·재해 발생 우려가 없을 것'과 같이 불확정개념으로 규정된 부분이 많아 그 요건에의 해당 여부는 행정청의 재량판단 영역에 속하므로, 법원은 행정청의 재량적 판단의 내용이 현저히 합리성을 결여하였다거나 상반되는 이익이나 가치를 대비해 볼 때 형평이나

1) 대법원 2020. 7. 23. 선고 2019두31839 판결.

비례의 원칙에 뚜렷하게 배치되는 등의 사정이 없는 한 폭넓게 존중될 필요가 있다는 것이 대법원의 확립된 판례이다.[1)]

수익처분의 발급요건이 '주변환경과의 조화' 등과 같은 불확정개념으로 규정되어 있는 경우, 그 요건을 충족하지 못했다는 행정청의 판단이 처분사유이고, 그러한 판단의 근거가 되는 기초사실 내지 평가요소는 처분사유가 아니므로 '처분사유 추가·변경 제한 법리'라는 제약을 받지 않고 소송에서 처분청이 소송상 공격방어방법으로서 좀 더 유연하게 추가·변경하는 것이 가능하다. 행정청이 개발행위허가신청에 대한 불허가처분을 하면서 그 처분서에 불확정개념으로 규정된 법령상의 허가기준 등을 충족하지 못하였다는 취지만을 간략히 기재하였다면, 불허가처분에 대한 취소소송절차에서 행정청은 그 처분을 하게 된 판단 근거나 자료 등을 제시하여 구체적 불허가사유를 분명히 하여야 하며, 이러한 경우 재량행위인 개발행위불허가처분의 효력을 다투는 원고로서는 행정청이 제시한 구체적인 불허가사유에 관한 판단과 근거에 재량권 일탈·남용의 위법이 있음을 밝히기 위하여 소송절차에서 추가적인 주장을 하고 자료를 제출할 필요가 있다.[2)]

한편, 과거의 일부 판례에서 건축허가신청이 건축법 등 관계법령상 요건을 모두 충족하는 경우에도 중대한 공익상 필요가 있으면 건축허가를 거부할 수 있다고 판시한 예가 있었고,[3)] 이처럼 '법령상 명시적 근거가 없더라도 중대한 공익상 필요가 있으면 수익처분의 발급을 거부할 수 있다'는 것을 '기속재량'이라고 지칭하기도 하였다.[4)] 건축허가는 기속행위라는 통념이 자리잡고 있던 상황에서 건축허가를 재량행위라고 분명하게 밝히기를 주저하면서 '기속재량'과 같은 애매한 표현을 사용한 것으로 짐작된다. '기속재량'이란 표현에서 법령상 명시된 요건·기준을 충족한 경우라고 할지라도 중대한 공익상 필요가 있으면 수익처분의 발급을 거부할 수 있는 가능성을 열어주겠지만('재량'), 과연 행정청이 주장하는 중대한 공익상 필요가 존재하는지에 관해서는 법원이 엄격하게 사법심사를 하겠다('기속')는 대법원의 태도를 읽

1) 대법원 2017. 3. 15. 선고 2016두55490 판결.
2) 대법원 2018. 12. 27. 선고 2018두49796 판결.
3) 대법원 2002. 12. 10. 선고 2002두7043 판결(건축허가 거부처분), 대법원 2010. 9. 9. 선고 2010두9334 판결(가설건축물 존치기간 연장신고 수리거부처분), 대법원 2015. 9. 15. 선고 2014두15504 판결(건축물용도변경신고 수리거부처분), 대법원 2019. 10. 31. 선고 2017두74320 판결(건축신고 수리거부처분) 등.
4) 대법원 1993. 5. 27. 선고 92누19477 판결.

을 수 있다. 그러나 이는 입법이 부실했던 과거의 법제도 하에 잠시 활용된 '과도기 해법'이었고, 입법이 정비된 현재의 법제도 하에서는 더 이상 활용하는 것은 바람직하지 않으며, 최신 판례와도 부합하지 않는다.

1) 기속재량/자유재량 구분론은 20세기 초 독일 바이마르공화국 시대에 재량행위는 사법심사의 대상이 되지 않는다는 주류적 시각을 극복하기 위하여 제시된 이론으로서 항고소송의 대상적격 확대에 일정한 공로가 인정되지만, 제2차 세계대전 이후 기본법이 제정되면서 자유재량행위의 경우에도 재량권 일탈·남용 여부가 심사되어야 한다는 견해가 통설·판례로 확립됨에 따라 역사적 사명을 다한 이론에 해당한다. 과거 대법원 판례들은 기속재량 개념의 도그마틱적 의의를 항고소송의 대상적격 인정 여부,[1] 사법심사방식의 차이,[2] 부관의 허용 여부[3]에서 찾았으나, 현재는 그 타당성 내지 존재의의를 모두 상실하였다고 봄이 타당하다. 대법원 판례가 판례변경절차를 통해 기속재량/자유재량 구분론의 폐기를 명시적으로 선언한 것은 아니지만, 기속재량/자유재량 구분론이 역사적 잔재일 뿐 극복된 이론이라는 학계의 비

제 5 장

1) 대법원 1979. 12. 26. 선고 79누248 판결은 기속재량행위만 행정소송의 대상이 되고 자유재량행위는 그렇지 않다고 하였으나, 대법원 1984. 1. 31. 선고 83누451 판결에서 "그 재량권이 기속재량이거나 자유재량이거나를 막론하고 사법심사의 대상이 된다"고 판시하였고, 현재는 자유재량행위도 항고소송의 대상이 된다는 것이 확립된 통설·판례이다.

2) 대법원 2001. 2. 9. 선고 98두17593 판결은 "행정행위가 그 재량성의 유무 및 범위와 관련하여 이른바 기속행위 내지 기속재량행위와 재량행위 내지 자유재량행위로 구분된다고 할 때 … 양자에 대한 사법심사는, 전자의 경우 그 법규에 대한 원칙적인 기속성으로 인하여 법원이 사실인정과 관련 법규의 해석·적용을 통하여 일정한 결론을 도출한 후 그 결론에 비추어 행정청이 한 판단의 적법 여부를 독자의 입장에서 판정하는 방식에 의하게 되나, 후자의 경우 행정청의 재량에 기한 공익판단의 여지를 감안하여 법원은 독자의 결론을 도출함이 없이 당해 행위에 재량권의 일탈·남용이 있는지 여부만을 심사하게 되고, 이러한 재량권의 일탈·남용 여부에 대한 심사는 사실오인, 비례·평등의 원칙 위배, 당해 행위의 목적 위반이나 동기의 부정 유무 등을 그 판단 대상으로 한다."라고 판시하여, 사법심사방식에서 기속재량행위를 기속행위와 같은 유형으로 취급하였으나, 타당하지 못한 성급한 일반화였다. 비록 재량의 폭이 좁긴 하겠으나 존재하는 '재량 부분'에 대해서까지 기속행위와 마찬가지의 방식으로 심사할 수는 없기 때문이다. 98두17593 판결 이전에 대법원 1982. 9. 28. 선고 82누2 판결은 식품위생법상 식품제조업 영업정지처분을 기속재량행위라고 하면서도 "행정청이 영업정지처분을 함에 있어서 그 정지기간을 어느 정도로 할 것인지는 행정청의 재량권에 속하는 사항인 것이며, 다만 그것이 공익의 원칙이나 평등의 원칙 또는 비례의 원칙 등에 위반하여 재량권의 한계를 벗어난 재량권남용에 해당하는 경우에만 위법한 처분으로서 사법심사의 대상이 되는 것이나, 법원으로서는 영업정지처분이 재량권남용이라고 판단될 때에는 위법한 처분으로서 그 처분의 취소를 명할 수 있을 뿐이고, 재량권의 한계 내에서 어느 정도가 적정한 영업정지 기간인지를 가리는 일은 사법심사의 범위를 벗어나는 것"이라고 함으로써 98두17593 판결이 제시한 자유재량행위의 심사방식을 취한 바 있다.

3) 대법원 1988. 4. 27. 선고 87누1106 판결에서 처음으로 "일반적으로 기속행위나 기속적 재량행위에는 부관을 붙일 수 없는 것"이라고 판시하여, 부관 허용 여부에 관해서 기속재량행위를 기속행위와 같은 유형으로 취급하였는데, 비록 재량의 폭이 좁긴 하겠으나 존재하는 '재량 부분'에 대해서까지 부관을 붙일 수 없도록 하는 실질적 근거를 찾기 어렵다.

판을 의식하여, 2000년대 중반 이후로는 기속재량/자유재량이라는 표현의 사용을 자제하고 있다. 대법원 2005. 7. 14. 선고 2004두6181 판결은 98두17593 판결을 인용하면서도 "행정행위를 기속행위와 재량행위로 구분하는 경우 양자에 대한 사법심사는 …"이라고 하여 의식적으로 '기속재량행위', '자유재량행위'라는 표현을 사용하지 않았으며, 그 이후로 후속 대법원 판결에서는 98두17593 판결보다는 2004두6181 판결을 인용하는 것이 대법원의 주류적 실무례이다.

2) 건축허가·신고수리가 실정법제도의 변화로 재량행위가 되었음은 앞서 살펴본 바와 같다. '법령상 명시적 근거가 없더라도 중대한 공익상 필요가 있으면 수익처분의 발급을 거부할 수 있다'고 한 판례들은 대부분 토지형질변경이 수반되는 개발사업 사안이었는데, 2003. 1. 1.부터 국토계획법이 시행됨으로써 개발행위허가 단계에서 주변환경화의 조화, 환경오염·재해 발생 우려와 같은 개발행위허가기준 충족 여부를 심사하여야 하므로, 관할 행정청은 그와 같은 개발행위허가기준 불충족을 이유로 건축허가·신고수리를 거부하는 것으로 족하며 '법령에 명시되지 않은 중대한 공익상 필요'를 언급할 필요가 없게 되었다.

3) 과거의 기속재량론은 중대한 공익상 필요의 인정 여부에 관하여 법원이 엄격하게 사법심사를 하겠다는 태도를 전제로 하는데, 이는 주변환경화의 조화, 환경오염·재해 발생 우려에 관한 행정청의 재량판단을 존중하여야 한다는 최신 판례에 부합하지 않는다.

3. 건축신고

건축법 제14조 제1항은 허가 대상 건축물이라 하더라도 각호에 따른 일정 규모를 넘지 않는 건축물은 미리 관할 행정청에 신고를 하면 건축허가를 받은 것으로 보도록 정하고 있다.

강학상 내지 이념형(理念型)으로서의 '신고'란 일정한 법률사실 또는 법률관계에 관하여 私人이 관계행정청에게 일방적으로 통고하는 것을 뜻하는 것으로서, 통고된 때 관계법이 정하는 법적 효과가 발생하며 행정청의 별도의 수리행위를 필요로 하지 않는 것을 의미한다. 그러나 개별법령에서 '신고'라는 용어를 사용하는 경우에도 그것이 항상 이념형으로서의 신고는 아니하는 것이 대부분의 견해이다. 종래 행정규제완화의 일환으로 인허가사항을 신고사항으로 변경하는 법령정비가 있었지만, 행정실무에서는 여전히 신고를 수리하지 않거나 반려하는 방법으로 결국 실질적으로 인·허가제와 유사하게 운영하는 경우가 많음이 지적되어 왔다. 1996. 12. 31. 법률 제5239호로 제정되어 1998. 1. 1.부터 시행된 행정절차법은 제40조 제1항에서 "법령 등에서 행정청에 대하여 일정한 사항을 통지함으로써 의무가 끝나는 신고를 규정하고 있는 경우 신고를 관장하는 행정청은 … 하여야 한다.", 제2항에서 "제1항의 규정에 의한 신고가 다음 각호의 요건을 갖춘 경우에는 신고서가 접수기관에 도달된 때 신고의 의무가 이행된 것으로 본다."라고 규정하고 있는데, 이 규정이 이러한 규제제도의 명목과 실질의 괴리에 대응하기 위한 것으로서, 이념형으로서의 신고제를 입법화한 것이라고 평가되고 있다.

그러나, 문제는 "법령 등에서 행정청에 대하여 일정한 사항을 통지함으로써 의무가 끝나는 신고를 규정하고 있는 경우"가 어떤 경우를 뜻하느냐는 것이고, 이것은 결국 개별법령의 해석으로 공이 떠넘겨진 것으로서 행정절차법 제40조의 입법을 전후하여 신고제와 관련한 법상황은 별반 다를 것이 없다는 것을 의미한다. 행정절차법이 제정되기 이전부터 판례는 구체적인 사건에서 '행정청의 수리를 요하지 않는 자기완결적 신고'와 '수리를 요하는 신고'를 구분하고 있었다. 실무상 양자의 구별실익은 행정청이 신고를 수리한 행위 또는 신고의 수리를 거부·반려한 행위가 항고소송의 대상이 될 수 있느냐는 것이다.

건축신고에 관하여, 과거 판례는 건축신고 대상 건축물을 건축 또는 대수선하고자 하는 자가 적법한 요건을 갖춘 신고를 하면 원칙상 행정청의 수리 등 별도의 조처를 기다릴 필요 없이 건축행위를 할 수 있고, 따라서 건축신고를 반려하였더라도 그러한 조치는 구체적인 권리의무에 직접 변동을 초래하는 행정처분으로 볼 수 없다는 이유로 항고소송의 대상이 되지 않는다고 하였으나,[1] 대법원 2010. 11. 18. 선고 2008두167 전원합의체 판결에서 종전의 견해를 변경하여 건축주가 건축신고가 반려될 경우 당해 건축물의 건축을 개시하면 시정명령, 이행강제금, 벌금의 대상이 되거나 당해 건축물을 사용하여 행할 행위의 허가를 거부당할 수 있는 등 불안정한 지위에 놓이게 되므로 건축신고 반려행위가 이루어진 단계에서 당사자로 하여금 반

1) 대법원 1997. 4. 25. 선고 97누3187 판결 등.

려행위의 적법성을 다툴 수 있도록 할 필요가 있다는 취지의 이유로 건축신고 반려행위를 항고소송 대상으로 삼았다. 나아가 대법원 2011. 1. 20. 선고 2010두14954 전원합의체 판결에서 인·허가 의제 효과를 수반하는 건축신고는 일반적인 건축신고와는 달리, 특별한 사정이 없는 한 행정청이 그 실체적 요건에 관한 심사를 한 후 수리하여야 하는 '수리를 요하는 신고'로 보는 것이 옳다고 하였다.

또한 과거 판례에서 법률의 명시적 규정이 없는데도 시행령, 시행규칙 등 하위법령의 규정을 근거로 행정청의 심사의무를 도출하고 '수리를 요하는 신고'에 해당한다고 논증하여 이에 대해 학계의 비판이 많았는데, 2021년에 제정된 행정기본법 제34조에서 "법률에 신고의 수리가 필요하다고 명시되어 있는 경우"에만 행정청이 수리하여야 신고의 효력이 발생하도록 규정함으로써 대법원 판례를 실정법화하는 한편, 수리를 요하는 신고인지 여부의 판단은 법률의 명시적 규정에 따르도록 함으로써 학설상 논쟁이 일단락되었다.

종래에는 건축신고의 수리 여부에 따라 건축법위반 형사사건의 유·무죄, 시정명령 또는 이행강제금의 적법 여부, 당해 건축물을 사용하여 행할 영업 기타 행위의 불허가의 적법 여부, 부적법한 신고의 효과 등에 관한 결론이 달라질 수 있다고 보았는데,[1] 이런 논의는 건축법상 건축신고가 자기완결적 신고이거나 또는 건축신고의 수리가 기속행위임을 전제로 하는 것이다. 그러나 앞서 살펴본 바와 같이, 건축법상 건축신고의 경우에도 건축법 제11조 제5항, 제6항의 관련 인허가 의제 제도가 준용되므로(건축법 제14조 제2항) 건축허가와 마찬가지로 재량행위가 되었으며, 건축행정청에게 건축신고서를 제출할 때 국토계획법상 개발행위(건축물의 건축) 허가 신청서류를 반드시 함께 제출하여 건축법상 건축신고절차에서 건축주의 건축계획이 국토계획법상 개발행위허가기준을 충족하였는지가 함께 심사되어야 하는 것이므로, 이제 건축법상 건축신고수리는 예외 없이 '수리를 요하는 신고'에 해당한다. 건축신고수리가 반려된 경우에는 거부처분 취소소송을 제기하여 취소판결의 기속력에 따른 재처분을 통해 건축신고수리처분을 받기 전에는 건축행위가 허용되지 않는다.

---

1) 박재우, "인허가의제 효과를 수반하는 건축신고의 법적성격", 정의로운 사법 : 이용훈대법원장재임기념, 사법발전재단(2011), 1300~1301.

4. 건축 가능한 토지

건축물의 건축은 건축 가능한 지목의 토지에서만 할 수 있다. 공간정보의 구축 및 관리 등에 관한 법률 제67조 제1항은 지목의 종류를 전, 답, 임야, 대(垈) 등으로 구분하는데, 같은 법 시행령 제58조에 의하면 건축이 가능한 지목은 대(목장용지 중 주거용 건축물의 부지도 포함된다), 공장용지, 학교용지, 주차장, 주유소용지, 창고용지, 체육용지, 유원지, 종교용지, 잡종지 등이 있고, 각 지목에 맞는 건축물을 건축할 수 있다.

따라서 건축이 가능하지 않은 지목의 토지는 형질변경 절차를 거쳐 건축이 가능한 지목인 상태로 변경한 후에야 비로소 건축허가를 받을 수 있다. 나아가 농지나 산지의 일부에 건축물을 건축할 경우 전용허가 또는 전용신고 등의 요건을 갖추어야 한다(농지법 제2조 제7호, 제34조, 제35조, 산지관리법 제2조 제2호, 제14조, 제15조). 앞서 본 것처럼 건축법 제11조 제5항에서 건축허가를 받으면 국토계획법상 허가를 받은 것으로 의제하고 있고, 국토계획법 제61조 제1항 제5호, 제10호에서 국토계획법상 허가를 받으면 농지법과 산지관리법상 허가를 받은 것으로 의제하고 있다(건축법상의 건축허가를 받거나 신고를 하면서 관련 인·허가에 필요한 서류를 첨부하게 된다).

Ⅲ. 건축허가 이후 완공시까지 발생하는 분쟁

1. 제3자의 소송제기 - 원고적격

가. 원고적격이 인정되는 경우

건축물의 건축 과정, 완공 후 건축물의 사용 등과 관련하여 인근 토지 등 소유자나 주민이 통행의 불편, 소음, 공해 등을 겪을 수 있고, 이들이 행정청을 상대로 건축허가처분이나 사용승인처분의 취소를 구하는 소를 제기하는 경우가 있다. 건축허가처분의 직접 상대방이 아닌 제3자도 건축허가에 의하여 법률상 보호받는 이익을 침해당하는 경우에는 처분의 무효 또는 취소를 구할 수 있을 것이다(제3자가 건축물 사용승인처분의 취소를 구하는 경우에 대하여는 ☞ Ⅲ. 4. 나. 부분 참조).

여기서 법률상 보호받는 이익으로는 소유권, 주위토지통행권,[1] 주거지역 내에 거주하는 사람의 거주의 안녕과 건전한 생활환경[2] 등을 들 수 있다. 또한 건축법 제61조, 시행령 제86조는 전용주거지역과 일반주거지역 안에서 건축하는 건축물의 높이는 일조 등의 확보를 위하여 정북방향의 인접 대지경계선으로부터의 거리에 따라 일정 높이 이하로 제한하고 있으므로, 위 규정에 따라 보호되는 일조권도 포함한다.[3]

---

1) 서울행정법원 2020. 4. 2. 선고 2019구합69537 판결(항소기각 확정).
2) 대법원 2015. 7. 9. 선고 2015두39590 판결은 보금자리주택지구 내에 지상 자동차 정비공장 및 지하주차장을 포함하는 주차전용건축물에 대한 건축허가처분의 취소를 구한 사안에서 해당 건축물로부터 일정 거리 내에 거주하는 원고들에게 처분의 취소를 구할 법률상 이익이 있다고 본 원심 판단을 정당하다고 하였다.
3) 서울행정법원 2023. 3. 30. 선고 2020구합87647 판결(항소취하 확정)은 청년주택 건설 부지 인근에 토지 및 건물을 소유한 원고들이 일조권 침해 등을 이유로 사업 승인 고시의 취소를 구할 원고적격이 있다고 보았다.

한편 환경상 이익과 관련하여 통상 행정처분의 근거 법규 또는 관련 법규에서 그 처분에 기반한 사업의 실시나 건축물의 건축 등에 의하여 환경상 이익을 침해받으리라고 예상되는 영향권의 범위를 구체적으로 규정한 경우에는, 영향권 내의 주민들은 그 처분으로 인하여 직접적이고 중대한 환경 피해를 입으리라 예상할 수 있고, 이와 같은 환경상 이익은 주민 개개인의 개별적으로 보호받는 직접적·구체적 이익으로서 그들에 대하여는 특별한 사정이 없는 한 환경상 이익에 대한 침해나 침해우려가 있는 것으로 사실상 추정하여 원고적격을 인정할 수 있다.

따라서 처분의 근거 법규에 인가(人家) 등 주거지와 일정한 거리 제한을 두어 건축물을 설치하도록 하는 규정이 있는 경우는 물론, 환경영향평가대상인 건축물을 건축하는 경우 인근 주민들은 일응 그 건축에 관한 행정처분의 무효확인 내지 취소를 구할 원고적격을 갖게 된다.[1)]

판례는 납골당 설치 관계 법규에서 납골당 등 사설납골시설의 설치장소에 제한을 둔 것은 사설납골시설을 인가가 밀집한 지역 인근에 설치하지 못하게 함으로써 주민들의 쾌적한 주거, 경관, 보건위생 등 생활환경상 개별 이익을 직접적·구체적으로 보호하려는 데 취지가 있으므로, 이러한 납골시설 설치장소에서 500m 안에 형성된, 20호 이상의 인가 밀집 지역에 거주하는 주민들은 납골당 설치로 환경상 이익 침해를 받거나 받을 우려가 있는 것으로 사실상 추정되어 납골당설치신고수리행위의 취소를 구할 원고적격이 있다고 보았다.[2)]

제 5 장

한편 종전에 개발행위허가를 받은 사업이 사전환경성검토협의 대상면적 미만이나 연접한 토지에서 추가로 하려는 개발사업(연접개발)과 종전 개발사업 면적의 합이 국토계획법 및 관계 법령상 최소 사전환경성검토협의대상에 포함된다면 연접개발사업은 사전환경성검토협의 대상에 해당하고, 사업주체나 사업시기를 달리하는 경우도 이와 마찬가지이므로, 연접개발로 사전환경성검토협의 대상지역에 포함된 지역의 주민들은 연접개발과 관련한 처분의 취소를 구할 원고적격이 있다.[3)]

---

1) 대법원 2009. 9. 24. 선고 2009두2825 판결. 대법원은 2010. 4. 15. 선고 2007두16127 판결에서 건축물의 설치와 이용이 원고들에게 직접적인 환경상 영향을 미친다는 증명이 없더라도 그 사업이 환경영향평가대상으로서 원고들의 거주지역이 법령상 영향 범위에 든다면 원고적격을 바로 인정할 수 있다고 하였다.

2) 대법원 2011. 9. 8. 선고 2009두6766 판결. 공설화장장 설치와 관련하여 유사한 취지의 판례로는 대법원 1995. 9. 26. 선고 94누14544 판결 참조.

3) 대법원 2006. 12. 22. 선고 2006두14001 판결.

나. 원고적격이 부정되는 경우

환경영향평가법령에 따른 평가대상지역 밖의 주민들의 경우 당해 처분으로 인하여 그 처분 전과 비교하여 수인한도를 넘는 환경상 이익의 침해가 있거나 침해의 우려가 있음을 증명하여야만 원고적격이 인정될 수 있다.[1] 예컨대 가축분뇨재활용시설의 설치로 인하여 환경적 영향을 받을 우려가 있다고 보기 어려운 일정 범위 밖의 지역주민들에게는 건축허가(개발행위허가신청 및 농지전용허가신청 포함)의 취소를 구할 원고적격이 있다고 인정하기 어렵다.[2]

또한 국토계획법에서 도시관리계획에 관하여 주민에게 참여권을 보장한 절차 규정, 건축할 수 있는 건축물의 종류를 제한하는 용도지구에 관한 규정이나 건축물의 대지·구조 및 설비의 기준과 건축물의 용도 등을 정하여 건축물의 안전·기능 및 미관을 향상시키는 것을 목적으로 한 건축법 관계 규정, 건축물의 용적률을 제한하는 건축법 관계 규정 등은 국민이 행정청에 대하여 제3자에 대한 건축허가의 취소나 사용승인의 취소 등의 조치를 요구할 수 있는 근거 규정으로 볼 수는 없다.[3] 헌법이나 환경정책기본법의 환경권도 마찬가지로 보아야 한다.[4]

따라서 건축허가처분 등과 관련하여 제3자인 원고에게 특별히 법률상 보호될 만한 이익이 있다고 보이지 않는 상태에서 위와 같은 규정에만 근거하여 원고적격이 있음을 주장하는 경우에는 받아들이기 어려울 것이다.[5]

다. 건축물이 완성된 경우

건축허가는 행정행위로서 이른바 공정력 및 불가쟁력이 있으므로, 건축허가에 하자가 있어도 그것이 중대하고 명백하여 당연 무효로 볼 사유가 있는 경우가 아닌 한 그 건축허가가 행정소송이나 다른 행정행위에 의하여 취소될 때까지는 단순히

1) 대법원 2006. 3. 16. 선고 2006두330 전원합의체 판결.
2) 대법원 2014. 2. 27. 선고 2011두25449 판결.
3) 대법원 2009. 6. 25. 선고 2008두23528 판결, 대법원 2004. 8. 16. 선고 2003두2175 판결 등.
4) 대법원 2006. 3. 16. 선고 2006두330 전원합의체 판결.
5) 서울행정법원 2021. 1. 29. 선고 2020구합59406 판결(항소기각 및 심리불속행기각 확정)은 국토계획법 제37조 제1항 제6호에 의한 취락지구에 거주하는 원고들이 취락지구 외부 경계 구역(자연녹지지역 및 개발제한구역)에 단독주택을 건축할 수 있도록 한 건축허가처분의 취소를 구한 사안에서 원고적격이 인정되지 않는다고 보았다.

취소할 수 있는 사유가 있는 것만으로는 누구나 그 효력을 부인할 수는 없고, 법령에 의한 불복기간이 경과한 경우에도 그 효력을 다툴 수 없게 된다.

판례는 건축허가에 의하여 이미 건축공사를 완료하였다면 그 처분을 취소한다 하더라도 원상회복이 불가능하므로 제3자가 그 처분의 취소를 구할 소의 이익이 없다고 하였고,[1] 항고소송 제기 이후 사실심 변론종결 전에 건축공사가 완료된 경우도 마찬가지로 소의 이익이 없다고 보았다.[2]

이에 대하여는 하자 있는 건축허가로 국민의 권리나 이익이 침해되고 있음에도 완공을 이유로 소의 이익을 부정한다면 처분의 불가쟁력으로 사실상 하자의 치유를 인정하게 되어 판례에 반하는 결과가 되고, 건축주의 귀책사유로 건축허가에 하자가 생긴 경우 또는 건축주가 행정소송 도중에 건축허가가 위법하다는 것을 알았거나 알 수 있었던 경우에는 건축주로서는 완공 후에도 건축허가가 취소될 수 있음을 충분히 예상할 수 있으므로 제3자의 원고적격을 인정하더라도 건축주의 신뢰에 반하는 것이 아니라는 견해도 있다.[3]

판례 중에는 개발제한구역에서 레미콘제조 공장을 신설하기 위한 공장설립승인처분과 공장을 증·개축하는 건축허가처분이 이루어졌으나, 판결에 의하여 공장설립승인처분이 취소되고, 이후 인근 주민들이 공장건축허가처분의 취소를 구한 사안에서, 공장설립승인처분에 기초한 공장건축허가처분이 잔존하는 이상, 공장설립승인처분이 취소되었다는 사정만으로 인근 주민들의 환경상 이익이 침해되는 상태나 침해될 위험이 종료되었다거나 이를 시정할 수 있는 단계가 지나버렸다고 단정할 수는 없다는 이유로 여전히 공장건축허가처분의 취소를 구할 법률상 이익이 있다고 본 것이 있다.[4] 그런데 위 판례는 건축공사의 완료와 소의 이익의 관계에 대하여 구체적으로 설시하고 있지 않으므로, 종전의 견해를 변경한 것이라고 하기는 어렵다.

1) 대법원 1996. 11. 29. 선고 96누9768 판결, 대법원 1994. 1. 14. 선고 93누20481 판결.
2) 대법원 2007. 4. 26. 선고 2006두18409 판결.
3) 진성철, “건축공사 완료와 소의 이익”, 재판과 판례 제20집(2011. 12.), 76-77.
4) 대법원 2018. 7. 12. 선고 2015두3485 판결.

2. 건축주 변경 신고

건물신축도급계약에서 수급인과 도급인 사이에 완성된 건물의 소유권이 도급인에게 귀속하는 것으로 합의한 경우에는 그 건물의 소유권은 도급인에게 원시적으로 귀속된다.[1] 건축주란 건축물의 건축·대수선·용도변경, 건축설비의 설치 또는 공작물의 축조에 관한 공사를 발주하거나 현장 관리인을 두어 스스로 그 공사를 하는 자를 말하므로(제2조 제1항 제12호),[2] 특별한 사정이 없는 한 건축허가신청서에 건축주로 적힌 자가 건축물을 원시취득하고, 건물의 사용승인을 받아 건축물대장을 만든 다음 소유권보존등기를 하게 될 것이다.

한편, 건축허가는 시장·군수 등의 행정관청이 건축행정상 목적을 수행하기 위하여 허가를 받은 자에게 일반적으로 행정관청의 허가 없이는 건축행위를 하여서는 안 된다는 상대적 금지를 관계 법규에 적합한 일정 경우에 해제함으로써 일정한 건축행위를 하도록 자유를 회복하여 주는 행정처분일 뿐, 허가받은 자에게 새로운 권리나 능력을 부여하는 것이 아니고, 건축허가서는 허가된 건물에 관한 실체적 권리의 득실변경의 공시방법이 아니며 그 추정력도 없으므로 건축허가서에 건축주로 기재된 자가 그 소유권을 취득하는 것은 아니다. 따라서 건축 중인 건물의 소유자와 건축허가의 건축주가 반드시 일치하는 것도 아니고, 실제 건축주와 건축허가 명의자가 다른 경우 실제 건축주가 원시취득한 것이 되므로 건축허가 명의자 앞으로 마쳐진 소유권보존등기는 원인무효이다.[3]

따라서 건축허가를 받아 건축 중인 건물을 양도한 경우 양수인은 행정관청에 건축공사 진행에 필요한 신고 등을 하고 공사를 계속하기 위해 건축주 명의를 변경할 필요가 있고, 준공검사 후 건축물관리대장에 소유자로 등록하여 양수인 명의로 소유권보존등기를 신청하기 위해서도 건축주 명의를 변경할 필요가 있다. 그러므로 행정청이 건축주명의변경신고의 수리를 거부하는 행위는 양수인이 건축공사를 계속하기 위하여 또는 건축공사를 완료한 후 자신의 명의로 소유권보존등기를 하기 위하여 가지는 구체적인 법적 이익을 침해하는 결과가 되므로 양수인의 권리의무에

---

1) 대법원 1996. 9. 20. 선고 96다24804 판결.
2) 건축법 시행규칙 제6조 제1항에 따른 별지 제1호의3 서식에서는 건축허가신청서에 건축주를 기재하도록 하고 있다.
3) 대법원 1984. 1. 24. 선고 82다카58 판결.

직접 영향을 미치는 것으로서 항고소송의 대상이 되는 처분에 해당한다.[1]

건축주 명의변경에 관하여 건축법 제16조 제1항, 같은 법 시행령 제12조 제1항 제3호, 같은 법 시행규칙 제11조 제1항은 건축물의 건축 또는 대수선에 관한 허가를 받거나 신고를 한 자로부터 건축 또는 대수선 중인 건축물을 양수한 사람은 그 사실이 발생한 날부터 7일 이내에 건축관계자변경신고서에 '변경 전 건축주의 명의변경동의서' 또는 '권리관계의 변경사실을 증명할 수 있는 서류'를 첨부하여 허가권자에게 제출하도록 규정하고 있다. 건축법 시행규칙 제11조의 규정은 단순히 행정관청의 사무집행의 편의를 위한 것이 아니라, 허가대상 건축물의 양수인에게 건축주의 명의변경을 신고할 수 있는 공법상의 권리를 인정함과 아울러 행정관청에게는 그 신고를 수리할 의무를 지게 한 것으로 봄이 타당하므로, 허가대상 건축물의 양수인이 건축법 시행규칙에 규정되어 있는 형식적 요건을 갖추어 시장·군수 등 행정관청에 적법하게 건축주의 명의변경을 신고한 때에는 행정관청은 그 신고를 수리하여야지 실체적인 이유를 내세워 신고의 수리를 거부할 수는 없다.[2]

예컨대 건축허가를 받은 건축물의 양수인이 건축주 명의변경을 위하여 건축관계자 변경신고서에 첨부하여야 하는 건축법 시행규칙 제11조 제1항에서 정한 '권리관계의 변경사실을 증명할 수 있는 서류'란 건축할 대지가 아니라 허가대상 건축물에 관한 권리관계의 변경사실을 증명할 수 있는 서류를 의미하고, 그 서류를 첨부하였다면 이로써 건축법 시행규칙에 규정된 건축주 명의변경신고의 형식적 요건을 갖추었다고 봄이 타당하며, 허가권자는 위 양수인에 대하여 건축법 시행규칙 제11조 제1항에서 정한 서류에 포함되지 아니하는 '건축할 대지의 소유 또는 그 사용에 관한 권리를 증명하는 서류'의 제출을 요구하거나, 위 양수인에게 이러한 권리가 없다는 실체적인 이유를 들어 그 신고의 수리를 거부하여서는 아니 된다.[3]

건축 중인 건물을 양도한 자가 건축주명의변경에 동의하지 아니한 경우나 건축허가서의 건축주 명의를 타인에게 신탁하였으나 수탁자가 건축주명의변경에 동의하지 않는 경우 양수인이나 신탁자로서는 양도인이나 명의수탁자를 상대로 건축허가서의 건축주명의변경절차이행을 구한 다음 판결문을 건축법 시행규칙 제11조 제1항 소정의 '변경 전 건축주의 명의변경동의서'에 갈음한 서류로 하여 건축주 명의를 변

1) 대법원 1992. 3. 31. 선고 91누4911 판결.
2) 대법원 2014. 10. 15. 선고 2014두37658 판결.
3) 대법원 2015. 10. 29. 선고 2013두11475 판결.

경하면 될 것이다. 건축 중인 건축물을 경매로 취득한 경우에는 확정된 매각허가결정서와 그에 따른 매각대금 완납서류를 '권리관계의 변경사실을 증명할 수 있는 서류'로 제출하면 된다.[1]

이미 건축주 명의의 소유권보존등기를 마친 상태에서는 건축주 명의자에 대하여 건축주명의변경절차의 이행을 구하는 소를 제기하는 것은 소의 이익이 없어 부적법하다.[2] 다만 건축공사를 완료하고 건축법상 최종적인 절차로서 건축허가상 건축주 명의로 사용검사승인까지 받아 소유권보존등기를 마친 경우와는 달리, 비록 건축공사 자체는 독립한 건물로 볼 수 있을 정도에 이르렀으나 그 적법한 사용에 이르기까지 필요한 건축법상의 각종 신고나 신청 등의 모든 절차를 마치지 않은 채 소유권보존등기를 마친 경우에는, 그 건물의 원시취득자는 본인 앞으로 건축주 명의를 변경하여 그 명의로 건축법상 남아 있는 각종 신고나 신청 등의 절차를 이행함으로써 건축법상 허가된 바에 따른 건축을 완료할 수 있을 것이므로, 이러한 경우 그 건물의 정당한 원시취득자임을 주장하여 건축주 명의변경 절차의 이행을 구하는 소는 소의 이익이 있다.[3]

3. 건축허가의 직권 취소, 사후적 철회

가. 건축허가의 직권취소

행정행위의 직권취소는 행정청이 하자 있는 행정행위의 효력을 상실시키는 것을 말한다.

행정소송에서 행정처분의 위법 여부는 행정처분을 할 때의 법령과 사실상태를 기준으로 판단하여야 하고, 처분 후의 법령 개폐나 사실상태 변동에 영향을 받지는 않는다 할 것이며, 흠이 있는 행정행위의 치유는 행정행위의 성질이나 법치주의의 관점에서 볼 때 원칙적으로 허용될 수 없는 것으로서, 예외적으로 행정행위의 무용한 반복을 피하고 당사자의 법적 안정성을 위해 이를 허용하는 때에도 국민의 권리

1) 대법원 2010. 5. 13. 선고 2010두2296 판결.
2) 대법원 2006. 7. 6. 선고 2005다61010 판결
3) 대법원 2009. 2. 12. 선고 2008다72844 판결.

나 이익을 침해하지 않는 범위에서 구체적 사정에 따라 합목적적으로 인정하여야 한다.[1)]

따라서 허가권자로서는 행정행위의 적법성 회복을 위하여 직권으로 하자 있는 건축허가를 취소할 수 있고, 허가받은 대로 건축한 건축물도 위법 건축물이라는 이유로 사용승인을 거부할 수 있으나, 직권 취소로 인하여 상대방 또는 이해관계인이 받게 되는 불이익과 취소로 인하여 달성되는 공익 및 관계이익을 비교형량하여야 한다.[2)]

즉 하자 있는 건축허가에 근거하여 공사가 진행 중일 때 허가권자가 직권으로 건축허가를 취소한 경우 건축허가의 하자가 허가신청자의 사실은폐나 기타 사위의 방법에 기인하였다면 건축주로서는 건물 완공 후에도 건축허가가 취소되거나 철거 등 시정명령 대상이 될 수 있으리라는 사정을 예상할 수 있었을 것이므로 건물 완공 후에도 건축허가를 취소하는 것이 위법하지는 않을 것이나 건축주가 건축허가에 하자가 있는 사정을 알지 못하고 건축허가 내용대로 건축물을 완공하였다면 건축허가를 취소하거나 사용승인을 거부할 수는 없을 것이다.

판례는 건축법상 건축허가절차에서 국토계획법상 개발행위 허가기준 충족 여부에 관한 심사가 누락된 채 건축법상 건축허가가 발급된 경우에는 그 건축법상 건축허가는 위법하므로 취소할 수 있다고 하였다.[3)] 또한 위 판례에서 건축주가 건축법상 건축허가를 발급받은 후에 국토계획법상 개발행위(토지형질변경) 허가절차를 이행하기를 거부하거나, 그 밖의 사정변경으로 해당 건축부지에 대하여 국토계획법상 개발행위(토지형질변경) 허가를 발급할 가능성이 사라졌다면, 건축행정청은 건축주의 건축계획이 마땅히 갖추어야 할 '부지 확보' 요건을 충족하지 못하였음을 이유로 이미 발급한 건축허가를 직권으로 취소·철회하는 방법으로 회수하는 것이 필요하다고 하였다.

한편 위법한 건축허가에 터잡아 건축물을 완성한 후 건축허가를 취소하는 것이 현저히 공공의 복리에 적합하지 않은 경우에는 사정판결로서 건축허가를 취소하지

---

1) 대법원 2002. 7. 9. 선고 2001두10684 판결.
2) 대법원 1992. 4. 10. 선고 91누5358 판결.
3) 대법원 2020. 7. 23. 선고 2019두31839 판결. 대법원은 건축허가를 취소한 경우 건축행정청은 개발행위허가권자와의 사전 협의를 통해 국토계획법상 개발행위 허가기준 충족 여부를 심사한 후 건축법상 건축허가 발급 여부를 다시 결정하여야 한다고 하였다.

않을 수도 있을 것이나 사정판결의 적용은 극히 엄격한 요건에 따라 제한적으로 하여야 하고, 그 요건인 현저히 공공복리에 적합하지 아니한지 판단할 때는 위법·부당한 행정처분을 취소·변경할 필요와 그 취소·변경으로 생길 수 있는 공공복리에 반하는 사태 등을 비교·교량하여 그 적용 여부를 판단하여야 할 것이다.

나. 건축허가의 철회

행정행위의 철회는 행정청이 사정변경을 이유로 적법한 행정행위의 효력을 장래에 향하여 소멸시키는 것을 말한다. 모든 철회는 신뢰보호의 원칙, 비례의 원칙, 평등의 원칙 등의 일반원칙에 따라 제한되므로 건축허가의 철회가 적법한지 판단할 때에도 위의 원칙들을 고려해야 한다.

판례 중에는 1914년 이후 지역주민들이 도로로 사용하던 토지인 사정을 알고서 매수한 원고가 그 토지에 건축신고를 하여 신고가 수리되었으나 당해 토지에 건물을 신축함으로써 통행을 막지 않도록 할 공익상 필요가 인정되고 이러한 공익적 요청이 원고의 기득권, 신뢰, 법적 안정성의 보호보다 중요하다고 판단하여 건축신고수리를 철회한 행정청의 처분이 적법하다고 한 사례가 있으나,[1] 대체로 공익상 필요는 제한적으로만 인정하는 것으로 보인다.[2]

한편 건축주가 토지 소유자로부터 토지사용승낙서를 받아 그 토지 위에 건축물을 건축하는 대물적 성질의 건축허가를 받았다가 그 착공에 앞서 건축주의 귀책사유로 해당 토지를 사용할 권리를 상실한 경우, 건축허가의 존재로 말미암아 토지에 대한 소유권 행사에 지장을 받을 수 있는 토지 소유자로서는 그 건축허가의 철회를 신청할 수 있다고 보아야 한다. 따라서 토지 소유자의 위와 같은 신청을 거부한 행위는 항고소송의 대상이 된다.[3]

---

1) 대법원 2012. 3. 15. 선고 2011두27322 판결.
2) 대법원 2006. 11. 9. 선고 2006두10498 판결.
3) 대법원 2017. 3. 15. 선고 2014두41190 판결.

4. 사용승인

가. 사용승인의 의미

건축법 제22조에 의하면, 건축주가 허가를 받거나 신고를 한 건축물의 공사를 완료한 후 같은 법 제25조 제6항에 따라 공사감리자가 작성한 감리완료보고서와 국토교통부령으로 정하는 공사완료도서를 첨부하여 허가권자에게 사용승인을 신청하여야 하고(건축법 제22조 제1항), 허가권자는 일정 기간에 건축물이 허가 또는 신고한 설계도서대로 시공되었는지와 위 서류 및 도서가 적합하게 작성되었는지 검사하여 합격하면 그 건축물의 사용을 승인하며(제22조 제2항), 건축주는 사용승인을 받은 후 건축물을 사용하거나 사용하게 할 수 있다고 규정하고 있다(제22조 제3항).[1] 건축주가 사용승인을 받은 경우에는 국토계획법 제62조에 따른 개발행위의 준공검사 등 각호에 따른 사용승인·준공검사 또는 등록신청 등을 받거나 한 것으로 보며, 공장건축물의 경우 산업집적법에 따라 관련 법률의 검사 등을 받은 것으로 의제되는 효과도 발생한다(제22조 제4항).

이러한 사용승인의 의미에 대해 판례는 건물에 대한 사용승인의 처분은 건축허가를 받아 건축된 건물이 건축허가사항대로 건축행정목적에 적합한지 확인하고 사용승인서를 교부함으로써 허가받은 자로 하여금 건축한 건물을 사용·수익할 수 있게 하는 법률효과를 생기게 하는 것이라 한다.[2] 따라서 건축주에 대한 사용승인거부처분은 항고소송의 대상이 되는 행정처분이다.[3]

이때 건축주가 건축허가 내용대로 완공하였으나 건축허가 자체에 하자가 있다면 허가권자로서는 위법한 건축물임을 이유로 사용승인을 거부할 수도 있을 것이다. 다만, 건축허가의 취소에 있어서도 허가권자가 입게 될 불이익과 건축행정상의 공익 및 제3자의 이익과 허가조건 위반의 정도를 비교·교량하여 부득이하다고 인정되는 경우가 아니면 함부로 그 허가를 취소할 수 없는 것처럼, 하자 있는 건축허가 내용

---

1) 제22조 제1항에 위반한 건축주는 5,000만 원 이하의 벌금에 처하고(제111조 제1호), 제22조 제3항을 위반한 건축주는 2년 이하의 징역 또는 1억 원 이하의 벌금에 처한다(제110조 제2호).

2) 대법원 1999. 1. 26. 선고 98두15283 판결, 대법원 1993. 11. 9. 선고 93누13988 판결.

3) 대법원 1994. 11. 18. 선고 94누835 판결. 위 판결은 구 건축법이 적용된 사안이나 현행 건축법상의 사용승인신청도 달리 볼 것은 아니다.

대로 완공된 건축물에 대하여 사용승인을 거부하려면 건축허가를 직권 취소할 때와 같은 조리상의 제약을 받는다고 할 것이다.[1)]

이와는 달리 건축 관련 법규를 위반하는 내용이 포함된 건물의 용도변경 신고를 수리한 행정관청이 신고내용대로 용도변경한 건물의 사용승인을 거부하는 경우, 용도변경 신고에 대하여는, 행정청은 그 신고가 소정의 형식적 요건을 갖추어 적법하게 제출되었는지만 심사하여 수리할 뿐 실질적인 심사를 하는 것이 아니므로 용도변경 신고내용대로 용도변경을 하였더라도 그 신고내용에 건축 관련 법규를 위반하는 내용이 포함되어 있었다면, 그 신고를 수리한 행정관청으로서는 사용승인을 거부할 수 있고, 그 사용승인을 거부하는 데 건축허가의 취소에 있어서와 같은 조리상의 제약이 따른다고 할 수 없다.[2)]

나. 제3자의 사용승인처분취소청구의 가능성

건축물이 들어선 토지의 인근 주민인 제3자는 자신의 토지와 인접한 토지에 건축물을 건축함으로써 일조권 침해 등의 생활환경상 이익을 침해받을 수 있다.

제3자가 이러한 이유를 들어 사용승인처분취소소송을 제기하는 것에 대하여 판례는 사용승인처분을 취소하더라도 건축주가 위 건물을 적법하게 사용할 수 없게 되어 사용승인 이전의 상태로 돌아가게 되는 데 그칠 뿐, 건축물의 존재 자체를 없애는 효과가 생기는 것은 아니므로 인접주택의 소유자 등 제3자에게는 위 건물에 대한 사용승인처분의 취소를 구할 법률상 이익이 없다고 한다.[3)] 그러나 앞서 언급한 바와 같이 당해 건축허가 관계 법령상 거리제한 규정이나 환경상 이익을 보호할 법적 근거가 있는 경우 제3자에게 건축허가취소를 구할 원고적격이 인정되는 점, 위법한 건축허가의 경우 그 내용대로 완공한 건축물이라도 위법한 건축물로서 허가권자가 사용 승인을 거부할 수 있는 점, 허가권자는 위법한 건축물에 대한 시정명령을 발할 권한이 있고, 제3자가 시정명령을 촉구하거나 건축주를 건축법위반 혐의로 고

---

1) 대법원 2009. 3. 12. 선고 2008두18052 판결.
2) 대법원 2006. 1. 26. 선고 2005두12565 판결.
3) 대법원 1996. 11. 29. 선고 96누9768 판결, 대법원 2007. 4. 26. 선고 2006두18409 판결. 대법원 2014. 7. 24. 선고 2012두25156 판결에서는 아파트 수분양자가 아파트의 시공상 하자를 들어 사용검사처분의 취소를 구할 법률상 이익이 없다고 하였다.

발할 수 있는 점 등을 들어 제3자에게 건축물에 대한 사용승인의 취소·무효확인을 구할 법률상 이익을 인정할 필요가 있다고 주장하는 견해가 있다.[1)]

1) 진성철, "건축공사 완료와 소의 이익", 재판과 판례 제20집(2011. 12.), 80.

Ⅳ. 완공 이후 발생하는 분쟁

1. 건축물대장

가. 건축물대장 작성

건축물을 완공한 건축주가 사용승인신청을 하여 허가권자가 건축물에 대한 사용승인을 하면서 사용승인서를 내주거나(건축법 제22조 제2항), 그 밖에 건축법 제38조 제1항 각호에 해당하는 경우 관할행정청은 건축물과 그 대지의 현황을 기재한 건축물대장을 작성하여 보관하게 된다. 건축물대장의 서식·기재내용·기재절차·관리 및 등기촉탁의 절차 등에 관하여 필요한 사항은 국토교통부령인 「건축물대장의 기재 및 관리 등에 관한 규칙」이 정하고 있다.

건축물의 완공 후 사용승인을 신청하는 자는 건축물대장의 작성 신청권을 가지는데, 건축물대장은 건축물에 대한 공법상 규제, 지방세 과세대상, 손실보상액의 산정 등 건축행정의 기초자료로서 공법상 법률관계 전반에 영향을 미칠 뿐만 아니라, 건축물에 관한 소유권보존 또는 이전의 등기를 신청하려면 이를 등기소에 제출하여야 하는 점 등을 종합해 볼 때, 건축물대장의 작성은 건축물 소유자가 자신의 소유권을 제대로 행사하기 위한 전제요건으로서 그의 실체적 권리관계와 밀접한 관련을 맺고 있으므로, 이를 반려한 건축물대장 소관청의 조치는 국민의 권리관계에 영향을 미치는 것으로서 항고소송의 대상이 되는 행정처분에 해당한다.[1)]

---

1) 대법원 2009. 2. 12. 선고 2007두17359 판결.

나. 건축물대장의 기재 사항 변경

건축물대장에 등재한 사항은 행정사무집행의 편의와 사실증명의 자료가 될 뿐이고, 그 등재나 등재변경 행위로 인하여 건축물에 대한 실체상의 권리관계에 어떤 변동을 가져오는 것은 아니다. 따라서 건축물대장이 존재하지 않는다거나 현황과 다르더라도 기존의 권리의무에 영향을 주지 않고, 건축물대장이 작성되어 그에 기한 소유권보존등기가 경료되었다고 하더라도 건축물이 가지는 건축관련 법령상의 위법사항이 치유되는 것도 아니며,[1] 건축물대장상 소유권에 관한 사항의 기재, 건축물의 현황에 관련한 사항의 기재 등에 잘못이 있음을 이유로 정정신청을 소관청이 거부하였어도 이를 항고소송의 대상이 되는 행정처분이라 할 수 없다.[2]

다만 건축물대장의 기재와 관련한 변경신청 거부행위, 허가권자의 직권정정행위에 대한 표시정정 신청반려행위 등 행정청의 행위 전부가 쟁송대상이 되지 않는 것은 아니다.

용도변경의 경우 원칙상 건축물의 용도변경은 변경하려는 용도의 건축기준에 맞추어 허가권자의 허가를 받거나 신고를 한 후 하여야 하고(제19조 제1항, 제2항), 용도변경을 위한 건축공사를 완공한 후에는 건축물대장상의 용도를 변경하는 기재를 해줄 것을 요청할 수 있는데(제38조 제1항 제2호), 건축법 제19조 제3항에 의하여 제19조 제4항의 같은 시설군에서 건축물의 용도를 변경하고자 하는 자는 용도변경 신고 없이 시장·군수·구청장에게 건축물대장의 기재 사항의 변경을 신청하여야 한다고 정하고 있으므로, 건축물의 용도변경이 건축물대장 기재사항 변경신청의 대상이라고 하더라도 그에 관한 건축물대장 기재사항 변경신청이 실제로 이루어지지 아니한 이상 그 용도의 변경이 적법하다고 할 수 없고 건축물대장 기재사항 변경신청을 하지 않은 채 용도변경된 건축물을 사용하는 행위는 건축법 위반이 된다.[3] 따라서 신고 없이 할 수 있는 용도변경의 경우 건축물의 소유자에게는 건축법상 건축물대장상 용도 기재사항 변경 신청권이 있고, 이를 거부하는 행위는 행정처분에 해당한다.

---

1) 대법원 1999. 3. 9. 선고 98두19070 판결.
2) 대법원 1998. 2. 24. 선고 96누5612 판결.
3) 대법원 2017. 5. 31. 선고 2017두30764 판결, 대법원 2010. 8. 19. 선고 2010두8072 판결.

건축물대장과 관련하여 행정청이 건축물대장을 직권으로 말소하는 행위,[1] 합병할 수 없는 건축물에 관하여 건축물대장을 위법하게 합병한 행위,[2] 건축물대장의 건축주명의변경신고 수리를 거부한 행위 등도 항고소송의 대상이 되는 행정처분에 해당하고,[3] 건축물대장의 건축물 현황에 관한 기재 사항이 아무런 이유 없이 행정청에 의하여 직권 정정된 경우에도 건축주에게 그 표시정정을 신청할 권리가 있으므로 이를 거부한 행정청의 거부처분 또한 취소소송의 대상이 된다.[4]

2. 용도변경

가. 용도변경의 개념 및 절차

건축법상 "건축물의 용도"란 건축물의 종류를 유사한 구조, 이용 목적 및 형태별로 묶어 분류한 것을 말하는데(제2조 제1항 제3호), 단독주택, 공동주택, 제1종 근린생활시설 등 29개로 나뉜다(제2조 제2항).

용도변경이란 건축허가 및 사용승인을 받은 건축물임을 전제로 건축물대장상 그 건축물의 기존 용도를 포기하고, 새로운 용도로 변경하는 행위를 말한다.[5] 건축법 제19조는 건축물 용도변경절차를 4가지 방식으로 나누어 규정하고 있다. 건축물의 용도를 9개의 시설군으로 분류한 다음(제4항),[6] ① 하위시설군에서 상위시설군으

---

1) 대법원 2010. 5. 27. 선고 2008두22655 판결.
2) 대법원 2009. 5. 28. 선고 2007두19775 판결. 원심판결인 서울고등법원 2007. 8. 24. 선고 2007누11216 판결은 합병의 등기를 할 수 없는 건축물에 관하여 건축물대장의 합병이 이루어진 경우, 잘못된 건축물대장의 합병으로 인해 등기부와 건축물대장간에 부동산의 표시가 불일치하게 되어 이를 치유할 수 없게 되고, 이러한 불일치 상태에서는 부동산등기법상 등기신청이 각하될 수밖에 없어(부동산등기법 제55조 제11호, 제56조 제1항) 당해 건축물의 처분 등이 법률상 불가능하게 되므로 위 건축물대장상의 합병 행위를 바로잡을 수 있도록 그 처분성을 인정할 필요가 있다고 보았다. 대법원도 건축물대장작성신청 반려행위가 행정처분임을 전제로 본안에 관한 사유로 원심판결을 파기하였다.
3) 대법원 1992. 3. 31. 선고 91누4911 판결.
4) 대법원 2006. 7. 28. 선고 2006두4516 판결, 서울행정법원 2004. 10. 7. 선고 2004구합17761 판결.
5) 김종보, 앞의 글, 158.
6) 제19조(용도변경) ④ 시설군은 다음 각 호와 같고, 각 시설군에 속하는 건축물의 세부 용도는 대통령으로 정한다.
   1. 자동차 관련 시설군
   2. 산업 등의 시설군
   3. 전기통신시설군

로의 용도변경은 허가대상(제2항 제1호), ② 상위시설군에서 하위시설군으로의 용도변경은 신고대상(제2항 제2호), ③ 같은 시설군 안에서의 용도변경은 건축물대장 기재내용 변경신청의 대상(제3항 본문)으로 규정하고, ④ 시행령 [별표 1]에서 정한 29가지 용도별 건축물의 종류 중 같은 호에 속하는 건축물 상호간의 용도변경 등 시행령 제14조 제4항에서 정한 경우에는 위와 같은 절차를 거칠 필요 없이 임의로 변경하는 것을 허용하고 있다(제3항 단서).

건축물의 용도변경은 변경하려는 용도의 건축기준에 맞게 하여야 한다(제19조 제1항). 또한 용도변경 허가·신고에도 건축허가·신고에 관한 건축법 규정들과 국토계획법 제54조를 준용하므로(제19조 제7항), 허가나 신고를 받고 용도변경 공사를 완공한 건축주는 사용승인을 받아야 하고(제19조 제5항), 건축물대장의 기재내용 변경은 건축행정청이 직권으로 한다. 따라서 건축행정청은 각각의 용도변경절차에서 건축물의 신축허가·신고에서와 마찬가지로 해당 건축물이 변경하려는 용도에 관한 관계법령상 기준을 충족하는지 여부를 전면적으로 심사하여 용도변경의 허용 여부를 심사하여야 한다. 건축물용도변경 허가·신고절차(①, ②)를 거치지 않은 채 임의로 용도변경행위를 한 경우에는 허가·신고절차를 거치지 않은 채 건축행위를 한 경우와 동등하게 형사처벌을 하고(제108조 제1항 제1호, 제110조 제1호), 건축물대장 기재내용 변경신청절차(③)를 거치지 않은 채 임의로 용도변경행위를 한 경우는 과태료를 부과한다(제113조 제1항 제1호).

제 5 장

나. 용도변경 불허가처분 내지 신고불수리처분의 위법 판단

건축물의 용도는 토지의 지목에 대응하는 것으로서 건물의 이용에 대한 공법상의 규제, 건축법에 따른 시정명령, 지방세 과세대상 등 공법상 법률관계 전반에 영향을 미치고, 건물소유자는 용도에 따라 건물의 사용·수익·처분에 일정한 영향을 받게 된다. 이러한 점 등을 비추어 건축물대장의 용도는 건축물의 소유권을 제대로

4. 문화 및 집회시설군
5. 영업시설군
6. 교육 및 복지시설군
7. 근린생활시설군
8. 주거업무시설군
9. 그 밖의 시설군

행사하기 위한 전제요건으로서 건축물 소유자의 실체적 권리관계와 밀접한 관련을 맺고 있으므로, 건축물대장 소관청의 용도변경신청 거부행위는 국민의 권리관계에 영향을 미치는 것으로서 항고소송의 대상이 되는 행정처분에 해당한다.[1)]

건축물의 용도변경허가권자는 용도변경허가신청이 건축법 등 관계 법규에서 정하는 어떠한 제한에 배치되지 아니하는 이상 당연히 같은 법조에서 정하는 건축허가를 하여야 하고, 중대한 공익상의 필요가 없는데도 관계 법령에서 정하는 제한사유 이외의 사유를 들어 요건을 갖춘 자에 대한 허가를 거부할 수는 없다.[2)] 또한 건축물의 용도변경 신고가 건축기준에 적합한 경우 행정청으로서는 관계 법령에 없는 다른 사유로 그 수리를 거부할 수는 없다.[3)]

다만 행정청은 건축물 용도변경신고가 변경하고자 하는 용도에 관한 건축법상 건축기준에 적합하더라도, 관계 법령이 정한 다른 제한사유에 저촉된다면, 그 용도변경신고의 수리를 거부할 수 있다.[4)]

또한 개발제한구역 내에서의 건축물 용도변경에 대한 허가가 가지는 예외적인 허가로서의 성격과 그 재량행위로서의 성격에 비추어 보면, 그 용도변경의 허가는 개발제한구역에 속한다는 것 이외에 다른 공익상의 사유가 있어야만 거부할 수가 있고 그렇지 아니하면 반드시 허가를 하여야만 하는 것이 아니라 그 용도변경이 개발제한구역의 지정 목적과 그 관리에 위배되지 아니한다는 등의 사정이 특별히 인정될 경우에 한하여 그 허가가 가능한 것이고, 또 그에 관한 행정청의 판단이 사실오인, 비례·평등의 원칙 위배, 목적위반 등에 해당하지 아니하면 이를 재량권의 일탈·남용이라고 하여 위법하다고 할 수 없다.[5)]

1) 대법원 2009. 1. 30. 선고 2007두7277 판결.
2) 대법원 2014. 8. 28. 선고 2012두8274 판결.
3) 대법원 2007. 6. 1. 선고 2005두17201 판결.
4) 대법원 2018. 6. 19. 선고 2015두43117 판결.
5) 대법원 2001. 2. 9. 선고 98두17593 판결.

3. 위법 건축물에 대한 처분

가. 불법건축

건축주가 건축에 필요한 허가를 받지 않거나(신고가 필요한 경우 신고하지 않은 경우도 포함된다), 허가 받은 내용대로 건축하지 않은 경우 그 건축물은 불법건축물이 된다. 전자를 형식적 불법건축, 후자를 실질적 불법건축으로 나누기도 한다.[1)]

나. 규제 조항

건축법은 제79조 제1항, 제80조 제1항에서 허가권자는 대지나 건축물이 건축법 또는 그에 따른 명령이나 처분에 위반되면 건축법에 따른 허가 또는 승인을 취소하거나 그 건축물의 건축주·공사시공자·현장관리인·소유자·관리자 또는 점유자(이하 '건축주 등'이라 한다)에게 공사의 중지를 명하거나 상당한 기간을 정하여 그 건축물의 해체·개축·증축·수선·용도변경·사용금지·사용제한, 그 밖에 필요한 조치를 명할 수 있고, 위 시정명령을 받고서도 시정기간에 이행하지 아니한 건축주 등에 대하여 허가권자는 그 이행에 필요한 상당한 이행기한을 정하여 그 기한까지 시정명령을 이행하지 아니하면 정해진 기준에 따라 이행강제금을 부과한다고 규정되어 있다.

건축법 제80조 제1항, 제5항에 의하면 문언상 최초의 시정명령이 있었던 날을 기준으로 1년 단위별로 2회에 한하여 이행강제금을 부과할 수 있고, 이 경우에도 매 1회 부과 시마다 건축법 제80조 제1항 단서에서 정한 1회분 상당액의 이행강제금을 부과한 다음 다시 시정명령의 이행에 필요한 상당한 이행기한을 정하여 그 기한까지 시정명령을 이행할 수 있는 기회(이하 '시정명령의 이행 기회'라 한다)를 준 후 비로소 다음 1회분 이행강제금을 부과할 수 있다. 비록 건축주 등이 장기간 시정명령을 이행하지 아니하였더라도, 그 기간 중에는 시정명령의 이행 기회가 제공되지 아니하였다가 뒤늦게 시정명령의 이행 기회가 제공된 경우라면, 시정명령의 이행 기회 제공을 전제로 한 1회분의 이행강제금만을 부과할 수 있고, 시정명령의 이행 기회가 제공되지 아니한 과거의 기간에 대한 이행강제금까지 한꺼번에 부과할 수는 없다.

---

1) 김종보, 앞의 글, 173.

그리고 이를 위반하여 이루어진 이행강제금 부과처분은 과거의 위반행위에 대한 제재가 아니라 행정상의 간접강제 수단이라는 이행강제금의 본질에 반하여 건축법 제80조 제1항, 제5항 등 법규의 중요한 부분을 위반한 것으로서, 그러한 하자는 중대할 뿐만 아니라 객관적으로도 명백하다.[1]

한편, 건축 당시 건축법령에서 허가를 요하는 건축물을 허가 없이 건축하였다가 그 후 건축법령의 개정으로 허가가 아닌 신고 대상인 건축물로 변경된 경우, 개정된 건축법령에 의하면 허가가 필요 없게 되었다 하더라도 개정 법령의 시행으로 당연히 적법한 건축물이 되는 것은 아니다.[2] 또한 위반 건축물이 개정 건축법 시행 이전에 건축된 것일지라도 행정청이 현행 건축법 시행 이후에 시정명령을 하고, 그 건축물의 소유자 등이 그 시정명령에 응하지 않은 경우에는 행정청은 현행 건축법에 따라 이행강제금을 부과할 수 있다.[3]

건축법은 시정명령, 이행강제금 등의 행정처분과 별도로 허가나 용도변경 신고 없이 건축물을 건축한 경우, 허가나 신고 내용과 다른 건축물을 건축한 경우에 건축주 및 공사시공자를 형사처벌하는 규정(건축법 제108조, 제110조)도 두고 있다.

다. 처분의 상대방

건축법 제79조 제1항, 제80조 제1항에서는 시정명령과 이행강제금 처분의 상대방으로 위법한 건축물의 건축주·공사시공자·현장관리인·소유자·관리자 또는 점유자를 규정하고 있다.

여기서 건축주란 건축허가서의 건축주를 말하는데 명의상 건축주가 실제 건축주가 아니라 명의만 대여한 명목상의 건축주에 불과하더라도 명의가 도용되었다는 특별한 사정이 있지 않는 한 위 처분 등의 상대방이 될 수 있다.[4]

건축물 완공 후 소유권이전등기를 마치지 않은 경우라면 그 건축물을 제3자에

---

1) 대법원 2016. 7. 14. 선고 2015두46598 판결.
2) 대법원 1997. 8. 26. 선고 96누8529 판결.
3) 대법원 2012. 3. 29. 선고 2011두27919 판결. 1991. 5. 31. 법률 제4381호로 전부 개정되어 1992. 6. 1.부터 시행된 건축법에 따르면, 건축법이나 건축법에 의한 명령이나 처분을 위반한 건축물에 관한 시정명령 위반자에 대해 이행강제금을 부과할 수 있게 되었는데(개정 건축법 제83조), 개정되기 전의 건축법상으로는 과태료 부과 대상이었다.
4) 대법원 2010. 10. 14. 선고 2010두13340 판결, 대법원 2008. 7. 24. 선고 2007두5639 판결.

게 양도하였더라도 건축법 제79조 제1항에서 규정한 시정명령의 상대방인 건축주 또는 소유자가 될 수 있다. 따라서 미등기건축물의 건축주가 그 건축물을 주식회사에 출자함으로써 사실상 처분권을 이전하였더라도 철거명령의 상대방이 될 수 있고,[1] 공동건축주로서 건축허가를 받은 자가 위반 건축물에 관한 소유권보존등기까지 마치고 건물을 제3자에게 양도하였으나 소유권이전등기만 경료하지 않은 상태라 하더라도 마찬가지로 시정명령의 상대방이 될 수 있다.[2]

건축법 제79조 제1항에 따른 시정명령은 대지나 건축물이 건축 관련 법령 또는 건축 허가 조건을 위반한 상태를 해소하기 위한 조치를 명하는 처분으로, 건축 관련 법령 등을 위반한 객관적 사실이 있으면 할 수 있고, 원칙적으로 시정명령의 상대방에게 고의·과실을 요하지 아니하며 대지 또는 건축물의 위법상태를 직접 초래하거나 또는 그에 관여한 바 없다고 하더라도 부과할 수 있다. 그러나 건축법상 위법상태의 해소를 목적으로 하는 시정명령 제도의 본질상, 시정명령의 이행을 기대할 수 없는 자, 즉 대지 또는 건축물의 위법상태를 시정할 수 있는 법률상 또는 사실상의 지위에 있지 않은 자는 시정명령의 상대방이 될 수 없다고 봄이 타당하다. 시정명령의 이행을 기대할 수 없는 자에 대한 시정명령은 위법상태의 시정이라는 행정목적 달성을 위한 적절한 수단이 될 수 없고, 상대방에게 불가능한 일을 명령하는 결과밖에 되지 아니하기 때문이다.[3]

라. 청문절차

건축법 제86조는 제79조에 따라 위법 건축물에 대하여 건축허가 또는 승인을 취소할 경우 사전에 청문을 실시하도록 규정하고 있다. 따라서 건축허가 처분의 취소가 건축법 제79조의 규정에 의한 것이 아니라 건축법 제11조 제7항의 규정에 의한 것인 경우에는 허가권자는 위 규정에 의한 청문을 반드시 실시할 필요는 없다

1) 대법원 1995. 2. 17. 선고 94누13350 판결.
2) 대법원 2010. 10. 14. 선고 2010두13340 판결.
3) 대법원 2022. 10. 14. 선고 2021두45008 판결. 대법원은 피고의 시정명령 당시 아파트의 공사가 완료되고 분양이 마쳐져 입주자 등이 해당 아파트를 소유·관리하고 있었으므로, 공사시공자인 원고는 이미 위 아파트를 처분하거나 관리할 수 있는 권한을 가지고 있다고 보이지 않는다는 등의 이유로 원심판결(공사 완료 후 건축물이 공사시공자의 관리를 떠나 건축주 또는 제3자의 관리하에 놓여있는지 여부를 불문하고 공사시공자는 건축법 제79조 제1항에 따른 시정명령의 상대방이 될 수 있다는 취지)을 파기하였다.

할 것이다.[1)]

그런데 건축법에서는 허가나 승인을 취소하는 경우라고만 규정하고 있어서 건축법 제14조에 의하여 신고를 함으로써 허가가 의제된 건물이 위법 건축물인 경우 신고수리취소처분을 할 때도 청문절차가 요구되는지 의문이 있을 수 있다. 행정절차법 제21조는 행정청이 침익적 처분을 하는 경우 당사자에게 사전통지 및 의견제출의 기회를 주도록 절차권을 보장하고 있고, 건축법 제79조에서 규정한 '이 법에 따른 허가'는 문언상 건축신고로써 허가를 받은 것으로 의제되는 건축허가를 당연히 포함하는 것으로 해석되는 점에 비추어 볼 때 청문절차가 필요하다고 봄이 타당하다.

1) 대법원 2004. 2. 27. 선고 2003두13090 판결 취지 참조.

제6장 **교원 관련 소송**

Ⅰ 교원 관련 소송의 개관

Ⅱ 교원 재임용 소송

Ⅲ 교원 징계 소송

Ⅳ 그 밖에 의사에 반하는 불리한 처분

Ⅰ. 교원 관련 소송의 개관

1. 교원의 지위 향상 및 교육활동 보호를 위한 특별법 (이하 '교원지위법'이라 한다)[1]의 제·개정과 교원에 대한 불이익처분 관련 쟁송절차[2]

교원지위법이 제정되면서 국·공립학교 및 사립학교 교원이 그 임용권자로부터 파면, 해임 등 징계처분을 받거나 또는 계약제 또는 기간제로 임용된 교원의 재임용이 거부되는 등 교원이 그 의사에 반하여 불이익한 처분(이하 '징계 등 불리한 처분'이라 한다)을 받은 경우의 쟁송절차를 통일적으로 규정하였다. 이하에서는 해당 쟁송절차의 개요를 살펴보고, 교원지위법이 2021. 3. 23. 법률 제17952호로 개정되면서 유의미하게 추가된 내용들에 대하여 별도로 살펴보고자 한다.

제 6 장

가. 교원지위법 제정 이후 교원의 징계 등 불리한 처분에 대한 불복절차

(1) 교원소청심사위원회에 대한 심사청구

교원지위법은 국·공립학교 교원과 사립학교 교원을 구별하지 않고 교육공무원

1) 교원의 지위 향상 및 신분보장을 도모하기 위하여 1991. 5. 31. 법률 제4376호로 제정되었다. 여기의 교원은 그 소속(국·공·사립학교)을 불문한다. 한편 2016년에는 교원지위법을 일부 개정하여, 그 입법 목적을 신분보장과 함께 교육활동에 대한 보호를 강화함으로써 교원의 지위를 향상시키고 교육 발전을 도모하는 것으로 확대하면서 법률 명칭도 「교원지위향상을 위한 특별법」에서 「교원의 지위 향상 및 교육활동 보호를 위한 특별법」으로 변경하였다.

2) 이 부분 내용은 김병기, "판결에 의한 교원소청심사위원회결정의 취소와 재처분의무", 행정판례연구 XXIV-2(2019), 260 이하; 이원범, "기간임용제 사립대학 교원에 대한 재임용거부결정의 시기별 사법심사 기준법령과 위법한 재임용거부로 인한 손해배상책임의 법리", 사법 16호(2011. 6.), 220 이하; 조용호, "교원의 징계에 대한 쟁송", 법조 43권 5호(1994), 124 이하 등을 참조하였다.

징계위원회(국·공립학교 교원)와 교원징계위원회(사립학교 교원)의 의결을 거친 교원의 징계 등 불리한 처분에 대한 재심을 교육인적자원부[1] 산하에 설치한 교원징계재심위원회[2]에서 담당하게 함으로써 교원의 징계 등 불리한 처분에 대한 불복절차를 일원화하였다.

이는 종전 학교법인 재심위원회의 재심절차가 일부 학교법인의 전횡으로 사실상 권리 구제적 기능을 다하지 못한 데 대한 반성에서 사립학교 교원 징계 등 불리한 처분에 대한 구제절차의 공정성을 적어도 국·공립학교 교원에 상응하는 수준으로 끌어 올리겠다는 취지이고, 국·공립학교 교원의 경우도 그 신분이나 직무의 특수성을 고려하여 일반 공무원의 징계 등 불리한 처분에 대한 구제절차와는 달리 교육부에 교원소청심사위원회를 두어 구제절차를 따로 마련함으로써 교원 신분보장의 강화를 통한 교원의 지위 향상을 도모하겠다는 것이다.[3]

(2) 법원에 의한 구제절차

(가) 사립학교 교원

1) 민사소송에 의한 구제

사립학교 교원에 대한 징계 등 불리한 처분 자체는 사법(私法)행위의 성질을 띠고 있고, 따라서 사립학교 교원의 경우 교원소청심사위원회에 대한 심사청구절차를 거쳤는지 불문하고(즉 심사청구절차를 밟지 않거나 또는 심사청구절차를 밟은 후라도) 징계 등 불리한 처분 자체에 대하여 민사소송을 제기하여 권리 구제를 받을 수 있다. 이 경우 피고는 징계 등 불리한 처분을 한 학교법인이 된다.[4]

---

1) 현재의 '교육부'에 해당한다.
2) 판례의 변경과 교육공무원법, 사립학교법의 개정 등을 통해 징계뿐만 아니라 재임용 탈락 등 교원의 신분상 불이익 전반에 대한 쟁송상 불복이 허용되었다는 점을 반영하여, 교원지위법을 2005. 1. 27. 법률 제7353호로 개정하면서 '교원소청심사위원회'로 명칭을 바꾸었다. 이하 명칭 변경의 전후를 따지지 않고 '교원소청심사위원회'라 한다.
3) 교원소청심사제도는 사립학교 교원과 국·공립학교 교원의 징계 등 불리한 처분에 대한 불복절차를 통일적으로 규정함으로써 학교법인에 대한 국가의 실효적인 감독권 행사를 보장하고, 사립학교 교원에게도 행정소송을 제기할 수 있게 하여 적어도 국공립학교 교원에 대한 구제절차에 상응하는 정도의 수준으로 사립학교 교원의 신분을 보장하고 지위향상을 도모하려는 데 그 목적이나 취지가 있다(대법원 2024. 2. 8. 선고 2022두50571 판결 참조).
4) 사립학교 교원은 학교법인 또는 사립학교 경영자에 의하여 임면되는 것으로서 사립학교 교원과 학교법인의 관계를 공법상의 권력관계라고는 볼 수 없으므로 사립학교 교원에 대한 학교법인의 해임처분을 취소소송의 대상이 되는 행정청의 처분으로 볼 수 없고, 따라서 학교법인을 상대로 한 불복은 행정소송에 의할 수 없고 민사소송절차에 의할 것이다(대법원 1993. 2. 12. 선고 92누13707 판결).

2) 행정소송에 의한 구제

사립학교 교원이 징계 등 불리한 처분에 대하여 교원소청심사위원회에 심사청구를 하고 교원소청심사위원회의 결정에 불복이 있으면 교원지위법 제10조 제4항[1]의 규정에 따라 행정소송을 제기할 수 있는바, 이 경우 행정소송의 대상이 되는 행정처분은 교원소청심사위원회의 결정이지 학교법인의 징계 등 불리한 처분이 아니다. 따라서 교원소청심사위원회가 소송의 피고가 된다.[2]

(나) 국·공립학교 교원

국·공립학교 교원에 대한 징계 등 불리한 처분이 행정처분임은 분명하므로 교원소청심사위원회의 결정에 불복하여 행정소송을 제기할 수 있음은 교원지위법 제10조 제4항의 규정이 아니더라도 행정쟁송법 일반이론에 비추어 당연하다.

사립학교 교원과는 달리 국·공립학교 교원이 징계 등 불리한 처분을 받은 때에는 우선 교원지위법 소정의 교원소청심사위원회에 심사를 청구하여야 하고, 그 결정에 불복이 있으면 원처분청을 상대로 하여 원처분의 취소를 구하는 행정소송으로 다퉈야 한다. 즉 교원소청심사위원회에의 심사청구는 임의적인 것이 아니라 반드시 그 절차를 밟아야 하는 필요적인 것이다(교원지위법 제9조, 제10조, 교육공무원법 제53조, 국가공무원법 제16조 제1항). 교원지위법상 교원소청심사위원회에 대한 불복절차는 특별행정심판절차이고, 교원소청심사위원회의 결정은 행정심판의 재결에 해당한다. 교원지위법을 제정하면서 종전의 교육공무원법 제57조의 행정심판절차 관련 규정을 삭제한 것도 위와 같은 취지에서 이해할 수 있다.

나. 교원지위법의 2021년 개정 내용

교원지위법은 교원에게 징계 등 불리한 처분에 대한 소청심사를 청구할 수 있도록 정하고 있고, 교원소청심사위원회 결정은 처분권자를 기속한다는 규정을 두고 있으나, 한편 사립학교 학교법인 또는 사립학교 경영자에 대하여는 교원소청심사위원회를 상대로 행정소송을 제기할 수 있도록 규정하고 있었고, 사립학교 학교법인

---

1) 아래에서 보는 교원지위법의 2021년 개정에 따라 종전에는 제10조 제3항에 해당하는 내용이 같은 조 제4항이 되었다.

2) 대법원 1993. 9. 10. 선고 93누487 판결, 대법원 1993. 9. 10. 선고 93누5741 판결 등 참조.

또는 사립학교 경영자가 행정소송을 제기하거나 행정소송의 제기도 없이 소청심사결정을 이행하지 않는 경우가 있어 소청심사결정의 이행이 담보되지 못하며 그 이행을 강제할 수단이 미비하여 사립학교 교원의 경우 소청심사를 통한 신분 불이익 개선이 어려운 문제가 존재하였다. 또한 국가에 의해 설립된 공공단체인 한국과학기술원, 대구경북과학기술원, 광주과학기술원, 울산과학기술원 등이 교원소청심사위원회를 상대로 행정소송을 제기할 수 있는 사립학교 학교법인 또는 사립학교 경영자 등에 해당한다면서 교원소청심사위원회를 상대로 행정소송을 제기하는 경우가 있어서 소청심사결정의 이행이 담보되지 않는 등 앞서 언급한 동일한 문제가 발생하고 있었다.

이에 2021. 3. 23. 법률 제17952호로 개정되어 2021. 9. 24. 시행된 개정 교원지위법에서는 소청심사결정이 있는 경우 공공단체는 국·공립학교와 동일하게 교원소청심사위원회를 상대로 행정소송을 제기할 수 없게 하고, 처분권자는 30일 이내에 소청심사결정의 취지에 따라 조치를 하고 그 결과를 심사위원회로 제출하도록 하며, 처분권자가 소청심사결정에 따른 구제조치를 하지 않는 경우 관할청이 구제조치를 강제할 수 있도록 구제명령·이행강제금·벌칙 등의 조치를 도입함으로써 사립학교 및 공공단체 교원에게 불리한 소청심사제도를 개선하고자 하였다.[1][2]

이에 따라 위 2021. 3. 23. 개정 교원지위법에서는 구제조치 등에 관한 제10조 제3항 및 제5항을 다음과 같이 신설하고, 같은 조 제4항(종전 제3항) 중 "당사자"를 "당사자(공공단체는 제외한다)"로, "90일"을 "30일"로 각 변경하였으며, 제10조의3(구제명령), 제10조의4(이행강제금), 제34조 제1호(벌칙)[3] 등을 신설하였다. 상세한 내용은 다음과 같다.

---

1) 법제처 국가법령정보센터, 개정 이유 〈https://law.go.kr/lsInfoP.do?lsiSeq=230349&ancYd=20210323&ancNo=17952&efYd=20210924&nwJoYnInfo=N&efGubun=Y&chrClsCd=010202&ancYnChk=0#0000〉 참조.

2) 한편 구제명령, 이행강제금, 벌칙 등의 조치가 부과될 수 있다는 이유로 교원소청심사위원회의 결정에 대한 집행정지를 구하는 사례가 있으나, 그러한 집행정지 신청은 기각하는 것이 현재까지의 실무례이다(서울행정법원 2022. 5. 4. 자 2022아11166 결정, 서울행정법원 2022. 8. 31. 자 2022아11116 결정, 서울행정법원 2023. 5. 24. 자 23아11479 결정, 서울행정법원 2024. 6. 27. 자 2024아12099 결정 등).

3) 위 벌칙 규정은 교원지위법이 2021. 3. 23. 법률 제17952호로 개정될 당시 제21조로 신설되었으나, 교원지위법이 2023. 9. 27. 법률 제19735호로 개정되면서 제34조 제1호로 이동하였다.

■ 제10조(소청심사 결정 등)

③ 처분권자는 심사위원회의 결정서를 송달받은 날부터 30일 이내에 제1항에 따른 결정의 취지에 따라 조치(이하 "구제조치"라 한다)를 하여야 하고, 그 결과를 심사위원회에 제출하여야 한다. 〈신설 2021.3.23.〉

④ 제1항에 따른 심사위원회의 결정에 대하여 교원, 「사립학교법」 제2조에 따른 학교법인 또는 사립학교 경영자 등 당사자(공공단체는 제외한다)는 그 결정서를 송달받은 날부터 30일 이내에 「행정소송법」으로 정하는 바에 따라 소송을 제기할 수 있다. 〈개정 2021.3.23.〉

⑤ 제4항에 따른 기간 이내에 행정소송을 제기하지 아니하면 그 결정은 확정된다. 〈신설 2021.3.23.〉

■ 제10조의2(결정의 효력)

심사위원회의 결정은 처분권자를 기속한다. 이 경우 제10조 제4항에 따른 행정소송 제기에 의하여 그 효력이 정지되지 아니한다.
[본조신설 2021.3.23.] [종전 제10조의2는 제10조의5로 이동 〈2021.3.23.〉]

제 6 장

■ 제10조의3(구제명령)

교육부장관, 교육감 또는 관계 중앙행정기관의 장은 처분권자가 상당한 기일이 경과한 후에도 구제조치를 하지 아니하면, 그 이행기간을 정하여 서면으로 구제조치를 하도록 명하여야 한다. [전문개정 2021.3.23.]

■ 제10조의4(이행강제금)

① 교육부장관, 교육감 또는 관계 중앙행정기관의 장은 처분권자가 제10조의3에 따른 구제명령(이하 이 조에서 "구제명령"이라 한다)을 이행하지 아니한 경우에는 처분권자에게 2천만원 이하의 이행강제금을 부과한다.

② 제1항에 따른 이행강제금을 부과할 때에는 이행강제금의 액수, 부과사유, 납부기한, 수납기관, 이의제기방법 및 이의제기기관 등을 명시한 문서로써 하여야 한다.

③ 제1항에 따른 이행강제금의 금액산정 기준, 부과·징수된 이행강제금의 반환절차, 그 밖에 필요한 사항은 대통령령으로 정한다.

④ 교육부장관, 교육감 또는 관계 중앙행정기관의 장은 최초의 구제명령을 한 날을 기

준으로 매년 2회의 범위에서 구제명령이 이행될 때까지 반복하여 제1항에 따른 이행강제금을 부과·징수할 수 있다. 이 경우 이행강제금은 2년을 초과하여 부과·징수하지 못한다.

⑤ 교육부장관, 교육감 또는 관계 중앙행정기관의 장은 구제명령을 받은 처분권자가 구제명령을 이행하면 새로운 이행강제금을 부과하지 아니하되, 구제명령을 이행하기 전에 이미 부과된 이행강제금은 징수하여야 한다.

⑥ 교육부장관, 교육감 또는 관계 중앙행정기관의 장은 이행강제금 납부의무자가 납부기한까지 이행강제금을 내지 아니하면 기간을 정하여 독촉을 하고 지정된 기간 내에 제1항에 따른 이행강제금을 내지 아니하면 국세강제징수의 예에 따라 징수할 수 있다.

▪ **제34조(벌칙)**

다음 각 호의 어느 하나에 해당하는 사람은 1년 이하의 징역 또는 1천만원 이하의 벌금에 처한다.

1. 제10조 제5항에 따라 확정되거나 행정소송을 제기하여 확정된 소청심사 결정을 이행하지 아니한 사람

특히 처분권자가 심사위원회 결정에 따른 조치(구제조치)를 하지 않는 경우, 교육부장관 등이 처분권자에게 위 조치를 명령할 수 있고(구제명령), 이를 따르지 않으면 이행강제금을 부과할 수 있도록 함에 따라 교원소청심사위원회 결정의 기속력에 대한 실효성을 보다 보장할 수 있게 될 것으로 보인다.

2. 교원소청심사위원회 결정에 대한 행정소송

앞서 본 바와 같이 교원지위법의 제정에 따라 국·공립학교 교원과 사립학교 교원 모두 징계 등 불리한 처분을 다툼에 있어 교원소청심사위원회 결정을 거친 후 위 결정에 대한 행정소송을 제기할 수 있게 되었다. 이하에서는 교원소청심사제도의 개요와 함께 교원소청심사위원회의 결정에 대한 행정소송에 대하여 개괄적으로 살피고자 한다.[1)]

1) 사립학교 교원의 경우 학교법인을 상대로 징계 등 불리한 처분에 관한 무효확인의 소를 제기하는 등

가. 교원소청심사제도의 개요

(1) 교원소청심사의 청구권자 및 청구대상

각급 학교 교원, 즉 국·공립학교 및 사립학교 교원은 징계 등 불리한 처분에 대하여 교원소청심사위원회에 소청심사를 청구할 수 있다(교원지위법 제7조 제1항, 제9조 제1항).

(2) 교원소청심사위원회 결정의 법적성질

국·공립학교 교원의 경우 임용 관련 법률관계가 공법상 법률관계이고, 징계 등 불리한 처분도 임용권자가 고권적 지위에서 하는 행정처분이다. 따라서 이에 대한 불복절차는 행정심판 절차이고, 교원소청심사위원회 결정은 임용권자의 상급행정기관에 의한 행정심판의 재결이 된다.[1)]

반면 사립학교 교원의 경우는 임용 관련 법률관계가 사법상 법률관계이므로 징계 등 불리한 처분도 사법적 법률행위이고 행정처분일 수 없다. 학교법인에 대한 관계에서 교원소청심사위원회가 상급행정기관일 수도 없으므로, 교원소청심사위원회의 결정은 재결이 아니라 그 자체가 독립된 행정처분이다.[2)]

민사상 구제수단을 선택할 수도 있으나, 이하에서는 행정소송절차에 따르는 경우에 대하여 살핀다.

1) 국·공립학교 교원에 대한 징계 등 불리한 처분은 행정처분이므로 국·공립학교 교원이 징계 등 불리한 처분에 대하여 불복이 있으면 교원징계재심위원회에 재심청구를 하고 위 재심위원회의 재심결정에 불복이 있으면 항고소송으로 이를 다퉈야 할 것인데, 이 경우 그 소송의 대상이 되는 처분은 원칙적으로 원처분청의 처분이고, 원처분이 정당한 것으로 인정되어 재심청구를 기각한 재결에 대한 항고소송은 원처분의 하자를 이유로 주장할 수는 없고 그 재결 자체에 고유한 주체·절차·형식 또는 내용상의 위법이 있는 경우에 한한다고 할 것이다(대법원 1994. 2. 8. 선고 93누17874 판결).

2) 사립학교 교원은 학교법인 또는 학교 경영자에 의하여 임면되는 것으로서 사립학교 교원과 학교법인의 관계를 공법상의 권력관계라고 볼 수는 없지만, 사립학교 교원에 대한 신분보장을 도모하는 취지에서 특별한 구제방법으로 재심위원회에 재심을 청구할 수 있도록 한 것이고, 한편 학교법인의 교원에 대한 처분이 행정처분이 아니어서 재심위원회의 결정이 바로 행정심판으로서의 재결에 해당하는 것은 아닐지라도 실질적으로는 재심위원회의 결정으로 하여금 행정처분에 대한 행정심판으로서의 재결에 유사한 것으로 기능하도록 하겠다는 취지에서 재심위원회가 그 결정을 함에 있어서는 처분권자에게 취소·변경을 명하는 결정뿐만 아니라 직접 처분을 취소·변경하는 결정을 할 수 있도록 함과 동시에 이러한 결정에 처분권자가 기속되도록 함으로써 그 결정에 의하여 바로 교원과 학교법인 사이에 그 결정 내용에 따른 법률관계의 변동이 일어나도록 한 것으로 보여진다(대법원 1994. 11. 22. 선고 94다30478 판결).

(3) 교원소청심사위원회 결정의 효력과 불복

(가) 교원소청심사위원회는 교원의 심사 청구가 부적법한 경우에는 그 청구를 각하하고, 징계사유 및 징계양정이 적법하여 교원의 심사 청구가 이유 없다고 인정하는 경우에는 그 청구를 기각한다(교원지위법 제10조 제2항 제1호, 제2호).

(나) 교원소청심사위원회는 징계 등 불리한 처분의 취소 또는 변경(징계의 감경)을 구하는 교원의 심사 청구가 이유 있다고 인정하는 경우에는 처분을 취소 또는 변경하거나 처분권자에게 그 처분을 취소 또는 변경할 것을 명하고(교원지위법 제10조 제2항 제3호), 징계 등 불리한 처분의 무효 확인(처분의 효력 유무 또는 존재 여부에 대한 확인)을 구하는 심사 청구가 이유 있다고 인정하는 경우에는 처분의 효력 유무 또는 존재 여부를 확인한다(제10조 제2항 제4호).

판결은 확정되어야 그 집행력이 발생하는 것과 달리 행정처분은 대외적으로 성립하게 되면 곧바로 효력이 발생하고 집행정지 결정이 없는 이상 취소소송의 제기만으로 효력이 정지되지 아니하므로, 교원소청심사위원회가 결정으로 징계 등 불리한 처분을 취소하거나 변경하는 경우 그 결정은 학교법인 등 당사자를 직접 기속하게 된다.[1)]

(다) 이러한 교원소청위원회 결정에 관하여, 국·공립학교 교원에 대한 소청심사 결정의 경우 처분청은 불복할 수 없는 것과는 달리, 사립학교 교원, 학교법인 또는 사립학교 경영자 등 당사자(공공단체 제외)는 결정서를 송달받은 날부터 30일 이내에 행정소송법으로 정하는 바에 따라 소송을 제기할 수 있다(제10조 제4항).

나. 교원소청심사위원회 결정에 따른 행정소송에서의 각종 쟁점

앞서 본 바와 같이 각급학교 교원이 징계 등 불리한 처분을 받은 때에는 교원소청심사위원회에 소청심사를 청구할 수 있고, 교원소청심사위원회가 그 심사청구를

---

1) 교원지위법 제9조 제1항, 제10조 제2항(주석: 현행 제10조의2에 해당한다), 교원소청에 관한 규정 제16조 제2항 제3호의 규정 취지와 교원에 대한 예우 및 처우를 개선하고 신분보장을 강화함으로써 교원의 지위를 향상시키고 교육 발전을 도모하고자 하는 교원지위특별법의 목적(제1조) 등에 비추어 볼 때, 교원소청심사위원회가 처분권자의 처분을 변경하는 결정을 한 때에는 그 결정에 의하여 바로 교원과 학교법인 사이에 결정 내용에 따른 법률관계의 변동이 일어난다(대법원 2012. 5. 9. 선고 2010다88880 판결).

기각하거나 원 처분을 변경하는 처분을 한 때에는 다시 법원에 행정소송을 제기할 수 있다. 또한 교원소청심사위원회가 교원의 심사청구를 인용하거나 원 처분을 변경하는 처분을 한 때에는 처분권자는 이에 기속되고 원 처분이 국·공립학교 교원에 대한 것이면 처분청은 불복할 수도 없지만, 사립학교 교원에 대한 것이면 그 학교법인 등은 위원회 결정에 불복하여 법원에 행정소송을 제기할 수 있다. 다만 행정청의 처분에 대한 불복소송이라는 행정소송의 본질적 성격상, 교원소청심사위원회의 심사대상인 징계 등 불리한 처분이 국·공립학교 교원에 대한 것인지 사립학교 교원에 대한 것인지에 따라, 위와 같이 위원회의 처분에 불복하여 제기되는 행정소송의 소송당사자와 심판대상 및 사후절차 등은 달리 보아야 한다.[1] 따라서 이하에서는 교원소청심사위원회 결정에 따른 행정소송의 각종 쟁점을 개괄하면서, 국·공립학교 교원 관련 사건과 사립학교 교원 관련 사건의 차이가 존재하는 경우 그 차이점을 보다 살피고자 한다.

(1) 소송의 대상 및 당사자

사립학교 교원에 대한 징계 등 불리한 처분의 경우에는 학교법인 등의 징계처분은 행정처분성이 없는 것이고 그에 대한 소청심사청구에 따라 교원소청심사위원회가 한 결정이 행정처분이고 교원이나 학교법인 등[2]은 그 결정에 대하여 행정소송으로 다투는 구조가 되므로, 행정소송에서의 심판대상은 학교법인 등의 원 처분이 아니라 교원소청심사위원회의 결정이 된다.[3] 따라서 사립학교의 교원은 교원소청심사위원회를 피고로 하여 행정소송을 제기해야 하는데, 사립학교의 장은 학교법인의 위임 등을 받아 교원에 대한 인사 관련 업무에 대해 독자적 기능을 수행하고 있고, 소청심사의 피청구인이었다면 피고보조참가인으로서 소송에 참여할 수 있다.[4]

제 6 장

반면 국·공립학교 교원에 대한 징계 등 불리한 처분의 경우에는 원 처분 자체

1) 대법원 2013. 7. 25. 선고 2012두12297 판결.
2) 앞서 본 바와 같이 교원지위법의 2021년 개정에 따라, 정확히는 교원, 사립학교법 제2조에 따른 학교법인 또는 사립학교 경영자 등 당사자(공공단체는 제외)가 교원소청심사위원회 결정에 대한 제소권자가 된다.
3) 대법원 2013. 7. 25. 선고 2012두12297 판결.
4) 대법원 2023. 10. 26. 선고 2018두55272 판결. 실무상 학교법인이 피고보조참가인이 되어 소송에 참가하는 경우가 많고, 경우에 따라서는 특별감사를 실시한 관할청의 기관장인 교육감이 보조참가하기도 한다(서울행정법원 2021. 4. 8. 선고 2019구합79190 판결 등).

가 행정처분이므로 그에 대하여 교원소청심사위원회에 소청심사를 청구하고 교원소청심사위원회의 결정이 있은 후 그에 불복하는 행정소송이 제기되더라도 그 심판대상은 교육감 등에 의한 원 처분이 되는 것이 원칙이다. 다만 교원소청심사위원회의 심사절차에 위법사유가 있다는 등 고유의 위법이 있는 경우에 한하여 교원소청심사위원회의 결정이 소송에서의 심판대상이 된다.[1] 즉 국·공립학교 교원은 소청심사 결정의 고유한 위법을 주장하는 경우가 아닌 한[2] 불리한 처분을 한 인사권자를 피고로 하여 행정소송을 제기해야 하므로 그 인사권자는 피고로서 소송에 참여한다.[3]

(2) 법률상 이익

대법원은 사립학교 교원이 소청심사청구를 하여 해임처분의 효력을 다투던 중 형사판결 확정 등 당연퇴직사유가 발생하여 교원의 지위를 회복할 수 없게 된 사안에서 해임처분이 취소되거나 변경되면 해임처분일부터 당연퇴직사유 발생일까지의 기간에 대한 보수 지급을 구할 수 있는 경우에는 소청심사청구를 기각한 교원소청심사위원회 결정의 취소를 구할 법률상 이익이 있다고 보고 있다.[4]

---

1) 대법원 2013. 7. 25. 선고 2012두12297 판결.
2) 교원소청심사위원회의 심사결정 자체에 주체·절차·형식 또는 내용상 고유한 위법이 있는 경우 이를 이유로 삼아 교원소청심사위원회를 상대로 심사결정의 취소를 구하는 소송을 제기할 수 있음은 일반 행정심판의 경우와 같다(대법원 1993. 8. 24. 선고 93누5673 판결, 대법원 1994. 2. 8. 선고 93누17874 판결, 대법원 2009. 10. 15. 선고 2009두11829 판결, 대법원 2013. 7. 25. 선고 2012두12297 판결 등).
3) 대법원 2023. 10. 26. 선고 2018두55272 판결.
4) 교원지위법은 사립학교 교원에 대하여 국·공립학교 교원과 마찬가지로 소청심사제도를 마련하고 있다. 교원소청심사제도에 관한 구 교원지위법(2021. 3. 23. 법률 제17952호로 개정되기 전의 것)의 관련 규정(제1조, 제9조 제1항, 제10조, 제10조의3 등)에 비추어 보면, 교원소청심사제도는 사립학교 교원과 국·공립학교 교원의 징계 등 불리한 처분에 대한 불복절차를 통일적으로 규정함으로써 학교법인에 대한 국가의 실효적인 감독권 행사를 보장하고, 사립학교 교원에게도 행정소송을 제기할 수 있게 하여 적어도 국·공립학교 교원에 대한 구제절차에 상응하는 정도의 수준으로 사립학교 교원의 신분을 보장하고 지위향상을 도모하려는 데 그 목적이나 취지가 있다. 이러한 신분보장 등을 위해서는 교원소청심사제도를 통해 학교법인의 징계 등 불리한 처분으로 박탈되거나 침해되는 사립학교 교원의 지위나 이익이 회복될 필요가 있다. 따라서 사립학교 교원이 당연퇴직사유의 발생으로 원직에 복직하는 것이 불가능하게 되었더라도 징계 등의 처분에 따른 법률상 불이익이 남아 있다면 소청심사청구를 기각한 피고의 결정을 다투는 행정소송에서 징계 등의 처분이 위법하다는 사실을 확인하여 그 불이익을 제거할 수 있도록 하는 것이 교원소청심사제도의 목적이나 취지에 부합한다(대법원 2024. 2. 8. 선고 2022두50571 판결).

(3) 심리 내용

(가) 사립학교 교원에 대한 징계 등 불리한 처분의 경우

1) 일반론

소송물은 학교법인의 징계 등 불리한 처분 자체가 아니라 행정처분인 교원소청심사위원회의 결정이므로 이론적으로 법원은 교원소청심사위원회 결정에 나타난 사실인정과 판단이 적법한지 심리·판단하여야 하나, 교원소청심사위원회는 학교법인의 사립학교 교원에 대한 징계 등 불리한 처분과 관련한 절차적·실체적 요건 등을 심사하여 결정하게 될 것이고, 교원소청심사위원회에서 주장하지 아니한 사유도 그것이 결정 후에 생긴 사유가 아닌 이상 행정소송에서 주장할 수 있으므로,[1] 결국 실질적으로는 학교법인의 징계 등 불리한 처분이 심리의 대상이 된다.

따라서 법원은 학교법인의 징계 등 불리한 처분과 관련된 절차적·실체적 요건 등을 심리한 후 교원소청심사위원회의 결정과 결론을 같이 하면 교원소청심사위원회의 결정이 적법함을 선언하면서 원고의 청구를 기각하는 판결을 하고, 교원소청심사위원회의 결정과 결론을 달리하는 경우에는 교원소청심사위원회의 결정이 위법함을 선언하면서 그 취소를 명하는 판결을 선고하게 될 것이다.

2) 구체적 심리 내용

사립학교 교원에 대한 징계 등 불리한 처분, 즉 징계처분이나 재임용거부처분 모두 징계권자나 임용권자에게 재량이 허용되는 재량행위이다.[2] 따라서 재량행위에 관한 사법심사방법론이 적용되는데, 징계처분과 재임용거부처분의 경우로 나누어 구체적 심리 내용을 살펴보면 다음과 같다.

가) 사립학교 교원에 대한 징계 등 불리한 처분 중 징계처분과 관련하여서는 ① 징계사유의 유무, ② 징계절차 위반 여부, ③ 당해 징계처분이 사회통념상 현저하게 타당성을 잃어 재량을 남용하였다고 볼 수 있는지가 그 주된 심리 대상이다.

나) 재임용거부처분과 관련하여서는, 먼저 학교법인이 사립학교법 제53조의2

---

1) 부당노동행위구제신청에 관한 중앙노동위원회의 명령 또는 결정전에 생긴 사유를 노동위원회에서 주장하지 아니하고 그 결정 등에 대한 행정소송에 주장할 수 있는지와 관련하여 이를 긍정한 판결인데 교원소청심사위원회의 결정에 대한 행정소송의 경우도 마찬가지로 볼 수 있을 것이다(대법원 1990. 8. 10. 선고 89누8217 판결).

2) 대법원 2009. 10. 29. 선고 2008두12092 판결.

제4항부터 제7항에 규정된 사전절차를 준수하였는지 여부를 살펴보아야 할 것이다. 사전절차를 제대로 밟지 아니함으로써 재임용 여부에 관하여 합리적인 기준에 의한 공정한 심사를 요구할 권리가 실질적으로 침해당하였다고 평가할 정도라면 재임용 거부결정은 그와 같은 절차적 흠만으로도 효력을 부정할 수 있기 때문이다.[1]

다음으로 실체적 요건과 관련하여, 우선 재임용거부의 객관적 사유, 즉 재임용 심사기준 미달 여부를 심리하여야 하고, 나아가 그 객관적 사유가 존재한다 하더라도 재임용거부가 합리적인 기준에 의한 공정한 심사를 거치지 않아 사회통념상 현저히 타당성을 잃었다고 볼 수 있는 경우 재량권 일탈·남용에 해당할 수 있으므로[2] 법원은 해당 대학의 재임용심사에 관한 규정이 사립학교법의 규정과 취지에 부합하는 합리적 기준인지 먼저 심사하고(기준 자체의 심사), 나아가 그러한 기준에 맞게 공정한 평가가 이루어졌는지 심사하게 될 것이다(기준적용에 대한 심사).[3]

(나) 국·공립학교 교원에 대한 징계 등 불리한 처분의 경우

원처분청을 상대로 한 국·공립학교 교원에 대한 징계 등 불리한 처분 자체의 취소를 구하는 취소소송의 경우 교원소청심사위원회 결정의 당부가 아니라 징계 등 불리한 처분 자체가 심리대상이 되는데 그 구체적 심리 내용은 사립학교 교원의 경우와 다를 바 없다. 즉 교원소청심사위원회 결정의 결론과 상관없이 원처분에 적법한 처분사유가 있는지 그 징계양정이 적정한지가 판단대상이 되고, 다만 위원회에서 원처분의 징계양정을 변경한 경우에는 그 내용에 따라 원처분이 변경된 것으로 간주되어 그 변경된 처분이 심판대상이 된다.[4]

한편, ① 사립학교 교원이 학교법인을 상대로 징계 등 불리한 처분의 무효확인을 청구하는 민사소송에서 학교법인의 불리한 처분이 무효라고 판단하는 기준과 ② 사립학교 교원이 교원소청심사위원회를 상대로 소청심사 기각결정의 취소를 청구하는 행정소송에서 소청심사 기각결정이 위법하여 취소하여야 한다고 판단하는 기준,

1) 대법원 2010. 7. 29. 선고 2007다42433 판결.
2) 대학교수의 재임용 여부는 임용권자가 교육 관계 법령상 대학교수에게 필요한 고도의 전문적 학식과 교수능력 및 인격 등의 사정을 고려하여 합목적적으로 판단할 자유재량에 속하나, 임용권자의 재임용 거부가 합리적인 기준에 의한 공정한 심사를 거치지 않는 등의 사유로 사회통념상 현저히 타당성을 잃었다고 볼 특별한 사정이 있으면 재량권을 일탈 또는 남용하였다고 할 것이다. 대법원 2010. 9. 9. 선고 2008두17349 판결.
3) 이원범, “기간임용제 사립대학 교원에 대한 재임용거부결정의 시기별 사법심사 기준법령과 위법한 재임용거부로 인한 손해배상책임의 법리”, 사법 16호(2011. 6.), 245.
4) 대법원 2013. 7. 25. 선고 2012두12297 판결.

③ 국·공립학교 교원이 인사권자를 상대로 징계 등 불리한 처분의 취소를 청구하는 행정소송에서 인사권자의 불리한 처분이 위법하여 취소하여야 한다고 판단하는 기준은 근거법령의 문언과 요건에 따라 다소 다르지만, 청구인용을 위해 요구되는 '위법성의 정도'는 실질적으로 동일하다.

공법관계에서는 '국민의 실효적인 권리구제'뿐만 아니라 '공법관계의 조속한 확정을 통한 행정의 원활한 수행과 법적 안정성 보장'도 중요한 가치이기 때문에, 행정소송법은 처분에 불복하여 제기하는 항고소송을 처분이 있음을 안 날부터 90일, 처분이 있는 날부터 1년 이내라는 제소기간의 제한이 있는 '취소소송'과 제소기간의 제한이 없는 '무효확인소송'으로 구분하여 쟁송제도를 2원적으로 규율하고 있으며(제4조, 제20조, 제35조), 그에 따라 대법원 판례는 취소소송의 청구인용사유(취소사유)인 '단순 위법'과 무효확인소송의 청구인용사유(당연무효사유)인 '중대·명백한 하자'를 구분하는 법리를 발전시켜 왔다. 그 결과로 처분에 중대·명백한 하자가 있는 경우에는 소의 이익이 있는 한 제소기간의 제한 없이 언제라도 무효확인소송을 제기하여 권리구제를 받을 가능성이 열려 있지만, 처분에 단순 위법사유에 해당하는 하자만 있는 경우에는 제소기간 내에 취소소송을 제기하는 경우에만 권리구제를 받을 수 있다. 대법원 판례의 중대·명백한 하자 판단 기준에 의하면,[1] 소청심사 기각결정이나 국·공립학교 교원에 대한 징계 등 불리한 처분에 중대·명백한 하자가 있다고 볼 수 있는 경우는 극히 드물고, 대부분 처분사유에 관한 사실오인이나 재량권 일탈·남용 여부가 다투어지며 이는 법원이 개별·구체적인 사안을 심리하여 요건사실이나 재량고려요소들의 존부를 확인하고 비교형량해 보아야 비로소 판단이 가능한 사항이므로 명백한 하자에 해당한다고 볼 수 없어 취소사유에 불과한 경우가 보통이다.

반면, 사법관계에서는 제소기간의 제한이 있는 '취소소송'과 제소기간의 제한이 없는 '무효확인소송'으로 구분하는 2원적 쟁송제도가 없는 것이 보통이어서[2] 사법

1) 어떤 법률관계나 사실관계에 대하여 그 법률의 규정을 적용할 수 없다는 법리가 명백히 밝혀지지 아니하여 그 해석에 다툼의 여지가 있는 때에는 행정청이 이를 잘못 해석하여 처분을 하였더라도 이는 그 처분 요건사실을 오인한 것에 불과하여 그 하자가 명백하다고 할 수 없다. 또한 처분의 대상이 되는 법률관계나 사실관계가 전혀 없는 사람에게 행정처분을 한 때에는 그 하자가 중대하고도 명백하다고 할 것이지만, 처분의 대상이 되지 아니하는 어떤 법률관계나 사실관계에 대하여 이를 처분의 대상이 되는 것으로 오인할 만한 객관적인 사정이 있는 경우로서 그것이 처분대상이 되는지의 여부가 그 사실관계를 정확히 조사하여야 비로소 밝혀질 수 있는 때에는 비록 이를 오인한 하자가 중대하다고 할지라도 외관상 명백하다고 할 수 없다(대법원 1997. 5. 9. 선고 95다46722 판결 참조).

2) 예외적으로 상법에서 회사법관계의 조속한 확정을 위해 회사설립 무효확인소송과 취소소송(제184조,

제 6 장

적 행위는 강행법규에 위배되어 위법하면 바로 사법상 효력이 부인되어 무효로 판단된다. 그래서 사립학교 교원과 학교법인 사이의 민사소송에서 사립학교 교원에 대한 징계 등 불리한 처분이 법령이나 내부규범(정관·학칙 등)을 위반하였거나 또는 인사·징계재량권을 일탈·남용한 것으로 판단되는 경우에는 그 불리한 처분이 무효라고 선언하게 되는데, 여기에서 '무효'란 행정처분의 당연무효와는 그 의미를 달리한다는 점에 주의하여야 한다.

앞서 본 바와 같이 교원소청심사위원회를 상대로 그 심사결정의 취소를 구하는 경우 그 심사결정 자체에 고유한 주체·절차·형식 또는 내용상의 위법이 있는지가 심사대상이 된다. 신청을 기각하는 심사결정에 사실오인이나 재량권 남용·일탈 등의 위법이 있다는 사유는 소청심사결정 자체에 고유한 위법이 있음을 주장하는 것으로 볼 수 없다.[1)]

재결 자체의 고유한 하자가 아닌 흠을 들어 재결의 취소를 구하는 경우, 즉 원처분의 위법만을 이유로 하여 재결의 취소를 구하는 경우에 법원으로서는 기각판결을 할 것인가 또는 각하판결을 할 것인가? 대법원 판례 중에는 청구기각한 원심판결을 유지한 것도 있고[2)] 소 각하한 원심판결을 그대로 유지한 것도 있는데,[3)] 행정소송법 제19조 단서가 "재결취소소송의 경우에는 재결 자체에 고유한 위법이 있음을 이유로 하는 경우에 한한다"고 규정하여 이유제한 형식으로 규정하고 있는 이상, 이를 소극적 소송요건이 아니라 청구를 이유 있게 하는 본안판단사항으로 파악하여 기각하는 것이 옳다는 견해가 있다.[4)]

(4) 판결의 효력

(가) 일반론

1) 사립학교 교원에 대한 징계 등 불리한 처분과 관련하여, 교원소청심사위원회의 결정을 취소하는 판결이 확정된다고 하더라도 교원소청심사위원회가 다시 그

제328조, 제552조 등), 총회결의 무효확인소송과 취소소송(제376조, 제380조 등)으로 2원적 쟁송제도를 두고 있다.

1) 대법원 2009. 10. 15. 선고 2009두11829 판결.

2) 대법원 1989. 1. 24. 선고 88누3314 판결, 대법원 1993. 8. 24. 선고 93누5673 판결, 대법원 2009. 10. 15. 선고 2009두11829 판결.

3) 대법원 1989. 10. 24. 선고 89누1865 판결, 대법원 1992. 2. 28. 선고 91누6979 판결.

4) 조용호, "교원의 징계에 대한 쟁송", 법조 43권 5호(1994), 138.

소청심사청구 사건을 재심사하게 될 뿐(교원소청심사위원회에 대한 기속력 인정), 학교법인 등이 바로 판결 취지에 따라 재처분할 의무를 부담하는 것은 아니다(학교법인에 대한 기속력 부정).

국·공립학교 교원에 대한 징계 등 불리한 처분과 관련하여, 교원소청심사위원회 결정의 결론과 관계없이 원처분에 위법사유가 있다고 인정되어 교원소청심사위원회 결정이 아닌 원처분을 취소할 경우, 그에 따라 후속절차도 원처분을 한 처분청이 판결의 기속력에 따라 징계를 하지 않거나 재징계를 하게 되는 구조로 운영된다.[1)]

2) 한편 기속력은 취소판결의 주문과 이유인 위법사유에 발생하고, 기각판결에는 기속력이 생기지 아니한다.[2)]

(나) 사립학교 교원에 대한 징계 등 불리한 처분의 경우

사립학교 교원과 관련한 교원소청심사위원회 결정을 취소하는 판결이 선고·확정된 경우, 처분행정청인 교원소청심사위원회는 취소판결의 기속력(행정소송법 제30조 참조)에 따라 다시 위원회를 열어 판결의 취지에 따른 결정을 하여야 한다. 이와 같이 교원소청심사위원회의 결정을 취소하는 판결을 선고하고 그 판결이 확정된다 하여도 교원소청심사위원회가 다시 그 소청심사청구사건을 재심사하게 될 뿐 학교법인 등이 바로 판결 취지에 따라 재처분을 할 의무를 부담하는 것은 아니다.

제 6 장

한편 교원소청심사위원회의 결정에는 처분권자에 대한 기속력이 있는데(교원지원법 제10조의2) 이는 그 결정의 주문에 포함된 사항뿐 아니라 그 전제가 된 요건사실의 인정과 판단, 즉 처분 등의 구체적 위법사유에 관한 판단에까지 미친다.[3)] 따라서 교원소청심사위원회가 사립학교 교원의 소청심사청구를 인용하여 징계 등 불리한 처분을 취소한 데 대하여 행정소송이 제기되지 아니하거나 그에 대하여 학교법인 등이 제기한 행정소송에서 법원이 원고의 청구를 기각하여 교원소청심사위원회 결정이 그대로 확정되면, 교원소청심사위원회 결정의 주문과 그 전제가 되는 이유에 관한 판단만이 학교법인 등 처분권자를 기속하게 되고, 설령 판결 이유에서 교원소

---

1) 대법원 2013. 7. 25. 선고 2012두12297 판결.
2) 지은희, "사립학교 교원 징계처분 관련 행정소송의 구조와 쟁점", 행정재판 실무연구 Ⅶ31-79(2024), 57, 58. 관련하여 행정소송법 제30조 제1항은 "처분등을 취소하는 확정판결은 그 사건에 관하여 당사자인 행정청과 그 밖의 관계행정청을 기속한다."고 규정하고 있다.
3) 대법원 2020. 6. 25. 선고 2015다71726 판결.

청심사위원회의 결정과 달리 판단한 부분이 있더라도 이는 기속력을 가질 수 없다. 그러므로 사립학교 교원이 예컨대 징계처분을 받아 교원소청심사위원회에 소청심사 청구를 하였고, 이에 대하여 교원소청심사위원회가 그 징계사유 자체가 인정되지 않는다는 이유로 징계양정의 당부에 대해서는 나아가 판단하지 않은 채 징계처분을 취소하는 결정을 한 경우, 그에 대하여 학교법인 등이 제기한 행정소송 절차에서 심리 결과 법원이 징계사유 중 일부 사유를 인정할 수 있다고 판단한 경우 설령 인정한 징계사유를 기준으로 볼 때 당초의 징계양정이 과중한 것이어서 그 징계처분을 취소한 교원소청심사위원회 결정이 결론에 있어서는 타당하다고 보았더라도 교원소청심사위원회의 결정을 취소하여야 한다. 위와 같이 행정소송에 있어 확정판결의 기속력은 처분 등을 취소하는 경우 피고인 행정청에만 미치는 것이므로, 법원이 교원소청심사위원회 결정이 결론에 있어서 타당하다고 하여 학교법인 등의 청구를 기각하게 되면 결국 행정소송의 대상이 된 교원소청심사위원회 결정이 유효한 것으로 확정되어 처분권자인 학교법인 등도 이에 기속되므로, 교원소청심사위원회 결정의 잘못은 바로잡을 길이 없게 되고 학교법인 등도 해당 교원에 대한 적절한 재처분을 할 수 없게 되기 때문이다.[1)]

그러나 교원소청심사위원회가 학교법인 등이 교원에 대하여 징계 등 불리한 처분을 한 근거인 내부규칙이 위법하여 그 효력이 없다는 이유로 학교법인 등의 처분을 취소하는 결정을 하였고 그에 대하여 학교법인 등이 제기한 행정소송 절차에서 심리한 결과 그 내부규칙은 적법하지만 교원이 그 내부규칙을 위반하였다고 볼 증거가 없다고 판단한 경우에는, 비록 교원소청심사위원회가 내린 결정의 전제가 되는 이유와 판결 이유가 다르다 하더라도 법원은 교원소청심사위원회의 결정을 취소할 필요 없이 학교법인 등의 청구를 기각할 수 있다고 보아야 한다. 왜냐하면 교원의 내부규칙 위반사실이 인정되지 않는 이상 학교법인 등이 해당 교원에 대하여 다시 징계 등 불리한 처분을 하지 못하게 되더라도 이것이 교원소청심사위원회 결정의 기속력으로 인한 부당한 결과라고 볼 수 없기 때문이다. 그리고 행정소송의 대상이 된 교원소청심사위원회의 결정이 유효한 것으로 확정되어 학교법인 등이 이에 기속되더라도 그 기속력은 당해 사건에 관하여 미칠 뿐 다른 사건에 미치지 않으므로, 학교법인 등은 다른 사건에서 문제가 된 내부규칙을 적용할 수 있기 때문에 법원으

---

1) 대법원 2018. 7. 12. 선고 2017두65821 판결.

로서는 이를 이유로 취소할 필요도 없다.[1)]

한편 재임용거부처분과 관련하여 교원소청심사위원회가 판결의 취지에 따라 재임용거부처분 취소결정을 한 경우 임용권자는 재임용심사를 다시 하여 재임용 여부를 결정하여야 하며, 이 경우 취소결정의 취지에 어긋나는 결정을 할 수는 없다.

재임용거부처분의 취소가 확정되어도 교원이 당연히 지위를 되찾는 것은 아니므로 교원의 지위가 유지됨을 전제로 임금을 청구할 수는 없다.[2)]

(다) 국·공립학교 교원에 대한 징계 등 불리한 처분의 경우

국·공립학교 교원에 대한 징계 등 불리한 처분의 취소를 구하는 소송에서 위법사유가 있다고 인정되면 법원은 교원소청심사위원회의 결정이 아니라 원래의 징계 등 불리한 처분을 취소하는 판결을 하게 되고, 그 취소 판결이 확정되면 판결의 기속력에 의하여 원처분청은 취소 판결의 취지에 따른 재처분을 하여야 한다. 즉 재임용거부처분이 취소되면, 임용권자는 판결의 취지에 따라 재임용재심사를 다시 하여 처분을 하여야 할 것이다. 사립학교 교원의 경우와 마찬가지로 재임용거부처분이 취소되더라도 교원의 지위를 당연히 되찾는 것은 아니다. 판결로 재임용거부처분이 취소되었음에도 임면권자나 임용권자가 재임용재심사절차를 취하지 아니하는 경우 행정소송법 제34조에 따라 간접강제의 형태로 재임용심사를 요구할 수 있을 것이나, 임면권자에게 재임용재심사를 직접 강제할 방법은 없다.

1) 대법원 2018. 7. 12. 선고 2017두65821 판결.
2) 대법원 2006. 3. 9. 선고 2003다52647 판결.

Ⅱ. 교원 재임용 소송

1. 재임용 규정 개관

가. 국·공립대학 교원은 교육공무원법 제11조의4, 사립대학 교원은 사립학교법 제53조의2에서 재임용절차에 관하여 다음과 같이 규정하고 있다.

교원은 교육공무원법 시행령(국·공립대학 교원) 또는 정관(사립대학 교원)으로 정하는 바에 따라 근무기간·급여·근무조건, 업적 및 성과약정 등 계약조건을 정하여 임용할 수 있다(교육공무원법 제11조의4 제1항, 사립학교법 제53조의2 제3항 전문).

기간을 정하여 임용된 교원의 임용권자는 당해 교원의 임용기간이 만료되는 때에는 임용기간 만료일 4개월 전까지 임용기간이 만료된다는 사실과 재임용 심의를 신청할 수 있음을 통지하여야 하고, 그 통지를 받은 교원이 재임용을 받고자 하는 경우에는 통지를 받은 날로부터 15일 이내에 재임용 심의를 임용권자에게 신청하여야 한다. 그 재임용 심의 신청을 받은 임용권자는 교원인사위원회의 재임용 심의를 거쳐 재임용 여부를 결정하고 그 사실을 임용기간 만료일 2개월 전까지 당해 교원에게 통지하되, 이 경우 당해 교원을 재임용하지 아니하기로 결정하였을 때에는 재임용하지 아니하겠다는 의사와 재임용 거부사유를 구체적으로 밝혀 통지하여야 한다(교육공무원법 제11조의4 제2항 내지 제4항, 사립학교법 제53조의2 제4항 내지 제6항).

교원인사위원회가 당해 교원에 대한 재임용 여부를 심의함에 있어서는 학생교육, 학문연구, 학생지도에 관한 사항, 산학연협력에 관한 사항에 대한 평가 등 객관적인 사유로서 학칙이 정하는 사유에 근거하여야 하고, 심의 과정에서 15일 이상의 기간을 정하여 당해 교원에게 지정된 기일에 교원인사위원회에 출석하여 의견을 진술하거나 서면에 의한 의견 제출의 기회를 주어야 하고(제7항), 재임용이 거부된 교원이 재임용거부처분에 대하여 불복하고자 하는 경우에는 그 처분이 있음을 안 날부터 30일 이내에 교원지위법 제7조에 따른 교원소청심사위원회에 심사를 청구할 수 있다(교육공무원법 제11조의4 제5항, 제7항, 사립학교법 제53조의2 제7항, 제9항).

나. 교원의 임기에 관한 사립학교법 제53조의2 제3항 전문과 사립대학교육기관의 교원에 대하여 재임용심사신청권을 보장한 사립학교법 제53조의2 제4항 내지 제8항은 강행규정에 해당한다. 정관에서 정한 바와 달리 조교수의 임기를 단축하는 약정은 효력이 없고,[1] 재임용심사절차를 배제하거나 포기하기로 하는 내용의 임용계약과 비정년트랙교원 임용규정은 강행규정에 반하여 무효이다.[2]

사립학교법 제53조의2 제7항이 규정한 '학칙'에는 학교법인 정관에 근거를 둔 교원인사규정 내지 시행세칙 등 규정이 포함된다.[3] 학교법인과 교원 사이 임용계약에서 별도로 명시하지 않았더라도 교원인사규정 등은 해당 교원에게 적용된다.[4]

다. 교원은 총장이나 학장 외에 교수·부교수·조교수 및 강사로 구분된다(고등교육법 제14조 제2항). 강사의 경우 신규임용을 포함하여 3년까지 재임용 절차가 보장되며(제14조의2 제3항), 소청심사 청구인 적격도 인정되나(제14조의2 제5항), 일반 교원에 대한 재임용 절차의 적용은 배제되고(제14조의2 제2항), 강사의 재임용 절차에 대하여는 학칙 또는 학교법인의 정관으로 정하게 된다(제14조의2 제3항).

2. 소송요건에 관한 쟁점 - 소송 진행 중 대학교원이 정년에 도달한 경우

교원이 소청심사 청구를 기각한 교원소청심사위원회를 상대로 위 기각 결정의 취소를 구하는 행정소송을 제기하였으나 그 소송 계속 중 나이가 정년에 도달한 경우에는 설령 기각 결정이 취소되어 재임용심사를 다시 하더라도 대학교원으로서의 지위를 회복할 수 없으므로, 특별한 사정이 없는 한 그에 관한 행정소송은 소의 이

1) 대법원 2017. 2. 15. 선고 2016두52545 판결.
2) 대법원 2012. 4. 12. 선고 2011두22686 판결.
3) 대법원 2011. 1. 13. 선고 2010두1835 판결.
4) 서울고등법원 2020. 1. 16. 선고 2019누51262 판결(심리불속행기각 확정).

익이 없어 부적법하다.[1)]

3. 임용기간의 만료 및 재임용행위의 법적 성질

가. 기간을 정하여 임용된 사립대학 교원에 관하여 학교법인의 정관이나 인사규정 또는 임용계약에 재임용 강제조항이 있거나 그 외 임용계약이 반복 갱신되는 등 특별한 사정이 없는 이상 임용기간이 만료된 해당 교원은 그 임용기간 만료로 교원의 신분을 당연히 상실한다.[2)]

교원소청심사위원회의 소청심사결정 중 임용기간이 만료된 교원에 대한 재임용거부처분을 취소하는 결정은 재임용거부처분을 취소함으로써 학교법인 등에 해당 교원에 대한 재임용심사를 다시 하도록 하는 절차적 의무를 부과하는 데 그칠 뿐, 학교법인 등에 반드시 해당 교원을 재임용하여야 하는 의무를 부과하거나 혹은 그 교원이 바로 재임용되는 것과 같은 법적 효과까지 인정되는 것은 아니다.[3)] 재임용이 거부된 사립대학 교원은 임용기간 만료 이후에도 교원의 신분이 유지됨을 전제로 임금 그 자체의 지급을 구하는 것은 허용될 수 없다.[4)]

교원의 임용기간이 만료되면 임용권자는 이와 같은 여러 가지 사정을 참작하여 재임용 여부를 심사할 필요성이 있으므로, 임용기간이 만료된 자를 다시 임용할 것인지 여부는 임용권자의 판단에 따른 재량행위에 속한다.[5)]

다만 교원 기간임용제에 의하여 임용되어 임용기간이 만료된 사립대학 교원으로서는 교원으로서의 능력과 자질에 관하여 합리적인 기준에 의한 공정한 심사를 받아 위 기준에 부합되면 특별한 사정이 없는 한 재임용되리라는 기대를 가지고 재임용 여부에 관하여 합리적인 기준에 의한 공정한 심사를 요구할 권리를 가진다.[6)]

---

1) 대법원 2008. 8. 11. 선고 2006두18980 판결, 대법원 2012. 5. 10. 선고 2010두22917 판결.
2) 대법원 2006. 3. 9. 선고 2003다52647 판결, 대법원 2006. 3. 9. 선고 2003재다262 판결, 대법원 2010. 7. 29. 선고 2007다42433 판결.
3) 대법원 2010. 9. 9. 선고 2008다6953 판결, 대법원 2011. 9. 8. 선고 2009다65249 판결, 대법원 2023. 2. 2. 선고 2022다226234 판결.
4) 대법원 2006. 3. 9. 선고 2003다52647 판결.
5) 대법원 2010. 7. 29. 선고 2007다42433 판결, 대법원 2011. 1. 13. 선고 2010두1835 판결.
6) 대법원 2006. 3. 9. 선고 2003다52647 판결, 대법원 2008. 2. 1. 선고 2007다9009 판결, 대법원 2011. 1. 13. 선고 2010두1835 판결.

한편, 교원이 자의로 재임용을 원하지 않는다는 의사를 표시하거나 종전의 임용관계와 달리 단임제 등과 같은 새로운 형태의 임용계약을 체결함으로써 재임용 신청의사를 포기하였다고 인정되는 경우에는, 그 의사표시에 다른 흠이 있어 효력이 부정되거나 학교법인에게 재임용 여부에 관하여 합리적 기준에 의한 공정한 심사를 회피할 의도가 있었다고 인정되는 등의 특별한 사정이 없는 한 학교법인으로서는 그 교원에 대하여 재임용 여부를 심사할 필요가 없고, 이 경우에는 재임용심사 신청권의 침해가 있다고 볼 수 없다.[1]

나. 사립학교 조교수로 임용한 자를 동일한 대학에서 부교수로 임용하는 행위는 조교수 임용행위에 기한 단순한 승진 임용 발령행위가 아니라, 직명이 부교수라는 교원에 임용하는 새로운 신분관계의 설정행위이다.[2]

대법원은 동일 직급으로 근무할 수 있는 최대기간을 5년으로 설정해 두고 그 기간이 만료되기 전까지 상위 직급으로 승진하지 못하면 재임용심사 없이 당연퇴직하게 하는 직급정년 규정의 경우 대학교원에게 인정되는 재임용심사신청권을 침해하므로 무효라고 판시한 바 있다.[3]

재임용 심사를 거친 사립대학 교원과 학교법인 사이의 재임용계약 체결이 서로 간의 계약 내용에 관한 의사의 불일치로 말미암아 무산되었더라도, 교원이 재임용을 원하고 있었던 이상 이러한 재임용계약의 무산은 실질적으로 학교법인의 재임용거부처분에 해당한다고 보아야 한다.[4]

1) 대법원 2010. 9. 9. 선고 2008다49417 판결. 서울고등법원 2020. 2. 6. 선고 2019누41869 판결[심리불속행기각 확정. 교원이 조건부로 재임용심사신청권을 포기하는 내용의 서약서를 작성한 것은 유효하고, 해당 서약서를 통해 약속한 SSCI급 논문 2편(주저 1편 이상 포함) 게재라는 연구업적을 달성하지 못함에 따라 학교법인이 서약서에 나타난 교원의 의사에 근거하여 재임용거부처분을 한 것은 적법하다고 본 원심을 수긍한 사례].
2) 대법원 1997. 12. 23. 선고 97다25477 판결.
3) 대법원 2023. 10. 26. 선고 2018두55272 판결.
4) 대법원 2009. 10. 29. 선고 2008두12092 판결, 대법원 2024. 6. 17. 선고 2021두49772 판결.

4. 재임용심사의 절차상 하자 유무

가. 판단 기준

학교법인이 사립학교법 제53조의2 제4항 내지 제7항에 규정된 사전절차를 준수하지 아니함으로써 재임용 여부에 관하여 합리적인 기준에 의한 공정한 심사를 요구할 권리가 실질적으로 침해되었다고 평가될 정도에 이르면 그 재임용거부결정은 그와 같은 절차적 흠만으로도 효력이 부정될 수 있다.[1] 구체적 사례에서 법원은 절차규정의 형식적인 위반여부 외에도 교원이 사전에 재임용 탈락사유에 대해 충분히 파악하였는지, 그에 대한 입장을 준비하고 의견을 진술할 기회를 부여받았는지 등 제반 사정을 살펴 '합리적인 기준에 의한 공정한 심사를 요구할 권리가 실질적으로 침해'된 경우에 이르는지를 심사하여 재임용거부처분의 위법여부를 판단하게 된다.

나. 사전통지 절차 및 기한의 준수

(1) 교원의 임용권자는 임용기간이 만료되는 교원에게 임용기간 만료일 4개월 전까지 임용기간이 만료된다는 사실과 재임용 심의를 신청할 수 있음을 통지하여야 하고, 재임용심의 신청을 받은 경우 교원인사위원회의 재임용 심의를 거쳐 해당 교원을 재임용할지를 결정하고 그 사실을 임용기간 만료일 2개월 전까지 해당 교원에게 통지하여야 한다(사립학교법 제53조의2 제4항, 제6항). 이러한 규정은 교원이 재임용에서 탈락할 경우 충분한 시간적 여유를 가지고 다음 직장을 찾을 수 있도록 재임용 대상자를 보호한다는 취지 외에도 임용권자로 하여금 재임용 심사 결과에 따라 신속하게 교원 신규임용 등 후속 조치를 취할 수 있게 하여 학사행정의 안정과 연속성을 보장함으로써 연구와 교육이라는 학교의 기능을 차질 없이 수행하게 하려는 데 취지가 있다.[2]

---

1) 대법원 2010. 7. 29. 선고 2007다42433 판결 등 참조.
2) 서울행정법원 2016. 10. 6. 선고 2016구합1998 판결(항소기각 확정), 서울행정법원 2023. 6. 15. 선고 2021구합73492 판결(확정). 서울행정법원 2024. 3. 14. 선고 2023구합63147 판결(항소심 계속 중).

(2) 관련 사례

○ 임용권자가 사전통지 절차를 준수하지 않았으나, 당초 2021. 2. 28. 자로 임용기간이 만료될 예정인 교원에 대해 교원인사위원회는 2021. 7. 31. 자를 기준으로 재임용심사기준의 충족여부를 재심사하기로 결정함으로써 사실상 그 기간을 유예받았는데, 재임용 여부 결정의 기간이 유예된 것은 교원의 여러 사정이 참작된 것으로서 교원에게 불리한 조치가 아니었던 점, 교원은 조건부 재임용 결정 당시 재임용심사기준 중 필수연구업적 기준이 충족되지 않았음을 잘 알고 있었고, 교원인사위원회에 의견서를 제출하였으며 교원인사위원회 회의에도 출석하여 의견을 개진하는 등 충분한 의견진술 기회를 부여받은 점 등을 고려하여 재임용거부처분이 절차상 위법하지 않다고 본 사례[1)]

○ 임용권자가 임용기간 만료일 하루 전 재임용거부결정 통보를 하였으나, 교원은 재임용거부결정 5개월 전에 있었던 연구진실성위원회의 조사 과정에서 재임용거부 사유인 연구부정행위에 관하여 의견을 진술하였고, 교원에 대한 재임용심사 및 심의에서 연구부정행위 혐의가 주요 쟁점이 되고 있음을 알고 교원인사위원회 심의에도 출석하여 의견진술 기회를 부여받았으며, 재임용거부결정 통보가 늦어진 것은 연구진실성위원회의 본조사가 종결되지 않아 그 결과를 기다려 최종적인 재임용심의를 하였기 때문인 점 등을 고려하여 재임용거부처분이 절차상 위법하지 않다고 본 사례[2)]

다. 실질적 의견진술 기회의 부여

(1) 교원인사위원회는 재임용 심의 과정에서 15일 이상의 기간을 정하여 해당 교원에게 지정된 기일에 교원인사위원회에 출석하여 의견을 진술하거나 서면으로 의견을 제출할 기회를 주어야 한다(사립학교법 제53조의2 제7항). 이는 재임용에 대하여 정당한 기대권을 가지는 교원에게 교원인사위원회에서 조사한 재임용 탈락사유에 대한 소명과 그 자료준비에 필요한 충분한 시간적 여유를 주어 교원에게 방어권

---

1) 서울고등법원 2023. 11. 8. 선고 2022누68499 판결(심리불속행기각 확정).
2) 서울행정법원 2021. 6. 11. 선고 2020구합57950 판결(확정).

을 보장함과 동시에 교원인사위원회로 하여금 재임용심의절차에서 적법한 심사절차를 통해 구체적인 사실관계를 파악하게 하여 신중한 처분을 하게 함으로써 교원에게 합리적인 기준과 정당한 평가에 의한 심사를 받을 권리를 보장하고자 함에 있다.[1)]

(2) 관련 사례

○ 임용권자가 교원에게 재임용 평가결과에 관한 구체적인 자료를 7일 전에 제공하였으나, 교원은 임용권자로부터 재임용 거부사유가 구체적으로 기재된 재임용 평가서를 제공받았으므로, 재임용 거부사유를 파악하고 이에 대한 구체적으로 소명할 수 있을 만큼 준비하는데 있어 7일의 기간이 부당하게 짧다고 보이진 않고, 교원은 임용권자로부터 제공받은 자료를 바탕으로 재임용 거부사유를 구체적으로 반박하는 내용의 이의신청서를 작성하여 교원인사위원회에 제출하였고, 교원인사위원회에 출석하여 준비기간 부족에 관한 이의 없이 재임용 거부사유에 대한 자신의 의견을 충분히 진술하여 방어권을 실질적으로 행사한 것으로 보인다는 등의 이유로, 실질적인 의견진술의 기회를 부여하지 않은 하자가 있다고 보기 어렵다고 판시한 사례[2)]

○ 임용권자가 교원인사위원회가 열리는 날짜의 15일 이전에 교원에게 개최사실을 통지하지 않았으나, 교원이 재임용 심사자료를 제출하였고, 교원인사위원회에 참석하여 의견진술을 하여 충분한 의견진술 기회를 부여받았으며, 자신이 다투어야 하는 내용이 무엇인지 충분히 알 수 있었다는 등의 이유로 절차상 하자로 인하여 방어권을 행사하는데 실질적인 지장이 초래되지 않았다고 판시한 사례[3)]

라. 구체적인 거부사유의 통지

(1) 임용권자가 교원을 재임용하지 아니하기로 결정한 때에는 재임용하지 아니하겠다는 의사와 재임용거부사유를 구체적으로 밝혀 통지하여야 한다(사립학교법 제53조의2 제6항 후문). 그 취지는 거부사유를 확정함으로써 그 재임용 거부의 적법성을 다투는 과정에서 벌어질 수 있는 혼란을 미연에 방지함과 아울러 재임용이 거부된

1) 서울고등법원 2018. 11. 30. 선고 2018누55373 판결(확정), 서울고등법원 2019. 11. 13. 선고 2019누36614 판결(확정), 서울행정법원 2024. 5. 10. 선고 2022구합88224 판결(항소심 계속 중).
2) 서울고등법원 2018. 11. 30. 선고 2018누55373 판결(확정).
3) 서울행정법원 2022. 12. 9. 선고 2021구합70400 판결(항소취하간주 확정).

교원의 입장에서도 자신이 어떤 사유로 재임용이 거부되었는지를 명확하게 알 수 있도록 하여 그 거부처분의 적법성을 다툴 때에 교원의 방어권을 충실히 보장하고자 함에 있다.[1)]

(2) 관련 사례

○ 재임용 거부통지서에 교원이 취득한 영역별 점수만 기재되어 있었던 사안에서, 임용권자가 교원이 취득한 교육, 연구, 학생지도 영역별 세부점수 산정내역이 상세하게 기재되어 있는 교원 업적평가 종합집계표를 첨부하여 사전에 교원에게 통보를 한바 있고, 교원은 각 영역별로 실적으로 인정되지 않는 부분을 특정하여 이의신청을 하였으며, 원고가 이의신청 당시는 물론 소청심사결정 및 소송 과정에서 평가결과의 위법성에 대하여 구체적으로 주장하였고, 달리 방어권 행사에 현저한 지장이 초래되었다고 볼 만한 사정이 없다는 이유로 재임용거부처분에 절차상 하자가 존재한다고 보기 어렵다고 판시함[2)]

○ 정성평가에 해당하는 학부 교수평가는 추상적이고 막연한 기준만 제시하고 있어 교원에게 사전에 심사방법의 예측가능성을 제공하고 있다고 보기 어렵고, 이처럼 주관과 자의가 개입될 수 있는 추상적인 평가기준일수록 임용권자는 교원이 위 학부 교수평가에서 미흡한 점수를 획득하게 된 근거를 분명하게 밝히고, 교원이 이에 관한 소명을 할 수 있을 정도로 각 평가항목별 구체적인 세부내용을 명시하였어야 하는데 임용권자가 재임용거부처분을 통지하면서 그 사유로 '재계약 임용을 위한 학부(과) 교수평가 점수가 67.3점으로, 70점 기준을 충족하지 못하였다'라고만 밝힌 것은 앞서 살펴본 사립학교법 제53조의2 제6항의 입법 취지에 비추어 충분히 구체적이었다고 보기는 어렵다고 본 사례[3)]

제 6 장

---

1) 서울행정법원 2016. 1. 8. 선고 2015구합7944 판결(항소기각 및 심리불속행기각 확정), 서울행정법원 2023. 6. 15. 선고 2021구합73492 판결(확정), 서울행정법원 2024. 2. 8. 선고 2023구합62489 판결(항소취하 확정).
2) 서울행정법원 2023. 6. 15. 선고 2021구합73492 판결(확정).
3) 서울고등법원 2019. 2. 21. 선고 2018누50811 판결(심리불속행기각 확정).

5. 재임용심사의 재량권 일탈·남용 여부

가. 개관

실무상 임용권자의 재임용심사 규정이 사립학교법의 규정과 취지에 부합하는 합리적이고 객관적인 기준인지 판단하고, 나아가 그러한 심사기준에 맞게 교원에 대하여 공정한 평가가 이루어졌는지 판단하게 된다.

재임용 평가대상 기간 이전에 발생한 것이라도 유사한 행태가 반복되는 경우 이를 재임용 거부사유로 삼을 수 있다.[1]

학교법인이 그 소속 교원에 대하여 재임용거부결정을 하고, 교원소청심사위원회에서 그 거부결정이 정당하다는 이유로 교원의 소청심사를 기각하였으나, 법원이 그 거부결정이 위법하다는 이유로 교원소청심사위원회의 기각 결정을 취소하는 판결을 선고하고, 그 판결이 확정된 경우에도 학교법인은 종전 거부결정 이후에 새로이 발생한 사유를 들어 다시 재임용거부결정을 할 수 있음은 물론이고, 새로운 거부결정 사유가 종전 거부결정 사유와 기본적 사실관계가 동일하지 않은 이상, 새로운 거부결정 사유가 종전 거부결정 당시 이미 존재하고 있었고 학교법인이 이를 알고 있었다 하더라도 이를 내세워 새로이 재임용거부결정을 할 수도 있으며 그것이 확정판결의 기속력에 저촉된다고 볼 수 없다.[2]

나. 재임용 심사기준의 하자

(1) 사립학교법 제53조의2 제7항 전문에서 재임용 심의사유를 학칙이 정하는 객관적인 사유에 근거하도록 규정한 취지는, 대학교원으로서의 재임용 자격 내지 적격성의 유무가 임용권자의 자의가 아니라 학생교육에 관한 사항, 학문연구에 관한 사항과 학생지도에 관한 사항에 관한 평가 등 객관적인 사유에 의하여 심의되어야 할 뿐만 아니라, 해당 교원에게 사전에 심사방법의 예측가능성을 제공하고 사후에는 재임용거부결정이 합리적인 기준에 의하여 공정하게 이루어졌는지를 심사할 수 있

---

1) 서울행정법원 2016. 12. 22. 선고 2016구합66261 판결(항소기각 확정).
2) 서울행정법원 2016. 5. 4. 선고 2015구합79963 판결(항소기각 확정).

도록 재임용심사기준이 사전에 객관적인 규정으로 마련되어 있어야 함을 요구하는 것으로 보아야 한다.[1] 따라서 대학이 이러한 재임용심의사유에 관하여 위와 같은 요구에 부합되게 사전에 객관적인 규정을 마련하는 것으로 그 규정목적은 충분히 달성된다고 할 것이고, 그러한 재임용심의사유의 규정형식은 학교법인의 자율적 선택에 맡겨져 있다.[2]

임용권자는 재임용여부 심의와 관련된 학칙과 구체적인 재임용여부 심의기준을 마련함에 있어서 사립학교법 제53조의2 제7항이 위임한 범위를 벗어나지 아니하는 한 구체적인 평가항목의 설정이나 배점, 평가방법 등에 관하여 상당한 재량을 가지고 있다.[3]

한편, 교원의 재임용심의사유나 재임용적격의 심사기준의 정립에 교원 스스로가 관여하는 것은 임용권자의 임면권과 재임용의 재량행위적 성격 등에 비추어 반드시 합리적이라고는 볼 수 없다.[4] 교원인사규정, 교원업적평가규정 등 재임용심의사유를 구체적으로 규정한 학교법인의 내부규정은 근로기준법상 취업규칙에 해당하지 않으므로, 이를 개정함에 있어 교원의 동의를 받을 필요는 없다.[5][6]

재임용 대상 교원이 임용기간 내 필수학술논문 발표기준을 충족하였는지 여부는 사립학교법이 정한 재임용 심사기준 중 하나인 '학문연구에 관한 사항'으로서 연구실적을 평가하기 위한 기본적이고 핵심적인 요소일 뿐만 아니라, 학생들의 건전한 지식과 인격의 신장을 목표로 하여 학문연구결과 등을 전수하고 그들을 지도하며 가르치는 대학교육의 본질과 이러한 대학교육을 담당하는 교원의 역할에 부합하는

제 6 장

---

1) 대법원 2011. 1. 13. 선고 2010두1835 판결, 대법원 2011. 2. 10. 선고 2010두17403 판결, 대법원 2021. 2. 10. 선고 2015다254231 판결.
2) 대법원 2011. 1. 13. 선고 2010두1835 판결.
3) 대법원 2009. 9. 10. 선고 2009두6056 판결.
4) 대법원 2011. 1. 13. 선고 2010두1835 판결.
5) 서울고등법원 2023. 12. 8. 선고 2023누49549 판결(확정). 동 판결은 '이 사건 교원인사규정과 이 사건 교원업적평가규정은 학교법인이 사립학교법에 근거하여 교원 재임용에 관해 가지는 재량권을 행사할 때 기준으로 적용되는 것으로서 취업규칙에 명시되는 '퇴직에 관한 사항' 등의 근로조건과는 그 성격이 다르다고 할 것인 점, 근로기준법상 취업규칙처럼 이 사건 교원인사규정 등의 변경 시 교원의 동의 여부에 따라 기존 교원과 새로 임용되는 교원 사이에 재임용에 관하여 서로 다른 기준이 적용될 여지가 있다고 본다면 오히려 재임용 기준이 불확실해지거나 심사방법이 예측하기 어려워져 사립학교법의 취지에 반하는 상황이 발생할 수 있는 점, 사립학교법에서 재임용 평가기준에 대하여 근로기준법의 취업규칙에 관한 규정을 준용한다는 규정을 두고 있지도 않은 점'을 그 근거로 들고 있다. 그 외 서울행정법원 2023. 11. 30. 선고 2022구합86693 판결(항소심 계속 중) 등 참조.
6) 한편 대법원은 교직원 보수규정의 경우 취업규칙에 해당함을 전제로 판시한 바 있다(대법원 2011. 6. 24. 선고 2009다58364 판결).

심사 요소이다.[1)]

(2) 심사기준상 하자를 인정한 사례

○ 학교법인이 교원업적평가규정에 교원업적평가의 세부항목과 배점기준 등에 대하여 정하여 두긴 하였지만 재임용이 가능한 기준은 이에 명시하지 않고, 그 기준의 성취 여부는 교원과 사이에 약정한 개별적인 계약조건만을 갖고 심사한 점, 학교법인의 규정에 객관적인 사유와 기준 자체가 마련되어 있지 않은 상태에서는 개별계약에서 정한 재임용 조건의 공정성, 객관성, 합리성 및 다른 교원들과의 형평성을 담보하기 어렵고, 또한 규정에서 정한 범위를 벗어나는지 여부 자체를 알 수 없으므로, 학교법인과 교원 사이에 체결된 재임용에 관한 계약조건이 쌍방의 합의를 거쳐 객관적인 기준을 정한 것이라고 하더라도 사립학교법 제53조의2 제7항에서 정한 객관적인 사유에 해당한다고 볼 수 없음[2)]

○ 외국인교원채용규정에 의하면 학부 교수평가 결과는 교원인사위원회가 외국인 교원의 재임용 여부를 심의할 때 대학발전기여도 평가자료로서 참작사유로 고려하여야 할 뿐인데, 이를 넘어 별개의 결정적인 재임용 거부사유로 삼았던 것으로 보이고, 해당 교수평가표는 주관과 자의가 개입될 수 있는 추상적인 평가항목으로 구성되어 공정한 심사를 기대하기 어려운 평가기준에 해당함[3)]

○ 재임용 심사기준의 내용이 교원의 입장에서 예측가능성이 없고, 재임용 평가기준 및 방식과 관련하여 객관적 기준이 제시되지 않아 재임용거부처분이 위법하다고 본 사례[4)]

(3) 심사기준상 하자를 부정한 사례

○ 학교법인이 교원이 담당하는 업무 및 활동영역을 구체적으로 구분하여 배점을 정하고, 나아가 그 영역별로 구체적인 평가항목을 세분하여 항목별로 배분된 점수를 기준으로 평가한 후 총점을 합산하여 교원업적을 평가하도록 한 학교법인의 심사규정은 사립학교법 제53조의2 제7항에서 정한 재임용 심의사항을 구체적으로

---

1) 대법원 2025. 2. 20. 선고 2024두55877 판결.
2) 대법원 2011. 2. 10. 선고 2010두17403 판결.
3) 서울고등법원 2019. 2. 21. 선고 2018누50811 판결(심리불속행기각 확정).
4) 서울행정법원 2022. 12. 26. 선고 2021구합78961 판결(확정).

반영한 것으로서, 그 내용과 방법에 있어서 객관적이고 합리적인 기준을 정한 것으로 보이고, 재임용 대상자와 재임용 거부대상자를 가르는 구체적인 기준 점수에 관한 규정을 두지 않았다고 하여 그 심사규정이 합리적인 심사기준이 아니라고 보기는 어려움[1)]

○ 임용권자는 대학 교육의 질 향상, 경쟁력 제고, 학생들의 만족도 확보, 교원의 지위 보장 및 이를 통한 안정적인 교원 인력 확충 등 재임용 심사에 있어 고려하여야 할 제반 사정을 감안하여 세부적인 재임용 심사기준을 정할 재량권을 보유하므로, 학교법인 내부규정상 강의평가 상위 60% 이상인 강의전담교원만을 재임용 대상으로 규정하고 있더라도, 이러한 사정만으로 해당 내부규정이 위법하다고 보기 어려움[2)]

(4) 재임용심사기준이 개정된 경우

(가) 행정기관의 행정처분에 있어 국민의 신뢰보호 관점에서 개정 법령의 적용이 제한될 수 있는 것과 마찬가지로, 사립학교의 소속 교원에 대한 재임용처분에 있어서도 교원의 신뢰보호이익이 교원인사규정 등 개정된 규정의 적용에 관한 공익상의 요구보다 더 큰 보호가치가 있다면 개정된 교원인사규정의 적용이 제한될 수 있다.[3)]

(나) 관련 사례

○ 개정된 재임용심사기준 중 일부 항목이 재임용 심사대상 교원들이 합리적으로 예측할 수 있는 범위를 초과하여 지나치게 강화하였고, 교원들이 종전 임용기간 내에 달성할 수 없는 평가기준을 두었으며, 평가자의 주관과 자의가 개입할 소지가 크고, 객관성을 확보하지 못하였으므로 이러한 심사기준에 의하여 교원들에 대하여 재임용 거부처분을 한 것은 개정된 심사기준의 개정절차가 공개적으로 진행되었는지 여부와는 관계없이 교원들에게 심사방법에 대한 예측가능성이 없었던 것이고 합리적인 기준에 의하여 공정하게 이루어진 것으로 볼 수 없음[4)]

---

1) 서울고등법원 2010. 6. 8. 선고 2009누36028 판결(상고기각 확정).
2) 서울행정법원 2023. 11. 30. 선고 2022구합86693 판결(항소 기각 및 심리불속행기각 확정), 서울행정법원 2024. 5. 2. 선고 2022구합86686 판결(항소심 계속 중) 참조.
3) 서울고등법원 2020. 5. 28. 선고 2020누44772 판결(상고기각 확정, 학교법인의 위법한 재임용 거부처분이 없었을 경우 해당 교원이 교원인사규정의 개정일 전에 조교수로 재임용되었을 것이고 개정 전 교원인사규정에 따라 임용기간을 4년으로 하여 조교수로 재임용되었을 것이라는 이유로 교원의 조교수 임용기간을 4년으로 본 사례).
4) 서울고등법원 2021. 5. 13. 선고 2021누47198 판결(심리불속행기각 확정).

○ 교원이 재임용 신청이 가능함을 통지받은 때로부터 불과 6일 전에 비정년트랙전임교원 재임용심사운영지침이 개정되어 지각을 이유로 대폭 감점을 하게 하는 감점 조항이 추가되었는데, 이러한 조항을 갑작스럽게 신설할 특별한 이유를 찾기 어려운바, 교원은 심사방법의 예측가능성을 제공받지 못하였다고 할 것임[1)]

다. 재임용심사기준 적용상의 하자

(1) 판단 기준

임용권자가 재임용신청을 한 교원에 대하여 재임용을 거부한 경우에 있어, 재임용 거부의 객관적 사유, 즉 재임용심사기준에 미달된다는 사유가 전혀 존재하지 않거나 그 사유가 존재한다 하더라도 교원으로서의 능력과 자질을 검증하여 적격성 여부를 심사하기 위한 재임용 심사에 있어서 허용될 수 있는 정도의 재량권을 일탈·남용한 결과 합리적인 기준에 기초한 공정한 심사가 결여된 것으로 인정되어 그 사법상의 효력 자체를 부정하는 것이 사회통념상 타당하다고 인정될 경우에는 그 재임용 거부결정을 무효라고 볼 수 있다.[2)]

재임용 거부결정이 재량을 일탈·남용하였다고 함은 그 결정이 공익의 원칙에 반하거나 재임용 거부의 판단 근거로 삼은 부정적 평가 요소에 비추어 균형을 잃음으로써 비례의 원칙에 위반하거나 또는 합리적인 사유 없이 일반적으로 적용하여 온 기준과 어긋나게 공평을 잃은 결과 평등의 원칙에 위반한 경우 등을 말하고, 이는 구체적인 사례에 따라 부정적 사실의 내용과 성질, 재임용심사기준에의 부합 정도 등 여러 요소를 종합적으로 판단하여야 한다.[3)]

(2) 업적평가기준 미달로 인한 재임용탈락의 경우

(가) 사립학교법 제53조의2 제7항 전문은 교원인사위원회가 같은 조 제6항의 규정에 의하여 당해 교원에 대한 재임용 여부를 심의함에 있어서는 '학생교육에 관한 사항, 학문연구에 관한 사항, 학생지도에 관한 사항, 산학연협력에 관한 사항'에

---

1) 서울행정법원 2019. 5. 30. 선고 2018구합78459 판결(항소기각 후 심리불속행기각 확정).
2) 대법원 2013. 1. 16. 선고 2012다31734 판결, 대법원 2017. 4. 13. 선고 2016다4426 판결.
3) 대법원 2008. 2. 1. 선고 2007다9009 판결, 대법원 2013. 3. 14. 선고 2012두13498 판결.

대한 평가 등 객관적인 사유로서 학칙이 정하는 사유에 근거하여야 한다고 규정하고 있다. 임용권자는 정관, 교원인사규정, 업적평가규정, 시행지침 등 별도 내부규정을 마련하고, 교육영역, 연구영역, 봉사영역, 산학협력영역 등 각 영역별로 구분하여 배점을 할당하며, 교원이 일정기간 동안 각 영역별로 취득한 점수가 재임용심사 기준점수에 미달하였는지 여부를 살펴 재임용 여부를 판정하고 있다.

(나) 업적평가기준 미달 유무가 다투어진 사례

○ 교원소청심사위원회가 교원에 대한 재임용거부처분의 전제가 되는 평가항목에 4가지 하자가 존재한다고 보아 재임용거부처분을 취소하였으나, 그중 1가지 하자만 인정될 뿐이고, 해당 평가항목에서 최고점을 받더라도 교원이 재임용 심사기준에 미달한 평점을 받게 될 여지가 있다는 이유로 교원소청심사위원회 결정이 위법하다고 판시함[1)]

○ 교원이 교육업적영역, 연구출판 및 작품업적 영역에서 심사규정상의 심사항목과 배점비율에 따라 객관적으로 평가된 점수를 받았고, 다른 재임용 심사대상자들과 유사한 수준을 보이고 있으며, 한편 활동업적점수, 특히 교내활동점수는 다른 재임용 심사대상자들에 비하여 낮은 점수를 받았는데, 교원이 고의로 교원지원자에게 최하점을 주고 학과교수 채용에 대한 학과장 의견작성 및 서명을 거부하여 학교법인의 신규 교원임용절차를 방해하고 교원의 직무상 의무를 다하지 아니한 점, 교원임용절차 등과 관련하여 교학처장 및 동료 교수들과 마찰을 불러 원만한 관계를 유지하지 못한 점 등을 감안하면, 교원이 업무성실도, 학과운영, 동료와의 융화도 등을 평가항목으로 하는 교내활동심사에서 낮은 점수를 받은 것은 객관적 사유에 기초한 것으로서 자의적이라거나 불합리하다고 할 수 없다고 본 사례[2)]

○ 교원이 음악제의 집행위원장직을 수행한 것에 대해서는 뮤지컬 연출에 준하는 연구실적을 인정받아 관련된 평점을 부여받아야 하고, 담당한 책임교수직은 학과장에 준하여 행정업무를 수행한 보직자에 해당하므로 관련된 평점을 부여받아야 한다는 등의 이유로 교원의 업적평가점수가 재임용 기준점수를 충족함에도 학교법인이 재임용을 거부하여 위법하다고 판시함[3)]

제 6 장

---

1) 서울고등법원 2020. 10. 8. 선고 2019누47942 판결(심리불속행기각 확정).
2) 서울고등법원 2010. 6. 8. 선고 2009누36028 판결(상고기각 확정).
3) 서울행정법원 2024. 5. 2. 선고 2023구합71346 판결(항소심 계속 중).

(다) 연구업적에 관한 사례

교원은 자신의 전공분야에 대해 강의하고 연구하여 학문을 발전시키는 것을 주된 업무로 한다. 이에 실무에서는 업적평가기준 중 특히 연구업적과 관련하여 해당 교원이 제출한 업적 중 심사에 반영이 필요한 것을 누락·배제한 것이 있는지, 있다면 그러한 판단이 부당한지 여부가 주된 쟁점이 된다. 교원의 임용기간 만료일 4개월 전부터 재임용심사절차가 본격적으로 개시되고, 학교법인은 임용기간 만료일 2개월 전까지 교원에게 재임용 여부를 통보해야 하므로(사립학교법 제53조의2 제4항, 제6항), 재임용 심사 무렵부터 임용기간 만료일까지의 연구실적을 재임용심사에 반영할 수 있는지에 관하여 다수의 판결례가 축적되어 있다.

○ 교원업적평가규정에서 교원업적평가는 매년 3월 1일을 기준으로 하여 1년간의 업적을 평가하고, 연구업적은 2년 단위로 평가한다고 정하고 있으므로, 재임용거부처분이 절차 위반을 이유로 취소되어 재임용기간이 지나 다시 업적평가점수를 산정한 재임용거부처분의 경우 업적평가 원칙에 따라 2019. 2. 28.까지의 학술논문 실적을 반영해야 한다고 본 사례[1)]

○ 교원이 재임용 심사를 위하여 논문의 게재예정·확정증명서를 제출하였는데 해당 논문은 임용기간 만료일 이후 학술지에 게재될 예정인 경우, 대학 내부규정에 따라 위 논문을 필수연구업적에 반영하지 않았더라도 적법함[2)]

○ 연구실적에 대한 평가가 가능한 최종 시한(임용기간 만료일 2개월 전)까지 임용기간 만료일 이내에 발간될 수 있다는 점에 관한 소명자료와 그 내용을 구체적으로 알 수 있는 요약본이나 초록 등이 학교법인에 제출되지 않았으므로 교원의 연구실적물로 인정할 수 없다고 본 사례[3)]

○ 사립학교 교원은 임용기간의 만료로 교원의 신분을 당연히 상실하게 되므로, 교원이 임용기간 만료일 이후에 필수학술논문 발표기준을 충족하였더라도 그러

---

1) 대법원 2023. 2. 2. 선고 2022다226234 판결[교원이 2018. 12. 24. 임용권자에게 논문에 대한 마무리 작업을 진행하고 있고, 2019. 2. 28. 발간되는 학술지에 논문이 게재될 것을 예정하고 있다는 내용의 연구업적 증빙자료 미제출사유서를 제출하였고, 2019. 1. 8. 및 2019. 1. 22. 교원의 논문 두 편이 중국어문학논집 및 중국문화연구에 각 게재될 예정이라는 내용의 논문게재예정증명서를 제출하였으며, 실제로 위 각 논문이 학술지에 게재되었음에도 2021. 2. 18. 이루어진 최종 업적평가결과에서는 위 각 논문이 2018. 12. 31.까지 제출되지 않았다는 이유로 논문실적을 반영하지 않음].

2) 서울고등법원 2023. 11. 8. 선고 2022누68499 판결(심리불속행기각 확정).

3) 서울행정법원 2023. 6. 15. 선고 2021구합73492 판결(확정).

한 사정은 재임용 심사에서 고려할 수 없다고 본 사례[1]

(3) 교원의 품위 손상으로 인한 재임용 탈락

(가) 사립대학 교원이 학문연구에 관한 능력과 자질을 갖추고 있다고 하더라도 학생교육 및 학생지도를 비롯하여 교육관계법령의 준수 및 기타 교원으로서의 품위 유지에 관한 능력과 자질을 갖추지 못한 결과 교육을 받을 기본권을 가진 학생의 교육을 담당할 사립대학 교원으로서의 자격에 미달한다고 인정되는 경우에는 재임용을 거부할 수 있다.[2]

(나) 관련 사례

○ 교원이 학교법인 허가 없이 타 기관의 전임직을 유지하여 왔고, 교육중점 교원의 주된 본분이자 재임용 자격심사기준인 강의 및 연구활동에 전념하는데 상당한 지장을 줄 것으로 보여, 내부규정상 겸직금지의무를 위반하였음을 주된 사유로 삼아 재임용을 거부한 경우 이를 적법하다고 본 사례[3]

○ 교원이 학생들에게 부적절한 언행을 하여 학생들이 교학처장에게 투서를 보냈고, 교원이 투서에 불만을 품고 학생들에게 명예훼손 운운하는 말을 하면서 투서에 동의하지 않는다는 서명을 사실상 강요하였으며, 교원에 대한 강의평가가 하위 약 1/3에 해당하며, 교원이 이러한 강의평가에 불만을 품고 학생들에게 누가 부정적인 평가를 했는지 알아내려고 하는 등 교원에게는 학생들에게 모범이 되어야 할 품성과 자질, 지도적 인격, 윤리의식 등 교육자로서의 인격과 품위 측면 등에서 재임용 결격사유가 있다고 본 사례[4]

(4) 교원이 반복적으로 재임용탈락된 경우

(가) 교원소청심사위원회의 소청심사결정 중 임용기간이 만료된 교원에 대한 재임용거부처분을 취소하는 결정은 재임용거부처분을 취소함으로써 학교법인 등에 해당 교원에 대한 재임용심사를 다시 하도록 하는 절차적 의무를 부과하는 데 그칠 뿐, 학교법인 등에 반드시 해당 교원을 재임용하여야 하는 의무를 부과하거나 혹은

1) 대법원 2025. 2. 20. 선고 2024두55877 판결.
2) 대법원 2008. 2. 1. 선고 2007다9009 판결, 대법원 2010. 10. 14. 선고 2010두13418 판결.
3) 서울행정법원 2022. 1. 11. 선고 2021구합65033 판결(확정).
4) 서울고등법원 2014. 1. 22. 선고 2013누15066 판결(심리불속행기각 확정).

그 교원이 바로 재임용되는 것과 같은 법적 효과까지 인정되는 것은 아니다.[1] 이에 연이어 이루어진 재임용심사에서 탈락하여 복직이 되지 않거나, 일단 복직은 되었으나 근 시일 내에 이루어진 재임용심사에 따라 재차 재임용에서 탈락함으로 인해 소청심사청구 및 행정소송이 반복적으로 제기되는 사례가 다수 있다.[2]

이 경우 임용권자가 해당 교원의 재임용을 막기 위해 의도적으로 심사기준을 강화하는 방향으로 개정하였는지 등의 특별한 사정이 있는지를 살펴야 하고, 한편으로 소청심사결정 및 법원의 판결 취지에 따라 합리적이고 공정하게 재임용 심사를 재차 진행하였음에도 객관적인 기준에 미달하였음이 확인되는 경우에는 재임용거부처분의 효력이 유지될 수 있다.

(나) 관련 사례

교원이 약 17년의 기간 동안 5차례에 걸쳐 재임용거부처분을 받아 법적 다툼을 계속해 온 사안에서 교원이 가처분 결정 등을 통해 대학교에서 일정 기간 조교수의 지위에 있었다고 하더라도 해당 교원과 유사한 지위에 있는 다른 교원들과 유사한 수준의 연구성과를 내기는 어려웠을 것이므로 학교법인의 일반적인 재임용 심사기준을 교원에게 그대로 적용하는 것은 합리적이지 않거나 타당하지 않고, 교원이 재임용 여부에 관하여 합리적인 기준에 따라 공정한 심사를 받을 수 있도록 위 심사기준보다 상대적으로 완화된 심사기준이 적용되어야 한다고 본 사례[3]

(5) 기타 재임용거부처분의 위법성이 다투어진 사례

○ 사립학교법 제53조의2 제3항 1문은 '대학교육기관의 교원은 정관이 정하는 바에 따라 근무기간·급여·근무조건, 업적 및 성과약정 등 계약조건을 정하여 임용할 수 있다'고 정하고 있고, 학교법인의 구 정관 제43조 제2항은 조교수의 임기를 4년으로 정하고 있는데 교원과 학교법인 사이에 2013. 1. 16. 이전에 작성한 임용계약서에 교원의 임기를 1년 또는 2년으로 정한 부분은 위와 같은 강행규정을 위반한 것이어서 무효이고, 교원이 1999. 3. 1. 조교수로 임용될 당시 학교법인의 구 정관에 따

---

1) 대법원 2023. 2. 2. 선고 2022다226234 판결, 서울행정법원 2024. 4. 12. 선고 2023구합63178 판결(항소기각 및 상고심 계속 중).
2) 서울고등법원 2020. 10. 8. 선고 2019누47942 판결(심리불속행기각 확정), 서울고등법원 2020. 5. 28. 선고 2020누44772 판결(상고기각 확정), 서울고등법원 2023. 12. 8. 선고 2023누49549 판결(확정) 등.
3) 서울행정법원 2024. 4. 12. 선고 2023구합63178 판결(항소기각 및 상고심 계속 중).

라 4년의 임기가 보장되었고, 그 후 교원이 재임용심사 절차 없이 계속 재직함으로써 교원의 임용기간이 4년마다 묵시적으로 갱신된 것으로 보아야 한다고 본 사례[1)]

○ 사립학교가 부교수에 대한 근무기간을 정함에 있어 "정년 또는 계약으로 정하는 기간"으로 규정하는 것에서 더 나아가, 내부 규정을 통하여 부교수의 임기를 일률적으로 정한 다음 실질적인 협상도 거치지 않은 채 위와 같은 내부 규정을 들어 그에서 정한 임기에 따라 일방적으로 재임용처분을 하는 것은 "계약으로 정하는 기간"으로 임기를 정하도록 한 상위 법령의 취지를 몰각시키는 것으로써, 그와 같은 내부 규정은 당해 교원에 대한 관계에서는 효력을 가질 수 없다고 본 사례[2)]

○ 학교법인이 교원의 동의 없이는 임용관계에 적용될 수 없는 개정 교직원보수규정에 대하여 교원이 그 적용을 거부하였다는 이유만으로 교원과 사이에 재임용계약의 체결을 거절한 것은 현저히 부당하므로, 학교법인의 재임용거부행위는 재임용 여부에 관한 재량권을 일탈·남용하였다고 판시한 사례[3)]

6. 증명책임

재량권의 일탈·남용으로 인한 재임용 거부결정의 무효사유에 관하여는 이를 주장하는 사람이 증명책임을 부담한다.[4)]

1) 대법원 2017. 2. 15. 선고 2016두52545 판결.
2) 대구고등법원 2017. 11. 29. 선고 2017나21306 판결(심리불속행기각 확정).
3) 대법원 2024. 6. 17. 선고 2021두49772 판결.
4) 대법원 2008. 2. 1. 선고 2007다9009 판결, 대법원 2010. 9. 9. 선고 2008다49417 판결.

7. 재임용거부처분의 위법성과 민사상 손해배상책임 성립여부

가. 불법행위 성립여부

기간임용제 대학교원에 대한 학교법인의 재임용거부결정이 재량권을 일탈·남용한 것으로 평가되어 그 사법상 효력이 부정된다고 하더라도 이것이 불법행위를 구성함을 이유로 학교법인에게 재산적 손해배상책임을 묻기 위해서는 당해 재임용거부가 학교법인의 고의 또는 과실로 인한 것이라는 점이 인정되어야 한다.

이를 위해서는 학교법인이 보통 일반의 대학을 표준으로 하여 볼 때 객관적 주의의무를 결하여 그 재임용거부결정이 객관적 정당성을 상실하였다고 인정될 정도에 이른 경우이어야 하며, 이때에 객관적 정당성을 상실하였는지 여부는 재임용거부사유의 내용 및 성질, 그러한 거부사유 발생에 있어서 해당 교원의 기여(관여) 정도, 재임용심사절차에서 해당 교원의 소명 여부나 그 정도, 명시된 재임용거부사유 외에 학교법인이 재임용거부 판단에 실질적으로 참작한 사유의 유무 및 그 내용, 재임용심사의 전체적 진행 경과 등 여러 사정을 종합하여 손해의 배상책임을 대학에게 부담시켜야 할 실질적인 이유가 있는지 여부에 의하여 판단하여야 한다.[1)]

나. 손해배상의 범위 및 위자료

학교법인의 불법행위가 인정되는 경우에는 적법한 재임용심사를 받았더라면 재임용을 받을 수 있었던 사립대학 교원은, 대학에 대하여 그러한 위법행위가 없었더라면 교원으로 임용되어 재직할 수 있었던 기간 동안 임금 상당의 재산적 손해배상을 청구할 수 있는데, 그러한 재직 가능 기간의 범위는 당해 대학의 재임용심사기준의 전반적인 엄격성의 정도와 학문영역별(인문·사회·자연계열 등) 심사기준의 차이 여부, 당해 교원의 전공분야와 실제 재임용 현황(재임용률), 당해 대학의 재임용 및 승진임용의 구성 체계(동일직급 재직기간의 제한 여부, 재임용과 승진임용 사이의 심사기준의 차별성 여하), 당해 교원의 개인적 연구역량(이전에 재임용을 받은 횟수나 그 통과 수준, 당해 재임용심사에서 재임용자격 인정 기준과의 차이 정도) 등의 사정을 종합적으로

1) 대법원 2013. 1. 16. 선고 2012다31734 판결, 대법원 2023. 2. 2. 선고 2022다226234 판결.

고려하여 개별적으로 판단하여야 하며, 손해배상의 범위가 반드시 위법한 재임용 거부가 이루어진 당해 재임용기간 동안 지급받을 수 있었던 임금 상당액에 한정되는 것은 아니다.[1)]

사립대학 교원이 위법한 재임용거부로 인하여 위와 같은 재산적 손해 외에 별도의 정신적 고통을 받았음을 이유로 위자료를 청구하기 위해서는, 학교법인이 재임용을 거부할만한 사유가 전혀 없는데도 오로지 해당 교원을 대학에서 몰아내려는 의도 하에 고의로 다른 명목을 내세워서 재임용을 거부하였거나, 재임용거부의 이유로 된 어느 사실이 인사규정 등 소정의 재임용 여부의 심사사유에 해당되지 아니하거나 재임용거부사유로 삼을 수 없는 것임이 객관적으로 명백하고 또 조금만 주의를 기울이면 이와 같은 사정을 쉽게 알아볼 수 있는데도 그것을 이유로 재임용거부에 나아간 경우 등 재임용 여부 심사에 관한 대학의 재량권 남용이 우리의 건전한 사회통념이나 사회상규상 용인될 수 없음이 분명한 경우이어야 한다.[2)]

제 6 장

1) 대법원 2020. 6. 25. 선고 2015다71726 판결(학교법인이 교원에 대한 거듭된 교원소청심사위원회의 결정에 반하여 반복적으로 1~3차 재임용거부결정을 한 것은 보통 일반의 대학을 표준으로 하여 볼 때 객관적 주의의무를 결하여 객관적 정당성을 상실한 것이라고 볼 수 있고, 이러한 학교법인의 행위는 교원에 대한 불법행위에 해당한다고 판시한 사례), 대법원 2023. 2. 2. 선고 2022다226234 판결.
2) 대법원 2010. 7. 29. 선고 2007다42433 판결, 대법원 2020. 6. 25. 선고 2015다71726 판결, 대법원 2023. 2. 2. 선고 2022다226234 판결.

Ⅲ. 교원 징계 소송

1. 개 관

공무원 징계에 관한 소송과 마찬가지로, 교원에 대한 징계소송에서 주로 주장되는 위법사유의 유형은 징계절차의 하자, 징계사유의 부존재, 징계양정의 위법 등으로 구분된다. 한편 국·공립학교 교원은 공무원이므로 공무원에 대한 징계소송의 논의가 기본적으로는 그대로 타당한바, 이하에서는 사립학교 교원에 관한 징계소송 사례들에서 위 각 위법사유에 관하여 이루어진 주장들을 중심으로 살펴보고자 한다.

2. 징계절차상 하자

가. 교원징계위원회의 구성

사립학교법 제62조 제4항은 교원징계위원회의 설치 및 구성에 관하여 규정하면서, 같은 조 제3항 제2호[1]에 따라 위촉된 위원(외부위원)을 최소 2명 이상 포함할

---

1) 제62조(교원징계위원회의 설치 및 구성 등) ③ 교원징계위원회의 위원은 다음 각 호의 사람 중에서 해당 학교법인이나 사립학교경영자 또는 학교의 장(제53조의2제2항에 따라 교원의 임용권이 학교의 장에게 위임된 경우로 한정한다)이 임명하거나 위촉한다.
  1. 해당 학교의 교원 또는 학교법인의 이사
  2. 다음 각 목의 어느 하나에 해당하는 사람
    가. 법관, 검사 또는 변호사로 5년 이상 근무한 경력이 있는 사람
    나. 대학에서 법학, 행정학 또는 교육학을 담당하는 조교수 이상으로 재직 중인 사람
    다. 공무원으로 20년 이상 근속하고 퇴직한 사람
    라. 학교운영위원회의 학부모위원(「초·중등교육법」 제2조에 따른 학교에 두는 교원징계위원회의

것(제1호), 외부위원은 해당 학교법인 또는 사립학교경영자가 설치·경영하는 학교에 소속된 사람이 아닐 것(제2호), 학교법인에 두는 교원징계위원회의 경우에는 해당 학교법인의 이사인 위원 수가 전체 위원 수의 2분의 1을 초과하지 아니할 것(제3호) 등을 규정하고 있다. 따라서 학교법인의 인사규칙에서 교원징계위원회의 위원을 모두 교원 또는 학교법인의 이사로 구성되어야 한다고 규정할 경우 이는 위 사립학교법 제62조 제4항 규정에 저촉되는 범위에서 효력이 없다.[1]

나. 임면권자 아닌 사람이 한 징계의결 요구

사립학교 교원에 대한 징계의결 요구권자는 당해 교원에 대한 임면권자이고(사립학교법 제64조), 학교장이 아닌 교원은 당해 학교를 설치·경영하는 사립학교경영자가 임면권자로 되어 있다(제53조의2 제1항). 따라서 임면권자가 아닌 교장이 한 징계의결 요구는 권한 없는 자의 징계의결 요구로서 위법하다.[2]

다. 징계사유 설명서 통지

공무원징계령 제7조 제7항에 의하면 징계의결요구권자는 징계위원회에 징계의결을 요구함과 동시에 징계사유와 요구하는 징계종류 등을 기재한 공무원징계의결요구서 사본을 징계혐의자에게 송부하도록 되어 있는바, 이 규정의 취지는 징계혐의자로 하여금 어떠한 사유로 징계에 회부되었는가를 사전에 알게 함으로써 징계위원회에서 그에 대한 방어 준비를 하게 하려는 것으로 징계위원회에 출석하여 진술할 수 있는 권리와 함께 징계혐의자의 방어권 보장을 위한 주요규정으로서 강행규정이므로 징계의결요구서 사본의 송부 없이 진행된 징계절차는 징계혐의자의 방어권 준비 및 행사에 지장이 없었다거나 징계혐의자가 이의 없이 징계위원회에 출석하여

경우로 한정한다)
마. 그 밖에 교육이나 교육행정에 대한 전문지식과 경험이 풍부하다고 인정되는 사람.

1) 서울행정법원 2021. 7. 15. 선고 2020구합71130 판결(항소기각 확정). 원고는 징계위원회 위원 중 변호사 등 외부위원이 속해 있는 것은 해당 징계 의결 당시 시행 중이던 개정 전 인사규칙에 반한다고 주장하였으나, 위 판결에서는 오히려 그러한 인원 구성은 당시 시행 중이던 구 사립학교법 제62조에 근거한 것으로 적법하다고 판시하였다.
2) 서울행정법원 2015. 5. 28. 선고 2015구합1397 판결(확정).

변명하였다는 등의 특단의 사정이 인정되지 않는 이상 위법하다.[1] 이러한 법리는 사립학교법 제64조의2[2]의 해석·적용에 있어서도 그대로 타당하다고 할 것이다.[3]

라. 교육공무원 징계령 위반

사립학교의 교원에 대한 징계에 관하여는 사립학교법에 정한 징계절차의 규정만이 적용되는 것이지 교육공무원 징계령 소정의 징계절차에 관한 규정은 준용되지 않는다.[4] 따라서 사립학교 교원에 대한 징계사건에서 교육공무원 징계령 위반의 절차적 하자를 주장하는 것은 그 자체로 받아들이기 어려울 것이다.[5]

마. 교원징계위원회 출석통지서 내 징계사유 미기재

징계혐의자에 대한 출석통지는 징계혐의자로 하여금 교원징계위원회가 언제 개최되는가를 알게함과 동시에 자기에게 이익되는 사실을 진술하거나 증거자료를 제출할 기회를 부여하기 위한 것으로 출석통지서에 구체적인 징계사유가 기재되지 않았다는 것만으로 출석통지상의 하자가 있다고 볼 수는 없고, 사립학교법 등 관계법령에서도 징계의결 요구사유 설명서 송부 외에 출석통지 시 징계사유를 고지할 것을 요구하고 있지 않다. 또한 징계규칙에서 출석통지서에 출석이유를 기재하도록 한 규정을 원고의 주장과 같이 출석통지서상의 출석이유에 구체적인 징계사유를 기재하여야 한다는 취지로 해석하기는 어렵다.[6]

---

1) 대법원 1993. 6. 25. 선고 92누17426 판결.
2) 제64조의2(징계의결 요구 사유의 통지) 징계의결 요구권자가 제64조에 따라 징계의결을 요구할 때에는 징계의결 요구와 동시에 징계대상자에게 징계 사유를 적은 설명서를 보내야 한다.
3) 교원소청심사위원회결정 취소가 문제된 서울행정법원 2022. 4. 14. 선고 2021구합53054 판결(항소기각 확정)에서는 위 대법원 판결(대법원 1993. 6. 25. 선고 92누17426 판결)에 따라 출석통지 위법 주장을 배척하였다.
4) 대법원 1993. 5. 14. 선고 93다3745 판결.
5) 서울행정법원 2022. 9. 16. 선고 2021구합70509 판결(항소심에서 원고 소취하로 종결) 사안에서 원고(교원)는 공정한 심사를 기대할 수 없는 자 등에 관한 징계위원 기피 신청을 하였으나 그 신청이 부결되어 징계위원회 위원 제척에 관한 교육공무원 징계령 제13조를 위반하였다는 취지의 주장을 하였으나, 위 판결에서는 이러한 원고의 주장을 위 대법원 법리와 반대되는 전제에서 한 것이라는 이유로 받아들이지 않았다.
6) 서울행정법원 2015. 5. 28. 선고 2015구합1397 판결(확정).

바. 이사회의 심의·의결 부존재

사립학교법은 교원에 대한 파면·해임 등의 징계를 함에 있어서는 임면권자인 학교법인이 당해 교원징계위원회에 징계의결을 요구하여 그 결과에 따라 징계를 하여야 한다고 규정하고 있을 뿐, 그 과정에서 학교의 장의 제청 및 학교법인 이사회의 심의·의결이 필요한지 여부에 관하여는 명시적으로 규정하고 있지 아니하다. 그러나 사립학교법상 징계로서 행하여지는 파면·해임 역시 교원의 임면에 속하는 것이고, 위 사립학교법 제53조의2 제1항 제1호는 학교법인 및 사립학교경영자의 교원 임면에 학교의 장 및 이사회가 관여하도록 함으로써 교원 임면의 적정성을 확보하려는 데 목적이 있는 것이므로, 사립학교 교원에 대한 파면·해임 등 징계의 적정성을 확보하기 위해서는 이러한 징계를 함에 있어서도 학교의 장의 제청 및 이사회의 의결이 필요하다고 보아야 한다.[1]

사. 징계대상자에게 유리한 자료 미제출

교원징계위원회 의결 시에 징계대상자의 공적에 관한 확인서가 제출되지 않았다는 등 징계대상자에게 유리한 자료가 미제출되었고 이에 따라 적절한 징계양정이 이루어지지 않았다고 하더라도, 이는 재량권 일탈·남용(징계양정의 위법) 문제일 뿐 징계 의결 자체가 절차적으로 위법하게 된다고 볼 수는 없다.[2]

아. 성 비위행위 징계처분에 있어 징계사유 특정

성희롱 등 성 비위행위를 징계사유로 하는 징계처분에 관한 소송에서는 2차 가해자로부터 피해자를 보호하여야 할 법원의 책무와 징계대상자의 방어권 보장이라는 소송절차상의 가치가 종종 충돌하여 문제된다.[3]

---

1) 대법원 2000. 10. 13. 선고 98두8858 판결.
2) 대법원 2014. 6. 26. 선고 2014두4924 판결(심리불속행기각 확정, 제1심판결: 서울행정법원 2013. 6. 26. 선고 2012구합40148 판결).
3) 지은희, "사립학교 교원 징계처분 관련 행정소송의 구조와 쟁점", 행정재판 실무연구 Ⅶ 31-79(2024), 69.

관련하여 대법원은 "성비위행위의 경우 각 행위가 이루어진 상황에 따라 그 행위의 의미 및 피해자가 느끼는 불쾌감 등이 달라질 수 있으므로, 징계대상자의 방어권을 보장하기 위해서 각 행위의 일시, 장소, 상대방, 행위 유형 및 구체적 상황이 다른 행위들과 구별될 수 있을 정도로 특정되어야 함이 원칙이다. 그러나 각 징계혐의사실이 서로 구별될 수 있을 정도로 특정되어 있고, 징계대상자가 징계사유의 구체적인 내용과 피해자를 충분히 알 수 있다고 인정되는 경우에는, 징계대상자에게 피해자의 '실명' 등 구체적인 인적사항이 공개되지 않는다고 하더라도, 그와 같은 사정만으로 징계대상자의 방어권 행사에 실질적인 지장이 초래된다고 볼 수 없다. 특히 성희롱 피해자의 경우 2차 피해 등의 우려가 있어 실명 등 구체적 인적사항 공개에 더욱 신중을 기할 필요가 있다는 점에서 더욱 그러하다."고 판시한 바 있다.[1)]

3. 징계사유의 부존재

가. 법령상 징계사유

사립학교 교원에 대하여 적용되는 사립학교법상 징계사유(제61조 제1항)는 이 법과 그 밖의 교육 관계 법령을 위반하여 교원의 본분에 어긋나는 행위를 하였을 때(제1호), 직무상의 의무를 위반하거나 직무를 게을리하였을 때(제2호), 직무 관련 여부에 상관없이 교원으로서의 품위를 손상하는 행위를 하였을 때(제3호)이다.

국·공립학교 교원에 대하여 적용되는 국가공무원법상 징계사유(제78조 제1항) 역시 위와 유사한바, 이 법 및 이 법에 따른 명령을 위반한 경우(제1호), 직무상의 의무(다른 법령에서 공무원의 신분으로 인하여 부과된 의무를 포함한다)를 위반하거나 직무를 태만히 한 때(제2호), 직무의 내외를 불문하고 그 체면 또는 위신을 손상하는 행위를 한 때(제3호)이다.

---

1) 대법원 2022. 7. 14. 선고 2022두33323 판결.

나. 징계사유 일부 부존재 경우

수개의 징계사유 중 일부가 인정되지 않더라도 다른 일부 징계사유만으로도 당해 징계처분의 타당성을 인정하기에 충분한 경우 그 징계처분을 유지하여도 위법하지 아니하고, 징계사건을 심리함에 있어서는 징계사유 및 징계양정까지 모두 판단한 다음 징계양정까지 변경될 수 있는 경우에 한하여 취소할 수 있다.[1)2)]

1) 공무원인 피징계자에게 징계사유가 있어 징계처분을 하는 경우 어떠한 처분을 할 것인지는 징계권자의 재량에 맡겨진 것이고, 다만 징계권자가 재량권의 행사로서 한 징계처분이 사회통념상 현저하게 타당성을 잃어 징계권자에게 맡겨진 재량권을 남용한 것이라고 인정되는 경우에 한하여 그 처분을 위법한 것이라고 할 것이며, 공무원에 대한 징계처분이 사회통념상 현저하게 타당성을 잃었다고 하려면 구체적인 사례에 따라 징계의 원인이 된 비위사실의 내용과 성질, 징계에 의하여 달성하려고 하는 행정목적, 징계양정의 기준 등 여러 요소를 종합하여 판단할 때 그 징계내용이 객관적으로 명백히 부당하다고 인정할 수 있는 경우라야 하고, 수개의 징계사유 중 일부가 인정되지 않더라도 인정되는 다른 일부 징계사유만으로도 당해 징계처분의 타당성을 인정하기에 충분한 경우에는 그 징계처분을 유지하여도 위법하지 아니하다 할 것이다(대법원 2011. 5. 13. 선고 2011두471 판결 참조).

2) 한편 대법원 2013. 7. 25. 선고 2012두12297 판결에서는 "교원소청심사위원회(이하 '위원회'라 한다)의 결정은 처분청에 대하여 기속력을 가지고 이는 그 결정의 주문에 포함된 사항뿐 아니라 그 전제가 된 요건사실의 인정과 판단, 즉 처분 등의 구체적 위법사유에 관한 판단에까지 미친다. 따라서 위원회가 사립학교 교원의 소청심사청구를 인용하여 징계처분을 취소한 데 대하여 행정소송이 제기되지 아니하거나 그에 대하여 학교법인 등이 제기한 행정소송에서 법원이 위원회 결정의 취소를 구하는 청구를 기각하여 위원회 결정이 그대로 확정되면, 위원회 결정의 주문과 그 전제가 되는 이유에 관한 판단만이 학교법인 등 처분청을 기속하게 되고, 설령 판결 이유에서 위원회의 결정과 달리 판단된 부분이 있더라도 이는 기속력을 가질 수 없다. 그러므로 사립학교 교원이 어떠한 징계처분을 받아 위원회에 소청심사청구를 하였고, 이에 대하여 위원회가 그 징계사유 자체가 인정되지 않는다는 이유로 징계양정의 당부에 대해서는 나아가 판단하지 않은 채 징계처분을 취소하는 결정을 한 경우, 그에 대하여 학교법인 등이 제기한 행정소송 절차에서 심리한 결과 징계사유 중 일부 사유는 인정된다고 판단이 되면 법원으로서는 위원회의 결정을 취소하여야 한다. 이는 설령 인정된 징계사유를 기준으로 볼 때 당초의 징계양정이 과중한 것이어서 그 징계처분을 취소한 위원회 결정이 결론에 있어서는 타당하다고 하더라도 마찬가지이다."고 판시하고 있는데, 위 판시에 대하여 '국·공립학교 교원에 대한 징계처분에서 징계사유 일부만 불인정되는 경우와 달리, 사립학교 교원에 대한 교원소청심사위원회 결정에서 일부 징계사유가 불인정될 경우에는 징계양정이 적정하더라도 취소하여야 한다.'(행정소송의 이론과 실무 2016년판의 태도)고 새겨서는 아니 될 것이다. 위 판결은 교원소청심사위원회에서 징계사유 자체가 인정되지 않는다고 판단하여 징계양정에 대한 판단을 더 나아가 하지 않고 징계처분을 취소한 사안에 대한 것으로서, 처분사유 일부가 인정됨에도 법원이 종국적으로는 징계처분을 취소한 교원소청심사위원회 결정의 결론이 타당하다고 하여 학교법인 등의 청구를 기각하게 되면 결국 행정소송의 대상이 된 교원소청심사위원회 결정이 유효한 것으로 확정되어 학교법인 등도 이에 기속되므로, 위원회 결정의 잘못을 바로잡을 길이 없게 되고 학교법인 등도 해당 교원에 대한 적절한 재징계를 할 수 없게 됨을 고려하여 교원소청심사위원회 결정을 취소하라고 명한 것일뿐, 교원소청심사위원회의 판단과 무관하게 사립학교 교원에 대한 징계처분에서 징계사유가 일부 불인정될 경우 무조건 해당 처분을 취소하라는 의미가 아니다.

다. 주요 징계사유 관련 대법원 판례

(1) 징계시효[1] 도과[2]

사립학교 교원이 그 임용 이전에 한 행위는 원칙적으로 재직 중의 징계사유로 삼을 수 없다 할 것이나, 사립학교 교원 임용과 관련된 비위행위와 같이 비록 임용 전의 행위라 하더라도 이로 인하여 임용 후의 교원으로서의 품위를 손상하게 된 경우에는 사립학교법 제61조 제1항 제3호 소정의 징계사유로 삼을 수 있다고 봄이 상당하고,[3] 또한 사립학교 교원이 그 임용과 관련된 비위행위에 의하여 사립학교 교원으로 임용되었다면 그 신분을 취득하기까지의 일련의 행위가 사립학교법상의 징계사유에 해당한다 할 것이므로, 사립학교법 제66조의4 제1항에서 정하는 징계시효의 기산점도 임용 전의 비위행위 시가 아니라 교원으로 임용된 때로부터 기산하여야 할 것이다.[4]

어떠한 비위행위가 특정 사건에 관련하여 계속적으로 행하여진 일련의 행위라면, 설령 그 중에 징계시효가 도과한 행위가 있다고 하더라도 그 징계시효의 기산점은 위 일련의 행위 중 최종의 행위를 기준으로 하여야 한다.[5]

(2) 품위유지의무

(가) 일반적으로 교원은 담당하고 있는 교육에 충실하여야 할 직무상의 성실의무가 있고, 교원은 항상 사표가 될 품성과 자질의 향상에 힘쓰고 학문의 연찬과 교육 원리의 탐구 및 학생 교육에 전심전력하여야 한다는 점에서 일반 직업인보다

---

1) 사립학교법 제66조의4(사립학교 교원의 경우), 국가공무원법 제83조의2(국·공립학교 교원의 경우)에서는 징계사유에 따라 3년, 5년, 10년의 징계시효를 규정하고 있다. 한편 교육공무원에 대한 징계사유의 시효에 관한 특례로서, 교육공무원법 제52조에서는 징계사유가 '학술진흥법 제15조 제1항에 따른 연구부정행위 및 국가연구개발혁신법 제31조 제1항에 따른 국가연구개발사업 관련 부정행위'에 해당하는 경우 국가공무원법 제83조의2 제1항에도 불구하고 10년의 징계시효를 정하고 있다.

2) 징계시효 도과에 대하여 당사자들이 절차적 하자로 주장하는 경우들이 간혹 존재하나, 징계시효가 도과된 사실관계를 징계사유로 삼으면 안 된다는 것은 징계사유 부존재라는 실체적 하자를 다투는 것으로 봄이 타당하다.

3) 공무원인 국·공립학교 교원에 대한 징계사유 역시 당해 교원의 재직 중에 발생한 것이어야 하고, 임용 전의 사유로는 징계를 할 수 없다. 나아가 재직 전의 것이라도 공무원의 위신을 손상하는 것일 때에는 임명의 취소 내지 징계사유가 될 수 있다는 견해가 있다. 문중흠, "징계처분과 재량통제에 관한 연구: 재판례를 통한 구체적 판단 기준을 중심으로", 사법논집(54), 376.

4) 대법원 1996. 3. 8. 선고 95누18536 판결.

5) 대법원 2015. 8. 19. 선고 2013두15156 판결.

높은 도덕성이 요구되며, 그 품위손상행위는 본인은 물론 교원 사회 전체에 대한 국민의 신뢰를 실추시킬 우려가 있는 점에서 보다 엄격한 품위유지의무를 부담하고 있다.

(나) 헌법 제31조 제4항은 교육의 자주성·전문성 등은 법률이 정하는 바에 의하여 보장된다고 규정하고 있다. 교원직무의 전문성은 다른 전문직인 의사·변호사 또는 성직자와 마찬가지로 사회적 역할을 수행함에 있어 고도의 자율성과 사회적 책임성을 가져야 한다는 사회적·윤리적 특성이 있으므로, 교원은 직무수행에 높은 수준의 직업윤리의식을 갖추어야 한다. 헌법 제31조 제6항은 교원의 지위에 관한 기본적인 사항은 법률로 정한다고 규정하고 있다. 이처럼 교원의 보수 및 근무조건 등을 포함하는 '교원의 지위'에 관한 기본적인 사항을 법률로 정하도록 한 것은, 같은 조 제1항이 정하는 국민의 교육을 받을 기본적 권리를 보다 효과적으로 보장하기 위한 것이다.

또한 교육공무원의 신분인 교원에게도 적용되는 국가공무원법 제63조[1]는 "공무원은 직무의 내외를 불문하고 그 품위가 손상되는 행위를 하여서는 아니 된다."라고 규정하고 있다. 교원은 항상 사표가 될 품성과 자질의 향상에 힘쓰며 학문의 연찬과 교육의 원리와 방법을 탐구, 연마하여 학생의 교육에 전심전력하여야 하는 점을 고려할 때 교원에게는 일반 직업인보다 더 높은 도덕성이 요구됨은 물론이고, 교원의 품위손상행위는 본인은 물론 교원사회 전체에 대한 국민의 신뢰를 실추시킬 우려가 있다는 점에서 보다 엄격한 품위유지의무가 요구된다.[2] 여기서 '품위'란 국민에 대한 교육자로서의 직책을 맡아 수행해 나가기에 손색이 없는 인품을 말한다. 이와 같은 국가공무원법 제63조의 규정 내용과 함께 교원에게 보다 엄격한 품위유지의무의 준수가 요구되는 점 등을 종합하면, 교원이 부담하는 품위유지의무란 교원이 직무의 내외를 불문하고 교육자로서의 직책을 맡아 수행해 나가기에 손색이 없도록 본인은 물론 교원사회 전체에 대한 국민의 신뢰를 실추시킬 우려가 있는 행위를 하지 않아야 할 의무라고 해석할 수 있다. 구체적으로 어떠한 행위가 품위손상행위에 해당하는가는 수범자인 평균적인 교원을 기준으로 구체적 상황에 따라 건전한 사회통념에 의하여 판단하여야 한다.[3]

제 6 장

---

1) 사립학교법 제55조 제1항에 따라 사립학교 교원의 복무에 관하여도 준용된다.
2) 이는 사립학교 교원이라고 하여 달리 볼 수 없다(대법원 2000. 10. 13. 선고 98두8858 판결).
3) 대법원 2019. 12. 24. 선고 2019두48684 판결.

(3) 성 관련 비위행위

(가) 성희롱이란 업무, 고용, 그 밖의 관계에서 국가기관·지방자치단체, 각급 학교, 공직유관단체 등 공공단체의 종사자, 직장의 사업주·상급자 또는 근로자가 ① 지위를 이용하거나 업무 등과 관련하여 성적 언동 또는 성적 요구 등으로 상대방에게 성적 굴욕감이나 혐오감을 느끼게 하는 행위, ② 상대방이 성적 언동 또는 요구 등에 따르지 아니한다는 이유로 불이익을 주거나 그에 따르는 것을 조건으로 이익 공여의 의사표시를 하는 행위를 하는 것을 말한다[양성평등기본법 제3조 제2호, 남녀고용평등과 일·가정 양립 지원에 관한 법률 제2조 제2호, 국가인권위원회법 제2조 제3호 (라)목 등 참조]. 여기에서 '성적 언동'이란, 남녀 간의 육체적 관계나 남성 또는 여성의 신체적 특징과 관련된 육체적, 언어적, 시각적 행위로서 사회공동체의 건전한 상식과 관행에 비추어 볼 때, 객관적으로 상대방과 같은 처지에 있는 일반적이고도 평균적인 사람으로 하여금 성적 굴욕감이나 혐오감을 느끼게 할 수 있는 행위를 의미한다.[1)]

(나) 성희롱이 성립하기 위해서는 행위자에게 반드시 성적 동기나 의도가 있어야 하는 것은 아니지만, 당사자의 관계, 행위가 행해진 장소 및 상황, 행위에 대한 상대방의 명시적 또는 추정적인 반응의 내용, 행위의 내용 및 정도, 행위가 일회적 또는 단기간의 것인지 아니면 계속적인 것인지 여부 등의 구체적 사정을 참작하여 볼 때, 객관적으로 상대방과 같은 처지에 있는 일반적이고도 평균적인 사람으로 하여금 성적 굴욕감이나 혐오감을 느낄 수 있게 하는 행위가 있고, 그로 인하여 행위의 상대방이 성적 굴욕감이나 혐오감을 느꼈음이 인정되어야 한다.[2)]

(다) 성희롱을 사유로 한 징계처분의 당부를 다투는 행정소송에서 징계사유에 대한 증명책임은 그 처분의 적법성을 주장하는 피고에게 증명책임이 있다. 다만 민사소송이나 행정소송에서 사실의 증명은 추호의 의혹도 없어야 한다는 자연과학적 증명이 아니고, 특별한 사정이 없는 한 경험칙에 비추어 모든 증거를 종합적으로 검토하여 볼 때 어떤 사실이 있었다는 점을 시인할 수 있는 고도의 개연성을 증명하는 것이면 충분하다.[3)] 민사책임과 형사책임은 그 지도이념과 증명책임, 증명의 정

1) 대법원 2018. 4. 12. 선고 2017두74702 판결.
2) 대법원 2007. 6. 14. 선고 2005두6461 판결 등.
3) 대법원 2010. 10. 28. 선고 2008다6755 판결 등.

도 등에서 서로 다른 원리가 적용되므로, 징계사유인 성희롱 관련 형사재판에서 성희롱 행위가 있었다는 점을 합리적 의심을 배제할 정도로 확신하기 어렵다는 이유로 공소사실에 관하여 무죄가 선고되었다고 하여 그러한 사정만으로 행정소송에서 징계사유의 존재를 부정할 것은 아니다.[1)]

(라) 법원이 성희롱 관련 소송의 심리를 할 때에는 그 사건이 발생한 맥락에서 성차별 문제를 이해하고 양성평등을 실현할 수 있도록 '성인지 감수성'을 잃지 않아야 한다(양성평등기본법 제5조 제1항 참조). 그리하여 우리 사회의 가해자 중심적인 문화와 인식, 구조 등으로 인하여 피해자가 성희롱 사실을 알리고 문제를 삼는 과정에서 오히려 부정적 반응이나 여론, 불이익한 처우 또는 그로 인한 정신적 피해 등에 노출되는 이른바 '2차 피해'를 입을 수 있다는 점을 유념하여야 한다. 피해자는 이러한 2차 피해에 대한 불안감이나 두려움으로 인하여 피해를 당한 후에도 가해자와 종전의 관계를 계속 유지하는 경우도 있고, 피해사실을 즉시 신고하지 못하다가 다른 피해자 등 제3자가 문제를 제기하거나 신고를 권유한 것을 계기로 비로소 신고를 하는 경우도 있으며, 피해사실을 신고한 후에도 수사기관이나 법원에서 그에 관한 진술에 소극적인 태도를 보이는 경우도 적지 않다. 이와 같은 성희롱 피해자가 처하여 있는 특별한 사정을 충분히 고려하지 않은 채 피해자 진술의 증명력을 가볍게 배척하는 것은 정의와 형평의 이념에 입각하여 논리와 경험의 법칙에 따른 증거판단이라고 볼 수 없다.[2)]

라. 징계사유 인정 관련 참고 사례

○ 원고(교원)가 학교 측에 알리지 아니하고 부외 계좌를 만들어 운영하면서 학생들로부터 위 계좌로 '워크숍 등 참가비' 등 명목의 돈을 송금 받은 사안에서, 학교법인의 정관에 "교원징계 의결의 요구는 징계사유가 발생한 날로부터 2년(금품 및 향응수수, 공금의 횡령·유용의 경우에는 3년)을 경과한 때에는 이를 행하지 못한다."고 규정하고 있는데, 원고가 학생들로부터 수령한 '워크숍 등 참가비'는 '공금'에 해당한다고 볼 수 있고 원고의 위 행위는 사립학교법 제66조의4 제1항에서 금지하고 있는

1) 대법원 2015. 3. 12. 선고 2012다117492 판결 등.
2) 대법원 2018. 4. 12. 선고 2017두74702 판결.

'공금의 횡령 또는 유용 행위' 또는 '금품 및 향응을 수수한 경우'에 해당한다고 보아 3년의 징계시효 적용을 긍정하고, 원고가 송금받은 돈을 실제 워크숍 비용으로 사용하였는지 여부는 원고가 그 돈을 사익 추구의 목적으로 사용하였는지에 관한 사후적인 정상일 뿐 '유용' 내지 '횡령' 인정 여부에 영향을 미치지 못한다고 보아 교원의 성실의무나 품위유지의무를 위반하였다고 본 사례[1)]

○ 원고(교원)가 교육전임교원 특별채용 심사대상자 신분으로서 특별채용심사소위원회 개최 직전 심사위원에게 현금 50만 원 등을 주고 간 행위, 원고가 동료 교원(ㅁㅁㅁ 교수)에게 전화하여 "ㅁㅁㅁ 교수는 우는 것 특기 아니야? 소문 났잖아!", "능력 없으면 이곳 저곳 쑤시고 다니지 말고." 등의 폭언을 한 행위 등을 한 사안에서, 교원으로서의 본분에 위배되는 행위 또는 교원으로서 품위를 손상한 행위로서 징계사유 존재를 인정한 사례[한편 구 사립학교법(2020. 12. 12. 법률 제17659호로 개정되기 전의 것) 제66조의4 제1항에서 원칙적으로 3년의 징계시효를 정하면서 예외적인 5년의 징계시효 해당 경우 중 하나로 '금품 및 향응을 수수한 경우'를 정하고 있었고, 위 사례에서 원고는 '금품 수수'에 '금품 제공 행위'는 포함되지 않는다고 하여 징계시효 도과(5년이 아닌 3년의 징계시효가 적용됨)를 주장하였으나, 제1심법원은 국가공무원법, 사립학교법의 입법 연혁 등을 고려할 때 여기서 '금품 수수'는 '금품을 주거나 받는 행위'라고 해석함이 타당하다고 판시][2)]

○ 원고(교원)의 자녀가 원고가 소속한 학과에 편입학한 이후 대학교 측의 '교수 및 교직원 자녀 중 대학 입시 합격자 명단 협조요청' 등 총 3회에 걸친 자진신고 요청에도 이에 응하지 않았고 마지막 3번째 자진신고 요청 불응에 대해서는 징계시효가 도과하지 않은 사안에서, 비록 3번째 자진신고 당시 원고의 자녀가 대학교를 졸업한 상태였다고 하더라도 이미 졸업한 자녀가 명단 제출 대상에서 제외된다는 내용이 공문에 제시되어 있지 않은 점, 3번째 자진신고에서도 불응한 비위행위는 기존 두 차례의 자진신고 요청에 불응한 비위행위를 드러내지 않을 동기가 있는 행위로 봄이 상당한 점 등을 근거로 국가공무원법 제57조(복종의무),[3)] 제59조(공정의무)[4)]

1) 서울고등법원 2023. 6. 21. 선고 2022누43377 판결(확정).
2) 서울행정법원 2023. 9. 15. 선고 2022구합76658 판결(확정).
3) 제57조(복종의 의무) 공무원은 직무를 수행할 때 소속 상관의 직무상 명령에 복종하여야 한다.
4) 제59조(친절·공정의 의무) 공무원은 국민 전체의 봉사자로서 친절하고 공정하게 직무를 수행하여야 한다.

를 위반한 것으로 인정한 사례[1)]

○ 원고(교원)가 논문을 작성함에 있어 다른 논문을 표절함으로써 연구부정행위를 하였는지 여부가 문제된 사안에서, 구체적인 문장을 비교하여 보면 단순히 일반적인 관용구나 번역문구, 인용표시에 해당하는 문구로 보기 어려울 정도의 유사성을 보이고, 목차의 유사성 역시 표절을 판단하는 주요한 근거가 될 수 있으며, 비교대상 논문이 전체적으로 하나의 저작물 또는 독창적인 아이디어에 해당하는 이상 이를 적절한 출처표시 없이 인용하면 표절에 해당한다고 볼 수 있다는 이유 등으로 연구부정행위를 인정한 사례[2)]

○ 원고(교원)가 피해학생에게 "너 황 교수 좋아하니? 황 교수랑 무슨 사이니? 황 교수가 남자로 보이니"라는 등의 발언을 하였고, 이에 대하여 피해학생이 "아무리 여교수님이라도 이런 성희롱 발언을 한 것에 대해 이해할 수 없었다. 너무 수치스러운 나머지 학교를 그만 다니고 싶었다."는 등의 진술을 하며 정신적 피해를 호소한 사안에서, 발언의 내용 및 경위, 피해학생의 나이, 원고와의 관계 등을 고려하여 위 발언은 피해학생에게 성적 굴욕감이나 혐오감을 느끼게 하는 것으로서 성희롱에 해당한다고 본 사례[3)]

4. 징계양정의 위법

가. 판단 기준

(1) 재량권 존중

사립학교 교원에게 징계사유가 있어 징계처분을 하는 경우 어떠한 처분을 할 것인가는 원칙적으로 징계권자의 재량에 맡겨져 있으므로 그 징계처분이 위법하다고 하기 위하여서는 징계권자가 재량권을 행사하여 한 징계처분이 사회통념상 현저하게 타당성을 잃어 징계권자에게 맡긴 재량권을 남용한 것이라고 인정되는 경우에

---

1) 서울행정법원 2022. 9. 27. 선고 2021구합4502 판결(항소기각 확정).
2) 서울행정법원 2023. 2. 3. 선고 2022구합54542 판결(확정).
3) 서울고등법원 2024. 1. 17. 선고 2023누35120 판결(심리불속행기각 확정).

한하고, 그 징계처분이 사회통념상 현저하게 타당성을 잃은 처분이라고 하려면 구체적인 사례에 따라 직무의 특성, 징계의 사유가 된 비위사실의 내용과 성질 및 징계에 의하여 이루고자 하는 목적과 그에 수반되는 제반 사정을 참작하여 객관적으로 명백히 부당하다고 인정되는 경우라야 한다.[1][2]

(2) 징계양정 참고자료

징계처분이 재량권의 한계를 벗어난 것인지를 판단할 때에는 피징계자의 평소의 소행, 근무성적, 징계처분 전력 이외에도 당해 징계사유 전후에 저지른 징계사유로 되지 아니한 비위사실도 징계양정에서의 참고자료가 될 수 있다.[3]

또한 징계시효가 지난 비위행위라 하더라도 그러한 비위행위가 있었던 점을 징계양정의 판단자료로 삼는 것은 가능하다.[4]

(3) 징계양정 기준의 고려

(가) 징계권자가 내부적인 징계양정 기준을 정하고 그에 따라 징계처분을 하였을 경우 정해진 징계양정 기준이 합리성이 없다는 등의 특별한 사정이 없는 한 당해 징계처분이 사회통념상 현저하게 타당성을 잃었다고 할 수 없다.[5]

(나) 한편 2019. 4. 16. 법률 제16310호로 개정된 사립학교법 제66조는 사립학교의 교원징계위원회로 하여금 대통령령으로 정하는 징계기준 및 징계의 감경기준

---

1) 대법원 2008. 2. 1. 선고 2007두20997 판결.
2) 국·공립학교 교원에 대한 징계처분 양정을 판단함에 있어서도 마찬가지라 할 것이다[공무원인 피징계자에게 징계사유가 있어서 징계처분을 하는 경우 어떠한 처분을 할 것인가는 징계권자의 재량에 맡겨진 것이고, 다만 징계권자가 재량권의 행사로서 한 징계처분이 사회통념상 현저하게 타당성을 잃어 징계권자에게 맡겨진 재량권을 남용한 것이라고 인정되는 경우에 한하여 그 처분을 위법하다고 할 수 있고, 공무원에 대한 징계처분이 사회통념상 현저하게 타당성을 잃었다고 하려면 구체적인 사례에 따라 징계의 원인이 된 비위사실의 내용과 성질, 징계에 의하여 달성하려고 하는 행정목적, 징계 양정의 기준 등 여러 요소를 종합하여 판단할 때에 그 징계 내용이 객관적으로 명백히 부당하다고 인정할 수 있는 경우라야 하고, 징계권의 행사가 임용권자의 재량에 맡겨진 것이라고 하여도 공익적 목적을 위하여 징계권을 행사하여야 할 공익의 원칙에 반하거나 일반적으로 징계사유로 삼은 비행의 정도에 비하여 균형을 잃은 과중한 징계처분을 선택함으로써 비례의 원칙을 위반하거나 또는 합리적인 사유 없이 같은 정도의 비행에 대하여 일반적으로 적용하여 온 기준과 어긋나게 공평을 잃은 징계처분을 선택함으로써 평등의 원칙을 위반한 경우에 이러한 징계처분은 재량권의 한계를 벗어난 처분으로서 위법하다 할 것이다(대법원 2014. 2. 27. 선고 2013두23300 판결)].
3) 대법원 2015. 8. 27. 선고 2013다99300 판결.
4) 대법원 1995. 9. 5. 선고 94다52294 판결.
5) 대법원 2019. 12. 24. 선고 2019두48684 판결 등.

등에 따라 징계의결을 하도록 규정하고, 2019. 10. 8. 대통령령 제30108호로 개정된 사립학교법 시행령 제25조의2 제1항 및 그 위임에 따라 2019. 10. 17. 제정된 「사립학교 교원 징계규칙」 제2조 제1항은 사립학교 교원의 징계기준에 관하여 「교육공무원 징계양정 등에 관한 규칙」[별표]를 준용한다고 규정하고 있다. 그런데 사립학교법 부칙 제2조는, 제66조의 개정규정은 개정법률 시행(2019. 10. 17.) 후 최초로 임용권자가 교원징계위원회에 징계의결을 요구한 경우부터 적용한다고 규정하고 있으므로, 위 2019. 10. 17. 이전에 징계처분이 이루어진 경우 「교육공무원 징계양정 등에 관한 규칙」에서 정한 징계기준이 사립학교 교원에 대한 징계처분에 적용되지는 아니한다.

그러나 사립학교 교원에 대한 징계처분의 양정은 원칙적으로 징계권자의 재량에 맡겨져 있으므로 그 징계처분이 위법하다고 하기 위하여서는 징계권자가 재량권을 행사하여 한 징계처분이 사회통념상 현저하게 타당성을 잃어 징계권자에 맡겨진 재량권을 남용한 것이라고 인정되는 경우에 한한다고 할 것이고, 그 징계처분이 사회통념상 현저하게 타당성을 잃은 처분이라고 하려면 구체적인 사례에 따라 직무의 특성, 징계의 사유가 된 비위사실의 내용과 성질 및 징계에 의하여 달하려는 목적과 이에 수반되는 제반 사정을 참작하여 객관적으로 명백히 부당하다고 인정되어야 한다.[1] 따라서 사립학교 교원징계위원회가 징계양정을 하는 경우 및 교원소청심사위원회가 징계양정의 적정 여부를 판단함에 있어 「교육공무원 징계양정 등에 관한 규칙」을 참작하거나 적어도 교육공무원에 대한 징계와의 형평을 고려하는 것은 충분히 가능하다. 사립학교 교원징계위원회가 당해 징계의결에서 위 규칙을 직접 적용한 것이 아니라 판단자료 중 하나로 이를 참작한 경우 위 규칙이 적용 또는 준용되지 않는다는 이유만으로 곧바로 징계처분이 재량권 일탈·남용에 해당하게 되는 것은 아니다.[2]

제 6 장

(4) 일부 징계사유만 인정되는 경우

앞서 본 바와 같이 수개의 징계사유 중 일부가 인정되지 않으나 인정되는 다른 일부 징계사유만으로도 당해 징계처분의 타당성을 인정하기에 충분한 경우에는 그 징계처분을 그대로 유지하여도 위법하지 아니하다.[3]

---

1) 대법원 1999. 8. 20. 선고 99두2611 판결 등.
2) 대법원 2022. 6. 16. 선고 2022두31136 판결.
3) 대법원 2002. 9. 24. 선고 2002두6620 판결.

나. 징계양정 관련 참고 사례

○ 원고(교원)가 학교 측의 예산 지급과 별개로 약 4년간 학생들로부터 워크숍 등 참가비용으로 최소 370만 원 이상을 부외 계좌로 수령하는 등의 부정행위를 범한 사안에서, '비위의 정도가 심하고 중과실인 경우'에 해당한다고 인정하고, 교육공무원 징계양정 등에 관한 규칙상 품위유지의무 위반의 경우로서 '비위의 정도가 심하고 중과실인 경우 또는 비위의 정도가 약하고 고의가 있는 경우'에는 강등 내지 정직의 기준을 정하고 있는 점 등을 고려할 때 원고에 대한 정직 3월의 징계에 징계양정의 위법이 없다고 본 사례[1)]

○ 원고(교원)가 동료 교수에 대한 폭언, 허위사실 유포 및 협박 등으로 해임처분을 받은 사안에서, 원고에 대한 해임처분으로 추구하려는 공익과 원고의 불이익 사이의 이익형량이 적절히 이루어졌고, 피해자인 동료 교수가 원고를 상대로 제기한 민사소송에서 일부 위자료를 지급받을 수 있을 것이란 사정을 고려하여 위와 같은 이익형량을 달리하여야 한다고 보기 어렵다고 한 사례[2)]

○ 원고(학교법인)가 교원소청심사위원회가 일부 징계사유만 인정된다는 이유로 피고보조참가인(교원)에 대한 해임처분을 취소한 결정의 취소를 구한 사안에서, 인정된 징계사유(피고보조참가인이 건강이 악화되어 동물병원 진료나 학생지도를 할 수 없게 되었다는 사유로 소속기관장과 상의 없이 독단으로 동물병원 예약을 일방적으로 취소하도록 지시하고, 계약직 수의사 및 대학원생들에게 사직이나 휴학하겠다는 서약서를 제출하도록 하는 비정상적인 지시를 함으로써 동물병원의 진료업무 및 실험실 대학원생들의 학업에 대한 혼란과 시간적·경제적 피해를 줌)에 이르게 된 경위에는 언론사 기자의 협박 및 건강 악화 등이 복합적으로 작용한 것으로 보이는바 위 비위행위와 관련된 여러 혼란과 피해가 전적으로 피고보조참가인의 고의로 인한 것이라 단정하기 어려운 점, 대학원생들의 피해는 지도교수가 부재하게 되면 다른 지도교수로부터 임상지도를 받을 수 없는 구조 내지 체계적인 문제가 일정 부분 피해를 야기한 측면도 있는 점, 피고보조참가인은 약 20년 동안 아무런 징계 전력 없이 성실히 교직 생활을 한 점 등을 참작하여 피고보조참가인에 대한 해임처분은 과중한 징계처분이라고 보고 원고의 청

---

1) 서울고등법원 2023. 6. 21. 선고 2022누43377 판결(확정).
2) 서울행정법원 2023. 9. 15. 선고 2022구합76658 판결(확정).

구를 기각한 사례[1]

○ 원고(교원)의 연구부정행위 등으로 인한 감봉 1월 처분에 대하여, 징계사유 대부분이 징계시효가 이미 도과하였다고 하더라도 그러한 비위행위도 원고에 대한 징계양정에서는 참작자료로 삼을 수 있고, 인정되는 징계사유(논문 부당 중복게재)만으로도 징계 양정은 적법하다고 본 사례[2]

○ 원고(교원)가 다수의 학생들이 참여하고 있는 공개된 단체 대화방에 특정 학생에 대한 법적 책임을 묻겠다거나 해당 학생이 범죄행위를 한 것처럼 직접적으로 비난하는 내용의 발언을 하였고, 자신의 지도를 받는 학생이 술자리를 마치고 귀가하자 전화하여 갑자기 이성적인 호감을 표현하며 대답을 요구하는 성희롱을 하였다는 징계사유가 인정되는 사안에서, 원고의 언행은 자신의 지도를 받는 학생들에게 위해를 가한 것으로서 잘못의 정도가 다른 일반적인 비위행위보다 무겁고 원고의 비위의 정도가 약한 편에 속한다고 보기는 어려우며 자신의 우월적 지위를 이용하여 학생들에게 지속적으로 부적절한 행동을 반복하였다는 점에서 원고에게 엄중한 처분을 할 필요가 있다는 이유 등으로 원고에 대한 파면처분에 징계양정의 위법이 없다고 본 사례[3]

1) 서울행정법원 2023. 9. 22. 선고 2022구합76733 판결(확정).
2) 서울행정법원 2024. 4. 26. 선고 2023구합63369 판결(확정)
3) 서울행정법원 2024. 4. 18. 선고 2022구합72267 판결(확정).

Ⅳ. 그 밖에 의사에 반하는 불리한 처분

1. 규정 개관

교원소청심사위원의 소청심사 대상은 각급학교 교원의 징계처분과 그 밖에 그 의사에 반하는 불리한 처분(재임용거부처분 포함)이다(교원지위법 제7조 제1항, 제9조 제1항).

교육공무원은 형의 선고나 징계처분 또는 교육공무원법에서 정하는 사유에 의하지 아니하고는 본인의 의사에 반하여 강임·휴임 또는 면직을 당하지 아니하고, 권고에 의하여 사직을 당하지 않는다(교육공무원법 제43조 제2항, 제3항).

사립학교 교원의 경우에도 형의 선고, 징계처분 또는 사립학교법에서 정하는 사유에 의하지 아니하고는 본인의 의사에 반하여 휴직이나 면직 등 불리한 처분을 받지 아니한다. 다만, 학급이나 학과의 개편 또는 폐지로 인하여 직책이 없어지거나 정원이 초과된 경우에는 그러하지 아니하다(사립학교법 제56조 제1항). 한편 권고에 의하여 사직을 당하지 아니한다(같은 조 제2항).

사립학교 교원의 복무에 관하여는 국·공립학교 교원에 관한 규정을 준용한다(사립학교법 제55조 제1항).

2. 면직처분

가. 직권면직사유

(1) 사립학교법 제58조 제1항은 '휴직 기간이 끝나거나 휴직 사유가 소멸된 후

에도 직무에 복귀하지 아니하거나 직무를 감당할 수 없을 때'(제1호), '근무성적이 매우 불량할 때'(제2호), '정부 파괴를 목적으로 하는 단체에 가입하고 이를 방조하였을 때'(제3조), '정치운동을 하거나 집단적으로 수업을 거부하거나 어느 정당을 지지 또는 반대하기 위하여 학생을 지도·선동하였을 때'(제4호), '인사기록에 있어서 부정한 채점·기재를 하거나 거짓 증명 또는 진술을 하였을 때'(제5호), '거짓이나 그 밖의 부정한 방법으로 임용되었을 때'(제6호)를 면직사유로 규정하고 있다.

그중 제6호의 '거짓 그 밖의 부정한 방법'이란 일반적으로 임용자격이 없는 사람이 그 자격이 있는 것처럼 꾸미거나 그 자격 없는 사실을 감추려고 하는 사회통념상 옳지 못한 모든 행위로서 임용 결정에 영향을 미칠 수 있는 적극적 및 소극적 행위를 말한다고 판시한 사례가 있다.[1)]

나. 폐과로 인한 면직의 경우

(1) 심사기준

사립학교에서 학급·학과의 폐지에 의해 폐직, 과원이 되었음을 이유로 사립학교법 제56조 제1항 단서에 따라 교원을 직권면직함에 있어서 교원의 신분보장이라는 관점에서 합리적이고 객관적인 기준과 근거에 따라 면직 여부를 결정함이 필요하고, 이에 따르지 아니한 채 자의적으로 면직처분을 하는 것은 교원 임면에 관한 재량권을 일탈, 남용한 것이 된다. 국가공무원법 제70조 제3항, 지방공무원법 제62조 제3항은 "폐직, 과원이 되었음을 이유로 공무원을 직권면직시킬 때에는 임용형태·업무실적·직무수행능력·징계처분사실 등을 고려하여 면직기준을 정하여야 한다"고 규정하고 있는데, 여기서 말하는 "임용형태·업무실적·직무수행능력·징계처분사실 등을 고려하여 정한 면직기준"이란 결국 합리적이고 객관적인 기준의 내용을 구체적으로 정한 것으로 볼 수 있으므로, 사립학교에서 폐과 등에 의한 폐직, 과원이 발생하여 교원을 직권면직함에 있어서도 위와 같은 면직기준을 정하고 그에 따라 면직 대상자의 실적과 능력 등을 심사하여 별다른 하자가 없는 교원은 가급적 구제하는 조치가 요구된다.[2)]

---

1) 서울행정법원 2023. 11. 10. 선고 2022구합83687 판결(항소기각 확정).
2) 대법원 2008. 3. 13. 선고 2007다66071 판결, 대법원 2017. 1. 12. 선고 2015다21554 판결, 대법원 2017. 7. 18. 선고 2015다60726 판결.

다만, 사립대학 사정상 전직발령이나 배치전환 등에 의한 교원의 면직회피 가능성이 전혀 없으면 그와 같은 심사절차를 밟지 않고 바로 직권면직을 할 수 있다.[1)]

(2) 관련 사례

○ 폐과의 대상 학과가 신입생 모집이 이루어지지 아니하여 정원 미달이나 비인기학과에 해당하여 사립학교의 재정에 부담을 가중시켜 해당 학과를 지속적으로 운영하기 어려움이 있어 폐과가 된 것이 아니라, 대학의 특성화라는 사립대학교 측의 일방적 경영판단으로 이루어진 것인 점, 이 경우 통상 정원 미달로 이루어지는 폐과의 경우보다 면직의 회피를 위하여 적극적이고 진지하게 소속 교원의 면직이 이루어지지 않도록 배려하는 높은 수준의 주의의무를 부담하는데 교원들의 실질적이고 유효한 전환배치를 위한 조치가 미흡했던 점 등의 이유로 해당 교원에 대한 면직을 회피할 가능성이 있었으므로 면직처분이 위법하다고 본 사례[2)]

○ 면직처분을 할 당시 실제로 폐교 또는 폐과가 이루어졌다거나 이를 위한 절차가 진행되고 있었는지 인정할 증거가 없으므로 사립학교법 제56조 제1항 단서의 면직사유에 해당하지 않는다고 본 사례[3)]

다. 면직처분의 방식

(1) 통상 해당 교원의 임용관계를 종료하는 방법으로 면직처분과 재임용거부처분이 엄밀히 구별되지 않고 이루어진다.

대학교원 기간임용제에 따라 임용된 사립대학 교원에게 사립학교법에서 정한 면직사유가 발생한 경우 곧바로 면직처분을 하지 않고 임용기간의 만료를 기다려 재임용을 거부하는 형식으로 임용계약을 종료시켰다고 하더라도, 이러한 처분이 교원에게 불리하다고 볼 수 없는 이상 임용기간 만료 당시 재임용거부의 사유가 없다거나 학교법인이 재량권을 일탈·남용하여 사회통념상 부당한 방법으로 재임용을 거부한 것이라고 말할 수 없다.[4)]

---

1) 대법원 2017. 2. 15. 선고 2016두52545 판결.
2) 서울행정법원 2024. 1. 12. 선고 2022구합75419 판결(항소심 계속 중).
3) 서울고등법원 2015. 10. 15. 선고 2015누34641 판결(심리불속행기각 확정).
4) 대법원 2017. 2. 15. 선고 2016두52545 판결.

(2) 교원의 임용기간 자체가 명확하지 않고 해석상 다툼이 있었으며, 그에 따라 임기만료 여부에 관한 법적 분쟁도 사실상 예고되어 있었던 경우 임용기간 만료 안내 통보는 단순한 관념의 통지에 불과하다고 보기는 어렵고 실질적인 면직처분에 해당한다.[1)]

(3) 교원이 해당 직명에서 승진요건을 갖추지 못하였음에도 승진임용이 된 경우, 학교법인이 그 승진임용에 취소사유가 존재한다는 이유로 해당 교원과의 근로관계 일체를 부정하거나 소멸시키는 취지의 처분을 할 수 있다고 한다면, 그와 같은 처분 당시 승진 전 해당 직명의 임용기간이 아직 남아있는 경우에도 그 교원은 해당 직명에서의 재임용심사 신청권을 박탈당하게 되어 사립학교법이 제53조의2 제4항 내지 제9항에서 교원의 재임용심사 신청권을 강행규정으로 보장한 취지를 잠탈할 우려가 크다는 이유로, 학교법인이 임용취소 처분을 통하여 교원에 대한 사실상의 면직처분을 한 것은 재임용심사 신청권을 박탈한 것으로 위법하다고 본 사례가 있다.[2)]

3. 직위해제처분

제 6 장

가. 의의

직위해제는 일정한 사유가 있어 당해 교원이 장래에 있어서 계속 직무를 담당하게 될 경우 예상되는 업무상의 장애 등을 예방하기 위하여 일시적으로 당해 교원에게 직위를 부여하지 아니함으로써 직무에 종사하지 못하도록 하는 잠정적인 조치로서의 보직의 해제를 의미하므로 과거 사립학교 교원의 비위행위에 대하여 질서유지를 목적으로 행하여지는 징벌적 제재로서의 징계와는 그 성질이 다르다.[3)]

어느 사유로 인하여 징계를 받았다 하더라도 그것이 직위해제사유로 평가될 수 있다면 이를 이유로 새로이 직위해제를 할 수도 있는 것이고, 이는 일사부재리나 이중처벌금지의 원칙에 저촉되는 것이 아니다.[4)]

---

1) 서울행정법원 2023. 12. 8. 선고 2023구합63055 판결(항소취하 확정).
2) 서울행정법원 2021. 11. 26. 선고 2021구합62911 판결(확정).
3) 대법원 2008. 6. 26. 선고 2006다30730 판결.
4) 대법원 1992. 7. 28. 선고 91다30729 판결.

나. 법률상 이익

대법원은 "직위해제처분은 근로자로서의 지위를 그대로 존속시키면서 다만 그 직위를 부여하지 아니한 처분이므로 만일 어떤 사유에 기하여 근로자를 직위해제한 후 그 직위해제 사유와 동일한 사유를 이유로 징계처분을 하였다면 뒤에 이루어진 징계처분에 의하여 그 전에 있었던 직위해제처분은 그 효력을 상실한다. 직위해제처분이 효력을 상실한다는 것은 직위해제처분이 소급적으로 소멸하여 처음부터 직위해제처분이 없었던 것과 같은 상태로 되는 것이 아니라 사후적으로 그 효력이 소멸한다는 의미이다. 따라서 직위해제처분에 기하여 발생한 효과는 당해 직위해제처분이 실효되더라도 소급하여 소멸하는 것이 아니므로, 인사규정 등에서 직위해제처분에 따른 효과로 승진·승급에 제한을 가하는 등의 법률상 불이익을 규정하고 있는 경우에는 직위해제처분을 받은 근로자는 이러한 법률상 불이익을 제거하기 위하여 그 실효된 직위해제처분에 대한 구제를 신청할 이익이 있다."고 판시한 바 있다.[1] 이러한 판례 법리는 사립학교 교원의 직위해제처분에 대해서도 원용할 수 있다.[2]

다. 직위해제사유

(1) 사립학교법 제58조의2는 직위해제사유로 '직무수행능력이 부족하거나 근무성적이 매우 불량하거나 교원으로서 근무태도가 매우 불성실한 경우'(제1호), '징계의결이 요구 중인 경우'(제2호), '형사사건으로 기소된 경우(약식명령이 청구된 경우는 제외)(제3호)', '금품비위', 성범죄 등 대통령령으로 정하는 비위행위로 인하여 감사원 및 검찰·경찰 등 수사기관에서 조사나 수사 중인 경우로서 비위의 정도가 중대하고 이로 인하여 정상적인 업무수행을 기대하기 현저히 어려운 경우'(제4호)를 규정하고 있다.

제58조의2 제3항은 제1항 제1호에 의하여 직위해제된 자에 대하여 3월 이내의 기간대기를 명한다고 규정하고 있고, 제58조의2 제5항은 사립학교 교원에 대하여 제1항 제1호와 제2호 또는 제3호의 직위해제사유가 경합하는 때에는 제2호 또는 제

1) 대법원 2010. 7. 29. 선고 2007두18406 판결.
2) 서울고등법원 2020. 5. 7. 선고 2019누58058 판결(심리불속행기각 확정).

3호의 직위해제처분을 하여야 한다고 규정하고 있다.

(2) 직무수행능력 부족 등의 경우(제1호)

교원에 대한 직위해제가 사립학교법 제58조의2 제1항 제1호가 정하는 '직무수행능력이 부족하거나 근무성적이 극히 불량한 경우, 또는 교원으로서 근무태도가 심히 불성실한 경우'에 해당하기 위하여는 직무수행능력 부족, 근무성적 불량 또는 근무태도 불성실의 정도가 육체적, 정신적 능력의 부족으로 부여된 기본적인 업무조차 제대로 수행하지 못하거나, 업무지시를 고의로 거부 또는 해태하는 등의 사유로 당해 교원으로 하여금 계속해서 직무를 담당하게 하는 경우 업무에 장애를 초래할 우려가 있는 정도에 이르러야 할 것이고, 단순히 다른 교원과 비교하여 능력이 다소 부족하거나 실적이 다소 부진한 정도에 불과한 경우는 이에 해당하지 아니한다고 보아야 한다.[1)]

(3) 징계의결 요구 중인 경우(제2호), 형사사건으로 기소된 경우(제3호)

헌법 제27조 제4항은 형사피고인은 유죄의 판결이 확정될 때까지는 무죄로 추정된다고 규정하고 있고, 사립학교법 제58조의2 제1항 제2호, 제3호에 의한 직위해제 제도는 유죄의 확정판결 또는 징계의결을 받아 당연퇴직되기 전단계에서 형사소추 또는 징계의결 요구를 받은 사립학교 교원이 계속 직위를 보유하고 직무를 수행한다면 공무집행의 공정성과 그에 대한 국민의 신뢰를 저해할 구체적인 위험이 생길 우려가 있으므로 이를 사전에 방지하고자 하는 데 그 목적이 있는바, 헌법상의 무죄추정의 원칙이나 위와 같은 직위해제제도의 목적에 비추어 볼 때, 형사사건으로 기소되었다거나 징계의결의 요구를 받았다는 이유만으로 직위해제처분을 하는 것은 정당화될 수 없고, 당해 교원이 사립학교법 제57조의 규정에 의하여 당연퇴직 사유로 되는 국가공무원법 제33조 제1항 제3호 내지 제6호에 해당하는 유죄판결을 받거나 같은 조항 제7호·제8호에 해당하는 파면·해임 등의 처분을 받을 고도의 개연성이 있는지 여부, 당사자가 계속 직무를 수행함으로 인하여 공정한 공무집행에 위험을 초래하는지 여부 등 구체적인 사정을 고려하여 그 위법 여부를 판단하여야 한다.[2)]

제 6 장

1) 서울행정법원 2017. 5. 12. 선고 2016구합74880 판결(확정).
2) 대법원 2008. 6. 26. 선고 2006다30730 판결.

대법원은 '직위해제 제도의 목적 등에 비추어 지방공무원에 대한 직위해제처분의 적법 여부는 그 처분 시를 기준으로 당해 지방공무원이 파면·해임·정직에 해당하는 징계의결을 받을 고도의 개연성이 있는지 여부, 당해 지방공무원이 계속 직무를 수행함으로 인하여 공정한 공무집행에 위험을 초래하는지 여부 등 구체적인 사정을 고려하여 판단하여야 하고, 직위해제처분 이후 관련 징계처분이 법원의 판결로 징계사유의 부존재, 징계시효의 만료 등을 이유로 취소되었다고 하여 바로 직위해제처분이 위법하게 되는 것은 아니다'라고 판시한 바 있다.[1]. 이러한 판례 법리는 사립학교 교원에 대한 직위해제에 대해서도 원용할 수 있다.[2]

라. 재량권 일탈·남용 여부

직위해제처분을 할 만한 사유가 없음에도 오로지 교원을 학교에서 몰아내려는 의도 하에 고의로 명목상의 직위해제사유를 내세우거나 만들어 직위해제처분을 한 경우나, 징계의결이 요구된 사유가 사립학교법 규정 등에 비추어 국가공무원법 제33조 제1항 제7호·제8호에 정한 파면이나 해임 등을 할 만한 사유에 해당한다고 볼 수 없거나 기소된 형사사건에 대하여 국가공무원법 제33조 제1항 제3호 내지 제6호에서 정한 당연퇴직의 사유가 될 정도가 아닌 판결이 선고될 것임이 객관적으로 명백하고, 또 조금만 주의를 기울이면 그와 같은 사정을 쉽게 알아볼 수 있는데도 그것을 이유로 직위해제처분에 나아간 경우와 같이, 직위해제처분이 건전한 사회통념이나 사회상규상 용인될 수 없음이 분명한 경우에는 그 직위해제처분은 재량권의 범위를 일탈하거나 재량권을 남용한 위법한 처분으로서 그 효력이 부정될 뿐만 아니라 위법하게 상대방에게 정신적 고통을 가하는 것으로서 그 교원에 대한 관계에서 불법행위를 구성한다.[3]

1) 대법원 2014. 10. 30. 선고 2012두25552 판결 참조.
2) 서울고등법원 2020. 5. 7. 선고 2019누58058 판결(심리불속행기각 확정).
3) 대법원 2008. 6. 26. 선고 2006다30730 판결.

4. 전보처분

가. 심사기준

교육공무원법 제2조 제5항, 제8항에 의하면 교육공무원을 동일 직위 및 자격 내에서 근무기관이나 부서를 달리하여 근무하게 하는 이른바 '전보'는 널리 '임용'의 일종으로 규정되어 있는데, 같은 법 제10조는 교육공무원의 임용은 그 자격·재교육 성적·근무성적 기타 능력의 실증에 의하여 행하여야 하고, 능력에 따라 균등한 기회를 보장하도록 규정하여 그 원칙을 정하고 있고, 나아가 같은 법 제17조는 교육공무원을 보직함에 있어서는 당해 교육공무원의 자격·전공분야·재교육경력·근무경력 및 적성 등을 고려하여 적격한 직위에 임용하도록 규정함으로써 보다 구체적으로 보직관리의 기준을 정하고 있음에 비추어, 교육공무원의 임용 및 보직은 이를 자유재량행위라고 볼 수는 없을 것이고, 위 법률상의 원칙 및 기준에 따라서 이루어져야 한다.[1] 교육공무원에 대한 전보의 원칙과 기준은 사립학교 교원에 있어서도 적용될 수 있다.[2]

교원의 경우 법령에 의하여 일반 근로자에 비해 그 신분이 두텁게 보장되고 있는바, 교원에 대한 소속변경이 정당한 인사권의 범위에 속하는지 여부는 보다 엄격한 기준에서 심사하여야 하고, 그 소속변경이 합리적이고 객관적인 기준에 의하여 이루어지지 않았거나 다른 부당한 동기나 목적 아래 이루어진 경우 또는 그에 따른 교원의 생활상의 불이익이 교원이 통상 감수하여야 할 정도를 현저하게 넘게 되는 경우에는 정당한 인사권의 행사라 할 수 없다.[3]

나. 관련 사례

대학교수는 자신의 전공분야에 대해 강의하고 연구하여 학문을 발전시키는 것을 주된 업무로 하므로, 소속 전공학과의 변동을 가져오는 대학교수의 전보는 교육의 전문성, 대학교수의 전문성에 영향을 미치는 것이므로, 기능대학 내 같은 계

1) 대법원 2007. 9. 6. 선고 2007두5233 판결.
2) 서울고등법원 2016. 3. 22. 선고 2015누56627 판결(심리불속행기각 확정).
3) 서울고등법원 2016. 3. 22. 선고 2015누56627 판결(심리불속행기각 확정).

열 학과 사이의 전보라 하더라도 달리 보기는 어렵고, 교원의 전보는 인사에 관한 중요사항에 해당하므로, 학장은 교원의 전보발령 전에 학교교원인사위원회의 심의를 거쳐야 함에도 이를 거치지 않고 전보발령처분을 한 것은 위법하다고 본 사례[1)]

5. 휴직처분

사립학교법 제59조 제1항은 각 호에서 임용권자가 교원에게 휴직을 명할 수 있는 사유를 열거하고 있는데, 같은 항 제1호는 신체·정신상의 장애로 장기요양이 필요한 경우(불임·난임으로 인하여 장기간의 치료가 필요한 경우 포함)를 규정하고 있고, 이 경우 본인의 의사와 관계없이 휴직을 명하여야 한다(제59조 제1항 단서).

교원의 임용권자로서 교원에 대하여 정신적인 장애로 인한 장기요양의 필요를 이유로 직권휴직을 명하는 경우, 해당 사유의 발생 경위, 교원의 의사, 교육을 받을 권리의 침해 가능성 등을 고려하되, 정신적인 장애의 존재 및 장기요양의 필요성에 대해서는 구체적이고 객관적인 자료를 토대로 신중하게 판단하여야 한다.[2)]

학교법인 정관은 교원의 직무상 질병 또는 부상으로 인한 휴직(직무상 질병휴직)과 일반 질병휴직을 구분하여 휴직기간 및 봉급 등 처우에 있어서 직무상 질병휴직을 일반 질병휴직보다 더욱 유리하게 정하고 있다는 이유로, 직무상 질병 또는 부상이 인정되는 경우임에도 해당 교원에게 직무상 질병휴직이 아닌 일반 질병휴직을 명하는 처분은 해당 교원을 근거 없이 불리한 지위에 두는 것으로서 위법하다고 판시한 사례가 있다.[3)]

---

1) 서울고등법원 2022. 5. 19. 선고 2021누64971 판결(확정). 서울고등법원 2022. 4. 7. 선고 2021누59870 판결(확정).

2) 서울행정법원 2023. 7. 20. 선고 2021구합90299 판결(확정). 서울행정법원 2023. 7. 20. 선고 2021구합66821 판결(확정), 서울행정법원 2024. 2. 8. 선고 2022구합73994 판결(항소기각 및 상고심 계속 중), 서울행정법원 2024. 5. 17. 선고 2023구합65112 판결(항소심 계속 중).

3) 서울행정법원 2022. 6. 17. 선고 2021구합74242 판결(확정).

6. 기타 불리한 처분

가. 대기발령처분

(1) 일반론

대기발령에 관한 근거규정으로는 사립학교법 제58조의2 제1항 제1호에 의하여 직위해제된 자에 대하여 3월 이내의 기간대기를 명한다고 규정하고 있는 것이 있다(사립학교법 제58조의2 제3항). 다만 실무에서는 직위해제처분과는 무관하게 교원에 대한 대기발령 처분이 행해지는 경우가 있다.

대법원이 학교법인의 교원에 대한 대기발령처분에 관하여 직접적으로 판시한 사례는 찾기 어렵다. 일부 하급심에서 기업의 근로자에 대한 대기발령 등 인사명령에 관한 판례 법리[1]를 원용하는 경우가 있으나,[2] [교원의 경우] 헌법 제31조 제6항에서 대학의 자율성 보장과 교원지위법정주의를 선언하고, 교육공무원법 제43조, 사립학교법 제56조, 교원지위법 제6조 등에서 그 신분을 두텁게 보장하도록 규정하고 있는 점을 고려하면, 근로자에 대한 대기발령에 관한 판시 내용을 교원에 대하여 직접적으로 원용할 수 있는지는 의문이 있다.

제 6 장

(2) 관련사례

○ 대기발령처분이 교원의 직무범위 중 가장 본질적인 부분인 강의를 제한하는 것으로 사실상 아무런 직무도 부여하지 않는 것과 다를 바 없고, 교원인사규정 제17조의2 제1항에 규정된 대기발령 처분의 사유는 사립학교법 제58조의2 제1항 및 위 교원인사규정 제17조 제1항에 정해진 직위해제의 사유와 대부분 동일하고 보수가 감액된다는 면에서 그 효과 또한 매우 유사하다는 등의 이유로, 임용권자가 교원에게 한 대기발령처분이 직위해제에 준하여 사립학교법 제56조 제1항의 '불리한 처분'

---

1) 대법원 2006. 8. 25. 선고 2006두5151 판결, 대법원 2007. 5. 31. 선고 2007두1460 판결[기업이 그 활동을 계속적으로 유지하기 위해서는 노동력을 재배치하거나 그 수급을 조절하는 것이 필요 불가결하므로, 대기발령을 포함한 인사명령은 원칙적으로 인사권자인 사용자의 고유권한에 속한다 할 것이고, 따라서 이러한 인사명령에 대하여는 업무상 필요한 범위 안에서 사용자에게 상당한 재량을 인정하여야 하며, 이것이 근로기준법 등에 위반되거나 권리남용에 해당하는 등의 특별한 사정이 없는 한 위법하다고 할 수 없다].

2) 서울고등법원 2020. 5. 7. 선고 2019누58058 판결(심리불속행기각 확정).

에 해당한다고 판시한 사례[1]

○ 임용권자가 한 자가대기처분은 사립학교법이나 정관에 아무런 근거 규정이 없고, 교원이 이에 동의한 바도 없을 뿐만 아니라, 교원을 학생의 교육·지도 및 학문의 연구라는 교수 본연의 임무에서 배제하는 인사조치에 해당하므로, 교원의 의사에 반하는 불리한 처분으로서 교원소청심사의 대상이 되고, 법적 근거나 정당성을 모두 인정하기 어려워 위법하다고 판시한 사례[2]

나. 강임처분

교육공무원법 제2조 제1항은 '강임'이란 같은 종류의 직무에서 하위 직위에 임용하는 것을 말한다고 규정하고 있다.

대법원은, 학교법인이 한 강임처분이 교원들의 지위를 한 단계 아래의 지위로 임명하는 것이어서 사립학교법 제56조 제1항 본문의 '불리한 처분'에 해당하는 이상, 본인의 의사에 반하지 않기 위해서는 교원들이 각각 개별적으로 강임처분에 동의하거나 승낙하는 내용의 명시적 내지 묵시적 의사표시가 있어야 하는데, 교원들이 강임처분에 동의한 것으로 볼 수 없다고 본 원심 판단을 수긍한바 있다.[3]

다. 임용계약 내용의 불리한 변경

사립학교 교원 임면권자가 사립학교 교원과의 임용계약기간 중 사립학교법 제53조의2 제6항, 제7항이 정한 심의 절차와 심의 기준을 실질적으로 준수하지 아니한 채 해당 교원에게 임의로 그 교원의 직위, 급여, 임용기간 등에 있어 종전 임용계약상의 지위보다 불리한 내용으로 계약변경을 요구하는 것은 허용되지 아니한다. 사립교원의 재임용계약은 특별한 사정이 없는 한 종전 임용계약과 동일한 직위와 임용기간 등으로 할 것을 전제로 하고, 이때 종전 임용계약과 직위·임용기간 등에 있어 동일한 처우를 하지 않아도 될 특별한 사정이라 함은 학교운영상 부득이하게 불가피한 상황이 발생한 경우 등에 있어 종전보다 불리한 조건으로 재임용을 하게

1) 서울행정법원 2016. 12. 23. 선고 2016구합69338 판결(확정).
2) 서울행정법원 2021. 11. 19. 선고 2021구합55241 판결(확정).
3) 대법원 2009. 1. 30. 선고 2008두16940 판결.

되더라도 교원이 이에 대하여 동의한 때를 의미한다.[1)]

학교법인이 교원에 대하여 정관, 교원임용규정에서 정한 6년보다 짧은 재임용 기간을 정하여 근무기간을 정한 것은 교원에게 불리한 처분으로서 교원지위법상 소청심사의 대상이 될 뿐만 아니라, 아무런 법적 근거 없이 정관, 교원임용규정을 위반한 것으로 위법하다고 판시한 사례가 있다.[2)]

1) 서울고등법원 2021. 6. 23. 선고 2020누44772 판결(심리불속행기각 확정), 서울행정법원 2021. 11. 19. 선고 2021구합55241 판결(확정).
2) 서울행정법원 2021. 11. 19. 선고 2021구합55241 판결(확정).

제7장 **징계 관련 소송**

Ⅰ. 서 론

항고소송의 대상은 행정처분이므로, 공법상 법률관계[1]에 있는 공무원, 국·공립학교의 교원 또는 학생에 대한 징계는 당연히 처분이 되고, 그에 대해서는 항고소송으로 효력을 다툴 수 있다.[2]

공법상 법률관계가 아닌 경우에도 법률에 행정적 구제절차를 두고 있는 경우 구제 과정에서 한 행정청의 결정은 항고소송으로 다툴 수 있다. 예컨대, 근로자는 징계에 관하여 지방노동위원회에 구제를 신청할 수 있고(노동조합법 제82조 제1항), 지방노동위원회의 결정에 불복하는 당사자는 중앙노동위원회의 재심을 거쳐 15일 이내에 행정소송법이 정하는 바에 따라 소를 제기할 수 있다(같은 법 제85조 제2항). 사립학교 교원에 대한 교원소청심사위원회 결정, 초·중등교육법상 재심절차 결정 등도 마찬가지이다. 그런데 이러한 형태의 행정소송방식을 취할 수 있는 경우 법률상 구제절차를 거치지 아니하고, 바로 사용자 등을 상대로 민사소송을 제기할 수도 있다.

이하에서는 공무원과 국·공립학교의 학생, 변호사에 대한 징계에 관하여 살펴보기로 한다.

제 7 장

---

1) 국가 또는 지방자치단체의 사무가 아닌 공법인과 그 임직원간의 법률문제나 법률에 근거 없이 공법인이 내규 등에 정하는 바에 따라 이루어지는 징계처분은 행정소송의 대상이 되지 아니한다. 대법원 1989. 9. 12. 선고 89누2103 판결(서울특별시지하철공사의 임직원에 대한 징계처분), 대법원 1978. 4. 25. 선고 78다414 판결(한국조폐공사의 직원에 대한 징계처분), 대법원 1987. 12. 8. 선고 87누884 판결(주한미군 한국인 직원의료보험조합의 직원에 대한 징계면직처분)

2) 공법인(공법상 단체)에 해당하는 대한변호사협회의 변호사에 대한 징계도 행정청에 의한 행정처분이나, 뒤에서 보는 바와 같이 변호사법 제100조 제1, 4항에 따라 법무부징계위원회의 이의신청을 거쳐 위 결정에 대하여 행정소송으로 다투어야 한다.

Ⅱ. 공무원에 대한 징계

1. 의의

국가공무원의 징계절차는 국가공무원법이, 지방공무원의 징계절차는 지방공무원법이 규율하고 있다. 국가공무원은 경력직공무원과 특수경력직공무원으로 구분하고(국가공무원법 제2조 제1항), 경력직공무원 중 특정직공무원에 대하여는 외무공무원법, 경찰공무원법, 소방공무원법, 교육공무원법, 군인사법, 검찰청법(검사징계법), 법관징계법 등에 징계절차를 별도로 규정하고 있다.

2. 징계권자

가. 징계의결권자 및 징계처분권자

국가공무원의 징계는 징계위원회의 의결을 거쳐 징계위원회가 설치된 소속기관장이 행하되, 국무총리 소속 징계위원회(국회·법원·헌법재판소 및 선거관리위원회에서는 해당 중앙인사관장기관에 설치한 상급 징계위원회)에서 행한 징계의결에 대하여는 중앙행정기관장이 행한다. 다만, 파면과 해임은 징계위원회의 의결을 거쳐 각 임용권자 또는 임용권을 위임한 상급감독기관의 장이 행한다(국가공무원법 제82조 제1항).[1] 징계의결을 요구한 기관의 장은 징계위원회의 의결이 가볍다고 인정한 때에는 그

1) 감사원 소속 5급 공무원에 대한 파면 및 해임에 관하여는 감사원법 제18조의2가 우선적으로 적용되어 대통령에게 그 징계권한이 있으므로, 감사원장의 파면처분은 권한 없는 자가 한 것으로서 위법하다고 보아 취소 청구를 인용한 사례로서 대법원 2019. 4. 11. 선고 2018두49383 판결.

처분을 하기 전에는 국무총리 소속 징계위원회 및 중앙행정기관에 설치된 징계위원회의 의결에 대해서는 국무총리 소속 징계위원회에, 그 외의 징계위원회의 의결에 대하여는 직근 상급기관에 설치된 징계위원회에 심사 또는 재심사를 청구할 수 있다(같은 조 제2항). 위와 같이 법문에 의한 재심사 청구가 인정되지 않은 기관에 설치된 징계위원회 의결에 대하여는 그 기관의 상급기관에 징계위원회가 설치되어 있지 않다고 하더라도 개별 법령에서 당해 징계위원회에 재심사를 청구할 수 있도록 규정되어 있지 않은 이상 국가공무원법 제82조 제2항에 근거하여 징계의결요구권자가 당해 징계위원회에 재심사를 청구할 수는 없다.[1]

나. 처분권자와 피고적격의 분리[2]

국가공무원법 등에 처분청 외의 자가 피고로 되어 처분권자와 피고적격이 분리되는 경우가 있다. 이 경우 청구취지에서 취소를 구하는 것이 피고가 아니라 처분권자의 처분임을 명확히 하여야 한다.

(1) 하급행정청

징계처분, 강임·휴직·직위해제 또는 면직처분, 그 밖에 본인의 의사에 반한 불리한 처분이나 부작위에 관한 행정소송을 제기할 때에는 대통령의 처분 또는 부작위의 경우에는 소속 장관(대통령령으로 정하는 기관의 장[3]을 포함한다. 이하 같다)을, 중

제 7 장

1) 국가정보원 직원에 관한 징계절차 등을 규정한 국가정보원직원법에 당해 징계위원회에 재심사를 청구할 수 있는 규정이 없고, 국가정보원의 직근 상급기관인 대통령에게는 징계위원회가 설치되어 있지 않으므로, 징계의결요구권자가 당해 징계위원회에 재심사를 청구할 수 없다. 대법원 2012. 4. 13. 선고 2011두21003 판결.

2) 집필대표 안철상, 주석 행정소송법(Ⅰ), 한국사법행정학회(제1판), 482(안종화).

3) 공무원임용령 제2조 제3호

「국가공무원법」(이하 "법"이라 한다) 제16조 제2항에서 규정한 "소속 장관"은 다음과 같다.

가. 중앙행정기관인 부·처·청의 장과 대통령비서실장(국가안보실 및 국가안전보장회의사무처를 포함한다), 대통령경호처장, 감사원장, 국가인권위원회위원장, 고위공직자범죄수사처장, 방송통신위원회위원장, 원자력안전위원회위원장, 국무조정실장(국무총리비서실을 포함한다), 공정거래위원회위원장, 금융위원회위원장, 국민권익위원회위원장, 개인정보 보호위원회 위원장, 민주평화통일자문회의사무처장 및 국가교육위원회위원장

나. 특별시·광역시·특별자치시·도·특별자치도(이하 "시·도"라 한다) 및 지방자치단체인 구(이하 "자치구"라 한다)·시·군에 근무하는 공무원에 대한 소속 장관은 행정안전부장관으로, 시·도의 교육청과 그 소속 기관에 근무하는 공무원에 대한 소속 장관은 교육부장관으로 한다.

다. 시·도 및 자치구·시·군에서 농촌진흥사업에 종사하는 연구직 및 지도직공무원의 소속 장관은

앙선거관리위원회위원장의 처분 또는 부작위의 경우에는 중앙선거관리위원회사무총장을 각각 피고로 한다(제16조 제2항).[1] 대법원장이 행한 처분에 대한 행정소송의 피고는 법원행정처장이므로, 법관에 대한 징계처분취소의 상대방은 법원행정처장으로 하여야 한다(법원조직법 제70조).

(2) 상급행정청

경찰공무원의 징계는 징계위원회가 설치된 소속 기관의 장이 하는 것이 원칙이고, 경정 이상의 경찰공무원을 장으로 하는 경찰서에 설치된 보통징계위원회는 소속 경위 이하의 경찰공무원에 대한 징계등 사건을 심의·의결하고(경찰공무원법 제32조 제2항, 경찰공무원 징계령 제3조 제2항, 제4조 제2항 제1호), 보통징계위원회가 설치된 경찰서의 장은 소속 경위 이하의 경찰공무원에게 징계사유가 있다고 인정할 때는 지체없이 해당 보통징계위원회를 구성하여 징계등 의결을 요구하여야 하며(경찰공무원 징계령 제9조 제1항 제1호), 징계등 의결을 요구한 자는 경징계의 징계등 의결을 통지받았을 때에는 통지받은 날부터 15일 이내에 징계등을 집행하여야 하므로(경찰공무원 징계령 제18조 제1항), 경정 이상의 경찰공무원을 장으로 하는 경찰서 소속 경위 이하의 경찰공무원에 대한 감봉, 견책 등의 경징계처분은 그 경찰서장이 처분권자가 되고, 다수의 판례도 처분권자인 경찰서장을 피고로 하고 있다.

한편 경찰공무원법 제7조 제3항, 경찰공무원 임용령 제4조 제3항에 따라 경찰청장이 경감 이하의 임용권을 시·도경찰청장에게 위임하고 있고, 경찰공무원법 제34조는 경찰공무원에 대한 징계처분은 경찰청장을 피고로 하되, 제7조 제3항에 따라 임용권을 위임한 경우 위임을 받은 자를 피고로 한다고 규정하고 있으므로, 일선 경찰서 소속 경위 이하의 경찰공무원에 대한 감봉, 견책 등의 경징계처분은 경찰서장이 처분권자이나, 징계처분 취소소송 등에 있어 피고적격은 경찰청장으로부터 임

농촌진흥청장으로 한다.

라. 시·도에 근무하는 소방공무원에 대한 소속 장관은 소방청장으로 한다.

마. 가목부터 라목까지에 규정된 기관에 소속되지 아니하는 기관의 소속 장관은 법률에서 따로 규정된 것을 제외하고는 다음의 구분에 따른 자가 된다. 이 경우 다음의 구분에 따른 자가 공무원을 임용하는 경우 해당 기관의 장과 미리 협의하여야 한다.

1) 해당 기관의 업무와 관련된다고 인정하여 인사혁신처장이 가목 중에서 지정하는 기관의 장

2) 인사혁신처장이 1)에 따라 지정하지 아니한 경우에는 인사혁신처장

1) 경찰공무원법 제34조, 소방공무원법 제30조, 국회사무처법 제4조 제3항에도 위와 유사하게 규정되어 있다.

용권을 위임받은 지방경찰청장에게 있다는 판례도 있다.[1)]

3. 징계사유

가. 법령상 규정

국가공무원법상 징계사유(제78조 제1항)는, ① 국가공무원법 및 그에 의한 명령에 위반하였을 때,[2)] ② 직무상 의무(다른 법령에서 공무원의 신분으로 인하여 부과된 의무를 포함)를 위반하거나 직무를 태만한 때,[3)] ③ 직무의 내외를 불문하고 그 체면 또는 위신을 손상하는 행위를 한 때[4)5)]이다.

나. 징계사유의 발생시기

징계사유는 당해 공무원의 재직 중에 발생한 것이어야 하고, 공무원 임용 전의 사유로는 임용 후 공무원의 체면, 위신을 손상하게 되는 경우를 제외하고는 징계를 할 수 없다. 징계처분에서 징계사유로 삼지 아니한 비위라도 당해 징계처분 사유 전후에 저지른 비위사실을 징계양정의 참작사유로 삼을 수 있다.[6)] 또한 동일한 사실

1) 대법원 2023. 8. 18. 자 2023두40182 판결. 대법원 2020. 10. 8. 자 2020부508호 결정 등.
2) 국가공무원법의 제규정과 국가공무원법의 위임에 따라 제정된 행정명령과 개별적, 구체적 직무명령에 위반한 경우이다. 직무명령은 상위법령에 반하지 않는 적법·유효한 것이어야 한다(대법원 2020. 11. 26. 선고 2020두42262 판결).
3) 공무원이 담당업무와 관련된 각종 법령이나 훈령에서 부과되어 있는 의무를 공익을 위하여 적법, 타당하게 수행하지 않은 경우이고, 직무태만은 당연히 해야 할 직무를 성실하게 수행하지 않은 경우로서 고의·과실을 묻지 않으며 감독상의 책임도 물을 수 있다.
4) 국가공무원법 제63조의 품위유지의무에 반하는 것으로서, 공무원의 비위사실이 공무집행과 관련된 것이 아니라도 공무원으로서의 체면 또는 위신을 손상시킨 경우이고, 국민 전체의 봉사자로서 공직자의 체면·위신을 손상하는 데 직접적인 영향이 있는 행위를 함으로써 사회통념상 비난가능성이 있는 경우이다.
5) 정부는 2019. 2. 공공분야에서 발생하는 갑질을 근절하고 상호 존중하는 사회적 풍토를 조성하려는 목적으로 관계부처 합동으로 '공공분야 갑질 근절을 위한 가이드라인'을 마련하여 시행하면서 위 가이드라인을 위반한 행위를 성실의무, 친절·공정의무, 청렴의무, 품위유지의무, 국가공무원 복무규정 등 위반으로 보아 징계처분을 하고 있고, 다수의 하급심 판결들도 국가공무원법 등의 징계사유 유무를 판단함에 있어 위 가이드라인을 원용하고 있다. 서울행정법원 2021. 7. 8. 선고 2020구합79837 판결(항소기각 및 심리불속행기각 확정) 등.
6) 대법원 2002. 5. 28. 선고 2001두10455 판결.

로 중복하여 징계처분을 할 수 없지만, 징계처분의 양정에서 종전 징계처분 전력을 참작할 수 있다.

다. 징계권자의 재량

징계권자에게 재량이 있는지 여부는 요건단계와 효과단계를 구분하여 살펴보아야 한다.

국가공무원법, 지방공무원법 등 실정 공무원법은 징계권자(대외적 처분권자)가 징계의결 요구를 하면 징계위원회가 징계사유의 존부를 판단하고 징계양정을 하여 징계의결을 하고, 징계권자는 징계위원회의 징계의결에 따라 징계처분을 하도록 제도화하였다. 결국 효과단계(징계양정)에 관해서는 행정내부적으로 징계위원회에게 재량이 귀속되어 있고, 징계(의결요구)권자에게는 재량이 없다.[1)]

요건판단(징계사유의 존부)에 관해서는 징계(의결요구)권자나 징계위원회에게 재량이 인정되지 않는다. 대법원 판례가 징계에 관하여 넓은 재량을 인정하는 것은 효과재량(징계 수위의 선택)에 국한되며,[2)] 요건판단에 관하여 징계권자의 재량을 인정한 경우는 찾아보기 어렵다. 이는 요건재량(판단여지) 인정 여부에 관한 논의와 연결된다. 어떤 비위행위가 예를 들어 품위유지의무 위반에 해당하는지는 결론이 명확하지 않은 측면이 있는데, 그것은 '품위'가 그 의미에 분명하지 않은 불확정개념이기 때문이다. 이런 측면 때문에 징계사유 해당 여부에 관하여 요건재량 내지 판단여지가 인정된다는 견해가 있으나, 이는 오해이다. 행정재량이란 행정청의 판단이 입법자가 수권한 재량권의 한계를 일탈하거나 남용하지 않은 이상 법원이 행정청의 판단을 존중하여 사회통념상 현저히 불합리하지 않으면(= 최적은 아니더라도 합리성을 수긍할 수 있다면) 법원이 가장 적합하다고 판단하는 내용으로 행정청의 판단을 대체하

---

1) 실정법상 징계권자(임면권자)와 징계요구권자가 일치하는 경우가 보통이지만, 간혹 징계권자가 아닌 기관장(부서장)에게 징계의결요구권을 부여한 경우도 있다.

2) 대법원 2017. 12. 22. 선고 2016두38167 판결 : "공무원인 피징계자에게 징계사유가 있어서 징계처분을 하는 경우에 어떠한 처분을 할 것인지는 징계권자의 재량에 맡겨져 있고, 다만 징계권자가 재량권의 행사로서 한 징계처분이 사회통념상 현저하게 타당성을 잃어 징계권자에게 맡겨진 재량권을 남용한 것이라고 인정되는 경우에 한하여 그 처분을 위법하다고 할 수 있다. 그리고 공무원에 대한 징계처분이 사회통념상 현저하게 타당성을 잃었다고 하려면, 구체적인 사례에 따라 징계의 원인이 된 비위사실의 내용과 성질, 징계에 의하여 달성하려고 하는 행정 목적, 징계 양정의 기준 등 여러 요소를 종합하여 판단할 때에 그 징계 내용이 객관적으로 명백히 부당하다고 인정할 수 있는 경우라야 한다."

지 않는 것을 의미한다. 법령상 요건에 불확정개념이 사용되어 그 포섭판단결과의 예측가능성이 떨어진다는 것과 법원이 행정청의 불확정개념에의 포섭판단결과를 존중하여야 하는지는 전혀 다른 차원의 문제이다. 법령에 불확정개념이 사용되었다고 해서 무조건 행정청의 판단여지가 인정되는 것은 아니며, 판단여지 인정 여부는 최종적으로 법원이 개별행정법령의 해석을 통해 판단할 사항이므로 입법자의 명령이라기보다는 '법원의 사법자제'에 해당한다고 볼 수 있다. 행정청의 판단여지가 인정되는 대표적인 영역으로는 ⓐ 학생에 대한 시험평가, 공무원의 근무평정과 같이 그 상황 하에서 관계자만이 내릴 수 있는 비대체적 결정(전면적 사법심사가 불가능한 경우), ⓑ 문화재지정, 청소년 유해도서 판정과 같이 전문가로 구성된 독립된 합의제기관이 내리는 구속적 가치평가결정(전문성, 중립성, 감정비용 등에 비추어 사법심사가 다시 이루어질 필요가 없는 영역), ⓒ 환경행정, 경제행정 등 영역에서 장래 발생할 위험 등의 상태를 예상하여 내리는 예측적 결정(사후적인 사법심사가 부적당한 경우), ⓓ 경제, 사회, 문화 등을 일정한 방향으로 유도하기 위해 행해지는 정책적·형성적 결정(행정부의 권한영역이므로 사법부의 관여가 바람직하지 않은 경우)이 거론되고 있으나, 규범적 가치판단이 필요한 사항은 법원이 최종적으로 판단하여야 하며 사법자제의 대상이 될 수 없다.[1] 징계사유가 품위유지의무 위반, 성실의무 위반(직무 태만)과 같이 불확정개념으로 규정되어 있는 경우에도, 공무원의 직무상 의무 위반에 해당하는지 여부는 법원의 규범적 판단이 필요한 사항이므로 사법자제(징계권자의 판단 존중)의 대상이 될 수 없다.

제 7 장

징계의결 요구행위는 기속행위인가? 즉, 징계사유가 인정되는 경우에 징계(의결요구)권자는 반드시 징계의결 요구를 하여야 하는가? 이를 긍정한 듯한 판례가 있으나, 쉽게 단정하기는 어렵다. 실정법률에는 '견책'(과오에 대하여 훈계하고 회개하게 함)을 가장 낮은 수위의 징계처분 종류로 규정하고 있으나, 행정실무에서는 견책보다 낮은 등급의 제재조치로서 「공무원 징계령 시행규칙」 제6조 제2항 또는 「적극행정 면책 및 공무원 경고 등 처분에 관한 규정」(행정안전부 훈령) 제3조 제4호, 제16조 등 행정규칙에 근거하여 불문(不問) 경고[2] 또는 훈계를 하는 경우가 있으며, 소속 공무

1) 대법원 판례상 불확정개념에 관한 행정청의 판단여지(요건재량)를 인정한 사례와 부정한 사례에 관해서는 이상덕, "귀화거부처분의 처분사유인 '품행 미단정'과 처분사유의 추가·변경 제한 법리의 관계", 대법원판례해설 117호(2019년 상), 762~763 참조.

2) 종전의 대법원 1991. 11. 12. 선고 91누2700 판결은 서면경고(불문경고)는 국가공무원법상 징계의 종

원의 어떤 비위행위에 대하여 일반적 인사권 행사의 일환으로 불문경고·훈계를 할 것인지 아니면 정식으로 징계권을 발동하여 징계의결 요구를 할 것인지가 징계(의결요구)권자의 재량사항으로 인식되고 있다. 이에 관해서는 2가지 방식의 입론이 가능하다. 첫째는 공무원의 비위행위가 중하여 징계사유에 해당하는 경우는 반드시 징계의결요구를 할 의무가 있고, 공무원의 비위행위가 경미하여 징계사유에 해당하지 않는 경우에 한하여 불문경고·훈계로 처리하는 것이 허용된다고 보는 것이다. 둘째는 정식으로 징계권을 발동할 것인지 아니면 그보다 낮은 수위의 불문경고·훈계로 종결할 것인지는 결국 징계양정에 관한 문제로서 징계(의결요구)권자에게 결정·선택재량이 있다고 보는 것이다. 후자의 견해에 의하면, 비위행위가 중하여 징계사유에 해당함이 명백한 경우에는 징계의결 요구를 하는 것만이 적법한 권한행사이며 징계의결 요구를 하지 않는 것은 재량권 일탈·남용이라고 본다.[1)]

라. 시효 및 기산점

징계의결 등의 요구는 징계사유가 발생한 날[2)][3)]부터 3년, 금품 및 향응수수, 공금의 횡령·유용의 경우에는 5년, 성매매, 성폭력, 성희롱의 경우에는 10년 이내에 하여야 한다(국가공무원법 제83조의2 제1항). 징계시효가 지났는지는 징계의결요구서가 관할 징계위원회에 도달한 때를 기준으로 판단한다. 다만, 징계시효가 지난 비위행

류에 해당하지 않고 앞으로 근무에 충실하라는 내용의 권고·지도행위에 불과하므로 행정처분이라고 볼 수 없다고 하였으나, 대법원 2002. 7. 26. 선고 2001두3532 판결은 불문경고가 비록 법률상의 징계처분은 아니지만 행정규칙상으로 그것을 받지 아니하였다면 차후 다른 징계처분이나 경고를 받게 될 경우 징계감경사유로 사용될 수 있었던 표창공적의 사용가능성을 소멸시키는 효과와 1년 동안 인사기록카드에 등재됨으로써 그 동안은 장관표창이나 도지사표창 대상자에서 제외시키는 효과 등이 있다는 이유로 항고소송의 대상이 되는 행정처분에 해당한다고 판단하였다.

1) 대법원 2007. 7. 12. 선고 2006도1390 판결은 "지방공무원의 징계와 관련된 규정을 종합해 보면, 징계권자이자 임용권자인 지방자치단체장은 소속 공무원의 구체적인 행위가 과연 법 제69조 제1항에 규정된 징계사유에 해당하는지 여부에 관하여 판단할 재량은 있다고 할 것이지만, 징계사유에 해당하는 것이 명백한 경우에는 관할 인사위원회에 징계를 요구할 의무가 있다고 보아야 할 것이다."라고 판시하였는데, 1설이나 2설로 모두 설명 가능하다.

2) 형사처분을 받은 경우 직속 지휘관에게 즉시 보고하도록 규정한 육군규정 112 '부사관인사관리규정'을 위반하였더라도, 보고의무위반에 따른 징계시효의 기산점은 '형사처벌이 확정된 때부터 상당한 기간이 지난 때'이고, 징계권자가 징계사유의 존재를 알게 되었을 때가 아니다. 대법원 2021. 12. 16. 선고 2021두48083 판결.

3) 지방공기업 근로자에 대한 징계절차를 규정한 인사규정이 징계시효기간을 규정한 경우 기산점은 원칙적으로 징계사유가 발생한 날이다. 대법원 2008. 7. 10. 선고 2008두2484 판결.

위라도 징계양정에서는 참작할 수 있다.[1] 감사원에서 조사 중인 사건에 대하여는 제3항에 따른 조사개시 통보를 받은 날부터 징계 의결의 요구나 그 밖의 징계 절차를 진행하지 못하고(같은 법 제83조 제1항), 수사기관에서 수사 중인 사건에 대하여는 수사개시 통보를 받은 날부터 징계 의결의 요구나 그 밖의 징계 절차를 진행하지 아니할 수 있으므로(같은 조 제2항), 그와 같이 징계 절차를 진행하지 못하고 있는 동안 시효기간이 경과하거나 잔여 시효기간이 1월 미만이 된 경우에는 조사 또는 수사의 종료를 통보받은 날(같은 조 제3항)부터 1월이 지난 날에 징계시효가 끝나는 것으로 본다(같은 법 제83조의2 제2항).

징계위원회의 구성·징계의결 등, 그 밖에 절차상의 흠이나 징계양정 및 징계부가금의 과다(過多)를 이유로 소청심사위원회 또는 법원에서 징계처분 등의 무효를 확인하거나 취소하는 결정이나 판결을 한 경우에는 징계시효가 지나거나 남은 시효기간이 3개월 미만인 경우에도 그 결정 또는 판결이 확정된 날부터 3개월 이내에는 다시 징계의결등을 요구할 수 있다(같은 조 제3항).

마. 공무원 임용 전 비위행위에 대한 징계시효 기산점

공무원 임용 전의 행위라 하더라도 이로 인하여 임용 후의 공무원의 체면 또는 위신을 손상하게 된 경우에는 징계사유로 삼을 수 있다.[2] 교사인 원고가 교육대학교 재학 시절에 다른 학생에게 성희롱 행위를 한 뒤 교사로 임용된 경우 징계사유에 해당하고, 징계시효의 기산점은 임용 전 비위행위가 발생한 날이 된다.[3] 한편, 부정한 청탁을 하여 공무원으로 임용된 경우 공무원 신분을 취득하기까지 일련의 행위가 징계사유에 해당하므로 징계시효는 공무원으로 임용된 때부터 기산한다.[4]

1) 대법원 1999. 11. 26. 선고 98두10424 판결.
2) 대법원 1990. 5. 27. 선고 89누7368 판결.
3) 대법원 2024. 7. 25. 선고 2024두37190 판결.
4) 대법원 1990. 5. 22. 선고 89누7368 판결.

4. 징계의 종류[1]

가. 국가공무원법은 징계의 종류로 파면, 해임, 강등, 정직, 감봉 및 견책을 열거하고 있다(제79조).[2] 정직 이상의 징계를 중징계, 감봉 이하의 징계를 경징계라 한다(공무원 징계령 제1조의3). 징계를 받은 공무원은 일정 기간 승진임용, 승급이 불가능하게 되는 부수적 불이익도 받는다.[3]

(1) 파면

신분박탈과 함께 퇴직급여[4] 및 퇴직수당 제한[5] 및 향후 공직취임 제한[6]이 따르는 가장 중한 징계처분이다.

(2) 해임

신분이 박탈되고 공직취임 제한[7]이 따르지만, 파면과 달리 금품 및 향응 수수, 공금의 횡령·유용의 경우를 제외하고는 퇴직급여, 퇴직수당 삭감을 당하지 아니한다.

(3) 강등

강등은 1계급 아래로 직급을 내리고(고위공무원단에 속하는 공무원은 3급으로 임용

1) 이세중, "공무원 신분소송에 관하여: 징계처분에 따른 하급심 판례 동향을 중심으로", 송무자료집 제9집, 279-282.

2) 법관에 대한 징계처분은 정직, 감봉, 견책이 있는데, ① 정직은 1개월 이상 1년 이하의 기간 동안의 직무집행을 정지하고 그 기간 동안 보수를 지급하지 아니하고, ② 감봉은 1개월 이상 1년 이하의 기간 동안 보수의 1/3 이하를 줄이고, ③ 견책은 서면으로 훈계한다(법관징계법 제3조).

3) 징계처분을 받은 날 또는 집행이 끝난 날로부터 국회규칙·대법원규칙·헌법재판소규칙·중앙선거관리위원회규칙 또는 대통령령(공무원보수규정 제14조, 공무원임용령 제32조)으로 정하는 기간 승진임용 또는 승급할 수 없다. 다만, 징계처분을 받은 후 직무수행의 공적으로 포상 등을 받은 공무원에 대하여는 국회규칙·대법원규칙·헌법재판소규칙·중앙선거관리위원회규칙 또는 대통령령이 정하는 바에 따라 승진임용이나 승급의 제한기간을 단축하거나 면제할 수 있다(국가공무원법 제80조 제7항).

4) 공무원이 공금의 횡령·유용뿐만 아니라, 다른 여러 징계사유가 경합되어 해임된 경우 해임의 주된 징계사유에 해당하지 않고, 그 사유만으로는 해임할 수 있을 정도의 의무위반에 이르지 않을 특별한 사정이 있으면, 퇴직급여 등의 지급제한사유에 해당하지 아니한다. 대법원 2012. 10. 11. 선고 2011두11488 판결.

5) 5년 미만인 자의 퇴직급여는 1/4, 재직기간이 5년 이상인 자의 퇴직급여는 1/2, 퇴직수당은 각 1/2이 감액된다(공무원연금법 제65조 제1항, 동 시행령 제61조).

6) 퇴직 후 5년 내 재임용할 수 없다(국가공무원법 제33조 제7호).

7) 퇴직 후 3년 내 재임용할 수 없다(국가공무원법 제33조 제8호).

하고, 연구관 및 지도관은 연구사 및 지도사로 한다), 공무원신분은 유지하나 3개월간 직무에 종사하지 못하며, 그 기간 중 보수는 전액을 감한다(제80조 제1항).

(4) 정직

1월 이상 3월 이하의 기간으로 하고, 공무원의 신분을 유지하나, 직무에 종사하지 못하며 보수는 전액을 감한다(제80조 제3항).

(5) 감봉

1월 이상 3월 이하의 기간으로 하고, 보수의 1/3을 감한다(제80조 제4항).

(6) 견책

훈계하고 회개하게 하는 처분이다(제80조 제5항).

나. 징계 이외에 불이익한 처분으로, 직위해제(제73조의3 제1항), 직권면직(제70조 제1항)이 있는데, 징계와 달리 징계위원회의 의결 및 본인 진술의 기회부여가 없다는 점에서 차이가 있으므로, 징계대체수단으로 악용될 소지가 있다.[1)2)] 징계와 성질이 다르므로, 직위해제의 사유로 징계처분을 할 수 있는데, 일사부재리 또는 이중처벌 금지원칙에 반하지 아니한다.[3)] 군인사법 제37조에 현역복무부적합자 전역제도가 있는데, 징계제도와 규정 취지, 사유, 위원회 구성 및 주체 등에 차이가 있으므로, 징계사유가 현역복무부적합사유에 해당하는 경우 징계처분의 효력을 상실시키는 특별 사면이 있더라도 전역명령을 할 수 있다.[4)]

제 7 장

1) 조성혜, “공기업 근로자에 대한 직위해제와 직권면직의 문제점 : 징계 및 징계해고와의 관계를 중심으로”, 노동법학 제23호(2006. 12.), 330.
2) 직위해제는 해당 공무원에게 보수·승진·승급 등 다양한 측면에서 직간접적으로 불리한 효력을 발생시키는 침익적 처분이라는 점에서 부당하게 장기화될 경우에는 결과적으로 해임과 유사한 수준의 불이익을 초래할 가능성까지 내재되어 있으므로, 요건 및 효력 상실·소멸시점 등은 문언에 따라 엄격하게 해석하여야 한다. 대법원 2022. 10. 14. 선고 2022두45623 판결.
3) 당연퇴직처분과 징계처분과의 관계에 관하여는 대법원 2005. 4. 15. 선고 2003두12639 판결 참조.
4) 대법원 2012. 1. 12. 선고 2011두18649 판결.

(1) 직위해제

(가) 요건 및 성질

직위해제는 ① 직무수행능력이 부족하거나 근무성적이 극히 나쁜 자,[1] ② 파면·해임·강등 또는 정직에 해당하는 징계의결이 요구 중인 자,[2][3] ③ 형사사건으로 기소된 자(약식명령이 청구된 자 제외), ④ 금품비위, 성범죄 등 대통령령으로 정하는 비위행위로 감사원, 수사기관에서 조사·수사 중인 자로서 비위의 정도가 중대하고 정상적인 업무수행을 기대하기 현저히 어려운 자 등에 대하여 당해 공무원이 계속 직무를 담당하게 될 경우 예상되는 업무상 장애 등을 예방하기 위하여 신분을 보유시키면서 일시적으로 직위를 부여하지 아니함으로써 직무에 종사하지 못하게 하는 잠정적인 조치로서의 보직의 해제이다(국가공무원법 제73조의3, 지방공무원법 제65조의3). 따라서 과거의 비위행위에 대한 징벌적 제재인 징계와 달리 직위해제는 업무상 장애에 대한 예방적 조치라는 점에서 그 성격이 다르다.[4]

(나) 징계와의 관계

① 장래에 있어 계속 직무를 담당하게 될 경우 예상되는 업무상 장애를 예방하기 위한 목적이라면 직위해제가, 과거의 비위행위에 대한 질서유지를 목적이라면 징계가 이루어지므로, 이중처벌에 해당하지 아니한다.

② 직위해제 후 그 직위해제 사유와 동일한 사유로 해임처분을 하였다면 뒤에 이루어진 해임처분에 의하여 그 전에 있었던 직위해제처분은 사후적으로 효력을 상실하므로,[5] 노동위원회의 복직명령에 따라 복직된 경우 해임처분 이후 복직시까지 임금액을 산정함에 있어서는 직위해제 처분을 고려하지 않은 정상적인 근무 상태에서의 임금을 기초로 계산하여야 한다.[6] 또한, 직위해제처분이 효력을 상실한다는

---

1) 사립학교법은 “직무수행능력이 부족하거나 근무성적이 매우 불량하거나 또는 교원으로서 근무태도가 매우 불성실한 경우”라고 규정하고 있다(제58조의2 제1항 제1호).

2) 종전에는 징계의결이 요구중인 자라고만 되어 있었으나, 파면·해임·강등 또는 정직의 징계의결이 요구중인 자로 제한하였다. 이에 대하여 공기업 등은 취업규칙에 이러한 제한을 두고 있지 않아 공기업 근로자들은 공무원보다 더 쉽게 직위해제를 받을 수 있다는 비판이 있다. 조성혜, 앞의 글, 309.

3) ‘징계 의결이 요구 중인 자’는 징계의결이 이루어질 때까지로 한정되고, 국가공무원법 제82조 제2항에 따른 ‘심사, 재심사 청구’는 이에 포함되지 않는다. 대법원 2022. 10. 14. 선고 2022두45623 판결.

4) 대법원 2003. 10. 10. 선고 2003두5945 판결.

5) 대법원 2007. 12. 28. 선고 2006다33999 판결.

6) 대법원 1997. 9. 26. 선고 97다25590 판결.

것은 사후적으로 그 효력이 소멸한다는 의미이므로, 직위해제처분에 따른 효과로 승진·승급에 제한을 가하는 등의 법률상 불이익을 규정하고 있는 경우에는 법률상 불이익을 제거하기 위하여 그 실효된 직위해제처분을 다툴 이익이 있다.[1)]

③ 징계절차와 달리 절차에 관한 규정이 없다. 다만 처분권자는 처분의 사유를 기재한 설명서를 교부하여야 한다(제75조).

(다) 효과

① 3월 이내의 기간 대기를 명하고(제73조의3 제3항), 대기명령을 받은 자에 대하여는 임용권자 또는 임용제청권자는 능력회복이나 근무성적의 향상을 위한 교육훈련 또는 특별한 연구과제의 부여 등 필요한 조치를 하여야 한다(제4항). 대기명령을 받은 자가 그 기간 중 능력 또는 근무성적의 향상을 기대하기 어렵다고 인정된 때는 징계위원회의 동의를 얻어 직권면직시킬 수 있다(제70조 제1항 제5호, 제2항). 그러나 직위해제 처분 후 대기발령기간 중 직무수행능력이 부족하거나 근무성적이 불량하다는 직위해제 사유가 계속 존재한다고 볼 만한 증거가 없음에도 합리적 사유 없이 직위를 부여하지 않았다가 3개월의 기간이 만료되었다는 사유만으로 당연면직처분을 한 것은 징계권의 남용에 해당한다.[2)]

② 직위해제가 된 자에 대하여는 그 사유에 따라 봉급의 50퍼센트 내지 80퍼센트를 지급하되, 파면·해임 또는 정직에 해당하는 징계의결이 요구 중인 자, 형사사건으로 기소된 자, 금품비위, 성범죄 등 대통령령으로 정하는 비위행위로 감사원, 수사기관에서 조사·수사 중인 자로서 비위의 정도가 중대하고 정상적인 업무수행을 기대하기 현저히 어려운 자가 3월이 경과하여도 직위를 부여받지 못한 때에는 그 3월이 경과한 후의 기간 중에는 30퍼센트를 지급한다(공무원보수규정 제29조), 각종 수당을 감액 지급받고(공무원수당 등에 관한 규정 제6조의2, 제7조, 제10조, 제11조, 제11조의2, 제19조), 승진 임용될 수 없고, 승진 소요 최저연수나 전직기간에 포함되지 않으며(공무원임용령 제29조, 제31조, 제32조), 호봉승급이 제한되고(공무원보수규정 제14조, 제15조), 직위해제일수는 연가일수에서 공제한다(국가공무원 복무규정 제17조).

제 7 장

---

1) 대법원 2010. 7. 29. 선고 2007두18406 판결.
2) 대법원 2004. 10. 28. 선고 2003두6665 판결.

(2) 직권면직

(가) 의의 및 성질

본인의 의사와는 관계없이 임용권자가 일방적인 의사에 의하여 공무원의 신분을 박탈하는 단독행위이다. 직권면직 사유는 직무수행 능력 부족, 자격증 상실, 면허 취소, 적격심사 탈락, 휴직기간 만료 후 업무 미복귀, 징병, 입영 등 기피, 군복무를 위하여 휴직 중 군무이탈, 폐직 또는 과원 등이다(국가공무원법 제70조, 지방공무원법 제62조).[1]

법정사유가 있는 경우 본인의 의사에 불구하고 임용권자가 직권으로 행하는 면직처분이다. 직권면직처분은 반드시 처분사유설명서를 교부하도록 되어 있으나, 처분사유설명서의 교부가 직권면직처분의 효력발생요건은 아니다.[2] 이에 반하여 공무원 자신의 의사로 이루어지는 경우를 의원면직이라고 하는데, 자유로운 의사가 없는 강요에 의한 의원면직은 무효이다.

직권면직은 징계의 일종인 파면 또는 해임보다는 신분보장이나 경제적 측면에서 유리하다.[3]

(나) 절차

미리 징계위원회의 의견을 들어야 한다. 다만, 근무수행능력 부족 또는 근무성적 불량으로 직위해제를 당하여 대기명령을 받은 자가 그 기간 중 능력 또는 근무성적의 향상을 기대하기 어렵다고 인정된 때에는 징계위원회의 동의를 얻어야 한다(제70조 제2항).

---

1) 사립학교법은 "① 휴직 기간이 끝나거나 휴직 사유가 소멸된 후에도 직무에 복귀하지 아니하거나 직무를 감당할 수 없을 때, ② 근무성적이 매우 불량할 때, ③ 정부 파괴를 목적으로 하는 단체에 가입하고 이를 방조하였을 때, ④ 정치운동을 하거나 집단적으로 수업을 거부하거나 어느 정당을 지지 또는 반대하기 위하여 학생을 지도·선동하였을 때, ⑤ 인사기록에 있어서 부정한 채점·기재를 하거나 거짓 증명 또는 진술을 하였을 때, ⑥ 거짓이나 그 밖의 부정한 방법으로 임용되었을 때"라고 규정하고 있다(제58조).

2) 대법원 1991. 12. 24. 선고 90누1007 판결, 대법원 2014. 10. 30. 선고 2012두25552 판결.

3) 이에 대하여 공기업 등의 근로자들에게는 별다른 절차를 필요로 하지 않는 직권면직이 본인진술의 기회를 부여하는 징계보다 오히려 불리한 결과를 가져올 가능성이 있다고 보는 견해가 있다. 조성혜, 앞의 글, 304, 305.

(다) 효과

공무원관계가 종료된다는 점에서는 파면 및 해임과 동일하다. 그러나 공무원 재임용 제한이나 퇴직급여 제한 등과 같은 불이익은 없다.

(3) 서면에 의한 경고

공무원의 신분에 영향을 미치는 징계에 해당하지 아니하므로, 원칙적으로 행정처분에 해당하지 아니한다. 그러나 징계감경사유로 사용될 수 있었던 표창공적의 사용가능성을 소멸시키거나 인사기록에 등재됨으로써 표창 대상자에서 제외되는 경우,[1] 1년 이상 감찰관리 대상자로 선정되어 특별관리를 받을 수 있고, 복무평정, 직무성과금 지급, 승진·전보인사, 다른 징계처분에서의 징계양정에서 불이익을 받게 될 가능성이 있는 경우(검사에 대한 검찰총장의 경고[2]) 행정처분에 해당한다고 보는 등 처분성이 확대되는 추세이다.

(4) 보수삭감

지방계약직공무원에 대하여 채용계약상 특별한 약정이 없는 한, 징계절차에 의하지 아니하고, 근무실적 평가 결과만으로 보수를 삭감할 수 없다.[3]

5. 소청심사 전치주의

공무원의 징계처분 등에 대한 소청을 심사·결정하기 위하여 인사혁신처(국가공무원법 제9조 제1항), 국회사무처, 법원행정처, 헌법재판소사무처 및 중앙선거관리위원회사무처(제9조 제2항)에 소청심사위원회를 두고, 공무원에 대한 징계처분 시에는 원칙적으로 소청심사위원회의 심사·결정을 거쳐야만 행정소송을 제기할 수 있다(제16조 제1항). 다만, "소청심사위원회는 다른 법률로 정하는 바에 따라 특정직공무원[4]

1) 대법원 2002. 7. 26. 선고 2001두3532 판결; 김의환, "행정규칙에 의한 징계처분이 항고소송의 대상이 되는 행정처분인지 여부", 판례해설(43), 239.
2) 대법원 2021. 2. 10. 선고 2020두47564 판결.
3) 대법원 2008. 6. 12. 선고 2006두16328 판결, 김진현, "징계절차에 의하지 아니한 지방계약직공무원에 대한 보수삭감의 가부", 판례해설(76), 70.
4) 국가공무원법은 국가공무원을 경력직 공무원과 특수경력직 공무원으로(제2조 제1항), 경력직 공무원

의 소청을 심사·결정할 수 있다."고(제9조 제4항) 규정하고 있으므로, 특정직공무원은 개별 법률에 따라 소청심사위원회의 심사·결정을 받을 수 있다.[1)]

가. 외무공무원

외무공무원법은 "외무공무원의 징계는 외무공무원 징계위원회의 의결을 거쳐 제3조에 따른 임용권자가 한다."고(제29조), "외무공무원에 대하여 이 법에 특별한 규정이 있는 경우를 제외하고는 국가공무원법 및 공무원교육훈련법을 적용한다. 다만, 국가공무원법 제28조의5는 그러하지 아니하다."고(제30조) 규정하고 있다. 따라서 외무공무원은 명시적으로 외무공무원법상 징계처분의 불복에 관한 별도의 규정이 없으므로, 징계처분을 불복하기 위하여 소청심사위원회의 심사·결정을 거쳐야 한다.

나. 경찰공무원

경찰공무원법은 "경무관 이상의 경찰공무원에 대한 징계의결은 국가공무원법에 따라 국무총리 소속으로 설치된 징계위원회에서 하고, 총경 이하의 경찰공무원에 대한 징계의결을 하기 위하여 대통령령으로 정하는 경찰기관 및 해양경찰관서에 경찰공무원 징계위원회를 둔다."고(제32조), "징계처분, 휴직처분, 면직처분, 그 밖에 의사에 반하는 불리한 처분에 대한 행정소송은 경찰청장 또는 해양경찰청장, 또는 임용권을 위임받은 자를 피고로 한다."고(제34조[2)]), "경찰공무원에 대하여 국가공무원법을 준용한다."고(제36조) 규정하고 있다. 따라서 경찰공무원은 준용규정에 따라 징계처분에 불복하기 위하여 소청심사위원회의 심사·결정을 거쳐야 한다.

중 법관, 검사, 외무공무원, 경찰공무원, 소방공무원, 교육공무원 등은 특정직공무원으로 분류하고 있다(제2조 제2항 제2호).

1) 2004. 3. 11. 법률 제7187호로 개정되기 전에는 행정안전부장관이 소청심사위원회의 결정이 부당하다고 인정할 때에는 재심을 청구할 수 있었으나, 폐지되었다(개정법률 부칙 제3조).

2) 경무관 이상의 강등 및 정직과 경정 이상의 파면 및 해임은 처분권자가 대통령(경찰공무원법 제33조)이나, 경찰공무원법 제34조에 따라 행정소송에서의 피고는 경찰청장 또는 해양경찰청장이 된다.

다. 소방공무원

소방공무원법은 “소방준감 이상의 국가소방공무원에 대한 징계의결은 국가공무원법에 의하여 국무총리 소속으로 설치된 징계위원회에서 행하고, 소방정 이하의 소방공무원에 대한 징계의 의결을 하기 위하여 소방청 및 대통령령이 정하는 소방기관에 소방공무원 징계위원회를 둔다.”고(제28조), “징계처분에 대한 행정소송의 경우에는 소방청장을 피고로 한다. 다만 시·도지사가 임용권을 행사하는 경우에는 관할 시·도지사를 피고로 한다.”고(제30조), “소방공무원에 대하여 국가공무원법을 준용한다.”고(제33조) 규정하고 있다. 따라서 소방공무원은 준용규정에 따라 징계처분에 불복하기 위하여 소청심사위원회의 심사·결정을 거쳐야 한다.

라. 교육공무원

교육공무원법은 “교육기관, 교육행정기관, 지방자치단체 또는 교육연구기관의 장은 그 소속 교육공무원에 대하여 관할 징계위원회에 징계의결을 요구할 수 있다.”고(제51조), “국가공무원법 제16조 제1항을 교육공무원인 교원에게 적용할 때 같은 항의 ‘소청심사위원회’는 ‘교원소청심사위원회’로 본다.”고(제53조 제1항) 규정하고 있다. 따라서 교육공무원은 징계처분에 불복하기 위하여 교원소청심사위원회의 심사·결정을 거쳐야 한다.

마. 검사

검찰청법은 “검사는 특정직 공무원으로 하고, 그 정원, 보수 및 징계에 관하여 필요한 사항은 따로 법률로 정한다.”고(제36조 제1항) 규정하고 있다. 이에 따라 제정된 검사징계법은 “징계사건을 심의하기 위하여 법무부에 검사 징계위원회를 둔다.”고(제4조 제1항), “징계의 집행은 견책의 경우에는 징계처분을 받은 검사가 소속하는 검찰청의 검찰총장·고등검찰청검사장 또는 지방검찰청검사장이 하고, 해임·면직·정직·감봉의 경우에는 법무부장관의 제청으로 대통령이 한다.”고(제23조 제1항) 규정하고 있다. 그런데 검찰청법과 검사징계법에 소청심사위원회의 심의·의결을 거쳐야 하는지에 관한 아무런 규정이 없으므로, 국가공무원법상 소청심사 전치주의를 적용 받는지에 관하여 의문이 있다.[1] 이에 관하여 법제처는 "국가공무원법 제9조 제4항은 특정직 공무원의 업무특성에 따른 신분보장의 필요성 등을 감안하여 개별 법률에서 소청에 관한 별도의 규정을 둘 수 있도록 하고, 별도의 규정을 두지 않은 경우 국가공무원법상 소청제도에 따르도록 한 것이라기보다는 특정직 공무원의 소청은 임용과 신분보장 등에 관하여 규정하고 있는 개별 법률에서 별도로 정할 필요가 있으므로, 원칙적으로 소청심사위원회에서 심사·결정할 수 없도록 한 점 등을 고려할 때, 개별 법률에서 국가공무원법에 따르도록 명시하고 있는 경우에 한하여 예외적으로 소청심사위원회로 하여금 특정직공무원의 소청을 심사·결정할 수 있다."는 견해[2]를 밝히고 있다.

바. 법관

법관징계법 제27조는 "징계처분이 있음을 안 날로부터 14일 이내에 전심절차를 거치지 아니하고 대법원에 징계처분의 취소를 청구하여야 한다."고 규정하고 있으므로, 법관의 징계처분에 대한 불복은 대법원의 단심 재판에 의한다. 이는 불복절차를 간명하게 함과 동시에 법관의 지위를 조속히 안정시킴으로써 법관의 독립과 신분보장을 실질적으로 보장하려는 취지이다. 이에 따라 대법원장의 징계처분에 대한 취소청구사건, 법관징계위원회의 징계결정의 효력을 다투는 사건, 법관징계에 관련된 신청사건 등도 모두 대법원의 전속관할에 속한다.[3]

---

1) 대통령이 검찰총장에 대하여 징계처분을 한 사안에서 소청심사를 거치지 않았으나 본안판단에 나아가 처분을 취소한 사례가 있다(피고가 본안전 항변을 하지는 않았다). 서울고등법원 2023. 12. 19. 선고 2021누65721 판결(확정).
2) 2007. 5. 18. 자 소청심사위원회 국가공무원법 제9조 제1항 및 제4항 관련 질의회신.
3) 대법원 2007. 12. 21. 자 2007무151 결정.

6. 징계에 관한 소송

가. 징계절차의 하자

(1) 징계절차 일반

징계혐의자에 대한 공무원징계의결요구서사본, 출석통지서의 송부·교부, 징계혐의자의 진술권보장은 강행규정으로 이를 위반하면 취소사유에 해당하고, 당연무효는 아니다.[1] ① 공무원징계의결요구서사본은 징계혐의자로 하여금 어떠한 사유로 징계에 회부되었는지를 사전에 알게 하여 징계위원회에서 방어를 준비하고 진술기회를 갖도록 하기 위한 것이고, ② 출석통지서는 진술기회를 부여하기 위한 것이고, ③ 진술권보장은 징계위원회에 출석하여 서면 또는 말로 자기에게 이익되는 사실을 진술하거나 증거를 제출할 기회를 보장[2]하는 것이다.

징계처분 후 징계처분사유설명서 교부는 징계처분의 효력발생요건이 아니다.[3] 징계의결서는 비위사실을 다른 사실과 구분될 정도로 기재되면 된다.[4] 징계대상자가 징계사유의 구체적인 내용과 피해자를 충분히 알 수 있다고 인정되는 경우에는 징계대상자에게 피해자의 '실명' 등 구체적인 인적사항이 공개되지 않는다고 하더라도, 징계대상자의 방어권 행사에 실질적인 지장이 초래된다고 볼 수 없다.[5]

(2) 행정절차법 배제 여부

행정절차법 제3조 제2항 제9호는 "공무원 인사 관계 법령에 따른 징계와 그 밖의 처분 등 해당 행정작용의 성질상 행정절차를 거치기 곤란하거나 거칠 필요가 없다고 인정되는 사항과 행정절차에 준하는 절차를 거친 사항으로서 대통령령으로 정하는 사항"을 행정절차법의 적용대상에서 제외하고 있고, 동 시행령 제2조 제3호는

1) 대법원 1977. 6. 28. 선고 77누96 판결.
2) 징계대상자가 많은 관계로 장황한 발언을 피하고 능률적인 절차진행을 위하여 징계대상자로 하여금 각 10분 정도 내에 발언을 마치고, 보충진술은 서면으로 하도록 요청함에 따라 징계대상자들도 이의 없이 발언한 후 대부분 답변서로 미진한 점을 밝힌 경우 진술권을 박탈한 것이 아니다. 대법원 1998. 8. 21. 선고 96누12320 판결.
3) 대법원 1970. 1. 27. 선고 68누10 판결.
4) 대법원 2005. 3. 24. 선고 2004두14380 판결.
5) 성비위행위로 인한 징계처분 사건에 관한 대법원 2022. 7. 14. 선고 2022두33323 판결.

"공무원 인사관계법령에 의한 징계 기타 처분에 관한 사항"을 규정하고 있다. 이와 관련하여 대법원은 공무원 인사관계 법령에 의한 처분에 관한 사항이라 하더라도 그 전부에 대하여 행정절차법의 적용이 배제되는 것이 아니라, 성질상 행정절차를 거치기 곤란하거나 불필요하다고 인정되는 처분이나 행정절차에 준하는 절차를 거치도록 하고 있는 처분의 경우에만 행정절차법의 적용이 배제되는 것으로 보아야 한다고 판시하였다.[1)]

(3) 변호사를 통한 방어권 행사

행정절차법(제12조 제1항 제3호, 제2항, 제11조 제4항)의 규정과 취지 등에 비추어 징계심의대상자가 선임한 변호사가 징계위원회에 출석하여 필요한 의견을 진술하는 것은 방어권 행사의 본질적 내용에 해당하므로, 행정청은 특별한 사정이 없는 한 이를 거부할 수 없다. 다만 징계심의대상자의 방어권 행사에 실질적으로 지장이 초래되었다고 볼 수 없는 특별한 사정이 있는 경우에는, 그 대리인에게 징계위원회에 출석하여 의견을 진술할 기회를 주지 아니하였다 하더라도 절차적 정당성이 상실되었다고 볼 수 없으므로 징계처분을 취소할 것은 아니다.[2)]

나. 징계사유의 유무

(1) 증명의 정도

민사소송이나 행정소송에서 사실의 증명은 추호의 의혹도 없어야 한다는 자연과학적 증명이 아니고, 특별한 사정이 없는 한 경험칙에 비추어 모든 증거를 종합적으로 검토하여 볼 때 어떤 사실이 있었다는 점을 시인할 수 있는 고도의 개연성을 증명하는 것이면 충분하다. 민사책임과 형사책임은 그 지도이념과 증명책임, 증명의 정도 등에서 서로 다른 원리가 적용되므로, 형사재판에서 합리적 의심을 배제할 정도로 확신하기 어렵다는 이유로 공소사실에 관하여 무죄가 선고되었다고 하여 행정소송에서 징계사유의 존재를 부정할 것은 아니다.[3)]

---

1) 대법원 2007. 9. 21. 선고 2006두20631 판결, 대법원 2013. 1. 16. 선고 2011두30687 판결.
2) 대법원 2018. 3. 13. 선고 2016두33339 판결.
3) 대법원 2018. 4. 12. 선고 2017두74702 판결.

(2) 징계사유의 일부 부존재

① 공무원에 대한 징계처분 취소소송에서 법원이 심리한 결과 '여러 개의 징계사유 중 일부가 인정되지 않는다 하더라도 인정되는 다른 일부 징계사유만으로도 당초 징계처분의 타당성을 인정하기 충분하다고 판단되는 경우에는 그 징계처분을 유지하여도 위법하지 아니하다'는 것은 대법원의 확립된 판례이다(이를 지칭하는 용어가 확립되어 있지 않으므로 편의상 'Ⓐ법리'라 약칭한다).[1] 이러한 법리는 ② 민간 근로자에 대한 징계처분 영역[2]과 ③ 제재적 행정처분 영역[3]으로까지 확대되어, 소송실무상 매우 광범위하게 적용되고 있다.

그러나 Ⓐ법리는 '수소법원은 당해 처분이 재량권 남용이라고 판단될 때에는 그 처분의 취소를 명할 수 있으나, 재량권의 한계 내에서 어느 정도가 적정한 처분인지를 가리는 일은 사법심사의 범위를 벗어나므로, 당해 처분 전부를 취소하여야 한다'는 재량행위 심사방법 일반론(이하 'Ⓑ법리'라 약칭한다)[4]과 상충되는 측면이 있다. 제재처분의 처분사유가 모두 인정되더라도 처분양정이 과중하여 위법한 경우에는 전부 취소함으로써 행정청으로 하여금 처분양정을 다시 하도록 하여야 한다는 것이 원칙이므로, 일부 처분사유가 인정되지 않는다면 더더욱 처분양정을 다시 하여야 할 것이어서 법원은 전부 취소하여 행정청으로 하여금 재처분을 하도록 하는 것이 일관성이 있기 때문이다. 다만, Ⓐ법리는 공무원·근로자에 대한 징계처분이라는 특수한 영역에서 매우 오랜 기간 동안 확고하게 유지되어 온 법리로서, '분쟁의 1회적 해결'이 필요하다는 측면과 우리나라 사법부가 일원적으로 구성되어 있어 법관들이 민·형사재판과 행정재판을 두루 경험함으로써, 특히 형사재판에서 공무원에 대

1) 최초 판시로는 대법원 1983. 4. 26. 선고 82누405 판결(대통령의 문교부 소속 3급 공무원에 대한 파면처분).

2) 이러한 법리는 ⓐ 일반 근로자가 고용주를 상대로 징계해고 무효확인을 청구하는 민사소송(대법원 2014. 11. 27. 선고 2011다41420 판결)과 ⓑ 근로자가 중앙노동위원회 위원장을 상대로 제기하는 부당징계구제 재심판정 취소소송(대법원 2014. 6. 26. 선고 2014두35799 판결)에서 그대로 적용되고 있다. 그러나 ⓒ 사립학교 교원에 대한 학교법인의 징계처분 관련 교원소청심사위원회 결정 취소소송에서는 '취소판결의 기속력'과 '위원회 결정의 기속력'의 상호작용에서 발생하는 문제 때문에 예외적으로 달리 취급하고 있다(대법원 2013. 7. 25. 선고 2012두12297 판결).

3) 대법원 2002. 2. 5. 선고 2001두7138 판결(교육부장관의 사립학교법인 이사들에 대한 임원취임승인 취소처분), 대법원 2004. 3. 25. 선고 2003두1264 판결(광역시장의 택시회사에 대한 택시면허취소처분), 대법원 2010. 12. 9. 선고 2010두15674 판결(증권선물위원회의 상장법인 공시의무 관련 과징금 부과처분), 대법원 2013. 10. 24. 선고 2013두963 판결(보건복지부장관의 의사면허 자격정지처분).

4) 최초 판시로는 대법원 1982. 6. 22. 선고 81누375 판결.

하여 집행유예 이상의 자격상실형을 선고할지 여부에 관하여 다수의 재판경험을 축적한 결과를 기초로, 행정재판에서도 징계양정에 관하여 매우 강한 자신감과 전문성을 보유하고 있는 측면이 결합된 결과이다.

그러나 재판실무상으로 Ⓐ법리에 과잉 의존하는 경향이 있으므로, 법원이 일부 징계사유가 인정되지 않는 경우에도 여전히 원처분의 징계양정이 유지된다는 판단을 하는 것에 신중할 필요가 있다고 최근 대법원 판례는 경고하였다.[1] 징계의결된 여러 징계사유들 중에서 법원에서 불인정된 징계사유가 경미한 사유가 아니라 중요한 비중을 차지하는 주요사유에 해당하여, 그 주요사유를 제외할 경우에는 징계양정을 달리 할 상당한 여지가 있는 경우에는 재량행위에 관한 사법심사방식의 일반원칙으로 돌아가 처분을 전부 취소하여 새로운 징계절차에서 다시 적정한 양정을 하여 징계처분을 하도록 하는 것이 타당하다.

(3) 징계사유의 변경

기본적 사실관계의 동일성이 인정되는 한도 내에서만 징계처분사유를 추가하거나 변경할 수 있다.[2] 징계처분에서 징계사유로 삼지 아니한 비위행위라고 하더라도 징계종류 선택의 자료로서 피징계자의 평소 소행과 근무성적, 당해 징계처분사유 이후에 저지른 비위행위사실 등은 징계양정에서의 참작자료로 삼을 수 있다.[3] 다만, 징계사유를 재심절차에서 추가하는 것은 추가된 징계사유에 대한 재심의 기회를 박탈하는 것으로 되어 특별한 사정이 없는 한 허용되지 아니한다.[4]

다. 징계 재량권의 일탈·남용

재량권의 일탈은 법령상 주어진 재량의 한계를 벗어나, 징계사유가 없거나 규정에 없는 징계의 종류를 선택하는 경우를 말한다. 재량권의 남용은 법령상 주어진 재량권의 범위 내이나, 평등원칙이나 비례원칙에 반하는 경우를 말한다.

---

1) 대법원 2019. 11. 28. 선고 2017두57318 판결.
2) 대법원 1983. 10. 25. 선고 83누396 판결.
3) 대법원 1997. 2. 14. 선고 96누4244 판결.
4) 대법원 2007. 12. 28. 선고 2006다33999 판결, 대법원 1996. 6. 4. 선고 95누6410 판결.

(1) 판단 기준

징계사유에 해당하는 행위가 있더라도, 징계권자가 그에 대하여 징계처분을 할 것인지, 징계처분을 하면 어떠한 종류의 징계를 할 것인지는 징계권자의 재량에 맡겨져 있다. 그러나 재량권의 행사가 징계권을 부여한 목적에 반하거나, 징계사유로 삼은 비행의 정도에 비하여 균형을 잃은 과중한 징계처분을 선택함으로써 비례의 원칙에 위반하거나, 또는 합리적인 사유 없이 같은 정도의 비행에 대하여 일반적으로 적용하여 온 기준과 어긋나게 공평을 잃은 징계처분을 선택함으로써 평등의 원칙에 위반한 경우에는 그 징계처분은 재량권의 한계를 벗어난 것으로서 위법하다.[1]

징계처분에 있어 재량권의 행사가 비례의 원칙을 위반하였는지 여부는, 징계사유로 인정된 비행의 내용과 정도, 그 경위 내지 동기, 그 비행이 당해 행정조직 및 국민에게 끼치는 영향의 정도, 행위자의 직위 및 수행직무의 내용, 평소의 소행과 직무성적, 징계처분으로 인한 불이익의 정도 등 여러 사정을 건전한 사회통념에 따라 종합적으로 판단하여 결정하여야 한다.[2] 이를 종합하면, ① 공익의 원칙, ② 비례원칙, ③ 평등원칙, ④ 비위행위의 내용과 정도, ⑤ 원인 및 동기, ⑥ 영향의 정도, ⑦ 과실의 경중, ⑧ 평소의 소행과 근무성적, 공적, ⑨ 개전의 정(비위행위 후의 태도), ⑩ 기타 정상참작 등으로 요약할 수 있다.[3]

(2) 징계양정

징계권자가 내부적인 징계양정기준을 정하고 있고, 그에 따른 징계처분을 하였을 경우 그 기준 자체가 비례의 원칙에 어긋나거나 합리성을 갖추지 못하였다는 등의 특별한 사정이 없는 한 이에 따른 징계처분이 사회통념상 현저하게 타당성을 잃었다고 볼 수 없다.[4][5] 징계사유 전후에 저지른 징계사유로 되지 아니한 비위사실도 징계양정에 있어서의 참고자료가 된다.[6]

---

1) 대법원 1999. 11. 26. 선고 98두6951 판결, 대법원 2015. 1. 29. 선고 2014두40616 판결.
2) 대법원 2001. 8. 24. 선고 2000두7704 판결.
3) 김향기, 앞의 글, 760.
4) 대법원 2011. 11. 10. 선고 2011두13767 판결 등.
5) 의무 유형에 따른 징계양정 사례에 관한 자세한 내용은 문중흠, 앞의 글, 392-417.
6) 대법원 2004. 6. 25. 선고 2002다51555 판결.

공적사항이 임의적 감경사유에 해당하는 경우 징계위원회에 제시되지 아니하면 징계양정이 결과적으로 적정한지와 상관없이 관계 법령이 정한 징계절차를 지키지 아니한 것으로서 위법하다.[1] 비위행위에 관하여 징계를 하지 아니하기로 하는 면책합의가 있었다 하더라도 징계사유로 삼는 것을 허용하지 않는 것일 뿐, 그 밖의 다른 징계사유로 징계하면서 징계양정의 자료로 삼는 것까지 금하는 것이 아니다.[2]

(3) 위법성 판단 기준시

① 행정처분의 위법 여부는 처분 당시의 법령을 기준으로 판단하는 것이 원칙인데[처분시 설(處分時 說)], 과거의 대법원 판례는 ② 징계·제재처분의 경우 소급처벌금지 원칙의 구현을 위해 예외적으로 위반행위 당시의 법령을 기준으로 판단하여야 한다고 보았고[행위시 설(行爲時 說)], ③ 이런 '행위시 설'을 일관하다 보니 위반행위 후에 처분 기준이 행위시에 비해 가볍게 변경된 경우에도 경과규정을 두지 않은 이상 위반행위 당시에 적용되는 변경 전 법령을 기준으로 판단하여야 한다고 보았다.[3] 그러나 2021. 3. 23. 법률 제17979호로 제정된 행정기본법은 ① 판례와 ② 판례를 명문화하면서 ③ 판례를 폐기하려는 의도에서 제14조 제3항에 "법령등을 위반한 행위의 성립과 이에 대한 제재처분은 법령등에 특별한 규정이 있는 경우를 제외하고는 법령등을 위반한 행위 당시의 법령등에 따른다. 다만, 법령등을 위반한 행위 후 법령등의 변경에 의하여 그 행위가 법령등을 위반한 행위에 해당하지 아니하거나 제재처분 기준이 가벼워진 경우로서 해당 법령등에 특별한 규정이 없는 경우에는 변경된 법령등을 적용한다."고 규정하였다. 따라서 ③판례는 더 이상 유효하지 않으며, 위반행위 후에 법령이나 제재처분기준이 변경되어 처분 당시의 규정이 처분 상대방에게 더 유리한 경우에는 처분 당시의 규정을 기준으로 징계·제재처분의 위법 여부를 판단하여야 한다.

(4) 징계의 종류와 양정에서의 평등원칙 기준

대략 같은 정도의 비위를 저지른 자들에 대하여 그 구체적인 직무의 특성, 금전 수수의 경우에는 그 액수와 횟수, 의도적·적극적 행위인지 여부, 개전의 정이 있

1) 대법원 2012. 10. 11. 선고 2012두13245 판결.
2) 대법원 2008. 10. 9. 선고 2006두13626 판결.
3) 대법원 1983. 12. 13. 선고 83누383 판결, 대법원 1987. 1. 20. 선고 86누63 판결.

는지 여부 등에 따라 징계의 종류 선택과 양정에 있어서 차별적으로 취급하는 것은 사안의 성질에 따른 합리적 차별로서 이를 자의적 취급이라고 할 수 없어 평등의 원칙 내지 형평에 반하지 아니한다.[1)]

라. 무효확인의 이익

무효확인을 구하는 징계처분이 집행되었다 하더라도 임금청구권의 존부 등 현재의 권리 또는 법률상 지위에 대한 위험이나 불안을 제거할 필요가 있을 경우 확인의 이익이 있다.[2)] 직위해제 후 그 직위해제 사유와 동일한 사유로 징계처분을 하였다면 뒤에 이루어진 징계처분에 의하여 그 전에 있었던 직위해제는 그 효력을 상실하므로, 인사규정 등에 의하여 승진·승급에 제한이 가하여지는 등의 특별한 사정이 없는 한, 그 무효확인을 구할 이익이 없다.[3)]

마. 취소대상인 처분

소청심사위원회가 기각결정을 한 경우 원 징계처분이, 감경결정을 한 경우 감경된 원 징계처분[4)]이 취소대상인 처분에 해당한다. 다만, 소청심사결정 자체에 대한 항고소송은 원처분의 하자를 이유로 주장할 수 없고, 그 소청심사결정 자체에 고유한 주체, 절차, 형식 또는 내용상 위법이 있는 경우, 즉 원 징계처분에는 없고, 소청심사결정에만 교원소청심사위원회의 권한 또는 구성의 위법, 절차나 형식의 위법, 내용의 위법 등이 존재하는 때에 한한다.[5)]

---

1) 대법원 2012. 6. 28. 선고 2011두20994 판결, 대법원 2008. 6. 26. 선고 2008두6387 판결, 대법원 1999. 8. 20. 선고 99두2611 판결.
2) 대법원 2010. 10. 14. 선고 2010다36407 판결.
3) 대법원 2007. 12. 28. 선고 2006다33999 판결.
4) 파면처분이 해임처분으로 감경된 사안에서 '해임처분으로 수정된 원처분'을 대상으로 취소소송 절차가 진행된 대법원 1984. 8. 21. 선고 84누399 판결.
5) 대법원 2009. 10. 15. 선고 2009두11829 판결.

바. 위법한 명령을 전제로 한 징계처분

위법한 명령은 취소되어야 하므로, 위법한 명령이 적법함을 전제로 내린 징계처분은 그 명령이 공정력에 의하여 취소되기 전까지는 유효하다 하더라도 징계양정에 있어 재량권을 일탈하여 위법하게 된다.[1]

1) 대법원 2001. 12. 11. 선고 99두1823 판결.

Ⅲ. 국·공립학교에서의 학생징계

1. 의의

초·중등교육법과 고등교육법은 학교의 장으로 하여금 교육을 위하여 필요한 경우 법령과 학칙으로 정하는 바에 따라 학생을 징계할 수 있도록 정하고 있다. 초·중등교육법 시행령은 학교의 장이 징계를 할 때에 학생의 인격이 존중되는 교육적인 방법으로 하여야 하고, 그 사유의 경중에 따라 징계의 종류를 단계별로 적용하여 학생에게 개전의 기회를 주어야 한다고 정하면서, 그 징계의 종류를 학교내의 봉사, 사회봉사, 특별교육이수, 1회 10일 이내·연간 30일 이내의 출석정지, 퇴학처분으로 구분하고 있다. 다만, 의무교육[1]을 받고 있는 학생은 퇴학시킬 수 없고, 품행이 불량하여 개전의 가망이 없다고 인정된 경우 또는 정당한 이유 없이 결석이 잦은 경우, 기타 학칙을 위반한 경우에 한해서만 퇴학처분이 허용된다.

이처럼 학생징계는 학교에서 교육을 받을 수 있는 학생의 신분에 변동을 일으키는 법적 효과를 수반하므로, 그 효력과 적법성에 관하여 민사소송이나 행정소송으로 이를 다툴 수 있다. 한편, 국·공립학교 학생징계만이 행청처분에 해당하므로,[2] 사립학교 학생징계는 민사소송으로 다투어야 한다. 다만, 퇴학 조치에 대하여는 학생 또는 보호자는 퇴학조치를 받은 날부터 15일 이내 또는 그 조치가 있음을 알게 된 날부터 10일 이내에 시·도학생징계조정위원회에 재심을 청구할 수 있고, 재심결정에 이의가 있을 경우 60일 이내에 행정심판을 제기할 수 있으므로(초·중등교육법 제18조의2), 이에 대한 불복으로 행정소송을 제기할 수 있다.

1) 6년의 초등교육과 3년의 중등교육(교육기본법 제8조 제1항).
2) 대법원 1991. 11. 22. 선고 91누2144 판결.

2. 절차적 요건

가. 의견진술

초·중등교육법 제18조 제2항은 학교의 장이 학생을 징계하려면 그 학생이나 보호자에게 의견을 진술할 기회를 주는 등 적정한 절차를 거쳐야 한다고 규정하고 있고, 고등교육법 제13조 제2항도 위와 같이 규정하고 있다. 따라서 실질적인 의견진술의 기회가 보장되지 않았다면, 해당 징계처분에는 절차적인 위법이 있다고 볼 수 있다.[1]

나. 학교규칙을 위반한 경우

초·중등교육법 시행령, 고등교육법 시행령은 징계에 관한 사항을 학교규칙에 기재하도록 하고 있다. 그러므로 학교규칙에서 징계권자의 징계에 앞서 징계위원회 등의 심의 또는 의결을 거치도록 하는 등 징계 절차를 정하고 있는 경우, 이를 위반하면 학생징계는 위법한 처분이 될 수 있다.[2]

다. 행정절차법의 적용 여부

행정절차법 제3조 제2항 제9호의 위임에 따른 행정절차법 시행령 제2조 제8호는 '학교·연수원 등에서 교육·훈련의 목적을 달성하기 위하여 학생·연수생들을 대상으로 하는 사항'을 행정절차법의 적용이 제외되는 경우로 규정하고는 있다. 그러나 이는 교육과정과 내용의 구체적 결정, 과제의 부과, 성적의 평가, 공식적 징계에 이르지 아니한 질책·훈계 등과 같이 교육·훈련의 목적을 직접 달성하기 위하여 행하는 사항을 말하는 것으로 보아야 하고, 퇴학처분과 같이 학생의 신분을 박탈하는 징계처분은 여기에 해당한다고 볼 수 없다.[3] 그러므로 행정절차법상 처분의 사전통

---

1) 대법원 2022. 12. 1. 선고 2022두39185 판결.
2) 학생징계처분에 앞서 교수회의 심의·의결을 거치도록 하였음에도 학장이 직권으로 교수회의의 무기정학처분을 퇴학처분으로 변경한 것은 교수회의의 심의·의결을 거침이 없이 학장이 독자적으로 행한 것이므로 위법하다고 본 사례(대법원 1991. 11. 22. 선고 91누2144 판결), 학생징계규정이 무기정학 이상의 중징계시 충족하도록 규정하고 있는 징계위원회의 정족수를 충족하지 못한 채 이루어진 퇴학처분은 위법하다고 본 사례(대법원 1992. 7. 14. 선고 91누4737 판결).
3) 육군3사관학교 생도에 대한 퇴학처분에 관한 대법원 2018. 3. 13. 선고 2016두33339 판결.

지, 처분의 이유제시, 처분의 방식 등은 성질에 반하지 않는 한 학생징계 절차에도 적용된다고 보아야 한다. 실무례 대부분은 행정절차법을 위반하였다는 주장을 그 자체로 배척하지 않고, 일반적인 법리에 따라 이를 모두 판단하고 있다.[1)]

3. 실체적 요건

교육을 위한 필요는 학생징계의 요건일 뿐만 아니라 재량권 행사의 한계를 정하는 기준이 된다. 그러므로 학생징계에 대한 위법성 심사는 원칙적으로 사실오인, 비례·평등의 원칙 위배 여부를 그 판단 대상으로 하게 되나, 교육을 위한 필요성이라는 학생징계의 특수성 또한 위법성 심사에 반영될 필요가 있다. 구체적으로, ① 징계의 원인이 된 행위와 학생에 대한 고려(학생의 심리상태, 평소 품행이나 성격, 가정환경, 다른 학생에 대한 영향 등)에 기초하여 적합한 징계의 종류, 방법 등을 선택하였는지, ② 성년으로서 인격체가 완성되지 아니한 청소년으로서의 특성을 고려하였는지, ③ 특정 학생을 일종의 불량학생으로 분류시키는 낙인효과가 발생할 수 있다는 점과 ④ 학생의 교육을 받을 권리가 제약될 수 있다는 점이 고려되었는지 등으로 판단해볼 수 있다.[2)] 한편, 재량권 일탈·남용 여부를 판단할 때, 실무례는 교육전문가인 학교의 장이 교육목적의 달성과 학교에서의 질서유지를 위하여 정한 처분은 그것이 현저히 불합리한 것이 아닌 한 존중되어야 한다고 판시하는 경우가 있다. 그러나 이러한 법리가 처분사유의 존부를 판단할 때에도 마찬가지로 적용될 수 있는지는 추가적인 검토를 요한다.

한편, 학생에게 법령상 명문의 규정이 없는 징계처분을 한 경우, 그 효력을 긍정함에 있어서는 그 처분 내용의 자발적 수용성, 교육적·인격적 측면의 유익성, 헌법적 가치와의 정합성 등을 종합하여 엄격하게 해석하여야 할 필요가 있다.[3)]

제 7 장

---

1) 대표적으로 학교폭력 예방 및 대책에 관한 법률에 따른 조치에 관한 서울고등법원 2014. 10. 1. 선고 2014누40168 판결(심리불속행기각 확정).

2) 오영표, 학쟁징계의 한계와 구제, 인권법평론 제3호, 전남대학교 공익인권법센터, 2008. 45~48쪽.

3) 중학생의 교권침해행위에 대한 징계로 사과편지작성 1시간을 포함하여 학교 내 봉사를 명한 처분에 대하여, 사과편지작성 1시간은 학교규칙상 학교 내 봉사의 징계 내용에 당연히 포함되는 것이라고 볼 수 없고, 이를 허용하는 법령상 근거도 없다는 이유로 위 처분이 위법하다고 판단한 사례(대법원 2022. 12. 1. 선고 2022두39185 판결).

Ⅳ. 변호사 징계

1. 의의

대한변호사협회는 변호사의 직업활동에 대한 지도·규제·감독 기능을 수행하기 위해 국가에 의해 강제로 설립된 공법상 단체, 즉 공법인이다. 변호사의 징계는 변호사징계위원회가 하고, 위 변호사징계위원회는 대한변호사협회와 법무부에 각각 둔다. 변호사의 징계는 대한변호사협회장의 변협 징계위원회에 대한 징계개시 청구로 시작되고, 징계처분이 확정되면 대한변호사협회장이 징계를 집행한다.

2. 징계요구권자

가. 대한변호사협회장은 변호사가 징계사유에 해당하면 변협 징계위원회에 징계개시를 청구하여야 한다(제97조).

나. 지방검찰청검사장, 지방변호사회장 및 법조윤리협의회 위원장은 징계사유가 존재할 때 대한변호사협회장에게 징계개시를 신청하여야 한다(제97조의2, 제89조의4). 지방검찰청검사장 등의 징계개시 신청권은 대한변호사협회장에게 부여된 독점적인 징계개시청구권에 대한 견제수단이고, 징계권 발동을 촉구하는 신청이다. 징계개시 신청이 있을 경우 대한변호사협회장은 특별한 사정이 없는 한 징계개시 청구의무를 부담한다.

다. 의뢰인이나 의뢰인의 법정대리인·배우자·직계존속 또는 형제자매는 수임 변호사나 법무법인의 담당변호사에게 징계사유가 있으면 소속 지방변호사회장에게 징계개시의 신청을 청원할 수 있다(제97조의3).

3. 징계의 종류 및 사유

변호사법은 변호사에 대한 징계로 영구제명, 제명, 3년 이하의 정직, 3천만 원 이하의 과태료, 견책을 두고 있다(제90조). 그중 영구제명은 변호사의 결격사유에 해당하고, 제명은 5년이 경과하면 다시 변호사 등록을 하여 변호사 신분을 회복할 수 있다는 차이가 있다(제5조 제4호, 제10호).

영구제명에 해당하는 징계 사유는 ① 변호사의 직무와 관련하여 2회 이상 금고 이상의 형을 선고받아(집행유예를 선고받은 경우를 포함한다) 그 형이 확정된 경우(과실범의 경우는 제외한다), ② 이 법에 따라 2회 이상 정직 이상의 징계처분을 받은 후 다시 아래의 징계 사유가 있는 자로서 변호사의 직무를 수행하는 것이 현저히 부적당하다고 인정되는 경우로 한정된다. 영구제명을 제외한 나머지에 해당하는 징계 사유는 ① 변호사법을 위반한 경우, ② 소속 지방변호사회나 대한변호사협회의 회칙을 위반한 경우, ③ 직무의 내외를 막론하고 변호사로서의 품위를 손상하는 행위를 한 경우이다.

4. 불복

변협 징계위원회의 결정에 불복하는 징계혐의자와 징계개시 신청인은 법무부 징계위원회에 이의신청을 할 수 있고(제100조 제1항), 법무부 징계위원회가 이의신청이 이유 있다고 인정한 때에는 변협 징계위원회의 징계결정을 취소하고 스스로 징계결정을 하여야 하며(제2항), 법무부 징계위원회의 결정에 대하여 불복이 있는 징계혐의자는 그 통지를 받은 날부터 90일 이내에 행정법원에 소를 제기할 수 있다(제4항).[1] 이와 같이 변협 징계위원회의 결정에 대하여 불복이 있는 경우 반드시 법무부 징계위원회에 이의신청을 하도록 되어 있는 한편, 위 결정에 대해서는 행정소송을 제기할

1) 징계개시 신청인은 행정소송을 제기할 수 없다.

수 있다는 규정이 없고, 법무부 징계위원회의 결정에 대하여 불복이 있을 경우 행정소송을 제기할 수 있는 점 등을 종합하여 보면, 변호사의 징계처분과 관련하여서는 원처분주의가 아닌 재결주의가 채택되어 있다고 봄이 타당하다. 따라서 변협 징계위원회를 상대로 그 징계결정에 대하여 행정소송을 제기하는 것은 피고적격 및 대상적격을 흠결한 것이어서 부적법하다.[1)]

1) 서울행정법원 2021. 7. 13. 선고 2020구합3786 판결(항소기각 확정). 서울행정법원 2010. 11. 5. 선고 2009구합5039 판결(항소기각 및 심리불속행기각 확정), 헌법재판소 2000. 6. 29. 선고 99헌가9 결정은 법무부징계위원회의 재결이 특별행정심판에 해당한다고 판시한 바 있다.

제8장 **학교폭력 관련 소송**

Ⅰ. 개 설

학교폭력예방 및 대책에 관한 법률은 심각한 사회문제로 대두된 학교폭력 문제에 효과적으로 대처하기 위하여 2004년 제정되었다. 그리고 변화하는 학교폭력의 양상을 반영하고 피해학생을 보다 두텁게 보호하는 방향으로 지속적으로 개정되어 왔다. 그러나 처분의 불복 방법이 불복 주체나 처분 유형에 따라 이원화되어 있어 제도 운용에 혼란이 초래되었고, 학부모가 과반수를 차지하는 각급 학교 학교폭력대책자치위원회에 학교폭력사건 심의가 일임되어 있어 전문성에 대한 지적도 많았다. 이에 학교폭력예방 및 대책에 관한 법률은 2019. 8. 20. 법률 제16441호로 큰 폭으로 개정되었고, 2023. 10. 24. 법률 제19741호로 집행정지 관한 일부 법률 규정 등이 추가된 것을 제외하고는 전체적인 제도의 틀은 그대로 유지된 채 현재에 이르렀다. 이하에서는 2019년을 기점으로 변화한 학교폭력예방 및 대책에 관한 법률(이하 '학교폭력예방법'이라 한다)의 내용을 간략히 살펴보고, 그 특유한 소송상 쟁점들을 살펴보고자 한다.

Ⅱ. 학교폭력예방법 개정 내용

1. 2019년 개정 내용

2019. 8. 20. 법률 제16441호로 개정된 법률은 첫째, 학교폭력 예방 및 대책에 관한 사항을 심의하기 위하여 각급 학교에 두었던 학교폭력대책자치위원회를 폐지하고 교육지원청에 10명 이상 50명 이내의 위원으로 구성된 학교폭력대책심의위원회(이하 '심의위원회')를 두었다. 그리고 과반수를 차지하던 학부모 위원의 비중을 줄여 전체위원의 3분의 1 이상을 학부모로 위촉함으로써 심의의 전문성을 확보하였다(제12조, 제13조). 둘째, 피해학생 및 그 보호자가 심의위원회의 개최를 원하지 아니하는 경미한 학교폭력의 경우 학교장이 학교폭력 사건을 자체적으로 해결할 수 있도록 하였다(제13조의2). 다만 자체해결 부의 여부는 학교장이 임의로 정하지 아니하고 전담기구의 심의를 거치도록 하였고(제14조 제4항), 자체해결 후 그 결과를 심의위원회에 보고하게 하였다(제13조의2 제1항). 셋째, 지역위원회와 조정위원회로 이원화되어 있던 처분의 불복절차를 폐지하고 이를 행정심판으로 일원화하여, 교육장이 내린 조치에 대해 이의가 있는 피해학생·보호자, 가해학생·보호자는 행정심판법에 따른 행정심판을 청구할 수 있도록 하였다(제17조의2).

2. 2023년 개정 내용

가) 2023. 10. 24. 법률 제19741호로 개정된 법률은 기존 학교폭력 사안 처리 과정을 큰 틀에서 유지하되, SNS 등 정보통신망을 이용한 사이버폭력에 대하여 새롭게 정의함으로써의 학교폭력 유형을 더욱 세분화하고, 가해학생 및 피해학생 등의

행정소송에 관한 규정을 명문화하였으며, 피해학생 보호를 강화하기 위해 집행정지 결정 시 피해학생 측의 의견을 의무적으로 청취하는 절차를 신설하였다.

나) 이를 구체적으로 살펴보면, 먼저 '학교폭력' 정의 규정에 '사이버 폭력'을 추가하고 이를 '정보통신망을 이용하여 학생을 대상으로 발생한 따돌림과 그 밖에 신체·정신 또는 재산상의 피해를 수반하는 행위'로 정의(제2조 제1호, 제1의3호)하였다. 이에 따라 가해학생에 대한 조치 중 '피해학생 및 신고·고발 학생에 대한 접촉, 협박 및 보복행위의 금지'의 '협박 및 보복행위' 방법으로 정보통신망을 이용한 행위를 추가하였다(제17조 제1항 제2호). 또한 '피해학생 지원 조력인' 조항을 신설하여 피해학생이 교육감 또는 교육장으로부터 법률, 상담, 보호 등을 위한 서비스 등을 제공받을 수 있도록 하고(제16조의3 제1, 2항), 사이버폭력에 해당하는 촬영물 등이 유포되어 피해를 입은 학생에 대하여는 그 삭제를 위한 지원을 할 수 있도록 하였다(제16조의4). 이로써 이른바 딥페이크 등 새로운 형식의 학교폭력으로 피해를 입은 학생에 대한 지원 방안이 마련되었다.

다) 가해학생에 대한 학교폭력 처분 등에 대해 피해·가해학생 또는 그 보호자가 행정소송을 제기할 수 있다는 규정(제17조의3 제1, 2항)을 명문화하였다. 2023년 개정 이전에는 가해학생에 대한 학교폭력 관련 조치에 있어 제3자의 지위에 있는 피해학생 또는 그 보호자가 행정심판 이외에 행정소송을 제기할 법률상 이익이 있는지에 대해 다툼이 있었고, 법원은 '법률상 보호되는 이익을 침해당한 제3자의 법리'[1]를 통하여 이를 긍정해왔다. 그러나 2023년 법률 개정으로 가해학생에 대한 학교폭력 처분 등에 대해 피해·가해학생뿐만 아니라 그 보호자들까지 직접 행정소송을 제기할 수 있게 되었다.

---

1) 행정처분의 직접 상대방이 아닌 제3자라 하더라도 당해 행정처분으로 인하여 법률상 보호되는 이익을 침해당한 경우에는 취소소송을 제기하여 그 당부의 판단을 받을 자격이 있다. 여기에서 말하는 법률상 보호되는 이익은 당해 처분의 근거 법규 및 관련 법규에 의하여 보호되는 개별적·직접적·구체적 이익이 있는 경우를 말하고, 공익보호의 결과로 국민 일반이 공통적으로 가지는 일반적·간접적·추상적 이익과 같이 사실적·경제적 이해관계를 갖는 데 불과한 경우는 여기에 포함되지 아니한다. 또 당해 처분의 근거 법규 및 관련 법규에 의하여 보호되는 법률상 이익은 당해 처분의 근거 법규의 명문 규정에 의하여 보호받는 법률상 이익, 당해 처분의 근거 법규에 의하여 보호되지는 아니하나 당해 처분의 행정목적을 달성하기 위한 일련의 단계적인 관련 처분들의 근거 법규에 의하여 명시적으로 보호받는 법률상 이익, 당해 처분의 근거 법규 또는 관련 법규에서 명시적으로 당해 이익을 보호하는 명문의 규정이 없더라도 근거 법규 및 관련 법규의 합리적 해석상 그 법규에서 행정청을 제약하는 이유가 순수한 공익의 보호만이 아닌 개별적·직접적·구체적 이익을 보호하는 취지가 포함되어 있다고 해석되는 경우까지를 말한다(대법원 2015. 7. 23. 선고 2012두19496, 19502 판결 등 참조).

라) 학교의 장이 학교폭력을 인지한 경우 피해학생의 반대의사 등 대통령령으로 정하는 특별한 사정[1]이 없으면 지체 없이 가해학생과 피해학생을 분리하도록 하고(제16조 제1항), 동시에 가해학생으로 신고된 학생에 대하여 피해학생 및 신고·고발학생에 대한 접촉 등 금지 조치를 하여야 한다는 규정을 신설하였다(제17조 제4항). 이로써 보다 신속하게 피해학생에 대한 보호조치가 이루어질 수 있게 되었다.

2024년 기준 학교폭력 사건의 신고 및 처리 흐름도는 아래와 같다.[2]

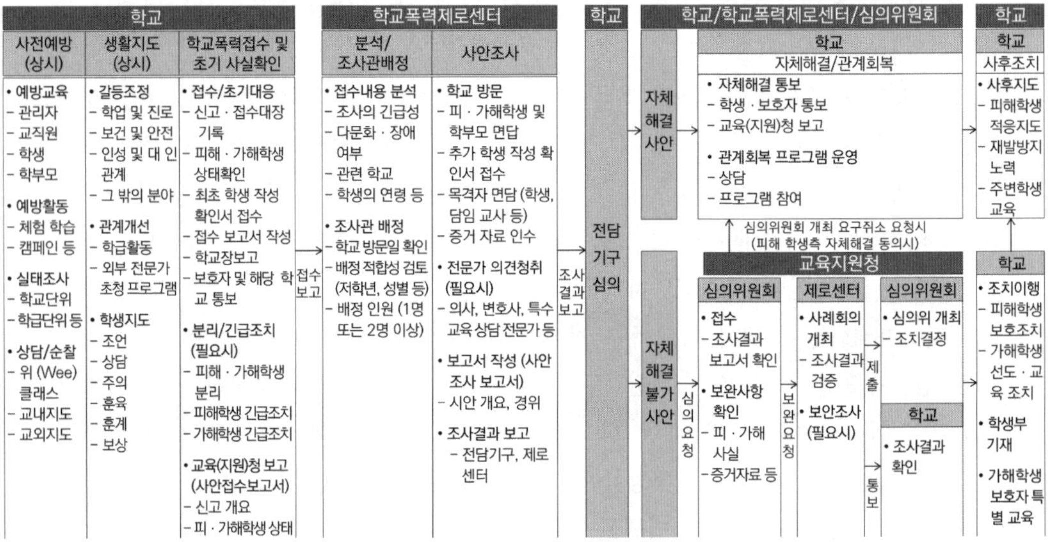

또한 행정심판위원회 및 법원이 학교폭력 관련 조치에 관한 집행정지 결정을 하려는 경우 원칙적으로 피해학생 또는 그 보호자의 의견을 듣도록 하였다(제17조의4 제1항). 이와 더불어 행정소송규칙이 개정되어 필요한 경우 법원이 해당 조치의 사유와 관련하여 피해학생 또는 그 보호자로부터 서면을 제출받는 등의 방법으로 피해자의 의견을 청취할 수 있다는 규정이 신설됨에 따라 가해학생에 대한 조치 과정에서 피해학생 및 그 보호자의 절차적 참여권이 두텁게 보장되었다.

---

1) 다음 각 호의 경우를 의미한다(학교폭력예방법 시행령 제17조의2)
   ① 피해학생이 반대의사를 표명하는 경우
   ② 가해자 또는 피해학생이 「학교안전사고 예방 및 보상에 관한 법률」 제2조 제4호에 따른 교육활동 중이 아닌 경우
   ③ 「학교폭력예방법」 제17조 제5항 전단 및 같은 조 제6항 전단에 따른 조치로 이미 가해자와 피해학생이 분리된 경우
2) 교육부·이화여자대학교 학교폭력예방연구소, 학교폭력 사안처리 가이드북(2024), 8.

Ⅲ. 소송 요건

1. 당사자

가. 원고적격

(1) 교육장이 학교폭력예방법 제16조 제1항 및 제17조 제1항에 따라 내린 피해학생 보호를 위한 조치, 가해학생에 대한 조치들에 대하여 이의가 있는 피해학생 또는 그 보호자, 가해학생 또는 그 보호자는 행정소송을 제기할 수 있다(학교폭력예방법 제17조의3 제1항, 제2항). 따라서 피해학생, 가해학생 등 조치의 당사자뿐만 아니라 그 보호자들 또한 자기 이름으로 교육장의 조치에 관하여 직접 행정소송을 제기할 수 있다. 이는 미성년 자녀들의 교육에 관하여 그들의 보호자가 갖는 이해관계를 단순히 사실상의 그것이라고 취급할 수 없음을 반영한 것이다.

다만, 학교폭력예방법은 '보호자'의 의미나 범위에 관하여 아무런 규정을 두지 않았고, 학교폭력예방법과 구조, 체계 등이 유사한 교원의 지위 향상 및 교육활동 보호를 위한 특별법에서 보호자를 친권자, 후견인 및 그 밖에 법률에 따라 학생을 부양할 의무가 있는 자를 말한다고 규정하고 있을 뿐이다(교원의 지위 향상 및 교육활동 보호를 위한 특별법 제19조). 미성년자인 학생의 친권자 또는 후견인이 학교폭력에 관한 교육장의 조치에 관하여 행정소송을 제기할 수 있음은 이론의 여지가 없겠으나, 그 외 법률상 부양 의무를 부담하는 자들까지 원고적격을 인정하는 데에는 의문이 따를 수 있다.

(2) 피해학생 및 가해학생의 보호자들도 학생들에 대한 조치를 직접 다툴 수 있는 이상, 그들이 상대 학생이 제기한 소송에서 해당 조치에 관한 법률상 이해관계 있는 자로서 행정소송법 제16조에 따라 직접 참가할 수 있음은 당연하다.

나. 피고적격

(1) 항고소송은 다른 법률에 특별한 규정이 없는 한 그 처분등을 행한 행정청을 피고로 한다(행정소송법 제13조 제1항). 현행 학교폭력예방법은 심의위원회의 요청에 따라 교육장이 보호·징계 조치를 하도록 하였으므로, 결국 이를 다투는 항고소송의 피고적격은 교육장에게 있다. 다만, 학교장도 가해학생에 대한 선도가 긴급하다고 인정할 경우, 가해학생이 학교폭력예방법에 따른 교육장의 조치를 거부, 회피할 경우에는 직접 긴급조치를 취하거나 가해학생을 징계를 할 수 있는데(학교폭력예방법 제17조 제5항, 제10항), 이와 같은 조치에 불복할 경우에는 학교장이 피고로 되어야 할 것이다.

(2) 학교폭력예방법상 '학교폭력'은 발생 장소가 학교내외인지, 피·가해학생이 같은 학교에 재학 중인지를 불문하므로, 실무상 피해학생과 가해학생이 각각 다른 교육지원청 관할 구역의 학교에 재학 중인 사례도 빈번하다. 이 경우 학교폭력예방법 제12조 제1항 단서, 같은 법 시행령 제13조 제1항에 따라 둘 이상의 교육지원청이 공동으로 학교폭력대책심의위원회를 구성하여 그에 관한 심의가 이루어진다. 다만, 이러한 경우라도 결국 학생들에 대한 조치는 그 각 재학 중인 학교를 관할하는 교육지원청의 교육장이 하므로, 그에 대한 항고소송 역시 대상 처분등을 한 교육장을 상대로 제기하여야 한다.

2. 제소기간

(1) 취소소송은 법령의 규정에 의하여 당해 처분에 대한 행정심판을 제기할 수 있는 경우에도 이를 거치지 아니하고 제기할 수 있다(행정소송법 제18조 제1항). 학교폭력예방법은 교육장이 내린 조치에 대하여 이의가 있을 경우 행정심판을 제기할 수 있다고 규정함으로써 임의적 전치주의를 택하고 있으므로, 당사자들은 행정심판과 관계없이 곧바로 행정소송을 제기할 수 있다. 다만 일반적인 행정사건과 마찬가지로 행정심판 청구를 한 경우에는 행정심판 재결서 정본을 송달받은 날부터 90일, 재결이 있은 날부터 1년 내에 소를 제기하여야 한다(학교폭력예방법 제17조의3 제4항, 행정소송법 제20조 제1항 단서, 제2항 본문).

(2) 한편 2019년 개정 학교폭력예방법은 피·가해학생 및 그 보호자의 행정심판 청구인적격을 인정하면서도, 행정소송에 관하여는 명시적인 규정을 두지 않았다. 이로 인해 행정심판은 보호자가 청구하였다가 행정소송은 피·가해학생이 제기하는 사례가 종종 발생하였고, 제소기간 준수 여부와 관련하여 양자의 관계가 문제되었다.

이에 관하여 행정소송과 행정심판의 당사자가 다름이 소장의 표시나 청구원인 기재에 비추어 분명하다는 이유로 보호자가 청구한 행정심판의 재결서가 송달된 후 90일 내에 가해학생이 제기한 행정소송은 제소기간을 도과하여 부적법하다고 판단한 하급심 판결이 많았다, 그러나 가해학생 외에 그 보호자에 대해서도 교육장의 조치에 대한 행정심판 청구인적격을 인정한 취지가 미성년자로서 의사능력 또는 소송행위능력이 부족한 가해학생의 권리행사를 보호자의 적극적인 개입을 통해 두텁게 보호하는 데에 있고, 가해학생의 선도·교육에 핵심적인 역할을 담당하게 될 보호자로 하여금 가해학생에 대해 내려지는 모든 조치에 직접 참여하게 함으로써 문제를 보다 근본적으로 해결할 수 있으며, 2019년 개정 학교폭력예방법상 보호자의 행정소송 원고적격 인정 유무가 불분명했음을 이유로, 보호자 명의로 행정심판을 제기하여 재결을 받은 후 보호자가 아닌 가해학생 명의로 행정소송을 제기한 경우에도 그 제소기간의 기산일은 보호자 명의로 된 재결서가 가해학생 측에 송달된 날이라고 해석함이 타당하다는 취지의 하급심 판결[1]도 있었다.

3. 소의 이익

(1) 학교폭력예방법에 따라 가해학생에게 내려진 조치는 가해학생이 처분 당시의 학교 학생의 신분이나 지위를 전제로 한다. 따라서 가해학생이 졸업 등의 사유로 해당 학교의 학생 신분을 상실하게 되면 그 처분의 효력은 원칙적으로 소멸하여 취소를 구할 소의 이익이 인정되지 않는다.[2]

다만, 가해학생이 졸업하여 상급학교로 진학한 후 행정심판을 통해 그에 대한 처분이 '학교에서의 봉사'로 상향 변경된 사례에서, 가해학생에 대한 선도·교육의

1) 서울고등법원 2024. 10. 25. 선고 2024누35042 판결.
2) 대구고등법원 2016. 12. 23. 선고 2016누5359 판결(심리불속행기각 확정), 서울고등법원 2018. 10. 16. 선고 2018누48672 판결(심리불속행기각 확정).

필요성은 상급학교 진학 후에도 소멸한다고 볼 수 없고 학교에서의 봉사 조치는 학교폭력 예방 캠페인 활동 등의 방법으로 이루어져 조치의 의미가 퇴색된다고 볼 수 없다는 이유로, 학교폭력 발생 당시 재학 중이던 학교의 학생 신분이 소멸된 후 이루어진 재결의 효력을 긍정한 하급심 판결례도 있었다.[1)]

(2) 가해학생의 상급학교 진학 등을 이유로 처분의 효력이 소멸한 경우라도 그 처분 등의 취소로 인하여 회복되는 법률상 이익이 있는 경우에는 소의 이익을 긍정할 수 있다(행정소송법 제12조 후문). 초·중등교육법 제30조의6 제1항은 학교장은 상급학교의 학생 선발에 이용하기 위해 필요한 경우(제2호) 학생의 학교생활기록을 제3자에게 제공할 수 있다고 규정하고 있으므로, 가해학생에 대한 처분의 효력이 소멸하였더라도 학교생활기록부 기재로 인한 불이익을 제거하기 위하여 그 조치의 취소를 구할 법률상 이익을 인정할 수 있다.[2)] 초·중등교육법 시행규칙 제22조 및 「학교생활기록 작성 및 관리지침」 제18조에 따른 학교생활기록부 학교폭력 조치사항 삭제시기를 정리하면 아래 도표와 같다.[3)]

▌ 2024년 현재 초·중·고 1학년

학생부 영역	가해학생 조치사항	삭제시기 (신고일 기준)
		2024.3.1. 이후
학교폭력 조치상황 관리	제1·2·3호	졸업과 동시
	제4호	졸업일로부터 2년 후 ※ 졸업 직전 심의를 통해 졸업과 동시 삭제 가능
	제5호	
	제6호	졸업일로부터 4년 후 ※ 졸업 직전 심의를 통해 졸업과 동시 삭제 가능
	제7호	졸업일로부터 4년 후 ※ 졸업 직전 심의를 통해 졸업과 동시 삭제 가능
	제8호	졸업일로부터 4년 후
	제9호	삭제대상 아님

1) 서울행정법원 2024. 5. 23. 선고 2023구단61205 판결, 같은 법원 2024. 12. 20. 선고 2023구단75433 판결.
2) 서울고등법원 2017. 3. 21. 선고 2016누69781 판결(심리불속행기각 확정).
3) 학교폭력 사안처리 가이드북(2024 각주 3), 99.

▌2024년 현재 초등학교 2학년 ~ 6학년, 중·고등학교 2, 3학년

학생부 영역	가해학생 조치사항	삭제시기 (신고일 기준)		
		2024.3.1.이후	2023.3.1.~ 2024.2.29.	2023.2.28.이전
행동특성 및 종합 의견	제1·2·3호	졸업과 동시	졸업과 동시	졸업과 동시
출결상황 특기사항	제4호	졸업일로부터 2년 후 ※ 졸업 직전 심의를 통해 졸업과 동시 삭제 가능	졸업일로부터 2년 후 ※ 졸업 직전 심의를 통해 졸업과 동시 삭제 가능	졸업일로부터 2년 후 ※ 졸업 직전 심의를 통해 졸업과 동시 삭제 가능
	제5호			
	제6호	졸업일로부터 4년 후 ※ 졸업 직전 심의를 통해 졸업과 동시 삭제 가능		
행동특성 및 종합 의견	제7호	졸업일로부터 4년 후 ※ 졸업 직전 심의를 통해 졸업과 동시 삭제 가능	졸업일로부터 2년 후 ※ 졸업 직전 심의를 통해 졸업과 동시 삭제 가능	졸업과 동시
인적·학적사항 특기사항	제8호	졸업일로부터 4년 후	졸업일로부터 2년 후	졸업일로부터 2년 후 ※ 졸업 직전 심의를 통해 졸업과 동시 삭제 가능
	제9호	삭제 대상 아님	삭제 대상 아님	삭제 대상 아님

* 학업중단자는 해당학생이 학적을 유지하였을 경우를 가정하여 삭제시기 결정(신고시기에 따라 삭제하되 전담기구 심의를 통한 삭제 불가능)

(3) 학교폭력예방법 제17조 제13항은 가해학생에 대하여 같은 조 제3항에 따라 특별교육이수 및 심리치료를 명한 경우 해당 학생의 보호자도 함께 교육을 받게 하여야 한다고 규정하고 있다. 실무상 가해학생 보호자에 대한 특별교육이수는 가해학생에 대한 조치결정 통보서 등에 일괄 기재되어 동시에 발령되고 있고, 이에 따라 가해학생에 대한 조치와 함께 보호자 특별교육이수 조치도 취소소송의 대상이 되는 경우가 빈번하다.

이와 관련하여, 보호자에 대한 특별교육 이수 조치는 가해학생에 대한 교육 목적을 달성하기 위해 마련된 부수처분으로써 가해학생의 특별교육 이수를 전제로 하고 그것이 위법 취소될 경우 곧바로 효력을 잃는다는 이유로 이를 가해학생 특별교육이수와 별도로 다툴 법률상 이익이 없다고 보아 각하한 사례가 다수이나, 이수대상인 보호자 해당 여부, 과중한 이수시간 등 독자적 위법사유 주장이 가능하다는 이유로 소의 이익을 긍정한 사례도 있다.

Ⅳ. 학교폭력 소송의 심리

1. 절차에 관한 심리

가. 2019. 8. 20. 법률 제16441호로 개정되기 전의 학교폭력예방법은 학교폭력대책자치위원회의 비전문성, 이원화된 불복 절차 등 제도 자체의 내재적 문제점으로 인해 자치위원회 구성 및 의결 과정에서의 절차적 위법을 이유로 처분이 취소되는 사례가 많았다. 그러나 2019년 개정으로 학교폭력 사건 처리 절차의 명확성이나 심의의 전문성이 재고되어 절차적 위법을 이유로 처분이 취소되는 사례는 현저하게 줄어들었다.

다만 실무에서는 여전히 절차적 위법을 주장하는 경우가 많은데, 주로 학교폭력예방법 제17조 제8항에 따라 가해학생 등에게 의견진술 기회 부여 등 적정한 절차를 거쳤는지를 다투는 것이 대부분이다. 그러나 학교폭력예방법은 '적정한 절차'에 관하여는 구체적인 규정을 두고 있지 않으므로, 심의위원회 개최 전 학교폭력 신고 내용 등 안건에 관한 통지가 적법하게 이루어지고 심의 과정에서 가해학생 및 보호자에게 의견 진술의 기회가 부여되었다면, 학교폭력예방법 제17조 제8항 위반을 이유로 처분을 취소하는 경우는 드물 것이다.

제 8 장

나. 행정절차법의 적용 여부

(1) 행정절차법 제21조(처분의 사전통지), 제22조(의견청취)

(가) 행정절차법 제3조 제1항은 행정절차에 관하여 다른 법률에 특별한 규정이 있는 경우를 제외하고는 행정절차법에서 정하는 바에 따른다고 규정하고 있다. 학교

폭력예방법 제17조 제8항은 '심의위원회는 교육장에게 피·가해학생에 대한 조치를 요청하기 전 피·가해학생 및 보호자에게 의견진술의 기회를 부여하는 등 적정한 절차를 거쳐야 한다.'고 규정하고 있고, 이는 사전 통지 및 의견청취에 관한 행정절차법의 규정과 마찬가지로 불이익 처분을 받게 될 가해학생에게 방어권 행사의 기회를 실질적으로 보장하기 위하여 행정절차법에 준하는 절차를 거치도록 한 것이다. 따라서 학교폭력예방법 제17조 제8항은 행정절차법 제3조 제1항에 의하여 행정절차법의 적용이 배제되는 '다른 법률에 특별한 규정이 있는 경우'에 해당한다고 봄이 타당하다.

설령 이와 달리 행정절차법 제21조, 제22조가 중첩 적용된다고 보더라도 학교폭력예방법 제17조 제8항에 따라 가해학생과 보호자에게 조치하려는 원인이 되는 사실에 관하여 미리 고지를 하고 의견을 진술할 기회를 부여하는 등 위 규정에 따른 '적정한 절차'를 거친 경우에는 행정절차법에 따른 사전 통지 및 의견제출 절차도 거친 것으로 봄이 타당하다.

(나) 학교폭력예방법 제17조 제10항은 학교장이 학교폭력예방법 제17조 제4 내지 6항에 따라 가해학생에 대하여 긴급조치를 한 때에는 가해학생과 그 보호자에게 이를 통지하여야 한다고 규정하고 있다. 그런데 학교장의 긴급조치는 피해학생의 보호를 위해 긴급하다고 인정되는 경우에 이루어지는 것이므로, 이는 사전 통지나 의견제출에 관한 행정절차법 적용이 배제되는 '다른 법률에 특별한 규정이 있는 경우'에 해당하거나 행정절차법 제21조 제4항, 제22조 제4항의 '해당 처분의 성질상 의견청취가 현저히 곤란하거나 명백히 불필요하다고 인정될 만한 상당한 이유가 있는 경우'에 해당한다고 봄이 타당하다.[1)]

다만 학교폭력예방법 시행령 제21조 제2항은 학교장이 긴급조치로서 '출석정지', '학급교체' 조치를 하려는 경우에는 해당 학생 또는 보호자의 의견을 들어야 한다고 규정하고 있으므로, 출석정지의 긴급조치를 하기 전 의견청취절차를 제대로 이행하지 않은 경우에는 위법하다.[2)]

1) 서울고등법원 2018. 10. 2. 선고 2018누39319 판결(심리불속행기각 확정), 대전고등법원 2021. 5. 21. 선고 2020누13248 판결.
2) 의정부지방법원 2017. 12. 14. 선고 2016구합1443 판결.

(2) 행정절차법 제23조(처분의 이유 제시), 제24조(처분의 방식)

행정청이 처분을 할 때에는 원칙적으로 당사자에게 그 근거와 이유를 제시하여야 한다(행정절차법 제23조 제1항). 이 경우 행정청은 처분의 원인이 되는 사실과 근거가 되는 법령 또는 자치법규의 내용을 구체적으로 명시하여야 한다(행정절차법 시행령 제14조의2). 또한 행정청이 처분을 할 때에는 다른 법령 등에 특별한 규정이 있는 경우를 제외하고는 문서로 하여야 하며, 전자문서로 하는 경우에는 당사자 등의 동의가 있어야 한다. 그런데 학교폭력예방법에는 행정절차법에 따른 처분의 이유 제시(제23조)와 처분의 방식(제24조)에 관한 규정이 배제된다고 볼 만한 절차 규정이 별도로 마련되어 있지 아니하다. 따라서 위 각 규정들은 학교폭력 사건에 그대로 적용된다고 봄이 타당하다.

다만, 처분의 근거 및 이유제시 제도의 취지가 행정청의 자의적 결정을 배제하고 당사자로 하여금 행정구제절차에서 적절히 대처할 수 있도록 하는 데에 있음을 고려할 때, 처분을 하면서 당사자가 그 근거를 알 수 있을 정도로 이유를 제시한 경우에는 처분의 근거와 이유를 구체적으로 명시하지 않았더라도 그로 말미암아 그 처분이 곧바로 위법하다고 볼 수는 없다.[1] 따라서 처분에 앞서 학교폭력 혐의에 관한 조사가 이루어지고, 심의위원회에서도 그에 관한 의견진술 기회 등이 부여되었다면, 처분의 근거 및 이유 제시에 다소 불명확한 부분이 있더라도 이를 이유로 처분이 위법하다고 보기는 어려울 것이다.

2. 실체에 관한 심리

가. 학교폭력의 해당 여부

(1) 학교폭력예방법 제2조 제1호에 따르면, ‘학교폭력’이란 학교 내외에서 학생을 대상으로 발생한 상해, 폭행, 감금, 협박, 약취·유인, 명예훼손·모욕, 공갈, 강요·강제적인 심부름 및 성폭력, 따돌림, 사이버 따돌림, 정보통신망을 이용한 음란·폭력 정보 등에 의하여 신체·정신 또는 재산상의 피해를 수반하는 행위를 말한

1) 대법원 2019. 1. 31. 선고 2016두64975 판결.

다. 같은 조 제1의2호와 제1의3호에서는 '따돌림'과 '사이버폭력'에 대한 별도의 정의규정을 두었다.[1] 이와 같이 학교폭력예방법은 법률의 적용대상이 되는 '학교폭력'을 유형적 폭력에 한정하고 있지 않을 뿐만 아니라, 규정의 형식상 열거된 유형에 한정되지 않고 이와 유사하거나 준하는 행위를 포함하고 있다.

(2) 사회가 변화함에 따라 학교폭력 유형이 다양해지고 있고, 유형적 폭력만이 아니라 따돌림이나 괴롭힘 등 무형적 폭력이 심각한 사회문제가 되고 있는 점을 고려하면, 학교폭력의 유형을 가능한 포섭하기 위하여 개개의 유형을 제한적으로 나열하는 것보다는 그 행위가 피해학생에게 미치는 영향을 중시하여 열거적인 형태로 규율하면서 시대변화에 따라 새롭게 나타나는 학교폭력의 유형을 포섭할 수 있도록 포괄적인 개념으로 정의하는 것은 입법기술상 불가피한 측면이 있다.[2]

또한 학교폭력예방법은 학교폭력 문제를 형사사법절차가 아닌 학교 내의 자율적인 분쟁해결절차로 처리하여 '피해학생의 보호, 가해학생의 선도·교육 및 피해학생과 가해학생 간의 분쟁조정을 통하여 학생의 인권을 보호하고 학생을 건전한 사회구성원으로 육성'하기 위한 것이므로(제1조), '상해, 폭행, 감금, 협박, 약취·유인, 명예훼손·모욕, 공갈, 강요, 성폭력'과 같이 일부 행위유형에 대해 형사법에서 처벌하는 범죄행위와 동일한 용어를 사용하고 있다고 하더라도 학교에서의 폭력행위를 국가 및 사회에서 형벌이 부과되는 범죄에 대한 법제에서와 같은 개념으로 이해할 것은 아니다. 따라서 학교폭력으로 규정된 개개의 행위 유형들을 파악함에 있어서는 형법 등을 포함한 전체 법체계와의 조화를 고려하되 학교폭력예방법의 목적·취지에 따라 독자적으로 판단하여야 한다.[3] 하급심 판례들은 통상 학교폭력예방법의 목적 및 규정의 문언 등을 고려하여 학교폭력을 위에서 열거한 폭행, 명예훼손·모욕, 따

---

1) 2023년 개정 법률 이전에는 '인터넷, 휴대전화 등 정보통신기기를 이용하여 학생들이 특정 학생들을 대상으로 지속적, 반복적으로 심리적 공격을 가하거나, 특정 학생과 관련된 개인정보 또는 허위사실을 유포하여 상대방이 고통을 느끼도록 하는 모든 행위'를 '사이버 따돌림'이라고 별도로 규정하였으나, 2023년 개정 법률을 통해 위 '사이버 따돌림' 정의 규정을 삭제하고, 그보다 포괄적인 개념으로 '정보통신망을 이용한 따돌림과 그 밖에 신체·정신 또는 재산상의 피해를 수반하는 행위'를 '사이버폭력'으로 새롭게 정의하는 규정을 마련하였다.

2) 이정민, 학교폭력 가해학생에 대한 조치 관련 소송상 몇 가지 쟁점, 경기법조 제25호(2018), 433면, 문영희, 강동욱, 「학교폭력 예방 및 대책에 관한 법률」의 적용범위 및 피해자보호제도에 관한 비판적 검토와 그 개선방안, 법과 정책 제21집 1호(2015), 155.

3) 김정연, 판결 및 불복절차 사례를 통해 본 학교폭력예방법의 비판적 고찰, 형사정책연구 제28권 4호(2017), 160면, 김성태, 학교폭력예방법에 대한 고찰-법적용 실제에 있어서의 문제를 중심으로, 홍익법학 제16권 3호(2015), 615.

돌림 등에 한정하지 않고, 이와 유사하거나 동질의 행위로서 학생의 신체·정신 또는 재산상의 피해를 수반하는 모든 행위를 포함하는 것으로 보고 있다.[1)]

(3) 학교폭력예방법은 학교폭력을 정의하면서 '신체·정신 또는 재산상의 피해를 수반하는 행위'라는 개념징표를 포함하고 있다. 이러한 개념징표에 대해서는 학교폭력예방법의 적용대상 여부를 객관적이고 외적인 행위자의 행위보다는 피해자의 상태를 기준으로 할 우려가 있고, 더욱이 정신적 피해의 판단은 행위자의 행위보다는 상대학생의 감정 또는 인식상태에 의하여 좌우될 가능성이 크다는 지적이 있다.[2)] 학교폭력예방법은 피해학생의 보호 외에도 가해학생의 선도·교육 및 피해학생과 가해학생 간의 분쟁조정을 통하여 학생의 인권을 보호하고 학생을 건전한 사회구성원으로 육성함을 목적으로 하고(제1조), 이러한 학교폭력예방법의 목적을 고려하면, 피해자가 입게 되는 정신적 피해에 대한 평가는 피해자 본인의 주관적 심리를 기준으로 하기 보다는 보편적 사회법칙, 경험법칙 등에 따라서 객관적으로 이루어져야 한다. 따라서 피해학생 또는 피해자의 부모가 주관적으로 정신적 고통을 호소하더라도 사회적으로 상당한, 합리적인 판단에 따랐을 때 정신적 피해가 부정되는 경우 학교폭력에 해당하지 않는다고 볼 것이다.[3)]

(4) 2019년 개정 이전의 학교폭력예방법은 피해학생 또는 보호자가 요청하는 경우나 학교폭력이 발생한 사실을 신고·보고받은 경우 등 회의 소집사유가 있는 경우 반드시 자치위원회를 개최하도록 하고(제13조 제2항), 자치위원회의 가해학생에 대한 조치 요청과 그 요청에 따른 학교장의 조치를 의무적인 것으로 규정하였다(제17조 제1항, 제6항).[4)] 이러한 개정은 학교폭력 억제를 위한 엄격한 법 적용과 축소·은폐 방지 등의 입법적 요청에 의한 것이었지만, 그 경중을 떠나 모든 학교폭력을 자치위원회의 심의 대상으로 삼게 됨에 따라 학교의 교육적 해결 기능이 약화되는 결과를 낳았고, 구체적인 경우에 여러 사정을 고려하여 가해학생에 대한 조치를 발하지 않는 결정도 인정되어야 한다는 비판 등이 제기되어 왔다.[5)] 이에 개정된

1) 부산고등법원(창원) 2023. 12. 20. 선고 2023누10931 판결(심리불속행기각 확정)
2) 김혜경, 학교폭력에 대한 형사법적 접근의 제한, 형사정책연구 제24권 4호(2013), 271.
3) 문영희, 강동욱(앞의 글, 164면, 김성태, 앞의 글, 616.
4) 교육부·이화여자대학교 학교폭력예방연구소, 학교폭력 사안처리 가이드북(2018), 122면은 자치위원회가 조치결정 없이 회의를 종료하는 경우로서 ① 신체, 정신, 재산상의 피해가 없는 경우('학교폭력 아님' 결정), ② 가해행위를 했다고 볼 증거가 없는 경우('증거불충분' 결정), ③ 가해행위에 가담하지 않았다고 판단되는 경우('혐의 없음' 결정)를 들고 있었다.
5) 김성태, 앞의 글, 625.

학교폭력예방법에서는 경미한 사안에 대해 교육적인 지도 해결이 가능하도록 학교장 자체해결제도[1]를 도입하였다.

학생들이 학교생활을 하는 과정에서 발생하는 모든 갈등이나 분쟁을 학교폭력으로 의율하는 것은 바람직하지 않다. 학교폭력예방법 제3조는 '이 법을 해석·적용하는 경우 국민의 권리가 부당하게 침해되지 아니하도록 주의하여야 한다.'라고 규정하는데, 이는 학교폭력 개념의 확대해석으로 인하여 지나치게 많은 학교폭력 가해자를 양산하거나, 같은 행위를 두고서도 그것을 학교폭력으로 문제 삼는지 여부에 따라 학교폭력예방법의 적용대상이 되는지 여부가 달라지는 것을 방지하기 위한 취지의 규정으로 볼 수 있다.[2] 징계양정으로 행위와 책임을 일치시키는 것이 바람직하다는 측면과 함께 학교라는 공동체의 특수성을 고려할 때 아직 인격적으로 미성숙한 학생에 대하여 행위의 법적 책임을 엄격하게 추궁하는 것은 가혹하다는 측면도 함께 고려하여야 한다. 학교폭력을 억제하고자 하는 학교폭력예방법의 입법취지를 살리면서도 구체적·개별적 사안에 있어서 책임의 원칙에 반하는 결과를 최소화하려는 법해석이 필요하다.[3] 구체적·개별적 사안에 있어서 행위의 내용, 행위의 전후 상황, 피해학생의 대응, 행위의 반복성·조직성 여부, 가해학생과 피해학생의 평소의 관계 등을 고려할 때 학생들 사이에 일상적으로 발생할 수 있는 사소한 다툼이나 갈등으로서 대상행위와 처분 사이에 책임의 원칙에 부합한다고 볼 수 없는 정도의 경미한 사안에 대하여는 '학교폭력'에 해당하지 않는다는 해석론도 가능하다. 결국 책임합치적 해석이라는 관점에서도 학교폭력에 해당하는지 여부의 판단은 신중하게 이루어져야 할 것이다.[4]

---

1) 학교폭력 사안처리 가이드북(2024, 각주 3) 61면은, 피해학생 및 그 보호자가 심의위원회 개최를 원하지 않고, 다음 네 가지 요건에 모두 해당하는 경우 학교장 자체해결이 가능하다고 설명하고 있다.
   ① 2주 이상의 신체적·정신적 치료를 요하는 진단서를 발급받지 않은 경우
   ② 재산상 피해(신체적·정신적 피해의 치료비용을 포함)가 없는 경우 또는 재산상 피해가 즉각 복구되거나 복구 약속이 있는 경우
   ③ 학교폭력이 지속적이지 않은 경우
   ④ 학교폭력에 대한 신고, 진술, 자료제공 등에 대한 보복행위가 아닌 경우

2) 서울행정법원 2018. 5. 3. 선고 2017구합67186 판결.

3) 어떤 법률 규정을 문면 그대로 적용하면 위헌적 결과가 초래될 수 있는 경우에 그 적용요건이나 효력범위를 제한하여 해석함으로써 헌법의 규범 질서에 합치되도록 할 수 있다면, 헌법을 최고규범으로 하는 통일적인 법질서의 형성을 위하여 헌법에 합치되는 해석을 택하여야 하며, 이에 의하여 위헌적인 결과가 될 해석은 배제하면서 합헌적이고 긍정적인 면은 살려야 한다는 것이 헌법의 일반원리이기도 하다(대법원 2005. 1. 27. 선고 2004도7488 판결 등 참조).

4) 이정민, 앞의 글, 433.

나. 재량권의 일탈·남용 여부

(1) 대법원은 징계양정의 적정성 판단 기준에 대해, 피징계자에게 징계사유가 있어서 징계처분을 하는 경우에 어떠한 처분을 할 것인지는 징계권자의 재량에 맡겨져 있고, 다만 징계권자가 재량권의 행사로서 한 징계처분이 사회통념상 현저하게 타당성을 잃어 징계권자에게 맡겨진 재량권을 남용한 것이라고 인정되는 경우에 한하여 그 처분을 위법하다고 할 수 있다고 판시하고 있다.[1] 나아가 징계처분이 사회통념상 현저하게 타당성을 잃었는지는 구체적인 사례에 따라 직무의 특성, 징계의 원인이 된 비위사실의 내용과 성질, 징계에 의하여 달성하려고 하는 행정목적, 징계양정의 기준 등 여러 요소를 종합하여 판단할 때 그 징계내용이 객관적으로 명백히 부당하다고 인정할 수 있는 경우라야 하고, 징계권자가 내부적인 징계양정 기준을 정하고 그에 따라 징계처분을 하였을 경우 정해진 징계양정 기준이 합리성이 없다는 등의 특별한 사정이 없는 한 해당 징계처분이 사회통념상 현저하게 타당성을 잃었다고 할 수 없다고 한다.[2]

(2) 학교폭력예방법 제17조 제1항은 각 호에서 가해학생에 대한 조치를 정하면서 각 조치별 적용 기준은 대통령령으로 정하도록 규정[3]하고, 학교폭력예방법 시행령 제19조는 조치별 적용기준은 ① 가해학생이 행사한 학교폭력의 심각성·지속성·고의성, ② 가해학생의 반성 정도, ③ 해당 조치로 인한 가해학생의 선도 가능성, ④ 가해학생 및 보호자와 피해학생 및 보호자 간의 화해의 정도, ⑤ 피해학생이 장애학생인지 여부를 고려하여 결정하도록 하면서, 세부적인 기준은 교육부장관이 정하여 고시하도록 위임하고 있다.

그 위임에 따라 2016. 9. 1. 교육부고시 제2016-99호로 「학교폭력 가해학생 조

1) 대법원 2017. 12. 22. 선고 2016두38167 판결 등.
2) 대법원 2019. 12. 24. 선고 2019두48684 판결 등.
3) 헌법재판소는 '가해학생에 대한 조치별 적용 기준을 학교폭력의 태양이나 심각성, 피해학생의 피해 정도나 가해학생에 미치는 교육적 효과 등 여러 가지 요소를 종합적으로 고려하여 정하는 것이 피해학생의 보호와 가해학생의 선도 및 교육에 보다 효과적인 방법이 될 수 있으므로, 대통령령에 위임할 필요성이 인정된다. 또한 구 학교폭력예방법 제17조는 가해학생에 대한 조치의 경중 및 각 조치의 병과 여부 등 조치별 적용 기준의 기본적인 내용을 법률에서 직접 규정하고 있으므로, 구 학교폭력예방법 제17조 제1항 본문 후단의 위임규정에 따라 대통령령으로 규정될 내용은 자치위원회가 가해학생에 대한 조치의 내용을 정함에 있어 고려해야 할 학교폭력의 태양이나 정도, 피해학생의 피해 정도나 피해 회복 여부, 가해학생의 태도 등 세부적인 기준에 관한 내용이 될 것임을 충분히 예측할 수 있다. 따라서 구 학교폭력예방법 제17조 제1항 본문 후단의 위임규정은 포괄위임금지원칙에 위배되지 않는다'라고 판시하였다[헌법재판소 2023. 2. 23. 선고 2019헌바93, 254(병합) 전원재판부 결정]

치별 적용 세부기준 고시」(이하 '세부기준 고시')가 마련되었는데, 현행 세부기준 고시(교육부고시 제2020-227호, 2020. 5. 1. 개정)의 [별표] 세부기준은 아래와 같다.[1)]

▌[별표] 학교폭력 가해학생 조치별 적용 세부 기준

<table>
<tr><th colspan="5" rowspan="2"></th><th colspan="5">기본 판단 요소</th><th colspan="2">부가적 판단요소</th></tr>
<tr><th>학교 폭력의 심각성</th><th>학교 폭력의 지속성</th><th>학교 폭력의 고의성</th><th>가해 학생의 반성 정도</th><th>화해 정도</th><th>해당조치로 인한 가해학생의 선도가능성</th><th>피해학생이 장애학생 인지 여부</th></tr>
<tr><td colspan="4" rowspan="5">판정 점수</td><td>4점</td><td>매우 높음</td><td>매우 높음</td><td>매우 높음</td><td>없음</td><td>없음</td><td rowspan="14">해당점수에 따른 조치에도 불구하고 가해학생의 선도가능성 및 피해학생의 보호를 고려하여 시행령 제14조 제5항에 따라 학교폭력 대책 심의위원회 출석위원 과반수의 찬성으로 가해학생에 대한 조치를 가중 또는 경감할 수 있음</td><td rowspan="14">피해학생이 장애학생인 경우 가해학생에 대한 조치를 가중할 수 있음</td></tr>
<tr><td>3점</td><td>높음</td><td>높음</td><td>높음</td><td>낮음</td><td>낮음</td></tr>
<tr><td>2점</td><td>보통</td><td>보통</td><td>보통</td><td>보통</td><td>보통</td></tr>
<tr><td>1점</td><td>낮음</td><td>낮음</td><td>낮음</td><td>높음</td><td>높음</td></tr>
<tr><td>0점</td><td>없음</td><td>없음</td><td>없음</td><td>매우 높음</td><td>매우 높음</td></tr>
<tr><td rowspan="9">가해학생에 대한 조치</td><td colspan="2" rowspan="3">교내 선도</td><td>1호</td><td>피해학생에 대한 서면사과</td><td colspan="5">1~3점</td></tr>
<tr><td>2호</td><td>피해학생 및 신고·고발 학생에 대한 접촉, 협박 및 보복행위의 금지</td><td colspan="5">피해학생 및 신고·고발학생의 보호에 필요하다고 심의위원회가 의결할 경우</td></tr>
<tr><td>3호</td><td>학교에서의 봉사</td><td colspan="5">4~6점</td></tr>
<tr><td colspan="2" rowspan="2">외부 기관 연계 선도</td><td>4호</td><td>사회봉사</td><td colspan="5">7~9점</td></tr>
<tr><td>5호</td><td>학내외 전문가에 의한 특별 교육이수 또는 심리치료</td><td colspan="5">가해학생 선도·교육에 필요하다고 심의위원회가 의결할 경우</td></tr>
<tr><td rowspan="4">교육환경변화</td><td rowspan="2">교내</td><td>6호</td><td>출석정지</td><td colspan="5">10~12점</td></tr>
<tr><td>7호</td><td>학급교체</td><td colspan="5">13~15점</td></tr>
<tr><td rowspan="2">교외</td><td>8호</td><td>전학</td><td colspan="5">16~20점</td></tr>
<tr><td>9호</td><td>퇴학처분</td><td colspan="5">16~20점</td></tr>
</table>

* 해당조치로 인한 가해학생의 선도가능성을 판단할 때 해당 학교 급(초·중·고) 내에서 학교폭력 재발 여부를 고려할 수 있음

1) 학교폭력 사안처리 가이드북(2024, 앞의 책) 173.

(3) 학교폭력 사건에서 가해학생에 대한 조치 수준은 심의위원회에서 위 세부기준의 '기본 판단 요소'에 따라 평가한 판정 점수를 기초로 정해지고, 그 밖에 학교폭력예방법 제17조 제1항 제2호(접촉·협박 및 보복행위 금지), 제5호(특별교육이수 또는 심리치료)의 조치나 제3항의 특별교육 이수·심리치료를 병과하게 된다.[1] 이러한 조치 수준의 결정에 있어 세부기준 고시의 점수 판정은 위원들의 교육적·전문적 판단에 맡겨진 재량영역에 속하고, 효과에 해당하는 구체적인 조치의 결정은 세부기준 고시에서 정해진 기준에 따른 것이므로, 앞서 본 법리에 따라 가해학생에 대한 조치에 있어 재량권 일탈·남용 주장은 쉽게 받아들여지기 어렵다.

(4) 그런데 세부기준 고시에서 정한 기준에 의하면, 총점이 4~6점이면 학교봉사, 7~9점이면 사회봉사, 10~12점이면 출석정지 조치를 하게 되어 있다. 따라서 '기본 판단 요소'의 5개 영역에서 모두 1점(낮음)을 부여받더라도 총점 5점으로 학교봉사 조치가 이루어지고, 5개 영역 모두 2점(보통)을 부여받게 되면 총점 10점이 되어 출석정지 조치가 가능하게 된다. 나아가 학교폭력예방법 제17조 제1항의 괄호 규정에 따라 가해학생에 대한 여러 조치를 병과할 수 있다.[2] 학교폭력 조치와 관련한 세부기준 고시를 기계적으로 평가하고 도식화하는 경우에는 자칫 구체적 타당성을 결여한 조치가 이루어질 우려가 있다. 따라서 심의위원회는 위와 같은 세부기준 고시에 따른 각 항목별로 점수를 정하되, 해당 학교폭력의 내용과 성질, 조치를 통하여 달성하고자 하는 목적, 관련 법령에 따른 조치의 기준 등을 종합적으로 살피어 '가해학생의 선도가능성 및 피해학생의 보호를 고려하여 심의위원회 출석위원 과반수의 찬성으로 조치를 가중 또는 경감할 수 있다'는 세부기준 고시를 활용하여 피해

---

1) 가해학생이 제17조 제1항 제2호부터 제4호까지 및 제6호부터 제8호까지의 처분을 받은 경우 제17조 제3항에 따른 특별교육 이수·심리치료는 의무적으로 부과된다.

2) 학교폭력예방법은 2012년 법률 개정 당시 제17조 제2항을 신설하여 조치 요청의 이유가 협박 또는 보복 행위일 경우 조치를 병과하거나 조치 내용을 가중할 수 있도록 하였으나, 제정 당시부터 제17조 제1항의 괄호 규정과 같은 형식으로 가해학생에 대해 수개의 조치를 병과할 수 있는 근거 규정을 두고 있었다. 2012년 개정 법률은 제17조 제1항을 개정하여 가해학생에 대한 조치별 적용 기준을 대통령령에 위임하면서, 제2항으로 협박 또는 보복행위에 대해서는 조치별 적용 기준에도 불구하고 조치를 병과하거나 가중할 수 있는 별도의 근거 규정을 마련한 것이므로, 협박 또는 보복행위에 해당하지 않더라도 제17조 제1항의 괄호 규정에 근거하여 세부기준에 따라 가해학생에 대한 조치를 병과할 수 있다 [수원고등법원 2019. 6. 26. 선고 2019누10180 판결(심리불속행기각 확정), 서울행정법원 2020. 10. 27. 선고 2019구합7676 판결]. 헌법재판소도 구 학교폭력예방법 제17조 제1항의 괄호 규정에 따라 수개의 조치를 병과할 수 있다는 전제에서 위 법률 규정의 위헌 여부를 심사한 바 있다(헌법재판소 2019. 4. 11. 선고 2017헌바140 전원재판부 결정).

학생의 보호와 가해학생의 선도·교육이라는 목적에 부합하는 방향으로 조치의 정도를 신중히 결정하여야 한다.[1)]

---

1) 서울행정법원 2020. 10. 27. 선고 2019구합7676 판결.

V. 학교폭력 소송에서의 가구제

1. 집행정지 신청 및 요건에 관한 심리

가. 학교폭력 사건에서도 집행부정지 원칙에 따라 학교폭력 처분의 효력은 정지되지 않는다. 그에 따라 가해학생 등이 처분에 대한 불복절차를 진행한다 하더라도 학교폭력예방법에 따른 조치사항은 학교생활기록부에 기재되고, 그것이 상급학교 진학에 있어 불리한 자료로 활용되는 경우가 있다.[1] 그래서 주로 가해학생 또는 보호자가 학교폭력 처분의 취소를 구하는 소를 제기함과 동시에 그 처분의 집행을 정지하는 집행정지 신청을 함께 한다.

학교폭력 처분에 관한 집행정지는 신청인(주로 가해학생인 경우가 많다)이 처분의 취소 등을 구하는 적법한 본안소송이 계속되고 있음을 전제로, 신청인에게 생길 회복하기 어려운 손해를 예방하기 위한 긴급한 필요성[2]과 함께 집행정지로 인해 공공복리에 중대한 영향을 미칠 우려가 없는지[3]를 신중하게 고려하여야 한다. 특히 학생의 신분 변동이 임박한 경우에는 그 조치사항들이 학교생활기록부에 기재되어 진학 자료 등으로 사용될 수 있다는 측면과 본안 판단 이전에 신분이 변동되어 조치

1) 초·중등교육법 시행규칙 제21조에 의하면, 원칙적으로 학교폭력예방법 제17조 제1항에 따른 조치사항이 있는 경우 가해학생의 학교생활기록부의 '학교폭력 조치상황 관리'란 등에 그 조치사항을 기재하도록 규정하고 있다. 하지만 위 조치 중 제1호부터 제3호까지에 따른 조치사항[서면사과(제1호), 접촉·협박 및 보복행위 금지(제2호), 학교봉사(제3호)]은 '가해학생이 조치사항을 이행하지 않은 경우' 및 '위 제1호부터 제3호까지에 따른 조치를 받은 후 동일 학교급에 재학하는 동안(초등학생인 경우에는 그 조치를 받은 날부터 3년 이내의 범위에서 동일 학교급에 재학하는 동안) 다른 학교폭력사건으로 학교폭력예방법 제17조 제1항의 조치를 받은 경우'에만 학교생활기록부에 기재하여야 한다.

2) 이는 집행정지의 적극적 요건으로서, 이에 관한 주장·소명책임은 원칙적으로 신청인에게 있다(대법원 1999. 12. 20. 자 99무42 결정).

3) 이는 집행정지의 소극적 요건으로서, 이에 관한 주장·소명책임은 행정청에게 있다(대법원 2004. 5. 12. 자 2003무41 결정).

로써 달성하려는 목적을 달성하기 어렵게 될 수 있다는 측면에서 집행정지 여부에 대한 결정은 본안 판단과 같은 정도의 중요성을 지니게 된다. 대법원은 행정소송법 제23조 제3항에서 규정하고 있는 집행정지의 소극적 요건과 관련하여, 공공복리에 미칠 영향이 중대한지의 여부는 절대적 기준에 의하여 판단할 것이 아니라, 신청인의 '회복하기 어려운 손해'와 '공공복리' 양자를 비교·교량하여, 전자를 희생하더라도 후자를 옹호하여야 할 필요가 있는지 여부에 따라 상대적·개별적으로 판단되어야 한다고 설시하고 있다.[1] 실무에서는 위 '공공복리'를 판단하는 요소로 '피해학생에 대한 보호 필요성 및 교육행정에 대한 신뢰 보호' 등을 들고 있다.

나. 학교폭력예방법 제17조 제1항에서 규정하는 가해학생에 대한 조치 중 전학처분(제8호), 퇴학처분(제9호)의 경우 그 조치 자체로 해당 학교의 학생이라는 신분을 박탈하게 되어 통상 '금전보상이 불능인 경우 내지는 금전보상으로는 사회관념상 참고 견딜 수 없거나 현저히 곤란한 경우'에 해당할 것이므로 집행정지의 적극적 요건은 용이하게 인정될 것이다. 반면에 전학·퇴학 처분은 가해학생에 대한 조치 중 가장 중한 것이므로 이미 학교폭력 사안이 중한 경우일 것이고, 이러한 경우 위 각 처분은 가해학생과 피해학생의 물리적 분리를 통한 피해학생의 보호가 우선적으로 고려되어야 한다.[2] 따라서 이러한 조치에 관한 학교폭력 소송에서는 집행정지 단계에서 피해학생의 보호, 가해학생의 선도·교육 등 학교폭력예방법의 입법 목적과 본안의 승소가능성 등을 종합적으로 고려할 필요가 있다.

서면사과(제1호), 접촉·협박 및 보복행위 금지(제2호), 학교봉사(제3호)의 경우 비교적 경한 조치로서, 그 중 제2호 조치는 소극적 제한 조치에 불과하므로 집행정지 신청을 인용하는 데에 신중을 기할 필요가 있다. 다만, 위 각 조치는 집행정지 인용결정을 받는 경우 일정 기간 학교생활기록부 기재가 유보된다.[3] 따라서 학교폭

---

1) 대법원 2010. 5. 14. 자 2010무48 결정 등.

2) 2020년 11월 고등학생이 권투연습을 핑계로 동급생을 폭행하여 의식불명이 된 소위 '권투연습 핑계 폭력' 사건이 발생하여 큰 사회적 논란이 되었는데, 해당 사건에서 가해학생 중 일부는 같은 학교의 다른 동급생에 대한 학교폭력 가해행위로 전학 등의 처분을 받았으나 행정심판을 제기하고 집행정지 신청이 인용되어 해당 학교에 그대로 다니던 중 가해행위에 가담하였다고 한다. 이덕난·유지연, 학교폭력 피해학생 보호 강화를 위한 입법 및 정책 개선 과제, NARS 현안분석 제189호(2021), 1면.

3) 대법원은 과징금 부과처분에 대한 집행정지 결정이 내려졌다면 그 집행정지 기간 동안은 과징금의 납부기간이 더 이상 진행되지 않는다고 보았다(대법원 2003. 7. 11. 선고 2002다48023 판결). 교육부가 마련한 '학교생활기록부 기재요령'에서도 가해학생이 학교폭력예방법 제17조 제1항 제1호부터 제3호까지의 조치를 받고 이행 기간 만료 이전에 집행정지(효력정지) 인용결정을 받아 조치를 미이행했을 경우, 집행정지 기간 동안 조치이행 의무가 정지된 점을 고려하여 학교생활기록부 기재를 보류하도록

력 해당 여부가 불분명한데 가해학생이 이를 이행하지 않음으로써 상급학교 진학에 불이익이 따를 수 있는 경우 등에는 '회복하기 어려운 손해를 예방하기 위한 긴급한 필요'를 인정할 수도 있다.

2. 집행정지 절차[1] 및 심문기일의 진행

가. 2023년 개정된 학교폭력예방법은 집행정지 절차와 관련한 규정(제17조의4)을 신설하였고, 그 구체적인 절차 및 방법 등에 대해서는 행정소송규칙[2](제10조의2)에서 정하고 있다.

위 규정에 의하면, 법원은 제17조 제1항에 따른 조치에 대하여 행정소송법 제23조에 의한 집행정지 결정을 하려는 경우에는 피해학생 또는 그 보호자(이하 이 항에서 '피해학생등'이라 한다)의 의견을 청취하여야 하고, 예외적으로 피해학생등이 의견진술의 기회를 포기한다는 뜻을 명백히 표시한 경우 등에는 의견청취를 아니할 수 있다(학교폭력예방법 제17조의4 제1항). 법원이 피해학생등으로부터 의견청취를 하는 방법은 원칙적으로 심문기일을 지정하여 직접 의견을 청취하여야 하나, 특별한 사정이 있는 경우에는 피해학생등에게 의견의 진술을 갈음하는 의견서를 제출하게 하는 방법으로도 할 수 있다(행정소송규칙 제10조의2 제1항).

법원은 위와 같은 의견청취 절차를 진행하기 위해 필요한 경우 집행정지 결정의 대상이 되는 처분 등을 한 행정청이나 피해학생이 재학 중인 학교를 관할하는 교육지원청 등에 피해학생등의 송달받을 장소나 연락처, 의견진술 관련 의사 등에 관한 자료를 제출할 것을 요구할 수 있다.[3]

안내하고 있다. 다만, 본안에 대한 심리 결과 청구가 기각된 경우 학교폭력예방법 제17조 제1항 조치를 집행정지(효력정지) 결정 당시 남은 이행 기간 내에 이행했는지 여부에 따라, 동 조치사항에 대한 학교생활기록부의 입력 여부를 결정한다[교육부, 학교생활기록부 초등학교 기재요령(2024), 71, 78면, 학교생활기록부 중학교 기재요령(2024), 78, 85면, 학교생활기록부 고등학교 기재요령(2024), 80, 87면].

1) 2023년 개정된 학교폭력예방법에 규정된 집행정지 절차는 2024. 3. 1.부터 시행되었다(법률 제19741호 부칙 제1조).

2) 2024. 2. 22. 대법원규칙 제3132호로 개정되어 2024. 3. 1. 시행되었다.

3) 이 경우 행정청이 피해학생등의 주소나 연락처 등을 우편이나 전자기록접수 방식으로 제출하게 되면 신청인(가해학생 측)에게 위 내용이 노출될 위험이 있으므로, 실무에서는 통상 팩스나 방문 제출의 형식으로 받고 있다.

피신청인은 법원으로부터 위와 같이 신청서 부본을 송달받는 등의 경로로 집행정지 신청 사실을 알게 된 경우 피해학생 또는 그 보호자 및 피·가해학생의 소속 학교에 그 사실을 통지하여야 한다(제17조의4 제2항).[1)]

서울행정법원은 피해학생등의 주소와 연락처 등을 알게 되면 즉시 피해학생등에게 의견요청서를 송부하면서 위 의견요청서에 심문기일을 함께 기재하는 방식으로 심문기일을 통지하고 있다(행정소송규칙 제10조의2 제3항).

나. 피해학생등은 심문기일에 출석하여 의견을 진술할 수 있는데, 이때 법원이 필요하다고 인정하는 경우에는 비디오 등 중계장치에 의한 중계시설 또는 인터넷 화상장치를 이용해 출석할 수 있고, 가해학생 또는 그 보호자를 퇴정하게 하거나 가림시설 등을 이용할 수도 있다(행정소송규칙 제10조의2 제4, 5항). 법원은 피해학생등으로부터 의견 진술을 갈음한 의견서 등을 제출받은 경우 당사자에게 그 취지를 적당하다고 인정되는 방법으로 통지하여야 한다(행정소송규칙 제10조의2 제7항). 서울행정법원은 특별한 사정이 없는 한 심문기일에 당사자들에게 이를 통지하는 방식을 취하고 있다.

법원은 피해학생등이 의견진술의 기회를 포기한다는 뜻을 명백히 표시하거나 정당한 사유 없이 심문기일에 출석하지 않거나 의견 진술에 갈음하는 의견서 등을 제출하지 아니하는 경우 등에는 피해학생등의 의견을 청취하지 아니할 수도 있다(행정소송규칙 제10조의2 제8항).[2)]

법원이 필수적 의견청취 절차를 누락한 채 집행정지 결정을 한 때에는 처분청이 절차규정 위반을 이유로 즉시항고할 수 있으나, 피해학생등은 행정소송법 제16조에 따른 제3자 소송참가를 하지 않은 이상 집행정지 결정에 대해 직접 불복할 자격은 없다고 보아야 할 것이다.

행정소송법에서는 집행정지와 관련하여 당사자가 참석할 수 있는 변론기일 또는 심문기일을 열어야 한다는 규정[3)]이 없으므로 원칙적으로 집행정지에 관한 결정

1) 피신청인은 집행정지 결과를 통보받은 경우에도 피해학생 또는 그 보호자 및 피·가해학생의 소속 학교에 그 결과를 통지하여야 할 의무가 있다(제17조의4 제2항).

2) 위와 같은 집행정지에서의 필수적 의견청취 절차 등을 이유로 심문기일이 행정청이 정한 학교폭력 조치사항 이행기한 이후에 지정되는 경우가 종종 발생하는데, 이런 경우에는 본안 사건에 대한 '임시 집행정지결정(일부 문헌에서는 이를 '잠정처분'이라고 지칭한다)'을 통해 결정에 소요되는 합리적인 기간 또는 집행정지 심문 및 결정에 필요한 기간 동안 학교폭력 처분의 집행을 정지하는 결정을 할 수도 있다.

3) 민사집행법 제304조 본문은 '다툼이 있는 권리관계에 대하여 임시 지위를 정하기 위한 가처분의 재판

을 하기 위하여 변론기일이나 심문기일을 진행할지는 법원의 재량이나, 앞서 본 피해학생등의 필수적 의견청취 절차를 이행하기 위해서는 심문기일을 열어야 하는 것이 바람직할 것이다.

3. 집행정지 결정과 학교생활기록부의 기재

가. 가해학생에 대한 학교폭력예방법 제17조에 따른 처분이 내려진 경우 2024년 기준으로 초·중·고등학교 1학년은 학교생활기록부의 '학교폭력 조치상황 관리'란에 이를 기재하고(초·중등교육법 시행규칙 제21조 제2항 제6호), 그 외의 학생(초등학교 2~6학년, 중·고등학교 2, 3학년)은 학교생활기록부의 '학적사항' 및 '출결상황'의 특기사항, '행동특성 및 종합의견'란에 이를 기재하여야 한다[구 초·중등교육법 시행규칙(2024. 2. 28. 교육부령 제323호로 개정되기 전의 것) 제21조 제1항].

법원은 집행정지 요건을 갖춘 신청에 관하여는 결정으로써 처분 등의 효력이나 그 집행 또는 절차 속행의 전부 또는 일부를 정지할 수 있고(행정소송법 제23조 제2항), 그 종기는 행정소송규칙 제10조에 따라 원칙적으로 '본안판결 선고일부터 30일 이내의 범위'에서 정하고, 예외적으로 당사자의 의사, 회복하기 어려운 손해의 내용 및 그 성질, 본안 청구의 승소가능성 등을 고려하여 달리 정할 수 있다.

나. 이와 같이 법원이 집행정지 결정을 하는 경우 해당 조치에 대한 학교생활기록부의 기재를 삭제하여야 하는지가 문제된다.[1] 실무상 통상 학교 측은 가해학생에 대한 조치가 내려진 경우 즉시 학교생활기록부에 이를 기재하고, 집행정지 결정이 내려진 경우에도 그 기재를 유지하고 있는 것으로 보인다.[2]

이와 관련하여 학교생활기록부 기재 삭제를 구하는 집행정지 신청을 각하한 사

에는 변론기일 또는 채무자가 참석할 수 있는 심문기일을 열어야 한다'라고 규정하고 있다.

1) 학교폭력 사안처리 가이드북[교육부, 학교생활기록부 초등학교 기재요령(2024), 70, 76면, 학교생활기록부 중학교 기재요령(2024), 77, 83면, 학교생활기록부 고등학교 기재요령(2024), 79, 85면]에서는 '가해학생 조치사항에 대한 행정심판·소송이 청구된 경우에는 조치사항을 먼저 입력하고, 향후 조치가 변경될 경우 이를 수정하되, 최초 조치결정 일자는 변경하지 않는다'고 안내하고 있다.

2) 다만, 학교폭력예방법 제17조 제1항 제1호부터 제3호까지의 조치를 받고, 이행 기간 만료 이전에 집행정지 인용 결정을 받아 조치를 미이행한 경우, 집행정지 기간 동안 조치이행 의무가 정지된 점을 고려하여 학교생활부 기재를 유보함은 앞의 각주에서 본 바와 같다.

례,[1] 집행정지 또는 효력정지를 명하면서 결정 이유에서 '학교생활기록부 입력도 그에 따른다.'고 한 사례,[2] 효력정지를 명하면서 이유에서 '학교생활부의 관련 내용도 삭제하는 등의 조치가 있어야 한다.'고 한 사례,[3] 신청인이 신청취지 제1항에서 효력정지를 구하면서 제2항에서 그 효력정지에는 학교생활기록부 기재의 삭제가 포함된다고 기재한 사안에서, 재학 중 발생한 객관적 사실을 배제시키는 것은 수시모집 대학전형의 공정성 확보라는 공공복리에 중대한 영향을 미칠 우려가 있다는 이유로 기각한 사례,[4] 조치의 효력정지 신청에 대해 그 효력까지 정지될 경우 학교생활기록부상 해당 기재가 삭제되거나 그 사용이 허용되지 않게 될 수 있다는 이유로 집행정지만을 명한 사례[5] 등이 있다.

종래 행정소송법 제23조 제2항의 본문과 단서의 문언과 조문구조를 놓고, '효력정지'와 '집행정지', '절차속행정지'의 개념을 별도로 구분하여 집행정지 또는 절차속행정지가 원칙이고, 효력정지는 예외적·보충적으로만 적용되어야 한다는 설명[6]도

---

1) 춘천지방법원 2018. 8. 27. 자 2018아5059 결정(이미 일부 이루어진 집행 또는 절차의 원상회복을 구하는 집행정지 신청은 허용되지 않는다고 본 결정), 서울행정법원 2020. 6. 30. 자 2020아11672 결정(조치에 대한 효력정지 신청을 인용하면서, 결정 이유에서 위 조치를 기재한 학교생활기록부의 사용이 허용되지 않으므로, 학교생활기록부 기재의 삭제를 구할 법률상 이익이 없다고 본 결정), 부산지방법원 2023. 6. 9. 자 2023아5137 결정(조건부 기재유보 관리대장란 기재의 삭제 및 신청인의 학교생활기록부 송부·열람 등 신청인에게 불이익을 주는 일체 행위에 대한 집행정지를 구한 사안으로, 위 법원은 의무이행소송 형태의 집행정지 신청은 인정될 수 없고, 효력정지 결정이 나오면 조건부 기재유보 관리대장 등 기재의 사용과 같은 당해 처분의 법률효과는 모두 정지된다는 이유로 각하한 결정) 등.

2) 서울고등법원(춘천) 2018. 5. 23. 자 2018루8 결정(심리불속행기각 확정됨), 서울고등법원(춘천) 2019. 10. 22. 자 2019아61 결정, 서울행정법원 2017. 10. 20. 자 2017아2270 결정, 서울행정법원 2018. 11. 2. 자 2018아13213 결정, 춘천지방법원 강릉지원 2019. 5. 30. 자 2019아20015 결정, 수원지방법원 2019. 9. 26. 자 2019아3799 결정 등.

3) 대전고등법원 2024. 12. 11. 자 2024아179 결정, 의정부지방법원 2020. 9. 2. 자 2020아50230 결정, 의정부지방법원 2020. 9. 21. 자 2020아50255 결정, 서울행정법원 2022. 9. 5. 자 2022아12447 결정(이 사안은 이미 집행정지 인용 결정이 내려진 학교폭력 처분이 여전히 신청인의 학교생활기록부에 기재되었다는 이유로 가해학생 측이 다시 집행정지 신청을 한 것으로, 위 법원은 이미 한 집행정지 결정에도 불구하고 위 처분이 외부적으로 유효하게 존재하는 것처럼 학교생활기록부에 기재되어 있으므로 다시 위 처분에 대해 집행정지 결정을 내리면서, 이유에서 '피신청인 및 관계행정청은 처분의 효력이 유효하게 존재함을 전제로 한 학교생활기록부의 해당 기재 부분을 삭제하는 등 학교생활기록부의 기재 사용을 허용하지 않기 위한 적절한 조치를 취하여야 한다'라고 기재한 결정), 전주지방법원 2024. 7. 24. 자 2024아141 결정 등.

4) 서울행정법원 2020. 9. 3. 자 2020아12453 결정 등.

5) 서울고등법원 2020. 9. 14. 자 2020루1350 결정(위 서울행정법원 2020아12453 결정에 대한 항고심 결정으로, 신청인은 항고심에서 신청취지 제2항-학교생활기록부 기재 삭제 및 학교생활기록부 송부 및 열람 행위 금지-을 취하하였다. 심리불속행기각 확정) 등.

6) 대법원 2000. 1. 8. 자 2000무35 결정(절차속행정지로도 목적을 달성할 수 있는데도 효력정지를 명한 것은 위법하다는 이유로 원심결정을 파기한 사례).

있었으나, 이는 효력정지, 집행정지, 절차속행정지를 엄밀히 구분하지 않은 주류적인 재판실무와 조화되기 어렵다는 비판을 받았다.[1] 대법원 판례는 '집행' 개념을 대상처분의 강제적 실현을 위한 '행정상 강제'로 좁게 이해하는 것이 아니라, 대상처분에 근거한 후속 처분이나 절차 일체로 매우 넓게 이해하고 있으며,[2] 효력정지결정의 경우에도 다른 집행정지결정과 마찬가지로 장래효만 있다고 보고 있다.[3] 여기에 행정소송법 제23조 제6항에서는 처분 등을 취소하는 확정판결의 기속력에 관한 행정소송법 제30조 제1항을 집행정지의 결정에 준용하고 있어, 기속력에 따른 원상회복이나 결과제거조치 등이 따라야 할 것이다. 그럼에도 해당 조치가 유효함을 전제로 학교생활기록부에 이 기재를 유지하는 것은 집행정지 결정의 효력에 반하는 것이고, 이로 인하여 본안재판의 의미가 없어지게 된다면 실질적으로 재판청구권의 침해가 될 수도 있다[4]. 그러므로 이 경우 학교생활기록부 조건부 기재 유보대상과 같이 '조건부 기재유보 관리대장'에 기재하여 관리하면 될 것이다.[5]

제 8 장

1) 법원실무제요 행정[Ⅱ](2023), 153면.
2) 대법원 2003. 7. 11. 선고 2002다48023 판결.
3) 대법원 2020. 9. 3. 선고 2020두34070 판결.
4) 이정민, 앞의 글, 424면.
5) 오영표, 학교폭력사건의 소송상 주요 쟁점, 대전지방법원 2020년 하반기 헌법행정실무연구회 발표자료(2020), 8면.

Ⅵ. 보론 - 조치사항의 위헌 여부

1. '서면사과' 조치의 위헌 여부

학교폭력예방법 제17조 제1항 제1호는 가해학생에 대한 조치로 '피해학생에 대한 서면사과'를 규정하고 있다. 이러한 '서면사과' 조치가 헌법상 양심의 자유나 인격권을 침해하여 위헌인지에 대해 견해의 대립이 있다.

위헌이라는 견해는, 서면사과 조치가 가해학생의 판단이나 감정을 법이 강제하는 것으로 헌법상 양심의 자유에 반하는 처분이 될 수 있다는 점, 가해학생이 학교폭력을 인정하지 않는 경우 서면사과가 형사처벌 및 민사상 손해배상청구의 증거자료로 활용될 수 있는 점, 반성 내지 사과를 강제하는 것은 교육적 견지에도 맞지 않고 오히려 분쟁이 심화될 가능성이 있어 침해의 최소성이나 법익 균형성 등 비례의 원칙에 반한다는 점 등을 근거로 들고 있다.

반면에, 합헌이라는 견해는, 서면사과는 단순한 강제적 사과명령이 아닌 갈등당사자 간 교육과 대화를 통해 진정한 반성과 사과를 이끌어 내어야 한다는 법집행자에 대한 명령으로 보아야 하고, 교육과 대화를 통한 반성과 용서 그리고 이를 통한 양자의 치유와 회복이라는 일련의 과정 속에서 본질을 파악하여야 하며, 그러한 점에서 헌법상 양심의 자유를 침해한다고 보는 것은 적절하지 않다고 본다.

이에 대하여 헌법재판소[2023. 2. 23. 선고 2019헌바93, 254(병합) 전원재판부 결정]는 서면사과조치는 가해학생에게 반성과 성찰의 기회를 제공하고 피해학생의 피해회복과 정상적인 학교생활로의 복귀를 돕기 위한 것으로, 내용에 대한 강제 없이 자신의 행동에 대한 반성과 사과의 기회를 제공하는 교육적 조치로 마련된 것이고, 가해학생에게 의견진술 등 적정한 절차적 기회를 제공한 뒤에 학교폭력 사실이 인정되는 것을 전제로 내려지는 조치이며, 이를 불이행하더라도 추가적인 조치나 불이익이 없고, 서면사과의 교육적 효과는 가해학생에 대한 주의나 경고 또는 권고적인 조치만으로 달성하기 어려우므로, 위 조치가 가해학생의 양심의 자유와 인격권을 과도하게 침해한다고 보기 어렵다고 보았다.[1)]

살피건대, 서면사과조치를 이행하지 않는다 하더라도 추가 조치 이행 등 강제수단이 없고, 기존의 사과명령이나 사과방송 등과 관련된 헌법재판소 선례는 가치관이 온전히 형성된 성인[2)]이나 전문성이 인정되는 방송사업자[3)] 또는 언론사[4)]를 상대로 법원의 명령이나 제재조치의 하나로 사과가 공개적으로 행해지도록 강제되었다는 측면에서 학교폭력예방법에서 정한 서면사과조치와는 구분된다는 점 등을 고려한다면, 가해학생의 선도와 피해학생의 피해회복 및 학교폭력 재발방지에 있어 서면사과 조치는 교육적 효과가 있다고 보아야 할 것이므로, 위 조치가 가해학생의 양심의 자유와 인격권을 침해한다고 보기는 어려울 것이다.

2. '접촉 등 금지' 및 '학급교체' 처분이 일반적 행동자유권을 침해하는지 여부

가해학생에 대한 조치로 학교폭력예방법 제17조 제1항 제2호는 '피해학생 및 신고·고발 학생에 대한 접촉, 협박 및 보복행위(정보통신망을 이용한 행위를 포함한다)

1) 이에 대하여 "'사과한다'는 행위는 내심의 윤리적 판단·감정 내지 의사의 표현이므로, 외부에서 강제할 수 있는 성질의 것이 아니고, 아직 성장과정에 있는 학생이라 하더라도 의사에 반한 윤리적 판단이나 감정을 외부에 표명하도록 강제하는 것은 학생들의 인격과 양심의 형성에 왜곡을 초래하고, 그 양심의 자유 및 인격권의 제한 정도가 성인들의 것보다 작다고 단정할 수 없다. 또한 가해학생의 불성실한 사과는 오히려 2차 피해를 입힐 수 있는 점, 교사나 학부모의 조언, 교육, 지도 등을 통해 자발적으로 가해학생의 반성과 사과가 이루어져야 교육적인 측면에서뿐만 아니라 피해학생의 피해회복이나 분쟁해결의 측면에서도 바람직한 점, 주의나 경고 등의 조치로도 충분히 가해학생에게 학교폭력에 대한 경각심 등을 일깨워줄 수 있는 점, 피해학생에 대한 서면사과를 권고적 조치로 규정하는 것도 가능한 점 등을 고려하면, 가해학생에게 서면사과를 강제하는 조항은 가해학생의 양심의 자유와 인격권을 침해한다"는 헌법재판관 3인의 반대의견이 있었다.

2) 사죄광고의 강제는 양심의 자유를 제약한다고 본 헌법재판소 1991. 4. 1. 선고 89헌마160 전원재판부 결정.

3) '시청자에 대한 사과'의 제재조치에 관한 방송법 규정이 방송사업자의 인격권을 침해한다고 본 헌법재판소 2012. 8. 23. 선고 2009헌가27 전원재판부 결정.

4) 선거기사심의위원회의 사과문 게재명령에 관한 공직선거법 규정이 언론사의 인격권을 침해한다고 본 헌법재판소 2015. 7. 30. 선고 2013헌가8 전원재판부 결정.

의 금지(이하 '접촉 등 금지 조치'라 한다)'를, 같은 항 제7호는 '학급교체'를 각 규정하고 있다. 이러한 '접촉 등 금지' 및 '학급교체' 조치가 헌법상 일반적 행동자유권을 침해하는지에 대해서도 의문이 있었다.

이에 대해 헌법재판소[2023. 2. 23. 선고 2019헌바93, 254(병합) 전원재판부 결정]는 '가해학생의 접촉, 협박이나 보복행위를 금지하는 것은 피해학생과 신고·고발한 학생의 안전한 학교생활을 위한 불가결한 조치로, 가해학생의 의도적인 접촉 등만을 금지하고 통상적인 학교 교육활동 과정에서 의도하지 않은 접촉까지 모두 금지하는 것은 아닌 점, 학급교체는 학교폭력의 심각성, 가해학생의 반성 정도, 피해학생의 피해 정도 등을 고려하여 가해학생과 피해학생의 격리가 필요한 경우에 행해지는 조치로 가해학생은 학급만 교체될 뿐 기존에 받았던 교육 내용이 변경되는 것은 아니고, 피해학생이 가해학생과 동일한 학급 내에 있으면서 지속적으로 학교폭력의 위험에 노출된다면 심대한 정신적, 신체적 피해를 입을 수 있는 점을 고려한다면, 위 각 조치를 규정한 조항이 가해학생의 일반적 행동자유권을 침해하지 않는다'고 보았다.

제9장 **입찰 참가자격 제한 소송**

Ⅰ. 서 론

1. 근거법률 및 취지

국가를 당사자로 하는 계약에 관한 법률(이하 '국가계약법'이라 한다) 제27조 제1항과 지방자치단체를 당사자로 하는 계약에 관한 법률(이하 '지방계약법'이라 한다) 제31조 제1항은 '부정당업자의 입찰 참가자격 제한'이라는 제목으로[1] "각 중앙관서의 장, 지방자치단체의 장은 각 호의 어느 하나에 해당하는 자(이하 '부정당업자'라 한다)에게 2년 이내의 범위에서 대통령령으로 정하는 바에 따라 입찰 참가자격을 제한하여야 한다."고 규정하고 있다.[2] 한편 공공기관의 운영에 관한 법률(이하 '공공기관운영법'이라 한다) 제39조 제2항[3]과 지방공기업법 제64조의2 제4항은 "공기업·준정부기관,[4] 지방공사[5]는 공정한 경쟁이나 계약의 적정한 이행을 해칠 것이 명백하다고 판단되는 사람·법인 또는 단체 등에 대하여 2년 이내의 범위에서 입찰 참가자격을 제한할 수 있다."고 규정하고 있다. 이를 소위 '부정당업자의 입찰 참가자격 제한 제

1) 국가계약법 제27조 제1항의 제목은 '부정당업자의 입찰 참가자격 제한 등'이다.
2) 헌법재판소 2016. 6. 30. 선고 2015헌바125, 290 결정은 이 조항이 법률유보원칙, 포괄위임금지원칙, 직업의 자유에 관한 과잉금지원칙, 평등원칙에 반하지 않는다고 판시하였다.
3) 헌법재판소 2017. 8. 31. 선고 2015헌바388 결정, 헌법재판소 2012. 10. 25. 선고 2011헌바99 결정은 이 조항이 법률유보원칙, 명확성 원칙, 자기책임의 원칙, 직업의 자유에 관한 과잉금지원칙에 반하지 않는다고 판시하였다.
4) 기획재정부장관은 자체수입액이 총수입액의 2분의 1 이상인 기관 중에서 공기업(시장형, 준시장형)을 지정하고, 공기업이 아닌 공공기관 중에서 준정부기관(기금관리형, 위탁집행형)을 지정하며, 이를 제외한 기관을 기타 공공기관으로 지정하고 있다. 공공기관 지정대상 기관, 공공기관의 구분, 지정절차 등에 대해서는 공공기관운영법 제4조 내지 제6조 참조.
5) 지방자치단체는 수도사업(마을상수도사업 제외), 공업용수도사업, 궤도사업(도시철도사업 포함), 자동차운송사업, 지방도로사업(유료도로사업만 해당), 하수도사업, 주택사업, 토지개발사업 등을 영위하기 위하여 지방공기업법에 따라 지방직영기업, 지방공사, 지방공단을 설립할 수 있다. 지방공사에 대하여는 지방공기업법 제3장(제49조 내지 제75조의6) 참조.

도'라고 하는데, 위 법률 규정 외에도 조달사업에 관한 법률 제14조 제3항·제4항,[1] 방위사업법 제59조 제1항,[2] 지방자치단체 출자·출연 기관의 운영에 관한 법률 제7조 제4항,[3] 원전비리 방지를 위한 원자력발전사업자등의 관리·감독에 관한 법률 제18조 제2항[4] 등에서 입찰 참가자격 제한을 규정하고 있다.

이 제도의 입법취지는 부정당업자가 국가 등과의 계약에서 공정한 입찰 및 계약질서를 어지럽히는 행위를 하는 경우 일정 기간 입찰 참가를 배제함으로써 국가 등이 체결하는 계약의 성실한 이행을 확보함과 동시에 국가 등이 입게 될 불이익을 미연에 방지하고자 하는 데 있다.[5]

---

1) 조달사업에 관한 법률 제14조(계약방법의 특례) ③ 조달청장은 제2항에 따른 경쟁입찰과정에서 입찰자 간에 서로 상의하여 미리 입찰가격을 협정하였거나 특정인의 낙찰을 위하여 담합한 공동수급체에 대하여는 낙찰자 결정의 취소, 계약의 해제·해지 등의 필요한 조치를 하여야 한다. 다만, 낙찰자 결정의 취소, 계약의 해제·해지 등의 필요한 조치를 받는 자 외에는 적합한 시공자, 제조자가 존재하지 아니하는 등 대통령령으로 정하는 부득이한 경우에는 그러하지 아니하다. ④ 조달청장은 제3항 본문에 따른 공동수급체의 구성원에 대하여는 「국가를 당사자로 하는 계약에 관한 법률」 제27조에 따라 입찰참가자격을 제한하여야 한다.

2) 방위사업법 제59조(입찰참가자격 제한 등) ① 국방부장관과 방위사업청장은 제6조제1항제4호에 해당하는 자가 다음 각 호의 어느 하나에 해당하는 경우에는 5년 이내의 범위에서 대통령령으로 정하는 바에 따라 입찰참가자격을 제한하여야 한다.

   1. 의사결정·입찰·낙찰 및 계약의 체결·이행 업무를 담당하는 관계공무원(제6조제1항제2호에 따른 위원을 포함한다)에게 금품·향응 등을 제공하기로 약속하거나 제공한 경우
   2. 경쟁입찰, 계약체결 또는 이행 과정에서 입찰자 또는 계약상대자 간에 서로 상의하여 미리 입찰가격, 수주물량 또는 계약의 내용을 협정하였거나 특정인의 낙찰 또는 납품대상자 선정을 위하여 담합한 경우
   3. 공정한 직무 수행을 저해하는 알선·청탁을 한 경우
   4. 방위사업과 관련된 정보의 제공을 관계공무원에게 요구하거나 받은 사실이 있는 경우 또는 계약이행 과정에서 알게 된 연구성과물 등 정보를 임의로 제3자에게 제공하거나 누설한 경우
   5. 방위사업과 관련된 하도급계약을 체결하거나 이행하면서 원도급자의 우월한 지위를 이용하여 하도급자로부터 금품을 수수하거나 부당행위 또는 불공정행위를 한 경우
   6. 「방위산업기술 보호법」, 「군사기밀 보호법」에 따라 방위산업기술 유출·침해 사고 및 보안사고가 발생한 경우

3) 지방자치단체 출자·출연 기관의 운영에 관한 법률 제17조(회계처리의 원칙 등) ④ 출자·출연 기관은 공정한 경쟁이나 계약의 적정한 이행을 해칠 것이 명백하다고 판단되는 자에 대해서는 2년의 범위에서 입찰참가자격을 제한할 수 있다. 이 경우 해당 출자·출연 기관의 장은 불가피한 사유가 있는 것으로 인정되는 경우를 제외하고는 「지방자치단체를 당사자로 하는 계약에 관한 법률」 제32조에 따른 계약심의위원회에서 그 입찰참가자격 제한 여부에 관하여 심의할 수 있도록 지방자치단체의 장에게 요청하여야 한다.

4) 원전비리 방지를 위한 원자력발전사업자등의 관리·감독에 관한 법률 제18조(협력업체의 행위제한) ② 원자력발전공공기관은 협력업체가 제1항 각 호의 어느 하나에 해당하는 행위를 하는 경우에는 대통령령으로 정하는 바에 따라 해당 업체에 대하여 등록취소 또는 입찰제한 등의 제재조치를 취할 수 있다.

5) 헌법재판소 2005. 4. 28. 선고 2003헌바40 결정, 헌법재판소 2005. 6. 30. 선고 2005헌가1 결정, 대법원 2007. 11. 29. 선고 2006두16458 판결 등 참조.

2. 근거법률에 따른 법적 성격의 차이

입찰 참가자격 제한에 관하여 규정한 국가계약법·지방계약법과 공공기관운영법·지방공기업법을 대비해보면, 그 규정 내용이나 규정 방식에 상당한 차이가 있다. 우선 국가계약법·지방계약법은 그 목적을 계약업무의 원활한 수행만을 들고 있는 것과 달리 공공기관운영법·지방공기업법은 공공기관·지방공기업의 사경제 주체성에도 주목하여 공공기관의 경영합리화와 대국민서비스 증진·지방자치의 발전 및 주민복리의 증진 등을 목적으로 하고 있다(각 제1조). 입찰 참가자격 제한의 요건 등과 관련해서도, 국가계약법·지방계약법은 경쟁의 공정한 집행 또는 계약의 적정한 이행에 대한 침해의 '염려'가 있거나 입찰에 참가시키는 것이 '부적합'하다고 인정되는 경우 등 그 대상을 폭넓게 규정하면서도, 그 요건에 해당하면 입찰 참가자격을 제한하여야 한다고 하여 기속규정의 형식을 취하고 있는 반면(국가계약법 제27조 제1항, 지방계약법 제31조 제1항), 공공기관운영법·지방공기업법은 공정한 경쟁이나 계약의 적정한 이행을 해칠 것이 '명백'한 경우[1]로 요건은 더 제한적으로 규정하면서도 제한 여부에 대해서는 '제한할 수 있다'고 하여 처분 재량을 인정하고 있다(공공기관운영법 제39조 제3항, 지방공기업법 제64조의2 제4항). 따라서 부정당행위의 행위 태양이 동일하더라도 국가계약법·지방계약법이 적용될 경우에는 입찰 참가자격이 제한되지만, 공공기관운영법·지방공기업법이 적용될 경우에는 그러하지 않을 수 있다.[2] 이와 같이 국가계약법 제27조 제1항에 의한 입찰 참가자격 제한처분과 공공기관운영법 제39조 제2항에 의한 입찰 참가자격 제한처분은 그 요건과 법적 성격 등이 상당히 다르므로 공공기관이 공공기관운영법 제39조 제2항에 따라 입찰 참가자격 제한처분을 하면서 사전통지문 및 처분서에 국가계약법령만을 기재한 것만으로는 처분의 근거법령이 제대로 고지되었다고 볼 수 없고,[3] 공공기관이 입찰 참가자격 제한처분을 하면서 그 근거법령을 국가계약법으로 오인하여 처분의 요건과 판단 등에

1) 헌법재판소 2012. 10. 25. 선고 2011헌바99 결정은 '공정한 경쟁 또는 계약의 적정한 이행을 해칠 것이 명백하다'는 것은 공기업·준정부기관의 계약당사자가 계약체결과 그 이행과정에서 불공정한 행위를 하여 계약의 공정성과 적정성을 해치고 계약을 통해 달성하려는 목적을 해할 수 있는 자라는 것이 확실한 상태에 있는 것임을 의미한다고 한다.
2) 대법원 2013. 9. 12. 선고 2011두10584 판결.
3) 서울고등법원 2024. 2. 14. 선고 2022누51866 판결(대법원 2024두38438 심리불속행기각 확정).

관한 재량권을 전혀 행사하지 않은 것은 위법하다.[1)]

아울러, 공기업 등이 일방당사자가 되어 체결하는 계약은 사경제주체로서 행하는 계약으로서 법령에 특별한 정함이 없다면 사적 자치와 계약자유의 원칙 등 사법의 원리가 적용될 수 있고, 따라서 계약의 적정한 이행을 위하여 계약상대방과의 계약에 근거하여 계약당사자 사이에만 효력이 있는 계약특수조건 등을 부가하는 것이 금지되거나 제한된다고 할 수는 없다.[2)][3)] 다만 이러한 계약특수조건에 의한 입찰 참가자격 제한은 그 계약을 체결한 당사자가 실시하는 입찰에 참가하는 것을 제한하는 것에 한정된다는 점에서 다른 국가기관이나 공공기관이 시행하는 입찰에 참가하는 것을 제한하는 공공기관운영법 제39조 제2항, 지방공기업법 제64조의2 제4항에 근거한 입찰 참가자격 제한 처분과는 구별된다.

---

1) 서울고등법원 2024. 2. 14. 선고 2022누51934 판결(대법원 2024두38421 심리불속행기각 확정).

2) 다만 공공계약의 특수성에 비추어 그 내용이 앞서 본 계약 관계 법령에 위반하거나 비례의 원칙에 반하여 계약상대방에게 지나치게 가혹한 것이거나 선량한 풍속 기타 사회질서에 반하는 결과를 초래할 것임이 분명하여 이를 무효로 하지 않으면 공공계약의 공공성과 공정성을 유지하기 어렵다고 할 만한 특별한 사정이 있는 경우에는 무효로 된다(대법원 2014. 12. 24. 선고 2010다83182 판결).

3) 계약 체결 시 특수조건으로 뇌물을 공여한 경우 일률적으로 2년 입찰제한을 부가하였는데, 피고가 뇌물공여에 대해 위 특수조건에 따라 2년간 피고의 입찰에 참가하는 것을 제한한 사건에서 대법원(위 2010다83182 판결)은 위 특수조건이 당시 관계 법령(구 정부투자기관회계규칙 제23조, 국가계약법 시행령 제76조 제2항, 국가계약법 시행규칙 제76조 제4항, 제5항으로 뇌물공여의 경우 1월 이상 2년 이하, 6월 범위 내 감경을 할 수 있도록 하였다)에 위반하여 민법 제103조, 제104조 등에 반하여 무효라는 원고 주장을 배척하였다.

Ⅱ. 관계 법령의 연혁

1. 국가가 당사자인 계약과 관련한 입찰 참가자격 제한 제도

국가가 당사자인 계약과 관련한 입찰 참가자격 제한 제도는 1975. 12. 31. 법률 제2826호로 개정된 예산회계법 제70조의18에서 처음으로 "① 각 중앙관서의 장은 대통령령이 정하는 바에 의하여 경쟁의 공정한 집행 또는 계약의 적정한 이행을 해할 염려가 있거나 기타 입찰에 참가시키는 것이 부적합하다고 인정되는 자에 대하여는 일정한 기간 입찰 참가자격을 제한하여야 한다. ② 제1항의 규정에 의하여 입찰 참가자격을 제한받은 자는 그 자격 제한기간에 있어서는 국가에서 시행하는 모든 입찰에의 참가자격이 제한된다. 다른 법령의 규정에 의하여 입찰 참가자격의 제한을 받은 자도 또한 같다."라고 규정하였다. 1989. 3. 31. 예산회계법이 전부 개정될 때 제95조에서 같은 내용을 규정하였고, 1995. 1. 5. 법률 제4868호로 국가계약법이 제정되면서 위 예산회계법 제95조는 삭제되고 국가계약법 제27조에서 같은 내용을 규정하였다. 그 후 헌법재판소가 2005. 6. 30. 선고 2005헌가1 결정에서 국가계약법 제27조 제1항 중 '입찰 참가자격의 제한기간을 대통령령이 정하는 일정기간으로 규정하고 있는 부분'이 명확성의 원칙, 포괄위임금지원칙에 위반된다는 이유로 헌법불합치결정을 선고함에 따라, 2005. 12. 14. 법률 제7722호로 개정된 국가계약법에서 '2년 이내의 범위에서 대통령령이 정하는 바에 따라 입찰 참가자격을 제한하여야 하는 것'으로 개정되었다. 한편 국가계약법 제27조는 부정당업자에게 입찰 참가자격 제한 처분을 하도록 규정하면서도 처분사유의 구체적인 내용은 국가계약법 시행령에 위임하였는데, 2016. 3. 2. 법률 제14038호로 개정된 국가계약법에서 이를 법률로 상향하여 규정한 이래 자구의 수정을 거쳐 현재에 이르고 있다.

2. 지방자치단체가 당사자인 계약과 관련한 입찰 참가자격 제한 제도

지방자치단체가 당사자인 계약과 관련한 입찰 참가자격 제한 제도는 1975. 12. 31. 법률 제2804호로 개정된 지방재정법 제52조의4에서 처음 도입된 후 1988. 4. 6. 법률 제4006호로 개정된 지방재정법 제62조에 같은 내용이 규정되었다가 2005. 8. 4. 법률 제7663호로 전부 개정된 지방재정법에서는 위 내용이 삭제되었다. 같은 날 법률 제7672호로 제정된 지방계약법 제31조 제1항에서 '일정기간 입찰 참가자격을 제한하여야 하고, 다만 대통령령이 정하는 사유가 있는 경우에는 입찰 참가자격을 제한할 수 있는 것'으로 규정하였다가 2007. 1. 3. 법률 제8173호로 개정된 지방계약법 제31조 제1항에서 '2년 이내의 범위에서 입찰 참가자격을 제한하여야 하고, 다만 대통령령이 정하는 사유가 있는 경우에는 입찰 참가자격을 제한할 수 있는 것'으로 개정되었고, 2013. 8. 6. 법률 제12000호로 개정된 지방계약법 제31조 제1항은 '2년 이내의 범위에서 입찰 참가자격을 제한하여야 하는 것'으로 규정하고 있다. 지방계약법 제31조 역시 부정당업자에게 입찰 참가자격 제한 처분을 하도록 규정하면서도 처분사유의 구체적인 내용을 지방계약법 시행령에 위임하였는데, 2018. 12. 24. 법률 제16042호로 개정된 지방계약법에서 이를 법률로 상향하여 규정한 이래 자구의 수정을 거쳐 현재에 이르고 있다.

3. 정부투자기관이 당사자인 계약과 관련한 입찰 참가자격 제한 제도

정부투자기관이 당사자인 계약과 관련한 입찰 참가자격 제한 제도는 1999. 2. 5. 법률 제5812호로 개정된 정부투자기관관리기본법 제20조 제2항에서 "투자기관은 계약을 체결함에 있어서 공정한 경쟁 또는 계약의 적정한 이행을 해칠 것이 명백하다고 판단되는 자에 대하여는 일정기간 입찰 참가자격을 제한할 수 있다."고 규정하면서 처음 도입되었다. 헌법재판소가 2005. 4. 28. 선고 2003헌바40 결정에서 위 규정이 명확성 원칙에 반한다는 이유로 헌법불합치결정을 선고함에 따라, 2006. 10. 4. 법률 제8049호로 개정된 제20조 제2항은 '2년 이내의 범위에서' 입찰 참가자격을 제한할 수 있는 것으로 개정되었고, 2007. 1. 19. 법률 제8258호로 공공기관운영법이 제정됨으로써 위 법은 폐지되었다.

4. 입찰 참가자격 제한 조치의 처분성

판례는 공공조달계약을 사법계약으로 보면서[1)2)] 입찰 참가자격 제한 조치의 주체가 행정기관인 경우에는 일찍부터 이를 항고소송의 대상이 되는 처분으로 인정하여 왔다.[3)] 정부투자기관이 하는 입찰 참가자격 제한에 대해서는 당초 법률에 근거가 없었는데, 재정경제원장관 고시인 '구 정부투자기관 회계규정(1999. 10. 21. 폐지)'에 근거한 입찰 참가자격 제한에 대해서는 행정소송의 대상이 되는 행정처분이 아니라 단지 상대방을 정부투자기관이 시행하는 입찰에 참가시키지 않겠다는 뜻인 사법상의 효력을 가지는 통지행위에 불과하다고 판시하였다.[4)] 이후 공공기관운영법 제39조 제2항에서 공기업·준정부기관의 입찰 참가자격 제한에 관하여 규정하면서 판례는 공기업·준정부기관이 법령에 근거하여 한 입찰 참가자격 제한 조치는 행정처분으로, 계약에 근거한 조치는 사법상의 권리행사로 보는 입장이다. 나아가 판례는 행정처분인지 여부는 원칙적으로 의사표시의 해석 문제로 공기업·준정부기관이 계약상대방에게 통지한 문서의 내용과 해당 조치에 이르기까지의 과정을 객관적·종합적으로 고찰하여 판단하여야 하고 그럼에도 불구하고 공기업·준정부기관이 법령에 근거를 둔 행정처분으로서의 입찰 참가자격 제한 조치를 한 것인지 아니면 계약에 근거한 권리행사로서의 입찰 참가자격 제한 조치를 한 것인지 여부가 여전히 불분명한 경우에는 그에 대한 불복방법 선택에 중대한 이해관계를 가지는 상대방의 인식가능성 내지 예측가능성을 중요하게 고려하여 규범적으로 이를 확정하여야 한다고 판시하였다.[5)] 이와 관련하여 판례는 공공기관운영법이나 그 하위법령은 공기

1) 대법원 2001. 12. 11. 선고 2001다33604 판결, 대법원 2016. 5. 24. 선고 2015다215717 판결.
2) 대법원 2005. 1. 28. 선고 2002다74947 판결은 조달청장이 조달사업에 관한 법률 제5조의2 제1항 또는 제2항에 따라 수요기관으로부터 계약 체결을 요청받아 그에 따라 체결하는 이른바 '요청조달계약'은 국가가 당사자가 되고 수요기관은 수익자에 불과한 '제3자를 위한 계약'에 해당한다고 판시하였다.
3) 구 예산회계법: 대법원 1983. 7. 12. 선고 83누127 판결, 대법원 1983. 12. 27. 선고 81누366 판결, 구 지방재정법: 대법원 1991. 11. 22. 선고 91누551 판결 등 참조.
4) 한국전력공사 : 대법원 1985. 1. 22. 선고 84누647 판결, 대법원 1985. 4. 23. 선고 82누369 판결, 대법원 1999. 11. 26. 자 99부3 결정, 한국토지개발공사: 대법원 1995. 2. 28. 자 94두36 결정.
5) 대법원 2018. 10. 25. 선고 2016두33537 판결, 대법원 2019. 2. 14. 선고 2016두33233 판결, 대법원

업이 거래상대방 업체에 대하여 공공기관운영법 제39조 제2항 및 공기업·준정부기관 계약사무규칙 제15조에서 정한 범위를 뛰어넘어 추가적인 제재조치를 취할 수 있도록 위임한 바 없으므로, 한국수력원자력 주식회사가 조달하는 기자재, 용역 및 정비공사, 기기수리의 공급자에 대한 관리업무 절차를 규정함을 목적으로 제정·운용하고 있는 '공급자관리지침' 중 등록취소 및 그에 따른 일정 기간의 거래제한조치에 관한 규정들은 공공기관으로서 행정청에 해당하는 한국수력원자력 주식회사가 상위법령의 구체적 위임 없이 정한 것이어서 대외적 구속력이 없는 행정규칙이고, 한국수력원자력 주식회사가 자신의 '공급자관리지침'에 근거하여 등록된 공급업체에 대하여 하는 '등록취소 및 그에 따른 일정 기간의 거래제한조치'는 행정청이 행하는 구체적 사실에 관한 법집행으로서의 공권력의 행사인 '처분'에 해당한다고 보았다.[1]

한편 판례는 '기타 공공기관'의 경우 공공기관운영법 제39조 제2항, 국가계약법 제27조 제1항에 의하여 입찰 참가자격 제한 조치를 할 수 있는 주체에 해당하지 않으므로 기타 공공기관이 한 입찰 참가자격 제한 조치는 행정소송의 대상이 되는 행정처분이 아니라는 입장이다.[2]

2019. 2. 14. 선고 2016두33292 판결 등.

1) 대법원 2020. 5. 28. 선고 2017두66541 판결.

2) 대법원 2010. 11. 26. 자 2010무137 결정.

Ⅲ. 입찰 참가자격 제한 요건

1. 처분권자

국가계약법에 따른 경우는 중앙관서의 장, 지방계약법에 따른 경우는 지방자치단체의 장, 공공기관운영법에 따른 경우는 공기업·준정부기관의 장, 지방공기업법에 따른 경우는 지방공사의 사장이 입찰 참가자격 제한 처분의 주체가 된다.

지방자치단체, 공기업 등에서 조달청장에게 계약사무를 위임·위탁하여 입찰 등을 처리한 경우 조달청장이 입찰 참가자격 제한의 처분권자가 될 수 있는지가 문제된다. ① 대법원은 지방자치단체의 장이 조달청장에게 수요물자 구매에 관한 계약체결을 요청한 경우 그 계약사무의 처리에 관하여는 지방계약법이 적용되고 그 계약의 이행 등과 관련한 입찰 참가자격 제한에 관한 권한은 지방계약법 제31조 제1항에 따라 지방자치단체의 장에게 있다고 판시하였다.[1] 한편 2013. 8. 6. 법률 제12000호로 개정된 현행 지방계약법 제31조 제1항은 계약사무의 위임 또는 위탁이 이루어진 경우 위임 또는 위탁받은 기관의 장도 부정당업자에 대한 입찰 참가자격을 직접 제한할 수 있도록 하기 위하여 위임·위탁을 받은 중앙행정기관의 장 등도 원래의 처분 주체인 지방자치단체의 장에 포함된다고 규정하고 있다. 현행 규정에 따를 경우 지방자치단체로부터 계약사무를 위임·위탁받아 처리한 조달청장도 입찰 참가자격 제한 처분을 할 수 있다.[2] ② 대법원은 수요기관이 공기업·준정부기관인 요청조달계약의 경우 조달청장이 공공기관운영법 제44조 제2항(공기업·준정부기관은

제 9 장

1) 대법원 2012. 11. 15. 선고 2011두31635 판결.

2) 이와 관련하여 조달청은 개정 지방계약법 제31조 제1항의 시행일(2014. 2. 7.) 이후의 입찰에 대하여만 입찰 참가자격 제한 처분권한을 가지고, 그 이전 기간의 입찰에 대하여는 처분권한을 가지지 않는다는 판결로 서울고등법원 2018. 9. 20. 선고 2017누78058 판결(확정), 서울고등법원 2018. 9. 19. 선고 2017누72906 판결(대법원 2018두60700 심리불속행기각 확정).

필요하다고 인정하는 때에는 수요물자 구매나 시설공사계약의 체결을 조달청장에게 위탁할 수 있다)에 따라 국가계약법상의 입찰 참가자격 제한 처분을 수권받았다고 볼 수 있으나 수요기관이 기타 공공기관인 요청조달계약의 경우에는 입찰 참가자격 제한 처분의 수권 등에 관한 법령상 근거가 없으므로 조달청장이 국가계약법 제27조 제1항에 의하여 입찰참자가격 제한 처분을 할 수 없다고 판시하였다.[1)]

2. 처분 상대방

가. 계약상대자, 입찰자 등

처분의 상대방은 계약상대자, 입찰자 또는 전자조달시스템을 이용하여 견적서를 제출하는 자(이하 '계약상대자등'이라 한다)나 계약상대자등의 대리인, 지배인 또는 그 밖의 사용인이다(국가계약법 시행령 제76조 제3항, 지방계약법 시행령 제92조 제3항, 공기업·준정부기관 계약사무규칙 제15조[2)]). 여기서 '계약상대자'라 함은 계약의 상대방이라는 의미로 그 계약에는 주계약자가 체결한 계약뿐만 아니라 주계약자를 위하여 체결한 이행보증계약도 포함된다.[3)]

계약상대방등의 대리인, 지배인 또는 그 밖의 사용인의 행위로 인하여 입찰 참가자격의 제한 사유가 발생한 경우로서 계약상대자등이 그 행위를 방지하기 위하여 상당한 주의와 감독을 게을리하지 아니한 경우에는 제재처분을 부과하지 아니한다(국가계약법 시행령 제76조 제3항 단서, 지방계약법 시행령 제92조 제3항).

입찰 참가자격 제한 처분은 경쟁의 공정한 집행이나 계약의 적정한 이행을 해할 염려가 있거나 그 밖에 입찰에 참가시키는 것이 적합하지 아니하다는 객관적 사실 및 평가에 착안하여 가하는 제재이고, 대리인 등 타인을 사용하여 이익을 얻는 부정당업자는 그로 인한 위험이나 불이익을 감수하는 것이 타당하므로, 입찰 참가자

---

1) 대법원 2017. 12. 28. 선고 2017두39433 판결, 대법원 2017. 6. 29. 선고 2014두14389 판결.
2) 지방공기업법 시행령 제57조의8 제1항은 입찰 참가자격의 제한에 관하여 그 성질에 반하지 아니하는 범위 내에서 지방계약법 시행령 제92조를 준용한다고 규정하고 있다. 지방공사가 입찰 참가자격 제한을 할 때는 지방계약법 시행령 제92조에 따라야 할 것이다.
3) 대법원 2013. 5. 23. 선고 2011두19666 판결.

격 제한 처분은 반드시 현실적인 행위자가 아니라도 법령상 책임자로 규정된 자에게 부과될 수 있다.[1]

입찰 참가자격의 제한을 받은 자가 법인 기타 단체인 경우에는 그 대표자도 제재대상이 된다(국가계약법 시행령 제76조 제6항, 지방계약법 시행령 제92조 제6항). 판례는 입찰 참가자격의 제한을 받은 자가 법인이나 단체인 경우 그 대표자에 대해서도 입찰 참가자격을 제한하도록 규정한 지방계약법 시행령 규정이 지방계약법의 위임범위를 벗어났다고 할 수 없다고 판시하였다.[2][3]

한편 국가계약법 제76조 제6항과 지방계약법 시행령 제92조 제6항은 '중소기업협동조합이 부정당업자에 해당하는 경우에는 그 원인을 직접 야기시킨 조합원에 대해서도 입찰 참가자격을 제한해야 한다.'고 규정하고 있다. 이는 중소기업협동조합이 체결한 단체적 계약이 조합원인 회사에 직접 효력을 미치게 되어 그 계약체결과정 또는 이행과정에서 실제로는 조합원인 회사가 시행령에 정해진 각 입찰 참가자격 제한 사유를 야기하였으나 이것이 바로 그 단체적 계약의 당사자인 조합의 행위로 되는 결과가 발생함으로써 조합이 입찰 참가자격 제한을 받게 되는 경우에 계약당사자인 중소기업협동조합 이외에 그 원인을 직접 야기시킨 조합원(법인 기타 단체인 경우에는 그 대표자)에 대하여도 입찰 참가자격 제한 규정을 적용하는 일종의 양벌적 제재규정이라고 해석된다.[4]

나. 판례

부정당업자를 '계약상대자, 입찰자'로 정하고 있는 점 등에 비추어 '특정인의 낙찰을 위하여 담합한 자'는 '당해 경쟁입찰에 참가한 사람'으로서 그 입찰에서 특정인이 낙찰되도록 하기 위한 목적으로 담합한 사람을 의미하고, 당해 경쟁입찰에 참가

제 9 장

---

1) 대법원 2020. 2. 27. 선고 2017두39266 판결. 위 판결은 위 시행령 규정이 법률유보원칙이나 자기책임원칙에 반하여 무효라고 볼 수 없다고 판시하였다.
2) 대법원 2022. 7. 14. 선고 2022두37141 판결.
3) 반면 공공기관운영법 제39조 제2항에 따라 입찰 참가자격을 제한받는 법인의 경우 그 대표자에 대해서도 입찰 참가자격을 제한할 수 있는지와 관련하여, 대법원 2017. 6. 15. 선고 2016두52378 판결은 공기업·준정부기관 계약사무규칙 제15조 제4항은 입찰 참가자격의 제한을 받은 대표자에 대하여도 입찰 참가자격을 제한하고 있으나, 이는 위임의 범위를 넘어선 것이어서 그 효력이 없다는 이유로, 법인의 대표자에 대하여 입찰 참가자격을 제한할 수 없다고 판시하였다.
4) 대법원 2007. 10. 11. 선고 2005두6027 판결.

하지 아니함으로써 경쟁입찰의 성립 자체를 방해하는 담합행위자는 설사 그 경쟁입찰을 유찰시켜 수의계약이 체결되도록 하기 위한 목적에서 비롯된 것이라 하더라도 위 '계약상대자 또는 입찰자'에 해당한다고 할 수 없다.[1)]

중소기업협동조합법에 의해 설립된 법인인 조합이 계약당사자로서 납품계약을 체결한 후 그 물량을 조합원인 회사에 배정하여 그 회사가 납품한 사안에서, 국가계약법 시행령 제76조 제1항의 계약상대자 본인 또는 그 사용인에 법인의 사원이 포함된다고 확대하여 해석할 수 없는 이상, 법인의 사원에 불과한 조합원의 행위가 법률상 중소기업협동조합의 행위로 되거나 이와 동일시 할 수 있는 특별한 사정이 없는 한 계약 납품을 한 조합원인 회사의 대표이사가 관계공무원에게 뇌물을 주었다고 하더라도 위 규정을 근거로 중소기업협동조합에게 입찰 참가자격 제한 처분을 할 수 없다.[2)]

3. 처분사유

가. 처분사유 개관

구 국가계약법(2016. 9. 3. 법률 제14038호로 개정되기 전의 것) 제27조 제1항은 경쟁의 공정한 집행이나 계약의 적정한 이행을 해칠 염려가 있거나 그 밖에 입찰에 참가시키는 것이 적합하지 아니하다고 인정되는 자에 대하여 대통령령이 정하는 바에 따라 입찰 참가자격을 제한하도록 규정하면서 국가계약법 시행령 제76조 제1항에 구체적인 처분사유 내용을 위임하였다가 2016. 3. 2. 법률 제14038호로 개정되면서 대통령령에서 규정하고 있는 처분사유에 관한 사항을 법률에 상향 규정하고 제9호(그 밖에 다음 각 목의 어느 하나에 해당하는 자로서 대통령령으로 정하는 자)의 구체적인 사항만을 국가계약법 시행령 제76조 제2항에 위임하였다. 지방계약법 제31조 제1항도 2018. 12. 24. 법률 제16042호로 개정되면서 기존에 대통령령에서 규정하였던 부정당업자 입찰 참가자격 제한 사유를 법률에 상향 규정하고 제9호의 구체적인

1) 대법원 2008. 2. 28. 선고 2007두13791, 13807 판결.
2) 한국침잠공업협동조합: 대법원 2007. 10. 25. 선고 2005두6836 판결, 한국피복협동조합: 대법원 2007. 10. 11. 선고 2005두6027 판결.

사항만을 지방계약법 시행령 제92조 제2항에 위임하였다.

국가계약법령의 입찰 참가자격 제한 사유와 지방계약법령의 입찰 참가자격 제한 사유에는 다소 차이가 있다. 지방계약법령에서는 '지방자치단체의 장의 배우자 등 특수관계인과 지방자치단체가 영리목적의 수의계약을 체결하는 경우'(지방계약법 제31조 제1항 제8호, 제33조), '재정지출의 부담이 되는 입찰에서 정당한 이유 없이 계약이행능력의 심사에 필요한 서류를 제출하지 않거나 서류 제출 후 낙찰자 결정 전에 심사를 포기한 자'(지방계약법 시행령 제92조 제1항 마호), '최적가치 낙찰제 적용 입찰에서 정당한 이유 없이 평가에 필요한 서류를 제출하지 않거나 서류 제출 후 낙찰자 결정 전에 평가를 포기한 자'(같은 항 바호), '일괄입찰에서 실시설계적격자로 선정된 후 정당한 이유 없이 기한 내에 실시설계서를 제출하지 않은 자'(같은 항 사호)를 입찰 참가자격 제한 사유로 추가하는 한편 '정보통신망 또는 정보시스템의 구축 및 유지·보수 등 해당 계약의 이행과정에서 정보시스템등에 허가 없이 접속하거나 무단으로 정보를 수집할 수 있는 비인가 프로그램을 설치하거나 그러한 행위에 악용될 수 있는 정보시스템등의 약점을 고의로 생성 또는 방치한 자'(국가계약법 시행령 제76조 제2항 제3호 다목)를 입찰 참가자격 제한 사유에서 제외하고 있다.

공기업·준정부기관의 경우 공기업·준정부기관 계약사무규칙 제15조 제1항[1]은 국가계약법 제27조에 해당하는 경우를 제한사유로 정하고 있다. 구 공기업·준정부기관 계약사무규칙(2016. 9. 12. 기획재정부령 제571호로 개정되기 전의 것)은 국가계약법 시행령 제76조 제1항 각호 중 제2호, 제3호, 제7호, 제8호 및 제10호에 해당하는 경우만을 입찰 참가자격 제한 사유로 정하고 있었는데, 계약사무에 관한 국가기관과의 형평성을 확보하기 위하여 부정당업자 입찰 참가자격 제한 사유를 국가계약법에서 규정하고 있는 내용과 일치시키기 위해 위와 같이 개정되었다. 공공기관운영법 제39조 제2항이 적용되는 부정당행위는 공기업·준정부기관을 상대로 하는 행위에 한정된다.[2]

제 9 장

---

1) 2013. 11. 18. 기획재정부령 제375호로 개정되기 전의 공기업·준정부기관 계약사무규칙 제15조 제1항은 '경쟁의 공정한 집행이나 계약의 적정한 이행을 해칠 우려가 있거나 입찰에 참가시키는 것이 부적합하다고 인정되는 자'를 입찰 참가자격 제한 대상자로 규정하고 있었는데(현행 규정은 공공기관운영법 제39조 제2항과 같은 내용을 규정하고 있다), 이는 공공기관운영법 제39조 제2항에서 규정한 '공정한 경쟁이나 계약의 적정한 이행을 해칠 것이 명백할 것'보다 처분의 요건을 완화하여 정한 것이다. 대법원은 위 공기업·준정부기관 계약사무규칙 제15조 제1항은 대외적 구속력이 없는 행정기관 내부의 사무처리준칙을 정한 것에 지나지 않는다고 판시하였다(대법원 2013. 9. 12. 선고 2011두10584 판결).

2) 대법원 2018. 10. 25. 선고 2016두33537 판결은 원고가 한국수력원자력 주식회사에 시험성적서를 제

국가계약법, 지방계약법, 공공기관운영법에 따른 입찰 참가자격 제한은 제재적 행정처분으로서 그 처분사유는 법령에서 정하는 사유로 한정되고, 이에 해당하지 아니하는 계약상 조건 위반을 이유로 입찰 참가자격을 제한한다면 이는 사법상의 효력을 가지는 통지행위에 불과하다.[1)]

나. 구체적 사유

이하 (1)항부터 (10)항까지는 국가계약법 시행령 제76조 제1항 각호의 사유를 중심으로 살펴보고, (11)항에서는 지방계약법 시행령상의 특유한 사유를 살펴보기로 한다. 또한 국가계약법 시행규칙 제76조 제1항의 [별표 2]를 '시행규칙 [별표 2]'로 약칭하기로 한다.

(1) 계약의 부실, 조잡, 부당, 부정(국가계약법 제27조 제1항 1호)

국가계약법은 '계약을 이행할 때에 부실·조잡 또는 부당'하게 하거나 '부정한 행위를 한 자'로 전단과 후단을 나누어 규정하고, 시행규칙 [별표 2] 역시 부실한 이행(제1호)과 조잡한 이행(제2호), 부당·부정한 행위(제3호)를 나누어 각 행위 별로 제재기간을 달리 정하고 있다.

구체적 내용을 보면 시행규칙 [별표 2] 제1호는 부실의 판단과 관련하여 부실시공 또는 부실한 설계·감리로 부실벌점[2)]을 받는 경우를 기준으로 하여, 점수별로 2월에서 2년까지의 제재기간을 정하고 있다. 시행규칙 [별표 2] 제2호는 조잡의 판단과 관련하여 공사의 하자비율(하자담보책임기간 중 하자검사결과 하자보수보증금에 대한 하자발생 누계금액비율을 말한다)이나 물품의 보수비율(물품보증기간 중 계약금액에 대

출할 당시 한국수력원자력 주식회사가 기타 공공기관에 불과한 사안에서 위 제출행위는 공기업·준정부기관을 상대로 한 부정당행위에 해당하지 않는다고 판시하였다. 이와 같은 취지로 대법원 2019. 2. 14. 선고 2016두33223 판결, 대법원 2019. 2. 14. 선고 2016두33292 판결.

1) 대법원 2015. 9. 10. 선고 2013두13372 판결은 한국철도공사가 계약에 포함된 청렴계약 특수조건을 위반하였다는 점을 처분사유로 삼은 것과 관련하여, 공공기관운영법 제39조 제2항에 의한 입찰 참가자격 제한은 제재적 행정처분으로서 그 처분 사유는 법령이 정하고 있는 사유로 한정되는데, 청렴계약 특수조건 위반은 공공기관운영법 제39조 제2항, 국가계약법 시행령 제76조 제1항 각호에서 정한 입찰 참가자격 제한 처분의 사유에 해당하지 아니하므로, 이는 적법한 처분 사유가 될 수 없다고 판시하였다.

2) 건설기술 진흥법 시행령 제87조 제5항, [별표 8]은 법 제53조에 따른 부실 정도의 측정기준, 불이익 내용, 벌점의 공개 대상·방법·시기·절차 및 관리 등에 관하여 규정하고 있다.

한 보수비용발생 누계금액비율을 말한다)이 일정비율 이상인 경우를 열거하고, 하자비율·보수비율에 따라 3월에서 2년까지의 제재기간을 정하고 있다. 이와 같이 시행규칙 [별표 2] 제1, 2호는 하자의 정도에 따라 제재기간에 차등을 두는 점 등에 비추어 제조된 물품의 객관적 상태가 품질기준에 미치지 못하는 등 계약이행의 결과에 대하여 제재하려는 목적으로 해석된다.

시행규칙 [별표 2] 제3호는 계약의 이행을 '부당하게 하거나 부정한 행위'와 관련하여 ① 설계서와 달리 구조물 내구성 연한의 단축, 안전도의 위해를 가져오는[1] 등 부당한 시공(물품의 경우에는 제조를 말한다)을 한 경우, ② 설계서의 기준규격보다 낮은 다른 자재를 쓰는 등 부정한 시공을 한 경우, ③ 위 ①, ②와 관련하여 각각 감리업무를 성실하게 수행하지 아니한 경우를 규정하고,[2] 제재기간을 1년, 6월, 3월로 정하고 있다. 시행규칙 [별표 2] 제3호는 시공방법이나 사용한 자재가 설계서와 다른 경우를 예시로 들고 있으므로 계약을 위반하는 행위 자체를 제재하고자 하는 취지로 해석된다. 이와 관련하여 판례는 '부정한 행위'는 설계서상의 기준규격보다 낮은 다른 자재를 쓰거나 이와 같은 정도로 사회통념상 허용되지 않는 옳지 못한 방법을 적극적으로 사용하여 계약상 의무를 위반한 것을 말한다고 판시하였다.[3]

수의계약이 가능한 제품으로 계약을 체결한 후에 수의계약이 불가능한 제품을 대신 수요기관에 납품한 것은 계약의 부실, 조잡, 부당, 부정에 해당하고, 설령 실제 납품한 제품이 계약에서 정한 제품보다 효용성이 크다거나 고가·고급 사양의 제품이라는 사정만으로 계약위반 행위가 정당화되지 않는다.[4]

---

1) 서울고등법원 2013. 4. 19. 선고 2012누8856 판결(확정)은 군부대에 납품하는 햄버거 식빵 포장상의 제조일자를 허위로 표시한 행위는 '계약을 이행할 때 부당하게 하거나 부정한 행위'를 한 경우에 해당하고, 나아가 시행규칙 [별표 2] 제3호 가목이 정한 '규격서와 달리 안전도의 위해를 가져오는 부당한 물품 제조'에 해당한다고 판시하였다.

2) 이는 계약 이행과정에서 발생할 수 있는 부실, 조잡, 부당, 부정행위의 한 예시에 불과하고, 반드시 그와 같은 유형의 행위만을 제재대상으로 제한하는 취지라고 해석할 수 없다는 판결로 대전고등법원 2023. 11. 23. 선고 2023누10424 판결(대법원 2023두61127 심리불속행기각 확정).

3) 대법원 2024. 6. 27. 선고 2024두32393 판결, 원고가 납품대상 운동복 생산에 사용할 원단이 품질기준에 부합한다는 취지의 공인기관 시험성적서를 제출하였으나 이후 위 업체가 납품한 운동복 완제품이 품질기준에 미달한다는 시험 결과가 나오자 피고가 '부정한 행위를 한 자'에 해당한다는 이유로 원고에 대하여 입찰 참가자격 제한을 한 사안에서, 원고가 운동복을 제조하는 과정에서 공인기관의 시험을 통과한 원단이 아니라 품질기준에 미달되는 다른 원단을 사용하였거나 이에 준하는 사회통념상 허용되지 않는 옳지 못한 방법을 적극적으로 사용하여 물품을 제조하였음을 피고가 증명하지 못하였다고 판단하였다.

4) 대법원 2018. 11. 29. 선고 2018두49390 판결.

(2) 담합(국가계약법 제27조 제1항 2호)

경쟁입찰, 계약 체결 또는 이행 과정에서 입찰자 또는 계약상대자 간에 서로 상의하여 미리 입찰가격, 수주 물량 또는 계약의 내용 등을 협정하였거나 특정인의 낙찰 또는 납품대상자 선정을 위하여 담합한 자에 대하여 입찰 참가자격을 제한한다. 시행규칙 [별표 2] 제4호는 담합을 주도하여 낙찰을 받은 자에게 2년, 담합을 주도한 자에게 1년, 입찰자 또는 계약상대자 간에 서로 상의하여 미리 입찰가격 등을 협정하거나 특정인의 낙찰 또는 납품대상자 선정을 위하여 담합한 자에게 6월의 제재기간을 정하고 있다.

여기서 담합이란 입찰자가 입찰에 즈음하여 실질적으로는 단독입찰인 것을 그로 인한 유찰을 방지하기 위하여 경쟁자가 있는 것처럼 제3자를 시켜 형식상 입찰을 하게 하는 소위 들러리를 세운다거나 입찰자들끼리 특정한 입찰자로 하여금 낙찰받게 하거나 당해 입찰에 있어서 입찰자들 상호 간에 가격경쟁을 하는 경우 당연히 예상되는 적정한 가격을 저지하고 특정 입찰자에게 부당한 이익을 주고 입찰실시자에게 그 상당의 손해를 입히는 결과를 가져올 정도로 싼 값으로 낙찰되도록 하기 위한 사전협정으로서 그 어느 경우이건 최저가입찰자가 된 입찰자에게 책임을 돌릴 수 있는 경우를 말하고, 단지 기업이윤을 고려한 적정선에서 무모한 출혈경쟁을 방지하기 위하여 일반거래 통념상 인정되는 범위 내에서 입찰자 상호 간에 의사의 타진과 절충을 한 것에 불과한 경우는 위의 담합에 포함되지 않는다.[1] 한편 당해 경쟁입찰에 참가하지 아니함으로써 경쟁입찰의 성립 자체를 방해하는 담합행위자는 그 경쟁입찰을 유찰시켜 수의계약이 체결되도록 하기 위한 목적에서 비롯된 것이라 하더라도 계약상대자 또는 입찰자에 해당한다고 할 수 없다.[2]

'담합을 주도하여 낙찰을 받은 자'는 입찰에서 투찰가격의 범위를 제시하거나 낙찰자를 예정하는 등으로 경쟁을 제한하거나 배제하는 구체적인 내용을 주도적으로 제시하여 관련자의 참여나 동조를 이끌어 내는 자를 의미한다.[3] 이에 해당하는지 여부는 입찰담합이 사업자단체·모임에서 합의한 전체적인 계획에 따라 같은 방법으로 반복적으로 실행되었더라도 개별 입찰별로 판단하여야 하되, 입찰담합의 전

1) 대법원 1994. 12. 2. 선고 94다41454 판결.
2) 대법원 2008. 2. 28. 선고 2007두13791, 13807 판결.
3) 대법원 2019. 2. 14. 선고 2018두54880 판결.

체적인 계획을 마련하는 데 참여한 경위나 역할도 고려할 수 있다.[1)2)]

담합을 이유로 한 입찰 참가자격 제한 처분에 있어서 독점규제 및 공정거래에 관한 법률 제19조 제1항의 '부당한 공동행위'의 성립요건 중 하나인 '경쟁제한성'이 요구되지는 않는다.[3)] 또한 부당한 공동행위에 대한 공정거래위원회의 시정명령 등은 국가계약법령에 따른 입찰 참가자격 제한 처분과 제도의 목적, 취지, 적용 요건 등을 달리하므로, 공정거래위원회가 담합에 대하여 시정명령 및 과징금 부과처분만을 하고 입찰 참가자격 제한 요청을 하지 않았다는 사정만으로 입찰 참가자격 제한 처분을 면제하여야 한다고 볼 수 없다.[4)]

한편 국가계약법은 2024. 3. 26. 법률 제20401호로 일부 개정되면서 제27조 제2항이 신설되었는데, 위 조항에서는 '각 중앙관서의 장은 제1항 제2호 또는 제5호에 따라 입찰 참가자격을 제한받은 부정당업자가 독점규제 및 공정거래에 관한 법률 제44조에 따라 부당한 공동행위를 한 사실의 자진신고 등을 통하여 시정조치나 과징금을 감경 또는 면제받은 경우에는 대통령령으로 정하는 바에 따라 제1항에 따른 입찰 참가자격 제한 처분을 감경 또는 면제할 수 있다'고 규정하고 있다. 개정 전 국가계약법령에서는 최초 자진신고자의 경우에도 입찰 참가자격 제한 처분에 대해 감경만 가능하도록 함으로써 입찰 참가자격 제한 처분을 피할 수 없도록 정하고 있었는데, 공정거래위원회에 자진신고를 하려는 사업자가 이후 과도한 입찰 참가자격 제한처분을 받게 될 것이 예상된다면 그 사업적 상황에 따라 자진신고 자체를 꺼리게 될 유인이 생길 수도 있어 결과적으로 자진신고율을 낮추는 요인으로 작용할 수 있음을 고려하여 부당한 공동행위 사실을 자진신고하여 같은 법에 따른 과징금을 감면받은 경우에는 이 법에 따른 국가계약 입찰 참가자격 제한 처분도 감면할 수

1) 서울고등법원 2018. 10. 31. 선고 2017두49517 판결(대법원 2018두63402 심리불속행기각 확정), 서울고등법원 2018. 11. 14. 선고 2018두35973 판결(대법원 2018두64665 심리불속행기각 확정), 대전고등법원 2022. 8. 19. 선고 2021누13764 판결(대법원 2023. 1. 12. 선고 2022두56265 판결로 상고 기각) 등 참조.

2) 이와 관련하여 장기간에 걸쳐 다수의 업체가 공동의 이해관계를 갖고 대규모·조직적으로 입찰담합을 하는 경우 어느 업체가 일방적으로 주도적인 역할을 하였다고 볼 수 없는 경우가 많고, 어느 정도의 역할까지를 담합을 '주도'한 경우로 보아야 할지 단정하기 어려운 경우가 있지만, 그렇다고 하여 결과적으로 낙찰을 받았다는 이유만으로 낙찰을 받은 업체를 일률적으로 담합의 주도자로 간주하는 것은 위법하다는 판결로 대전고등법원 2019. 4. 4. 선고 2017두12498 판결(확정).

3) 서울고등법원 2021. 1. 29. 선고 2020누49784 판결(대법원 2021두34480 심리불속행기각 확정), 서울고등법원 2023. 8. 17. 선고 2018누49422 판결(확정) 등 참조.

4) 서울고등법원 2018. 10. 17. 선고 2017누782178 판결(대법원 2018두61901 심리불속행기각 확정), 서울고등법원 2023. 10. 27. 선고 2023누45592 판결(확정) 등 참조.

있도록 국가계약법령이 개정된 것이다.[1)]

(3) 하도급 제한규정 위반(국가계약법 제27조 제1항 3호)

건설산업기본법 제29조, 전기공사업법 제14조, 정보통신공사업법 제31조, 소프트웨어산업 진흥법 제51조 또는 그 밖의 다른 법령[2)]에서 정한 하도급의 제한규정을 위반하여 하도급하거나,[3)] 발주관서의 승인없이 하도급을 하거나 발주관서의 승인을 얻은 하도급조건을 변경한 자는 입찰 참가자격 제한을 받게 된다.[4)]

수급인이 발주자로부터 도급받은 건설공사 등을 하수급인에게 하도급하는 경우 그 하도급이 건설산업기본법 등의 하도급 금지규정을 위반하였는지를 판단함에 있어서는 원도급금액과 하도급금액, 하도급금액이 원도급금액에서 차지하는 비중 외에도 발주자로부터 도급받은 전체 공사 및 하도급한 공사의 내용, 하도급한 공사가 전체 공사에서 차지하는 위치, 하도급한 공사의 수급인과 하수급인이 실제 시공한 각 공사의 내역 등을 참작하여 주된 공사가 무엇인지를 확정한 다음, 주된 공사의 전부가 하도급되었는지를 살펴보아야 할 것이다.[5)] 전기공사와 정보통신공사가 분리되지 아니하고 하나의 공사로 발주된 경우, 전기공사업법의 하도급 제한규정과 정보통신공사업법의 하도급 제한규정은 그 실체적·절차적 요건을 달리하므로 위 각 하도급 제한규정이 중첩적으로 적용된다고 볼 수 없고, 그 중 주된 공사가 어떤 공사인지에 따라 전기공사업법의 하도급 제한규정 또는 정보통신공사업법의 하도급 제한규정이 선택적으로 적용된다고 할 것이다.[6)]

---

1) 이와 관련하여 위 개정법률 시행일 전의 위반행위라 하더라도 개정 취지를 고려하여야 하므로, 부당한 공동행위를 자진 신고하여 공정거래위원회로부터 시정조치와 과징금을 면제받은 업체에 대한 입찰 참가자격 제한 처분이 재량권을 일탈·남용하였다고 판단한 판결로 서울고등법원 2024. 12. 18. 선고 2022누68963 판결(확정).

2) 소방시설공사업법 제22조, 문화재수리 등에 관한 법률 제25조, 승강기 안전관리법 제42조, 시설물의 안전관리에 관한 특별법 제27조.

3) 서울행정법원 2013. 4. 26. 선고 2012구합22201 판결(확정), 서울행정법원 2014. 1. 17. 선고 2013구합57006 판결(확정) 등은 전기공사업법 제14조 제1항 단서에 따라 전기공사의 일부를 하도급할 수 있다고 하더라도, 하수급인이 전기공사업의 등록을 하지 않은 경우라면 어떠한 경우에도 전기공사업법이 예외적으로 정한 하도급 허용 사유에 해당하지 않는다고 판시하였다.

4) 이 사유는 택일적이므로, 관계 법령의 하도급 제한규정에 위반하지 않더라도 발주관서의 승인 없이 하도급을 하게 되면 이 사유에 해당하여 입찰 참가자격 제한을 받게 된다[서울행정법원 2013. 11. 21. 선고 2013구합14108 판결(확정) 참조].

5) 대법원 2008. 4. 24. 선고 2006두8198 판결.

6) 대법원 2015. 4. 23. 선고 2015두3973 판결(심리불속행기각)의 제1심인 서울행정법원 2014. 2. 27. 선고 2013구합51633 판결 참조. 이 사건에서 당초 처분사유는 정보통신공사업법 하도급 제한규정 위반

시행규칙 [별표 2] 제5호는 전부 또는 주요부분의 대부분을 1명에게 하도급한 자는 1년, 전부 또는 주요 부분의 대부분을 2명 이상에게 하도급한 자와 면허·등록 등 관련 자격이 없는 자에게 하도급한 자는 8월, 발주기관의 승인 없이 하도급한 자는 6월, 재하도급금지 규정에 위반하여 하도급한 자와 하도급조건을 하도급자에게 불리하게 변경한 자는 4월 등의 제재기간을 정하고 있다.

(4) 부정한 행위로 국가에 손해발생(국가계약법 제27조 제1항 4호)

사기, 그 밖의 부정한 행위로 입찰·낙찰 또는 계약의 체결·이행 과정에서 국가에 손해를 끼친 자[1]에 대하여 그 손해액이 10억원 이상인 때는 2년, 10억원 미만인 때는[2] 1년의 입찰 참가자격을 제한한다(시행규칙 [별표 2] 제6호[3]). 사기로 지방자치단체에 손해를 끼친 것이라 함은 계약상대자가 중앙관서나 지방자치단체를 기망하여 중앙관서 등이 착오에 빠지고 그 착오로 인한 계약의 체결 또는 자금 집행에 의해 국가나 지방자치단체에 재산상 손해가 발생한 경우를 의미한다고 보아야 한다.[4] 나아가 '사기'의 의미를 반드시 형법상 사기죄 또는 컴퓨터등사용사기죄의 구성요건과 동일하게 한정하지 아니하고 기만적이고 부정한 행위를 통해 낙찰을 받고 계약을 체결하는 행위도 포함한다고 할 것이다.[5]

이었으나, 이 판결은 발주받아 시행한 공사의 주된 부분이 전기공사라고 전제한 다음 기본적 사실관계의 동일성 범위 내에 있다는 이유로 전기공사업법 하도급 제한규정 위반을 처분사유로 추가하는 것을 허용하였다.

1) 여기서 '손해를 끼친'의 의미를 '손해가 현존하는 경우'로 축소해석 할 수 없으므로 대상 회사가 환수조치에 따라 부당이득금을 납부한 경우에도 국가계약법 제27조 제1항 제4호에 해당한다고 본 판결로 서울고등법원 2019. 5. 21. 선고 2018누74794 판결(확정).

2) 국가에게 손해를 끼쳤음이 분명한 이상 그 손해액이 구체적으로 산정되지 않는다 하더라도 손해액이 10억 원 미만인 때의 규정을 적용할 수 있다는 판례(대전고등법원 2019. 5. 8. 선고 2018누11591 판결, 확정).

3) 서울고등법원 2020. 4. 22. 선고 2019누31763 판결(대법원 2020두39426 심리불속행기각 확정)은 별표 기준에 따른 손해액을 인정함에 있어서는 입찰, 낙찰 또는 계약의 단위별로 판단하여야 할 것이지 형사판결에서의 죄수에 따라 판단할 것은 아니라고 판시하였다.

4) 서울행정법원 2013. 1. 24. 선고 2012구합18134 판결 참조(대법원 2013두20295 심리불속행기각 확정).

5) 대구지방법원 2014. 9. 19. 선고 2013구합3285 판결 참조(대법원 2015두37822 심리불속행기각 확정).

(5) 공정거래위원회 또는 중소벤처기업부장관의 요청(국가계약법 제27조 제1항 5호, 6호)

독점규제 및 공정거래에 관한 법률 위반행위, 하도급거래 공정화에 관한 법률 위반행위에 대하여 공정거래위원회로부터 요청이 있는 경우와 대·중소기업 상생협력 촉진에 관한 법률 위반행위에 대하여 중소벤처기업부장관으로부터 요청이 있는 경우에는 입찰 참가자격을 제한한다.

공정거래위원회는 과거 5년간 입찰담합으로 받은 벌점 누계가 5점을 초과한 사업자가 다시 입찰담합을 하는 경우에는 원칙적으로 입찰 참가자격 제한 요청을 하도록 하고 있다.[1] 하도급거래 공정화에 관한 법률 제26조 제2항, 시행령 제17조 제1항, 제2항 제1호, 대·중소기업 상생협력 촉진에 관한 법률 제28조의2 제2항, 시행령 제18조의2 제1항, 제2항에 따르면 각각 벌점의 부과대상인 위반행위를 열거하고 위반행위에 따른 벌점의 누산점수가 5점을 초과하는 경우에는 입찰 참가자격 제한 요청을 하도록 규정하고 있다.

시행규칙 [별표 2] 제7호는 공정거래위원회 또는 중소벤처기업부장관이 입찰 참가자격 제한 요청을 한 사유가 [별표 2]가 정한 제한기준에 해당하면 그 제한기준에서 정하는 제재기간을, 해당하는 사항이 없으면 6월의 제재기간을 정하고 있다.

판례는 공정거래위원회가 하도급거래 공정화에 관한 법률 제26조 제2항에 따라 관계 행정기관의 장에게 한 입찰 참가자격 제한의 요청 결정이 항고소송의 대상이 되는 처분으로 본다.[2]

(6) 뇌물제공(국가계약법 제27조 제1항 7호)

입찰·낙찰 또는 계약의 체결·이행과 관련하여 관계공무원(법 제29조 제1항에 따른 국가계약분쟁조정위원회, 건설기술 진흥법에 따른 중앙건설기술심의위원회·특별건설기술

1) 입찰에 있어서의 부당한 공동행위 심사지침(공정거래위원회 예규 제392호) 4의 (2) 참조.

2) 대법원 2023. 2. 2. 선고 2020두48260 판결, 대법원 2023. 4. 27. 선고 2020두47892 판결. 주된 이유는, 하도급거래 공정화에 관한 법률 제26조 제2항이 입찰 참가자격 제한 등 요청의 요건을 시행령으로 정한 기준에 따라 부과한 벌점의 누산점수가 일정 기준을 초과하는 경우로 구체화하고, 위 요건을 충족하는 경우 공정거래위원회는 하도급법 제26조 제2항 후단에 따라 관계 행정기관의 장에게 해당 사업자에 대한 입찰 참가자격 제한 등 요청 결정을 하게 되며, 이를 요청받은 관계 행정기관의 장은 특별한 사정이 없는 한 그 사업자에 대하여 입찰 참가자격 제한 등의 처분을 해야 하므로, 사업자로서는 입찰 참가자격 제한 등 요청 결정이 있으면 장차 후속 처분으로 입찰 참가자격이 제한되고 영업이 정지될 수 있는 등의 법률상 불이익이 존재한다는 것이다.

심의위원회 및 기술자문위원회, 시행령 제42조 제7항에 따른 종합심사낙찰제심사위원회, 제43조 제8항에 따른 제안서평가위원회, 제94조 제1항에 따른 계약심의위원회의 위원을 포함한다)에게 뇌물을 준 경우는 입찰 참가자격을 제한한다. 이는 관계공무원에게 직접 금품 등의 뇌물을 준 경우뿐만 아니라 이와 동일시할 수 있는 경우, 즉 관계공무원에게 전달하는 것에 대한 의사의 합치나 이에 준하는 인식 하에 계약상대자 등이 제3자에게 금품 등을 제공하고 제3자가 그 중 일부 또는 전부를 관계공무원에게 뇌물을 제공한 경우를 포함한다.[1] 시행규칙 [별표 2] 제8호는 뇌물의 액수에 따라 2억 원 이상은 2년, 1억 원 이상 2억 원 미만은 1년, 1천만 원 이상 1억 원 미만은 6월, 1천만 원 미만은 3월 등의 제재기간을 정하고 있다. 별표 기준의 적용에 있어서는 '입찰·낙찰 또는 계약'의 단위를 기준으로 하되,[2] 단일한 범의 아래 포괄하여 뇌물을 수수한 것으로 볼 수 없는 한 별표 기준에 적용할 뇌물의 액수는 단순히 공여액의 합산액이 아니라 개별 수수액을 기준으로 할 것이다.[3]

입찰 참가자격 제한에서의 '뇌물'의 개념은 형법상의 '뇌물'의 개념과 같다고 할 것이나, 부정당업자 제재요건에 관한 사실의 증명은 형사재판에 있어서와 같은 합리적 의심을 배제할 수 없을 정도에까지 이르러야 한다고 볼 수 없고, 해당 사업자 등에 대한 기소 또는 유죄 판결이 없다 하더라도 행정소송에 제출된 증거를 종합하여 제재사유가 되는 사실관계를 증명할 수 있을 정도면 족하다.[4]

건설회사의 현장감독이 수급한 공사와 관련하여 편의를 보아 달라는 명목에서 관계공무원에게 금원을 제공하였다면 그 증뢰가 회사의 자금 또는 회사 대표이사의 지시에 의하여 이루어진 것이 아니라 하더라도 입찰 참가자격 제한사유인 뇌물제공에 해당한다.[5]

1) 서울고등법원 2018. 8. 23. 선고 2017누80891 판결(대법원 2018두57001 심리불속행기각 확정), 서울고등법원 2016. 6. 22. 선고 2015누34962 판결(대법원 2016두45097 심리불속행기각 확정).
2) 서울고등법원 2014. 6. 27. 선고 2013두26660 판결은 "별표 기준에 따른 뇌물 공여액을 인정함에 있어서는 특별한 사정이 없는 한, 시행령 제76조 제1항 제10호에 규정된 '입찰·낙찰 또는 계약'의 단위별로 판단하여야 할 것이지 형사판결에서의 죄수에 따라 판단할 것은 아니다."라고 판시하였다(대법원 2014두9806 심리불속행기각 확정).
3) 서울행정법원 2014. 4. 3. 선고 2013구합28244 판결(대법원 2015두37624 심리불속행기각 확정).
4) 서울고등법원 2018. 6. 20. 선고 2017누62855 판결(대법원 2018두48939 심리불속행기각 확정), 부산고등법원 2022. 11. 30. 선고 2021누10401 판결(대법원 2022두67906 심리불속행기각 확정).
5) 대법원 1985. 7. 23. 선고 85누136 판결.

(7) 산업안전보건법 규정 위반(국가계약법 제27조 제1항 제8호)

계약을 이행할 때에 산업안전보건법상의 안전·보건 조치 규정을 위반하여 근로자에게 대통령령으로 정하는 기준에 따른 사망 등 중대한 위해를 가한 자에 대하여 입찰 참가자격을 제한한다. 여기서 말하는 "대통령령으로 정하는 기준에 따른 사망 등 중대한 위해"란 산업안전보건법 제38조, 제39조 또는 제63조에 따른 안전 및 보건 조치 의무를 위반하여 동시에 2명 이상의 근로자가 사망한 경우를 말한다. 시행규칙 [별표 2] 제9호는 동시에 사망한 근로자수가 10명 이상인 경우 2년, 6명 이상 10명 미만인 경우 1년 6개월, 2명 이상 6명 미만인 경우 1년으로 제재기간을 정하고 있다.

처분사유가 존재하는지 여부는 산업안전보건법 제38조(안전조치), 제39조(보건조치), 제63조(도급인의 안전조치 및 보건조치) 및 관계 법령의 내용에 비추어 실질적으로 검토되어야 할 것이다.[1] 이 사유와 관련하여서는 계약상대자등이 그 행위를 방지하기 위하여 상당한 주의와 감독을 게을리하지 않은 경우에 해당하는지 여부가 주로 쟁점이 된다.[2]

(8) 입찰·계약 관련 서류를 위조 또는 변조하거나 입찰·계약을 방해하는 등 경쟁의 공정한 집행을 저해할 염려가 있는 자(국가계약법 제27조 제1항 제9호 가목)

(가) 입찰·계약관련 서류의 위·변조, 부정행사, 허위서류 제출(국가계약법 시행령 제76조 제2항 제1호 가목)

입찰 또는 계약에 관한 서류[국가계약법 시행령 제39조에 따라 전자조달시스템을 통해 입찰서를 제출하는 경우 전자서명법 제2조제6호에 따른 인증서(서명자의 실지명의를 확인할 수 있는 것으로 한정한다)를 포함한다]를 위조·변조하거나 부정하게 행사한 자 또는 허위서류를 제출한 자에 대하여는 입찰 참가자격을 제한한다. 시행규칙 [별표 2] 제

1) 서울행정법원 2015. 4. 17. 선고 2014구합63688 판결(상수도관 시설공사 도중 차단막이 파손되면서 강물이 유입되어 하저터널 내부에서 작업 중이던 하도급업체 소속 근로자 7명이 사망한 사고와 관련하여 주시공사인 원고에 대하여 1년의 입찰 참가자격을 제한한 처분에 재량권의 일탈·남용이 없다고 판시함, 이 판결은 항소심에서 소취하 되었다).

2) 대전지방법원 2017. 3. 9. 선고 2016구합101746 판결(확정, 철골공사 중 철골구조물이 분리되어 추락하는 과정에서 근로자 2명이 사망한 사고와 관련하여 '행위를 방지하기 위하여 상당한 주의와 감독을 게을리하지 아니한 경우'에 해당한다는 원고의 주장을 배척하고 입찰 참가자격 제한 6개월의 처분이 적법하다고 판단함).

10호는 입찰에 관한 서류를 위조·변조·부정행사하거나 허위서류를 제출하여 낙찰받은 자에 대하여는 1년, 입찰 또는 계약에 관한 서류를 위조·변조·부정행사하거나 허위서류를 제출한 자에 대하여는 6월의 제재기간을 정하고 있다.

국가계약법 시행령 제76조 제1항 제8호(1999. 9. 9. 대통령령 제16548호로 개정되기 전의 것)의 '허위서류를 제출한 자'에 해당하기 위해서는 구체적인 사안에서 계약체결의 경위와 그 내용, 허위서류의 작성 및 제출의 경위, 허위서류의 내용, 허위서류가 계약에서 차지하는 비중 등을 고려할 때 허위서류의 제출이 경쟁의 공정한 집행 또는 계약의 적정한 이행을 해할 염려가 있거나 기타 입찰에 참가시키는 것이 부적절하다고 인정되어야 한다.[1)]

'입찰 또는 계약에 관한 서류'의 의미와 범위에 관하여 계약의 이행과 관련한 서류도 여기에 포함되는지가 문제된다. 국가계약법 시행령 제76조 제1항 제8호에서 위조·변조·부정행사의 대상 서류를 '계약에 관한 서류'라고 규정할 뿐 '계약의 체결에 관한 서류'로 한정하고 있지 아니한 점, 국가계약법 시행령 제76조 제1항 다른 각호를 살펴보면, '계약의 체결 또는 이행'(제6호, 제7호, 제10호, 제12호, 제17호) 및 '계약의 이행'(제1호, 제5호)을 구분하여 규정하고 있으나, 제8호는 '계약에 관한 서류'라고 포괄적으로 규정하고 있는 점, 경쟁의 공정한 집행 또는 계약의 적정한 이행을 확보하기 위하여는 계약의 체결에 관한 서류뿐만 아니라 계약이 적정하게 이행되었는지를 판단하기 위해 필수적으로 요구되는 서류를 위조·변조·부정행사한 경우도 국가계약법 시행령 76조 제1항 제8호에 근거하여 제재할 필요가 큰 점 등을 고려하면 '계약의 이행에 관한 서류'도 '계약의 체결에 관한 서류'와 마찬가지로 '계약에 관한 서류'에 해당한다고 봄이 타당하다.[2)]

---

1) 대법원 2000. 10. 13. 선고 99두3201 판결. 대법원 2007. 11. 29. 선고 2006두16458 판결, 대법원 2021. 4. 15. 선고 2017두55237 판결.

2) 대법원 2020. 2. 27. 선고 2017두39266 판결. 위 판결은 계약 대상 부품이 자체 품질검사 결과 계약에서 요구되는 성능 등을 제대로 갖추고 있음이 인정되었다는 점을 뒷받침할 객관적 증거로서 위·변조된 시험성적서를 제출한 사안에서, 위·변조된 위 시험성적서는 원고가 자신의 계약상 의무를 적절히 이행하고 있음을 증명하기 위하여 제출한 계약의 이행에 관한 서류로서 국가계약법 시행령 조항 중 제8조의 '계약에 관한 서류'에 해당한다고 보았다. 더불어 원고의 협력업체들이 시험성적서를 위·변조한 경우 협력업체를 원고의 사용인으로 볼 수 있는지도 쟁점이 되었는데 대법원은 협력업체를 원고의 사용인으로 본 원심의 판단을 수긍하였다. 대법원 2014. 12. 11. 선고 2013두26811 판결(계약에 관한 서류라 함은 계약상대방이 계약을 체결하기 위하여 제출하는 서류나 계약의 적정한 이행을 위한 전제조건 내지 그 고려요소에 관계되는 서류를 가리킨다 할 것이고, 계약금액을 확정하는 원가 관련 자료 또한 이에 해당한다고 판시하였다).

국가계약법 시행령 제39조 제1항, 지방계약법 시행령 제39조 제2항 등에 따르면 전자적 방법에 의하여 입찰서를 제출할 수 있으므로, 입찰과 계약에 관한 서류에는 종이 서류 외에도 그러한 서류내용을 전자적으로 저장된 파일도 포함된다.[1)]

허위는 객관적인 사실과 다른 내용이면 허위이고, 위반자가 허위성을 인식하고 있었는지 여부는 문제되지 않는다고 할 것이다.[2)3)]

입찰 또는 계약에 관한 서류를 위조·변조하거나 허위서류를 제출한 경우와 관련하여, 대법원은 도급계약을 체결한 원고가 그 후 일위대가표를 작성제출하면서 당초 입찰 시나 계약체결 시에 첨부하였던 산출내역서와 공종별 단가가 일부 달리 기재된 산출내역서를 제출하여 그 내역서가 마치 정당한 내역서인 것처럼 계약관계서류에 첨부되게 하였고, 뒤에 첨부한 산출내역서에 따른 돈을 청구하여 지급받음으로써 원래의 산출내역서에 의할 때보다 1천여만 원을 초과 지급받았다면, 원고는 계약에 관한 서류인 위 내역서를 임의로 변경하였다 할 것이므로, 이는 '계약에 관한 서류를 위조 또는 변조한 자'에 해당한다고 보았다.[4)] 또한 원고의 협력업체들이 시험성적서를 위·변조한 사안에서 시험성적서를 위·변조한 경우에 해당한다고 본 원심의 판단을 수긍한 바 있다.[5)] 원고가 입찰과정에서 제출한 제안서에 하도급업체 소속 직원의 이력 사항에 '채용예정'이라는 표시를 하지 아니하고, 다른 사업에 이미 투입된 인력을 이 사건 사업에 투입할 인력으로 기재한 경우,[6)] 투입인력의 이력사항 중 원고 소속 직원이 아닌 자를 원고 소속으로 기재한 경우[7)]도 허위기재에 해당

1) 수원지방법원 2014. 1. 29. 선고 2013구합3826 판결(확정).

2) 서울행정법원 2012. 4. 6. 선고 2011구합37039 판결(확정), 서울행정법원 2012. 6. 15. 선고 2012구합5176 판결(확정), 인천지방법원 2021. 12. 10. 선고 2020구합55958 판결(항소기각 확정) 등 다수의 판결례 참조. 반면 서울고등법원 2014. 10. 21. 선고 2014누2005 판결(확정)은 '입찰 또는 계약에 관하여 허위서류를 제출한 자'에 해당하기 위해서는 계약상대자등에 의하여 제출된 계약에 관한 서류의 내용이 실질상 진실에 반하여 국가계약이 부적정하게 체결되도록 오도할 우려가 있을 뿐만 아니라 당해 계약상대자등에게 적어도 그 내용이 허위라는 주관적 인식이 필요하다고 판시하였다.

3) '허위서류의 제출'은 1999. 9. 9. 대통령령 제16548호로 국가계약법 시행령이 개정되면서 새로 규정되었는데, 개정 전에도 대법원은 입찰이나 그에 따른 계약 시 입찰 참가자격에 관한 서류 기타 계약에 관한 서류를 작성함에 있어서 타인의 명의를 도용하는 방법으로 위조하여 제출하는 행위는 물론 자신의 명의로 작성하더라도 허위의 내용을 기재한 서류를 작성하여 제출하는 행위 역시 법에서 규정한 경쟁의 공정한 집행 또는 계약의 적정한 이행을 해칠 염려가 있는 행위에 해당함은 분명하고, 위조의 의미를 유형위조로 한정할 것은 아니고 무형위조도 포함되므로, 위와 같은 서류를 허위로 작성한 행위도 서류를 위조한 경우에 해당한다고 판시하였다(대법원 2000. 10. 13. 선고 99두3201 판결).

4) 대법원 1992. 4. 24. 선고 91누6993 판결.

5) 대법원 2020. 2. 27. 선고 2017두39266 판결.

6) 대법원 2021. 4. 15. 선고 2017두55237 판결.

7) 대법원 2017. 12. 28. 선고 2017두39433 판결.

하고, 원고가 그러한 내용의 제안서를 피고에게 제출한 것은 국가계약법령에서 입찰 참가자격 제한사유로 정한 '허위서류 제출'에 해당한다고 판단하였다.

하급심에서는 사용권 계약의 당사자가 아닌 원고가 사용권 계약서에 계약당사자로 기재된 부분을 삭제하고 제출한 경우,[1] 부품을 구입하지 않았음에도 부품을 구입한 것처럼 기재되어 있는 정산서류를 제출한 경우,[2] 허위 세금계산서 발행 등으로 군용물자의 국산화율을 과장하고 원가를 과다 계상한 경우,[3] 피고에게 공급할 물품의 품질보증과 관련하여 변조된 시험성적서를 제출한 경우,[4] 정산보고서에 대한 지출증빙자료를 제출하면서 공급 합계금액이 변조된 전자세금계산서를 제출한 경우,[5] 공사대금을 청구하면서 허위의 작업완료확인서를 제출한 경우[6] 등에 대하여 '입찰 또는 계약에 관한 서류를 위조·변조하거나 허위서류를 제출한 것'에 해당한다고 보았다. 반면 작업일보도 원가 계산을 위한 자료로서 계약에 관한 서류에는 해당하나 단순 착오와 오기로 사실과 다르게 작성된 것으로서 계약에 미치는 영향이 경미한 때에는 계약의 공정한 집행 또는 계약의 적정한 이행을 해칠 염려가 없다고 판시한 사례[7]가 있다.

(나) 고의의 무효 입찰(국가계약법 시행령 제76조 제2항 제1호 나목)

고의로 무효의 입찰을 한 자에 대하여는 입찰 참가자격을 제한한다. 다만, 입찰서상 금액과 산출내역서상 금액이 일치하지 않은 입찰 등 기획재정부령으로 정하는 입찰무효사유에 해당하는 입찰의 경우는 제외한다. 여기서 '고의'라 함은 입찰무효의 요건이 되는 구체적인 의무위반사실을 인식하면서도 감히 그와 같은 의무위반행위를 하는 것을 말하고 입찰을 무효화시키려는 목적이 있어야 하는 것은 아니다.[8] 시

1) 서울행정법원 2013. 11. 21. 선고 2013구합14108 판결(확정).
2) 서울행정법원 2013. 7. 25. 선고 2012구합35603 판결(대법원 2014두5545 심리불속행기각 확정)
3) 서울행정법원 2012. 7. 30. 선고 2012구합10420 판결(확정).
4) 서울고등법원 2015. 9. 25. 선고 2015누32256 판결(대법원 2015두54292 심리불속행기각 확정). 한편 대구지방법원 2015. 1. 14. 선고 2014구합665 판결은 위조된 시험성적서를 제출하였다는 것만으로는 공공기관운영법 제64조의2 제4항이 정하는 '계약의 적정한 이행을 해칠 것이 명백하다'고 할 수 없다는 이유로 공공기관의 입찰 참가자격 제한 처분을 취소하였다(대법원 2015두53848 심리불속행기각 확정).
5) 서울행정법원 2024. 2. 1. 선고 2023구합72240 판결(확정).
6) 대구지방법원 2018. 1. 24. 선고 2017구합22994 판결(항소기각 확정).
7) 앞서 본 대법원 2014. 12. 11. 선고 2013두26811 판결. 서울행정법원 2012. 8. 2. 선고 2011구합43423 판결(항소기각 확정)도 원가계산자료를 단순 착오로 입력한 경우는 경쟁의 공정한 집행 또는 계약의 적정한 이행을 해칠 염려가 없다고 판시하였다.
8) 대법원 1986. 10. 14. 선고 84누314 판결.

행규칙 [별표 2] 제11호는 고의로 무효의 입찰을 한 자에 대하여 6월의 제재기간을 정하고 있다.

국가계약법 시행령 제39조 제4항, 같은 법 시행규칙 제44조가 정하고 있는 입찰무효 사유는, ① 입찰 참가자격이 없는 자가 한 입찰, ② 시행령 제76조 제6항에 따라 입찰 참가자격 제한기간 내에 있는 대표자를 통한 입찰, ③ 입찰보증금의 납부일시까지 소정의 입찰보증금을 납부하지 아니하고 한 입찰, ④ 입찰서가 그 도착일시까지 소정의 입찰장소에 도착하지 아니한 입찰, ⑤ 동일사항에 동일인(1인이 수개의 법인의 대표자인 경우 해당수개의 법인을 동일인으로 본다)이 2통 이상의 입찰서를 제출한 입찰,[1] ⑥ 시행령 제14조 제6항에 따른 입찰로서 입찰서와 함께 산출내역서를 제출하지 아니한 입찰 및 입찰서상의 금액과 산출내역서상의 금액이 일치하지 아니한 입찰과 그 밖에 기획재정부장관이 정하는 입찰무효사유에 해당하는 입찰, ⑦ 시행령 제15조 제1항에 따라 등록된 사항 중 상호 또는 법인의 명칭, 대표자(수인의 대표자가 있는 경우에는 대표자 전원)의 성명에 해당하는 등록사항을 변경등록하지 아니하고 입찰서를 제출한 입찰, ⑧ 시행령 제39조 제1항에 따라 전자조달시스템 또는 각 중앙관서의 장이 지정·고시한 정보처리장치를 이용하여 입찰서를 제출하는 경우 해당 규정에 따른 방식에 의하지 아니하고 입찰서를 제출한 입찰, ⑨ 시행령 제44조 제1항의 규정에 의한 입찰로서 제42조 제6항의 규정에 의하여 입찰서와 함께 제출하여야 하는 품질등 표시서를 제출하지 아니한 입찰, ⑩ 시행령 제72조 제3항 또는 제4항에 따른 공동계약의 방법에 위반한 입찰, ⑪ 시행령 제79조에 따른 대안입찰의 경우 원안을 설계한 자 또는 원안을 감리한 자가 공동으로 참여한 입찰, ⑫ 시행령 제98조 제2호에 따른 실시설계 기술제안입찰 또는 같은 조 제3호에 따른 기본설계 기술제안입찰의 경우 원안을 설계한 자 또는 원안을 감리한 자가 공동으로 참여한 입찰, ⑬ 그 밖에 기획재정부장관이 정하는 입찰유의서에 위반된 입찰이 있다. 단, 시행령 제72조에 따라 공동수급체를 구성한 입찰자의 대표자 이외의 구성원이 위 사유에 해당하는 경우에는 해당 구성원에 대해서만 입찰을 무효로 한다.

1) 서울행정법원 2013. 7. 18. 선고 2013구합475 판결(항소취하 확정)은 전자입찰시스템에서 중복투찰 및 이중투찰 차단시스템이 시행되기 전에 원고의 본점과 지점이 각각 투찰하여 모두 등록확정 및 투찰 승인된 경우에 원고에게 발주처나 계약담당 공무원에게 원고의 본점과 지점이 한 각 투찰이 중복투찰에 해당되는지 여부에 관해 문의한 사실을 인정할 증거가 없다는 등의 이유로 무효의 입찰에 대한 고의를 인정하였다.

(다) 입찰 참가, 계약체결, 계약이행에 대한 방해(국가계약법 시행령 제76조 제2항 제1호 다목)

입찰 참가를 방해하거나 낙찰자의 계약체결 또는 그 이행을 방해한 자에 대하여 입찰 참가자격을 제한하고, 시행규칙 [별표 2] 제12호는 제한기간을 3개월로 정하고 있다.

(9) 정당한 이유 없이 계약의 체결 또는 이행 관련 행위를 하지 아니하거나 방해하는 등 계약의 적정한 이행을 해칠 염려가 있는 자(국가계약법 제27조 제9호 나목)

(가) 정당한 이유 없는 계약 불체결, 불이행 및 주요조건 위반(국가계약법 시행령 제76조 제2항 제2호 가목)

정당한 이유 없이 계약을 체결 또는 이행(제42조 제5항에 따른 계약이행능력심사를 위하여 제출한 하도급관리계획, 외주근로자 근로조건 이행계획에 관한 사항의 이행과 제72조 및 제72조의2에 따른 공동계약에 관한 사항의 이행을 포함한다)하지 아니하거나 입찰공고와 계약서에 명시된 계약의 주요조건(입찰공고와 계약서에 이행을 하지 아니하였을 경우 입찰 참가자격 제한을 받을 수 있음을 명시한 경우에 한정한다)을 위반한 자에 대하여는 입찰 참가자격을 제한한다. 시행규칙 [별표 2] 제13호는 ① 계약을 체결 또는 이행(하자보수의무의 이행을 포함한다)하지 않은 자는 6개월, ② 공동계약에서 정한 구성원 간의 출자비율 또는 분담내용에 따라 시공하지 않은 자로서 시공에 참여하지 않은 자의 경우 3개월, 시공에는 참여하였으나 출자비율 또는 분담내용에 따라 시공하지 않은 자의 경우 1개월, ③ 계약상의 주요조건을 위반한 자는 3개월, ④ 시행령 제52조 제1항 단서에 따라 공사이행보증서를 제출해야 하는 자로서 해당 공사이행보증서 제출의무를 이행하지 않은 자는 1개월, ⑤ 시행령 제42조 제5항에 따른 계약이행능력심사를 위하여 제출한 사항 중 외주근로자 근로조건 이행계획에 관한 사항을 지키지 않은 자의 경우 3개월, 하도급관리계획에 관한 사항을 지키지 않은 자의 경우 1개월의 제한기간을 정하고 있다.

'정당한 이유 없이 계약을 이행하지 아니한 자'를 해석함에 있어서는 모든 채무불이행에 대하여 무조건 입찰 참가자격을 제한하는 것은 비례원칙에 위반될 소지가 크므로, 개별적이고, 구체적인 사안에서 계약의 내용, 체결경위 및 그 이행과정 등을 고려하여 채무불이행에 있어 정당한 이유가 없고, 아울러 그것이 경쟁의 공정한 집행 또는 계약의 적정한 이행을 해할 염려가 있거나 기타 입찰에 참가시키는 것이 부적법하다고 인정되는 경우에 한하여 그 입찰 참가자격을 제한하여야 할 것이다.[1)2)]

'정당한 이유'와 관련하여, 판례는 독감예방백신과 같이 지방자치단체 주민의 건강 및 보건과 직결되는 의약품 납품계약의 경우 그 불이행에 정당한 사유가 있는지를 판단할 때는 매우 엄격한 기준을 적용할 필요가 있다고 한다.[3)] 공사를 약정준공기일보다 1월 또는 17일 지연한 경우에 대하여 정당한 이유가 없다고 한다.[4)] 계약자에게 금융사고 또는 기타사고가 발생한 경우 계약이행기간 경과 전이라도 연대보증인에게 보증시공을 청구할 수 있고, 보증시공청구는 연대보증인 중 도급순위가 높은 업체에게 제1차 시공청구를 원칙으로 하고 있는 경우 계약자의 부도만으로 이미 보증공사 청구사유가 발생하였고, 그에 따라 선순위 의무자인 원고에게 보증시공을 청구하였다면 계약자가 기간 내에 공사를 완공할 수 있는 지 여부는 보증시공의무의 이행을 지체할 정당한 이유가 될 수 없다고 보았다.[5)] 반면 입찰에서 대리인이 입찰금액을 60,780,000원으로 기재한다는 것이 착오로 금 6,078,000원으로 잘못 기재한 것은 입찰서에 기재한 중요부분의 착오가 있는 경우에 해당되어 이를 이유로 즉시 입찰취소의 의사표시를 한 이상 입찰무효를 선언함이 마땅하므로 계약체결을 이행하지 아니한 것에 정당한 이유가 있다고 한다.[6)] 또한 피고 행정청의 강요에 의

---

1) 대법원 2007. 11. 29. 선고 2006두16458 판결. 서울고등법원 2015. 8. 25. 선고 2015누42451 판결(확정)은 원고가 계약서에 특수조건으로 정한 임금보장 조항을 위반하여 근로자에게 적정임금 중 일부를 지급하지 않은 사안에서, 지급하지 않은 금액이 비교적 소액인 7,429,000원으로서 총 적정임금 299,023,000원의 약 2.48%에 불과한 점, 피고가 매월 원고로부터 임금지급내역을 제출받고도 시정요구를 하지 않았던 점 등을 고려하면, 위 특수조건 위반이 경쟁의 공정한 집행 또는 계약의 적정한 이행을 해할 염려가 있거나 기타 입찰에 참가시키는 것이 부적합한 경우라고 보기 어렵다고 판시하였다.

2) 계약상대자가 계약이행기간 내에 계약이행을 완수하지 못해 계약을 지연이행한 경우, 즉 계약이행지체의 경우에도 계약불이행으로 보아 입찰 참가자격을 제한할 수 있는지와 관련하여 넓은 의미의 계약불이행으로 볼 수 있으므로 입찰 참가자격 제한이 가능하다는 견해와 납기를 도과하기는 했으나 이행을 했다는 점에서 입찰 참가자격을 제한할 수 없다는 견해가 있는데, 실무적으로는 계약을 지연이행한 경우에는 지체상금만 부과하고 별도로 입찰 참가자격을 제한하고 있지는 않다(로앤비 온주, 국가를 당사자로 하는 계약에 관한 법률 제27조 부분 참조).

3) 대법원 2015. 7. 9. 선고 2015두40316 판결.

4) 대법원 1991. 11. 22. 선고 91누551 판결. 이 판결은 연대보증인이 잔여공사를 마무리 지었다거나 계약상대자가 지체상금을 지급하였다고 하여 결론이 달라지는 것은 아니라고 보았다.

5) 대법원 1996. 2. 27. 선고 95누4360 판결.

6) 대법원 1983. 12. 27. 선고 81누366 판결.

하여 당초 계약에서 납품기일을 단축하는 내용으로 계약특수조건에 편입된 조항은 무효인바, 이를 전제로 할 때 사격용 무인표적기의 당초 납품기일이 2011. 12. 15.까지여서 2011. 9. 30.까지 실시된 수락검사에서 불합격하였다는 사정만으로는 원고가 납품기일까지 물품을 납품할 수 없는 등 정당한 이유 없이 계약을 이행하지 않는 경우에 해당한다고 할 수 없다고 한다.[1] 하급심 판결로는 최저가낙찰제로 실시한 활성탄 구매입찰에 응찰한 원고가 착오로 입찰금액을 잘못 기재하였다며 낙찰을 포기하고 계약을 체결하지 않은 것과 관련하여 원고가 착오사실을 깨닫고 곧바로 낙찰을 포기하고 계약을 체결하지 않은 것이고, 계약체결과정에서 불공정한 행위를 하여 계약의 공정성과 적정성을 해치고 계약을 통해 달성하려는 목적을 해할 수 있는 자라는 것이 확실한 상태에 있다고 인정하기 어렵다고 본 사례[2]가 있다.

입찰에 참가하는 사람으로서는 입찰공고문, 규격서 등을 검토하여 계약의 이행가능성을 신중히 판단한 후 스스로의 책임 하에 입찰 참가여부를 결정하여야 한다. 이와 관련하여 하급심 판결 중에는 계약담당공무원이 특수한 성능 등이 요구되는 물품구매계약을 체결함에 있어 정부 입찰·계약 집행기준 제5조의3[3]에서 정한 절차

1) 대법원 2013. 9. 13. 선고 2013두6220 판결. 서울행정법원 2013. 7. 11. 선고 2012구합29820 판결(확정)은 원고가 수급하지 아니한 용역에 대하여 피고 지정업체가 실시한 타당성 검토결과를 그대로 반영한 사안에서 계약서에 정한 조건을 위반하여 이행한 경우에 해당할 수 없다고 판시하였다.

2) 대구지방법원 2019. 3. 20. 선고 2018구합24263 판결(확정, 구매입찰에 응찰한 4개 업체 중 3개 업체가 입찰금액을 각 72,174,000원, 207,108,000원, 120,813,000원으로, 원고가 1,215원으로 기재한 사안).

3) 정부 입찰·계약 집행기준 제5조의3(특수한 성능·품질 등의 납품능력이 요구되는 물품) ① 계약담당공무원은 물품구매계약을 함에 있어 해당 물품에 특수한 성능 또는 품질(이하 "특수한 성능 등"이라 한다)이 요구되는 경우에는 다음 각 호에 따라야 한다.

1. 특수한 성능 등의 납품능력을 가진 자가 공급하는 것이 적합하다고 인정되는 경우에는 수의계약 또는 지명경쟁에 의할 수 있다. 다만, 특수한 성능 등의 납품능력을 가진 자가 다수 존재하는 경우로서 경쟁성이 확보되는 경우에는 제한경쟁에 의할 수 있다. 이 경우 입찰공고에 입찰 참가자격 제한 사유를 명시하여야 한다.
2. 해당 물품구매에서 특수한 성능 등이 일부만 포함되어 있는 경우에는 일반경쟁에 의하는 것을 원칙으로 하고, 일반경쟁에 의하지 않더라도 시행령 제21조제1항제4호에 의한 사유로 제한경쟁을 실시할 수 없다.

② 제1항제2호에 따른 물품구매에 있어 특수한 성능 등을 규격서(시방서)에 반영하고자 하는 경우에는 규격서 작성단계에서 계약담당공무원은 별지 제3호의 예시를 참조하여 입찰공고 전에 제조사 또는 기술지원사(이하 "제조사 등"이라 한다)와 물품공급 또는 기술지원협약을 체결하여야 하며, 협약금액은 해당 물품 또는 기술부분에 대한 예정가격에 물품구매계약의 예상낙찰률을 곱한 금액을 기초로 하여 제조사 등과 합의한 금액으로 한다. 다만, 물품공급 또는 기술지원협약이 이루어지지 않은 경우에는 다른 물품으로 발주할 수 있다.

③ 계약담당공무원은 제2항에 의한 협약내용을 입찰공고에 명시하여야 하며, 낙찰자 결정후 낙찰자에게 그 사본을 제공하여 낙찰자가 제조사 등으로부터 물품공급 또는 기술지원확약서를 발급받을 수 있도록 하여야 한다.

를 거치지 아니하여 특수한 성능 등에 관한 물품공급협약 등이 체결되지 아니하여 낙찰자가 계약을 체결할 수 없거나 계약을 이행할 수 없게 된 사안에서 그러한 채무불이행에 이르게 된 원인은 낙찰자뿐만 아니라 발주자에게도 있으므로, 낙찰자가 계약을 이행하지 못한 데에 정당한 이유가 있다고 판단한 사례가 있다.1) 다만 정부 입찰·계약 집행기준 제5조의3 규정이 적용되는 경우는 해당 물품이 특허법이나 실용신안법에 따른 특허, 실용신안, 건설기술 진흥법 등 각종 법령에 따른 신기술 또는 '부정경쟁방지 및 영업비밀보호에 관한 법률'에 따른 영업비밀의 보호범위 등에 해당하여, 해당 물품을 독점적 공급업체만이 제조·생산·판매함에 따라 낙찰자가 해당 물품을 구매하는 데 있어서 상당한 어려움이 있을 것으로 예상되는 경우를 뜻하고, 독점적 공급업체가 아니라 경쟁우위 공급업체가 존재하는 경우, 즉 여러 업체 중 일부 업체가 가격 또는 품질 면에서 상대적으로 우위에 있는 경우에까지 위 규정이 적용된다고 볼 수는 없다는 입장이다.2)

'주요조건의 위반'과 관련하여 침익적 행정처분의 근거 규정에 관한 엄격 해석 원칙에 비추어 보면, 계약조건 위반을 이유로 입찰 참가자격 제한 처분을 하기 위해서는 입찰공고와 계약서에 미리 '계약조건'과 '그 계약조건을 위반할 경우 입찰 참가자격 제한을 받을 수 있다는 사실'을 모두 명시해야 하고, 계약상대방이 입찰공고와 계약서에 기재되어 있는 계약조건을 위반한 경우에도 공기업·준정부기관이 입찰공고와 계약서에 미리 계약조건을 위반할 경우 입찰 참가자격이 제한될 수 있음을 명시해 두지 않았다면, 위 규정들을 근거로 입찰 참가자격 제한 처분을 할 수 없다.3)

---

1) 서울고등법원 2014. 6. 26. 선고 2013누49373 판결(확정), 부산고등법원 2016. 8. 17. 선고 2015누24406 판결(대법원 2016두51115 심리불속행기각 확정), 서울고등법원 2014. 6. 26. 선고 2013누49373 판결(확정) 등.

2) 대구고등법원 2021. 10. 8. 선고 2020누4193 판결(대법원 2021두55258 심리불속행기각 확정) 등.

3) 대법원 2021. 11. 11. 선고 2021두43491 판결. 위 판례는 피고가 입찰공고와 계약서에 계약조건으로 '진단자격을 취득한 중급이상 기술자 2인 이상을 상시 보유할 것'(이하 '진단인력 조건'이라 한다)을 기재하고, 계약서에 '입찰공고와 계약서에 명시된 계약의 주요조건'을 위반한 자에 대하여 입찰 참가자격을 제한할 수 있다고 기재하였을 뿐 계약서에서 그 위반 시 입찰 참가자격을 제한할 수 있는 '주요조건'이 무엇인지 따로 정하거나 진단인력 조건이 그 주요조건에 해당한다고 명시하지 않은 사안에서 입찰공고와 계약서에 원고가 진단인력 조건을 위반할 경우 입찰 참가자격 제한 처분을 받을 수 있다고 별도로 명시하지 않은 이상, 원고에 대하여 진단인력 조건 위반을 이유로 이 사건 규정에 근거하여 입찰 참가자격 제한 처분을 할 수는 없다고 보았다. 서울행정법원 2023. 9. 8. 선고 2022구합86051 판결(확정)은 원고가 제작한 '광복절 특집 컨텐츠' 게시물 배경에 일본의 열차인 신칸센 이미지가 포함되었음을 이유로 45일의 입찰 참가자격 제한 처분이 이루어진 사안에서 사전에 명시된 계약조건 위반이라고 볼 수 없다고 판단하여 처분을 취소하였다.

(나) 조사설계금액이나 원가계산금액의 부적정 산정(국가계약법 시행령 제76조 제2항 제2호 나목), 부실한 타당성 조사(국가계약법 시행령 제76조 제2항 제2호 다목)

조사설계용역계약 또는 원가계산용역계약에 있어서 고의 또는 중대한 과실로 조사설계금액이나 원가계산금액을 적정하게 산정하지 아니한 자, 건설기술 진흥법 제47조에 따른 타당성 조사 용역의 계약에서 고의 또는 중대한 과실로 수요예측 등 타당성 조사를 부실하게 수행하여 발주기관에 손해를 끼친 자에 대하여 입찰 참가자격을 제한하는데, 시행규칙 [별표 2] 제14호는 고의에 의한 경우 6개월, 중대한 과실에 의한 경우 3개월의 제한기간을 규정하고 있다.[1)]

(다) 감독·검사에 대한 방해(국가계약법 시행령 제76조 제2항 제2호 라목)

감독 또는 검사에 있어서 그 직무의 수행을 방해한 자에 대하여는 입찰 참가자격을 제한하고 시행규칙 [별표 2] 제15호는 제한기간을 3개월로 정하고 있다.

(라) 건설사업관리기술인의 부당한 교체(국가계약법 시행령 제76조 제2항 제2호 마목)

시공 단계의 건설사업관리 용역계약 시 건설기술 진흥법 시행령 제60조 및 계약서 등에 따른 건설사업관리기술인 교체 사유 및 절차에 따르지 아니하고 건설사업관리기술인을 교체한 자에 대하여는 입찰 참가자격을 제한하고, 시행규칙 [별표 2] 제16호는 그 제한기간을 8개월로 정하고 있다.

(10) 다른 법령 위반하는 등 입찰에 참가시키는 것이 적합하지 아니하다고 인정되는 자(국가계약법 제27조 제9호 다목)

(가) 안전대책 소홀(국가계약법 시행령 제76조 제2항 제3호 가목)

계약을 이행하면서 안전대책을 소홀히 하여 공중에게 위해를 가한 자에 대하여는 입찰 참가자격을 제한하는데, 시행규칙 [별표 2] 제17호는 안전대책을 소홀히 하

1) 서울행정법원 2013. 9. 6. 선고 2012구합30233 판결(확정)은 피고가 처분사유로 들고 있는 타당성 조사 부분이 원고가 아닌 소외 회사가 작성한 것이고, 원고는 피고의 지시에 따라 실시설계 용역에서 소외 회사가 수행한 경제성 분석결과를 기본설계 보고서에 수록한 경우 타당성 조사 부분의 내용이 부실한 것에 대한 책임을 원고에게 물을 수 없다고 보았다.

여 사업장 근로자 외의 공중에게 생명·신체상의 위해를 가한 자에 대하여는 1년, 재산상의 위해를 가한 자에 대하여는 6개월의 제한기간을 정하고 있다.

(나) 정보 무단 누출(국가계약법 시행령 제76조 제2항 제3호 나목)

전자정부법 제2조 제13호에 따른 정보시스템의 구축 및 유지·보수 계약의 이행과정에서 알게 된 정보 중 각 중앙관서의 장 또는 계약담당공무원이 누출될 경우 국가에 피해가 발생할 것으로 판단하여 사전에 누출금지정보로 지정하고 계약서에 명시한 정보를 무단으로 누출한 자에 대하여는 정보 누출 횟수에 따라 1회의 경우에는 1개월, 2회 이상인 경우에는 3개월의 입찰 참가자격을 제한한다(시행규칙 [별표 2] 제18호).

하급심에서는 정보의 '무단 누출'의 의미에 관하여 국가·공공기관의 정보화시스템 구축 및 운영과정에서 용역업체 직원들이 취득한 자료를 무단으로 반출하여 보관하다가 인터넷 등을 통해 유출되는 보안사고가 빈번히 발생하고 있다는 점을 감안하여 국가계약법 시행령 제76조 제1항 제18호가 신설된 점, 업무상 편의를 목적으로 보관하였을 뿐 고의로 제3자에게 정보를 유출하지는 않았다고 하더라도 용역업체의 직원이 임의로 보관하는 국가·공공기관의 정보화시스템 관련 정보가 예기치 못한 바이러스나 해킹 등으로 유출될 가능성을 배제할 수 없고 그로 인하여 예상되는 국가·공공기관의 손해는 심각한 점 등에 비추어 보면, 정보가 무단으로 반출되어 해당 관서의 관리·통제권을 벗어나기만 하면 그 정보가 실제로 제3자에게 유출되지 않았다 하더라도 '누출'되었다고 봄이 상당하다고 판단한 사례,[1] 인천항만공사로부터 정보시스템 유지관리서비스 용역계약을 체결한 원고가 도급받은 용역 중 일부를 소외 회사에 하도급 주었는데, 하도급업체 소속 직원들에게까지 복호화 권한이 주어진 것을 기화로 하도급업체 소속 직원이 내부 시스템 구성도를 유출한 사안에서 원고가 정보 누설 행위 방지를 위하여 상당한 주의와 감독을 게을리 하지 않았고, 원고의 의무해태를 탓할 수 없는 정당한 사유가 있다고 보아 이 사건 처분은 자기책임의 원칙에 반한다고 판단한 사례,[2] 원고 소속 상주 임직원이 비상주 임직원에게 이메일로 누출금지정보를 유출한 것과 관련하여 3개월의 입찰 참가자격 제한 처분이 이루어진 사안에서 원고에게 사적인 목적이 있었음을 인정할 증거가

1) 서울행정법원 2015. 7. 24. 선고 2015구합51972 판결(항소심에서 소취하 확정).
2) 서울행정법원 2019. 7. 19. 선고 2018구합81554 판결(확정).

없는 반면 위와 같은 행위가 비상주 임직원이 용역 업무에 참여하는 과정에서 발생한 것으로 보이는 점, 원고가 자신의 이익을 희생하고 용역 업무를 완벽하게 수행하기 위하여 비상주 임직원들에게도 용역 업무를 수행하게 한 점 등을 고려할 때, 위 제재처분은 지나치게 가혹하여 재량권을 일탈, 남용하였다고 봄이 타당하다고 판단한 사례[1)]가 있다.

(다) 정보시스템 등에 무허가 접속, 비인가 프로그램의 설치 또는 약점의 고의 생성 내지 방치(국가계약법 시행령 제76조 제2항 제3호 다목)

전자정부법 제2조 제10호에 따른 정보통신망 또는 같은 조 제13호에 따른 정보시스템(이하 이 목에서 "정보시스템등"이라 한다)의 구축 및 유지·보수 등 해당 계약의 이행과정에서 정보시스템등에 허가 없이 접속하거나 무단으로 정보를 수집할 수 있는 비(非)인가 프로그램을 설치하거나 그러한 행위에 악용될 수 있는 정보시스템등의 약점을 고의로 생성 또는 방치한 자에 대하여는 2년의 입찰 참가자격을 제한한다(시행규칙 [별표 2] 제19호).

(11) 지방계약법 제33조를 위반한 계약체결(지방계약법 제31조 제1항 제8호)

지방자치단체의 장 또는 지방의회의원의 경우 그 지방자치단체와 영리를 목적으로 하는 계약을 체결할 수 없고(지방계약법 제33조 제1항), 지방자치단체의 장의 배우자, 지방자치단체의 지방의회의원의 배우자, 지방자치단체의 장 또는 그 배우자의 직계존속·비속, 지방자치단체의 지방의회의원 또는 그 배우자의 직계 존속·비속 등이 사업자인 경우에는 지방자치단체와 영리를 목적으로 하는 수의계약을 체결할 수 없다. 이를 위반한 경우에 관하여 지방계약법 시행규칙 제9호는 5개월 이상 7개월 미만의 입찰 참가자격을 제한할 수 있다고 규정하고 있다.

지방계약법 제33조는 지방자치단체를 당사자로 하는 계약에 관하여 영향력을 행사할 수 있는 자들의 계약 체결을 제한하여 그 계약의 체결 및 이행과정에서 부당한 영향력을 행사할 수 있는 여지를 사전에 차단함으로써 투명성을 높이려는 것이므로, 그 체결을 금지하는 대상 계약의 범위는 명확하여야 하고, 이를 위반한 부정당업자에 대한 입찰 참가자격 제한은 엄격하게 집행될 필요가 있는 점, 지방계약

1) 서울행정법원 2017. 11. 24. 선고 2017구합56049 판결(항소기각 확정).

법은 지방자치단체는 수의계약에 부칠 사항에 대하여도 미리 예정가격을 작성하도록 하고(제11조 제1항), 같은 법 시행령은 지방자치단체의 장 또는 계약담당자는 수의계약을 체결하려는 경우에는 원칙적으로 2인 이상으로부터 견적서를 받도록 하고(제30조 제1항), 견적제출자의 견적가격과 계약이행능력 등 행정안전부장관이 정하는 기준에 따라 수의계약대상자를 결정하도록 규정하는 등(같은 조 제5항) 지방자치단체가 수의계약을 하는 경우에도 그 공정성과 투명성을 확보하기 위하여 경쟁입찰에 부치는 경우와 유사한 절차를 취하도록 하고 있는 점 등에 비추어 보면, 지방자치단체는 지방계약법 제33조 제2항 각 호에 해당하는 사업자를 계약상대자로 하여서는 어떤 내용의 수의계약도 체결할 수 없다고 할 것이고, 계약상대자의 부당한 영향력 행사의 가능성을 개별적으로 심사하여 수의계약 체결 여부를 결정할 수 있다거나, 경쟁입찰방식을 일부 혼합한 절차를 거친다고 하여 수의계약을 체결하는 것이 허용되는 것은 아니다.[1)]

4. 처분시기 및 절차

가. 처분시기

부정당업자에 대한 입찰 참가자격 제한 시기에 관하여 국가계약법 시행령은 당해 사유가 발생한 '즉시' 하여야 한다고 규정하고 있고(제76조 제3항), 지방계약법 시행령은 '지체 없이'[2)] 하여야 한다고 규정하고 있다(제92조 제3항). 공기업·준정부기관 계약사무규칙 제15조는 국가계약법 제27조에 따라 입찰 참가자격을 제한할 수 있다고 규정하고 있으므로, 당해 사유가 발생한 '즉시' 처분이 이루어져야 한다.

입찰 참가자격 제한 사유인 수입면장 제출행위가 있은 때부터 약 10년이 경과한 후에 비로소 입찰 참가자격 제한 처분을 하는 것이 실권·실효의 법리에 반하는지가 문제 된 사안에서, 판례는 입찰 참가자격 제한 처분이 장기간 지연된 것은 부

1) 대법원 2014. 5. 29. 선고 2013두7070 판결.

2) 이와 관련하여 수원지방법원 2014. 2. 20. 선고 2013구합2694 판결(확정)은 하자담보책임기간 내에 계속적으로 하자가 발생하는 경우에는 '하자보수의무가 있는 계약자가 하자보수의 의사나 능력이 없음이 밝혀진 때로부터 지체 없이'의 의미로 보는 것이 타당하다고 보았다.

정당업자의 적극적인 은폐로 허위 수입면장 제출행위가 드러나지 않은 데에 기인한 것이어서 부정당업자가 더 이상 수입면장 제출 행위와 관련한 제재처분이 행사되지 아니하리라고 신뢰할 만한 정당한 사유가 있었다고 보기 어렵다는 이유로 입찰 참가자격 제한 처분이 실권의 법리에 위배되지 않는다고 보았다.[1)]

나. 처분절차

국가계약법 시행령 제76조는 부정당업자의 입찰 참가자격 제한과 관련하여 특별한 절차를 규정하고 있지는 않으나, 제94조 제1항에 따르면 각 중앙관서의 장 또는 그 소속기관의 장은 발주기관의 부정당업자의 입찰 참가자격 제한과 관련하여 질의한 사항에 관한 자문에 응하도록 하기 위하여 계약심의위원회를 설치·운영하여야 한다.[2)]

지방계약법 제32조는 지방자치단체의 장은 일정 규모 이상의 계약과 관련한 사항, 부정당업자의 입찰 참가자격 제한에 관한 사항 등의 적절성과 적법성을 심의하기 위하여 계약심의위원회를 설치·운영하여야 한다고 규정하고, 지방계약법 시행령 제92조 제3항 전단은 지방자치단체의 장은 계약심의위원회를 거쳐 입찰 참가자격을 제한해야 한다고 규정하고 있다. 지방계약법 시행령 제108조 제2항[3)]에 의할 때 부정당업자의 제재와 관련하여서는 계약의 규모와 관계 없이 언제나 심의를 거쳐야 하나,[4)] 제92조 제3항 후단은 '지방계약법 제31조 제1항 제3호·제5호·제6호, 시행

---

1) 대법원 2015. 2. 12. 선고 2012두14729 판결.

2) 2023. 11. 16. 대통령령 제33861호로 개정되기 전의 국가계약법 시행령 제94조 제1항은 '계약심의위원회를 설치·운영할 수 있다'고 규정하고 있었으나, 현행 규정은 '계약심의위원회를 설치·운영해야 한다'고 변경되었다.

3) 지방계약법 시행령 제108조(계약심의위원회 심의대상) ① 법 제32조 제1항에서 "대통령령으로 정하는 규모 이상의 계약"이란 다음 각 호에 해당하는 계약을 말한다. 다만, 긴급한 재해복구사업, 지역경제 활성화를 위하여 예산을 조기 집행할 필요가 있는 사업은 제외한다.
   1. 시·도위원회: 해당 시·도에서 발주하는 추정가격이 70억원 이상인 공사 계약(물품·용역 등의 경우에는 20억원 이상)
   2. 시·군·구위원회: 해당 시·군·구에서 발주하는 추정가격이 50억원 이상인 공사 계약(물품·용역 등의 경우에는 10억원 이상)

   ② 제1항에도 불구하고 법 제32조제1항제2호부터 제4호까지에 관한 사항은 계약의 규모와 관계없이 계약심의위원회의 심의를 거쳐야 한다.

4) 대구지방법원 2014. 8. 13. 선고 2013구합10771 판결(항소기각 확정)은 담합행위를 이유로 입찰 참가자격을 제한함에 있어 계약심의위원회의 심의를 거치지 아니한 절차상 하자가 있다는 이유로 입찰 참가자격 제한 처분을 취소하였다.

령 제92조 제2항 제1호 다목부터 마목까지·사목 및 같은 항 제2호 가목·라목의 어느 하나에 해당하는 자'에 대해서는 계약심의위원회의 심의를 거치지 않고 입찰 참가자격을 제한할 수 있다고 규정함으로써 일정한 예외를 인정하고 있다.

다. 제척기간

각 중앙관서의 장은 제1항 각 호의 행위가 종료된 때(제5호 및 제6호의 경우에는 중소벤처기업부장관 또는 공정거래위원회로부터 요청이 있었던 때)부터 5년이 지난 경우에는 입찰 참가자격을 제한할 수 없다. 다만, 제2호(담합) 및 제7호(뇌물)의 행위에 대하여는 위반행위 종료일부터 7년으로 한다(국가계약법 제27조 제4항). 종전에는 제척기간에 관한 규정이 없었으나, 2016. 3. 2. 법률 제14038호로 개정된 법률(2016. 9. 3. 시행)에서 제척기간에 관한 조항이 신설되었다. 한편 2021. 3. 23. 법률 제17979호로 제정된 행정기본법 제23조에서도 이와 유사한 내용으로 '행정청은 법령등의 위반행위가 종료된 날부터 5년이 지나면 해당 위반행위에 대하여 제재처분(인허가의 정지·취소·철회, 등록 말소, 영업소 폐쇄와 정지를 갈음하는 과징금 부과를 말한다)을 할 수 없고(제1항), 다른 법률에서 그보다 짧거나 긴 기간을 규정하고 있으면 그 법률에서 정하는 바에 따른다(제4항)'고 정하고 있는데, 이 또한 국가계약법 제27조 제4항에서와 같은 취지로 제재처분의 '제척기간'을 둔 것이다.

국가계약법 제27조 제4항의 제척기간 규정은, 종래 입찰 참가자격 제한 처분에 제척기간을 두지 않아 지나치게 오랜 기간 동안 입찰업체의 법적 지위를 불안정한 상태로 둠으로써 발생할 수 있는 기본권 침해 소지를 해소하려는 반성적 고려에서 신설된 것이고, 단순한 정책변경에 따라 개정된 것이 아니므로, 그 시행일 이전의 위반행위에 대하여 그 시행일 이후에 입찰 참가자격 제한 처분을 하는 경우에도 예외적으로 개정 법령을 적용하는 것이 타당하다.[1)]

1) 대구고등법원 2018. 5. 4. 선고 2017누6113 판결(대법원 2018두46094 심리불속행기각 확정). 같은 취지로 서울고등법원 2023. 7. 7. 선고 2021누77533 판결(대법원 2023두50899 심리불속행기각 확정), 서울고등법원 2021. 1. 29. 선고 2020누49784 판결(대법원 2021두34480 심리불속행기각 확정).

Ⅳ. 입찰 참가자격 제한기간 및 효과

1. 제한기간

가. 원칙

입찰 참가자격 제한은 1개월 이상 2년 이하의 범위 내에서 이루어져야 한다(국가계약법 시행령 제76조 제3항, 지방계약법 시행령 제92조 제3항, 공기업·준정부기관 계약사무규칙 제15조).[1)]

앞서 살펴 본 바와 같이 국가계약법 시행규칙 제76조 [별표 2], 지방계약법 시행규칙 제76조 제1항 [별표 2] 등에서 구체적인 처분사유별로 제한기간을 정하고 있다. 법령에서 행정처분의 요건 중 일부 사항을 부령으로 정할 것을 위임한 데 따라 시행규칙 등 부령에서 이를 정한 경우에 그 부령의 규정은 국민에 대해서도 구속력이 있는 법규명령에 해당한다고 할 것이지만, 법령의 위임이 없음에도 법령에 규정된 처분 요건에 해당하는 사항을 부령에서 변경하여 규정한 경우에는 그 부령의 규정은 행정청 내부의 사무처리 기준 등을 정한 것으로서 행정조직 내에서 적용되는 행정명령의 성격을 지닐 뿐 국민에 대한 대외적 구속력은 없다고 보아야 한다. 따라서 어떤 행정처분이 그와 같이 법규성이 없는 시행규칙 등의 규정에 위배된다고 하더라도 그 이유만으로 처분이 위법하게 되는 것은 아니라 할 것이고, 또 그 규칙 등에서 정한 요건에 부합한다고 하여 반드시 그 처분이 적법한 것이라고 할 수도 없다. 이 경우 처분의 적법 여부는 그러한 규칙 등에서 정한 요건에 합치하는지

1) 한편 방위사업법 제59조 및 시행령 제70조 제1항은 청렴서약서 위반과 관련하여 1개월 이상 5년 이하의 범위 안에서 입찰 참가자격을 제한할 수 있다고 규정하고 있다(2016. 12. 20. 법률 제14422호로 개정되기 이전에는 '2년의 범위 안에서' 입찰 참가자격을 제한할 수 있다고 규정하였으나, 개정으로 제한기간이 5년으로 변경되었다).

여부가 아니라 일반 국민에 대하여 구속력을 가지는 법률 등 법규성이 있는 관계 법령의 규정을 기준으로 판단하여야 한다.[1] 처분 기준에 부합한다고 하여 곧바로 처분이 적법한 것이라고 할 수는 없지만, 처분 기준이 그 자체로 헌법 또는 법률에 합치되지 않거나 그 기준을 적용한 결과가 처분사유인 위반행위의 내용 및 관계 법령의 규정과 취지에 비추어 현저히 부당하다고 인정할 만한 합리적인 이유가 없는 한, 섣불리 그 기준에 따른 처분이 재량권의 범위를 일탈하였다거나 재량권을 남용한 것으로 판단해서는 안 된다.[2] 다만 그 재량준칙이 정한 바에 따라 되풀이 시행되어 행정관행이 이루어지게 되면 평등의 원칙이나 신뢰보호의 원칙에 따라 행정청은 상대방에 대한 관계에서 그 규칙에 따라야 할 자기구속을 받게 되므로, 이러한 경우에는 특별한 사정이 없는 한 그에 반하는 처분은 평등의 원칙이나 신뢰보호의 원칙에 어긋나 재량권을 일탈·남용한 위법한 처분이 된다.[3]

대법원은 한국전력공사가 납품계약을 체결한 갑 주식회사에 계약 체결과 관련하여 관계 공무원에게 뇌물공여 행위를 하였다는 이유로 공공기관운영법 제39조 제2항 등에 따라 2년간의 부정당업자 입찰 참가자격 제한 처분을 하였는데, 뇌물공여 행위에 대하여 감경을 인정하지 않도록 한 한국전력공사 계약규정 제4조의2 제3항이 구 국가를 당사자로 하는 계약에 관한 법률 시행규칙 제76조 제4항에서 정하는 임의적 감경의 범위를 근거 없이 축소한 것으로서 법령에 위반되는지와 관련하여, 위 계약규정 조항은 법규적 효력이 없는 행정기관 내부의 재량준칙으로서 임의적 감경 재량을 스스로 제한한다는 내부적 원칙을 정한 것에 불과하고, 그 자체로 합리성을 잃은 것이라고 단정할 수 없다는 등의 이유로 재량권 일탈·남용이 인정되지 않는다고 본 원심의 판단을 수긍하였다.[4]

---

1) 대법원 2013. 9. 12. 선고 2011두10584 판결.
2) 대법원 2018. 5. 15. 선고 2016두57984 판결. 위 판결은 특별사면의 경우 사면권자의 고도의 정치적·정책적 판단에 따른 시혜적인 조치이고, 특별사면 진행 여부 및 그 적용 범위는 사전에 예상하기 곤란할 뿐 아니라, 처분청에 처분상대방이 특별사면 대상이 되도록 신속하게 절차를 진행할 의무까지 인정된다고 보기도 어려우므로 처분이 지연되지 않았다면 특별사면 대상이 될 수 있었다는 사정만으로 입찰 참가자격 제한 처분이 위법하다고 볼 수는 없으나, 다만 법원으로서는 처분이 지연된 경위, 지연된 처분에 따른 사면 대상 제외 이외에 처분상대방이 입게 된 특별한 불이익이 있는지, 그 밖의 감경사유는 없는지, 처분상대방에 대한 제재의 필요성, 처분상대방이 처분 지연으로 인하여 특별사면의 혜택을 누리게 되지 못한 점이 처분 양정에 고려되었는지, 처분 결과가 비례와 형평에 반하는지 등을 종합적으로 고려하여 입찰 참가자격 제한처분에 관한 재량권 일탈·남용이 인정되는지 판단할 수 있다고 판시하였다. 대법원 2019. 10. 31. 선고 2017두55480 판결도 같은 취지.
3) 대법원 2014. 11. 27. 선고 2013두18964 판결.
4) 대법원 2017. 12. 22. 선고 2017두58779 판결.

나. 가중 및 감경

(1) 국가계약법 시행규칙 제76조 [별표 2] 제1호 가목은 입찰 참가자격의 제한을 받은 자에게 그 처분일부터 입찰 참가자격 제한기간 종료 후 6개월이 경과하는 날까지의 기간 중 다시 부정당업자에 해당하는 사유가 발생한 경우에는 그 위반행위의 동기·내용 및 횟수 등을 고려하여 해당 제재기간의 2분의 1의 범위에서 자격제한기간을 늘릴 수 있되, 이 경우 가중한 기간을 합산한 기간은 2년을 넘을 수 없다고 규정하고 있다. 지방계약법 시행규칙 제76조 제2항은 입찰 참가자격의 제한을 받은 자에게 그 처분일부터 입찰 참가자격 제한기간 종료 후 6개월이 경과하는 날까지의 기간 중 다시 부정당업자에 해당하는 사유가 발생한 경우에는 해당 사유에 대하여 2년을 초과하지 아니하는 범위에서 제한기간을 별표 2의 해당 호에서 정한 기간의 2배까지 가중하여 제한할 수 있다고 규정하고 있다.

(2) 부정당업자가 위반한 여러 개의 행위에 대하여 입찰 참가자격 제한을 하는 경우에는 해당 위반행위에 대한 제한기준 중 제한기간을 가장 길게 규정한 제한기준에 따른다(국가계약법 시행규칙 제76조 [별표 1] 제1호 나목, 지방계약법 시행규칙 제76조 제3항). 이는 가장 중한 위반행위에 대한 입찰 참가자격 제한 처분만으로도 입법목적을 충분히 달성할 수 있다는 취지로 보인다.

입찰 참가자격 제한을 한 후 그 처분 이전에 발생한 위반행위를 적발한 경우와 관련하여 국가계약법 시행규칙 제76조 [별표 2] 제1호 라목은, 만일 그 처분 전에 해당 위반행위를 적발했더라면 당초의 입찰 참가자격 제한기간보다 긴 기간으로 처분했을 것으로 판단되는 경우에 한정하여 당초의 입찰 참가자격 제한기간을 초과하는 기간만큼 추가로 입찰 참가자격을 제한할 수 있다고 규정하고 있다. 위 규정은 국가계약법 시행규칙이 2023. 11. 2. 기획재정부령 제1022호로 개정되면서 신설된 조항으로, 위 개정 이전에는 행정청이 입찰 참가자격 제한 처분을 할 때 그 전에 발생한 수개의 위반행위를 알았거나 알 수 있었는지 여부를 구별하여 적용기준을 달리 정하고 있지 아니하였는데, 이때 대법원은 한국전력공사가 갑 주식회사가 광섬유복합가공지선 구매입찰에서 담합행위(1차 위반행위)를 하였다는 이유로 6월의 입찰 참가자격 제한 처분(1차 처분)을 한 다음, 1차 처분이 있기 전에 전력선 구매입찰에서 담합행위(2차 위반행위)를 하였다는 이유로 갑 회사에 다시 6월의 입찰 참가자격 제한 처분(2차 처분)을 한 경우, 수개의 위반행위에 대하여 그 중 가장 무거운 제한기준에 의하여 제재처분을 하도록 규정한 국가계약법 시행규칙 제76조 제3항의 취지를 고려할 때 위 규정은 1차 입찰 참가자격 제한 처분을 한 후 그 처분 전의 위반행위를 알게 되어 다시 2차 입찰 참가자격 제한 처분을 하는 경우에도 적용된다고 보아야 하고, 1차 위반행위와 2차 위반행위의 제한기준이 동일하며, 행정청 내부의 사무처리기준상 1차 처분 전의 2차 위반행위에 대하여는 추가로 제재할 수 없다는 이유로, 갑 회사에 대한 2차 처분은 재량권을 일탈·남용하여 위법하다고 판시한 바 있다.[1)]

(3) 국가계약법 시행규칙 제76조 [별표 2] 1호 다목에 의하면, 각 중앙관서의 장은 부정당업자에 대한 입찰 참가자격을 제한하는 경우 자격 제한기간을 그 위반행위의 동기·내용 및 횟수 등을 고려해 제2호에서 정한 기간의 2분의 1의 범위에서 줄일 수 있으나 법 제27조 제1항 제7호(뇌물)에 해당하는 자에 대해서는 입찰 참가자격 제한기간을 줄여서는 안 된다. 한편 지방계약법 시행규칙 제76조 제4항, 제5항에 의하면, 지방자치단체의 장은 부정당업자에 대한 입찰 참가자격을 제한하는 경우 그 위반행위의 동기, 내용 및 횟수 등을 고려하여 입찰 참가자격의 제한기간을 경감할 수 있으나, 법 제31조 제1항 제2호(담합) 및 제7호(뇌물)에 해당하는 경우에는 입찰 참가자격의 제한기간을 경감할 수 없고, 경감기간은 6개월을 초과할 수 없다. 국가계약법이나 지방계약법 모두 이 경우 감경 후의 제한기간은 1월 이상이어야 함을 규정하고 있다.

국가계약법 시행규칙 제76조 제4항은 임의적 감경규정이므로, 감경사유가 존재하더라도 행정청이 감경사유까지 고려하고도 자격 제한기간을 감경하지 않은 채 [별표 2]의 해당 호에서 정한 상한으로 입찰 참가자격 제한 처분을 한 경우에는 이를 위법하다고 단정할 수는 없으나, 감경사유가 있음에도 이를 전혀 고려하지 않았거나 감경사유에 해당하지 않는다고 오인하여 자격 제한기간을 감경하지 아니하였다면 이는 재량권 불행사로서 그 자체로 재량권 일탈·남용으로 해당 처분을 취소하여야 할 위법사유가 된다.[2)] 이와 관련하여 대법원 2019. 12. 27. 선고 2017두48307

1) 대법원 2014. 11. 27. 선고 2013두18964 판결. 서울행정법원 2014. 1. 10. 선고 2013구합55970 판결(확정)도 총 11회의 담합행위에 대하여 방위사업청장이 그 중 2회의 담합행위에 대하여 6월의 처분을 한 후에 다시 피고 조달청장이 1회의 담합행위에 대하여 2년의 입찰 참가자격 제한 처분을 한 것은 합계 2년 6월의 처분을 받은 결과가 되어 위법하다고 판시하였다.

2) 대법원 2010. 7. 15. 선고 2010두7031 판결, 대법원 2019. 7. 11. 선고 2017두38874 판결.

판결은 쟁점 공사와 관련하여 989,400,000원의 기성금을 과다 청구하여 받았음을 이유로 원고에 대하여 1년의 입찰 참가자격 제한 처분이 내려진 사안에서 수요기관의 공사관리관이 시공사 현장대리인에게 예산 불용이 없도록 하라고 적극적으로 요구한 점, 원고는 이전에도 유사하게 연말에 기성금을 지급받아 다음 연도 1~2월 공사에 사용하였고 해당연도의 기성금은 3~4월에서야 청구해왔으며, 현장대리인은 이를 예산 불용 방지를 위한 관행으로 생각했다고 진술한 점, 2,308,600,000원의 기성금을 과다 청구한 다른 회사(원고와 공동수급체를 구성)에 대하여는 국가계약법 시행규칙이 정한 제한기간을 1/2 감경하여 1년의 입찰 참가자격 제한 처분이 이루어진 점 등을 고려하면, 원고에 대하여 1년간의 입찰 참가자격 제한 처분을 하는 것은 비례의 원칙과 형평에 위배되어 재량권을 일탈·남용한 것이라고 판단하였다.

한편 합병 전 회사의 위반행위를 이유로 합병 후 존속회사에 대하여 입찰 참가자격 제한처분을 하는 경우 합병 전 회사의 위반행위 후 그 회사가 합병되었다는 사정은 국가계약법 시행규칙 제76조 제4항에 따라 자격 제한기간의 감경 여부를 결정하는 참작사유에 불과할 뿐이고, 합병되었다는 사정 자체만으로 국가계약법 시행규칙 제76조 제4항에서 정하고 있는 감경사유에 해당한다고 볼 수는 없다.[1]

2. 제한 효과

가. 효과의 발생시기

상대방이 있는 행정처분의 경우 특별한 규정이 없는 한 의사표시의 일반적 법리에 따라 그 행정처분이 상대방에게 고지되어야 효력을 발생한다. 따라서 피고가 2010. 7. 12. 입찰 참가자격 제한 처분을 하면서 그 제한기간을 처분 다음날인 2010. 7. 13.부터 2010. 12. 12.까지로 정하였다 하더라도 원고에게 고지되어야 그 효력이 발생하며, 원고에게 고지되기 이전의 제한기간에 대하여는 그 효력이 미치지 아니한다고 할 것이다. 따라서 입찰 참가자격 제한기간이 이 사건 처분일자 다음날부터 시작되는 것으로 정하여져 있다는 사실만으로, 이 사건 처분이 송달되

1) 대법원 2016. 6. 28. 선고 2014두13072 판결.

지 아니하였음에도 그 효력이 발생된다고 할 수 없고, 이로 인하여 원고에게 불이익이 있다고 볼 수 없으므로, 그러한 이유로 이 사건 처분을 위법하다고 할 수는 없다.[1)2)]

나. 효과의 범위

(1) 전자조달시스템 등에 게재 및 공개

각 중앙관서의 장이나 지방자치단체의 장은 입찰 참가자격을 제한한 때에는 ① 업체(상호)명 · 주소 · 성명(법인인 경우 대표자성명, 법인등록번호 등) · 주민등록번호 · 사업자등록번호 · 관계법령상 면허 또는 등록번호, ② 입찰 참가자격 제한기간, ③ 입찰 참가자격을 제한하는 구체적인 사유, ④ 입찰 참가자격 제한 처분이 집행정지된 경우 그 집행정지 또는 집행정지 해제사실을 명백히 하여 입찰 참가자격 제한기간의 개시일 전까지 기획재정부령으로 정하는 바에 따라 전자조달시스템 또는 행정안전부령으로 정하는 바에 따라 지정정보처리장치에 게재하여야 하고(국가계약법 시행령 제76조 제10항, 지방계약법 시행령 제92조 제7항), 업체(상호)명, 성명(법인인 경우 대표자 성명, 법인등록번호) 및 사업자등록번호 등을 같은 방법으로 공개하여야 한다(국가계약법 시행령 제76조 제11항, 지방계약법 시행령 제92조 제14항).

(2) 입찰 참가의 제한

각 중앙관서의 장 또는 계약담당공무원, 지방자치단체의 장은 입찰 참가자격을 제한받은 자에 대하여 제한기간 동안에는 해당 관서 또는 그 지방자치단체에서 집

1) 대법원 2012. 11. 15. 선고 2011두31635 판결.

2) 청주지방법원 2016. 9. 29. 선고 2016구합433 판결(확정)은 전자조달의 이용 및 촉진에 관한 법률이 제11조 제1항에서 경쟁입찰 공고, 입찰서, 전자계약서 등 조달업무와 관련하여 전자적으로 작성된 문서를 전자문서라고 칭하면서, 제11조 제2항에서 그 전자문서의 경우 전자조달시스템에 입력된 때 송신 및 수신된 것으로 본다고 규정하고 있을 뿐, 입찰 참가자격 제한과 같은 행정처분의 경우에도 전자조달법령에서 그 처분이 전자조달시스템에 입력된 때 송신 및 수신된 것으로 본다고 규정하는 것이라 할 수는 없으므로, 피고가 2016. 2. 29. 처분을 하면서 입찰 참가자격의 제한기간을 처분일인 2016. 2. 29.부터 2016. 8. 28.까지로 정하였다 하더라도 이 사건 처분은 원고에게 고지되어야 그 효력이 발생하는 것이고, 원고에게 고지되기 이전의 제한기간에 대하여는 그 효력이 발생하지 아니하므로, 입찰 참가자격 제한기간이 이 사건 처분일자부터 시작되는 것으로 정하여져 있다는 사실만으로, 이 사건 처분이 송달되지 아니하였음에도 그 효력이 발생된다고 할 수 없고, 이로 인하여 원고에게 불이익이 있다고 볼 수 없다고 판시하였다.

행하는 모든 입찰에 참가할 수 없도록 하여야 한다(국가계약법 시행령 제76조 제7항, 지방계약법 시행령 제92조 제8항). 경쟁입찰에 있어 낙찰된 자가 계약체결 전에 입찰 참가자격 제한을 받은 경우에는 그 낙찰자와 계약을 체결하여서는 아니 된다. 다만 장기계속계약을 체결한 계약상대자가 계약이행 중 입찰 참가자격 제한을 받은 경우에, 해당 장기계속계약을 이행하기 위하여 연차별계약을 체결하는 경우에는 그러하지 아니하다(국가계약법 시행령 제76조 제8항, 지방계약법 시행령 제92조 제9항).

각 중앙관서의 장 또는 계약담당공무원은 지방계약법 또는 공공기관운영법 등 다른 법령에 따라 입찰 참가자격 제한을 한 사실을 통보받거나 전자조달시스템에 게재된 자에 대하여도 입찰에 참가할 수 없도록 해야 한다(국가계약법 시행령 제76조 제12항).[1)]

구 국가계약법 시행령(2013. 6. 17. 대통령령 제24601호로 개정되기 전의 것) 제76조 제8항, 구 지방계약법 시행령(2015. 8. 19. 대통령령 제26491호로 개정되기 전의 것) 제92조 제8항, 구 공기업·준정부기관 계약사무규칙(2016. 9. 12. 기획재정부령 제571호로 개정되기 전의 것) 제15조 제11항(이하 세 조항을 통틀어 '확장제재 조항'이라 한다)은 각 중앙관서의 장, 지방자치단체의 장 및 공기업·준정부기관의 기관장이 해당 처분청을 관할하는 법률이 아닌 다른 법률에 의하여 입찰 참가자격 제한 처분을 받은 자에 대해서도 해당 처분청이 실시하는 입찰에 참가할 수 없도록 할 수 있다고 정하면서, 다만 예외적으로 반드시 입찰에 참가할 수 없도록 해야 하는 경우를 규정하고 있었는데, 판례는 확장제재 조항은 최초의 입찰 참가자격 제한 처분에 직접 적용되는 근거 규정이 아니라, 입찰 참가자격 제한 처분이 있은 후에 그 처분에 기초하여 다른 처분청이 새로운 제재를 할 수 있는 근거 조항일 뿐이므로 어떤 처분청이 부정당업자의 입찰 참가자격을 제한하는 처분을 한 경우 확장제재 조항에 따라 다른 처분청에 의한 별도의 제재 없이도 그 효력이 당연히 확장되는 것은 아니라고 판시하였다.[2)]

1) 개정 전 국가계약법 시행령 제76조 제8항은 '각 중앙관서의 장은 「지방자치단체를 당사자로 하는 계약에 관한 법률」 또는 「공공기관의 운영에 관한 법률」에 따른 입찰 참가자격 제한을 한 사실을 통보받거나 전자조달시스템에 게재된 자에 대하여도 입찰에 참가할 수 없도록 할 수 있다. 다만, 제1항제1호부터 제5호까지, 제7호, 제8호 및 제10호의 사유로 입찰 참가자격 제한을 받은 자에 대하여는 반드시 제한하여야 한다.'고 규정하고 있었으나, 2016. 9. 2. 대통령령 제27475호로 위와 같이 개정되었다. 한편 개정 전 국가계약법 시행령 제76조 제8항과 같은 내용을 규정하고 있었던 지방계약법 시행령 제92조 제8항은 2015. 8. 19. 대통령령 제25491호로 개정되면서 삭제되었다.

2) 대법원 2017. 4. 7. 선고 2015두50313 판결, 대법원 2017. 10. 12. 선고 2016두40993 판결.

중앙관서의 장, 지방자치단체의 장 및 공기업·준정부기관의 기관장이 확장제재 조항에 근거하여 해당 처분청을 관할하는 법률이 아닌 다른 법률에 의하여 입찰 참가자격 제한 처분을 받은 자에 대해서도 해당 처분청이 실시하는 입찰에 참가할 수 없도록 하는 경우, 실무에서는 해당 처분청을 상대로 입찰 참가자격자의 지위에 있음을 임시로 정하여 줄 것을 구하는 가처분 신청을 통해 권리 구제를 도모하고 있다.

(3) 과징금

각 중앙관서의 장 또는 지방자치단체의 장은 부정당업자에 대하여 입찰 참가자격을 제한하여야 하는 경우로서 입찰 참가자격 제한을 갈음하여 ① 부정당업자의 위반행위가 예견할 수 없음이 명백한 경제여건 변화에 기인하는 등 부정당업자의 책임이 경미한 경우로서 대통령령으로 정하는 경우에는 위반행위와 관련된 계약의 계약금액(계약을 체결하지 아니한 경우에는 대통령령으로 정하는 추정가격을 말한다)의 100분의 10에 해당하는 금액, ② 입찰 참가자격 제한으로 유효한 경쟁입찰이 명백히 성립하지 아니하는 경우로서 대통령령으로 정하는 경우에는 위반행위와 관련된 계약의 계약금액(계약을 체결하지 아니하는 경우에는 추정가격을 말한다)의 100분의 30에 해당하는 금액 이하의 과징금을 부과할 수 있다(국가계약법 제27조의2 제1항, 지방계약법 제31조의2 제1항, 다만 지방계약법 제31조의2 제1항은 부정당업자의 신청에 따라 과징금의 부과가 이루어질 수 있다고 규정하고 있다). 공공기관운영법과 지방공기업법에서는 입찰 참가자격 제한에 갈음하는 과징금에 관한 규정을 두고 있지 않다.

다. 효과의 확장 여부

입찰 참가자격 제한 처분을 받은 법인의 상호나 명칭, 대표자, 주주 등이 변경되었다 하더라도 당해 법인의 동일성에는 아무런 변함이 없으므로 그 법인에 대한 입찰 참가자격 제한의 효력은 당연히 유지된다고 할 것이다.[1]

판례는 (하도급거래 공정화에 관한 법률에 따른 공정거래 위원회의 입찰 참가자격 제한 등 요청 결정이 항고소송의 대상이 된다고 보고) 하도급거래 공정화에 관한 법률 위반을 이유로 시정명령 등과 그에 따른 벌점을 부과받은 갑 주식회사가 을 주식회사

---

1) 대법원 1997. 12. 12. 선고 97누11027 판결.

와 병 주식회사로 분할되었고, 정 주식회사가 갑 회사의 사업 부문 대부분이 이전된 을 회사를 흡수합병하자, 공정거래위원회가 정 회사에 대하여 갑 회사에 부과된 벌점이 정 회사에 승계되었음을 이유로 관계 행정기관의 장에게 입찰 참가자격 제한 및 영업정지를 요청하기로 결정한 사안에서 하도급법을 위반한 분할전회사와 분할신설회사의 법인격이 동일하다고 볼 수 없고, 원고가 하도급법 위반행위를 한 사업자의 법률상 지위를 승계하였다고 보기도 부족하다고 보아 입찰 참가자격 제한 등 요청 결정이 위법하다고 본 원심의 판단이 하도급법상 벌점의 승계 여부에 관한 법리를 오해하였다고 판단하였다.[1)]

건설산업기본법 제17조 제2항은 건설업자가 건설업을 양도하려는 경우 국가계약법 또는 지방계약법에 따라 부정당업자로서 입찰 참가자격 제한의 처분을 받고 제한기간 중에 있는 때에는 그 사실을 양수자가 확인하였음을 국토교통부령이 정하는 바에 따라 증명하여야 한다고 규정하고 있고, 문화재수리 등에 관한 법률 제19조 제3호는 문화재수리업자가 국가계약법 또는 지방계약법에 따라 부정당업자로서 입찰 참가자격 제한 처분을 받고 그 제한기간 중에 있는 경우에는 문화재수리업을 양도할 수 없다고 규정하고 있다.

제 9 장

1) 대법원 2023. 4. 27. 선고 2020두47892 판결.

V. 기 타

1. 소의 이익

제재적 행정처분이 그 처분에서 정한 제재기간의 경과로 인하여 그 효과가 소멸되었으나, 부령인 시행규칙의 형식으로 정한 처분 기준에서 제재적 행정처분(선행처분)을 받은 것을 가중사유나 전제요건으로 삼아 장래의 제재적 행정처분(후행처분)을 하도록 정하고 있는 경우, 그 규칙이 정한 바에 따라 선행처분을 가중사유 또는 전제요건으로 하는 후행처분을 받을 우려가 현실적으로 존재하는 때에는, 선행처분을 받은 상대방은 비록 그 처분에서 정한 제재기간이 경과하였다 하더라도 그 처분의 취소소송을 통하여 그러한 불이익을 제거할 권리보호의 필요성이 충분히 인정된다고 할 것이므로, 선행처분의 취소를 구할 법률상 이익이 있다.[1] 국가계약법 시행규칙 제76조 [별표 2] 제1호 가목 및 지방계약법 시행규칙 제76조 제2항은 입찰 참가자격 제한기간 종료 후 6월 이내에 다시 제한사유가 발생한 경우 제한기간이 가중될 수 있다고 규정하고 있으므로, 제한기간이 종료된 선행 입찰 참가자격 제한에 대한 취소소송의 소의 이익이 긍정될 수 있다.

특별사면으로 기존에 받은 부정당업자 입찰 참가자격 제한 처분이 해제된 경우 위 처분의 취소를 구하는 소의 이익이 문제된다. 기존 다수의 하급심 판결은 소의 이익이 없다고 보았다.[2] 한편 대법원은 제재처분 등이 있은 이후에 사면이나 제재처분 등의 효력을 해제하는 특별조치가 있어도, 그러한 특별조치는 해당 제재처분이 있었던 기성(旣成)의 효과 또는 위법 여부에 영향을 미치지 않는다고 판시하였고(직

1) 대법원 2006. 6. 22. 선고 2003두1684 전원합의체 판결, 대법원 2007. 1. 11. 선고 2006두13312 판결.
2) 서울행정법원 2012. 9. 6. 선고 2011구합40714 판결(확정), 서울행정법원 2014. 2. 6. 선고 2011구합40813 판결(확정) 등 다수의 하급심 판결 참조.

접 소의 이익 유무가 문제된 사안은 아니다),[1] 위 대법원 판결 이후 소의 이익을 부정하는 판결[2]과 특별사면의 효력 등을 근거로 소의 이익을 긍정하는 판결[3]이 모두 확인된다.

2. 심리

부정당업자 입찰 참가자격 제한 사건을 심리하는 과정에서 입찰 참가자격 제한 처분에 관한 처분서, 계약 또는 입찰에 관한 서류, 시설공사와 관련한 서류 등이 기본서증으로 첨부되어 있는지 확인하여야 한다. 입증의 정도에 따라서는 증인신문, 사실조회, 형사기록에 관한 문서송부촉탁이 필요할 수 있다.

한편 처분사유의 추가변경과 관련하여 입찰 참가자격을 제한시킨 당초의 처분사유인 정당한 이유 없이 계약을 이행하지 않은 사실과 항고소송에서 새로 주장한 계약의 이행과 관련하여 관계 공무원에게 뇌물을 준 사실은 기본적 사실관계의 동일성이 없다고 본다.[4]

3. 집행정지

언제 집행정지가 행하여지느냐에 따라 임박한 중요한 입찰에 참가할 수 있느냐가 좌우되는 경우가 있으므로 신속한 처리가 요청된다. 특히 입찰 참가자격 제한 처

제 9 장

---

1) 대법원 2017. 10. 12. 선고 2016두40993 판결. 위 사건에서 원고들은 '2015년 광복절 특별사면 및 특별감면조치(이 사건 특별조치)'로 인하여 입찰 참가자격 제한 처분이 당연무효가 된다는 취지로 주장하였고, 원심은 원고들이 이 사건 특별조치의 대상자가 아니라는 이유로 원고들의 주장을 배척하였다. 그런데 대법원은 위와 같은 법리를 들어 원고들이 이 사건 특별조치 대상자에 해당하는지 여부를 판단한 것은 잘못되었으나, 위 특별조치로 인하여 원고들에 대한 처분이 당연무효가 된다는 주장을 배척한 원심의 결론은 정당하다고 보았다.

2) 창원지방법원 2023. 10. 12. 선고 2022구합52971 판결(확정), 서울행정법원 2022. 4. 29. 선고 2021구합66395 판결(확정), 대구고등법원 2022. 3. 25. 선고 2021누4169 판결(확정).

3) 서울고등법원 2023. 12. 21. 선고 2022누31794 판결(대법원 2024두31437 심리불속행기각 확정), 대전고등법원 2024. 3. 21. 선고 2023누12536 판결(대법원 2024두39318 심리불속행기각 확정), 서울고등법원 2023. 11. 2. 선고 2022누58133 판결(확정).

4) 대법원 1999. 3. 9. 선고 98두18565 판결.

분이 심문기일보다 앞서 시행될 것이 예상되는 때에는 심문 없이 직권으로 열흘 또는 보름 정도의 기간 잠정 집행정지를 한 다음 심문을 거쳐 향후의 집행정지 여부를 결정할 필요가 있다.

제10장 **변상금 관련 소송**

Ⅰ. 변상금 관련 소송 서론

1. 개관

변상금이란 국유재산이나 공유재산 또는 도로나 하천, 철도시설 등을 무단으로 점유하거나 사용·수익 또는 점용하는 사람에게 부과하는 금액이다.

국유재산법은 1976. 12. 31. 법률 제2950호 전부개정(1977. 5. 1. 시행) 당시 국유재산에 대한 변상금 제도를 신설하였고,[1] 공유재산 및 물품 관리법(이하 '공유재산법'이라 한다) 제정 전의 지방재정법은 1988. 4. 6. 법률 제4006호 전부개정(1988. 5. 1. 시행) 당시 공유재산과 물품에 대한 변상금 제도를 신설하였다. 그러나 변상금 제도는 1990년대 초까지도 제대로 활용되지 않았다. 헌법재판소가 국유재산은 시효취득의 대상이 되지 않는다고 규정하던 구 국유재산법(1981. 12. 31. 법률 제3482호로 개정되기 전의 것) 제5조 제2항을 국유재산 중 잡종재산(현행법상 '일반재산')[2]에 대하여 적용하는 것은 헌법에 위반된다고 결정하고,[3] 공유재산은 시효취득의 대상이 되지 않는다고 규정하던 구 지방재정법(1991. 12. 31. 법률 제4466호로 개정되기 전의 것) 제74조 제2항을 잡종재산(현행법상 '일반재산')에 대하여 적용하는 것은 헌법에 위반된다고 결정함으로써,[4] 국·공유재산 중 일반재산은 시효취득의 대상이 되었다. 당시까지만 해도 행정여건상 국·공유재산의 관리가 제대로 되지 않아 통상 수시로 매각

---

1) 다만 당시 변상금은 대부료에 상당하는 금액이었고, 1981. 12. 31. 법률 제3482호로 개정(1982. 4. 1. 시행) 당시부터 대부료 또는 사용료의 100분의 120에 상당하는 금액으로 되었다.

2) 잡종재산이라는 용어는 쓸모없는 재산이라는 부정적 이미지가 있어 국유재산법의 경우 2009. 1. 30. 법률 제9401호 전부개정 당시, 공유재산법의 경우 2008. 12. 26. 법률 제9174호 개정 당시 일반재산으로 명칭을 변경하였다(위 각 개정법률의 개정 이유 참조).

3) 헌법재판소 1991. 5. 13. 선고 89헌가97 결정 참조.

4) 헌법재판소 1992. 10. 1. 선고 92헌가6, 7 결정 참조.

되는 국유재산에만 변상금을 부과하는 실정이었으나, 위 헌법재판소 결정 이후 정부와 지방자치단체가 시효취득 완성에 대비하기 위하여 국·공유재산에 대한 변상금 부과 등의 내용을 담은 관리지침, 관리계획을 시달하여 점유 실태를 일제 조사하고 변상금을 부과하면서 변상금 관련 분쟁이 증가하였다.[1]

우리 법제상 변상금 제도는 일반법적인 성격의 국유재산법과 공유재산법을 기초로 행정재산과 일반재산을 구별하지 않고 규율하는 점, 징벌적 성격을 포함하는 점 등에서, 국유재산에 관한 일반법이 없는 독일이나 국유재산에 관한 일반법이 있더라도 불법행위에 기한 손해배상이나 부당이득 등 민사소송으로 해결하는 일본 또는 행정재산과 일반재산을 구별하여 각각 행정법원과 일반법원에서 부당이득반환을 통하여 해결하는 프랑스 등과는 다른 독자적인 체계를 갖고 있다.[2] 특히 사법관계에 속하는 일반재산에 관하여도 변상금으로 공법적 규제를 하는 것에 관하여는 위헌성 여부가 다투어지기도 하였다. 대법원과 헌법재판소는 모두 헌법에 위배되지 않는다고 하였다.[3]

---

1) 손형섭, "변상금 제도의 비교법적 검토와 합리적인 운용방안", 토지공법연구 제54집(2011. 8.), 사단법인 한국토지공법학회(2011), 315-316.

2) 이이영, "국유재산법상 변상금 부과징수권과 민사상 부당이득반환청구권의 관계", 법조 제65권 제2호, 법조협회(2016), 281-284, 김지영, "「국유재산법」상 변상금에 관한 비판적 검토", 공법연구 제53집 제1호, 사단법인 한국공법학회(2024), 504-512 참조.

3) **대법원 2008. 5. 15. 선고 2005두11463 판결:** "국유의 잡종재산은 국유의 행정재산이나 보존재산(이하, '행정재산 등'이라고 한다)과 달리 공적 목적에 직접 제공된 것은 아니라고 하더라도, 그 경제적 가치를 통하여 국가 재정에 기여한다는 점에서 여전히 국유재산으로서 보호할 필요가 있고, 현재의 상태에서는 당장 공적 목적에 사용되지 않는다고 하더라도 행정 목적상 필요한 경우에는 언제든지 행정재산 등으로 전환될 수 있으므로, 그 유지·보호 및 운용의 적정이라는 공익상의 목적과 기능을 수행하기 위하여 필요한 경우에는 공법적 규율이 가능하다고 보아야 할 것이다.

국유재산법(이하 '법'이라고만 한다)이 누구든지 국유재산을 정당한 사유 없이 사용 또는 수익하는 것을 금지하고(법 제5조 제1항), 잡종재산에 관한 대부료 및 연체료의 징수를 행정재산 등의 사용료를 체납한 경우와 마찬가지로 국세징수법상 체납처분의 예에 의하도록 하고 있으며(법 제38조 제3항), 국유재산의 종류를 불문하고 정당한 사유 없이 국유재산을 점유하거나 이에 시설물을 설치한 때에는 행정대집행법에 따른 철거 등의 조치를 할 수 있도록(법 제52조) 한 것도 바로 이러한 공법적 규율의 필요성이 있기 때문인 것이다.

국가가 잡종재산의 대부·매각 등의 법률관계에 관하여 사경제 주체로서 사인과 대등한 지위에서 법률행위를 하고 이에 관하여 사법의 적용을 받는다고 하여 그 유지·보존 및 운용에 관한 모든 법적 규율이 획일적으로 사법의 영역이 되어야 한다고 볼 수는 없다. 특히, 국유의 잡종재산은 그 종류가 다양하고 그 위치도 전국적으로 광범위하게 분포되어 있는 반면에 관리청의 인적·물적 자원은 제한될 수밖에 없는 실정이므로, 관리청이 일상적으로 잡종재산의 현황과 무단 점유 여부 등을 점검하여 국유재산법 위반행위를 발견한 경우에는 반드시 민사법에 따른 권리구제수단으로 그 위반상태를 바로 잡아야 한다면 이는 행정목적 달성을 위한 효율적 수단이라고 보기 어려울 것이다.

그렇다면 이 사건 법률조항인 법 제51조 제1항이 대부계약 등을 맺지 아니하고 국유 잡종재산을 무단 점유한 자에 대하여 통상의 대부료에 20%를 할증한 변상금을 부과·징수하도록 하고 있는 데에는 국유재산의 효율적인 보존·관리라는 합리적인 이유가 있다고 할 것이므로 헌법 제11조 제1항의 평등원칙에 반한다고 볼 수 없고, 이 사건 법률조항으로 인하여 잃게 되는 무단 점유자의 재산권이라는 사익보다 그로 인하여 얻게 되는 국유재산의 효율적인 관리·보존이라는 공익이 크다고 할 것이므로 헌법 제23조 제1항 및 제37조 제2항에 위반하여 재산권을 과도하게 침해하였다고 볼 수도 없다."

헌법재판소 2010. 3. 25. 선고 2008헌바148 결정: "가. 평등의 원칙 위반 여부

[…] 지방자치단체 소유의 공유재산 중 잡종재산은 행정재산, 보존재산과 달리 사경제 거래의 객체로서 이를 대부, 매각, 교환, 양여, 신탁하거나 사권을 설정할 수 있으며, 법령이나 조례로 정하는 경우에는 현물출자 또는 대물변제를 할 수도 있는 것이므로, 공유의 잡종재산의 권리관계에 대하여는 사법의 규정이 적용됨이 원칙적인 모습이라고 할 것이다.

따라서 공유의 잡종재산을 무단점유한 자에 대하여 통상의 대부료에 20%를 할증한 변상금을 징수하도록 규정한 구 '공유재산 및 물품 관리법' 제81조 제1항 본문과 정당한 사유 없이 공유의 잡종재산을 점유하거나 이에 시설물을 설치한 때에는 행정대집행법 제3조 내지 제6조의 규정을 준용하여 철거 그 밖의 필요한 조치를 할 수 있도록 규정한 구 '공유재산 및 물품 관리법' 제83조는, 그 소유자가 사인이 아닌 지방자치단체라는 이유로 사경제 거래의 객체인 물건의 권리관계에 관하여 공법적 규율을 하는 것으로서, 본질적으로 동일한 것을 다르게 취급하고 있는 것에 해당하기는 한다.

그러나 공유의 잡종재산은, 행정재산이나 보존재산과 달리 공적 목적에 직접 제공된 것은 아니라 하더라도, 그 경제적 가치를 통하여 지방자치단체의 재정에 기여한다는 점에서 여전히 공유재산으로 보호할 필요가 있고, 현재의 상태에서는 당장 공적 목적에 사용되지 않는다고 하더라도 행정 목적상 필요한 경우에는 언제든지 행정재산 등으로 전환될 수 있으므로, 그 유지·보호 및 운용의 적정이라는 공익상의 목적과 기능을 수행하기 위하여 필요한 경우에는 공법적 규율이 가능하다고 할 것이다.

또한 공유의 잡종재산은 그 종류가 다양하고 그 위치도 지역적으로 광범위하게 분포되어 있는 반면에 관리청의 인적·물적 자원은 제한될 수밖에 없는 실정이므로, 관리청이 일상적으로 공유의 잡종재산의 현황과 무단점유 여부 등을 점검하여 법 위반행위를 발견한 경우에는 단지 민사법에 따른 권리구제수단으로만 그 위반상태를 바로잡아야 한다면, 이는 공유의 잡종재산의 유지·보호 및 운용의 적정이라는 행정 목적 달성을 위한 신속하고도 효율적인 수단이라고 보기 어려울 것이다.

따라서 이 사건 법률조항들을 두게 된 데에는, 공유의 잡종재산의 효율적인 보존·관리라는 합리적인 이유가 있다고 할 것이므로 헌법상 평등의 원칙에 반한다고 할 수 없다.

나. 재산권의 침해 여부

구 '공유재산 및 물품 관리법' 제81조 제1항 본문은 변상금의 징수로 인하여 청구인들의 책임재산이 감소한다는 측면에서, 구 '공유재산 및 물품 관리법' 제83조는 이 사건 토지 위에 있는 청구인들 소유의 시설물에 대하여 행정대집행법의 규정에 따라 철거 등의 조치가 취해질 수 있다는 측면에서 청구인들의 재산권을 제한하는 규정들이라고 할 것인바, 국민의 기본권을 제한하는 입법을 함에 있어서는 입법목적의 정당성과 그 목적달성을 위한 방법의 적정성, 피해의 최소성, 그리고 그 입법에 의해 보호하려는 공공의 필요와 침해되는 기본권 사이의 균형성을 모두 갖추어야 한다.

이 사건 법률조항들은, ① 공유의 잡종재산의 보존, 관리에 효율을 기하기 위하여 공유의 잡종재산을 무단점유한 사람에 대하여 무단점유행위로 인한 불법적인 이익을 박탈함과 동시에 일정한 금전적 제재를 가하는 한편, 공유의 잡종재산에 설치한 불법시설물에 대하여는 행정대집행법을 준용하여 강제철거 등의 조치를 취할 수 있게 하려는 것인바, 이러한 입법목적은 공공복리를 위하여 필요한 것으로서 그 정당성이 인정되고, ② 공유의 잡종재산의 무단점유를 억제하고 공유의 잡종재산을 신속하게 원상으로 회복시키는 효과가 있다고 할 것이므로 방법의 적정성도 인정되며, ③ 달리 다른 입법수단이 있음에도 불구하고 청구인들의 기본권을 더 제한하는 것이라고 단정할 수 없으며, 가능한 여러 가지 수단 가운데 무엇이 보다 덜 침해적이라고 보기 어려운 상황에서 어떠한 수단을 선택할 것인가는 입법자의 형성의 권한 내라 할 것이므로 피해의 최소성원칙에 어긋나지 아니하고, ④ 공유의 잡종재산의 효율적인 보존, 관리를 위한 제도로서 그 공익성이 인정되고, 이에 비하여 청구인들의 재산권이 제한되는 정도를 살펴보면, 정상적인 대부료 또는 사용료에 비하여 20%가 할증되는 정도에 불과하거나 불법시설물의 강제철거 등의 조치가 행정대집행법에 따라 이루어짐을 수인하여야 하는 정도에 불과하다

한편, 행정주체에 의해 공적 목적에 제공된 물건 또는 물적 종합시설인 강학상 공물은 도로법, 하천법 등 개별 법률에 따라 규율을 받는데, 해당 개별 법률에서도 변상금 규정을 두고 있다. 나아가 국·공유재산은 공적 목적에 제공되는 경우가 많고 이때는 강학상 공물로서의 성격도 가지게 된다. 따라서 공물의 성격을 가진 재산과 관련한 변상금을 검토할 때에는 독일과 프랑스 등에서 발전해온 공물법상의 논의도 참고할 필요가 있다.

2. 변상금 관련 법규정의 체계

우리나라는 국유재산법, 공유재산법, 공유수면 관리 및 매립에 관한 법률(이하 '공유수면법'이라 한다), 농어촌도로 정비법(이하 '농어촌도로법'이라 한다), 도로법, 소하천정비법, 어촌·어항법, 철도사업법, 하천법 등에서 변상금에 관한 규정을 두고 있다.[1] 또한 변상금과 같은 성격을 가진 것으로서 '무단점용료'라는 용어를 사용하는 법률로는 농어촌정비법이 있다. 위 각 법률의 변상금, 무단점용료에 관한 개략적인 내용은 다음과 같다(공유수면법 이하의 법률은 가나다순이다).

법률	주체	대상	행위	금액[2]	기속·재량
국유재산법	중앙관서의 장, 일반재산의 관리·처분에 관한 사무를 위임·위탁받은 자	국유재산	사용허가나 대부계약 없이 또는 사용허가나 대부계약 기간을 초과하여 사용·수익·점유	120%	기속 (징수한다)
공유재산법	지방자치단체의 장, 일반재산의 관리·처분에 관한 사무를 위탁받은 자	공유재산 또는 물품	사용허가나 대부계약 없이 또는 사용허가나 대부계약 기간을 초과하여 사용·수익·점유	120%	기속 (징수한다)

는 점에 비추어 볼 때 청구인들이 입게 되는 재산상의 불이익이 현저하게 높다고 보기 어려우므로 공익에 비하여 사익이 과도하게 침해된다고 하는 법익형량상의 문제도 존재하지 않는다.
따라서 이 사건 법률조항들은 헌법상 과잉금지의 원칙에 위반되지 아니하므로 청구인들의 재산권을 침해한다고 할 수 없다."

1) 법제처 국가법령정보센터(www.law.go.kr)에서 조문내용을 '변상금'으로 하여 검색한 결과이다.
2) 사용료, 점용료 등에 대비한 금액이다.

공유수면법	공유수면관리청	공유수면	점용·사용허가를 받지 않거나 점용·사용허가 기간을 초과하여 점용·사용	120%	기속 (징수하여야 한다)
농어촌도로법	군수	농어촌 도로	점용허가를 받지 않고 점용	120%	재량 (징수할 수 있다)
농어촌정비법	농업생산기반시설 관리자	농업생산 기반시설	사용허가를 받지 않거나 허가기간을 초과하여 점용·사용	120%	기속 (징수한다)
도로법	도로관리청	도로	도로점용허가를 받지 않거나 허가 내용을 초과하여 점용	120%	재량 (징수할 수 있다)
소하천정비법	관리청	소하천	허가를 받지 않고 점용·사용	120%	재량 (징수할 수 있다)
어촌·어항법	어항관리청	어항시설	허가를 받지 않거나 신고를 하지 않고 사용·점용	100%~150%	재량 (징수할 수 있다)
철도사업법	국토교통부장관	철도시설	점용허가를 받지 않고 점용	120%	재량 (징수할 수 있다)
하천법	하천관리청	하천	점용허가를 받지 않고 점용·사용	120%	재량 (징수할 수 있다)

국유재산법, 공유재산법은 국유재산 또는 공유재산에 관한 일반법의 성격을 가지고, 나머지 법률은 특별법의 성격을 가진다.[1] 이러한 개별법은 해당 법률에서 규율하는 대상 재산이 국·공유재산에 해당한다 하더라도 대상 재산의 관리·처분 등에 관하여 국유재산법이나 공유재산법에 우선하여 적용되고, 특별한 규정이 없는 경우에는 국유재산법 등이 적용된다. 따라서 도로법이나 하천법 등과 같이 규율 대상 재산에 관하여 변상금을 부과할 수 있는 별도의 규정을 두고 있는 경우에는 해당 개별법이 적용된다. 반면 개별법에 변상금을 부과할 수 있는 별도의 규정이 없는 경우, 국·공유재산에 해당한다면 일반법인 국유재산법이나 공유재산법에 의하여 변상금을 부과할 수 있다.[2]

1) 엄태주, "국공유재산에 대한 변상금의 부과요건", 교학연구사(2002), 294. 김행순, "변상금 부과에 관한 고찰 - 국·공유재산 및 도로를 중심으로 -" 재판자료 제125집 행정재판실무연구 Ⅳ, 법원도서관(2013), 52에서 재인용.

2) 대법원 1994. 3. 22. 선고 92누10234 판결: "국유림의 관리처분에 관한 권한 중에는 국유임야를 무단으로 점유하는 자에 대하여 국유재산법에 따라 변상금을 부과하고 이를 징수하는 권한도 포함되어 있

한편, 특별법적 성격의 법률 중에서 도로법은 인공적 공물에 대한 대표적인 법률, 하천법은 자연적 공물에 대한 대표적인 법률이라 할 수 있다.[1]

아래에서는 국유재산법과 공유재산법상 변상금, 도로법과 하천법상 변상금을 위주로 변상금 관련 행정소송에 관하여 살펴본다.

다고 해석된다. 그리고 산림법상 국유임야를 무단 점유한 자에 대하여 변상금을 부과할 수 있는 별도 규정이 없다고 하더라도, 국유재산법 제2조, 제25조 제3항, 제51조 등의 규정에 의하여 소관청은 변상금을 부과할 수 있다."

1) 김철용 외 9인, 특별행정법, 박영사(2022), 1345.

Ⅱ. 변상금의 의의

1. 변상금의 개념

가. 국유재산법, 공유재산법

국유재산법 제2조 제9호는 '"변상금"이란 사용허가나 대부계약 없이 국유재산을 사용·수익하거나 점유한 자(사용허가나 대부계약 기간이 끝난 후 다시 사용허가나 대부계약 없이 국유재산을 계속 사용·수익하거나 점유한 자를 포함한다. 이하 "무단점유자"라 한다)에게 부과하는 금액을 말한다.'고 규정한다.

공유재산법도 제2조 제9호에서 "'변상금'이란 사용허가나 대부계약 없이 공유재산 또는 물품을 사용·수익하거나 점유한 자(사용허가나 대부계약 기간이 끝난 후 다시 사용허가나 대부계약 없이 공유재산 또는 물품을 계속 사용·수익하거나 점유한 자를 포함한다. 이하 "무단점유자"라 한다)에게 부과하는 금액을 말한다."고 하여 같은 취지로 규정한다.[1)]

국유재산법은 과거 국유재산을 무단으로 사용·수익하는 자에 대하여 형사처벌과 불법시설물의 철거 등으로 대처하다가,[2)] 1976. 12. 31. 법률 제2950호 전부개정

---

1) 공유재산법은 변상금에 관한 정의 규정을 별도로 두지 않다가 2021. 4. 20. 법률 제18086호 개정 당시 제2조 제9호로 변상금에 관한 정의 규정을 신설하였다.

2) 구 국유재산법(1976. 12. 31. 법률 제2950호로 전부개정되기 전의 것)
제5조(국유재산의 보호) 국유재산은 누구든지 정부의 허가없이 이를 사용 또는 수익하지 못한다.
제36조(국유재산의 불법행위에 대한 제재) ① 정당한 사유없이 제5조의 규정에 위반한 자는 6월이하의 징역 또는 30만원이하의 벌금에 처한다.
② 제5조의 재산을 손괴 또는 은닉한 자는 2년이하의 징역 또는 30만원이하의 벌금에 처한다.
제37조(불법시설물의 철거) 제5조의 규정에 위반한 자가 당해 재산상에 시설을 가진 경우에 정부의 철거요구가 있을 때에는 지체없이 이를 철거하여야 한다.

(1977. 5. 1. 시행) 당시 변상금 제도를 신설하고 국유재산 중 일반재산에 대한 형사처벌은 폐지하였다. 이로써 국유재산을 무단으로 사용·수익하는 자에 대하여는 ① 변상금 부과, ② 불법시설의 철거 등, ③ 일반재산을 제외한 나머지 국유재산의 경우 형사처벌로 대처하였고, 이는 현행법에도 이어지고 있다(현행 국유재산법상 조항은 순서대로 제72조, 제74조, 제82조).

공유재산의 경우에도 공유재산법 제정 전의 지방재정법은 공유재산을 무단으로 사용·수익하는 자에 대하여 형사처벌과 불법시설의 철거 등으로 대처하다가,[1)] 1988. 4. 6. 법률 제4006호 전부개정(1988. 5. 1. 시행) 당시 변상금 제도를 신설하고 공유재산 중 일반재산에 대한 형사처벌은 폐지하였다. 이로써 공유재산을 무단으로 사용·수익하는 자에 대하여는 ① 변상금 부과, ② 불법시설의 철거 등, ③ 일반재산을 제외한 나머지 공유재산의 경우 형사처벌로 대처하였다. 이는 2005. 8. 4. 법률 제7665호로 제정된 공유재산법하에서도 이어지고 있다(현행 공유재산법 조항은 순서대로 제81조, 제83조, 제99조).

나. 도로법, 하천법

도로법과 하천법은 변상금에 관한 정의 규정을 별도로 두고 있지 않다. 다만 변상금 징수 규정에 따르면, '도로점용허가를 받지 아니하고 도로를 점용하였거나 도로점용허가의 내용을 초과하여 도로를 점용(이하 이 조에서 "초과점용등"이라 한다) 한 자에게 부과하는 금액'(도로법 제72조 제1항), '하천점용허가를 받지 아니하고 하천을 점용 또는 사용한 자에게 부과하는 금액'(하천법 제37조 제3항)으로 정의할 수 있다.

도로법은 허가 없이 도로를 점용하는 자에 대하여 형사처벌로 대처하다가,[2)] 이

---

1) 구 지방재정법(1988. 5. 1. 법률 제4006호로 개정되기 전의 것)
제57조의4(불법시설철거등) ① 공유재산을 정당한 이유없이 점유하거나 그에 시설을 한 때에는 이를 강제로 철거시킬 수 있다.
② 지방자치단체의 장이 제1항의 규정에 의한 강제철거를 시키고자 할 때에는 행정대집행법 제3조 내지 제6조의 규정을 준용한다.
제57조의5(공유재산에 대한 불법행위제재) ① 공유재산을 정당한 이유없이 점유 또는 사용하거나 수익한 자는 6월이하의 징역 또는 30만원이하의 벌금에 처한다.
② 공유재산을 손괴 또는 은닉한 자는 2년이하의 징역 또는 30만원이하의 벌금에 처한다.

2) 예컨대, 구 도로법(1976. 12. 31. 법률 제2989호로 개정되기 전의 것)

에 더하여 1976. 12. 31. 법률 제2989호 개정(1977. 1. 1. 시행) 당시 점용료 상당액을 부당이득금으로 징수하는 규정을 신설하였고,[1] 1999. 2. 28. 법률 제5894호 개정(1999. 8. 9. 시행) 당시 위 부당이득금 징수 규정을 점용료의 100분의 120에 상당하는 금액을 변상금으로 징수하도록 개정하였다.[2]

하천법은 허가 없이 하천을 점용·사용하는 자에 대하여 형사처벌로 대처하다가,[3] 이에 더하여 1981. 3. 31. 법률 제3406호 개정(1981. 5. 1. 시행) 당시 점용료 등 상당액을 부당이득금을 징수하는 규정을 신설하였고,[4] 1999. 2. 28. 법률 제5893호 전부개정(1999. 8. 9. 시행) 당시 위 부당이득금 징수 규정 대신 점용료 등의 100분의 120에 상당하는 금액을 변상금으로 징수하는 규정을 신설하였다.[5]

제40조(도로의 점용) ① 도로의 구역안에서 공작물·물건 기타의 시설을 신설·개축·변경 또는 제거하거나 기타의 목적으로 도로를 점용하고자 하는 자는 관리청의 허가를 받아야 한다.
제82조(동전) 다음 각호의 1에 해당하는 자는 1년이하의 징역 또는 20만원이하의 벌금에 처한다.
4. 제40조의 규정에 위반하여 허가없이 도로를 점용한 자

1) 1976. 12. 31. 법률 제2989호로 신설된 구 도로법 제80조의2(부당이득금의 징수) 제40조의 규정에 의한 도로점용허가를 받지 아니하고 도로를 점용한 자에 대하여는 그 점용기간에 대한 점용료 상당액을 부당이득금으로 징수할 수 있다. 이 경우에 그 징수방법은 도로점용료징수의 예에 의한다.

2) 1999. 8. 9. 법률 제5894호로 개정된 구 도로법 제80조의2(변상금의 징수) 제40조의 규정에 의한 도로점용허가를 받지 아니하고 도로를 점용한 자에 대하여는 그 점용기간에 대한 점용료의 100분의 120에 상당하는 금액을 변상금으로 징수할 수 있다. 이 경우에 그 징수방법은 도로점용료징수의 예에 의한다.

3) 예컨대, 구 하천법(1981. 3. 31. 법률 제3406호로 개정되기 전의 것)
제25조(하천의 점용허가 등) ① 하천구역안에서 다음 각호의 1에 해당하는 행위를 하고자 하는 자는 대통령령이 정하는 바에 의하여 관리청의 허가를 받아야 한다. 다만, 이 허가에는 하천의 오염으로 인한 공해 기타 보건위생상 위해를 방지함에 필요한 부관을 붙여야 한다.
1. 유수의 점용
2. 토지의 점용
3. 하천부속물의 점용
4. 공작물의 신축·개축·변경 또는 제거
5. 토지의 굴착·성토 또는 절토 기타 토지의 형상변경
6. 토석·사력 기타 대통령령이 정하는 하천산출물의 채취
7. 스케이트장·유선장의 설치 기타 하천의 점용
8. 식물의 재식
제81조(동전) 다음 각호의 1에 해당하는 자는 2년이하의 징역 또는 10만원이하의 벌금에 처한다.
2. 제25조제1항의 규정에 위반하여 하천을 점용한 자

4) 1981. 3. 31. 법률 제3406호로 개정된 구 하천법 제33조(점용료 등의 징수) ③ 관리청은 제25조의 규정에 위반하여 허가를 받지 아니하고 하천을 점용 또는 사용한 자로부터 당해 점용료등에 상당하는 금액을 부당이득금으로 징수할 수 있다.

5) 1999. 2. 8. 법률 제5893호로 개정된 구 하천법 제38조(점용료등의 징수) ③ 관리청은 제33조의 규정에 의한 허가를 받지 아니하고 하천을 점용 또는 사용한 자에 대하여는 당해 점용료등의 100분의 120에 상당하는 금액을 변상금으로 징수할 수 있다.

2. 변상금의 법적 성질

국유재산법, 공유재산법, 도로법, 하천법은 모두 국·공유재산을 무단점유하거나 도로·하천을 무단점용한 자에게 사용료, 점용료 등의 120%에 해당하는 금액을 변상금으로 징수하도록 규정한다. 이러한 금전적 제재는 무단점유를 예방·근절하여 공공의 목적에 제공되는 국·공유재산의 적정한 보호와 관리를 꾀하고, 국가 또는 지방자치단체가 공유재산을 통해 추구하는 행정목적을 달성하는 한편, 사용료 또는 대부료에 해당하는 부당이득을 환수하고 그에 덧붙여 징벌적으로 추가 금액을 징수하여 국가 또는 지방재정을 확충하고자 함에 그 입법취지가 있다.[1] 즉 변상금 중 사용료 등 상당액은 부당이득 환수의 성격을 가지고, 추가되는 20% 상당액은 징벌적 성격을 가진다.[2]

3. 민사상 부당이득반환과의 관계

국·공유재산의 관리주체가 국·공유재산의 무단점유자를 상대로 국유재산법, 공유재산법 등에 따라 변상금을 부과할 수 있는데도 이와 별도로 무단점유자를 상대로 민사상 부당이득반환청구의 소를 제기할 수 있는지 문제된다. 앞서 본 변상금의 성질 등을 고려하면, 변상금 부과처분에 의한 변상금 징수권은 공법상의 권리로서, 변상금 자체의 지급을 민사소송의 방법으로 구할 수는 없다.[3] 여기서의 논의는 변상금 부과처분을 할 수 있거나 이미 하였는데도 이와 별도로 민사상 부당이득반환청구를 할 수 있는지이다.

행정재산과 일반재산의 관리·처분에 관한 권한을 가지거나 그 사무를 위임받은 중앙관서의 장 또는 일반재산의 관리·처분에 관한 사무를 위임받은 총괄청 소속 공무원, 중앙관서의 장 또는 그 소속 공무원, 지방자치단체의 장 또는 그 소속 공무원은 직접 또는 관할 세무서장이나 지방자치단체의 장에게 위임하여 체납처분에 관한 규정을 준용하여 변상금을 징수할 수 있기 때문에[4] 별도로 민사소송으로 민사상

1) 헌법재판소 2017. 7. 27. 선고 2016헌바374 결정 참조.
2) 대법원 1988. 2. 23. 선고 87누1046, 1047 판결, 대법원 2000. 1. 14. 선고 99두9735 판결 등 참조.
3) 대법원 1992. 4. 14. 선고 91다42197 판결, 대법원 2000. 11. 24. 선고 2000다28568 판결 등 참조.

부당이득반환청구권을 행사할 실익은 크지 않다. 반면, 일반재산의 관리·처분에 관한 사무를 위탁받은 한국자산관리공사 등은 직접 국세징수법의 체납처분에 관한 규정을 준용하여 변상금을 징수할 수는 없고 관할 세무서장이나 지방자치단체의 장에게 체납된 변상금을 강제징수하게 할 수 있을 뿐인데,[1] 현실적으로는 관할 세무서장이나 지방자치단체의 장의 협조를 얻지 못하여 변상금의 징수가 원활하게 이루어지지 않는 경우가 많아 별도의 민사집행을 위한 권원을 얻을 필요가 있어 민사상 부당이득반환청구의 소를 제기하는 것이다.

대법원 2014. 7. 16. 선고 2011다76402 전원합의체 판결에서는 변상금 부과처분과 별도로 민사상 부당이득반환청구가 가능하다는 다수의견과 불가능하다는 소수의견으로 견해가 나뉘었다. 다수의견과 소수의견의 요지는 다음과 같다.

❍ 다수의견[2]

국유재산의 무단점유자에 대한 변상금 부과는 공권력을 가진 우월적 지위에서 행하는 행정처분이고, 그 부과처분에 의한 변상금 징수권은 공법상의 권리인 반면, 민사상 부당이득반환청구권은 국유재산의 소유자로서 가지는 사법상의 채권이다. 또한 변상금은 부당이득 산정의 기초가 되는 대부료나 사용료의 120%에 상당하는 금액으로서 부당이득금과 액수가 다르고, 이와 같이 할증된 금액의 변상금을 부과·징수하는 목적은 국유재산의 사용·수익으로 인한 이익의 환수를 넘어 국유재산의 효율적인 보존·관리라는 공익을 실현하는 데 있다. 그리고 대부 또는 사용·수익허가 없이 국유재산을 점유하거나 사용·수익하였지만 변상금 부과처분은 할 수 없는 때에도 민사상 부당이득반환청구권은 성립하는 경우가 있으므로, 변상금 부과·징수의 요건과 민사상 부당이득반환청구권의 성립 요건이 일치하는 것도 아니다.

이처럼 구 국유재산법(2009. 1. 30. 법률 제9401호로 전부 개정되기 전의 것, 이하 같다) 제51조 제1항, 제4항, 제5항에 의한 변상금 부과·징수권은 민사상 부당이득반환청구권과 법적 성질을 달리하므로, 국가는 무단점유자를 상대로 변상금 부과·징수권의 행사와 별도로 국유재산의 소유자로서 민사상 부당이득반환청구의 소를 제기

4) 국유재산법 제73조 제2항 제1호 참조.
1) 국유재산법 제73조 제2항 제2호 참조.
2) 대법원장 양승태, 대법관 양창수, 대법관 신영철, 대법관 이상훈, 대법관 김용덕, 대법관 고영한, 대법관 김창석, 대법관 조희대.

할 수 있다. 그리고 이러한 법리는 구 국유재산법 제32조 제3항, 구 국유재산법 시행령(2009. 7. 27. 대통령령 제21641호로 전부 개정되기 전의 것) 제33조 제2항에 의하여 국유재산 중 잡종재산(현행 국유재산법상의 일반재산에 해당한다)의 관리·처분에 관한 사무를 위탁받은 한국자산관리공사의 경우에도 마찬가지로 적용된다.

❍ 소수의견[1)]

행정주체가 효율적으로 권리를 행사·확보할 수 있도록 관련 법령에서 간이하고 경제적인 권리구제절차를 특별히 마련해 놓고 있는 경우에는, 행정주체로서는 그러한 절차에 의해서만 권리를 실현할 수 있고 그와 별도로 민사소송의 방법으로 권리를 행사하거나 권리의 만족을 구하는 것은 허용될 수 없다고 보아야 한다.

특히 국유재산 중 잡종재산에 관한 법률관계는 사경제주체로서 국가를 거래 당사자로 하는 것이어서 사법의 적용을 받음이 원칙임에도, 구 국유재산법 제51조는 잡종재산의 무단점유자에 대해서까지 대부료의 120%에 상당하는 중한 변상금을 부과하고, 국세징수법의 체납처분에 관한 규정을 준용하여 이를 강제징수할 수 있도록 함으로써 특별한 공법적 규율을 하고 있다. 나아가 구 국유재산법 제51조 제1항에 의하여 국유재산의 무단점유자에게 변상금을 부과하는 것은 행정주체의 재량이 허용되지 않는 기속행위로서, 행정주체의 선택에 의하여 부과 여부가 결정될 수 있는 성질의 것도 아니다.

따라서 국유재산의 무단점유와 관련하여 구 국유재산법 제51조에 의한 변상금 부과·징수가 가능한 경우에는 변상금 부과·징수의 방법에 의해서만 국유재산의 무단점유·사용으로 인한 이익을 환수할 수 있으며, 그와 별도로 민사소송의 방법으로 부당이득반환청구를 하는 것을 허용하여서는 아니 된다.

구 국유재산법 제51조에 의한 변상금 부과·징수권은 공법상의 권리이고 민사상 부당이득반환청구권은 사법상의 채권이기는 하지만, 양자 모두 국유재산의 무단점유자로부터 법률상 원인 없는 이익을 환수하는 것을 본질로 하므로, 변상금 부과·징수는 국유재산의 무단점유자에 대한 부당이득반환청구를 공법적인 형태로 규율하는 것으로 볼 수 있다. 결국 구 국유재산법 제51조에 의한 변상금 부과·징수권과 민사상 부당이득반환청구권은 본질이 다르지 아니하다.

---

1) 대법관 민일영, 대법관 이인복, 대법관 박보영, 대법관 김신, 대법관 김소영.

Ⅲ. 변상금의 성립 요건

1. 개관

국유재산법, 공유재산법, 도로법, 하천법상 변상금의 성립과 관련한 조항은 다음과 같다.

■ **국유재산법**

제2조(정의) 이 법에서 사용하는 용어의 뜻은 다음과 같다.

9. "변상금"이란 사용허가나 대부계약 없이 국유재산을 사용·수익하거나 점유한 자(사용허가나 대부계약 기간이 끝난 후 다시 사용허가나 대부계약 없이 국유재산을 계속 사용·수익하거나 점유한 자를 포함한다. 이하 "무단점유자"라 한다)에게 부과하는 금액을 말한다.

제72조(변상금의 징수) ① 중앙관서의 장등은 무단점유자에 대하여 대통령령으로 정하는 바에 따라 그 재산에 대한 사용료나 대부료의 100분의 120에 상당하는 변상금을 징수한다. 다만, 다음 각 호의 어느 하나에 해당하는 경우에는 변상금을 징수하지 아니한다.

1. 등기사항증명서나 그 밖의 공부(公簿)상의 명의인을 정당한 소유자로 믿고 적절한 대가를 지급하고 권리를 취득한 자(취득자의 상속인이나 승계인을 포함한다)의 재산이 취득 후에 국유재산으로 밝혀져 국가에 귀속된 경우
2. 국가나 지방자치단체가 재해대책 등 불가피한 사유로 일정 기간 국유재산을 점유하게 하거나 사용·수익하게 한 경우

■ **공유재산법**

제2조(정의) 이 법에서 사용하는 용어의 뜻은 다음과 같다.

9. "변상금"이란 사용허가나 대부계약 없이 공유재산 또는 물품을 사용·수익하거나 점유한 자(사용허가나 대부계약 기간이 끝난 후 다시 사용허가나 대부계약 없이 공유재산 또는 물품을 계속 사용·수익하거나 점유한 자를 포함한다. 이하 "무단점유자"라 한다)에게 부과하는 금액을 말한다.

제81조(변상금의 징수) ① 지방자치단체의 장과 제43조의2에 따라 일반재산의 관리·처분에 관한 사무를 위탁받은 자는 무단점유자에 대하여 대통령령으로 정하는 바에 따라 공유재산 또는 물품에 대한 사용료 또는 대부료의 100분의 120에 해당하는 금액(이하 "변상금"이라 한다)을 징수한다. 다만, 다음 각 호의 어느 하나에 해당하는 경우에는 변상금을 징수하지 아니한다.

1. 등기부나 그 밖의 공부(公簿)상의 명의인을 정당한 소유자로 믿고 상당한 대가를 지급하고 권리를 취득한 자(취득자의 상속인과 그 포괄승계인을 포함한다)의 재산이 취득 후에 공유재산 또는 물품으로 판명되어 지방자치단체에 귀속된 경우
2. 국가나 지방자치단체가 재해대책 등 불가피한 사유로 일정 기간 공유재산 또는 물품을 점유하게 하거나 사용·수익하게 한 경우

■ **도로법**

제72조(변상금의 징수) ① 도로관리청은 도로점용허가를 받지 아니하고 도로를 점용하였거나 도로점용허가의 내용을 초과하여 도로를 점용(이하 이 조에서 "초과점용등"이라 한다)한 자에 대하여는 초과점용등을 한 기간에 대하여 점용료의 100분의 120에 상당하는 금액을 변상금으로 징수할 수 있다.

② 제1항에도 불구하고 초과점용등이 측량기관 등의 오류로 인한 것이거나 그 밖에 도로 점용자의 고의·과실로 인한 것이 아닌 경우에는 변상금을 징수하지 아니한다. 이 경우 도로관리청은 초과점용등의 사실을 해당 도로 점용자에게 통보하고, 그 통보 후 1개월이 지난 날부터 점용료 상당액을 징수한다.

■ **하천법**

제37조(점용료등의 징수 및 감면) ③ 하천관리청은 하천점용허가를 받지 아니하고 하천을 점용 또는 사용한 자에 대하여는 그 점용료등의 100분의 120에 상당하는 금액을 변상금으로 징수할 수 있다.

위 각 조항에 따르면, 변상금의 성립 요건은 크게 대상 재산(국유재산, 공유재산 및 물품, 도로, 하천), 대상 행위(사용·수익하거나 점유, 점용), 권원의 부존재(사용허가나 대부계약 없이, 점용허가를 받지 아니하고)로 대별할 수 있다.

2. 대상 재산

가. 국유재산법, 공유재산법

(1) 국유재산법상 국유재산

가) 국유재산법상 변상금 부과 대상 재산은 국유재산이고(국유재산법 제72조 제1항, 제2조 제9호), 국유재산이란 국가의 부담, 기부채납이나 법령 또는 조약에 따라 국가 소유로 된 제5조 제1항 각 호의 재산이다(국유재산법 제2조 제1호). 국유재산법 제5조 제1항과 국유재산법 시행령 제3조[1]에 따르면, 국유재산은 대체로 국가 소유인 부동산과 그 종물, 선박 및 항공기와 그 종물, 기관차 등 궤도차량, 지상권·전세권과 이에 준하는 권리, 자본시장법상 증권, 지식재산 등이다. 한편, 국유재산법 제5조 제2항은 제1항 제3호의 기계와 기구로서 해당 기업이나 시설의 폐지와 함께 포

---

1) 국유재산법 제5조(국유재산의 범위) ① 국유재산의 범위는 다음 각 호와 같다.
  1. 부동산과 그 종물(從物)
  2. 선박, 부표(浮標), 부잔교(浮棧橋), 부선거(浮船渠) 및 항공기와 그들의 종물
  3. 「정부기업예산법」 제2조에 따른 정부기업(이하 "정부기업"이라 한다)이나 정부시설에서 사용하는 기계와 기구 중 대통령령으로 정하는 것
  4. 지상권, 지역권, 전세권, 광업권, 그 밖에 이에 준하는 권리
  5. 「자본시장과 금융투자업에 관한 법률」 제4조에 따른 증권(이하 "증권"이라 한다)
  6. 다음 각 목의 어느 하나에 해당하는 권리(이하 "지식재산"이라 한다)
    가. 「특허법」·「실용신안법」·「디자인보호법」 및 「상표법」에 따라 등록된 특허권, 실용신안권, 디자인권 및 상표권
    나. 「저작권법」에 따른 저작권, 저작인접권 및 데이터베이스제작자의 권리 및 그 밖에 같은 법에서 보호되는 권리로서 같은 법 제53조 및 제112조제1항에 따라 한국저작권위원회에 등록된 권리(이하 "저작권등"이라 한다)
    다. 「식물신품종 보호법」 제2조제4호에 따른 품종보호권
    라. 가목부터 다목까지의 규정에 따른 지식재산 외에 「지식재산 기본법」 제3조제3호에 따른 지식재산권. 다만, 「저작권법」에 따라 등록되지 아니한 권리는 제외한다.
  국유재산법 시행령 제3조(국유재산의 범위) 법 제5조제1항제3호에서 "대통령령으로 정하는 것"이란 기관차·전차·객차(客車)·화차(貨車)·기동차(汽動車) 등 궤도차량을 말한다.

괄적으로 용도폐지된 것은 해당 기업이나 시설이 폐지된 후에도 국유재산으로 한다고 규정하여 국유재산에 포함시키고 있다. 실무상 변상금과 관련하여서는 대부분 부동산이 문제되고 있다.

나) 한편, 아래에서 보는 것처럼 공유재산법은 지방자치단체가 소유하는 동산 등 '물품'에 관하여도 변상금 부과 대상으로 규정한다. 그러나 국유재산법은 동산 등 '물품'에 관하여는 규율하고 있지 않다. 국가 소유인 동산 등 '물품'은 물품관리법, 군수품관리법 등의 규율 대상에 해당하고 위 법률에서는 변상금 규정을 두고 있지 않다.

(2) 공유재산법상 공유재산 및 물품

가) 공유재산법상 변상금 부과 대상 재산은 공유재산과 물품이다(공유재산법 제81조 제1항, 제2조 제9호). 공유재산이란 지방자치단체의 부담, 기부채납이나 법령에 따라 지방자치단체 소유로 된 제4조 제1항 각 호의 재산이다(공유재산법 제2조 제1호). 공유재산법 제4조 제1항과 공유재산 및 물품 관리법 시행령(이하 '공유재산법 시행령'이라 한다) 제2조[1]에 따르면, 공유재산은 대체로 지방자치단체 소유인 부동산과

---

1) 공유재산법 제4조(공유재산의 범위) ① 공유재산의 범위는 다음 각 호와 같다.
1. 부동산과 그 종물(從物)
2. 선박, 부잔교(浮棧橋), 부선거(浮船渠) 및 항공기와 그 종물
3. 공영사업 또는 공영시설에 사용하는 중요한 기계와 기구
4. 지상권·지역권·전세권·광업권과 그 밖에 이에 준하는 권리
5. 다음 각 목의 어느 하나에 해당하는 권리(이하 "지식재산"이라 한다)
가. 「특허법」·「실용신안법」·「디자인보호법」 및 「상표법」에 따라 등록된 특허권, 실용신안권, 디자인권 및 상표권
나. 「저작권법」에 따른 저작권, 저작인접권 및 데이터베이스제작자의 권리 및 그 밖에 같은 법에서 보호되는 권리로서 같은 법 제53조 및 제112조제1항에 따라 한국저작권위원회에 등록된 권리(이하 "저작권등"이라 한다)
다. 「식물신품종 보호법」 제2조제4호에 따른 품종보호권
라. 가목부터 다목까지의 규정에 따른 지식재산 외에 「지식재산 기본법」 제3조제3호에 따른 지식재산권. 다만, 「저작권법」에 따라 등록되지 아니한 권리는 제외한다.
6. 주식, 출자로 인한 권리, 사채권·지방채증권·국채증권과 그 밖에 이에 준하는 유가증권
7. 부동산신탁의 수익권
8. 제1호 및 제2호의 재산으로 건설 중인 재산
9. 「온실가스 배출권의 할당 및 거래에 관한 법률」 제2조제3호에 따른 배출권
② 제1항제3호의 기계와 기구의 범위는 대통령령으로 정한다.
공유재산법 시행령 제2조(공유재산의 범위) 「공유재산 및 물품 관리법」(이하 "법"이라 한다) 제4조제2항에 따른 기계와 기구의 범위는 다음 각 호와 같다.
1. 기관차·전차·객차(客車)·화차(貨車)·기동차(汽動車) 등의 궤도차량
2. 그 밖에 지방자치단체의 장이 행정안전부장관의 승인을 받아 정하는 기계와 기구

그 종물, 선박 및 항공기와 그 종물, 기관차 등 궤도차량, 지상권·전세권과 이에 준하는 권리, 지식재산, 주식 등 유가증권, 부동산신탁 수익권, 온실가스배출권 등이다. 실무상 변상금과 관련하여서는 국유재산의 경우와 마찬가지로 대부분 부동산이 문제되고 있다.

나) 물품이란 지방자치단체가 소유하는 동산과 지방자치단체가 사용하기 위하여 보관하는 동산 중 현금, 유가증권, 제4조에 따른 공유재산을 제외한 동산을 말한다(공유재산법 제2조 제2호).

(3) 국·공유재산의 분류

(가) 분류 실익

국유재산법상 변상금 부과 대상은 국유재산이고 공유재산법상 변상금 부과 대상은 공유재산 및 물품이므로, 변상금 부과 대상에 해당하는지 여부 자체에 있어 국유재산이나 공유재산의 종류를 구분할 실익은 없다.

그러나 뒤에서 보는 것처럼 대법원은 점유나 사용·수익을 정당화할 수 있는 법적 지위에 있는 자에 대한 변상금 부과처분을 당연무효라고 보고 있고,[1] 국·공유재산에 관하여 취득시효가 완성된 경우 점유나 사용·수익을 정당화할 수 있는 법적 지위에 있다고 볼 수 있다. 그런데 국·공유재산 중 행정재산은 시효취득의 대상이 되지 아니하므로(국유재산법 제7조 제2항, 공유재산법 제6조 제2항), 취득시효 완성을 원인으로 점유나 사용·수익을 정당화할 수 있는 지위에 있는지 여부를 판단하는 데 있어 행정재산과 일반재산을 구별할 실익이 있다. 뒤에서 보는 것처럼 국가기관이나 지방자치단체가 아니라 한국자산관리공사 등 사인에 대한 관리 사무의 위탁 및 이에 따른 변상금의 부과는 일반재산에 대하여만 가능하므로, 한국자산관리공사가 변상금 부과처분을 한 경우 해당 재산이 행정재산에 해당한다면 위 처분은 부과 권한이 없는 기관이 한 것으로서 위법하기 때문에, 이 점에서도 변상금과 관련하여 행정재산과 일반재산을 구별할 실익이 있다. 또한 도시 및 주거환경정비법의 사업시행계획인가 등 관련 법령에 따라 사용허가가 의제되는 경우 사용허가는 행정재산을 대상으로 하는 것이어서 해당 재산이 행정재산인지, 일반재산인지에 따라 점유권원 유무가 달라지는 실익도 있다.

제10장

---

1) 대법원 2024. 10. 8. 선고 2023다210991 판결 등 참조.

(나) 국유재산의 종류

(1) 국유재산법은 국유재산을 용도에 따라 행정재산과 일반재산으로 구분한다(국유재산법 제6조 제1항). 행정재산은 공용재산, 공공용재산, 기업용재산, 보존용재산으로 나뉘고, 일반재산은 행정재산 외의 모든 국유재산을 말한다(국유재산법 제6조 제2항, 제3항).

① 공용재산이란 국가가 직접 사무용·사업용 또는 공무원의 주거용(직무 수행을 위하여 필요한 경우로서 대통령령으로 정하는 경우로 한정한다)으로 사용하거나 대통령령으로 정하는 기한까지 사용하기로 결정한 재산을 말한다(국유재산법 제6조 제2항 제1호). 사무용이란 청사, 법원, 경찰서 등과 같은 행정사무 용도를 말하고, 사업용이란 도서관, 박물관 등과 같이 사업적인 용도로서 정부기업의 정도는 아닌 것을 말한다.[1] 주거용이란 대통령령[2]으로 정하는 경우로 한정하는데, 대통령 관저, 국무총리·독립기관·중앙관서의 장이 사용하는 공관, 국방·군사시설 중 주거용 시설, 원래 근무지와 다른 지역에 근무하거나 인사명령에 따라 순환 근무하는 사람에게 제공되는 주거용 시설, 비상근무지의 구내 또는 인접한 장소에 설치된 주거용 시설, 그 밖에 직무상 관련성이 있다고 인정되는 주거용 시설이다.

② 공공용재산이란 국가가 직접 공공용으로 사용하거나 대통령령으로 정하는 기한까지 사용하기로 결정한 재산을 말한다(국유재산법 제6조 제2항 제2호). 공공용은 일반 공중이 사용하는 데 제공된다는 뜻이다. 도로, 공원과 같은 인공적 공공용재산과 하천과 같은 자연적 공공용재산이 그 예이다.

③ 기업용재산이란 정부기업이 직접 사무용·사업용 또는 그 기업에 종사하는 직원의 주거용(직무 수행을 위하여 필요한 경우로서 대통령령으로 정하는 경우로 한정한다)

---

1) 강호칠, 국유재산법 이론과 실무, 박영사(2023), 199.

2) 국유재산법 시행령 제4조(국유재산의 구분) ② 법 제6조제2항제1호에서 "대통령령으로 정하는 경우"란 다음 각 호의 어느 하나에 해당하는 목적으로 사용하거나 사용하려는 경우를 말한다.
   1. 대통령 관저
   2. 국무총리, 「국가재정법」 제6조제1항 및 제2항에 따른 독립기관 및 중앙관서의 장이 사용하는 공관
   3. 「국방·군사시설 사업에 관한 법률」 제2조제1호에 따른 국방·군사시설 중 주거용으로 제공되는 시설
   4. 원래의 근무지와 다른 지역에서 근무하게 되는 사람 또는 인사명령에 의하여 지역을 순환하여 근무하는 사람에게 제공되는 주거용 시설
   5. 비상근무에 종사하는 사람에게 제공되는 해당 근무지의 구내 또는 이와 인접한 장소에 설치된 주거용 시설
   6. 그 밖에 해당 재산의 위치, 용도 등에 비추어 직무상 관련성이 있다고 인정되는 주거용 시설

으로 사용하거나 대통령령으로 정하는 기한까지 사용하기로 결정한 재산을 말한다(국유재산법 제6조 제2항 제3호). 정부기업이란 「정부기업예산법」 제2조에 따른 정부기업으로서, 기업형태로 운영하는 우편사업, 우체국예금사업, 양곡관리사업 및 조달사업을 말한다(정부기업예산법 제2조). 주거용이란 대통령령[1]으로 정하는 경우로 한정하는데, 원래 근무지와 다른 지역에 근무하거나 인사명령에 따라 순환 근무하는 사람에게 제공되는 주거용 시설, 비상근무지의 구내 또는 인접한 장소에 설치된 주거용 시설, 그 밖에 직무상 관련성이 있다고 인정되는 주거용 시설이다.

④ 보존용재산이란 법령이나 그 밖의 필요에 따라 국가가 보존하는 재산을 말한다. 보존국유림, 국유문화재가 그 예이다.

(2) 공용재산, 공공용재산, 기업용재산의 경우, 실제 그와 같은 재산으로 사용하는 경우뿐만 아니라 대통령령으로 정하는 기한까지 사용하기로 결정한 재산도 포함되는데, 여기서 대통령령으로 정하는 기한이란 국가나 정부기업이 행정재산으로 사용하기로 결정한 날부터 5년이 되는 날을 말한다(국유재산법 시행령 제4조 제1항). 이처럼 공용재산, 공공용재산, 기업용재산은 현재 해당 용도로 쓰고 있지 않더라도 앞으로 그와 같이 쓰기로 결정했다면 그로부터 5년 동안은 공용재산, 공공용재산, 기업용재산으로 인정한다. 그 결정횟수에는 제한이 없다.[2]

(다) 공유재산의 종류

공유재산법 역시 국유재산법과 비슷하게 공유재산을 분류하고 있다. 즉 공유재산법은 공유재산을 용도에 따라 행정재산과 일반재산으로 구분한다(공유재산법 제5조 제1항). 행정재산은 공용재산, 공공용재산, 기업용재산, 보존용재산으로 나뉘고, 일반재산은 행정재산 외의 모든 공유재산을 말한다(공유재산법 제5조 제2항, 제3항).

① 공용재산이란 해당 지방자치단체가 사무용, 사업용 및 공무원의 거주용으로 사용하거나 사용하기로 결정한 재산과 사용을 목적으로 건설 중인 재산을 말하고, ② 공공용재산이란 해당 지방자치단체가 공공용으로 사용하거나 사용하기로 결정한 재산과 사용을 목적으로 건설 중인 재산을 말하며, ③ 기업용재산이란 해당 지방자치단체가 경영하는 기업용 또는 그 기업에 종사하는 직원의 거주용으로 사용하거나

1) 국유재산법 시행령 제4조(국유재산의 구분) ③ 법 제6조제2항제3호에서 "대통령령으로 정하는 경우"란 제2항제4호부터 제6호까지에 해당하는 목적으로 사용하거나 사용하려는 경우를 말한다.
2) 강호칠, 앞의 책, 199.

사용하기로 결정한 재산과 사용을 목적으로 건설 중인 재산을 말한다(공유재산법 제5조 제2항 제1호 내지 제3호). 여기서 '사용하기로 결정한 재산'이란 앞으로 5년 내에 사용하기로 결정한 재산을 말하고, '사용을 목적으로 건설 중인 재산'이란 건설을 위하여 지급한 기성 대가에 해당하는 건물 및 그 밖의 시설물을 말한다(공유재산법 시행령 제3조). ④ 보존용재산이란 법령·조례·규칙이나 그 밖에 필요에 따라 지방자치단체가 보존하고 있거나 보존하기로 결정한 재산을 말한다(공유재산법 제5조 제2항 제1호 내지 제4호).

(4) 강학상 공물과의 구별

실정법상 '공물'이라는 용어는 존재하지 않지만, 강학상으로는 공물에 관한 법인 공물법이 특별행정법 중 독자적인 법역으로서 논의되어 왔다.

국·공유재산은 광의로는 국가나 지방자치단체가 소유하는 물건 또는 국가나 지방자치단체를 귀속주체로 하는 재산권으로 정의할 수 있고, 협의로는 앞서 본 국유재산법 제5조 제1항에서 열거하고 있는 국가 소유인 부동산과 그 종물, 선박 및 항공기와 그 종물, 기관차 등 궤도차량, 지상권·전세권과 이에 준하는 권리, 자본시장법상 증권, 지식재산 등 또는 공유재산법 제4조 제1항에서 열거하고 있는 지방자치단체 소유인 부동산과 그 종물, 선박 및 항공기와 그 종물, 기관차 등 궤도차량, 지상권·전세권과 이에 준하는 권리, 지식재산, 주식 등 유가증권, 부동산신탁 수익권, 온실가스배출권 등으로 정의할 수 있다.[1] 한편, 공물이란 소유권의 귀속, 설치 근거, 자연·인공 여부를 따지지 않고 일반대중의 이용에 제공되어 있는 공공용 물건·시설,[2] 행정주체에 의하여 또는 관습법에 의하여 직접 공적 목적에 제공되어 공법적 규율을 받는 유체물과 무체물 및 물건의 집합체(시설),[3] 행정이 그 권원을 보유하고 공적으로 제공하는 물건으로서 그에 관한 의사의 표시가 있는 것[4] 또는 소유관계를 불문하고 공물관리청에 의해 직접 공적 목적에 제공되어 특별한 공법적 규율을 받는 물건 또는 물적 종합시설(공공시설)[5] 등으로 정의된다.

---

1) 강호칠, 앞의 책, 270.
2) 이상덕, "국토의 계획 및 이용에 관한 법률상 신·구 공공시설 무상귀속·양도 제도가 적용되는 개발사업의 의미", 대법원판례해설 제121호, 법원도서관(2020), 167.
3) 하명호, 행정법 제5판, 박영사(2023), 928.
4) 김철용 외 9인, 앞의 책, 1345.
5) 강호칠, 앞의 책, 270.

공물법 분야에서 국유재산법의 영향을 받아 공공용물과 공용물 외에 보존공물을 별도로 구분하여 논의하기도 하고, 국·공유재산법상 논의에 있어 공물법상의 공용지정·폐지이론을 차용하기도 하여, 국·공유재산과 공물에 관한 논의가 서로 영향을 주기도 한다.

그러나 실정법상 국·공유재산과 강학상 공물은 개념 자체에서부터 명확히 구별되기 때문에 국·공유재산의 정의와 분류, 성립과 소멸 등은 국유재산법과 공유재산법이 정하고 있는 규율에 따라 독자적으로 판단하여야 한다. 실무상 양 당사자가 공물법상 논의를 토대로 주장을 전개하는 경우도 많지만, 공물법상 논의를 국유재산법과 공유재산법상 법률관계에 그대로 대입할 수는 없고 국유재산법과 공유재산법상 규율을 이해하는 데 필요한 한도에서 참고할 수 있다.

(5) 국·공유재산 중 행정재산의 성립과 소멸[1)]

(가) 행정재산의 성립

1) 개관

위 행정재산의 개념에서 보듯이 공용재산, 공공용재산, 기업용재산은 해당 용도로 사용하거나('현황행정재산'이라고도 한다) 결정일부터 5년 내에 사용하기로 결정한 재산('예정행정재산'이라고도 한다)이기만 하면 된다. 따라서 공용재산, 공공용재산, 기업용재산으로 성립하는 데 있어서는 그와 같은 재산의 형체를 갖출 것을 요하지 않고 그와 같이 사용하기로 결정만 해도 된다.[2)]

대법원 역시 일관되게 국가 또는 지방자치단체 소유의 재산이 (i) 법령에 의하여 행정재산으로 지정된 경우, (ii) 행정처분으로 행정재산으로 사용하기로 결정된 경우 또는 (iii) 행정재산으로 실제 사용하는 경우의 어느 하나에 해당하면 행정재산이 된다고 판시하고 있다.[3)] (i), (ii)는 위 행정재산을 종류별로 정의하는 법문 중 '사

---

1) 보존용재산은 국유림법, 문화재보호법 등에서 별도로 성립과 해제 등에 관한 규정을 두고 있어 여기서는 논외로 한다.

2) 보통은 예정행정재산으로 먼저 성립한 다음 현황행정재산이 되는 것이 일반적이다(예컨대, 중앙관서의 국유재산 사용승인 신청 – 총괄청의 사용승인 – 재산이관 – 청·관사 등 신축 – 공용재산, 공공용재산, 기업용재산으로 사용). 이상 강호칠, 앞의 책, 207.

3) 대법원 2014. 11. 27. 선고 2014두10769 판결 등 참조. 대법원 1969. 7. 8. 선고 69다418 판결 이래로 수십 차례 확인된 확립된 판례이다. 대법원 판례가 행정재산의 성립요건을 이와 같이 3가지로 분류한 것은 1950. 4. 8. 법률 제122호로 제정된 국유재산법에서부터 현재까지 일관되게 행정재산 중 공공용재산을 '국가가 직접 공공용으로 사용하거나 (대통령령으로 정하는 기한까지) 사용하기로 결정한 재산'

용하기로 결정한 재산' 부분에 해당하고, (iii)은 '사용하[는] 재산'에 해당한다고 볼 수 있다.

공물의 성립과 관련하여, 해당 물건이 일반 공중(공공용물) 또는 행정주체(공용물)의 사용에 제공될 수 있는 형체적 요소와 이를 일반 공중(공공용물) 또는 행정주체(공용물)의 사용에 제공한다는 행정주체의 의사적 행위, 즉 공용지정[1]이 필요한지에 관하여 여러 논의가 있다(예컨대, 공공용물 중 인공공물의 경우에는 형체적 요소와 의사적 요소가 모두 필요하고, 공공용물 중 자연공물 및 공용물의 경우에는 형체적 요소만으로 족하다는 견해 등이 있다). 반면, 행정재산의 성립에 있어서는 앞서 본 것처럼 반드시 의사적 요소와 형체적 요소가 필요한 것은 아니다[위 (iii)의 경우는 의사적 요소가, 위 (i), (ii)의 경우는 형체적 요소가 없을 수 있다].

이처럼 국·공유재산법상 행정재산은 법령이나 행정처분에 따라 사용하기로 결정하거나 실제로 사용하는 경우에 성립하나, 그러한 '결정'이나 '사용'의 구체적인 의미에 관하여는 별도로 규정되어 있는 것은 없다. 사용하기로 결정하거나 사용한다고 볼 수 있을 만한 객관적 징표가 있는지가 가장 중요한 판단 기준이 된다고 할 수 있고,[2] 재산의 종류별로 사안에 따라 개별적으로 검토해야 한다.

2) 공용재산, 기업용재산

국가나 지방자치단체가 실제 청사·관사, 도서관(공용재산), 정부기업(기업용재산) 등으로 사용하는 경우 행정재산으로 성립함은 물론이다. 보통의 경우에는 예정행정재산으로 성립한 다음 현황행정재산으로 되므로,[3] 공용재산 또는 기업용재산으로 사용하기로 결정하였을 당시 이미 (예정)행정재산으로 성립한다. 행정재산으로 사용할 것인지 여부는 국유재산의 경우 총괄청(기획재정부장관)이 「국가재정법」 제6조에

이라고 규정하고 있기 때문이다. 이상 이상덕, 앞의 글, 171-172 참조.

1) 보통 독일의 강학상 개념인 'Widmung', 즉 법규나 행정처분의 형식으로 어떤 물건을 공물로 사용하기로 결정하는 행위는 학설상 공용지정 또는 공용개시행위로 번역된다. 그런데 대법원은 공물의 성립요건을 모두 갖춘 후(예를 들어, 공용지정을 하고 설치공사를 거쳐 공물로서의 형태를 갖춘 후) 실제로 공물로의 사용을 시작하는 것을 공용개시행위라고 표현하고 있음을 주의하여야 한다(대법원 1995. 9. 5. 선고 93다44395 판결 등). Widmung은 공공주체의 의사표시·결정을 지칭하는 개념이므로 이에 대한 적절한 번역어는 '공용지정'이다. 공용개시행위라는 표현은 의사표시·결정이 아니라 사실행위를 지칭하는 어감이 강하며, 대법원이 이미 그러한 의미로 사용하고 있으므로 학설과 판례의 원활한 소통을 위해서도 Widmung은 공용지정이라고 번역함이 타당하다. 이상 이상덕, 앞의 글, 174.

2) 강호칠, 앞의 책, 210.

3) 예컨대, 중앙관서의 국유재산 사용승인 신청 - 총괄청의 사용승인 - 재산이관 - 청·관사 등 신축 - 공용재산, 공공용재산, 기업용재산으로 사용. 이상 강호칠, 앞의 책, 207.

따른 중앙관서의 장(이하 "중앙관서의 장"이라 한다)의 의견을 들어 결정하고(국유재산법 시행령 제4조 제5항), 공유재산의 경우 지방자치단체의 장이 결정한다(공유재산법 제11조 제4호 참조). 공용재산과 기업용재산은 실제 사용하는 경우는 물론 이를 사용하기로 결정하는 경우에도 해당 재산이 특정되어 있는 경우가 보통이어서, 실제상 행정재산으로 성립하였는지 여부가 다투어지는 경우는 많지 않다.

3) 공공용재산

(가) 공공용재산은 어느 범위에서 공공용으로 사용하거나 사용하기로 결정되었는지 불분명한 경우도 많고, 인공적 공공용재산의 경우에는 여러 단계를 거쳐 조성되는 경우도 많아서, 어느 단계에서 어느 범위의 재산에 관하여 공공용재산으로 성립하는지 문제되는 경우가 많다. 실무상 자주 문제되는 도로에 관하여 본다.

(나) 도로가 행정재산으로 성립하였는지와 관련하여 대법원은 다음과 같이 설시하고 있다[ⓐ, (i) 등의 기호는 추가한 것이다]. "ⓐ 도로와 같은 인공적 공공용재산은 (i) 법령에 의하여 지정되거나 (ii) 행정처분으로서 공공용으로 사용하기로 결정한 경우, 또는 (iii) 행정재산으로 실제로 사용하는 경우의 어느 하나에 해당하여야 행정재산이 되는 한편, ⓑ 도로는 도로로서의 형태를 갖추어야 하고, 도로법에 따른 노선의 지정 또는 인정의 공고 및 도로구역 결정 고시가 있는 때로부터 또는 도시계획법 소정의 절차를 거쳐 도로를 설치하였을 때로부터 공공용물로서 공용개시행위가 있다고 할 것인바, 기록에 의하면 원심이 이 사건 토지부분들에 관하여 시효취득이 완성되었다고 본 1988. 6. 29. 당시에는 1970. 2. 9. 자 건설부장관의 도시계획시설(도로)결정 고시만 있을 뿐이고, 아직 도시계획사업의 시행에 의한 도로가 설치되지 아니하였음을 알 수 있고, 따라서 위 1970. 2. 9. 자 건설부장관의 고시만으로 이 사건 토지부분들이 시효취득의 대상이 되지 아니하는 행정재산이 되었다고 할 수 없[다.]"[1)]

기존의 ⓐ 일반 법리에서 ⓑ 도로에 관한 추가 법리가 설시되어, ⓐ 법리와 ⓑ 법리의 관계에 관하여 재판실무상 다소 혼선이 있었으나, ⓑ 법리는 도로에 관하여

1) 대법원 1995. 2. 24. 선고 94다18195 판결, 대법원 1995. 9. 5. 선고 93다44395 판결, 대법원 1997. 8. 22. 선고 96다10737 판결, 대법원 2000. 2. 25. 선고 99다54332 판결, 대법원 2000. 4. 25. 선고 2000다348 판결, 대법원 2016. 4. 12. 선고 2015다228744 판결, 대법원 2014. 11. 27. 선고 2014두10769 판결, 대법원 2018. 7. 26. 선고 2015두39484 판결 등 참조.

ⓐ 법리 중 (iii) 부분을 배제하는 것이 아니라 (ii) 부분을 구체화한 것이다.[1] 따라서 도로의 행정재산 성립 여부에 관하여도 기존의 ⓐ 일반 법리는 그대로 적용된다. 위 법리에 따라 도로로 인정될 수 있는 경우가 아닌 이상, 토지의 지목이 도로이고 국유재산대장에 등재되어 있다는 사정만으로 바로 그 토지가 도로로서 행정재산에 해당한다고 할 수는 없다.[2]

(다) 구체적으로 보면,[3] 도로는 크게 ① 도로법상 도로, ② 도로법이 준용되는 도로, ③ 도로법이 적용·준용되지 않는 사실상 도로(자연공로) 등으로 나눌 수 있다.

① 도로법에 의하면, 도로는 '노선 지정 고시(예전에는 노선 인정 공고) → 도로구역결정 고시[공익사업을 위한 토지 등의 취득 및 보상에 관한 법률(이하 '토지보상법'이라 한다)상 사업인정이 의제된다] → 수용·보상 → 공사 시행 → 준공검사 및 공용개시'의 절차를 거쳐 개설된다. 도로 노선의 지정 고시에는 노선번호, 노선명, 기점·종점, 주요 통과지 등이 포함된다(도로법 제19조 제2항).[4] 도로관리청은 도로 노선의 지정 고시가 있으면 지체 없이 해당 도로의 도로구역을 결정하여야 하고(도로법 제25조 제

1) 이상덕, 앞의 글, 172.
2) 대법원 2016. 5. 12. 선고 2015다255524 판결: "택지개발촉진법 제25조, 구 「국토의 계획 및 이용에 관한 법률」(2013. 7. 16. 법률 제11922호로 개정되기 전의 것) 제65조에 의하면, 택지개발사업의 시행으로 기존의 공공시설에 대체되는 시설을 설치한 경우에 종래의 공공시설은 사업시행자에게 무상으로 귀속된다. 여기에서 무상귀속의 대상이 되는 종래의 공공시설에는 국유재산법상 행정재산도 포함된다고 보아야 하고, 무상귀속의 대상이 되는 종래의 공공시설인지 여부는 택지개발사업실시계획의 승인 시점을 기준으로 판단하여야 하므로(대법원 2004. 5. 28. 선고 2002다59863 판결 참조), 택지개발사업지구 내의 어느 토지가 무상귀속의 대상이 되는 종래의 공공시설에 해당하기 위해서는 택지개발사업실시계획 승인 이전에 이미 적법하게 행정재산으로 된 경우라야 한다.
그런데 국유재산법상의 행정재산이란 국가가 소유하는 재산으로서 직접 공용, 공공용 또는 기업용으로 사용하거나 사용하기로 결정한 재산을 말하는 것이고(국유재산법 제6조 제2항 참조), 그중 도로와 같은 인공적 공공용 재산은 법령에 의하여 지정되거나 행정처분으로써 공공용으로 사용하기로 결정한 경우 또는 행정재산으로 실제로 사용하는 경우의 어느 하나에 해당하여야 비로소 행정재산이 되는 것인데, 특히 도로는 도로로서의 형태를 갖추고 도로법에 따른 노선의 지정 또는 인정의 공고 및 도로구역 결정·고시를 한 때 또는 도시계획법 또는 도시재개발법 소정의 절차를 거쳐 도로를 설치하였을 때에 공공용물로서 공용개시행위가 있다고 할 것이므로, 토지의 지목이 도로이고 국유재산대장에 등재되어 있다는 사정만으로 바로 그 토지가 도로로서 행정재산에 해당한다고 할 수는 없다(대법원 2009. 10. 15. 선고 2009다41533 판결 등 참조). 이는 국유재산대장에 행정재산으로 등재되어 있다가 용도폐지된 바가 있다고 하더라도 마찬가지라고 할 것이다. 그러므로 택지개발사업 시행지구 내에 있는 토지가 지목이 도로이고 국유재산대장에 행정재산으로 등재되었다가 용도폐지되었다는 사정만으로는 당연히 무상귀속 대상인 종래의 공공시설에 해당한다고 할 수 없고, 그 대상 시설에 해당한다는 점은 사업시행자가 증명하여야 한다."
3) 아래 도로에 관한 내용은 이상덕, 앞의 글, 172-175를 참조한 것이다.
4) 도로의 노선 지정(노선 인정)을 도로의 종적 구간의 설정, 도로구역결정을 도로의 횡적 구역의 설정이라 하기도 한다.

1항), 도로구역을 결정할 때에는 도로구역의 위치도 및 도로계획평면도, 수용 또는 사용할 토지 또는 건물의 조서·지번 및 지목과 소유권 및 그 밖의 권리의 명세서가 포함된 도로공사 세부계획을 작성하여야 하며(도로법 시행령 제24조 제1항), 도로공사의 시행을 위하여 필요하면 도로구역에 있는 토지·건축물 또는 그 토지에 정착된 물건의 소유권이나 그 토지·건축물 또는 물건에 관한 소유권 외의 권리를 수용하거나 사용할 수 있고, 도로구역결정·고시는 토지보상법에 따른 사업인정·고시로 보게 되어, 도로관리청은 도로공사의 시행기간에 관할 토지수용위원회에 수용·사용을 위한 재결을 신청할 수 있다(도로법 제82조). 이러한 규정들을 종합하면, 도로법상 '도로구역결정·고시' 제도는 도로의 공간적 범위를 확정함으로써 도로건설공사와 관련하여 재결을 통해 수용·사용할 사권(私權)의 범위를 특정하여 알리고, 이해관계인들로 하여금 당해 도로건설공사로 인하여 자신의 재산권에 미치는 영향을 사전에 파악하고 사업인정의 위법·부당성을 다툴 기회를 제공하려는 것이 주된 목적이다.

위와 같은 도로법에 따른 도로의 설치 과정 중 도로의 노선 지정 고시(노선 인정 공고)는 도로의 종류, 명칭(노선번호와 노선명), 위치(기점·종점, 주요 통과지) 등에 관한 개략적인 결정만이 이루어지는 단계여서 장래 설치될 도로의 대강의 위치와 규모만을 파악할 수 있을 뿐이다. 도로구역결정 고시에 도로구역의 위치도 및 도로계획평면도, 수용 또는 사용할 토지의 조서·지번 등이 포함되기 때문에 이 단계에서야 비로소 '도로의 공간적 범위 확정'이 이루어져 어떤 특정의 토지를 도로, 즉 공공용재산으로 사용하기로 결정한 것[위 ⓐ 법리의 (ii)]으로 볼 수 있게 된다. 따라서 도로구역결정 고시가 있음으로써 해당 토지가 공공용재산인 행정재산으로 성립한다고 볼 수 있다.

② 도로는 국토의 계획 및 이용에 관한 법률(이하 '국토계획법'이라 한다)에 따라 도시·군계획시설사업(도시·군계획시설을 설치·정비 또는 개량하는 사업)을 통하여 도시·군계획시설(기반시설 중 도시·군관리계획으로 결정된 시설)로도 설치할 수 있다. 국토계획법에 따르면, 도로를 도시·군계획시설로서 설치하려면, '도시·군계획시설결정 → 사업시행자 지정 → 실시계획 인가(토지보상법상 사업인정이 의제된다) → 수용·보상 → 공사 시행 → 준공검사 및 공용개시'의 절차를 거쳐야 한다. 도시·군계획시설결정이란 도로 등의 기반시설을 도시·군계획시설사업의 방식으로 설치하겠다는 결정으로서, 설치하고자 하는 기반시설의 종류·명칭·위치·규모 등을 도시·군관리계획결정의

형식으로 미리 정하여 해당 시설부지에 행위제한을 설정한 다음, 별도로 지정한 사업시행자가 실시계획 인가를 받은 후 수용의 방식으로 해당 시설부지의 소유권을 취득하고 설치 공사를 시행할 수 있도록 하는 것이다(국토계획법 제43조, 제47조 제1항, 제88조, 제95조 등). 사업시행자는 실시계획을 작성하고 인가받는 데 있어 사업시행지의 위치도 및 계획평면도, 공사설계도서, 수용 또는 사용할 토지 또는 건물의 소재지·지번·지목 및 면적, 소유권과 소유권 외의 권리의 명세 및 그 소유자·권리자의 성명·주소, 도시·군계획시설사업으로 새로이 설치하는 공공시설(도로·공원·철도·수도 등)의 조서 및 도면 등을 명시하여야 한다(국토의 계획 및 이용에 관한 법률 시행령 제97조). 이와 같이 국토계획법에 따른 도시·군계획시설사업으로 설치된 도로는 도로법의 일부 규정이 준용되고(행정실무상 '준용도로'라 부른다[1]) 여기에는 도로점용허가, 점용료, 변상금 징수 규정이 포함된다(도로법 제108조).

위와 같은 국토계획법에 따른 도로의 설치 과정 중 도시·군계획시설결정은 도로법상 도로의 노선 지정 고시(노선 인정 공고)와 유사하게 도로의 종류, 명칭, 위치(기점·종점), 규모(전체 길이, 폭) 등에 관한 개략적인 결정만이 이루어지는 단계여서 장래 설치될 도로의 대강의 위치와 규모만을 파악할 수 있을 뿐이다. 사업시행자가 실시계획을 작성하고 인가받는 데 있어 공공시설(도로·공원·철도·수도 등)의 조서 및 도면, 수용 또는 사용할 토지의 소재지·지번 등을 명시하기 때문에 이 단계에서야 비로소 '도로의 공간적 범위 확정'이 이루어져 어떤 특정의 토지를 도로, 즉 공공용재산으로 사용하기로 결정한 것[위 ⓐ 법리의 (ii)]으로 볼 수 있게 된다. 따라서 실시계획 인가가 있음으로써 해당 토지가 공공용재산인 행정재산으로 성립한다고 볼 수 있다.[2]

③ 도로는 위와 같은 도로법 또는 국토계획법에 따른 절차 없이 사실상 도로로 사용되는 경우도 있다. 이러한 도로는 공공용재산으로 실제로 사용하는 경우[위 ⓐ 법리의 (iii)]에 해당하므로, 행정재산으로 성립하였다고 볼 수 있다.[3]

---

1) 구 도로법(2014. 1. 14. 법률 제12248호로 전부개정되기 전의 것) 제7조는 도로법의 일부 규정을 준용하는 도로를 규정하였고, 그 위임을 받은 구 도로법 시행령(2014. 7. 14. 대통령령 제25456호로 전부개정되기 전의 것) 제7조는 그 표제를 '준용도로'라 하여 그 종류를 규정하고 있었다.

2) 대법원 2016. 4. 12. 선고 2015다228744 판결: "[ⓐ 법리 및 ⓑ 법리] 토지에 대하여 도로로서의 도시계획시설결정 및 지적승인만 있었을 뿐 그 도시계획사업이 실시되었거나 그 토지가 자연공로로 이용된 적이 없는 경우에는 도시계획결정 및 지적승인의 고시만으로는 아직 공용개시행위가 있었다고 할 수 없어 그 토지가 행정재산이 되었다고 할 수 없다."

3) 대법원 2018. 7. 26. 선고 2015두39484 판결: "원심이 이 사건 각 토지는 도로 또는 어린이공원에 해

(라) 한편, 위 ①, ②와 같이 도로법이 적용되거나 준용되는 도로에 관하여는 도로법에 따라 도로점용허가나 변상금 부과를 할 수 있으나, 위 ③과 같이 도로법이 적용 또는 준용되지 않는 도로에 관하여는 그것이 국·공유재산인 때에만 국유재산법 또는 공유재산법에 따라 사용허가나 변상금 부과를 할 수 있을 뿐이다. 이때 각 법률에 따른 변상금 관련 규정은 그 입법 취지가 다르고, 변상금의 징수목적, 그 산정의 기준금액, 징수의 재량 유무, 징수절차 등이 서로 다르므로 각 법률에 따른 변상금 부과처분은 별개의 처분이다. 따라서 도로관리청인 행정관청이 도로법의 적용을 받는 도로임을 전제로 도로법에 따른 변상금 부과처분을 하였다가 변상금 부과처분 취소소송에서 도로법의 적용을 받는 도로에 해당하지 않을 경우를 대비하여 처분의 근거법령을 국유재산인 부분은 국유재산법과 그 시행령, 공유재산인 부분은 공유재산법과 그 시행령으로 변경하는 것은 종전 처분과 동일성을 인정할 수 없는 별개의 처분을 하는 것과 다름없어 허용될 수 없다.[1]

(나) 행정재산의 소멸

행정재산의 소멸이란 국가나 지방자치단체가 소유권을 유지하면서 일반재산으로 변경되는 것이다.[2] 국유재산법과 공유재산법은 행정재산이 일반재산으로 전환되는 경우로 용도폐지를 규정한다(국유재산법 제22조, 제23조, 제40조, 제40조의2, 공유재산법 제11조 등).

한편, 강학상 공용폐지는 국·공유재산, 사유재산을 불문하고 물건 또는 물건의 집합체에 대한 공용지정을 폐지함으로써 공물로서의 공법적 규율에서 해방시키는 행위를 말한다.[3] 판례는 용도폐지와 공용폐지를 구분하지 않고 사용하기도 한다.[4]

당하는 행정재산으로서[원심은 이 사건 각 토지가 도로와 어린이공원으로 실제로 사용되는 점을 근거로 행정재산으로 보았음], 주택재개발사업의 시행자인 원고가 이 사건 사업시행인가를 받음으로써 위 각 토지에 관하여 구 국유재산법상 사용·수익허가를 받은 것으로 간주된다고 판단한 것은 정당하다."

1) 대법원 2011. 5. 26. 선고 2010두28106 판결 참조.

2) 그 밖에도 행정재산이 없어지는 경우로서 행정재산의 소유권이 국가나 지방자치단체 이외의 자에게 이전되는 경우가 있는데, 행정재산은 융통성이 엄격하게 제한되어 예외적인 경우에 한하여 교환, 양여가 가능하다(국유재산법 제27조, 공유재산법 제19조). 이에 관하여는 별도로 논의하지 않는다.

3) 강호칠, 앞의 책, 220.

4) 대법원 1997. 8. 22. 선고 96다10737 판결: "국유 하천부지는 공공용 재산이므로 그 일부가 사실상 대지화되어 그 본래의 용도에 공여되지 않는 상태에 놓여 있더라도 국유재산법령에 의한 용도폐지를 하지 않은 이상 당연히 잡종재산으로 된다고는 할 수 없는 것이며, 이 경우, 공용폐지의 의사표시는 명시적이든 묵시적이든 상관없으나 적법한 의사표시가 있어야 하며, 행정재산이 사실상 본래의 용도에 사용되고 있지 않다는 사실만으로 공용폐지의 의사표시가 있었다고 볼 수는 없고, 원래의 행정재산이

행정재산의 소멸에 있어 용도폐지(공용폐지)의 의사표시가 필요한지에 관하여 학설상으로는 견해가 나뉘나, 대법원은 용도폐지(공용폐지)가 반드시 필요하다고 보고 있다.

즉 대법원은 행정재산은 용도폐지가 되지 아니하는 한 행정재산으로서의 성질을 잃지 아니하고, 행정재산의 용도폐지 의사표시는 명시적이든, 묵시적이든 불문하나 적법한 의사표시가 있어야 한다면서, 묵시적인 의사표시가 있다고 인정되려면 행정재산이 기능을 상실하여 사실상 본래의 용도에 사용되고 있지 않다거나 행정주체가 점유를 상실하였다는 정도의 사정만으로는 부족하고, 주위의 사정을 종합하여 객관적으로 공용폐지 의사의 존재가 추단될 수 있어야 한다고 보면서 행정재산이 공용폐지되었다는 점은 이를 주장하는 자가 증명할 책임이 있다고 판시하고 있다.[1)]

[묵시적 용도폐지(공용폐지)를 부정한 사안]

○ **대법원 1983. 6. 14. 선고 83다카181 판결**: "공물의 용도폐지 의사표시는 명시적이든, 묵시적이든 불문하나 적법한 의사표시이어야 하고 단지 사실상 공물로서의 용도에 사용되지 아니하고 있다는 사실만으로 용도폐지의 의사표시가 있다고 볼 수는 없는 것이다. 이 사건에서 원심은 원래 이 사건 토지는 피고 교육구에서 고령국민학교의 실습지로 사용하기 위하여 매입한 것이나 그후 실습지로 사용하기에 부적당하게 되어 위 국민학교의 사친회 회장이던 소외 1이 피고 교육구를 대리하여 1958. 3. 25. 소외 2에게 매도하고 소외 2는 다시 1959. 3. 13. 원고에게 매도하여 그해 4.16 인도함으로써 그후부터 원고가 점유하여 온 사실을 인정하고, 위와 같이 국민학교 당국에서 이 사건 토지를 실습지로 사용하기에 부적당하다고 인정하여 이를 소외 2에게 매도하였을 때 이미 위 토지는 공물로서의 용도가 폐지되었다고 보아야 할 것이므로 이때부터 시효취득의 대상이 될 수 있다고 판단하였다. 그러나 이 사건의 주위적청구에 관한 판결이유에서 원심은 피고 교육구를 대리하여 이 사건 토지를 매도한 소외 1의 처분행위가 구 교육위원회의 의결을 거치지 아니하여 무효라고 판단하였는바, 이와 같이 소외 1의 매도행위가 적법한 수권이 결여된 무효의 행위라면 이러한 매도행위를 피고 교육구의 적법한 용도폐지 의사표시와 같이 볼 수 없음은 위에서 설시한 바에 비추어 분명하다고 할 것이다. 결국 이 사건 토지에 대하여 적법한 공용폐지되어 취득시효의 대상이 된다는 입증책임은 시효취득을 주장하는 자에게 있는 것."

1) 대법원 2018. 9. 13. 선고 2016다262253 판결 등 참조.

폐지가 있는 것을 전제로 시효취득이 될 수 있다고 판단한 원심조치는 행정재산의 용도폐지에 관한 법리를 오해하여 판결에 영향을 미친 위법을 저지른 것."

○ **대법원 2009. 12. 10. 선고 2006다19528 판결**: "공용폐지의 의사표시는 명시적이든 묵시적이든 상관이 없으나 적법한 의사표시가 있어야 하고, 행정재산이나 보존재산이 사실상 본래의 용도에 사용되고 있지 않다거나 행정주체가 점유를 상실하였다는 정도의 사정이나 무효인 매도행위를 가지고 묵시적 공용폐지가 있었다고 볼 수 없다. 기록에 의하면, 1970. 1. 1. 구 산림법(1980. 1. 4. 법률 제3232호로 전부 개정되기 전의 것) 제34조 제1항의 개정으로 산림청장이 국유림의 관리·처분권한을 갖게 됨에 따라 종전 국유재산법에 의하여 국세청장이 관리하여 오던 이 사건 임야가 1971. 6. 2.경 국세청으로부터 산림청으로 인계인수된 사실 등을 알 수 있다. 위와 같은 사정을 앞서 본 법리에 비추어 보면, 이 사건 임야의 매각 당시 그 처분권한이 없었던 해남세무서장이 이 사건 임야를 잡종재산으로서 입찰공고를 거쳐 매각하였다고 하더라도 위와 같은 국유임야 처분행위를 보존재산에 대한 묵시적 공용폐지의 의사표시라고 볼 수는 없다고 할 것이고, 그 밖에 피고가 이 사건 임야를 점유하여 온 사실상태가 장기간 이 사건 임야의 관리주체에 의하여 방치되었다는 사정만으로 이 사건 임야에 대하여 묵시적 공용폐지가 있었다고 볼 수도 없다."

○ **대법원 2009. 12. 10. 선고 2006다87538 판결**: [1] 공유수면으로서 자연공물인 바다의 일부가 매립에 의하여 토지로 변경된 경우에 다른 공물과 마찬가지로 공용폐지가 가능하다고 할 것이며, 이 경우 공용폐지의 의사표시는 명시적 의사표시뿐만 아니라 묵시적 의사표시도 무방하다.

[2] 공물의 공용폐지에 관하여 국가의 묵시적인 의사표시가 있다고 인정되려면 공물이 사실상 본래의 용도에 사용되고 있지 않다거나 행정주체가 점유를 상실하였다는 정도의 사정만으로는 부족하고, 주위의 사정을 종합하여 객관적으로 공용폐지 의사의 존재가 추단될 수 있어야 한다.

[3] 토지가 해면에 포락됨으로써 사권이 소멸하여 해면 아래의 지반이 되었다가 매립면허를 초과한 매립으로 새로 생성된 사안에서, 국가가 그 토지에 대하여 자연공물임을 전제로 한 아무런 조치를 취하지 않았다거나 새로 형성된 지형이 기재된 지적도에 그 토지를 포함시켜 지목을 답 또는 잡종지로 기재하고 토지대장상 지목을 답으로 변경하였다 하더라도, 그러한 사정만으로는 공용폐지에 관한 국가의 의사가 객관적으로 추단된다고 보기에 부족하다고 한 사례

○ **대법원 2018. 9. 13. 선고 2016다262253 판결**: "일제강점하 토지조사사업 당시의

관계 법령에 의하면, 토지조사사업 당시 지목이 도로, 하천, 구거 등으로 조사되었으나 지번이 부여되지 아니하였을 뿐만 아니라, 소유권의 조사가 이루어져 토지조사부에 등재되거나 토지대장에 등록되지도 않았던 토지는 당시의 현황에 따라 도로, 하천, 구거 등으로 이용되고 있던 국유의 공공용재산이었다고 보아야 하고, 1945. 8. 9. 이전에 조선총독부 소관으로 있던 국유재산은 대한민국 정부수립과 동시에 국가 고유의 권원에 의하여 당연히 국유가 된다. 행정재산은 공용폐지가 되지 아니하는 한 행정재산으로서의 성질을 잃지 아니한다. 공용폐지의 의사표시는 적법한 것인 한 명시적이든 묵시적이든 상관없으나, 행정재산이 사실상 본래의 용도에 사용되고 있지 않다거나 행정주체가 점유를 상실하였다는 정도의 사정만으로는 묵시적 공용폐지가 있었던 것으로 볼 수 없다. 행정재산이 공용폐지되었다는 점은 이를 주장하는 자가 증명할 책임이 있다.

원심은 그 판시와 같은 이유로, 이 사건 제1 내지 제11토지가 일제강점기 토지조사사업 당시 도로, 하천, 구거로 조사되었으나 지번이 부여되지 않았을 뿐만 아니라, 소유권의 조사가 이루어져 토지조사부에 등재되거나 토지대장에 등록되지도 않았던 토지들로서, 조선총독부 소관으로 있던 국유의 공공용 재산이었다가 대한민국 정부 수립과 동시에 국유가 되었으며, 이후 이 사건 실시계획승인 당시까지 용도폐지가 되지 않았으므로, 비록 이 사건 실시계획승인 당시의 실제 이용현황이 본래의 용도와 일치하지 않는다고 할지라도, '종래의 공공시설'인 '도로', '하천', '구거'에 해당한다고 판단하였다.

앞서 본 법리에 따라 기록을 살펴보면, 원심의 위와 같은 판단은 정당하다. 거기에 행정재산의 성립 및 소멸 등에 관한 법리를 오해한 잘못이 없다."

[묵시적 용도폐지(공용폐지)를 인정한 사안]

○ **대법원 1999. 7. 23. 선고 99다15924 판결**: "기록에 의하면, 이 사건 부동산은 1946. 11.경 위 학교 후원회의 출연으로 학교 교직원의 관사로 사용하기 위하여 매수하여 위 학교 명의로 등기를 경료한 것으로 위 학교 구내가 아닌 진주시내에 위치하고 있는데, 피고는 1954. 3.경 위 학교장에게 공관이나 현업부대 및 군부대, 기타 공공기관 내에 있는 관사를 제외한 관사제도는 폐지하니 해당되는 관사는 용도폐지하여 재무부로 귀속하도록 하라고 지시하고, 용도폐지된 관사는 재무부에서 일반경쟁입찰 방식에 의하여 공매할 방침임을 통지하자, 당시 위 학교 교장이던 소외 2는 1956. 4. 7. 위 학교 밖에 위치한 관사인 이 사건 부동산을 용도폐지한 후 위

지시대로 재무부에 귀속시키지 않고 위 학교 사친회 이사회의 의결을 거쳐 개인에게 매각한 사실(기록상, 위 학교의 교직원들은 비록 이 사건 부동산이 그 소유 명의는 학교로 되어 있으나 사실상 그 후원회의 소유로 인식하고 이 사건 부동산의 매각시 이를 재무부에 이관하지 않고 후원회의 의결절차만을 거친 것으로 추측된다.)을 엿볼 수 있는바, 이와 같이 위 소외 2가 피고의 지시대로 이 사건 부동산을 용도폐지한 다음 비록 재무부에 귀속시키지 않고 바로 매각하였다고 하더라도 위 용도폐지 자체는 피고의 지시에 의한 것으로 유효하다고 아니할 수 없고, 그 후 오랫동안 피고가 위 매각절차상의 문제를 제기하지도 않고, 이 사건 부동산이 관사 등 공공의 용도에 전혀 사용된 바가 없다면, 이로써 이 사건 부동산은 적어도 묵시적으로 공용폐지 되어 시효취득의 대상이 되었다고 봄이 상당하다 할 것이다."

나. 도로법

(1) 도로법상 변상금을 부과할 수 있는 대상은 도로법상 도로(도로법 제72조)와 도로법의 일부 규정이 준용되는 도로(도로법 제108조, 제72조)이다.

(2) 도로법상 도로란 차도, 보도(步道), 자전거도로, 측도(側道), 터널, 교량, 육교 등 대통령령으로 정하는 시설로 구성된 것으로서 제10조에 열거된 것을 말하며, 도로의 부속물을 포함한다(도로법 제2조 제1호). 도로법 제10조는 도로의 종류와 등급에 관하여 '도로의 종류는 다음 각 호와 같고, 그 등급은 다음 각 호에 열거한 순서와 같다'고 규정하면서 '1. 고속국도(고속국도의 지선 포함), 2. 일반국도(일반국도의 지선 포함), 3. 특별시도(特別市道)·광역시도(廣域市道), 4. 지방도, 5. 시도, 6. 군도, 7. 구도'를 열거한다.

도로법의 일부 규정이 준용되는 도로(앞서 본 것처럼 실무상 '준용도로'라 한다)는 도로법 제10조 각 호에 열거된 도로(도로법상 도로) 외에 ①「국토의 계획 및 이용에 관한 법률」 제2조 제10호에 따른 도시·군계획시설사업으로 설치된 도로, ② 도로법상 도로와 도시·군계획시설사업으로 설치된 도로 외의 도로 중 해당 도로의 소재지를 관할하는 시·도지사나 시장·군수 또는 자치구의 구청장이 국토교통부령으로 정하는 바에 따라 공고한 도로이다(도로법 제108조, 도로법 시행령 제99조[1]).

---

1) 도로법 제108조(도시·군계획시설 도로 등에 대한 준용) 제10조 각 호에 열거된 도로 외에「국토의 계획 및 이용에 관한 법률」 제2조제10호에 따른 도시·군계획시설사업으로 설치된 도로 등 대통령령으로

(3) 도로법상 도로로 성립하는 경우와 도로법이 준용되는 도로로 성립하는 경우에 관하여는 위 Ⅲ. 변상금의 성립 요건, 2. 대상 재산, 가. 국유재산법, 공유재산법, 5) 국·공유재산 중 행정재산의 성립과 소멸, 가) 행정재산의 성립 (3) 공공용재산 부분 참조.[1)]

다. 하천법

(1) 하천법상 변상금 부과 대상은 하천이다(하천법 제37조 제3항). 여기서 하천이란 지표면에 내린 빗물 등이 모여 흐르는 물길로서 공공의 이해와 밀접한 관계가 있어 제7조 제2항 및 제3항에 따라 국가하천 또는 지방하천으로 지정된 것을 말하며, 하천구역과 하천시설을 포함한다(하천법 제2조 제1호). 하천구역이란 제10조 제1항[2)]에 따라 결정된 토지의 구역을 말하고(하천법 제2조 제2호), 하천시설이란 하천의

정하는 도로는 제2조제2호·제9호, 제4조, 제31조제1항, 제32조부터 제37조까지, 제54조, 제55조, 제61조부터 제66조까지, 제67조(제72조제4항에 따라 준용되는 경우를 포함한다), 제68조, 제69조(제72조제4항, 제94조에 따라 준용되는 경우를 포함한다), 제70조(제72조제4항, 제94조에 따라 준용되는 경우를 포함한다), 제72조, 제73조, 제75조부터 제77조까지, 제81조, 제83조부터 제85조까지, 제89조, 제90조부터 제93조까지, 제95조부터 제99조까지, 제101조부터 제103조까지, 제106조, 제107조, 제111조, 제113조제1항제2호, 제114조부터 제116조까지의 규정을 준용한다.

도로법 시행령 제99조(도시·군계획시설 도로 등) ① 법 제108조에서 "「국토의 계획 및 이용에 관한 법률」 제2조제10호에 따른 도시·군계획시설사업으로 설치된 도로 등 대통령령으로 정하는 도로"란 다음 각 호의 어느 하나에 해당하는 도로를 말한다.

1. 「국토의 계획 및 이용에 관한 법률」 제2조제10호에 따른 도시·군계획시설사업으로 설치된 도로
2. 제1호 및 법 제10조 각 호의 도로 외의 도로 중 해당 도로의 소재지를 관할하는 시·도지사나 시장·군수 또는 자치구의 구청장이 국토교통부령으로 정하는 바에 따라 공고한 도로

② 제1항 각 호의 구분에 따른 도로의 도로관리청은 다음 각 호의 구분에 따른다.

1. 제1항제1호에 따른 도로: 해당 도로의 소재지를 관할하는 특별시장·광역시장·특별자치시장·특별자치도지사·시장·군수 또는 자치구의 구청장
2. 제1항제2호에 따른 도로: 공고를 한 시·도지사나 시장·군수 또는 자치구의 구청장

1) 공물로서의 도로와 관련하여서도 도로법에 따라 설치되는 도로는 도로구역결정 고시, 국토계획법에 따라 설치되는 도로는 실시계획 인가를 강학상 공용지정으로 보는 것이 일반적이다.

2) 하천법 제10조(하천구역의 결정 등) ① 하천관리청은 제7조제6항에 따라 하천의 명칭 및 구간의 지정 또는 지정의 변경·해제의 고시가 있는 때에는 다음 각 호의 어느 하나에 해당하는 지역을 하천구역으로 결정 또는 변경하거나 하천구역을 폐지하여야 한다.

1. 제25조에 따른 하천기본계획(이하 "하천기본계획"이라 한다)에 완성제방(하천시설의 설치계획을 수립할 때에 기준이 되는 홍수량만큼의 물이 소통하는데 필요한 단면을 가지고 있어서 구조적 안정성이 이미 확보된 제방을 말한다)이 있는 곳은 그 완성제방의 부지 및 그 완성제방으로부터 하심측(河心側)의 토지
2. 하천기본계획에 계획제방(제방을 보강하거나 새로이 축조하도록 계획된 제방을 말한다)이 있는 곳은 그 계획제방의 부지 및 그 계획제방으로부터 하심측의 토지

기능을 보전하고 효용을 증진하며 홍수피해를 줄이기 위하여 설치하는 시설로서 제방·호안(護岸)·수제(水制) 등 물길의 안정을 위한 시설, 댐·하구둑(「방조제관리법」에 따라 설치한 방조제를 포함한다)·홍수조절지·저류지·지하하천·방수로·배수펌프장(「농어촌정비법」에 따른 농업생산기반시설인 배수장과 「하수도법」에 따른 하수를 배제(排除)하기 위하여 설치한 펌프장은 제외한다)·수문(水門) 등 하천수위의 조절을 위한 시설, 운하·안벽(岸壁)·물양장(物揚場)·선착장·갑문 등 선박의 운항과 관련된 시설, 그 밖에 대통령령으로 정하는 시설이다(하천법 제2조 제3호). 여기서 '그 밖에 대통령령으로 정하는 시설'은 하천관리에 필요한 보(洑)·수로터널·하천실험장, 그 밖에 법에 따라 설치된 시설로서 환경부장관이 고시하는 시설이다(하천법 시행령 제2조).

하천법 제7조는 제1항에서 하천을 국가하천과 지방하천으로 구분한다고 규정하면서, 제2항에서 국가하천의 지정 대상에 관하여, 제3항에서 지방하천의 지정 대상에 관하여 규정한다.[1)]

(2) 국가하천은 환경부장관이, 지방하천은 시·도지사(특별시장·광역시장·특별자

---

3. 하천기본계획에 제방의 설치계획이 없는 구간에서는 계획하폭(하천시설의 설치계획을 수립할 때에 기준이 되는 홍수량만큼의 물이 소통하는데 필요한 양안 사이의 폭을 말한다)에 해당하는 토지
4. 댐·하구둑·홍수조절지·저류지의 계획홍수위(하천시설의 설치계획을 수립할 때에 기준이 되는 홍수량만큼의 물이 소통하는 경우 그 수위를 말한다. 이하 같다) 아래에 해당하는 토지
5. 철도·도로 등 선형 공작물이 제방의 역할을 하는 곳에서는 선형 공작물의 하천측 비탈머리를 제방의 비탈머리로 보아 그로부터 하심측에 해당하는 토지
6. 하천기본계획이 수립되지 아니한 하천에서는 하천에 물이 계속하여 흐르고 있는 토지 및 지형, 그 토지 주변에서 풀과 나무가 자라는 지형의 상황, 홍수흔적, 그 밖의 상황을 기초로 대통령령으로 정하는 방법에 따라 평균하여 매년 1회 이상 물이 흐를 것으로 판단되는 수면 아래에 있는 토지

1) 하천법 제7조(하천의 구분 및 지정) ① 하천은 국가하천과 지방하천으로 구분한다.
② 국가하천은 국토보전상 또는 국민경제상 중요한 하천으로서 다음 각 호의 어느 하나에 해당하여 환경부장관이 그 명칭과 구간을 지정하는 하천을 말한다.
1. 유역면적 합계가 200제곱킬로미터 이상인 하천
2. 다목적댐의 하류 및 댐 저수지로 인한 배수영향이 미치는 상류의 하천
3. 유역면적 합계가 50제곱킬로미터 이상이면서 200제곱킬로미터 미만인 하천으로서 다음 각 목의 어느 하나에 해당하는 하천
가. 인구 20만명 이상의 도시를 관류(貫流)하거나 범람구역 안의 인구가 1만명 이상인 지역을 지나는 하천
나. 다목적댐, 하구둑 등 저수량 500만세제곱미터 이상의 저류지를 갖추고 국가적 물 이용이 이루어지는 하천
다. 상수원보호구역, 국립공원, 유네스코생물권보전지역, 문화유산보호구역 및 자연유산보호구역, 생태·습지보호지역을 관류하는 하천
라. 삭제 〈2018. 8. 14.〉
4. 범람으로 인한 피해, 하천시설 또는 하천공작물의 안전도 등을 고려하여 대통령령으로 정하는 하천
③ 지방하천은 지방의 공공이해와 밀접한 관계가 있는 하천으로서 시·도지사가 그 명칭과 구간을 지정하는 하천을 말한다.

치시장·도지사·특별자치도지사)가 하천관리청으로서 하천의 명칭 및 구간을 지정하고, 하천구역을 결정함으로써(하천법 제7조, 제10조),[1] 하천이 성립한다. 한편, 하천시설의 경우에는 지정이나 결정 등 별도의 행정행위를 요하지 않는다(하천법 제2조 제3호).[2]

3. 대상 행위

가. 개관

(1) 변상금 부과 대상 행위는 국유재산법과 공유재산법상으로는 권원 없는 점유 또는 사용·수익이고, 도로법상으로는 권원 없는 도로점용이며, 하천법상으로는 권원 없는 하천점용 또는 사용이다. 국유재산법과 공유재산법은 점유 또는 사용, 수익의 의미에 관하여 별도의 규정을 두고 있지 않고, 도로법과 하천법은 점용나 사용의 의미에 관하여 별도의 규정을 두고 있지 않다. 따라서 위 각 행위의 의미는 민법 등 일반법에 따라 해석하면 된다.

(2) 나아가 도로, 하천뿐만 아니라 국·공유재산의 경우에도 공적 목적에 제공되었을 때 무단 점유나 무단 점용이 문제되는 경우가 많아 공물법상 공물의 사용관계에 관한 논의를 참조할 수 있다. 공물법상 공물의 사용관계는 크게 일반사용(보통사용), 특별사용으로 나눌 수 있고, 특별사용은 다시 허가사용(허가에 따른 일반사용), 특허사용(허가에 따른 특별사용), 관습상의 특별사용 등으로 나눌 수 있다.[3]

① 일반사용이란 공물을 특별한 요건을 충족할 필요 없이(공물관리자의 특별한 의사표시 없이) 자유로이 그 본래의 용법에 따라 사용하는 것을 말하고, 도로에서의 통행, 공원에서의 산책, 하천에서의 수영 등이 그 예이다. 한편, 공물의 인접주민에

1) 하천의 구간 지정을 하천의 종적 구간의 설정, 하천구역 결정을 하천의 횡적 구역[하심(河心)의 좌우 영역]의 설정이라 하기도 한다.
2) 하천구역의 결정을 강학상 공용지정으로 보게 되고(하천의 구간 지정을 공용지정에 포함시키는 견해도 있다), 법규에 따른 공용지정을 인정하는 견해에 따르면 하천시설은 법규(하천법 제2조 제3호)로 공용지정이 된다고 볼 수 있다.
3) 이하 공물법상 공물의 사용관계에 관한 이 문단의 논의는 하명호, 앞의 책, 938-947, 박균성, 앞의 책, 1257-1276, 전극수, "도로에 대한 고양된 일반사용", 토지공법연구 제51집, 한국토지공법학회(2010) 참조.

게는 생활이나 경제활동을 위하여 필요한 한도 내에서 일반인의 일반사용보다 양적이나 질적으로 고양된 사용이 인정된다(인접주민의 고양된 일반사용). 이는 일상생활이나 경제활동에 필요한 한도 내에서만 인정되고 일반인의 일반사용을 현저히 제한해서는 안 된다는 한계를 가진다.

② 허가사용이란 공물의 관리나 사용관계의 조정을 위하여(공물관리권에 기한 허가사용) 또는 사회공공의 안녕과 질서를 위하여(공물경찰권에 기한 허가사용) 공물사용이 일반적으로 금지된 경우 일정한 요건을 갖추어 일시적으로 허가를 받아 그 공물을 일반사용에서와 같이 사용하는 것으로, 허가에 따른 일반사용이라 볼 수 있다. 공물관리권에 기한 허가사용의 예로는 도로의 보호를 위하여 일정한 차량의 통행을 금지하고 일정한 요건을 갖출 것을 조건으로 금지를 해제하는 것을 들 수 있고, 공물경찰권에 기한 허가사용의 예는 실정법상 거의 없다.

③ 특허사용이란 일반인에게 인정되지 않는 특별한 사용권을 허가받아 일반사용의 범위를 넘어 계속적으로 공물을 사용하는 것으로서, 허가에 따른 특별사용이라 볼 수 있다. 특별사용은 일반사용의 범위를 넘어 어느 정도의 배타적인 사용을 전제로 하나, 기본적으로 공물에 대한 사용임을 전제로 한다. 따라서 특별사용이라 하더라도 공용 또는 공공용 등에의 제공이라는 성격과 조화를 이루어야 하고, 반드시 독점적, 배타적인 점유나 사용이어야 하는 것은 아니다. 관공서 청사의 일부를 식당이나 매점으로 운영하는 것을 허가받아 사용(강학상 행정재산의 목적외 사용)하는 경우(행정재산의 사용허가), 도로에 전기·수도·가스관 등을 매설하는 경우(도로점용허가), 하천에 댐을 건설하는 경우(하천점용허가) 등이 그 예이다.

④ 관습상의 특별사용이란 관습법에 의하여 인정되는 공물사용권으로서 공물관리주체의 사용특허행위 없이 특허사용권과 유사하게 공물을 사용하는 것을 말한다. 관습상 관개용수권,[1] 관습상 관행어업권(입어권) 등이 그 예이다.

나. 점유, 사용·수익, 점용의 의미

제10장

(1) 점유, 사용·수익

가) 민법 제192조 제1항은 "물건을 사실상 지배하는 자는 점유권이 있다."고

---

1) 대법원 1972. 3. 31. 선고 72다78 판결 등 참조.

규정한다. 물건에 대한 점유란 사회관념상 어떤 사람이 사실적으로 지배하고 있는 객관적 상태를 말하는 것으로서, 사실적 지배는 반드시 물건을 물리적, 현실적으로 지배하는 것만을 의미하는 것이 아니고, 그 인정 여부는 물건과 사람 사이의 시간적, 공간적 관계와 본권 관계, 타인 지배의 배제 가능성 등을 고려해서 사회관념에 따라 합목적적으로 판단해야 한다.[1]

나) 민법 제211조는 "소유자는 법률의 범위에서 그 소유물을 사용, 수익, 처분할 권리가 있다."고 규정하여, 소유권의 한 권능으로 사용·수익권을 규정한다. 사용이란 목적물을 용도에 따라 이용하는 것을 말하며, 수익이란 목적물로부터 생기는 과실을 거두어들이는 것을 말한다.[2]

다) 공물을 점유하거나 사용·수익할 경우 본래의 용법에 따른 일반사용의 범위를 넘어서므로, 이는 강학상 특별사용으로 볼 수 있다. 대법원 역시 공유재산법 제1조, 제6조 제1항, 제20조, 제22조, 제81조 제1항 본문의 내용과 변상금 제도의 입법취지에 비추어 보면, 사용·수익허가 없이 행정재산을 유형적·고정적으로 특정한 목적을 위하여 사용·수익하거나 점유하는 경우 공유재산법 제81조 제1항에서 정한 변상금 부과대상인 '무단점유'에 해당하고, 반드시 그 사용이 독점적·배타적일 필요는 없으며, 점유 부분이 동시에 일반 공중의 이용에 제공되고 있다고 하여 점유가 아니라고 할 수는 없다고 하여,[3] 같은 취지로 판시하고 있다.[4]

(2) 점용

가) 표준국어대사전에 따르면, 점용(占用)이란 '차지하여 씀', '하천, 도로, 수면 따위를 점거하여 사용함'을 뜻한다. 한국법제연구원 법령용어검색 서비스에 따르면, 점용이란 '일정한 지역 또는 수역 등을 차지하여 사용하는 것', '하천, 도로, 수면 기타의 공물을 그 본래의 효용을 해하지 않는 범위에서 공사의 시공, 공작물(수도관, 하수도관, 가스관, 광고판, 주유소, 댐의 설치 등)의 기타의 목적을 위해 사용하는 경우'를 말한다. 실정법상 '점용' 또는 '점용허가'라는 용어가 사용되는 경우는 도로법상 도

---

1) 대법원 2013. 7. 11. 선고 2012다201410 판결, 대법원 2022. 2. 10. 선고 2018다298799 판결 등.
2) 김용덕 편집대표, 주석 민법[물권(1) §§ 185-261](제5판), 한국사법행정학회(2019), 586(이계정 집필 부분).
3) 대법원 2019. 9. 9. 선고 2018두48298 판결 참조.
4) 김지현, "서울광장의 무단점유에 대한 변상금 부과 시 무단점유 판단 기준 및 변상금 산정방식", 대법원판례해설 제121호, 법원도서관(2020), 599-601.

로, 하천법상 하천, 소하천정비법상 소하천, 공유수면법상 공유수면, 철도사업법상 철도시설, 도시공원 및 녹지 등에 관한 법률상 도시공원이나 녹지, 하수도법상 공공하수도 등이다.[1] 결국 '점용'은 점유하여 사용한다는 뜻을 가진 용어로서, 실정법상으로는 주로 공공시설과 관련하여 사용된다.

나) 점용 역시 강학상 특별사용에 해당한다. 대법원 역시 '도로법 제40조에 규정된 도로의 점용이라 함은 일반공중의 교통에 공용되는 도로에 대하여 이러한 일반사용과는 별도로 도로의 특정부분을 유형적, 고정적으로 특정한 목적을 위하여 사용하는 이른바 특별사용을 뜻하는 것이므로 허가 없이 도로를 점용하는 행위의 내용이 위와 같은 특별사용에 해당할 경우에 한하여 도로법 제80조의2의 규정에 따라 도로점용료 상당의 부당이득금[2]을 징수할 수 있는 것인바, 도로의 특별사용은 반드시 독점적, 배타적인 것이 아니라 그 사용목적에 따라서는 도로의 일반사용과 병존이 가능한 경우도 있고 이러한 경우에는 도로점용부분이 동시에 일반공중의 교통에 공용되고 있다고 하여 도로점용이 아니라고 할 수 없다.'고 판시하였다.[3] 또한 대법원은 '하천법 및 공유수면관리법[4]에 규정된 하천 또는 공유수면의 점용이라 함은 하천 또는 공유수면에 대하여 일반사용과는 별도로 하천 또는 공유수면의 특정부분을 유형적·고정적으로 특정한 목적을 위하여 사용하는 이른바 특별사용을 의미하는 것'이라고 판시하였다.[5]

(3) 실질적 이익의 요부

점유는 사용·수익, 점용과는 달리 이익의 실현을 전제하지 않는다.[6] 이때 점유자가 물건을 실제로 사용·수익하지 않더라도 민법상 부당이득이 성립하는지에 관하

1) 법제처 국가법령정보센터(www.law.go.kr)에서 조문내용을 '점용', '점용허가'로 하여 검색한 결과이다.
2) 앞서 본 것처럼 도로법은 무단점용에 관하여 점용료 상당의 부당이득금을 징수하다가 1999. 2. 28. 법률 제5894호 개정(1999. 8. 9. 시행)으로 점용료의 100분의 120에 상당하는 금액을 변상금으로 징수하는 것으로 개정하였다.
3) 대법원 1990. 11. 27. 선고 90누5221 판결, 대법원 1991. 4. 9. 선고 90누8855 판결, 대법원 1992. 9. 8. 선고 91누8173 판결, 대법원 2002. 10. 25. 선고 2002두5795 판결 등 참조.
4) 2010. 4. 15. 법률 제10272호 공유수면 관리 및 매립에 관한 법률 부칙 제2조로 폐지.
5) 대법원 1990. 2. 13. 선고 89다카23022 판결 등 참조.
6) 대법원 2009. 11. 26. 선고 2009다35903 판결: "물건의 점유와 그 사용은 엄연히 구별되어야 하는 법개념으로서(목적물의 점유를 요건으로 하여 성립하는 유치권에서 유치권자가 원칙적으로 유치물을 사용할 수 없다고 정하는 민법 제324조 제2항이 이 점을 단적으로 보여준다), 비록 많은 경우에 물건의 점유와 사용이 동시에 일어나기는 하지만, 나아가 사용 없는 점유 또는 하나의 쉬운 예를 들면 타인의 토지 위를 통행하는 경우와 같이 점유 없는 사용도 얼마든지 있을 수 있다."

여는 견해가 대립한다. 점유자는 점유권에 기하여서는 타인의 소유물을 사용·수익할 수 없으므로 타인의 물건을 법률상 원인 없이 점유하고 있으면 점유 그 자체가 이득이 되고, 물권자에게는 물권적 반환청구권과 함께 점유의 부당이득 반환청구권이 발생한다는 견해도 있으나,[1] 대법원은 물건을 실제로 사용·수익하여야만 부당이득이 성립한다는 입장에 있다.[2]

국유재산법과 공유재산법은 변상금 부과 대상 행위로서 사용·수익과 점유를 병렬적으로 규정함으로써('사용·수익하거나 점유한 자') 사용·수익 없이 점유만 하더라도 변상금 부과 대상에 해당하는 것으로 규정한다. 앞서 본 것처럼 변상금 중 사용료나 대부료 상당액은 기본적으로 부당이득의 성격을 가진다는 점에 비추어 보면, 국유재산법과 공유재산법이 사용·수익과 같은 실질적 이익이 없더라도 변상금을 부과할 수 있도록 한 점은 부당이득에 대한 특별한 공법적 규율이라는 징표 중 하나라 할 수 있다.[3]

반면, 사용·수익 또는 점용에 따른 변상금이 성립하기 위해서는 실질적 이득을 얻어야 한다.[4] 그러나 그 실질적 이익이 법정변상금액에 미치지 못한다고 하여 감경을 요구하는 등으로 다툴 수 없다는 점에서는 여전히 부당이득에 대한 특별한 공법적 규율이라는 성격을 보여준다.[5]

---

1) 김용담 편집대표, 주석 민법[물권(1) §§ 185-261](제4판), 한국사법행정학회(2011), 70(홍성재 집필 부분).

2) 대법원 2019. 4. 11. 선고 2018다291347 판결: "임차인이 임대차계약관계가 소멸한 다음에도 임대차 목적물을 계속 점유하기는 하였지만 이를 본래의 임대차계약상 목적에 따라 사용·수익하지 않아 이익을 얻은 적이 없는 경우에는 그로 말미암아 임대인에게 손해가 발생하였더라도 임차인의 부당이득반환의무는 성립하지 않는다."

3) 강호칠, 앞의 책, 446.

4) 강호칠, 앞의 책, 446. 도로의 무단점용에 관하여 1999. 2. 28. 법률 제5894호 개정(1999. 8. 9. 시행)으로 점용료의 100분의 120에 상당하는 금액을 변상금으로 징수하도록 개정하기 전 점용료 상당의 부당이득금을 징수하던 당시의 대법원 1993. 6. 11. 선고 92누15246 판결: "도로법 제80조의2에 기하여 징수하는 금원의 성질은 민사상의 부당이득금과 그 성질을 같이하는 것이어서 실질적인 이득을 얻음이 없이 단순 관리하는 것과 같은 경우에는 위 도로점용료상당 부당이득금의 징수대상이 된다 할 수 없다."

5) 강호칠, 앞의 책, 446. 마찬가지로 도로법이 도로의 무단점용에 관하여 점용료 상당의 부당이득금을 징수하던 당시의 대법원 2000. 9. 8. 선고 2000두871 판결: "도로를 허가 없이 점용함으로써 실질적 이득을 얻었다면 그 부당이득금의 수액은 구 도로법(1999. 2. 8. 법률 제5894호로 개정되기 이전의 것, 이하 같다) 제80조의2, 제40조, 제43조, 같은법시행령(1999. 8. 6. 대통령령 제16510호로 개정되기 이전의 것) 제26조의2 및 위 시행령에 의하여 위임된 각 지방자치단체의 조례 등 각 법령의 규정에 따라 정하여지는 것이고, 위 각 법령에서 정한 점용료와 그 요율이 실제의 이득이나 손해에 비하여 지나치게 과다하다는 등 그 효력을 부인할 만한 특별한 사정이 있다는 점에 관하여 아무런 자료가 없는 이 사건에서 사법상의 채권에 기하여 부당이득금을 산정하는 경우와는 달리, 원고가 실제로 그 만큼

다. 관련 쟁점

(1) 고의·과실의 요부

가) 실무상 자신 소유의 건물이 국·공유지를 침범하고 있었는지 몰랐고 이를 알 수도 없었다면서 국·공유재산의 점유에 대한 고의·과실이 없었다고 주장하는 사례가 있다. 앞서 본 것처럼 변상금은 부당이득의 반환과 아울러 위반자에 대하여 제재를 가하기 위한 조치로서 징벌적 성격을 가진다. 이러한 행정법규 위반에 대하여 가하는 제재조치는 행정목적의 달성을 위하여 행정법규 위반이라는 객관적 사실에 착안하여 가하는 제재이므로 위반자의 의무 해태를 탓할 수 없는 정당한 사유가 있는 등의 특별한 사정이 없는 한 위반자에게 고의나 과실이 없다고 하더라도 부과될 수 있다.[1]

국유재산법, 공유재산법과 하천법 역시 점유, 사용·수익, 점용에 있어 고의·과실을 요구하지 않는다. 따라서 국·공유재산이나 하천을 점유, 사용·수익, 점용하게 된 데에 고의나 과실이 없다 하더라도 변상금 부과 대상에 해당한다. 다만, 위 판례에서 보듯이 예외적으로 위반자의 의무 해태를 탓할 수 없는 정당한 사유가 있는 등의 특별한 사정이 인정되는 경우에만 변상금을 부과할 수 없다. 이에 관하여는 아래 Ⅴ. 변상금 부과처분에 대한 불복, 2. 행정소송, 다. 본안에 관한 사유, 2) 실체상 하자, 다) 행정법의 일반원칙 부분 참조.

나) 다만, 도로법은 '초과점용등[이는 도로점용허가를 받지 아니하고 도로를 점용하였거나 도로점용허가의 내용을 초과하여 도로를 점용한 경우를 의미한다(도로법 제72조 제1항)]이 측량기관 등의 오류로 인한 것이거나 그 밖에 도로 점용자의 고의·과실로 인한 것이 아닌 경우에는 변상금을 징수하지 아니하고, 이 경우 도로관리청은 초과점용등의 사실을 해당 도로 점용자에게 통보하고, 그 통보 후 1개월이 지난 날부터 점용료 상당액을 징수한다'고 규정한다(도로법 제72조 제2항).

당초 도로법은 2010. 3. 22. 법률 제10156호로 개정되면서 고의·과실 없이 허가 면적을 초과하여 도로를 점용한 자(고의·과실 없는 초과점용자)에 대하여 변상금을

이득을 얻지 못하였다거나 원고의 이득과 피고의 손해 사이에 상당인과관계가 없다는 등의 사유를 들어 다툴 수는 없다."

1) 대법원 2003. 9. 2. 선고 2002두5177 판결 등 참조.

징수하지 않는 것으로 규정하였다가, 2014. 1. 14. 법률 제12248호로 전부개정(2014. 7. 15. 시행)되면서 현행 법률과 같이 고의·과실 없이 도로점용허가를 받지 아니하고 도로를 점용한 자(고의·과실 없는 무허가점용자)에 대하여도 변상금을 징수하지 않는 것으로 규정하였다(제72조 제2항). 또한 위 전부개정 당시 위와 같이 고의·과실 없는 초과점용자와 무허가점용자가 그 사실을 통보받은 날부터 3개월 내에 적법한 도로점용허가를 받지 아니하면 도로관리청이 초과점용 등의 사실을 해당 도로점용자에게 통보한 날부터 변상금을 산정하여 징수할 수 있다고 규정하고(제72조 제3항), 위 전부 개정 당시 부칙 제9조는 제72조 제2항부터 제4항까지의 개정규정은 이 법 시행 후 도로관리청이 초과점용 등의 사실을 도로점용자에게 통보하는 경우부터 적용한다고 규정하였다. 이때 고의·과실 없는 무허가점용자의 경우 개정 도로법 시행 전의 무허가점용 기간에 관하여는 변상금을 징수할 수 있는지와 관련하여, 대법원은 도로관리청이 고의·과실 없는 무허가점용자에게 초과점용 등의 사실을 개정 도로법 시행 후에 통보하여 부칙 제9조에 따라 개정 도로법 제72조 제2항이 적용되는 경우에는, 도로관리청은 초과점용 등의 사실을 통보하기 전의 고의·과실 없는 무허가점용 기간에 대하여, 즉 개정 도로법이 시행된 이후의 고의·과실 없는 무허가점용 기간뿐만 아니라 개정 도로법 시행 전의 고의·과실 없는 무허가점용 기간에 대하여도 변상금을 징수할 수 없다고 보아야 한다고 판시하였다.[1)]

---

1) 대법원 2019. 11. 28. 선고 2017두56339 판결: "도로관리청이 고의·과실 없는 무허가점용자에게 초과점용 등의 사실을 개정 도로법 시행 후에 통보하여 이 사건 부칙 제9조에 따라 개정 도로법 제72조 제2항이 적용되는 경우에는, 도로관리청은 초과점용 등의 사실을 통보하기 전의 고의·과실 없는 무허가점용 기간에 대하여, 즉 개정 도로법이 시행된 이후의 고의·과실 없는 무허가점용 기간뿐만 아니라 개정 도로법 시행 전의 고의·과실 없는 무허가점용 기간에 대하여도 변상금을 징수할 수 없다고 보아야 한다. 그 구체적인 이유는 다음과 같다.

1) 이 사건 부칙 제9조는 도로관리청이 초과점용 등의 사실을 도로점용자에게 통보하는 시점이 개정 도로법 시행 이후인지 여부에 따라 개정 도로법 제72조 제2항의 적용 여부를 판단하도록 규정하고 있을 뿐, 개정 도로법 시행 전의 무허가점용 기간에 관하여 특별히 달리 규정하고 있지 않다. 따라서 개정 도로법 시행 전에 이미 무허가점용 사실이 확인되어 도로관리청이 그 사실을 도로점용자에게 통보한 경우에는 개정 도로법 제72조 제2항이 적용되지 않아 변상금 부과처분을 할 수 있다고 보아야 한다.
2) 개정 도로법 제72조 제2항 본문은 구 도로법 제94조 단서와는 달리, 고의·과실 없는 초과점용자뿐만 아니라 고의·과실 없는 무허가점용자에 대하여도 원칙적으로 변상금을 부과하지 않도록 규정하고 있다. 이는 구 도로법이 고의·과실 없는 무허가점용자에 대하여 변상금을 부과하도록 한 것이 고의·과실 없는 초과점용자에게는 변상금을 부과하지 않도록 한 것과 형평에 어긋나고, 과도한 입법이라는 반성적 고려에서 비롯된 것이다.
3) 이러한 입법 취지에서 개정 도로법 제72조 제2항 단서와 제72조 제3항은 고의·과실 없는 무허가점용자가 초과점용 등의 사실을 해당 도로점용자에게 통보하기 전의 기간에 대해서는 점용료나 변상금을 징수하지 않도록 규정하고 있다. 이러한 입법 취지를 고려하면 개정 도로법 시행 전의 고의·과

(2) 사용의 정도

변상금은 사용허가 등(행정재산의 사용허가, 도로점용허가, 하천점용허가 등)이 없거나 이를 넘어서는 경우에 문제되고, 이때 해당 재산의 점유나 사용·수익, 점용이 앞서 본 공물의 사용관계에 관한 논의상 일반사용인지, 특별사용인지가 문제된다. 일반사용은 사용료, 대부료, 점용료의 대상이 아니어서 변상금 부과 대상에 해당하지 않지만, 특별사용은 변상금 부과 대상에 해당하기 때문이다. 대법원은 도로의 점용과 관련하여, 도로의 점용을 특별사용으로 볼 것인지 아니면 일반사용으로 볼 것인지는 그 도로점용의 주된 용도와 기능이 무엇인지에 따라 가려져야 한다고 판시하였다.[1)]

[특별사용을 긍정한 사안]

○ **대법원 1993. 5. 11. 선고 92누13325 판결**: "원심은, 이 사건에서 문제가 된 도로는 원고들 소유의 예식장 옆을 지나 인근주택지로 연결되어 있어 인근주민들의 통행로로 사용되기도 하지만 예식장을 이용하는 사람들을 위한 주차장이 위 도로주변에 형성되어 있는 관계로 사실상 예식장을 위한 주차장이나 차량출입통로로 이용되고 있으며, 원고들은 이 사건 도로입구에 주차장간판과 차량출입통제소를 설치하여 이 사건 도로가 예식장부속의 주차장인 것 같은 시설을 하여 놓은 사실을 인정한 다음, 이에 의하면 원고들은 이 사건 도로를 유형적, 고정적으로 특정한 목적을 위하여 사용하는 이른바 특별사용을 하고 있다고 봄이 상당하다고 판단하였는바 기록에 의하여 살펴보면 원심의 위와 같은 사실인정과 판단은 정당한 것으로 수긍이 되고"

○ **대법원 1995. 2. 14. 선고 94누5830 판결**: "위 법리와 기록에 나타난 이 사건 지하연결통로의 설치목적, 위치, 구조, 용도와 기능, 이용상황 등을 종합하여 보면, 원

실 없는 무허가점용 기간에 대하여도 마찬가지로 변상금을 징수할 수 없다고 보는 것이 타당하다."

1) 대법원 1995. 2. 14. 선고 94누5830 판결, 대법원 1991. 4. 9. 선고 90누8855 판결(지하철역과 원고의 사옥 사이의 지하연결통로의 용도와 기능이 주로 일반시민의 교통편익을 위한 것이고 이에 곁들여 위 건물에 출입하는 사람들의 통행로로도 이용되고 있는 정도라면 위 지하연결통로는 도로의 일반사용을 위한 것이고, 만일 이와 반대로 위 지하연결통로의 주된 용도와 기능이 원고 소유 건물에 출입하는 사람들의 통행로로 사용하기 위한 것이고 다만 이에 곁들여 일반인이 통행함을 제한하지 않은 것에 불과하다면 위 지하연결통로는 특별사용에 제공된 것이므로 이를 설치사용하는 행위는 도로의 점용이라고 보아야 할 것이며, 위 지하연결통로의 설치 사용이 위의 경우 중 어느 경우에 해당하는지는 위 지하연결통로의 위치와 구조, 원고 소유 건물 및 일반 도로와의 연결관계 및 일반인의 이용상황 등 제반사정을 구체적으로 심리하여 판단하여야 한다) 등 참조.

심이 지하철 역삼역과 원고 소유의 역삼하이츠건물 지하 1층을 연결하는 이 사건 지하연결통로는 그 주된 용도와 기능이 위 역삼하이츠건물에 출입하는 사람들의 통행로로 이용되는 것으로서 그 건물소유자인 원고가 이를 특별사용하고 있는 것이라 할 것이어서, 도로법 소정의 도로점용료 내지 도로점용료 상당 부당이득금의 징수대상이 된다는 취지로 판단한 조치는 정당한 것으로 수긍이 되고"

- **대법원 1998. 9. 22. 선고 96누7342 판결**: 지하 1층, 지상 17층의 상가아파트 건물이 도로 상하의 공간에 설치되어 있고, 지상 1층 공간에는 일정 간격으로 지주가 배열되어 있으며, 그 사이로 형성된 터널형 공간 부분의 중앙으로 차도가 설치되어 있고, 양쪽에 주차장 및 옥외출입계단이 설치되어 있는 경우, 위 도로는 주로 위 건물의 사용을 위한 사람과 차량의 통행 및 주차 등을 위하여 사용되고 있고 지방자치단체장은 단지 건물 소유자의 독점적, 배타적 지배를 방해하지 않는 범위 내에서 일반의 차량통행, 보행 및 주차 등을 위하여 이를 사용하고 있음에 불과하다는 이유로, 건물 소유자가 도로를 특별사용하고 있다고 인정한 사례
- **대법원 1999. 5. 14. 선고 98두17906 판결**: "원심판결 이유와 기록에 의하면, 원고는 1991. 6. 11. 서울 강남구 (주소 1 생략) 대 538㎡ 지상에 지하 1층 지상 4층 연면적 434.89㎡의 주유소 건물(미래주유소)을, 그리고 1993. 4. 28. (주소 2 생략) 대 648.60㎡ 지상에 지상 7층, 지하 3층 연면적 3,286.29㎡의 업무시설 및 근린생활시설 건물(티아빌딩)을 각 신축하여 소유하면서, 위 각 건물 앞 차도와 인도 사이의 경계턱을 없애고, 인도 부분을 차도에서부터 완만한 오르막 경사를 이루도록 시공하는 방법으로 위 미래주유소 앞 인도 53㎡와 티아빌딩 앞 인도 21㎡(이하 이 사건 각 인도 부분이라 한다)에 차량들을 위한 진출입통로를 개설하여, 위 주유소와 빌딩에 드나드는 차량들이 위 각 인도 부분을 빈번하게 통과하도록 하고 있는 사실, 한편 원고가 일반인이 위 각 인도 부분을 통행하는 것을 특별히 제한하지는 아니하였으나, 위 각 건물 앞을 지나다니는 보행자들이 위 주유소와 빌딩을 빈번하게 드나드는 차량들로 인하여 불편을 겪고 있는 사실을 알아 볼 수 있는바, 이와 같이 원고가 이 사건 각 인도 부분에 차량 진출입통로를 개설하여 이를 원고 소유의 주유소와 빌딩에 드나드는 차량들의 편익에 제공함으로써, 일반의 보행자들이 이 사건 각 인도 부분을 불편을 감수하면서 통행하고 있다면, 이 사건 각 인도 부분이 일반공중의 통행에 공용되고 있다고 하여도, 위 각 인도 부분에 차량 진출입통로를 개설하여 사용하는 원고의 행위가 특별사용이 아니라고 할 수는 없는 것이다."
- **대법원 2019. 9. 9. 선고 2018두48298 판결**: 원고가 2015. 7. 9.부터 2017. 4. 28.까지 주간에는 서울광장의 광장동편에 대형 천막이 설치된 자전거를 세워놓고 1

인 시위를 하고, 야간에는 서울특별시청사 부지에 자전거를 옮기고 그 옆에 텐트를 설치한 후 그곳에서 취침을 하였는데, 시위에 사용된 자전거 1대, 대형의자 2개, 소형의자 1개, 라바콘 1개, 아이스박스 3개, 천막 1개, 대형 스피커 등이 차지한 공간의 면적은 1.76㎡(= 1.6㎡ × 1.1㎡)이고, 취침 시 설치한 텐트의 면적은 2.76㎡인 사안에서, "이 사건 원고의 행위는 피고의 사용·수익허가 또는 광장사용신고 수리 없이 서울광장 일부 및 서울특별시청사 부지 일부를 유형적·고정적으로 사용 또는 점유한 경우로서 공유재산법 제81조 제1항에서 정한 변상금 부과대상인 무단점유에 해당한다고 봄이 타당하다. 그 구체적인 이유는 다음과 같다.

1) 원고는 이 사건 시위용품과 텐트를 상당한 기간 동안 서울광장이나 서울특별시청사 부지에 둠으로써 특정 공간을 지속적으로 물리적으로 차지하여 사용하였다. 비록 이 사건 시위용품과 텐트가 이동 가능한 시설이기는 하나, 그것이 차지하는 공간을 타인이 사용하거나 통행하는 것은 불가능하였다. 이러한 원고의 행위는 서울광장 등의 이용자가 일시적으로 물건을 비치하는 것과 동일하게 평가할 수 없고, 서울광장 등을 통행로로서 지나가거나 여가선용의 목적으로 단순히 머무르는 형태의 일반적인 사용과도 명백히 구별된다.

2) 서울광장 등 이용자들이 이 사건 시위용품이나 텐트 주변을 우회하여 통행할 수 있었고, 다른 행사 등에 방해가 되는 경우 원고가 이 사건 시위용품을 옮겨 주었다고는 하나, 변상금 부과대상으로서의 무단점유가 반드시 독점적·배타적일 필요는 없으므로 위와 같은 사정만으로 특정 공간을 유형적·고정적으로 사용한 이 사건 원고의 행위를 '점유'에 해당하지 않는다고 평가할 수는 없다.

3) 집회·시위의 자유가 보장된다거나 그 시위의 목적이 공익을 위한 것이라는 사정만으로 타인의 재산을 권한 없이 점유·사용하는 것까지 정당화되거나 점유·사용의 대가 지불이 면제되는 것은 아니며, 그 재산이 공용재산이라고 하더라도 마찬가지이다. 집회·시위 자체는 집회 및 시위에 관한 법률이 정한 절차에 따라 이루어져 적법하다고 하더라도, 그 집회·시위가 공유재산을 무단으로 점유하여 이루어진 것이라면 공유재산법상 변상금 부과대상이 될 수 있다. 또한 공유재산법 제81조 제1항이 공익적 목적이나 용도로 무단점유한 경우와 사익추구의 목적으로 무단점유한 경우를 달리 취급하지 않고 동일하게 변상금을 징수하도록 규정한 것이 헌법에 위반된다고 볼 수도 없다(헌법재판소 2017. 7. 27. 선고 2016헌바374 전원재판부 결정 참조).

4) 피켓을 들거나 간판을 목에 거는 형식으로 이루어지는 통상적인 1인 시위라면 특정 공간을 유형적·고정적으로 사용하는 점유로 보기 어렵다. 그러나 이 사건 시위는 시위용품의 종류, 부피 및 무게, 시위 방식 등에 비추어 통상 1인 시위자가 소

지할 수 있는 표현수단의 정도를 벗어난 것이다. 이 사건 시위용품을 장시간 비치하거나 텐트를 설치하여 취침을 하는 것이 1인 시위의 본질적인 내용이라거나 1인 시위를 위하여 반드시 필요한 조치라고 볼 수 없고, 원고로서는 공용재산을 점유·사용하지 않는 방법으로도 충분히 자신의 의사를 다중에게 표시할 수 있다."

[특별사용을 부정한 사안]

○ **대법원 1992. 9. 8. 선고 91누12622 판결**: 인근 롯데백화점에서 서울특별시로부터 허가를 받고 지하철공사와의 협약을 거친 후 을지로입구 전철역과 위 백화점 지하 1층을 연결하는 지하 연결통로를 설치하는 것과 병행하여 통행의 편의를 증진시키기 위하여 그 지하 연결통로 쪽으로 올라가는 기존의 전철역 출입계단에 상행선 에스컬레이터를 설치하는 공사를 시행함으로써 종래 일반시민이 이용하던 전철역 출입계단이 위 지하연결통로의 설치와 동시에 위 백화점에 출입하는 사람들의 통행로로도 곁들여 이용된 경우, 위 에스컬레이터는 지하도로의 일반사용을 위한 것이고 특별사용을 위한 것이라고 보기 어려워 도로를 점용하였다고 볼 수 없다고 한 사례

○ **대법원 1995. 2. 3. 선고 94누3766 판결**: 원고가 1989. 6.경 서울특별시로부터 서울시 지하철2호선의 선릉역 옆에 상제리제센타라는 오피스텔 및 상가건물(이하 "이 사건 건물"이라 한다)을 신축하면서 지하 선릉역과 이 사건 건물의 지하층을 연결하는 지하연결통로를 설치하기 위하여 지하 선릉역에서 지상의 도로(테헤란로)로 연결되는 기존지하도의 폭을 4.3m에서 8.6m로 넓힘으로써 4.3m 만큼 확장(이하 "확장부분"이라 한다)하고 길이를 18.75m에서 이 사건 건물의 지하층 입구까지 폭 8.6m로 3.68m 만큼 연장(이하 "연장부분"이라 한다)하여 위 확장부분 및 연장부분 등을 기부채납하되 기부채납 후에도 이를 계속 유지관리하기로 하는 지하공작물(연결통로)설치허가를 받고 1990. 11. 17. 이를 완공하여 1992. 2. 13. 기부채납한 사안에서, "지하연결통로 완공 후의 이 사건 지하도 전체 중 위 확장부분은 지하 선릉역에서 지상의 테헤란로로 나가는 일반시민들이 주로 이용하고 이에 곁들여 원고 소유 건물에 출입하는 사람들이 이를 이용하고 있으며, 원고 소유 건물에 출입하는 사람들로 인하여 일반시민들이 본래의 사용보다 불편함을 감수하면서 이를 이용하는 것으로는 보이지 아니하고 그 구조 또한 주로 일반인의 이용을 위한 것으로 보이므로 원고가 이를 특별사용하는 것으로 볼 수 없고, 한편 위 연장부분은 주로 원고 소유 건물에 출입하는 사람들이 이를 이용하고 일반시민의 이용을 제한하지 않는 것에 불과한 것으로 보이므로 원고가 위 연장부분 만을 특별사용하는 것으로 보아야 할 것이며, 따라서 이 사건 부과처분 중 위 연장부분에 대한 부분은 적법하다 할 것이

나 위 확장부분에 대한 부분은 위법하다 할 것이다."

○ **대법원 2010. 11. 25. 선고 2010도12529 판결**: "이 사건 공소사실의 요지는, 피고인이 경남 남해군 (이하 생략)에서 '○○○○'이라는 상호로 4륜스쿠터 임대업을 하면서 2007. 4.경부터 2009. 5. 24.까지 관할관청의 허가를 받지 아니하고 4륜스쿠터 10대를 그곳을 찾아온 불특정 관광객들에게 임대하여 공유수면인 남해군 (이하 생략)에 있는 △△해수욕장 백사장(이하 '이 사건 백사장'이라 한다)에서 운행하도록 하는 방법으로 공유수면을 점용하였다는 것이고, 원심판결 이유에 의하더라도 피고인은 관광객들에게 4륜스쿠터를 임대하여 인근에 있는 이 사건 백사장 내에서 운행하라고 말하였고, 그 관광객들은 4륜스쿠터를 이 사건 백사장에서 운행하였다는 것에 불과하다. 이를 위 법리에 비추어 살펴보면, 피고인이 위와 같이 관광객들에게 4륜스쿠터를 임대하면서 이 사건 백사장에서 운행하라고 말한 것만으로 피고인이 공유수면의 특정 부분인 이 사건 백사장을 일반사용과는 별도로 특정한 목적을 위하여 유형적·고정적으로 사용함으로써 이를 점용하고 있다고 볼 수는 없다."

(3) 건물·공작물이 있는 국·공유지, 도로 등에 대한 점유관계

타인 소유의 토지 위에 권한 없이 건물을 소유하고 있는 이는 그 자체로 특별한 사정이 없는 한 법률상 원인 없이 타인의 재산으로 토지의 차임에 상당하는 이익을 얻고 그로 인하여 타인에게 동액 상당의 손해를 주고 있다고 보아야 하고, 이는 타인 소유의 토지 위에 권한 없이 건물 이외의 공작물을 소유하고 있는 경우에도 마찬가지이다.[1] 한편 건물이나 공작물의 소유자가 아닌 이로서는 실제로 그 건물 등을 점유·사용하고 있다고 하더라도 그 건물 등의 부지를 점용하는 것으로 볼 수 없고, 건물 등의 부지는 건물 등의 소유자가 이를 점용하고 있다고 보아야 할 것이다.[2] 그리고 이러한 법리는 국가나 지방자치단체 소유의 국·공유재산인 토지 위에 공작물이 설치된 경우에 있어 건물이나 공작물의 소유자와 점유·사용자가 다른 경우에도 마찬가지이다.[3]

1) 대법원 2007. 8. 23. 선고 2007다21856 판결 등 참조.
2) 대법원 2009. 9. 10. 선고 2009다28462 판결 등 참조.
3) 대법원 2014. 7. 24. 선고 2011두10348 판결, 대법원 2024. 6. 27. 선고 2024두31284 판결 참조.

○ **대법원 2014. 7. 24. 선고 2011두10348 판결**: "기록에 의하면, 원심판시 이 사건 토지들 위에 설치된 이 사건 궤도구축물은 철도산업발전기본법에서 정한 철도시설로서 원래 국가의 소유에 속하고(같은 법 제3조 제2호 가목, 제20조 제1항 참조), 다만 같은 법 제23조 제1항에 의하여 수립된 철도자산의 처리계획에 의하여 시설자산으로 구분되어 원고(한국철도시설공단, 현 국가철도공단)에게 그 관리업무가 위탁되었음을 알 수 있다. […]
앞서 본 법리에 비추어 보면, 이 사건 궤도구축물의 부지인 이 사건 토지들은 그 지상에 설치된 이 사건 궤도구축물의 소유자가 이를 점유·사용하고 있다고 보아야 할 것인데, 이 사건 궤도구축물은 참가인(한국철도공사)에게 현물출자되었는지 여부에 따라 참가인의 소유가 되거나 국가의 소유로 남아 있을 뿐 원고의 소유에 속한다고 볼 수 없다. 따라서 결국 이 사건 토지들은 국가 또는 참가인이 이 사건 궤도구축물의 소유를 위하여 이를 점용하고 있다고 할 수 있을지언정, 원고가 이 사건 토지들을 점용하고 있다고는 할 수 없다.
그럼에도 원심은 그 판시와 같이 원고가 국가로부터 이 사건 궤도구축물의 관리권을 위임받아 관리하면서 그 부지인 이 사건 토지들도 함께 점유·사용하고 있다는 등의 이유로 이 사건 궤도구축물의 소유자가 아닌 원고에 대하여 한 이 사건 변상금부과처분에 위법이 없다고 판단하였다. 이러한 원심판결에는 공유재산인 토지의 점유·사용에 관한 법리를 오해하는 등으로 판결에 영향을 미친 위법이 있다."

○ **대법원 2024. 6. 27. 선고 2024두31284 판결**: 소외인이 피고(국가철도공단)로부터 국유지인 이 사건 토지에 대한 사용허가를 받았고, 그 지상에 이 사건 가설건축물을 설치하여 이를 원고들에게 임대하였는데, 피고가 임차인인 원고들이 사용허가나 대부계약 없이 국유재산인 이 사건 토지를 무단으로 점유, 사용·수익하고 있다는 이유로 국유재산법 제72조 제1항 본문에 따라 원고들에게 변상금을 각 부과하자, 원고들이 피고를 상대로 그 처분의 취소를 청구한 사안에서, "국유재산인 토지의 사용허가를 얻고 그 지상에 건물을 신축한 자로부터 그 건물을 임차하여 이를 점유·사용하는 자가 그 건물의 부지를 점유·사용하는 것으로 볼 수는 없다. […] 이 사건 가설건축물은 [소외인]이 국유지인 이 사건 토지에 대한 사용허가를 받아 그 지상에 신축한 것이고, 원고들은 [소외인]으로부터 이 사건 가설건축물의 일부를 각 임차한 자에 불과함을 알 수 있다. 그러므로 이 사건 가설건축물의 소유자가 아닌 원고들은 이 사건 토지의 무단점유자에 해당하지 않는다. 그럼에도 원심은 판시와 같은 이유

로 원고들이 이 사건 토지를 사용·수익하고 있다고 보아,[1] 원고들에 대한 변상금 부과처분에 위법이 없다고 판단하였다. 이러한 원심판결에는 국유재산인 토지와 그 지상 건물의 점유·사용에 관한 법리를 오해하여 판결에 영향을 미친 잘못이 있다."

(4) 간접점유의 경우

국·공유재산의 변상금 부과에 있어서 점유를 위와 같이 사법상의 점유 개념과 같이 보면 직접점유자와 간접점유자 모두 변상금 부과처분의 상대방이 될 수 있고, 관리청은 무단점유로 인한 변상금을 양자에 대하여 동시에 부과하거나 또는 그 중 어느 일방에 대하여만 부과할 수 있다.[2]

대법원은 '공유재산을 직접 점용하고 있는 자가 대부 또는 사용·수익허가를 받지 아니하여 공유재산을 점용할 아무런 권한이 없는 제3자로부터 이를 임차하여 점용하였다 하더라도 이는 직접점유자와 제3자 사이에 효력이 있을 뿐이고 공유재산의 관리청에 대하여는 아무런 효력이 없는 것이므로, 관리청으로서는 직접점유자에게 변상금 전액을 부과할 수 있다'고 하였다.[3]

이때 직접점유자와 간접점유자가 부담하는 변상금 납부의무의 관계에 관하여, 국유재산법 등에서 규정하는 변상금 납부의무는 공법상의 부당이득반환의무의 의미도 있다는 점에서 직접점유자와 간접점유자가 부담하는 변상금 납부의무는 중첩적인 채무로서 부진정연대채무의 성질을 갖는다는 취지의 견해가 있다.[4]

---

1) 원심의 주된 취지는, 건물의 소유명의자가 아닌 사람은 실제로 그 건물을 점유하고 있더라도 그 건물의 부지를 점유하는 사람으로 볼 수 없다는 법리는 사법적(私法的) 법률관계 내지 물권을 규율하는 민법 제192조 등의 법령에 관한 해석론으로, 이 사건 토지의 관리청인 피고와 원고들 사이의 공법적 법률관계가 문제되는 이 사건에 곧바로 적용할 것이 아니며, 이 사건은 원칙적으로 이 사건에 직접 적용되는 국유재산법의 해석에 의해야 하는데, 국유재산법 제72조의 무단점유자는 '사용·수익' 또는 '점유' 하는 자이므로, 여기서의 '점유'가 민법상 점유를 뜻한다고 가정하더라도 원고들이 이 사건 토지를 '사용·수익'할 수 있다는 것이었다.

2) 김행순, 앞의 글, 67.

3) 대법원 1994. 10. 25. 선고 94누4318 판결 참조.

4) 김태우, "공물의 사용관계에 관한 쟁송", 재판자료 제68집(하), 법원행정처(1995), 360, 김행순, 앞의 글, 67에서 재인용, 박원근, "국유재산의 무단점유자에 대하여 변상금 부과·징수권의 행사와 별도로 민사상 부당이득반환청구권을 행사할 수 있는지 여부: 대법원 2014. 7. 16. 선고 2011다76402 전원합의체 판결", 판례연구 27집, 부산판례연구회(2016), 372.

(5) 점유자가 수인인 경우

대법원은 지방자치단체 소유 토지를 허가 없이 원고와 소외인들 2명이 공유하는 건물의 주차장 용도로 점유·사용한 사안에서, 공유자가 공유물에 대한 관계에서 부당이득을 한 경우 그 이득을 상환하는 의무는 불가분적 채무라는 이유로 공유자 1인인 원고에 대하여 변상금 전액을 부과한 처분이 적법하다고 하였다.[1)]

(6) 점유자가 법인 등 단체인 경우

사법상 점유 개념에 따르면, 법인은 물리적인 영향가능성을 의미하는 사실상의 지배는 생각할 수 없으므로, 그 대표기관이 물건에 대한 사실상의 지배를 취득함으로써 점유를 취득한다.[2)] 이 경우 간접점유관계(194조) 내지 점유보조관계(195조)가 존재하는 것이 아니라, 대표기관을 통한 법인의 점유가 직접적으로 인정되므로, 법인이 배타적으로 점유를 하는 것이고, 대표기관은 어떠한 점유도 보유하지 않는다.[3)] 법인격 없는 사단·재단에 관하여 법인격을 전제로 하는 것을 제외하고는 법인에 관한 규정이 유추되므로, 법인격 없는 사단 또는 재단의 점유에 관해서도 대표기관을 통한 점유를 인정할 수 있다. 대법원 역시 같은 입장이다.[4)] 이에 따르면, 법인이나 법인격 없는 사단·재단이 권원 없이 대표기관을 통하여 국유재산 등을 점유하는 경우, 법인이나 법인격 없는 사단·재단에 대하여 변상금을 부과할 수 있다.[5)]

한편, 조합은 권리능력이 인정되지 않고 민사소송에 있어서 당사자능력도 부정되는 점 등을 고려하면, 조합의 단독점유를 인정할 수는 없고, 조합원 전원의 공동

---

1) 대법원 1992. 9. 22. 선고 92누2202 판결 참조.
2) 김용덕 편집대표, 앞의 책, 372(김형석 집필 부분).
3) 김용덕 편집대표, 앞의 책, 372-373(김형석 집필 부분).
4) 대법원 1996. 1. 26. 선고 94다45562 판결: "사설 사암이나 사설 사찰이 아닌 한국불교 태고종에 등록된 일반적인 사찰은 독자적인 권리능력과 당사자능력을 가진 법인격 없는 사단이나 재단이라 할 것이므로, 그 사찰의 토지 및 건물을 점유하고 있는 자는 사찰 자신이고, 그 주지의 지위에 있는 자가 그 토지와 건물을 점유하는 것은 아니다."
5) 예컨대, 법인의 지위에 있는 재개발조합, 재건축조합(도시 및 주거환경정비법 제38조 제1항)에 대하여 변상금 부과처분을 하는 경우는 많다. 대법원 2000. 1. 28. 선고 97누4098 판결은 주식회사(원고)가 피고(북부지방산림관리청 수원국유림관리소장)와 대부계약을 체결하여 국유림을 점유·사용하다가 대부기간 연장이 거부되었는데도 이를 계속 점유·사용하자 피고가 주식회사(원고)에 변상금을 부과한 사안으로, 대법원은 위 변상금 부과처분을 적법하다고 보았고 달리 법인이 변상금 부과 상대방이 될 수 있는지는 쟁점이 되지 않은 것으로 보인다.

점유를 인정할 수 있다는 것이 일반적 견해이다.[1]

(7) 승계인의 경우

(가) 정당한 권원이 없는 제3자로부터 점유를 승계한 경우

앞서 간접점유에서 본 것처럼 국·공유재산을 점유할 정당한 권원이 없는 제3자로부터 국·공유재산을 임차하여 이를 점유하는 자는 국가나 지방자치단체에 대하여 무단점유자에 해당하므로, 국가나 지방자치단체는 그 점유자에 대하여 변상금을 부과할 수 있다.[2] 또한 임대인이 임대차 목적물을 상속세로 국가에 물납하였음에도 임차인이 국가와 새로이 대부계약을 체결하거나 사용·수익허가를 받지 아니한 채 계속 점유·사용하고 있다면, 목적물이 국가의 소유로 된 때로부터 그 임차인은 변상금부과대상자가 된다.[3]

(나) 점유할 정당한 권원이 있는 제3자로부터 점유를 승계한 경우

(1) 앞서 본 것처럼 국유재산법, 공유재산법에 따른 사용허가를 받은 사용·수익 또는 점유와 도로법상 도로점용허가나 하천법상 하천점용허가를 받은 점용은 강학상 특허사용(허가에 따른 특별사용)이다. 특허사용에 따른 사용권의 법적 성질에 관하여 공권설, 사권설, 절충설 등이 대립하나,[4] 어느 견해에 의하더라도 특허사용권은 재산권적 성질을 가지고 이전성이 인정된다. 대법원 역시 마찬가지의 입장이다.[5]

(2) 도로법은 '이 법에 따른 허가 또는 승인을 받은 자의 사망, 그 지위의 양도, 합병이나 분할 등의 사유가 있으면 이 법에 따른 허가 또는 승인으로 인하여 발생한 권리·의무는 다음 각 호의 구분에 따른 자가 승계한다'고 하여(도로법 제106조 제1항), 특허사용권의 이전성을 보장하고 있다. 하천법 역시 '이 법에 따른 허가 또는 승인으로 발생한 권리·의무를 가진 자가 사망하거나 그 권리·의무를 양도한 때 또

---

1) 김용덕 편집대표, 앞의 책, 373-374(김형석 집필 부분). 대법원 1982. 4. 27. 선고 81도2956 판결 참조.
2) 대법원 1994. 10. 25. 선고 94누4318 판결 참조.
3) 대법원 2000. 3. 10. 선고 97누17278 판결, 대법원 2008. 5. 15. 선고 2005두11463 판결 등 참조.
4) 공권설이 일반적 견해라고 한다. 이상 박균성, 앞의 책, 1266; 하명호, 앞의 책, 943.
5) 대법원 2018. 12. 27. 선고 2014두11601 판결: "하천법 제50조에 의한 하천수 사용권(2007. 4. 6. 하천법 개정 이전에 종전의 규정에 따라 유수의 점용·사용을 위한 관리청의 허가를 받음으로써 2007. 4. 6. 개정 하천법 부칙 제9조에 따라 현행 하천법 제50조에 의한 하천수 사용허가를 받은 것으로 보는 경우를 포함한다. 이하 같다)은 하천법 제33조에 의한 하천의 점용허가에 따라 해당 하천을 점용할 수 있는 권리와 마찬가지로 특허에 의한 공물사용권의 일종으로서, 양도가 가능하고 이에 대한 민사집행법상의 집행 역시 가능한 독립된 재산적 가치가 있는 구체적인 권리라고 보아야 한다."

는 그 권리·의무를 가진 법인의 합병이 있는 때에는 그 상속인, 권리·의무를 양수한 자 또는 합병 후 존속하는 법인이나 합병에 의하여 설립되는 법인이 그 지위를 승계한다'고 하여(하천법 제5조 제1항), 마찬가지이다.

반면, 국유재산법이나 공유재산법은 국·공유재산 중 행정재산의 사용허가를 받은 자가 다른 사람에게 사용·수익하게 하는 것을 원칙적으로 금지하고, 이를 위반한 경우에는 그 허가를 취소할 수 있는 것으로 규정한다(국유재산법 제30조 제2항, 제36조 제1항, 공유재산법 제20조 제3항, 제25조). 국·공유재산 중 일반재산의 경우에도 국유재산법은 일반재산의 대부 제한, 대부계약의 해제나 해지에 관하여 국유재산법 제30조 제2항, 제36조 등을 준용하도록 하고(국유재산법 제47조), 공유재산법은 일반재산을 대부받은 자가 대부받은 일반재산의 권리를 양도하거나 일반재산을 전대한 경우 그 대부계약을 해지하거나 해제할 수 있도록 한다(공유재산법 제35조 제1항 제3호). 이처럼 국유재산법과 공유재산법은 국·공유재산 중 행정재산에 대한 특허사용권뿐만 아니라 일반재산에 대한 대부계약상 이용권의 이전을 제한하고 있다.

(3) 국유재산법, 공유재산법이 특허사용권 또는 대부계약상 이용권의 이전을 제한하고 있는 이상 이에 반하여 국·공유재산의 사용허가를 받은 자로부터 국·공유재산의 점유를 승계하여 점유하는 자는 점유권원을 가진다고 볼 수 없고, 변상금 부과 대상에 해당한다. 다만, 개별 사안에 따라 뒤에서 보는 국·공유재산의 점유, 사용·수익을 정당화할 법적 지위에 있어 변상금을 부과할 수 없는 경우가 있을 수 있다.

예컨대, 대법원은 적법한 대부사용자로부터 국유 행정재산인 철도용지의 점유를 양수한 자는 그 토지의 사용허가를 받은 자가 아니라 관리청의 승인 없이 그 사용수익권자로부터 그 점유를 양수하였음에 불과한 이른바 무단점유사용자이므로 그 점유사용은 국유재산법상 변상금 부과대상이 된다고 판시하였다.[1] 한편, 대법원은

---

1) 대법원 2000. 3. 10. 선고 98두7831 판결: "1. 원심판결 이유에 의하면, 원심이 그 내세운 증거에 의하여 원고의 부(부)인 소외 1이 국유 행정재산인 이 사건 철도용지 위에 건축된 이 사건 3층 건물을 1965. 8. 23. 소외 2, 소외 3을 거쳐 매수하고 소유권이전등기를 한 사실, 소외 1은 당시 이 사건 토지의 사용·수익허가권자인 소외 2로부터 이 사건 토지의 점유사용을 넘겨받으면서 피고의 승낙을 받지 아니하고, 1970. 9. 1. 이래 무단 점유를 시인하고 피고에게 변상금을 납부하여 오다가 1989. 9. 5. 그 아들인 원고에게 이 사건 건물을 증여한 사실, 원고도 그 때부터 1995. 12. 31.까지 이 사건 토지에 관한 무단점유를 시인하고 피고에게 이 사건 토지 가액에 50/1,000의 요율을 곱한 사용료의 120/100에 해당하는 변상금을 납부하여 온 사실, 원고가 1979년부터 이 사건 건물의 1층을 음식점(롯데리아)으로, 2층을 다방으로, 3층을 음식점(레스토랑)으로 사용해 온 사실을 인정한 다음, 원고의 이 사건 토

국가로부터 국유지의 관리위임을 받은 지방자치단체가 저소득·무주택자들의 주거생활안정 등의 일정한 행정목적을 위하여 국유지상에 아파트를 신축하여 그 아파트 부지 소유권자의 매수요구가 있을 때는 수분양권자가 이를 매수하기로 약정하고서 아파트를 분양하는 경우, 그 지방자치단체는 수분양권자에게 국가의 국유지 매수요구가 있을 때까지 국유지의 점유 또는 사용·수익을 승낙하였다고 볼 수 있고, 수분양권자들로부터 위와 같은 지위를 양수 내지 전전양수한 자들 또한 해당 국유지의 점유, 사용·수익을 정당화할 법적 지위에 있는 자라고 판시한 바 있다.[1][2]

지의 점유사용은 국유재산법시행령(1996. 6. 15. 대통령령 제15026호로 개정되기 전의 것) 제26조 제1항 제3호, 제24조 제1항 제3호, 제51조 제1항, 철도청소관국유재산관리규정(1996. 7. 31. 철도청훈령 제7247호로 개정되기 전의 것, 이하 '관리규정'이라고 한다) 제30조 제1항 제4호 (나)목의 역(역) 재산을 다방, 휴게소로 사용하는 경우에 해당하므로 150/1,000의 비율에 의한 사용요율에 따라 변상금을 산정하여 부과한 피고의 이 사건 처분이 적법하다고 판단하여 그 취소를 구하는 원고의 이 사건 청구를 배척하였다.

2. 관계 법령과 기록에 비추어 보면, 원심이 소외 1이나 원고가 이 사건 토지의 사용허가를 받은 자가 아니라 관리청의 승인 없이 그 사용수익권자로부터 그 점유를 양수하였음에 불과한 이른바 무단점유사용자라고 인정하여 1994. 3. 1. 이전의 점유사용에 관하여도 국유재산법 제51조 제1항의 변상금 부과대상이라고 본 조치는 정당하고 거기에 국유재산법 제51조 제1항의 변상금 부과 대상에 관한 법리오해, 채증법칙 위배, 심리미진 등의 위법이 없다. 이 점에 관한 상고이유의 주장은 받아들일 수 없다.

3. 관리규정 제30조 제1항 제4호 (나)목의 '역(역) 재산을 다방, 휴게소로 사용하는 경우'라 함은 국유재산인 건물을 그 부지와 함께 그와 같은 용도로 사용하는 경우를 말하는 것이지, 사인이 국유재산인 토지를 사용허가받아 그 지상에 건축물을 건축한 다음 그 건축물을 그와 같은 용도로 사용하고 있는 경우도 포함된다고 할 수는 없다. 그럼에도 불구하고 국유재산인 이 사건 토지 상에 건축된 원고 소유의 이 사건 건물이 1층 음식점(롯데리아), 2층 다방, 3층 음식점(레스토랑)으로 사용된다는 점을 들어 원고가 이 사건 토지를 관리규정 제30조 제1항 제4호 (나)목의 '역(역) 재산을 다방, 휴게소로 사용하는 경우'에 해당한다고 한 원심의 판단에는 위 규정의 해석에 관한 법리오해의 위법이 있다. 따라서 이 점을 지적한 상고이유의 주장은 이유가 있다."

1) 대법원 2007. 10. 11. 선고 2007두10235 판결: "원심이 인정한 사실관계에 의하더라도, 국가로부터 관리권을 위임받은 서울특별시가 무주택인 저소득 시민에게 저렴한 가격으로 분양함으로써 국민의 주거생활의 안정과 공공복리의 증진에 기여하고자 하는 목적에서 국유지인 이 사건 토지 위에 이 사건 아파트를 신축하여 분양한 점에 비추어, 이 사건 아파트의 건축에 있어서 건축주인 서울특별시는 이 사건 토지의 소유자인 국가의 사용허가를 받은 것으로 볼 수 있고[구 국유재산법(1976. 12. 31. 법률 제2950호로 전문 개정되기 전의 것) 제5조 및 구 공영주택법(1972. 12. 30. 법률 제2409호로 폐지되기 전의 것) 제6조 제1항, 제9조의2 참조], 나아가 서울특별시는 이 사건 아파트를 분양하면서 아파트 부지의 지적확정 및 토지 소유권자의 매수요구가 있을 때는 수분양자가 지체 없이 이를 매수하기로 약정하였으나, 서울특별시가 재개발업무의 일부를 구로 이관하는 과정에서 환지지적공부 등을 분실함으로써 지적정리가 되지 아니하여 이 사건 토지에 대한 매매계약을 체결하지 못하게 된 점, 서울특별시가 이 사건 아파트를 분양함에 있어서 일반인에게 분양한 것으로 보이고 철거민 또는 이재민 등에 대한 이주대책을 위한 인적제한을 두었다는 자료가 보이지 아니하는 점, 서울특별시와 최초 수분양자들 사이의 분양계약서에는 분양아파트의 입주권을 양수·양도할 필요가 있을 때에는 서울특별시의 사전승인을 받아야 한다고 기재되어 있으나 이는 최초 수분양자가 이 사건 아파트에 대한 소유권이전등기를 마칠 때까지의 입주권 양도를 제한하는 취지로 해석되고, 최초 수분양자가 소유권이전등기를 마친 후의 처분행위까지 제한하는 취지라고는 보이지 않는 점 등을 종합하여 보면, 서울특별시는 국유지인 이 사건

4. 권원의 부존재

가. 규정의 개관

(1) 국유재산법상 변상금 부과 대상 행위는 사용허가나 대부계약 없이 국유재산을 사용·수익하거나 점유하는 행위이고(국유재산법 제2조 제9호), 여기에는 사용허가나 대부계약 기간이 끝난 후 다시 사용허가나 대부계약 없이 국유재산을 계속 사용·수익하거나 점유하는 경우를 포함한다(국유재산법 제2조 제9호).

공유재산법상 변상금 부과 대상 행위도 사용허가나 대부계약 없이 공유재산 또는 물품을 사용·수익하거나 점유하는 행위이고(공유재산법 제2조 제9호). 여기에는 사용허가나 대부계약 기간이 끝난 후 다시 사용허가나 대부계약 없이 공유재산 또는 물품을 계속 사용·수익하거나 점유하는 경우를 포함한다(공유재산법 제2조 제9호).

국유재산법과 공유재산법은 이와 같이 사용허가나 대부계약 없이 국유재산이나 공유재산 또는 물품을 사용·수익하거나 점유하는 자(사용허가나 대부계약 기간이 끝난 후 다시 사용허가나 대부계약 없이 계속 사용·수익하거나 점유하는 자 포함)를 '무단점유자', 그러한 점유를 '무단점유'라 일컫는다(국유재산법 제2조 제9호, 제72조, 공유재산법 제2조 제9호, 제81조 참조).

(2) 도로법상 변상금 부과 대상 행위는 도로점용허가를 받지 아니하고 도로를 점용하였거나 도로점용허가의 내용을 초과하여 도로를 점용하는 행위이고, 이러한 행위를 '초과점용등'이라 일컫는다(도로법 제72조 제1항). 하천법상 변상금 부과 대상 행위는 하천점용허가를 받지 아니하고 하천을 점용 또는 사용하는 행위이다(하천법 제37조 제3항).

토지 위에 이 사건 아파트를 신축하여 최초 수분양자들에게 분양함으로써 수분양자들에게 이 사건 토지의 지적확정 및 국가로부터의 매수요구가 있을 때까지 이 사건 토지를 점유 또는 사용·수익할 것을 승낙하였다고 볼 수 있으므로, 원고들은 수분양자들의 위와 같은 법적 지위를 전전양수한 자들로서 이 사건 토지의 점유 또는 사용·수익을 정당화할 법적 지위에 있는 자라고 할 것이다."

2) 이러한 대법원의 입장에 관하여, '후자와 같이 국·공유재산의 점유·사용허가가 일정한 행정목적 달성을 위해 국·공유지상에 공동주택을 신축하기 위한 것이어서 애초부터 국·공유재산의 점유 이전을 예측할 수 있어 점유자가 누구인지를 묻지 않고 그 국·공유지 사용을 승낙한 것이라고 볼 수 있는 경우에는 그 건물의 전전취득자도 그 국·공유지를 점유 또는 사용·수익할 정당화할 법적 지위에 있다고 볼 수 있지만, 이와 달리 특정인에게만 국·공유재산의 사용을 승낙하였다고 보이는 경우에는 사용승낙을 받은 자의 점유를 승계한 자는 그 국·공유재산을 점유할 정당한 지위에 있다고 볼 수 없다는 취지로 보인다'는 견해로는 김행순, 앞의 글, 73-74 참조.

(3) 한편, 국유재산법은 '국유재산의 관리와 처분에 관하여는 다른 법률에 특별한 규정이 있는 경우를 제외하고는 이 법에서 정하는 바에 따른다'(국유재산법 제4조 본문), '누구든지 이 법 또는 다른 법률에서 정하는 절차와 방법에 따르지 아니하고는 국유재산을 사용하거나 수익하지 못한다'(국유재산법 제7조 제1항)고 규정하고 있으므로, 다른 법률에 따라 국·공유재산 등에 대한 사용·수익, 점유권원이 인정될 수도 있다.

(4) 위와 같이 국유재산법, 공유재산법, 도로법, 하천법에 따라 사용허가, 대부계약, 점용허가가 있었거나 관련 법률에 따라 사용·수익, 점유권원이 인정되는 경우에는 변상금 부과 대상에 해당하지 않는다. 나아가 대법원은 점유나 사용·수익을 정당화할 법적 지위에 있는 경우에도 변상금을 부과할 수 없다는 법리를 발전시켰다. 차례로 본다.

나. 권원이 인정되는 경우

(1) 사용허가 등

가) 국유재산법과 공유재산법상 사용허가란 행정재산을 국가 또는 지방자치단체 외의 자가 일정 기간 유상이나 무상으로 사용·수익할 수 있도록 허용하는 것을 말하고(국유재산법 제2조 제7호), 대부계약이란 일반재산(국·공유재산의 경우) 또는 물품(공유재산의 경우)을 국가 또는 지방자치단체 외의 자가 일정 기간 유상이나 무상으로 사용·수익할 수 있도록 체결하는 계약을 말한다.

국유재산법과 공유재산법은 사용허가의 범위, 사용허가의 방법, 사용료(산정, 조정, 감면), 사용허가기간, 사용허가의 취소와 철회, 청문, 원상회복, 관리 소홀에 대한 제재 등에 관하여 규정한다(국유재산법 제30조 내지 제39조, 공유재산법 제20조 내지 제25조).

앞서 본 것처럼 사용허가에 따른 사용·수익은 강학상 공물의 특허사용에 해당한다.

나) 도로법은 '공작물·물건, 그 밖의 시설을 신설·개축·변경 또는 제거하거나 그 밖의 사유로 도로(도로구역을 포함한다. 이하 이 장에서 같다)를 점용하려는 자는 도로관리청의 허가를 받아야 한다. 허가받은 기간을 연장하거나 허가받은 사항을 변경

(허가받은 사항 외에 도로 구조나 교통안전에 위험이 되는 물건을 새로 설치하는 행위를 포함한다)하려는 때에도 같다.'라고 규정한다(도로법 제61조 제1항). 도로법은 도로점용허가의 방식, 도로점용에 따른 안전관리, 도로점용허가의 취소, 점용료의 징수, 원상회복 등에 관하여 규정한다(도로법 제61조 내지 제74조).

하천법은 '하천구역 안에서 토지의 점용, 하천시설의 점용, 공작물의 신축·개축·변경, 토지의 굴착·성토·절토, 그 밖의 토지의 형질변경, 토석·모래·자갈의 채취, 그 밖에 하천의 보전·관리에 장애가 될 수 있는 행위로서 대통령령으로 정하는 행위를 하려는 자는 대통령령으로 정하는 바에 따라 하천관리청의 허가를 받아야 한다. 허가받은 사항 중 대통령령으로 정하는 중요한 사항을 변경하려는 경우에도 또한 같다.'라고 규정한다(하천법 제33조 제1항). 하천법은 하천점용허가의 방식, 기득하천사용권자의 보호, 하천점용에 대한 손실보상의 협의, 점용료의 징수 등에 관하여 규정한다(하천법 제33조 내지 제41조).

앞서 본 것처럼 도로점용허가, 하천점용허가에 따른 점용은 강학상 공물의 특허사용에 해당한다.

(2) 각종 법률에 따라 사용허가 등이 의제되는 경우

가) 공익사업을 목적으로 하는 법률에서 국유재산법, 공유재산법, 도로법, 하천법의 사용허가 등을 의제하는 규정을 두는 경우가 있다. 그 예는 다음과 같다.

① 도시 및 주거환경정비법 제57조 제1항(사업시행계획인가의 경우) 제4호(「도로법」 … 제61조에 따른 도로의 점용 허가), 제8호(「하천법」 … 제33조에 따른 하천의 점용허가), 제13호[「국유재산법」 제30조에 따른 사용허가(재개발사업으로 한정한다)], 제14호[「공유재산 및 물품 관리법」 제20조에 따른 사용·수익허가(재개발사업으로 한정한다)[1]]

② 민간임대주택에 관한 특별법 제29조 제1항(지구계획 승인 등의 경우) 제2호(「공유재산 및 물품 관리법」 제20조에 따른 사용·수익허가), 제5호[「국유재산법」 제30조에 따른 행정재산의 사용허가(허가기간은 공공지원민간임대주택 개발사업 준공 시까지로 한다)], 제10호(「도로법」 … 제61조에 따른 도로의 점용 허가), 제29호(「하천법」 … 제33조에 따른

1) 현행 공유재산법은 제20조 제1항에서 행정재산에 대한 '사용허가'를 규정하고 있다. 공유재산법이 2021. 4. 20. 법률 제18086호로 개정되기 전에는 '사용·수익허가'라는 표제로 행정재산의 사용 또는 수익 허가를 규정하고 있었다. 이 부분 문구는 위와 같이 개정되기 전의 문구에 기초한 것이다. 아래 다른 법률의 경우도 같다.

하천의 점용허가)

③ 주택법 제19조 제1항(사업계획 승인 등의 경우) 제8호(「도로법」 … 제61조에 따른 도로점용의 허가), 제24호(「하천법」 … 제33조에 따른 하천의 점용허가)

④ 도시개발법 제19조 제1항(실시계획 인가 등의 경우) 제5호(「하천법」 … 제33조에 따른 하천의 점용허가), 제6호(「도로법」 … 제61조에 따른 도로점용의 허가), 제19호(「국유재산법」 제30조에 따른 사용허가), 제20호(「공유재산 및 물품 관리법」 제20조제1항에 따른 사용·수익의 허가)

⑤ 국토계획법 제61조 제1항(개발행위허가 등의 경우) 제6호(「도로법」 … 제61조에 따른 도로의 점용 허가), 제18호(「하천법」 … 제33조에 따른 하천 점용의 허가), 국토계획법 제92조 제1항(실시계획인가 등의 경우) 제6호(「국유재산법」 제30조에 따른 사용·수익의 허가), 제9호(「도로법」 … 제61조에 따른 도로의 점용 허가), 제19호(「공유재산 및 물품 관리법」 제20조제1항에 따른 사용·수익의 허가), 제26호(「하천법」 … 제33조에 따른 하천 점용의 허가) 등이 그것이다.

나) 위와 같은 사용허가의 의제는 국·공유재산 중 행정재산에 대한 것이고 일반재산에 대하여는 적용되지 않는다(일반재산의 경우 사업시행자는 착공 전까지 대부 또는 매입하는 등 권원을 확보해야 한다). 따라서 각종 사업시행 구역 안의 국·공유재산이 일반재산에 해당하는 경우 위 사용허가 의제 조항에 따른 점유권원이 인정될 수는 없다.

다만, 대법원은 행정재산일 때 사업계획승인 등을 받아 사용허가가 의제된 후 해당 재산이 용도폐지되어 일반재산이 된 경우에는 종전의 점유권원이 계속 유지된다고 본다.[1)]

1) 대법원 2007. 12. 13. 선고 2007다51536 판결: "원고는 서울 서초구 서초동 1483-2 외 12필지에서 아파트 재건축 사업을 추진하면서 서초구청장에게 서초구청장이 관리하던 이 사건 도로부지를 사업부지에 포함하여 아파트를 건설하겠다는 내용의 주택건설사업계획승인신청을 하여 2003. 6. 21. 서초구청장으로부터 구 주택건설촉진법 제33조 제1항에 의한 사업계획승인을 받았고, 이로 인하여 원고는 구 주택건설촉진법 제33조 제4항 제3호에 따라 이 사건 도로부지에 대한 점용허가를 얻은 것으로 간주되게 된 점, 위 사업계획승인조건에 의하면 원고는 위 사업계획승인 당시 서초구청장과 사이에 원고가 이 사건 도로부지를 용도폐지받아 취득하기로 하는 협의가 이루어진 것으로 보이는데, 용도폐지는 원고가 위 도로부지의 소유권을 취득하는 과정에서 필연적으로 거쳐야 할 절차로서 위 도로부지가 용도폐지되어 잡종재산으로 전환되는 시점과 원고가 그 토지의 소유권을 취득하는 시점 사이에 시간적 간격이 불가피하다는 측면에서 볼 때 일단 위 사업계획승인에 의해 원고가 취득한 위 도로부지 부분의 토지에 관한 점유권원이 그 용도폐지로 인하여 지목이 변경되었다는 사정만으로 곧바로 실효 또는 상실된다고 보는 것은 매우 불합리한 점, 비록 원고가 공사 착공 전까지 이 사건 도로부지에 대한 소유권을 확보하도록 되어 있던 위 사업계획승인조건을 준수하지 못하고 위 토지에 대한 소유권 취득

나아가 대법원은 '사업시행계획상 정비구역에 포함된 일반재산이 사업시행자에게 양도되는 것으로 예정되어 있다면, 그 일반재산의 사용관계에 관하여 달리 정해진 내용이 있다는 등의 특별한 사정이 없는 한 사업시행자는 사업시행인가가 이루어진 때부터 그 일반재산의 소유권을 취득하기에 상당한 기간 동안 자신의 사용·수익을 정당화할 법적 지위에 있다고 보아야 한다'고 판시하여, 사용허가 의제 조항에 따라 점유권원을 인정할 수는 없다 하더라도 뒤에서 보는 점유나 사용·수익을 정당화할 수 있는 법적 지위에 있는 경우에 해당한다고 보아 변상금 부과처분을 당연무효로 보고 있다.[1)]

전에 공사를 착공하였기는 하나, 위 조건에 위반한 공사착공이 있었다는 사정만으로 위 토지에 대한 원고의 점유권원이 당연히 박탈된다고 보이지는 않는 점 등을 종합하여 보면, 이 사건 도로부지가 용도폐지되어 그 지목이 대지로 바뀌었다 하여 그에 대한 점용허가 기간이 만료된 경우와 같이 되었다고 볼 것이 아니라, 원고가 점용허가에 의하여 취득한 위 토지에 관한 점유권원은 특단의 사정이 없는 한 그 토지를 취득할 때까지 유지된다고 해석하여야 할 것이다.

따라서 이 사건 도로부지가 용도폐지된 후에도 원고에게 이를 점유할 권원이 있음에도 불구하고 변상금을 부과하였다면, 위에서 본 법리에 비추어 위 구 지방재정법 조항이 일부 개정된 바 있다는 점을 고려하더라도 그 하자가 명백하다고 보지 않을 수 없다."

1) 대법원 2024. 10. 8. 선고 2023다210991 판결: "사업시행계획상 정비구역에 포함된 일반재산이 사업시행자에게 양도되는 것으로 예정되어 있다면, 그 일반재산의 사용관계에 관하여 달리 정해진 내용이 있다는 등의 특별한 사정이 없는 한 사업시행자는 사업시행인가가 이루어진 때부터 그 일반재산의 소유권을 취득하기에 상당한 기간 동안 자신의 사용·수익을 정당화할 법적 지위에 있다고 보아야 한다. 그 이유는 다음과 같다.

가) 국·공유재산의 무단점유가 있는 경우 대부 또는 사용·수익허가 등을 받은 경우에 납부하여야 할 대부료 또는 사용료 상당액 이외에도 그 징벌적 의미에서 국가나 지방자치단체가 일방적으로 그 20% 상당액을 추가하여 변상금을 징수하도록 하고 있다. 한편, 국·공유재산의 무단점유자에 대해 변상금 부과처분을 할 수 없는 때에도 민사상 부당이득반환청구권은 성립하는 경우가 있으므로, 변상금 부과·징수의 요건과 민사상 부당이득반환청구권의 성립 요건이 일치하는 것도 아니다(대법원 2014. 7. 16. 선고 2011다76402 전원합의체 판결 등 참조).

나) 구 「도시 및 주거환경정비법」(2017. 2. 8. 법률 제14567호로 전부 개정되기 전의 것, 이하 '구 도시정비법'이라 한다)에 따르면, 사업시행자가 정비사업을 시행하려는 경우에는 토지이용계획 등이 포함된 사업시행계획서를 시장·군수 등에게 제출하여 시장·군수 등으로부터 사업시행인가를 받아야 하는데(제28조 제1항, 제30조), 시장·군수 등은 인가하고자 하는 사업시행계획서에 국·공유재산의 처분에 관한 내용이 포함되어 있는 때에는 미리 관리청과 협의하여야 하고, 협의를 받은 관리청은 20일 이내에 의견을 제시하여야 한다(제66조 제1항, 제2항). 이러한 사업시행인가 과정을 통해 인가권자와 관리청은 정비구역에 포함되는 국·공유재산의 현황을 확인하고 그 처분에 관한 사항을 결정하게 되고, 사업시행인가 후 사업시행자가 사업진행을 위하여 위 국·공유재산을 점유·사용할 것이라는 점을 충분히 예상할 수 있다.

다) 사업시행인가에는 공익상 필요 등에 의하여 필요한 범위 내에서 여러 조건과 부담을 부과할 수 있으므로(대법원 2007. 7. 12. 선고 2007두6663 판결 참조), 인가권자는 관리청과의 협의에 따라 사업시행자에게 양도하기로 예정된 일반재산에 대하여 그 소유권이 이전될 때까지의 사용관계에 관하여 여러 조건이나 부담을 정할 수도 있는바, 인가권자가 일반재산의 사용관계에 관하여 아무런 조건이나 부담을 부과하지 않았고 달리 그 일반재산의 사용관계에 관한 법률관계도 존재하지 않는다면, 사업시행자가 사업시행인가 이후 소유권 취득이 예정된 일반재산을 점유·사용하였다고 하여, 사업시행자에

다) 위와 같은 사용허가 등이 의제되는 경우에도, 허가가 의제되는 기간은 원칙적으로 당해 목적사업을 시행하는 데 필요한 범위 내라고 보아야 한다. 대법원은 '인허가 의제제도는 목적사업의 원활한 수행을 위해 행정절차를 간소화하고자 하는 데 그 취지가 있는 것이므로 위와 같은 실시계획승인에 의해 의제되는 도로공사시행허가 및 도로점용허가는 원칙적으로 당해 택지개발사업을 시행하는 데 필요한 범위 내에서만 그 효력이 유지된다고 보아야 한다. 따라서 원고가 이 사건 택지개발사업과 관련하여 그 사업시행의 일환으로 이 사건 도로예정지 또는 도로에 전력관을 매설하였다고 하더라도 사업시행완료 후 이를 계속 유지·관리하기 위해 도로를 점용하는 것에 대한 도로점용허가까지 그 실시계획 승인에 의해 의제된다고 볼 수는 없다'고 판시하였다.[1] 다만, 이 경우 더는 사용허가 등이 의제되지 않는다 하더라도 개별적인 사안에 따라 뒤에서 보는 점유나 사용·수익을 정당화할 수 있는 법적 지위에 있을 수 있고, 이러한 경우에는 변상금을 부과할 수 없다.[2]

대하여 대부료 상당의 부당이득반환을 구하는 것을 넘어 통상의 무단점유자와 마찬가지로 징벌적 의미의 변상금을 부과하는 것은 부당하다.

라) 국·공유재산 중 행정재산에 대하여는 사업시행인가가 이루어지면 사용 등 허가가 의제되고(구 도시정비법 제32조 제1항 제12호, 제13호), 위 행정재산이 용도폐지되어 일반재산으로 되더라도 그 점유권원은 실효 또는 상실되지 않고 소유권 취득 시까지 유지된다고 해석되므로, 그에 관한 변상금 부과처분은 그 하자가 중대·명백하여 당연무효이다(대법원 2007. 12. 13. 선고 2007다51536 판결 등 참조). 한편 국·공유재산 중 일반재산에 대하여는 행정재산과 같은 사용 등 허가 의제에 관한 규정이 없으나, 사업시행자의 사업진행을 위한 점유·사용의 필요성, 그에 관한 인가권자와 관리청의 인식과 예상의 측면에서는 행정재산과 본질적인 차이가 있다고 보기 어렵고, 행정재산도 사업시행인가의 고시일부터는 용도폐지되어 일반재산으로 되므로 적어도 무단점유 여부를 판단함에 있어서 그 취급을 달리할 합리적 이유가 있다고 보기 어렵다.

마) 정비구역 안의 국·공유재산은 정비사업 외의 목적으로 매각하거나 양도할 수 없고(구 도시정비법 제66조 제3항), 사업시행계획의 인가가 이루어지면 이를 다른 사람에 우선하여 사업시행자에게 수의계약으로 매각 또는 임대할 수 있다(제66조 제4항). 이처럼 구 도시정비법은 사업시행인가 후 사업시행자로 하여금 정비구역 안의 국·공유재산의 소유권을 우선적으로 취득할 수 있도록 그 지위를 보장하고 있다.

[…] 원심판결 이유 및 원심이 적법하게 채택한 증거에 의하면, 이 사건 사업시행인가 당시 사업시행계획에 일반재산인 이 사건 제2토지 전부와 이 사건 제3토지 중 일부(이하 '쟁점 토지'라 한다)가 모두 사업시행자인 원고에게 양도될 것으로 예정되어 있었고, 그 후 실제로 원고에게 모두 양도된 사실, 사업시행인가 당시 쟁점 토지의 사용관계에 관하여 달리 정한 바도 없는 사실을 알 수 있다. 따라서 쟁점 토지의 점유를 이유로 한 원고에 대한 변상금 부과처분은 점유나 사용·수익을 정당화할 법적 지위에 있는 자에 대하여 이루어진 것으로서 당연무효이다."

제10장

1) 대법원 2010. 4. 29. 선고 2009두18547 판결 참조.

2) 위 대법원 2010. 4. 29. 선고 2009두18547 판결 사안에서도 점유나 사용·수익을 정당화할 수 있는 법적 지위가 인정되었음: "이 사건 전력관 매설계획은 그 매설계획을 담은 전력관로계획평면도 등이 이 사건 택지개발사업 실시계획승인 신청서에 첨부되는 등 그 실시계획에 포함되어 있었고, 실시계획승인 당시 피고는 향후 개설될 도로의 관리청으로서 이와 같은 실시계획에 대해 협의하였으며, 이 실시

(3) 다른 법률, 관습법에 따라 국유재산 등에 대한 사용·수익, 점유권원이 인정되는 경우

(가) 국가(지방자치단체)와 사인이 공유하고 있는 토지의 경우

사인이 국가 또는 지방자치단체와 공유하는 토지를 별도의 협의 없이 지분의 비율을 넘어 사용·수익하는 경우, 국가 또는 지방자치단체 소유 지분에 해당하는 부분을 권원 없이 점유 또는 사용·수익한다고 보아 변상금을 부과할 수 있는지 문제된다.

대법원은 '민법 제263조 후단의 규정에 의하면, 공유자는 공유물 전부를 지분의 비율로 사용·수익할 수 있다고 규정하고 있으므로, 국가와 사인이 공유하고 있는 토지를 공유자 1인인 사인이 공유토지의 사용·수익방법에 관하여 다른 공유자인 국가와 사이에 협의를 거치지 아니한 채 공유토지 중 자신의 지분비율을 넘어서는 부분을 사용·수익하고 있다고 하더라도 이는 공유지분권에 기한 점유사용이라고 봄이 상당하므로, 공유자 1인인 사인이 그 공유토지를 전혀 사용·수익하지 아니하고 있는 다른 공유자인 국가에 대하여 자신이 사용·수익하는 면적 중 국가의 지분에 해당하는 부분에 대하여 민법상의 부당이득을 반환하는 것은 별론으로 하고, 국유재산법 제51조 제1항의 규정에 의한 변상금 부과대상이 되는 무단 점유 내지 사용·수익이라고 볼 수는 없고, 따라서 국가가 공유자 1인인 사인에 대하여 그가 사용·수익하는 면적 중 국가의 지분비율에 해당하는 부분에 대하여 국유재산법 제51조 제1항의 규정에 의하여 변상금부과처분을 할 수는 없다'고 판시하였다.[1)]

계획의 승인으로 이 사건 전력관이 매설될 도로예정지에 대한 도로공사시행허가가 의제된 점, 원고의 전력관 매설 공사는 주택법 규정에 의해 법령상 부여된 의무로서 이행된 것이고, 그 시설의 성격상 전력관 설치 이후에도 이를 유지·관리하기 위해 이 사건 도로에 대한 원고의 점용은 당연히 예정되어 있었던 점, 그런데 이 사건 도로에 대한 관리권이 1999. 12. 31. 피고에게 이관된 이후에도 오랜 기간 피고는 원고의 이 사건 도로점용과 관련하여 그 점용료 또는 변상금 등을 징수하기 위한 아무런 조치도 취하지 않았으며, 2006. 6. 29.에서야 겨우 원고에게 이 사건 도로 내에 시설물 설치 현황을 제출해 달라고 요청하고, 2006. 12. 22.에 이 사건 변상금을 부과하기에 이른 점 등을 알 수 있다. 이와 같은 이 사건 도로점용과 관련한 제반사정을 살펴보면, 적어도 피고가 원고의 점용에 대하여 허가 없는 무단점용임을 지적하며 이 사건 변상금부과처분을 할 당시까지는 원고가 그에 대한 사용·수익을 정당화할 수 있는 법적 지위를 가지고 있었다고 봄이 상당하다."

1) 대법원 2000. 3. 24. 선고 98두7732 판결.

(나) 법정지상권이 인정되는 경우

(1) 건물은 그 특성상 토지를 이용하지 않고는 존립할 수 없는데, 우리 민법은 토지와 건물을 별개의 독립한 부동산으로 취급한다. 토지와 건물의 소유권이 다른 사람에게 귀속하는 경우 건물의 토지 이용관계에 관한 별도의 합의가 없다면 건물의 소유자는 권원 없이 토지를 점유·사용하는 것이다. 토지 소유자의 부당이득반환청구에 따라 건물 소유자는 토지 소유자에게 토지의 사용이익 상당 부당이득을 반환해야 하고, 토지 소유자의 물권적청구권 행사에 따라 건물을 철거해야 한다.

우리 민법 제305조,[1] 제366조,[2] 가등기담보 등에 관한 법률 제10조[3]는 일정한 사유로 토지와 건물의 소유권이 달라지는 경우 건물소유자의 보호, 건물 철거로 인한 사회경제적 손실의 방지 등을 위하여 건물 소유자에게 토지에 대한 법정지상권을 인정한다.

나아가 대법원은 일찍이 '동일인 소유이던 토지와 그 지상 건물이 매매, 증여, 강제경매, 국세징수법에 의한 공매 등 기타 적법한 원인으로 인하여 양자의 소유자가 다르게 된 때 그 건물을 철거한다는 특약이 없는 한 건물 소유자는 토지 소유자에 대하여 그 건물의 소유를 위한 관습법상 법정지상권을 취득한다'고 하여[4] 관습법상 법정지상권을 인정해왔다.[5] 이러한 관습법은 현재에도 그 법적 규범으로서의 효력을 여전히 유지하고 있다.[6]

지상권자에게는 타인의 토지에 건물 기타 공작물이나 수목을 소유하기 위하여 그 토지를 사용하는 권리가 있으므로(민법 제279조), 국·공유지 위에 건물을 소유하

---

1) 민법 제305조(건물의 전세권과 법정지상권) ① 대지와 건물이 동일한 소유자에 속한 경우에 건물에 전세권을 설정한 때에는 그 대지소유권의 특별승계인은 전세권설정자에 대하여 지상권을 설정한 것으로 본다. 그러나 지료는 당사자의 청구에 의하여 법원이 이를 정한다.

2) 민법 제366조(법정지상권) 저당물의 경매로 인하여 토지와 그 지상건물이 다른 소유자에 속한 경우에는 토지소유자는 건물소유자에 대하여 지상권을 설정한 것으로 본다. 그러나 지료는 당사자의 청구에 의하여 법원이 이를 정한다.

3) 가등기담보 등에 관한 법률 제10조(법정지상권) 토지와 그 위의 건물이 동일한 소유자에게 속하는 경우 그 토지나 건물에 대하여 제4조제2항에 따른 소유권을 취득하거나 담보가등기에 따른 본등기가 행하여진 경우에는 그 건물의 소유를 목적으로 그 토지 위에 지상권이 설정된 것으로 본다. 이 경우 그 존속기간과 지료는 당사자의 청구에 의하여 법원이 정한다.

4) 대법원 1960. 9. 29. 선고 4292민상944 판결, 대법원 1963. 5. 9. 선고 63아11 판결, 대법원 2013. 4. 11 선고 2009다62059 판결 등 참조.

5) 1916. 9. 29. 조선고등법원 판결부터 인정되어 왔다고 한다. 이상 노재호, 민법교안(2023년 2월 개정, 미공간), 1602 참조.

6) 대법원 2022. 7. 21. 선고 2017다236749 전원합의체 판결 참조.

는 자에게 법정지상권이 인정된다면 점유권원을 인정할 수 있으므로 변상금 부과 대상이 아니다. 다만, 법정지상권자라도 지료는 내야 하므로(민법 제305조 제1항 제2문, 민법 제366조 제2문, 가등기담보 등에 관한 법률 제10조 제2문 등), 국가나 지방자치단체는 사용료나 대부료를 청구할 수 있다.

(다) 분묘기지권이 인정되는 경우

(1) 분묘란 내부에 사람의 유골, 유해, 유발 등 시신을 매장하여 사자(死者)를 안장한 장소로서,[1] 분묘기지권은 분묘를 수호하고 봉제사하는 목적을 달성하는 데 필요한 범위에서 타인 소유의 토지를 사용할 수 있고 토지 소유자나 제3자의 방해를 배제할 수 있는 관습상 물권이다.[2]

분묘기지권의 성립 사유는 ① 타인 소유의 토지에 소유자의 승낙을 받아 분묘를 설치한 경우(법률행위에 의한 취득)로서 승낙형 분묘기지권,[3] ② 분묘를 설치한 사람이 그 토지를 양도하면서 분묘를 이장하겠다는 특약을 하지 않은 경우(관습법상 법정지상권 유사)로서 양도형 분묘기지권,[4] ③ 타인 소유의 토지에 소유자의 승낙 없이 분묘를 설치한 후 20년간 평온, 공연하게 그 분묘의 기지(基地)를 점유한 경우(시효취득)로서 취득시효형 분묘기지권[5]으로 나누어 볼 수 있다.[6]

그런데 ③ 취득시효형 분묘기지권과 관련하여, 2000. 1. 12. 법률 제6158호로 「매장 및 묘지 등에 관한 법률」을 전부 개정하여 2001. 1. 13.부터 시행된 「장사 등에 관한 법률」(이하 '장사법'이라 한다)은, 분묘의 설치기간을 제한하고(제17조), 토지 소유자의 승낙 없이 설치된 분묘에 대하여 토지 소유자가 이를 개장하는 경우에 분묘의 연고자는 당해 토지 소유자에게 토지 사용권 기타 분묘의 보존을 위한 권리를 주장할 수 없다(제23조 제3항)고 규정하였다. 이는 위 법 시행 후 최초로 설치되는 분묘부터 적용된다[부칙(2000. 1. 12.) 제2조]. 따라서 장사법 시행일 후에 토지 소유자의 승낙 없이 설치한 분묘에 대해서는 분묘기지권의 시효취득을 주장할 수 없게

---

1) 대법원 1991. 10. 25. 선고 91다18040 판결 등 참조
2) 대법원 1994. 12. 23. 선고 94다15530 판결, 대법원 2011. 11. 10. 선고 2011다63017, 63024 판결 등 참조.
3) 대법원 1958. 6. 12. 선고 4290민상771 판결, 대법원 2000. 9. 26. 선고 99다14006 판결 등 참조.
4) 대법원 1967. 10. 12. 선고 67다1920 판결 등 참조.
5) 대법원 1955. 9. 29. 선고 4288민상210 판결, 대법원 2011. 11. 10. 선고 2011다63017, 63024 판결 등 참조.
6) 이하 (1), (2)의 분묘기지권 관련 내용은 노재호, 앞의 책, 1638-1639를 참조한 것이다.

되었다.

이와 관련하여 장사법 시행 당시 아직 20년의 시효기간이 경과하지 않은 경우에 분묘기지권의 시효취득에 관한 종래의 관습법을 여전히 인정할 수 있는지 문제되었는데, 대법원 2017. 1. 19. 선고 2013다17292 전원합의체 판결은 “타인 소유의 토지에 분묘를 설치한 경우에 20년간 평온, 공연하게 그 분묘의 기지를 점유하면 지상권과 유사한 관습상의 물권인 분묘기지권을 시효로 취득한다는 점은 오랜 세월 동안 지속되어 온 관습 또는 관행으로서 법적 규범으로 승인되어 왔고, 이러한 법적 규범이 장사법(법률 제6158호) 시행일인 2001. 1. 13. 이전에 설치된 분묘에 관하여 현재까지 유지되고 있다고 보아야 한다.”라고 판시하였다.[1]

(2) 지료와 관련하여, ① 승낙형 분묘기지권의 경우에는 당사자 사이에 약정에 따르면 된다. ② 양도형 분묘기지권의 경우, 특별할 사정이 없는 한 분묘기지권자는 분묘기지권이 성립한 때부터 토지 소유자에게 그 분묘의 기지에 대한 토지사용의 대가로서 지료를 지급할 의무가 있다.[2] ③ 취득시효형 분묘기지권의 경우, 종전의 판례는 지상권에서 지료의 지급은 그 요소가 아니어서 지료에 관한 약정이 없는 이상 지료의 지급을 구할 수 없는 점에 비추어 보면, 분묘기지권을 시효취득하는 경우에도 지료를 지급할 필요가 없다고 해석함이 타당하다고 하였으나,[3] 대법원 2021. 4. 29. 선고 2017다228007 전원합의체 판결은 “장사법 시행일 이전에 타인의 토지에 분묘를 설치한 다음 20년간 평온·공연하게 그 분묘의 기지를 점유함으로써 분묘기지권을 시효로 취득하였더라도, 분묘기지권자는 토지 소유자가 분묘기지에 관한 지료를 청구하면 그 청구한 날부터의 지료를 지급할 의무가 있다고 보아야 한다.”라고 판시하여 판례를 변경하였다.[4]

---

1) 이에 대하여 대법관 5인의 반대의견은 “토지 소유자의 승낙이 없음에도 20년간 평온, 공연한 점유가 있었다는 사실만으로 사실상 영구적이고 무상인 분묘기지권의 시효취득을 인정하는 종전의 관습은 적어도 2001. 1. 13. 장사법(법률 제6158호)이 시행될 무렵에는 사유재산권을 존중하는 헌법을 비롯한 전체 법질서에 반하는 것으로서 정당성과 합리성을 상실하였을 뿐 아니라 이러한 관습의 법적 구속력에 대하여 우리 사회 구성원들이 확신을 가지지 않게 됨에 따라 법적 규범으로서 효력을 상실하였다고 봄이 타당하다. 그렇다면 2001. 1. 13. 당시 아직 20년의 시효기간이 경과하지 아니한 분묘의 경우에는 이와 같이 법적 규범의 효력을 상실한 분묘기지권의 시효취득에 관한 종전의 관습을 가지고 분묘기지권의 시효취득을 주장할 수 없다.”라고 하였다.

2) 대법원 1967. 10. 12. 선고 67다1920 판결, 대법원 2015. 7. 23. 선고 2015다206850 판결, 대법원 2021. 5. 27. 선고 2020다295892 판결 등 참조.

3) 대법원 1995. 2. 28. 선고 94다37912 판결.

4) 이에 대하여는, ‘분묘기지권을 시효취득한 경우 분묘기지권자는 토지 소유자에게 분묘를 설치하여 토지를 점유하는 기간 동안 지료를 지급할 의무가 있다고 보아야 하고, 토지 소유자의 지료 청구가 있어

(3) 국·공유지와 관련하여서는 위 ① 승낙형 분묘기지권의 경우는 별도의 사용허가, 대부계약 등이 있는 경우라 볼 수 있어 특별히 변상금이 문제될 여지는 없고, ② 양도형 분묘기지권, ③ 취득시효형 분묘기지권의 경우 변상금이 문제될 수 있다.

② 양도형 분묘기지권의 경우, 분묘기지권자에게 분묘를 수호하고 봉제사하는 목적을 달성하는 데 필요한 범위에서 타인 소유의 토지를 사용할 수 있는 점유권원을 인정할 수 있으므로 변상금 부과 대상이 아니다. 다만, 지료는 내야 하므로 국가나 지방자치단체는 사용료나 대부료를 청구할 수 있다.

③ 취득시효형 분묘기지권의 경우, (i) 장사법(법률 제6158호) 시행일인 2001. 1. 13. 전에 설치된 분묘는 20년간 평온, 공연하게 그 분묘의 기지를 점유하였다면 분묘기지권이 인정되어 점유권원이 있으므로 변상금 부과 대상이 아니지만, 토지 소유자가 분묘기지에 관한 지료를 청구하면 그 청구한 날부터의 지료를 지급할 의무가 있으므로, 국가나 지방자치단체는 사용료나 대부료를 청구할 수 있다. (ii) 장사법(법률 제6158호) 시행일인 2001. 1. 13. 이후에 설치된 분묘는 분묘기지권의 시효취득을 주장할 수 없게 되었으므로 20년 이상 존속하였다 하더라도 분묘기지권과 같은 점유권원을 인정할 수 없어 변상금 부과 대상에 해당한다.

다. 점유나 사용·수익을 정당화할 법적 지위에 있는 경우

(1) 개관

국유재산법, 공유재산법, 도로법, 하천법의 문언상으로는 위 각 법률상 사용허가, 대부계약, 점용허가가 없거나 다른 법률에 따라 사용·수익권을 갖지 않는 이상 모두 변상금 부과 처분의 대상이 되는 것처럼 규정되어 있다. 그러나 판례는 국유재산법 등과 다른 법률에 따라 사용·수익, 점유, 점용 권한을 가지는 경우가 아니라 하더라도 점유나 사용·수익을 정당화할 법적 지위에 있는 경우에는 변상금 부과 처분의 대상이 되지 않는다는 법리를 전개하고 있다.

즉 대법원은 '국유재산법 제72조 제1항 본문, 제2조 제9호, 공유재산법 제81조

야만 그때부터 지료 지급의무가 발생한다고 볼 수 없다'는 대법관 3인의 별개의견, '특별한 사정이 없는 한 분묘기지권자는 토지 소유자에게 지료를 지급할 의무가 없다고 보아야 한다'는 대법관 2인의 반대의견이 있다.

제1항 본문, 제2조 제9호가 사용허가나 대부계약 없이 국유재산 또는 공유재산을 사용·수익하거나 점유한 자에 대하여 그 재산에 대한 사용료 또는 대부료의 100분의 120에 상당하는 변상금을 징수하도록 규정한 것은, 국유재산 또는 공유재산에 대한 점유나 사용·수익 자체가 법률상 아무런 권원 없이 이루어진 경우에는 정상적인 사용료나 대부료를 징수할 수 없기 때문에 그 사용료나 대부료 대신에 변상금을 징수한다는 취지라고 풀이되므로, 점유나 사용·수익을 정당화할 법적 지위에 있는 자에 대하여는 그 규정이 적용되지 않고, 위와 같은 법적 지위에 있는 자에 대하여 이루어진 변상금 부과처분은 당연무효이다'라고 판시하였다.[1)]

또한 도로법상 변상금과 관련하여서도, '구 도로법(2008. 3. 21. 법률 제8976호로 전부 개정되기 전의 것) 제80조의2에 의해 부과되는 변상금은 같은 법 제40조의 규정에 의한 도로점용허가를 받지 않은 무단점용자에 대하여 징벌적 의미를 갖는 것이므로 비록 도로점용에 대한 명시적인 도로점용허가는 없었다고 하더라도 구체적인 사정에 비추어 그 점유나 사용·수익을 정당화할 수 있는 법적 지위에 있는 자에 대하여는 위와 같은 변상금을 부과할 수 없다고 보아야 한다'고 판시하였다.[2)]

---

1) 대법원 2024. 10. 8. 선고 2023다210991 판결 등 참조.

2) 대법원 2010. 4. 29. 선고 2009두18547 판결: "구 택지개발촉진법(2002. 2. 4. 법률 제6655호로 개정되기 전의 것) 제11조 제1항 제9호에서는 사업시행자가 택지개발사업 실시계획승인을 받은 때 도로법에 의한 도로공사시행허가 및 도로점용허가를 받은 것으로 본다고 규정하고 있는바, 이러한 인허가 의제제도는 목적사업의 원활한 수행을 위해 행정절차를 간소화하고자 하는 데 그 취지가 있는 것이므로 위와 같은 실시계획승인에 의해 의제되는 도로공사시행허가 및 도로점용허가는 원칙적으로 당해 택지개발사업을 시행하는 데 필요한 범위 내에서만 그 효력이 유지된다고 보아야 한다. 따라서 원고가 이 사건 택지개발사업과 관련하여 그 사업시행의 일환으로 이 사건 도로예정지 또는 도로에 전력관을 매설하였다고 하더라도 사업시행완료 후 이를 계속 유지·관리하기 위해 도로를 점용하는 것에 대한 도로점용허가까지 그 실시계획 승인에 의해 의제된다고 볼 수는 없다. 같은 취지에서 원심이 이 사건 실시계획승인에 의해 이 사건 전력관 유지·관리를 위한 도로점용허가까지 의제된다는 이 부분 원고의 주장을 배척한 것은 정당하다. 그러나 [본문의 법리] 그런데 기록에 의하여 살펴보면, 이 사건 전력관 매설계획은 그 매설계획을 담은 전력관로계획평면도 등이 이 사건 택지개발사업 실시계획승인 신청서에 첨부되는 등 그 실시계획에 포함되어 있었고, 실시계획승인 당시 피고는 향후 개설될 도로의 관리청으로서 이와 같은 실시계획에 대해 협의하였으며, 이 실시계획의 승인으로 이 사건 전력관이 매설될 도로예정지에 대한 도로공사시행허가가 의제된 점, 원고의 전력관 매설 공사는 주택법 규정에 의해 법령상 부여된 의무로서 이행된 것이고, 그 시설의 성격상 전력관 설치 이후에도 이를 유지·관리하기 위해 이 사건 도로에 대한 원고의 점용은 당연히 예정되어 있었던 점, 그런데 이 사건 도로에 대한 관리권이 1999. 12. 31. 피고에게 이관된 이후에도 오랜 기간 피고는 원고의 이 사건 도로점용과 관련하여 그 점용료 또는 변상금 등을 징수하기 위한 아무런 조치도 취하지 않았으며, 2006. 6. 29.에서야 겨우 원고에게 이 사건 도로 내에 시설물 설치 현황을 제출해 달라고 요청하고, 2006. 12. 22.에 이 사건 변상금을 부과하기에 이른 점 등을 알 수 있다. 이와 같은 이 사건 도로점용과 관련한 제반사정을 살펴보면, 적어도 피고가 원고의 점용에 대하여 허가 없는 무단점용임을 지적하며 이 사건 변상금 부과처분을 할 당시까지는 원고가 그에 대한 사용·수익을 정당화 할 수 있는 법적 지위를 가지고 있

(2) 국유재산법, 공유재산법이 명시적으로 변상금 부과 대상에서 제외하는 경우

가) 국유재산법 제72조 제1항은 본문에서 '중앙관서의 장등은 무단점유자에 대하여 대통령령으로 정하는 바에 따라 그 재산에 대한 사용료나 대부료의 100분의 120에 상당하는 변상금을 징수한다.'라고 하고, 그 단서에서 '다만, 다음 각 호의 어느 하나에 해당하는 경우에는 변상금을 징수하지 아니한다.'라고 하면서, 제1호로 '등기사항증명서나 그 밖의 공부(公簿)상의 명의인을 정당한 소유자로 믿고 적절한 대가를 지급하고 권리를 취득한 자(취득자의 상속인이나 승계인을 포함한다)의 재산이 취득 후에 국유재산으로 밝혀져 국가에 귀속된 경우'를, 제2호로 '국가나 지방자치단체가 재해대책 등 불가피한 사유로 일정 기간 국유재산을 점유하게 하거나 사용·수익하게 한 경우'를 규정한다.

공유재산법 제81조 제1항 역시 본문에서 '지방자치단체의 장과 제43조의2에 따라 일반재산의 관리·처분에 관한 사무를 위탁받은 자는 무단점유자에 대하여 대통령령으로 정하는 바에 따라 공유재산 또는 물품에 대한 사용료 또는 대부료의 100분의 120에 해당하는 금액(이하 "변상금"이라 한다)을 징수한다.'라고 하고, 그 단서에서 '다만, 다음 각 호의 어느 하나에 해당하는 경우에는 변상금을 징수하지 아니한다.'라고 하면서, 제1호로 '등기부나 그 밖의 공부(公簿)상의 명의인을 정당한 소유자로 믿고 상당한 대가를 지급하고 권리를 취득한 자(취득자의 상속인과 그 포괄승계인을 포함한다)의 재산이 취득 후에 공유재산 또는 물품으로 판명되어 지방자치단체에 귀속된 경우'를, 제2호로 '국가나 지방자치단체가 재해대책 등 불가피한 사유로 일정 기간 공유재산 또는 물품을 점유하게 하거나 사용·수익하게 한 경우'를 규정한다.

나) 위 단서 각 호 중 첫 번째 사유와 관련하여, 점유자는 해당 등기 또는 등록상의 권리를 '취득'하여야 한다. 따라서 대법원은 등기 또는 등록상의 권리를 취득함이 없이 단순히 공유재산을 공유재산 아닌 것으로 오인하고 점유를 개시한 경우는 여기에 해당하지 아니한다고 판시하였다.[1)]

었다고 봄이 상당하다. 그럼에도 불구하고 이와 반대되는 견해에 서서 원고에 대한 이 사건 변상금부과처분이 적법하다고 판단한 원심판결에는, 변상금의 부과요건에 관한 법리를 오해하여 판결 결과에 영향을 미친 위법이 있다."

1) 대법원 2002. 4. 26. 선고 2002두1465 판결: "제1호의 변상금 징수 예외사유는 등기부 또는 지적공부상에 지방자치단체 외의 자의 명의로 등기 또는 등록되어 있는 은닉된 공유재산으로서 지방자치단체

다) 위 단서 각 호 중 첫 번째 사유는 공신력이 인정되지 않는 현행 등기제도 아래에서 불가피하게 국유재산을 점유하게 된 자에 대하여 변상금 부과를 하는 것이 부당하다는 고려 아래 마련된 것이고,[1] 두 번째 사유는 국가 또는 지방자치단체가 수재, 화재 등의 재난에 의한 피해 복구 및 그 밖의 대책을 긴박하게 시행하는 과정에서 제3자에게 정상적인 절차를 거쳐 점유권원을 취득할 것을 기대하기 어려워 점유자에게 책임을 묻기 곤란하다는 점을 고려한 것이다.[2]

다른 한편, 위 단서 각 호의 두 가지 경우는 모두 무단점유자에게 점유권원이 인정되지는 않지만 그와 같은 특별한 사정이 있으면 변상금을 부과하지 않는다는 것으로서, 점유자 또는 사용·수익자가 점유나 사용·수익을 정당화할 법적 지위에 있는 경우에 해당한다고 해석할 수도 있다.

대법원은 위 단서 각 호 중 첫 번째 사유에 해당하여 변상금 부과를 할 수 없다 하더라도 민사상 부당이득의 반환을 구할 수 있다고 판시하였다.[3] 또한 대법원

에 속하여야 하는 재산에 관하여 그 등기 또는 등록 명의인을 정당한 소유자로 믿고 상당한 대가를 지급하고 그 권리를 선의로 취득하였다가 후에 공유재산임이 밝혀진 경우를 말하는 것이고, 등기 또는 등록상의 권리를 취득함이 없이 단순히 공유재산을 공유재산 아닌 것으로 오인하고 점유를 개시한 경우는 여기에 해당하지 아니한다.

원심은, 그 판시와 같은 사실을 적법하게 인정한 다음, 현실의 경계와 지적공부상의 경계가 다른 경우 매매당사자의 의사는 특별한 사정이 없는 한 담장 등 사실상의 경계에 관계없이 지적공부에 기재된 지번, 지목, 지적 및 경계에 의하여 소유권의 범위가 확정된 토지를 매매한 것이라는 전제하에, 비록 담장이 잘못 설치되어 있어서 원고들이 위 담장을 경계로 한 이 사건 제3토지의 일부인 공유재산까지도 자신들이 매수한 것이라고 오인하였다 하더라도 특별한 사정이 없는 한 원고들이 취득한 토지는 제1, 2토지에 한정된다고 할 것이고, 원고들이 무단점용함으로써 이 사건 부과처분의 대상이 된 제3토지의 일부는 원고들이 애당초 이를 취득하였다고 볼 수 없다고 판단하여, 법 제87조 제1항 단서 제1호가 적용되어야 한다는 원고들의 주장을 배척하였다.

앞서 본 법리와 기록에 비추어 살펴보면, 원심의 위 판단은 원고들이 지방자치단체 외의 자 명의로 등기 또는 등록되어 있었던 각 해당 무단점용부분을 그 등기 또는 등록 명의인으로부터 취득하였음을 인정할 수 없다는 취지로서 정당한 것으로 수긍할 수 있고"

1) 대법원 2014. 8. 26. 선고 2012다37725 판결 참조.

2) 헌법재판소 2017. 7. 27. 선고 2016헌바374 결정 참조.

3) 대법원 2014. 8. 26. 선고 2012다37725 판결: "국유재산법 제72조 제1항 제1호(이하 '이 사건 규정'이라고 한다)는 중앙관서의 장 등은 무단점유자에 대하여 대통령령으로 정하는 바에 따라 그 재산에 대한 사용료나 대부료의 100분의 120에 상당하는 변상금을 징수하되, 등기사항증명서나 그 밖의 공부상의 명의인을 정당한 소유자로 믿고 적절한 대가를 지급하고 권리를 취득한 자(취득자의 상속인이나 승계인을 포함한다)의 재산이 취득 후에 국유재산으로 판명되어 국가에 귀속된 경우에는 변상금을 징수할 수 없도록 규정하고 있다. 이 사건 규정은 공신력이 인정되지 않는 현행 등기제도 아래에서 불가피하게 국유재산을 점유하게 된 자에 대하여 변상금 부과를 하는 것이 부당하다는 고려 아래 마련된 것일 뿐, 국가가 국유재산의 무단점유자에 대하여 민사상 부당이득반환청구를 통해 부당이득을 환수하는 것까지 금지하는 규정은 아니다. [⋯] 원고는 등기부상 소유자로 되어 있는 이○○을 정당한 소유자로 믿고 매매대금을 지급한 후 소유권이전등기를 마친 망 민○○과 그 상속인인 피고에게 이 사

은 두 번째 사유와 관련하여 “국유재산법 제72조 제1항 단서 제2호 역시 이 사건 각 토지에 대한 점유·사용을 정당화할 법적 지위를 원고에게 부여하는 하나의 근거라고 할 수 있다.”라고 설시한 바 있다.[1)]

(3) 소유권이전등기를 마치지 않은 매수인

매매계약의 이행으로 매매목적물을 인도받은 매수인은 아직 소유권이전등기를 마치지 않았더라도 그 물건을 사용·수익할 수 있는 지위에 있다.[2)] 그 연장선에서 대법원은 지방자치단체로부터 공유재산을 매수한 매수인뿐만 아니라 그로부터 전전매수한 매수인이 공유재산에 대한 점유나 사용·수익을 정당화할 법적 지위에 있다는 이유로 변상금을 부과할 수 없다고 판시하였다.[3)]

이러한 법리는 소유자인 국가나 지방자치단체의 특별승계인(또는 그 전전매수인)뿐만 아니라 국·공유재산에 대한 사용·수익권을 가지는 사람의 특별승계인에게도 적용된다. 즉 대법원은 ‘대지와 건물을 함께 소유하다가 대지만을 국가에 증여함으로써 대지에 대하여 건물의 소유를 위한 관습상의 법정지상권을 취득한 자로부터

건 임야가 국유재산으로 판명되어 국가에 귀속되기 전까지는 국유재산법 제72조 제1항 제1호에 따라 변상금 부과·징수를 할 수 없을지라도, 이 사건 임야에 대한 소유권이 국가에게 있음이 대법원 판결에 의하여 판명된 1972. 4. 11. 이후부터는(망 민○○은 이때부터는 이 사건 임야에 대한 점유가 정당한 권원에 기한 것이 아님을 알게 되었다고 할 것이다) 피고를 상대로 민사상 부당이득의 반환을 구할 수 있다.”

1) 대법원 2023. 10. 18. 선고 2023두42584 판결 참조.

2) 대법원 1971. 3. 31. 선고 71다309, 310 판결, 대법원 2023. 5. 18. 선고 2023다201218 판결 등 참조.

3) 대법원 1993. 2. 23. 선고 92누18412 판결: “지방재정법 제87조 제1항에서 법률에 의한 대부 또는 사용·수익허가등을 받지 아니하고 공유재산을 점유하거나 사용·수익한 자에 대하여 대부료 또는 사용료의 120/100에 상당하는 변상금을 징수하도록 규정하고 있는 것은 공유재산에 대한 점유나 사용·수익의 개시 자체가 법률상 아무런 권원 없이 이루어진 경우에는 정상적인 대부료 또는 사용료 대신에 그 금액의 120/100에 상당하는 변상금을 징수한다는 취지라고 풀이되므로 점유나 사용·수익을 정당화할 법적 지위에 있는 자에 대하여는 그 적용이 없다 할 것이다. 원심이 적법하게 확정한 사실관계에 의하면, 원고가 콘테이너 하치장으로 무단 점유하고 있다 하여 피고로부터 변상금이 부과된 이 사건 1, 2, 3블럭 토지부분은 원래 위 토지일대에 공유수면매립면허를 받아 매립공사를 한 부산직할시가 매립인가를 받기 전 소외 1, 소외 2, 건양기업주식회사 등에게 각 매도한 토지 중의 일부분인바, 원고는 위 소외인 또는 그 전득자로부터 다시 이를 매수하여 적법한 매수인으로서 이를 점유하기 시작하였으나 그 후 건설부장관의 지시에 의하여 당초 폭 8m의 계획도로가 폭 30m로 확장됨에 따라 부산직할시는 이 사건 토지부분에 대하여 당초 약속과는 달리 원고에게 그 소유권이전등기를 경료하여 주지 못하였을 뿐만 아니라 그 매매계약불이행으로 인한 매매대금의 정산도 하지 아니한 상태에서 이 사건 1, 2, 3블럭 토지부분의 관리를 피고에게 위임하자 피고가 원고에 대하여 이 사건 변상금부과처분을 하였다는 것으로서, 사정이 이와 같다면 원고에 대하여는 위 지방재정법 제87조 제1항의 규정은 그 적용이 없다고 보는 것이 옳다 하겠다.”

건물을 양도받은 양수인은 특별한 사정이 없는 한 건물과 함께 법정지상권도 양도받기로 하는 채권적 계약이 있었다고 볼 것이므로, 위 건물 양수인은 국가에 대하여는 양도인을 대위하여 법정지상권설정등기절차이행을, 양도인에 대하여는 그 이전등기절차이행을 각 청구할 수 있고, 대지소유자인 국가는 지상권의 부담을 용인하여야 하고 건물 양수인에 대하여 건물의 철거나 그 부지의 명도를 구할 수 없다고 할 것이기 때문에 이러한 관계에 있는 건물양수인은 위 대지의 점유, 사용을 정당화할 법적 지위에 있는 자'라고 판시하였다.[1)]

(4) 국·공유재산 중 일반재산에 대한 취득시효가 완성된 경우

국·공유재산 중 행정재산은 민법 제245조[2)]에도 불구하고 시효취득의 대상이 되지 아니한다(국유재산법 제7조 제2항, 공유재산법 제6조 제2항). 일반재산은 민법 제245조에 따른 시효취득이 가능하다.

부동산에 대한 취득시효가 완성되면 점유자는 소유명의자에 대하여 취득시효 완성을 원인으로 한 소유권이전등기절차의 이행을 청구할 수 있고 소유명의자는 이에 응할 의무가 있어 비록 점유자가 그 부동산에 관하여 그 명의로 소유권이전등기를 경료하지 아니하여 아직 소유권을 취득하지 못하였다고 하더라도 소유명의자는 점유자에 대하여 부동산의 점유로 인한 부당이득반환청구를 할 수 없다.[3)]

따라서 국·공유재산 중 일반재산에 대한 취득시효 완성으로 소유자인 국가나 지방자치단체를 상대로 취득시효 완성을 원인으로 한 소유권이전등기절차의 이행을 구할 수 있는 점유자는 그 명의로 소유권이전등기를 경료하지 아니하였다 하더라도 점유를 정당화할 법적 지위에 있는 자라고 볼 수 있다.[4)]

이 경우 증명책임에 관하여, 대법원은 취득시효기간 동안 계속하여 국·공유재산이 시효취득 가능한 일반재산이라는 점(당초부터 일반재산이었다는 점 또는 당초에는 행정재산이었으나 이후 공용폐지되었다는 점)에 관한 증명책임은 시효취득을 주장하는

---

1) 대법원 1992. 3. 10. 선고 91누5211 판결.
2) 민법 제245조(점유로 인한 부동산소유권의 취득기간) ① 20년간 소유의 의사로 평온, 공연하게 부동산을 점유하는 자는 등기함으로써 그 소유권을 취득한다.
② 부동산의 소유자로 등기한 자가 10년간 소유의 의사로 평온, 공연하게 선의이며 과실없이 그 부동산을 점유한 때에는 소유권을 취득한다.
3) 대법원 2018. 6. 28. 선고 2017다255344 판결 등 참조.
4) 서울행정법원 2024. 3. 22. 선고 2021구단74504 판결(확정) 등 참조.

자에게 있다고 판시하였다.[1] 한편, 원래 일반재산이던 것이 행정재산으로 된 경우 일반재산일 당시에 취득시효가 완성되었다고 하더라도 행정재산으로 된 이상 이를 원인으로 하는 소유권이전등기를 청구할 수 없다.[2]

---

1) ㅇ대법원 1995. 4. 28. 선고 93다42658 판결: "원심은 이 사건 임야부분이 원래 행정재산이었던 것으로 판시하고 있으나. 국유임야라 하여 그것이 성질상 당연히 행정재산이나 보존재산이 된다고 할 수는 없는 것이고, 국유임야가 행정재산이나 보존재산인 공물로서 성립하기 위하여는 행정주체가 그 임야를 공용, 공공용 또는 기업용으로 실제 사용하거나 장차 사용하기로 결정하든지, 국가가 법령에 의하여 직접 또는 법령에 의거하여 그 임야를 보존공물로 지정하는 행위가 필요하다고 할 것인데, 이 사건의 경우 종전 임야나 이 사건 임야부분에 대해서 과연 위와 같은 행정목적을 위한 현실적인 사용 또는 장래의 사용결정이나 보존공물로서의 지정행위가 있었는지, 나아가 있었다면 그 시점은 언제인지에 관하여 기록상 이를 분명하게 알아볼 만한 자료가 없는바, 국유임야인 이 사건 임야부분이 시효취득의 대상이 되는 잡종재산이라는 점에 대한 입증책임은 이를 주장하는 피고들에게 있다고 할 것이지만, 그렇다고 하더라도 원심으로서는 이 사건 임야부분이 원래 행정재산이었다고 하기 위하여는 위에서 설시한 바와 같은 점들에 관하여 이를 좀더 심리해 보아야 할 필요가 있음을 지적하여 둔다."
ㅇ대법원 2009. 12. 10. 선고 2006다19177 판결: "구 지방재정법(2005. 8. 4. 법률 제7663호로 전부개정되기 전의 것, 이하 '구 지방재정법'이라 한다) 제74조 제2항은 "공유재산은 민법 제245조의 규정에 불구하고 시효취득의 대상이 되지 아니한다. 다만, 잡종재산의 경우에는 그러하지 아니하다"라고 규정하고 있으므로, 구 지방재정법상 공유재산에 대한 취득시효가 완성되기 위하여는 그 공유재산이 취득시효기간 동안 계속하여 시효취득의 대상이 될 수 있는 잡종재산이어야 하고, 이러한 점에 대한 증명책임은 시효취득을 주장하는 자에게 있다고 할 것이다."

2) 대법원 1997. 11. 14. 선고 96다10782 판결: "도시계획법상 공원으로 결정·고시된 국유토지라도 적어도 도시공원법 제4조에 의하여 조성계획이 결정되어 그 위치, 범위 등이 확정되어야만 국유재산법 제4조 제2항 제2호, 그 시행령 제2조 제1항에서 규정하고 있는 '공공용으로 사용하기로 결정한 재산'으로서 행정재산이 된다 고 할 것이다.
원심판결 이유에 의하면 원심은, 창원시 퇴촌동(종전 경남 창원군 상남면 퇴촌리) 989 전 1,583㎡(이하 '이 사건 토지'라고 한다) 중 원심판결 별지도면 표시 ㉮, ㉯, ㉰ 부분에 관하여는 국유재산으로 된 1965. 1. 1.로부터 20년이 되는 1985. 1. 1. 원고의 점유취득시효가 완성되었다는 원고의 주장을 받아들이면서도, 다른 한편으로 이 사건 토지가 소재한 창원시 퇴촌동 일대가 1969. 건설부 고시 제232호로 도시계획법에 따라 반송공원(종전 반송운동장공원, 이하 '이 사건 공원'이라고 한다)으로 결정·고시되었고, 도시공원에 관한 사항을 규율하는 도시공원법은 1980. 6. 1.부터 시행되었으므로, 이 사건 토지는 늦어도 1980. 6. 1.부터는 도시공원으로서 행정재산에 해당하여 시효취득의 대상이 되지 아니한다는 피고의 항변을 받아들여, 원고의 위 토지 부분에 대한 소유권이전등기 청구를 기각하였다.
그런데 위 퇴촌동 일대가 1969. 4. 9. 건설부 고시 제232호로, 아니면 적어도 위 취득시효가 완성되었다는 1985. 1. 1. 이전에 이 사건 공원으로 결정·고시되었다는 점에 부합하는 증거로 원심은 을 제2호증의 1, 2, 을 제4호증, 을 제6호증, 을 제7호증의 2, 3, 4, 5, 을 제8호증의 1, 2, 을 제9호증의 2 등을 들고 있으나, 먼저 을 제8호증의 1, 2는 조서의 기재가 명백하지 아니하지만 도면 등에 비추어 위치가 상남면 반송동이지 퇴촌동은 아닌 것으로 보이고, 다음 을 제4호증에 첨부된 지적도상 이 사건 토지가 이 사건 공원 안에 포함되어 있는 것으로 볼 여지가 있기는 하나, 이 역시 표시가 명확하지 아니할 뿐만 아니라 그 이전에 작성된 을 제9호증의 2에 첨부된 도면상 퇴촌동이 공원 안에 포함되지 아니하는 것이 명백한 점 등에 비추어 그 신빙성이 의심되며, 오히려 을 제2호증의 1, 2, 을 제7호증의 2, 3, 4, 5에 의하면 이 사건 토지를 포함하여 퇴촌동 일대는 위 취득시효가 완성되었다는 시점 이후인 1990. 12. 26. 건설부 고시 제950호로 비로소 이 사건 공원으로 결정·고시되고, 그 조성계획 역시 같은 고시로 결정되었음을 알 수 있다.
그렇다면 이 사건 토지는 1990. 12. 26. 자로 행정재산으로 되었다고 할 것이므로 이 사건 토지에 대하여는 그 이후 취득시효 완성을 원인으로 한 소유권이전등기를 청구할 수 없다고 할 것이고, 결국 이러한 증명책임에 관한 판시는 과거 구 국유재산법(2009. 1. 30. 법률 제8852호로 전부개정되기 전의 것) 제5조 제2항이 "국유재산은 민법 제245조의 규정에 불구하고 시효취득의 대상이 되지 아니한다. 다만, 잡종재산의 경우는 그러하지 아니하다."고 하고, 구 공유재산 및 물품관리법(2010. 2. 4. 법률 제10006호로 개정되기 전의 것) 제6조 제2항이 "공유재산은 민법 제245조에도 불구하고 시효취득의 대상이 되지 아니한다. 다만, 일반재산의 경우에는 그러하지 아니하다."고 하던 규정에 대한 것이다. 이후 국유재산법과 공유재산법은 모두 위 개정으로 "행정재산은 민법 제245조에도 불구하고 시효취득의 대상이 되지 아니한다."고 규정하고 있다(국유재산법 제7조 제2항, 공유재산법 제6조 제2항).

이처럼 조문 구조가 변경된 상황에서도 증명책임에 관한 기존의 법리가 그대로 적용될 것인지는 검토가 필요하다. 이에 관하여 법률요건 분류설 내지 규범설에 기초하여 현재는 국가나 지방자치단체가 당해 부동산이 시효취득이 불가능한 행정재산이라는 점을 주장·증명하여야 한다는 견해가 있으나,[1] 다만 증명책임의 전환을 염두에 두고 법 개정이 이루어졌는지는 분명하지 않다.[2]

(5) 다른 법령에 따라 점유·사용이 강제되는 경우

관련 법령에 따라 국유재산에 대한 사용·수익, 점유권원 자체가 인정되지는 않는다 하더라도 해당 법령이 국유재산을 점유·사용하도록 강제하고 있다면, 이는 점유·사용을 정당화할 지위의 발생 근거가 될 수 있다.

대법원은 피고(한국자산관리공사)가 향교재산법에 따라 설립되어 삼척향교를 소유하며 관리·운용하는 재단법인인 원고에 대해 삼척향교 부지가 국유재산이라는 이유로 변상금부과처분을 한 사안에서, 원고가 국유재산인 삼척향교 부지의 점유나 사용·수익을 정당화할 법적 지위에 있는 자에 해당하므로 위 변상금부과처분은 당연무효라고 판단하면서, 원고가 향교재산법과 문화재보호법에 따라 삼척향교를 소유하도록 강제되고 임의로 그 부지의 점유·사용을 종료하는 것도 금지되어 위 각 법률

원심판결이 이 사건 토지가 원고가 주장하는 취득시효 완성 이전에 행정재산으로 되었다고 본 것은 잘못이나 이 사건 토지에 대하여 취득시효 완성을 원인으로 한 소유권이전등기를 청구할 수 없다고 판단한 결론에 있어서는 정당하고"

1) 최진수, 주요조문별·판례중심 요건사실과 주장증명책임 제13판, 진원북스(2024), 366-367 참조.

2) 노재호, 앞의 책, 1481 참조.

이 원고에게 삼척향교 부지의 점유·사용을 강제하고 있다는 점으로부터도 그러한 점유·사용을 정당화할 원고의 법적 지위가 도출된다고 판시한 바 있다.[1)]

1) 대법원 2023. 10. 18. 선고 2023두42584 판결(삼척향교는 대한민국 건국 이전부터 수백 년 동안 현재의 장소에 있었으므로 국가는 삼척향교 부지의 소유권을 취득할 당시부터 이미 삼척향교의 관리·운용 주체에 의한 그 부지의 점유·사용을 용인하였다고 볼 수 있는 점, 향교재산법과 문화재보호법에 따라 원고는 법률상 삼척향교를 소유하도록 강제되고 임의로 그 부지의 점유·사용을 종료하는 것도 금지되므로 법치주의 및 자기책임 원리에 비추어 위 각 법률이 원고에게 삼척향교 부지에 대한 점유·사용의 권원 내지 지위를 설정하고 있다고 볼 수 있는 점, 국가는 헌법 제9조와 문화재보호법에 따라 문화재를 보존·관리·활용하여야 할 책무가 있고, 그 책무를 다하기 위하여 원고에게 삼척향교 부지를 점유·사용하도록 할 의무를 부담한다고 볼 수 있으며, 이에 따라 원고가 그 부지를 점유·사용하는 것은 국유재산법 제72조 제1항 단서 제2호에서 변상금 부과의 예외 사유로 정하는 '국가나 지방자치단체가 불가피한 사유로 국유재산을 점유하게 하거나 사용·수익하게 한 경우'에 해당할 수 있는 점, 국가는 삼척향교 부지에 관하여 약 100년 동안 사용료·대부료나 변상금을 요구한 적이 없었으므로 삼척향교의 관리·운용 주체에게 그 부지의 배타적 점유·사용을 묵시적으로 승인하였다고 볼 수 있는 점을 종합하여, 원고가 국유재산인 삼척향교 부지의 점유나 사용·수익을 정당화할 법적 지위에 있는 자에 해당하므로 위 변상금부과처분은 당연무효라고 판단하여, 이와 반대되는 취지의 원심판결을 파기·환송함) 참조.

Ⅳ. 변상금의 부과 및 징수

1. 변상금 부과의 법적 성질

가. 행정처분, 공법상 권리

국유재산법, 공유재산법, 도로법, 하천법은 모두 국·공유재산을 무단점유하거나 도로·하천을 무단점용한 자에게 사용료, 점용료 등의 120%에 해당하는 금액을 변상금으로 징수하도록 규정한다. 이러한 변상금 부과처분은 공유재산을 무단점유하는 자로부터 그 사용료 또는 대부료에 해당하는 부당이득을 환수하고 그에 덧붙여 징벌적으로 추가 금액을 징수하는 행정상 제재에 해당한다.[1)]

나아가 국유재산법상 변상금은 국세징수법의 독촉과 체납처분에 관한 규정을 준용하여 징수할 수 있다(국유재산법 제73조 제2항). 다만, 민사상 압류의 특칙을 정하고 있는 국세징수법 제46조 제2항은 변상금에 관한 체납처분절차에 준용된다고 볼 수 없다.[2)] 공유재산법상 변상금은 「지방행정제재·부과금의 징수 등에 관한 법률」

---

1) 대법원 2019. 9. 9. 선고 2018두48298 판결 참조.

2) 대법원 2015. 8. 27. 선고 2015두41371 판결: "구 국세징수법[2011. 4. 4. 법률 제10527호로 개정되기 전의 것, 이하 같다] 제47조 제2항[현행 국세징수법 제46조 제2항]의 취지는, 한 번 압류등기를 하고 나면 동일한 사람에 대한 압류등기 이후에 발생한 체납액에 대하여도 새로운 압류등기를 거칠 필요 없이 당연히 압류의 효력이 미친다는 것이고(대법원 2012. 7. 26. 선고 2010다50625 판결 등 참조), 위 규정은 일반채권에 기초한 민사상 압류에 대하여 고도의 공익성을 갖는 국세 등 조세채권 징수의 실효성 보장을 위하여 마련된 특칙이다. 그런데 국유재산의 무단점유자에 대한 변상금 부과는 행정처분으로 그 목적이 국유재산의 사용·수익으로 인한 이익의 환수를 넘어 국유재산의 효율적인 보존·관리라는 공익을 실현하는 데 있지만(대법원 2014. 7. 16. 선고 2011다76402 전원합의체 판결 등 참조), 다른 한편으로 민사상 부당이득반환청구권과 동일한 금액 범위 내에서 경합하여 병존하고(대법원 2014. 9. 4. 선고 2012두5688 판결 등 참조), 부과처분의 상대방이 무단점유자로 제한되어 있는 점 등에 비추어, 국가재정 수요의 충당을 위해 반대급부 없이 강제 징수되는 조세와는 그 성격을 달리하며 그 공익성이 조세에 준할 정도로 높다고 보기 어렵다.

에 따라 징수하고(공유재산법 제97조 제3항), 동법에서도 독촉과 체납처분절차에 관한 규정을 두고 있다. 도로법상 변상금은 국세 또는 지방세 체납처분의 예에 따라 징수할 수 있다(도로법 제72조 제4항, 제69조 제4항). 하천법상 변상금의 징수는 시·도의 조례로 정하도록 되어 있고(하천법 제37조 제4항, 하천법 시행령 제43조 제4항), 시·도의 조례 역시 지방세 징수의 예에 따르도록 규정한다.[1]

이러한 규정들을 고려하면, 변상금 부과처분은 관리청이 공권력을 가진 우월적 지위에서 행한 것으로서 행정소송의 대상이 되는 행정처분이라고 보아야 하고 그 부과처분에 의한 변상금징수권은 공법상의 권리로서 사법상의 채권과는 그 성질을 달리한다.[2] 따라서 변상금 부과처분을 근거로 한 변상금의 청구를 민사소송의 방법에 의할 수는 없다.[3]

나. 기속행위 여부

(1) 국유재산법과 공유재산법은 국·공유재산의 무단점유자에게 사용료 또는 대부료의 100분의 120에 상당하는 변상금을 '징수한다'고 규정한다. 그 규정형식 등에 비추어 변상금을 부과할 것인가는 처분청의 재량을 허용하지 않는 기속행위이다.[4]

그리고 구 국세징수법 제47조 제2항에 의하면, "당해 압류재산의 소유권이 이전되기 전에 국세기본법 제35조 제1항의 규정에 의한 법정기일이 도래한 국세에 대한 체납액"에 한하여 압류의 효력이 미친다. 그런데 국세기본법 제35조 제1항에서 정한 '법정기일'은 일반채권보다 그 징수순위가 앞서는 국세의 특성에 기초한 개념으로서, 국세채권과 저당권, 질권 또는 전세권(이하 '저당권 등'이라 한다)의 피담보채권 사이의 우선순위는 국세의 법정기일과 저당권 등의 설정등기·등록일의 선후에 따라 결정된다. 이에 반하여, 국유재산법은 국세기본법상 위 '법정기일'에 상응하는 변상금채권과 저당권 등의 피담보채권 사이의 우선순위를 결정하기 위한 어떠한 기준도 제시하지 않아 압류의 효력이 확장되는 기준시점을 확정하기 어렵고, 이에 따라 무단점유자로부터 압류재산을 양수한 제3자 등 이해관계인의 권리를 해할 우려가 있으므로, 변상금에 관하여 구 국세징수법 제47조 제2항의 규정 내용을 그대로 적용하기 어렵다.
이상과 같은 여러 사정을 종합하여 보면, 이 사건 각 규정에서 구 국세징수법에서 정한 체납처분의 절차에 따라 변상금을 강제징수할 수 있다고 포괄적·일반적인 준용규정을 두고 있다 하더라도, 그러한 사정만으로 변상금에 관한 체납처분절차에서 민사상 압류의 특칙인 국세징수법 제47조 제2항까지 준용된다고 볼 수는 없다."

1) 대표적으로 서울특별시 하천점용료 등 징수 조례 제3조 제5항.
2) 대법원 1988. 2. 23. 선고 87누1046, 1047 판결, 대법원 1992. 4. 14. 선고 91다42197 판결 등 참조.
3) 대법원 2000. 11. 24. 선고 2000다28568 판결 등 참조.
4) ① 국유재산법상 변상금에 관하여 대법원 1998. 9. 22. 선고 98두7602 판결: "변상금 징수의 요건은 국유재산법[1999. 12. 31. 법률 제6072호로 개정되기 전의 것] 제51조 제1항에 명백히 규정되어 있으므로 변상금을 징수할 것인가는 처분청의 재량을 허용하지 않는 기속행위이고, 여기에 재량권 일탈·남용의 문제는 생길 여지가 없다."

그러나 변상금은 사용료 또는 대부료를 기초로 산정하는데, 국유재산법 시행령 제29조 제1항은 사용료의 요율을 원칙적으로 해당 재산가액에 1천분의 50 이상으로 규정하고 있으며, 공유재산법 시행령 제14조 제1항은 사용료의 요율을 해당 재산 평정가격(評定價格)의 연 1천분의 10 이상의 범위에서 지방자치단체의 조례로 정하도록 하고 있고, 지방자치단체의 조례 역시 대부료의 요율을 일정한 범위 이상으로 하도록 정하고 있어,[1] 변상금 산정의 기초가 되는 사용료 요율을 정하는 데 있어서는 처분청이 법령의 범위 안에서 재량을 가진다.[2]

한편, 변상금 연체료의 경우, 대법원은 그 부과 여부와 액수의 산정 모두 기속행위에 해당한다고 보고 있다. 즉 구 국유재산법 제51조 제2항은 '변상금을 기한 내에 납부하지 아니하는 때에는 대통령령이 정하는 바에 따라 연체료를 징수할 수 있다'고 규정하고 있으나, 구 국유재산법 시행령 제56조 제5항에 의하여 준용되는 구 국유재산법 시행령 제44조 제3항은 '변상금을 납부기한 내에 납부하지 아니한 경우에는 소정의 연체료를 붙여 납부를 고지하여야 한다'고 규정하고 있고, 변상금 연체료 부과처분은 국유재산의 적정한 보호와 효율적인 관리·처분을 목적으로 하는 행정행위로서 국유재산 관리의 엄정성이 확보될 필요가 있으며, 또한 이는 변상금 납부의무를 지체한 데 따른 제재적 성격을 띠고 있는 침익적 행정행위이고, 연체료는

---

② 공유재산법 제정 전 지방재정법상 변상금에 관하여 대법원 2000. 1. 14. 선고 99두9735 판결: "지방재정법 제87조 제1항에 의한 변상금부과처분은, 법률에 의한 대부 또는 사용·수익허가 등을 받지 아니하고 공유재산을 점유하거나 사용·수익한 자에 대하여는 정상적인 대부료 또는 사용료를 징수할 수 없으므로 그 대신에 대부 등을 받은 경우에 납부하여야 할 대부료 상당액 이외에 2할을 가산한 금원을 변상금으로 부과하는 행정처분으로 이는 무단점유에 대한 징벌적인 의미가 있는 것으로 법규의 규정형식으로 보아 처분청의 재량이 허용되지 않은 기속행위"

③ 공유재산법상 변상금에 관하여 대법원 2015. 1. 15. 선고 2012추152 판결: "관련 규정들의 내용 및 체제와 아울러 변상금 징수의 요건이 [공유재산]법 제81조 제1항에 명백히 규정되어 있으므로 변상금을 징수할 것인가는 처분청의 재량을 허용하지 않는 기속행위라고 봄이 타당한 점 등을 종합하면, 지방자치단체의 장은 사용·수익허가나 대부계약 없이 공유재산 또는 물품을 사용·수익하거나 점유한 자에 대하여 변상금을 매 회계연도별로 부과·징수하여야 한다고 보아야 한다."

1) 대표적으로 서울특별시 공유재산 및 물품 관리 조례 제22조에 의해 준용되는 제26조 제1항은 해당 재산평정가격의 1,000분의 50 이상으로 하도록 규정한다.

2) 대법원 2014. 7. 10. 선고 2012두26791 판결: "개정 전 시행령[구 국유재산법 시행령(2009. 7. 27. 대통령령 제21641호로 전부 개정되기 전의 것)] 제26조 제1항 제5호는 기타 용도로 행정재산을 사용하는 경우 사용료의 요율은 1천분의 50 이상으로 정하도록 규정하고 있고, 개정 후 시행령 제29조 제1항 본문도 사용료의 요율을 원칙적으로 1천분의 50 이상으로 정하도록 규정하고 있다. 이러한 규정에 의하면, 행정재산의 관리청은 무단점유자에 대한 변상금 산정의 기초가 되는 사용료 요율을 1천분의 50 이상의 범위 안에서 선택할 수 있는 재량이 있다고 할 것이므로 관리청이 1천분의 50 이상의 범위 안에서 사용료 요율을 선택하였다면 재량권을 일탈·남용한 것이 아닌 이상 구 국유재산법 및 그 시행령에 부합하여 적법하다고 할 것이다."

변상금의 납부기한이 경과하면 당연히 발생하는 것이어서 그 부과 여부를 임의로 결정할 수는 없으며, 구 국유재산법 시행령 제56조 제5항, 제44조 제3항은 연체료 산정기준이 되는 연체료율을 연체기간별로 특정하고 있어서 처분청에 연체료 산정에 대한 재량의 여지가 없다고 보이므로, 변상금 연체료 부과처분은 처분청의 재량을 허용하지 아니하는 기속행위라고 할 것이다.[1)]

(2) 도로법과 하천법은 도로 또는 하천을 무단점용한 자에게 변상금을 '징수할 수 있다'고 규정한다. 이러한 규정 형식에 더하여 국유재산법 등은 재산적 측면에서 착안하여 규율하는 측면이 강함에 비하여, 도로법과 하천법은 공물의 기능을 유지하기 위해 그 관리를 직접적인 규율대상으로 한다고 할 수 있어, 국유재산법이나 공유재산법상의 변상금 부과처분과 도로법상의 변상금 부과처분에 관한 규율방식을 반드시 같게 해야 하는 것은 아닌 점, 변상금 부과처분을 어떻게 규율할 것인가의 문제는 입법정책적인 문제라고 할 수 있는 점 등에 비추어 보면, 도로법과 하천법상의 변상금 부과처분은 재량행위의 성질을 가진다고 보는 것이 타당하다.[2)] 대법원 역시 도로법상 변상금 징수 관련 규정과 국유재산법·공유재산법상 변상금 징수 관련 규정 사이에 징수의 재량 유무가 다르다고 보고 있어[3)] 같은 입장에 있는 것으로 보인다.

2. 변상금 부과 주체

가. 국유재산법

(1) 국유재산의 관리·처분 체계

국유재산법은 국유재산에 관한 기본적인 사항을 정함으로써 국유재산의 적정한 보호와 효율적인 관리·처분을 목적으로 하는 법률로서(국유재산법 제1조), 국유재산의 관리와 처분에 관한 상세한 규정을 두고 있다. "관리"란 국유재산의 취득·운용

1) 대법원 2014. 4. 10. 선고 2012두16787 판결 참조.
2) 김종기, "도로법상의 변상금 부과처분의 법적 성질", 행정재판 실무편람(자료집), 서울행정법원(2001), 419-420; 김행순, 앞의 글, 55-56.
3) 대법원 2011. 5. 26. 선고 2010두28106 판결 참조.

과 유지·보존을 위한 모든 행위를 말하고(국유재산법 제2조 제3호), "처분"이란 매각, 교환, 양여, 신탁, 현물출자 등의 방법으로 국유재산의 소유권이 국가 외의 자에게 이전되는 것을 말한다(국유재산법 제2조 제4호).

국유재산법은 국유재산에 관한 사무를 총괄하는 기관으로서 '총괄청'을 두고 있고, 총괄청은 기획재정부장관이다(국유재산법 제8조[1] 제1항, 제2조 제10호[2]). 총괄청은 원칙적으로 일반회계에 속하는 모든 국유재산을 관리·처분한다. 즉 총괄청은 중앙관서의 장이 관리·처분하는 재산인, 국가재정법 제4조[3]에 따라 설치된 특별회계와 국가재정법 제5조[4]에 따라 설치된 기금에 속하는 국유재산 및 국유재산법 제40조[5] 제2항 각 호에 따라 용도폐지된 행정재산 중 총괄청에 인계하지 않는 재산

---

1) 국유재산법 제8조(국유재산 사무의 총괄과 관리) ① 총괄청은 국유재산에 관한 사무를 총괄하고 그 국유재산(제3항에 따라 중앙관서의 장이 관리·처분하는 국유재산은 제외한다)을 관리·처분한다.
② 총괄청은 일반재산을 보존용재산으로 전환하여 관리할 수 있다.
③ 중앙관서의 장은 「국가재정법」 제4조에 따라 설치된 특별회계 및 같은 법 제5조에 따라 설치된 기금에 속하는 국유재산과 제40조제2항 각 호에 따른 재산을 관리·처분한다.
④ 중앙관서의 장은 제3항 외의 국유재산을 행정재산으로 사용하려는 경우에는 대통령령으로 정하는 바에 따라 총괄청의 승인을 받아야 한다.
⑤ 총괄청은 제4항에 따른 사용승인을 할 때 제40조의2에 따른 우선사용예약을 고려하여야 한다.
⑥ 이 법에 따른 총괄청의 행정재산의 관리·처분에 관한 사무는 그 일부를 대통령령으로 정하는 바에 따라 중앙관서의 장에게 위임할 수 있다.

2) 국유재산법 제2조(정의) 이 법에서 사용하는 용어의 뜻은 다음과 같다.
10. "총괄청"이란 기획재정부장관을 말한다.

3) 국가재정법 제4조(회계구분) ① 국가의 회계는 일반회계와 특별회계로 구분한다.
② 일반회계는 조세수입 등을 주요 세입으로 하여 국가의 일반적인 세출에 충당하기 위하여 설치한다.
③ 특별회계는 국가에서 특정한 사업을 운영하고자 할 때, 특정한 자금을 보유하여 운용하고자 할 때, 특정한 세입으로 특정한 세출에 충당함으로써 일반회계와 구분하여 회계처리할 필요가 있을 때에 법률로써 설치하되, 별표 1에 규정된 법률에 의하지 아니하고는 이를 설치할 수 없다.

4) 국가재정법 제5조(기금의 설치) ① 기금은 국가가 특정한 목적을 위하여 특정한 자금을 신축적으로 운용할 필요가 있을 때에 한정하여 법률로써 설치하되, 정부의 출연금 또는 법률에 따른 민간부담금을 재원으로 하는 기금은 별표 2에 규정된 법률에 의하지 아니하고는 이를 설치할 수 없다.
② 제1항의 규정에 따른 기금은 세입세출예산에 의하지 아니하고 운용할 수 있다.

5) 국유재산법 제40조(용도폐지) ① 중앙관서의 장은 행정재산이 다음 각 호의 어느 하나에 해당하는 경우에는 지체 없이 그 용도를 폐지하여야 한다.
1. 행정목적으로 사용되지 아니하게 된 경우
2. 행정재산으로 사용하기로 결정한 날부터 5년이 지난 날까지 행정재산으로 사용되지 아니한 경우
3. 제57조에 따라 개발하기 위하여 필요한 경우
② 중앙관서의 장은 제1항에 따라 용도폐지를 한 때에는 그 재산을 지체 없이 총괄청에 인계하여야 한다. 다만, 다음 각 호의 어느 하나에 해당하는 재산은 그러하지 아니하다.
1. 관리전환, 교환 또는 양여의 목적으로 용도를 폐지한 재산
2. 제5조제1항제2호의 재산
3. 공항·항만 또는 산업단지에 있는 재산으로서 그 시설운영에 필요한 재산
4. 총괄청이 그 중앙관서의 장에게 관리·처분하도록 하거나 다른 중앙관서의 장에게 인계하도록 지정

을 제외한 모든 국유재산을 관리·처분한다.

중앙관서의 장(국가재정법 제6조[1]에 따른 중앙관서의 장, 2011. 3. 30. 법률 제10485호 개정 전에는 '관리청'이라는 용어를 사용하였다[2])은 위와 같이 중앙관서의 장에게 관리·처분 권한이 있는 국유재산을 관리·처분하고, 총괄청의 승인을 받아 총괄청에게 관리·처분 권한이 있는 국유재산을 행정재산으로 사용하며, 총괄청의 행정재산의 관리·처분에 관한 사무 중 일부를 위임받아 처리한다(국유재산법 제8조 제3항, 제4항, 제6항, 국유재산법 시행령 제4조의3).

과거 일반회계의 국유재산을 행정재산과 일반재산으로 나누어 행정재산은 소관 중앙관서의 장이 관리·처분하고, 일반재산은 총괄청이 관리·처분하도록 하였다가, '행정재산에 대한 중앙관서별 칸막이식 관리로 인하여 유휴·저활용 행정재산이 발생하는 등 국유재산의 활용도를 저해하는 문제가 있는바, 앞으로는 총괄청이 행정재산을 통합하여 관리하고, 각 중앙관서는 필요한 행정재산을 총괄청으로부터 승인받아 사용함으로써 전체 국유재산의 효율적 활용을 도모'하는 취지에서 2011. 3. 30. 법률 제10485호 개정 당시 위와 같이 개정되었다.

(2) 국유재산 사무의 위임, 위탁 등

(가) 일반적으로 행정기관은 법령에 따라 소관사무의 일부를 소속공무원이나 지방자치단체의 장에게 위임할 수 있고, 위임받은 기관은 법령에 따라 소속공무원에게 재위임할 수 있다(정부조직법 제6조 제1항, 행정위임위탁규정 제2조 제1호). 위임기관은 권한을 상실하고, 그 권한과 책임은 수임기관의 것으로 되기 때문에 수임기관의 명의로 권한행사를 하고(행정위임위탁규정 제8조), 위임 사무에 관한 쟁송상의 피고도 수임기관이 된다.

행정기관은 다른 행정기관에 소관사무를 위탁할 수 있고, 수탁기관은 자신의

한 재산

1) 국가재정법 제6조(독립기관 및 중앙관서) ① 이 법에서 "독립기관"이라 함은 국회·대법원·헌법재판소 및 중앙선거관리위원회를 말한다.
② 이 법에서 "중앙관서"라 함은 「헌법」 또는 「정부조직법」 그 밖의 법률에 따라 설치된 중앙행정기관을 말한다.
③ 국회의 사무총장, 법원행정처장, 헌법재판소의 사무처장 및 중앙선거관리위원회의 사무총장은 이 법을 적용할 때 중앙관서의 장으로 본다.

2) 구 국유재산법(2011. 3. 30. 법률 제10485호로 개정되기 전의 것) 제8조(국유재산 사무의 총괄과 관리) ③ 「국가재정법」 제6조에 따른 중앙관서의 장(이하 "관리청"이라 한다)은 …

소속 공무원에게 위임할 수 있다(정부조직법 제6조 제1항, 행정위임위탁규정 제2조 제2호). 이때 위임의 경우와 마찬가지로 위탁기관은 권한을 상실하고, 그 권한과 책임은 수탁기관의 것으로 되기 때문에 수탁기관의 명의로 권한행사를 하고(행정위임위탁규정 제8조), 위탁 사무에 관한 쟁송상의 피고도 수탁기관이 된다.

행정기관은 국민의 권리·의무와 직접 관계되지 아니하는 사무를 법령으로 정하는 바에 따라 민간에 위탁할 수 있다(정부조직법 제6조 제3항, 행정위임위탁규정 제11조 제1항). 이때 위탁기관은 권한을 잃지 않는다.

한편, 행정기관은 다른 기관으로 하여금 행정권한을 대행하게 하는 경우도 있다. 이때 대행자는 행정권한을 독립적으로 행사하지만, 피대행자의 권한이 대행자에게 이전되지는 않는다.

국유재산 사무 역시 위와 같은 일반적인 행정사무의 위임, 위탁 등에 관한 규정이 적용될 수 있다. 예컨대, 총괄청으로부터 총괄청 소관 행정재산 또는 일반재산의 관리·처분 사무를 위임받은 중앙관서의 장은 그 사무 중 일부를 다시 소속공무원이나 하급행정기관에 재위임할 수 있다(정부조직법 제6조 제1항 제2문).

(나) 이와 별도로 국유재산법은 국유재산 사무의 위임, 위탁 등에 관한 구체적인 규정을 두고 있다.

1) 국유재산 사무의 위임

총괄청은 ① 국유재산 총괄사무 중 일부를 조달청장 또는 지방지치단체의 장에게(국유재산법 제25조 전단, 국유재산법 시행령 제16조 제1항), ② 소관 행정재산 관리·처분 사무의 일부를 중앙관서의 장에게(국유재산법 제8조 제6항, 국유재산법 시행령 제4조의3), ③ 소관 일반재산의 관리·처분 사무의 일부를 총괄청 소속 공무원, 중앙관서의 장 또는 그 소속 공무원, 지방자치단체의 장 또는 그 소속 공무원에게(국유재산법 제42조 제1항 전단[1]) 각 위임할 수 있다.

중앙관서의 장은 ① 소관 행정재산의 관리에 관한 사무를 소속 공무원, 다른 중앙관서의 장 소속 공무원 또는 지방자치단체의 장이나 그 소속 공무원에게 위임할 수 있고(국유재산법 제28조, 국유재산법 시행령 제20조), ② 소관 일반재산의 관리·처분에 관한 사무 역시 소속 공무원, 다른 중앙관서의 장 소속 공무원 또는 지방자

1) 국유재산법 제42조 제1항 전단은 '대통령령으로 정하는 바에 따라' 위임할 수 있다고 규정하고 있는데, 위임한 사항을 규정한 하위법령은 없다. 결국 일반적인 행정위임위탁규정에 따르게 된다.

치단체의 장이나 그 소속 공무원에게 위임할 수 있다(국유재산법 제42조 제4항, 제28조, 국유재산법 시행령 제20조).

2) 국유재산 총괄사무 및 일반재산 사무의 위탁

총괄청은 ① 국유재산 총괄사무 중 일부를 정부출자기업체 또는 특별법에 따라 설립된 법인으로서 대통령령으로 정하는 자에게 위탁할 수 있고(국유재산법 제25조 후단, 국유재산법 시행령 제16조 제2항), 위 시행령에서 정하는 수탁기관은 「한국자산관리공사 설립 등에 관한 법률」에 따른 한국자산관리공사이다. 또한 총괄청은 ② 소관 일반재산의 관리·처분 사무의 일부를 정부출자기업체, 금융기관, 투자매매업자·투자중개업자 또는 특별법에 따라 설립된 법인으로서 대통령령으로 정하는 자에게 위탁할 수 있다(국유재산법 제42조 제1항 후단, 국유재산법 시행령 제38조[1] 제1항, 제3항, 제

---

1) 국유재산법 시행령 제38조(관리·처분기관) ① 총괄청은 증권의 처분을 중앙관서의 장이나 다음 각 호의 어느 하나에 해당하는 자에게 위탁할 수 있다.
1. 해당 증권을 발행한 법인
2. 「은행법」 제2조제1항제2호에 따른 은행(같은 법 제5조에 따라 은행으로 보는 것을 포함한다)
3. 「자본시장과 금융투자업에 관한 법률」에 따른 투자매매업자, 투자중개업자 및 집합투자업자
4. 「예금자보호법」에 따른 예금보험공사
5. 「중소기업은행법」에 따른 중소기업은행
6. 「한국산업은행법」에 따른 한국산업은행
7. 「한국수출입은행법」에 따른 한국수출입은행
8. 「한국은행법」에 따른 한국은행
9. 삭제 〈2014. 12. 30.〉
② 삭제 〈2013. 4. 5.〉
③ 총괄청은 법 제42조제1항에 따라 다음 각 호의 일반재산의 관리·처분에 관한 사무(관리·처분과 관련된 소송업무를 포함한다. 이하 이 조에서 같다) 및 이미 처분된 총괄청 소관 일반재산의 처분과 관련된 소송업무(제5항제2호에 따른 소송업무는 제외한다)를 한국자산관리공사에 위탁한다.
1. 국세물납에 따라 취득한 일반재산
2. 법 제40조제2항 본문에 따라 용도폐지되어 총괄청에 인계된 재산
3. 삭제 〈2016. 5. 10.〉
4. 법 제59조의2제2항 전단에 따른 출자로 인하여 취득한 증권
5. 제47조에 따라 대여의 방법으로 운용하기 위하여 총괄청이 지정하는 증권
6. 제79조에 따른 청산법인의 청산이 종결됨에 따라 국가에 현물증여되는 재산
7. 그 밖에 일반재산의 효율적 관리·처분을 위하여 총괄청이 지정하는 재산
④ 총괄청은 법 제42조제2항에 따라 위탁받은 법 제8조제3항의 일반재산의 관리·처분에 관한 사무를 한국자산관리공사에 위탁한다.
⑤ 총괄청 또는 중앙관서의 장은 법 제42조제1항 또는 제3항에 따라 다음 각 호의 사무를 한국자산관리공사 또는 「한국토지주택공사법」에 따른 한국토지주택공사에 위탁한다.
1. 법 제59조에 따라 개발하려는 일반재산의 관리·처분에 관한 사무
2. 제1호에 따른 일반재산으로서 이미 처분된 총괄청 또는 중앙관서의 장 소관 일반재산의 처분과 관련된 소송업무
⑥ 제1항, 제3항부터 제5항까지의 규정에 따라 위탁을 받은 경우에는 위탁의 근거 규정을 표시하고,

5항). 위 시행령에서 정하는 수탁기관은 한국자산관리공사, 「한국토지주택공사법」에 따른 한국토지주택공사, 증권을 발행한 법인, 은행 등이 있다.

중앙관서의 장은 ① 소관 일반재산의 관리·처분에 관한 사무의 일부를 총괄청에 위탁할 수 있고 총괄청은 필요한 경우 위탁하는 중앙관서의 장과 협의를 거쳐 한국자산관리공사에 위탁받은 사무를 재위탁할 수 있다(국유재산법 제42조 제2항, 국유재산법 시행령 제38조 제4항). 또한 중앙관서의 장은 ② 소관 특별회계나 기금에 속하는 일반재산을 개발하려는 경우 정부출자기업체, 금융기관, 투자매매업자·투자중개업자 또는 특별법에 따라 설립된 법인으로서 대통령령으로 정하는 자에게 위탁할 수 있고(국유재산법 제42조 제3항, 제1항, 국유재산법 시행령 제38조 제5항), 위 시행령에서 정하는 수탁기관은 한국자산관리공사, 한국토지주택공사가 있다.

3) 국유재산의 관리위탁

한편, 국유재산법은 앞서 본 '사무의 위탁'과는 별도로 '관리위탁'에 관한 규정을 두고 있다. 즉 중앙관서의 장은 행정재산과 일반재산을 효율적으로 관리하기 위하여 필요하면 국가기관 외의 자에게 그 재산의 관리를 위탁할 수 있고, 수탁자는 미리 해당 중앙관서의 장의 승인을 받아 위탁받은 재산의 일부를 사용·수익하거나 다른 사람에게 사용·수익하게 할 수 있다(국유재산법 제29조, 국유재산법 시행령 제21조 내지 제25조). 이에 따르면, 관리위탁에 있어 수탁자는 국유재산을 위탁받아 관리하는 자이면서 동시에 재산을 사용허가 내지 대부받아 사용·수익하는 자의 지위를 갖고 있다고 볼 수 있다.[1] 관리위탁은 유원지, 유적지, 상업용 빌딩, 쇼핑몰 등과 같이 전문적이고 효율적인 관리가 필요한 영역을 민간업체에 맡겨 처리하기 위해 2009. 1. 30. 법률 제9401호 전부개정 당시 신설되었다.[2]

4) 국유재산 사무의 대행

국유재산법은 국유재산 관리·처분 사무의 대행에 관하여는 별도의 규정을 두고 있지 않다. 교통시설특별회계에 속하는 행정재산인 철도시설, 고속국도 등과 관

위탁받은 자의 명의로 관리·처분한다.

⑦ 제3항부터 제5항까지의 규정에 따라 일반재산의 관리·처분에 관한 사무를 위탁하는 경우에 위탁료 등 세부적인 내용과 절차는 기획재정부령으로 정한다.

1) 강호칠, 앞의 책, 81.

2) 강호칠, 앞의 책, 81-82.

련하여, 개별법령에서 국토교통부장관이 철도시설 관리 등에 관한 업무 일부를 국가철도공단으로 하여금 대행하게 할 수 있고(철도산업기본법 제19조, 동법 시행령 제28조), 고속국도에 관한 권한의 일부를 한국도로공사로 하여금 대행하게 할 수 있다고 규정한다(도로법 제112조, 동법 시행령 제103조).

(2) 변상금 부과 권한

가) 국유재산법 제72조 제1항은 '중앙관서의 장등은 … 변상금을 징수[1]한다'고 규정하고, 여기서 '중앙관서의 장등'이란 앞서 본 국가재정법 제6조에 따른 중앙관서의 장과 국유재산법 제42조 제1항에 따라 일반재산의 관리·처분에 관한 사무를 위임·위탁받은 자를 말한다(국유재산법 제2조 제11호).

변상금 부과 및 징수는 국유재산의 관리에 관한 사무에 속한다고 볼 수 있고, 국유재산은 총괄청이 관리·처분 권한을 가지는 경우와 중앙관서의 장이 관리·처분 권한을 가지는 경우로 나뉜다.

나) 앞서 본 것처럼 총괄청은 소관 행정재산과 소관 일반재산의 관리 사무를 중앙관서의 장에게 위임할 수 있고 중앙관서의 장은 이를 소속공무원이나 하급행정기관에 재위임할 수 있다. 또한 중앙관서의 장은 소관 행정재산과 소관 일반재산의 관리 사무를 소속 공무원, 다른 중앙관서의 장 소속 공무원 또는 지방자치단체의 장이나 그 소속 공무원에게 위임할 수 있다. 수임기관은 위임받은 사항에 대하여는 그 범위에서 행정기관으로서 그 사무를 수행하는 것으로서(정부조직법 제6조 제2항) 위임기관과 동일한 권한을 가지므로, 위 국유재산법 제72조 제1항상 '중앙관서의 장'의 지위에서 변상금 징수 권한을 가진다고 볼 수 있다.

이때 총괄청 소관 행정재산과 소관 일반재산에 대한 관리 사무를 총괄청이 직접 하거나 소속 공무원, 지방자치단체의 장이나 그 소속 공무원에게 위임하는 경우와 같이 '중앙관서의 장'이 게재되지 않는 경우, 총괄청이나 그 수임기관에 변상금 징수 권한이 있는지 문제될 수 있다. 그러나 총괄청은 소관 행정재산의 관리 사무를 중앙관서의 장에게 위임하고, 소관 일반재산의 관리 사무는 대부분 한국자산관리공사에 위탁하여 실제상 문제가 발생할 여지는 적다. 실제 문제가 발생하는 경우에도

---

1) 국유재산법은 변상금의 부과와 징수를 엄밀히 구분하지 않고 때로는 부과와 징수를 포괄하는 의미로 징수라는 용어를 사용하기도 한다.

총괄청은 정부조직법상으로는 중앙관서의 장에 해당하는 점, 총괄청이 관리 사무를 직접 수행하거나 소속 공무원 또는 지방자치단체의 장, 그 소속 공무원에게 위임하여 수행한다 하더라도 그 사무의 성질은 중앙관서의 장에게 위임하여 수행하는 경우와 동일한 점 등을 고려하면, 총괄청이나 그 수임기관 역시 변상금 징수 권한을 가진다고 해석할 수 있을 것이다.

다) 일반재산의 경우 관리 사무의 위탁이 가능하고, 시행령에서 규정하는 기관으로는 한국자산관리공사, 주택, 은행 등이 있다. 실제로는 한국자산관리공사가 대부분의 일반재산을 관리한다. 국유재산법 제72조 제1항, 제2조 제11호는 변상금 부과 주체로 국유재산법 제42조 제1항에 따라 위임·위탁받은 자만을 규정하고 있으므로, 같은 조 제2항에 따라 중앙관서의 장 소관 일반재산의 관리·처분에 관한 사무의 일부를 위탁받은 총괄청으로부터 재위탁받은 자는 여기서 말하는 '중앙관서의 장등'에 해당하지 않는다.

위 조항에서 보듯이 한국자산관리공사에게 관리 사무를 위탁할 수 있는 재산은 일반재산이다. 실무상 한국자산관리공사로부터 변상금 부과처분을 받은 원고가 그 처분의 취소 또는 무효확인을 구하면서 해당 재산이 행정재산에 해당하여 한국자산관리공사가 변상금 부과 권한을 갖지 않아 위법하다는 주장을 하는 경우가 있다. 대법원은 행정재산에 관하여 한국자산관리공사가 위탁을 받아 변상금 부과처분을 한 경우 관리권 위탁의 근거가 될 수 없는 규정에 근거하여 이루어진 처분으로서 위법하고 하자가 중대하고 명백하여 무효라고 판단하였다.[1)]

---

1) 대법원 2014. 11. 27. 선고 2014두10769 판결: "구 국유재산법(2007. 8. 3. 법률 제8635호로 개정되기 전의 것, 이하 같다) 제4조는 국유재산을 행정재산, 보존재산, 잡종재산으로 구분하면서, 같은 법 제6조는 재정경제부장관(이하 '총괄청'이라 한다)은 국유재산에 관한 사무를 총괄하고 각 중앙관서의 장(예산회계법 제14조의 규정에 의한 중앙관서의 장을 말하며, 이하 '관리청'이라 한다)은 그 소관에 속하는 국유재산을 관리한다고 규정하고 있다. 그리고 국유재산의 관리위임·위탁에 관하여 행정재산과 보존재산은 같은 법 제21조, 제21조의2에서 관리청이 대통령령이 정하는 바에 따라 소속공무원, 다른 관리청의 소속공무원에게 그 소관에 속하는 행정재산과 보존재산의 관리에 관한 사무를 위임하거나, 지방자치단체의 장 또는 그 소속공무원에게 그 관리사무를 위임할 수 있고, 필요한 경우 국가기관 외의 자에게 관리위탁을 할 수 있다고 규정하고, 잡종재산은 같은 법 제32조에서 원칙적으로 총괄청이 관리·처분하고(제1항), 총괄청이 대통령령이 정하는 바에 따라 그 관리·처분에 관한 사무의 일부를 총괄청소속공무원, 관리청 또는 그 소속공무원, 지방자치단체의 장 또는 그 소속공무원에게 위임하거나 정부출자기업체, 금융기관, 증권회사 또는 특별법에 의하여 설립된 법인으로서 대통령령이 정하는 자에게 위탁할 수 있다(제3항)고 규정하고, 그 위임을 받은 같은 법 시행령(2006. 8. 14. 대통령령 제19643호로 개정되기 전의 것, 이하 같다) 제33조 제2항 단서에서 총괄청은 총괄청이 관리 처분하는 잡종재산 및 보존재산 중 국세물납으로 인하여 취득된 국유재산 중 총괄청이 따로 지정하는 재산(제1호), 제60조의 규정에 의한 청산법인의 청산종결로 인하여 국가로 현물증여되는 재산(제2호), 기타 재

라) 국유재산법 제42조 제1항에 따른 일반재산의 관리에 관한 수탁기관이 아니라 개별법에 따라 국유재산에 관한 사무를 위탁받은 특수법인이 국유재산법상 변상금 부과 주체가 될 수 있는지 문제된다. 한국철도시설공단이 갑 구청에 철도부지로 사용하던 국유재산인 토지에 도로를 설치하여 무단으로 점유·사용하고 있다는 이유로 변상금을 부과한 사안에서, 대법원은 철도산업기본법에 따라 국토교통부장관이 철도청장으로부터 철도자산을 이관받아 그 관리업무를 한국철도시설공단에 위탁할 수 있고 그 위탁계약에서 변상금 징수 업무를 정하고 있어 한국철도시설공단이 변상금 부과 권한을 가진다고 판시하였다.[1)]

산의 특성상 시·도지사가 직접 관리·처분하기 곤란하다고 인정하여 총괄청이 따로 지정하는 재산(제3호)의 경우에는 「금융기관부실자산의 효율적 처리 및 한국자산관리공사의 설립에 관한 법률」에 의하여 설립된 한국자산관리공사(이하 '한국자산관리공사'라 한다) 또는 「한국토지공사법」에 의하여 설립된 한국토지공사에 관리·처분을 위탁할 수 있다고 규정하고 있다. 한편, 구 국유잡종재산의 위탁에 관한 규칙(2001. 11. 13. 재정경제부령 제227호로 개정된 것, 이하 '잡종재산 위탁규칙'이라 한다) 제2조는 '재정경제부장관(이하 '총괄청'이라 한다)이 한국자산관리공사 또는 한국토지공사(이하 '수탁기관'이라 한다)에 위탁한 국유잡종재산(이하 '위탁재산'이라 한다)의 관리·처분에 관하여는 국유재산법령 및 다른 법령에서 정하는 것을 제외하고는 이 규칙이 정하는 바에 의한다.', 같은 규칙 제3조 제1항은 '총괄청이 국유재산법시행령(이하 '영'이라 한다) 제33조 제2항 단서의 규정에 의하여 위탁하기로 결정한 재산을 수탁기관에 통지함에 따라 수탁기관이 종전의 재산관리기관으로부터 그 재산의 관리에 필요한 서류를 수령한 때에 당해 재산이 수탁기관에 인계된 것으로 본다.'라고 규정하고 있다.

이처럼 구 국유재산법 제21조의2가 행정재산에 관하여 총괄청이 아닌 그 행정재산이 속하는 소관 관리청에 관리위탁 권한을 부여한 점, 같은 법 제32조 및 같은 법 시행령 제33조 제2항 단서는 잡종재산 및 보존재산에 한하여 일정한 경우에는 총괄청이 그 관리·처분권을 한국자산관리공사 또는 한국토지공사에 위탁할 수 있도록 한 것이고, 잡종재산 위탁규칙 역시 총괄청이 한국자산관리공사 또는 한국토지공사에 위탁한 '잡종재산'의 관리·처분에 관하여 적용되는 점 등을 종합하면, 총괄청은 행정재산에 대하여는 구 국유재산법 제32조 제3항, 같은 법 시행령 제33조 제2항 단서, 잡종재산 위탁규칙 제2조, 제3조에 의하여 그 관리·처분권을 한국자산관리공사 또는 한국토지공사에 위탁할 수 없다.

원심판결 이유에 의하면 원심은, 재정경제부장관이 2006. 7. 1. 구 국유재산법 제32조 제3항, 같은 법 시행령 제33조 제2항 단서, 잡종재산 위탁규칙 제2조, 제3조에 터 잡아 다른 잡종재산에 대한 관리권을 일괄하여 피고에게 위탁하는 결정을 하면서 그 대상이 되는 재산목록 속에 행정재산인 이 사건 토지를 포함시켰는데, 이 사건 토지에 관한 부분은 관리권 위탁의 근거가 될 수 없는 규정에 근거하여 이루어진 것이어서 그 하자가 중대하고 명백하여 무효라고 판단하였다.

원심의 이러한 판단은 앞서 본 법리에 따른 것으로 정당하[다.]"

1) 대법원 2014. 7. 10. 선고 2012두23358 판결: "원심은, 구 국유재산법(2011. 3. 30. 법률 제10485호로 개정되기 전의 것, 이하 같다) 제72조 제1항에 의해 국유재산의 무단점유자에 대하여 변상금을 부과·징수할 수 있는 자는 국가재정법 제6조에 따른 중앙관서의 장인 관리청과 구 국유재산법 제42조 제1항에 따라 일반재산의 관리·처분에 관한 사무를 위임·위탁받은 자에 한정되고 같은 법 제29조 제1항에 따라 행정재산의 관리위탁을 받은 자는 변상금을 부과·징수할 권한이 없으므로, 피고가 국토해양부장관으로부터 구 철도산업발전기본법(2013. 3. 23. 법률 제11690호로 개정되기 전의 것, 이하 '구 철도기본법'이라고 한다) 제23조 제4항 및 이를 근거로 피고와 국토해양부장관 사이에 체결된 일반철도의 시설자산 관리위탁 계약(이하 '이 사건 관리위탁 계약'이라고 한다)에 의해 행정재산인 이 사건 토지들에 관한 변상금 부과권한을 포함한 관리업무를 위탁받았다고 하더라도 구 국유재산법상 변상금을 부과할 수 있는 '관리청 등'에 해당하지 않아 피고의 이 사건 처분은 권한이 없는 행정청이

나. 공유재산법

(1) 공유재산의 관리·처분 체계

공유재산법은 공유재산 및 물품에 관한 기본적인 사항을 정함으로써 공유재산 및 물품을 적정하게 보호하고 효율적으로 관리·처분하는 것을 목적으로 하는 법률로서(공유재산법 제1조), 공유재산과 물품의 관리와 처분에 관한 상세한 규정을 두고 있다. "관리"란 공유재산 및 물품의 취득·운용과 유지·보존을 위한 모든 행위를 말하고(공유재산법 제2조 제4호), "처분"이란 공유재산 및 물품의 매각, 교환, 양여, 신탁, 현물 출자 등의 방법으로 공유재산 및 물품의 소유권이 해당 지방자치단체 외의 자에게 이전되는 것을 말한다(공유재산법 제2조 제6호).

지방자치단체가 소유하는 공유재산 또는 물품은 기본적으로 해당 지방자치단체

한 행위로서 위법하다고 판단하였다. […]
피고의 변상금 부과권한에 관한 원심의 위와 같은 판단은 다음과 같은 이유로 수긍하기 어렵다.
(1) 구 국유재산법 제72조 제1항은 관리청 등은 국유재산의 무단점유자에 대하여 변상금을 부과·징수할 수 있도록 규정하고 있고, 같은 법 제4조 본문은 "국유재산의 관리와 처분에 관하여는 다른 법률에 특별한 규정이 있는 경우를 제외하고는 이 법에서 정하는 바에 따른다."고 규정하고 있다. 한편 구 철도기본법 제19조 제2항은 철도의 관리청인 국토해양부장관이 철도시설의 건설 및 관리 등에 관한 업무의 일부를 대통령령이 정하는 바에 의하여 피고로 하여금 대행하게 할 수 있다고 규정하고 있고, 같은 조 제3항은 피고가 위 제2항의 규정에 의하여 국토해양부장관의 업무를 대행하는 경우에 그 대행하는 범위 안에서 이 법과 그 밖의 철도에 관한 법률의 적용에 있어서는 그 철도의 관리청으로 본다고 규정하고 있으며, 구 철도산업발전기본법 시행령(2013. 3. 23. 대통령령 제24443호로 개정되기 전의 것, 이하 '구 철도기본법 시행령'이라고 한다) 제28조 제2호는 피고가 국토해양부장관을 대행하는 업무로서 '국가 소유의 철도시설에 대한 사용료 징수 등 관리업무의 집행'을 규정하고 있다.
또한 구 철도기본법 제23조 제4항은 국토해양부장관이 철도자산처리계획에 의하여 철도청장으로부터 시설자산, 기타자산 등의 철도자산을 이관받으며, 그 관리업무를 철도시설공단, 철도공사, 관련 기관 및 단체 또는 대통령령이 정하는 민간법인에 위탁하거나 그 자산을 사용·수익하게 할 수 있다고 규정하고 있는데, 기록에 의하면, 국토해양부장관과 피고는 구 철도기본법 제23조 제4항에 따라 철도자산의 효율적이고 체계적인 관리를 위하여 국토해양부장관이 피고에게 이 사건 토지들을 비롯한 철도자산의 관리를 위탁하는 내용의 이 사건 관리위탁 계약(을 제1호증)을 체결한 사실, 위 관리위탁 계약 제3조 제1항 카호에서 관리위탁 업무로서 국유재산법 제72조에 따른 변상금 징수 업무를 규정하고 있는 사실을 알 수 있다.
(2) 위에서 본 바와 같은 구 철도기본법 제19조 제2항, 제3항, 제23조 제4항 및 구 철도기본법 시행령 제28조 제2호의 각 규정 내용과 이에 따라 체결된 이 사건 관리위탁 계약의 내용, 국가가 철도시설의 건설 및 관리와 그 밖에 이와 관련된 사업을 체계적이고 효율적으로 추진하기 위하여 그 집행조직으로서 법인 형태의 피고를 설립한 점, 무단점유자에 대한 변상금의 부과·징수는 국유재산인 철도자산의 적정한 관리를 위하여 필요한 업무인 점 등을 종합하여 보면 행정재산인 이 사건 토지들에 관한 관리청인 국토해양부장관의 변상금 부과권한이 피고에게 위탁되어 이전되었다고 봄이 타당하다.
따라서 피고의 이 사건 처분은 권한이 있는 자에 의한 처분으로서 적법하다고 할 것이다."

의 장이 관리·처분 권한을 가진다(공유재산법 제14조 제1항, 제52조 제1항, 제75조 내지 제79조).

(2) 공유재산 사무의 위임, 위탁 등

(가) 지방자치단체의 장 역시 일반 법령 등에 따라 소관사무의 일부를 위임, 위탁할 수 있다. 지방자치단체의 장은 조례나 규칙으로 정하는 바에 따라 그 권한에 속하는 사무의 일부를 보조기관, 소속 행정기관 또는 하부행정기관에 위임할 수 있고(지방자치법 제117조 제1항), 관할 지방자치단체나 공공단체 또는 그 기관(사업소·출장소를 포함한다)에 위임하거나 위탁할 수 있다(지방자치법 제117조 제2항).

또한 지방자치단체의 장은 조례나 규칙으로 정하는 바에 따라 그 권한에 속하는 사무 중 조사·검사·검정·관리업무 등 주민의 권리·의무와 직접 관련되지 아니하는 사무를 법인·단체 또는 그 기관이나 개인에게 위탁할 수 있다(지방자치법 제117조 제3항).

(나) 이와 별도로 공유재산법은 공유재산 및 물품 관련 사무의 위임, 위탁 등에 관한 구체적인 규정을 두고 있다.

1) 공유재산 및 물품 사무의 위임

지방자치단체의 장은 소관 공유재산을 관리·처분하되, 소속 공무원에게 위임하여 공유재산을 관리·처분하게 할 수 있고, 특별시장·광역시장 또는 도지사는 시장·군수 또는 구청장에게 위임하여 그 재산을 관리·처분하게 할 수 있다(공유재산법 제14조 제1항). 이에 따라 위임을 받은 공무원을 '재산관리관'이라 한다(공유재산법 제14조 제2항).

또한 지방자치단체의 장은 소관 물품의 관리 사무를 소속 공무원에게 위임하여 물품을 관리하게 할 수 있다(공유재산법 제52조 제1항). 이에 따라 위임받은 공무원을 '물품관리관'이라 한다(공유재산법 제52조 제2항).

2) 일반재산 사무의 위탁

지방자치단체의 장은 일반재산의 효율적인 관리·처분을 위하여 특별법에 따라 설립된 법인으로서 대통령령으로 정하는 자에게 해당 재산의 관리·처분에 관한 사무를 위탁할 수 있다(공유재산법 제43조의2 제1항). 대통령령인 공유재산법 시행령에서 정하는 수탁기관은 「한국자산관리공사 설립 등에 관한 법률」에 따른 한국자산관리공사, 「한국토지주택공사법」에 따라 설립된 한국토지주택공사, 「지방공기업법」 제49조에 따라 설립된 지방공사로서 같은 법 제2조제1항제7호 및 제8호의 사업을 목적으로 설립된 지방공사, 「한국지방재정공제회법」에 따라 설립된 한국지방재정공제회, 「국가공간정보 기본법」 제12조에 따라 설립된 한국국토정보공사이다(공유재산법 시행령 제48조의2 제1항).

3) 공유재산의 관리위탁

한편, 공유재산법 역시 앞서 본 '사무의 위탁'과는 별도로 '관리위탁'에 관한 규정을 두고 있다. 즉 지방자치단체의 장은 행정재산의 효율적인 관리를 위하여 필요하다고 인정하면 대통령령으로 정하는 바에 따라 지방자치단체 외의 자에게 그 재산의 관리를 위탁(이하 "관리위탁"이라 한다)할 수 있고, 이때 해당 행정재산의 관리를 위하여 특별한 기술과 능력이 필요한 경우에는 그 기술과 능력을 갖추는 등 해당 행정재산을 관리하기에 적합한 자에게 관리위탁을 하여야 한다(공유재산법 제27조 제1항, 공유재산법 시행령 제19조 제1항). 이에 따라 행정재산의 관리위탁을 받은 자는 해당 행정재산의 사용허가를 받은 자로 간주되고, 관리위탁의 조건에 위반되지 아니하는 범위에서 지방자치단체의 장의 승인을 받아 그 행정재산을 다른 자에게 사용·수익하게 할 수 있다(공유재산법 제27조 제4항, 제5항).

(3) 변상금 부과 권한

가) 공유재산법 제81조 제1항은 '지방자치단체의 장과 제43조의2에 따라 일반재산의 관리·처분에 관한 사무를 위탁받은 자'가 변상금을 징수한다고 규정한다.

나) 앞서 본 것처럼 지방자치단체의 장은 소관 공유재산을 관리·처분하되, 소속 공무원에게 위임하여 공유재산을 관리·처분하게 할 수 있고, 특별시장·광역시장 또는 도지사는 시장·군수 또는 구청장에게 위임하여 그 재산을 관리·처분하게 할 수 있으며, 지방자치단체의 장은 소관 물품의 관리 사무를 소속 공무원에게 위임하여 물품을 관리하게 할 수 있다. 변상금 부과는 공유재산 및 물품의 관리에 관한 사무에 속한다고 볼 수 있고, 수임기관은 위임받은 사항에 대하여는 자기의 이름과 책임 아래 위임기관과 동일한 권한을 행사하므로, 수임기관 역시 '지방자치단체의 장'

의 지위에서 변상금 징수 권한을 가진다고 볼 수 있다.

다) 또한 일반재산의 관리·처분에 관한 사무를 위탁받은 자 역시 변상금 부과 권한을 가진다. 이때 변상금 부과 대상인 공유재산이 일반재산이 아닌 경우라면, 해당 재산의 관리·처분에 관한 사무를 수탁기관에 위탁할 수 없고 수탁기관은 변상금 부과 권한이 없다.

다. 도로법, 하천법

(1) 도로법상 변상금 징수 권한은 도로관리청에 있다(도로법 제72조 제1항). 도로관리청이란 도로에 관한 계획, 건설, 관리의 주체가 되는 기관으로서 도로의 구분에 따라 도로법 제23조[1]에서 규정하는 국토교통부장관, 특별시장·광역시장·특별자치시장·도지사·특별자치도지사·시장·군수 또는 자치구의 구청장 중 어느 하나에 해당하는 기관을 말한다(도로법 제2조 제5호). 다만, 국토교통부장관은 위임국도[2] 구간을 제외한 일반국도에 관한 변상금 징수 권한을 지방국토관리청장에게 위임한다(도로법 제110조 제1항, 도로법 시행령 제100조 제3항 제27호).

(2) 하천법상 변상금 징수 권한은 하천관리청에 있다(하천법 제37조 제3항). 하천관리청이란 하천에 관한 계획의 수립과 하천의 지정·사용 및 보전 등을 하는 환경

---

1) 도로법 제23조(도로관리청) ① 도로관리청은 다음 각 호의 구분에 따른다.
 1. 제11조 및 제12조에 따른 고속국도와 일반국도: 국토교통부장관
 2. 제15조제2항에 따른 국가지원지방도(이하 “국가지원지방도”라 한다): 도지사·특별자치도지사(특별시, 광역시 또는 특별자치시 관할구역에 있는 구간은 해당 특별시장, 광역시장 또는 특별자치시장)
 3. 그 밖의 도로: 해당 도로 노선을 지정한 행정청
 ② 제1항에도 불구하고 특별시·광역시·특별자치시·특별자치도 또는 시의 관할구역에 있는 일반국도(우회국도 및 지정국도는 제외한다. 이하 이 조에서 같다)와 지방도는 각각 다음 각 호의 구분에 따라 해당 시·도지사 또는 시장이 도로관리청이 된다.
 1. 특별시·광역시·특별자치시·특별자치도 관할구역의 동(洞) 지역에 있는 일반국도: 해당 특별시장·광역시장·특별자치시장·특별자치도지사
 2. 특별자치시 관할구역의 동 지역에 있는 지방도: 해당 특별자치시장
 3. 시 관할구역의 동 지역에 있는 일반국도 및 지방도: 해당 시장

2) 도로법 제31조 제2항은 국토교통부장관이 일반국도의 일부 구간에 대한 도로공사와 도로의 유지·관리에 관한 업무를 대통령령으로 정하는 바에 따라 도지사 또는 특별자치도가 수행하도록 할 수 있다고 규정한다. 그 위임을 받은 도로법 시행령 제29조 제1항은 ‘도지사 또는 특별자치도지사가 도로공사와 도로의 유지·관리에 관한 업무를 수행하는 일반국도(이하 “위임국도”라 한다)는 간선 기능이 약한 별표 1에 따른 일반국도 구간으로 한다’고 규정하고, [별표 1]은 ‘일반국도 위임대상 구간’을 상세하게 규정한다.

부장관, 특별시장·광역시장·특별자치시장·도지사·특별자치도지사를 말한다(하천법 제2조 제4호). 다만, 환경부장관은 국가하천에 관한 변상금 징수 권한을 유역환경청장 또는 지방환경청장에게 위임한다[하천법 제92조 제1항, 하천법 시행령 제105조 제2항 제1호 (터)목].

3. 변상금의 산정

가. 산정방식

(1) 국유재산법, 공유재산법

가) 국유재산법과 공유재산법상 변상금은 사용료(행정재산의 경우) 또는 대부료(일반재산의 경우)의 120%에 상당하는 금액이다(국유재산법 제72조 제1항, 공유재산법 제81조 제1항). 국유재산법 시행령 제71조 제1항, 제29조, 공유재산법 시행령 제14조, 제31조는 변상금의 기준이 되는 연간 사용료와 연간 대부료를 해당 재산가액에 해당 요율을 곱한 금액으로 하는 등 산출방식에 관한 상세한 규정을 두고 있다.

나) 국유재산법 시행령은 해당 재산가액의 산출기준에 관하여 2009. 7. 27. 대통령령 제21641호로 전부 개정되기 전까지는 '가장 최근에 공시한 공시지가'나 '개별공시지가', '최근 공시된 해당 토지의 개별공시지가'를 적용하도록 규정하다가, 위 전부 개정으로 '사용료 산출을 위한 재산가액 결정 당시의 개별공시지가'를 적용하도록 규정하고 대부료는 사용료를 준용하도록 하고 있다(국유재산법 시행령 제29조 제2항 제1호, 제51조).

대법원은 종래 위와 같이 국유재산법 시행령이 전부 개정되기 전 '가장 최근에 공시한 공시지가'나 '개별공시지가'를 기준으로 산출하도록 되어 있던 토지의 가액의 평가와 관련하여, 그러한 평가는 국유재산을 대부받은 점유자가 점유 개시 후에 자기의 비용과 노력으로 가치를 증가시킨 변경된 상태를 기준으로 할 것이 아니라 점유자가 점유를 개시할 당시의 현실적 이용상태를 상정하여 이를 기준으로 평가하여야 한다고 판시하여 왔다.[1] 이후 대법원은 국유재산법 시행령이 위와 같이 전부 개

1) 대법원 2004. 10. 28. 선고 2002다20995 판결 등 참조.

정되어 '사용료 산출을 위한 재산가액 결정 당시의 개별공시지가'를 기준으로 산출하도록 된 후에는 위 전부 개정 국유재산법 시행령의 시행일인 2009. 7. 31.부터는 점유자가 점유를 개시할 당시의 현실적 이용상태를 상정하여 이를 기준으로 해당 재산가액을 평가할 것이 아니라, 새로이 대부계약을 체결하거나 갱신할 당시의 현실적 이용상태를 기준으로 해당 재산가액을 산출하여야 하고 이는 당초 국유재산의 점용 또는 사용·수익허가를 받아 점유를 개시한 후에 대부계약이 새로이 체결된 경우에도 마찬가지라고 판시하였다.[1]

---

1) 대법원 2013. 1. 17. 선고 2011다83431 전원합의체 판결: "가. 국유 일반재산인 토지에 대한 대부료 산정의 기준이 되는 근거법령인 국유재산법 시행령에서는 대부료는 해당 토지의 가액에 일정한 요율을 곱한 금액으로 산정한다고 하면서 대부료 산정의 기초가 되는 해당 토지의 가액을 산출하는 기준에 관하여 규정하고 있는바, 구체적으로 2007. 12. 28. 대통령령 제20463호로 개정되기 전의 구 국유재산법 시행령(이하 '2007년 개정 전 국유재산법 시행령'이라고 한다) 제26조 제1항, 제2항 제1호는 「부동산 가격공시 및 감정평가에 관한 법률」에 의한 해당 토지의 '개별공시지가'를 적용하도록 규정하고, 2009. 7. 27. 대통령령 제21641호로 전부 개정되기 전의 구 국유재산법 시행령(이하 '2009년 개정 전 국유재산법 시행령'이라고 한다) 제26조 제1항, 제2항 제1호는 「부동산 가격공시 및 감정평가에 관한 법률」에 따라 '최근 공시된 해당 토지의 개별공시지가'를 적용하도록 규정하고 있었다가, 2009. 7. 27. 대통령령 제21641호로 전부 개정되어 같은 달 31일부터 시행된 현행 국유재산법 시행령(이하 '2009년 개정 국유재산법 시행령'이라고 한다) 제29조 제1항, 제2항 제1호는 '사용료 산출을 위한 재산가액 결정 당시의 개별공시지가(「부동산 가격공시 및 감정평가에 관한 법률」 제11조에 따른 해당 토지의 개별공시지가로 하며, 해당 토지의 개별공시지가가 없으면 같은 법 제9조에 따른 공시지가를 기준으로 하여 산출한 금액을 말한다)'를 적용하도록 규정하고 있다.
한편 공유 일반재산인 토지에 대한 대부료 산정의 기준이 되는 근거법령인 구 지방재정법 시행령과 공유재산 및 물품관리법(이하 '공유재산관리법'이라고 한다) 시행령에서도 대부료는 해당 토지의 가액에 일정한 요율을 곱한 금액으로 산정한다는 취지로 규정하면서 대부료 산정의 기초가 되는 해당 토지의 가액을 산출하는 기준에 관하여 정하고 있는바, 구체적으로 2005. 12. 30. 대통령령 제19226호로 전부 개정되기 전의 구 지방재정법 시행령(이하 '2005년 개정 전 지방재정법 시행령'이라고 한다) 제92조 제1항, 제2항 제1호는 「지가공시 및 토지 등의 평가에 관한 법률」에 의하여 '가장 최근에 공시한 개별공시지가(해당 토지의 개별공시지가가 없는 경우에는 동법 제10조의 규정에 의한 공시지가를 기준으로 하여 산정하되, 해당 토지와 경계를 접한 인근 토지의 공시지가를 우선적으로 적용한다)'를 사용하여 산출하도록 규정하였고, 현행 공유재산관리법 시행령(2005. 12. 30. 대통령령 제19227호로 제정되어 2006. 1. 1.부터 시행된 것, 이하 같다) 제31조 제1항, 제2항 제1호는 '개별공시지가'를 사용하여 산출하도록 규정하고 있다.
나. 대법원은 일찍이 국·공유 일반재산인 토지에 대한 대부료 산정의 기준이 되는 근거법령인 위 2007년 개정 전 국유재산법 시행령의 '개별공시지가'나 2009년 개정 전 국유재산법 시행령의 '최근 공시된 해당 토지의 개별공시지가'와 유사한 표현인 구 국유재산법 시행령(1996. 6. 15. 대통령령 제15026호로 개정되기 전의 것) 제26조 제2항 제1호의 '가장 최근에 공시한 공시지가'나 구 국유재산법 시행령(2000. 2. 14. 대통령령 제16709호로 개정되기 전의 것) 제26조 제2항 제1호의 '개별공시지가'를 기준으로 산출하도록 되어 있던 토지의 가액의 평가와 관련하여, 그러한 평가는 국유재산을 대부받은 점유자가 점유 개시 후에 자기의 비용과 노력으로 가치를 증가시킨 변경된 상태를 기준으로 할 것이 아니라 점유자가 점유를 개시할 당시의 현실적 이용상태를 상정하여 이를 기준으로 평가하여야 한다고 판시하여 왔고(대법원 2004. 10. 28. 선고 2002다20995 판결 등 참조), 2005년 개정 전 지방재정법 시행령의 '가장 최근에 공시한 개별공시지가'와 유사한 표현인 구 지방재정법 시행령(1994. 9. 29.

다) 공유재산법 시행령 역시 해당 재산가액의 산출기준에 관하여 2013. 6. 21. 대통령령 제24631호로 개정되기 전까지는 '가장 최근에 공시한 공시지가'나 '가장 최근에 공시한 개별공시지가', '개별공시지가'를 적용하도록 규정하다가, 위 개정으로 '대부료 산출을 위한 재산가격 결정 당시의 개별공시지가'를 적용하도록 규정하고 사용료는 대부료를 준용하도록 하고 있다(공유재산법 시행령 제31조 제2항 제1호, 제14조 제3항).

대법원은 종래 위와 같이 공유재산법 시행령이 개정되기 전 '가장 최근에 공시한 공시지가'를 기준으로 산출하도록 되어 있던 토지의 가액의 평가와 관련하여서도 과거 국유재산법 시행령의 경우와 마찬가지로 점유자가 점유를 개시할 당시의 현실적 이용상태를 상정하여 이를 기준으로 평가하여야 한다고 판시하여 왔다.[1] 위 국유재산법령에 관한 대법원 2013. 1. 17. 선고 2011다83431 전원합의체 판결의 취지와 마찬가지로, 공유재산법 시행령이 '대부료 산출을 위한 재산가액 결정 당시의 개

대통령령 제14391호로 개정되기 전의 것) 제92조 제2항 제1호의 '가장 최근에 공시한 공시지가'를 기준으로 산출하도록 되어 있던 토지의 가액의 평가에 관하여도 마찬가지로 점유자가 점유를 개시할 당시의 상태를 기준으로 하여야 한다고 판시하였는바(대법원 1996. 8. 23. 선고 96누3951 판결 등 참조), 대법원의 이러한 해석론은 토지가액의 평가기준에 관하여 동일하거나 유사한 용어를 사용하고 있던 2007년 개정 전 국유재산법 시행령과 2009년 개정 전 국유재산법 시행령 및 2005년 개정 전 지방재정법 시행령과 현행 공유재산관리법 시행령에 대하여도 마찬가지로 적용된다고 할 것이다.

그런데 그 후 2009년 개정 국유재산법 시행령으로 전부 개정되어 국유 일반재산인 토지에 대한 대부료 산정의 기초가 되는 해당 토지가액의 산출기준이 '최근 공시된 해당 토지의 개별공시지가'에서 '사용료 산출을 위한 재산가액 결정 당시의 개별공시지가'로 변경되었는바, 사용료 산출을 위한 재산가액 결정 당시의 개별공시지가는 재산가액 결정 당시 시점에 당해 토지가 현실적으로 이용되는 상태를 그대로 평가하여 정해지는 것이고, 위와 같은 문언으로 개정한 입법 취지가 토지를 형질변경하게 되면 그에 따라 사용이익이 증감하는 것이 일반적이므로 그러한 현상을 있는 그대로 반영하여 대부료를 적정하게 산정하는 것이 보다 합리적이라는 사고에 바탕을 두고 이를 분명하게 하기 위한 것임을 고려할 때, '사용료 산출을 위한 재산가액 결정 당시의 개별공시지가'라는 위 개정조항에는 단순한 '개별공시지가'라거나 거기에 '최근'이라는 문구가 첨가된 구 조항들과는 달리 '점유 개시 당시가 아닌 현재의 현실적 이용상태'를 기준으로 한다는 의미가 담겨 있다고 봄이 상당하다.

따라서 국유 일반재산인 토지를 대부받은 점유자가 점유 개시 후에 자기의 비용과 노력으로 가치를 증가시켰다고 하더라도 2009년 개정 국유재산법 시행령의 시행일인 2009. 7. 31.부터는 점유자가 점유를 개시할 당시의 현실적 이용상태를 상정하여 이를 기준으로 해당 재산가액을 평가할 것이 아니라, 새로이 대부계약을 체결하거나 갱신할 당시의 현실적 이용상태를 기준으로 해당 재산가액을 산출하여야 한다. 그리고 이는 당초 국유재산의 점용 또는 사용·수익허가를 받아 점유를 개시한 후에 대부계약이 새로이 체결된 경우에도 마찬가지이다.

다만 공유 일반재산인 토지의 대부료 산정에 관하여는 그 근거법령인 공유재산관리법 시행령이 2009. 7. 27. 국유재산법 시행령 개정 때 함께 개정되지 않은 채 당초 2005. 12. 30. 제정될 당시의 상태 그대로 유지되고 있어 위와 같은 법리가 적용될 수 없고, 여전히 대법원이 종전에 취하던 해석론에 의할 수밖에 없음을 주의적으로 밝혀 둔다."

1) 대법원 1996. 8. 23. 선고 96누3951 판결 등 참조.

별공시지가'를 기준으로 산출하도록 개정된 이상 위 개정 공유재산법 시행령의 시행일인 2013. 6. 21.부터는 점유자가 점유를 개시할 당시의 현실적 이용상태를 상정하여 이를 기준으로 해당 재산가액을 평가할 것이 아니라, 새로이 대부계약을 체결하거나 갱신할 당시의 현실적 이용상태를 기준으로 해당 재산가액을 산출하여야 할 것이다.

(2) 도로법

가) 도로법상 변상금은 점용료의 120%에 상당하는 금액이다(도로법 제72조 제1항). 도로법 제66조 제4항은 점용료의 산정기준과 관련하여, 고속국도 및 일반국도(제23조제2항에 따라 시·도지사 또는 시장·군수·구청장이 도로관리청이 되는 일반국도는 제외한다)에 관하여는 대통령령으로 정하고, 그 밖의 도로에 관하여는 대통령령으로 정하는 범위에서 해당 도로관리청이 속하는 지방자치단체의 조례로 정한다고 규정한다.

나) 구 도로법 시행령(2010. 9. 17. 대통령령 제22386호로 개정되기 전의 것)은 점용료 산정의 기준이 되는 토지가격을 '점용하는 도로와 인접한 토지의 개별공시지가'로 한다고 규정하였고(위 구 도로법 시행령 제42조 제1항, [별표 2] 비고 2.), 지방자치단체의 조례 역시 이를 따르고 있었다.

여기서의 '인접한 토지'와 관련하여, 대법원은 점용도로 인근에 있는 토지로서 도로점용의 주된 사용목적과 동일 또는 유사한 용도로 사용되는 토지를 말한다고 하면서, 주유소 운영자가 주유소 부지에 인접한 도로의 일부를 해당 주유소에 출입하는 차량을 위한 진출입로로 사용하기 위하여 점용하였음을 이유로 도로관리청인 서울특별시 강서구청장이 구 서울특별시 도로점용허가 및 점용료 등 징수조례(2008. 3. 12. 조례 제4610호로 개정되기 전의 것)에 의하여 그 주유소 부지가액을 점용료 산정기준으로 하여 도로점용료를 부과한 사안에서, 그 주유소 부지는 도로를 점용하는 주된 사용목적과 동일 또는 유사한 용도로 사용되고 있다고 할 수 없어 점용도로의 점용료 산정을 위한 기준토지가 될 수 없다고 판시하였다.[1)]

위 대법원 판결 이후, 주유소 운영자가 그에 인접한 도로의 일부를 해당 주유소에 출입하는 차량을 위한 진출입로로 점용하는 사안에서, 도로관리청이 해당 주유

---

1) 대법원 2010. 2. 11. 선고 2009두12730 판결 참조.

소 부지를 그 점용료 내지 변상금 산정기준으로 할 수 없게 되고, 도로를 점용하는 주된 사용목적과 동일 또는 유사한 용도로 사용되는 토지를 찾는데 어려움을 겪게 되었다.[1] 이러한 이유 등으로 2010. 9. 17. 대통령령 제22386호로 개정되어 2010. 9. 23.부터 시행된 구 도로법 시행령은 도로점용료 산정기준이 되는 토지가액을 '도로점용 부분과 닿아 있는 토지(도로부지는 제외한다)의 개별공시지가'로 개정하였고(제42조 제1항, [별표 2] 비고 2.), 지방자치단체의 조례 역시 이를 따르고 있다.

위 '도로점용 부분과 닿아 있는 토지(도로부지는 제외한다)의 개별공시지가' 부분의 해석과 관련하여, 대법원은 주유소 진·출입로와 같이 도로점용 부분이 도로부지 외에 닿아 있는 토지가 있는 경우 도로점용료 산정의 기준이 되는 토지는 도로점용 부분과 물리적으로 닿아 있는 토지 중 도로부지를 제외한 토지를 뜻하고, 그 사용목적이 반드시 도로점용의 주된 사용 목적과 같거나 유사하여야 하는 것은 아니라고 하면서, 이러한 규정이 재산권을 침해하거나 평등원칙에 위배된다고 볼 수 없다고 판시하였다.[2]

(3) 하천법

하천법상 변상금은 토지의 점용료, 그 밖의 하천사용료(점용료등)의 120%에 상당하는 금액이다(하천법 제37조 제3항). 하천법 제37조 제4항은 점용료등과 변상금의 금액 등에 관하여 대통령령으로 정하는 범위 안에서 그 하천관리청이 속하는 시·도의 조례로 정한다고 규정한다.

---

1) 김행순, 앞의 글, 85.
2) 대법원 2013. 10. 11. 선고 2012두10833 판결: "그 규정의 형식과 내용에 따르면, 주유소 진·출입로와 같이 도로점용 부분이 도로부지 외에 닿아 있는 토지가 있는 경우 도로점용료 산정의 기준이 되는 토지는 도로점용 부분과 물리적으로 닿아 있는 토지 중 도로부지를 제외한 토지를 뜻하고, 그 사용 목적이 반드시 도로점용의 주된 사용 목적과 같거나 유사하여야 하는 것은 아니다.
한편 도로부지에 대하여 공시지가는 일반적으로 산정되어 있지 아니하고, 산정되어 있더라도 필지 단위로 산정되므로 그 공시지가는 점용의 위치나 용도에 따라 개개 도로점용 부분의 다양한 실질 가치를 반영한다고 볼 수 없는 점, 따라서 도로점용 부분의 실질 가치를 반영한 점용료를 산정하기 위해서는 해당 토지 부분에 대해 감정평가를 하여야 하는데 그 목적에 비추어 시간적·경제적 비용이 과도하다고 보이는 점, 통상 도로점용 부분의 용도는 이와 닿아 있는 '도로부지 외의 토지'의 용도와 밀접한 관련이 있는 점, 도로점용 부분과 닿아 있는 '도로부지 외의 토지'의 가치가 도로점용 부분의 가치보다 일반적으로 크더라도 점용료율을 적절히 낮춤으로써 도로점용 부분의 실질 가치에 상응하는 점용료를 산정할 수 있는 점 등을 고려해 보면, 위 시행령 조항에서 점용료 산정의 기준 토지를 '도로점용 부분과 닿아 있는 토지(도로부지는 제외한다)'로 규정한 것이 법규형성권의 한계를 벗어나 도로점용자의 재산권을 침해한다고 볼 수 없고, 합리적인 이유없이 도로점용자를 차별하여 평등원칙에 위배된다고도 볼 수 없다."

하천법 시행령 제42조 제1항, [별표 3] 비고 2.는 점용료의 기준이 되는 토지가격에 관하여, '「부동산 가격공시 및 감정평가에 관한 법률」 제3조제1항에 따라 … 가장 최근 공시한 표준지공시지가를 기준으로 하여 같은 법 제9조제2항에 따라 표준지와 지가산정대상토지의 지가형성요인에 관한 표준적인 비교표(토지가격비준표)를 사용하여 산출한다. 다만, 비교표를 적용하기 곤란한 경우 직선거리 인근 유사토지의 토지가격 등을 고려하여 시·도지사가 결정할 수 있다'고 규정한다.

나. 변상금 산정에 있어 조정된 사용료 등의 적용 또는 변상금의 조정 여부

(1) 앞서 본 것처럼 국유재산법, 공유재산법, 도로법, 하천법의 사용료, 대부료, 점용료 등은 개별공시지가 등 해당 재산가액을 기초로 산정하도록 되어 있다. 이에 따라 당해 연도분의 사용료, 대부료, 점용료 등이 전 연도분에 비하여 급격하게 상승하는 경우가 생길 수 있다. 국유재산법, 공유재산법, 도로법, 하천법은 급격한 상승으로 인한 사용료 등의 징수에 대한 저항을 완화하기 위하여[1] 당해 연도분의 사용료 등이 전 연도분에 대비하여 일정 비율 이상 상승한 경우 이를 감액조정하도록 하는 규정을 두고 있다.[2]

---

1) 김태우, 앞의 글, 366, 367 참조. 김행순, 앞의 글, 86에서 재인용.

2) 국유재산법 제33조(사용료의 조정) ① 중앙관서의 장은 동일인(상속인이나 그 밖의 포괄승계인은 피승계인과 동일인으로 본다)이 같은 행정재산을 사용허가기간 내에서 1년을 초과하여 계속 사용·수익하는 경우로서 대통령령으로 정하는 경우에는 사용료를 조정할 수 있다.
② 제1항에 따라 조정되는 해당 연도 사용료의 산출방법은 대통령령으로 정한다.
제47조(대부료, 계약의 해제 등) ① 일반재산의 대부의 제한, 대부료, 대부료의 감면 및 대부계약의 해제나 해지 등에 관하여는 제30조제2항, 제31조제1항·제2항, 제32조, 제33조, 제34조제1항제2호·제3호, 같은 조 제2항·제3항, 제36조 및 제38조를 준용한다.
국유재산법 시행령 제31조(사용료의 조정) 법 제33조제1항에서 "대통령령으로 정하는 경우"란 해당 연도의 사용료가 전년도 사용료(제29조제1항제6호 단서 및 같은 항 제6호의2에 따라 연간 사용료가 변경된 경우에는 변경 전 연간 사용료를 말한다)보다 다음 각 호의 구분과 같이 증가한 경우를 말하며, 이 경우 조정되는 해당 연도 사용료의 산출방법은 다음 각 호의 구분과 같다.
1. 제29조제1항제1호, 제1호의2, 제1호의3 및 제2호의 사용료가 5퍼센트 이상 증가한 경우(사용허가를 갱신하는 경우를 포함한다): 전년도 사용료보다 5퍼센트 증가된 금액
2. 제1호 외의 경우: 다음 각 목의 구분에 따른 경우
가. 「상가건물 임대차보호법」 제2조제1항에 따른 상가건물로서 사용료가 5퍼센트 이상 증가한 경우(사용허가를 갱신하는 경우를 포함하되, 사용허가를 2회 이상 갱신하는 경우에는 2회차 이상에 해당하는 갱신기간의 각 최초 연도의 경우는 제외한다): 전년도 사용료보다 5퍼센트 증가된 금액
나. 가목 외의 사용료가 9퍼센트 이상 증가한 경우(사용허가를 갱신하는 최초 연도의 경우는 제외한다): 전년도 사용료보다 9퍼센트 증가된 금액

(2) 변상금은 사용료 등의 120%에 상당하는 금액으로, 변상금을 산정하는 데 있어서도 위와 같이 조정된 사용료 등이 적용되는지 또는 이를 준용하여 변상금도 조정을 해야 하는지 문제된다.

국유재산법이 2009. 1. 30. 법률 제9401호로 개정(2009. 7. 31. 시행)되면서 그 시행 후의 무단 점유에 따른 변상금분부터 사용료, 대부료의 조정을 하지 아니한다는 규정이 신설되었다[국유재산법 제72조 제3항, 부칙(2009. 1. 30.) 제5조]. 공유재산법 제정 전의 지방재정법은 변상금에 있어 사용료, 대부료의 조정에 관한 규정을 두지 않다가, 공유재산법이 2005. 8. 4. 법률 제7665호로 제정(2006. 1. 1. 시행)되면서 그

제51조(준용규정) 법 제46조에 따른 대부계약의 방법 등에 관하여는 제27조, 제28조, 제29조제1항부터 제6항까지, 제30조, 제31조, 제32조제5항부터 제7항까지, 제33조, 제34조제2항·제3항 및 제35조를 준용한다. 이 경우 "행정재산"은 "일반재산"으로, "사용허가"는 "대부계약"으로, "사용허가부"는 "대부계약부"로, "사용료"는 "대부료"로 본다.

공유재산법 제23조(사용료의 조정) ① 지방자치단체의 장은 동일인(상속인과 그 밖의 포괄승계인은 피승계인과 동일인으로 본다)이 같은 행정재산을 1년을 초과하여 계속 사용·수익하는 경우 제22조제1항에 따라 계산된 해당 연도의 연간 사용료가 전년도의 연간 사용료보다 100분의 5 이상 증가한 때에는 대통령령으로 정하는 바에 따라 그 사용료의 증가분을 감액(減額) 조정할 수 있다.

제33조(대부료의 조정) ① 지방자치단체의 장은 동일인(상속인과 그 밖의 포괄승계인은 피승계인과 동일인으로 본다)이 같은 일반재산을 1년을 초과하여 계속 대부하는 경우 제32조제1항에 따라 산정된 해당 연도의 연간 대부료가 전년도의 연간 대부료보다 100분의 5 이상 증가한 때에는 대통령령으로 정하는 바에 따라 그 대부료의 증가분을 감액 조정할 수 있다.

공유재산법 시행령 제16조(사용료의 조정) 지방자치단체의 장은 법 제23조에 따라 해당 연도의 연간 사용료가 전년도 사용료(법 또는 다른 법률에 따라 사용료를 감경받거나 제14조제1항 단서에 따라 한시적으로 인하한 요율을 적용한 경우에는 변경 전 연간 사용료를 말한다)보다 100분의 5 이상 증가한 부분에 대하여 그 일부 또는 전부를 지방자치단체의 조례로 감액조정할 수 있다.

제34조(대부료의 조정) 법 제33조에 따라 해당 연도의 연간 대부료가 전년도의 연간 대부료(법 또는 다른 법률에 따라 대부료를 감경받거나 제31조제1항 단서에 따라 한시적으로 인하한 요율을 적용한 경우에는 변경 전 연간 대부료를 말한다)보다 100분의 5 이상 증가한 부분에 대하여 그 일부 또는 전부를 지방자치단체의 조례로 감액조정할 수 있다.

도로법 제66조(점용료의 징수 등) ④ 점용료의 산정기준, 제2항에 따른 점용료의 반환 방법 등 점용료의 징수 및 반환 등에 필요한 사항은 고속국도 및 일반국도(제23조제2항에 따라 시·도지사 또는 시장·군수·구청장이 도로관리청이 되는 일반국도는 제외한다)에 관하여는 대통령령으로 정하고, 그 밖의 도로에 관하여는 대통령령으로 정하는 범위에서 해당 도로관리청이 속하는 지방자치단체의 조례로 정한다.

도로법 시행령 제69조(점용료의 산정기준 및 조정) ③ 도로를 계속하여 2개 연도 이상 점용하는 경우로서 제1항 및 법 제68조에 따라 산정한 연간 점용료가 전년도에 납부한 연간 점용료보다 100분의 10 이상 증가하게 되는 경우에는 전년도에 납부한 연간 점용료보다 100분의 10이 증가된 금액으로 한다.

하천법 제37조(점용료등의 징수 및 감면) ④ 제1항부터 제3항까지에 따른 점용료등과 변상금의 금액 및 징수방법 등은 대통령령으로 정하는 범위 안에서 그 하천관리청이 속하는 시·도의 조례로 정한다.

하천법 시행령 제42조(점용료등의 징수) ③ 하천관리청은 해당 연도의 점용료등이 전년도의 점용료등보다 5퍼센트 이상 증가할 때에는 전년도보다 5퍼센트 증가된 금액으로 점용료등을 결정하여야 한다. 다만, 골재채취를 목적으로 하는 하천점용허가의 경우는 그러하지 아니하다.

시행 이후에 최초로 징수하는 변상금분부터 사용료 등의 조정을 하지 아니한다는 규정이 신설되었다[공유재산법, 부칙(2005. 8. 4.) 제2항].

도로법과 하천법 및 그 시행령은 이에 관하여 명문의 규정을 두고 있지 않고, 그 위임을 받은 지방자치단체 조례의 태도는 일관되지 않다.[1)]

다. 변상금 산정에 있어 감면된 사용료 등의 적용 또는 변상금의 감면 여부

(1) 국유재산법, 공유재산법, 도로법, 하천법과 시행령은 사용료, 대부료, 점용료의 감면에 관한 규정을 두고 있다.

도로법 제72조 제4항은 변상금에 있어 점용료의 제한(감면)에 관한 제68조의 준용을 명시적으로 배제하고 있다. 하천법은 제37조 제5항에서 감면 규정을 두고 있고 그 규정 형식상 제37조 제3항 변상금은 그 적용 대상이 아니다. 지방자치단체의 조례 역시 점용료나 사용료의 감면에 관한 규정을 두고 있는 경우에도 변상금에 관하여 해당 조항을 준용한다는 식의 규정은 두고 있지 않다.

(2) 위와 같은 규정 내용에 더하여, 변상금은 무단점용에 대한 징벌적 성격도 아울러 갖는 것이어서 허가받은 도로점용자에 대해 부과되는 점용료와는 그 입법 취지와 목적을 달리하는 점 등을 고려하면, 변상금에 있어 사용료, 대부료, 점용료의 감면에 관한 규정을 준용하여 감면할 수는 없다고 봄이 타당하다.

(3) 변상금 산정에 있어 감면된 사용료 등을 적용하는 방법 역시 허용되지 않는다고 봄이 타당하다. 대법원은, 도로점용료가 감면되는 자에 대하여 도로의 무단점용에 따른 변상금을 부과함에 있어 변상금을 감면된 도로점용료를 기준으로 산정

---

1) 예컨대, ① 서울특별시의 경우, 서울특별시 도로 점용허가 및 점용료 등 징수 조례는 2006. 11. 20. 서울특별시조례 제4450호로 개정되기 전에는 제6조 제2항에서 점용료의 조정에 관한 규정을 변상금의 조정의 경우에 준용하도록 규정하고 있었으나 위 개정 당시 이를 삭제하였다. 반면, 서울특별시 하천 점용료 등 징수 조례는 제3조 제4항에서 점용료·사용료·변상금을 '점용료등'이라 지칭하면서, 제6조에서 점용료등의 조정에 관하여 규정한다.
② 경기도의 경우, 경기도 도로점용허가 및 도로점용료 등 부과·징수 조례 제6조는 제1항에서 점용료의 조정을 규정하고, 제2항에서 변상금의 조정에 관하여 제1항을 준용하도록 규정한다. 반면, 경기도 하천점용료 등 부과·징수 조례는 제4조에서 점용료 및 사용료의 조정에 관한 규정을 두고 있으나, 변상금의 조정에 관하여는 명시적인 규정을 두고 있지 않다.
③ 부산광역시의 경우, 부산광역시 도로 점용허가 및 점용료 등 징수 조례에서는 점용료나 변상금의 조정에 관한 규정을 두고 있지 않고, 부산광역시 하천 점용료 등 징수 조례 제5조는 제1항에서 점용료의 조정을 규정하고, 제2항에서 변상금의 조정에 관하여 제1항을 준용하도록 규정한다.

하여야 하는지에 관하여, 한국전력공사가 서울특별시 용산구청장이 관리하는 도로 지하에 도로점용허가를 받아 전기시설을 설치·관리하여 오던 중 그 일부 전기시설이 점용허가 면적을 초과한 부분에 설치된 것과 관련하여 도로의 무단점용을 이유로 도로법상의 변상금이 부과된 사안에서, 동일한 법령에서의 용어는 법령에 다른 규정이 있는 등 특별한 사정이 없는 한 동일하게 해석·적용되어야 한다는 점, 점용허가를 받지 않고 도로를 점용하는 자에 대해 부과하는 변상금은 무단점용에 대한 징벌적 성격도 아울러 갖는 것이어서 허가받은 도로점용자에 대해 부과되는 점용료와는 그 입법 취지와 목적을 달리하므로 허가받은 도로점용자에게 공익사업 등 도로법상의 감면사유가 있어 도로점용료를 감면할 수 있다고 하더라도 그러한 사정이 허가받지 않은 무단점용자에 대한 변상금을 감면하여야 할 근거가 될 수는 없는 점 등을 이유로, 변상금 부과규정인 도로법(2008. 3. 21. 법률 제896호로 전부 개정되기 전의 것) 제80조의2에서 말하는 '점용료'란 감면되기 전의 점용료를 의미한다고 판시하였다.[1)]

4. 변상금 부과의 절차, 효력 등

가. 국유재산법 등 개별 법령에서 절차 관련 규정을 두고 있고, 그 밖에 처분기준의 설정·공표, 처분의 사전통지, 의견청취, 처분의 이유 제시, 문서주의 등 행정절차법에서 정한 절차가 적용된다.

개별 법령의 예는 다음과 같다. 중앙관서의 장 등이 변상금을 해당 점유자에게 고지할 때에는 변상금 사전통지서(별지 제15호서식)를 미리 발송하여야 하고(국유재산법 시행규칙 제49조 제1항), 사전통지를 받은 자가 통지내용에 이의가 있는 경우에는 변상금 사전통지에 대한 의견서(별지 제16호서식)를 제출할 수 있다(국유재산법 시행규칙 제49조 제2항). 변상금을 징수할 때에는 그 금액, 납부기한, 납부장소와 가산금의 산출 근거를 명시하여 변상금부과고지서(별지 제5호의2)로써 고지하여야 하고, 납부기한은 고지한 날부터 60일 이내로 한다(국유재산법 시행령 제71조 제5항, 제36조 제3항, 제4항, 국유재산법 시행규칙 제49조 제3항).

1) 대법원 2009. 12. 10. 선고 2007두21853 판결 참조.

나. 앞서 본 변상금의 성립 요건이 충족함으로써 추상적 변상금 부과권이 발생한다. 추상적 변상금 부과권은 5년의 소멸시효가 적용된다(국유재산법 제73조의3 제1항, 국가재정법 제96조 제1항, 공유재산법 제97조 제1항, 지방재정법 제82조 제1항). 실무상 변상금 부과일로부터 역산하여 5년 이내의 기간에 대하여 변상금 부과처분을 한다.

한편 소멸시효의 중단은 소멸시효의 기초가 되는 권리의 불행사라는 사실 상태와 맞지 아니하는 사실이 생긴 것을 이유로 소멸시효의 진행을 차단하게 하는 제도인 만큼, 납입고지에 의한 변상금 징수권자의 권리행사에 의하여 이미 발생한 소멸시효 중단의 효력은 그 부과처분이 취소(쟁송취소에 의한 것이든 직권취소에 의한 것이든 불문한다)되었다 하여 사라지지 아니한다.[1)]

다. 행정청이 변상금 부과처분을 함으로써 ① 추상적 변상금 부과권이 구체적 변상금 부과권으로 확정되고 점유자에게 현실적인 변상금 납부의무가 발생하며, ② 행정청에게 변상금 징수권이 발생하고, ③ 추상적 변상금 부과권의 소멸시효가 중단된다.

변상금 부과권의 소멸시효가 변상금 부과처분으로 중단된다 하더라도 그때부터[2)] 다시 소멸시효기간이 진행되고, 변상금 부과처분에 대한 취소소송이 진행 중이라도 그 부과권자는 위법한 처분을 스스로 취소하고 그 하자를 보완하여 다시 적법한 부과처분을 할 수도 있는 것이어서 그 권리행사에 법률상의 장애사유가 있는 경

---

1) 대법원 2014. 4. 10. 선고 2012두16787 판결: "원심은, ① 피고가 2008. 7. 3. 원고에게 대법원판결에 의하여 확정된 변상금 314,055,082원에 대하여 그 납부기한인 2002. 12. 9.부터 2,033일의 연체일수에 해당하는 연체료 235,405,060원을 부과한 사실, ② 위 연체료 부과처분은 서울고등법원 2009. 12. 24. 선고 2009누15601 판결에 의하여 연체료의 산출근거를 명시하지 아니하였다는 이유로 취소되었고, 이 판결은 2010. 4. 29. 확정된 사실, ③ 이에 피고는 구 국유재산법 제51조 제2항, 구 국유재산법 시행령 제56조 제5항, 제44조 제3항에 따라 2010. 3. 18. 원고에게 변상금 314,055,082원에 대하여 연체기간 2002. 12. 10.부터 2007. 12. 10.까지, 연체일수 1,826일, 연체료율 연 15%로 산정한 연체료 235,670,375원에서 기납부 연체이자 265,310원을 공제한 나머지 235,405,060원(10원 미만 버림)을 부과하는 이 사건 처분을 한 사실을 인정한 다음, 피고가 변상금에 대한 연체료를 부과한 2008. 7. 3.부터 소급하여 5년을 경과한 2003. 7. 2. 이전의 기간에 대한 연체료 부과권은 소멸시효가 완성되었고, 그때부터 소급하여 5년이 경과하지 아니한 2003. 7. 3. 이후의 기간에 대한 연체료 부과권은 위 부과처분에 의하여 소멸시효가 중단되었으며, 이러한 시효중단의 효력은 연체료 부과처분이 판결에 의하여 취소되었다고 하여 사라지지 아니한다고 보아, 2003. 7. 3. 이후부터 구 국유재산법 시행령이 정한 바에 따라 연체료를 부과할 수 있는 최종기한인 2007. 12. 9.까지의 기간에 대한 연체료 부분은 소멸시효 기간이 도과하지 아니한 연체료 부과권에 기한 것으로서 적법하다고 판단하였다. 원심판결 이유를 앞서 본 법리와 기록에 비추어 살펴보면 원심의 이러한 판단은 정당하고, 거기에 상고이유의 주장과 같이 변상금 연체료 부과권의 소멸시효에 관한 법리를 오해한 위법이 없다."

2) 국유재산법상 변상금의 경우에는 납부고지에 따른 납입기간이 지난 때부터(국유재산법 제73조의3 제3항).

우에 해당한다고 할 수 없으므로, 그 처분에 대한 취소소송이 진행되는 동안에도 그 부과권의 소멸시효가 진행된다.[1)]

1) 대법원 2006. 2. 10. 선고 2003두5686 판결: "원심은 그 판결에서 들고 있는 증거들을 종합하여 그 판시와 같은 사실을 인정한 다음, 그 판시의 이 사건 재처분은 원고의 변상금 납부의무가 시효로 인하여 소멸한 후에 이루어진 것이어서 위법하다는 이유로 그 취소를 구하는 예비적 청구에 대하여 납입고지에 의한 소멸시효 중단의 효력은 그 납입고지에 의한 부과처분이 취소되더라도 상실되지 아니하고, 일단 중단된 소멸시효는 그 납입고지에 의한 부과처분에 대한 항고소송이 계속하고 있는 동안에는 진행하지 아니한다고 봄이 상당하므로 그 판시의 이 사건 처분일인 1997. 2. 13.부터 5년이 경과하였다 하더라도 이 사건 처분으로 소멸시효가 중단되었고, 그 후 이 사건 처분의 취소를 구하는 이 사건 소송이 대법원에서 파기환송되어 원심에 계속하고 있는 동안에 피고가 환송판결의 취지에 따라 이 사건 변상금 부과통지서에 그 산출근거를 명시하여 이 사건 재처분을 한 이상 이는 적법한 부과기간 내에 이루어진 것이라고 판단하여 원고의 소멸시효 완성 주장을 배척한 끝에 이 사건 토지 중 65평을 1992. 6. 23.부터 1996. 7. 8.까지 점유·사용한 데 대한 원고의 정당한 변상금은 28,893,004원이라는 이유로 위 금원을 초과하는 부분만을 취소하였다.
그러나 위에서 본 법리를 원심이 확정한 사실관계에 비추어 보면, 이 사건 변상금 부과권에 대한 소멸시효는 1997. 2. 13. 이 사건 처분으로 중단되었으나 그 때로부터 다시 소멸시효기간이 진행되어 이 사건 처분의 취소를 구하는 이 사건 소송이 대법원에서 파기환송되어 환송 후 원심에 계속하고 있던 2002. 2. 14. 소멸시효가 완성되었으므로 같은 해 3. 5.에 이루어진 이 사건 재처분은 소멸시효기간 경과 후에 이루어진 것임이 역수상 명백하여 이 사건 재처분은 위법하다고 할 것이다."

Ⅴ. 변상금 부과처분에 대한 불복

1. 행정심판

변상금 부과처분에 관하여도 다른 행정처분과 마찬가지로 행정심판을 제기할 수 있다. 행정소송법은 다른 법률에서 행정심판의 재결을 거치지 아니하면 취소소송을 제기할 수 없다는 규정이 있는 때가 아닌 한 행정심판을 제기할 수 있는 경우에도 이를 거치지 아니하고 취소소송을 제기할 수 있다고 규정한다(임의적 전치주의, 행정소송법 제18조 제1항).

변상금 부과처분에 관하여 사전에 행정심판을 거치도록 규정하는 법률이 없으므로, 변상금 부과처분을 받은 경우 행정심판을 거칠 수도 있고, 행정심판과 행정소송을 동시에 청구할 수도 있으며, 행정심판 없이 곧바로 행정소송을 제기할 수도 있다.

변상금 부과처분에 대한 취소심판은 원칙적으로 처분이 있음을 알게 된 날부터 90일 이내에, 처분이 있었던 날부터 180일 이내에 청구하여야 하고, 무효등확인심판에는 청구기간 제한이 없다(행정심판법 제27조). 그 밖에 심판청구의 방식, 심리, 재결 등 행정심판법상 일반 규정이 그대로 적용된다.

2. 행정소송

가. 관할

변상금 부과처분에 대한 행정소송은 대부분 항고소송과 당사자소송이다. 항고소송과 당사자소송의 관할은 일반 행정처분의 경우와 같다.[1)]

토지관할과 관련하여, 항고소송의 보통재판적은 피고의 소재지를 관할하는 행정법원이고(행정소송법 제9조 제1항, 제38조 제1항, 제2항), 행정법원이 설치되지 아니한 지역에서는 행정법원이 설치될 때까지 행정법원의 권한에 속하는 사건을 관할하는 해당 지방법원 본원 및 춘천지방법원 강릉지원이다[법원조직법 부칙(1994. 7. 27.) 제2조, 법원조직법 부칙(2005. 3. 24.) 제4항]. 한편, 중앙행정기관, 중앙행정기관의 부속기관과 합의제행정기관 또는 그 장이나 국가의 사무를 위임 또는 위탁받은 공공단체 또는 그 장에 대하여 제기하는 항고소송은 대법원소재지를 관할하는 행정법원, 즉 서울행정법원에 제기할 수 있다(행정소송법 제9조 제2항, 제38조 제1항, 제2항). 당사자소송의 경우에도 이와 같지만, 국가 또는 공공단체가 피고인 경우에는 관계행정청의 소재지를 피고의 소재지로 본다(행정소송법 제40조).

사물관할과 관련하여, 변상금 관련 사건의 심판권은 다른 행정소송 사건과 마찬가지로 원칙적으로 합의부에서 행사하고, 다만 단독판사가 심판할 것으로 행정법원 합의부가 결정한 사건의 심판권은 단독판사가 행사한다(법원조직법 제7조 제3항). 서울행정법원은 '국·공유재산 변상금 관련 사건' 중 소가 2억 원 이하인 사건[2)]의 경우 재정단독결정을 통하여 단독판사가 담당하도록 하고 있다.

나. 소송요건

변상금 부과처분에 대한 행정소송의 소송요건 역시 일반 행정처분의 경우와 같

1) 상세한 내용은 법원실무제요 행정 I, 사법연수원(2023), 46-59 참조.

2) 변상금부과처분의 무효확인 또는 취소를 구하는 소송은 민사소송 등 인지규칙 제17조 제1호에 따라 '조세 기타 공법상의 금전·유가증권 또는 물건의 납부를 명한 처분의 무효확인 또는 취소를 구하는 소송'으로서 '그 청구가 인용됨으로써 원고가 납부의무를 면하게 되거나 환급받게 될 금전, 유가증권 또는 물건의 가액의 3분의 1'이 소가이다. 따라서 서울행정법원에서 원고가 다투는 변상금 액수가 6억 원 이하인 사건은 단독판사가 담당하게 된다.

다.[1] 예컨대, 변상금 부과처분에 대한 항고소송은 그 처분을 한 행정청을 피고로 하고, 처분이 있은 뒤에 그 처분에 관계되는 권한이 다른 행정청에 승계된 때에는 이를 승계한 행정청을 피고로 한다(행정소송법 제13조 제1항). 제소기간과 관련하여 변상금 부과처분에 대한 취소소송은 원칙적으로 처분이 있음을 안 날(행정심판을 거친 경우에는 재결서 정본을 송달받은 날)부터 90일 이내에, 처분이 있은 날(재결이 있은 날)부터 1년 이내에 청구하여야 하고(행정소송법 제20조), 무효등확인소송에는 제소기간 제한이 없다(행정소송법 제38조 제1항).

다. 처분의 위법성 관련 사유(본안에 관한 사유)

(1) 절차상 하자

앞서 본 것처럼 변상금 부과 절차에 있어 개별 법령의 규정 및 처분 기준의 설정·공표, 처분의 사전통지, 의견청취, 처분의 이유 제시, 문서주의 등 행정절차법에서 정한 절차를 따라야 한다. 이러한 절차에 하자가 있을 경우 이는 처분을 취소하거나 무효선언할 독자적인 사유가 된다.[2]

예컨대, 대법원은 '구 국유재산법 시행령(2000. 7. 27. 대통령령 제16913호로 개정되기 전의 것) 제56조 제4항은 변상금부과 징수의 주체, 납부고지서에 명시하여야 할 사항, 납부기한 등의 절차적 규정에 관하여 가산금의 부과절차에 관한 위 시행령 제31조 제2항 내지 제4항을 준용하고 있음이 분명한바, 국유재산 무단 점유자에 대하여 변상금을 부과함에 있어서 그 납부고지서에 일정한 사항을 명시하도록 요구한 위 시행령의 취지와 그 규정의 강행성 등에 비추어 볼 때, 처분청이 변상금 부과처분을 함에 있어서 그 납부고지서 또는 적어도 사전통지서에 그 산출근거를 밝히지 아니하였다면 위법한 것이고, 위 시행령 제26조, 제26조의2에 변상금 산정의 기초가 되는 사용료의 산정방법에 관한 규정이 마련되어 있다고 하여 산출근거를 명시할 필요가 없다거나, 부과통지서 등에 위 시행령 제56조를 명기함으로써 간접적으로 산출근거를 명시하였다고는 볼 수 없다'고 하면서, 변상금 부과처분을 함에 있어 변상금의 산출근거 등을 명시하였다고 볼 만한 자료가 없다면 위 처분이 위법하다고 판

1) 상세한 내용은 법원실무제요 행정 I, 사법연수원(2023), 46-59 참조.

2) 대법원 1990. 11. 9. 선고 90누4129 판결, 대법원 2012. 6. 28. 선고 2011두20505 판결 등 참조.

시하였다.[1)]

(2) 실체상 하자

(가) 변상금 성립 요건, 변상금 부과 주체, 변상금 산정 등의 하자

앞서 살펴본 변상금 성립 요건, 변상금 부과 주체, 변상금 산정 등에 있어 하자가 있을 경우 이는 변상금 부과처분을 위법하게 하는 사유가 된다. 이러한 하자가 취소사유인지, 당연무효사유인지는 구체적 사안에 따라 해당 변상금 부과처분에 중대·명백한 하자가 있는지에 따라 판단할 수밖에 없다.

예컨대, 앞서 본 것처럼 대법원은 국·공유재산에 대한 사용·수익 또는 점유권원을 가지거나 점유·사용을 정당화할 지위에 있는 자를 상대로 한 변상금 부과처분을 당연무효라고 보고 있다.[2)]

반면, 대법원은 적법한 사용인지 무단 사용인지의 여부에 관한 판단은 사용관계에 관한 사실 인정과 법적 판단을 수반하는 것으로 반드시 명료하다고 할 수 없다는 이유로 변상금 부과처분을 할 것을 사용료 부과처분을 하거나 반대로 사용료 부과처분을 할 것을 변상금 부과처분을 하였다고 하여 그와 같은 부과처분의 하자

---

1) 대법원 2001. 12. 14. 선고 2000두86 판결 등 참조. 그 밖에 대법원 2002. 2. 26. 선고 2000두4323 판결[도로점용허가가 의제된다 하더라도 도로점용료부과처분을 함에 있어서는 그 부과대상토지를 특정하고 그에 대한 점용료 산정기준 등 산출근거를 구체적으로 명시하여야 할 것인바, 원심이 적법하게 인정한 사실관계에 의하면, 피고는 이 사건 도로의 위치를 정확히 특정하지 아니한 채 '(주소 1 생략) 외 61필지상 ○동 △△·ㅁㅁ아파트 (주소 2 생략) 대지 앞 도로'라고만 기재하고 점용료 산정기준에 관하여 아무런 기재도 없이 이 사건 처분을 하였다는 것이므로, 이 사건 처분은 그 부과대상토지를 특정하지 아니하고 관계 법령에서 요구하는 점용료의 산출근거를 구체적으로 명시하지 아니하여 위법하다 할 것이다] 참조.

2) ○ 대법원 2007. 12. 13. 선고 2007다51536 판결: 아파트 재건축 사업을 추진하면서 구 지방재정법(2005. 8. 4. 법률 제7663조로 전문 개정되기 전의 것)상 공유재산인 도로부지를 사업부지에 포함시켜 구 주택건설촉진법(2003. 5. 29. 법률 제6916호 주택법으로 전문 개정되기 전의 것) 제33조 제1항에 의한 사업계획승인을 받은 경우, 그 도로부지에 대한 점유는 같은 조 제4항 제3호에 따라 점용허가를 얻은 것으로 간주되고, 위 도로부지가 용도폐지되어 지목이 대지로 변경되더라도 그 점유권원은 실효 또는 상실되지 않고 토지 취득시까지 유지되므로, 용도폐지 후의 점유에 대한 변상금 부과처분은 그 하자가 명백하여 당연무효라고 한 사례.
○ 대법원 2024. 10. 8. 선고 2023다210991 판결: "점유나 사용·수익을 정당화할 법적 지위에 있는 자에 대하여는 그 규정이 적용되지 않고, 위와 같은 법적 지위에 있는 자에 대하여 이루어진 변상금 부과처분은 당연무효이다. 사업시행계획상 정비구역에 포함된 일반재산이 사업시행자에게 양도되는 것으로 예정되어 있다면, 그 일반재산의 사용관계에 관하여 달리 정해진 내용이 있다는 등의 특별한 사정이 없는 한 사업시행자는 사업시행인가가 이루어진 때부터 그 일반재산의 소유권을 취득하기에 상당한 기간 동안 자신의 사용·수익을 정당화할 법적 지위에 있다고 보아야 한다."

를 중대한 하자라고 할 수는 없다고 보았다.[1]

(나) 행정법의 일반원칙

1) 실효의 원칙, 신의성실의 원칙, 신뢰보호의 원칙

(가) 실무상 국·공유재산이나 도로 위를 침범한 건물 등이 장기간 방치되어 있는 상태에 있다가 실태조사 등에 따라 침범 사실이 밝혀진 경우 소급하여 5년 동안의 변상금을 부과하는 사례가 많다. 이에 대하여 점유자는 실효의 원칙, 신의성실의 원칙, 신뢰보호의 원칙 등을 위반하였다고 주장하는 경우가 많다.

(나) 실권 또는 실효의 법리는 법의 일반원리인 신의성실의 원칙에 바탕을 둔 파생원칙이므로 공법관계에도 적용되어야 한다. 이는 본래 권리행사의 기회가 있음에도 불구하고 권리자가 장기간에 걸쳐 그 권리를 행사하지 아니하였기 때문에 의무자인 상대방이 권리자가 권리를 행사하지 아니할 것으로 믿을 만한 정당한 사유가 있게 되거나 행사하지 아니할 것으로 추인하게 할 만한 사정이 있음에도 새삼스럽게 그 권리를 행사하는 것이 신의성실의 원칙에 반하는 결과가 될 때 그 권리행사를 허용하지 않는 것을 의미한다.[2]

신의성실의 원칙은 법률관계의 당사자는 상대방의 이익을 배려하여 형평에 어긋나거나 신뢰를 저버리는 내용 또는 방법으로 권리를 행사하거나 의무를 이행하여서는 아니된다는 추상적 규범을 말하는 것으로서, 신의성실의 원칙에 위배된다는 이유로 그 권리의 행사를 부정하기 위하여는 상대방에게 신의를 주었다거나 객관적으로 보아 상대방이 그러한 신의를 가짐이 정당한 상태에 이르러야 하고, 이와 같은 상대방의 신의에 반하여 권리를 행사하는 것이 정의 관념에 비추어 용인될 수 없는 정도의 상태에 이르러야 하고, 일반 행정법률관계에서 관청의 행위에 대하여 신의칙이 적용되기 위해서는 합법성의 원칙을 희생하여서라도 처분의 상대방의 신뢰를 보호함이 정의의 관념에 부합하는 것으로 인정되는 특별한 사정이 있을 경우에 한하

1) 대법원 2013. 4. 26. 선고 2012두20663 판결: "공유수면 점·사용 허가 등을 받아 적법하게 사용하는 경우에는 사용료 부과처분을, 허가를 받지 않고 무단으로 사용하는 경우에는 변상금 부과처분을 하는 것이 적법하다. 그러나 적법한 사용이든 무단 사용이든 그 공유수면 점·사용으로 인한 대가를 부과할 수 있다는 점은 공통된 것이고, 적법한 사용인지 무단 사용인지의 여부에 관한 판단은 사용관계에 관한 사실 인정과 법적 판단을 수반하는 것으로 반드시 명료하다고 할 수 없으므로, 그러한 판단을 그르쳐 변상금 부과처분을 할 것을 사용료 부과처분을 하거나 반대로 사용료 부과처분을 할 것을 변상금 부과처분을 하였다고 하여 그와 같은 부과처분의 하자를 중대한 하자라고 할 수는 없다."

2) 대법원 2011. 12. 13. 선고 2011두18878 판결 등 참조.

여 예외적으로 적용된다.[1]

일반적으로 행정상의 법률관계에서 행정청의 행위에 대하여 신뢰보호의 원칙이 적용되기 위하여는, 첫째 행정청이 개인에 대하여 신뢰의 대상이 되는 공적인 견해표명을 하여야 하고, 둘째 행정청의 견해표명이 정당하다고 신뢰한 데 대하여 그 개인에게 귀책사유가 없어야 하며, 셋째 그 개인이 그 견해표명을 신뢰하고 이에 상응하는 어떠한 행위를 하였어야 하고, 넷째 행정청이 견해표명에 반하는 처분을 함으로써 그 견해표명을 신뢰한 개인의 이익이 침해되는 결과가 초래되어야 하며, 마지막으로 견해표명에 따른 행정처분을 할 경우 이로 인하여 공익 또는 제3자의 정당한 이익을 현저히 해할 우려가 있는 경우가 아니어야 한다.[2]

(다) 변상금은 기본적으로 권원이 없는 무단점유, 무단점용을 전제로 하고, 행정청이 이를 알지 못한 경우가 대부분이므로, 행정청이 권리행사의 기회가 있었는데도 이를 장기간 행사하지 아니하였다고 볼 수도 없고(실효의 법리), 점유자에게 신의를 주었다거나 점유자가 신의를 가짐이 정당한 상태에 이르렀다고 보기도 어려우며(신의성실의 원칙), 행정청이 개인에 대하여 신뢰의 대상이 되는 공적인 견해표명을 하였거나 행정청의 견해표명이 정당하다고 신뢰한 데 대하여 그 개인에게 귀책사유가 없었다고 보기도 어렵다(신뢰보호의 원칙). 보통 행정청은 무단점유, 무단점용을 알지 못하였다가 실태조사 등을 통하여 알게 된 후 곧 협의, 측량 등을 거쳐 변상금을 부과하게 되므로, 관리청이 무단점유, 무단점용을 알고서도 장기간 방치한 경우가 아닌 이상, 실효의 법리나 신의성실의 원칙, 신뢰보호의 원칙에 반한다고 보기는 어렵다. 대법원 역시 이러한 주장을 배척하는 경우가 대부분이다.[3]

---

1) 대법원 2004. 7. 22. 선고 2002두11233 판결 등 참조.

2) 대법원 2016. 6. 28. 선고 2014두2638 판결 등 참조.

3) ○ 대법원 2000. 3. 10. 선고 97누17278 판결: "피고가 이 사건 변상금 부과 전에 같은 사용·수익 행위에 대하여 사용료를 부과하였다가 그 사용료 부과처분을 취소한 일이 있다거나 피고가 원고의 이 사건 건물사용을 장기간 방치한 후 명도청구에 나아온 것이라 하더라도 그러한 사유들만으로써는 피고의 이 사건 변상금부과처분이 절차적 정의와 신의칙에 반하게 된다거나 원고의 사용·수익 권원이 인정될 수는 없다고 할 것이다."
○ 대법원 2000. 1. 28. 선고 97누4098 판결: "원고가 사법상 법률행위의 영역에 속하는 이 사건 국유림의 대부기간 연장요청에 대하여 피고가 원심 판시와 같은 연장조건을 제시하면서 이를 받아들이지 아니하는 원고에 대하여 대부기간 연장을 거부한 것이 원고의 주장대로 신의칙에 위배하거나 권리남용에 해당한다 하더라도, 이에 대하여 민사상의 책임을 묻는 것은 별론으로 하고, 이로써 대부기간이 자동적으로 연장되는 효과가 발생하는 것이 아닌 이상 변상금의 부과는 위 법 규정에 의하여 불가피한 것이고, 그 부과처분이 신의칙이나 권리남용금지의 원칙 또는 공법상의 신뢰보호의 원칙이나 부당결부금지의 원칙에 위배되어 위법하다고 할 수 없다."

2) 의무 해태를 탓할 수 없는 정당한 사유

(가) 앞서 점유나 사용·수익에 있어 고의·과실이 필요한지 여부에서 보았듯이 실무상 자신 소유의 건물이 국·공유지를 침범하고 있었는지 몰랐고 이를 알 수도 없었다면서 국·공유재산의 점유에 대한 고의·과실이 없었다고 주장하는 사례가 있다.

(나) 변상금은 부당이득의 반환과 아울러 위반자에 대하여 제재를 가하기 위한 조치로서 징벌적 성격을 가진다. 이러한 행정법규 위반에 대하여 가하는 제재조치는 행정목적의 달성을 위하여 행정법규 위반이라는 객관적 사실에 착안하여 가하는 제재이므로 반드시 현실적인 행위자가 아니라도 법령상 책임자로 규정된 자에게 부과되고 원칙적으로 위반자의 고의·과실을 요하지 아니하나, 위반자의 의무 해태를 탓할 수 없는 정당한 사유가 있는 등의 특별한 사정이 있는 경우에는 이를 부과할 수 없다고 보아야 한다.[1]

○ 대법원 2008. 5. 15. 선고 2005두11463 판결: "국유재산을 무단 점유·사용하는 자에 대하여 국가나 국가로부터 국유재산의 관리·처분에 관한 사무를 위탁받은 자가 국유재산의 점유·사용을 장기간 방치한 후에 변상금을 부과하더라도 변상금부과처분이 절차적 정의와 신뢰의 원칙에 반하게 된다거나 점유자의 사용·수익 권원이 인정될 수는 없다. 위 법리 및 기록에 비추어 살펴보면, 피고가 이 사건 각 토지 및 건물을 장기간 방치하였다는 사유만으로는 피고의 이 사건 처분이 신의성실 및 신뢰보호의 원칙에 위반된다고 할 수 없으므로, 같은 취지의 원심의 판단은 옳고, 거기에 상고이유의 주장과 같은 판단유탈의 위법이 있다고 할 수 없다."

1) ○ 대법원 2014. 10. 15. 선고 2013두5005 판결: "원심은 그 판시와 같은 사실을 인정한 다음, ① 이 사건 각 위반행위에 가담한 근로자들은 전국운수산업노동조합(이후 '전국공공운수사회서비스노동조합'으로 조직이 변경되었다)의 지시에 따라 조직적으로 원고들에 대항하면서 이 사건 각 위반행위를 자신들의 요구사항을 관철하기 위한 수단으로 이용한 점, ② 근로자들이 버스의 운행 자체를 거부한 것이 아니라 버스를 운행하면서 이른바 준법투쟁이라는 명목으로 임의결행이라는 이 사건 각 위반행위를 하였기 때문에 원고들로서는 그러한 위반행위들이 언제 어떤 방법으로 이루어질 것인지 예측하기 어려웠고, 근로자들이 버스를 운행하고 있는 한 그들을 운행에서 배제하고 대체 인력을 투입하는 것도 기대할 수 없었던 점, ③ 근로자들의 위반행위를 일일이 감시할 수 있는 인력이나 대체 인력을 상시적으로 조달할 수 있었다고 보기 어렵고 그와 상관없이 근로자들이 또 다른 유사한 위반행위를 할 가능성을 배제할 수 없었던 점 등을 근거로, 원고들이 이 사건 각 위반행위를 방지하지 못한 데 대하여 어떤 잘못이 있다고 보기 어려우므로 원고들의 의무 해태를 탓할 수 없는 정당한 사유가 있다고 보아 피고의 원고들에 대한 이 사건 각 과징금부과처분이 위법하다고 판단하였다. 원심판결 이유를 앞서 본 법리와 기록에 비추어 살펴보면 원심의 이와 같은 판단은 정당한 것으로 수긍이 가고"

○ 대법원 2002. 5. 24. 선고 2001두3952 판결: "구 청소년법 제2조 제1호가 청소년의 연령을 종전 18세 미만에서 19세 미만으로 높임과 아울러 비디오물감상실을 청소년출입·고용금지업소로 정하여 청소년법상으로는 19세 미만자의 비디오물감상실 출입을 금하도록 하였으면서도, 여전히 구 음반법상으로는 비디오물감상실 출입을 금하는 대상을 연소자에 해당하는 18세 미만자로 한정한 관계로, 비디오물감상실업자가 자신의 업소에 18세의 청소년의 출입을 허용한 행위에 관한 행정상 제재 여부를 따짐에 있어서 그 행위는 구 음반법에 의하면 영업정지나 과징금 등 행정처분의 대상이 되지 아니하나 구 청소년법에 의하면 과징금 부과처분의 대상이 되는 위법행위에 해당되는 것으로 보게 되는 등 형식적으로는 두 법률 규정 상호간에 모순과 충돌이 있는 것 같은 형국이 초래되었고, 나아가 기록에서

(다) 실무상 무단점유자, 무단점용자의 의무 해태를 탓할 수 없는 정당한 사유를 인정한 사례는 극히 드문 것으로 보인다.[1]

나타나는 바와 같이 위 구 청소년법이 1999. 7. 1. 시행되었음에도 불구하고 1999. 10. 27. 피고 소속 문화공보실 주관으로 원고 등에게 18세 미만자 출입금지에 관한 교육을 실시하면서 같은 취지의 표시를 업소에 부착하라는 교육자료를 배부하는 등 피고 역시 어느 규정을 준수할 것인지에 관하여 혼란이 있었음을 알 수 있으므로, 사정이 그러하다면 원고가 자신의 비디오물감상실에 18세 이상 19세 미만의 청소년을 출입시킨 행위가 관련 법률에 의하여 허용된다고 믿었고, 그렇게 믿었던 것에 대하여 정당한 이유가 있는 경우에 해당한다고 할 것이고 이러한 경우라면 원고에게 18세 청소년출입에 관한 금지의무의 해태를 탓할 수 없는 정당한 사유가 있었다고 할 것이니, 이 사건 처분을 위법하다고 본 원심 판단은 결론에서는 정당한 것으로 수긍이 가고"

○ 대법원 2003. 9. 2. 선고 2002두5177 판결: "소외 1은 원고 회사의 직원으로 일하면서 원고 회사로부터 보수를 받는 한편, 이사라는 직함의 사용을 허락받았고, 공사수주나 공사계약의 체결 등에 관한 포괄적 권한을 위임받아 평소 원고 회사의 인감 등을 가지고 다니면서 직접 원고 회사 명의로 계약을 체결하여 왔으며, 나중에는 법인등기부에 원고 회사의 이사로 등재되었다는 것이므로, 설령 소외 1이 원고 회사의 인감 등을 가지고 다님을 기화로 소외 2로부터 원고 회사 몰래 공사이익금을 반반씩 나누자는 제의를 받고 이를 승낙하여 원고 회사 명의의 공사관계서류를 위조하여 관할 행정청에 제출하였고, 원고 회사는 뒤늦게 이러한 사실을 알게 되었다 하더라도, 원고 회사가 소외 1의 이러한 건설산업기본법 제21조 위반행위를 방지하지 못한 이상 원고 회사로서는 소외 1의 행위에 대하여 행정책임을 질 수밖에 없고, 여기에 원고 회사의 의무 해태를 탓할 수 없는 정당한 사유가 있다고도 할 수 없다. 따라서 원고 회사가 건설산업기본법 제21조를 위반하였음을 이유로 한 이 사건 처분은 적법하다."

1) 예외적으로 정당한 사유를 인정한 사례는 다음과 같다.
- ○ 사안의 개요
  원고 회사가 2006. 6.경 그 대표이사로부터 임차하여 점유한 토지의 목적물에 대표이사 소유 토지 외에 국가 소유 토지 중 일부(이하 '이 사건 토지'라 한다)가 포함되어 있었는데, 피고(국방시설본부장)가 2013. 3.경 2008. 1.부터 2012. 12.까지의 변상금(약 1억 6,000만 원)을 부과한 사안
- ○ 제1심(서울행정법원 2014. 6. 5. 선고 2013구단12426 판결): 원고 승소(변상금 부과처분 취소)
  원고 회사 대표이사가 그 전점유자의 점유개시 시점부터 20년이 도과한 2007. 12. 31. 취득시효가 완성되어 대한민국을 상대로 소유권이전등기를 청구할 수 있는 지위에 있고 원고 회사 대표이사로부터 이 사건 토지를 임차한 원고 회사 역시 이 사건 토지를 점유할 정당한 권원이 있다는 이유로 위 변상금 부과처분을 취소함
- ○ 제2심(서울고등법원 2014. 12. 24. 선고 2014누53911 판결, 확정): 항소기각
  이 사건 토지는 본래 국방대학교 부설 교육기관의 진입로나 연병장 용도의 공용재산이고 용도폐지가 되었다고 볼 수도 없으므로, 행정재산으로서 시효취득의 대상이 될 수는 없음
  그러나 ① 국방부가 1980년경 이 사건 토지 인근에 국방대학교 부설 교육기관을 건립하는 과정에서 스스로 국가 소유 토지 위에 철조망과 담을 설치하였을 뿐만 아니라 주위 건물과 지형으로 이 사건 토지가 국가가 실제 사용하는 토지와 외관상 분리된 점, ② 원고 회사 대표이사의 전점유자는 위 철조망과 담에 맞추어 이 사건 토지가 전점유자 소유 토지의 일부인 것처럼 회사 정문, 주차장, 경비실, 적재시설 등으로 사용하였고 이러한 점유 형태가 현재까지도 계속 이어진 점, ③ 원고 회사 대표이사의 전점유자가 늦어도 1980. 11.경부터 이 사건 토지를 점유하였는데 대한민국 또는 국방부가 위 변상금 부과처분 전까지 이 사건 토지 소유권을 주장하거나 무단점유를 문제삼은 사실이 전혀 없는 점 등을 근거로, 원고 회사의 의무 해태를 탓할 수 없는 정당한 사유가 있어 위 변상금 부과처분을 위법하다고 보아 항소를 기각

3) 비례의 원칙

(가) 비례의 원칙은 법치국가 원리에서 당연히 파생되는 헌법상의 기본원리로서, 모든 국가작용에 적용된다. 행정목적을 달성하기 위한 수단은 그 목적달성에 유효·적절하고, 또한 가능한 한 최소침해를 가져오는 것이어야 하며, 아울러 그 수단의 도입으로 인한 침해가 의도하는 공익을 능가하여서는 아니 된다. 특히 처분상대방의 의무위반을 이유로 한 제재처분의 경우 의무위반의 내용과 제재처분의 양정(量定) 사이에 엄밀하게는 아니더라도 대략적으로라도 비례 관계가 인정되어야 하며, 의무위반의 내용에 비하여 제재처분이 과중하여 사회통념상 현저하게 타당성을 잃은 경우에는 재량권 일탈·남용에 해당하여 위법하다고 보아야 한다.[1)]

어떤 행정행위가 기속행위인지 재량행위인지 여부는 이를 일률적으로 규정지을 수는 없고, 당해 행위의 근거가 된 법규의 체제·형식과 그 문언, 당해 행위가 속하는 행정 분야의 주된 목적과 특성, 당해 행위 자체의 개별적 성질과 유형 등을 모두 고려하여 판단하여야 하며, 이렇게 구분되는 양자에 대한 사법심사는, 전자의 경우 그 법규에 대한 원칙적인 기속성으로 인하여 법원이 사실인정과 관련 법규의 해석·적용을 통하여 일정한 결론을 도출한 후 그 결론에 비추어 행정청이 한 판단의 적법 여부를 독자의 관점에서 판정하는 방식에 의하게 되나, 후자의 경우 행정청의 재량에 기한 공익판단의 여지를 감안하여 법원은 독자의 결론을 도출함이 없이 당해 행위에 재량권의 일탈·남용이 있는지 여부만을 심사하게 되고, 이러한 재량권의 일탈·남용 여부에 대한 심사는 사실오인, 비례·평등의 원칙 위배, 당해 행위의 목적 위반이나 동기의 부정 유무 등을 그 판단 대상으로 한다.[2)]

(나) 앞서 본 것처럼 국유재산법, 공유재산법상 변상금 부과처분의 경우 그 부과 여부는 처분청의 재량을 허용하지 아니하는 기속행위이고, 변상금 연체료 부과처분의 부과 여부와 액수의 산정은 모두 기속행위이다. 이러한 기속행위에 관하여는 변상금 부과처분의 근거가 된 명령이나 규칙, 조례에 관한 비례성 통제가 아닌 이상, 비례의 원칙 위반 여부는 문제되지 않는다.[3)] 한편, 국유재산법, 공유재산법상

---

1) 대법원 2007. 7. 19. 선고 2006두19297 판결, 대법원 2019. 9. 9. 선고 2018두48298 판결 등 참조.
2) 대법원 2001. 2. 9. 선고 98두17593 판결 등 참조.
3) 대법원 2014. 4. 10. 선고 2012두16787 판결: "변상금 연체료 부과처분은 처분청의 재량을 허용하지 아니하는 기속행위라고 할 것이다. 원심이 이 사건 처분[변상금 연체료 부과처분]을 재량행위로 보고 비례의 원칙 위반 여부까지 나아가 판단한 것은 잘못이라고 할 것이나, 이 사건 처분이 비례의 원칙에

변상금 부과처분에 있어 그 액수의 산정은 재량행위이므로, 이에 관하여는 재량의 일탈·남용 판단에 있어 비례의 원칙 등을 심리할 수 있다. 또한 도로법, 하천법상 변상금 부과처분은 재량행위라 할 것이므로, 이에 관하여 재량권의 일탈·남용 여부와 관련하여 비례의 원칙 위반 여부를 심사할 수 있다.

라. 일부취소 가부

(1) 행정소송법 제4조 제1호는 취소소송을 '행정청의 위법한 처분등을 취소 또는 변경하는 소송'이라고 규정하고, 여기서의 변경은 소극적 변경인 일부취소를 의미한다.

해당 처분이 기속행위이고 일부 취소되는 부분이 분리가능하며 제출된 자료로 일부 취소 부분을 특정할 수 있는 경우에는 일부취소를 하여야 한다.[1] 한편, 해당 처분이 재량행위인 경우 처분청의 재량권을 존중해야 하고 법원이 직접 처분을 하는 것은 사법심사의 범위를 넘어서므로 일부취소는 허용되지 않는다.[2] 그러나 재량행위라 하더라도 여러 개의 위반행위 중 일부의 위반행위에 대한 처분만이 위법하고 처분 대상의 일부가 특정될 수 있는 경우에는 일부취소가 가능하다.[3]

(2) 앞서 본 것처럼 변상금 연체료 부과처분의 부과 여부와 액수의 산정은 모두 기속행위이므로, 일부 취소되는 부분이 분리가능하고 제출된 자료로 정당한 변상금 연체료 액수를 특정할 수 있는 경우에는 일부취소를 하여야 한다.

한편, 국유재산법, 공유재산법상 변상금 부과처분의 경우 그 부과 여부는 처분청의 재량을 허용하지 아니하는 기속행위이지만 그 액수의 산정은 재량행위이고, 도로법, 하천법상 변상금 부과처분 역시 재량행위이므로, 원칙적으로 변상금 부과처분 중 일정 금액을 취소하는 등의 일부취소는 허용될 수 없다. 그러나 해당 처분이 여러 개의 위반행위에 대한 처분이고, 일부 위반행위에 대한 위법한 처분이 특정될 수

위반하였다는 원고의 주장을 배척한 것은 결론에 있어 정당하고, 거기에 상고이유의 주장과 같이 비례의 원칙에 관한 법리를 오해하여 판결 결과에 영향을 미친 위법이 있다고 할 수 없다."

1) 대법원 2000. 6. 13. 선고 98두5811 판결, 대법원 2004. 7. 22. 선고 2002두868 판결, 대법원 2020. 5. 14. 선고 2019두63515 판결 등 참조.
2) 대법원 1982. 9. 28. 선고 82누2 판결, 대법원 1998. 4. 10. 선고 98누2270 판결, 대법원 2009. 6. 23. 선고 2007두18062 판결 등 참조.
3) 대법원 2012. 3. 29. 선고 2011두9263 판결, 대법원 2019. 1. 31. 선고 2013두14726 판결 등 참조.

있는 경우에는 일부취소가 가능하고, 그 부분만을 취소해야 한다. 대법원도 '하천관리청이 하천점용허가를 받지 않고 무단으로 하천을 점용·사용한 자에 대하여 변상금을 부과하면서 여러 필지 토지에 대하여 외형상 하나의 변상금부과처분을 하였으나, 여러 필지 토지 중 일부에 대한 변상금 부과만이 위법한 경우에는 변상금부과처분 중 위법한 토지에 대한 부분만을 취소하여야 하고, 그 부과처분 전부를 취소할 수는 없다'고 판시하였다.[1)]

1) 대법원 2024. 7. 25. 선고 2024두38025 판결: "원심은 이 사건 각 토지[강원 홍천군 서면 마곡리 211, 211-1, 211-2, 211-5, 211-6, 212 각 토지] 중 마곡리 211-2, 211-6 각 토지에 대한 변상금 산정방법에 잘못이 있고 이를 지적하는 원고의 주장은 위와 같은 범위 내에서 이유 있다고 판단하면서도, 이 사건에서 제출된 자료만으로는 적법하게 부과될 정당한 변상금 액수를 산출할 수 없는 경우에 해당한다는 이유를 들어 이 사건 변상금부과처분 전부를 취소하였다. 그러나 앞서 본 법리에 따르면 위와 같은 경우에는 이 사건 변상금부과처분 중 위법한 토지에 대한 부분만을 취소하여야 하므로, 원심이 이 사건 변상금부과처분 전부를 취소한 데에는 처분의 일부 취소에 관한 법리를 오해하여 판결에 영향을 미친 잘못이 있다. 이를 지적하는 상고이유 주장은 이유 있다."

판례색인

[대법원]

[광주고등법원]

[대구고등법원]

[대전고등법원]

[부산고등법원]

[수원고등법원]

[서울고등법원]

[서울행정법원]

[전주지방법원]

[제주지방법원]

[창원지방법원]

[청주지방법원]

[춘천지방법원]

[헌법재판소]

사항색인

『행정소송의 이론과 실무 Ⅳ』 발간위원회 위원

(2025. 8. 18. 현재)

구분		소속 및 직위	성명
위원장		서울행정법원 수석부장판사	이주영
1장	위원	서울행정법원 판사	문중흠
	위원	대법원 재판연구관 (전 서울행정법원 판사)	윤성진
	위원	서울남부지방법원 판사 (전 서울행정법원 판사)	김웅수
2장	위원	사법정책연구원 연구위원 (전 서울행정법원 판사)	정우용
3장	위원	서울행정법원 판사	고철만
4장	위원 겸 간사	서울행정법원 판사	문지용
	위원	서울행정법원 판사	이도훈
5장	위원	서울행정법원 부장판사	이상덕
	위원	법무법인 광장 (전 서울행정법원 판사)	서동민
	위원	창원지방법원 거창지원 판사 (전 서울행정법원 판사)	성재준
6장	위원	창원지방법원 판사 (전 서울행정법원 판사)	최태진
	위원	춘천지방법원 영월지원 판사 (전 서울행정법원 판사)	정세영
7장	위원	서울남부지방법원 판사 (전 서울행정법원 판사)	김웅수
	위원	울산가정법원 판사 (전 서울행정법원 판사)	권오상
8장	위원	대법원 재판연구관 (전 서울행정법원 판사)	손인희
	위원	서울행정법원 판사	윤상일
9장	위원	전주지방법원 부장판사 (전 서울행정법원 판사)	황지애
	위원	창원지방법원 판사 (전 서울행정법원 판사)	손지연
10장	위원	대법원 재판연구관 (전 서울행정법원 판사)	서경민

행정소송의 이론과 실무 Ⅳ
– 학교폭력, 정보공개, 건축, 징계, 입찰참가자격제한, 출입국, 영업정지 기타 일반규제

초판발행 2025년 9월 20일

엮은이 서울행정법원 실무연구회
펴낸이 안종만·안상준

편 집 김선민
기획/마케팅 조성호
표지디자인 이은지
제 작 고철민·김원표

펴낸곳 (주) 박영사
서울특별시 금천구 가산디지털2로 53, 210호(가산동, 한라시그마밸리)
등록 1959. 3. 11. 제300-1959-1호(倫)
전 화 02)733-6771
f a x 02)736-4818
e-mail pys@pybook.co.kr
homepage www.pybook.co.kr
ISBN 979-11-303-4966-4 93360

정 가 64,000원